◎ 胡波 主编

郑观应研究口述史

第一册

SPM
南方传媒　广东人民出版社
·广州·

图书在版编目（CIP）数据

郑观应研究口述史／胡波主编. —广州：广东人民出版社，2022.7

ISBN 978-7-218-15489-3

Ⅰ. ①郑… Ⅱ. ①胡… Ⅲ. ①郑观应（1842—1921）—人物研究 Ⅳ. ①K827＝6

中国版本图书馆 CIP 数据核字（2022）第 006539 号

ZHENG GUANYING YANJIU KOUSHUSHI

郑观应研究口述史

胡　波　主编

出 版 人：肖风华

责任编辑：张贤明　唐金英
责任校对：李沙沙　周潘宇镝
装帧设计：瀚文文化
责任技编：吴彦斌　周星奎

ISBN 978-7-218-15489-3

出版发行：广东人民出版社
地　　址：广州市越秀区大沙头四马路 10 号（邮政编码：510199）
电　　话：（020）85716809（总编室）
传　　真：（020）85716872
网　　址：http://www.gdpph.com
印　　刷：恒美印务（广州）有限公司
开　　本：787mm×1092mm　1/16
印　　张：100　　字　数：1100 千
版　　次：2022 年 7 月第 1 版
印　　次：2022 年 7 月第 1 次印刷
定　　价：480.00 元（全 4 册）

如发现印装质量问题，影响阅读，请与出版社（020-85716808）联系调换。
售书热线：020-85716826

《郑观应研究口述史》编委会

主　　编：胡　波

副　主　编：龙良富

参 编 人 员：（按姓氏笔画排序）

龙良富　卢健强　刘　琴

李向强　闵祥晓　胡　波

黄　英

前　言

胡　波

一、为什么要做郑观应研究的口述史

曾记得马克思说过："人类同自然史的区别在于，人类史是我们创造的，而自然史不是我们自己创造的。"[①] 恩格斯更明确指出："历史和自然史所以不同，仅仅在于前者是有自我意识的机体的发展过程。"[②] "在自然界中（如果我们把人对自然界的反作用撇开不谈）全是没有意识的、盲目的动力，这些动力彼此发生作用，而一般规律就表现在这些动力的相互作用中。在所发生的任何事情中，无论在外表上看得出的无数表面的偶然性中，或者在可以证实这些偶然性内部的规律性的最终结果中，都没有任何事情是作为预期的自觉的目的发生的。相反，在社会历史领域内进行活动的，是具有意识的、经过思虑或凭激情行动的、追求某种目的的人；任何事情的发生都不是没有自觉的意图，没有预期的目

[①] 《马克思恩格斯全集》（第 23 卷），人民出版社，1972 年，第 409—410 页。

[②] 《马克思恩格斯选集》（第 4 卷），人民出版社，1995 年，第 344 页。

的的。"① 马克思、恩格斯告诉我们，历史是人的历史，创造历史的是有意识、有激情、有追求目的的人。法国年鉴学派学者们就坚信，普通大众比精英人物在更大程度上起着决定历史进程的作用，这种历史观驱使他们特别注重搜集、整理反映普通大众生活状况的材料，诸如有关居民婚丧嫁娶生老病死的教区记录、法庭档案、土地登记册、征兵征税资料、契约、遗嘱、财产清单、账簿、食谱、墓葬、宗教和世俗生活图像、私人藏书目录等等传统史家不屑一顾的东西，他们往往觉得弥足珍贵。其实，这种对普通大众的关注，就是对既往精英领袖和英雄崇拜的一种否定或补充。

但是，既往的历史书写和历史研究在强调人的作用和人的主体性的同时，又往往只重个人或英雄，而无视群体或大众。尤其是像梁启超所说的那样："泰西之良史，皆以叙述一国国民系之所由来，及其发达进步，盛衰兴亡之原因结果为主，诚以民有统而君无统也。借曰君而有统也，则不过一家之谱牒，一人之传记，而非可以冒全史之名，而安劳史家之哓哓争论也。然则以国之统而属诸君，则固已举全国之人民视同无物，而国民之资格，所以永坠九渊而不克自拔，皆此一义之为误也。故不扫君统之谬见，而欲以作史，史虽充栋，徒为生民毒耳。"② 在梁启超看来，"中国史家之谬，未有过于言正统者也。言正统者，以为天下不可一日无君

---

① 《马克思恩格斯选集》（第 4 卷），人民出版社，1995 年，第 247 页。

② 夏晓虹编：《梁启超文选》（上集），中国广播电视出版社，1992 年，第 528 页。

也，于是乎有统；又以为天无二日，民无二王也，于是乎有正统。统之云者，殆谓天所立而民所宗也；正之云者，殆谓一为真而余为伪也"①。正是这种所谓的"正统"观念，导致了中国历史研究者和撰史者"知有朝廷而不知有国家"，"知有个人而不知有群体"，"知有陈迹而不知有今务"，"知有事实而不知有理想"②。因此，他颇为感慨地说："吾党常言，二十四史非史也，二十四姓之家谱而已。其言似稍过当，然按之作史之精神，其实际固不诬也。吾国史家，以为天下者君主一人之天下，故其为史也，不过叙某朝以何而得之，以何而治之，以何而失之而已，舍此则非所闻也。……盖从来作史者，皆为朝廷上之君若臣而作，曾无有一书为国民而作者也，其大蔽在不知朝廷与国家之分别，以为舍朝廷外无国家。于是乎在所谓正统、闰统之争论，有所谓鼎革前后之笔法。"③ 而且中国作史者，"动辄以立佳传为其人之光宠。驯至连篇累牍，胪列无关世运之人之言论行事，使读者欲卧欲呕；虽尽数千卷，犹不能于本群之大势有所知焉；由不知史界说限于群也"④。

可见，历史研究和撰写历史固然需要重视个体，更需要关注群体，二者不可偏废。对此，梁启超有言在先："历史

① 夏晓虹编：《梁启超文选》（上集），中国广播电视出版社，1992年，第527页。

② 夏晓虹编：《梁启超文选》（上集），中国广播电视出版社，1992年，第517—519页。

③ 夏晓虹编：《梁启超文选》（上集），中国广播电视出版社，1992年，第517页。

④ 夏晓虹编：《梁启超文选》（上集），中国广播电视出版社，1992年，第525页。

者，叙述人群进化之现象，而求得其公理公例者也。凡学问必有客观、主观二界。客观者，谓所研究之事物也；主观者，谓能研究此事物之心灵也。和合二观，然后学问者出焉"①。因此，"善为史者，必研究人群进化之现象，而求其公理公例之所在，于是有所谓历史哲学者出焉。"② "虽泰西良史，亦岂能不置重于人物哉！虽然，善为史者，以人物为历史之材料，不闻以历史为人物之画像；以人物为时代之代表，不闻以时代为人物之附属。……夫所贵乎史者，贵其能叙一群人相交涉、相竞争、相团结之道，能述一群人所以休养生息、同体进化之状，使后之读者爱其群、善其群之心，油然生焉。今史家多于鲫鱼，而未闻有一人之眼光，能见及此者，此我国民之群力、群智、群德所以永不发生，而群体终不成立也。"③ 百年前的梁启超所强调的历史研究和历史书写，不仅要重视历史上的英雄和个人的作用和影响，还要重视群体的力量和贡献，更要"叙述人群进化之现象"，"求其公理公例之所在"，至今仍然具有思想的价值和研究的借鉴。尤其是他所说的历史研究不能偏重帝王将相和英雄人物，更应目光向下，关注人群进化，认为将主观和客观、个人与群体结合起来，才能合乎历史的真实，才能揭示历史的"公理公例"，这对于研究中国近代史，特别是研究郑观应和

---

① 夏晓虹编：《梁启超文选》（上集），中国广播电视出版社，1992 年，第 525 页。

② 夏晓虹编：《梁启超文选》（上集），中国广播电视出版社，1992 年，第 526 页。

③ 夏晓虹编：《梁启超文选》（上集），中国广播电视出版社，1992 年，第 517—518 页。

香山买办群体的历史，无疑具有指导意义和参考价值。

翻开中国近代史，我们就会发现，无论是郑观应还是香山买办，都是近代中国政治史、经济史、思想文化史等方面的研究所不能绕过的对象，所不同的是研究者观察的角度和坚守的立场，以及研究的深度和观看的广度。买办和买办资产阶级在"革命"的年代，一直遭受道德批判和价值否定。郑观应因有买办的经历，对他的研究一直不受重视，评价也不高。虽然郑观应生平活动与近代中国社会的政治、经济密切相关，其著述包含政论、游记、日记、诗歌、小说、笔迹、故事和医论等，内容涉及政治、经济、军事、外交、文学、教育、宗教、法学、医药、新闻诸多领域，是 19 世纪中国社会改革和发展的一部思想性和知识性的"百科全书"，其思想主张曾对康有为、梁启超、孙中山、毛泽东等都产生过重要影响，《盛世危言》受到光绪皇帝等朝野人士的高度认同，也引起海内外众多学者的关注，早在 1944 年就有学者发表论文，对郑观应及其《盛世危言》进行了历史考察、思想评述和文本解读，但直到 2008 年，60 余年间出版发表的专著、文集、论文、资料，只有 456 篇（部）①，也就是说每年不到 10 篇（部），与同期其他的人物研究相比，说不上"硕果累累"，而恰恰是"冷冷清清"。即使如学者所说的 21 世纪以后呈不断推进的势头，论著涉及的领域广泛，② 但与郑观应本人在当时的作用和影响相比，还是存在相当大的差距。作为中国现代化运动思想的代表和先驱的郑观应，至今仍然没有引起

① 中山市人民政府编：《郑观应志》，广东人民出版社，2009 年，第 491 页。

② 中山市人民政府编：《郑观应志》，广东人民出版社，2009 年，第 491 页。

学界的广泛关注和社会上的高度认同，从学术史的角度看，高质量的研究论著仍然不多，相关的研究资料整理出版也不够系统和完整，对郑观应的生平事迹、思想主张、人际网络、性格特征等的研究还很不深入，对他在近代中国思想启蒙和社会变革等方面的作用和影响，仍然估计不足。

随着改革开放的继续深入，也随着学术氛围的日益宽松和信息化程度的不断提高，郑观应研究不仅受到文化艺术界的青睐，而且也为地方政府和民间社会所倚重。在郑观应的家乡广东中山市，成立了郑观应文化学会和郑观应研究的相关机构，组织召开了多次学术研讨会，出版了《郑观应志》，修缮了郑观应故居；澳门科技大学成立了郑观应研究中心和唐廷枢研究中心，整理出版了郑观应的相关资料，联合举办了多场郑观应学术研讨会，对郑家大屋也进行了全方位的保护，甚至视郑观应为"澳门之子"；上海有关研究机构和高等院校，更在有关郑观应的资料整理、历史研究和学术交流等方面特别发力，出版了高质量的郑观应研究论著，如夏东元先生的《郑观应传》《郑观应年谱长编》，易惠莉教授的《郑观应评传》《盛宣怀评传》，朱荫贵教授的《中国近代轮船航运业研究》《轮船招商局研究》以及邵建博士的《郑观应的人际关系研究》《郑观应在上海》等，将郑观应研究推向一个崭新的高度。从 2009 年到现在，有关郑观应的研究论文和相关资料、学术会议等方面的信息逐渐增多，对他的评价也不断提升，认为他是中国"民主""科学"的最早提倡者，甚至誉其为晚清"全面看世界的第一人"①。

---

① 中山市人民政府编：《郑观应志》，广东人民出版社，2009 年，第 1 页。

2022年是郑观应诞辰180周年，也是香山设县870年，郑观应故居和雍陌村的历史风貌得以修复重现，全面反映郑观应生平史事的展览将正式对外开放，澳门科技大学也将举办高水平的纪念郑观应的学术研讨会，出版相关的论著，一个更加清晰明亮的思想家、改革者以及实业家的郑观应逐渐从历史中走来，其思想文化和精神品质也逐步转化为中山"文化兴城"的资源和力量。

基于学术界和社会各界对郑观应的关注和研究，也基于中山市以文兴城和对历史文化资源保护以及利用的高度重视，2020年中山市社会科学界联合会启动了"郑观应研究口述史"的文化研究项目，希望借"郑观应研究口述史"，做好抢救、挖掘、保护、整理与郑观应研究相关资料的工作，达到进一步推动郑观应的史学研究和理论探讨、促进郑观应研究的学术文化交流、密切郑观应研究的区域之间的合作、深化人们对郑观应的认识和理解、丰富香山文化内涵等方面的目的。

一年多来，虽然屡受新冠肺炎疫情的影响，项目组成员还是抢抓机遇、不畏风险、排除干扰、克服困难，先后赴澳门、广州、北京、天津、武汉、南京、上海、深圳等地，采取线下与线上相结合的访谈方式，对40余位研究郑观应的专家学者和郑观应的亲属后裔等进行了较为充分的访谈或笔谈，整理了约100万字的访谈录音文字，收集了与郑观应研究相关的文献和图片等方面的资料，比较全面地反映了近百年来郑观应研究的水平和现状，也在与郑观应亲属后裔的访谈和交往中，了解到郑氏家族的历史文化和生存现状，密切了他们家族后人之间的联系，激发了他们对祖居地中山这个城市的爱恋之情。

二、如何才能做好郑观应研究口述史

严格说来，在没有文字出现之前，绝大多数的历史都是口述史。古希腊的《荷马史诗》就是人们口耳相传的产物。被西方中世纪历史学家视为最有价值的、完成于 11 世纪的文献史料《末日审判书》也是采用口述方法搜集整理而成。17 世纪以后，由于印刷术的普及，文献档案库和业已大量发行的历史著作受到重视，部分史学研究者不再继续主要依靠口述采访来做历史研究，但那种认为口述证据最为可靠的传统观点仍然得到大多数史学家的赞同。伏尔泰为了撰写《路易十四时代》，不仅采访了前朝遗臣和显贵，而且还从国外归来的使节、贵妇、巴士底狱的医生、国王的宠臣等人那里得到很多有用的材料。他认为，一个人当他同多方面的目击者交谈并记录下他所听到的一切时，也许就及时地搜集了一些优秀的口述材料。在他看来，所有的历史最初都是口述史。① 在中国，上古史中的历史传说，可以说是最早的口述历史。古代历史文献资料中，也有不少的口述史料，在正史中就发挥了一定的作用。司马迁在撰写《史记》时，就很重视实地考察与采访，并在寻访交谈中积累了许多有用的材料，为其写作《史记》提供了生动具体而又真实可信的佐证。如在《赵世家》中就有"吾闻冯王孙曰：'赵王迁，其

---

① 庞卓恒、李学智、吴英：《史学概论》，高等教育出版社，2006 年，第 290—291 页。

母倡也……'"的表述。梁启超在《中国历史研究法》中，甚至正式把口述史料归为一类，并强调"采访而得其口说，此即口碑性质之史料也"①。

口述史料可分为两种：一种是口述回忆，指人们回忆自己以前的经历和见闻的口述材料；一种是口头传说，指那些以口碑形式流传了若干代的对以往人物、事件的叙述。② 通常，人们更关注前一种口述回忆方面的史料，因为这种史料容易找到，也比较可信，而且口述回忆较好操作。无论是口述史料还是口述史，在当下都较受读者和研究者的欢迎。但是，口述史料与口述史毕竟还有较大的差别。口述史料一般是述而不究，而口述史则既要"述"又要"究"。胡适就曾感慨地说口述历史"是个 professional job（专业性工作），不是个 amateur（非职业或'玩票的'）可以承担得了的"。因为对口述者的访问录音以后"回放（playback）、誊清、校对、节删、增补、考订……麻烦是搞不尽的"③。这主要是因为口述者回忆的情况往往是难以保证准确的，这里既有因年代久远、记忆不清而出现的失实，也有回忆者因自己的立场、观点导致的偏颇，如果将这样的口述材料不加分析甄别地运用于历史著作，那将导致历史著作与历史事实的背离。口述史学方法的优势、功用均将无从谈起。为保证口述史料与历史事实的一致性，有的史家提出要"内证"与"外证"两种方法来解决。所谓内证，是通过考察口述者在各种不同场合

---

① 梁启超：《中国历史研究法》，华东师范大学出版社，1995 年，第 56 页。

② 庞卓恒、李学智、吴英：《史学概论》，高等教育出版社，2006 年，第 288 页。

③ 唐德刚：《胡适杂忆》，广西师范大学出版社，2015 年，第 237 页。

下，对同一历史事件叙述的一致程度，以检验口述史料本身的可靠性；所谓外证，是考察口述史料与其他有关历史资料，如档案、日记、信件、照片等，以及其他口述史料的吻合程度，以检验口述史料的真实性。① 口述史料经过"内证"和"外证"的检验、核实，应该说还是可以弥补其他资料之不足，甚至还有利于增强历史的现场感和真实性。

郑观应研究虽然还是近 30 年来才开始逐渐升温，但其学术史的时空跨度还是比较宽广辽阔的。从目前已知的 1944 年胡秋原发表的《郑观应及其〈盛世危言〉》和唐庆增的《郑观应对于发展中国工业之意见》算起，到 2021 年 12 月王志凯的硕士论文《郑观应思想研究》上线，有关郑观应的学术研究，前后大约 80 年的时间，虽然一直没有像孙中山研究那样形成"显学"，但郑观应研究一直在跌跌撞撞、断断续续地展开着。其间，既有海外学者的参与，如 1975 年德国学者约翰内斯·柯能的《郑观应——晚清时期的实业家和改革者》，韩国学者金凤珍的《东亚"开明"知识人士的思维空间——郑观应、福泽谕吉、俞吉濬比较研究》，美国学者庄奇瑞、郝延平、刘广京和澳大利亚学者黎志刚等的研究，② 又有大陆以及港澳台三地众多学者的论著的发表和出版，如 1957 年王炳文的论文《郑观应的改良主义思想》、1981 年夏东元的专著《郑

---

① 庞卓恒、李学智、吴英：《史学概论》，高等教育出版社，2006 年，第298 页。

② 郝延平著，李荣昌、沈祖炜、杜恂诚译：《十九世纪的中国买办——东西间桥梁》，上海社会科学院出版社，1988 年；刘广京：《唐廷枢之买办时代》，《清华学报》1961 年 6 月；黎志刚：《黎志刚论招商局》，社会科学文献出版社，2012 年。

观应传》，以及 2019 年《郑观应研究的当代价值：纪念郑观应诞辰 175 周年学术研讨会论文集》。这些郑观应研究的学术成果虽然不能与孙中山研究相比，但却充分显示了郑观应研究的重要性和必要性。其中，有以《郑观应集》《郑观应传》《郑观应年谱长编》为学界推崇的夏东元先生，还有被读者喜爱、为学者称赞的《郑观应评传》的作者易惠莉教授，更有以《实业诗人第一家》一书闻名的邓景滨先生，他们不仅开辟了郑观应研究的新局面，而且开拓了郑观应研究的新领域。一批在学界颇有影响的研究郑观应的专家学者和学术机构，如上海的华东师范大学、复旦大学和上海社会科学院，澳门的澳门科技大学和澳门历史博物馆，广州的中山大学和广东省社会科学院，中山的郑观应文化学会等，也为郑观应研究培养和造就了不少研究人才。应该说，郑观应研究的前景，一片光明。

2009 年由中山市人民政府编、广东人民出版社出版的《郑观应志》，曾对郑观应研究的历史和现状进行了较为系统的梳理和比较全面的介绍，但 2010 年以来的郑观应研究却没有及时地得到回顾和总结。近 80 年来，郑观应研究已取得了许多开创性和基础性的学术成果，但研究郑观应的名家名人的论著和编辑整理出版的有关郑观应的史料，未能有效地利用和广泛地传播，他们关于郑观应研究的学术成果、学术思想、研究方法、心路历程等，也未能从学术史的角度进行采集、整理和研究，特别是郑观应的亲属和后裔的基本情况，不仅学术界缺乏探究和追问，就是郑氏家族和后人彼此之间也缺乏必要的联系，此种状况，无疑是郑观应研究的一大遗憾。因此，对长期从事与郑观应有关的历史研究者和郑观应家族后裔进行线上和线下的访谈，就具有史料价值和学术意义。

三、郑观应研究口述史的特点和不足

相对说来，郑观应研究口述史与我们以前所做的孙中山研究口述史，无论是访谈的对象还是访谈的内容，虽然问题比较集中，目标也比较明确，但是，在人力资本和资金支持以及时间和条件等方面，都令我们无法轻松自如和潇洒从容。不过，专家学者和亲属后裔们的支持和配合、相关单位的理解和帮助，以及课题组的全体成员的团结合作，还是在有限的环境条件下，使郑观应研究口述史形成了自己的特点。

首先，"郑观应研究口述史"，不局限于始终研究郑观应的专家学者。除了对长期从事郑观应研究的专家学者进行线上和线下访谈外，还把那些跟郑观应相关的人和事进行专题研究的专家学者纳入访谈的范围。因为郑观应80年的人生历程，恰恰是近代中国由衰败而觉醒的时期，也是梁启超所说的"过渡时代"。① 在梁启超看来，"过渡时代者，实千古英雄豪杰之大舞台也，多少民族由死而生、剥而复、奴而主、瘠而肥，所必由之路也"②。身处过渡时代的郑观应，以一个普通商人的身份，在上海这个人口聚集、文化碰撞、中外互动和社会变革的通商口岸谋生创业，自然要面对来自

---

① 夏晓红编：《梁启超文选》（上集），中国广播电视出版社，1992年，第264页。

② 夏晓红编：《梁启超文选》（上集），中国广播电视出版社，1992年，第265页。

四面八方新派旧派的不同人物和波谲云诡的现实世界，尤其是他深受中国传统儒道文化的熏陶和西方近代文明的影响，不可能始终置身局外而独善其身。他的眼力和学力，以及心力和精力，都不可能使他长期充当普通商人或洋行买办的卑微角色。事实上，他不仅涉足政、学、商三界，深耕于洋务企业，游走于洋人、绅商、官僚各色人等交织而成的人际网络之中，而且还与时代思想相伴而行，甚至引领时代思潮，成为过渡时代的启蒙思想家。因此，研究郑观应，就不能局限于郑观应个人的事功和言论，而应放在特定的时代来观察和研究。郑观应研究口述史，同样不能只是对专门研究郑观应的专家学者进行访谈，还要将那些涉及郑观应和周边人物的研究者纳入访谈的范围。有些专家学者虽然关注的重点或研究的对象不是郑观应，但他们研究的问题与郑观应有直接或间接的关系，如轮船招商局研究、近代商会研究、买办和买办阶级研究、近代工业化研究、近代社会思想和文化研究等，就与郑观应有关。虞和平、马敏、朱英对近代商会的研究，朱荫贵、黎志刚、李玉等对招商局的研究，冯筱才、马学强、张秀莉等对买办商人的研究，熊月之、宋钻友、戴鞍钢、邵雍等对上海史的研究，廖大伟等对近代棉纺织业的研究，王杰等对辛亥革命与近代社会的研究，宋德华等对康有为和梁启超的研究，李吉奎、邱捷、张晓辉等对粤商的研究，黄鸿钊、林广志等对唐廷枢和澳门史的研究，赵殿红等对宗教的研究等，也或多或少地涉及与郑观应有关的人和事，甚至直接指向郑观应的知和行。对这些专家学者的访谈，不仅丰富了郑观应研究口述史的内容，而且也有利于进一步深化和拓展郑观应研究的空间和范围。

其次，"观应研究口述史"不局限于专家学者的郑观应研究。郑观应既是买办商人、实业家，又是思想家、慈善家，其言其行直接或间接地影响近代中国社会的变革。几乎所有以研究郑观应为职志的专家学者，都会由郑观应研究延伸到对近代经济、社会、政治、思想、文化诸方面的探索，如夏东元先生在研究郑观应的同时，又深入到洋务运动中的人和事之中，先后出版了《洋务运动研究》《洋务运动史》《盛宣怀传》《近代史发展新论》，发表了有关李鸿章、丁日昌、袁世凯、孙中山、鸦片战争、清末新政等方面的论文若干篇。① 他的弟子易惠莉同样在深入研究郑观应的同时，进一步拓展为盛宣怀研究和招商局研究，出版了《西学东渐与中国传统知识分子——沈毓桂个案研究》《盛宣怀与日本——晚清中日关系之多面相》《盛宣怀评传》《易惠莉论招商局》等著作，发表了许多关于近代企业和企业制度，以及中日关系史方面的论文。朱荫贵先生虽然研究招商局，但又没有停留在招商局这个问题上，他对中日现代化比较、中国近代金融、中国近代企业和中国近代资本市场等方面的研究，就更加深化了人们对招商局及中国近代轮船航运业的认识和理解，他的《国家干预经济与中日近代化》《近代中国的资本市场：生成与演变》《中国近代经济史》等论著就得到学界的高度评价。澳门大学的邓景滨先生虽然以《实业诗人第一家》和《郑观应诗选》《郑观应丛考》等著作和文章而享誉学界，但他不仅仅局限于郑观应研究，

---

① 夏东元：《近代史发展新论》，澳门历史学会、澳门历史文物关注协会，2003 年。

在澳门学和粤语方言研究等领域也有自己独到的见解。这些专家学者中，有的是从郑观应研究入手，然后逐渐向与郑观应有关的人和事、社会条件和文化环境等领域拓展，有的是从近代中国政治、经济、文化等不同侧面研究入手，进而触及郑观应的知和行。对他们的访谈，既有利于探寻专家学者的学术之路，又在客观上丰富了郑观应研究学术史的内涵。

再次，"郑观应研究口述史"，不局限于专家学者，还聚焦于家族后裔。长期以来，有关郑观应的思想主张、经济活动和人际交往，以及精神品格等方面的研究已有了不少的论著，但是有关郑观应的日常生活和亲属后裔的基本情况、家族内部矛盾和相互关系、亲戚朋友之间的往来等更加具体细致的问题，史料记载较少，保存下来的相关资料，也因频繁的战乱、持续的政局动荡和多次的政治运动而遗弃或销毁，尤其是郑文瑞家族一代、二代特别是三代、四代甚至五代人的相关情况，在学界几乎是一片空白。目前，经学术界和社会各界的共同努力，已经搜集整理了一些关于郑观应及其后人的资料，但与郑氏家族在近现代中国社会变革中所起的作用和产生的影响相比，仍然是冰山一角。郑观应祖父有 3 个儿子，郑观应的父亲有 9 个儿子，郑观应有 4 个儿子，他们的行状十分模糊，有关他们的介绍大都是一笔带过，或含糊其词，甚至张冠李戴。如郑观应的叔父郑廷江、五弟郑翼之和四子郑景康等，他们的人生本来很值得研究，但都因没有详细的史料而浅尝辄止。

因此，对家族后裔的访谈就显得格外重要。尽管此次访谈了郑翼之的后人和郑观应的孙子郑吉祥、曾孙媳妇朱碧恒等，获得了不少鲜为人知的故事和史料，但遗憾的是郑翼之的孙子郑灏先生和郑观应曾孙郑克鲁先生于近年先后去世，使我们失去了访谈的良机。当年郑灏先生多次来中山、澳门寻根问祖，并在天津带着我们寻找郑翼之在天津的足迹，讲述了家族在天津的故事，使我们对郑观应以及在天津的广东人有了初步的了解。郑克鲁先生在法国文学的研究和翻译等方面功勋卓著，脑海里有不少关于叔公郑景康的历史故事，也曾回中山讲学，寻亲访友。当时只有记者的采访和录像，却没有做专门的口述家史和个人学术史，其时我们以为以后还有机会访谈，但天不假年，他们先后离世，令我们感慨万千，后悔不已。庆幸的是，这次郑灏先生的夫人郑凌女士和女儿郑樱楠，以及郑克鲁先生的夫人朱碧恒女士和郑克鲁先生的学生，都愉快地接受了我们的访谈，帮助我们找回了关于郑氏家族后裔的记忆，极大地丰富了郑观应及其亲属后裔的史料，殊为难得。可以说，他们对家族历史的讲述和提供的珍贵资料，是"郑观应研究口述史"中最丰厚的一部分，为深入研究郑观应提供了最有价值的线索和佐证。

最后，"郑观应研究口述史"，不局限于专家学者的年龄和学历。在这次接受访谈的专家学者中，年长者如南京大学黄鸿钊教授，年轻者有上海社会科学院邵建博士和张秀莉博士。黄鸿钊教授 86 岁高龄，却一直笔耕不辍，长期关注香山与澳门、中西关系史等方面的问题，他的讲述为我们了解郑观应思想的形成提供了宏大的背景和文化的视角。年轻学者邵建所著的《一个上海香山人的人际交往——郑观应社会关系网络研究》，不仅详细介绍了郑观应在亲缘、地缘、业缘、神缘等方面的个人关系网络，还着重分析了郑观应构建和维护人际关系网络的做法和风格，并以此探究郑观应的情感和个性，总结其社会关系网络的特点以及对他人生历程和事业发展产生的诸多影响。他的《郑观应在上海》一书，同样为人们了解郑观应与上海的关系提供了比较详细的分析和说明。对郑观应亲属后裔的访谈，同样没有局限于关系的亲疏、年龄的大小以及贡献的多少和地位的高低。长者如郑观应的孙子郑吉祥、郑观应之弟郑九如孙子郑耀明、曾孙媳妇朱碧恒，少者有郑观应五弟郑翼之的曾孙女郑樱楠，他们对家族史和郑观应生平事迹和生活琐事等的口述，既细致生动，又真实感人。尤其是他们对郑观应家训、家教、家风的反复强调，以及他们对自己本职工作的热爱，都为我们研究郑观应的思想和精神提供了更具说服力的证据，也让我们真切地感受到郑观应的思想和精神在其家族中代代传承的文化气象。

郑观应研究口述史，虽然以访谈和问答的方式来表现研究者的思想和方法、成果和心得，在结构和逻辑上略显松散和随意，缺乏逻辑性和连贯性，但这种对话的形式容易让被访者进入口述者的角色，轻松自如地回忆，真情生动地表述，尤其是调动了对话双方的情绪，激发对话双方的思维和想象。写到这里，突然想起逝世不久的蔡鸿生老师曾引用的一位俄罗斯学者巴赫金在其名著《陀思妥耶夫斯基诗学问题》里的一段话："思想不是生活在孤立的个人意识之中，它如果仅仅停留在这里，就会退化以至死亡，思想只有同他人别的思想发生重要的对话关系之后，才能开始自己的生活，亦即才能形成、发展、寻找和更新自己的语言表现形式，衍生新的思想。"① 虽然郑观应研究口述史的对话与巴赫金所说的"对话"在形式和本质上略有不同，但对话式的访谈的确能"衍生新的思想"。冯筱才在访谈中，对口述史的方法和作用就坦率地表明了自己的看法。他认为访谈是双向的情感交流和信息互动的过程，访谈不应该只是从受访人那里获得信息，而应该要有"信息共享"的意识；访谈中要遵循具体化、日常化、细节化等基本原则，提问的语言也应容易被受访者理解，访问者要努力尝试走进受访人的世界，理解他们的语言、事件、价值等，这样口述访谈才有可能获得有意义的历史信息。在他看来，"历史学专业口述访谈"的意义，在很大程度上就是通过发掘更多的历史信息来展现这种复杂性和魅力。其实像冯筱才先生在访谈中脱口而出的感言，在被访的众多专家学者之中，也有不少人常常如同冯筱才这样给我们以突如其来的欢喜和出乎意料的收获。而意外的欢喜和收获，又恰恰是这种对话形式的访谈所带来的。

四、郑观应研究口述史的前景与期待

"乱花渐欲迷人眼，浅草方能没马蹄。""郑观应研究口述史"，应该是目前郑观应研究学术史的初步尝试。郑观应研究虽然没有像孙中山研究那样成为世纪"显学"，研究郑观应的民间组织也没有孙中山研究机构那样有力量，但正是因为这种研究尚处于方兴未艾的阶段，才有深入研究和开拓

---

① 巴赫金：《陀思妥耶夫斯基诗学问题》，生活·读书·新知三联书店，1988年，转引自蔡鸿生：《学境》，中山大学出版社，2007年，第109页。

创新的发展空间。

改革开放以来，尤其是近 20 年来，有关郑观应研究的论文和著作的相继问世，以及史料的挖掘、整理、出版日渐增多，还是让人感觉到郑观应研究迎来了学术研究的春天。郑观应毕竟是一位跨世纪的历史人物，其一生与近代中国的许多重大事件和重要人物都有着千丝万缕的联系，他本人甚至直接参与了近代中国社会的一些重要事件和重大活动，不仅活动和交游的人多面广，视野开阔，目光深邃，思维活跃，笔耕不辍，而且忠心爱国，敬业乐业，知行合一，如同熊月之教授所言，郑观应"是一个在发展路径、治学、修身等方面都相当成功的人，是一个对时代变动有敏锐感悟的人，一个恰当地选择自己的事功发展路径，顺时调适自己行为方式的人，一个既善于读有字之书，也善于读无字之书的人，一个由中华文化孕育出来的大聪明的人，一个难得的通人"①。对这样一位被称为"通人"的关注，无论是研究的广度还是研究的深度，无论是了解之同情还是历史之评价，无论是研究还是研究之研究，都显得远远不够。做郑观应研究的学术史，目前也许条件还不具备，但"郑观应研究口述史"却机会难得，它不仅仅是对既往的研究做一次学术上的梳理和总结，更重要的是唤起人们对郑观应这位"通人"的历史关注和学术关怀。

"青青河边草，绵绵思远道。"梁启超曾认为："凡一种学问，要成为科学的，总是先有相当的发展，然后归纳所研

---

① 熊月之：《近代通人郑观应》，载邵建：《郑观应在上海》，上海辞书出版社，2011 年，第 2 页。

究的成绩才成专门。先头是很自由的发展，茫无条理；后来把过去的成绩整理、建设科学；没有一种科学不是如此成立的。所以一个民族研究某种学问的人多，那科学向成立也早；若研究的人少，发达也更迟。"在他看来，"先有经验才可发现原则；有了原则，学问越加进步。无论哪门学问，其发达程序皆如此。"而且"凡一种学问，当其未成立为科学以前，范围一定很广，和旁的学问分不清；初成科学时，一定想兼并旁的学问。因为学问总是有相互的关系，无论何学皆不能单独成立，所以四面八方都收纳起来。后来旁的学问也渐渐成为科学，各有领土，分野愈分愈细。结果，要想做好一种学问，与其采帝国主义，不如用门罗主义：把旁的部分委给旁的学问，缩小领土，在小范围内，尽力量，越窄越深——全世界学问进化分化的原则如此"①。同样，郑观应研究也必须在扎实的史料搜集整理和严密的考订基础上，借助多学科的理论和方法以及研究力量，分工合作，相互交流，共同推进，才能使郑观应研究成为具有广泛参与和社会影响的学问。目前所做的郑观应研究口述史，固然有许多缺憾和不足，但我们始终心怀敬畏和虔诚之心，走近专家学者，会心聆听他们的讲述，并将他们的讲述以文字和图片的形式，尽量完美地呈现出来，目的在于把专家学者的学术成果和研究心得与更多的关注郑观应的人共同分享，一起拥抱郑观应学术研究的美好明天。

---

① 夏晓红编：《梁启超文选》（上集），中国广播电视出版社，1992 年，第 629 页。

目录

黄鸿钊

黄鸿钊（1934— ），广东中山人。1957年北京俄语学院肄业，1962年南京大学历史系本科毕业，1965年南京大学国际关系史研究生毕业。曾任南京大学历史系教授、中国世界近代史学会副秘书长、江苏省高校历史教学研究会副会长、广东社会科学院客座研究员。

主要研究方向：中外国际关系、澳门史等。

主要著述：《澳门史纲要》（福建人民出版社，1991）、《澳门史》（福建人民出版社，1999）、《澳门同知与近代澳门》（广东人民出版社，2006）、《澳门海洋文化的发展和影响》（广东人民出版社，2010）、《镜海微澜：黄鸿钊澳门史研究选集》（社会科学文献出版社，2017）、《香山商澳·镜海风云》（广东人民出版社，2019）等；编著有《香洲开埠史料辑录》（珠海出版社，2010）、《辛亥革命时期的香山社会》（社会科学文献出版社，2011）、《动荡年代：辛亥革命前后的香山与澳门》（社会科学文献出版社，2015）；主编有《百年国际风云》（南京大学出版社，1990）；合作主编有《世界近代史》（南京大学出版社，1991）、《港澳大全》（南京大学出版社，1995）；合作译有《加里波迪回忆录》（商务印书馆，1983）、《西西里风云》（贵州人民出版社，1988）；等。

主要论文：发表有关中外关系史、国际关系史以及香港、澳门史学术论文100余篇。

时　间：2021 年 10 月 23 日

地　点：南京红馆茶楼

口述者：黄鸿钊

采访者：李向强

整理者：李向强

●问　黄教授，您好！我是"郑观应研究口述史"项目组成员李向强，很高兴见到您，也很荣幸您能接受我的访谈。您是中山石岐人，也是近代史研究的专家。我们今天的访谈围绕近代中山名人郑观应展开，期待您带领我们穿越历史的烟云，更全面地认识郑观应。郑观应是中山（古称香山）人，您也是中山人，您多年来对近代香山、澳门的地方史做了持久而深入的研究，为后人留下了大量珍贵的史料和研究成果。青少年时期，您在家乡的生活是怎样的？您对家乡有着怎样的印象？

◉黄　我是 1934 年出生的。在我两三岁的时候，我的父亲就去世了，是我母亲把我抚养大的。我生活的年代正是抗日战争时期。我记得在很小的时候，有敌人的飞机轰炸我的家乡，当时我跟我姐姐两个人吓得躲在桌子底下，炸弹就在我家附近的医院爆炸。1939 年到 1945 年，我的家乡被日本人占领，我有 6 年时间是生活在日伪时期，那时候日子很艰苦，我家又是单亲家庭，所以我对国家主权和独立深有体会。1945 年，家乡光复之后，我到仙逸小学读书，当时读 5 年级，1947 年去县中（今中山市第一中学）读初中，读了 4

年，1951 年高一的时候参加抗美援朝。我当时在空军待了几年，1955 年转业退出，1956 年再进入北京俄语学院读书，次年转到南京大学历史专业。此后一直在南京大学学习、工作，直到退休。

虽然我在青年时代就离开了中山，但对家乡的印象还是很深刻的。我从 20 世纪 80 年代回到老家后，每个月都跟老同学聚会一次，参加他们的饮茶活动。如今，每年冬季我都回到珠海儿子处，从珠海到中山的次数越来越多，对家乡的感情愈发深厚。我离开的时候，家乡破败不堪，没个像样的街道和楼房，现在是宽阔的马路，幢幢高楼随处可见，经济社会发展走在了全国的前列，人们普遍生活富裕，幸福悠闲，家乡的发展变化日新月异，我倍感高兴。

◉问　您于大学求学之余，即开始潜心澳门史的研究和有关中外文献的收集、翻译和整理，曾出版有关澳门史的专著、译著、工具书和资料多种。1999 年 11 月由福建人民出版社出版的《澳门史》，是研究澳门历史的奠基性成果。请问您为何长期关注澳门的历史文化研究？

◉黄　我们家乡有一个特殊情况，就是它跟澳门的关系，这就是我为什么要牵扯到研究澳门史了，这里面有一种情结在里头，因为我在少年时期一直认为澳门是中山的。我小时候读书时出的作文题，是关于澳门的烟赌和如何收回澳门的。收回澳门运动在抗日战争胜利以后，热情和呼声特别高，我们认为应该收回来，这对我的思想产生了一定影响，也为我以后研究澳门埋下了伏笔。多年后，阴差阳错我读的专业是历史，到图书馆翻书籍、找资料、看方志，一看澳门、中山的历史，就特别留意和关注，注重收集这方面的史料，后来大学毕业论文写的就是澳门历史，当时是自选题目，老师们看到这个题目也感到比较新颖。毕业的时候正好赶上国家三年困难时期，当时毕业后分配也很困难，我记得那时候有 60 个同学毕业，一半人被分配到部队，还有一部分人被分配到边疆，极少数人可以去读研究生，读研究生是个不错的选择。当时报考的人很多，十几个人争一两个指标，我报了王绳祖先生的研究生，经过努力，结果我考上了，当时考的分数还很高，学的世界史，毕业后比较顺利地留校任教。在从事教学后，要开选修课，我就开了港澳史专题研究，当时还是很新的课题，那个时候又开始议论收回澳门了。改革开放以后，基于多年的史料收集和教学研究，我 1987 年在香港出版了《澳门史》①，这是全国第一本澳门史，1991 年又在福建出版《澳门史纲要》，1999 年为了适应澳门回归的需要，我又出版了更详细的澳门史，这样，我对澳门的研究逐步深入下去。

◉问　郑观应是中国近代具有完整维新思想体系的理论家、启蒙思想家，他的《盛世危言》影响巨大。作为他的老乡，请您谈一下香山文化对其产生的影响，同时整体评价一下郑观应？

◉黄　香山文化发展，一方面有地缘优势，地理上濒临大海，处在珠江口的要津，自古以来就有连通海外的便利；另一方面则是香山很早就有澳门港向外国开放，成为葡萄牙

---

① 黄鸿钊：《澳门史》，（香港）商务印书馆，1987 年。

人的居留地，使香山人 500 多年前就频繁接触和引进西方先进文化。这是国内独一无二的现象。也使香山得以开风气之先，引领潮流，成为中国海洋文化的典范。19 世纪的中国内外交困，民不聊生，危机重重，社会动荡，思潮活跃。先进的香山人萌生了许多新思想、新观念，随之涌现一批杰出的思想家和社会活动家。其中近代启蒙思想家郑观应和世纪伟人孙中山的影响最大，他们引领了中国近代民主革命的新思潮，推动了中国民主革命的发生。

郑观应是近代启蒙思想家，出身买办家族，本人也是买办商人。幼年勤奋好学。曾随亲属远游香港、南洋，目睹中国人的艰辛处境和外商的盛气凌人，他萌发了为中华崛起而读书的心愿。1858 年，郑观应前往上海学习经商，同时刻苦攻读英语。1878 年，他在上海任太古洋行买办期间，捐资得道员衔。又受命经办直隶、山西、河南等省赈捐。以才华出众而受李鸿章赏识，被委为上海机器织布局会办、招商局会办、上海电报局会办。当时郑观应在商海中大展身手，先后投资招商局轮船公司、汉阳铁厂和粤汉铁路公司，并任总办。又与他人合办煤矿、金矿、印刷、玻璃等工业，从买办转化为民族资本家。他长期学习西方先进理论，加上自身商业经历的体会，深深感到西方政治、经济、文化均比中国先进，产生了改革现状、学习西方、发展资本主义的政治观。早在 1873 年前后就写成了《救时揭要》。继而于 1880 年，编定刊行反映他改良主义思想的《易言》一书，书中提出了一系列以国富为中心的内政改革措施，主张向西方学习，组织人员将西方富国强兵的书籍翻译过来，广泛传播于天下，使人人得而学之。并主张采用机器生产，加快工商业发展，鼓励商民投资实业，鼓励民办开矿、造船、铁路。在《易言》中还大力宣扬西方议会制度，力主中国应实行政治制度的变革，实行君主立宪制。后因经商失败，经过一些案件折腾后，郑观应已是心力交瘁。1884年退隐澳门，寄情山水，将全副精力用于修订重写《易言》，直至光绪二十年（1894），一部体现他完整的维新思想体系的《盛世危言》终于杀青。《盛世危言》贯穿着"富强救国"的主题，对政治、经济、军事、外交、文化诸方面的改革提出了切实可行的方案，给甲午战败以后沮丧、迷茫的晚清末世王朝开出了一剂拯危于安的良药。他说："有国者苟欲攘外，亟须自强；欲自强，必先致富；欲致富，必首在振工商；欲振工商，必先讲求学校、速立宪法、尊重道德、改良政治。"简言之：外交方面，要学会利用国际法维护自身权益，对外来侵略，既要军事抵抗，也要外交抗争；国防方面，要采用先进武器装备，提升军事训练方法；教育方面，要废科举，兴西学，努力培养精通西方科学技术和政治法律人才；商业方面，要发展贸易，与西方商战；政治方面，要立议院，达民情，实行君主立宪。《盛世危言》出版后，名震全国，光绪帝阅后无比赞叹，命分发大臣阅读。洋务干将张之洞读了《盛世危言》以后点评道："论时务之书虽多，究不及此书之统筹全局择精语详"；"上而以此辅世，可谓良药之方；下而以此储才，可作金针之度"。其思想对康有为、梁启超、孙中山都产生过巨大影响。"盛世思危言，富民能救国"，毛泽东年轻时就经常把《盛世危言》和《新民丛报》随身携带，他对斯诺说："我读了一本名为《盛世危言》的书，我非常喜欢它。""这些书我读了又读，直至熟记背诵。"

正如法国大革命前有伏尔泰、孟德斯鸠等启蒙思想家一样，中国辛亥革命前也有启蒙思想家郑观应。他的名著《盛世危言》呼唤社会变革，代表着新兴资产阶级的呼声，也是资产阶级登上政治舞台的标志之一。我认为，这是郑观应作为启蒙思想家的伟大之处。

◉问　澳门是郑观应经常往来的居停之地，郑观应在1873年刊行的《救时揭要》中，写出了多篇有关澳门"猪仔贸易"的文章，包括《澳门猪仔论》《续澳门猪仔论》《求救猪仔论》《论禁止贩人为奴》《救猪仔巧报》《记猪仔逃回诉苦略》和《澳门窝匪论》等。这些文章写于1862至1873年之间。当时澳门的"猪仔贸易"是怎样的情形？郑观应对澳门"猪仔贸易"的评论是怎样的？郑观应以买办之身痛切地思考当时中国社会及民众的境遇，这种强烈的爱国之情是否与澳门的中西文化交融密切相关？

◉黄　澳门"卖猪仔"这个东西是澳门历史上最黑暗的一页。我写过一篇文章，关于澳门苦力贸易，同时介绍了"卖猪仔"。它之所以发生，主要是因为英国占领香港岛后，澳门的贸易地位逐步丧失了，它没有生意可做，为了生存和发展，他一方面搞赌博，成了一个赌城，另一个方面就是贩卖人口，也就是"卖猪仔"。当然这个东西在澳门历史上是有前科的，它不是突然开始的，葡萄牙从殖民主义时期就进行奴隶贸易，从非洲贩卖奴隶到美洲，赚取巨额利润。驻留澳门之后，主要是搞商业活动，但也贩卖人口，经常有些材料讲他买卖人口、贩卖儿童，人口贸易实际上就是奴隶贸易。中国一些官员写的奏章里头就怒斥这个事情，说他贩卖人口，甚至讲他们吃人，实际上中国不知道奴隶有价值，有剩余价值，他以为是好吃小孩，实际上他是贩卖人口。随着香港的崛起，澳门贸易地位逐步下降，正好这时候拉丁美洲和美国西部大开发都需要大量劳动力，而且需求量很大，葡萄牙通过澳门将大量中国人贩卖到上述地区，称为契约华工，实际上就是奴隶，他们的命运多数是很悲惨的。

作为一个世居澳门、关心社会的知识分子，郑观应对当时澳门"猪仔贸易"的情况无疑是非常了解和愤慨的。文章多以时事评论的形式写就，其主要内容包括：揭露澳门"猪仔贸易"的罪恶实质及其社会影响，揭露澳门"猪仔贸易"的严重性，指出澳门成为"猪仔贸易"中心的某些原因，提出禁绝"猪仔贸易"的办法。作为中国近代史的思想家和实业改革家，郑观应在他早年有关"猪仔贸易"的论述中，已经充分显示了他的争取社会民主、维护人权倾向、政治主张，以及坚定的爱国主义立场。如果我们把他有关反对"猪仔贸易"的论述和他后来实行的实业主张结合起来考察，便更会感到他对中国近代社会的深切了解。中国近现代没有出现一个由农业国变为工业国、农民从农村走入城市的历史过程。中国早期的破产农民部分成为猪仔华工，流到外国去了。要使中国富强，不仅要禁止不合理的"猪仔贸易"制度，同时要实业兴国，为中国的破产农民铺垫出路，而中国亦可以借此完成近代化社会的改革。

●问　您在《论澳门海洋文化》中提到："澳门是中西

文化交汇的港口城市，也是中国新文化、新思潮的发源地之一。近代中国一些爱国的、追求改革和革命的人士，也很重视澳门，并以澳门为其活动舞台。澳门民主思潮的传入，使香山成为中国民主革命的摇篮。中国民主思潮之起源于南方，在澳门附近地区相继涌现了孙中山、康有为、梁启超、郑观应、刘思复等一批革命家和思想家，实与澳门大有关系。"为什么说中国民主思潮起源于南方？在近代史上，香山如何成为中国民主革命的摇篮？郑观应等人民主思想的产生，与澳门的海洋文化之间有着怎样的内在联系？

◎黄　其实我刚才也讲到了一部分，就是这个地方接触西方比较早，而且时间比较长，地理大发现之后，西方走在了世界的前列，当时很多先进的思想、技术和知识就最先从这里传入，最先影响这片地方。

在葡国人定居澳门之前，澳门这个小渔村有不少福建的移民，他们在望厦村定居，而望厦就是"望着厦门"，富有怀乡之意。他们在此设了多间妈祖庙，使妈祖文化成为澳门居民的主流文化，当然佛教、道教及华南地区其他的信仰，在澳门亦都有相当大的影响，至今比内地保留得更加完整。在早期，香山人和福建人把妈祖文化与中国的传统文化带到了东南亚，并与当地文化相交融，产生了本土的"华侨文化"，促进了本地经济文化的发展，而这种文化后来又与西方殖民者葡、荷、西、英等国的文化相结合，吸收了西方许多先进的东西，成为更加开放的海外华人文化，再反馈到他们的祖籍，主要是福建与广东，成为具有开拓性的"华侨文化"，对家乡和祖国的改革和建设起着积极的作用。

澳门作为 16、17 世纪航海丝绸之路的重要据点，其航海线不仅南联东南亚各国，而且北至日本，西经菲律宾至美洲，把世界四大洲连在了一起，开始形成全球性的贸易大网络，而且大大促进了东西方文化交流。澳门于明末清初在沟通东西方贸易和文化方面之所以能起枢纽作用，全在于其开放性和包容性。中国民主思潮的产生，郑观应等人的民主思想的产生，均与此相关。

●问 据《中山市志》载，古代香山人去往澳门的陆路通道，有几条修筑于清咸丰十年（1860）的古道，其中东干大道和南干大道都是岐澳古道的一部分。当年南干大道的一段，因隐藏于五桂山脉之中而得以保存，成为岐澳古道的遗迹。在这段古道的终点即山顶的云径寺遗址上，发现了郑观应捐资建茶亭时所立的碑刻，上刻林则徐的《十无益格言》。可见郑观应对家乡交通事业的支持。历史上香山县与澳门之间的交通往来具有怎样的意义？香山以及澳门在近代史上的价值是否与其独特的地理位置和地理联系密切相关？

◉黄 我先讲一讲我的个人经历。当时日本人进攻中山的时候，我家逃难到澳门，我当时四五岁，走路走不动了，我母亲就背我一下，走一段又放下来，又背一段，从石岐到澳门走山路大概两三天，当时走的古道应该就是岐澳古道，当时路上还有个茶亭。

《香山县志续编》记载："西北诸乡，均以航行为捷；东南诸乡，则陆路交通为多。"通往澳门，走的便是陆路。如今翻查《中山市志》，记载的古代陆路要道有 4 条。除了建于康熙年间的西河石路位于西北区域外，东干大道、南干大道和长不过百米的蚬涌莹石路都在东南区域。其中，东干大道从香山县城东侧至南朗，途经南朗镇翠亨村，这里是孙中山的故乡。从南朗再出发，就可到达大名鼎鼎的唐家湾，民国首任总理唐绍仪，清华首任校长、主导庚款留美的唐国安，民族实业家唐廷枢等都出自这里。沿着海边继续前行，便是澳门。南干大道从香山县城南麓通往澳门，途经三乡雍陌村，这里是郑观应的故乡。东干大道和南干大道都是岐澳古道的一部分。当年出洋打拼的第一代华侨，不少就是沿岐澳古道走向澳门，乘船前往香港或者出洋。也有不少人，背负各种货物，目的地也是澳门，不过是为了与洋人做生意，终日往返奔波。还有一些人，沿着岐澳古道见到了一个新世界，转头望向自己脑后的辫子和千疮百孔的大清，开始思索中国的未来。在他们口中，岐澳古道被称作"香山的茶马古道"。如今隐藏于五桂山脉之中，却也因此得以保存的那段岐澳古道遗迹，当年属于南干大道的一段。1924年，也就是民国十三年，香山县拥有了第一条真正意义上的公路——岐环公路，此后又修成多段公路。继而有人提出，应在香山县城石岐开辟一条直达澳门的公路，以便运输。于是，几位香山人合作成立了中国第一家民营公路公司——岐关车路公司。经过近10年努力，至1936年，他们打造的岐关公路全线通车，总长99公里。随着岐关公路的使用，岐澳古道渐渐湮没。沿途的休憩之所不多，县志中提到两处，一为桂峰茶亭，一为云径寺茶亭。前者如今仍存，立于现中山南区马岭村的村口。后者只剩断垣残壁，据说拆除于20世纪50年代，但恰恰位于保存完好的古道终点处。

香山为海上丝绸之路奉献了澳门港，澳门港的崛起也对香山社会产生巨大影响。这种影响是通过澳门与香山密切的陆海路交通实现的。香山交通除了上述陆路之外，还有四通八达的水路，极为便利。县城石岐海港向南距离澳门和珠江口约100里，有两条航线南下澳门：一条是由石岐水出港口汛，沿沥尾沙水至东洲门出海南折涌口门至金星门和香洲埠至澳门；一条由石岐水南行经深湾海向东南行至磨刀门至澳门。香山澳门的经济和文化联系十分密切。澳门居民很多是香山本地人。

香山与澳门的这条通道，不仅仅是一条普通的交通要道，还是一条中西文化交流的通道，更是孕育中国近代英才的文化之路。澳门是岐澳古道的出海口，因临近澳门的特殊地缘关系，香山地区得以较早接触西方先进的物质文明和思想文化。近代以来，得风气之先，亦领风气之先，人们思想开明，眼界开阔，善于学习，勇于探索。中国近代伟大的民主革命先行者孙中山，呼唤思想启蒙与倡导顺应历史潮流的郑观应、刘思复、杨匏安等思想家，推动中国近代对外贸易和工商业发展的著名买办唐廷枢、徐润，中国四大百货公司创始人马应彪、郭乐、李敏周、蔡昌等实业家……沿着这条古道远赴重洋的，有一代代华侨，还有瓷器、茶叶和丝绸。而沿着这条古道进来的，则有西方物产和先进思想。守旧的中国在颤颤巍巍中与世界文明接轨，多少就是拜这条古道所赐。也正是在这文化辐射之下，香山乃至南粤成为中国最早向近现代文明转型之地，甚至多年后的今天，这里仍是中国与世界文明接轨的最前线。

◉**问** 澳门在中国明清时期的海外贸易发展史中发挥了重要的作用，成为当时中西文化交流的窗口和纽带，对当时的香山社会和后来的香山文化产生了怎样的影响？

◉**黄** 16世纪以来，香山为海上丝绸之路奉献了澳门港，澳门港的崛起也对香山社会产生了巨大影响。澳门作为远东海上丝绸之路的中转站，在向全世界发展贸易的同时，也在多方位地吸收着世界的新文化。而香山与澳门水陆交通联系密切，许多香山人往来澳门经商做工，自然会对该处的新鲜事物有所感触，深受影响。

首先，香山人通过澳门最先接触西方先进文化。澳门是西方文化进入中国的孔道，它吸纳了许多西方先进文化，传输于香山，大大拓宽了香山人的文化视野，丰富了香山人的物质文化生活。16世纪中叶葡萄牙人建立澳门教区，利玛窦等传教士打着学术传教的旗号开展活动，使西方文化如泉水般通过澳门涌入国内，直接推动了16—18世纪中西文化交流的高潮。这期间，经由澳门传入的先进科学技术，受到人们重视的首推天文学、地理学和西洋大炮。而贴近人民生活的有西方最新的工业产品，比如玻璃与玻璃制品，又可细分成玻璃屏风、玻璃杯、壶、围棋、灯、镜子等，镜又分为照射镜、千里镜（望远镜）、多宝镜、显微镜、大字镜、照字镜、眼镜等。纺织品有各种布、绒、纱等，又可细分成天鹅绒、大呢、小呢、缎和纱（称为雨纱、雨缎）、琐袱、哗吱缎、大毡、大花绒毡等。还有锡器、硫黄、席和钟表等。当时传入澳门的各种钟表和计时器，品种甚为齐全。此外还有刀剑、香水（花露水，即蔷薇水）、苏合油、丁香油、檀香油、桂花油、冰片油等。这些产品在明清之际经由澳门传入内地，尤其是眼镜功能神奇，令人叹为观止，深受中国人喜爱，很快得到了推广。屈大均说："玻璃来自海舶，西洋人以为眼镜。儿生十岁，即戴一眼镜以养目光，至老不复昏蒙。"铬钟表方便小巧、计时准确，传入中国后改变了我们对时间的概念，人们纷纷购买并加以仿造。其他西洋动植物的移植，主要有獴猲（形状与狸相似，高足而结尾，为葡人珍爱）、番狗（一种宠物）、羊桃（又名洋桃）、番荔枝、橄榄（一名青果）、甜荔枝、酸荔枝、番薯、西洋莲、西洋菊、西洋牡丹和茉莉花、洋山茶、洋葱、菖蒲、荜茇、芦荟、葡萄、白豆蔻、紫檀木（紫榆木）、乌木、黄花木、影木、泡木、波罗树、烟草、鼻烟、龙涎香、龙脑香、伽南香、檀香、梅花片脑、巴尔酥香（即安息香）、降香、乳香、衣香、胡椒、贝多罗（叶大而厚，古时梵僧用以写经）、丁香树、荼蘼等。当然，以上产品并非全部来自西方，其中有些产品的家乡是东南亚（如各种香货和胡椒），有些则来自拉美地区（如烟草和番薯）。但多数是通过葡萄牙商人或其他商人传到中国来的。这当中，有些产品对我国的国计民生和社会时尚造成一定影响，例如番薯、烟草和番狗等。此外，尚有西洋建筑艺术、绘画、音乐、语言文字、医药、物理、数学等都相继从澳门传入。总之，在16—19世纪初，澳门是西学东渐的跳板、中西文化会通的中心。西学传入许多新的科学知识，也带来了追求经世致用的务实学风，尤其使在澳门附近的香山人直接受益，他们享用着西方先进的物质和精神文化，并吸取其精髓，以丰富本地文化，推动香山文化的

黄鸿钊

发展。

其次，澳门开埠以后，推动了香山人出洋经商做工留学的热潮。香山濒临南海，很早就有人流寓海外，从商做工。据香山《江夏郡致中堂家谱》记载，宋代宝祐年间，新会县杜阮村的进士黄敬斋奉令出使安南国（今越南），回国途中因遇飓风滞留国外数十载，元初回国择香山长洲定居，是有据可查的最早的香山侨民。因为出洋从商做工更方便，早期香山华侨主要流落东南亚地区，后来香山人的足迹遍及世界各大洲。马来西亚是香山人较早涉足的地方。1786 年，英国人占领马来西亚槟榔屿，就陆续有香山人到达该埠。现存的许多华文墓碑可为佐证。18 世纪，三乡镇古鹤村人陆续到国外谋生，到清末，该村出国人数不少于 2000 人。香山人梁亚胜，是香山县第一位踏入新加坡的侨民。新加坡建立殖民政府后，他被委任为警长。道光元年（1821），香山县侨民日多，梁热心为同乡服务，成立香山会馆。

早在夏威夷归并于美国之前，便有许多香山华侨赴该处谋生，他们集中于首府檀香山。当地气候与香山相同，华人在此开荒垦殖，进而发展实业，使檀香山逐步成为富庶之区。1886 年，当地华人达 2 万人，占全夏威夷人口的四分之一。1851 年，香山县梅溪乡人陈芳在夏威夷开办蔗园，招募劳工垦荒种蔗，成为华人在当地蔗糖业的巨商。美国发生南北战争时，糖的价格提高了 5 倍，夏威夷糖业迅速发展而致劳工短缺，1872 年，他的公司在香山一带招募的华工就达1400 多名。19 世纪 80 年代，华工已成为蔗园和榨糖的主要劳动力，1897 年最高峰时有华工 8000 多人。1861 年，夏威夷输美的糖额骤增 3 倍，陈芳借此机会，扩展经营糖业，资产超过百万美元，成为华人首富。孙中山的胞兄孙眉也是檀香山的著名富商。1871 年，孙眉赴檀谋生，在茂宜岛租地开垦，逐渐发展畜牧、垦殖、商业、地产等，成为当地的富有者，加上为人慷慨仗义，被当地土人称为"茂宜王"。1877 年，他受夏威夷政府委托回香山招收数百名村民移民檀香山。香山县北台村人杨著昆，1873 年到檀香山，相继创设永昌栈及新和盛田馆，耕种稻米，经营米业，被誉为"米王"，有"杨百万"之称。

19 世纪 70 年代香山人赴澳大利亚淘金，从 19 世纪末开始，香山华侨转为经商，竹秀园村人郭顺、郭乐、郭标，沙涌村人马应彪等都是经营水果生意发迹的香山华侨，悉尼最著名的水果商行永生、泰生、永安果栏，就为他们所创办。此外，香山还有许多人是通过掠卖劳工方式流动到国外。葡人居留澳门后，其掠卖人口的活动十分猖獗。1569 年陈吾德上疏称，葡人在澳门"私通奸人，岁略卖男妇何啻千百，海滨居民，痛入骨髓"。其中澳门耶稣会士也参与了掠卖人口事务。他们在澳门"向 1000 名左右的奴隶讲解教理，为孤女或本地教民处理婚姻，为维持葡萄牙人的康健，先向果阿遣送第一批奴隶妇女 450 名以上，以后又遣送出第二批，约 200 人"。耶稣会士说，把这些奴隶妇女运到果阿去，主要是服侍葡萄牙商人，他们最喜欢中国妇女的勤劳俭朴。于是，掠卖中国妇女并加以训练，再送去为殖民者所使用，也成了天主教士"神圣的"职责！香山政府官员对澳葡掠卖人口的罪行早有觉察，1567 年，香山知县周行严禁澳门"水陆私贩及诱卖子女等弊"。1839 年 6 月 27 日，清政府谕令林则徐等人调查夷人掠卖人口出洋事宜。林则徐派澳门同知蒋立昂、香山县丞杨昭到澳门密查暗访，获知"每岁冬间夷船回国，间有无业贫民私相推引，受雇出洋，但必择年力强壮之人，其稚弱者概不雇用。当其在船之时，皆以木盆盛饭，呼此等搭船华民一同就食，其呼声与内地呼猪相似，故人目此船为买猪崽。其实只系受雇，并非卖身。十余年前连值荒年，去者曾以千百计"。

鸦片战争以后，澳门贸易衰落。澳葡当局即转向大力推广苦力贸易，奴隶贩子也从偷运变为公开化，肆无忌惮，为所欲为。1860 年，澳葡设立了专管苦力贸易的监督官，并开设了若干专门经营苦力贸易的"招工馆"。葡人称招工馆为"巴拉坑"，这是葡语 Barracoon 一词的音译，意为木棚，中国人则称之为"猪仔馆"，对被诱骗入馆的人称为"卖猪仔"，澳门的苦力贸易发展很快。也有一些香山人充当洋人的帮凶，为洋人拐骗苦力出洋。据《古巴杂记》载：1853—1874 年，从澳门、汕头、厦门、广州、香港等埠运载华工直驶古巴的船舶共 346 航次，计 143040 人。其中 260 航次从澳门开航，所载华工以香山农民为多。

再次，澳门开埠也为出国留学打开了方便之门。1645 年香山人郑玛诺前往罗马留学，是中国近代前往欧洲留学第一人。郑玛诺号惟信，1645 年，年仅 12 岁的他就随同陆德神父前往欧洲，抵达罗马后进入圣安德勒学院修读，1653 年加入耶稣会，并转入罗马公学学习修辞学、逻辑学、物理化学、音乐和外语等多门课程，毕业后居留罗马，教授拉丁

文、希腊文法与文学，3 年后转赴欧洲各地学校任教，至
1671 年返回澳门，这时他已 38 岁，同年应召入北京朝廷供
职。但当时他已身患严重肺病，于 1673 年 5 月 26 日在北京
病逝。鸦片战争以后，香山人容闳引领新时期出国的热潮。
容闳字达萌，号纯甫，香山南屏乡人，1841 年入澳门马礼逊
学堂读书，1847 年赴美国留学，1854 年毕业于美国耶鲁大
学。容闳所处的时代，中国极度落后，亟待从衰弱中奋起，
因此他肩负着向西方先进科学知识学习的历史使命，自从他
留学美国回国之后，就积极推动组织少年出国留学，在他亲
自组织的 120 名留美幼童中，香山籍的学生占三分之一，他
们后来学成回国，在清末民初中国政坛或经济文化建设中分
别扮演了重要角色。其后在 20 世纪初，在新的留学潮中，
又有刘思复、郑彼岸、郑道实等许多香山人出洋留学。这些
留学人士接受西方教育多年，他们把西方资产阶级民主政治
的理念带回国内，对于中国民主革命思潮的兴起和发展产生
了一定的影响。总之，历年以各种方式出洋的香山华侨总计
达 41 万多人，分布在 90 个国家和地区。华侨或在乡间结婚
后出国，或出国后中间回乡结婚，因此香山侨眷众多。华侨
虽远在外洋，仍心系祖国，惦念家乡亲人。自异国他乡寄回
的侨汇，不但改善了侨眷的生活，也改善了侨乡的经济文
化。侨乡的学校一般设备比较完善，许多侨乡均出版报刊，
据不完全统计，民国时期香山侨乡报刊有近 30 种之多，这
些报刊对于启发民智，传达外界信息起了极大作用。香山华
侨阅历丰富，思想开放，敢于创新，关心国事，是推进近代
社会变革的重要力量。孙中山等在檀香山创建兴中会，该会

最早的几百名核心会员中，就有79名香山人，他们都是檀香山华侨。

最后，澳门是香山人放眼看世界的窗口。澳门在中西文化交融过程中，西方资本主义社会的新思想、新观念通过澳门传入香山，使香山人大受启迪，推动香山革命思潮的发生，并成为民主革命的故乡。香山人郑观应长期居留澳门，研习西洋文化，发表《盛世危言》，敲响了民族复兴的警钟。孙中山的家乡与澳门近在咫尺，1875年少年孙中山第一次由翠亨村到澳门，转搭英轮赴檀香山与长兄孙眉团聚，此后孙中山在海外开展了一系列革命活动，创造了三民主义。在新思想影响下，香山许多志士仁人胸怀改革社会的崇高志向，追随孙中山参加民主革命。在历次革命起义中英勇战斗，不怕牺牲，为辛亥革命的胜利做出了卓越贡献。其中许多精英走在时代的前列，创造了骄人的业绩，这些人包括：唐绍仪，民国的首任内阁总理；刘思复，中国最早的无政府主义思想家；郑彼岸，《香山旬报》主编、中国近代民主革命者和文史事业的前驱；杨仙逸中将，著名飞行家、中国航空之父；孙科，民国行政院长、广州市市长；张惠长，广州航空学校首任校长；朱慕菲，中国第一个女飞行员；程璧光，民国海军总长；吴铁城，民国行政院副院长兼外交部长。此外许多香山人还在不同领域中作出了开创性的贡献。他们是：容闳，中国留学生之父、中国120名幼童留学美国的组织者；王云五，"四角号码"检字法发明者和首创中国百科全书；唐国安，清华大学首任校长；钟荣光，岭南大学首任华人校长；萧友梅，中国现代音乐奠基人、中国最早的音乐教育家、上海国立音乐学院首任院长；苏曼殊，近代作家、诗人、翻译家、革命文学家；黄宽，英国爱丁堡大学医学博士、中国最早的西医；马应彪、郭乐、李敏周和蔡昌，分别在香港、上海和广州创办中国最早的大型百货公司：先施公司（1917）、永安公司（1907）、新新公司（1926）、大新公司（1912）。以上人士都是近代香山人的杰出代表。

这些先进人物的优秀事例，说明香山文化已经摆脱因循守旧和故步自封的陋习，逐渐形成一种锐意进取、敢于创新、敢于开风气之先的文化精神，其中澳门港起到了至关重要的影响。

◉问　郑观应在《盛世危言》中，对道路交通的建设非常重视，他说："夫地方之有铁路，譬如人身血脉流通，手足灵捷……其未建铁路者，则如风痹之人，半体不遂，举动不灵，横逆之来，无可相助，亦惟任其侮辱而莫之御。"您如何评价郑观应关于铁路的论述？这种观点的产生是否与近代中国特殊的历史发展背景有关？还是主要与郑观应个人的买办经历有关（轮船招商局等从商经历）？

◉黄　交通对于商业是很重要的，作为商人，他当然有切身的感受，如果你买了一批货运不出去，这个生意怎么做？所以他对这个东西很敏感，那是必然的。郑观应了解西方，深知中国全面落后，有着特殊的历史背景，而发展铁路是推动进步的重要方面，交通跟商业的兴衰直接相关。郑观应作为一个维新思想家和近代商人，无论从国家富强角度，还是从经商办企业角度，促进交通特别是铁路发展，他都会积极推动，责无旁贷。

◉**问** 晚清"四大买办"中的徐润、唐廷枢和郑观应三人来自香山，在上海产生广泛的交集，晚清香山买办成为一个特殊而重要的群体，您认为它形成的原因是什么？香山为何成为"买办的故乡"？

◉**黄** 我认为这个原因不难找到。其实买办的前身是揽头，揽头从何而来？就是从澳门的葡萄牙人来的，葡萄牙商人要经商，需要懂得做生意而又诚实的人作中介，这些人当时就称为揽头，也就是后来的买办。澳门是明清时期仅有的中外交流口岸，香山得地利之先，做买办的时间长，人数也逐渐聚集，那时候大家特别注重亲缘、地缘和业缘，当然不排除其他地方也有买办，但其他地方有外国人来都是在鸦片战争以后。当时的买办，也是有帮派的，如同现在的潮州帮、温州帮、宁波帮一样，大家在外面就同声同气，互相提携，所以香山的买办最多，那是必然的，也是合乎逻辑的。

◉**问** 您在《澳门同知与近代澳门》一书中谈到了1908年香山地区最早发行的报纸《香山旬报》，该报纸在发刊不久便连载了《香山失地始末》的长文，积极唤起民众参与葡澳之间的权利纷争，体现了近代香山地区强烈的民族意识和爱国情怀，您能否谈下当时的一些情形？

◉**黄** 失去澳门使香山人感到切肤之痛，就像母亲失去孩子。澳门一直属于香山，即使葡萄牙租借后，澳门主权和管制权还属于中国，曾经澳葡政府每年向中国政府交纳500两银子作为租金。但到1849年澳葡政府突然发动政变，驱赶中国管制澳门的官员，同时查封海关，赶走税官，引起包括香山人在内的中国人的强烈不满，其中有个叫沈志亮的人杀死了当时葡萄牙派驻澳门的总督亚马勒将军。沈志亮又名沈亚米，澳门望厦龙田村人。家境清贫，以捕鱼种菜为生。葡萄牙派驻澳门的总督亚马勒将军在当地肆行殖民扩张政策，强迫龙田村人民搬迁祖坟，同意的得白银二两四钱，反对的强迫挖墓，并把骸骨抛入海中，而沈志亮的祖坟就是这样被铲平。沈志亮深感不满，1849 年，与郭金堂、李宝、张根、陈发等 7 人立誓杀死亚马勒。8 月 22 日，亚马勒与副官到关闸附近打鸟，遭到伏击，沈志亮的袭击获得了成功，斩去了亚马勒的右肩和首级，副官负伤逃走。后来葡萄牙政府要求清政府交出杀死亚马勒总督的犯人，沈志亮为保村民性命而向清政府自首，清政府在葡萄牙政府的压力下将其处死。在今日珠海市前山城墙下有沈志亮的纪念墓。从此以后，澳葡当局就全面占领澳门，不承认中国对澳门的主权。第二次发生在清末的澳门划界争端。19 世纪末 20 世纪初，在帝国主义列强瓜分中国的狂潮中，澳葡的表现也愈益猖狂。当时澳葡在澳门附近地区的扩张活动包括以下几个方面：北面侵略关闸以北地区；于 1890 年在关闸外设立路灯，同时宣布不许我国在北山岭炮台和汛房驻军，西面占领对面山各乡村，南面夺取十字门的几个岛屿，葡萄牙殖民者的扩张活动还伴之以外交上的讹诈。最终导致中葡澳门划界交涉的导火线是"二辰丸案"。1908 年 2 月 5 日，日本商船"二辰丸"偷运枪炮弹药入境，在路环岛附近的大沙沥海面被我海关水师截获。由于罪证俱在，日本船主已承认犯罪，表示服从惩处。但是日本政府却和葡萄牙殖民者串通一气，抵赖反扑。2 月 14 日，日本公使林权助向清外务部发出抗议照会，硬说"二辰丸"是在葡萄牙人管辖的水域中航行，反诬清政府越境截捕商船，"显示违约""举动野蛮"；要求清政府"速放该船，交还国旗，严罚所有非法之官员，并陈谢此案办理不善之意，以儆效尤"。消息传到广东，舆论哗然。广东绅民自发掀起抗议示威和抵制日货运动。与此同时，中国人民对与日本朋比为奸的葡萄牙殖民者也表示了极大的愤慨。广东人民对澳葡肆意扩占澳门对外领土的行径本来就深恶痛绝。"二辰丸"案的发生，更使要求划界的运动迅速发展起来。1908年底，在人民的强烈要求下，清政府指派驻法公使刘式训前往里斯本，同葡萄牙政府商谈澳门划界问题。当时，香山县绅商学界代表300余人，在恭都北山乡举行会议，共谋对策。与会代表认为，"此次划界亟宜集合大团，力筹挽救"，一致决定成立"香山县勘界维持会"，发动人民力量，充当澳门划界谈判的后盾，"候划清界限，妥善无误，始行解散"。维持会提出了澳门划界的方针。在水界方面，坚持全部水界应属中国控制，但允许葡船在澳门水面航行；在陆界方面，坚持以澳门原有围墙为界，收复围墙外葡人占地，绝不容许葡占领澳门以外一寸土地。澳门划界斗争激发了人民的爱国热情，当时人们普遍认为，除了政治和军事上对澳葡进行针锋相对的斗争之外，还应采取有效的经济抵制手段。总之，1909—1911年的澳门划界交涉，是中国人民特别是香山人民反对葡萄牙扩张的一次重要斗争，也是近代中国人民反对帝国主义瓜分中国斗争的一个组成部分。这次斗争再次表明了中国人民不甘忍受帝国主义和殖民主义压迫的反抗精神，显示了团结战斗的伟大力量。

◉**问** 郑观应早年曾为多种报刊如《华字日报》《循环日报》《中西闻见录》等撰稿，宣传维新改良、富强救国的思想，提出设议院、开学校、发展民族工业和外国列强实行"商战"等主张，在当时引起强烈反响。并将历年发表于报刊的政论文集整理成著作刊行，如《救时揭要》《易言》《盛世危言》等。可以说，郑观应对报刊的重视和利用是非常成功的。近代中国的报刊在传播先进思想方面发挥了怎样的作用？郑观应对新闻报刊的重视是否体现了近代中国先进思想家主动积极寻求人民认同的意识？

◉**黄** 我认为郑观应对报刊的重视和利用是非常成功的，从我接触的《香山旬报》来看，在19世纪末20世纪初，中国的知识分子充分利用报刊资料传播先进思想，这种民族意识和救国意识都非常强烈，而且理论认识也很深刻。我看到那时的《香山旬报》发表的评论都讲改革，这说明了当时知识分子爱国意识的觉醒。当然，在20世纪初，我看到《香山旬报》中同盟会员的议论比郑观应要激进，像孙中山、郑彼岸、刘思复等人的言论，更接近走向革命的趋势，可以看到民族觉醒从局部到全局，从一般到强烈，新闻报刊成为思想变革的先导和载体。郑观应等先进思想家主动通过报刊发声，唤醒民众，传播先进思想，了解民众心声，从而为变革造势。

◉**问** 有人说，《盛世危言》这种石破天惊、振聋发聩的巨著，只会出现在旧时广东香山这个最早开眼看世界的地方。您是否认同这种说法？最早开眼看世界的香山民众，在中国近代史的哪些方面具有开创性的引领作用？

黄
鸿
钊

◉黄 对这个问题，我是认同的，原因我刚刚也提到了，一个是海洋文明的角度理解，一个是有澳门这个特殊的地方，一个是远离统治中心，一个是香山一批人很早就接受西式教育。这里面最重要的还是因为澳门的存在，香山因为澳门，成为中西文化交流的窗口，这种独特的位置、独特的环境、独特的城市使得香山起到了独特的作用。

香山在中国近代史上的开创性引领作用，我没有专门研究，需要慢慢总结，我简单谈下自己的认识：一是在思想理论方面，是思想启蒙的先行者。比如首位留美博士容闳创建改良主义理论；郑观应出版了具有爱国主义和改良主义思想倾向的系列论著，《易言》主张学习西方先进的科学技术和民主制度，《盛世危言》较为完整地反映资产阶级的维新思想体系；杨匏安是华南地区最早系统宣传和介绍马克思主义的代表人物。二是在革命实践方面，是大无畏的前行者。许多香山人前赴后继投向革命事业，最出名的人物是孙中山，他不畏挫折，屡败屡战，最终推翻帝制，建立共和；陆皓东是为民主共和牺牲的第一人；刘思复是近代民主革命家，曾经策划暗杀广东水师提督李准和摄政王载沣等。三是在社会转型方面，是积极的探索者。洋务运动是一次社会转型探索，在某种意义上，《盛世危言》是对洋务运动经验教训的深刻总结和系统反思。四是在近代民族企业方面，是积极的践行者。据统计，1830—1900 年的 70 年内，上海、香港、广州、天津、汉口、九江各埠 4 家英国洋行买办中，广东人占 90%，其中香山人是主角。当时上海主要的洋行，如宝顺、怡和、琼记等买办均是香山人。当时著名的香山籍买办主要有容氏、唐氏、徐氏、莫氏、郑氏五大家族。唐廷枢创办了一系列的近代工业，被誉为"中国第一企业家"，近代百货公司也是源于香山人。

◉问　您曾在《辛亥香山释奴运动与剪辫运动纪实》一文中指出，辛亥革命时期，香山曾发生过一次释奴运动的高潮。作为近代中西文化交汇之地的中山，为何还盛行蓄奴？这种情形，对以郑观应为代表的买办产生了怎样的影响？

◉黄　我首先谈第一个问题，为什么作为近代中西文化交汇之地的中山还盛行蓄奴？蓄奴这个问题跟中西文化交汇没有矛盾，像西方资本主义发达的地方，买卖奴隶的现象还是很多。美国到19世纪都还存在奴隶，资本原始积累阶段充斥着奴隶贸易，是通过金钱剥削或压迫人民的方式进行，华盛顿就是一个大奴隶主，所以资本跟奴隶并不冲突。

辛亥革命时期，香山曾发生过一次释奴运动的高潮。1910年2月14日，香山县令沈瑞忠颁布告示，宣布濠涌乡释放奴仆50余名。与此同时，《香山旬报》刊登了获得人身自由的世仆的公开感谢信，名为"铭谢德光"，"长歌德政"。这一事件顿时在香山全县引起轰动，产生了极其广泛的影响。蓄养奴隶是封建社会保留奴隶社会的残余物。中国奴隶制的发展不是很成熟，它是以家内奴隶为主的。因此，贯穿于整个中国封建社会，奴隶作为封建贵族和富人家庭的装饰品而存在，用于侍奉、歌舞、扈从以及家庭杂务。当然封建社会里也有使用奴仆从事生产的，例如香山沙田地区便常使用世仆耕作。岭南自古有蓄奴的风气，在南宋已出现人身隶属关系的世仆。他们"俗谓之仆丁，亦曰下户"，或

"名之为二男"，又有称为义仆、佃仆的，身份不自由，对家主有比较强的人身依附关系。元代广东蓄奴的风气较之宋代更甚。明代虽法律上规定庶民不能拥有奴婢，但珠江三角洲地区却盛行"役僮仆出入垄亩"，家内服役更不用说了。清代法律明确规定庶民可以蓄养奴婢，取得奴婢也极为容易。役使奴婢从事土地开垦，对地主阶级甚为有利，宗族势力的强大又是世仆制得以存在的有力保证。香山地区买卖奴婢之风极盛，蓄奴现象较为普遍。世仆是由奴仆转变而来，而奴仆主要是地主通过各种手段，迫使走投无路的贫苦农民卖儿卖女以抵偿租借的产物。此外，还有通过手中掌握的政治特权，勒迫农民为奴仆。如清初，"香山陋俗，里长待甲如主视仆，任由磨灭丁银，加收私吞肥己，抗粮压累，泾渭难分，每遇现役，借公科敛，以一派十，任意苛求"，"贫者逼写男女子孙奴隶"。

蓄奴实际上也是人口买卖，年少的时候我在家乡就看见过很多，因为家穷，孩子多，有钱人给点钱，就把孩子卖给他，成为他家的丫鬟或佣人，我记得当时有个华侨临时租住在我家，他当时还带着一个临时买来的丫鬟，丫鬟没有人身自由，实际也是奴隶的一种。在香山奴隶分很多种类，有如丫鬟这种服侍型的，也有生产型的，当时沙田就多生产型奴隶。辛亥革命时期，香山革命者把释放奴婢、废除蓄奴陋俗作为肃清地方封建残余、推动社会改革的重大问题。《香山旬报》创刊之始，就接连发表评论，深入宣传释奴的必要性，为发动群众开展释奴运动而大造舆论。蓄奴对社会至少造成三大危害：一是部分人卖身为奴，丧失人身自由，没有独立人格尊严；二是做牛做马，任人驱役鞭打，过着非人生活；三是赌徒、烟鬼卖儿女为奴婢，以供赌博、嗜烟之用，造成社会道德的沦丧，因此必须制止人口买卖，释放奴婢。

蓄奴对郑观应等买办没有多大关联，郑观应作为维新思想的倡导者，他本身应该是反对蓄奴制度的。

◉问　郑观应的代表作《盛世危言》，对中国民主主义革命产生了深远的影响。此书不但启迪光绪皇帝，更唤醒千百万仁人志士，深深影响了数代伟人，如孙中山、毛泽东。孙中山和郑观应在澳门、香山产生过广泛交集，能否谈下他们的交往情况？郑观应如何看待孙中山领导的辛亥革命？

◉黄　孙、郑两人的交往一直是学术界津津乐道的话题之一，我对此没有专门研究。但据了解，两人的交往情况有，但不一定很多，特别后期没有看到相关的史料。从现有资料来看，郑观应与孙中山的交往可能并不密切，更非忘年之交。郑观应长孙中山 14 岁，两人的身份、地位、名气差异及变化比较明显，在孙中山走上革命道路、名声渐隆之前，郑观应的地位远高于默默无闻的孙中山。

关于郑观应为孙中山上书李鸿章写推荐信，当前比较认同是 1894 年 6 月孙中山前往天津中途停留上海找到了郑观应，并请郑观应写推荐信给盛宣怀，再由盛将孙引荐给李鸿章。夏东元先生所编的《郑观应年谱》中指出："据传说孙中山到沪曾到过郑观应家中（郑观应三子润燊所说孙中山曾到过他上海家中两次，这当是第一次到郑观应家中），巧遇王韬在座。"郑观应对孙中山上书李鸿章的支持和对孙中山的高度评价，源于上书的内容可能也是郑观应的思想表达，源于两者可能都是香山人，源于一个长者对后辈青年才俊的推崇与提携，对其才华的肯定，不能直接说明两者私交甚密。

郑观应和孙中山都主张学习西方，走西方资产阶级道路，但是郑观应主张变法维新，走资本主义改良的道路，孙中山主张变法革命，走资产阶级革命的道路，从维新改良走向彻底革命，这应该是两者根本的不同。孙中山要改朝换代，粉碎这个国家机器，然后振兴中华，建立民国，平均地权。郑观应的历史使命是唤醒民族，把一些先进的文化意识传给人们，敲响了民族觉醒的警钟，应该办铁路，办学校，建工厂，应该搞现代化的新事物，但要在维持清廷统治的前提下，他没有讲粉碎旧的国家机器。孙中山不同，他可能在早期也想改良，但走不通，在不到李鸿章等朝中人物的认可后，他坚定地转向革命。我认为郑观应不可能达到孙中山那个高度，也不可能支持孙中山领导的革命。

在孙中山通过革命推翻清政府就任民国临时大总统后，其社会地位和影响力实现了突变，一跃成为中国第一人。孙、郑两人的地位出现了大逆转，此前很有社会影响和地位的郑观应此时已经被孙中山远远地抛开了。特别是郑观应对清廷较为忠心，对民国乱象丛生极为痛心，以及对前朝的留恋，对革命后自己的思想无人问津的苦闷，在孙中山走上革命道路及袁世凯上台后，郑、孙两人更无资料显示交往。当然，郑观应、孙中山两人作为中国近代史上的著名人物，尤其是都长期致力于推动中国变革以摆脱落后、走向富强的事业，且在改革思想方面都有所建树，难免在某些问题的看法上相互影响、互为支持和呼应，这也是人之常情，但并不足以说明两人曾经拥有良好的私交。孙中山、郑观应都是学术界研究比较充分的历史人物，他们的每一篇文章、每一封信都有人关注，但是，迄今为止，人们还没有发现确凿的资料，证明他们有很好的私交和比较密切的交往。但是，无论二人关系到底怎样，同为香山人的郑观应和孙中山都在中国历史上留下了浓墨重彩的一笔，都为推动中国走上伟大的复兴之路作出过永不磨灭的贡献。

◉问　澳门是中国最早开放的对外贸易港口，也是中国近代历史上富有传奇色彩的城市，您曾有多部著作对澳门近代的历史进行了全面细致的剖析，让我们深刻感受到中西交融的历史给澳门带来的重塑作用。郑观应被称为"澳门之子"，您如何评价他的这一称号？澳门为郑观应的事业发展和思想发展带来了什么？郑观应又为澳门带来了什么？

◉黄　这个称号是谁给他的，我不太清楚，当然现在澳门把一些有名望的人列为它的名人，像冼星海在澳门出生，是澳门渔民的儿子，已经成为澳门的历史名人。澳门这么多名人，为什么郑观应被誉为"澳门之子"？我想主要是因为郑观应的巨大贡献。一、郑观应是著名人物，他的思想在中国乃至世界都产生过一定影响，影响了孙中山、毛泽东等伟人；二、郑观应在澳门生活多年，澳门既是他的祖居之地，又是他的生活避风处，还是他的创作港湾，他的代表作《盛世危言》就在澳门完成；三、郑观应钟情澳门，对澳门抱有特殊情感，曾经称呼自己为澳门人；四、郑观应高尚的爱国主义传统与澳门精神紧密相连，他已经成为澳门的文化符号之一，展现着澳门城市的根脉。

◉**问** 您认为澳门既是葡萄牙在东方新航路发现后西方文化进入中国的前哨，又是中西文化交流的纽带、海上丝绸之路的重要节点，造成这种现象的原因是什么？

◎**黄** 1553—1557年间，葡人居澳门。从此，澳门不仅是个通达海外的贸易港口，也是中西文化交流的中心。这种特殊地位的形成，是由各种因素所决定的。

第一，澳门具有优越的地理条件。它位于珠江三角洲最南端，北连大陆，南面汪洋，是广州出海的天然门户。澳门与内地水陆相通，联系密切。纵横交错的珠江水系，使澳门与三角洲之间的内河航运十分发达。同时澳门地处南海之滨，沿海岸线东行，可以沟通闽浙沿海港口，西行则与雷州、海南和广西沿海港口相通。早在开埠初期，闽浙商人就聚集澳门，与广东人一起谋生。"其通事多漳（州）、泉（州）、宁（波）、绍（兴）及东莞、新会人为之。椎髻环耳，效蕃衣服声音。""而大蠹则在闽商，其聚会于粤，以澳门为利者，亦不下数万人，凡私货通夷，勾引作歹，皆此辈为之。"可见澳门对东南沿海各省商人吸引力之大。从对外交通来看，澳门南面汪洋，国际航路通畅，不但与日本和菲律宾等东亚国家相通，还可穿过马六甲海峡进入印度洋，到达东南亚和南洋各国，直抵非洲东岸。再沿好望角北上，通往欧洲。在这漫长的贸易线上，先后有欧亚非10多个古代国家的商人到过澳门，其中有欧洲的葡萄牙、西班牙、英国、法国、荷兰、意大利等国，非洲东部的索马里以及亚洲的阿拉伯半岛、印度半岛、印尼群岛、马来半岛、中印半岛、菲律宾群岛和日本群岛的古代国家和地区的商人。澳门优越的地理条件，有利于贸易的发展与文化的交流，葡萄牙人东来以后，利用澳门港在东方从事转运贸易。每年葡萄牙商人的大帆船队从里斯本启航前往东方，总是先到印度果阿，再经柯钦到马六甲、小巽他群岛而到澳门。然后分头至广州，至长崎，至马尼拉，往来贩运货物，从事贸易，归后船队在澳门集中，启程回国。同时当时的船舶没有重的吨位，澳门水道可以顺利通过，这样一来，澳门便成了国际贸易中的转运站。通过贸易的发展自然促进了文化的交流。

第二，鸦片战争以前几百年间，由于中国奉行闭关政策，对朝贡贸易有种种禁令和限制，澳门以其特殊地位垄断了中国对外贸易，成为中外贸易的总汇之区。明朝厉行海禁，除了以朝贡形式进行的官方贸易之外，一概禁止私人从事海外贸易。这一禁令虽然时紧时松，但海禁的基本原则没有变。1522年起，明朝更罢闽、浙二市舶司，封闭泉州和宁波二港口，只剩下广州市舶司。而广州口岸的贸易又以朝贡贸易为主。澳门港的贸易不属于朝贡贸易性质，各国商人可以在这里通过各种渠道进行购销活动。明朝和清朝政府对澳门的贸易一般采取宽容政策，没有过多的限制与干预。清朝初年海禁甚严。1661年，清政府颁布迁海令，规定沿海居民内迁30至40里，筑边墙为界，不许逾越一步。澳门位于滨海地区，按规定亦在迁移之列，但清政府仍允许葡人继续居留和贸易。中国政府这种对沿海各省禁令甚严，而对澳门另眼相看，实行特别优待的政策，造成了中外贸易长期被澳门垄断的局面。澳门"在中国人的监督下，变成各国与广州间贸易的基地"。"它是葡萄牙人进行商业活动的基地，也是一切外国商人不分彼此，共同参加的大部分走私活动的基地。"基地的作用还表现在："各国夷商来澳贸易，货船俱进黄埔，而坐在商伙多徽居澳门，探行市，清帐目固在此，而操奇赢，通诡秘亦在此，是澳门实为总汇之区。"因此，西方的商品与文化总是通过澳门进入中国。

第三，在鸦片战争以前，澳门是唯一的外国人居留地，葡人东来的目的是从事贸易，谋取财富。但他们居留澳门，生息繁殖，也带来了西方生活方式：住洋房、穿洋服、吃西餐、执洋礼、说洋话、写洋文以及开办教堂、学校和医院等等。这一切使得澳门成为一座西洋文化气味很浓的小城。

当时的中国人用惊讶的目光注视着澳门这座西方化城市的出现。万历年间，汤显祖贬官徐闻，途经广州地区，特地绕道访问澳门，看见一派奇特风光，大为感叹。口占一诗，写道："不住田园不树桑，珴珂衣锦下云樯。明珠海上传星气，白玉河边看月光。"当时华洋杂居的澳门，人口已有几千甚至万人以上。这当中，有时华人多于洋人，有时洋人多于华人。例如 1563 年澳门居民总数为 5000 人，其中华人为4100 人，葡人为 900 人。1743 年居民总数为 5500 人，其中葡人为 3500 人，华人为 2000 人。1839 年居民总数 12600人，其中华人为 7300 人，葡人为 5600 人，另有英国人 57户。1844 年居民总数 8900 人，华人为 4900 人，葡人为 4000人。澳门华人基本上按中国传统方式生活，但与洋人相处日久，受潜移默化之影响，从而穿洋服、习洋文、进洋学堂、信奉洋教，乃至出洋留学，学习西洋科学知识，颇不乏其人。而澳门洋人穿汉服、习汉语、研究汉学、翻译典籍等等也屡见不鲜，华洋通婚的事亦时有发生。几百年间，澳门混血种人数以千百计。可见，澳门提供了充分条件，使中西文化相互渗透与融合，逐渐形成别具一格的澳门文化。

总之，由于上述种种条件造成澳门在西方文化交流中的特殊地位和作用，是我们不能忽视的，我们今天应当还它本来的历史地位，给它以充分的评价。尤其是研究早期的中西文化交流史，只有同澳门联系起来加以深入考察，才能真正弄清这种交流的来龙去脉。

◉问　从城市历史的角度看，近代澳门的历史名人还有哪些？在城市史的研究中，历史名人的研究具有怎样的价值？又面临怎样的困难？

◉黄　近代澳门的历史名人还是不少的，比如郑观应、林福祥、冼星海、叶正明、郭得胜、林锋、冼玉清、王司马、林献羔等。林福祥，字亮予，号季薇，广东香山人。他出身于书香门第，好为诗文，喜读兵略，是中国最先提出要收复被英军强占香港岛的第一人。林福祥生长于澳门，对葡萄牙、英国等列强向中国大量输入毒品鸦片、侵占我国领土和资源的强盗行为十分愤慨，从小便立下了禁烟驱夷的决心，对坚决禁毒抗英的林则徐积极拥护。叶正明出生在澳门，是中国人民解放军的优秀将领。他父亲是中国革命史上的名将、我军创始人之一的叶挺将军。叶正明曾任中国人民解放军原总装备部科技顾问、中国对外应用技术交流促进会主任，是享受政府特殊津贴的专家。冼玉清祖籍广东南海西樵，生于澳门，画家、著名文献学家、杰出诗人、岭南第一位女博学家，为岭南文化研究献出毕生精力，在历史文献考据、乡邦掌故溯源、诗词书画创作、金石丛帖鉴藏等方面功昭学林，被誉为"千百年来岭南巾帼无人能出其右"的"不栉进士""岭南才女"。林献羔祖籍广东台山县，出生于澳门。传道 63 年，曾为捍卫真道被监禁 20 年，是中国教会老一代传道人，基督教家庭教会的精神领袖。

历史文化名人是历史上做出过杰出贡献、在某一区域造成深远影响的人物。名人是城市的精神符号，是城市的特色标签，记载城市文化历史的坐标，对历史文脉的传承起到重要作用。香山的历史文化名人很多，需要成体系地加以研究，特别是这一群体形成背后的原因值得深思。我认为原因一个是海洋文化，一个是地理位置，一个是澳门的桥梁纽带作用。面临的困难是如何活化利用，与时代结合，更好发挥名人的价值和作用。

◉问　您认为当下应如何将郑观应研究与澳门史或中山史等地方史研究结合起来？郑观应等历史名人的研究成果应如何在当代发挥出更大的现实作用？

◉黄　郑观应研究与澳门史或中山史等地方史研究要深度结合起来，放在整个时代背景下，挖掘他成功背后的原因，同时与地方其他人物进行比较，找出一个地方发展壮大的精神力量，不断从中凝练地方的精神价值和文化内涵，树立地方史研究的"根"和"魂"。

郑观应是过渡性的人物，他的价值主要体现在思想层面，他属于改良思想家，是维新变法思想的重要启蒙人物，我们需要紧紧抓住。其次，他在特定的历史条件下首先提出振兴中华的时代口号，敲响了民族觉醒的警钟，这对我们今天依然有重要的教育意义，可以激发我们的雄心壮志，激发民族向上的精神，对实现中华民族的伟大复兴，依然充满意义。再次，要突出他爱国的核心品质，虽然他当过买办，为洋人工作过，但其加入买办、进入洋务企业、著书立说主要是因为一颗爱国的心，这点要凸显出来。最后，历史研究要注重真实，不要什么都往历史名人头上装。比如郑观应没有直接参与革命，甚至辛亥革命的时候他也不太赞成，那时他已是暮年，不是革命青年，另外他跟共产党的直接关系不大，对孙中山和毛泽东主要是思想启蒙的作用。

◉问　古代澳门文化是香山文化的组成部分，近代澳门文化根植于香山文化，同时澳门新文化的形成也推动了香山文化的发展与进步。那么您认为在新时代中山、澳门如何继续加强文化的交流与合作？

◉黄　在地理大发现之前，澳门的历史属于香山，鲜为人知。大发现架起了东西方交往的桥梁，使当时世界上最发达的欧亚两洲摆脱相互隔绝状态，推动东西方经济与文化的交流。西化之风迅速吹送到东方来，首先在某些国家的沿海城市产生了一定的影响，其后逐渐推动着东方的现代化进程。在中国，葡萄牙人于1517年来到广州，1557年居留澳门贸易，揭开了中国同西方关系史新的一页。从这时起，澳门成为海上丝绸之路的一个基地，以及中西文化交流的中心。这对中国接触西方新思想和新文化，产生了持久的积极影响。

未来怎么做主要还是后面的人来弄吧，澳门历史文物关注协会的郑国强会长主张澳门、珠海、中山大一统，不仅仅是文化上的，也包含交通、通信等各方面，我基本表示认同。这三地原本是一家，我记得小时候的同学，今年在中山石岐读书，明年他到澳门读书，后来又回中山读书，自由往返，当时国家也没有限制，没有通行证制度，感觉比现在要方便。中华人民共和国成立后，限制比较多，但回归后，不应该搞成两家子，希望今后可以取消这方面限制，就像中山去广州一样方便，成为一个"大香山市"，这需要国家政策的全力推动。

简单提点建议：一、不断加强中山与澳门的全方位合作，联手开拓葡语系国家市场，加强中山与葡语系国家在经贸、文化等各领域的合作交流；二、全面推进与澳门高等院校合作，推动更多创新成果在中山转化；三、进一步加强文旅交流合作，推进两地历史人文景点"串珠成链"，联手打造人文湾区和世界级旅游目的地；四、继续推进中山和澳门的文化交流互鉴，共同研究和保护香山历史名人。

◉**问**　您的著作《香山商澳·镜海风云》于 2019 年在广东人民出版社出版。您年逾八旬，依然笔耕不辍，为我们年轻学者树立了榜样。您是怎样保持这种学术劲头的？您对年轻学者开展学术研究，开拓学术道路有哪些建议？

◉**黄**　我觉得人这一生可做的事情不是很多，要把有限的人生聚焦起来才能出点成绩。我既然选择了历史专业，就要热爱它，不断刻苦钻研，把选择的东西终身化，争取多写点东西。我认为人要有一种精神，关键是一份责任。我没什么了不得，只是希望在有限的人生中继续发挥一点余热，对社会发挥点价值。我觉得一个人退休也好，不退休也罢，关键是要有从事研究的心，尽管我现在已经退出工作岗位，但是我还保持着研究的兴趣，甚至我退休以后的著作超过退休前。我现在写书、发文章没有功利性，也不需要评职称，主要是把之前的积累表达出来。我年轻时候重视收集史料，现在就用之不尽，可以从不同的角度加以利用。

前面讲了，我怀着对家乡的深厚感情，进入澳门史的研究，进入香山史的范畴，我觉得除了郑观应、孙中山等名人之外，香山包括中山还有很多值得研究的东西。比如香山四大百货公司，开创了中国现代百货业的先河，他们的故事足以写成一本书，写好后甚至可以改编成影视剧。为年轻学者提建议不敢当，说点自己的一点心得：一是要保持研究的热情，聚焦一个主题持续发力。二是要掌握历史研究的窍门，主要是学习工具、史学理论和历史资料，学习工具主要是语言，要掌握古汉语、现代汉语和外语，掌握这些工具，在正确史学理论指导下，就可以对收集的丰富史料进行科学研究。三是要多接触外面的信息，特别是比较前沿的资料。

◉问　2022年是郑观应诞辰180周年，欢迎您有机会到访中山，继续为郑观应研究发挥余热。

◎黄　谢谢！你们辛苦了，我会常回家看看的。

李吉奎

李吉奎（1937—　　），广东梅县人。中国近代史研究专家。中山大学历史学系教授，中山大学研究生院原文科巡视员、本科生督导；曾任《孙中山志》《广东历代方志集成》顾问；先后任广东省政协文史委员会文史专员、省政协特聘委员、文史资料研究专员；任孙中山基金会顾问。

主要研究方向：晚清民国史、孙中山与国民党史。

主要著述：《孙中山与日本》（广东人民出版社，1996）、《孙中山的生平及其事业》（中山大学出版社，2001）、《孙中山》（广东人民出版社，2004）、《晚清名臣张荫桓》（广东人民出版社，2005）、《梁士诒》（广东人民出版社，2005）、《龙田学思琐言——孙中山研究丛稿新编》（中山大学出版社，2011）、《孙中山研究丛录》（中山大学出版社，2014）、《步云轩史学集录》（广东人民出版社，2018）；合作著有《宋美龄传》（河南人民出版社，1995；中华书局，2018）；整理有《东方兵事纪略》（中华书局，2010）、《林一厂日记》（中华书局，2012）、《花随人圣庵摭忆》（中华书局，2013）、《杨熙绩集》（中山大学出版社，2018）；合作编有《孙中山全集》（中华书局，1985）、《孙中山年谱长编》第一卷（1866—1911）（中华书局，1991）。参与编写有《义和团运动史》（人民出版社，1981）、《沙俄与东北》（吉林文史出版社，1985）、《辛亥革命运动史》（中山大学出版社，1990）、《广东近代要塞》（中共党史出版社，2007）、《广东名人故居》（中共党史出版社，2007）、《广东文史资料精编》（中国文史出版社，2008）、《珠海简史》（社会科学文献出版社，2011）、《辛亥革命广东档案史料选编》（岭南美术出版社，2011）、《孙中山全集续编》（中华书局，2017）、《孙文全集》（广东人民出版社，2021）。

主要论文：发表《粤籍人士与戊戌维新运动》《近代买办群体中的广帮（1845—1912）——以上海地区为中心》《旧交·兰谊·道侣——郑观应与张弼士交往史事摭撷》《1894 年前后的孙中山与郑观应》等与郑观应研究相关及其他研究的论文 80 余篇。

时　间：2021 年 9 月 5 日、2021 年 10 月 18 日

地　点：线上访谈

笔答者：李吉奎

采访者：刘　琴

整理者：刘　琴

◎问　李教授，您好！我们是"郑观应研究口述史"项目组，项目主要是围绕历史名人郑观应而开展的郑观应研究之口述历史。很高兴您能接受我们的访谈。您是中国近代史研究专家，长期从事中国近代历史以及孙中山研究工作，积累了丰硕的学术成果，也在这些领域形成了自己的学术风格和学术话语，请您分享一下您的治学经历？

◎李　感谢胡波主席和"郑观应研究口述史"项目组的同志邀请我参加这个项目的工作。说实在话，我对郑观应并没有多少研究，参与其事，是勉为其难。

我的治学经历说来话长，算起来已经有半个多世纪：我是广东梅县梅南镇罗田径人，1937 年 10 月出生。1945—1951 年，在村中乐园小学读书。1951—1957 年，在县城东山中学求学。当时学校遵示由私立改为省立，正式名称是广东东山中学。1957 年，考入天津南开大学历史系，学制 5 年；1962 年毕业，分配到东北局的事业单位长春东北文史研究所，读四书五经，并习文字、音韵、乐律等课程。1968 年单位被砸烂，驱赴吉林省革委会"五七干校"劳动、"斗私批修"以及下乡参加"斗批改"。

1972 年，由于"反修"的需要，吉林省成立哲研所，开始抽调二十几个人搭班子，于是名字在其中的我，有机会重新接触图书资料。为编《沙俄与东北》一书，我还去过辽、黑两省的档案馆和北京故宫里的档案馆查找资料。该书成于众手，我写了两章。接着，又参加由人民出版社组织，山大、天津和吉林三家合作编写的《义和团运动史》。这两本书，先后印出来了。其间，我还写了有关漠河沙俄金匪"黄金共和国"，沙俄图占庙岛群岛和"黄俄罗斯"计划的文章。

当 1972 年重回写字台工作一段时间后，我感到研究东北地方史与义和团，不过是一时之需；而且，我在东北待了十几年，想回岭南谋事，已与领导说过。1979 年，我为参加南京举行的太平天国革命国际研讨会，写了一篇题为《太平天国革命对东北的影响》作门票与会。会上，结识了张磊、段云章两位先生，表明意向。他们均表示欢迎，我最终来到中山大学孙中山研究室（今研究所）。

我是在 1981 年元月 3 日来中大报到的。春节过后，室主任陈锡祺先生指示林家有先生和我，编一本由本室研究人员与历史系近现代史教研室教师供文的《辛亥革命论文集》，经历征稿、审校、印刷全过程。这本书在是年 9 月广州学界纪念辛亥革命 70 周年研讨会前付梓，是"文化大革命"后国内出版的第一本辛亥革命论文集。我调来中大之前，研究室同仁已开始收集资料，准备参编中华书局版的《孙中山全集》。我参加编纂的部分是该书的第五、六卷。该书出版于1985 年。

在结束"全集"的编务前，研究室已决定编撰《孙中山年谱长编》。全书主编为陈先生，计划分 3 卷，各有分卷主编。我分到第一卷。陈先生要我起草一个编例。编例讨论通过后，又要我起草一个样本作为靶子。定型之后，参与者便着手进行。1991 年，中华书局出版了繁体字、上下册 150 万言的《孙中山年谱长编》。对于此书，学界予以充分的肯定。

从 1983 年开始，研究所编印了每年 1 期、兼收内外稿的《孙中山研究论丛》，它是中大学报丛刊之一。陈先生指定林、段二位与我，作为"论丛"的审稿人。很可惜，它刊印十几期以后，未能坚持出下去。

《孙中山年谱长编》交稿后，研究所的几位同志，由林家有先生任主编，编了一本《辛亥革命运动史》，53 万字，作为"高等学校文科教材"，1990 年由中山大学出版社刊印。我也写了书中的部分。

应河南人民出版社之约，林家有先生和我写了一本 30 多万字的史学传记《宋美龄传》。这本书在 1995 年出版，第二年再版，印刷了几万册。后来合同期满，中华书局接过去，欲与中华版的《蒋介石传》配套，我们按要求全面订补。

1996 年，孙中山基金会出资由广东人民出版社刊印了一套 10 册的"孙中山基金会丛书"，其中有我的一本专著，即 48 万字的《孙中山与日本》。10 余年来个人研究孙中山与日本的成果，大抵如此。在 2001 年、2011 年及 2014 年，我还由中山大学出版社先后出版了 3 本论文集，即《孙中山的生

平及其事业》《龙田学思琐言——孙中山研究丛稿新编》及
《孙中山研究丛录》。另外，我还为广东人民出版社的"岭
南文化知识书系"写了两本小册子：《孙中山》与《晚清名
臣张荫桓》。这是 2004、2005 年的事。

1991 年，我曾帮助三水政协的陈奋先生编印过一本
《梁士诒史料集》。意犹未尽，我写了一部《梁士诒传》的
稿子。2005 年，经由岭南文库编辑委员会与广东省政协学习
和文史资料委员会支持，作为"岭南文库"丛书之一，改名
《梁士诒》出版。2014 年，广东人民出版社拟影印凤冈及门
弟子编的《三水梁燕孙先生年谱》，并委托我加以整理。整
理计划未果，仅是将年谱影印精装，分上下册，改名《梁士
诒年谱》出版，由我写了一篇《出版说明》，置于卷端。

2007 年初，我接受了中华书局近代史编辑室的建议，为
之整理黄濬《花随人圣庵摭忆》一书。此书经整理于 2008
年出版，全三册。因为销路极佳，后又有再版、三版，再版
校订了初版的若干误讹；三版则增补了人名索引。再、三版
均缩编为两册。2010 年，我还为中华书局整理刊印姚锡光的
《东方兵事纪略》。

梅县人林百举（字一厂，名字并行。厂音 an，同庵），
从 20 世纪 30 年代初至 40 年代末期，在中国国民党中央党
史与史料编纂委员会（党史会）任编纂，留下一部公私事务
俱载的日记，收藏于中山大学孙中山研究所，经常有人前来
查阅。经领导决定，该《林一厂日记》由我加以整理，交中
华书局在 2012 年分两册排印出版。

第二次世界大战结束，尤其在 1949 年以后，日本史学

界有一批学者热衷于对辛亥革命、孙中山的研究与资料整理、出版。其中，日本东京电气通信大学藤井昇三教授的《孙文研究——以民族主义理论发展为中心》一书的水平最高，该书 1966 年初版，1983 年再版，境外学者评议，该书与美国（以色列）史扶邻《孙逸仙与中国革命的起源》、韦慕庭《孙中山——壮志未酬的爱国者》二书，堪称外国人研究孙中山的三部代表作。藤井先生此书，尚无中译本。经陈锡祺先生推荐，由我译成中文，马宁先生校订，全译稿约 30 万字，做成样书寄给藤井先生过目。经他认可，并写了一篇中文版序言。

2015 年，由于孙中山大元帅府纪念馆举办大型展览《广州许氏六昆仲与孙中山》及出版《广州许氏六昆仲与近代中国民主革命》一书的事，我结识了广州高第街许氏宗亲会会长许子皓先生。有此机缘，许先生将许崇灏回忆录交我整理，连同另外两份回忆录，一并交广东省政协文化与文史委员会联系出版。

2013 年，中华书局将编辑《孙中山全集续编》的任务，交由中大孙中山研究所来办，我承担了其中部分编务。《续编》五卷，已于 2017 年出版。我还参加了黄彦先生主编的《孙文全集》的编务，该书在 2016 年时举行了首发式。

湖南杨熙绩，是华兴会起义策划者之一，"二次革命"后迄孙中山去世，一直在孙身边任秘书，官至南京国民政府代文官长、国民党中央候补监察委员。他身后留下一批诗词、函札、日记等资料，颇为杂乱。受其后人委托，我为之整理成《杨熙绩集》，已于 2018 年 1 月由中山大学出版社刊世。

自新世纪开始，我在省政协文史委任文史专员，参与整理文史资料，包括《广东文史资料存稿选编》《广东名人故居》《广东近代要塞》《广东史学名家》等书稿。还担任多卷本《广东文史资料精编》正、续编的两主编之一，以及《广东省档案馆馆藏辛亥革命资料选编》主编之一，并为该书作序。目前，这些书都已经刊印发行。

2018 年，广东人民出版社刊印了论文集《步云轩史学集录》（二册），收录除上述 3 本孙中山研究论文集以外的零星论文。

将近 50 年，我大体上在晚清民国史领域活动，主业是孙中山与国民党史研究。我参与或独立编辑、整理了几种资料，印了几本论著，谈不上什么学术风格，也没有什么学术话语权，唯一可自信的是，所撰笔墨，言必有据，未敢稍昧学者良心。

◉问　您参与编撰的《孙中山年谱长编》荣获中华人民共和国成立以来高校文科近代史类别专著唯一一等奖，有评论说"这部书到目前为止，被认为是全世界研究孙中山编得最好的资料书"。请问，您在编撰这一著作的过程中碰到了哪些困难？又是如何克服的？这部著作对您以后的学术研究有何影响？

◎李　1983 年夏秋间，我们研究室承担的《孙中山全集》第五至第八卷相继结束，开始准备编撰《孙中山年谱长编》，总主编是陈锡祺先生。动工之时，全室仅有 3 名副教授，承蒙室内同仁信任，让我任第一卷（1866—1911）主编。研究室气氛良好，各尽其能，通力合作。但编书稿，苦于资料不足。正巧，黄彦先生编的《孙中山全集》（第一卷）出版了，帮了大忙，陈先生也设法从台湾弄到了《国父全集》和《国父年谱》等书，但仍嫌不足。恰好，我室从中国社科院近代史所引进了一批已冲洗出来的日本外务省档案中国革命党部分的缩微胶卷，这批相片十分凌乱，行文使用的又多是当时日本官方传统平假名。我虽然在东北时跟董果良先生学过一点日文，但似懂非懂，硬着头皮，对相片次序进行排序，抄成卡片，译成中文，然后请中大东南亚历史研究所的马宁教授校正，抄成正文，供选择使用。1988 年，《长编》第一卷第二稿已邮给中华书局。1989 年 1 月至 7 月，学校派我作为交换学者赴京都龙谷大学访学，在这期间弄到了一批日本及我国台湾出版的书刊，我译出、选用了其中一部分，补充到第三稿中去。因为相关资料过去未见有人使用，故书印出来后，便受到学界朋友的肯定。随后，我便在"孙中山与日本"这块园地上着力耕耘，刊印了《孙中山与日本》一书，以及就书中未能展开的有关孙中山与日本人、事方面写了一些专题论文。

●问 您写了一篇专门研究 1894 年前后孙中山与郑观应关系的文章，请问是什么促使您关注孙中山与郑观应的关系？又是什么促使您专门关注 1894 年前后孙中山与郑观应的具体交往的呢？

◎李 2017 年，中山市在郑观应的家乡三乡镇举行了一次学术讨论会，邀请我参加。要赴会，一定要写文章。我想，写孙中山与郑观应吧，1984 年前后孙、郑关系尚有可供研究之处。其中有些问题，如 1894 年二人之间的银钱关系，除了陈少白向邵元冲披露之外，别人不知道，邵元冲日记出来后，也没有人注意。据说孙中山离开上海时向郑观应借了 400 元钱，并未归还，郑观应去世前将借条烧了。这到底是否属实，目前还没有弄清楚。还有，二人关系本来可谓密切，1895 年策划重阳起义，孙还要陈少白到上海寻求郑观应的支持。之后近 30 年，彼此关系完全断绝（至少是再也找不到交往痕迹），这是为什么？编孙的年谱长编时，我就对孙、郑在 1895 年以后不再来往原因存疑，所以便写了这篇文章，欲加探讨，但最终也未弄明，推论是不能得出令人信服的结论的。

◉ **问**　郑观应是如何认识孙中山的？他对孙中山的第一印象究竟如何呢？孙中山对郑观应的第一印象又是怎样的呢？

◉ **李**　关心乡亲、提携后进，是中国传统社会敦厚长者的常态之心。据了解，是孙中山孩提时代的玩伴、上海电报局的电报生陆皓东将孙中山介绍给郑观应认识的。据陆皓东的嗣孙介绍，郑观应曾与陆皓东的父亲陆晓帆合资经营生意。陆皓东离开翠亨后，曾在上海电报局任译员。上海广肇公所是广帮在上海的同乡会，其核心圈子是香山人。郑观应是广肇公所的大佬，也是上海电报局创办人之一，对上海电报局的香山同乡陆皓东，自然不会生疏。

早在 1890 年时，孙中山曾上书退休在家的郑藻如。据我们目前了解的情况，这次上书就是在郑观应的帮助下完成的。在 1886—1892 年间，长期在上海活动的郑观应回到南方，主要是在澳门、广州养病或著书，偶尔也处理一些有关招商局的事务。1890年，陆皓东自上海电报局请假回乡结婚，此时郑藻如也在香山。郑观应在认识孙中山后，将孙中山介绍给孙想要结识的郑藻如，并转交了孙中山给郑藻如的信。

1894年，郑观应还帮助孙中山上书李鸿章，为此专门写信把孙中山介绍给盛宣怀请求转荐。除了目前可以看到的郑观应致盛宣怀信中对孙的介绍及《农功》篇中简单地提及，即孙"少年英俊""留心西学，有志农桑生植之要求"等语；还指出孙计划游历西洋，返国后从事实际事务，其说颇切近，而非狂士之大言可比。对一个认识不久的青年人，能说到这些，也实在可以了。至于孙对这位"老乡长"怎么看，本人未见有何记载，不敢强说。

●问 《盛世危言》中的《农功》一文究竟是郑观应写的还是孙中山写的？您的依据是什么呢？建议如何处理这个争议呢？

◎李 目前，关于《盛世危言》中的《农功》一文究竟是郑观应写的还是孙中山写的，学界看法两歧，双方各执一词。戴季陶说，孙中山生前曾对他说过，《盛世危言》曾收录他的两篇文章。陈少白相信其事，并指出其中一篇论及农业。到了冯自由那里，《农功》为孙所作已是板上钉钉。因此，黄彦先生在编《孙中山全集》第一卷时，根据戴季陶和陈少白的记载，收入《农功》一文，认为该文是孙写成后经郑修改刊用的。

但在20世纪90年代，夏东元先生及其门人易惠莉女士对上述说法持怀疑或否定观点。夏先生在其著作《郑观应》中提出，孙、郑在富强救国问题上基本同调，在中西医学方面也有共同语言，"因此，郑观应的《盛世危言》所收《农功》篇中，对这位'孙翠溪西医'就很推崇，说孙中山'颇留心植物之理'，'犹恐植物新法未精，尚欲博学欧洲，讲求新法，返国试办'。郑观应并且热心地给予帮助。1894年6月，孙中山要到总理衙门办理护照出国考察，并打算乘便上书李鸿章，幻想通过李鸿章来实现他的救国主张。郑观应写信把孙中山介绍给盛宣怀请求转荐"。夏东元先生的这个表述实际上否定了孙中山与《农功》的写作关系。后来，易惠莉女士在其老师夏先生观点的基础上进一步展开，上升到著作权的高度，"认为《农功》篇当系郑观应所作"。她还指出，"从《易言》三十六篇本及《盛世危言》五卷本的编辑体例看，非郑观应本人作品均以附录辑入，郑观应没有必要对《农功》篇作例外处理"。

我个人基本上支持前一种说法。因为用郑观应方面的资料来说明《农功》完全出于郑观应，自是有理，但完全漠视孙中山方面的资料，从辩论角度来说，就是坚持一面之词了，事实上并不解决问题。我认为，在双方都无法找到新的证据的情况下，最好的办法就是双方的文集都可以收进去，并行不悖。其实，孙中山本人也干过这种事，即朱执信写的《中国存亡问题》便是孙、朱的文集各自收入。

有一件事很遗憾，我在自用的《孙中山全集》第一卷《农功》篇旁注：（该篇为孙撰）"梁任公书亦言之"。当时未注出处，现在无法找了；若有心者能找出来，不失为一条有力的旁证。

◉**问** 孙中山 1894 年赴天津上书李鸿章时，郑观应专门写了推荐信给盛宣怀，请盛宣怀将孙中山的上书转呈给李鸿章。郑观应为什么愿意给孙中山写推荐信？

◉**李** 郑观应与孙中山认识交往后，郑应当知道李鸿章和孙中山是有过交集的。一是李鸿章是孙中山所就读的香港西医书院的赞助者，二是孙与同学江英华曾有过准备去北洋军队行医而未成的经历。事情发生于 1892 年，港督罗便臣曾将孙中山、江英华推荐给李鸿章，李当时答复两人可来京候补，每人暂时月给 50 元，并欲授二人"钦命五品军功"。两人曾到广州领牌，但总署要他们填写三代履历等，方得准领。孙等对此不满，遂回到香港。

一般说来，晚辈见前辈，言行应比较谨慎、庄重。何况，上书权贵，文字也不容粗疏，所以郑观应还请王韬对孙中山的上书文字进行润色。郑观应看重孙中山，在写给盛宣怀的信中对孙中山大加赞赏，说："敝邑有孙逸仙者，少年英俊，曩在香港考取英国医士，留心西学，有志农桑生植之要术。欲游历法国讲求养蚕之法，及游西北省履勘荒旷之区，招人开垦，免致华工受困于外洋。其志不可谓不高，其说亦颇切近，而非若狂士之大言欺世者比。"因此，郑观应特地写信给盛宣怀请为向李督推荐。孙中山之所以呕呕于上书求见李鸿章，"一白其胸中之素蕴"，这"素蕴"，郑观应是了解的，所以不吝函介，以期玉成。

随后，孙中山给李鸿章的上书在 1894 年 10 月、11 月两期《万国公报》上以《上李傅相书》为题发表。我相信

《万国公报》连载这篇上书，也是郑的主意和推荐。若无有力者推介，以一尚籍籍无名的"香山孙文"，他的文章怎么能很快在《万国公报》发表？所以，向盛宣怀写推荐信与推荐上书文本发表，应是同一用意，即提携后进，使之早日成事。

●问　郑观应在《盛世危言》的五卷本和十四卷本中都提到了孙中山，但是措辞却有差别。请问，为何前后有差别？这对郑观应和孙中山后期的关系产生了什么影响？

◎李　是这样的，《盛世危言》1894、1895 年最早分别出了五卷本和十四卷本，《农功》篇收入其中，都提到孙中山。前者说"今吾邑孙翠溪西医，留心植物之理"，后者说"今粤东有业西医者，留心植物之理"。两说差别在于，前者指明是我县（香山）孙某，后者则泛指广东（即粤东）有从事西医者，抹去同乡与孙姓其人。何以如此？我认为，1894 年版在 1892 年编竣，1894 年由广州宏道雕版发行。但 1895 年版应是在陈少白赴上海邀郑支持广州重阳起事之后，郑观应此时已经知道这位孙医师要出事了。造反是滔天大罪，郑是有身家性命的人，不管新刻或未刻，都要改动前说，以免牵连，这便是在这两个版本中关于孙的提法不同的原因。由此或可以认为，此举是随后郑、孙交往由此终结的一个重要原因。

此后，孙、郑彼此都不再提及对方；相反，郑观应与康有为、梁启超关系转密。显然，郑观应已经将孙中山排除出朋友圈。进入民国以后，两人经常同城而居，但却再无往来。这也无怪乎 1921 年郑观应去世时孙中山无所表态了。

◉**问**　后来，孙中山在其论著、演讲中，完全回避了 1894 年上书李鸿章这件事以及曾经为其上书一事热心做推荐的郑观应。孙中山这么做的原因是什么呢？

◉**李**　由于编孙中山年谱长编的需要，势必要追踪孙与郑、李关系的后续动作，但很遗憾，史料阙如。孙、李关系还可以讲到 1900 年"两广独立""刺康案"，但孙、郑关系则至 1895 年便终止了。

孙中山不愿提上书李鸿章及与上书有密切关系的郑观应，我认为根本原因在于坚持所谓的"四十年革命说"。《孙文学说·有志竟成》称："予自乙酉中法战败之年，始决倾覆清廷，创建民国之志。"乙酉是 1885 年，此年孙 19 岁，从檀香山返国，次年入广州博济医院学医。"创立民国"之志，应是在 10 年之后。若承认 10 年之前已决志倾覆清廷，那么 1894 年上书，岂不是自编笑话？大言炎炎，羌无故实，莫此为甚。汪精卫起草《总理遗嘱》，说"余致力国民革命，凡四十年"，所本即来源于此。

◉**问**　您在研究 1894 年前后郑观应与孙中山的具体交往时，提到孙中山写的《伦敦被难记》《孙文学说》两篇文章以及陈少白的回忆录《兴中会革命史要》这几个珍贵的史料中有部分记载错误的地方。这对研究者进行学术研究来说，意味着什么？您一般是如何进行处理的呢？

◉**李**　政治家在不同场合会说不同的话。如孙中山讲到伦敦被难，有时说是被使馆馆员胁迫诱捕的，有时则称自己主动进入使馆欲做馆员工作的。你相信哪种说法？又如，孙中山在《伦敦被难记》说：（兴中会成立后）"此兴中会之所以偏重于请愿上书等方法，冀九重之或一垂听，政府之或一奋起也。"这是 1897 年说的。但是，兴中会成立后，什么时候用过"上书请愿"等方法？而且，战争期间是否有过所谓"以是吾党党员本利国利民之诚意，会合全体，联名上书"之举呢？如果真有过这个上书，这个"吾党"也不是孙党，而是康党。孙中山在《孙文学说》中还记载：他在澳门、广州悬壶济世，"实则为革命运动之开始也"。事实上，关于在澳门、广州行医是否可作孙中山"革命运动之开始"，目前既无资料可以证明，也无资料可资否定。另外，《孙文学说》还记载："予乃与陆皓东北游京津，以窥清廷之虚实；深入武汉，以观长江之形势。至甲午战起，以为时机可乘，乃赴檀香山、美洲，创立兴中会。"按照这一说法，既然此前已进行革命了，便不好提天津上书之事了。而且，又将成立兴中会与赴美洲扯在一起，而他赴美洲，是 1896 年 6 月之事，重阳起义失败已半年了。由此可见，在一些关键问题上，上述两书记载严重失实。政治家为追求某些效应，编造一些史实，不足为奇。由此可见，即使是当事人的记载也未必可尽信，"尽信书不如无书"。

1929 年 5 月，为参加孙中山国葬典礼，陈少白从北平到达南京。乘此机会，国民党党史会主任邵元冲派速记员许师慎对陈少白做口述史，整理成《兴中会革命史要》，1935 年刊布。这个小册子是当事人所留下的珍贵史料，被广泛引用。但是，里面问题不少，我最近写了一篇题为《陈少白〈兴中会革命史要〉所记若干史事辨正》（节刊于《岭南文史》2021 年第 4 期），想把受影响的传统欠准确说法纠正过来。

◉问　您在文章中提到广帮是近代买办群体中的大帮，并且曾经是在上海等地居首要的大帮。广帮主要是由原先生活在广州、肇庆两府，包括珠江三角洲地区的商人所构成。但我们注意到，在广州、肇庆两府以及整个珠三角地区中，只有隶属于广州府的香山县被称作"买办的故乡"，而且在晚清四大买办中唐廷枢、徐润、郑观应三人均是香山籍。香山县为何能成为"买办的故乡"？

◎李　"帮"的原意是指商帮。上海开埠后，成为大宗进出口商品囤积与集散地，南北商人聚居于此，但成气候的，广东以广帮、潮帮为大。原在广州的买办，带动了数量可观的珠三角地区的操粤语（广府话、白话）的人，在上海形成移植社会、以广肇公所群体为主的社会群体。其中，广帮的核心力量是香山买办。香山不仅涌现了大批买办，而且他们中的一些人还成为中国近代史上的重要角色。例如，唐廷枢、徐润、郑观应等几个家族，吴健彰、林钦、容闳、叶廷眷等人，他们以上海为基地进行活动，业务活动涉及南北各省、台湾及长江内地，乃至朝鲜、日本。在天津，怡和洋行的正、副买办梁彦青、陈祝龄，太古洋行买办郑翼之，仁记洋行买办陈子珍，华俄道胜银行买办罗道生，德华银行买办严兆祯，都是广东香山人。香山县之所以能成为"买办的故乡"，可归结为以下三个方面的原因：

一是较多外国人居住的澳门原本就属于香山辖地。葡萄牙所占澳门原属香山辖地，两地居民来往便利（当时尚无通关之说），香山居民因地缘关系，与外人打交道者多，因此稍习其语言文字。二是香山又邻近"一口通商"时期的广州。在"一口通商"时期，外国人虽然可以到广州经商，但是不能直接跟中国人做生意，必须通过买办办理业务。1832年瑞典人龙思泰在其所著《早期澳门史》一书中就记载道："一个人要在广州筹办一家商行，必须先找一名买办。买办就是得到特别许可执照、充当仆役头目的人。他对商行的内务有总的监督权，按雇主的愿望介绍其他仆人，购买食物及日用品等等。"香山既邻近通商口岸广州，因此也诞生了一批以买办职业为生的香山人。三是香山人在鸦片战争后扩散到各个口岸经商。鸦片战争以后五口通商，英国人可在各口岸交易，西方各国商人也相继东来，随行就市，买办也就纷纷从广州转移到上海等通商口岸。当时，几个著名洋行都在上海设立分行。如旗昌洋行到上海设立分行，最初从广东带去3名买办，即香山人唐廷枢、唐茂枝、徐润。宝顺洋行由香山人徐钰亭任上海分行首任买办，其弟徐荣村、侄徐润也相继充任该分行买办。该行在香港、天津、九江、汉口等处的分行，1861年后任买办者是以香山人为多的粤人。另外，上海美商贝德福（Badford& Co）和莱特（Wright & Co）洋行雇用的买办乃至厨师等华籍职员全是广东人。由上海辐射至天津、武汉、台北、营口、汉城、长崎等地，强势的买办沾亲带故，因广帮买办主要来自香山，故称"香山是买办的故乡"，循名责实，也就很自然了。

◉问　在买办这个职业中，为何地缘关系、亲缘关系如此重要，以至于先后形成了广帮、宁波帮以及一些买办家族？

◉**李**　中国人历来重乡谊，乡谊中加上姻亲关系，在异地图谋生存发展，条件便更为有利了。

首先，要看到在乡谊与利益的驱使下，介绍同乡担任买办成为当时一种普遍的现象。例如林钦在1863年辞去怡和洋行买办时，举荐唐廷枢接任。唐的兄弟唐瑞枝、唐国泰，都是当时著名的买办。当唐廷枢在1872年离开怡和，任招商局总办时，则介绍其兄长唐茂枝接替他在洋行中的职位，而且也是承续唐廷枢权益的代表。郑观应进招商局时，即保荐同乡杨桂轩任太古洋行总买办。杨梅南任太古洋行买办，又是由徐润在经济上作部分担保的。1919年时，郑伯昭为推销英美烟草开设了永泰和烟行，总行、分行200多名职员，都是直接由香山乡下招来，非亲属即为同乡。粤籍买办雇用同乡作雇员，使各通商口岸粤籍人数众多。他们不但称职，收入也丰厚。而且，唐、徐、郑等几个买办家族之间的关系也异常密切。夏东元先生曾经梳理了他们之间的关系，指出："郑观应的家族和他的亲朋中当买办的人就不少。他的叔父郑廷江是上海新德洋行买办，他的亲戚曾寄圃是上海宝顺洋行高级买办。他家和有名望的买办唐廷枢也是姻亲，而他与买办商人家庭出身、十五岁就到上海宝顺行学艺的徐润也是'两代相交近百年'的世交。而郑观应的同宗哥哥郑济东，已与徐润同在宝顺学艺了。"

其次，买办之间相互提携，也便于他们在异地生根发展。上海开埠初期，没有市政府，也没有统一的商会，不但华洋杂处，也是五方杂处，至谓为"冒险家的乐园"，一切都充满不确定性。传统社会的宗族体制在这个地方建立不起来的，海外华人社会公开的会馆、洪门的会所（除青洪帮外）在这里也不适用。但要生存、发展，与他群体竞争、与官府交涉，便出现了广帮的同乡会也就是"广肇公所"这种近乎自治的组织。广肇公所设有董事会，它不仅有街道、商铺、民居，还有药局、学校、神庙、戏台、坟场、厝屋、钱庄等生活设施，且还具有参与救济、与官方和其他群体沟通、解决纠纷的职能。在代表宁波帮的四明公所兴起之前，它是上海地区最大的外省籍社会群体。随着社会发展、政府管理体制的完善与强化，这种依赖地缘关系、血缘关系建立起来的"公所"体制，才逐渐弱化与瓦解，到20世纪30年代，最终结束了它的历史使命，绝大部分原广帮居民也就融入当地社会，成为上海市民。

◉问　在晚清众多买办中，郑观应的独特性何在？

◉李　买办是一种职业，从事此业者也同时具有此身份。有的买办是短期行为（如容闳），有的是长期的，有的是终生甚至传代的。短期或人生半途当过买办的，便不应以"买办"冠其终身。大量买办在经营得手、握有相当资金后，便结束原有关系，自行经营工商业，甚或担任官职，尤不宜以官僚买办视之。郑观应无疑当过买办，与官府亦关系密切。但当他与官府合作参与创办纺织局、电报局、轮船招商局之后，他已不是买办身份，而是商人、民族资本家，这点很重要，是明验身份。

郑观应是有相当历练的人，曾游历南洋，与不少官员、洋人大商家有交往。他是唐廷枢、徐润等广帮买办的积极合作者，他还得到李鸿章、彭玉麟、左宗棠、张之洞等地方大吏的重视与任用，与盛宣怀、唐廷枢等人长期从事洋务企业的经营。我写过一篇有关他与张弼士关系的文章，晚年仍有志于乡邦实业活动。他切身体会到国家积贫积弱带来的灾难，西方一些强国也不是天生的豪强。他不断将自己的认识形诸文字刊世，结集出版，《易言》《救时要揭》《盛世危言》等书相继印出来，受到社会欢迎。他提出了一系列改革纲领：初期，他学商战于外人，继则与外人商战，欲挽利权以塞漏卮。他的商战思想，就是发展民族经济、在经济方面与外国资本主义斗争的主张；他提出"习兵战不如习商战"的理论，同时还提出一系列改革方案。他将民主、科学问题提到议事日程上来，指出体用须得一致，国家方能富强。将学习西方科技与学习西方民主议政制度结合起来建设近代国家，郑观应的言论实已远远超出洋务派思想家们自强、御侮的变革要求。他提出变革，已超出变器不变政的观念，介绍西方政治体制观念，这种思想为戊戌维新的活动家提供了参照数。

魏源、徐继畬向国人介绍了世界，国人方知天外有天；何启、胡礼垣在香港谈说西方政教，但是内地知识分子知之者不多；曾纪泽、张荫桓身任外交，旁窥者逐逐，心中事也不敢明白吐露；容闳回忆录晚出，译名仅称西学东渐。我认为，在早期维新派诸子中，以思想之深度广度、语言文字之深切、影响之广泛且至巨者，若以郑观应为第二则域中绝无第一人。

●问　众所周知，戊戌维新（变法）运动通常是和康梁的名字联系在一起的。您写了一篇文章《粤籍人士与戊戌维新运动》，专门分析与这场运动有关联的粤籍人士，并不局限于康梁二人。请问，您是如何关注到这个群体的，又是如何收集这方面的资料的？在收集资料的过程中，有何困难或者心得？

⊙李　1998 年，是戊戌变法百年，中大学报编辑与我联系，希望我写一篇文章，长短不限。我查了有关研究戊戌变法的论著，未发现有学者去论述广东人士与变法的关系。一般说来，戊戌变法运动通常是和康梁的名字联系在一起的，这点诚然不错。但是当我深入考察这场运动的参与者的时候，发现了数量相当可观的粤籍人士与这场运动有关联。其中，既有参加者、支持者、推动者，也有先是支持而后来反对者，更有始终坚持顽固立场的反对者。另外，还有一批非粤籍人士，他们因父祖辈仕宦广东或出生岭南或随宦所在，在广东度过了他们的青少年时代，交游就学潜移默化，思想意识与近代广东人别无二致，他们同样也积极参加了维新运动。既然前人没有做过，那就有研究价值，于是我便确定写这方面的文章。

我基本上是从自己的藏书中查找资料。无论研究还是教课，都需要充分的资料。早在 1965 年秋天，我还在东北文史研究所时，文史研究所的学员已分了研究室，开始个人的研究工作，我选择了魏晋南北朝史。为了工作需要，我在北京隆福寺街古籍书店开了一个邮购户头，相继买了《十三经注疏》、从《史记》至《隋书》的正史、《通鉴》《汉魏丛书》《皇清经解》正续编（小字石印本）、《诸子集成》《水经注》《洛阳伽蓝记》《弘明集》《广弘明集》《法苑珠林》

等书。原计划买下去，但"破四旧"风暴来了，想买也买不成了。

自入中大以来，发现学校的各藏书单位（校、系、室）藏书，不足以供研究之用。即使有书，又往往用者多而存书少。因此，我家虽不富裕，但仍坚持购书，并用各种方法，有计划、有系统地收藏。如1989年在京都，除买了一批我国台湾和日本出版的书外（其中有新出不久的罗刚《中华民国国父实录》），还复印了《对支回顾录》正续编、《东亚先觉志士纪传》《日本外交文书》等书1万多页，使我从事孙中山与日本的研究有了更多的资料。我买书不限于近代范围，也不限于史学，极为广泛。但对近现代名人日记、年谱、传记、笔记、中国近代史、中外关系史之类书籍的搜罗，则成系列，除了大部头，远胜本地公家存书。

半个多世纪以来，我究竟收集了多少册图书，因为从未造册登记，所以说不上来。现在，我年事已高，虽尚能阅读写字作文，但与藏书终有告别之一日。两年前，广州孙中山大元帅府纪念馆为建新馆，曾委托我写一篇建馆碑记。当时我便产生一个念头：若他日能把自己收存的图书、师友函札等归藏于大元帅府纪念馆，以集中保存使用，当是它们完美的归宿。如今，我已经将自己的所有藏书给了孙中山大元帅府纪念馆。有生之年，我仍会继续收藏图书，将来也会一并交付馆藏。希望大元帅府纪念馆资料室日积月累，建成同行中一个图书资料较为充实完备的资料馆，且有助于进一步提高该馆的学术品位。

我写的有关戊戌维新运动中的粤籍人士的这篇文章刊在

当年学报第 5 期上，后来编印《步云轩史学集录》时忘记了，刊落了。这次各位替我找了出来，我真的很感谢。

学者一定要有自己的资料室，除偷、骗不可取外，不妨用各种合法手段淘书，日积月累，几十年下来，除大部头外，本专业的用书基本上可以不用向外借了。我不抄卡片，进来的书先翻一下，知道大体上有哪些新资料，要用时抽出来就可以用。现在存书处理了，要写点东西，有些原来自己有的书，也得向图书馆借了。我的研究手段落后，不会用电脑，用手写。所以，现在找资料就比较困难了。

◉问　除了众所周知的康梁之外，您发掘了哪些参与到维新运动中的粤籍人士？他们在维新运动中又分别发挥了什么作用呢？

◉李　我在研究中将戊戌维新运动中的粤籍人士分成两大类，一类是"在广东成长的外省籍维新派人士"，一类是"戊戌维新运动中的粤籍人士"。

其中，"在广东成长的外省籍维新派人士"包括江西人文廷式，浙江人汪康年、汪大燮兄弟和张元济，贵州人李端棻等。文廷式就读于岭南儒学大师陈澧所创办的菊坡精舍，他热衷洋务，官至侍读学士，于政事多所奏陈。后作为帝党被参劾，被革职后驱逐回籍。汪康年则 4 岁时随父到广州，直到 25 岁才离开广东。1896 年 8 月，汪康年与黄遵宪、梁启超等设《时务报》于上海，是海内媒体公开鼓吹维新之滥觞。戊戌变法的积极参与者张元济是浙江省籍而出生于广东者，到 14 岁时才由其母携全家返回海盐故里。他在《岭南诗存跋》中曾称，对粤地风俗数十年后尚记忆犹新。在变法期间从侍郎擢为礼部尚书的李端棻，原是贵州人，在主广东乡试时激赏梁启超，以从妹妻之，他也是变法的积极支持者。此外，浙江吴兴沈曾植、曾桐兄弟，因其叔宗齐曾经在两广任职，也与广东有一定的关系，也是变法运动的参与者。上述有关人士，都在变法运动中起过不同的作用；他们与粤籍人士如康梁、黄遵宪等人，或分或合，其关系密不可分。

在研究中，我将"戊戌维新运动中的粤籍人士"分为两类，一类属于维新派阵营，一类属于对变法态度消极的人士。在粤籍人士中，维新派阵营人数不少，包括早期维新派的同乡前辈容闳、何启、胡礼垣、郑观应等人，他们可能在思想上启蒙了康梁的变法意识。还有维新变法期间积极支持湖南巡抚陈宝箴进行变法的维新派人士黄遵宪，他是广东嘉应州人，政变后遭株连，被放归故里。广东番禺人梁鼎芬是张之洞幕僚，初期代表张之洞与康有为合作，支持组织强学会、出版《时务报》。在政变前后，则急于与康梁划清界限，先是言语抨击，再是参与炮制《劝学篇》脱离康党，进而发表《康有为事实》历数康氏 12 条罪行，实属落井下石。康梁等维新派人士与光绪的联络人、历任五部侍郎的张荫桓是广东南海人，他从一开始就积极介入维新运动，是变法的积极参与者与秘密策划者。政变后，张荫桓被查抄，庚子拳变，"用事者""矫诏"将其诛杀在新疆流放中。广东香山人容闳支持维新，他在北京居住时的三条胡同金顶庙寓所几乎成为维新派人士的会议场所。政变后，恐涉嫌"康党"，他逃往上海。

在维新派反对阵营的粤籍人士中，职务最高的是广东番禺人许应骙，时任总署大臣、礼部尚书，他顽固保守，反对变法，后被光绪开缺。曾任礼部侍郎、南书房行走、侍读学士的广东顺德人李文田也属于保守派，多次阻挠康有为上书变法，曾扣押康有为 1888 年末、1895 年春的两次上书，不为代奏。还有香山人刘学询，在政变后，向朝廷自荐能"除康"，打着"自备资斧亲历外洋内地考察商务"的名义到日本去抓捕康有为。但当他到达日本时，康有为已离开日本，去了加拿大，刘未能完成"除康"的使命。还有南海人戴鸿慈与三水人梁士诒，对变法都持消极态度，梁士诒还曾劝梁启超："我辈自甲午公车上书，知中国今日非变法不可。然法如何变，非先有缜密之布置不可；若轻于举动，一击不中，必生他变，转成痼疾。"这种规劝不会有任何效力，因为即使梁启超对其举动欲有所收敛，康有为也不会允许，何况，梁启超正热衷于维新事业，正所谓如悬崖滚石，不达目的绝不会中途止歇。

总之，在戊戌维新运动中，粤籍人士所起的作用是巨大的。他们所起的作用因人而异，不能一概而论；但可以说，若是没有这批粤籍人士的参与，便不会有戊戌变法史。

◉问　究竟是什么原因导致如此多的粤籍人士参与到维新变法这场运动中呢？

◉李　清末国势式微，内忧外患，救亡图存思潮涌起，当时知识界普遍指望朝廷振作，参考一些新兴大国，变法更张，是可行的选择。近代广东的社会环境较具特殊性。广东是最早受西方殖民主义者侵略的地区。它毗连港澳，容易接触西方思想文化；西方传教士在广东城乡积极活动；华工大批出国，到 19 世纪末，在海外许多地区形成了华人社区，华侨成为当时中外文化经济交流的重要纽带。世纪之交，风气丕变，新思想通过新闻媒体在岭南广泛传播。广东既得风气之先，促使知识界躁动，先进之士便较早地探索拯救国家前途命运问题。从早期维新派郑观应、何启、胡礼垣，到戊戌时期的康有为、梁启超、黄遵宪等人，都表现出巨大的政治智慧和理论勇气。认识到了这种社会历史环境，就不难理解，何以粤籍人士能在戊戌维新运动中扮演重要的角色。

◉**问** 国外有的学者将戊戌维新运动时期的广东比作日本明治维新初期的水户或萨摩、长州两藩，将其视作维新运动的发祥之地。您是否认同这个观点？您的依据是什么？

◉**李** 我个人认为，日本明治维新时期的水户、长州、萨摩与戊戌维新时的广东缺乏可比性。水户即今茨城县，江户（今东京）德川幕府辖区；长州即今山口县；萨摩即鹿儿岛，岛津藩地。1853 年，日本因美国海军入侵后强行"开国"，国内形势丕变。水户学是德川幕府的家学，主"大义名分""尊王攘夷"。在幕末时期，大体上是从 1853 年至 1867 年"大政奉还"，其间外患、内战。1866 年（安政元年），原对立的两大势力，即长州藩武士木户孝允、伊藤博文等人，与萨摩藩武士大久保利通、西乡从道等在京都联盟，成为武力讨幕中心。次年，"大政奉还"。1868 年，明治天皇迁都江户，维新开始，随后进入"脱亚"历史时期。由此可见，水户学是维护穷途末路的幕府统治的理论。长萨两藩（明治开始分别成为陆军、海军军阀根据地）主革新，虽有吉田松阴等理论家为之鼓吹，但毕竟是通过武力胁迫，才最终结束德川幕府统治。至于中国，维新、革命两派虽系以广东人为领袖，且大体上都是在 1895 年登上历史舞台，但康梁等人手无寸铁（围园之事发议亦非康梁），旨在君宪，纯为文士议政；孙之重阳起义，意在覆清。两派诉求不同。要之，水户学鼓吹"尊王攘夷"与甲午战后中国兴起的救亡图存思潮，二者的时空环境与目的不同。我曾经认为，"国外有的学者将戊戌维新运动时期的广东比作日本明治维新初期的水户或萨摩、长州两藩，是维新运动的发祥之地这种观点，是颇有见地的"。经多年思考，现在想起来，感到这种想法难以成立，应予否定。

总之，日本水户学与长州、萨摩讨幕，随后维新，与粤人在戊戌变政诉求，并无可比之处。

◉**问**　您提到"戊戌维新运动开始时，康梁师徒的变法主张可能在很大程度上渊源于早期维新派的同乡前辈。而在早期维新派的几位思想家中，郑观应的思想最具代表性"，郑观应思想对康梁的具体影响体现在哪些方面？

◎**李**　在早期维新派几位思想家中，郑观应思想无疑最具代表性。首先，他是从买办队伍中脱离出来的代表性人物。1880 年以前，他虽然还当买办，但已自己开办恒泰钱庄。1880 年以后，他被李鸿章先后任为上海机器织布局、上海电报局、轮船招商局总办，是一系列洋务企业创办的参与者。1891 年以后，历任开平矿务局粤局总办、轮船招商局会办、汉阳铁厂总办、铁路总公司总董、电报局总董、粤汉铁路公司总办等职务，是洋务运动亲历者，中国近代化的最早实行者之一。其次，他根据自己的历练，提高到理论层次，以启蒙同胞，先后出版了《救时揭要》《易言》《盛世危言》《盛世危言后编》等多种著作，其影响之广泛，是其他早期维新派理论家所难以企及的。再次，他将自己的认知付诸实际，到民国成立，一以贯之，已远不属维新变法的问题了。例如，他强调"商战"，以商战带动国民经济的全面发展；在政治制度方面，提倡效仿西法，设议院，实行"君民共主"；1909 年上书清廷，请求速行宪政，参加上海预备立宪公会活动；他还主张在国民经济各部门实施改革，建立新的银行制度，他提出了一套较为完整的企业管理原则和措施。凡此，戊戌维新的理论家们没有谁能如此系统地提出来。

康有为的万木草堂，包含康在上海采购的书籍，是否有郑观应的著作，在康梁的记述中找不出事例来。按常理，戊戌时期维新派理论家们，除了看西方译著及传教士在上海办的《万国公报》外，应是参阅了他们前辈的著作的，只是不明说而已。事实上，康有为与郑观应是有交集的，据夏东元先生著作中揭示，1898 年 6 月 16 日光绪召见康有为，此前，康问计于郑："政治能即变否？"郑答："事速则不达，恐于大局有损无益。"这些话，可以看出郑对这场变法缺乏信心，未曾介入。但他对康氏门徒颇同情与关心。政变后，他交给何穗田 100 元，让其转给康氏家属。郑还规劝康氏门人在沪者他往。惺惺相惜，诚长者待人之道。

●问　郑观应的交友圈很广，既有李鸿章、盛宣怀等官场要人，也有江浙绅商群体，又有粤商群体。您专门写了一篇郑观应与张弼士交往的文章，请问您为何特别关注郑观应与张弼士之间的交往？

　　◉李　2006 年，广东省历史学会张弼士研究专业委员会编印了《张弼士研究资料》第一、二合辑，其中收录了《张弼士君生平事略》，由此获知在张弼士去世后，郑观应为之编印了逝者的《荣哀录》，"事略"便是该小册子的主文。"事略"未署名作者，如果不是出于郑手，至少也是经他润色和认可的。"事略"序言中说到，张弼士与郑观应"旧交也，兰谊也，亦道侣也"。这些话表明，他们是老朋友，是结拜兄弟，也是道教的教友。此前读郑观应的著作，没有注意郑观应与张弼士之间的这三层关系。郑观应的交游极广，官长、同事、乡党，中外人士，数十年间当数以百计，但同时具备三者关系者，则似无第二对。我感觉到这方面有文章可做，于是立意进行探讨。

　　张弼士文化程度不高，发迹之后，笔墨应酬之事自有人代劳。终其一生乃至身后，未见其文集之类的著作传世。要了解郑观应与张弼士交往的资料，除了"事略"，只有依赖夏东元先生的《郑观应集》。我在梳理相关资料后，写成《旧交·兰谊·道侣——郑观应与张弼士交往史事捃摭》一文。从现在能看到的资料，尚无法查实郑张二人认识与结拜金兰的时间，但既是旧交，结识当是有些日子了。最迟 1894 年张弼士在国内较大的投资项目——在烟台开设葡萄酒厂前，他已与内地官、商有所联络。而且，此前他在国内赈灾、报效军饷的举措，名声已播，郑观应曾经营的轮船招商局，涉及沿海各埠，张弼士往来各地不可能不与之接触。在商言商，故在 19 世纪八九十年代之交，两人结交是有可能的。后来，密切的关系发展为谈养生、追求延年益寿，信仰趋同，成为道侣也就很自然了。

相较于上述无法确切说明的交往史，他们在办理实业过程中的互动，可能更具研究价值，我在自己的文章中强调了这个意思。

◉**问**　郑观应与张弼士均是中国近代著名的实业家。在实业救国的理念和实践方面，有哪些异同？另外，郑与张均从生意场进入官场。在官场发展方面，两人有哪些共同之处？

◉**李**　郑观应与张弼士均是近代著名实业家，这点诚然不错，但他们出身不同，经历也不同，全方位差异很大，彼此对实业救国理念的表述与实践也不可同日而语。

1872 年，郑氏在任买办的同时，开始从事洋务活动，参与筹办轮船招商局；1882 年，他结束与太古洋行的业务，任上海机器织布局会办，成为民族资本家。在实践中，郑观应认识到西方资本主义在工商业等方面的侵略性质，从事《易言》的撰写，倡言变革，提出商战的观念。他提出的一系列理论，使他成为早期维新派的主要宣传家，对国人影响巨大。在洋务派领袖李鸿章、盛宣怀系中，郑氏是一员干将，轮路邮电四大业务，郑氏多曾经历，他是实业救国理论的主要提倡者与实践者。

张弼士到南洋后，从店员出身。中年以后，通过多种经营，积累了富可敌国的资产。"富而优则仕"，由驻新加坡总领事黄遵宪推荐，经总理衙门批准，任中国驻槟榔屿副领事，其后宦途颇为顺利。1897 年，经李鸿章推荐，参与筹办由盛宣怀主办的中国通商银行，后任该行总董事。次年，任粤汉铁路（筹办中）帮办，1899 年升任总办。至 1904 年，张弼士曾三次被两宫召见，赐头品顶戴，授太仆寺正卿，任商部考察外埠商务大臣，兼办闽广农工路矿各事宜，亦官亦商，荣宠无比。张氏继续在南洋经营种植、矿山、航运、商贸等企业；在国内招商引资，集股或独资经营制砖、织布、盐田、制玻璃及机犁垦牧；还担任广东总商会总理，组织广东集大公司出品协会，成为工商界巨擘。

据载，1892 年，张弼士曾向路过槟榔屿的驻英公使龚照瑷讲过他在南洋的致富之术，大受龚氏赞赏，并将他推荐给李鸿章，乃获重用。但是，在南洋积累的经验不见得适用于国内，所以可以看到他不断向郑观应征求管理招商局的经验。郑在《致督办闽广农工路矿事宜张弼士侍郎书》中也向张介绍了自己在《盛世危言》中的主张，如设工艺院、设工艺专科、工艺学堂、设博览会以劝百工、振兴工艺、政府应有补助等。他还建议张弼士利用自己所处地位，推动设立中央银行、农工银行、商务银行、储蓄银行，作百业金融机关，发展工商，以振兴国势。张弼士虽然没有一套实业救国的理论或思想，但在国内阶段，在郑观应的帮助下，他实际上践行着实业救国的理念，这是二人"兰谊"的价值所在。

张弼士在南洋经营之所在，是英国与荷兰殖民地。殖民地统治者利用了若干高等华人，但对华人设置了许多苛例。无可讳言，张弼士与殖民地统治者之间既存在合作，又存在竞争。这种矛盾关系使他深悉情势——若有一个强大的祖国，海外华人的生存环境将大为不同。因此，他在国内投资图以商谋利的同时，势必具有振兴实业以振兴国势的愿望，当他经老友郑观应点拨之后，其主观意识得到提升，这也是他在民国建立之后仍继续努力的缘故。

◉**问**　郑观应与张弼士是道友，按照郑观应的说法是"道侣"。请问，两人在求道方面有哪些共同之处？不同之处又体现在哪些方面？是什么原因造成的差距？

◉**李**　郑观应与张弼士是"道侣"，这点没有疑问，收存在《郑观应集》中的函件可作证明。张弼士去世后，郑观应写诗《感事》悼念："忆同弼士访仙翁，十万黄金撒手空。闻筑丹房和日埠（和兰之日丽埠。李案，今印尼日惹市），惊游月殿广寒宫（张君弼士于日丽埠中秋日逝世）。难寻护法张环卫，不见安邦渭水熊（张君七十九岁有安邦之志）。自笑求真数十载，金丹未得志犹雄。"从这首诗可以发现，郑张二人曾去访仙（应是罗浮山道士），花了大笔银子，张氏还在印尼开炉炼丹；估计并未炼出金丹，他便去世了；郑氏本人求道数十年（据他说，家里的钱都花光了，弄得妻妾们意见很大），也未得到金丹，不过他并不死心。

在中国传统社会中，道教是唯一国产的大宗教。道教徒附会黄帝、老子，称黄老之学；又附会老子、庄子，称老庄之学。《老子》五千字文被称为《道德经》，《庄子》被称为《南华真经》。东汉佛教传入中土以后，道教徒仿照汉译佛经，编撰了许多道家经典，广为流布，最后编为5000余卷的《道藏》。

道家作为一种学说，演化为治术，始于汉初文景两朝。汉武帝独尊儒术之后，孔学成为正统。东汉以后，道佛均成统治者的治民工具。道家讲究养生卫摄，所谓岐黄之术即医学。统治者与上流社会热衷于用方士炼丹，服之现世以享乐，长生不老，甚至羽化而登仙。以现在的眼光来看，方术之士可被认作是一批化学家。然而，道家逐渐与巫觋合流，异化、世俗化成职业，其成员称道士、法师、觋公、巫婆，他们从事符咒、打醮、作法活动，已无学术之可言；迄于当世，其狡狯者结为邪教，勾引愚民，联络番仔，流为反官府、谋政权的动乱发动者。

据相关资料，郑观应、张弼士身体都不太好，两人学道显然有疗疾保健的目的。郑自述 16 岁开始学道，几十年间屡遭方士欺骗，花光了积蓄，最终也没有得到金丹。张弼士从何年龄开始学道，未见记载。据我所知，客家社会里道士、法师被称为觋公，在人们心目中社会地位是很低的，男人们也无人愿与之为伍。张弼士在其最后 20 多年时间里大富大贵，何以愿与觋公、方士同流？他文化程度不高，资料中多见郑观应向他介绍经文内容、修炼方法与注意事项。或许存在这种可能，郑张结交后，有了各方面的共同语言，自然会谈到身体状况、强身去疾、养生畏老之事，郑为之介绍学道求仙方法，于是便有挥斥巨资炼丹之事。张氏不但在国内有此举措，还将炼丹移到番邦异域，但他同样被方士骗了，没有得到金丹，也未能羽化便命丧海外。郑观应在与张弼士通信中讲到出资赈灾，属于修阴功之事，他们都有具体行动，张氏出资尤巨，学道与行善并举。他们得获高龄，虽未能成仙，也算是寿终正寝。不过，高龄与学道有无关系，评说也只能见仁见智了。

◉**问** 从郑观应在张弼士去世后将《张弼士君生平事略》以及荣典、挽章汇集，予以出版，可知郑观应对张弼士非常诚挚和尊敬。张弼士又是如何看待郑观应的呢？

◉**李** 郑观应与张弼士的上述三层关系，使他们在20多年时间里互相支持、配合，包括粤汉铁路和招商局的经营、管理，都处理得比较妥善。到了1909年，郑观应以年老体弱，希望以领取半薪从招商局退休养老，会中同事意见不一，但是同样任董事的张弼士却旗帜鲜明地表态支持。他联络一些人致函盛宣怀，认为郑对局中业务卓有贡献，核其劳绩，未便湮没，而郑"哮喘年来益剧，诚恐旷职误工，亦系实情。弟等查其历任电报、轮船、铁厂、铁路总、会办，已数十年，两袖清风，世不易觏"，希望援例"给予半俸，以为清廉激劝"。此议虽未能实现，但也可以看出张氏此时对这位老友为人的评价，以及关键时刻对老友的支持。投桃报李，则是郑对张身故后编印《荣哀录》，为研究者保留了一份张氏史料。

◉**问** 郑观应和张弼士之间的交往，对郑观应来说有何影响？

◉**李** 朋友间的支持是双向的，郑张间道侣学道求仙方面的追求，对他们来说可能十分重要，但无补于国计民生、国家富强，而且若社会上求道成风，还将成为国家民族的灾难。

我们从可以看到的资料中发现，郑观应在经营粤路公司、收回粤路路权，以及在广东省商务总会等几个重要职务上，或为协理，或任代理，或者主事，都得到张弼士的支持，接事者步武前任，有目共睹，这里就不具体叙述了。

◉问　"孙学"是一门显学，世界上研究孙中山的思想和学说、评价他的历史功业者很多。您长期从事孙中山研究，也刊印了不少孙中山研究的成果。您有何研究心得？

◉李　说起来话长，改革开放后的前20多年时间，孙中山研究确曾是门"显学"，这是特定时空条件下出现的。孙中山研究，国内外出版了许多论著，成绩很大，对孙高度评价，无以复加。但也有不同的声音。通过编几种全集和年谱（年谱长编、史事编年等），资料已相当完备，其生平活动也基本清楚，对其思想、主义、政权、实业建设、外交活动等方面，已研究相当充分。当然，从深层次考虑，仍有提高、开拓的空间。例如，孙中山与国内外许多重要人物的关系，甚至还未有人去研究。

我在参加编写《孙中山年谱长编》和《孙中山全集》《孙中山全集续编》过程中，确实增长了知识，开阔了视野。随着研究深入，也产生了若干与时下流行说法不尽相同的看法。研究历史人物，应当实事求是，不宜以个人或党派的是非为是非。譬如，"二次革命"、护法战争的发动，都值得重新研究。从民国元年开始到"孙越宣言"发表后，孙中山解说其民生主义即德国国家社会主义，1923年孙仍寻求德国援助，称要以德国为唯一导师，其义云何？我认为，孙晚年思想并无质的变化，三民主义也无新旧之分，是重新解释三民主义（包括对一大"宣言"中三民主义含义的解释——《三民主义》十六讲在一些重大理论问题上否定一大"宣言"）。孙中山本意是"容纳共产分子"，并非两党联合（对等）。在编《孙中山全集续编》时，我们收进了一些日方文件，这是出于尊重历史。对于 1922 年孙陈分裂事件，我主张采取中性说法——"一九二二年'六一六'陈炯明部兵变"。以上举例，乃个人一孔之见，未必为方家所许，当然说了就要承认。

◉**问** 相对于孙中山研究来说，对郑观应的研究还不够丰富。孙中山研究可以给郑观应研究哪些启示？

◉**李** 孙郑两人的事业各不相同，研究的热度与成果落差比较大，也很正常。相信郑观应研究以后在深度与广度上都会不断开展下去。我认为，一旦破除了对"买办"认知的魔咒，研究工作会做得更好些。

我曾写过一篇题为《近代买办群体中的广帮——以上海地区为中心》，旨趣在正面评论买办的历史作用与地位，文内也讲到郑观应的事功。实际上，历史上可能并未出现或存在一个什么"中国官僚买办阶级"，它是人设之事。

2011 年前后，《中山文史》曾聘我任编委，2011 年 8 月，当时主持中山市政协工作的王远明先生，约我为新出版的 15 卷本《百年中山文史系列丛书》写书评。我如约写了《解读百年历史 见证时代风云》，刊在《羊城晚报》上。书评中写道："百余年来，香山文化的光耀华夏，中山人才辈出，各显风华，无疑与买办、华工及孙中山有密切关系。近代买办的发达以及他们以上海为基地的活动，搅动中国，诱掖、栽培出各行业无数同类精英。华工出洋，使香山人见证并参与了中西文化经济交流。一代伟人孙中山，从事革命活动三十年，对中国近代历史影响无有纪极，万流景仰，于今尤盛；逝世八十六年来，'孙中山'三个字，绝对是中山市的光辉名片。"这些话，相信并非虚妄之言。

40年来，除了上述写了一点有关孙中山、郑观应的文字外，我还写了多位中山（香山）历史文化名人的史事，如容闳、叶廷眷、黄槐森、刘学询、唐绍仪、苏曼殊、王云五、钟荣光、杨殷等人，成文刊世。我还担任《孙中山志》一书编撰的顾问，为中山市辛亥革命记忆公园（今属故居）、小榄公园孙中山铜像写碑记。以文字结缘，无声无臭，洵属人间乐事，今附志于此。

就谈到这里吧，谢谢各位。

◉**问** 谢谢李教授接受我们的访谈，更要感谢李教授长期以来对中山历史文化和历史人物的关注，以及对孙中山、郑观应等的研究。

陈树荣

陈树荣（1941— ），出生于香港，祖籍广东宝安（今深圳）。资深澳门新闻传媒历史文化学者。现任澳门历史学会理事长、澳门历史文物关注协会副会长、澳门楹联学会副会长、澳门经济学会副会长、葫芦文化学会会长、澳门收藏文研会副会长、澳门街坊会联合总会名誉顾问、中国民间文艺协会会员、君亮堂出版社社长等职。曾任《澳门日报》副总编辑、中国孙中山学会理事、林则徐学会学术顾问，曾受聘为广东社会科学院客座研究员、南方软实力研究院高级研究员。

主要研究方向：澳门政治、经济、文化、社会风俗等研究。1986年提出"澳门学"研究。

主要著述：《1968年澳门国庆牌楼》（君亮堂出版社，2010）、《筹账兵灾》（君亮堂出版社，2011）、《澳门戏桥》（君亮堂出版社，2011）、《林则徐巡阅澳门》（君亮堂出版社，2013）、《孙中山与澳门》（君亮堂出版社，2013）、《郑观应·郑家大屋》（君亮堂出版社，2013）；合作著有《何贤传》（澳门出版社，1999）；主编有《林则徐与澳门》（澳门"纪念林则徐巡阅澳门一百五十周年学术研讨会"筹备会，1990）等。

主要论文：撰写有关澳门政治、经济、文化、社会的文章及论文几百万字。

时　间：2021 年 12 月 5 日

地　点：澳门历史文物关注协会

口述者：陈树荣

采访者：李向强

整理者：龙良富

◉**问**　陈先生，您好！我们是"郑观应研究口述史"项目组。二十几年的新闻工作，二十几年的笔耕不辍，研究报道涉及澳门社会生活的各行各业、各个领域，诸如政治、经济、文化、社会、天文、历史、地理、民俗等，您已经成为一部澳门历史发展的留声机。怀着对历史的敬畏，近年来您一直从事整理研究澳门历史的工作，出版了《孙中山与澳门》《何贤传》《澳门历史》《抗战时期的澳门》等书，首先请您分享近年来整理发掘澳门历史文化的初衷与过程。

◉**陈**　我祖辈都生活在香港，我也在香港出生。我 20 世纪 70 年代来到澳门，在南光公司与《澳门日报》社就业，长期从事新闻、历史文化工作，对澳门丰富的历史文化很感兴趣，并开始着手研究。新闻工作让我接触很多社会现象，我也在这个过程中不断探索着百年澳门的历史文化，加深对澳门各方面的认知，增加爱国爱澳的情怀。

在新闻采访中，有几件事至今难忘：一是我作为唯一的澳门平面媒体记者参加了 1984 年的中英谈判，与众多香港新闻记者及各界代表一起，亲自看到了《中英联合声明》在北京的隆重草签、正签。二是我跟随中央代表团进藏访问，采访西藏自治区成立二十周年庆典活动，成为第一个采访西藏的澳门记者。当时在西藏待了 16 天，访问了班禅额尔施尼，也游览了很多地方，这次采访收获很大。三是 1986 年我参加了中葡会谈采访，目睹了《中葡联合声明》签署，是澳门回归的光荣的历史见证者之一。四是 1987 年我接受日本外务省（即外交部）邀请，独自一人访问日本 16 天，大开眼界，收获良多。

1985 年 5 月，葡萄牙总统埃亚内斯访华，拉开中葡会谈序幕。图为葡总统（前排中）在人民大会堂与港澳记者合影

我印象最深是 1984 年中华人民共和国 35 周年国庆。当时我作为港澳记者团中的一员被邀请到天安门城楼前面观礼，突然间北京大学的学生们在游行队伍行进中打出"小平您好"的横幅，当时我们感到很惊讶，但也很好理解，那时候十一届三中全会已经召开，提出中国要改革开放，要坚持解放思想，开放经济，实事求是，以民为本，"小平您好"

1986 年，部分记者在《中葡联合声明》签署长桌旁合影

的横幅也集中地表达出人民的共同愿望，表达出人们对改革开放的期盼，我也感受到了中国越来越好的变化。第二天我们在人民大会堂采访，有人说，"有重要领导人来见你们港澳记者团"，我们都很高兴，但不知道究竟哪位领导会来见我们。我们就排好队，坐好了，翘首企盼，一会儿邓小平出现了，来到我们前面，跟我们说话，当时我太激动了——能有这么近距离和我们国家领导人交流的机会并合照留影。第二天，国家主席李先念、政协主席邓颖超和外交部部长吴学谦等领导又在人民大会堂接见我们并拍照留念。这两次接见都难能可贵，我们大受鼓舞。

这次中央领导、国家领导人见港澳记者团，我也是唯一的澳门记者。当时国家特别重视港澳记者团，新闻办要求记者协会要全面和我们对接，看我们有什么事要采访。港澳记者团推选我作为代表和他们对接，去的时候负责接待我们的人就说："你们想参观什么、访问什么，随时提出来，我尽量给你们安排。"我提出了三个地方：一是参观中南海毛泽东住过的地方；二是原子能研究所；三是北京最大的监狱。为什么要去看毛泽东在中南海的住所呢？因为那时候毛泽东在中南海的住所第一次对外开放，但他们也只发了一张票给我们港澳记者团，记者团的朋友又一次推举我去，我就代表大家参观了。毛泽东的住所位于丰泽园菊香书屋的紫云轩内，院子很大，但菊香书屋院内的柏树阴影，加上古式建筑瓦房的飞椽，使得毛泽东的寝室和办公室内的光线很差，射进去的阳光很少，书房里还有摆了半床书籍的睡床，这让我很是感慨，即使做了国家最高领导人，毛泽东依然过着朴素节俭的生活。我们也去看了原子能研究所和北京最大的监狱，看了之后原来的神秘感就没有了。

当了几十年记者，见证了我们国家的很多大事，后来又当了16年副总编辑，我还保持几乎每天都写一篇600字左右的短评的习惯，大概写了3300多篇。一生从事新闻工作，我感到很荣幸，付出了很多的努力，也取得一定的成果。

◉问　作为"澳门学"的首倡者之一，请您解释下什么是澳门学？当初在什么机缘巧合下提出了澳门学？

◎陈　澳门学是1986年提出来的，到现在已经35年了。那时候为什么要提出澳门学？因为1987年中葡两国政府经过多轮友好谈判，签署了《中葡联合声明》，和平解决了历史遗留下来的澳门问题，这也意味着澳门即将迎接回归，澳门从此步入政权交接的过渡期。全国人民代表大会也开始了《澳门特别行政区基本法》的起草工作，在这个过程中，政府广泛征集澳门民意，动员市民为特区创建建言献策，深深触发了市民对澳门前途的思考和讨论及其对未来的憧憬。当时我和黄汉强、杨允中等澳门的一批学者也在思考澳门未来应该如何发展，于是提出了"澳门学"的构想。

澳门学的提出主要有以下两点：一是澳门是中西方文化交汇的地方，值得客观、全面、系统地进行研究和总结。从葡萄牙人于 1553 年进入和租居澳门开始，西班牙、荷兰、英国等西方国家接踵来到澳门，于是中西的经济、政治和文化在这里互相渗透、互相影响和互相促进，直到今天，在近470 年的历史变迁中，澳门这种中西文化交流的作用一直存在，澳门一直是中西文化交汇的地方。澳门社会独一无二的历史文化特征，以及她在东西文化融合中的历史贡献，对宣扬不同民族文化的融合发展具有深远意义。澳门的文化有什么独特性？澳门几百年来在中国的历史地位和作用是什么？对这些问题的深入研究不仅可以帮助其他人了解澳门，也可以提高澳门的历史地位和作用，这就必须形成一门学科，以研究澳门历史文化发展的轨迹，对澳门未来发展具有重要的价值。二是总结和研究澳

1994 年，澳门历史学会成立，陈树荣致辞

门历史发展的经验和规律，对中国的改革开放具有启示和借鉴意义。之前我访问过几次北京，感到我们国家改革开放后，社会经济进步很大。而早在 1553 年，便开始有葡萄牙人在澳门居住，后来逐渐成为大航海时代欧洲在远东的重要落脚点，成为东西方的贸易中心，每年有大量的中国丝绸、茶叶和瓷器通过澳门运送到西方，而来自东南亚、印度甚至非洲的大量香料、象牙等产品，以及来自日本、墨西哥等地超量的白银，也通过澳门大量进入中国，当年由澳门通往全球的三大航线，由于输出的是大量丝绸，输入的是大量白银，所以我将其称之为"丝银之路"。今天澳门已经发展成为国际自由港和世界旅游休闲中心，成为全球发达、富裕的地区之一。这些经验既可以处理中华民族团结问题及澳门回归后的"一国两制"，也可为中国的改革开放、走向世界提供经验。

对于"澳门学"这个学科的形成和发展，我认为，第一

2007 年 11 月 8 日，在澳门举行郑观应研究中心挂牌暨大香山文化学术研讨会开幕仪式。图为陈树荣在开幕式上致辞

要有丰富的文史材料，没有丰富多样的历史材料档案，就不能做研究。第二就是要有一批学者，庆幸的是，"澳门学"的提出引起了政府和各方机构的重视和支持，也得到越来越多学者的支持，比如以汤开建、杨允中、黄汉强、徐新、吴志良、刘羡冰、林广志、朱寿桐、邓景滨、郑国强、胡根、刘芳、陈炜恒、黄东、林发钦、杨开荆等为代表的澳门本土研究专家，还有来自广州中山大学、暨南大学以及南京大学的一批学者，如黄鸿钊、费成康、黄启臣、邓开颂、王杰、张庭茂、叶农等，他们均提出了很多新观点和新看法，开了好几次研讨会，甚至国际性的研讨会，也出版了很多有关"澳门学"的专著。

陈树荣在《郑观应文选》发行仪式现场留影

●问 在对澳门历史文化的研究中，您对林则徐与澳门、孙中山与澳门、郑观应与澳门等都进行了研究，还对何贤、冼玉清等历史名人的资料进行了收集和编撰，为什么您对澳门历史文化的研究首先选择了这些名人进行研究？

◎**陈**　一个地方能不能发挥历史作用，或者说有没有历史地位，与这个地方的历史人物是息息相关的。"山不在高，有仙则灵"，一个地方，有很多历史名人在这里出生、生活、长大、就业，他们就能提升这里的文化品位和影响力，推动社会经济文化的全面发展。另外，如果很多名人在这个地方工作生活，也说明它本身就很有底蕴和魅力，能为他们的发展提供很好的环境和空间，所以，名人与地方是相互成就的。澳门虽然地方狭小，但却是中外历史名人荟萃的地方：孙中山曾在这里做革命的准备，林则徐曾到这里巡阅，康有为在这里创办《知新报》，近代著名思想家郑观应在这里写下了影响颇大的《盛世危言》，著名人民音乐家冼星海也在澳门出生成长，葡萄牙著名诗人贾梅士在这里写出了震撼人心的诗篇《葡国魂》，他们都是澳门历史发展的见证。

我曾经研究过1898年的戊戌变法，在翻阅康有为的材料的时候，发现有一件这样的事情：戊戌变法失败，康有为父亲康达初还在老家南海县丹灶苏村没有跑出来，他害怕戊戌变法失败株连到他，就让万木草堂的学生转告康有为，"你要想办法把你的父亲转移到澳门"。康达初到达澳门后有人说被藏到了郑家大屋，这个说法还没找到资料来证实，但有个文件资料明确记录了：1896年光绪帝召见康有为之前，康有为曾向郑观应请教。政变失败后，虽然郑观应担心被株连，表面上对维新派进行谴责，但对六君子被害及康有为、梁启超的亡命国外深表同情。康达初到达

澳门后，郑观应即托人送 100 银圆资助康达初。现在 100
块可能不算什么，但在 100 多年前 100 银圆是不少钱。这
件事情引起我研究康有为与澳门之间关系的兴趣，后来我
发现康有为和澳门很有渊源。

1897 年康有为与梁启超在澳门一起筹办了《知新报》，
由何穗田、康广仁（康有为胞弟、"戊戌六君子"之一）具
体运作，报社地址设在澳门大井头 4 号，报纸也成了维新派
在华南地区重要的宣传阵地。当时康有为 39 岁，梁启超才
24 岁，他们都很年轻，为什么会在澳门筹办《知新报》呢？
我研究了康有为的相关材料：1879 年底，康有为兴致勃勃地
来到香港，亲眼看到了资本主义统治下的一些新事物，还参
观了赛珍会（博览会），看了欧洲戏和马戏团的表演，感到
西方的资本主义制度确实优于古老腐朽的封建制度，萌发了
向西方寻找真理的念头，播下了戊戌变法的种子。《知新报》
选址澳门是康有为经过深思熟虑而确定下来的，因为澳门当
时是葡萄牙租借地，不受清廷控制，比内地办报限制少，更
便于畅所欲言。

还有一个很重要的人物，是容闳。容闳出生在今广东省
珠海市的南屏镇，从小随父亲到澳门谋生，由于家境贫寒，
无钱上学，他父亲看到英国传教士开办的学堂，管吃管住不
要钱，就把 7 岁的容闳送到了澳门一家由英国古特拉富夫人
主持的教会马礼逊学堂念书。马礼逊学堂在澳门培养了 10
多个很有名的人，包括后来成为四大买办之一的唐廷枢。围
绕着容闳，我就列了有 40 多个重要的历史人物，都是曾经
在澳门生活、学习或者工作的。有一个很有名的人叫陈芳，

他是华侨中的第一个百万富翁，20 多岁的时候，从香山到澳门跟他的叔父到了美国檀香山，后来抓住机会将大量蔗糖从南方倾销到北方，成为百万富翁。孙中山在檀香山成立兴中会的时候，陈芳当年身为夏威夷华侨领袖，给予了资助，其次子陈席儒和孙中山是校友，也资助过孙中山革命，后来成为孙中山任命的广东省省长。陈芳年老时，落叶归根，回到珠海养老，由于感到珠海不方便，就决定在澳门定居。到了澳门之后打算住在澳门酒店，但当时的英国经理出来说我们这个酒店一般不接待华人，他一气之下就把酒店买了下来，这个酒店后来改为了现在的中国银行。陈芳从 1896 年开始在澳门定居，一直到 1906 年病逝，生活了 10 年。他是引进汽车来澳门的第一人，因为那时候不仅要有钱才能买汽车，还有很多手续要办理，很麻烦的。这些历史人物都是未来澳门历史文化研究中非常重要的研究对象，对于"澳门学"来说，这些历史人物也是重要的议题，我后来也就开始慢慢地研究与澳门有关的历史人物，比如林则徐、孙中山、郑观应、何贤、冼玉清等。

●问　您认为郑观应是中国近代史上著名的爱国者、思想家、改革家、实业家、慈善家、教育家，也被列为诗人、政论家、散文家、中国医师，给予了郑观应高度评价，郑观应的爱国行为表现在哪些方面？

⊙陈　对于郑观应，并不是我们给了他很高评价，而是历史给予他这么高的评价，这么多头衔中，我认为最高的评价就是郑观应是一个崇高的爱国者。郑观应成长的年代，中国身处一个内忧外患、列强称霸的动荡时期，他从 17 岁到上海做学徒，虽然在洋行中工作，但是他并没有忘记自己是中国人，积极投身到商战实践中，强烈的爱国情怀驱使着他竭尽全力启发民智、挽救国家。他提出实行关税保护，"我国所无者，重税以遏来源。守我利权，富我商民"。1880年，郑观应担任上海机器织布局总办后提出，如果织布局办不成功，会有损国家民族的利益，事关"利源外夺"。因此，他设法增强同外国商品竞争的能力，以"防外人争利"。这些都体现出郑观应要与西方列强竞争、富民强国的思想，所以他很早就提出要实业救国。如果我们仔细阅读郑观应的《盛世危言》，也可以发现"富强救国"的思想贯穿了全书，由于有了这种思想，他才能对政局、经济、军事、外交、文化等方面的改革提出系统方案。

●问　您在毕生的工作中表现出了拳拳爱国之心，您认为当前的港澳青年应该从哪些方面提高爱国之心？

◉陈　1949年起草的《中国人民政治协商会议共同纲领》第四十二条提出，学校教育中要实施这"五爱教育"，即爱祖国、爱人民、爱劳动、爱科学、爱护公共财物。"五爱教育"其实到现在来说也很有价值，不管是在内地，还是港澳地区，都应该大力推动它。我认为港澳青少年爱国之心的培养，首先要鼓励他们多到内地看看，了解全国的国情民情，了解中国博大精深的历史文化，让他们要有民族自豪感，这样就自然而然有了国家认同。二是建立爱国爱澳的青少年教育基地，让港澳青年了解港澳人爱国护国的历史。我们最近把郑家大屋、林则徐纪念馆等列入了澳门青少年的爱国爱澳的教育基地，我曾经参加了郑家大屋举办的"讲故事

·忆郑观应先生"活动，通过与青少年的交流，将郑观应的慈善捐助、实业救国的故事传达给他们。三是推动学校的教育改革来加强港澳青年的爱国之心。学校的老师、家里的父母都应该有一种责任，因为他们的言行举止起到了潜移默化的作用。

◉**问** 郑观应为什么被誉为"澳门之子"？

◉**陈** 这也是我们澳门能给他的一个荣誉。郑观应生前素以"世居澳门"，"侬家正住莲花地"自傲。纵观郑观应的一生，很多重要的事情都与澳门渊源深厚，具有密切关系：

一、澳门是郑观应经常往来的居停之地。16岁赴上海，郑观应遵父之命，弃文从商，成年之后，因过年、探亲、访友、续弦、育儿、守制，以及隐居养生、寻仙问道、著书立说、修道养病等原因，多次返回澳门，住在郑家大屋。郑观应与澳门结下了深厚情谊。

二、澳门是郑观应反对贩卖人口"卖猪仔"的维护人权之地。郑观应30岁前后，在清朝同治年间，写下了多篇反对"猪仔贸易"的文章，发表在《申报》上，集中在1873年出版的《救时揭要》中，包括了《澳门猪仔论》《续澳门猪仔论》《求救猪仔论》《论禁止贩人为奴》《救猪仔巧报》《记猪仔逃回诉苦略》和《澳门富匪论》等。这些郑观应早期的政治评论作品，大概写于1862年至1873年之间，他通过耳闻目睹的"猪仔贸易"的罪恶实质及其对社会的影响，揭露其危害社会公义的严重性，提出禁止"猪仔贸易"的方法。郑观应揭露和抨击澳门"猪仔贸易"的不人道、反公义，表明了他的思想方式、倾向和改革的勇气，以及他对澳门的深切了解，以及维护人权和社会正义的精神，表达了热忱的爱国主义情怀。

三、澳门是郑观应编著《盛世危言》和《盛世危言后编》的写作之地。郑观应怀着忧愤心情，在澳门隐居的 8 年间勤于写作，于 1892 年 50 岁之年，在澳门郑家大屋，编撰完成了 20 多万字的巨著《盛世危言》五卷本，提出了全面向西方学习，大力引进西学，繁荣实业，与西方"商战"以期富强救国，并提出改革政治制度，推行民主，设立议院，重视教育兴国培养人才等建议。《盛世危言》成为 19 世纪末至 20 世纪初的 30 年内，中国最畅销的政论书，影响了几代伟人，使康梁、孙中山、毛泽东等得到了启迪、鼓励、进步，对 1898 年的戊戌变法也起到了重要的推动作用。郑观应于 1908 年在澳门郑家大屋编撰完成的《盛世危言后编》，是他非常重要的著作，具有独特的时代价值，可惜因种种原因延迟出版，至 1921 年郑观应病逝后才面世，对后编的专门研究者较少。

四、澳门是郑观应从香港被拘后隐居澳门的调适升华之地。郑观应于 1885 年初，在香港为援台抗法事务积极奔走之时，却被太古洋行控告拘禁半年，以追讨他作为保人的代垫债务。郑观应受此重创后，"抑塞愤懑，热血填膺，致成肝疾……归里卧病三载，甫获就痊"。郑观应从 1886 年"归里"隐居澳门郑家大屋 8 年，潜心养身，寻仙访道，学习剑术，调适心境，逐渐抚平心伤，继而决志"立言"治国殇，完成《盛世危言》的写作，编织了探索"立言"救国的系统纲领，成就了郑观应思想的升华。而郑家大屋已于 2005 年被列入世界文化遗产名录，升华为澳门文化瑰宝。郑观应在隐居澳门期间，还编著了《中外卫生要旨》及《备急验方》等书。

清光绪元年（1875），
郑观应续弦时当地街坊赠
送的花瓶（陈树荣收藏）

五、澳门是郑观应助建祖屋帮助兄弟家人安居之地。郑观应 16 岁离开澳门往上海从商，由于父母及祖屋均在澳门，他长期将家庭生活基础设置在澳门。郑家大屋是郑父创办的祖屋，初建于同治末年（约 1869 年），多年后再由郑观应及兄弟斥资兴建多座四合院子，形成整体大型建筑群。1875 年郑观应迎娶续弦、1884 年长子润林出生至 1901 年结婚，以及 1886 年起澳门隐居 8 年、1893 年为亡父守制等重大活动，都在澳门郑家大屋，并在澳门妈阁街等地购置 28 处房子，以作为安居之地。郑观应在 1914 年立的长篇遗嘱中申明，负有"一家之长"之责对全家老少在他故世后，做出了周到安排。

可见，郑观应的一生，只把上海视为谋生之地，而澳门才是他长期追求的生活家园、精神乐园。

●问 郑观应出生在中山，事业成功在上海，为什么他在生前称自己"世居澳门""侬家正住莲花地"，而且以此为傲？

◉陈 郑观应父亲郑文瑞养育了很多子女，9 男 8 女共 17 个。随着郑观应事业的成功，郑文瑞的这些儿子们逐渐离开家乡，前往各地发展，他也离开三乡雍陌村，并选址在澳门修建郑家大屋。为什么要选择澳门建郑家大屋？我认为有以下四个原因：一是澳门独特的地位，雍陌村与澳门就一水之隔，有相同的生活习俗和文化环境，即使迁移到澳门也可以很快适应。二是当时澳门经济发达，交通通信便利，商人可以继续经营自己的生意网络。三是澳门物资丰富，文化中西汇合，这些买办和商人可以维持和上海相近的生活方式。四是当时澳门的治安环境要远好于动荡不安的珠三角。随着郑家大屋主楼的正式完工，郑观应三弟郑思贤在主楼旁建了积善堂，随后郑观应的兄弟们出资陆续在主楼周围建设了房子，最终形成了这座以中国岭南形制构建，同时又融汇了不少西方建筑元素的院落式大宅。

当时，香山买办普遍存在上海、香山和澳门的"三头家"现象，就是工作在上海、故乡在香山、退居在澳门的现象。随着郑家大屋的修建，历史上就再也没有郑观应回三乡雍陌村的记录，他退回广东的唯一居住地就是澳门的郑家大屋，一生中很多重要的事情都是在郑家大屋完成的。我们从郑观应写的门联：上联是"前临镜海"，下联是"后枕莲峰"，可以看出他对澳门的了解和对郑家大屋的喜爱，所以他才称自己"世居澳门""侬家正住莲花地"。

◉问 在郑观应事业最发达的 1870 年到 1880 年之交，郑观应父亲郑文瑞为什么会带领儿子集资在澳门修建"郑家大屋"？

⊙陈 郑文瑞有9个儿子，这些儿子成年后都要成家立业，必须要有房子，而且要建规模比较大、房间也很多的大宅。郑家大屋为什么选择了风顺堂区龙头左巷？郑观应有篇文章说到，他父亲有天晚上做了一个梦，梦

1992 年的郑家大屋主楼正门

见一个水井旁有一个老太婆，告诉他这个地方风水最好，所以他在亚婆井前地对面修建了郑家大屋。郑家大屋的位置非常好，不仅与妈祖庙近在咫尺，而且门前就可以出海，能通到太平洋和大西洋，到前山很方便，离他的家乡雍陌村还不到 40 公里，同时，这个区域原来是葡萄牙人聚居的地方，与外国人贸易也很方便。

清同治八年（1869）挂在"郑家大屋"的"余庆"匾

关于郑家大屋具体何时修建，我们做过好几次考证。最早的时候因为找不到原始房屋资料，而且当时修建房子不需要在政府注册，所以最早我们能找到的时间是 1881 年（光绪七年），后来我们在维修郑家大屋的时候发现了这个牌匾，就是二楼大厅挂的"余庆"牌匾，这块牌匾是曾国藩的弟弟送给郑观应父子的，嘉奖他们在赈灾中做出的业绩。牌匾上面落款的时间是 1869 年（同治八年），当时我们就推测，按照中国人的习惯，朋友家的房子建好了，送给他一个牌匾以示祝贺，这是合情合理的。牌匾上的"余庆"出于古语"积善之家必有余庆"，也有祝福的意思，所以最终能我们将郑家大屋兴建的时间确定为 1869 年。

◉问　您总结了郑观应在许多方面是近代中国的第一人，能否和我们分享一下在哪些方面他是中国第一人？

◉陈　郑观应自小受到了香山文化熏陶，抱有开放融汇的态势，学贯中西，敢为天下先，在多重领域都取得了很高成就，其识见超越了前人和同时代的同仁，较早地洞察了历史发展的必由之路，推进了社会的进步与发展，形成了郑观应在近代中国的多个"第一"。但这些"第一"也是我的个人看法，仅供大家参考：

一、郑观应是最有系统提出"商战论"的第一人。"商战"是中国近代史上独特的范畴，"商战论"是近代中国特殊的社会历史条件下的产物。"商战论"是郑观应首先系统地提出来的，其实质是主张向先进的资本主义学习方法，继而反制帝国主义的经济侵略，与之"决战于商战"。

二、郑观应是近代中国民主建言第一人。1871 年，29

岁的郑观应，在其写作的《论公法》中指出："泰西有君主之国，有民主之国，有君民共主之国"。所说的民主之国，是指推行民主制度之国。将西方的民主概念引入著述中，这是中国人著述中首次使用了"民主"的词义。

三、郑观应是建议采用君主立宪制第一人。郑观应于1894 年正式出版的《盛世危言》巨著中，对中国政治现代化建言，在晚清封建帝制时代，首次提出设立上、下议院，建议中国采用英、德那样的君主立宪制，实行选举制，并且指出实行议会民主，是"治乱之源、富强之本"。

四、郑观应是中国职业序列为重商第一人。郑观应在《盛世危言》中，突出"商"在国政民情中的地位作用，指出"富出于商，商出于士、农、工三者之力"，客观上改变了传统的"士、农、工、商"四民社会秩序中"商"居最后的格局，实际上是对传统的"重农抑商"思想观念的一次大冲击。

五、郑观应是提出"中西医合璧"第一人。郑观应于1880 年致盛宣怀一封论创设上海医学院的信中，强调"中西医合璧，必能打破中西界限，彼此发明，实于医学大有裨益"。在《盛世危言》的"医道"篇，以及在澳门郑家大屋辑成的《中外卫生要旨》中，亦都强调"中西医合璧"。

六、郑观应是深入考察长江三峡航运第一人。1873 年，31 岁的郑观应，已出任轮船招商局帮办 1 年，为考察长江三峡水道，改从上海乘招商局的"江宽"轮到宜昌，改雇木船运行进入三峡，闻滩越险，行程半个月，深入考察险滩急流，这是中国航运界首次深入考察长江三峡。

七、郑观应是使用"华侨"二字第一人。从 1883 年至 1890 年的 8 年间，40 多岁的郑观应曾多次到南洋一带视察侨务工作，洞悉侨情、国情、外国情势，形成强烈的护侨思想与政策思考，最早提出和使用"华侨"两字，最早提议中国的侨务工作必须依靠华侨、保护华侨、振兴侨务。

八、郑观应是大量撰写"实业诗"第一人。郑观应一生经营实业六十多年，坚持"实业救国"，不仅仅满足于做商人，还具诗人情怀，勤于写作，留下了一部诗集《罗浮偫鹤山人集》，并留下了别具一格的"实业诗"368 题共 726 首，被誉为中国实业诗第一人。

九、郑观应是提出中西学融合第一人。郑观应敢于面对和学习中西两种文化，提出中西学融合而不是中西学冲突和对抗，认为西方文化"由外而归中"，与中国文化相融合可生成一种新文化，超越了"中学为体西学为用"的中西文化结合模式，这是对中西文化、中西文明的突破与发展。

十、郑观应是百年前长期研究中国问题第一人。郑观应 80 高寿辞世，一生热诚爱国，忧国忧民，50 年内所撰《救时揭要》《易言》《盛世危言》三大巨著，以及 1908 年在澳门郑家大屋编成的《盛世危言后编》，其中不少篇幅，全面深入地研究中国问题，成为重大的文化遗产，留下重大的精神财富，作用巨大，影响了几代人。毛泽东的存世史料中，有一张还书便条，是他向表哥借阅《盛世危言》后还书的凭借。毛泽东看了《盛世危言》，大受鼓舞，17 岁那年，从乡下到长沙，立志创一番事业。1936 年，毛泽东在延安接受美国记者斯诺访问，亦谈论阅读《盛世危言》对他的影响，50

年代亦多次给警卫员谈论阅读《盛世危言》。

◉问 您总结得十分精辟。1870 年以后，郑观应在《申报》上发表了多篇反对"猪仔贸易"的文章，如《澳门猪仔论》《续澳门猪仔论》《求救猪仔论》等等，这些文章揭露了"猪仔贸易"的罪恶本质及其对社会的影响，在此基础上提出了禁止"猪仔贸易"之法。这些文章反映了郑观应对社会现实的关注，请问为什么郑观应在"触景伤时，略陈利弊"中首先关注了澳门的"猪仔贸易"？

◉陈 因为当时我们国家的"猪仔贸易"很严重，据统计，道光年间每年有几千个猪仔。出洋的劳工被卖出去，那时候除了澳门以外，香港、厦门也有"卖猪仔"的贸易，造成劳工贸易的原因是当时西方殖民地国家经济高速发展，需要大量的廉价劳工。许多外国不法商人就看准时机，在澳门长楼一带设"招工馆"，其实就是郑观应讲的"猪仔馆"，拐骗民众"下南洋"。澳门最多的时候有 300 多间"猪仔馆"，是"猪仔贸易"的主要港口。

澳门为什么成为"猪仔贸易"的主要港口？因为清政府管不了。而澳门在鸦片战争后，贸易港的地位被开埠后的香港取代，经济急速衰落，政府对人口贩卖没有那么多的限制。华工要被人在胸前烙下火印，标明贩卖的地方，他们这才知道是去秘鲁，还是美国旧金山。他们被当成货物装入船舱内运送至目的地，一旦中途染病、死亡，都会被无情抛下大海，因此，往往去到目的地后剩下来的还不到三成，六成左右的人都死掉了，所以说这是移动的人间地狱。

澳门"卖猪仔"通行的方法是委托一些洋行作为中介，

他们进入内地招募工人，一开始还以好言相劝来吸引劳工，后来开始用强力手段掳掠人口，或者设立骗局，引人赌博，参与者赌输后被捉为质人，并押上船作为劳工，这引起了很多本地人，当然也包括周边的香山地区人的反对。郑观应的家乡在三乡雍陌村，与澳门相隔几十公里，"卖猪仔"相关的信息他幼年时期肯定听说过，他一方面愤怒地谴责贩卖"猪崽"的罪恶行径，另一方面他也同情、理解中国东南沿海劳工出洋的现实，所以连写了几篇文章，发表在上海的《申报》。从现在的传媒角度来说，郑观应就是最早的时事评论员，尽管那时他还不到30岁。

◉问　刚才您讲到劳工招工馆引人赌博，参与者赌输后被捉为质人，当时两广赌风盛行，郑观应强烈呼吁应该禁止赌博，请您讲讲郑观应呼吁禁赌的经过。

◉陈　郑观应于1908年隐居澳门写成的《盛世危言后编》，其中的第四卷，有一篇《上戴少怀尚书》，记述了郑观应向法部尚书戴少怀上书，强烈呼吁禁赌。在此上书呼吁禁赌之前，郑观应在内地已多次向中央政府和地方官员上书，呼吁禁赌。例如，光绪三十一年（1905），郑观应禀告两广总督岑春煊，要求禁止赌博，获接纳。后来郑观应在《上粤督张安师请禁财书》中，强调"赌为人人之所最恶"，再次请求在广东禁赌。而禁赌后所缺的饷项，可以通过多方面的捐税收入弥补。

郑观应如此强烈呼吁禁赌，并为此四处奔走，是出于强烈的爱国心以及力图变革的良好愿望。因为，郑观应当时所处的政治社会环境，正是光绪末年动荡的社会，民心思变，清朝政府岌岌可危。郑观应等仁人志士，强烈要求变革图强，自然亦强烈呼吁禁赌，解决开赌这种严重的社会问题。

郑观应强烈呼吁禁赌，有助于揭露内地尤其是两广的赌风，但对澳门影响不大。因为赌风在澳门炽盛，赌业已逐渐成为澳门经济的主要支柱。内地禁赌，客观上反而助长了澳门的赌业发展。

郑观应知道澳门不受内地的禁赌所限，赌业难禁，所以，他告诫自己在澳门的子女、亲戚不要沉迷赌博。在1914年所写的遗嘱中，他也规劝家人亲友不要赌博。不过，在郑观应病逝十多年后，郑家族人之中，据说仍有好赌者，不幸输掉了郑家大屋的部分房产。郑家大屋原来是沿着妈阁街兴建，一直延伸至现今港务大楼的那一部分，因为族人中有人赌钱输了，将部分郑家大屋做了抵押，郑家大屋的占地面积，因赌输被按押而缩水了。

◉问　在 1886 年之后的几年间，郑观应与孙中山在澳门建立忘年之交，在郑家大屋中密切交往，能否谈谈他俩在澳门的交往情况？

◉陈　这个问题我们也一直在研究。据郑观应的儿子跟夏东元教授讲，说他至少两次看到孙中山到郑家大屋去拜访郑观应，究竟有多少次，他也不知道，但口说无凭，因为没有具体的史料来证明两人是否在澳门真的见过面。

我一直都认为两人在澳门是有交往的，原因如下：

一是郑观应《中外卫生要旨》的撰写应该得到了孙中山的帮助。郑观应自 1886 年开始避难澳门，隐居在郑家大屋多年，勤于著书立说，经过几年的努力，于 1890 年完成了

《中外卫生要旨》。郑观应不是医生，很多医学的知识未必清楚，极可能是得到了深谙医学的孙中山的帮助才能完成。

二是孙中山和郑观应的很多观点是一致的。孙中山1890年写的《致郑藻如书》，以及1894年的《上李鸿章书》，与同期郑观应著述的《救时揭要》《盛世危言》，都有不少地方达成了共识，显示两人思想的一致。在《上李鸿章书》中，孙中山借鉴郑观应《盛世危言》中的主张，"人尽其材、地尽其用、货畅其流"，丰富发展为"人尽其才、地尽其利、物尽其用、货畅其流"。所以，我认为两人是经过深入交谈或交流后思想层面达到的一致。

三是郑观应在孙中山《上李鸿章书》中的关照。孙中山北上投书李鸿章，郑观应在上书内容以及社会关系等方面，均曾大力协助，只有对熟知的人才会那么真心地帮助。

四是孙中山赞颂郑观应是"良师益友"。孙中山比郑观应年轻24岁，相差一代人，孙中山视郑观应为长者、老师。澳门收藏家吴利勋会长收藏了一对银杯，杯上刻上"良师益友"，上款刻"观应仁兄"，下款刻"孙文敬赠"。这对银杯显然是孙中山赠给郑观应的礼物，显示孙中山给郑观应的敬意和相互密切的关系。

◉**问**　为纪念郑观应诞辰175周年，加深公众对郑观应及其著作《盛世危言》、郑家大屋的认识，您在郑家大屋举办了"讲故事·忆郑观应先生"活动，您认为举办这些活动对推广郑观应及其文化产生了哪些作用？

◉**陈**　这个活动是澳门文化局筹划的。澳门有很多社团活动，比如逢五小庆、逢十大庆的纪念名人活动。2017年是郑观应诞辰 175 周年，澳门文化局推动了"讲故事·忆郑观应先生"活动。当天分三个时段于郑家大屋举行，我和资深教育家刘羡冰女士一起作为主讲人，为观众分享"郑观应的澳门生活及仕途""《盛世危言》的意义"及"郑家大屋的变迁及保护工作"三个不同主题，听众主要是 10 岁到 14 岁学生，让他们了解郑观应，认知我们的世界文化遗产。郑家大屋现在已经是澳门青少年学习历史文化的重要场所，每年都办相应的活动，以此来增进澳门青年对澳门历史文化的了解，增强对国家的认同。

◉**问**　您在《保护保育郑观应文化遗产》中提到，有关郑观应的文化遗产的保护和保育，在澳门越来越受重视，请您分享下近年来澳门在郑家大屋的保护方面做了哪些工作？

◎**陈**　郑家大屋作为著名的名人名宅，在澳门是独一无二的，具有很高的文物保护价值。1992 年郑家大屋就被评定为澳门"具建筑艺术价值之建筑物"。但当时郑家大屋非常破旧，应该损坏了八成，原因在于两方面：一是郑家大屋已是逾百年的老建筑；二是 20 世纪中期，郑家后人散居世界各地，郑家大屋许多空间陆续被出租，一度出现"七十二家房客"式的挤迫景象，最多时曾有 300 人居住，成为密集型民居，多座建筑被改建或加建，长期缺乏维护保养，而且还发生过多次火灾，导致部分结构崩塌。

2001 年澳门特区政府取得了郑家大屋的业权后，强调以"修旧如旧"的原则进行修复。因为郑家大屋要尽可能恢复建筑物昔日面貌，修葺难度大增，前后共花了 8 年时间，费用也很大，超过 8000 万，其间主要开展了五大方面的工作。

一是修复研究。对郑家大屋进行修复研究和设计始于2002年，形成了一份"澳门郑家大屋修缮研究"报告。

二是测绘记录。在1996年文化司署对郑家大屋进行的测绘记录的基础上，2003年开始进行深度测绘记录。

三是临时保护。2003年开始，实施临时保护工程，对郑家大屋进行封闭式保护，各房屋被临时措施保护起来，基本不对外开放参观访问。

四是结构维修。对各建筑实施结构维修工程，自2003年开始，分阶段进行，至2006年基本完成。

五是注重细节，陆续进入深层次装修。注重建筑细节，贯穿于修复全过程。

郑家大屋的成功修葺在澳门引起了很大的正面影响，随着世界文化遗产的申报成功，文化遗产的保护和利用越来越受到社会公众的重视，特别是青年人的重视。到目前来看，保护和利用最好的还是郑家大屋，因为郑家大屋已经成为澳门的青少年教育基地，是澳门一张非常珍贵的文化名片，很多活动都在里面举行。

◉**问** 中山是郑观应的故乡，三乡镇雍陌村也有郑观应故居，您怎么来看中山郑观应故居的保护和开发？

◉**陈** 郑观应的故居还待深入研究。能否将中山的秀峰家塾叫作"郑观应故居"，还值得商榷，因为严格来说，只有出生的房屋，才可称之为"故居"，否则只能成为祖居。但实际上，"香山郑观应"，只知其籍贯为"香山"，至于郑观应是在澳门出生，还是在雍陌村出生，或是在其他什么地方出生，本人还未见过详细史料，还待进一步考证。因此，澳门的郑观应旧居，其实也不能称之为郑观应故居，而沿袭称之为"郑家大屋"，这是比较恰当的。

这座老宅名人"秀峰家塾"，其中的"秀峰"是郑观应父亲郑文瑞的字，可以看出修建"秀峰家塾"主要目的是纪念10年前（1892年）在澳门病逝的父亲，显示郑观应对长期做"塾师"的父亲的崇敬，以及对父亲长期从事教育事业的赞赏和支持，凸显了父子情深。"秀峰家塾"门楣石额，落款有"光绪二十九年"，这说明该屋建成于1903年。当时郑观应61岁，已进入花甲之年，仍常往来于沪澳之间，所以郑观应只是"秀峰家塾"的出资人，他并没因为家塾的修建和落成而回到中山。所以"秀峰家塾"应该是纪念郑文瑞的家祠。

郑观应在家乡雍陌村兴建的"秀峰家塾"，与在澳门的"郑家大屋"，同样是郑观应留下的重要的文化遗产，应该同时被列入"文化遗产"建筑保护名录中，这是必然的，也是必需的。"郑家大屋"已于1992年被列入文物保护之列，2005年被列入世界文化遗产，经过多年的维修保养和资料搜集，于2010年对外开放，成为重要的文化遗产，受到保护和保育。"秀峰家塾"当前也是省级文物保护单位。

◉问　郑家大屋经过8年时间的修葺，已经成为世界文化遗产，您怎么看三乡镇雍陌村郑氏家族遗迹的保护和利用？

◉陈　具有历史价值的名人名宅大屋，往往都是重要的文化遗产，应受到保护保育。可是，近年有不少名人故居被拆毁，甚至很有名的历史人物，如梁思成、曹雪芹等人在北京的旧居，也被拆除了。有的尽管已被列入文物，成为文化遗产，却未能获得合理保育，例如，蒋经国在杭州的旧居，2013 年被列入文化遗产，但 2015 年被移作麦当劳和肯德基的专卖店。

如此令人费解不满的不良现象，亦曾出现在中山三乡雍陌大街，一条以郑观应父亲名义捐资修建的长条石板路，十多年前被拆除了。1992 年 8 月，澳门举办了纪念郑观应诞辰 150 周年研讨会，第二天，我们陪夏东元教授一起，去三乡雍陌寻觅郑观应的足迹。夏东元教授是第一次，也是唯一的一次来到中山三乡雍陌村。我们在雍陌村取得了一定收获：一是观赏了郑观应的族谱，二是探访了郑观应旧居"秀峰家塾"，三是行走在以郑观应父亲名义捐建的雍陌大街石板路。郑文瑞捐修雍陌石板路，平整光亮，从街头到街尾长一公里，全部以石板铺设，蔚为壮观，令人惊叹。街头和街尾，各立了一块刻有相同字样的石碑，名为《重修石街碑志》。碑文清晰，刻工精细，碑上刻了一篇《重修雍陌乡大街志》。当时我们读了《重修雍陌乡大街志》，都很感慨，这长条石板街折射了郑氏家族高尚的慈善为怀精神。

石碑"落款"日期是"光绪三十年"，即甲辰 1904 年，与"光绪二十九年"（1903）落成的"秀峰家塾"相比，迟了 1 年。这显示"秀峰家塾"建成后，郑观应与兄弟们再出资修筑了大街长条石板路，以方便乡民，尤其方便去"家塾"读书的郑姓子弟。至于"碑志"上所刻的"郑君启华慨然捐修"，其时郑文瑞已于 10 年前的 1892 年在澳门病逝了，怎么还能"捐修"？其实这是郑观应及其兄弟"捐修"

的，是为了纪念"慈善为怀"的父亲郑启华，也是为了传承父亲倡导的慈善精神。

这长达 1 公里的石板大街，与"秀峰家塾"一样，都是郑观应文物，是重要的文化遗产，理应认真保护保育。可是，几年后，当我们重游雍陌大街，石板路不见了，见到的已是水泥路。据说石板已卖给了一间宾馆，然后改铺水泥路，理由是要现代化，要改善路面交通，改善环境卫生。我认为这又是一个"神灯置换"的现代版故事。雍陌大街的石板路，是郑观应的文物文化遗产，本具不少价值和历史意义。"碑志"上所谓的"以志不朽"，却未能保存。如今，石板路已被拆去多年了，令人非常遗憾。

不过，这段石板路还是应该恢复的，希望中山有关当局酌情考虑，未能全部恢复的话，也起码在街头街尾两座门闸的附近恢复，以资纪念。"以志不朽"，不要让"碑志"空守在大门旁。与重修石板路几乎同期的建筑物"秀峰家塾"，保护保育工作则做得很好，令人高兴。我们每次去参观时，都感到有进步。目前在大门旁，立了几块"教育基地"之类的牌子，还开设了"郑观应史迹展示"的展览，只待进一步美化完善。最近，三乡镇文保部门正在推行新规划，"秀峰家塾"的保护保育将越来越好。

◉问　刚才您讲到曾陪夏东元教授一起，去三乡雍陌寻觅郑观应的足迹，请您谈谈当时你们交往的过程。

◉陈　1992 年 7 月，夏东元教授应邀来澳门参加纪念郑观应诞辰 150 周年活动。当时夏教授已 72 岁，年逾古稀，但仍精神奕奕，思路清晰，率先开始郑观应研究的精辟论述，指导澳门开展郑观应研究，并同与会者一起，顶着澳门的七月骄阳，到郑家大屋考察。尽管当时的郑家大屋已经破旧多年，但夏教授仍不厌其烦地在大屋里里外外穿门过户，兴致勃勃地观赏郑家大屋具有的中西合璧的建筑特色，联想郑观应隐居在郑家大屋，著述巨著《盛世危言》和《盛世危言后编》的情景。

1992 年 7 月，夏东元教授（右）在澳门郑家大屋前与友人合影

　　这是夏东元教授首次，也是唯一一次考察郑家大屋。对于这位研究郑观应几十年的学术权威，无疑是还了一次重要心愿。几十年历尽风险研究郑观应的夏东元教授，肯定非常期盼有那么一天，能亲自看看郑家大屋。如今，终于得偿所愿了。当时，他兴奋地对本人说，"今天是我的研究郑观应的学术生涯中最高兴的日子"。

　　此后，夏东元教授再没有来澳门。尽管 2002 年和 2012 年两次隆重举办了纪念郑观应诞辰活动，都邀请他出席，可是都因年事已高，不便远行。不过，夏教授虽然未能应邀赴会，但仍热心题词祝贺。2005 年 7 月，当他获知郑家大屋列入世界遗产，也及时祝贺。

我与郑国强老友、刘羡冰校长等，都曾多次到上海探访夏教授，聆听他的研究心得，得到他的鼓励和支持，学习他的研究成果，进一步纪念郑观应，研究郑观应。可以说，夏东元教授也推动了澳门对郑观应的研究。在一次交谈中，我向夏教授请教："是否可以专门编印《郑观应与澳门》？"他高兴地回应："很好！很有必要，郑观应与澳门

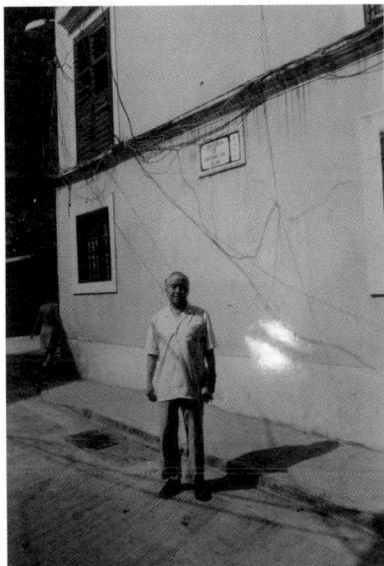

1992 年 7 月，夏东元教授在澳门龙头左巷

关系那么密切，应该写写嘛！你来写嘛！"《郑观应·郑家大屋》这本书的出版，也是夏教授多年前鼓励、支持的结果，这是应该对夏教授感恩的。

还有一件事情要提下。20 世纪 90 年代初期，夏东元教授努力寻找郑观应出生和逝世年份。他从郑观应的时辰八字等方面，确定是 1842 年，但逝世时间有三个说法：1921、1922、1923，很难确定，后来他接受我的建议，查找郑观应的讣文，结果几经翻查，在上海《申报》查到讣文，确定郑观应病逝于 1921 年。夏东元教授毅然否定他原先确定的1922 年。夏东元教授说，1922 年原是郑观应儿子说的，并说他在父亲逝世当年，亲自护送父亲的灵柩回香山县前山安

葬，他记忆中是 1922 年。夏教授对研究郑观应《盛世危言》等有重大贡献，值得怀念与颂扬。2021 年 9 月，我们举办了纪念"夏东元教授百岁诞辰"活动。

◉**问** 当前您仍担任澳门历史学会理事长、澳门经济学会副会长、君亮堂出版社社长等多职，而且平均每年出一本书，这些工作的动力是什么？

◉**陈** 我并不是每年都有新书出来，主要集中在 2012—2014 这 3 年，当时每年都出版了三四本。当然这些书也不是一气呵成的，一方面对过去所写的文章进行修改和重新编辑，另一方面也根据当前的所见所闻写了些新的文章。

写作出书的动力有多个方面：一是与我的工作性质有关。从 1978 年起，我在《澳门日报》开辟的一个专栏，名为《澳门图说》，就是为每一幅图片附上一段说明，一共做了 28 年，写了 4300 多篇，合共 230 万字。后来我将《澳门图说》选择一部分出来，编纂出《澳门记忆》《澳门景观》《澳门世遗》《澳门人物》等四个系列，陆续出版了系列历史文化丛书。后来担任《澳门日报》副总编辑 16 年，几乎每天都写一篇 600 字左右的短评，长期积累下来，短评数量有 3300 多篇。这些书的出版其实是我 40 多年新闻传媒工作的一种总结。二是与我本人的写作习惯有关系。在澳门日报工作中形成的写作习惯，让我在退休后也没有搁笔下来，我在退休后收集了各种澳门的证照、照片、广告、新闻、报纸、杂志，并逐一解读，整理出版了《新闻解读》，也用摇头机的全景机，将澳门的风景进行全景拍摄，其中的照片数以千计，最后辑成了《澳门全景》。同时，也做了一些澳门

的历史文化研究，特别是郑观应的相关研究，保持了一种
"爱好、工作、研究"三位一体的状态，丰富了我的退休生
活。三是来自澳门特区政府的支持。2009 年，当时澳门文化
司司长崔世安通过别人转告我："有一笔专门给专家学者去
出访用的资金，现在还没有人用，再不用今年 12 月底就收
回去了，你能不能用了它。"我回复说："不行，钱那么多，
怎么用？如果用的话，能否拉长时间？"后来他通过努力答
应了我的要求。正是有了政府资金的支持，我才能出这么多
书，所以政府的推动也是一个重要的动力。

◉问　您送我的这本《郑观应·郑家大屋》也是政府支
持出版的吗？

◉陈　是的。做一本像《郑观应·郑家大屋》这样的
书，如果要求制作很精美，图文并茂，其技术费最起码要 10
万，现在政府的资金收紧了，基本上不支持图书的出版与制
作了。

◉问　您于 1994 年发起创立澳门历史学会，2000 年发
起创办澳门历史文物关注协会，团结各方有志之士，共同致
力于澳门历史与文化的研究与保护，尤其关注澳门世界文化
遗产的传承与保护，澳门历史文物关注协会开展了哪些重要
工作？其取得了哪些成果？

◉陈　这方面邓景滨会长和郑国强会长也讲了很多，我
就简单说下。我最早提出在澳门搞一个历史学会，1994 年我
们几个共同发起创办了澳门历史学会，2000 年后我们又创办
了澳门历史文物关注协会、澳门怀旧收藏学会等民间协会组

织，目的就是希望团结各方有志之士，共同致力于澳门历史与文化的研究与保护，也取得了一定成绩：

一是出版了 10 多本关于澳门历史文化的专著，比如《澳门中式传统建筑》《林则徐与澳门》《孙中山与澳门》《何贤传》《澳门历史》《抗战时期的澳门》《冼玉清诞辰一百周年纪念册》《同善堂成立 110 周年纪念册》《澳门进出口百年史》《我们见证历史》《澳门记忆》等，这些书写作的目的是梳理澳门的历史，向世人更好地展示澳门的历史文化。澳门有 20 多个世界文化遗产，每个文化遗产都有历史故事，我们学会将继续深入去研究并计划出版相关书籍。

二是参与了澳门历史文化纪录片的拍摄。我在澳门生活了几十年，了解澳门，也热爱澳门，所以我也乐于向更多的人讲述澳门的历史、澳门的文化、澳门的名人。澳门电视台摄制记述澳门世遗的 30 集纪录片《濠镜拾遗》，香港亚洲电视台摄制 20 集澳门历史文化纪录片《澳门五百年》，我参与了多个篇章的讲述。另外，近年来我也接受了很多电视台的采访，特别是在 1999 年庆祝澳门回归和 2009 年庆祝澳门回归十周年的时候，海内外有 20 多个电视台采访了我。

三是策划组织了多个展览。澳门回归，我们历史学会大概策划组织了 20 多个图片展览，展览范围很广，涉及澳门的历史、经济、文化、人物等内容。除此之外，我们还开了多场讲座。当中国取消粮票时，我们及时举办了中国粮票展览，大受社会的欢迎。

四是将郑家大屋新开设的"郑观应纪念馆"和整个郑家大屋作为重要教材，推动爱国爱澳教育。最近几年，澳门文化局每年举办"小小导赏员培训"，我曾被当局应邀为导师，亦以郑家大屋为教材培训导赏员。

◉问　您做讲座一般是去中小学还是大学？

◎陈　我在澳门旅游学院讲了 8 年，每年都开办一两个课程，每个课程 30 小时，每一次讲三四个小时，培养导游们的澳门历史文化知识，所以澳门的导游见到我了，都会说："陈老师，您好！"20 世纪 80 年代，我在澳门推动本土旅游，应政府机构、社团的邀请，担任过导游导赏几十次。

◉问　澳门是我国伟大的民主革命先驱孙中山先生青少年时期经常过往之地，是他首先步入社会谋生之地，也是他策动和指挥辛亥革命活动基地之一，请您讲讲孙中山和澳门的关系。

◎陈　孙中山在香港学医 5 年，常常来往港澳间，曾应澳绅曹子基、何穗田等人之邀，治好了他们久病未愈的家人，这让孙中山的医术驰誉澳门。当孙中山在西医学堂即将毕业的时候，澳绅多次殷切邀请孙中山来澳门行医济世。1892 年秋，孙中山大学毕业于香港西医学堂，到了澳门，受聘为镜湖医院新设的西医局的首任义务医席，开澳门华界西医的先河，得到了澳门华界绅商的器重。

在镜湖医院行医不久，孙中山获得澳门同胞中的知名人士支持、担保，在 1892 年 12 月向镜湖医院借款 1444 两，在草堆街八十号筹款自办"中西药局"。由他在镜湖医院义诊免费为病人治病,然后由他的"中西药局"赠药给病人,作为支付借款的利息。

孙中山在澳门行医虽然只有 1 年左右,但是由于医术高明,备受澳门华界欢迎。当时孙中山的名字是孙逸仙,但由于医术很高,以至于大家都忽略了本来的名字,只知道镜湖医院有位"孙医生"。孙中山在中葡文版的《镜海丛报》刊登的广告,也是署名为"孙医生",在议事亭前地开设的诊所,也署名为"孙医馆"。可见,当时孙中山在澳门行医,口碑载道,深入人心。

孙中山后来组织了辛亥革命,澳门同胞仍多次捐款,通过镜湖医院送到广州支持孙中山革命。武装起义失败后,孙中山曾经在澳门待了几天,1912 年 5 月下旬,孙中山再度重游澳门,在孙中山到达香港的时候,澳门华商及华界知名人士即派代表往港,迎候孙中山来澳,入住娱园春草堂,在澳门停留的 3 天中备受澳门中外人士热烈欢迎。

1917 年后孙中山再没来澳门,但仍关注澳门,依靠澳门同胞继续开展革命工作。1916 年,澳门成为发动反袁武装斗争的重要基地之一。1919 年,孙中山派儿子孙科为特派员,在澳门鹅眉街十号设立办事处,继续护法斗争。1922 年 6 月 2 日,孙中山在广州接见澳门总工会的代表,支持他们反抗葡兵枪杀华工的斗争,次日由广州政府向澳葡当局发出最后警告,并派陆军和炮舰赴前山一带近海警戒。

1925 年 3 月 12 日孙中山病逝北京,3 月 29 日澳门各界人士逾 2 万人,占全澳人口二成多,冒雨集中到镜湖医院,隆重追悼孙中山，寄托着澳门同胞的哀思，表达澳门同胞对孙中山先生的深切悼念。

◉问　这段历史很珍贵，今天有机会跟陈先生一起分享。您希望更多的人可以了解澳门、热爱澳门，也乐于向更多的人讲述澳门的历史、澳门的文化、澳门的名人，您认为应该如何将孙中山、郑观应等历史名人的文化推广到年轻澳门群体？

◉陈　这方面澳门文化局做了很多工作。在澳门文化局的支持下，澳门理工学院与中央电视台拍摄了利玛窦、林则徐、郑观应、孙中山、叶挺、冼星海6位澳门名人的故事片，这个片子拍得挺好的，以历史事件为重点，表现了曾在澳门为中华民族做出杰出贡献的历史人物，同时也展示中西文化的冲突、交流与融汇，描绘了澳门独特的历史文化。《澳门日报》也连载了一些历史人物，向全澳介绍在澳门生活过的杰出历史人物。

◉问　谢谢陈先生接受我们的访谈，希望您明年再次来中山！

◉陈　不客气。

邱捷

邱捷（1945—　），生于广州。中国孙中山研究会理事、孙中山基金会顾问、广州市文史研究馆馆员。曾任中山大学孙中山研究所副所长、历史学系主任、台湾研究所所长。曾兼任孙中山基金会理事、中国辛亥革命研究会副理事长，以及广东省政协八、九、十届委员、常委，广东省政协八、九届文史资料委员会副主任。

主要研究方向：晚清政治制度（偏重州县制度）、孙中山与辛亥革命、近代中国的经济与社会（偏重研究晚清民国初年的广东）。

主要著述：《孙中山领导的革命运动与清末民初的广东》（广东人民出版社，1996）、《近代中国民间武器》（社会科学文献出版社，2012；增订本，2021）、《晚清民国初年广东的士绅与商人》（广西师范大学出版社，2012）、《翠亨求学新论集》（广东人民出版社，2012）、《晚清官场镜像——杜凤治日记研究》（社会科学文献出版社，2021）等；合作著有《孙中山与中国近代军阀》（四川人民出版社，1990）；整理有《杜凤治日记》（广东人民出版社，2021）。参与编写有《孙中山全集》（中华书局）、《孙中山年谱长编》（中华书局，1991）以及国家级重点教材《中国近现代史纲要》《中国近代史》等。

主要论文：在《中国社会科学（中、英文版）》《历史研究》《近代史研究（中、英文版)》《中山大学学报（社会科学版)》《学术研究》《广东社会科学》等刊物发表多篇在国内外史学界有一定影响的学术论文。

邱
捷

时　　间：2021 年 8 月 29 日

地　　点：线上访谈

口述者：邱　捷

采访者：李向强

整理者：李向强

◉问　邱教授，您好！我们是"郑观应研究口述史"项目组，项目主要是围绕历史名人郑观应而开展的郑观应研究之口述历史。很高兴您能接受我们的访谈。您是中国近代史研究的专家，长期从事孙中山研究、辛亥革命研究、近代商人和晚清民国初年的中国社会研究，积累了丰硕的学术成果，也在这些领域形成了自己的学术风格，请您分享一下您的治学经历？

◉邱　我 1963 年高中毕业后到珠海平沙（当时属中山县）当知青，1978 年以"同等学力"资格考取中山大学中国近代史专业研究生，跟随陈锡祺教授攻读硕士学位，1981 年获得学位后留在中山大学任教，1987 年晋升副教授，1992 年晋升教授，当过孙中山研究所副所长、历史系主任、台湾研究所所长，2013 年退休。

我的经历和师承，使我对中山市怀有特殊感情。我当知青时平沙往返广州都必须路过石岐，所以，对中山很熟悉。我的导师陈锡祺是著名的孙中山研究专家，同中山市以及中山市研究孙中山的学者早就有很多交流，我进入中山大学后不久，就几次跟着先师到中山参加各种学术活动。我已无法记忆去过翠亨故居多少次，有些年份一年去几次，有时是和其他学者去，有时带学生去。对中山市文化、学术事业的发展，我不仅是目击者、受惠者，某种程度也是参与者。我写的多种论著都利用了中山特有的资料，得到过中山市学者的帮助。几十年来，我研究的主要是孙中山与辛亥革命，近代中国商业、商人和商人团体，近代广东社会等，研究这些领域就必须去中山。"在广东研究中国近代史应该多去中山"，可以说是我治学的一个经验吧！

◎问　历史名人是一个地方的名片，也是历史研究的关注点。请问历史名人研究有哪些要注意的地方？在广东开展近代史研究有什么特殊性？

◎邱　"研究历史名人应注意些什么？"是个很大的题目，三言两语讲不完。先师陈先生研究孙中山可作为典范。他从不隐讳自己是带着深厚感情研究孙中山，但他又强调不可感情用事，必须实事求是，不必也不能"为尊者讳"。他特别重视史料的收集和整理，很注意考证，确切地引用和解读史料，对历史人物的评价不溢美也不苛求，把历史人物置于他所处的时代与国内外环境下进行研究。研究历史人物要注意避免非学术因素的干扰，尤其是不可以"跟风"给历史人物乱贴标签。这些，大概都是研究历史人物的基本原则吧。

无论是研究历史名人还是研究整个历史，要注意两个问题，一是常识不能代替学问，学问不能违背常识，有时候从常识出发讨论学问会有所发现；二是要广泛收集材料，同时收集以后更要注意解读，掌握解读的方法。现在史学发展的其中一个趋向是眼光向下，注重细节。做广东近代史的研究，除了要知道孙中山、知道胡汉民、知道朱执信、知道廖仲恺以外，一些尽管并非政界、文化界、外交界、军事界顶尖的人物，比如省政府里面的科长，或者一个中学校长，甚至一些普通人士，他们当年是怎么过的，也很值得研究。因为这些人更代表千千万万的普通中国人，更能让我们了解当时的中国。

◉问　您的博导是中山大学著名学者陈锡祺先生，他尤长于孙中山与辛亥革命史研究，堪称中国研究"中山学"的代表。您认为历史人物研究在近代史研究中具有怎样的地位？近代历史人物研究的当代价值体现在哪里？

◉邱　人物研究在历史研究中占有重要地位，古今中外的历史研究概莫能外。鸦片战争后的 109 年，是中华民族几千年历史中很特殊的时代，一方面，在资本—帝国主义与本国封建主义的压迫下，中华民族蒙受了空前的屈辱和苦难；另一方面，中国人民又不断反抗，向外国寻找救国真理，为振兴中华进行了艰苦卓绝的斗争，终于取得了国家独立和民族解放的胜利。其间英雄豪杰辈出，孙中山就是这个时代伟大的代表人物。先师陈锡祺后半生都献给了孙中山研究的学术事业，他经常对同事和学生说，研究孙中山不仅是学术的需要，也是现实的需要。孙中山不仅是"中国的孙中山"，也是"世界的孙中山"。现在要纪念、研究孙中山，将来也要纪念、研究孙中山。我们在以孙中山命名的大学当中国近代史专业的教师，研究孙中山是我们义不容辞的责任。中山大学历史系的一代又一代众多学者坚持研究，先师开创的学术事业已结出丰硕成果。

◉**问**　陈锡祺先生是我们中山市很熟悉的学术前辈，希望您再说一些有关陈先生学术研究的细节。

◉**邱**　好的。那我就陈先生对孙中山研究以及对中山市的感情再多说几句吧。1999 年，天津教育出版社出版了沈建中编辑的影集《世纪肖像》，影集收录了当时还健在的一批世纪老人（生于 20 世纪初年）的照片。陈先生为自己写的一句话是："我这一生所做的最有意义的事，就是为研究孙中山尽过绵力。"这两句朴实无华的话，反映了陈先生的毕生追求，也反映了他谦逊平实的学者风范。我跟随陈师 30 年，听到他讲得最多的话题就是孙中山，对浮名俗利他毫无兴趣。他在 1957 年出版了《同盟会成立前的孙中山》，这部著作我读了多次，深深体会到陈师对孙中山研究的贡献。学界也普遍认为这本书是 20 世纪 50 年代大陆研究孙中山的代表作。陈师发掘新资料，把各种资料对比考证，把孙中山的活动与思想结合起来研究，有开创、示范的作用。其中很多重要史料，就是在中山收集的。

2002 年陈先生 90 岁时，还专门去了中山翠亨孙中山故居一次，故居本想找部轮椅推他参观，但陈先生坚持步行，对故居的建筑、文物，都一一细看，边看边同我们谈。路过石岐时，还特地下车在街上走了一段。

陈先生是 2008 年逝世的，享年 96 岁。在最后的日子里，我曾陪侍在侧。这时，他的神志已经不是很清醒了，话也说得含糊，但意思却是能听懂的。他在生命最后几天讲得最多的是两个话题：孙中山研究和孙中山研究所的同事，对子孙、对家事，反倒说得很少。我想，陈师子孙都事业有成、对社会有贡献，无须牵挂，所以，在离开这个世界之前，他想得更多的是自己为之献出一生心力的事业。最后来看望他的人是中山市的李伯新等几位，陈先生不但表示感谢，还能认出他们，可见陈先生对中山的感情。

我做人、做学问当然达不到陈先生的境界，各方面离先师的要求、期望也很远，但他关于"多去中山"的教导我是奉行唯谨的，后面如果有时间我可以多说几句，有机会多去几次。

◉问　从中国近代思想史的视角来看，郑观应是中国近代最早具有完整维新思想体系的理论家、启蒙思想家，他的《盛世危言》影响巨大。您如何评价郑观应的早期维新思想？晚清至民国的社会现实，使郑观应的主张屡遭挫折，比照当时的社会现实，他的维新思想的先进性和局限性体现在哪里？

◉邱　您说的"郑观应是中国近代最早具有完整维新思想体系的理论家、启蒙思想家"，已经很全面，很准确，我当然同意。如果要补充几句，我会说郑观应的思想在19世纪七八十年代的中国是最进步的，在那个年代，恐怕找不到比郑观应更先进的人，也没有比《盛世危言》更先进的著作。于此，可见郑观应在近代中国的重要地位。"改良思想"在以前几十年，有很长时间不是一个正面、肯定的词汇。郑观应是个思想家，兼做商人，不是政治家，一辈子没有掌握过重大权力，甚至从未当过高官，讨论他的主张为何"屡遭挫折"有点脱离实际。其实此后康有为、孙中山，还有很多进步的政治家、思想家，他们的思想、主张也同样"屡遭挫折"。郑观应写了《盛世危言》，提出了当年最进步的主张，他就作出了自己的历史贡献。要说郑观应思想的局限性，今人当然可以说很多，但应该把这些"局限性"放在当时的历史中去分析考察。我们今天很容易明白的事，不能要求100多年前的人都明白。郑观应爱国，主张改革，曾经站在时代最前面，这就很了不起。他的主张不能全面实现，他的思想有"局限性"，是由很多客观因素造成的。倒是郑观应为何在后来的维新运动、革命运动没有多少突出表现，似乎落伍了，其原因值得讨论分析。

◉问　郑观应的代表作《盛世危言》，对中国民主主义革命产生了深远的影响。此书不但启迪光绪皇帝，更唤醒千百万仁人志士，深深影响数代伟人，如康有为、梁启超、孙中山、毛泽东等，为中国近代思想史写下光辉一页。您能否谈下对孙中山的影响？在孙中山1894年赴天津上书李鸿章时，郑观应专门写了推荐信给盛宣怀，请盛宣怀将孙中山的上书转呈给李鸿章。郑观应为什么愿意为孙中山写推荐信？

◎邱　郑观应对孙中山的影响已经有多位学者写过文章。我对郑观应没有研究，谈不出新意。我想换个角度，谈些粗浅想法或疑问。《盛世危言》内容广泛，涉及中外政治、经济、文化、科技、军事、宗教、国际关系等方方面面。郑观应天分很高，很勤奋，"中学"的底子也很深厚。他懂英文，水平应该还不错。但他是否能顺利阅读、深刻理解各个领域的英文论著？不知学术界研究过没有。他写作《盛世危言》是否有其他人参与？似乎是个仍未得到全面、深入研究的问题。孙中山写的《农功》被收入《盛世危言》，而他的《上李鸿章书》，"四大纲"完全来自《盛世危言》的序言，上书的很多具体内容来自《盛世危言》，甚至大段照录《盛世危言》的话。不妨说，《上李鸿章书》是孙中山和郑观应共同的作品，赴天津前他见过郑观应，我相信郑观应也有可能看过甚至修改过《上李鸿章书》。以往学术界都说孙中山上书李鸿章失败，于是"从改良转向革命"，我是不同意此说的。当时并不存在所谓"改良"与"革命"的两条道路、两个阵营的对立，"转向"根本无从谈起。而且"改良"与"革命"都是针对政治制度而言，《上李鸿章书》不涉及政治改革，更不涉及政治革命，只讲经济、文教的改革和建设。上书内容都是郑观应和孙中山有高度共识的问题。正因为如此，郑观应才会积极地向李鸿章推荐孙中山。我觉得，如果更多从郑、孙关系，尤其是两人思想的联系去解读《上李鸿章书》，也许会更符合实际。

●问　孙中山生于"躬耕数代"的农民家庭，他对知识分子中的旧式士大夫历来就不抱希望，而对新式知识分子特别是青年学生则寄予厚望。他如何看待郑观应？在前期和后期有哪些不同？为什么？孙中山对郑观应有没有具体的评价？

◎邱　郑观应不属于"旧式士大夫"，因为他的思想已经发生深刻变化。我认为，在孙中山成为职业革命家之前，郑观应可说是对他思想影响最大的人。而1895年以后，两人却再鲜有交集。我印象中郑观应既没有反对革命，也没有支持革命的言论。他把大量时间用于商务以及商会的事务。

清末孙中山在国外，两人没有交往尚可解释。民国后，郑观应大多数时间居住在上海，孙中山在南京任临时大总统时离上海不远，任职前后也到过上海，1916年后还经常居住在上海，但我没有见过他同郑观应交往的史料。两人是否有过礼节性的问候？从现有资料看，郑观应和孙中山应该不会产生过严重的矛盾或过节，为何曾经关系密切的两个人似乎都忘记了对方？孙中山的著作、函电似乎都没有提及过郑观应（他人转述的资料则有两三次）。会不会他们有过来往，但相关记录没有留下？这些，我都无法做出解释，希望其他研究郑观应和孙中山的学者能够发掘新资料并予以解答。

◉问　在历史上，粤商就是国内商界中特别有活力的一个群体。您如何评价近代香山商帮在粤商中的地位和作用？它与其他粤商的关系如何？粤商主要是由原先生活在广州、肇庆两府，包括珠江三角洲地区的商人所构成。在广州、肇庆两府以及整个珠三角地区中，只有隶属于广州府的小小的香山县被称作"买办的故乡"，而且在晚清四大买办中唐廷枢、徐润、郑观应三人均是香山籍。香山县为何能成为"买办的故乡"？

◉邱　粤商在近代中国商人中很特别，而香山商人又在粤商中很特别。在晚清民国初年，对广东本土的经济、文化、政治、社会的发展，乃至维护国家主权方面，粤商都作出了贡献。然而，除了专门研究近代商人的学者，估计没有几个人知道晚清民国初年在广东本土很活跃的广府商人领袖陈惠普、李戒欺、黄景棠、岑伯著等人。陈廉伯名气大些，是因为1924年反对孙中山革命政权的商团事件。名气较大的张振勋是大埔籍侨商。清末民国初年，香山籍商人在广东本土没几个人有名，然而名气在外，如方赞举、徐润、唐廷枢都是上了历史教科书的，但他们的活动基本不在广东，郑观应主要的经济活动也不在广东。香山商人在上海，乃至在澳大利亚，都有著名人物。近代中国三大百货公司的创始人都是香山籍侨商，也是学者甚至很多一般人都知道的。香山商人为何在广东本土影响不算大，但离开了广东就会把事业做得很大，而且做大了又回广东发展？三大百货公司如此，郑观应也是如此。原因何在？我一下也说不清，可能与香山商人很早就走出家门、走出省门、走出国门有关吧，也可能与广东本土粤商的某些局限性有关吧。

◉问　您曾对广东的"绅商"有较深入研究，郑观应是晚清四大买办之一，也是大绅商之一。在晚清，郑观应在省内、国内商界中的地位如何？

◉邱　所谓"绅商"，是指有功名、职衔的商人，广东观念开放，早就有商人世家子弟科举连绵、士大夫家庭有人经商，加上晚清保举、捐纳盛行，广东有很多商人通过赈济、报效、捐纳获得官衔，形成一个人数众多的绅商阶层。郑观应当过实缺道员，是高级绅士，属于绅商的上层。在当时，买办只是商人的一个类别，其业务主要是外商与华商之间的中介，有些洋行的买办还同时经营自己的商业，并非完全为洋商打工。以往我们把"买办"与"买办资产阶级"简单画等号，其实是有偏颇的。多位著名的早期买办，如唐廷枢、郑观应、徐润，不仅对中国经济近代化有贡献，而且是爱国者，郑观应更是思想文化领域的先驱者。郑观应一辈子没有脱离商界，他既是买办，又是洋务企业的主持者，同时也作为商人参与商会，两次被推举为广州商务总会的协理（副会长），1906年又被推举为清末中国资本额最大的民营企业——广东粤汉铁路公司总办，可见，他在广东商界有很高威望。但他当总商会协理、铁路公司总办当得很辛苦。粤路公司成立后不久，股东就产生矛盾、闹起风潮，有的商人编造了郑观应"亏耗股银"等20条罪状，郑观应被迫辞职。后来查账，证明这20条罪状都是子虚乌有。在19世纪末，多数广东商人的思想、行为方式还停留在传统时代，20世纪初年，在时代风潮激荡下，粤商开始积极投资近代企业，投身地方政治与爱国运动，组建新式商会。但广州商务总会很大程度还是传统行会的联合。清末粤商似乎是突然跨进"近代"门槛的，对如何修铁路，如何办商会他们不大懂，不同行业、地域的商人互不信任，产生矛盾、风潮无足为怪。郑观应的思想远比绝大多数商人先进，又有经营、管理近代企业的经验，且有很高的政治地位和威望，粤商本来找对了人。但一个人的能力有限，即使是郑观应这样的人也无法调和与领导四分五裂的广东商界。我觉得，"郑观应与晚清广东商界"也是一个可以进一步研究的课题。

◉问　学术界一般认为，清末是中国商人地位提高、阶级意识觉醒的时期。您不止一次引用胡汉民关于清末"商"从四民之末变成"四民之首"的说法。在广东，这种变化比起其他地方更明显。郑观应在商人觉醒过程中起了什么作用？

◎邱　《胡汉民自传》有一段话："（清末）通都大邑

邱

捷

127

商务繁盛，商人渐有势力，而绅士渐退，商与官近至以'官商'并称，通常言保护商民，殆已打破从来之习惯，而以商居四民之首。"他主要是针对广州商人说的。

近十几年我都在阅读和点注晚清州县官杜凤治（1814—1883）的日记，把这部日记关于商人的内容，与晚清十年广州商人的言论对照，觉得胡汉民说得很对。杜凤治宦粤期间（1866—1880），不怎么看得起商人，即使富商，知县大老爷杜凤治也居高临下地对待他们。但到清末，特别是1900年以后，官员对广州商人客气多了。官府与该地商会的公文往来采用同级平行文书，1907年，南海县衙给广州商务总会的公函信封上写"总商会老爷钧启"。在清末，广州总商会是省级商会，只对督抚用"印禀"，对布政使、按察使、广州知府衙门都用平行的公文"照会"，而且总商会的总、协理的职衔都高于称"老爷"的官员，如任协理的郑观应是二品顶戴尽先补用道，按惯例应被尊称为"大人"，而"老爷"是对低级官员的尊称。所以，总商会就给南海县衙回复了一份口气很强硬、轻蔑的公函。如果在杜凤治当南海知县的时代，商人绝对没有这个底气。在清末，官、商一起举行会议，商界年长的行尊同高官一样坐上座。商人也一改以往怕官的旧习，为维护自己利益敢于抗争。1906年，两广总督岑春煊因筹集铁路经费问题同广州商界产生矛盾，一怒之下扣押了商界代表黎国廉。但广州商界没有被压服，反而团结一心，开会认股集资筹建了粤路公司，而且通电全国、致电军机处，表示商民均不承认岑春煊为粤督，要求朝廷罢免。岑春煊虽以手腕强硬著称，但这次很快降低身段向商界妥协，释放了黎国廉，承认粤路公司完全商办。商人对现任总督态度如此强硬，在此前是不可思议的事。1907 年成立的粤商自治会，对官府的态度更不客气。

商界为何会在短短时间内地位提高得那么快？民族资本主义初步发展、维新与革命运动的促进、清朝政策的变化等都是原因，限于时间，这些无法多说。在这里我只强调一点：郑观应论著的启迪是不可忽视的因素。举一个例子，在 1908 年出版的《粤商自治会函件初编》，商人关伯康的序说，由于文明的发展，商人的地位越来越重要，"居中控御，骎骎乎握一国之财政权，而农工之有大销场，政界之有大举动，遂悉惟商人是赖"。这些观念显然来自《盛世危言》中的"商战""商务"等篇章的论述。看有关清末、民国初年广州商人的史料，关伯康这类言论数不胜数。郑观应不仅论证商人必须结合成新式团体，而且身体力行出面组织商会、担任商会协理。所以，我认为，在"开商智"方面，郑观应所起的作用，同时代难有其他人可与之比拟。

其时商界头面人物很多受过传统教育，有阅读能力，郑观应的著作没有太深奥的理论，结合现实，平实写来，写的时候应该已考虑到士大夫和绅商是主要读者。对"商战""商务"等篇，通都大邑的绅商很容易读懂，读后会有共鸣和体会。对以维新、革命的方式进行政治制度的改革，有身家性命的商人很难有勇气参与，但商人在商言商，郑观应温和的主张就很符合他们的经济、社会地位和认知水平。所以，商人要求工商业得到保障，并有更大发展空间，要求朝廷、官府保障商民利益，要求可以更多参与地方事务，甚至参与政治，等等。郑观应的著作不仅为商人提供了指导思想，还提出了不少具体可行的操作。

把郑观应的著作与晚清大城市商界人士的言论、行动结合起来研究，可能会有很多新发现。

◉问　您刚才提到《杜凤治日记》，您的《晚清官场镜像——杜凤治日记研究》一书也出版了，为人们理解晚清的官场逻辑提供了可资信赖的叙述。杜凤治宦粤的 19 世纪六七十年代，正是郑观应投身近代企业、形成改革思想并开始著述的时期，杜凤治几百万字的日记对研究郑观应有没有参考价值？

◉邱　这个问题有点意思，《晚清官场镜像——杜凤治日记研究》在既有的有关清朝政治制度史、法制史研究的基础上，填补了许多前人未给予充分关注的关键事实与细节。在一定程度上，这本书是我点注杜凤治日记的副产品。日记有不少以往学界不甚关注的晚清官场运作细节，我顺手把这些细节或者故事记下来，后来就写成这本书。书出版后，得到多位研究清史和近代史同行的鼓励。几位著名的书评人做了非常专业和中肯的评论。有人还指出了这本书某些需要改进之处，我感谢之余，也很钦佩。出版社的编辑告诉我，这本书出版后已经加印了两次。学术著作出版当年就加印两次的不多，自己写的书有不少人愿意读，作为作者我当然开心，不过我也知道，也许不是因为书写得很好，而是因为杜凤治日记的内容确实有吸引力。我希望这本书能提醒更多研究者关注杜凤治日记。

杜凤治几百万字的日记完全没有提过郑观应，但我觉得，可以为研究郑观应提供一些背景信息。杜凤治日记写了数以百计的官员、士大夫，上至督抚，下至穷乡僻壤的捐职、监生，他本人也可说是士大夫和中下级官员的代表。杜凤治本人和日记中不少人物，对中国面临变局不是没有感受，但思想仍停留在中世纪。他们除了接受钟表、轮船等外国器物以外，对外国的政治、文化都知之不多，不仅完全认识不到清朝的教育、文化、财政、政治制度必须变革，即使对洋务运动也并不热心。可以举一个例子。两广总督刘坤一有15万两的款项，按惯例可以纳入私囊。但刘是清官，不想收受，就打算把这15万两银子交给招商局用于购买机器。杜凤治和巡抚张兆栋以下很多官员虽然佩服刘坤一的清廉，但对他把银子用于购买机器却不以为然，认为不如用于广东本省的其他事务。一众官员连刘坤一用"自己"的钱为国家买机器都不能理解，对其他改革措施就更难理解了。郑观应的全面学习西方，在经济、政治、文化、教育等进行变革的主张他们更不可能接受。在甲午中日战争以前，郑观应的主张只得到孙中山等少数新式知识分子的理解和支持，此外就是康有为、梁启超等少数有新思想的士大夫。李鸿章虽赏识和任用郑观应，但也没有利用自己的政治地位推介、传播郑观应的主张。看杜凤治的日记，我们对晚清政治变革面临的社会基础和思想基础可以有更直观和细致的了解。郑观应的改革主张，较之后来的康梁、孙中山的主张，可说十分温和，但《救时揭要》与《易言》，甚至《盛世危言》初版时，在士大夫、官员中也难觅知音。所以，我认为，杜凤治日记对研究郑观应虽没有直接的参考价值，但反映了社会背景。同时代士大夫、官员的各种日记、著述，也可以用来与郑观应的著述比较，由此可以更理解郑观应思想的先进性，他在当时可说是一位思想界孤独的先行者，同时也可以解释您前面说过的"为何郑观应的主张遭受挫折"这个问题。

◉问　中山市一直非常重视历史文化名人资源的保护和研究工作。您认为中山市在郑观应研究和利用方面应如何突破？

◉邱　前面说过，我对郑观应没有研究，只能一般地说几句。我相信，中山市一定会重视，郑观应资料的收集、整理、出版、利用一定会不断取得进展。目前中外有不少学者研究郑观应，但尚有很大拓展的空间，例如，前面说过的郑观应与孙中山的关系、与广东商界的关系就有不少问题值得探讨。总之，郑观应及其思想的历史地位越来越被人们认知，郑观应研究也一定会取得更多成果。

如果一定要我再说一些，我只能按照学术研究的一般规律简单地谈谈。例如，郑观应论著的各篇，主要参考了哪些外国论著？有学者做过一些，但似乎尚未有人全面做。这种研究难度很大，但很有意义。尤其是郑观应涉及近代科技的部分，他应该没有机会系统学过数学、物理、化学、生物等学科，在办理洋务事业时，也许通过实践学得一点近代技术。但目前看到的《盛世危言》等著作，涉及科学的硬伤不算多，郑观应在19世纪后期如何做到的？也是一个有趣的问题。又如，郑观应与道教的关系，已有学者关注，并有成果。不过，在近代中国宗教研究领域，近代道教是相对薄弱环节。道教是中国本土宗教，而民间色彩较佛教会更浓厚，在中西文化激烈碰撞背景下，对道教的发展变化研究，有很大拓展空间。郑观应一方面是维新改革思想的先驱，同时也算是近代道教的代表人物。如果研究近代中国道教，郑观应必然是特别值得重视的人物。

近些年，在广东，广府文化研究正处于构建和初步发展阶段。我曾想到过一个具体题目——"从洪仁玕的《资政新篇》到郑观应的《盛世危言》"。郑观应是"广府人"绝无争议，也许有人会认为洪仁玕是客家人，挂不上广府文化。但洪仁玕是在广州附近生活、就学和成长的，《资政新篇》与其在"广府"核心地区广州、香港的经历有关，如果他一直在嘉应州或广西生活，绝对写不出《资政新篇》。从《资政新篇》到《盛世危言》，反映了 19 世纪后期二三十年间先进的中国人学习西方、寻求救国真理的探索，以及这种探索的进展。这两部著作，从岭南文化、广府文化的角度，可以找出很多联系，而且真要研究，可以涉及"晚清广府地区中下层士大夫""广府地区士大夫通过什么途径了解西方""中西文化在广府地区的碰撞与融合""晚清广府地区的宗教文化""香港对早期改造中国方案产生的影响"等很多社会、文化等方面的问题。我想过这个题目，但我本人没有能力做。如果有学者把郑观应放在"广府文化"的角度探讨，相信对广府文化的理论构建和研究开展会有较大助益。

◉问 请您围绕郑观应研究，谈谈史料的收集、整理运用的问题。

◉邱 郑观应首先是个思想家，研究郑观应，当然首先要收集、整理、出版他的论著。夏东元编、中华书局 2014

年出版的 8 卷本《郑观应集》是我阅读过的最新、最全的郑观应著作文集。夏东元先生一辈子研究郑观应，中华书局又是古籍、文献出版的权威机构，这部文集的学术水准完全可以信赖。但肯定还有郑观应著作未收录进这部文集的，相信有学者继续在做。应该注意此后出版的一些大型资料汇编。例如，中山市历来重视地方文献的收集、整理、出版，前几年出版的大型丛书《中山文献》，我没有时间去阅读，估计其中会有一些新资料。2017 年，上海人民出版社出版了《盛宣怀档案选编》，全部共 100 册，都是上海图书馆所藏的盛宣怀档案。2021 年，上海人民出版社又出版了《香港中文大学藏盛宣怀档案资料全编》，全部共 48 册，影印文献资料 13000 余件、30000 余幅。鉴于盛宣怀与郑观应的关系，上述两种大型的盛宣怀资料汇编必然有不少关于郑观应的新资料。不过，我没有参与过郑观应著作的收集整理，没有多少发言权。

我想着重谈谈在报纸收集有关郑观应资料的问题。研究晚清、民国人物，报纸是重要的史料宝库。以往全靠手工查阅，寻找资料有如大海捞针。早二三十年，研究郑观应的论著引用报纸史料的不多。但现在一些近代大报可以电子检索。检索《申报》电子版，以"郑观应"检索只有 4 条，但"郑官应"有 199 条，"郑陶斋"有 435 条，如果检索"陶斋"就有 1093 条（部分与郑观应无关）。也就是说，只要简单检索，就可发现《申报》有很多关于郑观应的资料。报纸报道时，郑观应有时会被称为"郑君陶斋""郑道官应"等等，多换一些词语检索，会检出更多有关资料。以

"郑官应"检出的 199 条，散见于 1877—1921 年的报纸，如果手工查阅，谁都花不起这个时间。现在有了电子检索，就不止事半功倍了，简直可说事半功百倍。例如，要研究 1906—1908 年间郑观应与粤、港商界的铁路风潮的关系，检索这些年的《申报》《香港华字日报》，就可以找到很多有关郑观应本人的资料，还可以检索出报道铁路风潮的大量史料，再结合香港的官私史料、外国驻粤驻港领事馆的报告、海关档案等其他史料，就有可能对"晚清粤港铁路风潮中的郑观应"做比较深入的研究。

也许有人会问：怎样知道报纸的报道是否真实？其实，对所有史料都必须考究"有无伪造""有无失实""有无偏颇"等问题。报纸报道失实，甚至制造假新闻是常有的事。作为从事历史研究的学者，考证史料真伪、准确解读史料是一项基本功，但谁都不敢说自己都做得很好。具体到刚才的论题，我相信，《申报》《香港华字日报》没有大量伪造郑观应言行的理由，但不排除误传、知其一不知其二等情况。《香港华字日报》较偏向港商一方，引用和解读时更应有所警惕，不可以仅仅依据报纸一两篇报道就轻率做出判断。但阅读全部有关郑观应的报道，再比对、参考、引用其他史料，应该可以做相对全面、客观的研究。

◉问　刚才您说，如果有时间，可以对"在广东研究中国近代史应该多去中山"多说几句，请您结合自己的研究具体说说吧。

◎邱　那我就说一些具体问题吧。先说明，我是研究近代史的，晚清民国前期并没有"中山"这个行政区划，我说

邱

捷

的"中山"指的是"香山"，大体上包括今天的中山市和珠海市。这也是学术界对古代史、近代史研究中的"中山"概念的共识。后面我就直接使用"香山"这个地名。

这一二十年，我研究过晚清广东士绅掌控的公局。所谓"公局"，字面上是"办公场所"的意思，但在晚清的广东，已成为乡村地区一种机构的专有名称。公局有官府的授权，有州县官任命、经常在局办事的局绅，虽然没有正式的法律地位，但有征收、侦查、缉捕、羁押、司法、处理地方事务等权责，还有直接掌握的武装人员，甚至有装备很多洋枪的团练。公局实际上已成为乡村基层权力机构。州县官统辖公局也参照了上下级衙门的一些做法。探讨广东的公局对研究晚清政治制度、社会变迁有一定必要性。而香山的公局，特别有代表性。我利用晚清民国的香山县志、晚清民国初年的报纸，特别是《香山旬报》，对清末香山的公局、公约作了研究，写出了论文《清末香山的乡约、公局——以〈香山旬报〉的资料为中心》。我发现，在清末，公局已覆盖香山县全境，涉及基层的很多政务，香山知县都谕令或授权公局办理。有些大公局比巡检司更有实力和实权。例如，沿海的黄梁都巡检司（辖境为今珠海市斗门区、金湾区一带），早已没有衙门，巡检不驻在原衙门所在地斗门镇，而长驻县城石岐。中山人都知道，在 20 世纪 80 年代公路未在中山、珠海两市全通之前，从斗门一带乘轮船到石岐也要六七个钟头，在晚清靠小艇和两条腿，可能要两三天。黄梁都巡检长驻石岐，对所辖地方很难行使管治。从《香山旬报》可知，知县有事通常不找黄梁都巡检，而谕令黄梁都防海公局办理。我印象中，其他县份有关公局的资料似乎不如中山丰富。

2012 年，社会科学文献出版社出版了我的《近代中国民间武器》（收入"国家哲学社会科学成果文库"）。这本书的研究对象主要是近代中国民团、盗匪等群体以及私人拥有的枪械，通过探讨民间武器进一步揭示近代中国的各种社会矛盾，以及国家与社会的关系。近代香山是民间武器特别多的地方，晚清一个乡级公局的团练往往就有几十支洋枪。因此，我这本书利用中山的资料也很多。2021 年，这本书又增订重版。但今天想来，我这本书本来应该引用一下《盛世危言》的"火器"篇的。

研究广东沙田也必须特别关注香山。无论在清朝前中后期还是在民国时期，甚至到 20 世纪 50 至 60 年代，香山县（以及后来的中山县）都是珠三角耕地面积增加最多的县份，所增加的，绝大部分是新围垦的沙田。东莞的沙田有自己的特点，香山的也是。香山沙田的围垦、管理和排灌、耕作，都很有代表性。我当知青时在平沙待了 15 年，当了学者后回顾当日的见闻和体验，对中山沙田区的很多文献就有更深刻的理解。与东莞大片沙田属于明伦堂不同，香山的沙田多数私人所有，但境内的部分沙田业主很多却是顺德人，因而发生不少纠纷，其中有很多经济、社会等问题值得研究。《东海十六沙纪实》以及翠亨孙中山故居纪念馆收藏的有关东海十六沙的文献，都为中外研究近代广东社会的学者熟知。香山沙田"沙匪"似乎也多于其他县。在晚清民国香山（中山）沙田区，亦绅亦匪、亦团亦匪的人物也特别多，我当知青时听过不少有关这类人物的故事。因此，研究近代珠三角的经济、社会，香山沙田区很值得注意。中山政协文史资料委员会2004年内部印行了余和宝的《二十世纪上半叶中山兵匪见闻录》，我觉得，这是有关近代盗匪的回忆录中，写得特别实在可信、特别细致生动的一本，是近代广东盗匪研究的必读书。听说不少人向中山市索要，目前存书不多，已经不容易要到了。

上述这些研究，对了解郑观应的生活环境与思想形成背景，有间接的参考价值。在《盛世危言》的"民团"一章，郑观应既对广东的团练有所肯定，又中肯地指出团练的各种弊端，我相信，与他对香山公局的团练武装的了解有一定关联。

◎**问** 最后问一个问题，您在近代史研究中，如何处理争论内容？

◉**邱** 我是个普通学者，没资格多说自己，更不敢认为自己处理学术争论有什么好经验。我想换个角度，只谈谈自己对学术争论的一些理解和思考。

此前二三十年或更早，史学研究很重视定位、评价等，如研究郑观应，会比较注重"郑观应是不是近代中国早期的改良思想家""郑观应是哪个阶级的代表人物"等问题。我不是说今天不该谈这些问题，只是说我自己没有兴趣和能力研究这类问题，我会更喜欢讨论"孙中山的《上李鸿章书》是参考了《盛世危言》"这类问题。

"学术是天下之公器"，任何人都有从事学术研究的权利。当然，不能违反法律和道德，要遵循学术规范。学术研究中，对事实的认知不同就会有争议；即使对事实的认知没

有太大的分歧，但对事实的前因后果以及对人、事的相关评
价也会有不同看法。有些学术问题通过学术争论可以取得共
识，有些就不一定。曾有人问我："在历史研究中如果观点
分歧，经过争论仍不能一致，怎么办？"我回答说："为什么
一定要一致？如果通过争论，彼此仍不能消除分歧，不可以
各自保留意见吗？见仁见智、各抒己见即可。"各种不同意
见并存，应该是学术界正常的生态。例如，大家都承认《上
李鸿章书》明显受到《盛世危言》的影响，有人认为这说
明"孙中山思想仍停留在改良主义阶段"，我则认为不应该
用"改良""革命"的框架来讨论《上李鸿章书》。我认为，
两种意见都各有根据，都可促进对孙中山早期思想以及孙中
山、郑观应关系的研究。

当然，开展学术争论也要遵循学术规范。例如，必须尊
重不同意见的学者，只就学术问题讨论，摆事实、讲道理，
不可离开学术作意气之争。几十年前，我曾与别人就某个学
术问题撰文争论。陈锡祺、陈胜粦两位先师认为我的文章在
学术上有道理，但讨论的不是太重要的问题。两位先师都提
醒我：争论一下可以，但必须尊重持不同意见的人，尤其是
涉及已故学术前辈时不可以有丝毫的不敬，不能因一个具体
问题而忽视他整个学术建树。学术争论时即使别人对你有尖
刻的词语，你也不可反唇相讥，引用史料考证、平实地陈述
自己的观点即可。如果在学术争论后别人仍坚持原来的观
点，也要予以尊重，不要没完没了为一个具体问题争论下
去。幸好有两位严师的教导，我在讨论这个学术问题时没有
犯错。我也把两位先师的教导告诉自己的学生，使他们明白应该如何进行学术争论。

我以上想法并不系统，更无甚高见，您问起，我就随便说说这些，不当之处也请您批评。

◉问　2022年是郑观应诞辰180周年，欢迎您有机会再次到访中山，为中山市的郑观应研究和其他名人研究继续发光发热。

◎邱　谢谢！也感谢你们为郑观应研究付出的热情和汗水，有机会我也乐于前往中山学习交流。

刘圣宜（1946—　），广东中山人。刘逸生长女，华南师范大学人文学院历史系教授，岭南近代史专家。曾任华南师范大学人文学院岭南文史研究所所长。兼任中国辛亥革命研究会理事，广东康梁研究会理事，广东太平天国研究会常务副会长、秘书长。

主要研究方向：中国近代历史、岭南思想文化史。

主要著述：《近代广州社会与文化》（广东高等教育出版社，2004）、《郑观应》（广东人民出版社，2009）、《近代强国之路的探索者：郑观应》（广东人民出版，2006）、《岭南近代文化论稿》（中山大学出版社，2007）等；合作著有《抵抗与吸收——广州近代开放史话》（广州文化出版社，1989）、《岭南近代对外文化交流史》（广东人民出版社，1996）；主编有《岭南历史名人研究》

刘圣宜

（中山大学出版社，2002）。参与编写有《康有为思想研究》（广东高等教育出版社，1988）、《广州通史》等。

主要论文：《郑观应与中西文化》《郑观应：从商战救国到盛世危言》等，在《中国社会科学》《学术研究》《广东社会科学》等学术期刊发表其他论文多篇。

时　间：2021 年 9 月 25 日

地　点：线上访谈

笔答者：刘圣宜

采访者：刘　琴

整理者：刘　琴

◉问　刘教授，您好！我们是"郑观应研究口述史"项目组，项目主要是围绕历史名人郑观应而开展的郑观应研究之口述历史。很高兴您能接受我们的访谈。您是岭南近代史专家，长期从事中国近代历史、岭南思想文化史的教学和研究工作，积累了丰硕的学术成果，也在这些领域形成了自己的学术风格和学术话语，请您分享一下您的治学经历？

◉刘　我是在 1982 年研究生毕业留校后开始从事历史研究的。当时随着中国进入改革开放时代，历史研究的选题也倾向于为现实需要服务。在以经济建设为中心的思想指导下，我开始关注与现代化建设有关的历史人物。最初是研究中国近代的著名企业家张謇，写过好几篇论文，其中一篇发表在江苏省的学术期刊《江海学刊》。江苏南通是张謇家乡，但在当时的政治气氛下把张作为政治上的改良派加以全盘否定。我的文章肯定了张謇的经济成绩，并认为他的企业经营符合中国经济发展的方向，发表后得到学界好评。张在政治上的平反还是之后的事情。后来关注的历史人物有王韬、容闳、康有为、梁启超、孙中山、洪仁玕、丘逢甲、刘师复等，郑观应是用力最多的一位，不仅发表了好几篇论文，还写了两本著作，一本是 2009 年出版的"岭南文化知识书系·南粤先贤"之一的《郑观应》，一本是 2006 年出版的"广东历史文化名人丛书"之一的《近代强国之路的探索者：郑观应》。

我最主要的学术成绩是在岭南思想文化研究方面，担任过华南师范大学人文学院岭南文史研究所所长。

◉**问**　您的父亲刘逸生先生既是一位知名的新闻工作者，又是著名的中国古典文学专家、诗人。他的《唐诗小札》《宋词小札》，对唐诗宋词进行了独特的解读，影响了整整一代读者。您的哥哥刘斯奋是广东文艺界领军人，您本人也是知名的岭南近代史专家。刘氏家族可谓是"文化世家"，能人辈出。家族传统对您的成长和发展产生了怎样的影响？

◉**刘**　"传承文脉，塑造家风"是我们家经常谈论的话题，也是我们努力的方向。一个家庭，父母就是家风的标杆，对父母品格和学问的继承和发扬，一代一代传下去，最终形成相对稳定的规矩和自觉的行为习惯，这可能就是家风吧。

我的父亲是自学成才的，"热爱学习，勤奋自学"是他一以贯之的风格，也是他的本色和底色。他的自传，书名是《学海苦航》，就是以自学为线索来回顾一生的，所以，"热爱学习，勤奋自学"就是我家的传家之宝。文脉绵延相续，学术薪火相传，均依赖于此。

父亲 10 岁丧父，家境贫寒，少年时代为生活所迫，出门谋生，学业中断。小学毕业之后，就再也没有接受过系统的学校教育，基本上所有的知识都源于自学。当时一个亲戚把他介绍到香港的《大同日报》做杂务，他只有 14 岁，还是一个孩子，已经自食其力，自己养活自己，不用寄人篱下，还特高兴。他每天的工作主要是给报馆的编辑、校对们跑腿，送稿件，买食物、香烟，打扫桌子，递茶送水。闲下来的时候就想找书看，报馆里没有什么书，只有一部《辞源》，结果这部《辞源》成了他的启蒙读物、精神食粮。每天一有空就捧着读，读上十几条、几十条，一两年下来，把整部《辞源》都读完了，后来又读《康熙字典》、读地图、读报纸。由于他从读《辞源》开始，进而学习相关知识，所以文史知识比较丰富，知识面宽广，这从他的著作可以看得出。父亲生活在动荡的年代，经常失业，生活无着，生存的压力很大。但在这样艰苦的环境中，仍然在谋生的间隙坚持自学，从不放弃，最终成为一个出色的报业工作者和中国古典文学研究的专家，取得了世所公认的成就。这对于我们这一辈，在和平的环境中生活成长的人看来，他简直就是一个奇迹。父亲成为我们学习的榜样。

父亲一生做了很多工作，工作量之大，也让我们惊叹不已。他一面从事十分繁重的报纸出版工作，一面还不断地写作，写文章又快又好，报刊文章是随写随发的，他自己也不知道写了多少。退休后进入了创作的丰收时期，现已出版了十几部著作，主编了《中国历代诗人选集》《中国古典小说漫话丛书》两套共数十种。70 岁以后还每天写一篇报刊专栏文章，普及文史知识。写了 10 年，积累数百万字。他自己也说，一世人做了两世工。太勤奋了。他是把所有的时间都用在工作和学习中去了。在《羊城晚报》工作的时候，除每天 8 小时紧张的编辑工作外，晚上单位还安排政治学习和政治运动，一直到 9 点才下班。留给自己的学习和写作的时间极少。当时他在写《唐诗小札》，只能放弃休息和娱乐，晚上写作到 12 点，周末和假日全部用来钻研和写作了。有时会收到一些戏剧的招待票，他基本不去看，即使去了也只看 10 来分钟就离场了。这样全身心地投入，我想一定有巨大的兴趣、热情和动力。他的记忆力好，领悟力强，善于收集和积累资料，善于发现问题，有独立见解，这些都是做学问的优势，但他只能在业余时间做，做得比专业的一点也不差。他做的《龚自珍已亥杂诗注》和《龚自珍诗集编年校注》两书，是全国第一本龚诗的全注本，受到关注，有香港、浙江古籍出版社、上海古籍出版社和中华书局几个版本，不断地重印和再版，说明他在学术界的地位受到肯定。父亲行文和做事的严谨作风和创新精神也是一个无言的榜样，时时影响着我们。

父亲是个爱书之人，他领到的第一份微薄工资全部用来买了一本书。后来有钱了就买了更多的书。家里除了书柜之外就没有其他多余的家具了。他的书架对我们是开放的，我们喜欢看什么就看什么。但我记得有一本《金瓶梅绘画本》是锁起来不让看的，这本书在"文化大革命"抄家时被抄走了，是一本内部书。我们看书时发现什么疑难向他请教，他都会马上放下手上的工作耐心地解答，从来不会认为我们打扰了他。每个孩子的资质和特长他都了解，支持我们选择自己的发展道路。我们没有像古代中国家庭那样讲究诗礼传家，因为时代不同了，有了更多的新的学问和新的可能，不应固守旧路。现代的家族更重要的是价值观念的传承和锲而不舍的努力、不断进取的精神。父亲对我们后辈是平等、开放和尊重的，这很难得。

父亲的经历让我学会在逆境中生存，充实自己，等待机会。受父亲影响，我在下乡当知青和在基层工作时仍然保持饱满的学习热情，10 年苦读。恢复高考后，我虽然没有大学学历，但却以"同等学历"考上了研究生；父亲的经历也教会了我刻苦钻研，务求有所创新。历史研究是很艰辛很枯燥的工作，要有扎实的史料作为研究的基础，就必须甘于坐冷板凳、钻故纸堆。因此，我刻苦钻研，不计名利，只求实实在在站得住脚的结论。文章质量第一，发人所未发、道人所未道，是为创新。这些，都是我的思想主导，也是岭南文化和家族传统的熏陶。

◉问　岭南，是中国文化与世界文化最早的交汇区之一，由此形成的岭南文化是中华民族文化中特色鲜明、灿烂多彩、充满生机活力的地域文化。您出生于香港、工作在广州，可以说是"出生于斯、生长于斯"，也长期致力于岭南思想文化史的教学和研究工作，还专门写过《岭南近代对外文化交流史》一书。请您讲一讲，岭南文化对您产生了哪些影响？

◉刘　是的，我的籍贯是广东省中山市（原广东香山县）沙溪乡，祖辈与郑观应（祖籍广东香山县雍陌乡）是同乡。相同的地域文化背景，祖辈们的生活习俗和人生境遇有很多相似之处。我从小就听奶奶辈讲述家乡的人和事，所以接触到郑观应的文章时便有亲切之感。比如奶奶会用"卖猪仔"的故事告诫小孩不要到处乱跑，否则会被坏人捉去卖到"金山"。还有我的太爷爷就是"金山阿伯"，到美国当苦力，是有幸活着回来的少数人。这些艰难的生活环境和漂泊不定的人生道路使得香山县的民风强悍，人人都非常刻苦耐劳，忍受力和爆发力特强。

另外，由于农村田少人多，岭南人外出谋生的不少，出洋也成为很多人的选择，所以他们的眼界比较开阔，见识也比其他人多。到我奶奶那一辈，岭南的女子都不裹脚了，但北方女子到民国时还普遍裹脚。郑观应少年时便到上海谋生，而我父亲也是少年时便到香港谋生，离开家乡追求新的生活，他们都很有勇气，具有奋斗精神。上海和香港都是中国较早对外开放的港口，商业发达，传媒出现较早，接触西方文化也容易。

●问　2009 年，您出版了"岭南文化知识书系·南粤先贤"丛书中的《郑观应》一书。在您看来，岭南文化对郑观应思想的形成有哪些影响呢?

◉刘　我在试图归纳岭南文化的精神特征时，提出：任何一种成熟的文化都不是单纯的，在它内部包含着矛盾与差异、理性和非理性、封闭与开放、排拒与吸收、保守与激进、尚武与崇文等，这些观念和行为既是对立的，又是互相渗透的，共存于一张大网之中。而发扬其优良的一面，抛弃其恶劣的一面，正是传承文化的正确态度。岭南文化的价值和独特性体现在哪些方面呢? 我认为除了中华文明所共有的传统之外，还可以把它的特点归纳如下，即竞争精神、包容胸怀、创造能力和务实品格。

首先，"竞争为进化之母"，这是岭南大儒梁启超说的。在生存竞争激烈的时代里，特别是受到外部力量的压迫，民族的生存面临危机时，十分需要竞争精神。郑观应提出"商战救国"的口号，勇敢地与外人商战，是岭南精神的体现。

其次，与外人进行商战，必先学商战于外人。岭南人在抵抗西方殖民侵略的同时，理智地向自己的对手学习先进科技和制度，对有益的事物不拘一格地兼收并蓄，就是包容心理。有了包容的胸怀，融合各种文化，才有岭南文化的丰富、多元、博大与融合。

再次，岭南处于中国南部边沿地区，面临大海，人民富于冒险精神和自主意识，也因此有了敢于创新的意识和动力，在很多方面走在别人前头。

还要注意的是，岭南民风讲求实际，不尚空谈，多做少说，务实品格很突出。民间崇尚脚踏实地，注重实干。郑观应便是实干的典型。他出身平民，从低级职务做起，勤奋务实，一步一步成就了大事业。

◉问　在有关郑观应的研究中，夏东元的《郑观应传》和易惠莉的《郑观应评传》是最具代表性的学术著作。您先后也撰写过好几本郑观应的传记，如《近代强国之路的探索者：郑观应》《郑观应》。请问，您的著作与夏东元和易惠莉的著作相比，有什么不同之处？具体体现在哪些地方？

◉刘　有关郑观应研究，两位是先驱学者，成就斐然。1981年我到上海访学，曾拜访夏先生，请教郑观应史料的收藏及借阅问题。他告诉我，都堆在图书馆里，没有整理，很难利用。结果第二年，他就和他的研究生出版了《郑观应集》（上）供大家使用，可说是功德无量。

我在认真研读了两位著作的基础上，也力图有所创新。我的这本《近代强国之路的探索者：郑观应》是"广东历史文化名人丛书"中的一种，该丛书的定位是"面向社会、面向大众，融科学性与通俗性于一体，深入浅出，雅俗共赏"。为此，在学术性方面，我力求做到有所创新，发前人所未发。故注重突出广东地域特色以及家乡和家族传统对郑观应品格形成的影响，注重阐明郑氏对中国传统文化和近代西方文化吸收融合的新观点、新取向，重点讲述其一生事功的三个主要成就：商战、兵战和著述，并给予实事求是的评价。过去，学界对郑观应在实业和思想方面的成就探讨较多，对于他在中法战争中的表现以及他在文化方面的贡献，如著述、诗歌创作、道教、医学等涉及不多，本书也试图弥补这方面的不足。在通俗性方面，我力求通过传主具体、真实、生动的言行来传达其炙热的爱国情怀、缜密的思想作风以及理性的务实精神。当然，能否达到这个目的，还得由读者来评定。

◉**问**　我们看到，您在这两本关于郑观应的著作中使用了很多图片，请问图片在您的著作中有什么作用？您又是如何搜集这些图片的？

◉**刘**　这两本书，一本属于"广东历史文化名人丛书"，一本属于"岭南文化知识书系"，定位都是面向普通群众的普及读物，不仅要求文字上深入浅出、雅俗共赏，也要求编排上图文并茂、生动形象。所以，我在配图方面也颇下了一番功夫。但是，在郑观应所处的时代，摄影在中国还不普遍，所以有关他的照片很少。我除了遍查各种书籍资料尽量收集外，还借助一些背景图片，与他相关的人和事的图片，以充实图片库，也增加时代感。

◉问　在讲到郑观应的成长时，都会谈到郑氏的家族传统。请您谈谈郑氏的家族传统对郑观应的具体影响体现在哪些方面？

◉刘　郑观应的家族传统是方刚正直，不畏强暴，讲求道德修养，慷慨好义，注重实效。他的父亲郑文瑞对他的影响最大。郑父是个教师，他教育学生的一个重要手段是把大量的先贤格言收集起来编成教本。他编的书有《训俗良规》《劝戒录》等。这些书对郑观应的人格形成有重大影响。郑观应在晚年还把这些书整理付印，认为它们"言虽浅近，事实淳详"，是"善书之最善者"。郑父的慷慨好义也深深地影响着郑观应。他在家乡筹置义田，兴立善堂，对地方上的水利、桥梁、义仓等公益事业，无不热心规划，尽力捐输。光绪五年（1879）河北、山西大灾，郑父提倡赈灾最早，集款最多，郑观应也参与到赈灾中。因此，朝廷下旨褒奖，颁给"乐善好施"四字。在乡塾教育中，郑观应也受到了忠孝仁爱、礼义廉耻的道德教育，树立了"立功、立言、立德"的人生价值取向和终身的追求。

◉问　您在著作中谈到"家庭教育和乡塾教育给郑观应以中国传统文化基础和伦理道德操守，同时也带给他安分受命、恪守和忠孝节义、迷信道士等时代局限"，请你具体谈谈这些负面影响体现在哪些方面。

◉刘　郑观应思想中也有不科学和陈旧的观念，比如"因果报应"：在《救时揭要序》中，把"善有善报，恶有恶报"的故事和言论收集起来，进行推广发挥，以收匡时救世、普济众生的目的，但收效甚微。还有，他对道教十分着迷，迷信神仙法术，具有一定的盲目性，是当时科学不发达的局限。郑观应从小多病，为了治病，郑父常带他到处求医和学道，造成了他亲近和相信道教，终身不忘访道求仙。晚年更甚，发起和参与许多虚妄荒诞的社会活动，把平日积蓄几乎用光，还被人引为笑柄。

◉问　您在书中说"与一般的买办商人不同，郑观应一边从事商业活动，一边手不释卷地读书、思考、写作"。请问，郑观应是如何走上写作道路的？

◉刘　郑观应走上写作道路，既有自身的原因，也有时代的原因。

与一般买办商人不同的是，他一边从事商业活动，一边手不释卷地读书、思考、写作，关注社会和民生。刚开始，是因为家乡的"猪仔贸易"引起他的义愤，不忍看着同胞受苦受难而袖手旁观，要向世人揭露华工贸易的黑幕，呼吁中外政府共同制止罪恶。后来，他把眼光投射到抨击社会陋习、痛斥时弊、发展民族经济方面，写下了有关鸦片、盗匪、庸医、救济、侨民、驻外使节、开矿、航运等文章。这是他自身的忧国忧民的基因，关心民瘼，具有社会责任感。还有，他到了上海这个最早开放的对外贸易港口，有好多家外国人开办的报纸发行，后来由中国人开办的报纸也陆续亮相。报纸上的时事和议论不少，他的文章最早是发表在《申报》上，并引起社会的关注。近代报业和出版业的发展，为郑观应的写作和发表提供了有利条件。

1873 年郑观应出版了他的第一部著作《救时揭要》，1880 年又出版了第二部著作《易言》，1894 年《盛世危言》初版。

◉问　郑观应的写作之路是从关注澳门的"猪仔贸易"开始的。从 1870 年开始，郑观应在《申报》上发表了多篇反对"猪仔贸易"的文章，如《澳门猪仔论》《续澳门猪仔论》《求救猪仔论》《记猪仔逃回诉苦略》《论禁止贩人为奴》等，这些文章揭露了"猪仔贸易"的罪恶本质及其对社会的影响，他也在此基础上提出了禁止"猪仔贸易"之法。这些文章反映了郑观应对社会现实的关注，为什么郑观应在"触景伤时，略陈利弊"中首先关注了澳门的"猪仔贸易"？

◉刘　鸦片战争前后，正值西方列强在其领地上大搞开发的时期：西班牙占领的古巴正在开展甘蔗种植业和制糖业；荷兰控制的爪哇群岛正在大力开发锡矿和种植橡胶、胡椒、咖啡等经济作物；英属圭亚那以及以新加坡为中心的海峡殖民地种植、开矿和海运等行业也在扩展；秘鲁则决定开采鸟粪资源；而美国正要开发西部、修筑铁路。当这些工作需要大量劳动力的时候，恰逢原来提供劳动主力的黑奴制度被禁止，劳动力来源成了大问题。为解决这个问题，西方国家便把眼球转向中国，前来招诱"苦力"，也就是华工。

第二次鸦片战争后，由于《北京条约》和《中英通商善后条约》订有"准许华人到英法属地做工"的条款，中国沿海口岸"猪仔贸易"十分猖獗，报纸上每天登载此类消息触目皆是。"猪仔贸易"即贩卖华工。广东方言把小事物称为"仔"，如小孩子称为"细蚊仔"，矮个子称为"矮仔"。被贩卖的华工戏称为"猪仔"，是因为被贩卖者如猪仔一样，被人装进竹笠里，任意处置，漂洋过海，为奴为婢，有去无还。

由于这种买卖获利甚丰，中外逐利者勾结串通，狼狈为奸，用各种手段骗人，造成无数人间悲剧，其中澳门口岸最严重。盘踞澳门的葡萄牙人，以招工为名，开设大量"招工馆"，包庇、纵容贩卖人口的罪恶活动。当地匪徒有此便利之处，更无忌惮，广东的拐匪竟然发展到数万人之多，以澳门为巢穴，深入圩镇、乡村，视不同的对象施以不同的拐骗、掳掠手段。对于有不良嗜好者，投其所好，诱以娼赌，一旦上钩，便被绑架而去。对于良民，则当街掳掠。一到黑夜，拐匪便四出游荡，潜伏于街头巷尾。这些拐匪拐骗手段狠毒，诡计百出，闻所未闻，一时间人人自危。

"猪仔贸易"是当时国门洞开之后广东人最先面临的重大危机，而清政府对此认识不足。广东的官员下车伊始亦未能洞悉其中弊端，没有引起重视，也没有有效的应对手段，没能保护人民。郑观应耳闻目睹同胞受苦受难，心情无法平静。他不能袖手旁观，也不愿意沉默，他要向世人揭露澳门华工贸易的黑幕，要呼吁中外政府共同抵制罪恶，拯救人民于水火。加上他世居澳门，对这种情况非常了解，也能提出解决的办法，所以他觉得自己有发言权，能对症下药。他不顾自己年轻，地位卑微，挺身而出，为民请命。

◉**问** 据我们所知，"猪仔贸易"与鸦片贸易，是晚清政府面对的两大涉外问题。从咸丰到同治年间，上至皇帝，下至地方官员，不少人对禁止"猪仔贸易"都曾发表滔滔宏论。在您看来，郑观应所提出的解决办法有何进步之处？又有哪些不足？

◉**刘** 我认为，在郑观应提出的解决办法中，最具新意和远见的是遵循国际法与西洋人论理交涉这一条。当时，刚刚成为西洋人手下败将的清朝官员不敢再得罪洋人，把打击"猪仔贸易"的重点放在中国拐匪身上。所以人们看到当时官方有大量严惩拐匪的文告和奏折，但却没有看到他们对"猪仔贸易"的"元凶"西方列强的谴责和斗争。郑观应与他们不同，他站在保卫桑梓同胞、维护社会正义和人道的立场，理直气壮地反对澳葡当局的弊政。他非常明确地指出，澳门乃中国之疆土，葡萄牙人占据澳门，在中国的土地上为所欲为是违法的，应该用国际公法制止他们。

郑观应虽身为买办，受雇于洋人，但他并未因此而丧失民族气节，反而因知世界大势、各国关系、国际公法，对国家民族权益更加关心，更能提出中肯的解决办法。他为清政府献策："盖万国律法，未有不衷乎义、循乎理者，以义理折之，亦当无词以对，则其禁止亦不难也。"言下之意，就是要抓住西方国家标榜遵守法制的承诺，运用法律武器与他们斗争。此外，再设一个海关以稽查弹压，严格把关，务使贩卖人口出洋者不能得逞。

援引国际公法，迫使葡澳当局在"猪仔贸易"问题上作出符合人道的改正，是郑观应在中国对外开放的新形势下敏锐地发现的解决问题的途径之一。当时的中国政府和人民对国际公法是非常生疏的，更不会使用国际公法保护自己的权益。郑观应的提议，体现了他先知先觉者的睿智和对国人的启蒙作用。

他还提出，可利用国际舆论对"猪仔贸易"的谴责，争取外国政府的奥援。这也是源于他对国际关系的观察。当时发生的一件惨案引起了国际社会的关注，为解决这一问题提供了机会。1872年7月，苦力运输船"马利古士"号从澳门出发运输猪仔前往夏湾拿，该船途经日本时遇到飓风，停泊于神户港。船上猪仔因不堪忍受非人的待遇，纷纷投水自尽。旁边一艘英国兵船瞥见后，救起多人，交回船主，并叮嘱不得苛责。不料船主异常狠毒，虐待手法变本加厉。猪仔们无法忍受，再次投水寻死，谁料又被兵船的人看见，救起后不再交回船主，而是咨照英国驻日领事，交当地官方审办。日本华侨闻讯，义愤填膺，纷纷捐钱请律师为同胞申冤。在审理过程中，英国律师义正词严，日本法庭秉公办理，整个国际社会都声援华工，谴责秘鲁、澳葡政府，终使此案以华工胜诉告结，200余名猪仔获救。一个英国律师主持公道，解救了200多名华工。这个事件使郑观应看到了英、法、美等国在华工政策上与葡国不同，可以争取国际援助。他于1872年在申报发表《求救猪仔论》一文说："伏恳各国君主畛域无分，体天地好生之心，遵万国之公法，济弱扶倾，吊民伐罪，集众与西洋国（葡萄牙）理论之。"他认为，苦力问题是一个国际性问题，中国政府应主动争取国际社会在此问题上的合作，循中西共同的原则予以解决，这是郑观应思想与国际接轨的表现。

但他流露出来的对英国的好感和对国际公法的信赖，也反映了他轻信、幻想的一面。其实，英国政府比澳葡政府也好不了多少。在19世纪60年代的东西方贸易中，双方地位并不是平等的，西方国家在中国是有共同利益的，他们对"猪仔贸易"的谴责和禁止是有限度的，并非如郑观应所说的"有善即兴，有弊即除"。然而对于入世不深的郑观应，要洞察这点颇不容易。

◉问　在介绍郑观应的第一部著作《救时揭要》中，您专门介绍了郑观应所写的《论中国轮船进止大略》这篇文章。您为何专门对这篇文章进行重点分析？您认为《论中国轮船进止大略》这篇文章在郑观应思想发展中的地位是怎样的？

◉刘　1873年，是中国轮船航运业开局之年。守旧派和洋务派展开了大辩论，关于"轮船要不要自己造""轮船公司要不要自己开""经营方式是官办还是商办"，一时议论纷纭，莫衷一是。对此，郑观应既有经验又有想法。

首先，郑观应很早就涉足这个领域。1867年7月，他与唐廷枢、郭甘章等联合几个外国商人合办"公正轮船公司"。虽然该公司是个小型公司，旗下只有两艘轮船，经营了几年，可能因为内部不协调，业绩欠佳，于1873年歇业，但郑观应由此积累了自营航运业的经验。之后，他进入英资的太古轮船公司，也干得很出色。刚进入太古轮船公司时，郑观应负责"总理揽载客货兼总理各栈房等事"。他所在的部门是个十分关键的部门，载客和载货的多寡、栈房出入货的调度是否得宜，对于公司经营的成败起决定作用。郑观应凭着自己的勤劳和精明，把工作干得非常出色。他常年奔走在长江沿岸和东南沿海，建立了多家主要为太古轮船公司服务的揽载行，使得公司的客源和货源都很充足；他又制定和实行了一套周密的营运程式，提高出入货的效率，减少消耗，缩短船运周期，大大降低了成本，不但把揽载行和栈房管理得井井有条，而且业务蒸蒸日上。太古轮船公司经营很有起色，几年之间，便打破了旗昌洋行在长江上的垄断地位，而且大有后来居上之势。郑观应称得上是太古的功臣。3 年合同期满后，太古又与他续订了 5 年合同。郑观应在太古的职位已经相当于总买办。

其次，郑观应又勤于思考问题，愿意参加讨论和发表意见，对中国轮船航运业应如何发展，他逐渐形成了一套想法。他极力主张轮船公司不但要办，而且最好是"商办"。一是他认为朝廷造船缺资金，而华商手头就有资金。根据他对业内的了解，他说："现在上海长江轮船多至十七八只，计其本已在一二百万，皆华商之资，附洋行而贸易者十居其九。"二是对于如何把依附于洋行的华人资本吸引回来自办中国轮船公司，他也有办法。他分析说，华商之所以不愿意自办轮船公司，是因为"畏官之威，与畏官之无信而已"。如果能去掉他们的顾虑，不但可以吸引上海附于洋行的华资，也可以吸引福建的盐商和上海、宁波票号商的资金。三是对于大家所顾虑的制造的精巧和营业的成败，他也认为无须过虑。因为商办公司关系商人的身家性命，即使无人督责，根本不用担心它办不好。实行商办，国家不用耗费资财，而又可实现中国海上有中国自己的轮船在航行，何乐而不为呢？

郑观应的主张代表了商人阶层的利益与愿望，是商人期望与官府调试关系以谋求自身发展的思想表达，是中国民族资本家的觉醒和要求，是郑观应成为中国近代民营企业家的起步，所以我比较重视。

而且，这篇文章指出了中国轮船航运业发展的症结所在，对打破困局提出了一条可行之策，对推动中国轮船业的发展具有振聋发聩的作用。其思想是走在前头的。在郑观应自身的思想发展中，也是他向西方学习已经超越了"船坚炮利"的表层，深入到"泰西立法之大旨本源"的标志，是提出制度改革思想的开篇。

◎问　此后，郑观应也逐渐参与到民族企业的经营管理中。1878 年，清政府洋务大臣李鸿章委任郑观应为民族企业上海机器织布局会办，参与创办中国第一家机器生产的棉纺织厂，后升他为总办。但我们也看到，这一时期郑观应还在上海英资太古轮船公司任职买办。1882 年 3 月，他又接受李鸿章的委札，出任民族企业上海轮船招商局帮办。郑观应以洋行买办身份出任民族企业的重要职务，后又在相互竞争的企业里任职。您是如何看待郑观应的这一行为的呢？

◎刘　1882 年 3 月，原本在英资太古轮船公司担任总买办的郑观应，正式接受洋务大臣李鸿章的委札，出任洋务企业上海轮船招商局帮办。

在此之前，他并未辞去买办职务，还以买办身份出任洋务企业，也就是上海机器织布局的要职。其实，这是洋务企业初办时没有得力人选的表现。当时，他熟悉外国企业的经营方式，又了解外国机器技术和商务，可以有目的、有选择地引进现代企业的管理方法和先进技术，为洋务企业借鉴外国提供方便。而且他有振兴中国的志向，乐意办理也能够办好中国自己的企业。不过，买办一职毕竟与洋务要员的身份发生矛盾，所以郑观应"一仆二主"的状态是暂时的。

1881 年，已在多个洋务企业中担任要职的郑观应，面临艰难的选择：他与英商太古轮船公司的工作合同将于次年期满，是续订合同继续留任还是离开太古全身投入洋务企业？他该何去何从？刚好在这年夏天，名闻中外的洋务大企业上海轮船招商局总办唐廷枢和会办徐润邀请郑观应帮办局务。这其实是官方主管李鸿章和盛宣怀的主意。另一方面，太古公司总经理冷士唯恐郑观应被招商局拉走，极力挽留，且作出"在太古工作 20 年以上，年老退休准给半薪养老"的承诺。对郑观应来说，像从前那样脚踏两只船是不可能的了，不但是因为洋务官僚要他脱离太古专任招商局，而且因为招商局不像织布局和电报局，它经营的是轮船航运，与太古处于竞争对手的地位，郑观应只能在两者之中选择其一。

郑观应此时的思想斗争异常激烈：他胸怀振兴中国民族工商业的志愿，加入轮船招商局可以实现这一志愿，但他又深知洋务企业的弊端，对能否实现这个志愿抱有怀疑。而他服务的老东家太古是英国的商办轮船公司，经营方式是资本主义性质的，没有长官意志和衙门作风，又按合同办事，只认个人才能不认私人关系，使他感到放心。他担心的是，招商局虽然也重用他，但有朝一日，官僚们"误听排挤者谗言，不问是非，不念昔日办事者之劳"，自己平素不善钻营，届时谁来为自己说话？思前想后，不能决定。1881年9月，李鸿章把郑观应之父郑文瑞及郑氏全家的赈灾义举上奏朝廷，恳准写入广东省志和本县志书，"以示优异"，这使郑观应"感悚交集"，他最终决心加入轮船招商局，为朝廷效忠。

1882年3月，当他与太古洋行的合同期满，李鸿章向他正式提出委任后，他便完全转到洋务企业里来。我认为，从太古公司转入招商局，不管个人得失如何，都是郑观应转化为中国近代民族企业家的关键一步，是他富强救国理想付诸实践的重要一步。

◉**问**　相对于总办上海机器织布局的几经周折和半途而废，郑观应在担任上海电报分局总办岗位上，其电报建设工作是卓有成效的。请您谈谈郑观应在国人自办电报事业中做了哪些工作？您认为应该如何评价郑观应对国人自办电报事业的贡献？

◉**刘**　中国电报事业起步比较晚。19世纪70年代初，丹麦、英国已经在中国沿海铺设了两条海底电缆，千方百计想把电线牵引上岸，上海外滩、广州沙面就是他们的目标。清政府在1880年才把开设电报局提上日程。李鸿章任命盛宣怀为津沪电报局总办，郑观应襄理局务。他俩通力合作，把电报办起来了。电报事业是清代办得最好的近代企业之一，郑观应在其中的作用是举足轻重的。

第一，挽回利权，争取生存空间。在丹麦、英国在中国铺设海底电缆（即水线）后，列强都想在中国"利益均沾"，如果听任他们发展，中国电报业将无利可图而陷入困境。因此，他们必须要与洋人交涉，不能再让他们把水线弄上岸，已经上岸的要坚决拆除，保障中国办内陆电线的自主权。这事难度很大，鸦片战争以来，清政府因不谙时势、不懂外交、虚骄蛮干，对外交涉处处挨打、节节败退，洋人气焰万丈。郑观应很早就知道，与洋人谈判，最重要的是要懂得国际公法，以法律为武器，才能迫使洋人服从。于是，他们拿出了清政府在1870年的规定，即"外国电线只能沉于海底，不能牵引上岸"，责令外国公司拆除非法设置的上岸之线。另外，他用《万国电报通例》等国际法规与洋人谈判，经过顽强、不屈不挠的斗争，收回了外国已经建成的旱线，保住了中国陆上电报的主办权。

第二，在与外国公司斗争的同时，郑观应也在考虑如何与外国公司协调与合作。因为海底电缆是丹麦大北公司和英国大东公司两家的，外洋电报和国内与欧洲的电报畅通与否，均掌握在这两家公司手里。况且中国陆线也要与水线接通才能运作。因此，郑观应对李鸿章陈说利害，建议"与其三家交情均坏，不如中、英、丹公司联络一气"。于是，他们又去找大北公司和大东公司谈条件，大家划定势力范围，分割利润。最后，还签订了"齐价合同"。既斗争又妥协的策略，使得中国电报业在列强竞争之列争得了一席之地，形成了中国境内电报三分天下的局面，而中国则牢牢抓住了陆电主办权。

第三，积极学习外国先进技术和科学理论，培养自己的人才。郑观应翻译改编了外国人写的《电报新书》，使之成为中国最早的汉字电码本。又组织编译《万国电报通例》和《测量浅说》，撰写了《论电报》等文章，这些工作为中国电报业的发展奠定了良好的基础。

第四，为减轻成本，加快发展，他提出自己制造电线器材，减少从外国进口。成本降了，线路就迅速得到推广。

虽然郑观应在1882年因工作调动离开了电报局，但在两年的时间里干了很多工作，离职后还继续关注电报发展，屡次建议"商办"以利于快速扩张。他为中国电报业的发展打下了基础，不愧是中国电报事业的开创者。

◉问　没想到，接下来上海在1883年至1884年发生了经济风潮，使得中国早期工业化遭到巨大挫折，一批雄心勃勃的企业家铩羽而归，郑观应的事业也受到严重影响。请您具体谈谈这次经济风潮对郑观应的影响体现在哪些方面？

◉刘　1883年，由于世界资本主义经济危机波及上海，股票下跌到只值原价的三分之一，而机器织布局所收票据远不能与账面现金实数相抵。在郑观应总办织布局期间，有14.3万余两无实银存局，或已放出，或押股票。当时，在欧美订购的织布机器和雇用的洋匠已陆续到达上海，织布局的筹建工作正要全面展开，在需要用钱的时候缺钱，尴尬可想而知。郑观应本人受到怀疑和攻击，信誉倍受损害。这个金融危机，把他从事业的巅峰抛到谷底，他背负巨额债务。

1884年3月，他离开招商局、织布局总办职务，从上海乘轮船赴粤。临行，请盛宣怀接办织布局，提议织布局与招商局合办或与洋人合办，以解燃眉之急。

郑观应经历了这次经济风潮的打击后，再也没有能力独立投资办厂。此后，他主要是作为一个出色的企业经营管理者活跃在近代中国的工商界。

⊙**问**　郑观应在上海工作生活长达 40 年，可以说生命中一半的时间是在上海度过的。其中，从他 1858 年来到上海进入洋行工作到 1884 年赴粤的 26 年中，他从洋行学徒成长为买办，又转化为洋务派企业家和民族资本家。在您看来，上海对郑观应改革思想的萌发和形成起了什么作用？体现在哪些地方？

⊙**刘**　郑观应前期的著述活动，结集为两本书——《救时揭要》和《易言》。这两本书都是在上海写成的。中国近代这个新兴的城市对郑观应改革思想的萌发和形成具有重要的催生作用。

郑观应 17 岁到上海谋生，任职洋行买办，从事中外贸易。除了有机会接触上海商界、绅界的头面人物外，还经常与外国人打交道。上海是外国传教士活跃的地方，其中英国传教士傅兰雅、李提摩太对他的影响最大。傅兰雅任职英华书院和江南制造局翻译馆，翻译西洋书籍达 100 多种，大多是科技方面的知识，也有一些社会科学知识。1875 年他主编的《格致汇编》是介绍西方科学最早的报刊。郑观应拜他为师，在学习英语的同时，还知道了不少西方政治、实业的学问。李提摩太 1891 年任上海广学会总办，喜欢议论时政，对中国常作"局外之旁观"。郑观应在上海赈灾活动中与他结识，成为好友，最喜欢听他介绍西方和评论中国。还有创办《万国公报》的美国传教士林乐知，这些西方人的言论对郑观应形成了巨大的震撼和冲击，引起他的深思。

上海也是全国媒体最发达、信息最密集的城市，自西人来后，风气先开。西方书籍和报刊触目皆是，这些报纸杂志书籍使他眼界大开，增加了对时局的了解，对国家大事越来越关注。郑观应是个有心人，他广收博采，集思广益，随时把自己所听到、看到、读到、想到的各种议论一一记录下来，加以综合整理，消化吸收，再写成文章。随着时间的推移，他的改革思想不断成熟。学习西方、寻求国家富强之道，成为他思想的核心。

当然，除了外部环境的影响外，郑观应自身的思想素质更是起了关键作用。他的朋友王韬曾经这样评价郑观应，说他身处"花月之光迷十里，笙歌之声沸四时"的上海滩，但对吃喝玩乐的事情一概不感兴趣，唯知以圣贤豪杰为安身立命之本，胸怀大局，蒿目时艰，其志向着实令人钦佩。

◎问 1884—1885 年的中法战争，是郑观应亲身经历的一次对外战争。他积极谋划"南洋策划"，为了践行"南洋策划"，于 1884 年 6 月 11 日至 8 月 12 日亲自进行了为期 64 天、往返 2 万余里的南洋之行，往返于香港以及西贡、新加坡、暹罗、金边、槟榔屿、马六甲等地。但这是一个要注定失败的计谋和行程。您是如何看待郑观应在中法战争中的表现的？

◎刘 1884 年 3 月，郑观应尽力摆脱上海机器织布局亏欠事的纠缠，奔赴助越南抗击法国侵略的前线广东，投到督办军务的兵部尚书彭玉麟麾下，并提出了"暗结暹罗袭取西贡"之计，此为"南洋策划"。

他得到任务后，不避艰险，深入敌营，密约内应，谋袭西贡，以此颠覆法军之老巢。郑观应在南洋奔波 64 天，在香港和西贡、新加坡、暹罗、金边、槟榔屿、马六甲各埠之间穿行，出入于惊涛骇浪，细心体察敌情，联络华侨和当地势力，带回了不少地形、道路、建筑等情报。但由于清政府不敢与法决一死战，在乘胜即收的思想指导下，与法国签订了和约。郑的"南洋策划"未能实施。

在郑观应的著作中，屡屡言兵。而他自己亲身参加的对外战争，则只有中法战争一次。他对这次短暂的军事经历，非常珍视。因为这是他生平第一次站在抗击外来侵略者的前线，为祖国的安危、民族的大义挺身而出，实现了他尽忠报国的志愿。同时，在清军军营的见闻和在南洋的经历，也使得他对晚清的军事改革有了更多的发言权。譬如，他看到军营里缺乏训练，对西式武器一知半解，军事人才和士兵素质远比不上西方，建议迅速开办水陆师学堂，加强对军队的训练。此次南洋之行后，他的改革思想也有了进一步的发展，提出要改革君主专制制度，设议院以改善君与民的关系，达到君民共主的政治理想。他说："余平日历查西人立国之本，体用兼备。育才与书院，论政与议院，君民一体，上下同心，此其体；练兵、制器械、铁路、电线等事，此其用。中国遗其体效其用，所以事多扞格，难臻富强。"他认为学习西方要体用兼学，首次提出"开议院"的主张。

◉问　中法战争的失败让中国知识界对洋务运动进行了反思，郑观应也在对《易言》进行修订的基础之上推出了《盛世危言》，主张利用西法将中国的一切弊端悉加整顿。但是当时鄙薄西学的守旧派还是占据绝大多数，对于"用夷变夏"还是相当排斥的。那郑观应是如何处理中西文化的相互关系来破除时人的心理障碍，从而理直气壮地学习西方先进文化的呢？您认为应该如何评价郑观应的这个观点？

⊙刘　郑观应对中西文化的认识，有如下几个方面值得注意：

一是，他以世界的眼光审视中西文化，把两种文化置于平等的地位。他说，中国开辟最先，建立最久，以为自己是世界的中心，固有所谓内外之别、夷夏之防。其实，中国文化只是世界文明之一种。欧洲各国的文明虽比中国起步晚，但后来居上。所以，中国如果自视为万国之一，那么中西文化便可以平等交流。

二是，他肯定西方文化有很多优秀的地方，好的东西要拿过来为我所用。他常进行中西文化对比，赞叹西方"法甚善也"。提出广采西法以补中国之缺。他说"西人立国具有本末，虽礼乐教化远逊中华，然其驯至富强亦具有体用"。

三是，他认为中西文化是有共同点的，可以沟通和互补、融为一体。他说西方的议院制与中国三代之法度相符，主张"仿泰西，复三代之法"，"礼失而求诸野"。以中国传统文化为主体，以"化西为中"的手法吸收西方文化，使中国文化得到提升和完善，最终以王道宾服天下。

当然，郑观应的文化观有时代的局限，对文化的认识还比较肤浅，对两种文化的价值判断也不准确。比如他曾认为，物质文明西方胜于中国，精神文明中国胜于西方，未能超越中国文化优越论和中国文化中心论。但是对改变"用夷变夏"的指责和破除时人的心理障碍有一定的作用。不过，也要看到这些局限性在当时是难以避免的。

●**问**　在中国传统的华夷观念或者中外文化的关系认知中，一直认为中华民族的文明程度必定高出于一切外族，华夏与夷狄，一为文明，一为野蛮，其位置不能颠倒，只能"以夏变夷"，绝不能"以夷变夏"。包括洋务派的理论根据"中学为体、西学为用"都是在小心翼翼地维护中华文明的脆弱自尊。郑观应作为中国近代著名的改革思想家，他对于中西文化关系的认识有何不同之处？

◎**刘**　中国地处亚洲大陆东部，西面、北面横亘着高山荒漠，东面、南面濒临着大海汪洋。这种封闭型的地理环境限制了中国与世界的联系，也限制了中国人的眼界。古代中国人逐渐把黄河流域看成是世界的中心，把四周围看成是蛮荒。加上中国在中世纪曾经攀上人类文明的顶峰，更加深了这种以中华民族为中心的优越感，华夷观念也就随之产生。除了地理、历史的原因外，中国的封建专制政治和等级制度也使得这种观念不断强化。封建社会内部尊卑贵贱的规则被统治者搬用到国际关系中，便是建立藩属和朝贡关系。封建统治者不论对被征服的国家还是对和平共处的异族，都要求他们承认和接受君臣关系，向自己称臣并进纳贡物。这种国家关系使华夷观念显得理所当然。

郑观应的文化观与时人的不同在于"道器论""中体西用论"。在他的晚年，更进一步认为中国和西方在伦理道德上也有不少的共同性，破除"变器不变道"的藩篱，在中西文化的选择上，不再设置绝对的界限，而向西方学习的东西随着时间的推移越来越多，越来越广。他认为西方的政治、教育、道德等内容也可以学，这就比同时代人的认识高出一个层次。即认为西方文化不仅在"器"的方面高于中国，在"道"的方面也有优秀之处。可以说，郑观应对西方文化持全方位、多层次的开放吸取的积极态度，是近代中国最重要的西学东渐的先驱人物之一。

◉**问**　郑观应提倡"初则学商战于外人，继则与外人商战"的主张，商战可以说是郑观应的核心思想，作为郑观应同乡的孙中山也提出要发展工商业以救国富国的商业思想，可见孙中山和郑观应在部分思想观点上是比较接近的。您在郑观应传记中多次提到郑观应对孙中山的帮助和影响是不容忽视的，郑观应与孙中山有哪些联系？郑观应对孙中山思想的产生和形成有哪些影响？

◉**刘**　孙中山与郑观应同为香山人，具同乡之谊。孙比郑小 24 岁，属晚辈。1887—1892 年间，孙在香港西医书院求学，毕业后在澳门行医，其时郑观应在澳门养病，两人多有往来，相谈甚欢。改造中国与研习医学是他们共同的话题。《盛世危言》中的《农功》一篇，是两人合作的产物。郑观应的《中外卫生旨要》一书，其中对西医的评说，也显然有孙中山的意见。1894 年，孙中山想北上投书当道，一白其救国报国之志，行前撰写《上李鸿章书》，就借用了《盛世危言》中的一段话，提出"人尽其才，地尽其利，物尽其用，货畅其流"四事为富强之本。由此可见，孙中山变革中国的思想主张，受到过郑观应的影响。

孙中山北上前，郑观应专门修书一封致盛宣怀，请他推荐孙中山给李鸿章。信中说："（孙中山）其志不可谓不高，其说也颇切近，而非若狂士之大言欺世者比。"表明了他对孙中山的欣赏。孙中山顺利地把上书送到李鸿章手里，但没有得到李的接见。后来，孙目睹清政府腐败无能，上书的建议又得不到采纳，才逐渐走上了反清革命的道路。

◉**问**　您也谈到了郑观应对少年时期的毛泽东的影响，请您具体说说郑观应对少年毛泽东的影响。

◉**刘**　关于郑观应对少年毛泽东的影响，主要出自埃德加·斯诺在其作品《西行漫记》①中所记述的毛泽东少年时的经历。毛泽东对斯诺说，他 8 岁才入学，13 岁就离开学堂，在家务农。大约从 1906 年开始，毛泽东白天做一个全劳力的活，晚上替父亲记账。他常常在深夜把屋子里的窗户遮盖起来，不让父亲看到灯火，以便整夜读书。他当时读的书很杂，但是最爱读的有两本，一本是《新民丛报》，一本就是郑观应所著的《盛世危言》。毛泽东说，他非常喜欢它们，读了又读，他认为，《盛世危言》的作者是一位老派改良主义学者，以为中国之所以弱，在于缺乏西洋的器械——铁路、电话、电报、轮船，所以想把这些东西传入中国。

在当时闭塞的韶山冲，《盛世危言》对毛泽东来说，是一本难得的好书。书中介绍的新式学堂极大地吸引了失学的毛泽东，激起了他强烈的求知欲望。他不顾父亲的反对，从家里跑了出来，到新式学堂去读书。后来，刚满 16 岁的毛

---

① 《红星照耀中国》（*Red Star Over China*），曾易名《西行漫记》，是美国记者埃德加·斯诺所著的纪实文学作品，于 1937 年 10 月在伦敦首次出版，1938 年 2 月首次出版中文版。

泽东考入湘乡县东山高等小学堂，这是他人生中的第一个转折点。从此，他在追求真理的道路上不断求索。

我很认同近代学者邵循正的看法，他认为直到 20 世纪前 10 年左右，郑观应的《盛世危言》仍对社会保持一定的影响。当时包括革命者在内的维新人士，都没有能够提出一个实现中国独立富强的方案，也没能够写出一本较好且比较广泛地讨论中国实际问题的书。因此到辛亥革命前后，郑观应的著作和思想对当时的知识分子还能起启蒙作用，其中就包括对两代革命伟人孙中山早期和少年时代的毛泽东的思想启蒙。

◉ **问**　在郑观应商战救国的实践中，"三进招商局"的经历也是十分传奇的。其中，第三次进入招商局是一次权力之争，郑观应也通过此次斗争使得招商局的体制得以转为完全商办。您认为应该如何评价郑观应这一时期在招商局的活动呢？

◉ **刘**　关于郑观应第三次进入招商局这一前因后果，还得从袁世凯在 1902 年李鸿章去世后继任直隶总督兼北洋大臣说起。因为轮船招商局和电报局当时获利丰厚，被袁凭借权力强行收归北洋旗下，盛宣怀和郑观应因此被迫离局。此后，北洋集团在轮船招商局安插私人，使得机构越来越臃肿，官气日重，局务日坏，亏耗日巨。1908 年，袁世凯被新上任的摄政王载沣撵回河南老家"养疴"，遭到罢免。为了把招商局从北洋手中夺回来，在盛宣怀的授意下，郑观应积极进行招商局的转制工作，把它的体制从官督商办转为完全商办。他在广东和上海联络和组织商人参股，很有成效。

1909 年 8 月，在上海召开的股东大会上，通过了由郑观应拟定的招商局组织商办章程 46 条，郑观应被推选为董事会的董事，盛宣怀为董事会主席。后来，郑观应又向清政府申请注册立案成功，招商局变身为商办。

这次改制，表面看是晚清官场中的派别之争，是盛宣怀和袁世凯两派围绕招商局进行的争夺。但是站在盛宣怀一边的郑观应，采用了企业改制的斗争手段与北洋抗衡，使这个斗争具有了坚持按经济规律办厂、为企业发展注入新动力的意义。北洋旗下的招商局的腐败和亏损，主要是官僚体制和衙门作风造成的，实行商办是改变这种状况的根本出路，所以郑观应的努力对企业的发展是有利的。郑观应通过把招商局转制为商办的改革，实践了中国企业发展走商办之路的思想，提出了中国民族资本主义工业发展的体制问题，具有深远的历史意义。

这次成功使招商局脱离了北洋集团的控制，走上了按经济规律办事的健康发展之路。郑观应从 1909 年担任招商局董事到 1921 年病逝于任内，是中国社会发生巨变的年代，政权更替，招商局风雨飘摇，他为招商局的生存和发展倾尽心血，全力以赴。晚年他回首往事时，感慨万千地说："忆三次入局之时，皆值局事困难之际，而出局之日，又当局事发达之秋"，"四十余年耿耿此心，未敢稍忘局务"。可以说，郑观应三进招商局，每次都为振兴招商局作出了不可磨灭的贡献。

●问　我们看到，郑观应除了著书立说、商战救国外，一生还写了 700 多首诗歌，刊印了诗集《罗浮偫鹤山人诗草》。您认为郑观应写诗的动机是什么？应该如何评价郑观应诗歌的艺术成就和社会影响呢？

⊙刘　忧愤出诗人。郑观应一生写了 700 首诗，收入《罗浮偫鹤山人诗草》中的 400 多首诗可以作为代表。诗是他的心声，是志向的言说，是情感的流露。在他心中郁积了太多的悲愤无处宣泄，便发而为诗。他写诗是想以文章之外的另一种形式规劝当道者，唤醒国人，推动社会变革。所以，他的诗都是有感而发，并非无病呻吟。他的诗多咏匡时济世，而非吟风弄月。

以实业入诗，是郑诗的一大特点。他的《铁厂歌》《开矿谣》《商务叹》《路矿歌》等等反映近代企业的建立和发展。大量的新名词、新事物如"飞机""潜水艇""氢气球""赛珍会""电线""工艺院"等等，琳琅满目，给人耳目一新之感。这些诗歌拓宽了我国传统诗歌的表现题材，是具有开创性的。可以肯定地说，即使在提倡"诗界革命"的新派诗作中，以如此之多的新名词入诗，亦属罕见。

虽然，我们注意到同时代的人对于郑诗的艺术价值有不少批评，认为郑诗质朴无文、浅近直白、缺少诗味，但是我们可以看到，郑诗与《盛世危言》在内容和思想上是如此一致，简直就是韵文版的《盛世危言》。郑观应认为，在一个启蒙的时代，要发挥诗歌的社会作用，文字尤贵显浅。虽然自己的诗歌不登大雅之堂，但是"救国苦心妇孺皆知，一览即入脑际，或于数十年后无人不忆及当时事势"，便达到了自己写诗的目的。正所谓"救世诗宜浅，相期雅俗知"，诗歌在郑观应手中，成为唤起民众、改造社会的有力武器。在这个意义上，我们对郑诗的艺术成就，也就无须苛求了。

◉问　郑观应自述因为幼年时体弱多病，为求延年益寿开始学道。后来，学道贯穿了他的一生，直到去世前他仍然执着于求仙问道。您是如何看待郑观应的求道行为的？

◉刘　郑观应从小多病，为了治病，父亲常带他到处求医和学道。在晚清的儒、释、道三大宗教中，只有道教讲求养生之学，自然而然，郑观应由于体弱多病而亲近道教。长大后走南闯北数十年，亦不忘访道求仙，"以厚礼虚心扣以性命之学"，但遗憾的是，一直未遇到"真人"。

他说，少时有三大愿：一愿学吕纯阳祖师得金丹大道，成己成人；二愿学张道陵天师得三甲符箓之学，澄清海宇；三愿学张三丰真人得黄白之术，令各州县多设工艺厂以养贫民，并设格致学校以育人才。可见，他修道，既是救自己，也想救世人。在《上张三丰祖师疏文》中，他除了祈求祖师赏赐神丹符水解除他的病痛之外，主要是向祖师禀告天下的苦难。迷信神仙法术，祈求神仙飞腾云雾，万里诛妖。

人在遇到困厄而无法克服之时，往往把希望寄托于神灵的力量。信仰道教也是郑观应对科学的世界观、宇宙观未能认识的表现。

◉问　除了寻仙访道以求延年益寿外，郑观应还撰写了《中外卫生要旨》等医学方面的著作和文章，比较早提出中西医结合这一观点。您认为应该如何评价郑观应在医学方面的认识和贡献呢？

◎刘　因为健康原因，郑观应与医疗医药打交道很多，对于中外医学的发展也有深切认识和感受。中国传统医学发展到近代，逐渐陷入停滞不前的困境，时人批评中医"古法徒存，无能变通"，抱残守旧，故步自封。加上晚清医疗教育落后，医疗管理放任，导致医生良莠不齐，有不少为图财视人命如草芥之徒，人民备受庸医之苦。郑观应在《论医院医家亟宜考究》《议遍考庸医以救生命论》等文章中对此不断地加以鞭挞。他不仅谈到自己身受其害，也指出庸医的无良无德。当时各种医生随处挂匾于街区，鱼龙混杂，没有权威鉴定。不少所谓"医生"只是粗通药理，没有读过什么医药典籍，就敢下药。有的只有一两个祖传秘方，就什么病都敢看。导致很多病者得不到有效的治疗，徒费钱财不说，还使疾病加重，甚至丧命。医疗落后是民生极大的痛苦之一。

西方医学的东来，使中国传统医学受到严峻的挑战。较早关注西医的郑观应把中、西两种医学进行比较，得出的结论是，中医不若西医之处甚多。比如西医重视人体解剖，而中医"虽数世老医，不知脏腑何形"；西医诊断疾病，测血压有计、量体温有表、观察细微病菌有显微镜，但中医仅"以切脉为治病之要"，只凭医生经验和主观判断，两种诊断的准确度高下立分。至于药物，"西国多用金石，质有一定"，各种药品"无不本化学研究而出"，而且"无论汤、丸、膏、散，皆属医生自配"，药品性能有保证。中医"多用草木，性有变迁"，每因产地、季节等外界条件的不同，导致药性疗效参差互异；药铺配药，"均品味搀杂，炮制不精"；病人自行煎药，不谙火候，更妨碍药物功效。对西医外科手术器械，郑观应更是倍加赞叹：钳、剪、钩、针、刀，"皆精巧利用，故于外症尤著奇功"。总的说来，传统中医在诊断、治疗、药物、器械诸方面的非科学和不准确，使它面临被淘汰的危机。西医疗效显著，活人无数的事实，更是迅速征服人心。

自明末清初以来，围绕中西医的比较和论争从未休止。正如当时人说："近世医学，喜新者偏于西，泥古者偏于中。"改革派废止中医的言论甚多，梁启超便认为，阴阳五行的医理是臆造的，"吾辈生死关系之医药，皆此种观念之产物"，实在是"学术界之耻辱"。

在如何对待中医的问题上，郑观应以自己长期对医学的研究，提出"中外医理各有所长"，必须"互相参考、弃短取长，中西合璧"的见解。郑观应并不是专业医生，但自幼多病，久病成医，对医学有钻研、有看法，从其所著《医道》《中外卫生要旨》《备急验方》等书中可见其深通医道。对中医的局限，他也深有体会，自己也常受庸医之害，但他没有全盘否定中医，而是主张改良中医，会通中西医学，实行"中西合璧"。

他主张中西医结合的依据是中西医学各有长短，可以互补。他认为西医也有不如中医之处，他说："西法虽精求卫生之道，全在形质上考求，不知无质生质，无形生形之妙。"远不如中国讲求养性摄生，洞悉真阴、真阳造化之旨，服气延年。所以他主张："打破中西界限，彼此发明，实于医学大有裨益。""中医失于虚，西医泥于实。中医程其效，西医贵其功。"①

要做到中西医合璧，他认为主要方法是：

第一，医疗上，要中西并用。"考诸《周书》，参以西法，自太医院始，一律详加考核。内症主以中法，外症参以西医。"

第二，专业人才上，要兼通中西医学理论和操作。学医者要"先将《灵枢》《素问》《内经》《难经》熟读，博览仲景、思邈及唐宋四家之成法，参以西国之图器剖割之奇方，精益求精，不分中外，学习数载"。

第三，药理上，要用近代科学手段检验中药性质，用西方医学知识印证传统中国医学理论，互相对照，弃短取长。"请华人精于西医、深晓西学者，将中国《本草》所载之药逐一化验性质，详加注解，补前人所不及。并将人之脏腑经络查于古书所论方位是否相符"，以此促进中国医学走向科学化和现代化。

为了改良中国医疗状况，郑观应提出必须要在两个方面向西方学习：一是要重视医学教育，举办新式医科学校，培养中西医学兼通的新型人才。二是要加强医疗管理和制度建设，整治医疗市场的混乱，特别要严格执行医生资格的认定、考核、奖惩等制度。

当时能对中西医学有此认识的人还不多。时至今日，中西医结合的发展道路已成为医学界的共识，100 多年前郑观应的医学主张，已经大见成效。由此可见，郑观应对于医学

① 夏东元编：《郑观应集》（上册），上海人民出版社，1982 年，第 523 页。

方面的认识还是很有前瞻性的。

◉**问**　谢谢刘教授接受我们的访谈，也欢迎您常回中山走走看看。

◉**刘**　好的，也感谢你们的访谈。

邓景滨

邓景滨（1947—　），澳门出生。中山大学中文系学士、华南师范大学文学硕士、暨南大学文学博士。现为澳门大学人文学院中文系荣休教授，博士生导师。曾任国际应用写作学会终身学术顾问、澳门中国近代文学学会创会会长、澳门粤方言学会会长、澳门笔会监事长、澳门写作学会监事长、澳门学者同盟副主席等职务，积极参与和推动全国及澳门文化学术活动。

主要研究领域：汉字学、训诂学、音韵学、写作学、方言学、澳门学。

主要著述：《镜海钩沉》（澳门近代文学学会，1997）、《实业诗人第一家——郑观应诗歌研究》（澳门近代文学学会，2000）、《澳门文史论集》（澳门近代文学学会，2007）、《郑观应丛考》（澳门理工学院，2016）；主编有《郑观应诗选》（澳门中华诗词学会，1995）、《纪念郑观应诞辰160周年学术研讨会论文集》（澳门历史文物关注协会，2003）、《郑观应诗类编》（澳门近代文学学会，2012）等。参与编写有《全球华语词典》（商务印书馆，2015）、《汉语方言学大词典》（广东教育出版社，2017）等。

主要论文：发表与郑观应研究相关的论文有《郑观应考证两则》《郑观应诗歌创作观》《郑观应道号及学道始年考》等。

时　间：2021 年 9 月 24 日
地　点：澳门历史文物关注协会
口述者：邓景滨
采访者：刘　琴
整理者：刘　琴

◉问　邓教授，您好！我们是"郑观应研究口述史"项目组，很高兴您能接受我们的访谈。作为活跃在澳门文化界的语言学家，您大约从 20 世纪 80 年代开始致力于通过语文教育和副刊专栏在澳门推广汉字和语文，大约从 90 年代开始致力于发掘和建构澳门学术文化，也就是澳门学，90 年代中期以后则专注于粤方言等语言学研究。您的研究领域从语文教育、文学写作跨越到澳门学研究和语言学研究，并在这些领域形成了自己的学术风格和学术话语，请您先与我们分享一下的您的治学经历？

◉邓　我的治学经历很大程度上与我的居住环境和教学工作的需要有关。

我是在澳门出生的，对澳门的乡土之情真的是非常的浓厚。现在还依稀记得，小时候在这里玩耍成长的经历。我自己非常热爱澳门，而且澳门自古以来是香山的一部分，也是祖国不可分割的一部分。所以，很自然地爱澳门那就肯定要爱祖国。我也希望通过教学把这种热爱传递给我的学生，所以我经常把社会和教学内容结合起来。一开始的时候，可能是受传统的影响，无论是教学还是写专栏文章，我都会考虑教化的作用。当然，也要在教化的同时带去一些科学，带去一些知识，带去一些本土比较少人知道的知识，而这些往往对于激发学生的兴趣很有好处。我最初在培正中学当语文教师，也很喜欢把课内和课外结合起来，通过一些课外活动激发他们对知识的追求和对本土的热爱。非常幸运，我们澳门保留了很多文化遗产，今天已经成为世界文化遗产目录上的一个名城，这些遗产对我们的教学也是非常有用的。

我发表在核心刊物的很多文章，都是以前澳门社会没有发现过的，它的资料是不够的，但是我千方百计地搜集资料，挖掘真义。核心刊物就觉得这些成果既有地方特色，又有学术性，而且确实纠正了以前的一些错误认识，所以也受到核心期刊的欢迎。

为了适应社会需要和教学需要，我的研究领域不断扩大。譬如在粤方言研究方面，我的博士导师詹伯慧教授就是著名的方言学家，跟着他之后，我在这方面又花了一些功夫。因为澳门也属于粤方言区，所以我也愿意对粤方言进行研究。而且我有一个观点，文章要么不写，要写就一定要能拿出点新的东西给人家。所以，这一点也迫使我不断去找一些新的东西。

早期，我的老师鼓励我做了一个专门的研究，就是关于"同一个粤语发音，可能有时候可以用不同的字去表示，那怎样去决定哪一个字是最好的呢？"我借用语言学权威、北师大王宁教授的"汉字优化"理论来进行研究。现在，我们一般都提倡汉字简化。当然，也有人提出要恢复繁体字。其实，我觉得都不好，我觉得就王宁教授提出的"汉字优化"

才是正确的方向。所以，我把这个理念用于粤方言的"字"研究上。结果大家都觉得可行，而且比较科学。

在粤方言中，我们发现同一个字有不同的写法，有一些是古字，是古籍上流传下来的，有一些可能是自己创造的、新造的字，那如何判断这几个字形哪一个更好呢？我在借鉴王宁教授提出的汉字优化的五个标准"有利于形成和保持严密的文字系统""尽量保持和维护汉字的表意示源功能""最大限度地减少笔画""字符之间有足够的区别度""尽可能顾及字符的社会流通程度"的基础之上，提出了粤方言字优化的9项标准："示音性""表意性""认受性""传承性""简易性""系统性""区别性""操作性"和"美观性"；我所拟定的标准跟王宁教授还有一个很重要的不同，王宁教授没有提到"表音性"这个标准。在一般人看来，我们绝大多数的汉字都是表意文字，而外国的一些拼音文字就是表音文字。但是我的理解不同，我认为其实绝大部分的汉字都是形声字，既表意又表音。有一些表音的，现在可能是有点模糊了，因为古今音的变化导致表音可能不那么准了，有些是故意破读。所以，我认为实际上我们的汉字应该是一个意音文字。搞清楚这一点之后，那到底怎么用这些标准来选择同一个音用哪一个字更好呢？我把粤方言字优化的9个标准分成三个层级，并且给每一个层级分配了不同的权重。而在王宁教授的5个标准中，这5个标准是并列的。

第一个层级最重要，包括"示音性""表意性"两个标准，加权指数为3。如果说一个字既满足"表音"又满足"表意"，那就得分很高。第二个层级则包括"认受性""传承性""简易性"三个标准，加权指数为2。第三个层级则包括"系统性""区别性""操作性"和"美观性"四个标准，加权指数为1。

我把自己的这个标准跟王宁教授私下做了探讨，问她为什么现在没有继续坚持汉字优化这个观点了。她说现在受制于她的身份，她也不方便讲。但是希望我们澳门可以先做一些实验，多一些例子，以后就更容易说服人家。

后来，国家语言文字管理司的司长李宇明在澳门大学做讲座时，他也谈到"强国的语言，语言的强国"，他说中国越来越强大，我们的文字、我们的语言也应该走出去。他也在研究这个方向怎么走，但是他当时的确也有困惑，譬如有些外国朋友就问他，他们到底是学繁体字还是学简体字呢？外国人弄不懂，李司长也希望大家就这个问题讨论一下。他讲完之后我就回应他，我讲了王宁的汉字优化理念，而且也分享了我做粤方言字优化的心得。他听完之后，也说我们这个说法好，当时也建议我们澳门大学能够成立汉字优化研究中心继续进行研究。很遗憾，这个研究中心一直没有成立起来，但是我一直带领学生继续研究粤方言字的优化，现在还没有做完，我希望能够把最后的成果拿出来。

我希望这些成果能够有助于整个汉字的优化。我觉得吵架没有用，有的说"全部恢复繁体字"，有的说"就要用简化字"。正确做法是要提出一个大家认可的标准，然后按照这个标准去筛选到底保留哪一些字、哪个字更好用。因为，我觉得汉字不是只使用这短短几十年，可能以后还有几千年的历史。如果我们这个工作做得好的话，还有可能流传万世。所以我也一直带着学生在慢慢做，希望把这个工作做好，以后大家学习汉字也方便。

现在，我已经退休差不多 10 年了。但是这 10 年我还继续在教书，一开始 5 年是延聘，后来这 5 年是兼职。我还在给学生上课，也会和学生合作写一些文章。首先，我自己还有研究兴趣；其次，我也把这些兴趣传给学生，激发学生的兴趣。我很强调在教学里面调动学生的兴趣，这点是最重要的，因为学生有兴趣就会自己去探索；同时，我也教给他们一些研究方法，他们可以依法自己去做研究。我出版了一本《语坛探新录》，就是我和很多学生一起合作的成果。在这个过程中，学生们的收获也特别大。在合作过程中，我手把手教会了他们如何做研究。自己以前是这样学过来的，现在也把这种方法教给他们，也是希望科研能够传承。我也会尽量带学生去参加一些研讨会，让他们通过研讨会了解最新的研究成果，看人家是怎么研究的。虽然，他们刚开始参加研讨会的时候，有一点胆怯，但去了一两次之后就不一样了，学的东西真的很实在，有问题就直接和老师交流。我觉得学得特别扎实，而且问题被解决了，他也就进步了。所以，虽然指导学生会辛苦一点，时间会多花一点，但是自己也觉得乐在其中。

最近，我指导的一个学生的课程小论文获得了全国核心期刊《应用文写作》的录用通知，指导的另一个学生的课程小论文已登载在《海外文摘》上。看到学生出成果，我自己很开心，学生则更开心了。看到我指导的本科生能够在全国核心刊物上发表文章，澳门大学的校长、校董会也经常写一

邓景滨

185

些嘉许信给我，对我所做的工作表示祝贺和肯定。

我现在退休了，没有什么负担，所以就把主要精力转移到推动学生的科研成长上。学生们都很喜欢我，觉得我很随和，我最看重的就是做事认真的学生。看到好苗子，我就会花很大的心血去指导，发现他的文章有基础，总想把它弄好，就让它有个好的结果。我现在手头要修改的学生论文还有七八篇，每次都会提一些意见给他们，让他们回去改，来来回回，直到达到我的要求。

◉**问**　从 20 世纪 90 年代开始，您的研究视野逐渐转向发掘和建构澳门学。请您给我们介绍一下澳门学的概念、内容和研究方法。

◉**邓**　澳门学是以中外文献档案、文化遗产为基础，以历史文化和社会生活为对象，探寻澳门模式与澳门精神的综合性学科。澳门学的学术目标，是透过对澳门在人类文明发展史的地位与作用等问题的研究，进一步揭示澳门文化在人类文明接触、交汇与融合过程中的内涵与价值。我所理解的澳门学是立体的，它有很多领域，和澳门的方方面面相结合，就构成了澳门学的整体内容。一般来说，历史、文化这两方面会先行，但经济、外交等也是这个澳门学非常重要的方面。

全国人大常委会前副委员长许嘉璐曾说过一句让我印象很深的话，他说"澳门就是海上的敦煌"，我觉得这句话很有高度。因为处于丝绸之路上的敦煌，它的重要性不言而喻，而且现在敦煌研究也已经成为显学。他把澳门学比作敦煌学，给了我们莫大的信心，也给我们指明了方向。虽然现在关于海上丝绸之路的澳门研究才刚刚开始，但是未来澳门学也有可能像敦煌学一样成为世界显学，而且以后有机会比敦煌学还要进一步。因为敦煌学所研究的东西都是古文物、古文献，都是关于过去的。但是我们澳门是活的，不但有几百年的历史，而且现在和以后都在不断发展，所以它的研究价值就更重要。

现在，关于澳门学的研究大家达成了共识，不仅要研究，而且要尽量多吸收一些外国的著名学者来参加。许嘉璐说："要成为显学，一个很重要的标志就是要有世界范围内的、有重量级的人物一起来研究才行。"如果单单是澳门本土或者是中国去研究还不够，一定要让全世界都来参与澳门学研究。如此一来，澳门学的视野才会更开阔，能提供的资料资源才会更多。所以，我觉得澳门学是非常值得继续深挖下去的。

◉问 您既是澳门作家中的重要代表人物，也是推动澳门文学文化发展的重要人物。您热爱澳门，毕生以发展澳门的文化事业为自己的奋斗目标，请问您在发掘和建构澳门学方面，做了哪些工作，有何研究成果呢？

◉邓 关于建设澳门学的设想，最早是由我和几位学者提出来的。当时，我们多次开会商议联合澳门各个文化社团，出版一本《澳门学刊》，这本学刊应该既是研究澳门的学刊，也是澳门学的研究刊物，我们还为它拟定了创刊计划和创刊词。可惜后来因为各种原因未能出版，但为澳门学的建立做了很好的前期酝酿工作。后来，澳门大学成立了澳门研究中心，还有澳门基金会也一直致力于澳门学的研究和推广。

我作为澳门人，觉得对于澳门学的研究和推广是负有当仁不让的责任的。这些年来，我也一直在史学、文学、语言学和文化学方面不断努力发掘，致力于建立具有地方特色的澳门文化。我曾经连续获得三届（五年一届）澳门人文社会科学优秀研究奖，也于2012年获特区政府颁授文化功绩勋章。总体来说，有一些成果、出了一些成绩。

算起来，我在澳门学方面出版的专著有13部、论文有20篇，主办了"方言与共同语"国际研讨会（澳门）、港澳（暨海外）汉语探新国际研讨会（澳门）、中国近代文学与海外国际研讨会（澳门）、语体与文体学术研讨会（澳门）、纪念郑观应逝世80周年学术研讨会（澳门）、纪念郑观应诞辰160周年学术研讨会（澳门）、澳门—葡语世界学术研讨会、国际汉语应用写作研讨会暨中国应用写作第十三届年会、澳门文献整理研究暨数字化学术研讨会、澳门历史文物关注十年论坛等10个研讨会，还担任《粤语研究》主编、《澳门语言学刊》副主编、《澳门写作学刊》主编、《东望洋丛刊》主编、《镜海潮》主编、《语丛》主编等。其中影响比较大的是2002年在国内双核心刊物《历史研究》上发表的《澳门外文称谓Macao渊源考》这篇文章。一般来说，能够在《历史研究》这样的核心刊物发表文章是很不容易的，这篇文章也比较长，大概有1万字，主要是针对法国的汉学家伯希和所提的"澳门的外文称谓Macao不是澳门自源的"这个观点进行有理有据的批驳。

法国汉学家伯希和于1935年提出"Macao外源说"，其中要点有三：（一）澳门的外文称谓 Macao 借用于缅甸白古境内的 Macao；（二）澳门于 1557 年之前是一片荒地；（三）澳门的产生发展纯粹为葡萄牙人的建设。此说在海外学者尤其在葡萄牙学者中产生了广泛的影响。中国学者曾先后批驳过伯希和的"Macao 他源说"。伯希和该说法的第二、三点已在大量的史实面前被驳倒，但第一点碍于当时的史料不足研究一直未能深入。我在这篇文章中搜集了大量的异源史料，也采纳当时最新的研究成果，运用归纳、对比的方法论证了伯希和"中国 Macao 借用于缅甸"之说不可信，并指出澳门之 Macao 称谓应源于古老的阿妈信仰。

邓景滨

一个地名是自源还是他源，是有极大区别的。"自源"就是说这个名字是由本土兴起的，如果说"他源"的话就说你这个地方的名字是从别的地方引进来的，两者的区别非常大。当时，伯希和明确地说了，澳门 Macao 这个外文名不是澳门自生的，是从缅甸的 Macao 引进来的。很多维护葡萄牙殖民统治的人都喜欢这个观点，葡萄牙人也喜欢这个观点，都认为原来澳门这里啥都没有，是他们葡萄牙人来了才建设起来的。这其实是违背历史了，因为澳门一直有我们本土的人，澳门当时也是隶属于香山的，叫香山坳，很多历史都是这样记载的。现在，关键是要搞清楚澳门的外文称谓 Macao 这个名字究竟是怎么来的。

我考证的结果是，澳门的外文称谓 Macao 是源自阿妈信仰。阿妈是当时对澳门妈祖的称呼，当时最亲切的叫法就是叫"阿妈"。当初，利玛窦来到澳门的时候，他和罗明坚在地图上面把阿妈庙前面的海湾直接称作阿妈海湾。我们发现当时很多历史文献和地图上面所标注的最早期的澳门地名前面全部有个"A"，就是 Ama，Amacao 就是最早的称呼，后来 A 脱落了，就剩下 Macao。

同时，为了论证澳门 Macao 的叫法是早于缅甸 Macao、Machao 这一观点，我就搜集了个人目前所能搜集到的所有有关中国澳门的外文称谓 Macao 以及缅甸 Macao、Machao 的外国人绘制的地图、古书页的复印件和已有确证的古典籍、古书信等等，然后把所有的文献按照这个时代顺序排列出来，两相对比后发现中国澳门的外文称谓 Macao 最早出现于1553 年，即戈列高里奥·冈萨雷斯神父到澳门传教 12 年后，他写了一封给西班牙驻里斯本大使胡安·德·博尔何的葡文信提及"因此在十二年的时间内，在称为 Macao 的一陆地顶端形成了一巨大的村落"。这"十二年"指的正是 1553 年至1565 年。金国平曾指出此为他"所见西文文字资料中最早以 Macao 这一形式描写澳门"。而缅甸的 Macao 最早出现于1586 年，它是伯希和在《评张天泽〈明代中葡贸易考〉》一文中提到的："1586 年 12 月 Ralph Fitch 所说之路途为 Cosmin，Medon，Dala，Cirion，Macao，Pegu 等地。"这显然表明中国 Macao（始见于 1553 年）比缅甸 Macao（始见于1586 年）足足早了 33 年。除非日后能发现新的史料证明缅甸确有比 1553 年更早的 Macao 存在；否则中国 Macao 先于缅甸 Macao 的结论是不可推翻的。

◉问　那您当时所做的资料收集的工作量很大啊！

◎邓　确实很难，但是这个事虽然说是最笨的、最辛苦的，但却是最可靠的。这就是史学上的归纳方法，即"尽量

搜集可能搜集到的史料，史料搜集齐全了再得论证"。这也
是西方近代史学家所标榜的 inductive method，即"凭史料得
结论，证据愈多，结论愈巩固"。这篇文章正是以此方法根
据前人及时人已经发现的有关中缅 Macao 的史料得出了与伯
希和的"Macao 外源说"相反的结论。在没有新的、足以推
翻本文结论的可信史料之前，伯希和的"借用说"是不可能
成立的；由"借用说"而引申、生发的"新说"自然就会
失去其依据，并失去其可信性了。当然，鉴于实际研究过程
中无法将所有的史料搜集齐备，所以，作为归纳方法所得的
结论亦不能绝对化。这应是学术研究的一项通则。这篇文章
的结论也期待新史料的进一步验证。

　　退一万步说，即使你真的发现比我早的材料，也不一定
是你传过来的。譬如一些山头的名字都叫"莲峰山"，全中
国那么多叫莲峰山的，也不一定相互关联。如果有人要说我
们澳门的莲峰山这个叫法是从哪个地方传来的，你得要有依
据才行。虽然肯定有莲峰山比澳门叫得早的，但是据我们考
证，澳门的莲峰山也是自源说。因为，澳门半岛的地形像一
张荷叶，莲峰山就是莲峰庙旁边的进关口。早些时候，莲峰
山上有一块黑的石头，就像荷花凋谢后剩下的一个莲蓬，黑
黑的。所以，莲峰山当时叫莲蓬山。包括现在的莲峰庙早期
也不叫莲峰庙，而叫莲蓬庙，因为它所在的山就像一个莲
蓬。后来，葡萄牙人觉得这块石头是一个制高点，可以控制
澳门半岛与内地相连的土路，即今日的"关闸马路"，当时
称"莲花茎"，所以，他们就把莲蓬山的这个石头炸了，在
上面建了一个岗哨，派印度兵上去驻守。再后来，才把它改

名叫莲峰山。所以，这些叫法都是自源出来的，就不能说别的地方也有叫"莲峰山"的，就一定是从那个地方传过来的。何况，还要比较时间的先后。

我当时在那篇文章里边还提到，全世界有 6 个 Macao。有些 Macao 有证据能够证明是我们传过去的。譬如巴西的 Macau 就是澳门传去的，因为巴西的 Macau 有一个开城记，就是关于这座城市的创建记录中记录了这个城市的创建与澳门 Macao 的关系，铁证如山。据巴西地理统计学会的一份研究报告，巴西 Macau 最早的居民也是葡萄牙人，他们原居于曼努埃尔—贡萨尔维斯岛上，后受到来自大西洋的侵犯，便在葡萄牙上尉马丁斯·费雷拉（Martins Ferreira）和他的 4 个女婿带领下将居民迁移到亚苏河口的陆连岛上。也许是地理环境相似，也许是葡萄牙人对租居澳门的效法，抑或是他们之中有人曾在澳门居住过而怀念旧地，于是他们把新居留地命名为 Macau。他们还在这份材料中讲到了中国的澳门为什么叫 Macau，这些记录没有必要作伪。材料里边说"澳门的葡文名字 Macau 是中国名字阿妈港译成葡文 Ama – Ngao 的误写，妈港原意为妈祖避风港，妈祖是航海者的保护神"。另外，还有一个很重要的证据就是他们那里也有一个女神像，也建了一个保护他们城市的女神，也叫妈祖。他们把澳门的女神也搬到哪里去了，更是铁证如山了。所以，我们说巴西 Macau 是由澳门 Macao 传过去的，这是有证据的。

但是，如果说澳门 Macao 是由缅甸的 Macao 传过来的，你得有证据。但是，从各项证据来看，缅甸的 Macao 的叫法是比澳门 Macao 要迟的，所以这个说法是站不住脚的。为什么《历史研究》采用我这篇文章，也是认可我的证据扎实可信、严谨。加上，弄清楚澳门的外文称谓到底是自源和他源也是很重要的。

◉**问**　这个研究做得很扎实，对夯实澳门学的基础非常有意义。请您谈谈在 2012 年获特区政府颁授文化功绩勋章的情况和感受。

◎**邓**　当时真的很开心，同时也深深感到这是我身为澳门人应该做的，而且很多人都在做同样的事情。譬如澳门历史文物关注协会的会长郑国强先生，和我一样，做了很多工作，而且他很有魄力，很有眼光。在我当选之后，我第一句话就是"我很感谢朋友们同事们，这是大家一起努力的结果"。这不是客气，是真心的感谢，因为这个荣誉其实也是对与我一起做构建和推广澳门学工作的所有朋友的工作的一

澳门特别行政区行政长官崔世安向邓景滨教授颁授文化勋章

个肯定。还有徐新，他是文化局的一个干部，他也做了很多工作，可惜后来过世了。

我们当年成立澳门历史文物关注协会的目的也是想推动这些工作，很庆幸我们这群人很齐心，大家团结起来做事情，目的就是为了澳门好。所以，这一点更让我觉得非常快乐，在做这些事情的时候也更有幸福感。

澳门大学校长赵伟教授祝贺邓景滨教授获勋

◉问 这也是实至名归。因为您在这方面所做的工作确实是开创性的，就像您刚才说的《历史研究》上面发表的那篇文章，搞清楚了澳门的外文称谓是自源之后，对有志于创建自己的澳门学的澳门来说就更有底气了。那么请问在澳门学这个研究领域当中，郑观应研究的价值和地位体现在哪些方面呢？

◉邓 在澳门历史上，有一些人也做了很多很重要的贡献，但是我很认同何厚铧在一次郑观应研讨会上对郑观应的评价。他说："郑观应是我们澳门的灵魂。"

其一，我认为郑观应身上所体现的融通中外的精神跟今日的澳门精神是一脉相承的。我觉得澳门的城市精神就是融合，就是有容乃大。而郑观应身上这种中西结合的眼光、吸收西方的先进经验的这种思想，与澳门的城市精神"融合"是一脉相承的。

其二，郑观应为什么会那么伟大？还有一点，就是他一直是以很客观冷静的态度，站在整个中华民族的角度去思考问题，他基本排除了官场上的利害关系。如果一个人在官场上有很多利益关系的话，他看问题可能就会偏。但是，郑观应的立场就比较客观，就是一心一意想中国发展、为中国好、想澳门好。他这种初心贯穿他的实业救国、教育救国、慈善救国的始终。正因为他所做的一切都是为了国家，所以他才有很客观的眼光，他才看得那么准，做得那么好。

其三，他也是一个先行者，他的思想很超前。当然，同时代思想超前的人不止他一个，但是他真的是走在最前面的一批之中。这种超前的眼光和意识，对于今天的澳门来说也是非常有用的。

其四，郑观应的家国情怀对于今天的澳门也是很有启迪意义的。

所以，我们说"郑观应是我们澳门的灵魂"，他的思想、行为到今天都还在影响澳门。虽然，孙中山也经过澳门，而且也在澳门生活过一段时间，但是谈到对澳门的整体影响，我觉得郑观应对澳门的影响更直接、更深远。

◉ **问**　您也推动了郑观应在澳门的故居即郑家大屋作为

邓景滨

澳门历史城区的一部分列入世界文化遗产的申报工作，那么您觉得郑家大屋的历史文化价值体现在哪些地方，以及您在这个申遗事件中发挥了什么作用呢？

◎邓　就我个人来说，郑家大屋当然有中西合璧等建筑方面的艺术价值，但是我觉得更重要的是郑家大屋作为郑观应思想的承载物，是郑观应思想的代表，必须得到保护。2020 年，澳门社团在郑家大屋组织了一场表演，剧目就叫作《梦回荣禄第》，表演结合郑家大屋的现场环境还原了郑观应的一些历史生平。当晚看完表演之后，我很有感慨，还写了一首七绝《郑宅观戏》：

陶斋羽化列仙宗，故宅巍峨瑞气浓。

今夜梦回荣禄第，文星璀璨喜相逢。

我写这首小诗是想说明郑观应的精神还在，还在通过他的故居影响着我们。特别是他留在故居里的一些牌匾、对联，这些文物仍然闪耀着郑观应思想的光芒。就像梁金玉致力于研究郑观应家训对古今的影响，也说明郑观应精神在今天仍然有影响力。所以，郑家大屋作为郑观应精神的载体，应该得到保护。

幸运的是，我们协会的努力没有白费，我们当初成立澳门历史文物关注协会的一个重要目的就是要抢救郑家大屋。当时，澳门还没有回归，我们这个协会就已经筹备成立了。我还记得在回归前一年，在澳门特区政府定期召开的一个澳门文化咨询委员会上，有代表提出要保存郑家大屋，社会上也开始有这方面的声音。当时，我是政府文化咨询委员会的委员，作为文学界的代表参会。但是，当时郑家大屋的产权不在政府手里，而是在一个叫林伟的建筑商手里，而且他正准备拆掉郑家大屋，在那里重新建房子，开发房地产。怎么办呢？我当时也提出希望政府能够好好保护郑家大屋，针对郑家大屋的产权问题我就提出一个建议，说可以考虑用换地的方法，以地换地，把郑家大屋置换过来。因为郑家大屋所在的那块地在澳门早期确实很好，在亚婆井附近，那里以前都是富人聚居区，而且也是块风水宝地。但是，现在在那里盖房子的价值相对来说不是很高了，一是因为那里有一个斜坡，二是那个地块也不是很大。我提到，反正政府当时在新口岸填了不少地，可以考虑在新口岸找一块比较好的、同等面积的地，去置换郑家大屋。反正商人是逐利的，他肯定会换。而且用新填出来的地去置换郑家大屋对我们特区政府来说代价最小、历史文化价值更高。这个意见在会场里也得到了很多委员的认同，他们都说："你说的这个办法好，我们也省力，也不用额外再给钱。反正那些地也要批出去的，那就用来置换郑家大屋吧。"政府置换成功之后，就把郑家大屋交给文化局进行修缮。文化局将它修旧如旧，花了不少心力，也耗资不少，最后把它复原得还是很不错的。从保护郑家大屋这一点上来说，我和协会也算是出了一点力。所幸，得偿所愿。否则，一旦毁了就很难重建了。

后来，我们协会又在澳门历史文化街区申请世界文化遗产的过程中，最大限度地发挥了它的作用，为申遗成功作出很大贡献。当时我们在与内地文博界交流的过程中，从内地著名的文物专家阮仪三那里获知澳门历史文化街区完全可以申请世界文化遗产，国家有条件也有机会帮助澳门申遗。于是，协会立即组织专家认真写好报告递交特区政府文化局，特区政府看了报告后认同协会的建议，之后就成立了专门的工作小组来进行申遗。2005 年 7 月 15 日，联合国教科文组织第 29 届世界遗产委员会在南非德班举行会议，一致同意将澳门历史城区作为世界文化遗产列入《世界遗产名录》。包括郑家大屋在内的 25 处历史建筑被列入《世界文化遗产目录》，从而使郑家大屋得到更好的保护。当然，这个事情是协会和我、特区政府乃至中央政府共同努力的结果。为了一个共同的目标，大家都尽自己的最大努力，这也是让我很感动的地方。

◉**问**　是的，大家都很纯粹，都是为了澳门好。您的硕士论文《实业诗人第一家》是第一篇全面系统地研究郑观应诗歌的学术论文。对于郑观应的研究，其他学者大多是从政治、思想、经济、散文成就等方面进行研究，但是对于郑观应在诗歌方面的成就与地位，却几乎没有，您是如何关注到郑观应的诗歌创作和他的诗歌作品的呢？

◉**邓**　有时候，很多事要讲一种机缘。我是怎么开启研究郑观应的呢？其实是从一本书开始的。我以前很喜欢去广州永汉路（今为北京路）靠近北面的一家新华书店，它是专门卖旧书的。有一次，我去买书的时候发现了《郑观应集》上下两册。我一看，郑观应不是我们澳门家乡人嘛。我第一次看到有关家乡人的两本厚厚的著作，非常开心，就马上买下来了。当时，纯粹是从热爱家乡这个角度想认识一下我们的先贤。带着这种心情阅读的时候，就发现里边有很多诗歌，这些诗歌给我留下了比较深的印象。

刚好，当时我在华南师范大学念硕士，正在思考写硕士论文的事。写什么论文好呢？印象中郑观应的诗歌没有什么人提过。于是，我决定去翻翻相关的资料，发现虽然有，但是都很零碎，只是谈一两首。我觉得，既然没有人做过这个题目，那我就来做这个题目。其实，当时的想法还不算成熟，只是觉得研究家乡的先贤应该是一个好题目，起码我对澳门的江东父老有个交代。所以，就从这个初心出发，开始有目的地收集资料，除了《郑观应集》所提到的这些诗歌作品之外，还注意有没有其他地方提到他的另外一些诗作。

后来也从其他途径，包括查阅郑观应专门的诗集、间接转印、收集散见于其他著作的诗作等，最后收集了 726 首诗。当时我就觉得比近代文学的开山鼻祖龚自珍还要多，龚自珍只有 605 首。所以，更是觉得有研究的价值了。

在整理这些诗作时，也颇费了一番工夫。当时还没有电脑，我把这些诗作影印出来后，做成卡片。当时，也没地方放，就在床上铺开来，逐个进行归类。在分类整理的过程中，也让我慢慢地对他的诗歌有了整体的认识。因为我已经穷尽全力收集了当时我所能够收集到的郑观应诗作，所以也让我对他的诗歌创作的认识更加全面，从而更加坚定了我选择这个题目来进行研究。

◉问　在《实业诗人第一家》中，您提到并不认同陈永正在《岭南文学史》中所提出的"郑观应的诗多发议论、质朴无文，有文献价值而缺乏艺术价值"这一观点。您认为陈永正的观点有哪些偏颇之处呢？

◎邓　如果单纯从艺术性来看，郑观应的诗歌的确在同时代诗人里面排不到最前面，这个是很客观的。陈永正是我的师兄，我对他也很敬重，他的书法也挺厉害。但是，我觉得他这样说我们家乡的先人郑观应的诗歌创作是有点偏颇的。

为什么说他的观点偏颇呢？因为他所说的"郑观应的诗多发议论、质朴无文，有文献价值而缺乏艺术价值"这句话对于郑观应的诗歌是一个总的概括和评价，属于盖棺定论。如果你说郑观应其中有些诗是这样，我完全同意。但是如果你说他全部的诗都是这样的，那就不对。我们现在对郑观应的诗作的认识已经基本达成一致，从反映实业这一块内容来讲，它的确有不可替代的价值。但是，不要忘了郑观应也有很多诗是写得非常好的，从艺术性的角度来看也是艺术价值很高的。但是，这些诗不是实业诗，多是感情诗。譬如他写的一些题赠的诗，写给熟人的、朋友间互相酬答的以及怀念自己的妻妾的那些诗，感情都比较充沛，写得很真挚，都很有艺术性。所以，如果用陈永正的这句话来对郑观应的所有诗歌进行定性的话，我还是觉得有偏颇。我以前还曾经想过，我可以专门出一本郑观应艺术性高的诗集出来，让大家看看他是不是完全没有文采。他是有文采的，但是他确实没有那么多空闲时间，因为他随时都要用、随口都要说。所以，我对他的诗歌最重要的评价就是"韵文版本的《盛世危言》"。他其实是用多种不同的方式来传播思想、启蒙国人。一个是在报纸上登载散文，当然看散文的人比较多；另一方面，他也用诗的题材来进行传播，虽然可能诗歌比较小众，但是他也尽量去发挥诗歌的作用。

◉**问**　您将郑观应称为"实业诗人第一家"，您是如何得出这个结论、提出这个说法的？

◉**邓**　针对陈永正师兄的这些观点，我当时也在思考怎样给郑观应的诗歌找一个比较合适的定位，为他在诗坛上争一个应有的席位。如果按照我师兄的那个说法，郑观应的诗歌根本排不上位，因为在他们看来郑观应的诗歌都不成诗，根本没有诗的价值。我后来想到，既然包括陈永正师兄在内的很多人都承认郑观应的诗歌内容是好的，那我就从他的诗歌内容再结合他的实业家身份去做文章。

当时我的硕士生导师、华南师范大学校长管林教授也很认可我的这一观点。算起来，中国的实业诗人有两个是最著名的，除了郑观应，还有一个就是南通的张謇。张謇是实业家，他办了很多实业，发展教育，也积极从事社会公益事业，对社会作了很大贡献。2020 年，习近平总书记在江苏考察期间，专门到南通博物苑参观了张謇的生平展陈，这说明张謇在实业和社会影响方面也是影响很大的。其实，张謇也写了不少诗歌。为了写郑观应诗歌的这篇论文，我也收集了张謇留存下来的所有的诗作，但是发现张謇的实业诗数量并不多，远远比不上郑观应。

所以，我就从实业诗人写实业诗这个角度说，郑观应应该排第一。这个应该没人可以反驳的，是吧？

◉**问**　那您觉得郑观应的实业家身份对其所创作的诗歌有何影响呢？

◉**邓**　郑观应作为一名实业诗人，经常用诗歌阐述一些新生事物，用一些新名词。因为，在实业里边确实有很多的新事物和新名词。

他作为实业诗人，把他在办实业过程的爱国情怀、经验、方法等，用诗歌的题材表达出来，作为一份宝贵的文化财产留给后代，这就是郑观应诗歌的最大价值。

◉问 在《实业诗人第一家》中，您提出"近代诗坛没有给予郑观应诗歌应有的地位"。您认为究竟应该如何客观评价郑观应的诗歌成就和价值呢？

◉邓 那时候我对郑观应的定位就是"实业诗人第一家"，这个题目并没有说他的实业诗写得很有文采，写得很有艺术，我并没有从这个角度去评价他，而是从一个实业诗人怎么去写实业诗，用旧诗去写实业内容，从而开创了一个新的题材领域这个方面来展开论述的。从这个方面去看的话，他确实是实业诗人第一家，没有任何疑义。他的确是实业诗人，而且也是实业诗最多的实业诗人。我并没有说他的实业诗的艺术性很高，虽然他有部分的诗歌确实也写得很不错，但是这个不是我的论题。

如果我不是从实业诗人这个方面去评价他，不是从这个角度去研究他，那郑观应在诗坛上确实不值得一提，但是我说他是实业诗人，那他在实业诗人这一块就算得上是"老大"了。

后来，管林校长还把我的这篇论文推荐去参加中国近代文学学术研讨会，他也是肯定我这篇论文的视角和结论是立得住的，是经得起推敲的，并为此书写了一篇长序，给予推荐。

●问　在《实业诗人第一家》中，您提到"郑观应无心做诗人，更无心作诗论"。但是根据您的收集，郑观应的诗歌作品多达 368 题 726 首，比近代诗坛开山祖龚自珍的 605 首还要多。促使郑观应创作诗歌以及诗歌作品高产的原因是什么呢？

◎邓　现在应该不止 726 首了，后来我又收集了两首，所以现在增加到 728 首。

郑观应创作诗歌主要是出于他的爱国情怀，他看到我们国家有很多不如意的地方，就在思考要怎样去改造它，归根结底就是满腔热情、千方百计要救国。譬如在赈灾时，他会调动一切资源和工具，除了自己捐钱、多方筹钱外，他还编了《富贵源头》一书，收集了古今施赈而获福报的事例百余则，迎合当时社会注重因果轮回的心态劝大家赈灾；他还写了很多通俗的歌谣诗，目的也是为了让底层老百姓都能够听得懂。如果你写给老百姓的诗歌，写得文绉绉的，那老百姓就不理解。为了达到雅俗共赏，让底层老百姓都能够听得懂，都能够知道什么内容，所以他的诗歌就不会费太多工夫去雕琢语言，自然质朴，把意思讲明白就可以了。

就像唐朝的白居易，为了把诗歌写得通俗一点，还专门念给老太婆听，看她们听不听得懂。我觉得郑观应的目的与白居易是一样的，就是想让更多人知道，所以郑观应的诗歌是很容易理解的。只不过，时人对白居易的诗歌评价很高，把他和杜甫、李白等相提并论，而我们对郑观应诗歌的艺术评价远不及白居易。

我觉得，郑观应和白居易一样，都是满怀忧国忧民之情才创作了这些朗朗上口的诗歌。为了启迪国人，郑观应用各种不同的形式，散文、诗歌、顺口溜等来进行创作和传播思想。而且他的作品都是很押韵的，因为他们那一代人的文学修养很好，作品都是很流畅、半文半白的。

2003年，我在"澳门—葡语世界学术研讨会"上致开幕词，引用了郑观应《盛世危言》中的几句话：

"作为学者，尤应毋忘澳门先贤郑观应的宏愿：'学者当为天地立心，为生民立命，为往圣继绝学，为万世开太平'；让澳门这块莲花宝地，让海峡两岸的神州大地，让全世界五大洲共同实现'政治良、风俗美、人心正，重见三皇以上之世，气象祥和，民安国泰。岂不伟欤！'"

这几句话中透露了郑观应的期望和热情，大家都觉得这几句话说得挺好，很热烈地鼓掌。下来之后，几位特区领导都夸奖说："很有激情，很振奋人心！"所以，一心为国为民的忧患意识是贯穿他的所有作品和整个生命历程，包括后来的学道。一般学道有两种目的，一种是为自己养生，一种则不单是个人养生，还想学会之后救苍生，能够让大家都脱离深重的痛苦。所以，我觉得他这个人真的很伟大，而且很踏实。不是光喊空话套话，一方面做实业，一方面写诗撰文启迪国人。这种精神，在今天也是值得我们大家学习的。

◉问　在郑观应的《罗浮偫鹤山人诗草》己酉本《自序》中，他也谈到"虽已上书当道，而人微言轻，置若罔闻，未由展布，故自忘鄙俚，复随手写录，几不成韵语，或五言或七言，寓意规谏，大声疾呼，以期上下一心，常见唐虞盛世"。郑观应的诗歌是否达到了他的创作的目的？为何没有《盛世危言》的影响大？我们想听听您的看法。

◉**邓**　他在自序里边讲到的这个创作初衷是很真实的，所谓"寓意规谏，大声疾呼，以期上下一心，常见唐虞盛世"就是他进行创作的最真实写照。至于有没有达到他的创作目的呢？我认为是部分达到了，但是确实不可能全部达到，因为毕竟看诗的人群还是少部分人。为什么《盛世危言》会影响那么大？因为他里面的很多文章登在报纸上，报纸上天天都有，而且大家都能看到。特别是经过一些比较有地位的人士的推广，相对来说影响就更大。再加上到了出版的时候，邓华熙将该书推荐给光绪皇帝，影响就更大了。

当时并没有一个专门登载诗歌的报纸，而且诗集刊印之后多数只是在小范围内流传，所以它就不可能像《盛世危言》的影响那么大。

另外，《盛世危言》上的那些文章，论题都比较实在，而且长篇幅可以很集中地论述一个问题。但是诗有时候比较简短，它也不可能像写文章那样具体详细。所以，从它的受众和效果来说，诗歌只是达到了郑观应的部分创作目的，比起《盛世危言》来说影响确实没那么大。也正是这个原因，导致一般人对他的诗歌不大了解。

◉**问**　您将郑观应的诗歌作品纳入新派诗这一流派，您是如何得出这一结论的？那么新派诗歌有哪些特征？这些特征在郑观应的诗歌作品当中又是怎么体现的呢？

◉**邓**　郑观应诗歌的新派诗特点是很明显的。一是新派诗代表人物黄遵宪曾提出"我手写我心口"，意思是要用诗歌作品直抒胸臆，那用语就要通俗显浅、朴实自然。郑观应的诗句也具有不假雕琢、自然质朴的特点。而且相对来说，黄遵宪诗歌的通俗性还比不上郑观应。黄遵宪的《人境庐诗草》仍有不少追求用典、用语生僻的作品，并未能完全实践这一主张。真正能够实践这一诗歌主张的，就是"力扫靡词""文字尤贵显浅"的郑观应。在近代诗歌口语化和白话化的道路上，郑观应又比黄遵宪迈进一大步。

二是新诗派的共同点是敢于宣传新的思想，而且这些人还有一个共同点，就是基本上都到海外去过，对世界比较了解。所以他们在诗歌作品中吸收了很多新名词，反映了很多新生的事物和新的观念。郑观应的诗歌作品中所反映的实业项目和实业经验，既具广泛性，又具先进性，也使用了大量多姿多彩、琳琅满目的实业名词。

三是新派诗还强调要充分发挥诗歌的社会作用。郑观应和同时代的进步诗人一样，都希望能将诗歌作为唤醒国人推动社会变革的重要武器。诗歌要反映社会现实，且要为社会服务，郑观应的这种诗歌主张，与汉代王充的"为世用"，与唐代白居易"文章合为时而著，诗歌合为事而作"，与清初黄宗羲、顾炎武等人的"文须有益于天下"以及近代文学始祖龚自珍的"经世致用"，新派诗倡导者黄遵宪的"以言志为体"等文学主张是一脉相承的。

四是新派诗主张"吟咏真性情"。郑观应是性情中人，他的"咏情"说与龚自珍的"尊情"说，以及黄遵宪的"以感人为用"都是一脉相通。他的诗歌洋溢着强烈的感情：既有忧国忧世的爱国之情，也有慈善为怀的恤民之情，还有语重心长的亲友之情。郑观应的忧国爱民之情，是贯穿其诗作的大动脉。

五是新派诗主张打破诗歌的形式束缚。郑观应也认为，诗歌须"直记时事""吟咏性情"，而不必拘谨于古人古法，故在他的诗歌创作中，多是"心有所感，信笔赋之"，形式多样，不拘一格。综览郑观应的诗作，既有五言、七言，也有杂言及骚体句式；既有绝句、律诗、排律，也有古风、民歌体；既有押平声韵，也有押仄声韵或平仄通押；既有一韵到底，也有转韵或叠韵；既有四句的短诗，又有214句的长篇古风，还有多达43首的组诗。郑观应也十分重视民间文学，并从民间文学中汲取了养料，使他的不少诗歌洋溢着民歌风味和乡土气息，内容密切反映现实，形式通俗浅白易懂。

◉**问**　您还编撰了《郑观应诗选》这本书，里面将郑观应的诗分成10类，概括了郑观应诗的主要内容。您今天说又搜集到了另外2首，那加起来已经728首诗歌作品了。请问，您是如何收集郑观应诗歌作品的？在收集郑观应诗歌作品的过程当中，碰到了哪些困难，是如何克服的呢？

◉**邓**　我当时收集郑观应诗歌作品的方法和途径很多，一是搜集他已经刊印的诗集，如《罗浮偫鹤山人诗草》《偫鹤山人六秩寿诗唱和集》《偫鹤山人七秩诗唱和集》《偫鹤山人晚年纪念诗》等。二是，从一些手稿中收集散见其中的一些诗歌，包括我的一些朋友从上海带回来一批他的信件，我在当中找到了两首没有发表过的诗。反正就是通过不同的途径去收集，尽量收集齐全，这样研究起来才能立论充分。

至于搜集资料中的趣事，有两件事值得跟大家分享：

一是当年的圣约瑟中学（今中华广场）的地下一层是球场，香港书商曾在此摆书展，我在那个书展上淘到了一本香港中文大学出版的《近代名人手札精选》。说到这里，真的要夸一下香港中文大学出版社，它们在保留历史文物、保存历史文献方面作出很大贡献。我淘到的这本书，影印了很多近代很重要的名人书信，都是从原件影印过来的，有很高的文献价值。另外，这本书还给每一位作者配了一个简介。这是本精装书，并不厚。我粗略翻了一下，就在里边发现有郑观应的一首诗，这首诗其他地方都没有提到过。而且这个是书信手稿的影印版，也很珍贵。我当时如获至宝，马上就把它买了下来。那本书很薄，价格是300块钱。即使当时觉得很贵，也不管了，一定要买下来，这样我的论文就有了与众不同的材料，相当于300块钱买一首诗。在写作论文时，我特意印制了这首诗，因为其他地方都没有提到过它。

二是在收集诗歌作品的时候碰到的困难倒是不太大，因为毕竟郑观应把自己的很多诗作都刊印出来了。但是，因为年代久远，要找到这些一手资料也不容易。当时，我是在广东省立中山图书馆找到郑观应的这些诗集的。但是，凡是比较珍贵一点的版本，中山图书馆都不会外借。幸好，我和当时的图书馆负责人比较熟，虽然不外借，也不允许影印，但是允许我拍照，只是要收钱。我每拍一张，旁边就有个管理员就按一下计算器。最后，我拍了356页左右，那个管理员也按了300多下。他还说收我便宜点，算一毛钱一张。虽然花了钱，好歹能够拍到，也算幸运的了。但是当时不允许影印，怕复印时把史料弄坏了。这点我们都理解，能拍也不错了。所以基本上是穷尽一切可能收集资料。

◉**问**　在搜集资料方面，你有什么心得想要跟从事学术研究或者说资料收集的研究者分享的吗？

◉**邓**　一直以来，我都告诉学生收集资料是第一重要的。一定要尽最大可能去收集资料。材料越多，你就越有底气。尤其是，当我们去研究一些有争议的人物时，更需要收集尽可能全面的资料，你才能去全面认识他。如果你只看某一部分，不看另外的一部分，是不行的。不管你最后用不用，但是你一定要全部看，起码你看过，你才知道它的整体是怎么样的。你写文章时，你可以有选择，这个不奇怪。但是你不全部看完，你不知道他的基调是什么，写作或立论时就很容易偏颇，被别人发现漏洞。所以，收集资料非常重要，也非常基础。

另外，搜集资料也是一个漫长的过程，某些时候也考验一个人的耐心。就好像探案一样，那些蛛丝马迹会隐藏在一大堆无关的材料中，期待有心人去发现。就像我前面讲到在香港中文大学出版的《近代名人手札精选》中发现的那一首诗，我当时只是随手一翻，没想到在里边发现了宝藏。机会都是留给有心人的，如果你没用心，放在哪里你都不会发现。其实现在很多发明都是出自有心人，就好像这些甲骨文和西夏文的发现都是非常偶然的。

◉**问**　郑观应是一位脚踏实地提倡"富强救国"的实业经营家，被当代学者誉为"中国近代最早具有完整维新思想体系的资产阶级改良主义者",也被称为"揭开民主与科学序幕的启蒙思想家"。但是我们发现"求仙问道"也贯穿了郑观应的一生。郑观应为何会去学习道术,而且经年不辍?

◎邓　一般人学道,都是为了个人养生,而且人生态度会比较消极。但是郑观应在学道的同时也一样积极去办企业。而且,他办实业不仅仅是为了自己,而是为了实业救国。再加上,他求道也不单单是为了渡己,还为了渡人,希望拯救天下苍生。

他即使是修道,也是为了老百姓,是为了帮助黎民苍生,而不单单为自己。所以,同时代就有人说"他这种修道的心态就和别人不一样,格局要高得多"。这一点也是我最佩服他的地方,也是他伟大的地方。

当然也有些人说道教是迷信、不科学,这是另一个问题了。但是我觉得他修道不单是为了自己,而是为了救济百姓,这一点就已经难能可贵了。

◉问　您在文章《郑观应道号及学道始年考》当中提到"郑观应晚年曾得到三位道教祖师的这个赐号",其中"虚空"是吕纯阳祖师赐给郑观应的道号,"通济"是张三丰祖师赐给郑观应的道号,"一济"是陈抱一祖师赐给郑观应的道号。这三个道号分别有何寓意?在这三个道号中,郑观应使用最多的是"一济"。请问,据您的研究和考证,郑观应为何独独偏爱"一济"这个道号呢?

◎邓　其实,这三个道号跟道家的理念是一致的。"虚空"是指心要放宽,要看空一切,有出世的寓意;"通济"寓意神通普济,就是借神明的力量去救济老百姓;"一济"

是指做一点好事。他之所更喜欢"一济",可能是感觉到凭借自己的能力尽量去做一点好事,这样子比较现实一点。

◉**问** 您在《郑观应道号及学道始年考》中提到"郑观应学道始年应不迟于 18 岁",您是如何得出这一结论的,有何依据?

◉**邓** 这个依据全部都是现存的文献,正所谓"依之有据言之成理"。我主要是从他的诗歌、书信中把有关学道的句子摘录下来,然后通过他的记录来推出他学道的年龄。

之前,夏东元先生在《郑观应年谱简编》中曾经提到郑观应学道始于 16 岁,是在他还没有去上海,还在雍陌的时候。但是我去查了夏东元先生的这个说法,发现他并没有提出相关证据来说明郑观应来上海之前就已经开始学道了。夏东元没有提,我也找不到,那我就只能相信目前已经找到的资料。当然,如果说有一天真的找到了他在去上海之前就已经开始在雍陌学道的文献,那我们肯定就要依据最新的资料。但是,目前我们能找到的资料只能证明郑观应是去上海之后才开始学道的。而且,在他的好几首诗和一些序言中都提到他在上海才开始去寻仙访道。所以,我就把他这个开始学道的年龄定在他去了上海之后。估计也与他到了上海之后比较劳碌奔波,感到自己的身体不行,所以才开始在上海学道。

这些都是根据郑观应自己的记录所做的推断,我在做推断的时候也是非常小心的,一定要有充分的证据。首先,要找到关于郑观应学道的所有记录,然后逐个进行推论。譬如从《上通明教主权圣陈抱一祖师表文》中推论出其学道始年最迟也不会超过 26 岁，从《致张静生道友书》中推论出其学道始年也是最迟也不会超过 26 岁，从《〈还丹下手秘旨〉序》中推论出学道始年不迟于 20 岁，从《陈抱一祖师命式一子传谕一济到扬入室志感》中推论出 18 岁为学道之始年。最后，我又综合其学道的地点和学道的诱因，得出郑观应的学道始年应不迟于 18 岁。

做研究就应该严谨。因为研究不是你一个人的事情，人家都会看着你的，如果你说的不准确、说漏了，人家就会提出不同的意见。所以，一定要慎重。宁可以后有新的材料发现，我再来补充。但在我没看到相关资料的时候，我就不敢乱说，正所谓"有一分证据说一分话"。

◉问　您的这种研究态度也是非常值得我们学习的。您在《郑观应道号及学道始年考》中提到："由于郑观应生前很少使用这些道号，相信知此者亦甚少。故郑观应的道号，从未见文章介绍过。在有收录'郑观应'一名的众多辞书中，亦未见其介绍。甚至连研究郑观应最详备的《郑观应传》也同样没有提及。"您是如何关注到郑观应的求道和道号这个独特问题的呢？

◉邓　因为专注于某个人的研究时，就希望能够对他更了解，认识立体化、全方位，这样就比较理想了。所以，我对研究郑观应的所有成果都比较关注，尤其是使用比较广泛的一些工具书等，都会去看看他们是怎样介绍郑观应的。我发现，其实不单是郑观应的道号，还有他的本名、他的题署等，好几本比较流行的工具书都没有提到这些信息，没有提到他的本名，没有提到他的道号。

我个人认为，工具书的流通性大、使用面广，主要面向一些初进门的学生或者社会人士，那么工具书的要求就应该更严格一点。但是，我发现在这些工具书中都没有提到郑观应的本名、道号。我本人是在一些资料中见过这些信息的，现在没有人提出这些问题，也没有相关研究，那我就觉得很有研究价值，很自然地就成为自己的研究对象，尽量把它弄清楚。

我的初衷是找出辞典这类重要工具书里面不够完善的地方，希望在增补的时候能够完善。也正是出于这一种心态，我对郑观应的本名、道号进行了比较详细的研究，根据自己所能收集到的有关资料去对比、去说理，然后把大家所不知道的公布给大家看，尽量让辞书所反映的信息更全面、更准确，这也是我做学术研究应该做的事情。

另外，就我个人而言，我做郑观应研究也有一股雄心和热情，因为郑观应是澳门乡贤，我很希望能为他多做一点研究的工作，让更多的人了解他。所以，我做了有关郑观应的道号、本名的考证工作，把那些郑观应研究同行所不曾注意到的，或者是他们弄错了的地方，去研究透彻，尽量还原真相，让大家知道得更清楚。

●问 是的，我们也看到您写了很多篇关于郑观应的考证文章，包括《郑观应本名考》《郑观应题署考》《郑观应生卒年月考》《郑观应故居"崇德厚施"牌匾考》等，纠正了很多大家对郑观应认识错误或者认识模糊的地方，而且从文章中也可以看出您做了非常扎实的资料收集工作，所以才能勘正谬误。

◉邓　是的。在研究过程中，收集资料是其中最重要的环节。

◉问　那据您的考证和理解，您觉得郑观应写的《盛世危言》中的"盛"和"危"分别是什么意思？郑观应选用这两个字的用意何在呢？

◉邓　因为当时清朝经常以天朝自居，特别是在比较稳定的那段时间里，就说自己很强大。但是这个"盛世"其实只是统治者认为的，只是当时号称的"盛世"，从客观上、从历史上来看，跟盛唐时期的盛世早就不可同日而语，而是一个危机四伏的年代。所以，他就采用了当时社会上通用的"盛世"这个词，其实也是有一种警示的作用，让人家看完文章之后思考"究竟我们是不是真的盛世呢"，有发人深思的作用。

至于这个"危"字，它有多个不同的义项。有一些人认为这个"危"字跟成语"危言耸听"差不多，是指耸人听闻的语言。其实，在这里"危"字代表的是正，"正襟危坐"的正，端正、正直。这里的"危言"是指正确、正直的言论，是一种高瞻远瞩、带有警示的意思。

◉问　您的很多成果都是在一边教学一边研究的过程中发表的，譬如在从事中学语文教育时同时在报纸上发表了大量的专栏文章和主持电视节目；在大学任教期间，也发表了大量的学术论文和参与了大量的社会活动，您是如何协调教学与学术以及社会活动之间的关系的呢？

　◉邓　这个问题，也有不少人问过我："教学那么繁重，你怎么那么高产？"

首先，我有一个观念很明确，就是一定要先把本职工作做好。俗话说，这份工要拿薪水的，你不把它做好怎么行？所以，一定首先要完成好教学任务。

其次，在思考怎样做好本职工作的时候，我就把工作和研究、和社会结合起来。譬如，我有很多文章的题目都是源自教学过程中遇到的一些难点、遇到了一些同学的提问，然后为了把它弄清楚，对学生有一个好的交代，所以就进行研究。在这方面，我自己也觉得研究和教学是一个互相促进的过程，通过研究把教学过程中遇到的问题解决了，再反馈给学生，而且也可以和学生分享解决这个问题的过程和解决问题的方法，学生们也感到很实用。特别在大学里面，每一门课程都有一些课程小论文，指导学生完成课程论文的这个过程对他们的帮助是最大的。因为，每一篇文章的题目都来自学习过程中所发现的问题，然后我指导他们怎么样去收集材料解决这个问题，怎样选择方法来解决问题。如此一来，就变得自己越教越踏实，而且我和学生的成果也慢慢积累起来了。

我也经常把教学内容和社会结合起来，这一点我算是做得比较好的。最初教学的时候，我在培正中学成立了一个红蓝楹联学社，利用暑假带学生去澳门三岛的庙宇、名胜、园林搜集楹联。尽管夏天很热，但是学生们的兴致都很高，因为能够把他们所学的知识运用起来。譬如我们要收集的一些庙宇的对联、匾额、碑文可能挂的位置又高又远，用尺子根本量不到，但是我们又需要测量这些对联、匾额、碑文的长度、厚度、宽度。学生们就用几何学知识来量底线多长、角度有多大，把他们所学的物理学、数学知识综合起来解决实际问题。我们当时也没有很好的科学仪器去测，他们就靠简单的目测，还有一些三角尺，一些很简陋的工具，但是他们也把具体的尺寸弄得比较准确。最后，我们还把它变成了一个研究成果，出了一本书，就是《澳门名胜楹联辑注》。这本书在内地也很受欢迎，中国楹联学会看了之后非常开心，说如果每一个地方都能像你们澳门这样，把那些楹联都收集起来，对保存我们的传统文化非常有好处。后来有电脑和互联网，中楹会就把这些楹联全部录入电脑中，放到中国楹联网上让全国人分享。然后，那些学生也非常开心，见到了自己的课外活动成果。更重要的是，这个过程也培养了他们对知识的追求和对中文的兴趣。

另外在搜集楹联的过程中，我还教了他们关于楹联的基本知识：什么是平仄，怎样分辨平仄等。现在很多人都已经不懂平仄，但是他们不但学了懂了，而且还能够学以致用。有时，他们看到对联的最后一个字平仄不对，就能判断那些庙挂错对联了。寺庙有一个习惯，就是挂了一定时间的对联会被收起来，又换另外一批对联挂上来。寺庙有些人不太懂，就会挂反了。所以，我们的学生就告诉寺庙的主持说对联挂反了。主持问他怎么挂反了，学生能讲出来道理，后来寺庙觉得学生讲得有道理，就会调整过来。学生们也很开心，因为感觉到学的知识都很有用。以后，再扩展，他还可以写古典诗词，写格律诗，因为他们学过韵律平仄。

中华教育会的宣传部部长陈志峰就曾经给我分享他的一

个经历，他说当年在台湾念大学的时候，他的大学音韵学老师就问那些字的平仄，结果很多学生都不懂，只有他一个人答对。教授当场就表扬他："全班你最厉害。你什么时候学的?"陈志峰就告诉老师，他在培正中学的时候参加了我组织的搜集对联的活动，通过这个活动学习了平仄等知识，印象非常深刻。所以，我一直坚持在教学中把教学和社会活动联系起来，不单是对教学有益，而且对学生也很有用，让他们能够学以致用，对社会也有好处。

后来，我到了大学任教，也是尽可能通过活动提高学生对中文的兴趣，让他们认识到这些传统和国学知识真的很有用。有些人已经遗忘了，但是我们更加要坚持并弘扬。在教学中，我努力将社会活动与教学结合起来，让学生们感受到自己所学的知识是有生命、有价值的，是与社会实际密切联系的，他也就更有学习兴趣。以前我自己写的文章比较多，近十来年我慢慢地转移重心，去帮助学生，和他们一起研究。澳门大学也总结了我的经验，就是老师和学生共同研究出成果，而且这一点对学生的推动更大。如果上一届的师兄师姐在核心刊物发表了一篇文章，师弟师妹就可以向他学习，我们也努力发文章。所以，这种学习气氛就越来越浓厚。我自己现在看到学生有成果了，比自己出成果还开心。

所以，我基本上都是把教学、研究以及社会三者尽量结合起来。我把在澳门的文化遗产里面发现的一些有学习价值的东西放在课堂上一讲，学生们一是感觉很亲切，知识就在身边；二是发现自己不懂，不知道里面原来有那么多学问，所以，他学起来很有动力，有兴趣去学的学生与其他学生完全不一样，他更主动。如果他碰到不懂的地方来问我，我就带着他们一起去解决这个问题，带着他们搜集资料，并教会他们研究方法，正所谓"授人以鱼不如授人以渔"。

学生们也很喜欢选我的课。一是因为我的课比较实际，真的比较有用；二是，我一直坚持把这个领域里最前沿的成果和基础知识相结合，让学生看到方向，看到努力的方向。把教学、学术研究以及社会活动这三者结合起来，我觉得这也是我这一生中做得比较好的事情。

有人也会问，你怎么有那么多时间？这一点，我也是讲了好多次，我非常感谢我的夫人。我夫人就是我的"贤内助"，家务都是她负责，可以让我每天有更充足的时间去工作和搞学术研究，让我丝毫没有后顾之忧。所以，我回家除了睡觉、吃饭之外，其他时间我都可以放在工作上，放在学习研究上面。所以说，我很幸运，我可以比一般人有更多的时间投入到工作和研究上，这一点是非常重要的。如果是女教授，可能家庭的负担相对来说比较重。只能说，我比较幸运，我是个男的，我的夫人承担了家庭的所有事务，让我可以心无旁骛地专心工作。

●问　在教学中，您一直秉承"以学生为本，以学生为荣"，广受学生的尊重和欢迎。您时常鼓励学生从事研究、积极发表，很多学生在您的悉心指导下论文获奖或者在核心期刊发表论文。在您的指导下，大批本土年轻学者参与和从事澳门的研究，使得澳门本土研究后继有人。请您从导师角度，对年轻学者从事学术研究或者从事澳门本土研究提出建议。

◉邓　我觉得现在的澳门本土研究，经过 10 多年来不断地发展，应该说基础比较好了，而且研究已经成为一种风气，我个人是觉得非常欣慰的。几十年前，澳门的研究风气相对来说比较薄弱，但是最近这 10 来年的确是研究风气越来越浓厚。

我觉得，从事研究第一是不要脱离本职工作，第二是不要脱离本地，第三是尽量结合本人的专业，当然我们的研究范围可以不断扩大，但是这三个"本"都是不可忽略的。

做研究尤其不能离开自己的专业去研究自己不熟悉的领域，搞学问搞自己熟悉的很重要。不是说其他都不管，而是以专业为基础再去拓展，但是你一定要有个"本"。当然，有些天才可以不用受这个限制，什么都可以研究。但是大多数人刚开始做研究的时候，立足于自己的专业很重要。如果你连专业知识都没有，你就没法去跟人家比拼。从自己的专业出发，相对来说有一定的优势。所以，对于年轻学者从事学术研究，坚持这三个本很重要。

◉问　您关于郑观应研究的很多文章均是独辟蹊径、丰富郑观应研究的开创性研究，"有填补空白的意义"，如《实业诗人第一家——郑观应诗歌研究》和《郑观应本名考》等。您在郑观应研究方面有何研究心得可供郑观应研究同仁、青年学者借鉴呢？

◉邓　我以前出过一本书，叫《语坛争鸣录》，里面是 60 篇对通行观点的不同看法。我写这本著作也是告诉大家要善于思考，能够容纳不同的观点，但是如果要求得正确的结论，就一定要自己收集资料，要独立分析，持之有据，言之成理，最后得出的结论才可信；而且在学术研究领域，还有一个重要的原则就是对事不对人。

另外，我还记得，我的硕士生导师、时任华南师范大学校长的管林教授还曾经复印了我的硕士论文《实业诗人第一家》的专家评审意见给我看。其中一位中文学院的院长写的第一点肯定意见给我触动很大，后来我也把他的这种理念推广给我的学生。他说："邓景滨的这篇论文，单看题目就应该要给高分。"理由一，标题概括了文章的主旨，而且立论牢不可破；理由二，这个题目本身就是一个很铿锵的格律句，看得出作者对古典诗词也是非常有研究的。因为，我在拟定"实业诗人第一家"这个标题时确实是使用了"仄仄平平仄仄平"的格律句。懂行的一看就知道，那个文学院院长本身也是一个诗人，也写格律诗，所以他就很理解这些。后来，我就对自己的学生说，你们不要小看一篇论文的题目，题目是最重要的。平常我们也都说，"题目是文章的眼睛"。很多人看文章都是先看题目，如果题目吸引人，大家就有兴趣看；如果题目很平淡，就需要你文章里边有很多很精彩的东西才能吸引到别人，否则人家就不去看，就错过了。所以，我现在也很留意、也提醒学生们一定要注意题目的提炼。题目提炼得好，可以升华主题。

譬如，我给一个学生的一篇论文修改了题目《微型应用文新形式——综艺花字》，她自己也感到眼前一亮，感觉到比她原来的平铺直叙好得多。后来，这篇论文在2021年9月初收到了全国核心刊物《应用写作》的录用通知书。估计，编辑也是被"微型应用文""新形式"这个表述所打动吧。当然，文章质量也很重要。这篇论文发表的时候，我已经指导她修改了五稿，让她对这个综艺节目的所有"花"字都进行了全面的统计和研究，并运用了我所提出的"应用写作八原则"来逐项进行分析，这个研究也是做得比较扎实的。最后，这篇论文题目被编辑放在"封面头条"向读者推荐，非常难得！这个学生后来考取了新加坡理工大学的研究生。

◉**问** 您对未来在澳门继续开展郑观应研究有何期许呢？

◉**邓** 讲老实话，郑观应是一本百科全书，他是各方面都有建树，我们现在也没有说完全看透他，还有很多可以再深入研究的地方。

譬如郑观应和各方面人物的交往，还可以继续深入研究。中山在这方面做得不错，已经开始关注郑观应的人脉关系。如果一心做下去，就能把他这个人在当时社会上的立体关系呈现出来。弄清楚了他的社会交往，对他的思想等各方面的了解就会更深。但这个工作的确需要时间，也需要比较艰苦的资料收集工作。而我个人则由于专业关系，就比较侧重研究他与时人的诗歌来往。

还有一个题目，我们一直以来都很想做，就是到现在我们还没有弄清楚郑观应的墓究竟在哪里，当时有许多不同的线索。说到这里还比较可惜，就是我们的刘品良先生也是在寻找郑观应墓的过程中牺牲的。据说好像是在湾仔对面山那里，说有人曾经见过，但是不是这样，还没有最后落实，这也是一个值得研究的课题。如果我们真的发现了他的墓地，

221

我们是不是应该把它建好一点，作为怀念郑观应的一个地方。

还有，现在把澳门的郑家大屋作为爱国主义教育基地，我觉得非常好。但是有点可惜的是，没有选上"澳门新八景"①。如果被选中的话，也是一个很重要的宣传。我当时提名了郑家大屋的"郑家仁风"和莲峰庙的"莲峰浩气"，林则徐当时就是在莲峰庙召见葡国官员，申明中国政府禁绝鸦片的严正立场。这些都是爱国主义的教育资源，郑家大屋是回归之后重新恢复的东西，属于特区20周年的成果。但是可惜这两项这么重要的经典项目都落选了恋爱巷、福隆新街反而当选，当然它们也有它的特点，但是相对价值来说，完全不可同日而语。

还有，以前我们立郑观应铜像的郑观应大马路，本来也是个好事，但是现在郑观应大马路没了。要不要再重新找回一个地方，命名郑观应大马路呢？也是需要的。

---

① "澳门新八景"为中华文化交流协会庆祝澳门特区成立20周年的献礼，汇聚社会力量和智慧，以全球票选活动，共同选出代表澳门特区新里程、新面貌的8个景观，打造新时代、新价值、"澳门新八景"新品牌，勾勒澳门文化城市的形象，有助澳门作为世界旅游休闲中心的定位，发展澳门一中心、一平台、一基地的角色。由政府部门和社会团体委派代表组成（专家提名委员会）提名并选出20个景点列入全球票选候选名单。20个候选景点开放全世界人士进行票选，活动自2019年1月15日启动，历时54天，以网上投票形式进行。票选结果按澳门居民与非澳门居民以6：4权重比例计算得出，经权重计算后得分最高的8个景点入选。票选结果于2019年3月29日公布，获选"澳门新八景"的景点为：西望洋山、两湖一塔、议事亭前地、龙爪角、路环渔村、恋爱巷、福隆新街及港珠澳大桥。

另外，现在郑观应铜像放的地方，很少人看见，也应该把它放一个好的地方。我们协会也做了很多建议，但是有一些还没有落实。所以，我们的研究工作应该和这些配合起来。

除此以外，我们上次去中山也提出来，希望能把郑观应在云逯寺刻的"许真君格言"（也就是林则徐写的"十无益格言"）复制一份放到澳门郑家大屋保存，两地同时进行保存和纪念。我们的学习研究都要和这些工作配合，才能把对郑观应的纪念和他的爱国精神传扬下去。

这些都是很有意义的，也有很多工作可以做。如果我们把这些都做好了，那我们对历史人物的纪念更焕发出现实意义。

◉问　您在澳门郑观应研究方面勇扛大旗，出了很多研究成果，而且也指导帮助很多学生在科研这条路上成长。非常感谢您今天的分享。

◎邓　非常荣幸接受你们的访谈。

郑国强

郑国强（1947—　），澳门出生。资深传播媒体工作者、历史研究爱好者、享有盛誉的时事评论员。现任澳门历史文物关注协会会长、澳门学者同盟监事长、澳门影视传播协进会常务副会长、澳门历史学会副理事长、澳门地区中国和平统一促进会副秘书长、澳门发展策略研究中心监事、广东南方软实力研究院副院长、广东省社会科学院副理事长及客席研究员、中山市孙中山故居纪念馆学术委员、香港亚太二十一学会澳门办事处主任、环球文化传播有限公司总经理。曾任澳门特区政府文化遗产委员会委员、中国历史文化名城委员会常务委员。

1966年进入新闻行业服务，从平面媒体到电子媒体，有50年媒体工作经验，历任《澳门日报》编辑副主任、《市民日报》董事、总编辑及专栏作者。曾任澳门电台热线节目"澳门讲场"特约时事评论员，自 1999 年 1 月 1 日起参与该节目，历时 13 年。其间，节目成为澳门特区政府与广大市民互动、加强沟通的一个有效平台。

澳门回归前应邀参与澳门大学澳门研究中心和北京大学港澳研究中心组成的"澳门经济社会发展战略研究"课题组专项研究，于 1999 年 4 月完成《提升澳门经济竞争力战略研究报告》，为新生的特区政府提供决策参考。澳门回归前已参与港珠澳大桥小组，致力推动一桥通珠江口两岸的早期研究工作。大香山文化和地区合作、粤港澳大湾区发展策略的积极推动者，热心历史文物保护。

主要研究方向：澳门发展策略。

主要著述：《路通财通》《破茧成蝶——大湾区探索十五年》（澳门历史文物关注协会，2018）。

主要论文：在澳门出版的《澳门政策研究》《澳门研究》《机遇》《澳门月刊》等刊物及报章发表多篇时政文章。

| 时　间：2021 年 9 月 24 日 |
| 地　点：澳门历史文物关注协会 |
| 口述者：郑国强 |
| 采访者：龙良富 |
| 整理者：闵祥晓　龙良富 |

⊙**问**　郑会长，您好！非常感谢您能够接受我们的访谈。多年来您一直立足澳门，致力于研究、推广和宣传澳门历史文化，先后成立澳门历史文物关注协会、澳门影视传播协进会等，通过影视演讲、展览、学术交流等多种方式提升澳门的人文魅力，为助力澳门社会文化发展作出了积极贡献。请您分享一下，您是如何从一位资深的媒体人士转变为澳门历史文化的参与者和推动社会变革者？

⊙**郑**　我祖籍中山三乡，1947 年出生在澳门，是个"和平仔"，在日本投降后的"战后婴儿潮"和平时代出生，出生于中华人民共和国成立前两年。祖父给我起名叫国强，寄托着先辈希望祖国强大的愿望，所以从小我就有一种压力：个人怎么样的修为，才会给国家的强大带来好处？

我在澳门受教育，从小就喜欢听爷爷和父母亲讲澳门"风潮"时的故事，喜欢看澳门的历史书籍和听澳门的历史故事。在澳门濠江中学毕业的时候，我取得父母的同意，本来要回内地念书，但那一年恰好是 1966 年，"文化大革命"开始了，也就无法回到内地念书了，加上当时也没有条件出外攻读，所以只能在澳门工作自学。我在《澳门日报》工作了 25 年，这是一个人生大课堂、社会大学校。在媒体工作以后，对澳门、对社会、对国家发展的艰苦历程有了更深刻的了解。在采编工作方面也比较关注与历史有关的一些事情。我开始工作的那一年，澳门发生了"十二·三事件"。这是澳门历史上的重要事件，被称为"十二·三反迫害斗争"，是由于澳门人经历过几百年的外族压迫，对当时葡萄牙落后的殖民地管治方式感到非常不满，爆发官民冲突。后来香港也相继发生了"五月风暴"，是香港群众对当时港英政府表达不满的抗争事件。澳门、香港先后发生的社会事件，是在国内"文化大革命"的极"左"思潮影响下发生，但根本原因是民族大义、爱国情怀，是为了反抗殖民主义不公施政。那时我们满腔热血，社会基层身受殖民地社会不公平压榨，自然投入到社会浪潮中去。年轻刚投入工作的我辈亲历了这些历史事件，意识到我们要好好研究它，进而研究地区的历史演变。所以，我跟对历史研究志同道合的同事陈树荣等朋友，成立了澳门历史学会。后来又在澳门回归祖国前夕，在我的人生导师亲舅父刘品良先生领导下，和一群中葡文化界专业界别朋友成立了澳门历史文物关注协会。后者的成立是基于澳门回归的契机，探讨回归以后该怎样利用澳门的中西文化遗产为澳门长远利益服务。

　　澳门地方小，几百年的博彩业是畸形殖民地社会的扭曲，也是在特殊的历史条件下发展起来的，但它为地方经济带来了好处。1999 年后，在"一国两制"下，也不可能一下子把它抹掉。但是澳门的强项还是它的历史文化。中国近代史的起点是 1840 年鸦片战争。鸦片战争之前 300 年，即

1533 年，葡萄牙人踏足澳门，澳门跟外国人打交道的历史就已经开始了。所以当《南京条约》签订以后，英国人割占香港，五口通商，上海以及国内很多地方都进入新的发展阶段，也对澳门形成了很大的冲击。但对澳门所在的香山地区的人士是个机会，他们奔向上海、奔向香港，取得了很大成就。因为香山地区跟外国人打交道已经有 300 年的历史，华洋杂处不是 3 年也不是 30 年，所以香山人熟悉外国人。赫赫有名的香山商帮就是这样来的。

澳门回归祖国后，我们一群朋友接着又成立了澳门影视传播协会，提倡用影视手段传播澳门的历史故事。

后来我离开了工作了 25 年的平面媒体单位，回归之年的 1999 年 1 月 1 日开始在澳门电台当评论员，并应邀到澳门电台"澳门讲场"节目当客座主持，此后 13 年，每天上午做 2 个小时的广播。即使在珠海、中山，也能听到这个节目。通过数码广播，全球华人也能收听。其实，我进广播电台也是因为回归在即，历史要掀开新一页，为了迎接回归，跟社会大众讨论进入特区时代澳人治澳该如何把握，并分享研究澳门历史文化的成果，思考澳门的未来走向。

当时香港广播界有位"名嘴"郑经瀚，被称为郑大班。我在澳门电台广播一些日子后，节目受好评，听众就说我们澳门也有自己的"郑大班"。走在街上，人们都叫我郑大班。人气就是这样建立起来，对宣传社会历史文化很有裨益。参加这么多的文化社团组织，其实我们做的都是研究澳门历史文化，然后通过自己的理解分析，把它推广分享出去，推动澳人掌权时代社会共识的达成。

◉**问**　刚才讲到您是历史文化的参与者、推广者、传播者、挖掘者，同时也是研究者。在澳门社会发展过程中，可能会涉及经济、社会、文化、环境等各方面的因素。澳门的整体发展，也依赖于多因素和各层面的协同发展。文化只是其中一部分，为什么您没有更多关注经济或者社会方面，而更加关注文化？文化对澳门发展的重要性体现在哪里？

◉**郑**　有句话说得好："建筑可以使一个城市变大，文化才能让这个城市变得伟大！"500年中西文化共融的澳门，有很好的文化基因，可以成为一个伟大的城市！澳门的500年，作为中华地区参与全球化第一波的标杆地区，这是历史的选择。全球化第一波源于16世纪海洋文明时代新航路的开通。当然，对我们古老的中华帝国来说，明朝郑和七下西洋的船队比他们还要厉害，还要强大。但是文化背景不一样。西方国家反溯郑和航线东来亚洲的目的，就是要来东方找金子、捞好处的，是来殖民侵略的。

有句话说："香港集资靠金融地产，澳门集资靠赌场。"基于历史原因，澳门回归后，国家同意澳门继续把自己的赌城生意做下去，在中央政府的政策支持下，我们经济实力强起来了。回归后可以打破封闭垄断单一的经营模式，变成多元化投资，吸引全世界的业界精英来澳门投资，在此基础上可以将澳门的博彩业做得强大，作为龙头，带动社会各行业多元化发展。10多年前SARS疫情，对香港、澳门的经济冲击很大，当时内地支持港澳社会繁荣的做法很简单，就是开放港澳自由行，大量游客就来了，这对香港、澳门地区经济恢复具有很强的支持作用。当时刚好金沙赌场建成开放，游客涌入，显示出澳门博彩业巨大的盈利能力，外国人的投资信心就强了。

金沙娱乐场只是澳门半岛边陲的一个小地方，开业7个月便把投资赚回来。"金沙效应"带动了6家赌牌公司对博彩业和各类度假设施大规模投资的信心，路凼城的金沙新城度假区开始迅速崛起了。这是何厚铧任澳门特首头10年的情况。过去妨碍经济发展的黑帮横行胡来的年代终结了，开始走向一个博彩业开放、多元竞争的新局面。澳门博彩业开放成功，也是在分享改革开放后的国家发展红利。对于澳门来说，要求经济适度多元，但是博彩业还是主打行业，是龙头。博彩业发展成为澳门的名牌，这个过程自有其历史机缘。所以澳门博彩业打破垄断，多头竞争，让她做大做强，然后走向多元，完善澳门的经济体制，以后肯定能找到新的发展方向。

澳门有一个梦，要成为"东方拉斯维加斯"。但是很遗憾，过去20多年，澳门只能成为中国的拉斯维加斯。游客大都来自内地，如何变成"东方拉斯维加斯"？因此，未来澳门的走向，便是要努力成为全世界游客都向往的地方。但是澳门这个地方太小了，地域空间有限，不太可能让全世界游客的需求都得到满足。这两年的新冠疫情，对澳门又是另外一波冲击，杀伤力更大。也证实澳门单靠博彩业是不行的，要研究怎么通过地区合作，把澳门做强做大，这也是横琴开发新的环境变化给澳门带来的新启示。泛珠合作以及大湾区建设，都是澳门未来的发展机遇。

◉问　刚才您讲到，为了更好地传播澳门的历史文化，您自己创建了一间澳门环球文化传播公司，您能跟我们分享一下，您的公司对澳门历史文化的传播方式和传播效果？

⊙**郑**　在澳门，我们要创业、要搞文化，要靠人才，但怎敌得过澳门博彩业挤压？博彩业开放，给人力资源带来了很大压力。博彩业开放还没有见效之时，我的文化公司已经成立了，当时8000葡币工资能请到一位大学毕业生，但是博彩业开放后，需要花20000葡币的工资，成本提高了，但市场未成熟，难以赢利。当时我领导的公司只能成为"点子公司"，在提供策略研究，包括交通策略、旅游发展策略研究方面和合作单位开展工作。后来我就把主要精力放在影视传播的社团工作，团结业界同人成立协会共同推动影视文化传播。我们团队跟中国电影基金会有着10多年的合作，连续18年在澳门举办"中国优秀电影展"，把澳门打造成中国电影文化走向拉丁语系地区的平台，推动培育澳门影视新苗子。我们过去有一个梦：横琴能不能成为中国电影事业的"海上横店"？横店做的是中国宫闱的电影大片厂，现在国家走向海洋文化，走向海洋文明，我们所在的澳门半岛附近海域伶仃洋，曾是很多海上重要历史事件的发生地。比如在我们的海域，南宋两个小皇帝被元代大军追杀南逃，几十万宋元海军作战就在这片海域发生，历史曾在这里交集。所以"横琴梦"也可以是"海上横店梦"。有利宣传中华历史文化，提升中国人的世界话语权。

◉**问**　影视拍摄基地对于传播和传承历史文化来说，也是一种很好的方式。

⊙**郑**　在多元发展的基础上谋划，横琴106平方公里的深度合作开发区，有机会成为由澳门主导的"第二澳门"。澳门实行"一国两制"，横琴将来也可能成为"一区两制"交融实验区。横琴可能会产生很多新的法律法规，先行先试，有助于与香港、澳门的制度进行融合，有助于与外部世界运行规则并轨。但这个试验区不可能一蹴而就，毕竟存在着制度的障碍，其中也蕴含着我们整个地区未来走向的设计。

对搞影视传播的人来说，是一边在看这个世界，一边在想这个世界，也在总结这个世界，用影视成品将思考分享给大家，这也是文化使命。无论用文字还是影视手段说事，都是要向公众把事情说透，提升社会向心力。我刚开始在电台广播的时候，做了一首打油诗，是这样说的："路通财通人轻松，游客处处见芳踪。安居乐业不愁穷，两制好处在其中。"这是对澳门的期许。20年后，到现在，不少澳门人还记得这首打油诗。澳门作为一个旅游观光的地区，最需要注意的就是不要让澳门的历史文化面貌被破坏，不要让不尊重澳门历史文化的外来投资者、食利者将澳门的历史面貌毁容。

我们为什么成立澳门历史文物关注协会？历史文物关注协会的成立时间比特区政府成立时间要早一点，旨在推动新生的澳门特区政府，从百废待兴的成立伊始就要注意好好保护澳门的历史文物。澳门历史文物保护是有良好基础的，中葡几百年共处的历史留下了丰富多样历史文物建筑、宗教文化建筑等。另外一方面，欧洲文化传统比较重视历史文物保护，得以保存澳门历史建筑。几百年来，澳门较好地保留了很多宗教建筑、历史建筑、传统庙宇建筑等，长期和谐共存。澳门历史城区是中西文化交融的历史结晶，所以在葡人管治时代，也曾希望澳门能获得世界文化遗产的招牌，但是不可能！因为只有主权国家才有资格向联合国教科文组织提出申请。澳门回归祖国，是个契机。所以特区政府刚成立，我们就向政府建言，要抓好两张王牌，就是博彩业和历史文化。保护历史文化，这是澳门的品牌，兼顾了澳门的经济、文化、旅游等很多内容。澳门地域空间太窄了，当博彩业开放以后，有些外来投资者对本地历史文物不那么重视，要争夺发展空间，又毁掉了一些文物建筑。所以博彩业开放后，历史文物关注协会的工作重点转向了保护。加强对文物保护的研究建言，与政府政策比较容易地达成了一致。当时协会提供了多个关于历史文物保护的意见书给政府参考。澳门特区政府基本上都接受了，且做得很好。

当然，也有很多人不理解我们为什么要致力于澳门历史文物保护，认为是妨碍了人家发财，他这个地盘的建筑本来应该更高的，30层或40层，现在限高了，这就损害了一些人的利益。我们提倡澳门整体发展意识，对澳门历史文物保护及景观进行了分析，认为历史景观应成为澳门城市的一个有机组成部分。

我们协会也很早就提出了大香山经济区的考虑，当时，中国加入了WTO（世界贸易组织），世贸组织有一个前期策略是"更紧密的经贸安排"，在这个基础上，我们可以推动中山、珠海和澳门更加紧密地进行经贸合作，走在全国前面。但是，不同行政区的处理要理顺，也不是那么简单的事情，存在很多障碍。

●**问** 刚刚您提到的大香山话题，您在 2002 年的时候，也就是香山建县 850 周年之际，就已经提出了，对吧？

◉**郑** 2002 年，当时香山设县刚好 850 年，是我们协会提出跟珠海、中山合作共同举办研讨会，讨论我们想象中未来整个地区的发展蓝图。三地轮办的会议总结了一些历史经验，产生了一定的影响力，但是当时只是学术主张，实际作用不大。今天，我们要共同思考这些问题：大湾区概念是什么？中山地区该怎么发展？广州南沙地区该怎么开发？澳门周边的横琴该怎么规划？深圳的前海该怎么发展？要结合整个地区来考虑。过去珠江口西部地区，五邑地区是最繁盛、最富裕的地方，但是因为交通问题、工业化过程的辐射影响问题等，后来不行了。总体上来看，珠江口东部地区发展得更好，因为接近香港这个国际金融中心，毗邻的深圳也发展成 IT 高新产业发达的城市。当然，珠西南番顺也是历史上很富庶的地方，顺德地区工业发展比周边更强，因为它有很多来自香港的乡亲投资，能跟外部市场很好地对话。香港能有兴旺发展的过程，也是得益于香港和外部世界的良好交往。所以澳门也应该首先做好跟周边地区的合作，特别是与历史一脉相承的珠海、中山的合作更加紧迫。

●**问** 刚才您讲到大香山地区既有文化的共同性，也有历史的共同性。澳门回归祖国 20 多年了，澳门、中山、珠海三地的社会经济文化，哪些方面合作比较好，哪些方面做得不好，能不能给我们做个总结？

◉郑　"一国两制"的体制问题不容易找到简单的解决方法。比方说我们港珠澳大桥造好了，大桥的管理该怎么做？港澳与内地汽车行驶方向靠左靠右不一致。又如中山跟深圳之间的深中通道两三年后就完工了。这些都需要协调才能更好地发挥各自的作用。现在横琴的开发由澳门来主导，广东省政府跟珠海市政府也大力支持，在国家的安排下，横琴新区的开发一定可以办好，但是也避免不了两种制度共融，需要时间磨合。

现在有一个粤港澳大湾区 9 + 2 城市群，局部有横琴粤澳深度合作区，这对澳门整体是有好处的，问题的关键是人才，就是要打破过去妨碍人才交流的壁垒，才能谋求区域整体的更大利益。所以我们应该好好总结澳门自身的历史经验，也要好好总结中山、珠海，包括深圳发展的经验，这都是我们这个地区合作的前提。

◉问　刚才您讲到 9 + 2、粤港澳大湾区，还有横琴跟澳门的深度合作，这在一定程度上给这些地区带来了很多机会。回到大香山的视角，中山、珠海、澳门未来应该如何一体化发展，您有没有好的建议和意见？

◉郑　在大湾区报告里面，重点规划了粤港澳大湾区的 4 个核心城市，澳门是其中之一，就是西部地区的重点核心城市，不是珠海，也不是中山，说明中央重视在历史上形成的澳门，在珠江口西岸城市群中具有核心地位。横琴的开发以及跟中山的合作，又可以回到我们 20 年前的考虑。从这个角度看，"一国两制"在地区合作协调，要服从于国家整体长远政治经济发展需要。

◉问　您祖籍中山三乡，既是郑观应的同乡，也与郑氏同宗。您的家族与郑观应的家族是否有渊源？

◉郑　我给你看看郑氏家谱，从《郑太崖祖房谱》可以看出，我们家族跟郑观应家族有很清晰的关系。我们的远祖从河南郑州荥阳地区到了福建莆田，以后到了广东。三乡郑氏始祖郑菊叟，从福建莆田入粤当惠州路通判，后迁至三乡榕树埔。郑氏先祖到广东的时候，定居东莞县文顺乡，就是现在的中山三乡桥头村。今之中山地区原属东莞县文顺乡，大约 870 年前的南宋绍兴二十二年（1152）始置香山县，我们的祖居地才归属香山县。我们祖居地的地理位置没有改变，只是行政管辖建制发生变化而已。我们家族跟郑观应有很密切的关系，关键信息在雍陌村。雍陌村始建于北宋年间，开村始祖姓洪，初名洪化村。据《香山县志续编》等史料记载："元朝初年，惠州路通判郑菊叟六世孙郑鼎实入赘洪化村。"郑鼎实的曾孙郑子纲系郑氏家族第九世祖，为人孝悌，行善积德，是明朝"香山四贤"之一。逝世后，同乡人感怀他的善行，以他的号"雍陌"命名村名，此后洪化村更名为雍陌村。可见，雍陌村郑氏家族与桥头村郑氏本为一家，先祖都是郑菊叟。

◉问　您对雍陌村的历史发展很了解，能给我简单介绍下郑雍陌的家训吗？

◉郑　根据郑氏宗族源流的族谱，郑雍陌为家族制定了13 条家规，被后人称为《郑雍陌祖房家规》，据说现在还留存有 25 卷，存于三乡雍陌村内，以教导子孙孝悌族人。这些家规对雍陌村族人产生了深远的影响，对郑观应的人生历程也产生了很大影响。清朝末年，郑观应在继承祖训的基础上，又整理完善成 56 条家风家训，在一定程度上丰富了郑氏家规家训。

◉**问**　澳门及其所在的广东地区，在中国近代作用是非常大的，同时也是近代改良思想和民主革命思想的孕育的地方。

◉**郑**　澳门是中西文化交融的见证者，中西文明的"伟大碰撞"在澳门发生，一部中国近代史，离开"澳门"两个字无从写起。澳门是孙中山最早走向社会、开始行医参与社会实践的地方，同时也是他宣传革命、尝试发起组织革命力量的地方，少年孙中山就是从澳门走向世界。香港、澳门作为近代中国跟世界交往最密切的两个殖民地，都是跟西方文明有历史渊源的地区。伟大的革命先行者孙中山先生在这种环境中，不断思考中国前途，并积极尝试探索如何学习西方，如何振兴中华，如何改变中国人一盘散沙、国力衰弱的艰难境况。他领导辛亥革命成功，推翻帝制，走向共和。但在帝国主义、殖民主义欺压下，国民党资产阶级政党没有力量反抗。百年历史证明，只有中国共产党才能把中国各族人民团结起来，变成一个有力战斗集体，带领中国人民走向新民主主义革命，走向建设新中国的伟大征程。现在我们大讲"中国梦"，梦之源在哪里？我认为就是孙中山提出的要实现中华民族的伟大复兴的初心。少年孙中山从香山小农村出发看世界，一直对比思考：为什么我们家乡这样穷，为什么家乡这么落后？他到香港，到檀香山，然后到伦敦，到美国，看到的社会与家乡落后面貌都不一样，认为一定是有某些因素阻碍了国家发展，所以中国要革命，要推翻帝制，振兴中华。

⊙**问**　郑观应在香山澳门长大，晚年又回到澳门编写出改变中国历史命运、世所瞩目的《盛世危言》。澳门在保护郑观应历史遗迹方面做了哪些工作？

⊙**郑**　我对郑观应的认知也是偶然的，给你讲一个故事：20世纪80年代初，我当时以记者身份到上海，有一天逛新华书店。你知道"文化大革命"后出版业凋零，当时的新华书店也没几本书在卖，赫然看到一本《郑观应传》，是夏东元教授的著述。我姓郑，看到本家的书，好奇买了下来，回家一看，才晓得写的是澳门先贤郑家大屋主人郑观应的故事，了解到少年毛泽东也是看过《盛世危言》萌发了革命理想改变了人生，也改变了中国命运。郑观应这个名字，过去澳门没多少人知道，郑家大屋也没人留意，就知道这是过去一个大官的房子。看了《郑观应传》，才晓得他是我们的宝贝，于是才开始动了好好宣传郑观应、保护已凋零破败的郑家大屋的念头。

郑家大屋位于澳门龙头左巷10号，约始建于1881年，澳葡时期被葡人称之为文华大屋，就是大官府第。其建筑特色体现了中西融合的特点。最大的价值是在这屋子里，郑观应写出了《盛世危言》这部影响了中国历史进程的皇皇巨著。可以说，澳门真正的思想龙头就是位于龙头左巷10号的郑家大屋！少年孙中山也曾多次到此向郑观应登门讨教。孙中山比郑观应年轻，两人有同乡之谊，成了忘年交，在澳门和上海都有很多交往。1858年郑观应在家乡科举考试失意后，奉父命即赴上海经商，深刻感受到要想跟洋行洋人打交道，一定要通晓英语，懂得西方人的经商之道，"初学商战于外人，然后与外人展开商战"。结合中华文化深刻思考，才成就了他先进的维新思想。郑观应立言立德，著书立说，在帝制时代，引领改造中国的时代新潮，是澳门历史上伟大的人物，堪称"澳门之子"。

郑家大屋建于清朝末期，历经晚清国家没落、中华民国建立和中华人民共和国诞生，20世纪四五十年代，郑家后人分居各地，家道中落后，郑家大屋被分租出去，曾一度有300多人在内居住，呈现"七十二家房客"的杂乱景象。100多年的风雨飘摇，致使郑家大屋凋零破败，令人痛心。澳门回归后，我们呼吁并参与郑家大屋的抢救性工作。宣传郑观应和郑家大屋，让政府上层及澳门同胞了解其重要性是第一要务。当时中联办也很重视这个工作，广东省岭南建筑大师莫伯治曾应邀来澳实地考察，研究保护方案。我们把大屋破旧的情形拍摄下来，并游说新成立的特区政府好好保护郑家大屋。政府做了很多努力，终于在2001年，特区政府通过"以地易地"的方式，获得郑家大屋的物业权。从此大屋成为公产，澳门文化局以"修旧如旧"的原则，对郑家大屋进行了为期8年的修复。2005年，郑家大屋成为澳门历史城区申报世界文化遗产的一个重要组成部分，在新的历史时期担负起澳门文化传承的历史使命。

◉问　请问协会在郑观应研究方面做了哪些工作？

◉郑　我们的团队和澳门的几个文物保护组织、学者同盟，和广东省社科院等多方力量合作，参与推动郑观应思想研究工作。1992 年 8 月，澳门历史学会联合澳门中华教育会、澳门三乡同乡会首次举办了"纪念郑观应诞辰 150 周年学术研讨会"，此后陆续举办了多次学术研讨会：1997 年 8 月，在澳门举办了"纪念郑观应诞辰 155 周年学术研讨会"；2001 年 7 月，举办了"纪念郑观应逝世 80 周年学术研讨会"等活动；2002 年 7 月 23—27 日，由澳门历史文物关注协会、澳门历史学会、广东省社会科学院、上海社会科学院和中国社会科学院近代史研究所联合举办的"郑观应诞辰 160 周年学术讨论会"，在澳门首届特区政府支持下顺利召开，是规格最高、参加人数最多的一次；2012 年 7 月 23—26 日，由广东省社科联、广东省社科院、广东南方软实力研究院、中山市社科联联合澳门历史文物关注协会郑观应研究中心、澳门历史学会、香港亚太二十一学会等单位共同主办的"纪念郑观应诞辰 170 周年学术研讨会"在澳门、中山、广州南沙三地轮回举办。纪念郑观应诞辰活动，终于回到了他的家乡中山市举办了。2016 年 6 月 24 日，澳门近代文学学会、中山市郑观应文化学会、孙中山故居纪念馆在澳门举行"纪念郑观应逝世 95 周年——郑观应与近代中国"学术研讨会。2019 年中山市委宣传部、中山市社会科学界联合会出版了《郑观应研究的当代价值：纪念郑观应诞辰 175 周年学术研讨会论文集》，可见经过我们很多人的努力，郑观应研究的历史材料是充分的。

现在你们正在落实的"郑观应研究口述史"项目，也是中山市为筹备 2022 年的纪念郑观应诞辰 180 周年的系列活动之一，希望中山能把这个纪念活动办好，也希望郑观应研究能成为中山文化建设的一大亮点。从上述活动举办历程来看，对郑观应思想的研究工作，最初是从澳门发起的，现在已经成为郑观应家乡中山市的常规工作，希望中山市未来能在郑观应研究中取得很好的成果。同时，郑观应的研究工作，也是构筑粤港澳大湾区，助力中山、澳门和广州等地进行区域文化建设的有力抓手。

当前澳门在郑观应史料收集和研究方面也非常努力，2005年，澳门博物馆组成了郑观应研究小组。澳门科技大学开设郑观应研究中心，2022年要成立，培养专业的博士生。澳门学者致力于郑观应等澳门历史文化名人的研究，也是不忘初心，弘扬中华文化，珍重澳门文化遗产，加大爱国主义教育的重要组成部分。

◉问　澳门有郑家大屋，这是进行郑观应研究非常重要的资源依托。郑家大屋能这样完美地保护，非常不容易。你们在这个过程中的努力非常值得我们钦佩，你们为澳门历史文化的保护，为郑家大屋的保护和利用作出了历史性贡献。当初你们在抢救性保护郑家大屋的过程中，遇到了哪些困难？你们是如何一步一步向前推进的？

◉郑　当时郑家大屋业权落入地产商手上。郑家大屋原来占地面积是很大的，大屋所在的区域街道叫万里长城，为什么叫万里长城？就是当年住宅群外墙连绵气势。经过100多年岁月冲刷、业权转移，大屋墙体变得斑驳破败。现在郑家大屋主体旁边不远处有幢大厦叫作郑苑，原来也是大屋的织成部分，后来就被拆掉，变成高楼了，非常可惜。幸好郑家大屋主体建筑犹存，它是建在一块大石头上，结构牢固，地基很好，所以久经沧桑仍然屹立，可以修复。当时已拥有业权的地产商也是识货之人，主动找我们和政府沟通，因为地产商希望跟政府交易卖个好价钱。我们做了大量的讨论，通过研讨会等形式，充分论证郑家大屋的重要性，建立社会共识，了解郑家大屋的保护是非常紧迫的事情，后来政府终于和建筑商达成换地协议，成功进行郑家大屋的保护和修复。

40 年来，我们逢五、逢十在郑观应诞辰纪念日开展多次学术交流会，澳门成为郑观应研究的重要基地，郑观应被高度评价成为"澳门之子"，《盛世危言》诞生地郑家大屋成为澳门重要的历史建筑。它也是澳门中西文化交融的标志性建筑，是物质和非物质文化双遗产。郑观应旧居——郑家大屋的保护工作就比较容易推进了。经过澳门特区政府、学者和热心文化人士的共同努力，2010 年 2 月，郑家大屋终于完成整体修葺工程，全面向公众开放。那天，我和一位长期致力文物保护的著名葡国建筑师韦先礼二人，应时任文化局局长的邀请，为大屋重修完成开放主持剪彩，这是一种礼遇殊荣。

◉问　郑观应"澳门之子"的称号是基于什么理由提出的？

◉郑　基于他对澳门的贡献、对国家的贡献，也就是基于他在中国近代思想史上作出具有引领作用的杰出贡献。郑观应是澳门近代史上最重要的三个代表人物之一。三个代表人物包括：创作黄河大合唱被毛泽东主席誉为人民音乐家的冼星海，他是澳门海面一艘小渔船上出生的渔家子；另外两个历史人物都跟香山地区有关，就是孙中山跟郑观应，是近代香山地区最重要的历史名人，被誉为"中山双杰"。

◉**问**　刚才您讲到郑观应，他的维新思想对晚清国家发展具有很强的推动作用，甚至推动了后来康梁的戊戌运动，对毛泽东、孙中山也产生了重要影响。郑观应对澳门这个城市的影响体现在哪里？

◎**郑**　过去郑观应在澳门不为人知，他的家乡是中山三乡的雍陌村，那里是他出生的地方。他在澳门与一些重要的人物也多有交往，但是历史湮没在迷雾中，长期以来澳门一般人都不晓得他。郑家大屋所在的阿婆井前地，附近是土生葡萄牙人最古老的住宅区，以前澳门葡萄牙人有句俗语："喝了阿婆井水，就忘不了澳门"。阿婆井前地的故事很有趣，据说明代有位婆婆在这里建了井，储藏山泉，附近居民多在此取水，所以这里被称为阿婆井。郑家大屋建在阿婆井旁边。过去这里是葡萄牙人的居地，中国人能在此占有大片土地，可见郑观应家族的厉害。至于郑家大屋是《盛世危言》的写作之地，更少为人知。澳门回归前，我们历史文物关注协会同仁多角度思考并着力推动澳门历史建筑的保护，探讨回归后的澳门应该如何保护好城市的历史和文化，打造澳门城市品牌。正是在这样的契机和多方努力之下，澳门郑家大屋得到了较好的保护和修复，2005 年，澳门历史城区成功申报世界文化遗产，郑家大屋也成为历史城区的重要组成部分，成为有代表性的历史建筑。

郑观应的代表作是《盛世危言》，其实当时的中国真的不是什么盛世，是个"危世"，郑观应这么说，只不过是曲笔，让当时的皇帝当权者容易听得进而已。现在我们才是真的迎来了中华盛世。在总结历史、回望过去的时候，我们才更深切地感受到近代中国走过了多么不平凡的道路，更感到郑观应当年的著述启迪时人和后人的成就，他的改良主义思想在中国近代史上具有非凡价值，理应获得更多的研究关注和更重要的历史地位。

⊙问　刚才您讲到，澳门有郑家大屋，有物质性的历史遗址在这里，有郑观应《盛世危言》的横空出世，所以澳门的文化学者专家们对郑观应的思想会有很深刻的理解。那当前澳门的政府、学校和民众等群体对郑观应的了解程度又是怎样的呢？

⊙郑　现在郑观应被誉为"澳门之子"，澳门各界人士都对他有了一定的了解。当然，对他当时对澳门命运的深度思考，也肯定有人不以为然。比方说郑观应对博彩业的传统看法，与当前澳门博彩业的重要经济地位也是有冲突，令人思想纠结的。19 世纪末的中国，鸦片和赌博盛行，各种不良社会习气，都曾被郑观应批判。他曾著有《卫生歌》《伤赌叹》和《鸦片吟》等告诫子孙和年轻人的书信，劝告年轻人不要结交损友，不要沾染赌博和鸦片等陋习。

大家都晓得，其实从我们民族祖宗遗教家训中，对沉迷赌博败家从来持有定见。不过，现在澳门经济的确是靠全中国唯一特许合法经营赌业维持。一般认识和具体利益冲突，社会心理还是以利益为先的。

⊙问　请再给我们分享一下，郑家大屋当时这么破败的情形下，是怎么组织力量对它进行修旧如旧的修缮呢？

◎郑　先由专家论证，当时澳门中联办邀请了广东省岭南建筑大师莫伯治来澳门考察，会同政府部门一起来论证，讨论值不值得保护？能不能保护？如何保护？后来澳门特区政府通过土地交换的方法获得了郑家大屋的产权，就是政府不用拿钱，而是通过转让另一块土地的方式，与郑家大屋产权所有者进行置换。所以有些事情没有先例，都是各利益相关者通过协商来寻找解决问题办法。

◉问　上海华东师范大学夏东元教授在郑观应研究方面是权威学者，能跟我们继续分享一下您对夏东元教授的了解吗？

◎郑　夏东元教授在郑观应研究方面很有威望，他是教马列主义课的老师，为什么要研究郑观应？他说：当时不明白为什么共产党在上海产生？为什么在这个十里洋场能产生共产党、共产主义早期组织？然后一步一步研究下去，就发现了郑观应。他因为研究洋务运动史、研究近代史，要研究共产党，深入探查了上海图书馆珍藏的盛宣怀档案。盛宣怀档案里面有很多关于郑观应的资料，在当时顾廷龙馆长的协作下，方便其查阅，没有影印设备，他一个一个小纸片地抄写整理，然后总结编写出《郑观应集》。1992年我们初办纪念研讨会，找到夏东元教授，邀请他来澳，并合作出版了《郑观应文选》，夏教授晚年更完成了《郑观应年谱长编》，还把签名本送给了我。

我们共同的使命就是研究郑观应、宣传郑观应，夏东元教授是权威。他对郑观应的研究源自特殊机遇，他跟上海博物馆的老馆长顾廷龙是好朋友，在 20 世纪 60 年代初到 80 年代的近 20 年中，在馆长顾廷龙支持下，前后有 11 年时间经常到上海图书馆查阅数据，阅读了馆藏 500 多万字的《李鸿章未刊稿》和几十万件"盛宣怀档案数据"，其内容几乎涵盖了盛宣怀的一生，其中大多是盛氏的亲笔稿件。经过深厚的史料积累，夏东元教授的研究对象逐渐锁定为李鸿章、盛宣怀和郑观应等三位近代历史上颇有关联的人物。

郑观应跟盛宣怀是好朋友。盛宣怀是官僚买办资本的典型代表，经商能力很强，有"中国商父"之称，得到李鸿章的赏识。盛宣怀很欣赏郑观应在商场上的经营能力，很器重他，也很支持他。两人非常密切的交往在夏东元查阅"盛宣怀档案资料"中得到证实，研究洋务运动的夏东元借助上海图书馆藏关于盛宣怀和郑观应大量原始史料，写出了《盛宣怀传》《郑观应传》，并出版了很多关于盛宣怀和郑观应的研究成果，成为盛宣怀和郑观应研究领域的大家。

◉**问**　郑观应生于 1842 年，死于 1921 年，他的一生几乎与中国近代史相始终。在近代中国特殊的历史进程中，郑观应关于经商、教育以及社会方方面面的先进思想，源于他忧国忧民的爱国情怀。郑观应的爱国情怀和爱国主义思想在当前具有怎样的时代价值？

◉**郑**　郑观应的浓厚家国情怀可以成为当今青少年爱国主义教育的生动史料，有利于在港澳台青少年群体中开展爱国主义教育。现在国家对澳门文化建设寄予很大期望，澳门学者也积极参与中国历史研究。郑观应作为近代史上有代表性的维新思想家，当代思想价值可以体现在很多方面，既可以成为青少年爱国主义教育的生动史料，也可以开发当代历史学者的新视角。作为香山历史人物，郑观应研究应成为粤澳文化交流的重要内容。

◎问　从郑观应最初发表在《申报》的文章来看，他早期的多篇文章涉及澳门"卖猪仔"，有人统计了他所发表的十几篇文章里，约有七八篇文章涉及澳门，为什么郑观应对澳门给予了这么多关注？澳门当时的发展对郑观应产生了哪些影响？

◎郑　郑观应的很多文章都发表在当时上海新创办的《申报》上，人在异乡，想起家乡，想到澳门的时候，他会主动地将澳门与当时的上海，和比较先进的外部世界进行对比，在大量的对比和思考中，判断澳门的好与坏。最关键的一点是他勤学苦练熟悉英语，对西方政治、经济方面的知识有着浓厚兴趣，借助语言优势，深切地感受到西方科技社会的发展，成为那个时代有实战经验、最了解西方、具有世界眼光的中国人。越是做比较，郑观应越痛惜：为什么同样是外国管治的地方，澳门还是这么混乱。这种深厚的家国情怀促使他不断地思考，痛惜澳门社会落后现象，包括卖猪仔、聚众赌博等问题，发愤为文，痛陈时弊，在上海发表，希望引起国人关注。于是就有了郑观应《申报》上的多篇关于时事评论的文章。可说郑观应是个时评家，是我的先辈同行。

◎问　澳门是外国势力进入中国打开的第一道门，也是近代中国睁开眼睛看世界的第一道窗口，是西方资本主义萌芽后西风东渐的最古老通道，也是数个世纪以来大一统的古老帝国子民走向海洋文化，接触西方思潮的第一口岸。所以，在文化交流史上，澳门这个弹丸之地，拥有许多个中国第一。

在中国人著述中，比较准确意义使用"民主"一词的，是郑观应的著作。据李铁映著《论民主》一书所考证，郑观应所著《易言》三十六篇本，其中第一篇《论公法》即云："泰西有君主之国，有民主之国，有君民共主之国。"所说的民主之国，是指行民主制度之国，君民共主之国是指行君主立宪制度之国。这是首次准确使用"民主"词义的中国人著述。

您认为郑观应是"民主建言第一人"，郑观应为什么能成为"民主建言第一人"？

⊙郑　郑观应 17 岁离开与澳门毗邻的香山雍陌村，到上海学习商业和英语，19 岁开始买办生涯，24 岁开始"究心泰西政治、实业之学"，30 岁开始酝酿撰写《易言》。当时，上海纳入了近代世界讯息网，英国路透社在上海成立了远东分社，向《字林西报》发稿，上海的《申报》创刊，以后 20 年间 10 余种日报相继创刊，舆论活跃。郑观应在上海，成为早期掌握英语、可以直接阅读外文信息、有国学基础、善于对比深刻思考的人，形成了自己跨空间横向比较的思维模式，我认为这是他能成为"民主建言第一人"的根本原因。

1873 年，郑观应出版了《救时揭要》，1880 年出版了《易言》，对欧美日本的认知已经很有深度，并娴熟地引用外国经验作立论依据。在澳门郑家大屋编成的传世之作《盛世危言》，郑观应以政论家的姿态发表时论政见，具有纵观五洲、放眼世界的思想境界。其中，中西比较的文章多达 106 篇，占总章九成多，涉及政治、经济、思想、文化、军事、外交、法律等各个领域，提倡广开民智，更新国民心理，要以西学对中学进行整体的反思和改造，提出了"人尽其才、地尽其利、物畅其流"的主张，这些见解和主张可以说都是郑观应跨空间横向比较后提出的，对闭关自守的中国提出了发展思路，也是郑观应"得风气之先，敢为天下先"的一种表现。

◉ **问**　能否简要给我们梳理下郑观应的民主建言？

◎ **郑**　郑观应的民主建言思想主要集中在《盛世危言》的《议院》一文中，他在这篇文章中力主设立议院，提倡君主立宪民主政治的理想是："有议院揽庶政之纲领，而后君相、臣民之气通，上下堂廉之隔去，举国之心志如一，百端皆有条不紊，其为君者恭己南面而已。"

为实现君主立宪制，他还提出了一系列建议：一是如何选择议员。他非常尖锐地批评了当时官场中朋比为奸，互相倾轧，是非不明，赏罚不公，崇拜于金钱势力之下的现象，认为议员应该有道德、有学问、有经验。

二是对议会政治贿选之弊，郑观应是清醒的。他当时"养疴澳门"，在赠年富力强的李际唐太史《论政治立宪必改良教育》书时说："议员之不得人，贻害于政界；董事之不得人，贻害于商界。""欲得纯粹强有力之资政院，诹议局，必在选议员始。我国之议员，以金钱运动者半，以人事夤缘者半。所谓本领、人格均置之不论。此等议员无道德、无学问、无经验，安知所谓立法？安知所谓监督？极其弊之所至，不惟不知立法，且常越规定之范围；不惟不知监督，且反受政府运动，由是袒庇政府，捣乱议场。或以不足法定人数为消极之破坏，种种腐败，无不丛生。"

郑观应批评此辈"朋比为奸，互相倾轧，只图己利，是非不明，赏罚不公，只崇拜于金钱势力之下"。观之今日港澳台社会及西方世界，如此流弊，今人何其熟悉！真有先生灼见，震石烁金之感叹！

郑观应当年提出的对策是：要养成立宪国的人格，"欲求公民有完善之程度，首在改良教育，使人人有道德、有学问、识法律，具一种爱国思想"。证诸21世纪的今天，中央政府对港澳两个特区建制的要求不也就是"爱国者治港""爱国者治澳"吗？

就办教育与设议会先后次序问题，郑观应在面对"学校未兴，民智未开，不宜即设"的质疑时，主张先设议院，变通制度。他认为："事有经权，兵有奇正。先议广开学校，十余年有人材，而后立议院者，谓之经，即兵出于正。先设议院，并开学校，庶官绅知议绅之贵，勇于维新，急于扶持国势者，谓之权，即兵出于奇。"他叹喟："今时急矣！而苦于势力不足，不能不用奇兵以致胜。"

郑观应深明兴论监察是设议院行民主必不可少的条件，力主张日报以广言路，借以通民情、达民隐，力陈"凡献替之谟，兴革之事，君相举动之是非，议员辩论之高下，内外工商之衰旺，悉听报馆照录照登。主笔者触类引伸，撰为论说，使知议员之优劣，政事之从违"。

从1871年郑观应将西方的民主概念引入著述，以后又分别提出大办教育、设立议院、广办日报、广开言路等种种举措，可见其民主观已达到相当程度。作为引述西方民主论说，希望借以改造封建落后的中国，郑观应的先驱地位是值得推崇的。

郑观应主张渐进民主、政治改良。1898年戊戌变法，光绪帝召见康有为。被召见前，康有为问郑观应："政治能即变否？"郑答："事速则不达，恐于大局有损无益。"

百日维新失败，六君子的鲜血染红了菜市口，证明了顽固的封建帝制不彻底推翻无以改造中华。1900年庚子之变，义和团运动兴，八国联军入侵，清王朝奄奄一息，盛宣怀问郑观应"变法以何者为先？"郑观应答："中国病根在于上下不通，症成关格，所以发为痿痹，一蹶不振。今欲除此病根，非顺民情、达民隐、设议院不可。"但此种理想，当时根本无可能实现。

书成于1900年的《自强论》，崇尚法治，郑观应提倡"有治法而后有治人"，指出专制政治"乾纲独断，令出而人莫敢违。是惟开创之君，圣神英武，知人善任，百官不敢舞弊，书吏不敢营私，虽用压力而天下治安。若在守成之主，暴虐淫逸，昏昧无知，全恃威重，不顾是非，坐使奸蠹弄权，吏胥猾法，而天下大乱"。

1910年，时年69岁的郑观应在全国官绅要求速开国会立宪高潮中，"际此危急存亡之秋"，撰文力言"亟当顺民心速开国会"，愤言"我国积弱数千年之原，由于怀私。怀私由于政行专制，只知利己，不知爱国。不知爱国，则不能合群，人心涣散"，直指当时清廷"因势所迫，不得已拟开国会以顺民心，非其本意真欲立宪"。指阳奉阴违、敷衍塞责者，"不足以救国，反足以亡国"。

作为中国民主建言第一人，郑观应的民主与教育相辅相成，道德学问与爱国思想并重，贵在得人、慎选贤能、进行舆论监督的见解，对今天社会，如何开放议会民主仍有启迪作用。

科学、民主、自由、平等、法治的议题，是 100 多年来先进的爱国知识分子，向西方寻求自强之道、制度创新的先进人物挥之不去的梦想和议题。

《易言》三十六篇本于 1875 年写的自序，称书中各篇都是写于 1870—1871 年间。在光绪庚辰夏，《易言》的中华印务总局版本在香港刊行流传，后因惧"僭且招尤"而收回，删并为《易言》二十篇本，于 1880 年上海刊行。

郑观应在《论议政》篇中，介绍泰西列国"设有上、下议政院"，"凡有国事，先令下院议定，详达于上院。上院议定，奏闻国主。若两院意议符合，则国主决其从违。倘彼此参差，则或令停止不议，或复议而后定。故泰西政事举国咸知，所以通上下之情，期措施之善也"。郑观应早在 19 世纪 70 年代初，已向国人介绍了推行民主的方法。

郑观应在"言之亦正不易"的封建帝制时代，作《易言》，力言由于"欧洲各国兵日强，技日巧，鲸吞蚕食，虎踞狼贪"，目击时艰，提倡自强，呼吁"物极则变，变久则通"。

19 世纪后半期，世界资本主义的生产制度发达到改变任何国家成为他们的市场，殖民主义侵略东方。闭关自守的中国大门被洞开，西学东渐，作为中国早期商埠的澳门、广州、香港、上海，得风气之先，涌现不少善于向西方学习、具有超前意识的人物。他们有开阔的眼界，致力"师夷之长技以制夷"的同时，提倡效法西方，政治改革，改变自己国家落后面貌。在晚清帝制时代的郑观应、王韬、郭嵩焘、何启等明白地表达了模仿君主立宪制度的主张。

开放性思维来自开放性的社会。在晚清同光之际，社会仍弥漫着守旧习气。以中国最古老通商口岸澳门为依托，"得风气之先、敢为天下先"的香山青年郑观应，成长于中西汇流、五方杂处的开放性口岸大城市上海，游走于珠江三角洲与长江三角洲之间，是当时早期接触西方文化，从洋人商业实践中学懂商战，继而主张以商战挽回利权、保护民族利益以富国强民的思想人士。

◉问　您在郑观应诞辰160周年学术研讨会闭幕词中讲道："在灿烂星辰的中国历史名人榜上，在中国近代史上，在走向现代化过程中探索富国强民之道、中西文化交流的先驱者名单中，郑观应将不会再缺席了。"郑观应被华东师范大学教授夏东元教授称之为"第一个全面看世界的人"，著述《盛世危言》提出了完整维新思想体系，对孙中山、毛泽东等人都产生了重要影响，中国近代史上这么重要的人物，郑观应为什么在中西文化交流的先驱者名单中曾经缺席？

◉郑　过去大陆习惯说压在人民头上的三座大山，其中有一座大山就是"买办资产阶级"。近代史上香山商帮从事买办生意，一般都是跟外国人打交道，过去极"左"思潮下，一些学者和普通老百姓把买办资产阶级视作反面人物，认为他们是为外国人服务的走狗，是给洋人打工，是欺负老百姓的。这里面有很多误解，当然，这是过去民众对这个群体在近代史上的贡献了解不够所致。所以，要冲破这个思想禁区，我们最早在澳门特别行政区办郑观应思想研讨会，操作比较方便。在改革开放的时代，学者对郑观应等买办资产阶级代表人物深入研究，发现买办群体中如郑观应等英杰之士，是具有先进思想的中国人，他们在与外国商人打交道的过程中，虚心学习，不断思考我们国家在对外商贸活动中面对经济侵略应对之法，比如郑观应的"商战"思想。

◉**问** 您认为郑观应思想远远未过时，而且距离我们越来越近，郑观应的哪些思想、行为对当今社会仍具有很强的借鉴价值？

◉**郑** 现在香港、澳门都很重视爱国主义精神的倡导。提倡爱国者治港，爱国者治澳。郑观应就是一个伟大的爱国者，也是一个实干家，在他波澜壮阔的经商经历中，他从未停止过对社会改良进步的思考，才有了《盛世危言》的问世。这是那个时代的那个群体，最能体现爱国情怀的举动。

爱国主义精神是千百年来中华民族根植最深的精神支柱，但是我们也要认识到，在不同的时代，爱国主义精神有着不同的内涵；对不同的群体，爱国主义精神也有着不同的要求。

◉**问** 郑观应认为向西方学习的时候，应该学习最根本的东西，即现今的工业技术和经济管理制度，提出了"兵战

不如商战、商战不如学战"的思想。您认为在经济全球化的
时代，郑观应提出的商战、学战思想是否仍具有重要的价
值？今天我们应该如何进一步向西方学习？

⊙郑　改革开放这40年，尤其是近20年，我们中国的
经济体量已经是全球第二了，有些方面已经是全球第一了。
近代以来，尤其是改革开放以来，我们的国家一直在实践
"兵战不如商战"的思想，努力争取和平的国际环境来发展
经济，商战的基础是学战，是人才的竞争，这是非常超前的
思想。重视学校，办好教育，提升全体国民的素质，然后开
始在经济的运营方面找一些自己的路子。我们是14亿人口
的大国，全世界没有几个国家能比得上我们的产能，改革开
放以来，我们一直在实践郑观应的先进思想，在与其他国家
的竞争中，在经济上战而胜之。

◉问　您认为孙中山能成为伟大的民主革命先行者，是
沿着《盛世危言》的蓝图画成了《建国方略》的努力。那
么郑观应对孙中山产生了哪些影响？能不能具体谈一下？

⊙郑　过去的香山县有两个杰出人物，郑观应跟孙中
山。孙中山是郑观应的晚辈，两人虽然年纪相差20多岁，
但是在探讨救国富国的道路上，他们有着很多共同话题，所
以两人关系很好，可谓忘年之交。郑观应在澳门的时候，孙
中山路过澳门都会去拜访郑观应。

孙中山是一个农家子弟，郑观应当时的经济地位比他要
强得多，但是他们有共同的爱国救国的理想信念。血气方刚
的孙中山认为，一定要用革命手段来推翻清朝政府的统治，
所以孙中山成为中国近代民主主义革命先行者，中国民主革

命的伟大先驱。历史事实证明，孙中山的"革命"思想比前辈郑观应的"商战"思想更具历史先进性和时代适用性。但不可否认的是，孙中山关于国家命运的很多思想，是受到老成持重的郑观应等人的启发而形成的。

◉问　这两位伟大的历史人物对中国近代史的发展产生了很重要的影响，也为今天中山市留下了宝贵的精神财富和文化遗产。郑会长，您在澳门回归 10 周年的希望语录是："到共和国成立 100 年时，也是澳门回归 50 年不变的最后一年，澳门的历史命运与国家命运永远相连。"您对澳门未来的发展期望是怎样的？

◉郑　这是历史给澳门的机遇。澳门是 1999 年回归祖国怀抱的，澳门回归之后，"一国两制" 50 年不变，50 年的最后一年是 2049 年；2049 年是中华人民共和国成立 100 周年，这是非常伟大而振奋人心的历史时刻。对于澳门地区来说，现在就应该认真思考，澳门要做怎样的改变，才能在 2049 年这个伟大盛世的时刻，向世人交出一份让全国人民满意的答卷。

澳门面向未来的转变不应该只是继续开赌，满足于把赌城越做越大，这样做只是被动分享我们国家的发展红利来满足自己。澳门应该对国家作出更大的贡献、特殊的贡献，纳入国家发展大局，尽我所能来满足国家所需？现在澳门社会人士提出的口号，就是"国家所需，澳门所能"。其实多年来，国家也在不断助力"澳门梦"的实现，这个梦也是 30 多年前澳门回归之前我们学者的一个梦，当时梦想着，澳门回归的时候，横琴能不能成为澳门一个有机组成部分来共同发展。

澳门回归已经 20 多年了，经过国家、省市共同努力，当前澳门迎来了最好的发展机遇，那就是在中央政府的管理授权之下，开始形成横琴粤澳深度合作区。只要我们不再浪费时间，到 2049 年澳门回归 50 年的时候，把发展最好的澳门交给国人，这个期待应该可以如期实现。

◉问　您认为郑观应的思想对今天的粤港澳大湾区的建设有什么指导作用？

◉郑　通过对郑观应和孙中山的研究，我发现他们共同点提倡的社会纲领是十六字诀，就是："人尽其才、地尽其利、物尽其用、货畅其流。"青年孙中山在《上李鸿章书》中说道："人能尽其才，地能尽其利，物能尽其用，货能畅其流——此四事者，富强之大经，治国之大本也。"这四句话的前三句引自郑观应的著述，"物尽其用"句是珍惜物力唯艰的穷家子孙中山加上去的。其实这四句话现在还仍然适用，比如在粤港澳大湾区建设过程中，在大香山经济区的谋划过程中，如果能真的践行这四句话，很多发展问题都会得到很好的解决。

"人尽其才。"在澳门、中山和珠海横琴的区域合作中，如何才能最大限度地发挥人才的引领作用，减少对人才流动的限制，让人们的才干得到充分利用。

"地尽其利。"澳门适合做什么？中山适合做什么？横琴适合做什么？每个地方都要根据自身的特色进行产业选择，并且要从整个区域的角度进行综合考虑，既要产业合作，又要发挥每个地区的优势，这才是粤港澳大湾区或者横琴粤澳深度合作区等区域最有效、最可持续的区域协同发展之路。

"物尽其用。"资源、环境、生态等方面，要给予更多的重视，确保所有资源的使用更高效，同时生态环境的保护也是未来地区可持续发展的重要自然基础，绿水青山就是金山银山，它是未来地方发展的资源库。

"货畅其流。"我们的港珠澳大桥目前还不是太畅顺，如何破除这些交通物流中的各种障碍，都是我们未来发展需要考虑的重要问题。

所以，我们现在研究郑观应思想和孙中山思想等历史知名人物的重要思想，所蕴含的关于经济如何发展、社会如何进步等问题的深入思考，对中国当前乃至未来，对我们国家应对国内外各种竞争和发展难题，都有非常大的启示。

◎问　您是澳门历史文化发展的领军人物，在澳门历史文物关注协会以及其他机构和组织的共同努力下，成功打造了郑观应"澳门之子"的文化品牌，下一步如何将郑观应文化品牌推向全国和全世界？有哪些计划？

◉郑　你刚才说我是领军人物，实在不敢当，我只是一个文化爱好者。澳门，是一座充满故事的城市，澳门近500年中西文化交融的历史，是一段非常独特的历史，为澳门塑造了珍贵而独特的文化特质形象。

对这些历史名人推向世界的宣传力度还是不够，我们习惯于让游客来看这些伟人的祖屋、故居，但是游客不晓得郑观应商海沉浮的生平，不晓得他卓越的思想，也不晓得郑观应写《盛世危言》的内容是什么，好在哪里？那游客看这些旧房子能有什么深刻的感受呢？所以要打造郑观应"澳门之子"的文化品牌，第一步就应该让郑观应的书、郑观应的重要文章有机会让世界看到，让懂英语、懂拉丁语、懂葡语的人都能看得到。中国文明作为一种范式，应该让外国人士看到这些资料，了解中国文化，让他们晓得现在中国努力的方向就是在振兴经济，自我超越。我们从来不称霸，老祖宗在从烂屋子破窗仰视世界这么艰苦的历史阶段，非常虚心地向西方学习。现在我们经过百年艰苦奋斗，国家开始富强起来，我们开始扬眉吐气了，就像习近平总书记说的，中国人现在到了平视世界的时候了，但并不意味着我们要称霸。自古至今，中国人一直致力于谋求自己国家的富强和平等的国际合作关系。

◉问　您曾在郑观应诞辰 160 周年学术研讨会闭幕中，呼吁筹设全国性的郑观应研究中心。2007 年，郑观应研究中心于澳门历史文物关注协会挂牌成立，邀请时任澳门社会文化司司长的崔世安博士亲自主持揭牌。请您介绍一下郑观应研究中心的运营情况及今后的工作。

◉郑　我们民间社团倡议首办的郑观应研究中心，计划打造澳门和全国郑观应研究的平台、纽带，起初我们打算跟广东省社科院合作来共同设立这个中心，但是涉及人才和资金来源等方面的问题未能解决，这个中心只能成为澳门历史文物关注协会的组成部分。现在研究中心还在运作中，招牌还在，因为这块招牌是由前特首崔世安当文化司长的时候给我们挂的牌，也成为澳门郑观应研究的里程碑。现在研究中心没有很大规模的活动。因为时代不同了，过去是社团倡办活动，现在可以由地方最高学府、知名大学来办，他们有资源，可筹组专门队伍来办这些研究中心。现在，澳门科技大学郑观应研究中心由大学的社会和文化研究所主导，有专职人员来办，比较合适。

◉问　中山、珠海与澳门同根同源，您认为未来应该如何加强三地联系，共同打造郑观应文化？共同把郑观应推向世界？

◉郑　国家提出了"一带一路"合作倡议，还有依托珠江口"9＋2"城市群而打造的粤港澳大湾区的国家战略，这些战略的实施为中山、珠海、澳门以及整个珠江口城市群携手合作提供了非常好的机遇。在粤港澳大湾区的城市定位中，澳门被定位成珠江口西部地区的核心城市，这个城市定位给了澳门很大的信心和希望。历史上的澳门其实就是广州的外港，在清代广州"一口通商"的特殊历史背景下，澳门经济社会发展主要得益于广州这座千年港口城市的商贸活动。广州"一口通商"独领风骚的时候，饾饤大的澳门成为世界贸易中心，它配套的是什么？你看古代西方出版的地图，把我们现在中山（那时还是一个大岛）周围岛屿群都叫作澳门岛。过去葡萄牙等西方国家来到澳门进行贸易活动，他们只是把澳门当作一个落脚点，并以澳门为基地，将整个香山地区作为重要的贸易窗口，也成为广州的外港。所以澳门只是珠江口岸的小渔港，一个锚地，历史给了澳门这个机会，让澳门成为中西交汇的先发地区。

澳门回归祖国以后，国家致力于将其打造成中国—葡语国家经贸合作的重要平台，这个平台的建立，就是澳门的历史因素在起作用，所以要把澳门周边地区的相关配套做好、做强，我们才能期待澳门"一国两制"实施 50 年以后的更好发展。

◉**问**　像您这样为澳门的历史文化发展倾注大量时间和精力的学者，真正体现了爱国爱乡的深厚情怀和时代担当，同时你们对于澳门历史文化研究的坚持，也会带动身边很多人一起来关注澳门历史文化的保护和传承，这是功在当代、利在千秋的事情。

◉**郑**　我们有责任把澳门方方面面的历史文化发掘出来，与世人分享，追求更美好的未来，这也是我们这一代人的抱负。这是我的兴趣所在，个人经过长期努力，如今也有这个经济条件当不赚钱的文化义工。

我们这一代人现在为澳门更好的未来努力，将来我们的子孙后代就能生活在更好的环境，这就是前人种树、后人乘凉。我们每一代人都要为社会负责、为子孙后代负责，其实这就是我们最朴素的家国情怀。

我出身寒微，是个小贩家庭出身。我志趣所在，青年宏愿凭一支笔服务社会，好打不平，进入新闻界服务。婚后夫妇努力奋斗，太太先是小学教员，其后经营房地产中介，她很努力，也很有天赋，业务做得不错，开了公司，经过多年努力，所以家庭经济比较稳定扎实。我无后顾之忧，就可以集中精力做自己喜欢做的事。我从事新闻工作，除了一支笔还有一个照相机，服务社会舆论之余也经营摄影冲晒服务，高潮时开有 3 家门店。但当数码浪潮冲击，摄影机都被日益先进多功能的手机取代了，毅然把摄影店业务结束，便集中精力从事文化服务。我觉得面对由殖民地时代到澳人治澳社

郑国强

会大时代改变，深研及弘扬澳门历史文化的工作，才是值得我们这一代基层出生的知识分子集中精力做好的事情。

我个人家庭的经济问题能基本解决，也有条件为社会做点事。我有 3 个孩子，都是男孩子，大儿子送到葡萄牙念书，让他掌握葡语，他念的是药剂学，已学成回来执业，开了药房服务社群，成为第一个在葡国科英布拉用葡文念药剂学成回来的中国孩子，他流利的双语服务特别受到葡人顾客欢迎；第二个孩子到美国念书，读的是金融，回来以后到银行上班，得到提升机会，发展得不错；第三个孩子送回内地到厦门学建筑，现在回到澳门当建筑师，也取得横琴的执业资格。

我把 3 个孩子分别送到欧洲、美洲、亚洲中国本土学习。为什么我对澳门前途、大湾区合作有这么多的想法，其实我在出外探视孩子的时候，实际上也在对不同国家和地区的情况进行实地考察比较，进行思考。我越发坚信我们的粤港澳大湾区就是中国湾区，和美国旧金山湾区、日本东京湾区相比不遑多让，是有利和世界接轨的大湾区。2017 年 11 月，我把长期思考探索的 30 篇文章结集成《破茧成蝶——大湾区探索十五年》文集出版，以庆祝同年 3 月 5 日粤港澳大湾区被正式写入政府工作报告，纳入国家发展战略蓝图，使我们澳门学者的伶仃洋中国湾梦成真。

◉**问** 澳门历史文物关注协会于 2001 年主办了郑观应诞辰 160 周年学术研讨会，作为负责人，请您回顾一下当时筹办的情况，并给中山举办郑观应诞辰 180 周年活动提点意见和建议。

◎郑　　郑观应诞辰 160 年的学术研讨会，是在 20 年前的 2001 年举办的，由我们澳门社团主办。当时澳门历史文物关注协会、澳门历史学会跟广东省社会科学院、上海社会科学院和中国社会科学院近代史研究所共同举办，会议地点选在澳门，研讨会邀请了来自中国内地和台湾、香港、澳门及澳大利亚的近 100 位专家，研究内容涉及郑观应的方方面面，在学术界产生了很大的影响。这次会议也被誉为"郑观应研究的里程碑"，奠定了郑观应"澳门之子"的地位。

2022 年是郑观应诞辰 180 周年，我非常期待由中山市牵头筹办的郑观应诞辰 180 周年的系列活动取得成功！中山是郑观应的故乡，在郑观应研究方面，中山理应占据龙头位置。中山市要把郑观应宣传好，这方面中山市很有经验，因为长期以来，中山市对孙中山文化品牌的保护和宣传是很有成效的。现在国家对我们提出了不忘初心的要求，怎样才能不忘初心呢？可以从郑观应、孙中山这些历史名人的研究过程中得到答案，作为当时的社会精英，他们满怀强国富民的理想，用自己的锲而不舍的努力，为近代中国的社会进步和国家富强，作出了巨大的贡献。

最近在庆祝中国共产党建党百年，有一个流行的说法是："毛泽东领导中华民族站起来！邓小平领导中华民族富起来！习近平领导中华民族强起来！"这三个历史阶段是一脉相承的，实现中华民族伟大复兴的三部曲。已实现了孙中山先生伟大的民族复兴梦！不忘初心，这个初心，就是发端于中西文化交融桥头堡的大香山地区的"振兴中华"梦。所以，我认为在这"三部曲"前面，还有一个前传：郑观应的

《盛世危言》是醒起来，呼吁改变国家的命运！孙中山领导的国民革命是干起来，用行动去改变国家的命运！"醒起来、干起来"是"香山双杰"对当代中国的伟大贡献。

◉**问**　是的，郑观应和孙中山是中山市的两张历史名片，在打造文化中山和文化湾区的过程中，在宣传、研究郑观应和孙中山的过程中，中山会继续努力，争取发挥更大的作用。感谢您接受我们的采访，欢迎您明年到访中山，为郑观应诞辰 180 周年的研讨会增光添彩。

◉**郑**　谢谢你们给我一个回到香山出席盛会的学习机会。我是澳门人，也是中山人。如果有机会，我非常愿意回到中山，回到我的家乡，为家乡名人郑观应的研究及推广工作做力所能及的事情。

虞和平

虞和平（1948—　），浙江宁波人。宁波大学包玉刚讲座教授、华中师范大学特聘教授、泰山学院特聘教授、南昌大学特聘教授；国家社科基金学科评议组专家、"三部委"国家青年拔尖人才选拔评审专家、教育部社会科学研究立项和成果评奖评审专家；中国现代文化学会区域文化研究专业委员会会长、企业文化专业委员会会长。曾任中国社会科学院近代史研究所副所长、二级研究员、博士研究生导师，曾担任中国史学会理事、中国经济史学会理事、中国现代文化学会口述历史专业委员会会长、中国近代社会史研究中心理事长、《史学理论》副主编等社会职务。

主要研究方向：中国近代社会经济史、中国现代化史。

主要著述：《商会与中国早期现代化》

（上海人民出版社，1993；台湾东大图书公司，1995）、《近代中国商人》（广东人民出版社、华夏出版社，1996）、《20世纪的中国——走向现代化的历程：经济卷（1900—1949）》（人民出版社，2010）、《商会史话》（社会科学文献出版社，2011）、《资产阶级与中国近代社会转型》丛书（三卷本）（中华工商联合出版社，2015）等；合作著有《比较中的审视：中国早期现代化研究》（浙江人民出版社，1993）；整理有《近代史所藏清代名人稿本抄本》（大象出版社，2011）等；主编有《中国现代化历程》（江苏人民出版社，2001）、《中国抗日战争史料丛刊》（大象出版社，2016）等；译有《中国早期工业化——盛宣怀（1844—1916）和官督商办企业》（中国社会科学出版社，1990）等。

主要论文：在《历史研究》《近代史研究》《中国经济史研究》《社会史研究》等期刊上发表《鸦片战争后通商口岸行会的近代化》《民国初年的经济法制建设述评》《论戊戌维新在中国早期现代化进程中的地位》《清末民初轮船招商局改归商办与官商博弈》《香山籍买办与宁波籍买办特点之比较》等论文100余篇。

时　间：2021 年 10 月 21 日

地　点：北京市昌平区蓬莱苑

口述者：虞和平

采访者：龙良富

整理者：龙良富

◉问　虞教授，您好！我们是"郑观应研究口述史"项目组。首先特别感谢您能够接受我们的访谈！作为中国近代史研究的著名学者，您对中国近现代社会经济史和中国现代化问题进行了深入研究，主编有《商会与中国早期现代化》《中国现代化历程》、译有《中国早期工业化》等具有影响力的著作，形成了自己独特的学术风格和学术话语，请您简单介绍一下您的治学经历。

◎虞　好的，简单谈下。因为我以前去其他学校做讲座时，就讲过我是如何走上历史研究这个领域的。其实我一开始并不喜欢历史，从初中到高中我理科都学得很好，高考时填的志愿也是理科的专业，本来想考浙江大学，但是后来被北大历史系录取。我不太喜欢学习历史，到北大以后还想换系，所以说是硬着头皮学的历史。但是我文科底子还可以，古文底子比较好，在高中学古文的时候，有一次把古文翻译成白话文，老师觉得我翻译得特别好，怀疑我是从什么地方抄过来的，去问我隔壁的同学，有没有看见虞和平翻译这篇东西的时候看什么书了。到北大以后，教我们古汉语的老师也在课堂上把我翻译的文章作为一篇范文。有人说学理科的人去学历史，如果搞研究的话，逻辑性可能要强点，条理性会比较清楚点，但是他的缺陷可能是文采不太好。这恰好印证了我自己，我写的东西基本上没有什么文采，但是我的思路、逻辑还是比较严密的，条理还是比较清楚的。在北大读书的时候，我们要选择方向，当时我选了自己比较喜欢的经济史，因为我的政治经济学学得比较好，临毕业带我们到一个工厂做毕业实践的是北大的罗荣渠先生，他也让我给工人辅导政治经济学。

毕业以后就分配到了中国科学院的哲学社会科学部，就是现在的中国社科院近代史研究所，继续跟着研究经济史的樊百川先生学习。当时正好兴起了洋务运动研究的热潮，第一届洋务运动的会议在吉林大学举办，我代表《近代史研究》编辑部去参加了这个会议，准备了一篇洋务运动研究的小文章，然后在会议上做了一个发言。后来这篇文章发表在吉林大学办的内部刊物，所以我那个时候就进入了洋务运动的研究领域。当时洋务运动研究前沿的那些老先生们都比较赞同我的观点，包括华东师范大学的夏东元先生、湘潭大学的徐泰来先生等等，后来每届洋务运动的会议我基本上都参加了。

◉问　请问当时您提出了什么观点，让这些老先生们特别赞同？

◉虞　这也是我的第一篇文章，叫作《洋务运动的结果和破产问题小议》。洋务运动的目的是求强求富，如果从结果来看，洋务运动当然是失败的，可以说甲午战争一败就算是它的破产，但不可否认的是，洋务运动取得了一些社会经济的成就。历史发展是有阶段性的，一个国家的富强民主，也不可能在一段时间内就完成了。虽然洋务运动提出来的目标并没有在当时所在的年代里实现，但是后面慢慢都实现了。所以我认为不能简单地用一个甲午战争的失败来完全否定洋务运动的历史作用和价值。

当时我和一位同学一起跟着樊先生学经济史，樊先生给我们布置的任务是研究辛亥革命前后20年的经济史。他研究辛亥革命前10年，我研究辛亥革命后10年。当时查阅相关资料的途径就是翻报纸，主要是去找《申报》《时报》《民国日报》等十几种报纸的相关信息，如果发现自己感兴趣的信息，就做卡片、做索引。由于我对商会、商人团体、法规制度这些东西比较感兴趣，所以做了大量相关的卡片和索引，特别是关于商会的。我后来就从商会、商人两条线索开始研究，发表的文章也主要集中在这两个方向，逐渐从洋务运动发展到洋务商董，比如对经元善和郑观应等相关人物的研究。我首先关注的是经元善，因为当时经元善几乎没人研究，而郑观应已经有了一定研究基础。我对经元善下了好多功夫，发了几篇研究他的文章。1981年是辛亥革命70周年，当时也要开一个青年学者的学术讨论会来纪念辛亥革命，我写了一篇从制度史的角度来看辛亥革命对中国经济发展的促进作用，入选并参加了青年的辛亥革命史研讨会，这样我又进入到制度的研究领域了。

1978年我国恢复研究生招生制度，有老师推荐我报考华中师范大学章开沅教授的博士研究生，章老师是历史领域赫赫有名的专家，也是我国第一批博士研究生导师。后来我成了章老师的博士生，在做博士论文的时候，我根据自己原有的研究，给章老师报了两个题目：一个是"经元善与早期江浙资产阶级研究"，另一个是"商会与中国早期现代化"。这两个题目也是章老师当时关注的领域。民族资产阶级是章老师感兴趣的一个领域，他长期研究辛亥革命和民族资产阶级，对张謇进行了深入研究，但是没有人做过系统的研究。章老师那个时候正带着马敏、朱英两个学生研究商会，后来他们研究了苏州商会。章老师看了我拟的题目以后，让我也做商会。那时章老师也在思考应该如何深入研究资产阶级，后来他提出如果要深入研究资产阶级，就要具体去研究一个商人群体，因为研究一个个体，不能说明商人和资产阶级的整体状况，而且人物那么多，不可能一个人一个人都去研究，所以必须要有群体性的东西，而商会是最能代表商人这个群体的一个团体，所以提出我们要研究商会。

那时候国内研究商会的学者，除了武汉的章开沅带领的团队之外，还有上海的徐鼎新，天津的胡光明、宋美云等以及北京的我。上海的徐鼎新先生等撰写了我国第一部商会史著作《上海总商会史（1902—1929）》，然后才是我的著作《商会与中国早期现代化》和马敏、朱英的著作《辛亥革命时期苏州商会研究》。4个研究团队虽然都在同时研究商会，但之前互相都没有通过气，是不谋而合。中国历史学会下面有一个史学规划会议，史学规划会有一个经济史组，当时章老师、上海的丁日初先生是组长、副组长，我是规划组里面的秘书。第一届的史学规划会的计划就是要开展一项商会研究，直接推动了各个地方的商会资料整理。

我写的《商会与中国早期现代化》这本书的特点，就是把商会与现代化这两个热点结合在一起，因为 20 世纪 80 年代学术界刚刚开始研究现代化问题，商会也是刚刚开始被关注，在当时来说还是属于比较时髦的东西。这里边我也有一定的传承，我与章老师都关注到商会相关的研究，但我更多还是受到他的影响，而北大的罗荣渠老师给了我现代化问题的启蒙。罗荣渠老师是我大学本科时候讲世界史的老师，也是我们毕业实践小组的指导老师，在一起待了比较长的一段时间。后来，现代化研究兴起，北边的代表人物是罗荣渠，南边的就是章开沅，分别出了两本现代化的著作。我觉得从现代化的角度去研究商会，在当时来说应该是一个很合适的角度，因为现代化的核心是工业化，而工业化的主干力量当然就是资产阶级，是商人。我毕业以后，以此申报了一个国家社科基金项目，马上就得到资助。其实在我以前，章老师的著作《比较中的审视：中国早期现代化研究》和罗先生的著作《现代化新论》，都是国家社科基金课题完成以后出版的著作。国家社科基金当时设立了优秀科研成果奖，设立到现在就评过一次，后来就再也没有评过。十几年才评一次，大量的成果累积在一起，评选的标准很高，结果章先生的著作、罗先生的著作、我的书三本关于现代化的全都评上了。

博士毕业后我仍在关注经元善、洋务运动的问题，也出了一些成果，在华中师范大学出版社出了《经元善集》，但是主要精力已经转移到商会与现代化的问题上来了。后来我主编了《中国现代化历程》三卷本，这是当时中国第一部力图全面系统地研究中国现代化过程的著作。当时现代化研究刚刚兴起，学术界正在反思中国近代史的模式、研究的范式究竟要不要转换，主线是什么？所以这套书很受欢迎，发行量也比较大，然后又被纳入中国文库里边。所谓中国文库就是 20 世纪中国文库，从 1900 年到 1999 年共选 1000 种，每一年选 10 种，章老师的《辛亥革命》和我的《中国现代化历程》两本著作被选入其中，所以我又跟章老师同框了，这是挺荣幸的。

不管是商会还是现代化，涉及面都很宽，包含很多的经济问题，我后来将研究转向了制度方面，如立法、经济法规建设、经济秩序建设等，可以说，我是国内最早的比较系统地研究近代经济法制建设的。我发的那篇文章《民国初年的经济法制建设述评》，并不仅仅限于哪一年制定了什么制度，它为什么规定这样的死制度研究，而是将人的因素加进去，涉及经济制度制定的起因是什么，内容是什么？制定以后怎么贯彻执行的？贯彻执行的效果怎么样？这样成为一个完整的制度史研究，就是一个活的制度史研究。后来北大的邓小南提出制度史研究要从死制度走向活制度，其实我这篇文章已经从死制度走向了活制度。后来有一次开会的时候，碰到中山大学很有名的哲学系教授袁伟时，他在会上说，研究制度史就应该像虞和平这样研究，不光就文字论文字，只是去挖掘资料，还应该思考怎么去整合这些资料，就是从一种社会经济史研究的角度去研究制度的问题。后来农村、官营、国营、私营企业等一系列的问题都纳入了我的研究范围，专门研究经济的问题。后来我参与了彭明先生主持的国家社科基金重大课题《20 世纪的中国——走向现代化的历程：经济卷（1900—1949）》，这个课题实际上是我奉王庆成先生之意参与策划的，但我那个时候资历还浅，后来王庆成先生请了彭明先生出来支持，由我承担了其中的经济卷。这个书的涵盖时间从1900年一直到改革开放以后，以1949年为界进行分卷，我负责其中1949年以前的一卷，孙健先生负责1949年后面的一卷。这本书篇幅比较大，70万字，我一个人完成，理清了从清末到民国时期社会经济的一些重要问题，也纠正了以前研究中存在比较多的一些错误，这是我的一个比较全面地对近代社会经济史的研究成果。

后来我又接着做商人研究，如经元善、虞洽卿、周学熙、张謇等近代企业家中的领军人物，但我始终侧重于商人群体的研究，将其作为一个整体来研究，并在此基础上申请了一个国家社科基金的重大项目《资产阶级与中国近代社会》。这个项目邀请了学界比较有名的历史学家为课题组成员，但他们后来都忙着自己的事情不参加了，所里参加的几个人也调到了其他地方，就剩下我一个人在做了，所以非常遗憾，到现在还没有结项，但是成果已经出来了，出版了100万字的《资产阶级与中国近代社会转型》（三卷本），大概还有三四十万字没有完成。这段时间插进了很多其他事情，你们刚才看到的《中国抗日战争史料丛刊》和《近代史所藏清代名人稿本抄本》两套大型资料都是同时做的，又插了一个国家清史工程的项目，其中的"光宣朝"人物卷是我主持的，所以把我自己这个项目给耽误了。耽误自己的项目没事，大不了以后不申请国家项目了，但不能耽误别人的项目。《资产阶级与中国近代社会转型》（三卷本）出来以后，影响还是不错的，应该说是目前为止以比较新的、完整的、全面的视角，对资产阶级进行了总体研究。后来我们社科院评奖的时候，获得了社科院离退休科研人员科研成果一等奖、社科院的优秀成果三等奖。我现在基本上是在做一些总结性的研究，梳理自己一辈子的东西。

◉**问**　您的研究从最开始的洋务运动，到后来的商会与近代化，请问洋务运动与商会和近代化的逻辑关系是什么？

◉**虞**　洋务运动就是要发展洋务企业、洋务工业，也就是现代化的资本主义企业，还有一个就是要师夷长技，引进国外的科学技术。一开始国内学术界并没有现代化的概念，后来引进现代化概念以后，学术界包括我，一般将中国现代化的起点定在第一次鸦片战争，因为鸦片战争后，魏源、徐继畲、林则徐等维新思想家首先开眼看世界，比较正确、全面地认识到中国的落后、西方国家的先进，提出要向西方国家学习先进的制度、先进的文化、先进的技术。人的行动是受思想支配的，思想变化了才会有行动，这些早期维新思想家无疑为后来的洋务运动提供了思想。我个人认为洋务运动是中国早期工业化的起点，因为洋务运动是清朝第一次打开国门，引进西方先进的科学技术，兴办近代化军事工业和民用企业，是我国工业化的第一步。中国近代纺织业、自来水厂、发电厂、机器缫丝、印刷、制药、玻璃制造等等，都是在 19 世纪七八十年代开始建立起来的。在洋务运动的推动下，中国的民用工业得到了较快发展，奠定了中国近代工业的基础。

为什么洋务运动研究成为热点的时代背景是改革开放？

因为改革开放要大力引进西方的先进科学技术和资本，发展民营企业，其实学界认为当时洋务运动也是企图这样做的，其中的经验教训值得借鉴。我们的改革开放首先也要解决思想问题，所以没有真理问题大讨论的话，也不会有改革开放。

●问　您在《殖民化与资本主义化》中，认为要全面估计中国资本主义化的程度，至少还应包括三个方面，其中第一个就是官僚和买办资本，请问官僚和买办资本如何推进了中国资本主义？

●虞　我们研究近代经济史应该首先总体评估近代中国或者某一个历史时期，中国资本主义发展到了什么程度。比如辛亥革命研究，辛亥革命是一个资产阶级民主主义革命，它应该有资产阶级和资本主义的基础，因为这个社会如果没有资本主义和资产阶级的基础，哪来的资产阶级革命呢？这就需要对当时的资产阶级和资本主义进行一个总体的估量和评价。既然是一个总量的估计，当然所有的、各种各样的资本成分都应该估计进去，不能只是看民族资本主义的这部分，那是不够的，其中官僚的、买办的也要算进去。

资本的统计有两部分：一部分是政府的。官僚资本是从清末到民国时期政府（包括中央政府和地方政府）的资本投资，这是官产。另一部分是官员的私产。官员私人投资和政府投资要区分开来，从属性来区分的话，应该是公营跟私营的区别，民营当然是以私人资本为基础的，国营是以官方资本为基础的，是这样的一个关系。所以在这个方面我们要评估，近代中国某一个时期资本和资本经济发展到什么样的程度。

另外，从资产阶级产生的过程来看，官僚、买办和商人是中国资本主义和资产阶级的来源。走在最前面的应该是买办，虽然买办也是商人，但他们属于特殊的经纪人阶层，具有洋行的雇员和独立商人的双重身份：作为洋行雇员身份的买办，得到外国势力的庇护，可以不受中国法律的约束；作为独立商人的买办，又可以代洋行在内地买卖货物或出面租赁房屋、购置地产等。传统商人向现代资产阶级转换，要比买办商人晚一点。另外，官僚也是后来资产阶级来源的重要组成部分，但是他们的身份比较复杂，因为他有官僚的身份，我的观点是只要他不当官专门去从事企业的开创，就应该是转化为资产阶级了。比如张謇，他有翰林头衔，为官僚出身，但是他后来不当官了，一门心思经营位于南通的大生纱厂，后来又创办了广生油厂、复新面粉厂、资生冶铁厂等一批企业。到民国以后，他又当官了，担任了实业总长、农商总长兼全国水利总监，实际上是以商人的身份去当官。

到民国时期，像张謇这样的官僚商人是比较多的，蒋介石政府里面吸收了很多上层的商人进到他的经济、金融部门去当官。这段时期，中国官员职业化的程度还不是很明显，他可以当官也可以不当官，像张謇那样的，我愿意当就当，不高兴我就辞职不干了，因为当官不是职业，除了当官之外还可以做其他的事情。张謇甚至提倡过官员不能职业化，官员的第一职业应该是他的社会职业，然后你在第一职业的基础上去当官，这样你才知道自己适合去管理什么东西。这是当时新型的一种官员制度的设计理念。

◉**问**　清末民初，官督商办后来转为了完全商办，就是国营改成了民营，可以这么理解吗？

◉**虞**　也不能这样说。官督商办从资本属性上来说，从一开始就是私营的，因为他招的是商户的、商人的资本，里边有官方的一些资本，是作为借款垫款给企业的，企业是要还给政府的，也就是说官方资本不是投资，不是入股，是借款。企业也可以向银行和其他人借款，同样这也是债务。

那么后来为什么要官督商办？因为办这个企业往往是官方出面创意和谋划的。官员们从对外对内的政治目的、财政问题出发，决定办这么一个企业，但是政府没有钱，那么政府就出面，招聘几个在商界有影响力的大商人来做这个事情，由他们出面去招商。招商有一个很重要的制度，就是从你出资入股的那一天起，不管企业是赚还是赔，企业每年给你最低6%的利息，当时的惯例基本上是6%，要远高于银行存款的利息。市民觉得有熟人、大商人做担保，入股一个企业那就有保证，因为出了问题可以找担保人，最早的商股就是这样招来的。有时候招不齐，钱还不够，或者没有那么快，如一开始预定股份是100万，结果只招了二三十万，这样就有可能导致本来计划1年就把企业办起来的，最后就办不成了。这个时候主办官员可以利用权力到地方筹钱给企业垫款，政府先借钱给你，你先把企业运行起来。政府有的时候不放心，会派一个官员去监督企业的经营。这个官员是要负责任的，如果企业经营不善，钱还不回来了，他要革职、丢乌纱帽。后来郑观应也因为担任机器织布局的总办吃过官司，他当时把机器织布局的余款外放以获得利息，结果金融危机爆发，这个钱收不回来了，追责就追到郑观应的头上。

官员如果挪用地方的行政经费，必须确保这个钱能收回来，所以派一个人去监视你的行为也是情有可原的，存在一定的合理性。一开始官员和商人还是合作得比较好的，比如轮船招商局刚成立的时候，唐廷枢是总办，也是督办和商董，既代表官又代表商的双重身份，也可以说是三种职务合一的，因为唐廷枢还有一定的官员头衔。后来招商局的情况发生了变化，唐廷枢和徐润相继被调离，盛宣怀由此成为招商局督办，也是官督商办企业里面的第一个督办。当时其实盛宣怀在招商局里边的资本力量还是比较弱的，也就是他在商界的影响力还不够，但是李鸿章跟他的私人关系很好，从此以后就有了专职督办。

◉问　您在《清末民初轮船招商局改归商办与官商博弈》一文中，提出轮船招商局在清末民初由"官督商办"转变为"完全商办"，虽然"官督商办"在一定程度上推动了我国初期民族工业的发展，但郑观应对这种实业救国的形式提出了批评，指出"盖官督商办者，既有委员、监督，而用人之权操自督办，股东不能过问"，除此之外，您认为"官督商办"还存在哪些不足？由"官督商办"转变为"完全商办"需要哪些条件？

◉虞　官督商办后期的批评是比较多的，包括经元善、谢家福等基本上都批评官督商办制度。这里有一个特点，就是这些批评官督商办制度的人都是李鸿章系统企业里的商董。因为李鸿章的企业大管家就是盛宣怀，所有的企业都是他督办。随着盛宣怀官职越来越大，李鸿章又派了一些其他的官员作为会办进入到洋务企业，于是轮船招商局里面就形成了两种管理层：一种叫作"员"。员是由官员担任的会办、督办、总办，基本上都是李鸿章、官方衙门派过来的，负责企业的经营管理。还有一种"董"，那就是商董。董是由股东里边的大股东产生的，他们实际上只有参与权和监督权。最终形成董跟员之间的矛盾。那些员都是外来的，虽然他们或许会有一些投资在企业里面，但是大股东很少，他们通常通过经营管理权力系统来谋取私利，安插自己亲朋故友，所以这些企业的管理人员数量就会膨胀，闲职增多，企业的开支增加，效益就降低了。还有一种就是徇私舞弊，大量地拿回扣，比如说轮船要用煤，如果任期不久到了，这些员明知道还有大量的煤，也要进行大量采购，导致他离任以后的 5 年煤都烧不完，因为这样可以拿很多回扣。原因在于这些会办、总办跟企业本身的实际利益没多大关系，所以在的时候能捞就捞，你企业亏了跟我没关系。即使亏了，最后李鸿章在那里兜着，朝廷在那里兜着，所以他也不用关心。董事会和股东就不一样了，他们的分配主要是靠红利，就是企业的利润，盈利以后按股分配，他们就要追求企业的效益，所以他们两者之间矛盾越来越深。

　　再一点，由于官方有大量的钱借给企业，派会办、督办到企业经营，商董也没多大意见，因为企业是靠你这个钱来养活的，比如说招商局收购旗昌以后，负债 200 多万两，都是官方的钱，远远超过他自己的本金，直到 1880 年以后，招商局才把官款还清。但是，企业还清了政府欠款，官方还派驻会办、督办，甚至是越派越多的这种趋势，权力控制得越来越严，这个时候商董就有意见了。商人投资办的企业最终由官方来经营管理，那产权上就不合理了。如果是我聘你来管理企业，这是可以的，但这些人是硬塞进来的，是企业不愿意要的，而且控制了他们的管理权，这导致企业效益差了。

从总体上来看，部分官督商办企业的效益还是比较好的，其中李鸿章系统的洋务企业最好，但张之洞办一个赔一个。李鸿章系统的洋务企业中最好的就是两个：电报局和招商局。电报局第一次招股，招募金额 80 万元，后来其资本发展到 200 多万两。招商局一开始的时候，计划招募 100 万两，但直到收购旗昌的时候才招齐，后来扩展到 200 万两，随后 200 万两变成了 400 万两。到清末民初的时候 400 万两变成 800 万两，最后超过了 1200 万两。从 200 万涨到 1200 万，股东们一分钱都没出过，全部用盈利转换为股本，投资了 200 万两，就赚了 1000 万两，增长了 6 倍，效益多好。民国以后，企业完全实施了商办民营，其效益还没有清末的官督商办时期好。

◉**问**　民国以后，商办民营企业的效益还没有清末的官督商办企业好，原因是什么呢？

◉**虞**　这有时代的关系，还有管理制度的问题。轮船招商局在清末经历了中法战争、甲午战争两次大战，受到了很大影响。1912—1928 年，基本上没有太大的战事，1928 年以后北洋军阀混战都是在陆地，对轮船招商局的影响不是很大，但清末时期的效益反而比民国初期还要好，这个问题是值得我们重新去审视官督商办制度的利弊问题。官督商办实际上是官与商两者之间的一个关系问题，即两者应该怎么样合作、怎么样互动、怎么样配合的问题。所以，商办的民营企业未必就十全十美，官督商办的企业未必就一无是处。

后来我研究 20 世纪中国的现代化历程，我的观点是，企业的好坏不能简单、笼统地从它的制度出发定论它是好的坏的，或者官办的、官督商办的就是坏的，商办的就是好的。我也很认同朱荫贵先生的观点，企业并不是股份制就解决了所有问题，股份制也有自身的问题。

◉问 既然这样，为什么官督商办到最后都要慢慢地转为完全商办？

◉虞 官督商办转为商办，这是一个时代潮流的问题。刚才说过，既然企业把欠官方的钱还清了，企业的股份就完全是商人的了，我干吗还要政府管。因此他们有内部的动力将官督商办完全转为商办。另外，清末新政提倡振兴商业，鼓励民办企业，公司法的出台让普通市民都可以到政府部门注册成立商办企业，促使各种各样的企业诞生，可见，资本主义经济发展的主流是从官走向商了。清末好多大公司都是民营企业，包括铁路这么大的公司都是民营的，也带动了很多官办企业、官督商办企业转为商办。比较早的就是汉冶萍。1896 年汉阳铁厂由"官办"性质改为"官督商办"，由盛宣怀接任督办，后面就变为完全商办了。当时的主流就是这样的，郑观应他们也想让轮船招商局变为商办，经历了完全商办法定权利的获取、对商办权利的自卫和完全商办的实现三个阶段，并伴随着官、商两方激烈的权利博弈，最终借助预备立宪和辛亥革命带来的有利政治条件如愿以偿。

◉**问** 您在《清末民初轮船招商局改归商办与官商博弈》中，提到郑观应为促使轮船招商局由"官督商办"转变为"完全商办"，亲自到北京办理商办注册等事宜，为什么在 20 世纪初期轮船招商局要转制为商办？

◉**虞** 那个时候的一个关键点就是 1901 年李鸿章死了，袁世凯接位。招商局实际上是李鸿章手下的一个企业，是北洋大臣管辖的一个企业。李鸿章死了，现在是袁世凯当北洋大臣，当然是袁世凯来管轮船招商局。有人说袁世凯从盛宣怀手里抢夺了招商局的权利，这是不太科学的一种解释。我认为这不是他的个人行为，而是清朝的一个制度性行为。这个企业就是北洋大臣管的，后来袁世凯不当北洋大臣了，杨士骧接任了北洋大臣，轮船招商局就转到杨士骧手上了，这是一种职务性的行为，不是他的个人行为。

盛宣怀想继续他在轮船招商局原有的权势，因为此时他的身份地位也在上升，当了邮传部的副部长。1902 年盛宣怀的父亲去世，他要离开官位守孝，袁世凯想趁这个机会尽早把企业弄过来，就有点咄咄逼人。盛宣怀当时答应袁世凯说电报局可以接过去官营，但轮船招商局还是以商营为好。袁世凯还是执意要收回轮船招商局的管理权，当时像郑观应这些商总就怕被袁世凯接管，变为官营。但是也有人愿意，关键看你每一份股票给多少钱，当时招商局的股份只有 400 万两，只是翻了一倍，还没到 1200 万两。电报局当时给的股票股金是比较高的，是两倍多，那么盛宣怀同意把电报局让出去，其中也是有私利的。电报局改为官营的时候，盛宣怀所持的电报局股份已经很少了。为什么要卖掉？他要去接管汉冶萍煤铁厂矿公司，但钱不够，于是把电报局的股票卖掉，买了汉冶萍的股票。在招商局，盛宣怀是第一大股东，所以他不愿意把这个企业交给袁世凯，再加上郑观应在那里提醒，要根据现实趋势改为商办。

当时朝廷又出了新的政策，除了制定相关的法律之外，还成立一个新的部门，即商务部。商务部跟邮传部有不同的分工，跟北洋大臣也有分工。北洋大臣主要管理人事关系，邮传部管理业务关系，就是航运方面的专业业务，商务部主要管理企业的制度制定。企业注册登记是要到商务部去注册的，但是轮船公司要搞什么业务要到邮传部去申请。所以轮船招商局要根据公司法先成立董事会，盛宣怀虽被选为第一届董事会的董事局主席，但他选上以后辞掉了，没有就任。郑观应也被选上了董事，其实他当时在招商局并没有多少股份，不够资格，但是盛宣怀急着要拉他过来，让了部分股份给郑观应，郑观应才有资格选上董事。郑观应能办事、人脉广，到商务部去注册商办的时候，别人办不通的事情他去就能搞定。

◉**问**　郑观应在轮船招商局转制为商办的时候，究竟发挥了什么作用？

◎**虞**　招商局改归为完全商办之事，从 1895 年起开始酝酿。当时，身为招商局股东和帮办的郑观应，看到甲午战争后李鸿章被解除直隶总督兼北洋大臣职务，在清廷中的地位开始动摇，对招商局的保护力受到削弱，于是向盛宣怀提出将招商局改为商办的建议，但盛宣怀没有采纳，而只是力图寻求其他得势大员的保护。直到 1902 年袁世凯接任北洋大臣，于 12 月将招商局归为北洋督办，并于 1903 年 12 月奏派其亲信杨士琦总理招商局之后，招商局股东主张商办的讨论重新启动，郑观应随即再次提醒盛宣怀应该将招商局改为商办，但郑观应的这一建议仍未被盛宣怀采纳。

1906 年 11 月，清政府设立邮传部，轮船、铁路、电报、邮政统归管辖，这立即引起盛宣怀及招商局股东们的警觉，预感邮传部即将接管招商局，于是盛宣怀便于 1907 年 2 月授命股东陈焕文南下，策动粤港澳股东联合发起改归商办行动，股东们也相继在广州、上海集会商量改归商办之法。到 9 月，杨士骧接替袁世凯为北洋大臣后，对招商局干预更加严重，进一步激起招商局的争取商办行动。1908 年 2 月，招商局在上海举行股东会，就改归商办之事征求意见、筹议办法，填写公司注册呈式，起草《轮船招商局有限公司章程》。招商局于 8 月 15 日举行股东大会，选举董事，成立董事会。

郑观应作为此次赴部申请注册的当事人，他在事后的 1910 年招商局第一届股东年会上，叙述了自己申请注册的经过，大致经过是这样的：1909 年夏天，招商局在召开股东大会推举董事、成立董事会后，向农工商部递交了注册申请，但等到冬季临近的 10 月下旬还没有获得执照，其原因是邮传部有不同意见；10 月末，郑观应始受董事会委托，不顾因冬寒而发的哮喘病，赴农工商部催促注册之事，经过多方活动，并补充材料，最终领到执照，但受到邮传部尚书徐世昌"必须官商融洽方能办事"的告诫；注册的企业名称是"商办轮船招商公局股份有限公司"；回到上海后，得到邮传部对商办章程的批驳，并规定招商局所有办事人员不能由股东公举，必须由部委派，可以看出邮传部的做法显然违背农工商部新颁布的商律。

由此可见，1909 年由郑观应出面向农工商部申请的招商局商办公司注册是成功的。注册的成功标志着招商局已获得了完全商办的法律权利，从法定制度上来说已是商办企业。不过，这还不足以表明它已成为一家名副其实的商办企业，还要看它是否在实际上获得了独立自主的经营管理权和财产支配权。招商局在收到邮传部对其商办章程的批驳之后，各董事和股东均甚感不平，继续为维权而努力，郑观应是其中重要一员，随即于 1910 年展开了反批驳行动，但仍然没有任何结果。

到 1911 年初，盛宣怀升任邮传部尚书，企图利用自己执掌的权力实现招商局改归商办之事，指派郑观应出面重新启动这一事项。郑观应由京回沪得悉交通部的批文后，立即与盛宣怀等"会商挽救之法"。1911 年 9 月，邮传部将郑观应等所拟订的新章程奏请清廷核准。由此，招商局获得了明确的商办股份有限公司身份和基本权利，其与政府之关系只限于有关产业重大扩展和产权重大变更须报经邮传部核准，部派之员大幅度减少至两人，且只有监察之权、无实际办事之权，如有不轨即可请部撤换。招商局董事会之前所提减少部方干涉的要求得到实现。至此，招商局虽仍保留了两位部派官员，完全商办的构想有所退让，但已基本成为一个产权明晰并自主管理的商办企业。这一管理制度的改变，使招商局距离完全商办的实现又近了一步，为接下来在民国初年走完最后一步打下了重要的基础。辛亥革命后，招商局利用有利时机与官方展开了三次博弈，争得了完全自主用人、独立处置产权的权利，最终实现了完全商办。

◉**问** 刚才您讲了郑观应的人际关系比较广，请问郑观应在他的职业发展过程里面为什么能够建立拓展这么多的人际关系？

◉**虞** 这主要有两个原因：一是他工作的面宽，经历过的岗位多；二是跟广东人也有关系。可以说从清末到1928年一直都是广东人的天下，广东人在上海当官的人很多，大商人也很多，买办也多。郑观应又是一个老资格的企业家，各方面的关系多，所以他和这些人都有关系。

◉**问** 在这篇文章中，您认为要研究招商局改归商办之事，应从三个背景切入，其中一个是盛宣怀与郑观应的关系，为什么盛宣怀与郑观应的关系在很大程度上决定了是否能将招商局改归商办的结果？

◉**虞** 盛宣怀和郑观应的关系是很好的。1876年从唐廷枢离开招商局到天津去筹办开平煤矿以后，郑观应接他的班，担任督办下的帮办。那个时候没有总办，只有督办，所以盛宣怀是督办，郑观应是帮办，是业务上的主要负责人，揽货业务是航运最重要的业务，都是他负责的，因为他点子比较多，经营管理方面实践能力也比较强，所以盛宣怀是要依靠他的。另外，郑观应也是最早向盛宣怀提出来，招商局应该争取官办改为商办的人，后来盛宣怀要做这个事情的时候，他当然要依靠郑观应来做了。另外招商局股东实际上是两大派：江浙沪和广东派，其中广东派的实力是很强的，郑观应是广东派的领头人物。徐润也是一个跟郑观应起步相当的人物，但徐润的德行不太好，所以他的威信没有郑观应高。要牵头得到广东派商人的支持，必须要有郑观应出面来号召。辛亥革命爆发以后，盛宣怀逃到日本，郑观应和盛宣怀还通过信件保持非常紧密的联系，我编的《近代史所藏清代名人稿本抄本》这套资料里就有不少盛宣怀在日本时期给郑观应的书信。

◉问　招商局改归完全商办之事从 1895 年起就开始酝酿，随后身为招商局股东和帮办的郑观应曾多次向盛宣怀提出将招商局改归于商办，为什么都没有被盛宣怀采纳？

◉虞　这个主要是两方面原因：一是依据还不足。前两次郑观应提出招商局改归于商办的时候，公司法还没出台，没有法律依据。1904 年公司法颁布以后，有了法律依据也有了商部，条件就比较成熟了，可以说郑观应的思想有点超前。二是盛宣怀自己的原因。那个时候李鸿章还在世，靠山还在，盛宣怀坐得稳稳的，牢牢地掌控着招商局。他既有权又有钱，而且是第一大股东，可以获得的利益很多。到 1902 年的时候，李鸿章死了，他失去了靠山，而且父亲去世守制，他就很危险了，同时袁世凯又表现出咄咄逼人的气势，他的危机感就来了。一直到那个时候，他才采纳了郑观应的建议，想办法把招商局改为商办，所以还是跟他的个人利益有关系。

◉问　中国现代化的历程本身是一个连续发展的过程，您主编的《中国现代化的历程》，力图以整合的方式，打通各个历史发展阶段，对近代以来直至今天的中国社会发展变迁建立一种一以贯之的新的解释系统。著作中，"实业救国、经济伦理、地方自治、维新变法、清末新政和立宪运动"等，被作为资本主义现代化的动力因素、区域模式、启动尝试加以考察。您认为"实业救国"在中国近现代史发展中具有怎样的地位、作用和意义？

◎虞　所谓实业救国，就是振兴实业，发展民族资本主义，以挽救濒临"亡国灭种"的祖国，这是中国民族资产阶级多年来的迫切愿望。实业救国思想最早可以追溯到洋务运动时期，洋务运动是洋务派以"自强""求富"为口号所进行的一场引进西方军事装备、机器生产和科学技术以挽救清朝统治的自救运动，本身思想就带有一种实业救国的含义，就是发展中国自己的工业。洋务运动是清末时期推动"师夷制夷""中体西用"思想的实践活动，不光动员了政府官员，也动员了民间层次的商人甚至市民，涉及人群的层次多，具有比较大的社会动员作用，号召各个层次的人通过实业来救国。

洋务运动前期，洋务派以"自强"为旗号，采用西方先进的生产技术，创办了一批近代军事工业，如江南机器制造总局、福州船政局、天津机器局等。几年时间就让中国有了铸铁、炼钢以及机器生产各种军工产品的能力。随着军事工业的创办，洋务派逐渐认识到要维护民族利益，必须发展民族经济，与洋人进行"商战"，提出了求富的口号，推动了矿业、电报业、邮政、铁路等行业的兴起，这样民用工业和新式交通运输业也发展起来了。可以说，在洋务运动的推动下，中国的民用工业得到了较快发展，奠定了中国近代化工业的基础。

之后的辛亥革命更是一场力求为资本主义开道的政治革命。辛亥革命推翻了清王朝，建立资产阶级共和国，就提高了资产阶级的政治地位。资产阶级不再像以前那样处于"四民之末"，他们的政治代表人物还进入国家政府部门和国会，直接参与政事，有可能利用掌握的部分权力为本阶级服务。在此背景下，资产阶级改良派也积极进行实业救国活动，他们或作演讲，或写文章，或组织各种实业团体，或创办各种企业进行实业救国。张謇在 1913 年 9 月出任北洋政府农商总长后，先后发表《实业政见书》等一系列文告，提出"棉铁主义"，制订农工商法案、整顿金融机关、裁撤厘金常关、奖励民办实业、改官办企业为民办企业等，随后汤化龙、熊希龄、沈云沛、王清穆等人则分别组织了经济协会、拓殖协会、中国实业研究会、中国实业会等实业团体。这些实业团体以"振兴实业""富强国家"为宗旨。如中国实业共济会章程规定："本会以集合五大民族，共筹振兴实业，开拓国家之富源，发展民族之经济为宗旨。"这反映出，此时所说的"实业救国"，除了振兴实业以挽救民族危亡的原意外，还包含有建设民国的新意，也可叫作"实业建国"。它明显地反映了当时资产阶级热爱新民国、建设新民国、保卫新民国的进步思想。

尽管之前的实业救国热潮有许多弱点，并为历史条件限制，但在一定程度促进了我们国家民族资本主义的发展。通过组织各种实业团体，创办实业刊物，加强了组织和思想上的联合，也增加了资产阶级的经济力量。从而使其能够"利用集中的组织的社会力量"，像温室般助长传统生产方式向资本主义生产方式的转化过程。例如，他们利用集体的力量，在工商会议上敦促工商部和北洋政府实施会上通过的议案，迫使北洋政府采纳其要求和主张。张謇任农商总长时所制定的一些鼓励实业发展的法令和措施，也与实业团体的敦促分不开。他们还利用集中的经济力量，筹办大型企业和金融机关，推进工商实业的发展。这与辛亥革命前，资产阶级靠输钱捐官提高政治地位，或靠贿赂官员买通关节以求实业发展，无疑是很大的进步。资产阶级广泛宣传振兴实业的思想，实际上是对全国人民进行了一次在中国发展资本主义的重要性和必要性的宣传教育。

◉**问**　洋务运动中以"官督商办"的形式兴办了很多民族企业，"官督商办"是清政府利用私人资本创办近代民用工业的一种重要组织形式，以期获得官民双赢的结果，您如何评价洋务运动中的实业救国？

◎**虞**　洋务运动的主要目的是抵制外国资本对中国的扩张和侵略，当时的实业救国可以具体到两个层次：一是抵制洋货。抵制洋货既有经济的动因，也有政治的动因。在我看来，这个抵制洋货实际上是中国人最早采取的经济制裁，现在的所谓经济制裁实际上是中国人最早使用的武器，我们主要从经济和政治层面来抵制洋货。二是提倡国货。光抵制洋货是不行的，你得要有自己的东西，你得有替代品，不然老百姓要生活没东西了怎么办？那些被抵制的外商之所以敢说"中国人也就5分钟的热度，喊口号，过不了多长时间你还得买我的东西"，原因在于你自己没有东西，所以后来就发展到要提倡国货。提倡国货就是要改善国货的生产水平，增强人民使用国货的意识，用现在的一句话来说，就是供给侧结构性改革，解决需求跟供给之间的矛盾。现代工业的发展也是这么一个脉络过来的，洋务运动中的实业救国思想是比较明确的，企图通过发展工业达到使中国富强起来的目的，挽救中国衰落的危机。

◉问　我们在访谈暨南大学张晓辉教授的时候，他非常认可您的一个观点，就是香山人在洋务运动中发挥了重要作用，推动了中国早期现代化的进程。请您谈谈唐廷枢、郑观应等香山买办在洋务运动中发挥了哪些作用？

◉虞　洋务运动企业里边最重要的是李鸿章系统的洋务企业，基本上都是广东人的天下，而广东人的精英主要集中在香山这个地区，可以说，李鸿章主要是靠这些香山买办干活，没有他们，李鸿章的洋务企业办不起来，也办不好。以唐廷枢、徐润、郑观应为代表的香山买办群体，不仅率先在实践上按西方近代企业经营理念和管理方式，从事新式工商企业的投资管理活动，而且郑观应还从知识和理论上对西学进行了新的诠释，明确提出了学习西方发达的科学技术和先进的社会制度的主张，提出"工商立国"和"商战"的思想，形成了具有重商倾向的商务论和商战论。

香山买办响应清政府提倡的所谓"求强""求富"的号召，积极参与洋务运动，唐廷枢、徐润、郑观应在李鸿章的邀请下放弃了可以获得高薪的买办生涯，先后加入了轮船招商局，担任总办等职位，在后来系列洋务企业，如上海机器织布局、津沪电报局、汉阳铁厂、开平煤矿、铁路交通等，都有香山买办商人的突出身影。可以说，以唐廷枢、徐润、郑观应为代表的香山买办率先投资于近代工商企业，全身心参与洋务，对中国近代工业化有开创之功。

◉**问** 李鸿章和盛宣怀用各种办法去吸引香山买办，加入洋务企业，为什么他们也愿意投入到这些企业里面去进行实业救国？

◉**虞** 作为一个买办，依附于外国人做生意，同时在买办的基础上，自己办一些自己的行号。从赚钱的角度来说，买办不加入李鸿章的洋务企业，应该日子也过得不错，但这些买办选择到洋务企业里做事，主要有三个方面的原因：一是可以提高自己的声誉。买办是受雇于外国在华商行（洋行）并做它们代理人的那些中国人，介于华洋之间以成交易，具有桥梁作用，但他们实质在洋行中的地位也是不高的。容闳从耶鲁大学毕业回国后，也在上海宝顺洋行当过一段时间的买办，他回忆说，"以买办之身份，不过洋行中奴隶之首领也"。这种低人一等的屈辱感，烙印在很多买办的灵魂深处。到洋务企业做事，是给官家做事情，这是一件体面的事情。在唐廷枢、徐润他们看来，进入洋务企业中当会办、总办，相当于一个官职这样，所以他们自称为"职商"，和在职官员一样，是有官衔的，即有官员级别的商人。二是他们到洋务企业做事后，可以获得多方面收益。虽然买办不能做了，但仍可以继续经营自己原有的行号，同时可以从招商局得到一份丰厚的回报，既有工资又有股息。三是符合潮流趋势。经过两次鸦片战争的失败以及太平天国的打击，清朝内外交困，清朝的一部分官僚开始认识到西方坚船利炮的威力。为了解除内忧外患，实现富国强兵，以维护清朝统治，开始学习西方文化及先进的技术，这是当时社会发展的趋势。唐廷枢、郑观应等香山买办肯定已经意识到社会要朝这方向发展，当时的这种实业救国思想也在萌芽，在这种情况下，投身到洋务企业符合大势，所以他们愿意过去。

◉问　您在《香山籍买办与宁波籍买办特点之比较》中认为，香山籍买办唐廷枢、徐润、郑观应存在死守老东家、死守老行业的从业惯性，为什么香山籍买办存在死守老东家、死守老行业的从业惯性？这对他们的买办生涯产生了哪些影响？

◉虞　第一次鸦片战争后，随着香港被英国侵占和广州被开放为通商口岸，两地的洋行快速增加，需要雇用更多买办。于是，香山籍买办以其原先的基础和邻近的地理条件，在粤港地区首先快速增加起来；而且由于中国外贸中心从广州向上海的转移，以及外国在华洋行从粤港澳地区向上海及其他通商口岸的扩展，香山籍买办亦随之向这些地区扩散，数量进一步增加。这虽然使香山买办获得了一定的发展，但并不是主动的、全面的发展。在香山籍买办向上海等其他通商口岸的扩散过程中可以看到，他们主要是跟随原先服务的洋行去到那些新的口岸，并仍旧主要从事茶叶、丝绸的出口业务和消费品、奢侈品、鸦片的进口业务，以及替外商轮船揽载货物，较少向新的外商企业和新的行业领域扩展，加之因离开自己的本土而产生地理和生活因素上的制约，使其持续发展的条件受到限制，后继乏人。因此，香山籍买办在上海等新通商口岸的发展是一种保守型的发展。

　　香山买办的这种保守型发展，可以用郝延平的一组统计加以证实。据该组统计，19世纪70年代之前香山人在上海当买办的状况是：琼记洋行在19世纪50至60年代所雇用的23名买办中，广东人占20名；旗昌洋行在19世纪30至70年代所雇用的15名买办中，广东人占8名；怡和洋行在19世纪40至70年代所雇用的24名买办中，广东人占12名；宝顺洋行在19世纪30至60年代所雇用的21名买办中，广东人占14名。在这4家洋行的83名买办中，广东籍买办有54名，占65%，在这些广东籍买办中香山籍买办可能占据多数。但这只是这组统计所显示的一种表面现象，其内部还潜藏着保守发展的本质特性，因为这4家洋行原本都创设于广州，是香山籍买办在广州的老东家，当它们从广州向上海扩展的时候，就把在广州的香山籍老买办或比较熟悉的香山籍商人带到上海做买办，然后又再由这些带过来的买办推荐香山籍新买办作为后继者，致使上海的香山籍买办就在这4家洋行扎堆，而很少见及有香山人在其他外商企业担任买办。

　　香山籍买办到上海之后，仍操旧业，继续做他们原先所做的茶、丝出口，消费品和鸦片进口贸易和代理轮船业务。这种业务结构，在19世纪60年代之前，上海的外贸物品结构尚未发生大的改变的状况下，是与时代相适应的，但是在此后，随着上海进出口物品结构的大改变就显得不合时宜了。如著名的香山籍买办唐廷枢、徐润、郑观应始终从事的就是这些老业务。如此死守老东家、死守老行业的从业惯性，使香山人出任买办的机会逐渐减少，后继者虽仍有之，但渐趋落伍，乃至萎缩。特别是著名的买办，自唐廷枢、徐润、郑观应之后，似乎无人可举。

当然，我这种说法可能有一点绝对化，唐廷枢、徐润、郑观应等来上海的第一代买办都已经成功了，赚了很多钱，相对来说，比较成功的人往往会具有比较大的保守性，我保住现在这个东西就行了。宁波的商人比香山买办来得晚，但他们主动而充分地利用鸦片战争后的有利条件，很快得以出世和崛起。这些日益增多的宁波商人，主要是以其原有的经商基础，并紧跟外贸格局变化的时代潮流而进入各种外商企业担任买办的。如果说19世纪40年代初第一个宁波籍买办定海人穆炳元的出现，是因其略懂英语而被英商录用，具有一定的偶然性的话，那么此后源源而来的宁波籍买办，则大多出于自身条件和时代条件的结合。在19世纪60年代之前，当丝、茶仍是上海港主要出口品时，那些原先就从事丝、茶贸易的宁波籍商人首先利用自身固有资源，挤入洋行担任丝茶贸易的买办，分割原由香山籍买办掌控的这一片天下。接着，宁波籍商人又随着上海外贸物品范围的扩大而入洋行从事其他各种进出口物品的买办，打出一片新天地。如余姚人王槐山，原在上海某钱庄任职，1865年出任英国上海汇丰银行首任买办。镇海人叶澄衷，以贩卖进口五金起家，后出任某洋行的五金买办；镇海人虞洽卿，原先在颜料行做事，于1893年入德商鲁麟洋行当跑街，后升为买办，负责颜料业务。此后，随着外商经营行业的进一步扩展，宁波籍买办亦相继在各个行业中产生，如航运买办朱葆三、烟草买办邬挺生、颜料买办周宗良、开平煤矿买办刘鸿生、五金买办傅筱庵、钟表买办孙梅堂，以及在天津的银行买办王铭槐、军火军械买办严焦铭等。

与此同时，宁波籍商人还随着上海外商企业设立国别的扩大而相继进入各国洋行和企业担任买办。他们除了进入香山籍买办集中的英商和美商的洋行和企业当买办外，对当时在上海的各国企业都有进入，遍及法国、德国、荷兰、意大利、比利时、俄国、日本等国籍的企业。可以说，到 19 世纪末，在上海的宁波籍买办是遍地开花，无孔不入；大小兼有，老少同业，队伍迅速扩大起来。而且出现不少大买办，上面所列举的这些宁波籍买办，都具有与唐廷枢、徐润、郑观应不相上下的地位和影响。

◉问　香山买办这种保守性、从业惯性，对他们的家族发展产生了什么影响？

◉虞　从 19 世纪 80 年代起，宁波籍买办的总数开始超过广东籍买办，更超过香山籍买办。上海的宁波籍买办持续发展，一直保持了最多数的地位，到了民国时期的 1941 年，以宁波籍买办为主的浙江籍买办更是比包括香山籍买办在内的广东籍买办占有绝对的多数。根据日本学者根岸佶的研究，在 90 名著名买办中，浙江籍买办为 43 名，广东籍买办则只有 7 名。上海社科院的马学强也指出，20 世纪三四十年代，上海有籍贯可查的 500 余名买办中，以宁波人为主的浙江籍买办有 245 名，而以香山人为主的广东籍买办只有58 名。

在天津，做买办的也首先是广东人，后来宁波籍买办逐渐增多，并超过广东买办，而且经营范围比较广泛，不像广东籍买办多集中于航运。在汉口，1866 年时宁波籍买办就已与广东籍买办并驾齐驱，有外商评价为"这儿最适合洋行需要的有宁波人买办，他们在招徕货运和推销进口货方面都具有决定性的优势。这儿的商人都是……宁波人，或是同宁波人更接近而同广东人疏远的那些地区的人"。这使买办后代再从事买办的人就减少了，对家族的发展产生了很大影响。

◉**问**　从唐廷枢、徐润和郑观应的发展来看，唐廷枢一生兴办了 47 家企业，徐润在房地产、印刷业方面也有很大成就。郑观应经营了不同的洋务企业，也取得了一定的成就，刚才您评价香山买办死守老行业是否有点绝对？怎么辩证地看死守行业和突破创新之间的一个关系？

◎**虞**　这个现象是存在的，但是这是两个领域的问题：一个是做买办的领域；另一个是他自己创业的领域，即作为一个企业家的领域。作为买办的领域中，他们经营的领域基本上就是丝、茶、棉、鸦片 4 个，显现出他们经营的局限性。但是他们去投资，做的事情当然就不限于这 4 个。因为他做买办是依附于洋行的，他们的经营领域与洋行经营的业务息息相关，洋行主要就是做丝、茶、棉、鸦片，他也不会离开这个东西，离开这个洋行，或者离开这个业务，只有到市场原来从事的传统行业已经不行的时候，他才会被逼放弃这个业务去做另一个业务。比如我研究经济史研究了几十年了，现在经济史研究不热门了，我再去研究一个政治史，改起来很难，只要经济史还能做一点，我就做一点经济史算了，因为你要放弃原来的优势，去开辟一个新的领域，得从头做起，你的优势就没有了。

◉**问**　您在《一九八四年洋务运动史研究的进展和分歧》中，陈述了学者对买办在洋务企业中的作用的研究，有学者认为买办阻碍了社会生产力的迅速发展，也有学者认为他们促进了中国资本主义的发展，当时（1984年）为什么学界对买办的评价存在这么大的差别？

◉**虞**　根本原因还是时代的问题。买办历来都是被否定的一个阶层，因为他们依附的是帝国主义，说他们像走狗一样，是为帝国主义服务的。但是改革开放以后，外资企业进来，也雇用了很多中国白领，当时在洋行中的买办从职能来讲不就是今天外企里面的白领、高管吗？当时还有人打电话采访过我，问我："你觉得现在我们外企的白领、高管跟过去的买办是不是一样的？他们是不是也是为外国资本服务的？"买办从职业上来说就是为外国资本服务的，这没错，但是你不为外国资本服务，人家雇佣你干什么？当然是要为他干活，这是他的职业的职责所在。大家逐渐接受了这个观念后，从过去全面否定的买办转向后来的全面肯定，但这个弯转得太大、太急了，引起有些人，特别是原来持传统观点的人的不赞同甚至反对。两派之间的观点斗争是很厉害的。

另外外国的一些著作，比如说郝延平的《十九世纪的中国买办：东西间桥梁》是七八十年代翻译过来的，这对中国人研究买办的理论观点产生了很大影响。因为买办除了为外国人打工之外，对中国后来经济的发展也产生了比较大的影响，比如说资本。买办资本是中国资本主义资本原始积累的一个很重要的途径。当然以前有夸大的地方，说买办资本到

1911 年以前，积累了有 2.2 亿两（白银）的资金，但是他们所投的实际资本并不多。这种算法有很多毛病，这是根据从 1840 年五口通商以后到 1911 年中国的贸易总额，然后乘以回扣，比如说 3%，就这样来算买办所得的总收入是多少，这是不合理的。另外，买办自己不要生活吗？不要吃饭、穿衣、住房吗？他赚的工资好大一部分自己消费掉了，也养活了全家，不是说他赚的钱都是不吃不喝，全部存起来了。同时，买办有大买办、小买办之分。小买办工资并不高，而且有的人当买办年限很短，没有什么积累，只有那些当了很长时间的买办，才有比较多资金积累。总体来看，买办是中国资本积累的一个重要来源，他们投资开办了很多企业。

同时从经营管理来看，买办是一群最早接触世界先进的企业经营管理模式并把它转移到中国企业的人。他们将所学到的经营管理知识最早转移到了洋务企业，后来转移到他自己所创建的企业，然后被其他民营企业所仿效。这对近代中国的工业化、对中国资本主义经济的发展是有好处的。另外需要注意，买办在外资企业中打工，并不见得他就是外国资本主义的走狗，他跟外国资本也有矛盾的一面，也有反帝的一面。通过在洋行打工，买办更进一步地了解外国资本是怎样剥削和掠夺中国的，所以郑观应才能提出"商战"思想，写出《盛世危言》这样的巨著。还有身处国外的华侨商人，他们也不光是依附于外资、整个都依附于外国了，华侨里面不是还产生了好多爱国华侨吗？所以不能一概而论，或者说绝对化地去评价买办的历史价值。那么如何客观、实事求是地评价买办，这仍是资产阶级研究中的一个很重要问题。

◉**问** 您曾撰文《一九八四年洋务运动史研究的进展和分歧》，认为今后的洋务运动史研究，要解剖更多的具体事件和人物。40 年过去了，请您评价学术界对洋务运动中的具体事件和人物的研究，取得了哪些成就？还存在哪些不足？

◉**虞** 我觉得成果已经很多了。40 年来，关于洋务运动的专题讨论会开了好几个。洋务人物的研究也取得了很多的进展，洋务派的领头官员李鸿章、张之洞、左宗棠，洋务企业的管理者盛宣怀、唐廷枢、郑观应等，都逐渐被学界重视，出版了很多专著。洋务企业如招商局、汉冶萍、江南机器制造局和江南造船厂都整理出很多资料，也出了很多著作。我们最近几年来、十几年来或说二十几年来，跟多家企业的研究机构有比较深入的合作，这是学术界跟企业界双向推动的结果。

◉**问** 未来还需要在哪些方面做进一步的研究？

◉**虞** 研究应该说是无止境的，不能说一个东西研究到现在就已经研究透彻了。我认为洋务运动还应该从以下方面进一步研究：一是新资料的挖掘。历史研究是要以资料为基础的，希望今后的学者能进一步发掘一些档案资料，像汉冶萍、招商局、江南制造厂等企业应该还有大量的档案资料没有整理出来。二是应该从更宏大的观念角度和更长的时段去考察这些企业。上次我在参加一个会议的时候提到，招商局相关的著作已经不少了，现在应该重编一个招商局通史，也就是对从招商局开办到现在为止的发展过程做一个系统的研究。因为招商局是中国近代史上第一家轮船运输企业，是中国民族工商业的先驱，被誉为"中国民族企业百年历程缩影"。到现在它已经是一个世界 500 强的跨国企业。三是深化人物的研究。以前的研究讨论企业的比较多，人物的研究相对较少，我认为人物的研究也是很重要的，可以继续深入下去。郑观应的研究，可以进一步发掘资料对他进行深入的分析，比如说他的人际关系互动、郑观应与盛宣怀的关系，郑观应与一些官员之间的关系。另外，广东是近代革命的发源地，郑观应的改革思想在香山是如何启蒙的，这也值得我们好好去研究一下。还有郑观应对孙中山、康梁的影响也应该进一步深入研讨。

◉问　刚才您讲到今后研究郑观应的人际互动，可能也是一个重要的有待拓展的方向，您深入地研究了经元善，在《经元善与洋务企业中的官商关系》提到，1877 年华北各省连续几年发生大灾荒，经元善通过义务赈灾活动和郑观应、谢家福相识，并结为异姓兄弟。1880 年郑观应入织布局担任筹办工作，并将经元善引荐到了织布局，为什么二人最终都败走于织布局？

◉虞　1880 年，戴恒等人重新拉郑观应进入上海机器织布局做筹办工作。到了 1883 年，已招股本 40 万两以上，实收 30 余万两，除付机器等成本 29 万两之外，其余 143000两多以股票存局另用。随后郑观应开始训练工人，购地、建厂，但是严重的上海金融风潮发生了，各项股票大跌，织布局无法收回借出的款，建厂的事只好停顿。因为资金、设备等问题，织布局迟迟难以开工，但此时郑观应成功说服了湘军名将、粤东防务大臣彭玉麟，以祖籍名义，将他调往广东，为抗法战争前线服务去了，于是郑观应做了逃兵，将机器织布局这块"鸡肋"留给了经元善。后来龚寿图抖出了郑观应利用公款炒股,"利则归己,害则归公"的丑闻,上海道台邵友镰奉命查办此事,发现郑观应融进的股本金,很多居然是股票,有很多水分,最后他自掏了 2 万两银子补账了事。

经元善进入上海机器织布局是郑观应一手推荐的。1880年经元善带着"为民兴利""收回通国利权"的期望接受了李鸿章委任的上海机器织布局会办的职务,从此开始了他的洋务企业生涯。入织布局以后,他根据自己经商和义赈的切身体会,认为要招来商股,必须先树立信用。于是,他首先将招股章程和预算刊诸当时的报纸,使众商确信入股每年可以获利二分八厘,同时还声明,若织布局停产,将如数付还本息。然后又将所招股本户名、银数及收款存放何庄,每月公布,并以义赈捐款代收处为基础,在国内外 36 个城镇公开设立股份代收处。这种做法,一方面能保证商股本息不受损失,另一方面能使全社会明了招股之事,以防官僚营私舞弊,更有意义的是开了中国近代企业公开招股的先河。由于企业在商人中树立了信用,加之商董个人的信誉,所以在招股章程公布之后,认股者源源而来,很快"增至五十万两",突破了原定指标 40 万两。然而,这种招股方法却引起了织布局官方代表戴恒、龚寿图的妒忌和反对。最后经元善愤然辞职,表现了他对封建官僚的斗争性。出织布局不久,经元善又被李鸿章委任为中国电报局会办,次年改委为官督商办电报局总办,从此得以施展他的经营才能。

上海机器织布局建厂的初始目的,本是为了抗衡外国贸易对华的打击，这一方面具有重要的时代意义。但郑观应和经元善两任总办都败走织布局，我认为主要还是官商矛盾的问题。郑观应和经元善通过市场召集股份的这种集资方式，当时不能被官方的督办所接受和认同。另一方面，实际上郑观应和经元善也是另有任用，郑观应被彭玉麟调去当湘军营务处的总办，经元善也接任了上海电报局的总办。

◉问　您在《徐继畬的"开眼看世界"思想》中，认为徐继畬、魏源和林则徐等人作为中国近代化的思想启蒙，迈出中国资本主义化的第一步。郑观应同样作为维新运动的启蒙思想家，是否受到了徐继畬、魏源和林则徐等思想的影响？他们之间的启蒙思想存在哪些异同？

◉虞　从目前的研究来看，魏源、徐继畬、林则徐，有没有对郑观应产生过直接的思想影响，好像证据不足。维新思想可以分为两个时期、两个层次：一是魏源、徐继畬、林则徐的维新思想，主要是观念上的一种东西，也就是世界观上的一种东西，因为维新思想的源头是一种对西方世界的认识，当时他们已经认识到西方世界比中国先进发达，他们就会追问西方国家先进发达的原因是什么？中国应该经常向他们学习什么？最初的维新思想家主要是认识了这么一个层次，后来研究的时候就认定他们为开眼看世界的第一批人。二是这个世界就是这样，要如何解决？也就是我们中国应该怎么做，才能赶上西方国家。郑观应所提出的这一套属于战术层面的东西，魏源、徐继畬、林则徐等维新思想家是做不到的，他们时间不够，还没有认识到这样的一个深层次的问题。

当然我相信魏源、徐继畬的思想可能是对郑观应产生了影响的，但是如何影响的？这要去进一步再研究。郑观应的世界观是什么样的？跟他们之间有没有一些可以印证性的东西，也就是直接性的联系资料，比如说郑观应有没有看过魏源、徐继畬的书。现在我们对郑观应的了解就是他上了英国人办的学校，但是他在业余时间学习了什么东西？他的维新思想源头究竟是来自于什么地方？郑观应为什么会产生这样的思想？我们都不得而知，这是近代思想研究存在的一个很大的问题。当然你可以去分析或者推理，比如说他跟外国人接触比较多，接受了他们的观念思想，但具体是怎样的还有待研究。当时我研究张謇的时候，也在思考他的思想源头究竟在什么地方。他作为一个传统知识分子出身的状元，原来的知识结构都是传统的知识文化，后来为什么会有这么一套包括政治上、经济上的先进理念？他的思想源头是什么？探寻思想源头最好的方式就是去找他们看过什么书，以及他们看书留下的笔记，但是遗憾的是现在还没有发现郑观应留下来的藏书。张謇留下来了很多藏书，我曾经跟人建议，把张謇的藏书好好翻一遍，看看在他的藏书里面有没有留下笔记，或者看过的书有没有勾勾画画和批注，就可以分析他的知识来源，但是目前从张謇的日记里面看不出这样的东西来。另外一个就是他的藏书，藏书就是他的知识结构，但是现在还没有人去做这样的研究，我认为当前应该加强思想溯源方面的研究。

◉问　您在 2008 年发表了论文《商人与 1928 年中华国货展览会》，认为中华国货展览会是南京国民政府发展工商的一个举措。《盛世危言》中，郑观应提出了举办世博会，是中国主张办博的第一人，《赛会》这一篇章集中反映了郑观应对世博会的理解，他大胆提出了在上海举办世博会的主张。并且写道："故欲富华民，必兴商务，欲兴商务，必开会场。欲筹赛会之区，必自上海始。"为什么当时的商人会支持举办展览会？

◎虞　中华国货展览会是国民政府首先发起的，可以说，刚开始时是政府行为。其实，历经晚清北洋两个时期的政府，特别是经过北洋军阀政府的混乱统治后，中国的商人对政府是心存疑虑的，整体上是不信任的，往往视政府发展经济的举措为掠夺钱财、捞取政治资本之举，而大多不予热心响应。南京国民政府建立伊始，不少商家也是持此态度，对其倡办中华国货展览会一开始并未如前文所述那么积极，亦有持观望态度的，直到筹办者讲清楚该会是为了"提倡国货，促进工商，直接抵制经济侵略，间接即为自身增进利益"，商家才开始逐渐消除疑虑。综合起来分析，商人之所以愿意积极参与举办中华国货展览会，约有以下几个考量和动因：

第一，国民党是通过"打倒列强除军阀"的国民革命推翻北洋军阀统治，建立南京国民政府，取得全国政权的，这使得新生的国民政府在商人心中具有一定的正面形象。更关键是，国民政府在1928年6月就宣布结束"军政"，开始"训政"，决定把维持社会稳定与进行国家建设摆在首位，"政府决以全力从事"国家政治建设、经济建设与教育建设，特别是经济建设，着重于国家与社会的发展，实现民生主义，完成经济上的民族独立。而且，南京国民政府也确实采取了一些体恤工商、发展经济、努力于社会建设的实际举措，比如召开全国经济会议与财政会议、修订工商法规、争取关税自主、颁布奖励工业品条例、召开全国商会代表大会，等等，对开展国货运动和发展国货尤为倾注。新政府的这些新姿态使商人看到了发展经济的希望。中华国货展览会作为新政府发展工商的一个举措，当商人明了其真实意图后，当然会积极贡献力量。

第二，中华国货展览会对商人是有利的。可以说，只要政府真心实意办展览会，不以乘机掠夺商家财物和增加税收为直接目的，商品参展对商家而言有万利而无一弊：一是现场售卖，可直接带来经济利益。大会专门设立了售品部和寄售部，商家或直接或委托大会在会场卖商品。二是扩大国货宣传，提高国货知名度，牢固人们的国货情节，提高人们购买国货的热情，从而间接扩大国货的销路。展览本身就是一种宣传，把国货陈列展览，让观者了解、品评，无形中就是在向观者推销国货，从而增强人们提倡国货的决心与使用国货的信心。此外，商家乘筹办大会之机，大量发布国货广告，开展国货调查工作，编辑国货汇编，向国人介绍国货，这些措施无疑会促进国货的销售。三是通过品评、研究，有利于推动国货的改良与发展。大会专门设立了研究科，开展国货调查、国货统计和国货改良三个方面的工作，特别是在国货改良方面，指出要设立钢铁、酸类等专厂，为国营工业提供原料，要通过同业公会组织，协调劳资，共谋增加产量、改良品质、增进工作效率和改善管理办法。

第三，中华国货展览会律动着非常强烈的民族主义，商人积极参与中华国货展览会有着民族主义情感这一深层次动因。中华国货展览会是在一个民族主义氛围非常浓烈的环境中出台的。国民党高举民族主义大旗，通过国民革命，取得北伐战争的胜利，最终定鼎南京。国民党建立南京国民政府之后，反帝虽比之以前要温和得多，但并没有放弃反帝的口号，而是继续打起民族主义旗帜，大张旗鼓地开展关税自主运动、废约运动和国货运动，主要在经济领域进行反帝，抵制帝国主义的经济侵略，以实现经济上的民族独立。

商人是社会经济发展的主要推动力，他们对发展问题更为重视。虽然不可否认，某些商人有不顾民族和国家利益、只谋私利的行径，亦难以否认商人在争取民族和国家长远利益时，有获得私利的一面，但也必须要认识到，利益是商人存在的基础，不获利商家就难以生存，而且商人作为一个社会群体，对社会、对国家的社会经济发展是有利的。参加国货运动与国货展览会是商家追求发展的体现，某种程度上，亦是商家表达爱国的一种民族主义方式。

◉问　1928 年中国国货展览会的地点是上海，郑观应也认为"欲筹赛会之区，必自上海始"。为什么举办商品博览会，郑观应所构思构想的和实际举办的都是在上海？

◉虞　展览会、展示会或者博览会，都需要产生效益，而效益的多少与人流量息息相关。特别是大的博览会，肯定要选一个人口流动最多、最集中的地方，符合这个条件的肯定就是一个国家的经济中心。在近代中国，上海是首当其冲的符合条件的地点，如果要办世博会，非上海莫属，因为上海是近代中国最大的商业中心，也是人口集中的第一大城市。随着我国经济的逐步发展，展览会就逐渐推广、普及开了，各地的经济中心或生产中心都可以举办，因为今天上海虽然依然是我国的经济中心，但也是有边界的，也有一定的限制。

◉问　正如您在《早期世界博览会与清末民初商人外交的兴起》中提到的，世界博览会具有外交的功能，为什么郑观应会在中国全面落后于欧洲的 19 世纪末期提出要在上海举办世博会？

◉虞　郑观应通过国外的新闻报纸率先了解到了世界上已经有这样的一种商品展出形式，并熟知博览会的各种功能，认为这将为中国商业的发展带来千载难逢的机会，这是一种超前的认识。当时中国的生产能力还不太强，商品生产的种类也不多，生产技术也比较落后，但是中国也有很多优质的传统商品，参加世博会的中国第一人——徐荣村将"荣记湖丝"带到了世博会，虽然包装粗陋，但这批湖丝是丝中精品，最终质压群芳，脱颖而出，独得金、银大奖，由此可见，中国还是有很多在国际上具有竞争力的商品，所以郑观应认为中国也有举办资格。

郑观应提出的在中国举办世博会这个建议，我觉得还是符合中国近代的资本主义经济发展趋向的，他主要是想通过世博会来推动我们国家的商品生产，或者是展示我们国家的产品。后来 1910 年的南洋劝业会也办起来了，南洋劝业会在我看来就是中国办的第一次世博会，是在借鉴了美国万国博览会、比利时博览会、意大利米兰博览会的基础上，中国历史上首次以官方名义主办的国际性博览会，时人称之为"我中国五千年未有之盛举"。南洋劝业会虽然名称不是万国博览会，但实际上它的展品不仅有中国 22 个省的，还包括欧洲、日本等 14 个国家和地区的东西，以及他们的展馆也具有世博会的性质和功能。所以郑观应的很多思想还是有超前意识的。

◎问　近代以来，唐廷枢、郑观应等一大批香山精英都积极探索振兴中华的道路，都是伟大的爱国者和实业家。在新的时期，您认为应如何面向中国青少年弘扬唐廷枢、郑观应的爱国、实干、创新的精神？

◎虞　向青少年弘扬唐廷枢、郑观应的爱国、实干、创新的精神，我认为在当今社会是很必要的，可以从以下两方面加以推动：一是加强这些人物的研究，理清这些香山精英的思想精髓。向青少年宣扬这些爱国者和实业家的思想和精神，不能太多、太系统，在深入研究他们主要思想、创业精神等的基础上，选择具体的历史故事进行宣传。二是注意弘扬的形式。单纯的教条性的东西，青少年可能并不见得感兴趣，要更形象化和具体化，比如在故居中陈列出他们的历史史迹，宣讲他们的创业故事和爱国情怀，这样效果可能更好。

◎问　您在《口述史学的学术特点》中认为，口述历史是历史学的一个重要方面，请您分享一下如何才能更好地激发被采访对象的记忆？如何才能更好地进行资料整理？

◎虞　口述历史是历史学的一个重要方面。从内容上来说，口述历史主要是指非亲历者或知情者写作的历史回忆录，但又有别于回忆录，它是由历史研究工作者和爱好者在采访当事人的基础上，经过一定稽核的史实记录，能够揭示一些文献资料所缺少而又具有较高可信度的史实，从而不仅可以让人多了解一些历史真相，而且可以使历史研究的成果更加接近历史事实，更具有科学性。从研究方法上来说，口述历史研究是研究者基于对当事人的采访，并结合文献史料，对当事人的生平或某一相关事件进行研究，也可以说是田野史研究的一个主要方面，它必须走出书斋去做大量的采访和调查，在采访和调查中还可以获得散落在民间的史料，获得研究的新线索，从而扩大史料搜集的范围和研究的视野。从形式上来说，口述历史是文献历史之外的另一种历史表述，两者也具有互补、互动的意义。此外，在文字表达上，口述历史一般比较口语化，比较生动活泼，比较为读者所喜闻乐见，从而使历史学更加多样化，更加贴近读者，贴近社会，进一步繁荣和丰富历史学。

在口述历史中，如何才能更好地激发被采访对象的记忆，我认为主要注意两个方面的问题：一是采访者的安排。采访是采访者和被采访者一个互动的过程，作为采访者应该有主观的动机，明白通过采访主要解决什么问题，在这个基础上，根据自己的主观动机来设计采访的内容和提纲，同时也跟被采访者进行一个互动和沟通，调整不恰当的内容，同时让被采访者有所准备，因为很多时候不是你想问什么他就能说什么，或者你问什么他就能说到位。如果被采访者对一个东西说不到位，就需要反复采访，我有些时候也这样，第一次采访以后回去整理，觉得有漏洞，就再去问那个问题。在采访之前，凡是文献已有的东西都要有所了解，这样你就有线索，可以提醒被采访者，特别是年纪比较大的被采访者，有些事情他可能印象不深了或者忘记了，你提醒一下，他可能就会想起一些细节。另一个是手段的问题。整理采访内容的时候就牵扯手段的问题，现在手段都已经很先进了，可以采取很多软件来处理这些采访内容。

◉问　将访谈内容编辑成文字的过程中，有没有一些好的建议？

◉虞　将访谈内容编辑成文字，应该注意以下两个方面：一是不管他说什么，你按照访谈的录音原本把它整理出文字；二是纠正错误。被访问者口述的东西不一定都是正确的，其中可能包含了个人的成见，特别是涉及当事者、采访者的人事关系时，可能带进来个人的情绪、个人的偏见等，这些都是需要进行适当纠正。

◉问　作为一位中国近代史研究的当代学者，请您为正在做研究的这些年轻人，提点如何做学问的建议。

◉虞　我只能谈一点自己的体会。历史是一个过程，是一个系统性的东西，是逐步地从古到今走过来的，所以我觉得历史研究一定也要有一个过程。我的第一本著作是《商会与中国早期现代化》，章开沅先生给我的序言里面说我的历史研究特别重视过程。过程里边有好多连接，没有连接你这个事情就说不清楚，比如经济制度史，一个政策从制定到执行到收效，它是一个连贯的过程。以前我们研究经济政治制度的时候，说政府颁布了一个什么政策，看有什么条文什么规定，这个规定是什么，就再去摆一些政策颁布以后所出现的一些经济现象，如这一年产值增加多少，企业生产了多少东西。通过这些东西来评判这个制度发挥了多大的作用。这个制度究竟是怎么样发挥作用的，你不能以后面的社会现实，即已经表现出来的东西，反过来印证这个制度是个好东西，因为后面的结果所产生的原因不是单一的，也可能由其他的制度原因产生的。

我们的研究都是一个点、一个局部的东西，但是你对全局要有了解，要在全局的视野上去研究局部的东西，就是要结合整个背景进行研究。比如招商局收购旗昌这件事，一般学者都认为这是招商局通过竞争打败了旗昌，但是这只是从结果导向来看的。如果你把眼光、范围放宽，旗昌是被招商局打败的吗？旗昌不是被招商局打败的。当时旗昌卖给招商局，招商局在旗昌主航线长江上只有3条很小的、载重量只有几百吨的小船，其中有一条是唐廷枢入职招商局的时候带来的自己的船。这些船加起来还不如旗昌公司的半条大船，而且旗昌的中心航线就在长江，招商局怎么就把旗昌给打败了呢？在招商局成立之前，旗昌跟太古已经开始激烈地竞争了，招商局成立之后直接面临旗昌和太古竞争的市场，难道要旗昌跟太古对招商局优惠？这是不可能的，同一个市场，他们都已经低价到这个程度，你进来也只能这个价。旗昌撤离是有一定背景的。当时正是美国南北统一战争以后，美国的市场要比中国好，旗昌觉得撤股回国去投资，能得到更大的利益。因为旗昌是一个老公司，已经通过运营航运赚了好多钱，一直到跟太古竞争的时候还没有赔本，而太古已经赔得一塌糊涂了。因为太古是个新公司，比招商局早一年，新成立的公司一开始上来就跟人家竞争，当然赔得一塌糊涂了。旗昌卖掉的时候，为什么卖到这么高价，最后撤股的时候分给股东的钱又高于他的股价，这说明旗昌是功成身退。太古、招商局不能退，因为如果退了，他们就要背负一大堆债务。后来我写了一篇文章《唐廷枢与轮船招商局收购旗昌案再研究》，这篇文章发表在澳门的一家杂志，这篇文章完全颠覆了过去的研究。还有关于齐价合同的问题，我也提出了不同的观点。我们以前的观点就是零和博弈的观念，非胜即败，但如果一直斗争下去，轮船招商局反过来就能赢吗？不但不会赢，而且招商局只会越来越糟糕，最后自己关门大吉，政府也撑不住了，李鸿章也撑不住了，赔得不行了，自己关门大吉。只有通过齐价合同，合作共赢，大家都好。

◉问　最后，作为一个青年学子，我想请教您如何寻找与发现有价值的研究课题？

◎虞　在我看来，学术研究发展的取向，主要有两个方面：一是按照学术研究本身的发展逻辑循序渐进，也就是加强、深化和弥补以往研究中的那些薄弱、浅简的空白领域；二是根据本国和世界的当下和未来社会发展趋势，开辟适应社会发展需要的研究领域。当然，要把握好这两个方向，不是轻而易举的事情。首先要及时而准确地了解国内外学术研究的动态，寻找研究中的薄弱和空白领域，发现新的研究动向和方法；其次要掌握多方面的理论知识，这是寻找和发现问题的基本条件，否则就是问题摆到你的面前，也会相遇而不相认；最后要有强烈的时代意识，要从时代发展中不断出现的新问题出发，在现实与历史的结合点上去寻找新的课题，开辟新的研究领域。我以前所谈的所谓热点和难点问题，依照的也是这个思路。

◉**问**　谢谢您能接受我们的访谈，也谢谢您和夫人热情的款待。

◉**虞**　不客气。

熊月之（1949— ），江苏淮阴（今淮安市）人。现为中国城市史学会会长、上海市文史馆研究馆员、上海江南书院院长。1981年华东师范大学历史系毕业，获硕士学位，同年底进入上海社会科学院历史研究所工作。现已退休。历任副研究员、研究员，《社会科学（上海）》《史林》杂志主编；副院长（2004—2012），历史研究所副所长（1993—2002）、所长（2002—2012）；兼任复旦大学暨华东师范大学博士生导师、复旦大学上海史国际研究中心主任。曾任中国史学会副会长、中国孙中山研究会会长、上海市历史学会会长、上海市社科联副主席，上海市第十、十一届政协委员。曾主持"外语文献中的上海1843—1949)""上海通史""上海城市社会生活史""中华大典历史典""新修清史西学志"等项目。

熊月之

主要研究方向：中国近代思想文化史、上海史。

主要著述：《章太炎》（上海人民出版社，1982）、《中国近代民主思想史》（上海人民出版社，1986）、《西学东渐与晚清社会》（上海人民出版社，1994）、《上海通史·导论》（上海人民出版社，1999）、《万川集》（上海辞书出版社，2004）、《冯桂芬评传》（南京大学出版社，2004）、《异质文化交织下的上海都市生活》（上海辞书出版社，2008）、《千江集》（上海人民出版社，2011）、《上海人解析》（上海教育出版社，2019）、《西风东渐与近代社会》（上海教育出版社，2019）、《海派映照下的江南人物》（上海人民出版社、上海书店出版社，2019）、《上海租界与近代中国》（上海交通大学出版社，2019）、《上海城市品格读本》（学林出版社，2020）、《光明的摇篮》（上海人民出版社，2021）；主编有《上海通史》《上海城市社会生活史丛书》《老上海名人名事名物大观》（上海人民出版社，1997）、《西制东渐——近代制度的嬗变》（长春出版社，2005）、《中华大典·历史典》（上海古籍出版社，2007）、《晚清新学书目提要》（上海书店出版社，2014）等。参与编写有《辞海·历史分册·中国近代史》（上海辞书出版社，1986）

主要论文：在《历史研究》《近代史研究》《学术月刊》《社会科学》等杂志发表论文百余篇。

时　　间：2021 年 10 月 25 日
地　　点：湖北武汉东湖宾馆
口述者：熊月之
采访者：李向强
整理者：李向强

◎问　熊教授，您好！我是"郑观应研究口述史"项目组成员。作为中国近代史领域的当代著名学者，您从 80 年代中期就开始聚焦晚清上海这一特定时空的历史文化，进行了深入的研究，撰写了《中国近代民主思想史》《西学东渐与晚清社会》《异质文化交织下的上海都市生活》等具有很大影响力的著作，同时主持了《上海通史》项目，在史学界形成了自己独特的学术风格和学术话语，请您首先分享一下您的治学经历和为何重点研究上海？

◉熊　好的，感谢项目组的采访，让我有机会重温走过的学术道路。我是 1978 年考入上海华东师范大学的首批研究生。我跟上海的关联更早一些。我 1972 年参军入伍，当时就在上海警备区当兵，经过 5 年的军队历练，1977 年春天退伍。正好该年底我们国家恢复高考，我考取了江苏师范学院（今苏州大学）历史系。读了一个学期，研究生招生开始，在江苏师范学院董蔡时教授的鼓励下，我考入华东师范大学历史系研究生班。这样，我比一般的同学要早一些时间毕业，因为我本科只读了半年，加上三年的研究生，一共才三年半。我毕业的时候，我们大学本科同学还没毕业。这样，我走上工作岗位就比一直念完本科的同学要早。我在1981年底毕业，进入上海社科院历史研究所工作。

我的学术研究与上海这座城市是息息相关。

首先，我的研究生专业是中国近代史方向。上海是近代中国一个非常重要的城市。一部中国近代史，至少有一半跟上海有关系。我研究近代史，很多课题跟上海有关。我写的第一本小册子《章太炎》，是关于章太炎的传记。章太炎是在上海走上革命道路的，一生的经历很大部分与上海有关。研究章太炎，就一定会涉及上海历史。我写的第一部比较系统的学术著作《中国近代民主思想史》，与上海的关系很大。近代中国的民主思想跟上海这座城市有特别重要的关联，大量西方民主思想是通过上海传入中国，近代很多民主志士在上海走上革命道路。书中使用了大量上海史料，涉及上海历史的多个方面。我的第二部专著《西学东渐与晚清社会》，与上海关联更大。近代上海是西学东渐的主要基地，西学传到中国，70%以上的内容经过上海。研究西学东渐，就一定要研究上海，研究上海的出版机构，研究上海的知识分子，研究上海的文化环境。

其次，我所供职的上海社科院历史研究所，主要以上海史作为研究重点。1956年，中国科学院在上海成立了两个研究所，一个是上海经济研究所，一个是上海历史研究所，分别以上海的经济、历史文化政治为主要研究对象。我在上海社科院历史研究所工作，很重要的一个任务，就是研究上海近代史。

研究上海近代历史，就涉及郑观应这一批人。郑观应这一批人与上海城市的关系是相互影响的，他们生活在上海，工作在上海，丰富了上海，上海也影响了他们。要研究清楚郑观应这一批人，就必须研究上海这座城市。上海这个城市，并不是自然而然发展起来的，而是在特殊的中外关系背景下，靠自发秩序发展起来的。

上海城市发展过程非常独特：1843 年上海开埠的时候，全国有 5 个通商口岸——广州、厦门、福州、宁波、上海，这 5 个城市按照当时行政地位来讲的话，广州、福州是一等地位，省会城市；宁波是府城，二等城市，相当于地级城市；厦门、上海是县城，三等城市。从行政级别看，广州、福州、宁波那几个城市比上海更重要。从中西贸易角度谈，那时候开埠通商，主要是面向欧洲和北美，按照交易成本来算的话，无论是从伦敦、巴黎还是从美国到广州、福州，距离一定比上海近，也就是说交易成本会更低。但是，后来发展的结果却完全相反，就是广州、福州、宁波、厦门都不如上海发展得快，这里边一定是有原因的。背后的原因，可以分为两项：一是上海自然禀赋好，处在江海交汇的地方，长江是中国最长的河流，横跨大半个中国，从上海沿着长江可以通向整个中国内陆，从东部到中部再到西部，腹地极其广阔。自宋代以来，长三角是中国最富庶的地方，物产丰富，经济发达，与其他地方往来密切，所以上海作为一个港口有其卓越的自然禀赋。二是人文方面上海不排外。近代以前，上海就是一个港口城市，但它在行政上不是一个政治中心，就长三角来讲，它的政治地位不如南京、苏州，也不如杭州，因此它不是一个政治中心。哪怕在松江府，那时候上海是属于松江府，松江的政治和文化地位也比上海高。这种情况有利有弊，利的话，是它在政治上没有太重的负担，有利于发展贸易，弊的话就是本土文化不发达。五口通商以后，广州、福州这些城市都有很沉重的政治责任，实际上是代表中华文化与西方文化在打交道，所以，广州人反对西方的侵略很坚决，广州人民的"反入城斗争"坚持了14年，外国人很长时间不能到广州城里面去，这就使广州的对外贸易不是很顺利。但是，上海作为一个港口城市，政治地位也不高，商人在这里相对有地位，那些商人觉得跟外国人做生意，和跟外地人做生意差不多，他们不排外，外国人也愿意到这来。上海自然禀赋好，文化上又不排外，所以，开埠以后外国人纷纷来到这里，中外相处得比较好。这样，上海就很快发展起来了。

上海能够发展起来，还要补充几个特殊原因：

第一个原因，就是太平军的影响。太平天国运动对上海的发展是非常重要的，它直接阻断了从华中通向广州的道路，也就是南北方向的商路。但是，生意还要做下去，于是，湖北、湖南、江西地区的商品，就从长江水路到达上海，在上海进行交易，这对于上海发展是一个很大的促进。

第二个原因，是战后人口财富的流动。太平军转战多个省份，在安徽、江苏、浙江这一带打仗，占领了包括南京、常州、苏州、杭州、宁波在内的大片江南地区，对这些地区的社会经济产生了极大影响，破坏特别大，很多江南人跑到上海来避难。穷人带来了廉价劳动力，富人带来了财富资本，这就有力地推动了上海的发展。

　　刚才讲的两个原因，是从上海以外的环境来看上海城市兴起，我们还要从上海内部的特点来看上海的兴起。这就是第三个原因，即租界因素。租界一开始范围都不大，实行华洋分处，一开始是不允许中国人居住租界的，只能外国人居住。但是，1853年到1855年，上海发生小刀会起义，小刀会占领上海县城17个月，县城遭到严重破坏，很多人被迫跑到租界里。于是，租界就由华洋分处变成了华洋混处。大量人口输入，给租界带来很多新情况：第一个是人口大量涌入，原有租界面积太小，所以租界要不断扩大；第二个是随着人口增多，需要行政管理，如果是一两千人，没有政府管理，没有太大问题，但人口变成一二十万人，它就一定需要政府管理，但中国政府又不能管理，租界就攫夺了行政权力，再加上治外法权等因素，使得租界逐渐变成国中之国。中国的政权对租界里面的事情没办法直接干预，军队不能进入，也不能到里面对华人的企业收税，这样租界就跟整个中国政权管辖的其他地方严格区别开来。

　　从1853年到1937年，任何发生在中国国土上的战争，上海都保持中立，避免战争的直接伤害。在那个动荡时代，安全是最重要的资源，没有什么比生命财产的安全更重要，所以上海成了避风港。

　　上海保持中立，维持安全局面是多种因素作用的结果，其中很重要的一点就是上海是中外利益共同体，外国人在中国的投资主体在上海。有一个统计数据，就是英、美、法、日等主要西方大国，他们在中国的投资比重，有的有76%集中在上海，少一点的，像法国也有40%多集中在上海，这使得上海成为西方列强在华的经济大本营或最大投资地。同时，上海也是中国经济命脉之所在，从晚清到北洋政府再到民国，凡是国家办的大型企业，很多都在上海，像江南制造局、轮船招商局、中国电报局、中国通商银行，还有其他涉及国计民生的重要企业。这样，中国人的重要利益集中在上海，外国人的主要利益也在上海，那么战争来了，中外双方都不希望这个地方被战争破坏。所以，每次战争来了，普天之下人们都晓得上海是安全的。这种状况，使得上海人口迅速集聚起来，1900 年上海人口就超过 100 万，超过当时的北京人口，1915 年上海人口超过 200 万，到 20 世纪 30 年代上海成为世界第五大城市。上海城市的这些特点带给我很多兴趣和思考。关于上海历史，我相继写了《冯桂芬评传》《异质文化交织下的上海都市生活》和《西风东渐与近代社会》等书，主编了《上海通史》和《上海城市社会生活史丛书》。

◎问　作为上海史研究的领军者，您在《上海人解析》这部专著中对"上海人"的结构进行了分析，为什么当时上海能吸引形形色色的人？

◎熊　上海在开埠以前，上海人并没有什么明显的特征，他们从事种植棉花、粮食和其他农作物、出海捕鱼、经商等各种工作，文化上受苏州影响较大。那时具有独特行为方式、审美情趣等文化意义上的上海人还没有出世，即使某人自称上海人，或提到某人是上海人，例如说徐光启是上海人，董其昌是上海人，陆深是上海人，也只有籍贯上的意义。当然，在近代以前，上海地区的人也是有自己文化特征的群体，不过，范围、等级不一样。假如那时说到上海人，也就像今天说到青浦人、奉贤人一样，是省、府以下的县级。所以，明清人常在"上海"前面冠以"江苏"或"松江"等更高一级的地名以标明上海的所在范围。

开埠以后，特别是19世纪60年代以后，大量移民涌入，上海人口结构发生了重大变化。1843年上海开埠时，城市人口约20万，到1949年初达546万。100多年增加了20多倍。短短100年中，上海从一个普通的滨海县城，一跃成为全国第一大都市。进入上海的国内移民，从方式上看，多属零散、自发、非组织性的，不是有组织的集团性移民。在一个多世纪中，共有3次移民潮涌入上海：第一次是太平天国期间，长江中下游地区尤其是江、浙一带战事频仍，大批难民涌入上海；第二次是抗日战争期间，上海两租界人口增加78万；第三次是解放战争期间，上海人口增加208万。除了因战乱、灾荒而来沪避难者，更多的是受上海城市吸引而来沪的创业者。自19世纪70年代以后，随着上海轮船招商局、机器织布局等洋务企业的创办，随着缫丝、棉纺、面粉等实业的兴办，上海吸纳人口的能力大为增强，上海周边来上海谋生、发展的人迅速增多。

为什么上海能在这100年吸引如此多的人呢？我认为这是因为当时上海这座城市与其他城市相比，具有无与伦比的集聚功能，为各色人施展才华、寻找生路提供了广阔的天地。你有钱在内地不安全吗？到上海来，投资工厂，买房地产，或进行股票交易。你念不好四书五经、做不来八股文么？不要紧，只要你能读好洋文，照样能找到一个薪水优厚的职位。你会画画吗？行，每天涂他几幅，照样丰衣足食。能处方治病，能搭台唱戏，能跑街算账、算命打卦、耍拳卖药，都能找到适合自己的位置。即使你目不识丁，也不要紧，只要你能吃苦，肯出力，拉黄包车，当码头工，也能混一碗饭吃。

可以说，上海是当时最具有包容性的城市，难计其数的逃难者、投资者、冒险者、躲债者、亡命者、寻找出路者、追求理想者，有文化的、没文化的，富翁、穷汉，红男、绿女，政客、流氓，都向上海涌来。上海成了容纳五湖四海各色人等的人的海洋。上海真是一个万花筒。只要是人，这里无不应有尽有，而且还要进一步，这里有的不单是各种各色的人，同时还有各种各色的人所构成的各色各样的区域、商店、总会、客栈、咖啡馆和他们特殊的风俗习惯、日用百物。这么多的外地移民涌入上海，使得客籍（即非上海籍）人口远远多于上海本地人口。

这么多外来移民到上海，如何来治理呢？近代上海大部分时间里，一市三治，由公共租界、法租界与华界三个行政实体分别治理这个城市的某一区域，没有一个独立的诸如民政局之类的行政部门负责接待、安置源源不绝的各地移民。移民来沪时所依赖的路径是投亲靠友，依赖的是亲缘、地缘与业缘；来沪以后所依赖的依然是由亲缘、地缘与业缘支撑起来的会馆、公所。会馆、公所在近代以前的上海业已存在，但是，近代以后数量更多，规模更大，功能也更加多样。

◉问　您 1979 年就在《上海师范大学学报》发表了

《论黄宗羲、唐甄反对封建专制主义的民主思想》一文，请问您为什么在当时就开始关注政治学方面的内容，关注民主思想？

  ◉ 熊 这个跟我自己的治学路径有关系。我对思想史比较感兴趣，主要有两个方面的原因：一是比较早接触了思想文化相关的知识。我的治学路径比较特殊。我接触历史学，是在我当兵的 1972 年到 1977 年期间，其中有 3 年时间我在复旦大学。那时候叫工农兵评法批儒，注释法家著作，通过工、农、兵和知识分子相结合，组成理论队伍，把这 4 个方面的人结合起来注释历代法家著作。从荀子到商鞅、韩非子、王安石，一直到近代的章太炎，都算法家。我那时候作为警备区里的人去参加注释，主要参与章太炎著作的注释。从此开始，我接触的东西多和思想文化相关，所以后来读研究生的时候，我就比较偏向研究思想史。二是我发现黄宗羲的民本思想比较值得研究。1979 年，"文化大革命"结束不久，正好又是五四运动 60 周年，当时人们热衷于讨论民主和科学，反思"文化大革命"这个浩劫是怎么来的。五四运动高举"民主科学"的旗帜，讲到民主科学就会想到民主思想。我那时候就在搜集和整理有关民主思想史的材料，阅读了黄宗羲的相关资料，对他产生了浓厚的兴趣。黄宗羲是个很特殊的人物，他生活在明末清初，一生著述丰富，是一代鸿儒，与顾炎武、王夫之并称"明末清初三大思想家"。黄宗羲提出"天下为主君为客"的民主思想，他说"天下之治乱，不在一姓之兴亡，而在万民之忧乐"，主张以"天下之法"取代皇帝的"一家之法"，从而限制君权，保证人民的基本权利。黄宗羲抨击了君主专制制度，有极其重要的意义，对日后反专制斗争起了积极的推动作用。

我阅读黄宗羲的《明夷待访录》，他的民主思想让我惊叹。我就在想，他为什么会有这些思想，这些思想是从哪里来的？当时，这个问题我也没有弄得很清楚。后来，我读了方孝孺的一些东西，方孝孺是元末明初人，因为反对朱棣篡权被灭十族而出名。他忠心辅助朱允炆，在南京城破后，拒绝为篡位的燕王朱棣草拟即位诏书，刚直不阿，孤忠赴难，被诛十族，共被杀掉873人。这在历史上是极大的惨剧。我研究过方孝孺的东西，他的思想、经历都很特殊，在明初的地位极高。但他没有参加过科举考试，这很奇怪，为什么没有参加呢？因为在元末明初之际，发生战乱而没有举行科考，但他祖上三代从儒，书香门第，家里有很多藏书。方孝孺有机会读了很多儒家经典著作，并仔细琢磨儒家《尚书》《诗经》《左传》等原典，从儒家原典当中阐述出来一些民本思想，认为儒家本身不是搞专制主义的东西，里面也闪烁着民主的光辉。黄宗羲与方孝孺是同乡，对方孝孺最为推崇，在《明儒学案》中，他写的第一个人就是方孝孺。这个渊源非常重要。这里面有趣的是什么？如果仔仔细细去读儒家的原典，而不是只看后来人的注疏，就会发现儒家本身有一个主流的东西，也有一个支流的东西，虽然这条支流在历史的长河中被掩盖起来，潜伏在那里，但它却是真实的存在。黄宗羲的《明夷待访录》把这些东西掀开了。他的限制君权、民本思想、天下为主、法治思想、工商皆本等，都是当时很先进的思想，即使放到现在，也都是很有光彩的东西，了不起的东西。当然，我在写黄宗羲文章的时候，还没有将黄宗羲与方孝孺联系起来思考，方孝孺的东西，我是这几年才仔细阅读的。

我那时写了关于黄宗羲、唐甄这两个人思想的文章，得到了我的导师陈旭麓先生的肯定和支持。我这篇文章是作为研究生的学术训练作品，写好以后，陈先生说这个很好，可以拿去发表，经陈先生推荐后来就在学报上发表出来了。这对我是一个很大的鼓励，让我沿着学术的道路继续走下去。

◉问　确实很难得。您是怎么开始涉及郑观应的思想的？

◉熊　我一直比较关注思想史，关注政治思想方面。我不能算这方面的专家，只能算是有兴趣。写《中国近代民主思想史》之前，我阅读了大量的资料，做了很多功课。当然，我关注到郑观应的民本思想、政治思想，开始深入了解郑观应的思想。这是一个积淀的过程。

◉问　您在《西风东渐与近代社会》的自序中认为，在1840年至1949年间，中国人秉持见贤思齐、耻落人后的务实精神，努力了解西方，尽力学习世界先进文化，掀起了一波又一波了解西方、学习西方的热潮，在这段时间里，国人是如何学习西方的？表现出什么特点？

◉熊　我觉得向西方学习有各种各样的学法，因为不同的地段、不同的时段，会表现出不一样的特点。比如刚刚开始，我们对西方不是很了解，仅仅凭着战场上的失败，我们就自然而然地想学习西方的武器制造，学习他们的坚船利炮，因为这个在战场上可以很快发挥作用，但只是学习这个是不能最终战胜西方列强的。当时人们没有去思考我们为什么会失败的深层原因，因为西方战胜我们，不是一个偶然的事情，也不是一次性事件，它是一个时代的变迁，是中西文化的较量。后来，我们慢慢认识到西方列强强大的背后，实际上是由强大文化来支撑的，跟他们先进的生产方式紧密相关，因此，我们要战胜西方，应该从整体上学习西方。

从学习西方的实践来看，受军事冲突较早的广东，比较重视坚船利炮，率先学习西方枪炮制造技术，后来涉及思想层面，这个时候上海的优势就体现出来了。上海是一个跟西方接触比较广泛和深入的地方，在上海有大量外国人、外国企业和领事机构，可以直接接触西方的很多东西，从物质层面、文化层面再到制度层面，最后到精神层面都会接触到。所以，人们可以一点点逐步地深入下去，郑观应实际上就是在这个基础上，不断地学习总结，不断深入下去，最终完成了《盛世危言》。

西风东渐的过程，既是对外部世界了解逐渐加深的过程，也是将中国固有文化置于全球背景下与其他文化比较的语境中重新解读的过程。发生在近代的全球化，以资本逐利、文化扩展为内力，以工业化、城市化与民主化为利器，从欧美出发，越过崇山大洋，向亚洲、非洲等地四散奔袭。这波全球化，具有以优汰劣、以强凌弱的不容分说、不可抗拒特性。面对这一浪潮，中国由被动而主动、由自在而自觉地转化与迈进，充满了矛盾与抗争：基于文化自信，坚决勇敢地反对侵略；秉持务实精神，努力了解西方，尽力学习世界先进文化。中国人逐渐打开内心的世界，慢慢了解学习西方的文化，处在与西方交流前沿的香山人走在了时代前列。

◉问　郑观应作为著名的实业家和思想家，他的生活与事业和上海有着非常紧密的关联，上海为郑观应的成功提供了怎样的机遇和条件？

◎熊　上海给了郑观应、唐廷枢等买办展示自己的舞台。近代上海有这几个特点：第一个它是在全球化时代海外贸易扩张时期发展起来的；第二个它是中西两种文化相互交汇的地方，中西文化在这里都很有影响，但是哪一种文化都没有绝对的统治地位，这是非常重要的；第三个就是外国人在上海的作用，西方文化精华在租界，租界管理是由外国人主导的，但又是中外混住的。全国各地的移民，包括郑观应、唐廷枢等买办来到上海，都有自己的特点，我称它为分中有合。怎么叫分中有合呢？就是上海人中85%以上是从全国各地来的移民，这是分的，但是到上海来的，主要是通过朋友关系和亲戚关系，说到底是乡缘、地缘关系来到上海的。近代上海实际上有三个政权——公租界、法租界和华界，它们各自为政，没有一个政权能够完全管住这些外地移民。各个地方的人来到上海后怎么管理？主要是同乡组织来管理，同乡组织起着非常重要的作用。晚清时期上海少的时候有56个同乡组织，民国时期最多的时候有256个同乡组织，远一些的地方可能每省1个，近一点的地方可能一个府1个，更近一点的地方可能一个县1个。各个地方的人到上海后，都由同乡会负责接待和找工作，遇到麻烦后同乡会可以协助打官司。同乡通常相对集中地居住，可以吃到家乡可口的菜肴，也可以保持自己的生活习惯，所以上海有些小学的学生都讲一个地方的方言，这是上海非常有趣的现象。这样一个奇特的格局，对上海城市品格产生了很大影响，对郑观应在上海的生活和工作也产生了很大影响。

同乡之间工作生活在一起，相互提携，联系紧密。像上海最著名的四大百货公司，都是香山人创办的，同乡之间互相学习和提携；像安徽人在上海开的面粉厂，里面的工人都是安徽来的，甚至看门和烧饭的都是安徽人。比如有个安徽的老板在上海建厂后，就把当年乡下的一些长工带过来当工人；福建人在上海卖的红糖、木材、茶叶，都是从福建来的。这样上海就变成了全国交易中心，每个地方在这里都摆个"摊子"，这个"摊子"跟原来的地方有千丝万缕的关系，所以老上海人说的上海话，都是各带乡音的上海话，在家里都讲本土话，到街上见面和做生意，各自家乡话听不懂，必须讲上海话，虽然是带着乡音的上海话，但大家能够听得懂。所以，上海话是新创造出来的一种语言。

这样，上海的经济命脉与全中国连在一起，是有机的联系。全国各地都是上海的市场，上海就是全国的上海，在上海可以了解全国。这就使得上海人，特别是上海知识分子，在政治上特别敏感，对天下事情特别关心，容易由爱乡情感升华为爱国主义，原因就是这个城市集聚了全中国各地的人。全国各地一有什么事情，上海人一定会首先知道，这样大家就聚集起来想办法、出主意，有的人演讲，有的人喊口号，有的人游行，有的人贴标语，有的人写文章，很快就把这个事情搞大了，思想就升华起来了。这就是为什么社团政党等都会在上海成长。这就是城市的集聚功能，城市在起作用，城市能把小事变成大事。

◉问　郑观应所处的时代，是一个旧的秩序逐渐破坏、新的秩序正在建立尚未完全建立的时代，是一个旧的原则、旧的制度逐渐或部分失效，新的原则、新的制度正在建立尚未完全建立的时代，是一个旧的价值观念正在瓦解尚未完全瓦解、新的价值观念正在建立尚未完全建立的时代，您在《略论近代买办与中国文化自为》中认为异质文化相遇，郑观应、唐廷枢等买办属于先行先遇者，这也意味着异质文化的相遇为郑观应带来了天时地利，这种异质文化的相遇为郑观应带来了哪些影响或者说哪些机遇？

◉熊　我是觉得面对不同的文化，一定是处在文化交汇当中的青年人感受最深、了解最多、接受最快。从地段上看，澳门、香山、广州距离很近，处在中西文化交汇的前沿，等到鸦片战争以后，上海作为通商开放口岸，这时候也跟之前的香山、广州和澳门一样，处在中西文化交汇的前沿。在这个前沿，你有机会跟西方的东西直接接触，接触后你必然会更深刻、更广泛地感受到这方面的差异，而买办正好就是这样的人。买办的日常生活和工作，他所处的环境就是整天要跟西方人打交道，处在西方文化的包围之中。他们会比别人更敏感，会更自觉地进行文化比较，发现差距，进行学习。我所讲的文化自为，就是从自发的阶段开始往上走，是一个自觉的阶段，这也是一个理性的阶段。自为就是从自在的状态到了一个自觉的状态，就要采取行动了。中国处在当时那个状态，在中西交汇不可避免的情况下，你在战场上、在生产力方面、在制度方面都落后于人家，你怎么办？实际上就是我们今天讲的国家独立与民族复兴。怎么复兴？当时，率先了解西方文明的这批人一定是要考虑这个问题的。这些买办一开始做的那些事情，可能是自发的，但是到后来郑观应写了《盛世危言》，那就进入到一个自为的阶段。他考虑的问题，很多时候不是从个人出发，而是从民族复兴、国家富强的这样一个大的视角，你看他的商战、学战都十分系统，实际上就是系统讲一个民族如何复兴的问题。

◉**问**　虽然郑观应受到了西方文化的影响，但从郑观应一生的经历来看，他具有厚重的爱国心和忧患意识，这种爱国情怀是如何形成的？怎么整体看待郑观应的成长历程？

◉**熊**　上面我们讲到，要深入了解郑观应，需要我们理解上海当时的环境。如果郑观应在广东，说不定他不会写《盛世危言》，为什么？因为他到上海他就感受到整个中国的情况，他能深切地感受到，鸦片、灾荒、工业技术落后等是问题，外国的经济掠夺剥削也是问题，因为上海的问题就是全国的问题，只不过全国的问题在上海表现得特别突出而已。郑观应是非常了不起的人，了不起在哪里？我写《中国近代民主思想史》的时候，仔细阅读郑观应的《盛世危言》，感觉到这个人思想非常缜密。他考虑问题比较周全，无论是他的《救时揭要》，还是《易言》，他关注的问题都很多，他不是讨论某一个单一的问题，而是讨论很多问题，到后来《盛世危言》依然维持着这种格局，就是宏观地讨论大量问题。当时很多人也是这样，像上海的冯桂芬，他写的《校邠庐抗议》也是这种格局。中国的读书人、士大夫，他们具有心怀天下的传统，所以他们考虑问题，是从整个国家层面出发的。我看郑观应不同时期写的批评君主专制的内容，谈到民主制度、自由思想等，我就想他怎么会产生这些东西，产生的根源在哪里？

我研究郑观应经过了三步走：首先，我写《中国近代民主思想史》这本书的时候，对郑观应是从一个思想家的身份来写的；后来在参与撰写上海地方史《上海史》① 晚清部分的时候，对郑观应是从企业家和思想家的双重身份来写的；最后，我越来越觉得郑观应有非常独特的地方，开始把他作为一个有血有肉、有思想、有追求、有自己个性的独立人物来研究。每一次研究，我都觉得郑观应是那个时代了不起的人物，是那个时代在上海产生的带有广府文化特点的了不起人物，他是一个大转型时代的大聪明人。大转型时代我们好理解，大聪明人就是看问题宏观、系统、深刻。

从郑观应个人的成长历程看，他是儒商兼业，既是商又是儒，两方面都很突出，学通儒道与中西，知行合一，世事洞明。在中国传统社会，你要么是儒要么是商，通常一家里面兄弟两个人，一个人选择做儒，一个人选择经商，但是郑观应既是儒又是商，两方面做得都很成功，这是很难的。在他同时代经商突出的人有很多，比如莫仕扬、徐润、唐廷枢等；经儒的也有，比如从广东出来的康有为、梁启超等思想家。郑观应在广州、天津、九江等地都有自己的企业和房产，是一个了不起的巨富。这说明什么？说明他在经商方面

熊月之

---

① 唐振常主编：《上海史》，上海人民出版社，1989 年。

是做得相当不错的。无论他原来做买办到后来自己搞经营，或者搞洋务企业，他是很有经济头脑的，很会赚钱；但他作为一个有理想的知识分子，为国家为民族全面、系统、深刻地思考，也很少有人能与他相比。郑观应儒商两个方面都做得很好，这极不容易，所以说郑观应是个大聪明人。

郑观应的治学路径，可以说是中西兼通。我们很难说郑观应在儒学方面一定有很高的造诣，因为他不是将传统学问作为自己立身之本的一个学者，但是他对中国传统的东西非常熟悉。我记得他有两句诗，是写给儿子的《训长男润林并录寄月岩弟》中的话："经书烂熟方西学，博古通今事大贤"①，这两句话非常有道理，就是中国的经书一定要读得非常熟，在经书里面有很多明世的哲理和优秀传统文化，他要求孩子要以中华文化为本，然后再学西学，做到古今皆通，因为在他身上中西古今全部是打通的。我仔细看过夏东元先生编的《郑观应集》，郑观应在上海跟傅兰雅学过外文，他的英文水平比较高，可以正常阅读英文报纸、写英文信件、与外国人流利交流。他学习英文不是为了研究，而是为了平常工作和西方打交道的需要，同时把西方好的东西消化吸收，内化于心。他编过一本《中外卫生要旨》，他在此书中从精神调摄、饮食调养、日常起居和运动方法等方面，论述了自己对卫生保健知识的认识。他自己编了这一套治病的方法，用来指导自己的保健。他原本身体不好，但可以活到80岁，就跟这套方法有关系。他除了自己使用之外，还要求

---

　　① 　夏东元编：《郑观应集》（下册），上海人民出版社，1982 年，第 1181 页。

他的子女也要学习使用，把西方那些体育健身的方法吸收进来，这体现了他的治学路径。

另外一个了不起的地方，就是修身路径，可以称为儒道兼修。儒道就是中国传统儒家和道家的东西，他这两个也兼通，我在写《论近代通人郑观应》这篇文章的时候，仔细看了他关于儒家和道家的阐释。他将儒家的思想原则内化于心，转化为干事创业的精神动力；他对道家到了痴迷的程度，在道教方面的功业、捐助等方面花了很多钱，做了很多事。一般来说，人在顺境的时候容易信奉儒家的东西，等到不顺的时候，就用道家的东西来排解自己，安慰自己，给自己心灵支撑的空间。郑观应比一般读书人更进一步，他即使在顺境的时候，对道家的东西也非常重视，所以他的思想里面就有道家的东西，他不存在到逆境了再退下来的思想。他自己哪怕在事业成功的时候，也没有忘记道家的东西。这在他的著作里面，有很多体现。

郑观应心灵深处的容量特别大，道家的东西，儒家的东西，在他这里都不矛盾，他是儒道兼修达到了天地广阔的地步，所以当他在事业上遇到挫折的时候，对别人来讲这是很严重的，对他来讲没有多大问题。我们今天才晓得，影响一个人的健康，很大程度上跟心情、跟心理状况密切相关，心灵鸡汤就是调节人的心理的。郑观应在那个时候，实际上已经做到了这点，这极其不容易。所以我讲，只有像郑观应这样了不起的大聪明人才能做到。我一直在思考，是什么让他成为大聪明人呢？其实归根到底，源于他把儒家修身的东西发挥到极致的程度。儒家经典《中庸》里有这么几句话：

"君子尊德性而道问学，致广大而尽精微，极高明而道中庸，温故而知新，敦厚以崇礼"，其中"极高明而道中庸"，就是既达到高明的佳境，又奉行中庸之道，两头都兼顾，这个很难，但是他确实做到了。

我讲的这三条，第一个商儒兼业，这是经商方面的，我把商放在前面；第二个中西皆通，这是治学方面的，我把中放在前面；第三个儒道兼修，这是修身方面的，我把儒放在前面。放在前面的，是郑观应最重视的，比如治学方面，以中为本，但是后面的也很重要，比如他在修身的时候也很重视道的学习。理解了这些，关于郑观应的很多东西就能解释通了，就好理解了。

郑观应为什么在生意做得很好的时候要去写书？一般人这个时候是不会去写书的。我们今天读他的《盛世危言》，里面的思想、观点、语言，每一个都需要我们仔细推敲和琢磨，因为每一句话都是他深思熟虑的结果。那个时候写东西，没有今天这么多参考资料，也没有专家在旁边指导，都靠自己琢磨思索。他能做好，跟他极其宽广的心灵和合适的方法有关系，他既能做生意也会做学问。做生意的时候，你看他给子女的家训，教导子女怎么样跟人家打交道，告诫他们经商要和对方订立合同，要留有记录……这些同样符合今天的商业规则。做学问的时候，我想他一定是仔仔细细研读了中国传统文化，领悟了中国传统文化的精髓。他十七八岁从香山来到上海，一直在坚持学习，努力汲取各方面知识。他自己事业的转换把握得很好，原先做买办，后来自己创办企业，然后又到洋务企业任职。他自己没有讲为什么要进行转换，但我们今天看，他整个的转换是符合历史发展趋势的，所以他对历史潮流和大势把握得很好。他反对帝国主义，反对鸦片贸易，反对拐卖人口等等，这一系列的东西，没有哪一步是走得不对的。

他在中国主张商战、主张学战、坚持发展教育，特别是主张政治改革。那个时候很多人谈政治改革，比如我们前面讲过的冯桂芬，还包括同时代的王韬、薛福成等，都涉及政治改革方面，但郑观应是最早进行系统阐述的，是他经过深思熟虑、充分理解之后所谈、所写的。

◉问　晚清四大买办，三个是香山人，当时的香山县也被称为"买办的故乡"，香山县为何能成为买办的故乡？

◉熊　香山是买办的故乡，买办是香山的"特产"，郑观应就是买办的代表之一。以前买办被人诟病，甚至被说成反动势力，其实，买办就是在中西交流的特殊年代，一个自发秩序的产物。我用"自发秩序"这个词，这是现在研究社会进步和社会变化很重要的概念，从英国洛克开始，到后来的亚当·斯密，再到后来的雅克·卢梭，这些人都讲自发秩序。自发秩序怎么理解？它不是人们提前设计出来的，而是历史和现实交织下自然产生的结果。鸦片战争后，西方打开中国大门，面对中国巨大的市场潜力，西方列强纷纷来这里做生意、搞开发、开辟通商口岸等。他们进来以后，不懂中国的语言、地理、商业规则以及如何与官府打交道等，他怎么做生意呢？这就需要中间人，这就是买办，买办成为沟通中西的桥梁。这样一个过程，是必不可少的，这个东西不是人为提前设计的，而是一个自发秩序的结果。自发秩序并不是没有秩序，而是中西协调的结果。所谓协调的结果，就是买办的经营方式，一定是外商有钱赚，卖家愿意卖，买办也有利可图，这几个都能满足生意上的诉求，才可以继续保持下去，否则生意经营不下去。这个秩序在建构过程中，需要大家坚持一些基本的东西，比如说诚信，不仅跟人相关，也跟企业相关，因为跟熟悉的人做生意，你比较了解和信任，可以不需要契约等，但是跟一个不相识的人做生意，就需要契约。比如，你今年讲明年要还这个款，你到时候不还，我有这个东西可以跟你打官司，中西互相理解的商业规则就慢慢建立起来了。这对买办本身来讲，也是一个接受的过程，也是对他产生影响的一个过程，他在后来自然而然地就会把这些东西变成了经营的准则。

香山为什么会成为买办的故乡？在鸦片战争以前，香山的买办在广州就已经有很大势力了。鸦片战争前后，香山地区是与西方接触最多、对西方了解最多、拥有西方知识最为丰富的地区，在近代化的知识、实践、人才方面，较之内地其他地区，有广泛而明显的优势。在近代史上，香山地区以四多出名，即华侨多、买办多、留学生多与基督徒多，这4类群体，都是中西文化交流、融合的产物，香山人因此成了中国走向近代化的领头羊。据估计，1853年以前，上海有广东人8万，其中广肇帮最多，潮州帮其次，而广肇帮中香山人最多，人数有2万多。在早期上海对外贸易中，香山人在上海成立的买办集团起着相当大的作用。1917年，马应彪创立先施公司，1918年郭乐、郭泉创建永安公司，与后来开设的新新公司、大新公司合称为南京路上"四大公司"，这些都是大型的、综合性的百货商厦，成为上海百货零售商业的支柱。

广东人尤其是香山人能这么早做买办，主要跟澳门有关系。1553 年，澳门被葡萄牙占据，成为当时中西交流的唯一窗口，是中国跟西方联系的最前沿地带，当时西方人进入中国主要是通过澳门，走岐澳古道进入香山，或内河或沿海。香山人有地利之便，澳门多数人都是从原来的香山过去的，在当地生活工作，不少跟葡萄牙人通婚，生的混血儿，现在被称为"土澳"。香山人长期与西洋商人做生意，获得了很大的利润空间，认识到做买办也是个人谋生的重要路径。近代以前，普通中国人除了读书考科举做官之外，没有什么很好的发展空间，在香山那一带通过读书做官的有，但路很窄，远远不如读外文做生意的路宽阔，所以他们就不排斥跟外国人打交道，很多香山人都会去学外文。我研究过容闳的成长之路，他的父亲和姐姐都赞成他出国留学。容闳生活的时代在鸦片战争前后，这个时候距离澳门开埠已经差不多300 年了，与洋人打交道已经在香山成为一种社会风气，这也是一个自发秩序。这个秩序不需要别人教给你，你在那生活，自己就能够感受到。在知识学里面，这叫默会知识。默会的不需要讲，人人都能感受到。比如隔壁邻居一个小孩子读书不行，但是人家后来做了买办赚了很多钱，这条路就会有很多人效仿，这就叫默会知识。香山这个地方买办最厉害，因为在传统时代没有报纸，没有电视、广播，信息传播主要还是靠口耳相传，香山人率先了解到这些信息，而远一点的人，他接触不到这些信息，或者是他没有太多可以模仿的对象，所以就没出现买办。这最终导致香山地区做买办的人多，出国的人也多，中国最早留学的大多是香山人。采用默会知识和自发秩序来理解当时香山为什么会出这么多买办，就比较容易了。

◎问　香山买办具有天然的优势，他们为何纷纷来到上海？这些人在上海产生广泛的交集，产生重大的影响，为什么以香山商人为代表的粤商在上海早期的商业发展中占据重要地位？

◎熊　鸦片战争以后，西方人普遍认为上海这个地方社会环境好，人口多，市场大，距离原料产地更近，他们需求的茶叶、丝绸、瓷器都在附近。总之，他们认为这地方有很好的商机。所以，洋行就纷纷从广州、香港等地方来到上海，这些洋行做生意是离不开买办的，那些买办就被洋行带过来了，买办的人脉也带到了上海。中国传统社会地缘、亲缘很重要，这些买办的同乡、亲戚也跟着来到上海。开埠以后，广东人在上海占了很大的比例，江浙买办后来才逐渐进入。所以，我们说早期香山买办或者说粤商规模很大，地位很重要，引领了上海商业发展。

◎问　您在《上海香山人与香山文化》中认为，近代百年，香山人在上海纵横驰骋，开拓创新，实干巧干，声名卓著，其中买办集团在早期上海对外贸易中起到相当大的作用，这些作用主要表现在哪些方面？

◎熊　在中国近代化的过程当中，买办是率先走在学习西方的前面，也是率先引进西方的先进技术和设备、引领当时先进文化的中国人。香山买办是上海开埠后第一批来沪闯荡的商人，上海是他们活动的最重要舞台。当然不单单是上海，武汉、天津、九江都有香山人、广东人，只不过因为上海城市规模更大、地位更特殊，他们来的人更多，影响力更大，比如徐润、徐荣村等都很聪明敏锐，商业头脑很好，对商业信息很敏感。徐润最早在上海搞房地产，那时候人们不敢买地建商品房，但上海的快速发展导致的外来人口迁移，让他敏锐意识到了蕴藏其中的巨大机会。徐荣村作为中国参加世博会的"第一人"，在1851年将自己经营的"荣记湖丝"装成12捆，邮寄参展，"荣记湖丝"因此名声大噪。郑观应比他们来得要晚一些，当时主要在洋行工作。此后南京路上"四大百货公司"，都是大型、综合性的百货商厦，成为上海百货零售商业的支柱，都与西洋有关。香山人在上海，甚至说广东人在上海，差不多都从事跟"洋"有关系的工作，主要是跟外国人打交道做生意，所以香山人在上海、广东人在上海是属于比较有钱的人。还有，买办都舍得把子女送到国外去，这是他们对西方科技、思想、文化等的认可，子女可以去到西方国家学习最新、最先进的知识。

◉问　您在《上海香山人与香山文化》中，归纳在上海香山人反映出来的香山文化4个特点，即目光远大、汇通中西；善捕良机、决策果断；脚踏实地、精益求精；融会中西、植根中华。从郑观应在上海的发展情况来看，郑观应是否也具有这些行为特征？

◉熊　香山人在拥有几百万人口的特大城市上海，最多时也不过3万多人，但他们却那么彪炳显赫，引人注目，干了那么多大事，出了那么多名人。从上海香山人的身上，我归纳出香山文化的四个特点：一是目光远大、汇通中西；二是善捕良机、决策果断；三是脚踏实地、精益求精；四是融会中西、植根中华。前三条是行为特点，第四条是文化特色。郑观应不仅是香山买办的主要代表，也是那个时代香山人的杰出代表，他当然具有这些特点。

我以两件事来说明郑观应具有"目光远大、汇通中西"这个特点：

1883年，唐廷枢与袁祖志等游历欧洲各国，回国后，为袁祖志所作游记写序，内称处今之世，了解外国，应该"身历其境，心识其事，略其小，详其大，揣其本，明其末，事事以利我国家、利我商民为务，而不为纸上凿空之谈"。这几句话，可以看作香山人走向世界、心系中华的写照。唐廷桂、唐廷枢兄弟以商人身份编辑了《英语集全》，而郑观应以商人身份撰写了《盛世危言》，其议题广度、思想深度，令当时众多专门读书治学的文人汗颜。这些本来应该由专业文人做的事情，倒让商人去做了，看上去有些不可思议，但是，将其放到特定的历史时空来考察，就不难理解了。既知道西方又了解中国的，以唐廷枢和郑观应为代表的香山商人，与既不了解西方又盲目自大的内地文人，适成鲜明的对比，而当时的中国，确实需要启蒙，需要振聋发聩的呐喊，于是，这副担子落到了郑观应等香山商人身上。

还在甲午战争以前，郑观应就认为，议院制度是国家富强的根本，西方国家之所以比中国富强，最根本一条就是他们实行了议院制度。对于挨欺被打的中国来说，议院制度还是御侮救国的良方。他说："故欲行公法，莫要于张国势；欲张国势，莫要于得民心；欲得民心，莫要于通下情；欲通下情，莫要于设议院。中国而终自安卑弱，不欲富国强兵为天下之望国也则亦已耳，苟欲安内攘外，君国子民，持公法以永保太平之局，其必自设立议院始矣！"那个时候，就对政治体制改革重要性、紧迫性的认识而言，郑观应是中国第一人。

可以说郑观应是立天下之正位，行天下之大道。他一生勤奋上进、胸怀世界、心系国家，让当时的国人看到外部生机勃勃的世界，也为子女和后人做出了典范。

◉**问**　请问郑观应是如何看待买办这个身份的？

◉**熊**　郑观应对买办这个身份的评价是相对客观的。当时中国本身没有强烈的意愿跟外国人打交道，是被迫卷入到资本主义体系中的，买办作为中西贸易的中介，他们需要把外国人的东西推销出去，把外国人想买的东西买回来。当时我们国家大部分地区的社会风气，不像香山那样开放，买办这个职业不会被更多人理解，反会受到文人学者甚至民众的谴责，所以买办一般会有道德压力。在这种环境之下，郑观应肯定会感受到社会的压力，还有唐廷枢等香山买办可能也一样，他们后来都不做买办了，而去做洋务企业的管理人员，他们选择不做买办一定跟道德压力有关联。容闳回到中国以后，上海洋行请他当买办，他没有去。他在《西学东渐记》里写道：做买办赚钱当然很多，但我思来想去，觉得如果做买办，我对不起耶鲁大学的声誉。他把大学的身份认同看得很重，认为自己应该从事跟大学文化内涵相关的工作，不能辱没大学名声，所以他认为做买办是不光彩的。但是郑观应处理得比较好，他是先做买办，做买办的过程他努力学习，不断增长各方面才干，然后将在洋行中积累的管理经验用于洋务企业中。买办是一个在被动开放环境下必然会产生的现象，我们无须苛责。郑观应本身对买办相对客观，从他的著作《救时揭要》到《易言》再到《盛世危言》，他没有对买办有太多的批判，他感觉到买办是当时中西交往中必要的东西。

◉问　您在《略论近代买办与中国文化自为》中认为，买办极少让自己的子女参加科举考试，而更多地让他们接受西方教育，郑观应的子女教育同样如此，请问与晋商、徽商重视传统科举应试教育相比，为什么买办的子女教育更愿意致力于"有用之学"？为什么早期的留学生很多来自香山？

◉熊　以郑观应为代表的买办，不光认为西方教育是"有用之学"，实际上他们的视野非常开阔，具有世界性眼光。晋商和徽商，他们的眼光主要在国内，特别关注官员官场，他们跟政府打交道，并且利用政府的关系经营，而买办的眼光体现出了世界性，他们会重视制度的建设，也创建了中国的近代教育制度，走在中国的前列。也正因为这样，晋商和徽商等中国传统商人比不过买办，因为接受的教育不一样，买办以整个世界作为事业，而晋商、徽商以整个中国作为事业，那是不一样的。

买办与西洋人日复一日地接触，耳濡目染，潜移默化，自觉或不自觉地受到西方精神文化多方面的影响，为西方文化所化。首批留美幼童中很多是香山人。其他地方人把子女送到国外会有恐惧心理，但是香山人却觉得留学是一件很好的事，是很好的发展路径。举个例子，唐廷枢的父亲在香港一个叫鲍留云的美国传教士家里当差，虽然语言可能不是很通，但是朝夕相处，他感觉到传教士是很好的人，所以主动把儿子送去学习。这样，唐廷枢没有走科举之路，而成为鲍留云的学生，并进入澳门马礼逊学校学习。在学校里，唐廷枢接受了西式教育，学习英语，了解西方文化，这使得唐廷枢的人生道路与别人不一样。

到了唐廷枢、郑观应这一代买办，他们在伦理观念、价值观念方面，受到了西方文化更深的影响，极少让自己的子女参加科举考试，而更多地让他们接受西方教育。徐润的第四子建侯，先在天津北洋大学堂学习，后留学美国 5 年。五子超侯，先在上海学习西文，到了 16 岁，家里又专门为他聘请西文女教师来家教英文，后留学英国牛津大学。徐润的 4 个孙子也是自幼学习西文，长孙到 14 岁就留学英国。徐润的女儿、媳妇也学习了西文，1905 年有西方女记者访问徐润家，发现"女公子与媳妇均能娓娓应对，以是彼此容易叙谈，且绝无半点可厌之洋泾浜英语"。郑观应也同样如此，长子润林留学日本，次子润潮先在澳门格致书院，后进入北京税务学堂，三子润炎、四子润鑫和幼女，都就读于上海租界设立的专向华人子弟开放的新式学校华童学堂。

●问　您在《略论近代买办与中国文化自为》认为，买办对于西方精神文化的认可，更多地表现在生活方式方面，很多买办穿西装、吃西餐、建西式住宅，为什么郑观应仍在父亲的要求下筹资建设澳门的郑家大屋，相对其他买办仍旧过着较为中式的生活？

◎**熊**　我也想过这个问题。

买办对于西方精神文化的认可，首先表现在他们的生活方式方面。很多买办穿西装，吃西餐，参与西式体育运动，建西式住宅。徐润在上海建的花园洋房，高大敞亮，室内装饰极其考究。德商洋行买办周宗良的住宅是两栋洋楼和一座客厅，富丽堂皇，极其洋派。电灯、电话、电风扇、电冰箱、照相机、留声机、汽车等西洋器物引进中国以后，买办通常也是率先使用。作为西方文化的先行先遇者，买办对于西方文化接触较多，他们的高收入也允许他们过上比较西化的生活。

为什么郑观应在上海没有建富丽堂皇的洋楼，而是筹资建设澳门的郑家大屋，相对其他买办仍旧过着较为中式的生活？我想这与郑观应比别的买办更多地接触中国的传统士大夫有关系。郑观应要以自己的知识来显示自己的价值，正因为这样，你看他做了很多其他买办不做的事情，比如在教育、文化制度等方面。他具有传统士大夫的情怀，广泛接触文化人，他在公众场合很少谈生意，主要谈读书人的事情。郑观应很重视自己的道台头衔，这说明他虽然是洋行的买办，但依然具有传统士大夫的那种观念和想法，内心还是重视士大夫这个身份的。

◉**问**　香山买办到上海之后，他们内部之间的接触比较多，同乡关系走得比较近。然而，郑观应除了跟香山人、广东人接触比较多之外，还跟其他地方的商人，比如说宁波商人、苏州商人，接触也很多，关系也不错，他整体的人际关系是良好的，对此，您如何来评价他的人际关系圈？

◉熊　这可能跟他所从事的职业密切相关，也跟他这个人有关。他原先在洋行做买办，后来跳出来自己办企业，然后再进入洋务企业，接触的人很多。在洋务企业里面他做的很多事情都必须跟别人合作。前面提到，他具有中国传统文人的情怀，他后来捐官，从事慈善，就必须跟其他商人合作，比如跟苏州人、宁波人接触，相互合作。特别是在招商局，跟这些人接触得就比较多，包括盛宣怀。

◉问　您在《略论近代买办与中国文化自为》认为，在西方文化介绍与吸纳方面，郑观应的影响远远超过了洪秀全；在群体方面，买办的作用远远超过农民领域，请您分享下买办群体以及郑观应对毛泽东的影响？

◉熊　毛泽东的父亲毛顺生，是一个典型的传统农民，一心想把毛泽东培养成种田的好手，兼做一些米谷生意，识些字，有纠纷能讲出道理，会用算盘，做生意时不至于吃亏。这种安排，使毛泽东在读了几年私塾后，不得不延宕学业，把主要精力放在种田上面。13岁那年，毛泽东离开小学，开始在田中长时间工作，帮雇工的忙，白天完全做着大人的工作，晚上代父亲记账。劳作之余，毛泽东找到什么书都读，因父亲反对阅读经书以外的闲书和杂书，他不得不"拥被夜读""蒙窗偷读"，以免被发现。

有一次，毛泽东从表兄文运昌那里读到《盛世危言》一书，深受启发。1936年，毛泽东在延安与美国记者斯诺谈话时，几次提到这本书对他的影响："我当时非常喜欢这本书，作者（郑观应）是个老的改良主义者，认为中国之所以弱，在于缺乏西洋的器械——铁路、电话、电报、轮船，所以想把这些东西引进中国"，更主要的是"《盛世危言》激起了我恢复学业的愿望"。

毛泽东读了《盛世危言》，学到了很多新的思想，他明白中国遇到了困难，民族遇到了危机，青年应该有作为，应该为国家做贡献，所以要重新改变自己的人生轨迹。随后，读书心切的毛泽东启程前往湘乡高等小学堂求学。湘乡离韶山约50里路，这是毛泽东第一次出远门。临行前，他在父亲每天必看的账簿里夹放了一首改写的明志诗："孩儿立志出乡关，学不成名誓不还。埋骨何须桑梓地，人生无处不青山。"你看这个志向就出来了。

毛泽东1936年跟斯诺谈话，讲到这段历史的时候，这件事已经过去了十几年，他仍然能记得很清楚，说明一定对他触动很大，这个事情对他的人生轨迹产生了重要影响，所以郑观应对毛泽东的影响超过洪秀全。毛泽东肯定洪秀全，是把洪秀全视为前辈。其实，毛泽东从洪秀全那里能学到什么东西呢？

◉问　您在《郑观应的精神气象》中认为，郑观应的过人之处在于，当买办而又不满足于当买办，他在经商、读书、著作和赈灾四个方面齐头并进，为什么郑观应可以做到四业并举？

◉熊　一个人成功与否，我认为既取决于这个人所处天时地利的条件，更取决于他对时代变化的感悟，取决于他的应变能力，取决于他的智商与情商。郑观应一生都处在大转型时代，他是一个在事功发展路径、治学、修身等方面都相当成功的人，一个对时代变动有敏锐感悟的人，一个恰当地选择自己的事功发展路径、顺时调适自己行为方式的人，一个既善于读有字之书也善于读无字之书的人，一个由中华文化孕育出来的大聪明人，一个难得的通人。郑观应80年生涯中，决定其一生事功的关键时期，是他到上海习商以后的前25年，即1858至1882年。1882年离开太古轮船公司买办位置以后，他已是在商场、官场、学场上都很受重视的成功人士，我认为分析郑观应人生发展的路径，前半生最为重要。在上海开头的25年中，即从1858至1882年，郑观应的精力主要投放在以下四个方面：

一是经商。郑观应在新德洋行习商，在宝顺洋行当买办，在生祥茶栈做通事，合伙经营公正轮船公司，参与创办太古轮船公司，参股于轮船招商局、开平矿务局、上海造纸公司、上海机器织布局等企业，这些都可以归纳为经商。郑观应经商很成功。到1882年他到底有多少资产，无法确知，但是，从他投资那么多企业，从李鸿章专门为他在赈灾中的重要贡献而奏请将其事迹载入方志，可以想见郑观应的资产一定相当可观。

二是读书。内容有三方面：第一是英语。在新德洋行习商期间，他曾跟随叔父郑廷江学习英语。在宝顺洋行期间，曾有两年时间，他在英华书馆夜校向傅兰雅学习英语。英华书馆是当时上海最著名的业余英语学校，1865年开办，设在石路，每月学费为5两银子。郑观应对于学习英语相当重视。他的弟弟们到上海学习商务，他都嘱咐他们到英文学堂学习英文。从郑观应在洋行的工作业绩来看，有理由认为，他的英语已相当不错，足以应付洋行业务的需要，由此可以推断，他花在自学英语方面的时间与精力也不会少。第二是西书。当时的上海，是西书荟萃之地，先前墨海书馆所出版的西书还在流通，新的西学知识又大量涌入。江南制造局翻译馆、京师同文馆新译的西书，传教士出版的《教会新报》《上海新报》《申报》上刊载的新学知识，以及在买办生涯中可能接触到的西书，都是郑观应留心阅读的内容。第三是中国传统文化典籍。郑观应到上海以前，已经研读过许多中国典籍，除了《三字经》《千字文》等童蒙读物和《论语》《孟子》《大学》《中庸》等应试必读书，还读过《性理大全》、陈白沙的文集、王阳明的文集等。到上海以后，他还研读了一大批儒家、道家、佛家的典籍。

三是著述。重视立言本是儒家传统，郑观应父亲郑文瑞也是很注意著述的人，编过《训俗良规》《劝诫录》之类劝人积德行善的书。郑观应循其路径，先是编辑《道言精义》《陶斋志果》等书，那是与时务没有多少关联的读物；之后撰写《救时揭要》《易言》等书，直接介入时务问题的讨论。对时务问题的兴趣和讨论，导致日后他的名著《盛世危言》的诞生。

四是赈灾与捐纳。19 世纪 70 年代后期，华北地区发生严重旱灾，上海中外人士发起了范围很广、持续时间很长、影响很大的赈灾活动，已经经商成功的郑观应，在其中发挥了积极的作用，带头捐献巨款，并组织赈灾活动。为赈济山西灾荒，他与经元善等人创办筹赈公所，将办公地点设在自己家中。他还遵母遗嘱将积存的 1000 两白银捐给直隶赈灾。

与赈灾相应，郑观应纳资捐得郎中、道员衔。捐纳让郑观应获得了绅士的身份，在某种意义上弥补了他没有科举功名的缺憾，为他与官绅打交道提供了方便。

郑观应的精力、财力投放方式，有其过人之处。众所周知，近代早期，上海买办多为广东人，如莫仕扬、郑廷江、曾寄圃、唐廷枢等，构成广东籍的买办群体，用王韬的话，即上海买办"半皆粤人为之"。郑观应如果单是当买办，经商，那他在买办、商人群体中并不突出，与郑廷江、徐润、唐廷枢等没有多少区别。他在经商、读书、著述、赈灾四方面齐头并进，其综合优势就是别人不可相比的。经商是聚财，赈灾、捐纳是散财，光聚不散，便成守财奴。郑观应恰当地处理好了聚财与散财的关系，使其财富在人生意义中发挥了更大、更多方面的效益。读书是蓄才，著述是亮才，光蓄不亮，无以赢得名声与地位。郑观应成功地将求利与求义、蓄才与亮才、求利与求名结合起来，即其所谓"求利中不失其求名之望，求名中可遂其求利之心"。1882 年以后，他被李鸿章等洋务大员看中、提拔，先后走到上海机器织布局、上海电报局、轮船招商局等多家洋务企业的领导岗位上；他能与盛宣怀、经元善、谢家福等江浙绅商建立深厚的友谊，建立起对日后发展极为有用的人脉关系，就与他兼通中西的综合实力、亦商亦儒的复合身份有关。

我觉得郑观应是在四个方面还有内在的关系，其中经商是他的立身之本，如果不经商其他方面也难以做到，没有钱怎么赈灾？怎么捐官？所以经商是他的立身之本，也是办其他事情的一个根本，是他必须要做好的。慈善其实是因为郑观应有宗教情结，他需要慈善来满足他的宗教心理，因此慈善他是愿意做的，当然也跟捐官有关系，因为要捐官，很多时候就是通过慈善这个渠道。而学问是为他所爱好的，他是很爱读书的人，读书后就把自己的想法写出来，很自然就会著书立说，出版著作。这四个方面，有的是他的责任所在，有的是他的爱好所在，有的是他的信仰所在，有的是不得不做。

●问 您将郑观应称为通人，那么您能解释一下通人的含义吗？他是如何成为通人的？

◉熊 我觉得通人其实就是指一个人目光非常远大，知识非常丰厚，胸襟非常开阔，考虑问题非常全面系统，这几个在郑观应身上表现得非常突出。如果将郑观应的人生事功发展路径、治学路径、修身路径作为一个整体来考察的话，可以归结为一点，即：不走极端，兼顾两头，商儒兼业，中西兼习，儒道兼修。这一特点，在他的生活中还可以找出许多例证，如刚刚说的聚财兼顾散财，结交朋友兼顾故乡（广东人）与他乡（江浙人），为人处世既兼顾义利也兼顾原则与人情。有一典型的例证，可以说明郑观应的为人处世，他其实是不赞成康有为激进变法的那一套主张，和康有原则分歧，曾明确地对康有为做了表示，但是戊戌政变以后，康有为遭到追捕，其亲属被人接到澳门避难，郑观应"念其救国之心，罹此重祸，甚可扼腕"，特地汇洋 100 元，供康的亲属日用。

郑观应所处的转型时代，是一个旧的秩序逐渐破坏、新的秩序正在建立而尚未完全建立的时代；是一个旧的原则、旧的制度逐渐或部分失效，新的原则、新的制度正在建立而尚未完全建立的时代；是一个旧的价值观念正在瓦解而尚未完全瓦解，新的价值观念正在建立而尚未完全建立的时代。身处这一时代并且对这一时代的特点有所感悟的人，在事功发展、治学、修身方面，都会用自己的理性来审视一切，从而做出自己的抉择。郑观应是对这一时代的特点有敏锐感悟的人，所以，他一只眼睛看中国，一只眼睛看西方，一只眼睛看历史，一只眼睛看现实，虚心学习，潜心思索。他的一部分知识、一部分原则、一部分价值观念来源于中国文化，另一部分来源于西方，对于事功发展、治学、修身诸方面的大关节处，他都经过自己的理性思考。郑观应以他的大聪明，恰当地处理了这些转型时代的矛盾，成功地书写了属于他自己的历史。

我认为一个人的精神气象有大小之分，只见小我，不顾大我，则气局逼仄，影响难大。一个人的精神气象亦有高低之别，只见中国，不看世界，或只看眼前，不懂历史，不顾长远，其见解必浅而近，影响难以广远持久。郑观应是商人，但不纯粹是商人；是学人，但不是纯粹的书斋型学人；他是商人兼学人，其见解就比一般学人更接地气，比一般商人更明大理。这是郑观应不同于徐润等商人的地方，也是他不同于王韬等书斋型学人的地方。综合郑观应的人生实践，结合郑观应对自己行事哲学的概述，我以为他确是近代史上一个难得的通人。

●问　您在《李鸿章在自强运动中的行动特点》中指出，洋务运动初期，人才奇缺，除了高薪聘请洋人之外，国人之中，买办成为李鸿章眼里难得的骏马，在郑观应的一生中，他多次与李鸿章有交往互动，是洋务运动中李鸿章较为倚重的买办，李鸿章是如何任用郑观应的？这对郑观应产生了什么影响？

◉**熊** 其实，从用人这个角度来看，李鸿章比较看重一个人的业务能力，这是李鸿章比较大气的地方，这也是他为什么会重用唐廷枢、盛宣怀、徐润、郑观应的根本原因。李鸿章重用买办，是因为在那个特殊的时代，人才是没有储备的，可用之人很少，他只能去寻找稍微能干一些的人。李鸿章对郑观应还是很欣赏的，他委任郑观应负责开平煤矿，经理招商局，担任粤汉铁路总董，郑观应做得都不错。李鸿章给了郑观应在洋务企业任职的机会，郑观应也为李鸿章在洋务企业中创造了巨大利益。

◉**问** 在《郑观应志》中，编者称郑观应为"睁眼全面看世界的第一人"，您赞同这个观点吗？您对这个观点怎么评价？

◉**熊** 我觉得可以这样讲。所谓全面，就是它不单单是看到落实西方的科学技术，更深刻地看到制度的落后、文化的落后和文明的落后，这个文明主要是指中国的君主专制制度，如果君主专制制度不变，中国就难以根本发展，在这方面他看得深刻和全面。我记得1893年他给上海格致书院学生出的题目，就是谈君主专制问题，对问题看得很全面、很系统。

◉**问** 当前郑观应相关的研究受到了重视，您认为未来应该从哪些方面持续研究郑观应？

　　◉**熊**　第一，我觉得资料的发掘依然是一个很重要的方面。尽管夏东元先生、易惠莉教授和邵建研究员等，都发掘了很多资料，特别是中山人在这里面做了很多工作，贡献特别大，但是我想，一定还会有待挖掘的资料。比如，我们知道郑观应与外国人接触和交往很多，但学界对相关资料的发掘还很少。另外，现在的商会档案，比如盛宣怀档案，一定也会有一些资料出来，当然还有晚清的报刊资料，也可以从中检索到相关的材料。我曾经在旧报纸上看到关于郑观应的一些东西，但没有系统整理出来。第二，我认为对郑观应的思想发掘，要放在近代全球化特有的背景下来思考和认识，要考虑上海怎么样在全球化下产生一大批有才华的人，这是很好的视角。中华文化兼容并蓄、海纳百川，也会吐故纳新，创造出新的东西。特别是在上海，它里面哪一种文化都不占绝对优势，正好是文化创新的好环境，郑观应在那么多人当中脱颖而出，产生这么大的影响，这个需要从思想文化方面进行发掘。第三，我认为中山可以做更多的事情，让郑观应的知识普及开来。郑观应的著作在社会上的知晓度还不高，可能进教科书不容易，但是辅导书或者乡土教材还是要有的，正好可以跟毛泽东结合起来，在这里面可以做文章，郑观应是那个时代的代表性人物。

　　◉**问**　您认为中山如何利用郑观应资源，提升城市的文化品位和整体形象？

　　◉**熊**　我觉得中山已经做了很多，也做得很不错。今后先要高举郑观应的旗帜，他是大转型时代了不起的伟人，他

355

的思想宏观、系统、深刻，具有多方面的才能；其次，他跟孙中山和毛泽东都有关联，中山在开发红色文化资源和传统文化资源的时候，正好可以加以利用。郑观应具有多角度阐述、发挥的空间。

◉**问**　谢谢您在百忙之中接受我们的访谈！

◉**熊**　也感谢你们为郑观应研究付出的热情和汗水！

宋钻友（1950—　），山东蓬莱人。上海社会科学院历史研究所研究员。毕业于复旦大学分校历史系，曾在上海市政府文化部门、上海图书馆工作，1993年调入上海社会科学院历史研究所。

主要研究方向：上海史研究，尤其是上海的商人团体、移民史、消费史等。

主要著述：《广东人在上海（1843—1949年)》（上海人民出版社，2007)、《同乡组织与上海都市生活的适应》（上海辞书出版社，2009)、《永安公司与上海都市消费（1918—1956)》（上海辞书出版社，2011)、《新新公司的前尘往事》（广东经济出版社，2013)等；合作著有《上海通史·第9卷：民国社会》（上海人民出版社，1999)、《上海史话》（社会科学文献出版社，2011)、《上海工人生活研究（1843—1949)》（上海辞书出版社，

2011)、《爱"购"上海：南京路上老百货》（上海人民出版社，2019）等；编有《中山人在上海史料汇编》（上海辞书出版社，2011）等。参与编写有《上海：城市嬗变及展望·上卷——工商城市的上海（1949—1978）》（格致出版社、上海人民出版社，2010）。

时　间：2021 年 10 月 24 日

地　点：上海社会科学院招待所

口述者：宋钻友

采访者：胡　波　龙良富

整理者：龙良富

●问　宋教授，您好！2022 年是郑观应诞辰 180 年周年，我去年初向中山市委、市政府提出了要重新整理郑观应资源的建议，一个是研究者的资源，另一个是家属后裔的资源，所以我们计划访谈相关的专家和家属，现在已经基本完成，上海是最后一站。因为您长期耕耘近代史和上海史，尤其对广东人在上海做了深入研究，特地邀请您接受我们的采访。首先请您简单讲一下您的学术经历。

●宋　我 1978 年夏天参加高考，报考了复旦大学，没达高考录取分数线，不仅未能进入复旦，连大学也没考上，按当时的政策，我第二年就过了高考年龄，不能再考大学了，想到永远无法再进大学校门，心情沮丧之极。其实我的考分并不低，因老三届的分数线比低届考生高了 40 分才落榜。幸好后来国家考虑老三届的实际情况，实行扩大招生，我得以进入了西江湾路的复旦大学分校，这所学校就是今天的上海大学。

除了毕业文凭是上海大学的，我们这一届所有任课老师都来自复旦大学历史系，包括负责筹建分校历史系的老师唐培吉、应春富、何凤瑶。为了办好学校，3 位老师近乎呕心

359

沥血，复旦大学历史系也极其尽职，对分校学生一视同仁，派出最优秀的教师。古代史教师有汪槐龄，毕业自西南联大；许道勋是周予同的经学史研究生，上课不照本宣科，而是结合内容，谈学术界最新的动态，介绍研究史料，与同学的关系也特别融洽，亦师亦友。世界史的任课老师张广智给我们上过一年的课，张老师富于讲课艺术，他的听课笔记串起来就是一本书。三年级上选修课，系里提供了10多门选修课，近现代史方面有姜义华、杨立强、沈渭滨，世界史方面有金重远，讲的全都是自己多年的研究心得，自成体系。系里还充分利用上海市高校的资源，华东师大的郑寅达给我们开设了二战史选修课，可以说我们这届分校历史系接受的是百分之百的复旦历史系的优质教学资源。在大学期间我对中国近代史特别感兴趣，两次考试都得了高分，渴望从事近代史研究。

毕业以后，我与20多位同学被一起分配到上海博物馆、上海历史博物馆（筹备），但我和另一位同学的关系一直挂在上海市文化局，没到博物馆上过一天班。我不喜欢机关工作，一直想搞研究。当时上海图书馆的馆长是顾廷龙，他是古籍版本的权威，计划要干几件事，其中一件就是把熊希龄的手稿整理完，当年熊希龄的档案是熊夫人毛彦文亲自交给叶景葵的。叶景葵与熊希龄是至交，他们都是赵尔巽的手下。叶景葵又有恩于顾廷龙。叶景葵生前拟定了《明志阁遗稿》的编辑体例，受条件限制未能编定。顾老视完成叶老的遗愿为义不容辞的职责，把编定出版熊的遗稿列为晚年三大心愿之一。他知道我是历史系毕业的，不太愿意在机关里当公务员，提出让我帮助他整理熊希龄的手稿。此后我每周有3个半天从机关跑到富民路善本书库抄写整理手稿，前后3年半时间，一字一字，总计近300万字，基本把全部遗稿抄写出来。除手稿外，我还阅读了熊希龄私人存稿中的全部尺牍，其中一封犬养毅写给熊希龄的短笺，给我的印象特别深。熊与日本政界人物多有交往，他知日又不亲日，交往中时时保持警惕，坚持民族立场。几年抄写下来，我对熊希龄的认识比较深入。当时搞近代史、文学史通行以一个人物为对象，我手上拿着这么好的材料自然不做第二想。周秋光的《熊希龄传》出版后，这种想法也没有放弃。要写一本书，最好是到研究机构，这是我想调动工作的主要原因。1992年通过熊月之老师的帮忙我很幸运地调到上海社科院历史所，因为我大学的毕业实习在历史所。熊老师当时是所长助理，实际上分管科研工作，听到我要过去，费了很大的力，才把我调去。

进所后，我被分在上海史室，有太多的知识要学习，只能暂时放下熊希龄。从进所到现在将近20年，我做过多个上海史课题，形成了自己的专长，找到了兴趣点，20年上海史的研究很大程度改变了我的知识结构，学风的变化更大，此前整理抄写数百万熊希龄手稿养成的耐心和辨认手稿的能力对以后工作的影响依然可见。由于上海史与近代史的联系极其紧密，我对中国近代史的理解远比以往深入。

◉问 请问您写《广东人在上海（1843—1949年）》的原因是什么？

◉宋　到上海史研究室后，就要考虑研究重点。熊老师管理科研工作有个基本做法，他会比较关心研究人员的研究方向，把把关，他对国内外的研究动态了解之深，十分突出，一般他认可的研究方向，你顺着好好做，假以时日，都能做出一点成绩。我进所前读过邓蜀生先生写的《美国与移民》，印象很深。上海很像美国，由大大小小几十个移民社群组成，其中人口排前三位最重要的是江苏、浙江、广东。

我父母并非广东人，但我从小居住的里弄有不少广东人，他们的语言、风俗和生活习惯跟江浙一带的移民差异很大。比如，再冷的天也有人穿厚厚的木屐走在弄堂里，人没到，声音从老远就传过来了。经常有小贩骑着自行车到弄堂里来，车架上驮着一个很大的木桶，装着凉粉，一边推着车一边吆喝。"三年自然灾害"期间，上海的情况虽然不同外地和农村，但大饥荒的影响到处可见。全民都在饿肚子，这条住满了广东人的弄堂出现了从未有过的现象，家家户户都能按时收到亲戚从香港源源不断寄来的猪油、花生。猪油装在长方形铁罐里，满满一大罐，约有两斤，够吃1个月。尽管不少上海富裕家庭都有海外关系，但一条弄堂这么多家庭有海外关系还是比较少见。这类弄堂民国的传说一般都比较多，广东人的传说通常带点传奇色彩，引起我的好奇心，当然也有同情。我的一户邻居是广东人，开了一家广东饼屋，主人好客，每到中秋总要向左邻右舍送自家做的月饼。月饼用形状各异的木质模具烘焙，和市面常见的圆月饼不同，我觉得很有趣。这家男主人后来被政府抓了，可能犯了经济方面的什么事，从此家道迅速败落，他们家有两个男孩，哥哥带着弟弟去了新疆。邻家的母亲没有工作，一个人带着两个孩子，无比艰难，却永远笑脸示人。海外关系在那个时代是不祥之物，更给家庭带来了灾难。"文化大革命"期间，里弄里有个广东青年想偷渡去香港，据说他的母亲在那里，为了回到母亲身边生活，不惜冒险犯难，偷渡失败被抓，回到里弄处以监督劳动，没多久自杀了。就这样，我对广东人的好奇、同情慢慢滋长，加上在大学里研读中国近代史，对近代广东人的多方面贡献有了更多了解。

当时熊老师计划大规模推进上海移民史的研究，我就自告奋勇，做广东人的研究，得到了他的鼓励和肯定。我于2007年出版了《广东人在上海（1843—1949年）》，前后确实花了10多年时间，中间做了一些其他的课题，但断断续续一直在做。为这本书我确实做了大量资料工作，找了能找到的中文档案。一部分资料来自上海档案馆，凡是与广东人有关的我大多翻阅过并做了记录，如广肇公所、潮州会馆的档案比较完整，我抄了整整一本资料，单独写了文章。《申报》是个浩瀚无比的资料库，在没有全文检索时代，我愣是逐年逐月逐日看，前后很多年，复印了大量材料。这本书的另一个资料来源是上海历史博物馆（筹备处）老上海库，这是20世纪30年代柳亚子建上海通史馆时所收集的资料，极其丰富，该库的"征信录"是最全的，其中就有广肇公所、元济善堂、中国公立医院的征信录。1918年广肇公所发生了一场新旧冲突，吴冕伯写了一本《广肇公所风波始末》，是有关这场冲突最完整的记录，也收藏在馆内。有了这些珍贵资料，我才着手把这本书写出来。

◉问　广东离上海很远，他们为什么跑到上海去呢？

◉宋　同样是旅居上海，广东旅居者与其他地方的是不同的，比如上海周边地区的人民迁移上海很方便，故人数也多，不少是临时起意，遇到一场灾难，稍做准备就可以出发。但广东不行，去上海要到香港坐船，花费很大，再加上语言的困难，来上海的广东人大都有比较牢靠的关系，不然来了站不住脚，连回去都很难。由于大部分来沪的广东人是主动移民，整个群体适应都市的能力比逃难到上海的难民要高。

由于是主动移民，各人去上海的动机是不同的，有的来经商，有的到上海求学，大多数来上海的是希望到同乡设立的企业、洋行求职。

◉问　刚才您讲到了旅沪广东人与其他地区移民不同的特点，你能否谈谈广东人对近代上海崛起的影响和贡献？具体说说他们在各个行业的情况？

◉宋　概括而言，广东人在上海的行业分布主要在长途贸易、进出口贸易、港口码头、棉纺织业、面粉、卷烟业、金融业、零售商业、针织业等。四大百货公司大家比较熟悉，最近我比较关注开埠后粤商在零售业的投资情况。我发现在环球百货公司前，上海最主要的两个商业业态，即广货店、洋广杂货铺的重要投资者都是广东人。例如老悦生开设于1846年，到20世纪30年代已有90年的历史；最著名的洋广杂货铺"全亨"是两位广东麦姓昆仲开办的，地位相当于那个时代的先施、永安。可以说从开埠到20世纪30年代，广东商人一直引领着上海零售商业的潮流。

除了零售商业，我比较感兴趣的是埠际贸易、跨国贸易中的广东商人的活动。明清时代闽粤商人就来江南贸易，但开埠后岭南与上海的商贸关系大大加强了，广东商人在上海以北的大部分重要口岸都设有南北行，从事丝绸、棉布、生仁、糖、药材等商品的贸易，对于广东本土来说，这一贸易很大程度维系着 19 世纪广东的经济活动，例如广东土布业离不开上海的棉纱，云纱拷绸以上海为市场及原材料供应地。换言之，开埠促进了两地的经济联系，上海和广东都得以利用开埠带来的变化，拓展生产的领域，提高生产的规模。在上海从事口岸贸易的广东商行，全盛时达到 700 家，以每家 5 人计算，就是一个很大的商业群体。同乡纽带对维系商路的安全、便捷发挥着很大的作用。商号通过在不同口岸设立联号从事长距离的贸易，联号成员通常来自同一家族，或者是同乡，亲情和乡情对全球化初期阶段广东商人的长途贸易起了积极的作用。没有这个纽带，在通讯还不甚发达、电报价格很贵的情况下，各联号之间的运作就比较困难，生意的风险会很大。

此外我对广东商人的金融活动也有兴趣，汇兑与贸易的关系很密切。由于贸易的规模很大，广东商人在上海的金融业有相当势力，设有多个银号、钱庄以及广东银行、国华银行。广帮的南北行大多兼营汇兑，实际上也是金融机构。广帮金融机构主要服务于同乡商人，在经营上与一般的商业银行有所不同，有时为了支持同乡，比较敢于承受商业上的风险。研究广帮在沪的金融机构和活动，有助于理解一个移民商帮如何开展长途贸易。

广东买办对上海开埠之后与西方联系的加强起过作用，从中涌现的三大买办的地位尤其重要，这个话题可以放在后面谈。这里我想先谈谈广东商人在上海的慈善活动。最初我对慈善不太重视，后来发现虽然各地旅沪社群都开展慈善救助活动，但广帮的捐资数额往往比较大，引起了我的注意。后来我意识到慈善救助是广东商人维系全球同乡纽带及跨地区、跨国商业网络的手段之一。以"一·二八"事件为例，旅沪广东同乡组织得到的捐款58万元，数额之高，令人咋舌，相当一部分来自美国的华人。自晚清起，粤商便以乐于助人著称上海。家乡和旅沪同乡是主要救助对象，但并没有畛域之见，每当各地发生大规模的自然灾害，沪上粤商都慷慨解囊，且数额可观，因而备受称赞。由于这方面的资料比较多，我在书中只写了一部分，希望今后有所深入。

◉问　在旅沪广东人中，香山人的数量比较突出，能否具体谈谈他们在上海的影响？

◉宋　谈旅沪广东人，香山人是绕不过去的。据我统计，旅沪粤人广肇各县中香山人比较多。原因是多方面的，除了19世纪开埠后来沪的买办不少是香山人之外，我猜测，或许与香山靠近香港有关。因为当时到上海是从香港坐船出发的，从香山去上海更方便一些。来沪的香山人出了许多名人，各业各界的都有，非常值得专门做。对香山商人的近代影响理解之深，黎志刚教授是最深入的。最初他是从轮船招商局进入香山的，为此无数次到香山搞田野调查，他对香山商人的跨地区商业网络做过深入研究，他对澳大利亚香山华侨及四大百货公司也有很好的研究，他对李承基的长篇访谈是研究四大百货公司的重要学术成果。多年以来，他对我的学术研究一直给予鼓励和指导，我们之间的讨论也比较多，不幸的是他过早去世，我深感痛惜。以前我误以为黎志刚是香山人，一直以为黎志刚热心香山商人的研究与他的籍贯有关，后来才知道他原籍南海。他钟情于这一课题，完全是香山商人在近代中国的重要贡献使然。我希望今后有更多的同仁关心或从事这方面的研究。近 20 年来原属香山县的中山、珠海的文化部门对挖掘本土的历史资源非常重视，发表的成果备受瞩目，这是我最高兴的。你们纪念郑观应的活动持续了多年，对全国都是有启示意义的。

◉问　贵所近几年编著的《上海通史》有没有列入香山的内容？

◉宋　这次我们编著《上海通史》，人物传共 8 卷，其中古代 1 卷，外侨 1 卷，近现代 6 卷，进入传记的人物都是近代上海某一方面的代表。里面的广东商人基本上是我写的，三大买办是必然列入的，此外我把祥茂洋行买办陈炳谦也放进了名单。以前大家不太知道陈炳谦这个人，其实像他这样在上海华洋社会都具有影响力的商人是不多的。他在慈善方面的活动难以缕述，是当之无愧的大善士。陈炳谦在华洋之间充当沟通和联系的桥梁，有一个例子很能说明问题。1910 年上海发生鼠疫，当时大家如临大敌。工部局按照西方那一套做法，派由洋人构成的医务人员到虹口去查去封，简单粗暴，甚至闯入女宅，引起女性的恐慌和虹口市民的强烈不满，一直发展到有检疫人员跑到虹口，就被市民团团围住。工部局依然故我，以致双方的冲突越来越大。眼看工部局无法收场，又不肯改弦更张，上海的一些商界精英挺身而出，与租界当局进行磋商谈判。陈炳谦当时住在虹口，他比较了解西方人的思维方式，也理解华人为何不安，于是联络一批华商领袖向工部局提出，检疫这事仍由工部局的卫生官员来做，要隔离的病人住到华人自己准备建立的传染病医院。洋人不相信华人能建什么传染病医院，说如能4天内建起医院，可以按此方案办。没想到陈炳谦早已成竹在胸，说到做到，在友人的支持下，他将一个华人的私家花园改建成传染病医院。院子的主人是同为粤绅的张子标。他将自己的花园住宅补萝居花园让出。照当年市场价，价值4万元，张子标只收取35000元，余下5000元捐输医院，购买各式设备器具；上海道台也禀准拨给官款银1万两，这样资金就到位了。4天后，由补萝居改建的中国公立医院正式成立，聘请的中国医生也很快到岗，其检疫标准完全达到工部局的要求。这样，一场因鼠疫引起的风波很快平息。

当中外发生利益冲突，香山买办的做法通常不是加剧矛盾、冲突，而是寻找利益共同点，和平解决。这方面陈炳谦的买办前辈唐廷枢等人早年就是这样做的。当年太古洋行、怡和洋行以削价的方式与招商局开展竞争，价格战打得不可开交，为避免两败俱伤，唐廷枢提出三家公司订立齐价协定，就是确定市场分配，统一价格，由于考虑到了对方的利益，得到太古和怡和的谅解，避免了恶性竞争。

最近我又看到一个与陈炳谦相关的例子。20 世纪 30 年代，太古洋行、怡和洋行和招商局三家轮船公司实行价格垄断，一起提高水脚，遭到长江沿线各口岸贸易商的联合抵制。双方的谈判持续了数日，互不退让。眼看华商迟迟没有妥协，三家轮船公司一筹莫展，太古、怡和不得不把陈炳谦找来担任调解。表面上看，陈炳谦似乎与航运公司没有任何关系，其实太古、怡和轮船公司的买办都是广东人，知道陈炳谦素来古道热肠，热衷于为朋友排忧解难。这里的一个前提是陈炳谦比较能为矛盾各方接受。

◉**问**　四大百货公司的创始人都是香山人，那么香山人在经济领域是否也有很多活动？

◉**宋**　不少香山人在外国洋行谋生，太古轮船公司有 194 名香山人，祥茂洋行有 10 名香山人，参加香山旅沪同乡会的 74 名唐家湾人在太古洋行的有 9 人。香山人在上海创建先施、永安、新新、大新四大百货公司，在此之前，外国人在上海也有四大百货公司，如惠罗、福利，影响都蛮大的，但华商四大百货公司的投资额、商厦面积、营业规模都大大超过了外商百货公司。华人单项投资规模能远超外商的，恐怕只有香山人的百货公司，足见气魄之大。四大百货公司尽管各自经历了不同的波折，总的来说经营是非常成功的，不仅为市民提供了日趋现代的生活用品，同时还开启了零售业的革命，如倡导不二价、薄利多销、视顾客为上帝，将商场打造成文化平台，注重发挥企业的文化影响等。四大百货公司的经营理念接受了多方面的影响，我们后面再谈。

◉**问** 四大公司之间的竞争是否很厉害？

◉**宋** 四大百货公司之间不是不竞争，而是良性竞争，通过优质服务、更好的管理来提升市场占有份额，而非明火执仗拆人家的台。永安和新新的关系最能说明这种关系。1934年新新公司李敏周不幸遇难，当时公司刚从混乱中走上正轨，掌门人又意外去世，如同屋漏偏遭连夜雨，这时是香山同乡陈炳谦和永安公司的郭顺进入董事会，帮助新任总经理李泽稳住阵脚。陈炳谦在沪上极具影响力，几乎被视同财神爷，郭顺是永安公司主外的代表，活动能力极强。如果是恶性竞争，应该落井下石才对，那一代的大企业家真的让人敬佩。

◉**问** 在广东人旅沪期间，广东同乡组织发挥了怎样的作用？

◉**宋** 旅沪广东人的同乡会馆、公所主要有广肇公所和潮州会馆。开埠以前，就有不少闽粤商人到江南进行地区性贸易，潮州帮乾隆年间就在上海建立了会馆。开埠以后，随着广州洋行的大批北上，广州及附近地区的买办跟随大班前来上海，商业势力大增，于1872年建立了广肇公所。以后随着旅沪人口的增加，广东旅沪同乡组织出现了细分，广东属下的27个县，大多数县都有一个同乡会，还建立一些同业组织，制定业规，统一商价，限制竞争，互通商业信息。

广肇公所进入民国之后，主要的活动集中在以下两方面：

一是举办各种社会公益事业，为同乡服务，具体工作在

5 个层面：①继续办理广肇山庄，以安亡魂。1925 年因原有山庄逼近租界，有碍卫生，广肇公所另购地 300 余亩，建立新山庄，推陈炳谦担任工程总主任，陈炳谦等人捐资 9 万余元，建筑地藏庙及敦梓堂。运送骨骸回归故里是山庄的一项重要工作，费用由公所承担，每具尸骸还发给葬费 4 元。②兴学助学，使同乡子弟免失学之痛。在上海的同乡会馆、公所中，晚清时期兴办义学、公学的不多，广肇公所是少数几个晚清办有义学的同乡会馆之一。光绪二十四年（1898）办了两所义学，同乡大会后，霍守华个人出资，一下子兴办了 5 所义学，使公所的义学扩大到 7 所，在学学生 1000 余名。1919 年，公所又办了一所义学，使义学达到 8 所，有学生 1200 名，开设中文、西文、算学等科目。③对遭受天灾或战祸的同乡进行慈善救济。广肇公所的慈善救济功能，在"一·二八"和"八一三"战后的同乡难民救助工作中，体现得最为突出。众所周知，闸北和四川路是广东人集中居住的地方，这两个地方受战争的创伤又特别严重，许多民宅、商店、厂房被战火夷为废墟，市民纷纷逃离，沦为难民，广肇公所立即进行救济工作。如"一·二八"事变爆发后，到广肇医院要求留院医治者很多，该医院因受战事影响，经费不够，不少患病者无法留院医治，公所特拨助 1 万元为救治病民之用。④收容、安置、资遣各类失怙、流落的同乡难民。对于流落街头的无业人员，或被警察局侦破的诱拐案中的被诱拐人等，当局除将部分人员送收容所外，有时也将这类人员送同乡组织安置。广肇公所曾经安置过不少这样的人员。如 1921 年 7 月 24 日，一李姓市民将广肇同乡陈群英带到公所。据陈群英本人称，她被养姐以 500 元卖给一舒姓为妾。1 个月后，舒逼其为娼，因不愿接客，常遭毒打，不得已，逃往苏州，藏匿了 3 日。她回沪后却不认识路，在街头哭泣，遇此李姓同乡可怜她孤苦无靠，将她带回家暂住，后送到广肇公所。董事会议决，将陈群英送到广肇女学留养。⑤代为申诉、交涉，维护同乡利益。为维护同乡利益，广肇公所充分发挥了社会团体的作用，代同乡进行各种交涉，争回本该属于他们的利益，大大提高了公所在全体同乡中的威望。如 1915 年，徐道生留下营口北清公司股票五股，他过世后，夫人袁氏曾委托杨文修要回股票，但股票票单遗失，无法兑回股款，后来投书公所，要求代她向北清公司交涉。公所为此事多次与营口粤东会馆联系，请他们设法兑回股款，最终袁氏收到营口方面汇来的股款 830 两银圆。

二是调解同乡各种纠纷，维护本帮团结，促进社区稳定。在过去，调解本帮成员之间的矛盾，维护同乡团结是会馆公所的一项基本职能，但在当时，会馆、公所的调解重点是商业类纠纷。进入民国以后，会馆、公所的调解重点逐渐向同乡平民转移，从现存的广肇公所档案看，尽管商业类纠纷在公所的调解中仍占有一定的比重，但公所调解的纠纷大多数是同乡平民之间的纠纷。随着时间的推移，公所对调解同乡平民的纠纷表现出了更高的热情。1900 年的规条规定，广肇同乡之间的纠纷一般应由同乡绅商处，在无法处理的情况下，再由同乡绅商提请公所董事会处理，公所董事会一般不直接受理同乡递交的诉状。

◉**问**　广东人到上海，对岭南文化的传播产生了怎样的影响？

◉**宋**　岭南文化在上海的传播是很深入的，这方面的研究已有一些，但远远不够。我作过粗浅的研究，影响比较大的是广东音乐、粤剧和岭南画派。文化的传播不仅有助了解广东籍市民的文化消费情况，也能深化我们对上海作为各种异质文化交汇中心地位的认识。

从19世纪70年代至20世纪40年代，粤剧在上海曾广泛传播，但真正形成影响还是在1914年第一次世界大战爆发的时候。因为当时上海的民族经济得到了很好发展，来沪设店办厂开公司的广东人大量增加。据统计，1915—1920年，上海广东人的增加数字相当于前五年的总和。广东人的大批到来，对粤剧演出活动的繁荣起了催化作用。1919年，四川北路虹江路上的上海大戏院，聘请了以著名花旦李雪芳为台柱的群芳艳影班来沪演出，一炮打响，本市广东人中出现了前所未有的观剧热潮。这种情况使一些广东商人看到投资戏剧演出的商业价值。1年以后，广舞台竣工，结束了上海没有一个专演粤剧舞台的历史。从此，上海的粤剧演出进入了一个新的时期，即高峰期。在1919年以后，大批著名的粤剧演员应邀来沪演出。据统计，先后有26个戏班来沪演出，有1000余人次的演员来沪演出，其中有不少是著名演员，如李雪芳、崔奈何、苏州妹、靓文仔等，产生了轰动效应。

李雪芳第二次来沪，一到上海，就处在新闻媒介的包围之中，《申报》在《梅讯》栏目下，一连20余天对她的演出做连续报道。在 20 世纪 20 年代初期,享受这种殊荣的只有京剧大师梅兰芳,难怪一些好事者有"南雪北梅"之说。广东人更是趋之若鹜,每天不到开演时间,戏馆内便座无虚席。当时向演员献花篮、赠横联,对粤剧演员来说还是稀罕事,李雪芳是获得这种待遇的第一位粤剧演员。

◉问 持续近 20 年的频繁的粤剧演出,对上海市民的文化生活有些什么影响,它对各剧种的交流和发展,对其自身的进步产生了什么样的作用?

◉宋 一是演出丰富了上海市民的文化生活。当然,粤剧观众的主体仍然是广东人,粤剧对于上海的广东人,与越剧之于浙江人、京剧之于平津人一样,同是他们的精神食粮。据我统计,应有 4 万余人次观看演出,而从 1919 年至 1937 年间,上海的广东人数在 9—11 万,由此可见,观看粤剧的广东人在其总人口中所占比例是相当高的。另外,值得我们注意的是,观看粤剧的不只是广东人,不少非广东籍市民也慕名前往观看,如李雪芳来沪演出时,"沪人观客居十之六"。

二是通过演出,粤剧在上海得到广泛传播,影响越来越大。当《夜吊白芙蓉》传入上海后,不少市民将《夜吊白芙蓉》作为这段时间唯一的时髦曲本,传播广度、速度远比当时著名的京剧《士林祭塔》高,不论男女老少都能唱上几句,可见影响之大。

三是粤剧的广泛传播,使它的声誉迅速提高,不少戏剧界同行开始重新认识粤剧的价值,虚心前往观看粤剧演出,从中汲取养料。如京剧演员麒麟童、赵如泉等在李雪芳在上海表演时，多次前往观摩，还请李雪芳演出《陈姑追舟》，以与京剧同名剧进行比较。名伶卢翠兰对粤剧艺术相当喜爱，曾潜心研究，还客串戏班演出。粤剧演员对其他剧种也相当尊重，名演员新珠在上海演出期间，多次观摩周信芳的红生关公戏。

四是在频繁的商业演出中，粤剧艺术本身也取得了明显的进步和提高。粤剧的舞台布景原先相当简单，采用的是陈旧的吊幕画景，不能吸引观众。为了提高观众的观剧热情，各戏班在布景上狠下功夫，使粤剧的布景，在短时间内焕然一新。如1923年6月，大荣华班（乾班）来沪，"布景"多至百余幅，每剧之布景不同，幕幕换新，舞台布景的艺术效果确实更佳了，粤剧对观众也更有吸引力了。在不断的演出实践中，粤剧的语言得到了统一。民国以前，粤剧的唱腔和念白并非纯用广州方言，而是"半京半广"，著名的小武朱次伯在广州首先倡导粤剧语言的改革，用纯正的广州方言演唱。这种改革得到了其他演员的支持，后来来沪的粤剧演员都用广州方言演唱，在沪上开风气之先，此后来沪粤剧戏班均认同这一潮流，粤剧语言在上海终于得到了统一。除此以外，粤剧的唱腔及伴奏乐器也都有不同程度的改进。

◉问　刚才您讲到了粤剧在上海的流行，广东音乐在上海影响大吗？

◉宋　吕文成是香山人，3岁随养父旅居上海，11岁进广东同乡会所办广肇义学读书，21岁加入上海"中华音乐会"，毕生致力于广东音乐、粤曲艺术的介绍、传播、革新和发展，创作的《平湖秋月》《步步高》《醒狮》《蝶恋花》

等广东音乐等广为流传。可以说，他是大师中的大师。吕文成在上海的影响非常大，你只要翻开《申报》，就可以看到很多有关他的信息，1919 年上海《申报》有了第一条关于吕文成音乐活动的报道，这也是目前可见的最早的一条关于吕文成的报道。自此以后，吕文成的名字便频繁地出现在《申报》上，称之为"音乐大家""音乐名家""省港音乐大家"。当然还有香山的另一位音乐家——萧友梅对上海甚至全国的现代音乐产生了很大影响，他也是上海音乐学院的创始人之一。

上海艺术研究所有位研究江南丝竹的学者，本人是个行家，对广东音乐崇拜得不得了，我 20 多年之前听到他的这些观点，非常惊讶。群众艺术馆还有位作者写过一篇文章，认为上海是广东音乐的发源地，讲得振振有词，我很好奇，一直没有找到这篇文章。

◉问　是的。我也注意到了这篇文章的观点，我曾经想写一本"吕文成评传"，积累了不少资料，但还是不敢动笔。《广东人在上海》一书对香山三大买办虽然没有展开，我知道，您对唐廷枢、徐润、郑观应是有所了解的，您能否重点谈谈对郑观应的认识？

◉宋　三大买办的研究尚有大量课题可做，但我写书奉行一个原则，尽可能提供个人原创的成果，转述的观点太多，整个书的原创性不免降低，因此整本书没有写到他们三人，当时我确实没有独到的研究心得。但这方面的成果我读过不少，一般的了解是有的。近几年我看了一些开放的郑观应档案（藏于盛宣怀档案内），了解有所深入。郑观应 17 岁就到了上海，先在洋行里做学徒，18 岁因工作刻苦耐劳，得到了宝顺洋行洋人的赏识，派管丝楼兼管轮船揽载事宜，32岁成为太古洋行轮船公司的总买办，这是一个要求非常高的职务。因为当时做买办的人很多，但一般就是做买卖，把这个东西从别的地方弄过来，然后卖到国外去，或者将国外的东西弄到国内来进行销售，这个相对来说稍微简单一点，但航运是一个现代化的行业，牵涉大量的科学技术知识，以及多个部门的协同运营。所以在太古轮船公司担任了多年的总买办或者总经理这么一个职务以后，他对西方的现代企业是怎么运营的，需要结合多少科学技术知识，对中国和西方真正的差距之所在，郑观应比任何人都明白，这是他能够系统地写出这么多东西的主要原因。

虽然他也和唐廷枢、徐润等同乡一样，都是成功的买办，但他在中国近代思想史上也留下了深刻的痕迹，还没有一个商人做到这一点。他的三本书《救时揭要》《易言》和《盛世危言》，都在社会上产生了很大反响，从商人的角度看独一无二。他能提出系统的改革思想，得益于在上海外国洋行的经历，由于对西方文化有体验，他的许多观点比大多数时论深刻，例如商战，郑观应不仅强调要跟西方在商业上开展竞争，而且还涉及文化、政治层面的改革。

郑观应思想的发展有两个阶段：一个是早期的《救时揭要》《易言》阶段；另一个是 1894 年写《盛世危言》阶段，这一阶段他站得更高，从政治体制上讲了很多东西，这是之前所有的维新思想家都没有讲到的。他的影响也是多方面的，毛泽东年轻的时候看《盛世危言》受到很大的启发，孙中山也讲过商战的东西，就有人说商战的东西是孙中山写的，但这个可能性不是很大，因为孙中山在生活上没有这样的阅历，形成商战的思想是不可能的，所以孙中山商战的思想应该来自郑观应的影响。

◉问　您怎么来评价郑观应的思想？

◎宋　近代中国因深重的民族危机，孕育了一大批仁人志士，郑观应无疑是其中极具影响力的代表之一。如何摆脱国家落伍于世界的命运、"振我中华"是郑观应毕生思考并笔之于著述的重大命题。无论是早期的《救时揭要》《易言》，还是后期的《盛世危言》，以及其他大量的书函文章，他的思考从来没有离开过"救国"两字。为了救国，郑观应以不畏群言、敢于冲破的精神，提出了系统的改革思想，影响了近代中国的历史进程。

在中国近代改革思想史谱系中，郑观应承上启下，具有特殊的历史地位：上承 19 世纪 50 至 60 年代林则徐、魏源、包世臣、冯桂芬等人，将他们的改良思想推向新的阶段；下启 19 世纪 90 年代康有为、梁启超的改良思想，将之推向前所未有的高度，引领了时代的潮流。由于教育背景的差异，他的改良思想独具特色。他既不像林则徐、魏源等着重于西方情况的介绍，将儒家经典信手拈来，与改良思想巧妙嫁接，也无法像康有为、梁启超那样对东西方文化作深入探讨，为改良思想提供更坚实的学理基础，但郑观应担任过外国洋行的主管，长期处于洋务活动的第一线，与洋商有大量接触，加之懂英语、大量阅读、游历、考察，他的改良思想具有很强的可操作性。在他的三部代表作《救时揭要》《易言》《盛世危言》中，郑观应对西方商情、经济、政制、法律、文化、习俗进行了大量介绍，论述的题目涉及学校、图书馆、新闻、公法、通使、纺织十几个行业。

在对西学的转述、宣传之中，郑观应结合大清的国情，提出两个重要观点：一是兵战不如商战；二是设立议院，实行"君民共主"制度。在《盛世危言》中，郑观应全面系统地介绍了西方的议院制，并介绍了议院制与西方强盛的关系，在大清的帝制语境中，谈西方的议院制是触犯禁忌的，公开赞扬议院制更需要非凡的道德勇气，这是郑观应在近代中国思想史坐标上的重要贡献之一。但是晚年的郑观应绝少提国体政制的改革。郑观应"初则学商战于外人，继则与外人商战，欲挽利权以塞漏卮"，对于所处时代全球竞争态势有着极为清醒的认识。

◉问　郑观应的商战思想对广东商人有什么影响？

◎宋　可以说近代中国的优秀商人大都是在郑观应商战思想召唤下进入商场的，20世纪20年代上海发起的国货运动，高举的就是商战大旗。商战并不只是讲与洋货竞争，其内容是丰富的，实际上是要推动中国经济的近代化，要建立自己独立的工业体系。产品的质量要不弱于洋货，这是很艰难的目标，但既然讲竞争，这些都是题中应有之义。所以广东商人的工厂在设备、原材料、工程技术、管理上都追求一流，因为他们心中真的装着与洋货竞争的伟大理想。四大百货公司的发起缘起都特别强调支持国货运动。先施、永安虽然以环球百货总汇著称，对国货推销同样不遗余力。20世纪30年代，永安公司设立了国货寄售商场，长期扶持国货产品，从提供资金、销售信息、国外产品样品等等。先施公司与多家丝绸国货名厂长期合作，提供销售场所。对于知名的国产热水瓶、袜子、衬衫、香皂、香水、阴丹士林布等，四大百货公司乐于代销，扩大产品的市场影响。凡此种种，与郑观应的影响当然是有关的。

◉**问** 除了提出一系列真知灼见的改良思想以外，在实践层面，以唐廷枢、徐润、郑观应为代表的香山买办有哪些建树呢？

◉**宋** 首先表现在对近代企业的投资方面。香山买办在长期为洋行服务的过程中积累了大量财富，他们将积累的财富投资入股了多家企业，促进了早期工业化的发展。徐润在各家近代企业中的总投资达到了 127 余万两，郑观应在洋务企业中大概投入了 40 万两。唐廷枢应该更多，因为他仅在开平煤矿的投资就达到 30 万两。

他们对早期工业化的推动还集中表现在洋务企业的创办和管理上。三人参加创办和管理的洋务企业主要是 4 个，即轮船招商局、上海机器织布局、江南制造局和开平矿务局。这 4 家企业可以说是中国洋务运动中最重要的骨干企业。轮船招商局是中国近代史上第一家轮船运输企业，也是中国第一家近代民用企业，总部在上海，并且在烟台、牛庄、汉口、天津、福州、广州、香港、横滨、神户、吕宋等地开设了分局，直接打破了原本由旗昌、太古、怡和三家英美洋行瓜分长江内河航运的垄断局面。江南制造局以轮船制造为主，后也制造枪炮弹药，是当时清朝政府为实现富国强兵设立的一家重要企业。开平矿务局是清末洋务运动开始后官督商办的大型新式采煤企业。这几家洋务企业除了上海机器织布局后被烧毁之外，其余三家奠定了中国早期工业化的基础。

在管理这些企业过程中，他们制定了一整套体现现代企业原则的规章制度和管理条例，取得了非常好的经营业绩。唐、徐分任总会办的时代，是轮船招商局最辉煌的时期，船队的规模在扩大，经营的利润在上升，较快还掉了一部分官股。郑观应对轮船招商局也有突出贡献，曾两次参与该局的管理，对轮船招商局的发展提出过一系列充满真知灼见的改革意见。19世纪80年代，在唐廷枢、徐润遭盛宣怀等人的排挤，离开管理岗位后，轮船招商局进入以盛宣怀为督办的时代，该局的业绩一落千丈。郑观应临危受命，在做了充分的调查后，对轮船招商局的改革提出了具体方案，赢得李鸿章的高度赞赏，亲自点名让郑观应回到轮船招商局的管理岗位，担任总办，但深知轮船招商局积弊之深的郑观应没有应命。郑观应的不少看法是超越时代的，他认为轮船招商局能得到李鸿章很多年的鼎力支持，完全是个偶然，如果没有了李鸿章，商人在这样的官督企业中，很难按照市场经济原则来经营，失败将是必然的。读郑观应的文字，让人不能不佩服。香山三大买办确实是那个年代中国最睿智的企业家，尤其是郑观应，其思想通透，在100年之后仍然发人深省。

◉问　除了"商战"主张，郑观应还提出了要创建商会、举办世博会等建议，能不能谈谈这方面情况？

◉宋　郑观应在他的商战论中多次提到了商会，因为商战涉及很多内容，包括商法、商律、商会等。19 世纪 80年代郑观应就讲到了商会的重要性，到了 90 年代商会在整个中国基本上推行起来，所以商会的思想还是从他这里来的。商会建立了以后，郑观应提议要建立商业法，这对中国近代的影响是非常大的。到 20 世纪前 10 年，郑观应早期提出要建立商会、商法的思想全部变为现实，他的思想至少超前 10 年到 20 年。所以可以说，他是个先知，在当时，这样的人实在是太了不起了，近代没有几个人能够做到这一点。

◉**问**　世博会也是他比较早提出来的。

◉**宋**　是的，他最早就提出中国应该举办世博会，因为他知道，如果要促进中国的民族品牌走向世界，世博会就是最好的平台，所以他就将世博会介绍给了中国。这个思想其实在中国商界的影响非常大，上海商会建立以后，就在里边成立了商品陈列所，商品陈列所的目的就是展览全国各地的商品，各地选好了商品就去参加世博会。从 20 世纪初开始，中国参加了很多届世博会，国家对企业参加世博会是没有资助的，是商会自己拿钱出来支持。我专门看过这个材料，本来政府说好给一点钱，最后钱没有了，商会完全是自己拿钱出来。上海总商会不仅仅代表上海的商人，还代表全国的商人，这个和郑观应也是非常有关系的。

◉**问**　郑观应写了《救时揭要》《易言》《盛世危言》，三本书的时间跨度还是比较大的。《救时揭要》局限于澳门的事情多一点，到了《盛世危言》，涉及全国的政治、经济、社会问题，您怎么来看这个变化？

◉**宋**　郑观应写的第一本书是《救时揭要》，这本书可以说是他的思想萌芽，随着个人阅历的增加和社会的发展，他也在不断进步，我觉得中国近代最优秀的思想家都是这样，郑观应的表现更加突出。从三本书的内容来看，每本书都有一些新的东西，我觉得跟他不断学习、不断思考是有关系的。早期他作为买办，主要活动领域在商场和慈善业，后来进入了洋务企业，在清朝政府中也担任了一些职务，跟其他政府官员打过很多交道，这样他对国内的情况、对天下的大事就更了解，这肯定会促进他思想上的发展，到晚年的思想肯定突破了早期一个商人的局限，站得更高，想得也更深、更远。我注意到他晚年喜欢用"20世纪"这个词，而且他给家族的遗嘱里也讲到了20世纪，所以他晚年的思考也在与时俱进。

我写过一篇关于郑观应教学思想的文章，我认为教学思想在郑观应的整个思想体系当中，处于一个非常核心的地位。我们都注重了郑观应讲的"兵战不如商战"，其实这句完整的话是"兵战不如商战，商战不如学战"，教育才是真正的立国之本。1914年，他已经72岁了，他跟著名的政治家伍廷芳谈话，谈的全部是教育。他对国内教育很不满，提倡中国教育应该效仿日本，搞专门教育，我看到这个东西是非常感慨。他写给自己的子孙，要求他们要做专家，做专业人才，而且女孩子也要嫁专业人才，可见他对专门教育的重视。

◉**问**　那么，郑观应的教育思想主要表现在几个方面？

◎宋　如何才能在商战中立于不败之地，郑观应思考了一辈子。1914年，时年73岁的郑观应致函挚友伍廷芳，一吐对于国家命运的深切担忧，再次强调商战之重要，但与早期建议设立商会、制订商律、奖励商人、实行重商政策不同，晚年的郑观应更强调商战与教育的关系，"所谓兵战不如商战也，然商战人才无一非出自教育。教育为立国之本，国运之盛衰系之，国步之消长视之"。他把教育提到如此高度，并非偶然。

回顾郑观应的一生，教育一直是他最关注的问题之一。早在《盛世危言》之前，他便在《易言》中对西方、日本强盛与教育的关系作了较充分阐述。《易言》之后出版的不同版本的《盛世危言》中，郑观应又将教育与国家振兴紧密联系，作了充分的论述。郑观应关于教育的著述，大致分为两部分，即普及教育和高端教育。

关于普及教育，郑观应向来认为民贫是大清最大的问题，民无恒产便无恒心，要做到人人有恒产，必须人人有职业，这是他强调职业教育的出发点。郑观应服膺日本伊藤博文提出的"国困民穷，当寓生计于教育之中"的观点，即通过完备的职业技能教育，改变民贫状况，缓解"国困"。郑观应不仅有理论，而且有实践，曾参与创办广州工艺学堂。

郑观应认为，光有普及型职业技能教育是不够的，一国要有强大的竞争力，必须大办专业学校，造就大批专业人才。郑观应充分理解专门教育与西方强盛的关系，并一再指出，日本的迅速崛起不仅得益于低端技术教育，更得益于遍于全国门类齐全的专门学校。此外，有过多年在中外近代企业担任要职的郑观应，对于近代工业革命后发展起来的新技术有着远非普通士大夫所能比拟的知识，对于专业知识的不断细化带来的技术发展有着深刻的理解，深知每一近代生产或商业部门都得益于多种专业知识的集成。他曾举例说，航运就涉及船舶、驾驶、港口、水文、地理、气候等多方面的专业知识，航海技术的进步依靠多个分支学科的发展。中国事事不如人，主要原因是没有强大的专门学校体系，因而近代化所需的大量人才不得不聘自西洋、日本，糜费大量钱财，唯有建立完备的专门学校教育体系，才能改变这一局面。可见郑观应并非一般地谈教育，他的教育思想从普及到专业，直接联系强国目标，极具深意。

郑观应教育思想的当代价值显而易见。当前我国的扶贫工作正紧锣密鼓地开展。扶贫是一项系统工程，物质支援只是一个方面，也是相对容易做到的，关键是帮助贫困人口融入现代经济活动，使他们能够凭借自己的劳动获得生活物资，职业教育正是他们最需要的。郑观应在职业教育方面有大量论述，可以提供一些启发。

郑观应关于专业人才培养将决定一国竞争力的观点尤具当代价值。2004 年日本著名战略学家大前研一的《专业主义》强调，在全球化日益加深的时代，国与国的竞争越来越表现为个人、企业之间的竞争，一个个体和一家企业能否胜出，更多取决于是否奉行专业主义。《专业主义》对专业技术、专家、专业主义三个词作了厘正辨析，指出他所认可的专家不是一般的专业技术人员，而是同时兼具很高的专业能力、很强的伦理观念，怀有永不厌倦的好奇心和进取心，并严格遵守纪律。一个企业由这样一批专家构成，才能奉行专业主义。大前研一关于专业主义所蕴含的内容显然比郑观应对专业人才的论述更宽，但两个人对专业人才、专家的认定标准并无不同。郑观应的要求甚至更高，他曾对轮船招商局公学的学子提出："吾徒求学，纵不敢言内圣，然修身立己，必须取法圣贤。推之任事图功，岂能离却廉耻忠信？"这是多高的标准！郑观应曾赠送招商公学学员8个字，即孝、悌、忠、信、礼、义、廉、耻，并编成韵语。"忠"之韵语为"兴亡有责，况在国家。忠贞报国，振我中华"。"信"之韵语为"敬事而信，必坚其约。勿轻于言，千金一诺"。"廉"之韵语为"人能不贪，乃无后悔。至公无私，辞金却贿。布衣蔬食，儒士何嫌。四字铭坐，俭以养廉"。郑观应的八字韵是对一个专业人才最高的道德要求。

◉问　刚才您讲了郑观应的教育思想，我们还是回到之前讲的商业方面，我觉得这一块他在理论和实践上的结合也是比较好，没有大量的商业实践和创办企业的实践，他不可能提出这么多的思想，请您谈谈郑观应商业企业方面实践的一些成果和表现？

◉宋　郑观应在企业的经营管理上，是一个成功的商人，这一点是毫无疑问的。太古洋行聘请郑观应在轮船公司当总买办，当时太古只有3艘旧船，为弥补规模劣势，他在提高周转率上做文章，以仓储补贴为优惠条件，与货商达成约定，对方事先把货物准备到各个码头，船到即可装货，免去空船回运，并许诺货多者限期送达，以吸引大客户。因

此，太古洋行的船只往来一直有货可运，周转率大大高于同
行，利润率随之倍增，赚钱之后，随即购买了货舱大、耗煤
少的新式轮船，促进了轮船公司的良性循环，由此可见，郑
观应具有卓越不凡的经理人才干。

后来招商轮船公司碰到很多困难，李鸿章把他挖过来，
主要是看中他的商业才能。他三进轮船招商局，在治理我
国这一最早也是近代规模最大的航运企业过程中，表现出
杰出的经营才能。李鸿章第二次把郑观应弄进轮船招商局
的时候，他不愿意走到前台，去长江沿线做考察。1893 年
初，郑观应开始了西巡长江，并把沿途各轮船招商分局的
营业利弊，写成了《长江日记》。《长江日记》分析了招商
局竞争不过怡和、太古的原因，认为主要是对方加强客货
的揽载和水脚打折扣，广为招徕生意。对此他明确提出改
变货船挂洋旗、免厘金、争揽客货的现象，以增加招商局
的客货。李鸿章非常欣赏郑观应提出的这些建议，原因是
什么？就是他真的看清了轮船招商局的问题所在。后来他
并没有再重新站到前台亲自去指挥，可能他自己觉得不太
合适，但是他的经营才能，在当时的中国商人中肯定是属
于第一流的。

◉问　郑观应作为一个商人，一辈子不断在商场、官
场，还有知识界跨界，您怎么看这个问题？

◉宋　中国的商人受儒家影响是蛮大的，包括郑观应、
徐润等，郑观应在离开香山之前一直接受的是传统的儒家
教育，父亲对他的期望首先是科考。徐润同样如此，他的
长辈觉得他比较聪明，可以走科考这条路，专门送他到苏

州学习儒家经典，但是他听不懂苏州话，后来只得回到上海经商。从他们的经历我们可以看到，家族中已经有了好多商人，就不一定要再培养一个商人，希望后代可以走科考的路。因此，郑观应相对唐廷枢、徐润，更熟悉中国传统的价值观念，也更容易和官场的人找到共同的语言，因为他知道怎么跟他们打交道，怎么说话他们才听得懂、听得明白。

郑观应知道官场的困难在什么地方，国家需要什么东西，所以他不会非常固执于自己的商业利益，也就是对自己的商业利益看得比较低。后来他做了很多事，现在来看好像都是赔本的买卖，你有这么多钱，干吗不好好去炒一下地皮，做一个大商人？他好像没有这种想法，到晚年也没有多少钱，郑观应就是这么一个商人，所以他才能在商场、官场、知识界不断跨界。

◉**问**　郑观应身在政商界，面对着广东人和他乡人，既要讨好乡亲，也要讨好官员，在这个过程中郑观应到底是一个什么样的角色？

◉**宋**　郑观应与其他普通的广东商人有一个不同，除了同乡认同，可能更主要的是认同自己是一个中国商人。我翻检郑观应的文献发现，郑观应与广东同乡的联系并不是很多，他去世时广肇公所甚至没有发讣告，也没有追悼会，这是不正常的，原因是什么？我认为可能与粤路风潮有关，粤路公司成立的时候郑观应担任总办，但遭到广东绅商，尤其是香港绅商的抵制，最终演化为倒郑风潮。

我们现在讲同乡，只要是同乡，好像就没有矛盾了，其实并非如此，同乡之间闹得你死我活这种事是很多的。我认为郑观应在他人生的后期，跟同乡之间应该是没有联系了。我细细读过广肇公所的档案，郑观应很少参加广肇公所的董事会议，闹灾时捐款，也捐得不多。他可能还是政府中的朋友多一点。

◉**问**　在上海，宁波商人与广东人的商业势力都比较突出，请您谈谈当时广东商人和宁波商人的关系如何？

◉**宋**　在招商局时代，广东商人与宁波商人是有激烈竞争的，但这方面的情况了解最多的是黎志刚，我没有做过这方面的研究，不便多说。我认为两个商帮势力旗鼓相当时，不太会发生冲突；经营的领域不同，没有利益冲突，关系就比较好。宁波商人和广东商人的关系大体属于前一种。在20世纪20年代，宁波旅沪同乡会与广肇公所的关系比较融洽，许多民众团体对国事发表的声明、通电的署名由宁波旅沪同乡会、广肇公所领衔。

上海总商会长期为宁波商人把持，这是事实，广东商人中的激进派很不满，后来利用商会董事改选，联合其他商帮的代表采取行动，冯少山后来当选董事会长、全国商会联合会主席。但对冯等激进派的所作所为，陈炳谦等老成持重的董事基本上冷眼旁观，拒绝掺和。陈炳谦与虞洽卿的关系比较好，他是粤侨商业联合会的会长，会员包括了大多数旅沪重要广东商人。陈炳谦死后，久不露面的虞洽卿参加了追悼会，两人的私人关系一定程度反映了两个商帮的关系。

◉**问**　《广东人在上海（1843—1949 年）》是 2007 年出版的，十多年过去了，您对上海广东人的研究是否还在继续？有哪些新的成果和见解？

◉**宋**　广东人在近代史上影响巨大，值得好好研究，我相信最终一定会变成一门大的学问，香山人、上海的广东人、唐廷枢、徐润、郑观应、广东人的全球商业网络等都会成为专门之学，吸引有兴趣的学者投身其中。2007 年书出版后，我暂时告别了这个题目。近几年，断断续续读了一些新的资料，发现了原书的不足，有了一些新的想法，希望以后有机会加以弥补。

◉**问**　您做了这么多历史和文化研究，您认为我们应该从哪些方面提高自己的研究能力和水平？

◉**宋**　首先你要比较熟悉现有的学术成果，就是要知道学术界在关注什么，自己可以提供什么独特的资料和见解。这个要找得准，这是最关键的。如果你的关注点不对，做一个可有可无的题目，这个就没意思了，这个是前提。

其次就是读一些经典和找材料，我觉得找材料与读经典是同等重要的。经典除了理论著作，更主要的是一些真正了不起的研究著作。这点我可能和有的老师讲的不同，我认为值得一读再读的理论不会很多，成功的研究典范是带你入门的向导。

◉**问**　如何从资料里去寻找不同的主题或者问题？

◉**宋**　这个没办法回答，只要你用心去研读这些资料，慢慢就知道了。另一个是最好和学术界有一些交往，这其实是很容易做到的。我是老三届，没读硕士和博士，不是科班出身，知识上的短板显而易见，好在比较踏实，认准一条死理，材料是第一位的，慢慢地算是做了一点事。

◉问　谢谢您接受我们的访谈。

⊙宋　不客气。

朱荫贵

朱荫贵（1950—　），生于贵州贵阳，原籍河北景县。历史学学士、经济学博士。历任中国社会科学院经济研究所中国经济史研究室主任、研究员，兼任中国社科院研究生院经济系教授、博士生导师；复旦大学历史系教授，兼任南开大学经济研究所教授、日本东京大学客座教授；华中师范大学历史研究所特聘教授。曾任中国经济史学会理事，近代专业委员会副主任，中国商业史学会理事、副会长，上海经济史学会副会长，上海炎黄文化研究会副会长，招商局史研究会副会长等社会职务。

主要研究方向：近现代中国经济史、中日现代化比较研究、近代中国轮船航运史、近现代中国企业史、股份制企业史、近代中国资本市场、金融史、证券史、近代中国市场经济等。

主要著述：《国家干预经济与中日近代化：轮船招商局与三菱·日本邮船会社的比较研究》（东方出版社，1994）、《中国近代轮船航运业研究》（台湾高文出版社，2006）、《中国近代股份制企业研究》（上海财经大学出版社，2008）、《近代中国：金融与证券研究》（上海人民出版社，2012）、《朱荫贵论招商局》（社会科学文献出版社，2012）、《近代中国的资本市场：生成与演变》（复旦大学出版社，2021）；合作著有《中国近代经济史》（1895—1927、1927—1937、1937—1949）（人民出版社，2000、2010、2021）、《中国国家资本的历史分析》（中国社会科学出版社，2012）；合作编有《中国近代航运史资料（1895—1927）》（中国社会科学出版社，2002）、《近代中国：经济与社会研究》（复旦大学出版社，2006）、《民间契约文书与乡土中国社会：以清水江流域天柱文书为中心的研究》（江苏人民出版社，2014）、《招商局与中国企业史研究》（社会科学文献出版社，2015）、《世界能源史中的中国：诞生、演变、利用及其影响》（复旦大学出版社，2020）。

主要论文：在《中国社会科学》《经济研究》《历史研究》《中国经济史研究》《近代史研究》等学术杂志上发表学术论文100多篇。

朱荫贵

时　间：2021 年 10 月 28 日

地　点：上海市杨浦区国晓路 500 弄 1 号楼

口述者：朱荫贵

采访者：刘　琴

整理者：闵祥晓

◉问　朱教授，您好！非常感谢您在百忙之中接受我们的口述访谈。我们是"郑观应研究口述史"项目组，项目主要是围绕历史名人郑观应而开展的郑观应研究口述历史。作为复旦大学历史学系教授，您在中国近代金融史、中国近代企业史、中日现代化比较研究、中国近代轮船航运史等研究领域积累了丰硕的成果，也在这些领域形成了自己的学术风格和学术话语。请您分享一下您的治学经历？

◉朱　我是老三届的学生，上山下乡在农村生活了 10 年。1978 年我参加全国统考，考上了北京大学。1982 年，我从北京大学历史系毕业。我大学毕业的时候已经 32 岁了，当时考虑到岁数比较大了，所以就想先参加工作。当时正好有一个名额，到中国社会科学院经济研究所做经济史的研究。由于当时北大近现代史教研室的老师对我的毕业论文比较满意，就推荐我来中国社科院经济研究所。按照研究所的规矩，刚刚进来的年轻学生都要跟一位老先生做助手，我去了以后就跟了聂宝璋教授，做他的助手。聂宝璋教授的研究专长是买办和轮船航运两个领域，所以我跟随聂教授的时候，最早做的工作就是跟他一起编写《中国近代航运史资料》（第二辑）。在这个过程之中，我还参与了硕士课程和博士课程的学习，一直到 1988 年，我正式考上了中国社科院研究生院的在职博士生。当时聂宝璋先生是我的博士生导师，所以我的研究方向必定跟轮船航运业有关。

朱荫贵

我在博士二年级的时候，中国社会科学院跟日本合作，有一个联合培养博士生的机会，一共选拔 4 位博士生到日本学习，我正好有幸成为其中的一员。1990—1991 年，我在日本东京大学东洋文化研究所参加合作培养博士生项目。当时需要确定博士论文的题目，我原来想到的是轮船航运，但是轮船航运可以细分为很多内容。我在去日本学习之前，就在思考一个问题，中国和日本为什么在大体相同的时间段上走上不同的发展道路，中国的洋务运动和日本的明治维新大约都在 19 世纪 60 年代开始，可是日本后来发展得很快，到了 1895 年的时候打败中国，而中国的洋务运动，虽然被称为自强运动，但是最终没有达到真正的自强。过去败在西方来的强国手下，接着又败在东方的日本手下，原因到底是什么？我一直在思考这个问题。当时在已有的各种研究成果里面，这个问题的答案众说纷纭，讲各种理由的都有，比如说日本是民主制，日本是长子继承，日本重视教育等各种说法。跟中国相对比，我觉得这些答案都没有说到关键点上。当时正好有一位日本早稻田大学的教授依田熹家来中国讲学，他提到一个观点，就是那个时候的中日两国近代化比较研究还比较欠缺，缺乏一种比较踏实的实证性的研究，比如说中国和日本，就没有研究者试图找出这两个国家的典型企业来进行长时段的踏踏实实的比较研究，并从这个视角来探讨两个国家走上不同道路的原因。我听到依田熹家教授的这个观点，认为他说得很对，正好这个时候我有机会去东京大学，我就想尝试这个研究。我选择的中国企业是轮船招商局，同一时期的日本有一家轮船公司叫三菱，一开始它叫三菱邮便蒸汽船会社，1885 年与日本共同运输会社合并后改称日本邮船会社，成为日本最大的轮船运输公司。中国企业是 1872 年起步，日本企业是 1870 年起步，这两个国家的这两家企业都从事海运而且几乎同时起步，所以我想将这两家企业的发展过程比较一下，看看到底是什么原因导致两家企业经营状况的差异，以及通过这两家企业的发展过程看中日两国走上不同发展道路的原因。

我在日本除了专业学习之外，也看了关于日本轮船发展史各个方面的资料，包括三菱的和日本邮船会社 10 年史、30 年史、50 年史、70 年史等。这些史料全部看下来之后，我认为政府在企业运营中所起的作用很关键，这是我在中国轮船招商局与日本三菱·邮船会社比较研究中得出的一个结论，所以后来我的博士论文题目是《国家干预经济与中日近代化——轮船招商局与三菱·日本邮船会社的比较研究》。当然除了政府的作用以外，还有其他的一些相关因素，比如这两个国家都是后发国家，后发国家要转向近代化，就需要农业经济结构向工业经济结构转变，这个过程一定面临着经费的问题，大量的资金问题，在这个过程中日本是怎么解决的？中国又是怎么解决的？轮船招商局是中国第一家股份制企业，股份制企业在筹集资金、运行、管理等方面的一系列问题，跟日本企业相比又有什么差异？所以又萌发了进一步研究的很多思路。

后来我写了《中国近代股份制企业研究》一书，指出当时轮船招商局是中国第一家股份制企业，此后股份制企业成了中国企业发展的主流方向，直到 1949 年，所以近代股份制企业研究也成为中国经济史、中国企业史研究的主流。但是中国的股份制企业跟其他国家的股份制企业又有很多不同，其中很重要的区别还是围绕着资金问题，所以我对股份制企业的资金问题念念不忘，一直在思考中国企业与外国企业、中国近现代企业与传统手工业等在资金方面的差异。后来围绕这些企业的经营管理、企业的资金筹集、分配，中国企业经营的环境以及中国股份制企业的一系列资金管理问题进行探讨，并慢慢地进行梳理。在这些系列研究的基础上，形成了《中国近代轮船航运业研究》和《近代中国：金融与证券研究》两本论文集。

后来为什么把证券也囊括进来了？是因为股份制企业要发行股票，股票要买卖、要转让，这个过程跟证券市场、证券交易所有关，可是中国的证券市场比日本要落后很多。1995—1997 年间，曾在日本东京大学接待指导我的著名中国史专家滨下武志教授觉得我们合作得很好，建议我去做博士后，但这个博士后只能由他帮我申请，我自己是不能申请的，我欣然同意，并告诉他我想比较中日两个国家的证券市场，后来他说好，让我把申报材料寄给他。一开始计划读一年，后来又改成两年，我正好利用这个机会把日本证券市场的发展过程大致梳理了一下。后来我发现这个任务太大，如果要进行比较，那要把中国的证券市场、日本的证券市场都梳理清楚，然后再进行比较，短短两年时间是很难完成的。后来我就把重点放在日本证券市场资料的收集方面，还重点收集了日本对中国资本市场、证券市场的调查研究，就是他们发表的一些研究成果，有些资料在国内是找不到的。

回国以后我就将重点放在了中国的证券市场研究方面。这样前前后后、反反复复地做了很多事情，直到最近才出版了《近代中国的资本市场：生成与演变》这本书。这本书分上、下两编。上编四章依次围绕近代中国资本市场的主体——钱庄、银行、证券交易所和企业自筹资金的几种方式展开，力图勾勒出近代中国资本市场从诞生到演变的全过程。下编五章主要从近代中国资本市场的受体也就是与资本市场发生密切关系的近代新式工业企业的视角进行分析，主要包括轻工业、重工业和交通运输业等行业，揭示其在发展过程中资本筹集、经营运作以及与资本市场之间发生的各种关系。全书对近代中国工业企业在资本市场支持不足的特定背景下所处的困境和自救措施也进行了阐述，同时考察了与资本市场没有关系或很少发生关系的官办企业和民间合伙制企业的经营运转，并与依赖资本市场生存的企业进行比较研究，以使整部书稿更具全面性和说服力。可以说这本书汇集了我自己多年经济史和金融史的研究心得，对近代中国的资本市场进行了全面、深入的探讨，希望能够填补这方面的空白，我自己认为这本书可以称得上是我的代表作。

回顾我自己的学术道路，除了自己独自完成的几本专著和论文集外，还有与其他学者合写的一些书，比如跟中国社会科学院经济研究所合作写的《中国近代经济史》（1895—

1927 卷、1927—1937 卷、1937—1949 卷）、《中国国家资本的历史分析》《中国企业史（近代卷）》《上海通史（第七卷、第八卷）》。此外还有跟其他人合作的一些课题，在正式杂志上发表的论文 100 多篇，其他的一些文章和译文也有几十篇。总的来说，我的整个学术发展过程基本上是沿着兴趣走，这个兴趣是从轮船航运业开始的，此后又进一步探讨了股份制、资本市场、证券市场、传统金融机构、现代金融机构、传统的手工业以及军工企业等一系列问题，是从一条线到面慢慢扩大、延续下来的很自然的走向。

◉问　刚才您谈到了您博士论文的选题过程是怎样的，如何完成整个选题的研究等，能否跟我们重点谈谈您是如何搜集博士论文写作的相关史料的？寻找相关史料应该非常不容易吧？

◉朱　找资料的时候经历了很多困难，因为当时还没有现在的网络，完全要靠手工。手工搜集史料主要有这几种途径，一个就是出差。那个时候我曾经往北到过东北的三江之一的黑龙江，往南到过广东的广州，还有几个重点城市如武汉、南京、上海、广西的梧州和南宁等，到处去收集史料。那个时候出差很苦，不仅车票不好买，住宿也很难找。比如南京第二历史档案馆，我前前后后去了四五次，每次至少一个月，那个时候不准复印也不能拍照，就只能用笔抄。后来我跟他们协商了一个办法，我先把那些档案的篇目抄下来，然后请他们里面的人在休息时间帮我抄写，我付给他们抄写费，就是用这样的方法才能在一定的时间内尽量多地搜集一些史料。

第二个史料搜集的途径就是通过前人的研究成果寻找线索，再进行查找。当时我把《全国报刊目录索引》目录全部翻了一遍，经济所资料室一面墙从下到上全部是目录索引，凡是有航运的文章篇目都把它抄下来，然后再去找这些杂志出来看，看他们用了什么资料，再按照这个线索去找，所以很费劲。

第三个途径就是报纸。比如《申报》和其他的一些报纸。当时搜集史料的主要目的是编写《中国近代轮船航运史资料》（第二辑），所以搜集到的史料中涉及招商局的档案、资料比较多，因此当时我就将招商局作为一个重点关注对象。后来我到日本去学习的时候，专门到日本的三菱和日本邮船会社去寻找史料。因为他们企业启动得比较早，也没有经历过很多动乱，所以资料相对比较集中。这些企业的资料很齐全，有 10 年史、20 年史、30 年史、50 年史等，我就顺着找下去。另外他们的杂志也很齐全，里面也可以找到一些有用的资料。

日本是典型的海运振兴国家的案例，所以后来我又搜集了日本有关海运兴国史的相关资料。当时查这些资料，我了解到一件很重要的历史事件，他们在 1868 年明治维新元年的两年之后，也就是 1870 年，专门派出过一个由中央政府组织的 51 人的庞大考察团到美国、欧洲等 9 个国家考察了 1 年零 9 个月。代表团的成员主要是当时日本政府各部门的青壮年，而且由"维新三杰"里面的两位成员带队，他们早上天不亮就出去，直到晚上顶着星星回来，深入考察了这些富强的国家到底是怎样做才富强起来的。他们看到像中国这样的大国都在西方的坚船利炮之下被打得惨败，他们感觉当时日本的国力是不可能抵挡得住的，所以苦苦思考能够挽救日本、避免日本被其他国家所灭的办法。他们去了以后，从幼儿园设施、公共厕所等全方位社会设施开始，一直考察到政府机构、军队设施等，并将考察内容详细地做了调查报告。最后他们得出一个结论，那就是当时的社会是一个实行弱肉强食丛林法则的社会，这个结论是当时德国的铁血首相俾斯麦对他们说的。1872 年 3 月 15 日，日本代表团来到德国柏林，参加俾斯麦主办的欢迎会，会上，代表团副团长伊藤博文虚心求教，俾斯麦把自己对国际政治的理解以及小国的生存之道向这位东方学生倾囊相授。俾斯麦说："方今世界各国，虽以亲睦礼仪相交，但皆是表面名义，于其阴私之处，则是强弱相凌，大小相欺。"意思就是当今世界公理正义只有强国之间可以讲，强国和弱国之间是不会有什么公理正义的，这就是赤裸裸的丛林法则。经过一番考察的日本代表团接受了这个观点，他们认为日本若不想被灭国，不想成为殖民地，必须变强大。后来日本在经济发展方面效仿英国，因为当时英国是西方最强的国家，而且英国跟日本很像，都是岛国。英国是怎么富强起来的呢？他们将原因归结于进出口贸易，英国从其他国家进口原材料、煤、铁矿石等，通过加工变成制造品以后再卖到其他国家，这样英国得以富强。所以当时日本效仿英国，他们也要到其他国家去弄原料，然后加工成产品卖给其他国家。由于原料运进来要靠轮船，产品运出去也要靠轮船，所以在这种背景下，日本开始大力扶持航运业。

这样我就找到了中国航运业和日本航运业的第一个也是比较重要的不同点，那就是日本政府全力支持航运业的发展。上面说到的日本代表团考察回国后，大久保利通向明治政府提交的《殖产兴业建议书》里面写得很清楚，我就把这些东西复印下来并译成中文，用到我的博士论文里面，然后再考察中国和日本两个国家航运业启动阶段的基础及其各阶段的差异，这样一步一步地做下来，我的博士论文也就完成了。这篇博士论文得到了很高的评价，当时我的导师日本著名的历史学家滨下武志教授认为我做了一个国际学术界都没有做过的创举，我的导师聂宝璋先生也给了很高的评价，后来还得到了经济所的二等奖。答辩结束后，我将这篇博士论文修订为专著《国家干预经济与中日近代化——轮船招商局与三菱·日本邮船会社的比较研究》一书，很快就在东方出版社出版了。2017 年，我又将这本专著重新修订，补充了对两家企业资金问题的比较研究，并由社科文献出版社再版。虽然这本书体量不是很大，但是我花费的心血还是蛮大的，不仅做了深入研究，也为后来研究方向的展开打下了比较好的基础。

◉问　您博士论文的史料基础非常扎实，而且写作思路非常清晰，循着这个清晰的思路去查找相关史料，然后再将史料放在整体框架当中，这样就能让史料发挥最大的价值。

◉朱　在论文写作的过程中，也要特别感谢我的导师聂宝璋先生。我跟他做助手的时候，他已经收集了一批航运史方面的史料，并将其无偿地、完全无保留地交给我，让我来做这个工作。他当时把这些资料给我的时候说："小朱，我现在交给你一个任务，你把这些资料拿去以后，每一条资料都要看，看完之后要用一句话把这条资料概括出来，就只能用一句话，而且要包括时间地点和主要内容，并且每一条资料都要这样做。"我大概用了将近 1 年的时间来做这件事，不仅消化了相关资料，也慢慢体会到老师让我这样做的用意，那就是锻炼我的浓缩提炼能力。所以后来我在复旦大学带研究生的时候，我就跟他们说，真正写得好的书，应该做到一句话将书的论点提炼出来。比如英国古典经济学家亚当·斯密的《国民财富的性质和原因的研究》（简称为《国富论》），论点就可以概括为"分工导致交换，交换导致财富的增加"这句话，尽管书中还有很多其他内容，但是这句话能高度概括整本书的基本观点。后来我的书也尽量做到这一点，比如《国家干预经济与中日近代化》，就可以概括为"国家干预经济和如何干预是决定一个后进国家成败的关键因素"。我指导学生写博士论文的时候，都要求他们的论文能提炼出一句话，只有脑子里时时扣紧这一句话，才能保证博士论文的每个部分有机地整合起来，并紧紧围绕着中心论点展开。我觉得聂先生教给我的这种方法是很好的，我能体会到聂先生对我的精心培养。这个方法也奠定了我学习、研究的坚实基础。

●问　您的博士论文"运用比较经济史的方法，对轮船招商局和三菱会社两家典型资本主义性质企业的发展途径和命运进行了个案分析，并进而探讨了中日两国政府在洋务运动和明治维新中的作用"。请问，清政府在洋务运动中起了哪些消极作用？您认为日本政府在明治维新中发挥了哪些积极作用？有哪些地方值得当今中国借鉴学习？

◉**朱**　我觉得很重要的一点就是，日本政府是怎样将整个国家动员起来并快速发展起来的。首先，日本政府在很多事务上都不是完全包办的，而是通过建立一系列的规章制度和法律为企业提供一个平等竞争的平台。其次，政府和企业之间通过责、权、利把两者之间的关系明确地界定下来，然后企业可以自由发展。若达到政府设定的指标，或完成政府下达的任务，就会得到奖励；若企业做不到，就要受到惩罚。企业要尽到的义务，必须尽到。从政府到企业，日本整个国家形成了一个全国总动员的氛围。19世纪80年代，日本政府在财政、税收、企业公司法等各个方面都制定了法律法规，并依靠法律法规对企业进行公平的管理。

日本对企业管理方面的责、权、利界定得很清楚，它的管理文书叫命令书，我曾经专门写过一篇文章《"官督商办"与"命令书"——中日近代工商企业经营管理形态的比较研究》。三菱以及后来的日本邮船会社都是这样的，日本政府对这些公司规定的条款很清楚也很具体，如每年必须保有多少吨位的轮船，开辟哪几条航线，每条航线上至少要配备多少吨位的轮船；国家有需要的时候，必须优先无偿地为政府服务；其他时候，只要保证政府官务邮件等优先运输即可；只要做到这些，政府每年会补助给企业经费，保证企业一定可以盈利，这是责任。权和利主要体现为企业可以依法拿到政府的补助，并受到政府的保护。可见日本企业管理的责、权、利是很清晰的，而且邮船公司不能从事航运以外的业务，这是明确规定的。后来三菱为什么跟共同运输会社平等合并？就是因为三菱违反规定去从事煤矿等其他业务，政府认为它违反了相关规定，就促成三菱与共同运输会社合并为日本邮船会社，再给日本邮船会社下达一个命令书，将企业的责、权、利等方面规定清楚。

可是中国政府在企业管理方面没有这样明确的方式，都是模糊不清的，这与当时中国的时代背景密切相关。当时洋务运动的主要发起者、运行者和管理者都是汉族的地方大员，尤其是曾国藩、李鸿章、张之洞等人，而当时的最高统治者是满族。满汉之间在洋务运动方面从来没有达到毫无猜忌、同心协力的默契，最高统治者时刻担心权力被汉族人夺去，并对他们造成不利，所以中间总有隔阂。同时汉族官员之间也有矛盾，比如曾国藩、左宗棠、李鸿章等，彼此都有矛盾，先起的李鸿章等人和后起的张之洞等人也有矛盾，所以洋务运动很难形成一个合力。在这种情况之下，中国的洋务运动没有形成像日本那样的明确责、权、利的管理方式，比如轮船招商局是官督商办企业，关于"官怎么督，督什么内容，商怎么办"，这些责、权、利的界定是笼统的，不清晰的。关于近代中国的官商督办企业，我们查遍所有的文献也只能看到企业用人方面的"官督"特色，比如招商局是李鸿章创办的，用人办事等事项自然是由李鸿章决定，这样则可能导致其他大臣的攻击；即使李鸿章没有遭到攻击，他也有这种顾虑。所以这种背景下无法形成整个国家对这些新兴企业责任、权利、义务等方面的精准管理，没有形成规章和法律制度，也就没有办法出现像日本那样的企业大发展的局面。

◉**问**　您刚才谈到了近代中国选择以轮船行业作为企业改革的试点，并将这种企业称为近代新式企业，请您解释一下近代新式企业的概念，它的"新"体现在哪里？

◉**朱**　近代新式企业有两种含义。第一种含义是指企业生产的动力是机器。比如我们看到近代有些煤矿用的抽水机是机器，鼓风机是机器，可是矿井里面的煤矿都是用人工来挖的，这只是部分使用机器。当然这个无可厚非，因为机器要花钱购买，要维修，成本比较高，而人工则相对比较便宜，这种企业叫作半新式企业。真正的新式企业应该是股份制企业，这是新式企业的第二种含义。中国的股份制企业和传统的合伙制企业是有区别的，一般人甚至是学术界的一些人可能都没有搞清楚两者之间的区别。传统的合伙制企业是几个人合在一起入股，几个人合力办一个企业，是"人合"性质。但是这种企业有一个隐患，如果合伙人中的一个人去世了，或者是有一个人不干了，那么这个企业就很难继续下去，中间就可能出现一些问题。相互不认识的人或不熟悉的人，是绝对没有办法合在一起办企业的，所以这类企业不可能形成大规模的企业。

新式股份制企业则可以成长为大规模企业，因为它有5个与合伙制企业不同的特点：第一个特点是公开发行等额的股票，股票可以买卖和转让，它有可公开的章程，每年的分红等内容都清楚地列在章程里面；第二个特点是企业开办要得到政府和法律的批准；第三个特点是它的股份性质，股份制就是资本的结合，是"资合"性质，不是人的结合，它不会受到诸如哪一个人去世了或者不干了等事件的影响，即使某个人不干了或者去世了，也不影响这个人的股份，他的股份可以转让或卖出去；第四个特点是企业的法人组织属性，企业作为一个独立的法人，能够独立承担民事责任；最后一个特点是企业绝大多数是有限责任，比如说企业创办的时候，我出资 100 股，若企业以后出了问题，我就承担这 100 股的责任，你不能把我家里其他的财产都连带没收，这就是有限责任。企业管理方面的这些创新性特点，最早是由西方企业发明的，它是促进企业快速发展的一些重要的制度性规定。

◎问　在轮船招商局创办初期，郑观应就入股招商局。但同时，郑观应正在属于轮船招商局的竞争对手之一的太古轮船公司担任买办。在初期的市场竞争中，郑观应管理下的太古公司曾经公开声言"在长江水道和沿海航线上，凡他公司（即轮船招商局）有船同日并走者，必与之争拒"，而且也发动了跌价竞争，非常不利于轮船招商局的发展。应当怎样看待郑观应这一时期"在竞争对手的公司入股，同时对民族企业进行排挤打压"的这一行为？

◎朱　其实这就涉及对买办的看法。中国近代出现的这些身份比较特别的买办商人也被称为买办阶级，它是一批人，据相关统计数据，大概有 1 万人。学者们对于买办的评价历来不是太高，历史上很长一段时间里，国人对他们的评价是比较负面的，甚至说他们吃里爬外等等。其实我的看法不一样，我觉得评价买办这一批人，首先必须要注意到的是，买办是一种职业行为。我们可以客观地回看历史，近代中国创办的第一批新式企业里面，运作比较成功的企业所依赖的管理者，绝大部分是买办出身，换句话说，中国早期的第一批企业家是从买办转化过来的。他们有个共同的特点，那就是虽然他们是买办，但他们是中国人，很大一批买办商人是爱国的。他们去做买办，只不过是时代使然，在当时那种状况之下，这也是一个谋生手段。当他们有机会或者有可能为中国企业服务的时候，他们就会参与进来。

据说李鸿章最初也不相信这些人，他创办招商局伊始，选用的首任总办是朱其昂、朱其诏两兄弟，但是他们不懂现代管理，企业经营半年就亏损了好几万两银子。在这种情况之下，有人建议李鸿章任用有企业管理经验的买办商人，后来他就邀请了唐廷枢和徐润等加入进来。作为怡和洋行的总买办，唐廷枢不乏赚大钱的机会，他为什么愿意离开？他为什么愿意到中国的招商局？明摆着招商局以后可能会有各种矛盾、斗争以及官场侵占等等，他为什么还要进来？这是因为他们毕竟是中国人，还有一颗中国心。我在查阅唐廷枢史料的时候，看到一件很有代表性的事，大概是这样的：他在洋行当总买办的时候，有一年家族有事，他要回香山，当时最方便的回乡方法就是坐船到广州上岸，然后再去香山就比较方便了。他坐船去广州的途中碰见了台风，当时坐的肯定是洋人的船，因为那个时候中国还没有自己的轮船，轮船遇到台风要耽搁好几天，只好停靠在路途中的某个地方。当时船上除了乘客之外，船底的货舱里还有一两百只羊，这些羊是活的，所以轮船停靠的几天里，船上装载的淡水是不够的。船老板就规定，船上的人每天只给一瓢水，你喝水、洗脸什么的就只有这一瓢水，但是羊需要的水可以无限供应。

当时船上的旅客绝大部分是中国人，所以这让唐廷枢产生了非常复杂的感觉，我再有钱能怎么样？在他们眼里我是中国人，中国人就只给一瓢水，待遇还不如羊。他意识到，只有中国人自己强大起来，国家富强起来，才能改变这种状况。这件事给他很大的刺激，所以当李鸿章来邀请他的时候，他毅然决然地参与了进来。1872年，已过不惑之年的唐廷枢脱下了洋行的"皮鞋"，穿上了北洋大臣李鸿章递来的"布鞋"，出任轮船招商局总办。后来唐廷枢展现了惊人的商业才华，令轮船招商局起死回生并成为当时中国最大的航运企业，又陆续参与了开平煤矿等多个企业的管理工作。他卓越的商业才能和拳拳的爱国之心得到了整个国家的肯定，连外国人都对他非常敬佩，在他因病去世时，很多轮船降半旗向他致敬。

同唐廷枢一样，郑观应也兼具商业才华和爱国情怀。郑观应虽然是一个买办，但他撰写了《易言》《盛世危言》等著作，希望国人警醒，希望国家富强，所以后来招商局邀请他的时候，他就接受了邀请。当然据说他有一点担心，他担心到招商局之后官员们不信任他，所以有些犹豫。他在招商局的经历比较坎坷，几进几出，但是交到了一个知心的朋友，那就是盛宣怀。郑观应与盛宣怀的关系很好，他得到了盛宣怀的信任，后来很多商业上的事情都是盛宣怀帮他协调的，盛宣怀也成为郑观应人脉关系中洋务派官僚网络的核心人物。1909年，盛宣怀听取了郑观应的建议，在与袁世凯争夺对招商局控制权的时候先下手为强，提前到农工商部将轮船招商局注册申请为商办的股份公司制，郑观应第三次入轮船招商局任会办。在两人交往的各个时期内，郑观应给盛宣怀写了很多信，建议他这样做，建议他那样做，从这些往来信件的内容也能够看出两人的密切关系。当然盛宣怀也不是个纯粹的官员，他亦官亦商，但更偏向于商，他自己投资办了很多企业，当时的电报局、上海机器织布局，还有中国通商银行等企业中，他都是大股东。盛宣怀一生热衷于办洋务实业之事，被洋务企业家经元善称为"一只手捞十六颗夜明珠"。

由此可见，买办群体也不是铁板一块，买办里面有各种各样的人，而其中也不乏一些爱国之人。我觉得郑观应属于很正常的买办商人，在那个时代，让他做一个很纯粹的中国企业家，没有私心，不为自己的利益考虑，那肯定是假的，是不可能的。在做决策的时候，他有这些矛盾、顾虑乃至争斗是很正常的。事实也证明了当时的清政府就是不太信任商人，因为他们最终还是要维持旧的统治秩序。清政府跟日本有很多不同之处，日本要改变国体，要变成西方那样的国家，但中国没有这样的动力，洋务运动的目的还是要维持有几千年传统的封建专制国家。

◉**问**　郑观应在 1882 年 3 月 25 日接受李鸿章的轮船招商局帮办的委托前犹豫再三，很大一部分原因就是担心"官督商办"不能尽其所能。郑观应在《复津海关道郑玉轩观察书》中所说"所虑官督商办之局，权操在上，不若太古知我之真，有合同所恃，无意外之虑"。后来，郑观应还是辞去了太古洋行总办职务进入"官督商办"的轮船招商局，并先后三次在招商局任帮办和董事，但是最终均未能力挽狂澜。

这与中国"官督商办"这一管理模式的弊端有多大关系？

⊙**朱**　这个说起来比较复杂，轮船招商局的失败不仅仅在于官督商办性质，更重要的根源在于清朝政府对商人的不信任。我曾在书中写得很清楚，李鸿章不像盛宣怀那样相信中国商人，李鸿章曾担心，这些买办商人进入企业，一定想要按照西方的那一套来干，要脱离政府的控制，脱离他的控制，他认为这就是商人的本性，他们不值得信任，不能太相信他们。其实商人所做之事就是商业，商业就应该按商业规律来办，但是清朝政府时时刻刻对他们进行干涉，要求这样，要求那样。

最初的轮船招商局，名义上是商办的，因为它是股份制，只不过是获得了政府批准和政府给的一点运输优惠政策。但是从招商局成立开始，清朝政府里的一些官员们就陆续提出企业部分盈利要上缴政府，质疑企业赚了钱中饱私囊，没有给政府多少好处，所以总是要求政府派人去查账，一次一次地查账，也不管它是不是私营企业；还有人说不能让招商局这样干下去，要把它收归国有。在这种情况下，商人怎么可能安心地经营，怎么可能全心全意地投入呢？政府那边时时刻刻有人查账，报纸上刊登招商局被收归国有等虚假信息制造混乱，李鸿章自己都说，这样做会弄得他们无所适从。后来唐廷枢和徐润等人提出来，为今之计，干脆把这个企业卖掉，把欠款还了，然后各自找活路算了。所以近代中国官商督办企业中，不仅没有形成官督和商办特点的优势互补，反而限制了近代新式企业的商业化发展。

⊙**问**　您曾写过一篇文章《论晚清新式工商企业对政府

的报效》，您是怎样想到这个选题的？您对晚清新式工商企业的这种行为作何评价？

◉朱　我做研究的时候，意识到一个问题：中国几千年传统商业背景下的企业在学习西方工业化转型的过程中，还是会有很多传统的东西在发挥作用。清政府老是要求企业报效政府，最初招商局章程里面就规定了"官利、报效"等内容。在已经出版的《招商局史（近代部分）》中，对"官利"的理解就有偏差，将官利理解成了"给官方利息"，也就是招商局给官方提供的利息，我当时就意识到这个说法错了，"官利"不是这样的意思，"官利"是官方允许的或默认的一种分配规定，例如每年在分配的时候先要提10%或者8%作为股东的报酬，这个报酬是针对所有股东的，然后剩下的可再分配部分就叫"红利"或"余利"。"官利"是不管企业经营效益如何都必须给股东的，这种分配方式是官方认可的，所以叫"官利"。

我意识到的这个问题很多人没有注意到，而且还容易混淆，所以2001年我就在《近代史研究》上发了一篇文章《引进与变革：近代中国企业官利制度分析》。写完这篇文章以后，我才发现我的观点还是太保守了，官利制度不是从招商局开始的，合伙制企业里面就有。后来我找到清朝时期合股制企业的史料，找到他们当时的一些合同书，发现这是传统中国商业经营中早就存在的现象。1949年以后还有"官利"，甚至到了改革开放以后，在一些民办企业发行的股票里面仍然发现有"官利"。那个时候我喜欢收集股票，收集了几百张股票，包括改革开放以后的特别是江南一带的一些中小企业的股票，其中有几十家企业股票分配的方式都写着类似"固定利息（股息）是多少，然后多余的（余利或红利）是多少，上不封顶，下不保底"的字样，这就是传统的"官利"制度的存留。有的企业直接用"官利"这两个字的说法，有的则用固定利息、剩余再分红利等说法，这种做法跟中国传统商业的做法是一样的，一直延续下来，可见中国传统商业习惯力量的强大。后来我围绕"官利"专门写的文章发表在《经济学家茶座》①杂志上。

后来再看到"报效"这个词就理解了，晚清政府理所当然地认为，政府允许你兴办企业，是让你有赚钱的机会，你办了企业赚了钱以后就应该报效政府。即使企业的性质不断变化，不管是官办，还是变成官督商办，再变成商办，但是"报效"的规定一直存在。例如近代最大的钢铁煤炭企业"汉冶萍"公司从官办变成官督商办的时候，有人就提出官办阶段企业用掉的 500 万两怎么还？后来规定的大概办法就是以后每出铁 1 吨要报效政府 1 两，等到把此前官办时期的这个钱还完以后，之后的企业继续经营，生产的钢铁每吨还要提 1 两上缴给政府以作报效之用，只要企业经营有利润就要报效政府，这是在税金之外的规定，这也是中国特色之一。

发现这个问题以后，我就想这是怎么回事？为什么日本

---

① 《茶座》系列共四种，分别是《经济学家茶座》《法学家茶座》《社会学家茶座》和《历史学家茶座》，由山东人民出版社出版。《经济学家茶座》2 个月出版 1 辑，以文笔优美的经济学随笔为主要内容，关注经济社会热点问题。

没有？为什么中国一直有？日本企业不仅没有给政府报效，而且还能得到政府补助的钱，政府补助的目的是让企业发展起来，企业发展越好，上缴税收就越多，政府就越富强，整个国家也富强起来了，政府进行补贴的目的也就达到了。但是在中国，企业即使处于亏损状态也要报效政府，轮船招商局在1899年后被清政府派钦差大臣前来查账，以制度的方式向轮船招商局规定正式报效的比例。而且规定企业当年经营利润如果达不到报效的规定数额，那么明年赚了钱之后，先把明年的报效给了，然后还要补足上一年的报效款。清政府就是采用这种办法对企业进行管理的，这种办法很难让企业有生产的积极性。

这个问题我没有看见别人写过，所以我就写了《论晚清新式工商企业对政府的报效》这篇文章，后来发表在《中国经济史研究》杂志上。这篇文章后来得到中国社科院的优秀成果二等奖，因为他们觉得我注意到一些其他人没有注意的新东西，填补了过去的一些学术空白，因而是有价值的研究。

●问　您曾详细统计过的数据显示：在1890年至1911年的21年间，轮船招商局总共被迫向清政府直接无偿报效达168万两以上的白银，加上漕粮运输亏损260多万两以及其他报效名目，轮船招商局被清政府无偿掠走的资金总额已经与其招商局资本总额400万两相当。就像您刚刚谈到的那样，这种报效对企业是一个非常沉重的负担，会打击企业发展的积极性。那这种报效制度对轮船招商局的发展产生了哪些影响？先后作为轮船招商局帮办和董事的郑观应是否对清政府要求无偿报效这一做法提出过异议？他的看法是怎样的？

　　⊙**朱**　郑观应对这个政策也提出过异议，可是没有办法，也只能遵守，只不过在报效的情况之下要求政府不要太过分。他也只能这样做，因为这是大势所趋。在当时他们的认知范围里，他们看不到其他国家是怎么做的，也不知道日本是这样的做法。后来他们也了解到一点，但是觉得中国的国情就是这样的，也没办法，就只能这样。

　　⊙**问**　1885 年，轮船招商局进行了重大的人事改组，改组的结果是招商局原商总商董唐廷枢和徐润出局，官员企业家盛宣怀入主，并成为大权独揽的"督办"。据您的研究，虽然改组的直接原因是唐廷枢、徐润等挪用招商局款项并因此牵动招商局大局导致招商局招人诟病，但是根本原因却是源于政府对商人的不信任以及"唐廷枢、徐润力图摆脱政府控制的做法不被朝廷接受"。这种官商关系对于晚清发展实业、实现富强救国产生了哪些影响？

　　⊙**朱**　一个国家想要富强，最重要的一条就是必须将整个社会的资源和力量，包括人力各个方面都动员起来，愿意为国家设定的这个目标而奋斗。像唐廷枢、徐润、郑观应这些人，他们本来就是当时最懂世界商业经营方式的人，可是政府对这些人根本不相信，甚至随时打压他们，限制他们，最后把他们逼走了。他们还辞掉了原来的职务，以后连总买办也不能再当了，最后落得个被别人轰出来的结果。这件事带来的后果是很严重的，连他们都是这种下场，其他的商人就更加战战兢兢，不敢参与了，因为参与了以后，搞不好也会落到他们这个下场。

眼看政府对待商人的方式无法改变，盛宣怀想了一个办法，为了避免政府拿走报效，他就告诉政府，公司账上现在没钱，大部分的身家都在招商局里面，招商局赚的钱都投到其他领域的很多公司，如中国通商银行、中国铁路公司、上海机器织布局等。他把招商局赚的利润全部分散投到其他企业，等到政府来查账的时候，账户就没有钱了。当然不同的学者对盛宣怀的做法有不同的评价，我的看法是，盛宣怀还是很聪明的，他这么做虽然导致政府拿不到钱，但是他投资了很多其他的企业，这当然比政府拿走了要好，总的来说对中国近代工商企业的发展作用还是积极的；可是由于他的动机是避免政府拿走利润，所以每一个企业都不可能出类拔萃，那么整个国家的经济发展都会受到影响。由于政府的政策原因，使得没有一个企业敢于发挥出自己的全部能量来好好发展，因为企业发展得好，政府就要拿走企业的钱，所以这是很糟糕的政策。

那时候我也围绕这方面的问题写过一些文章，阐述了中国传统的商业力量在我们现实社会中的各种反映和各种表现，这对整个国家的经济发展是不利的，但是很遗憾，直到现在这种现象还存在着。

◉**问** 您在《经济学家茶座》中讲过《老股票的故事（二）：导致晚清王朝垮台的股票》，里面详细阐述了从铁路商办、发行股票到收归国有的过程。1911 年，清政府颁布全国铁路"干路收归国有"，保留"支路商办"的政策，将过去民间铁路公司的权力收回。但是，铁路收归国有后并非由清政府兴办，而是准备借洋债请洋人修建，这与此前各省筹设铁路公司的初衷大相径庭，因而首先遭到各省强烈反对，湖南、湖北、四川等地都出现请愿、游行和罢课、罢市等保路抗争活动以及谘议局若干议员辞职以示抗议等事态。由其引发的清末铁路"保路运动"，终至成为辛亥革命爆发的诱因。应当如何看待清政府在这一事件中的态度和处理方式？这对于当今社会有何借鉴意义？

◉**朱**　现在回过头来看，学术界对这件事持有不同的看法。1896 年，盛宣怀当了中国铁路总公司负责人，原本就是邮船部大臣的他，全面掌管轮、电、路、邮四个方面。他从 19 世纪 90 年代开始就倡导大办铁路，要通过民间、政府、中外合资等方式开办铁路，但是实际上在大力鼓动民间集资之后，原本计划商办的铁路基本上没修成，有的是把路基弄了一点，有的就勘察了一下路线，但有成效的铁路几乎很少。如果这样下去的话，就耽误整个国家的发展，所以他建议说，干路都要收回来，这些主要的铁路由政府来修，但由于政府也没多少钱，所以可以考虑借洋债来修。这个事情后来引起了轩然大波，其背后有一个很重要的原因，那就是有区别的补偿。因为全国各地拟商办铁路的集资情况是不同的，政府要收归国有的话，需要补偿原来民间募集的资本。可是各地的补偿比例是有区别的，比如河南是全额补偿，因为河南是袁世凯的家乡；有些地方按 90% 或者其他比例补偿。只有四川补偿得最少，当时四川民间认购股票的积极性非常高，普通人家甚至采用米捐、盐捐、谷捐、茶捐等方式积极参与，仅四川就募集了几千万两银子，但是最后负责募集资金的其中几个负责人把钱卷走了。这些人认为既然铁路还没修，不如让钱生钱，所以他们拿着这笔钱到上海买了橡胶股票，没多久就亏了一大笔。最后盛宣怀跟他们计算补偿款的时候，认为他们做了错事亏了钱，不能给他们太多补偿，所以就只补偿一部分。这些人害怕自己做的事被暴露出来，就煽动百姓说铁路要卖给洋人，政府不给他们补偿，才导致了民众的游行运动。为了镇压四川民众的游行，政府就把湖北新军调遣过去，这就导致了湖北军队的空虚，正好遇到武昌起义爆发，结果起义成功了。武昌起义的理由也很充分，起义军说盛宣怀是卖国贼，他要把铁路卖给外国人，所以最后盛宣怀遭到清政府免职。

武昌起义之前，孙中山先生组织了十多次武装起义都没成功，这次起义之所以能成功有几个方面。一是此时的清政府已经失去民心。1911 年 5 月 8 日，清政府废除军机处，发布内阁官制与任命总理、诸大臣。成员名单中过半数为清宗室（皇族）与满人，被讥嘲为"皇族内阁"。立宪派、舆论对此多感失望，甚至引起不满，认为清政府实无诚意推行宪政，乃逐渐同情、倾向革命事业，此为清政府垮台的重要原因。第二个原因则是当时清政府要求各地成立的商会发挥了组织力量的作用，商会是有文化、有影响力的一些人组织起来的，对当地民众的影响很大，比如四川的民众游行运动就是由这些地方的商会组织起来的。还有一个原因就是 1905 年中国取消了科举考试，一千多年的科举考试被取消了，读书人未来的出路在哪里？过去的读书人若考上了就有功名，就可以当官，十年寒窗无人问，一朝成名天下闻，你可以有突然成功的机会。但是现在没有了，读书人也对清政府很不满，所以就参与这些事情。各种力量汇聚在一起，清政府就被推翻了。所以说历史警醒我们，只要涉及广大人民群众利益的事情，政府就不能乱来。

◉**问**　上海机器织布局在经过多次波折于 1890 年投产后，1893 年即因火灾被焚。事后清查该局官私股本及债款约计 110 万两，但火灾后所余机器、地基和所存花布等项合计价值不过 40 余万两，损失达 70 万两。李鸿章将上海机器织布局"被焚无着各款"的损失，采取"悉归以后商办各厂，按每出纱一包提捐银一两"的办法"陆续归交"。可见，上述这种类型股份制企业不仅要承担报效清政府的责任，还要承担此前企业官办或有官款垫借时遗留下来的债务和损失。这种中国特色是否合理？您的判断依据是什么？

◉**朱**　上海机器织布局出了一些事故，导致后来接办的人不仅要把前面的债务还清，接下来还要对政府承担一定的义务。这些后来承接的企业一上来就带着一个很沉重的包袱，以后有把握赚到钱吗？能保证赚了钱还了债款后还有剩余吗？这本来就是一个很难说的事情，所以这些包袱会给企业带来一种限制性和打击性。

在近代中国，这样的事情层出不穷，不断发生，这说明我们社会几千年的历史包袱太沉重了，它形成的这套中央集权、重农抑商等等一套套规矩不是一下子就能改变的。直到今天还有一些民间企业特别是小微企业遭遇融资待遇的区别对待，这些企业在银行很难贷到款，说明这种历史传统的影响真的不是一下子就能够改变的。可以想见，清朝时期这套规矩对工商企业的影响更深，当时的社会转型以及现代化过程会更艰难。时至今日，我们仍要清醒地认识到这个问题的存在，仍要警醒这种历史传统的包袱。

◉**问**　您在中国近代金融史、中国近代企业史、中日现代化比较研究、中国近代轮船航运史方面的研究积累了丰硕的研究成果。请您跟我们分享一下您的治学经验？

◉**朱**　其实前面已经讲到了一些，如果要再给大家提炼一下的话，那就是首先要从具体的项目或者具体的某一个点入手。因为刚开始做研究的时候，我们的积累比较少，阅读的书、阅读的资料也是有限的，想法可能也比较局限。在这个时候，如果想做一个大的项目或者课题往往很难把控，而且也不容易抓到它的实质性问题。所以在大量阅读前人研究成果的同时，在自己真正动手的时候，应该从具体的细小的问题入手，当然其中也注意要从小处着手，大处着眼。

虽然最初选择的是具体的问题，但是要问它背后为什么是这样的？这就涉及学术研究的几个层次。第一个层次是"是什么"，在研究某个问题的时候，它是怎样发展的？这个过程是怎样的？要先把这个过程梳理和描述清楚，这是第一个层次。一般来说，这个层次的研究成果只能算是比较低层次的水准。在做"是什么"的研究过程中，在还原事件真相的时候，我们要深入思考下一个问题，为什么是这样？它为什么不是向其他的方向发展，而是沿着这样的方向发展？什么东西制约了它？什么东西影响了它？这就是研究的第二个层次，解决"为什么"的问题。研究的第三个层次是更深一层地思考"为什么的为什么"，"为什么是这样"的后面还有什么因素制约着它？这就是"为什么的为什么"。

我刚到经济所的时候，我们研究室的前主任是严中平先生，他也是后来的副所长，当时严先生在给我们上研究生课的时候，曾说过年轻人做研究应该要"破四旧、立四新"。对这句话他是这样解释的："破四旧"的第一个就是"破就中国谈中国"，虽然你研究的事情是中国的，但是你的眼光要放得更大更开，其他国家是怎么样的？不要就中国谈中国，因为你需要关照这个时候的世界大势是什么样的，要了解欧洲是什么样的，亚洲的其他国家是什么样的，你都要有所了解；第二个就是"破就经济谈经济"，因为经济只是一个方面，它是政治、文化、社会的反映，所以你不能就经济谈经济，你要了解这个时候经济为什么是这样的？政治因素对它有影响吗？社会因素对它有影响吗？文化因素对它有影响吗？所以不能就经济谈经济；第三个则是不能"就近代谈近代"，虽然研究对象是近代的，那么古代是什么样子？就像我自己的研究经历，先发现近代企业中的报效制度，后来才发现报效、官利是自古就有的，后来一步一步研究下去，比如说传统社会中的盐商、赌博商人以及十三行的报效方式是怎样的？我们改革开放以后有段时间也搞三包制，这对政府管理来说起到简化作用，那三包的具体内容是什么？要有纵向的历史的视角，既要看古代有没有传统，有没有渊源，还要看对现代有什么影响，所以不能就近代谈近代；第四个是不能"就事论事"，这句话对我影响很大，我每次做研究或写文章的时候都会想，我研究这个问题的初心是什么？是不是用别人说过的内容来炒冷饭？我炒冷饭的过程中有没有

新的资料、新的意见、新的问题？对应地，"立四新"就是
在具体问题研究的时候，有没有新的资料？能不能提出新的
问题？能不能用新的方法？能不能得出新的结论？这就是
"破四旧、立四新"的含义。后来我给研究生上课的时候，
也像严先生那样，向学生们强调这些研究方法。我对学生
说，虽然你们今天不可能做到"四新"，但至少要有一新或
两新，你们要把"四新"作为今后学术研究的目标，只有这
样做，你们以后才能成为一个成功的研究者。

◉问　您除了出版了一批专著和发表了大量的学术论文
外，还在很多报纸杂志上发表了大量兼具知识性、趣味性的
杂文。您是如何获得杂文写作灵感，以及如何享受杂文创作
过程的？杂文写作与您的学术研究之间是怎样的关系？

◎朱　其实我发表在报刊上的成果不是太多，有时候是
受邀为期刊某些栏目或某些报纸撰写某一方面的文章，比如
《经济学家茶座》等。我为什么愿意写这些史学杂文？一个
重要原因就是我在学术研究的过程中确实感觉自己首先发现
了一些问题，如果换一种方式能让这些发现被更多的人知
道，其实是比较好的事情。比如我刚才说的报效、官利以及
其他中国传统商业中束缚人们思想的制度，民间筹资时直接
面向社会吸收储蓄等问题，我发现这些问题并写了出来，就
会让更多的人看到，让更多人去思考这些问题。当然在撰写
这些史学杂文的过程中，我遵循的一个基本原则就是实事求
是，必须得尊重历史事实，不能够自己去编造一些历史上没
有的事情。作为一个史学研究者，我不能为了观众喜欢而去
迎合他们，实际上我是要通过这些文章引导他们，要让他们

在客观史实的体会中得到更深刻的感悟。

◉**问**　您在历史学领域进行学习和研究工作已近 40 年了，展望未来，您还有哪些研究计划或者研究设想？

◉**朱**　这几年，我刚刚完成了《近代中国的资本市场：生成与演变》的写作并顺利出版。目前我有两个计划。一个是近代中国行业史的梳理。现在我带的博士生的论文里面，有很多记载近代中国行业发展的内容，主要涉及电力、水泥、化学等行业，我打算以此为基础，主编一套丛书，叫《近代中国行业史》，比如近代上海的电力工程行业是如何起步，如何发展起来的？近代中国的水泥工业是如何起步，如何发展起来的？还有其他行业比如面粉、纺织、火柴等。我已经跟出版社联系过，表明了我的意图，出版社提议我自己也撰写一个行业的发展历史。我写了《近代中国的银行业发展史》，这是一本 20 万字左右的书，快写完了，然后再选择其他两三位同学的行业发展史文本，集成几本基本成型的书，去申报出版基金，请专家评审。若这个项目能申报成功，后续我打算陆续出版 10 多个行业的发展史成果资料。

第二个计划就是完成在轮船航运业上个人学术的最终总结——《中国近代轮船航运业史》。为什么要写《中国近代轮船航运业史》？因为我是从轮船航运史开始入门的，但是到目前为止，学术界并没有一本写到 1949 年的《中国近代轮船航运业史》。原来中国社科院近代史研究所的樊百川先生写过《中国轮船航运业的兴起》，梳理了近代中国直至 1921 年前后的民族航运体系的发展过程。后来对典型轮船公司的历史进行梳理的著作包括：张后铨主编的《招商局史

（近代部分）》，对轮船招商局的近代史进行了梳理；凌耀伦教授所著《民生公司史》，对民生轮船公司的近代史进行了梳理。但是整个国家近代轮船航运业的发展历史中，从1922年到1949年的发展阶段基本上是研究空白，我想完成这个填补空白的历史任务。我要从自己对轮船航运业的认识出发，从轮船招商局的成立、发展写起，然后拓展到整个国家轮船航运业的发展历程。1895年以后，我国轮船航运业有了比较快的发展，这个行业发展过程不单单属于轮船招商局，还包括各地兴起的轮船公司。此外，抗战时期中国轮船行业的发展情况是怎样的？抗战胜利以后轮船行业又是怎样发展的？这些都是我这本书里面涉及的内容，我要把近代中国整个轮船航运业的发展历程梳理清楚，将该行业的发展脉络一直延续到1949年。我希望再花不超过4年的时间来完成。这本书写完了以后，我就基本可以封笔了。

◉问　您从1982年就开始从事轮船航运史研究，近40年来一直围绕中国近代轮船航运业做了大量卓有成效的研究，期待您的著作早日面世。

◉朱　谢谢！预祝你们的口述史研究项目能够顺利完成！

◎ 胡 波 主编

郑观应研究口述史

第二册

SPM 南方传媒 | 广东人民出版社
·广州·

图书在版编目（CIP）数据

郑观应研究口述史／胡波主编. —广州：广东人民出版社，
2022.7

ISBN 978-7-218-15489-3

Ⅰ.①郑… Ⅱ.①胡… Ⅲ.①郑观应（1842—1921）—人
物研究 Ⅳ.①K827＝6

中国版本图书馆 CIP 数据核字（2022）第 006539 号

ZHENG GUANYING YANJIU KOUSHUSHI
郑观应研究口述史
胡 波 主编

出 版 人：肖风华

责任编辑：张贤明　唐金英
责任校对：李沙沙　周潘宇镝
装帧设计：瀚文文化
责任技编：吴彦斌　周星奎

ISBN 978-7-218-15489-3

出版发行：广东人民出版社
地　　址：广州市越秀区大沙头四马路 10 号（邮政编码：510199）
电　　话：（020）85716809（总编室）
传　　真：（020）85716872
网　　址：http://www.gdpph.com
印　　刷：恒美印务（广州）有限公司
开　　本：787mm×1092mm　1/16
印　　张：100　字　数：1100 千
版　　次：2022 年 7 月第 1 版
印　　次：2022 年 7 月第 1 次印刷
定　　价：480.00 元（全 4 册）

如发现印装质量问题，影响阅读，请与出版社（020－85716808）联系调换。
售书热线：020－85716826

王杰

王杰（1951—　），广东吴川人。中国孙中山研究学会理事、民革中央孙中山研究会顾问、中国现代文化学会荣誉理事、广东省广府文化研究会会长、广东省文史馆特约研究员。历任广东省哲学社会科学研究所（1981年更名广东省社会科学院）助理研究员、副研究员、研究员、二级研究员，广东省社会科学院孙中山研究所副所长、所长。曾任民革中央孙中山研究会副会长，中国现代文化学会副会长，政协广东省第十、十一届特聘委员、文史资料专员。

主要研究方向：中国近现代史、孙中山与中华民国史、广东地方史。

主要著述：《平民孙中山》（广东人民出版社，2011）、《孙中山民生思想研究》（首都经济贸易大学出版社，2011）等；合作著有《强权与民声——民初十年社会透视》

（河南大学出版社，1991）、《广东历史人文资源探微》（广东省社会科学院历史、孙中山研究所、环球文化传播有限公司，2006）、《春秋岭海——近代广东思想先驱纪事》（广东人民出版社，2008）、《孙中山革命与华侨精英》（暨南大学出版社，2018）、《中国近代民族工业先驱唐廷枢传》（广东人民出版社，2021）等；合作整理有《田桐集》（华中师范大学出版社，2011；2016）、《陈兰彬集》（广东人民出版社，2018）；主编有《孙中山与中国近代化：纪念孙中山诞辰130周年国际学术讨论会文集（上、下册）》（人民出版社，1999）、《辛亥革命与中国民主进程》（燕山出版社，2001）、《使美先驱陈兰彬——纪念陈兰彬出使美国一百三十周年学术讨论会论文集》（河南大学出版社，2016）等；合作编有《纪念郑观应诞辰一百六十周年学术研讨会论文集》（澳门历史文物关注协会、澳门历史学会，2003）、《辛亥革命与当代中国社会发展》（宁夏人民出版社，2006）、《跨世纪的解读与审视——孙中山研究论文选辑（1996—2006）》（天津古籍出版社，2006）、《康有为与近代文化》（河南大学出版社，2006）、《康有为与改革创新学术研讨会论文集》（岭南美术出版社，2012）；参与编写有《比较中的审视：中国早期现代化研究》（浙江人民出版社，1993）、《辛亥革命与中国社会发展道路》（湖北人民出版社，1993）《孙中山全集》（中华书局，1981—1986）、《纪念孙中山先生》（文物出版社，1981）、《孙中山书信手迹选》（文物出版社，1986）、《枕上梦回》（广东人民出版社，2012）等。

时　间：2022 年 3 月 1 日

地　点：线上访谈

口述者：王　杰

采访者：龙良富

整理者：龙良富

◉**问**　王教授，您好！我们是"郑观应研究口述史"项目组。您从 20 世纪 70 年代中期起就致力于中国近现代史、孙中山与中华民国史、广东地方史研究，编辑出版了《孙中山与中国近代化》《辛亥革命与中国民主进程》《辛亥革命与当代中国社会发展》等著作，已经成为当代中国近现代史，特别是孙中山研究的知名学者。近年来您也关注并着力于"香山文化研究"，请您分享一下香山文化研究的缘起、进程和得失。

◉**王**　我与香山文化结缘，三生有幸。大学时代（1973 年冬），我以中山大学历史系 1972 级学生的身份第一次到中山故居开门办学，历时 1 个月，算是接触、感受香山文化研究的"人之初"。1975 年秋毕业，进入广东省哲学社会科学研究所（广东省社会科学院前身）历史研究室从事孙中山研究，算是香山文化研究的缘起，及至 2011 年退休迄今，近50 年来，我未曾对香山文化研究有过犹豫或背离。扪心自问，"香山文化研究"是我学术研究的处女地，也是我学习、耕耘一辈子的学术园地；于今，仍在吃力地攀爬香山文化的高地。半个世纪将届，犹如弹指。我心心念念自己的学术生涯与香山文化研究相伴，无时不在感念香山文化的滋养和哺育，这种庆幸、感奋和快慰，还将激励我的未来，只是，所涉研究不深，所获成果不多，愧对学界同仁。借此，做个广告，日前，本人已将有关香山文化（孙中山除外）论文辑成一册（26万字，不含综述、序言、简介等杂文），待觅婆家。

香山文化研究，似乎从香山置县就开始了，但是，以"香山文化研究"为学术命题，是2006年由王远明、胡波等先生在当年"香山文化学术研讨会"前才正式提出。平实说来，我权且是从孙中山研究起步的。孙中山作为香山文化的典范，乃"香山文化研究"山中之峰、重中之重。我所从事的孙中山研究，自然成了香山文化研究的范围。这无疑是时代的一种恩赐，或是平生的一种造化。

香山文化，博大精深。特别是近代以降，香山人以澳门为凭借，最早接触了海洋文明的浸润，他们在饱受西方"船坚炮利"侵略的同时，也在潜移默化地接受西方先进器件与制度的陶冶。香山人在忧患之中思考"师夷之长技以制夷"，诚可谓得近水楼台之利，便得风气之先，进而开风气之先。

地以文化，文以人表。由海洋文明孕育而引发的香山人文，从此由传统迈向近代，翻开了独领风骚的画卷。以唐廷枢、徐润、容闳、郑观应、孙中山、唐绍仪为代表的香山人逐渐走上近代中国历史的舞台，开始展示其引领时代潮流的英姿，可歌可泣！

◉**问**　您不仅主编了由澳门历史文物关注协会、澳门历史学会出版的《纪念郑观应诞辰一百六十周年学术研讨会论文集》，而且对郑观应诞辰160周年学术研究会进行了综述，请您回顾一下郑观应诞辰 160 周年学术研讨会的基本情况。

⊙**王** 说起"纪念郑观应诞辰一百六十周年学术研讨会",先讲一个花絮。在 2002 年 7 月 23—27 日澳门研讨会之前,即是月 21 日,中山市翠亨孙中山故居纪念馆举行了"郑观应诞辰 160 周年纪念大会",本人在"纪念会"上发言的结束语记忆犹新:"我发现,今天的纪念大会还有一个值得大家'很纪念'的趣事:郑观应先生活了八十岁(虚岁),研究郑观应的夏东元先生,今年届满八十,郑公和夏公两位前辈,都为我们做出了长寿的榜样。冥冥之中,参与郑公的研讨会是一种造化!谨此,我在这里向在座诸位表达一种心愿:恭祝今天的与会者,在研究中长进,在养生中长寿,祈祝大家健康福寿,个个都超过八十岁!合十!"会后,台湾一位学者握着我的手说,你的发言真幽默,你的这句话,我一辈子都不会忘记,承你贵言,我们八十以后再会。

参与澳门"纪念郑观应诞辰一百六十周年学术研讨会",正遇上本人"年富力强"的年华。记得我是以半学者半会务的身份参加会议的,扮演着里里外外忙得难以分身的角色。根据会议安排,我与易惠莉教授要为大会作学术综述,大会分两大组,每人负责一组。会议综述是个苦差,人人都爱听(看),但不是人人都想干。盖因所表达的观点都是别人的,不算自己的成果,而且要尽量表述无误!作学术综述,有不同的表述方法,一种是简要的归类概述,罗列会议的主要观点,提供基本的前沿信息;一种是摆出某一主题,产生不同学术观点的碰撞,提供争锋的焦点,展示两种以上争论的论据,用以引人入胜。后者的功夫在于捕捉新观点,追寻同异成见的依据，以展示会议的高质量。由于本人对郑观应研究涉水不深，自然就要用汗水的付出来补救，以是，会上会下、文内文外，不懂的得马上追问作者（发言者），以弄通其所以然。为了撰写会议综述，我"婉谢"了考察参观，外加通宵两夜（将勤补拙）。闭幕式作了综述的发言之后，中山大学汤连照教授对我说："我读过会议论文，也认真倾听学人的发言，听了你做的综述后，我又获得了新知，看得出，你在会议期间收集了更多的信息，确实是花了不少工夫。"汤先生是经济学家，而我对郑观应研究是仓促起家，现炒现卖。那次会议，我进一步深刻了收获：作为初学者，必先敬畏学术、敬畏学人。

研讨会之后，我在小组综述的基础上，又花了 2 个月时间，写成 2 万余字的研讨会"综述"。小文先是以"特稿"的形式刊载于《岭南文史》2002 年第 3 期，旋又发表于《近代史研究》2002 年第 6 期，中国人民大学复印资料于2003 年第 2 期全文复印刊载。这说明，关于郑观应研究的"行情"，受到史学界一定程度的关注。

稍后，本人承担了《纪念郑观应诞辰一百六十周年学术研讨会论文集》的编辑，刊行之后，实名在《广东社会科学》对论文集做过简介。为什么要特别提及这一篇《简介》呢？应该指出，大凡对本人编辑的论文集着墨渲染，想必是言者谆谆、听者藐藐。但我的"简介"是"反其道而行之"，特意将编辑过程中发现的"现象"及编辑的感触坦言直书，如实披露论文集出版前文稿质量良莠不齐的动态，并将在校勘中发现的"花边"材料"曝光"，用以对某些"滥竽充数"的文稿及"丢三落四"的文句表示不恭，呼吁敬仰学问、敬畏学术！"简介"表述了如下两层意思：

一曰文集价值之拓展。郑观应为近代中国早期的维新思想启蒙家和创办民营实业践行家之一，或格于晚年未见其叱咤政坛之英姿，致身后 80 年关于他的研究论作仅有 160 余项（含论著 3 种），平均每年才 2 项，且散于东南西北中。与此前相迥，本《文集》收文 100 篇（含讲话），88 万言。论数量，若前 80 年总量的 62%；论内容，涵括郑氏与政治、经济、军事、外交、文化、文学、新闻、教育、宗教、医学诸领域，涉及身世、家族、思想、信仰、事业、品格，人脉、养生等层面；论信息，有郑观应研究概要（1949—2001）及研讨会综述（2002）各 1 篇，计 4 万言，附论目（1949—2001）160 余条，及资料点津与"研究与展望"之扬榷。读之事半功倍，价值不言而喻：集中浏览成果、了解研究动态、把握研究脉向，以促新面权舆。

二曰揭示文集编辑之内幕。大多数学者，尤其是前辈，功夫独到，学品高尚，感人肺腑，这些且按下不表。"意外"的是少数人假文章为研讨会"入场券"，敷衍成文，陋习选出，叫人困惑难耐。试例一二：（1）剪辑原著，百变不离其"宗"，一篇论议院的文章洋洋八千言，剔去穿鞋戴帽之语，作者自撰的文字不足 500 字。（2）东拼西凑，拉杂成篇，某篇感怀《盛世危言》，内容似曾相识，文抄高手也。（3）引文错漏严重，章句不知所云：如"或使之耕，或教以织"写成"或使工耕、或教以职"，8 个字错了 2 个；"华人"错成"洋人"；"格致之士，培养精神以绝病源，有六要理……"

错成"致之士，培养精神以绝源，胡六要理……"一段话31个字，漏8错1。更有七言诗引出8个字，注释页码倒过来读，曰第197—196页等，不胜枚举。举凡错漏，或现代技术之"误"（"经世"打成"近序"），或手民粗心（"蒸"作"镕""焰"），或作者走神（杨树浦作杨权浦）。我认为，常识责人对引语和文稿应作严谨的校勘。做人作文，史学尚真。但愿作文者正心、端态、用功、铸品，弃其箕斗，光我学风，史界万幸。

◉**问**　您认为2002年的郑观应诞辰160周年学术研究会是郑观应研究的里程碑，为什么？

◉**王**　你提的问题很专业，关注郑观应研究从哪里来，要到哪里去，正是切入郑观应研究学术史的发展脉络，也是为初学者配备咨询入门的钥匙。要回答这个问题，有必要回顾一下郑观应研究的历史渊源，然后再切入2002年学术研讨会的研究。

据史料披露，对郑观应研究的关注，最早可追溯到1955年《历史教学》第3期发表的《甲午战争以前曾国藩、左宗棠、李鸿章为首的洋务派思想和初期的以冯桂芬、何启、马建忠、容闳、郑观应为代表的改良主义思想在本质上是否有区别？区别在什么地方？》，该文仅提及郑观应，但缺乏论说式的展开。之后，该杂志相继于1957年第10期发表了王炳义的《郑观应的改良主义思想》、1958年第1期刊载了王永康的《郑观应其人及其思想》，这可视作第一次较为学术性地论述了郑氏的生平与思想。1964年，邵循正的《论郑观应》对郑氏的事功与思想作了进一步的探讨，还就郑观应与同时代人物做了比较研究。及至 70 年代末 80 年代初，对郑观应的研究可谓迎来了一个高潮。夏东元接二连三发表了《郑观应思想发展论》《论郑观应一身四任——再论郑观应》《郑观应是揭开"民主"与"科学"序幕的思想家》，对郑观应做了较为辩证深入的分析。1981 年又出版了第一本研究专著《郑观应传》，推动了接续而来的关于郑观应与戊戌维新运动，郑观应与孙中山和辛亥革命，郑观应的经济思想实践，郑观应的哲学、军事、教育、人才、文学、外交等思想研究的展开。

个体学术研究的升温，为学术研讨会的召开营造了预热的氛围。20 世纪 90 年代的 10 年间，相继在澳门召开了 3 次学术研讨会：1992 年 8 月纪念郑观应诞辰 150 周年学术研讨会、1997 年 8 月纪念郑观应诞辰 155 周年学术研讨会、2001 年 7 月纪念郑观应逝世 80 周年学术研讨会，并出版了论文结集。

把 2002 年"纪念郑观应诞辰一百六十周年学术研讨会"誉为"郑观应研究的'里程碑'"，依本人的理解，可以概括为如下几个层面：

第一，组织规格高。联手主办的 5 个单位——澳门历史文物关注协会、澳门历史学会、广东省社会科学院、上海社会科学院和中国社会科学院近代史研究所，均为权威学术机构。全国政协副主席马万祺、澳门特别行政区行政长官何厚铧莅临开幕式，何厚铧发表讲话。

第二，会议规模大。110 名学者来自我国大陆、台湾、香港、澳门地区及澳大利亚，提交论文计 93 篇。就该次参

王
杰

会学人及提交论文两项数据显示，约为此前 3 次学术研讨会的总和。

第三，论文涉面广。论文涉及郑氏的生平、事功；思想层面涵盖政治、经济、文化、外交、法律、教育、文学、新闻、医学、慈善、养生、著述（版本）；实践层面注重与时人的比较研究，视野比以往的研究视野更加广阔。

第四，"发现"问题多。对一个研讨会的评价，以往以论文的成果质量为衡量标尺，即论文解决的难点有多少，这不免忽略了另一面。其实，"发现"问题比"解决"问题更有价值，因为发现了问题就意味着找到了新的突破点。与会学者发现的思考题无疑是研究方向的指引：一是必须重视郑观应角色多重性的研究；二是应该重视对郑观应作纵横式的研究、拓展比较研究；三是加强对郑观应资料的发掘研究（光上海档案馆约有七分之六的郑氏史料等待发掘整理）；四是建议成立郑观应研究中心，开展郑氏在上海、广州、香港、澳门、香山、汉口等地的研究。

研讨会之后，郑观应研究网站应运而生。接着，出版了《纪念郑观应诞辰一百六十周年学术研讨会论文集》，这对于推动郑观应研究的拓展和深化，具有里程碑的意义。

●问　您在《论香山文化的表征与特质》中，认为香山人的意识在不断地互动中升华为一种精神与品格，通过内化—积淀—外烁—反哺的过程，令香山文化逐渐成为一种超越地缘与血缘、跨越时间与空间、立于岭南而又优于岭南、跻身于中华民族文化之林的新质文化，这种新质文化表现出什么特征？对当时的香山人产生了什么影响？

◎王　　答问之前，得先感谢中山日报社的厚爱和鼓励，《论香山文化的表征与特质》于 2006 年第 9 期上海《社会科学》发表后，该报于同年 10 月 10 日全文整版转载，这是对香山文化研究最热切的关注和最热诚的支持。

香山文化于近代横空出世，引领了广府文化与岭南文化的风骚，影响和推动了中国近代命运的走向和历史转型。这是不言而喻的，也是有目共睹的。我在《论香山文化的表征与特质》一文中着重论述了三个特征：移民亦移文：文化与时空俱进；先声亦先行：文化引领政治潮流；资源亦资本：文化创新的现代价值。

首先是移民亦移文：文化与时空俱进。

香山地域，本由海岛串联而成。海洋的恩赐，体现于沙田的拓展、农桑的生繁、商贸的兴昌，其前提是引发了移民的涌入，从而推动了香山社会经济和地域文化的调适与变迁。移民的输入，使得本来对"安土重迁"意识比较淡薄的香山人的文化心理更为融会变通。在这里，不仅海纳移民，也输出移民，于亦纳亦移中互动，在互动互补中内化，从而凸显其地域文化的特有个性。

近代以降，香山人先是通过澳门的商贸活动，与西方文化发生接触与兼容。葡萄牙人不仅带来了西洋的物质文化，也展示了西方的政治制度、宗教习俗、经商理念和科技文化精神。

移民，含海外与内陆两类。海外移民，从异乡的苦力开始奋发，转而从商。他们在海外获得了较丰厚的报酬影响着香山，乡民几以"金山客"为荣，"开了乡人出洋谋生的风

王
杰

气"，渐次，一人带动一群，一群带动一村，一村影响四邻，四邻辐射全县。内陆移民，是指赴上海、天津、九江、汉口等地的早期买办，带动了乡民外出从商致富，香山逐渐变成一个"动态"移植的社会。在一种开放融通和多元文化交汇的社会里，香山人先于内地人接触和接受内陆文化和外来文化，也先于把中国文化传播于海外。于双向移植和双重互动之中，逐渐减少了拒外、排他和封闭的心理，增强了善于沟通、取人之长、兼容协作的进取意识。这种意识在不断地互动中升华为一种精神与品格，通过内化—积淀—外烁—反哺的过程，令香山文化逐渐成为一种超越地缘与血缘、跨越时间与空间、立于岭南而又优于岭南、跻身于中华民族文化之林的新质文化。这种文化的显著特征，便是先声先行。

其次，先声亦先行：文化引领政治潮流。

香山文化的深厚内存，蕴含着"爆发性"的驱动力。静为动所伏，香山文化一经"爆发"——从特定意义上说——便从"边缘"跃进了"前沿"。就历史使命和地位而论，香山文化之"先声亦先行"者，大致建树于以下三个维度，即思想政治文化、买办文化、华侨文化。

（1）思想政治文化：代表人物有3位，一是立志将西方文化输于中国，促使华夏富强文明的"留学之父"容闳，二是明确提出商战理论及倡行君主立宪要求的第一人郑观应，三是振臂高呼振兴中华、首创亚洲第一个民主共和国的孙中山。

容闳留学美国，以爱国和报国为动机。留学期间，"无时不耿耿于心"者，"以为予之一身既受此文明之教育，则当使后予之人亦享此同等之利益，以西方之学术灌输于中国，使中国日趋于文明富强之境"。为了践行将"西方之学术灌输于中国"之宏愿，容氏奔走呼号17年，最终促成清朝政府派遣幼童留美计划的实施，成就了中国留学事业的破天荒之举，开辟了中国幼童批量留学西方的先河！只是那个守旧的中国，未能容纳这位海外赤子的拳拳心愿，"但对祖国土地和人民的眷恋伴随他终身，他虽然安葬在曾经学习、工作、生活多年的哈特福德，而墓碑上所镌刻的那个中文'容'字图案，却象征着他那颗永远期盼东归之心"[1]。留学宏图虽不圆满，而学习西方、赶追文明的种子，催化了富国图强的初心，激励着志士仁人接踵为之奋斗不懈！

郑观应，乃敢为天下先商、先倡议会者。他洞察"泰西各国，以商富国，以兵卫国，不独以兵为战，且以商为战"。"习兵战不如习商战。"力主以"商战"来抗衡资本主义列强的经济侵略，极力仿效西方扶持发展民族工商业。在政治上，倡行"中国户口不下四万万，果能设立议院，联络众情，如身使臂，如臂使指，合四万万之众如一人，虽以并吞四海无难也。何至坐视彼族越九万里而群逞披猖，肆其非分之请，要以无礼之求，事无大小，一有龃龉辄称戈，显违公法哉！故议院者，大用之则大效，小用之则小效者也"。郑氏言以行俱，一面呕心沥血续写《盛世危言》，呼吁政治改革，一面躬身商业，实践"商战"，从做买办到经营近代工商交通企业，60余年不辍，是一位从事近代实业开拓、经

①　章开沅：《"容闳与中国近代化"序言》，《容闳与中国近代化》，珠海出版社，1999年，第4页。

王
杰

营、管理的实业前驱和最先触及启蒙思潮的前驱①，不失为推动中国近代化事业的先声者、开荒牛。

孙中山，乃敢为天下先共和者。他"致力国民革命四十年"，从组建中国第一个革命团体兴中会伊始，开创了武装反清的道路：适时创立同盟会，揭三民主义；掀起了辛亥革命的洪流，推翻了绵延二千多年的专制统治，创立了中国的共和政体。随后为捍卫共和制度与南北军阀斗争不懈，矢志"建设一政治最修明、人民最安乐之国家"②。孙中山可贵的文化取向是"取法乎上""与时俱进"，于晚年适时制订"联俄、联共、扶助农工"三大革命政策，催生了中国国民革命的狂飙，成为旧民主主义革命向新民主主义革命过渡时期的旗手。他"适乎世界潮流，合乎人群需要"的政治文化理念，于今仍是我们建设社会主义和谐社会的文化精神遗产。

（2）买办文化。就文化背景而论，买办文化乃香山文化的特产。作为香山乃至中国的一种独特文化现象，它的产生，源于早期的中西商贸活动，与香山得风气之先、适应风气之先息息相关。香山买办出世早、人数多、群体化、裙带式、散布广。据汪敬虞先生研究，1830—1900 年 70 年间，香港、上海、广州、天津、汉口、九江各埠四家英国洋行买

---

① 姜义华：《郑观应与近代中国启运动发端》，王杰、邓开颂主编：《纪念郑观应诞辰一百六十周年学术研讨会论文集》，澳门历史文物关注协会、澳门历史学会，2003 年，第 10 页。

② 孙中山：《"孙文学说——行易知难（心理建设）"自序》，《孙中山全集》第 6 卷，中华书局，1985 年，第 159 页。

办中，广东人占 9/10，其中香山人尤为突出。郑观应一家三代都做买办。

买办文化，是催生近代工业文明的助产婆。买办文化的效用是充当中西商贸活动的润滑剂，它呈现出一种务实、融通的文化性格，因为它面对的是不同质的文化交流，必然促使其比较两者之优长，择其最佳取向。郑观应就从中悟出"习兵战不如习商战"的道理："初学商战于外人，继则与外人商战"，这便是买办文化的结晶。他们利用丰厚的买办资本，投资于近代新式企业，轮船招商局、开平煤矿和上海机器织布局等企业的顺利集资与业务拓展，乃是由唐廷枢、徐润、郑观应等香山买办群体的倾力扶助而成的。唐廷枢不仅使轮船招商局起死回生，而且为开平矿务局引入了现代技术，使之"逐渐变成了一系列近代企业的中心"。他本人参与创办的近代新式企业多达 40 余家，属国内或地区内首创的就有 6 家。支撑新式企业的基础是新技术和新文化。所以，当他们成为新思想新文化的倡行者的时候，就必然成为某些传统价值观念的叛逆者和挑战者，客观上充当了催生近代工业文明的引擎。

概言之，买办文化既受主体文化（中西文化）的双重影响，也对主体文化（不同质的文化）施加反影响。从被动态上说，它是世界走进中国和中国面向世界早期在商界催生的混血儿；从主动态上说，它是土生土长挟洋风洋味行世的洋泾浜，客观上又催生了近代工业文明。

（3）华侨文化。华侨文化指为家乡和祖国输回了"金"，这里所说的"金"蕴含三层意思，曰"金子""金技""金身"。"金身"即是香山的特色，令其他地城文化难相匹敌者。

"金子"，此指侨汇。华侨对桑梓的贡献最著者为侨汇，侨汇既是侨眷生活的保障，又是拉动消费和促进香山经济发展的杠杆。早期侨汇主要是赡养家眷及养老送终金。后来一些侨民"落地生根"，侨汇逐渐转向投资和捐献，或置田建房，或投资实业，或捐资办学，或输将慈善，功能日渐多元。"金子"对家乡政治、经济、文化的影响，历史俱在。碉楼以及沙涌、竹秀园、北台、南朗、沙溪、三乡等地中西合璧的建筑物，至今仍展示时人的审美观念和历史价值，更折射出海外的艰难拓业精神和爱国爱乡品格。"金子"投资实业、热心公益的义举，既促进了家乡的经济建设，繁荣了故园的文化教育事业，也改变了乡民的生产、生活和行为方式，引发了新的价值观、人生观和世界观，全方位加速了香山社会从传统向现代的转变。

"金技"，指先进的技术和科学的理念。南朗濠涌人严迪光早年赴美国经商，1908 年，率先回乡创办香山机器制砖有限公司，为香山第一家具备先进设施与规模的近代企业；1912 年他创办的迪光电力灯所正式建成并投入运行，乃民国临时政府注册的 40 家先进发电厂之一；后在"马锡水"兴建水电厂，为广东华侨投资的第一间水电厂。香山侨民每当家乡救灾赈饥，必文明捐输；对修桥铺路，兴学赠医等亦踊跃输将，均有数据记载。

"金身"，指华侨回国参加革命和为国捐躯。就华侨的客居地而言，檀香山可誉为中国民主革命的策源地，南洋各埠是孙中山流亡海外、筹款集资的落脚点，日本、欧美等地也是他奔走革命的落脚点。香山华侨为了支持中国革命，不但慷慨纾难，且奋勇当先。有统计，1895—1912 年间檀香山华侨先后捐助美元 8000 元，银洋 63255 元。尤堪称道的是孙中山的胞兄孙眉，乃"茂宜岛大畜牧家，牧场广千数百亩，有茂宜王之称"，为筹备反清革命经费，"便以每头六七元之价贱售其牛牲一部，以充义饷"。杨仙逸在美国习练航空技术，追随孙中山，为革命牺牲。据不完全统计，从 1894 年兴中会成立至 1913 年二次革命失败，参与革命的香山人近 260 人，其中翠亨、南朗有 42 人，香山籍华侨不下 200 人。讨袁护法，又有华侨"义勇队""敢死团"奋力支持，不少华侨血洒沙场，以身许国，为捍卫民主共和作出了不朽的贡献。

香山华侨文化早期充满艰辛和血泪，渐次誉载文明与荣耀，他们以"根"为本，以"金"奉献，播中华文明于海外，输现代理念于桑梓，在香山的近代文化史上地位显要，价值弥珍。

再次，资源亦资本：文化创新的现代价值。

文化是一个地域的根与魂，香山文化对当代中山人的意义，不仅在于它提供给民众一种无以替代的归属感及精神纽带，也从深层次上塑制了现代中山人的群体性格，将文化资源逐步转化为文化资本，并在精神禀赋上推动了中山现代工业化都市的兴起与脚飞。

香山文化现代价值的凝结与展现，可概括为四个方面。

一是先导性。以名人文化镜鉴，祖籍香山的中国近现代名人不下 100 位，涵盖政治、军事、经济、教育、文艺、医学等领域，其中荣膺某一领域"第一"的约有 30 位。中华人民共和国成立后，中山人"敢为天下先"的品格，得到进一步弘扬：广东第一次真理标准大讨论、中国第一个勤劳致富"万元户"、中国第一家中外合资企业温泉宾馆、中国首家高尔夫球场、首家中外合资大型游乐园、国内第一家"三来一补"企业、首届中国合唱指挥大赛……均在中山问世，这不仅使中山在"改革开放"之初一跃成为全国发展的"典范"，而且为经济腾飞奠定了基础。

二是包容性。中山市传承文化多元、兼容并蓄的文化传统，1996 年，古文平成为全国首位在异地当选政协委员的外来工。1997 年，外来工左忠文被授予全国"五一劳动奖章"。自 1995 年起，每年举办一次"优秀外来员工"表彰活动，对"优秀外来员工"免收城市增容费，绿灯注册入户，"农转非"，这些在全省乃至全国或属先例。

三是求实性。务实、趋利，在香山人的群体性格中素来浓厚，今天，这种不讲虚文、只求实效的"经济理性"，表现尤为明显。迄今为止，中山市有近 1/3 的家庭从事私企或个体实业。另外，族群经济、民营经济、外源型经济发达，城市综合实力居全国地级市第 12 位。

四是博爱性。中山人的博爱情怀既积淀于心中，且外化为行动。每年正月十五的"慈善万人行"，既具海外轰动效应，更被市民引以为荣，19 年来沧桑不改，奇效非凡，深得海内外香山人的支持，计筹集善款达 4 亿元，用于安居工程、"身边的希望工程"等。"慈善万人行"已成为当代香山人的一种新民俗。

孙中山说："发展文明，非仅关于财富一方面（即物质文明），并负谋人民之幸福与安全（精神文明）。"此一名言蕴涵了深刻的以人为本的思想，是弘扬香山文化的出发点和落脚点。文化创新，关键在于自尊与自觉。进一步将香山文化资源催生为文化资本，臻"物质文明""心性文明"相待发展，乃世人对文化香山期待之愿景。

◉问　您在《先声先行先导——论西学东渐先驱郑观应的精神品格》中认为近代香山借澳门之地利，得西学之先风，哺人才辈出，领华夏风骚，郑观应、孙中山乃是时代的佼佼者。当时香山的地理位置条件为孙中山、郑观应等名人提供了哪些天时地利人和？

◉王　我始终认为，哺育近代香山人才辈出的天时、地利、人和，最前提、最核心、最接地气的"幽灵"，乃海洋文明的灌注与内化。如果要作定性的概括，大抵可表述为：西风东渐之天时、一口通商之地利、冒险开先之人和。

西风东渐之天时。晚清降临，随着西方大航海时代到来，香山进入中西文化对冲的时期。西方文明的双刃剑（侵略性与先进性），正面冲击古老的香山大地。由是，这里最早接受了西方文化和近代文明的熏陶。影响香山的西来文明可归结为两种方式：一种是内发的，是潜移默化渐进的，自港澳向香山辐射和渗透，持续时间久，渗透方式比较"和缓"；另一种是强迫的，伴随着广州通关，西方殖民者及传教士强行输入西学，本土人于被动中接受。

其时，中国仍处于前资本主义时代，民族国家意识淡薄，对国界、关口等缺乏强烈的关注意识（或者关注点仅限于内帑能从关口收入多少）。香山山高皇帝远，朝廷尚未出台阻止民众出海的禁令，民众出海受到的限制相对有限，而领略港澳或国外的风气，对开眼看世界、鉴断中外文明提供了近水楼台之便。

一口通商之地利。黑格尔的"历史哲学"把海洋文明与民族精神发展、人的自由实现联系起来阐述，非常深刻，对马克思"世界历史"思想的形成影响很大。从中可以挖掘中国何以有广大的海洋、海岸线却在近代错失海洋文明时代的原因和教训。香山位于欧风美雨冲击的要冲，自然成了港澳和内地之间的"桥梁"。近代以后，香山除了海路上的文化交流外，陆上交通也比较关键。隶属香山的澳门，自明末清初以来就是应对海洋问题的最前沿，海洋文明通过澳门直接对香山人产生影响。还有不可忽略的是，清代以后，香山一直弥漫着反满情绪，这是地域社会特色。因为对清廷蔑视，该地在思想解放及接受外来文明时才会更加自主。孙中山有一句很经典的名言说："始见轮舟之奇，沧海之阔，自是有慕西学之心，穷天地之想。"道出了地理环境的赐予，这可视为孕育新思想的肥沃土壤。

冒险开先之人和。西方资本主义还处在商品资本积累阶段的时候，迫切需要向中国输出商品，在向中国倾销商品的过程中急需翻译中介（代办），由是，近代"买办"应运而生。香山得地利之先，西方殖民者有意培训或自学成才孵化了早期一大批买办。徐润、莫仕扬、郑观应等都是著名的买办，而前一任香山买办一般会推荐他的亲戚和同乡接替其位置，"香山人"几乎与19世纪的"买办"同义，时人有称香山为"买办的故乡"。而这样血缘乡谊铸造的"人和"，是以冒险开先为精神凝聚的。

另外，当时西方并不限制华人入境，甚至欧美国家还引诱华人出国，为其充当苦力。据《陈兰彬集》载，陈氏记录口述共468份，有322人明确说明了自己出国前的职业，这批华工中，自主出国者占总人数中的22.22%，被掠、被骗或被卖的成分竟占到75%以上。常年开设猪寨的澳门是华人出国最重要的中转地。需要指出的是，虽然未有确切统计多少人属香山籍，但近在咫尺的香山人当不在少数。1894年11月，孙中山在檀香山成立兴中会，第一批会员24人，绝大多数是香山人；1900年至1905年兴中会的195名会员中，香山籍有79名，占总数的40%；同盟会成立前，兴中会268名会员中，98人为香山籍，占总数的30%。这就是香山人和的造化。

再以郑观应的亲属为例，"人和"的买办群体网络，无疑与事业有成息息相关。以下是郑观应家族及亲友任职买办的情况。

父亲郑文瑞（1812—1893），字启华，号秀峰，早年科举无望后赴上海做宝顺洋行买办。

叔父郑廷江，号秀山，上海柯化威洋行买办。

兄弟中，兄郑思齐（1835—1892），字正思，号济东，1852年在宝顺洋行与徐润一起做学徒，1867年任旗昌洋行买办。

郑观应1858年入新德洋行做学徒，1859年入宝顺洋行做学徒，1860 年升任宝顺洋行买办，1873 年任太古洋行买办，直至 1882 年任轮船招商局帮办。

三弟思贤（1845—1920），字正元，号曜东，上海礼和洋行。

四弟官桂，九江宝顺洋行。

五弟郑官富（翼之）（1861—1916），1877 年 16 岁随郑观应入太古洋行做学徒，1886 年任太古洋行天津分行买办，次年升总买办。1921 年去世，其长子郑宗荫继任，1925 年宗荫辞职，又由三子郑慈荫接任，直至 1931 年太古洋行取消买办制。

姻亲曾寄圃（？—1861），号寄时，香山县吉大人，宝顺洋行总买办。

姻亲唐廷枢（1832—1892），字建时，号景星，怡和洋行买办（1863—1873）；次子唐荣健（1865—？），字夙兴，号少宾，娶郑观应叔父郑秀山之女。唐廷桂（1828—1897），字建安，号茂枝，1871 年任天津怡和洋行买办，1873 年任上海怡和洋行总买办。

世交徐昭珩（1804—1870），字德球，号钰亭，上海宝顺洋行买办，徐润伯父。

世交徐瑞珩（1822—1873），字德琼，号荣村，上海宝顺洋行买办，徐润四叔。

世交徐润（1838—1911），字润立，号雨之，宝顺洋行买办，1852 年入宝顺洋行做学徒，逐渐升至副买办，直至 1868 年洋行关闭。

又，郑观应九兄弟：思齐、官应、思贤、官桂、庆麟、庆蕃、官寿、庆镗、九如。除了上述所列任职买办的之外，四弟庆蕃任职轮船招商局，五弟庆寿任职彭玉麟军营务处，六弟庆镗任职梧州招商局，七弟庆余任职招商局厦门和福州分局，润林（郑观应长子）任职招商局厦门分局。炳勋（思贤之子）1909年以候补道暂署芜湖海关道、皖南道。郑观应这一家的"人和"该产生多大的能量啊！

◉问　香山作为郑观应的故乡，虽然地处国际商贸的前沿，但仍深受儒家思想的影响，郑观应作为家中长子，传统的家族、家庭责任感激励了郑观应去谋取个人事业的发展，但事业的成功又意味着他将对家族、家庭承担更多的责任和义务。有学者认为如此多的承担，在一定程度上消解了郑观应的事业成果，异化其对事业蕴涵着的社会责任和义务的承担，并异化了他的个性，这是他的事业在获得一定成功后即开始走向失败的原因之一，您认可这个观点吗？为什么呢？

◉王　你提出的家族问题很切题，视角独特，在某种程度上说是横向研究的"偏门"，很有深究的必要与价值。传统社会中，流行"父不在，长兄乃父"信条的弘扬。在这里应先作个交代，郑观应的胞兄思齐本为家中长子，但儿时就出嗣伯父文经，郑观应就顺然成为长子。父亲文瑞，在上海宝顺洋行做了一段时间买办之后，就回乡下开私塾教书，属乡间耕读之家。得书香门第熏陶，身为长兄的郑观应未及弱冠，就开始锤炼长兄的气质。1858年，他应童子试，科举未第。为家庭生计，奉父之命入上海的洋行见习，弃学从商，夜班补习英文。同治十二年（1873），他于"而立"之年

（31 岁）将 20 余篇时论集成，取名《救时揭要》刊印，可见其于二十几岁就在《申报》发表政论文章。他从年轻的时候就开始立志为家族作个人能力的贡献，为家庭肩负责任的担当，为砥砺弟妹作垂范的表率。作为长子，过多的家庭承担，确实在一定程度上消解了郑观应的事业成果，但也丰富了郑观应的成长经历，玲珑了他对人际关系的润滑。得失互补，相辅相成也。

我并不认同"他的事业在获得一定成功后即开始走向失败"这种说法。郑观应生活在"千年未有之大变局"时代，他的事业与成就自然与时代变化息息相关，由于受时局与环境的制约，他不可能超越时空去开创"奇迹"，所以，挫折与艰辛有时也是不可避免的，是可以理解的。审视一个人是否成功，要从大处着眼，看他对时代潮流的取向、对民族对国家的贡献、个人对社会的功业何在！再者，人不是神，"人不能完人"，从这一认知上去审视，相对来说，郑观应的一生是成功的。存在决定意识。一个人的思想发展既受时代的制约，也受阅历视野的局隘，切莫苛求。对前人予以温情与敬意，这是史学大师陈寅恪先生的治学奥秘。

●问　您认为西学东渐是一个过程，其核心价值就是比鉴世界、追赶文明潮流，在此过程中，郑观应成为引领西学东渐的思想先驱，西学东渐为郑观应提供了什么物质和精神营养？与早期维新思想家王韬、薛福成相比，郑观应与他们思想的异同有哪些？

◎王　关于"西学东渐"给郑观应提供的物质和精神给

养，是前所未见的，也是显而易见的，对郑氏本人来讲，说开天辟地也不过分。毋庸置疑，郑观应的成长、成才、立业及发家，都离不开他的"买办"地位和经历。换言之，他就是在辅助西洋人"买办"的过程中，在物质和精神方面才见起步和进步。事物具有两面性，要看到郑观应充当买办，显然在一定程度上帮助了西方人剥削掠夺了中国的财富；同时，也应该体认，郑氏在买办的过程中也逐步加深对西方列强本质的认识，深刻体悟到落后就要被挨打、受欺凌的现实，进而深化了对商战的理解，甚而提升创建民族工商业的认知与实践。

要将郑观应与早期维新思想家王韬、薛福成相比较，我只能就郑氏与王、薛思想的异同作个简要的区分。

"西学东渐"的过程其实是两大不同质文化冲撞、互动而共存的结果。早期体现出两大渠道的回应：其一，西方传教士等带到东方来的科技文化；其二，受西方冲击的中国人主动学习，这一过程始见于鸦片战争之后。就近代以来早期的思想家魏源、郑观应、王韬和薛福成等人来说，魏源、郑观应属于未到过西土的人士（郑观应曾在抗法战争期间到东南亚地区，从事搜集当地地理等情报，按照知识分类仍属于历史地理范畴，未脱中国传统学术及知识范围），王韬和薛福成都有过出国的经历，"所闻"和"所见"的差别必然给各自思想带来"印记"的影响。

同者：作为早期的维新思想家，他们都关注国家和民族的前途与命运，同属善于思考的志士仁人。"拯救国家危难，抵御外敌入侵"是他们思想的底色；进一步而言，"爱国"

王
杰

449

"报国"是他们共同的特征；更进者，在揭露社会积弊、呼吁改革、传播新知、寻求救国方案的历史进程中，郑与薛使命感强烈，展现了"相与呼应"的样态。丁凤麟先生做过研究，指出郑观应撰写《炮台》一文，关于"造炮台之制"的大段文字，完全脱胎于薛福成《出使四国日记》中光绪十六年十月二十二日的日记内容①。薛、郑类似同声同气的文字仍有多处，其思想之呼应，可见一斑。

异者：郑观应与王韬、薛福成等人相比，思想差异主要体现在郑观应的思想来源渠道相对有限，除了"闻见"之外，更多的是听身边外国人的"描述"（主要是"商战"），体现在郑氏的作品中，因对西方制度的认知程度有限，部分改革措施或有借鉴时人或有自己"想象"的成分，并非完全切合实际。总体而言，虽然郑观应提出了改革维新思想，但是，他的改革或维新在宏大视角上仍未突破中国传统学术的藩篱，即希冀在皇权底下适度改革，他的著作为何要命名为《盛世危言》，这就好理解了。郑著偏向于"图强""富国"，主张学习西方的"富国之本"，目的是解决"盛世"的危机。

王、薛在阅历和认知来源上与郑观应似有不同，王、薛是读书人出身，薛福成曾长期出入曾国藩幕府，就对政治运作规则认知而言，明显优于郑观应；王氏先是帮助西方人翻译著作，对西方文化感悟深度甚于郑观应。除此之外，王韬、薛福成等人具有国外考察的经历，故而，他们的著作相

---

① 薛福成：《出使四国日记》，湖南人民出版社，1981年，第187—189页。

对于郑著更贴近西方实际。他们对于西方制度特别是在制度运行、社会组织等层面有更为系统和深入的探究。王、薛等人学习西方的力度及视域也更为具体与深刻，其著作对西学的理解与把握相对更显理性色彩。

◉**问**　您在《论香山文化的表征和特质》中认为买办群体既受主体文化（中西文化）的双重影响，也对主体文化（不同质的文化）施加反影响。请问买办群体对中西文化产生了哪些影响？

◉**王**　我在《论香山文化的表征和特质》小文中，谈到了买办文化，但还未展开，现在可补充一些，放开一点来讲。梗概说来，买办群体是近代中国一个特殊的群体，这一种"过渡性"的中介形铸了过渡性的文化形态，可誉为中西文化的一朵奇葩。

香山买办乃是因中西文化最早碰撞而衍生的"土特产"。作为第一批敢于"吃螃蟹"者，在谋生与从商的探索中，"自觉"兼容外来文化，无形升华本土文化，并在促进中西文化交流的过程中，不断升华自己——从经济买办步入文化买办层次，承担起引导与表率作用。这对他们自己来说，或许不是初衷。因之，在很大程度上说，他们身后所引发的社会心理与价值取向的影响，或许也是始料不及的。

不同"质"的文明并不因质"异"而相斥，它们需在一定的碰撞过程中互为吐故纳新。

文化接受需要一个过程。这个过程会发生异质文化间的碰撞和误读，从长时间来看，必将是两种文化间的磨合与融汇。文化间的互动与交流，最终走向兼容并包，排污不排外，优胜劣汰，从而升华本土文化、塑制新的本土文化。香山买办（文化）于一百多年前已经自觉为中国和世界当了先锋，做出了典范，将之称为买办文化，或许有着特殊的历史文化意义！

香山买办群体既是商业上的买办，也是文化上的"买办"。在追求物质和精神生活质量的体验中，凸显"中西合璧"的韵味：既时尚又不远离传统；主张学习西方先进文化，以弥补中国文化之不足，又不割舍中华文化根脉，留守华夏文明；他们以半中半西的特征"言与行俱"，为时人展示中西兼容的时尚价值观和文化观，令时人趋之若鹜。

将西方的现代技术嫁接于中华文明。1873年，在唐廷枢、郑观应、徐润等香山买办和香山籍官员叶廷眷等的支持下，容闳创办了《汇报》，翻刻中外新闻。1875年，徐润引进外国先进印刷设备和技术，创办了中国第一家机器印刷厂——同文书局。他在北京宝文斋觅得乾隆武英殿版《二十四史》《古今图书集成》和《资治通鉴》等书，陆续加以拓印。所印书籍中，规模最大的是《古今图书集成》，凡一万卷，书局乃首创预约订购的办法，因此名声大振。同文书局所印书籍，字迹清朗，装帧精美，颇受社会好评，被学界称为"同文本"。民国《上海县志》记徐润有关贡献："以欧西石印法于文化事业裨益颇多，创同文书局，影印《图书集成》，及广百宋斋铅版书局，印刷书籍，艺林诧为创举。凡所规划，皆为中国所未见，而事事足与欧美竞争。"在运用西方印刷技术传扬中华文明方面，徐润不是第一人，其地位却举足轻重。

香山买办将中西文化上的互动提升到留学层次，可誉为里程碑式的创举。"以中国人而毕业于美国第一等之大学校"的容闳，致力于"以西方之反学术，灌输于中国，使中国日趋于文明富强之境"① 的夙愿。1872 年，清政府派遣幼童留美，源自容闳的"教育救国"理念。容闳不仅参与筹划、组织，并全程陪同幼童留美，直至撤回。其间，徐润、唐廷枢等香山买办，亦参与选派幼童和资助幼童学业等。②

香山买办在"中转"西方文明的同时，无形中向西方传播了中华文化的精华。徐润创办的同文书局，不仅弘扬了中国传统文化，也向外传播了中华文化。1890 年，总理衙门向同文书局订购《古今图书集成》百部，增入考证 20 卷，凡 5044 册，至 1894 年印成。此书印刷精美，用纸考究，被总理衙门用为赠送外国政府的礼品。容闳使美期间，向母校耶鲁大学捐赠了大量中国传统文化书籍。

买办在中国近代史的功业与影响是多元的，作为"经济的"买办，他们促进了中国工商业的起步、起飞和近代化；作为"文化的"买办，他们充当了中西文化交流的前驱。"在中西方经济交往和文化传播过程中，买办的中介角色不仅是有代表性的，而且具有战略上的重要性，尽管这种接触的结局并非令人愉快，买办凭借自己的财富和专门知识，成

王
杰

---

① 容闳著，徐凤石、恽铁樵译：《西学东渐记》，珠海出版社，2006 年，第 23 页。

② 徐润所著《徐愚斋自叙年谱》记录了大量留美幼童的信息，成为后人研究幼童留美史的重要资料。

为一种新式商人，在近代中国起了重大作用。"① 买办作为东西方两个世界之间的中介，对于近代中国的经济发展、社会变革和全面的文化移植起了战略性的重要作用。② 从经济和文化两个层面探讨买办的贡献，我们不难发现其第三个贡献，它就是政治上要求变革传统社会的理性呐喊。《盛世危言》在中国思想启蒙史上振聋发聩的作用，这里就省点口舌了。而由买办文化衍生的将传统"士农工商"的排序重新洗牌，这种在文化观念上给社会上的冲击，也属史无前例！

◉问　您认为郑观应提出的以"商战"止"兵战"，变"以农立国"为"工商立国"，这些发展资本主义经济的思想来自他自身的履历，为什么同样或者更多洋行、洋务民企经验的唐廷枢、徐润等没能提出维新思想？

◎王　平实说来，风骚各具，三人各有所长。唐廷枢和徐润在轮船招商局、开平矿务局、招商保险局等新兴行业的经营上，成绩比较卓著，是中国近代民族工商业的先驱者。郑观应躬耕于商界，他的商战思想，不仅仅来源于自己对于社会的观察及亲身经历，也有对香山买办群体转身成为洋务企业家的观察。在观察社会问题和思考政治变革上有着更多的考量，所以在思想领域成就比较突出。

鉴此，相较而言，郑观应是一位长于观察、善于思辨的

---

① ［美］郝延平著，李荣昌等译：《十九世纪的中国买办：东西间桥梁》，上海社会科学院出版社，1988 年，第 1 页。

② ［美］郝延平著，李荣昌等译：《十九世纪的中国买办：东西间的桥梁》，上海社会科学院出版社，1988 年，第 258 页。

思想家。郑观应能提出维新思想，而且卓成一家，渊源有自也。较之于唐廷枢、徐润，起码在家学、历练、立言三个方面显见优势。

一是有家学资源积淀。郑氏从小受书香门第熏陶，从乡塾至 16 岁之前，都在读书、准备应试中浸润，科举成名的观念浓厚。及至童子试落第，奉严命到上海洋行做徒工，依然继续在夜校读书。这可以理解为郑观应对其书香门第延续香火的承传足迹。徐润生于买办世家，伯父徐钰亭是上海宝顺洋行买办，堂族叔徐关大是上海礼记洋行买办，季父徐荣村在上海经营荣记丝号。1852 年，徐润被送到苏州书院读书，似因读书不得，被送去做生意，后入上海在宝顺洋行做学徒，得到洋人器重，到 1861 年成为"总行中华人头目"。唐廷枢家境贫寒，10 岁被送到教会学校读书，十年寒窗之后，从商从一而终。

二是有跨界阅历眼光。缘于家学的哺育，郑观应凝注了中国传统士大夫的情怀，达则兼济天下，以天下兴亡为己任。关于这一点，虽然不能过度强调，但是，少年接受的家学教育必然融入他的"血液"，青年仍偷空写作，无疑多了一份文人与人文的阅历，这是使命的砥砺，这种坚守的底蕴，难能可贵，不能忽略。

郑观应生来思想活跃，商界之外，入过军营，捐过官，体现了眼观六路、耳听八方的志趣。他游历考察过长江沿岸，从军赴香港办军务，又奉命至东南亚巡视地理地貌，为军方收集情报，举凡差使，游览各地风情，接触三教九流，大大开阔了知识视野，灵动了思维的驰骋，增强了审视的敏锐感和分辨度。与专攻商界的唐、徐二氏相比，多了一份审视政局时势的历练，为他撰写时评政论积淀了丰富的本钱。

三是有坚守立言志向。郑观应少年功名不成，而志气未减。在徒工时期自学不辍，20多岁就在《申报》《循环日报》发表时评文章，体现了他在艰苦而特殊环境下向往笔墨的生涯，并表现出对"立言"的初衷与冲动，三十而立的年华，出版了《救时提要》，及至后来《易言》《盛世危言》相继问世，便是他关心时局、提倡维新思想的延续。在经商与立言并行的实践中，他向往"立言"的取向是清晰的，坚守"立言"的旨趣是矢志的。有志竟成，《盛世危言》是郑观应几十年孜孜以求的思想结晶，盛著呼唤维新，名扬天下，是时代对郑氏立言志向的最高奖赏。唐廷枢和徐润重商重工，鞠躬尽瘁于工商业，三人商场各领风骚，郑观应则被誉为亦商亦文"两条腿"走路的巨人。

◉**问**　您在《先声先行先导——论西学东渐先驱郑观应的精神品格》中提到，1936年，毛泽东向斯诺回忆道："我读了一本叫作《盛世危言》的书，这本书我非常喜欢它……"据您研究，郑观应的维新思想对毛泽东产生了哪些影响？

◉**王**　关于郑观应的《盛世危言》对毛泽东的影响，我缺乏研究，但也粗读过几篇相关的论文，似有意犹未尽之感，现提出自己粗浅的见解，以求请益。大抵可以从新篇、新导和新知三个层面去阐释：

一是读书遇新篇。新篇含两层意义：第一，从经学到新学。毛泽东8—13岁在乡间读私塾，6年换了4间学堂，读的是四书五经、《左传》等，13岁离学。在家务农兼帮父亲记账，但夜里仍读些旧书籍。这段时间，《盛世危言》于外婆家找表兄文运昌借来，令毛泽东耳目一新，视野里犹如开出一扇新学的天地，接地气啊！第二，从辍学到复学。《盛世危言》关于"内之积感于寸心，外之眷怀于大局"的思想发抒，激发了毛泽东坚定读书的愿望，令他仰慕新学，对他的人生转折带来重要的影响。

二是路向见新导。有思想就会有取向，有取向就会有出路。郑观应关于"目击时艰，无可下手。而一言以蔽之曰：莫如自强为先"，痛陈："今中日战后，时势变迁，大局愈危，中西之利弊昭然若揭。"发出了求索救国的呼唤。毛泽东回忆道："书中说中国之所以弱，是因为缺少西洋的铁路、电话、电报、汽船等。"这开阔了毛泽东视野，激发了他的爱国主义情怀，从而启导他到外面的世界去游学，进而开拓了毛泽东视野，他从走出湘潭开始，更拓展了他的知识体系，为他之后开启了使命的航向。这便是《盛世危言》对毛泽东路向的无形指引。

三是温故而新知。从一本书感悟了一位乡村青年，到一本书影响了一代伟人，时光穿越了30多年——初读《盛世危言》30多年以后，即1936年毛泽东与斯诺说话还特别提及该书对他的影响。在延安战火纷飞的岁月，毛泽东还随身带着《盛世危言》，这足可说明该书在毛泽东心中的地位！由于《盛世危言》是采用东西对比的方式书写的，"东方贫弱与落后"和"西方富强与先进"形成鲜明对比，给了毛泽东比较直观的阅读体验，在毛泽东脑海里形成了中华民族危亡图景，富有担当精神的毛泽东 30 多年如一日，在思考和探索拯国救民的途路，锲而不舍，舍我其谁——这是中华民族的造化，也是《盛世危言》的造化。

◉**问** 听说您在 2012 年纪念郑观应诞辰 170 周年学术研讨会上也做过会议综述，我未见过有关报道或相关信息，可否谈谈 10 年前的概况？这样会对郑观应研究大有裨益。

◉**王** 旧事重提，温故而知新。万分感谢你提出的问题，其实，我真藏有陈年"干货"呢！承蒙阁下提醒，我翻箱倒柜找到尘封 10 年的宝贝。现在原汁原味把当年的会议综述呈现出来（见附录），全文 7000 余字，未刊稿，或有"填补"空白过程之价值（一笑）！

◉**问** 您在《从文化引步到政治起步——论香山买办文化与中国近代化》中认为，唐廷枢、徐润、郑观应等香山买办躬身中西贸易，内化了"商战"的理念，体悟了"工业化"的真谛，因而成为清末民初"工商立（救）国"的倡导者和实践者，甚至是"中国近代企业的开拓者"。香山买办"工商立（救）国"的理想是怎么形成的？他们在"工商立（救）国"\做出了哪些成就？

◉**王** 我十分认可"朱红墨黑"的说法，郑观应是上海开埠特殊环境下哺育出来的商贾，从少年到上海伊始，便与商业联姻，先是经亲友介绍入上海一流的英商宝顺洋行任职，旋被派赴天津考察商务。1860 年返沪后掌管洋行的丝楼，兼管轮船揽载事务。同时进入英人傅兰雅所办的英华书馆夜校学英语，始对西方政治、经济知识产生兴趣。他曾充当英商宝顺洋行、太古轮船公司买办，后在上海机器织布局、上海电报局、轮船招商局、汉阳铁厂和商办粤汉铁路公司等任高级职务，其间，投资兴办了贸易、金融、航运、工矿等企业，是一个从买办转化的民族工商人士。1878年，直隶总督李鸿章札委郑观应筹办上海机器织布局，1880年正式委派为织布局总办，旋又委为上海电报局总办。1882年，郑观应与太古洋行聘期届满离职，受李鸿章之聘，出任几至不能维持的轮船招商局帮办，拟"救弊大纲"十六条，从得人用人、职责相符、赏罚分明、增加盈利、降低消耗等条款提出系列建议并付诸实施。为制止洋行的削价竞争，他亲与太古、怡和二洋行交涉签订齐价合同。由于他的内外治理，轮船招商局的营业额和股票市值大幅提高。1883年10月，李鸿章擢升郑观应为轮船招商局总办。如此罗列郑氏的履历，旨在说明其提出的以"商战"止"兵战"、变"以农立国"为"工商立国"、发展资本主义经济的思想渊源有自。

他提出的"商战"理论，见解独到，认为西方列强侵略中国的目的是要把中国变成他们的"取材之地、牟利之场"，遂采用"兵战"和"商战"两手来对付中国，而商战比兵战的手法更为隐秘，危害更大："兵之并吞祸人易觉，商之掊克敝国无形"。主张"西人以商为战……彼既以商来，我亦当以商往"。强调"我之商一日不兴，由彼之贪谋亦一日不辍"。唯有以商立国，以工翼商，"欲制西人以自强，莫如振兴商务"。

郑观应修身立德，呼吁商战，他是一位名副其实的从事近代实业开拓、经营、管理的实业界先驱。他以先行商务实践特别是近代企业管理精神，企业抗风险的体悟，升华了商战理论，使他的理论更接地气，从而更具底气。

刘大年先生指出："中国近代 110 年的历史，基本问题是两个：一是民族不独立，要求在外国侵略压迫下解放出来，二是社会生产落后，要求工业化、近代化。两个问题内容不一样，不能互相代替，但又息息相关，不能分离。"①郑观应正是在中国要求工业化、近代化的事业上筚路蓝缕的践行者。他在洋行从事买办风生水起之时，便开始投资实业，先后参股于轮船招商局、开平矿务局、上海造纸公司、上海机器织布局等企业，就个人的独特贡献而言，他无疑是中国电报事业创始发展的奠基人之一。他参与创办民族工业、探求近代化的事业尤多，可谓鞠躬尽瘁，死而后已。其言与行俱的先驱精神，令人景仰。

◉问　您在《从文化引步到政治起步——论香山买办文化与中国近代化》中认为，买办群体既是商业上的买办，也是文化上的"买办"，中西文化的碰撞对他们的社会心理与价值取向产生了影响，这种社会心理和价值取向的影响表现在哪些方面？

◉王　我不止一次强调，香山"买办"堪称近代中国的土特产，可誉为近代社会转型时期的一朵文化奇葩。

首先，从文化表征上说，呈现出半中半西的样态。

---

① 刘大年：《关于研究孙中山与中国近代化问题——在"孙中山与中国近代化"国际学术讨论会开幕式的讲话》，《孙中山与中国近代化》，人民出版社，1999 年，第 4 页。

买办群体既是商业上的买办，也是文化上的"买办"。在追求物质和精神生活质量的体验中，凸显了"中西合璧"的韵味：既时尚又不远离传统；主张学习西方先进文化，以弥补中国文化之不足，又不割舍中华文化根脉，恪守华夏文明；以半中半西的表征"言与行俱"，为时人展示中西兼容的时尚价值观和文化观，令时人趋之若鹜。在居住方面，买办讲究"半中半洋"。建造房子，"没有外国建筑师可供利用，图样由外国侨商自行绘制，又为适合就地取材和中国技术而由中国营造商加以修改"①，或修建中国传统建筑样式的园林和住宅，在室内则摆设着东西方各式家具。在服饰方面，他们是最早着西装革履的中国人，间或"蓝绸长袍和剃过的头上戴一顶绷紧紧的瓜皮帽"。

其次，从文化内蕴上说，内化了追赶文明的品格。

买办在经济上获得成功后，亦注力于社会文化事业，沟通中西文化，成为"文化买办"。他们首先表现的是忧患意识、奋起意识、争光意识。下面介绍几个典型的例子。

唐廷枢洞察中外商贸发达的前景，忧于很多商人为英语沟通所窘，决定编写一部实用的英语读本。他在该书自序中写道："因睹诸友不通英语，吃亏者有之，受人欺瞒者有之；或因不晓英语，受人凌辱者有之，故复将此书校正，自思不足以济世，不过为洋务中人稍为方便耳。此书系仿照本国书式，分别以便查览，与别英语书不同，且不但华人可能学英语，即英人美人亦可学华语也。"强调："贸易最大莫如英美

王
杰

---

① ［美］罗兹·墨非：《上海——现在中国的钥匙》，上海人民出版社，1986 年，第 84 页。

两国，而别国人到来亦无一不晓英语，是与外国人交易，总以英语通行。粤东通商百有余载，中国人与外国交易者，无如广东最多，是以此书系照广东省城字音较准。"张玉堂的序言称："夫不通语言，情何由达？不识文字，言何由通？自来中外通商，彼此无不达之隐，必有人焉为之音释，文字以通语言，亦必然之势也。……我粤自开关招徕外国商人分部最多，历时亦久，而语言之通以英国为准，前此非无《英语撮要》等书，但择焉不精，语焉不详，差之毫厘，谬以千里。凡有志讲求者，每苦无善本可守，至迟之久。而唐子景星释音书始出。唐子生长铁城，赋性灵敏，少游镜澳从师习英国语言文字，因留心时务，立志辑成一书，以便通商之稽考。但分门别类，卷帙浩繁，一时未能卒业。迨壮游闽浙，见四方习英语者谬不胜指，而执业请讲解者户限为穿。"他"厌其烦而怜其误"，费时两年编出《华英音释》一书。《华英音释》正式出版时更名《英语集全》。

郑观应出版发行的《盛世危言》所产生的维新启蒙效应，风行朝野，其对近代中国的影响，毋庸赘言。

徐润于1872—1875年间参与筹划选派留美幼童，充当推动中国走向近代化的幕后操手。徐氏还创办了书局，刊印中西图书。1882年，他在上海招股创办中国第一家机器印刷厂——同文书局，引进国外先进的印刷设备和技术，影印了大批中国典籍精粹，还出版发行了大量西学图书，有力推动了中西文化间的交流与互补。[1] 徐润所创办的同文书局，推

---

[1]　江家琣：《游寓》，《民国上海县志》，瑞华印务局，1936年。

动了出版业的近代化，进一步扩大了中外科技知识的传播，客观上扮演文化传播的媒介，功德无量也。①

徐荣村代表中国参加世界第一届博览会。1851 年 5 月 1 日，在英国伦敦举办了第一届世界博览会，其时徐荣村正在上海经营荣记丝号，闻知展会消息后，即将荣记经营的七里湖丝 12 包寄往大会参展，最终获展会第一名，由维多利亚女王亲临观摩并奖金、银牌各一枚，允许"湖丝"进入英国市场。这是中国产品首次在世界博览会上取得第一名金奖。徐荣村被誉为"世博会中国第一人"，也是中国品牌在国际市场上第一次扬威，其意义与价值难以估量！

再次，从理念上说，展示敢为天下先商的朝气。

敢为天下先精神，不是喊出来的，而是干起来的，是情怀与实力灌注而成的！敢为天下先商，这不仅掀起了近代从商的热潮、儒商的崛起，工业的起步，更令人惊叹的是，在中国思想文化界，千百年来"士农工商"的传统理念顺序被

---

① 徐润曾在自述中如是记载同文书局之片段：查石印书籍始于英商点石斋，用机器将原书摄影石上，字迹清晰，与原书无毫发爽，缩小放大，悉随人意，心窃慕之。乃集股创办同文书局，建厂购机，搜罗书籍以为样本。旋于京师宝文斋觅得殿板白纸《二十四史》全部，《图书集成》全部。陆续印出《资治通鉴》《通鉴纲目》《通鉴辑览》《佩文韵府》《佩文斋书画谱》《渊鉴类函》《骈字类编》《全唐诗文》《康熙字典》不下十数万本，各种法帖、大小题文府等十数万部，莫不惟妙惟肖，精美绝伦，咸推为石印之冠。迨光绪十七年辛卯（1891），内廷传办石印《图书集成》一百部，即由同文书局承印。光绪十八年壬辰年（1892）开办，光绪二十年甲午年（1894）全集合竣进呈，从此声誉益隆。唯十余年后印书既多，压本愈重，知难而退，遂于光绪二十四年戊戌（1898）停办。参见《徐愚齐自叙年谱》，第30—31 页。

倒置了过来，这在中国思想史上无疑富有"破冰"意义！

两种不同"质"的地域文化相遇，并非如前人所言的"冲突与矛盾"那么"偏激"，还有内化与升华更深层的蕴意。文化的构建，是一个内外整合的系统工程。一个系统欲保持旺盛的生命力，不仅需要各组成要素齐备，还需要其内部各部分、各子系统之间，以及同外界其他系统之间保持持续的互动。文化接受需要一个过程。这个过程会发生异质文化间的碰撞和误读，从长时段来看，更多的是不同文化间的磨合与融汇。文化间的互动与交流，须兼收并蓄，排污不排外，吐故纳新，从而升华本土文化、塑制新的本土文化。澳门与珠海于一百多年前已经自觉为中国和世界做出了典范，这便是历史！

◉问　您在《从文化引步到政治起步——论香山买办文化与中国近代化》中认为，宗教信仰和政治信仰在郑观应的思想中终归是统一的，即先救世，后求仙；先度人，后度己。郑氏追求世俗的圆满和追求道教信仰的圆满最后得到矛盾的统一。为什么郑观应会产生"先救世，后求仙；先度人，后度己"的思想？

◉王　这是一个哲学命题，要用矛盾对立统一的观点来分析。我的看法很肤浅，也许可以从下面两点因素加以思考：

一是从郑观应个人思想的定性问题切入。宋元明以后，儒释道三家逐渐合流。儒道是读书人，有自我说服"入世"和"出世"的逻辑基点，所谓无孔孟则世上无英雄，无老庄则英雄无退路。郑观应虽然接受了西学熏陶，但在著书立说时还是强调儒道，主要归因：①郑氏自始至终都没有突破中学窠曰，中学西用是他们这代人共同的价值追求，西学仅属于"用"，尚无法上升到精神层面。所以，当遇到问题时，郑氏还是反刍中学，回归儒道。②或与郑氏个人遭际相关，因祖国被西方列强侵略，或因遭受洋行不公平待遇，明显带有个人情绪。

二是从郑观应对时代态度的定位问题切入。有识之士之所以提倡先救国，主要是受鸦片战争以来"经世致用"思潮的影响，这也是自魏源伊始早期知识人或者维新人士的共同特征。中体西用和经世致用是洋务派，维新派解决近代中国问题特别是挽留国运共同的逻辑理路，以是，于内忧外患之时，郑观应发出"救时共发愤，变法尤宜速"的呼喊！

以郑观应的《罗浮偫鹤山人诗草》与《罗浮偫鹤山房谈玄诗草》两诗集为例，两诗集虽然基本同名，主旨却大异其趣。前者言入世之志，阐发"治国平天下"之道；后者言出世之志，抒发修行炼仙之道。前者忧国忧民，悲天悯人；后者超然物外，吟仙咏道。《罗浮偫鹤山人诗草》体现的是一个情感炽热的爱国诗人形象，而《罗浮偫鹤山房谈玄诗草》反映的却是一个热衷于道教的信徒。然而，两本诗集分工明确，几乎互不干扰，使我们很容易区分世俗的郑观应和宗教的郑观应，不致混淆。说到底，宗教信仰和政治信仰在郑观应的思想中终归是统一的，即先救世，后求仙；先度人，后度己。这里的"度"乃解救之意，郑氏反佛教之"度人先度己"之说，其实亦有近义，展现了郑氏先世先人的伟大胸怀，以及追求世俗的圆满和追求道教信仰的圆满最后得到矛盾的统一。

王
杰

◉**问**　您在《从文化引步到政治起步——论香山买办文化与中国近代化》中认为，在郑观应看来："道"是中国的好，"器"是西洋的好；"道"是本，"器"是末。实质上他是试图在不触动"道"（封建统治秩序）的前提下，学习"器"（西洋富国强兵之法），以进行政治改良。这种中外思想的融合对郑观应的思想和行为产生了什么影响？

◉**王**　《道器》本来抽象高深，经郑观应一番苦心解读，如是娓娓道来："故物由气生，即器由道出。……非举小不足以见大，非践迹不足以穷神。……不知虚中有实——实者，道也，实中有虚——虚者，器也。合之，则本末兼赅；分之，则放卷无具。……由是本末具，虚实备，理与数合，物与理融，屈计数百年后，其分歧之教必寝衰，而折入于孔孟之正，趋象数之学。"① 郑观应在这里灵巧地运用了两个范畴，一曰"道体器用"，一曰"器体道用"。他所要表述的意思，乃是强调道和器两者不可分，因为规律是不能脱离具体事物而独存的。道与器对立统一，又相互转化。必须通过对具体事物的研探才能发现其中之规律，而规律（道）是在具体事物（器）中才体现出来的。器载道，体现道，促进道通。这种思想，实质上，暗喻西方的"器物"表现为一种媒介，却是可将西方的"道统"渗透到中国来。郑氏理喻的在于启迪人们重视西方的"器"，将道与器置于平等、相辅相成之平台，重视西方物质上的器，也为进一步步武西学的第三个层面（思想、学说、精神）创造条件，从而解决洋务与中务、西学与中学

---

① 郑观应：《盛世危言·道器》，夏东元编：《郑观应集》（上册），上海人民出版社，1982年，第242页。

之间的关系，为其维新变革主张提供理论依据。

郑观应从"道本""器末"观念引发出"中学其本也，西学其末也。主以中学，辅以西学"①，他把道——孔孟之道视为根本，把器——物质技术的形器看作是从属于道的。郑氏认为道是中国的最善，因之须以中学为本，而器即以西洋的为优，以是西学为末。由是，道与器必须结合，道要通过器而发扬光大，两者结合方能虚实兼备。实质上是试图在不触动"道"（封建统治秩序）的前提下，仿效"器"（西洋富国强兵之法），以作为改良政治的一种主张。

●问　您认为经由郑观应《盛世危言》的启导，中国的政治思想史上翻开了追赶世界潮流的新篇章，这无疑也是香山买办对中国近代化的巨大建树之一，《盛世危言》对当时的政治社会、经济、文化产生了哪些影响？

◎王　天下兴亡，匹夫有责。香山人体现于先天下之忧而忧的情怀与品格。郑观应眼见民族危亡之现状，忧心如焚："群雄各觊觎，权利暗侵夺。俄德窥北辕，法日界南辙。英复图中央，围棋布子密。或借港泊船，或租地筑室……虎视兼狼吞，海疆终决裂。奋笔作此诗，字字含泪血。"② 于民族危难之时，郑观应撰写《盛世危言》，勇于呼吁政治改革，主张实行君民共主的立宪制，冀望朝廷重视西方政治制

① 郑观应：《盛世危言·西学》，夏东元编：《郑观应集》（下册），上海人民出版社，1982年，第272页。
② 郑观应：《罗浮偫鹤山人诗草》，夏东元编：《郑观应集》（下册），上海人民出版社，1982年，第1295页。

王
杰

度和社会管理经验，实行有效的政治改良和社会改革。

郑观应通过"商战"实践逐渐领悟到，与外人争利失败的根源在于政治的落后，并提出了一系列改革方案，强调首要在洋务这一关键领域学习西方、赶上西方，而后改善政治与民生，以臻民富国强，长治久安。

郑观应的惊人之处，是善于糅合中西学问，阐发其间的统一性，借以消除国人对西学的恐惧，① 借以打破中国人心中牢固的"夷夏大防"观念，为中国文化的更新奠定了理论基础，是中国近代较早形成的新文化观。从而揭示其《盛世危言》之根本，融会中西，实行改革，富国强兵，救国图存。他把《道器》一文作为《盛世危言》的开篇，这不能不说是匠心独具。

第一，道器之辩，点拨体用宗旨。

关于道与器的关系，我在上面一题已做过引述，这里不赘。郑观应借用"道体器用"和"器体道用"这一关系，强调道与器是对立统一的，可以相互转化。

他将"道"与"器"放到平等、相辅相成的地位上，重视西方物质上的"器"，也为进一步学西学的第三个层面（思想、学说、精神）创造条件，作了理论的代笔。

在郑观应看来："道"是中国的好，"器"是西洋的好；"道"是本，"器"是末。实质上他是试图在不触动"道"

① 郑观应曾无情地批评那些"自命正人者"，指责他们"动以不谈洋务为高。见有讲求西学者，则斥之曰名教罪人，士林败类"。参见郑观应：《盛世危言·西学》，夏东元编：《郑观应集》（上册），上海人民出版社，1982年，第272页。

（封建统治秩序）的前提下，学习"器"（西洋富国强兵之法），以进行政治改良的一种主张。《道器论》强调要点有二：一是倡行"道""器"结合。认为"器"由"道"生，"道"为实，"器"为虚。在现实社会中，"道"与"器"是结合在一起的，"虚中有实，实中有虚"。西人虽不知大道之本，然而他们的形器之学却是不可缺少的。二是阐发"器可变，道不可变"，世间万物（包括国家政治经济制度在内）都是"器"，是可变的。"道"与"器"必须结合，"道"要通过"器"而发扬光大，二者结合方能虚实兼备。

关于体用的界定，郑氏有意把"体"的范围缩小，把"用"的范围扩大，甚至把政教法度、开议院、整吏治都纳为"用"。举凡"西学"在"孔孟之常经"面前都是"大用"："寂然不动，无声无臭者，道之体；感而遂通，有情有信者，道之用。"他认为，西学重博，重器；中学重约，重道。"夫博者何？西人之所骛格致诸门，如一切汽学、光学、化学、数学、重学、天学、地学、电学，而皆不能无所依据，器者是也。约者何？一语已足以包性命之原，而通天人之故，道者是也。"进而肯定中国文化重道、重虚的理论价值和西方文化重器、重实的实用价值："学人莫窥制作之原，循空文而高谈性理，于是我堕于虚，彼征诸于实。"

西学为何物？郑氏认为应包括政治制度和科学技术，"西人立国具有本末，虽礼乐教化远逊中华，然其驯致富强亦具有体用。育才于学堂，论政于议院，君民一体，上下同心，务实而戒虚，谋定而后动，此其体也。轮船火炮，洋枪水雷，铁路电线，此其用也。中国遗其体而求其用，无论竭蹶步趋，常不相及。就令铁舰成行，铁路四达，果足恃欤？"① 强调中国只学西"用"而弃西"体"，即使铁舰成行，铁路四达，亦难臻富强。他把西学视为医治中国"危疾"的良方："今日之洋务如君父之有危疾也，为忠臣孝子者将百计求医而学医乎？抑痛诋医之不可恃，不求不学誓以身殉而坐视其死亡乎？"以此为出发点，他把具有实用价值的西学都归为"器"，突破了洋务派格致制造之学的窠臼，从而拓展了"用"的范围。"故善学者必先明其本末，更所谓大本末而后可也。"② 也就是说，西学西体合起来才是这"大本末"之"末"。西方的议院制度、学校制度、官僚制度、财政制度、司法制度等等，都是"今西人所用皆霸术之绪余耳"，对于清政府的改革自强富有借鉴价值。

《道器》中的附言一再强调："器固不能离乎道"，"道又寓于器之中"，"道非器则无以显其用，器非道则无以资其生"。可见，"道"和"器"是互相渗透，互为表里，互相统一的。两者间的发展变化并不存在难以逾越的鸿沟。郑观应进一步论证，"孔氏云：'物有本末，事有始终。知其先后，则近道矣。'既曰物有本末，岂不以道开其始，而器成其终乎？"③ 陈炽在为《盛世危言》所写的序中一语道明"道之中有器焉""器存而道亦寓焉"，可谓识郑观应道器论

---

① 郑观应：《盛世危言》，夏东元编：《郑观应集》（上册），上海人民出版社，1982 年，第 51 页。

② 郑观应：《盛世危言》，夏东元编：《郑观应集》（上册），上海人民出版社，1982 年，第 76 页。

③ 郑观应：《盛世危言》，夏东元编：《郑观应集》（上册），上海人民出版社，1982 年，第 56 页。

和本末观之精髓矣。

中西道器之辩，蕴含着直面强势文化渗透时的民族自尊与自信。中华文明乃重"形而上"之道，否定"道"的价值和传统，无异于否定中华文明自身。一个否定自我，全盘西化，迷失自尊，寄生于外来文明篱下的民族，出路安在乎！在突破传统文化樊篱、吸纳外来文明、增强中华文明活力的征程上，《盛世危言》的思想解放无疑是振聋发聩的。经由郑观应《盛世危言》的启导，中国的政治思想史上翻开了追赶世界潮流的新篇章，这无疑也是香山买办对中国近代化的巨大建树之一。

第二，商战点金，启导国基夯实。

如果把道器论作为郑观应的学术解说——拨开思想迷雾，辟出坚冰之路，那么，相对而言，商战论则可誉为郑观应的强国实践的解说。

郑氏一生绝大部分时间在从事经济活动。40岁以前，他涉足洋行买办，对"辅助"列强的经济掠夺有切肤的感受；40岁以后，他投身洋务企业，与外商争利，对列强的侵略本性以及清政府不兴工商、盘剥商人，亦有深刻的体认。

商人经济趋利，而政治目光犀利。面对列强的经济掠夺加剧，国家的经济权益日渐流失，郑观应提出了著名的"商战"理论："彼之谋我，噬膏血匪噬皮毛，攻资财不攻兵阵，方且以聘盟为阴谋，借和约为兵刃。……兵之并吞祸人易觉，商之捭可敝国无形。我之商一日不兴，则彼之贪谋亦一日不辍。纵令猛将如云，舟师林立，而彼族谈笑而来，鼓舞而去，称心厌欲，孰得而谁何之哉？吾故得以一言断之曰：

习兵战不如习商战。"① 郑氏将"商战"与"兵战"并提，"兵战"在明，强弱胜败一目了然；"商战"在暗，经济权益丧失而不察。与"兵战"相比，"商战"是"本"，"兵战"是"末"。在"商战"中，发展实业，创办工业，以至民富国强，外敌不敢轻视，"兵战"自然停息。"商战"不是简单的商业竞争，而是发展实业，振兴经济，以抵制外来经济侵略，这又不失为郑观应探索救亡图存的"西学中解"。

"欲制西人以自强，莫如振兴商务。……欲致富，必首在振工商。"② 不发展与振兴民族工商业，就没有经济实力与外人竞争，"商战"便无从谈起。

郑观应还提出了切合国情的"商战"方策：

振兴丝茶。"商务之纲目，首在振兴丝、茶二业。"③ 丝茶业是中国的传统产业，技术与资源独具优势。发展传统优势产业，是"商战"的"拳头"。鉴于官办丝织业的弊病，郑观应主张"不用官办而用商办"，拓展工商业的发展空间，其"致富之道，当与地争利，勿与民争利，当栽培工商以敌洋货而杜绝之"，反对官府侵夺商人，保护商民利益，以激励工商业的发展。

引进良种。"中国以农立国"，农业是衣食之源，生存之本。郑观应呼吁引进优良品种，改良农业，使"地能尽其

---

① 郑观应：《商战上》，夏东元编：《郑观应集》（上册），上海人民出版社，1982年，第586页。

② 郑观应：《商务三》，夏东元编：《郑观应集》（上册），上海人民出版社，1982年，第614页。

③ 郑观应：《商战上》，夏东元编：《郑观应集》（上册），上海人民出版社，1982年，第587页。

利"。

开发矿产。"历考泰西各国所由致富强者,得开矿之利耳。"中国地大物博,矿产资源丰富,但"大半封闭未开","良为可惜"。丰富的矿产资源,引起"西人欣羡而垂涎""阴谋诡计",成为列强侵略中国的目标所在。由是,"居今日而策富强,开矿诚为急务矣"。开矿不仅能"济军国之要需",也可"绝外人之窥伺"① 可谓一举数善。

修筑道路。"道路之修否,可觇国政之兴废,可征人事之勤弛,商务之衰旺之,行旅之苦乐因之,市面之兴衰系之。……一旦整修旧路或建造铁路,则运费减半;一旦运道既便,则进货之费较省,成本自轻,造成后贩往四方,获利必重。"② 中国"口外荒地甚多,开垦甚便,一有铁路,内地无业之民相率而至,膏腴日辟,边备日充,商旅日集,大利所在,人争趋之,荒远辽阔之区一变而为商贾辐辏之地。"③ 郑氏发出"可见修路之效远且大矣"的感慨。百年之后,改革开放,全民谋富,"要想富,先修路",全国之修路风潮掀起经济的腾升,或可窥先贤之远见。

开辟航运。郑观应先后主持怡和洋行与轮船招商局商船营运,亦曾投资航运业,对航运业有较深刻的认知。他一针见血地指出,航业权益外溢严重,"今我国通商各口无论长

---

① 郑观应:《开矿上》,夏东元编:《郑观应集》(上册),上海人民出版社,1982年,第706页。
② 郑观应:《修路》,夏东元编:《郑观应集》(上册),上海人民出版社,1982年,第660页。
③ 郑观应:《铁路上》,夏东元编:《郑观应集》(上册),上海人民出版社,1982年,第652页。

江内河、苏杭二州，皆任洋商轮船往来，是船业之利几尽为彼族所夺矣"①，并强调，航业对内可"富我商民"，对外能"固我疆土"。"欲维时局、扩远图、饬边防、简军实：上则固我疆土，屹雄镇于海防；下则富我商民，通外洋之贸易。乘时奋发，思患预防，其必以船政为急务矣。"② 由此，郑氏大声疾呼政府重视船政，发展航业。

还有诸如兴办银行、创设邮政、发展教育等等倡议。郑氏指出"银行为百业总枢""商务之本莫切于银行""银行之盛衰隐关国本"。振兴经济，发展工商业，必须开办银行，发挥银行"商战"中的作用。阐释电报、邮政业具有巨大的商业价值，还可"辅助军事"。因而，郑观应疾呼设立电报，开办邮政，使中国与"地球各国通为一致"。强调经济发展不是孤立的，发展教育、技术等，可为工商添翼。郑观应认为，欲振兴工商业，必须发展教育，特别是开办技艺学校，学习西方先进技术，培养新式技术人才，以助"商战"。"国家欲振兴商务，必先通格致、精制造；欲本国有通格致、精制造之人，必先设立机器、技艺、格致书院以育人材。……人但知购办机器，可得机器之用；不知能自造机器，则始得机器无穷之妙用也。"③

欲扶育和营造商战氛围，亟待官商合力，尤需改变朝廷

---

① 郑观应：《商战上》，夏东元编：《郑观应集》（上册），上海人民出版社，1982 年，第 636 页。

② 郑观应：《船政》，夏东元编：《郑观应集》（上册），上海人民出版社，1982 年，第 893 页。

③ 郑观应：《商务五》，夏东元编：《郑观应集》（上册），上海人民出版社，1982 年，第 626—627 页。

的官僚作风。郑观应痛陈"官不能护商，而反能病商，其视商人之赢绌也，如秦人视越人之肥瘠"①，呼喊振兴商务，政府必须变"病商"为"护商"，给商业发展予以政策支持和官场、人文扶植，切实采行激励工商业发展之良策。他主张裁撤厘金，增加关税，实行贸易保护，以培育民族工业的健康发展。

"商战"一词，并非由郑观应首次提出，薛福成、马建忠曾倡言"重商"，王韬则主张"兵力商力并用"，曾国藩亦有"商战"之说，他们均把"商"字提入政事议程，呼吁重"商"而"富"国。郑观应之高人一等者，乃是将"商战"思想系统化，又是将商战付诸实践的第一人。与时人相较，郑观应兼有洋行买办和参与洋务的丰富经历，使得其对"商战"的认知更显深刻，眼光亦更具深邃，进而将理论与实践相结合，这是时人难以望其项背之因由。他的"商战"思想与实业活动，对后来的"实业救国"思潮的引发与牵动，结成近代商战思想的"链条"，其功用不言而喻。

第三，议院移植，呼号政体强身。

清季的洋务事业，不失为一次效法西方的重大试验。洋务派推动了政府在军事和经济层面的改革，一批近代科学技术的引进和某些新式企业的创建，为古老的神州刮起了一股仿效西法的商风。毕竟，经济改革囿于局部，范围有限，又缺乏政治体制改革的协调，洋务运动后期窘境显见，难以令前期的成果竿头更进。由是，洋务事业的效果与清政府的初

王杰

---

① 郑观应：《商务三》，夏东元编：《郑观应集》（上册），上海人民出版社，1982 年，第 615 页。

衷大相径庭，为忧国忧民者探索"出路"提供了广阔的思维空间。

如果把倡言商战作为经济强国实践的解说的话，那么，呼吁创设议院即是政治改革的思想引擎。与阐发"商战"理论解说的同时，郑观应已经在苦苦地思索着与外人争利失败的因由，创办洋务的实践，仅仅是西学的一个方面，而且是"末"的一面。其之"本"，在于西方的政制。"中国当此危机之时，而求安图治，上下皆知非自强不可，而自强非变法不可。"① 由此，他提出了一系列政治改革方案。

郑观应认为，中国传统封建专制已经无法适应近代经济的发展，追赶西方只停留在单一的"器物""求富""求强"是远远不够的，欲"自强"还必须从制度上着手，改良政治。"政治关系于实业之盛衰：政治不改良，实业万难兴盛"②。要变革"自强"，唯有改良政治，才能与列强并立。政府好比火车头，是社会发展的动力与向导，政治制度则犹如火车头的发动机，其优劣与否对社会的发展与进步尤其关键。

倡设议院。郑观应认为，"泰西各国咸设议院"，风行民治，是为强盛之基。中国弱在"专制"，西方强在"民治"："今欧、美诸邦，日跻富强隆治之域，国运蒸蒸不知其艾期，是其何故也？不治民而与民共治也。曷言乎治民也？专制为

---

① 郑观应：《自强论》，夏东元编：《郑观应集》（上册），上海人民出版社，1982年，第338页。

② 郑观应：《自强论》，夏东元编：《郑观应集》（上册），上海人民出版社，1982年，第11页。

治独裁为政之谓也。"① 他主张变革政治体制，倡导立宪，效法西方设立议院，实行选举制，臻于"与民共治"。与君主专制政体相较，议院具有适应民情的优越性，"议院者，公议政事之院也。集众思，广众议，用人行政秉至公，法诚良，意诚美矣。……每有举措，询谋佥同：民以为不便者不必行，民以为不可者不得强"②。以是，"自有议院，而昏暴之君无所施其虐，跋扈之臣无所擅其权，大小官司无所卸其责，草野小民无所积其忿，故断不至数代而亡，一朝而灭"③。为杜绝官吏跋扈、勒索搜刮、民情不达、民心背离等弊端，郑观应开出如是良方："写西文，涉重洋，日与彼都人士交接，察其习尚，访其政教，考其风俗利病得失盛衰之由。乃知其治乱之源，富强之本，不尽在船坚炮利，而在议院上下同心，教养得法。"④ "欲得民心，莫要于通下情；欲通下情，莫要于设议院。"⑤ 郑氏创设议院的急切心情，代表了中国时代的心声。

如何立议院，或者说创立怎样的议院？郑观应"博采旁

---

① 郑观应：《原君》，夏东元编：《郑观应集》（上册），上海人民出版社，1982年，第335页。

② 郑观应：《议院上》，夏东元编：《郑观应集》（上册），上海人民出版社，1982年，第311页。

③ 郑观应：《议院上》，夏东元编：《郑观应集》（上册），上海人民出版社，1982年，第312页。

④ 郑观应：《盛世危言》自序，夏东元编：《郑观应集》（上册），上海人民出版社，1982年，第233页。

⑤ 郑观应：《盛世危言》自序，夏东元编：《郑观应集》（上册），上海人民出版社，1982年，第314页。

参"，认为"美国议院则民权过重"，"法国议院不免叫嚣之风"，"斟酌损益适中经久者，则莫如英、德两国议院之制"，① 他主张设立议会宜效法英、德议会形式。议院与选举孪生，设立议院，必须实行选举制。郑观应指出，西方的选举制比中国的皇帝钦命制不同，选举为国人所举，所举之人倾听国民心愿，代表民众利益；皇帝任命则是一人所举，为一人所想。"夫国之盛衰系乎人才，人才之贤否视乎选举。议院为国人所设，议员即为国人所举。举自一人，贤否或有阿私；举自众人，贤否自有公论。"②

如何让西方民主宪政渗入中国民心？以宣传民权为例，郑观应可谓"其言之易者，正心之苦也"。他巧妙地将中国传统的思想做比附："民权者，君不能夺之臣，父不能夺之子，兄不能夺之弟，夫不能夺之妇，是犹水之于鱼，养气之于鸟兽，土壤之于土木。"③ 将民权与社会发展的关系比作鱼水、土木、君臣之关系密不可分。如是解说，既不生僻，而且熟悉，易于记忆，更便于引起互动之功效也。

郑观应从"商战"出发，呼吁变革政治，促进近代经济的发展，推动国家强盛。"非富不能图强，非强不能保富"，是他对"富"与"强"关系的认识。"立议院"，倡自强，是他解读西方、认知西学中国化的思想结晶。郑观应倡导的

---

① 郑观应：《议院上》，夏东元编：《郑观应集》（上册），上海人民出版社，1982 年，第 312 页。

② 郑观应：《议院上》，夏东元编：《郑观应集》（上册），上海人民出版社，1982 年，第 313 页。

③ 郑观应：《议院上》，夏东元编：《郑观应集》（上册），上海人民出版社，1982 年，第 334 页。

"立议院""行选举",被后人称之为"民主建言的第一人",或誉之为"中国政治现代化的建言者"。政治民主化是现代政治的内容与表现,郑观应的政治思想与变革主张,体现了他对现代民主政治的向往与追求,体现其西学中解的现实性与前瞻性。

◉**问** 19世纪初期,香洲作为商人自办通商口岸,经获朝廷批准,既是载沣摄政之初对地方自治高涨呼声的回应,亦是郑观应《盛世危言》中"商战"思想在"本土"的实践。乘此"大势",朝廷理当尽快敦促商务,施予利便,以收利权。为什么自办通商口岸是郑观应《盛世危言》中"商战"思想在"本土"的实践?香洲商埠的初期发展并非呈现如民众所期望的商贸繁荣,其原因是什么?

◉**王** 1909年香洲商埠开办,可誉为广东商界横空出世的大举措,作为由商人开辟的自办无税口岸,开创了清末全国无税口岸的历史,名震一时。它既是清末地方自治的硕果,又是郑观应商战救国思想在"本土"实践的开先。但是,其经营未及3年便黯然式微,令人惋惜。

香山商埠衰落之因由众说纷纭。最早见于九龙新关税务司夏立士,把结症归咎于"地势"。他在香山县绅奏请无税口岸时就预言:"香洲只可作为中国自开之通商口岸,若作为无税商埠非特于各处定章不符,兼与国家大局并无进益。"商埠港口自身存在诸多不利因素,非天然良港;且与港澳商埠相比,缺乏完善的配套基础设施。有论者认为失于"天灾":1910年8月,香洲遭遇一场大火灾,"八百多间寮屋付之一炬,顿成一片废墟"。有论者强调祸于

"内耗"："吉大、前山当地势力一直试图介入新崛起的香洲商埠利益分割中，不间断的内部争斗与诉讼，抑制了商埠的发展。"还有论者论证香洲商埠衰落于"大背景"："三座大山的压迫下，是很难发展的。"还有不少学者指出，商埠败于"缺乏政府强有力的支持"，持此论者多是提出了问题，但概括有嫌笼统，流于蜻蜓点水，对如何缺乏政府扶持未见系统的分析。

不可否认，新政时期，官方对商业的主导作用不容忽视，而政府为何迟迟未给予强有力的支持，似乎留给我们不少的思考空间。比如，无税口岸迟迟未得批复，而"官音"迟到则表现在：①朝廷官员无暇旁顾，②各部间权限牵制，③地方官员心猿意马，④资本之源缺失官助（具体细节恕不展开，可参考《学术研究》2012年第10期，人大复印资料2013年第2期）。商办无力自强，时论多有辩争，郑观应似乎早有"谶语"："全恃官办，则巨费难筹；兼集商资，则众擎易举。然全归商办，则土棍或至阻挠；兼依官威，则吏役又多需索。必官督商办，各有责成。商招股以兴工，不得有心隐露；官稽查以征税，亦不得分外殊求。则上下相维，两弊俱去。"

◉问　您在《论广府文化的两重性》中赞同曾任岭南大学校长陈序经先生对广府人的观点：粤人既是旧文化的守护者，又是新文化的先锋队，广府人开先与守旧并行，从郑观应的一生来看，郑观应是否也存在开先与守旧并行？表现在哪些地方？

　　◉王　马克思主义的核心是唯物辩证法，从这一认知或方法论上说，任何人事都存在辩证法则。所以，我们应该正视，香山既开放又保守的文化氛围，即新旧文化兼容并存的社会样态，乃是值得关注的一种文化现象。陈序经在 1939 年发表的《广东与中国》一文中指出："广东是旧文化的保存所，又是新文化的策源地，因而粤人既是旧文化的守护者，又是新文化的先锋队。"① 这一文化现象极具象征意义。自清季以来，新旧文化势不两立的思维定式在国人中影响颇大，实际上新旧文化兼容并存恰恰是文化复兴的重要原则，对中西文化有较深造诣的严复说过"惟新旧各无得以相强，则自由精义之所存也"②，这不失为理论之阐发。

具体说到郑观应本人，他倡言学习西方，呼唤维新改革，主张先救世，后求仙，显然就是新旧思想并存的外露，当然也是矛盾对立统一。郑观应为维新的旗手，呼唤时代革新，他又保守旧规，有原配，有姜五，虽然于 1900 年后不再娶妾，娶妾在当时亦属合法，但也权作守旧的"记录"吧！值得一提的是，如果有人将郑观应对辛亥革命的不明朗态度说成是保守，本人觉得有些牵强。因为，要一位年届古稀之年的"老改良主义者"汰旧创新，近于苛求！尤其是思想的转变，想必应该假以时日，或者应留点"温情与敬意"？

●问　1884 年春，在上海轮船招商局之事业如日中天的郑观应，由与他"共事有年"的朋友王之春的推荐和本人自

① 　陈序经:《广东与中国》,《东方杂志》1939 年第 36 卷第 2 号, 第 42 页。
② 　严复:《主客评议》,《严复集》(第 1 册), 中华书局, 1986 年, 第 119 页。

王
杰

荐，接受了粤东防务大臣彭玉麟的差委，到广东军营听差，为什么郑观应在洋务企业最顺心的时候选择军营实务？

◉**王** 平实说来，郑观应毕生是几条路兼走。先后投身买办、捐过官、营过商、办过报、从过军、出过书、做过慈善，是一位多面手，与各国商界、中国社会各界有过广泛的人际关系。事业虽然有过"伤感"与不顺，通过"八面玲珑"的操持，大体上是风调雨顺的。相对说来，1884 年以前以商务为主，也显现巅峰。随着阅历的增加，他涉及的领域不断拓展。首途香港是操持军务。1884 年春，在上海轮船招商局之事业如日中天的郑观应，为实践其为抗法战争效劳的心愿，由与他"共事有年"的朋友王之春的推荐和本人自荐，[①] 接受了粤东防务大臣彭玉麟的差委，到广东军营听差。郑氏此行踌躇满志，表示："官应赴粤后惟有黾勉从事，静听指挥。如稽察内奸、招集民团等事，知无不言，为无不力，联络邻好，不敢畏难，不敢避险，不敢言劳，以仰副培栽于彭帅，即以酬王爷期许之盛心，第使我武维扬，海波不起，则官应所默祷也。"[②] 到粤后，郑观应接手的第一份差事，是到香港交涉提取驻德公使李凤苞从德国购回却被港英当局扣押的 25 尊大炮。据史料记载，之所以选派郑氏前往斡旋，乃因粤督张树声认定"郑道官应通达交涉事宜，于香

---

① 《彭刚直公密筹暗结暹罗袭取西贡密折》中云："郑官应恰有信来，求为奏调，由沪回粤，亲赴暹罗、西贡、新嘉坡等处密约布置，机有可乘。"夏东元编：《郑观应集》（下册），上海人民出版社，1988 年，1515 页。

② 郑观应：《禀醇亲王为报效德律风电报机器并呈仿照泰西英法俄美德创设水陆军学堂章程》，夏东元编：《郑观应集》（下册），上海人民出版社，1982 年，第 436 页。

港尤为熟悉"①。第一次港行，郑氏果然没有辜负上司的期望，顺利提回被扣大炮。应该特别强调，此次香港之行，是郑氏实践从军救国的第一步。从此，他开始了"两条腿"报国（一为经商富国，一为从军救国）的人生旅程。需要多强调一点的是，这也算是郑观应捐官的第一份差使，对于郑氏来说，也是履新的一种尝试，对于郑氏人生阅历来说，又增加参与朝政的运作，无疑开阔了胸怀，拓展了视野，新增了人脉，为他八面玲珑的人生铺垫了资源性的优势。

王杰

◉问　太古公司于 1885 年 1 月在香港拘禁了郑观应，直至 5 月底偿清全部款项才得以解脱。这是郑观应驻留香港时间最长的一次，也是对其后来人生旅程产生影响最大的一次，随后郑氏蛰居澳门五年养疴立言，较少参与社会活动。香港拘禁对郑观应产生了重要影响，您认为最长远的影响是郑氏不仅从商伤中彻底解脱出来，这里的"商伤"是什么意思？这对郑观应的实业救国产生了什么影响？

◎王　首先简要交代一下郑观应"商伤"的起因：1881年冬，郑观应曾与好友联合保荐杨桂轩为太古洋行总买办。1885 年，太古洋行出现亏损，洋行即借口要郑氏赔偿其举荐的杨桂轩所亏欠该洋行的 4 万余元款项，并向香港当局提出控告，正在香港公务的郑观应即被押于香港。

香港被拘，对郑氏人生是一次重创！用郑氏自己的评述来说，是"数十年来名利尽丧"。就"名"而言，"所当差

---

① 郑观应：《禀复粤督张振帅札委赴港提回购炮事》，夏东元编：《郑观应集》（下册），上海人民出版社，1982 年，第 441 页。

事及闽督左中堂拟委署厦门道之谕，彭宫保与粤督所保军功劳绩，机会全失"。诚然，我们不能说当初郑观应离开获利颇丰的轮船招商局而就委于彭玉麟手下为抗法战争出力，图的就是争个功名。但在当时的社会背景下，对经济生活已逾"小康"的郑观应来说，此等功名远比拿钱捐官荣耀得多、珍贵得多，这也是不争之实。就"利"而论，为代偿巨款，郑观应不得不在动用固有家产之外，还要求助亲友"集资万金"。最终"以太古各司事欠项及账房、栈房家具，太古昌各揽载行生意抵折外，尚赔银五千两"①。

郑氏的"失利"，远不止此。郑观应被拘后，他当日所创设的太古昌、太古辉揽载行也"为卓国卿交太古洋行银四百元"，将郑观应的股份攫为己有，且"并不函告官应知之"，这无异于落井下石、趁火打劫。而同为保人的李秋坪在将杨桂轩控告封产索还了代赔款后，李之妻仍向郑观应索要其转保的 5000 两之款。是故，郑氏又被逼付出这笔转保的款项。而当初说好待杨桂轩后人发迹，必还这笔代赔之款，20 年后，杨氏之子虽已发达，却函复郑观应谓："先君欠款颇多，且李秋坪欠款已被告官封产，赔偿不能再还。"②弄得郑观应两头告赊。

香港蒙拘，直至郑氏去世，都未得公允解释，其对郑氏所造成的创伤，绝非他人所能体认。

---

① 郑观应：《辛酉年春致轮船招商局董事会书》，夏东元编：《郑观应集》（下册），上海人民出版社，1982 年，第 950 页。

② 郑观应：《致广肇公所董事书》，夏东元编：《郑观应集》（下册），上海人民出版社，1982 年，第 1211 页。

需要补充说明的是，笔者在翻阅郑氏香港被拘前后《申报》所载相关资料中发现，类似杨桂轩亏空案件，即买办亏空洋行巨款之事，在当时的上海非常普遍。《申报》的《英界公堂琐案》《会讯控案》《会讯再纪》栏目中，记载了大量的相似事件。[1] 但只有太古采取了拘禁保人的措施，而就郑观应个人而言，他自认为对太古是有功的，事实上他也确实为太古作出了相当的建树，太古却不念旧情，恩将仇报，这使郑氏内心所受创伤尤其沉痛。

最负面的影响，"蒙拘"事件，对于正准备大展宏图的郑观应来说，无异于当头棒喝、冷水浇背，他只能哀叹"觉来参彻浮生理，得失荣枯一任天"[2]。个中不无怀才不遇的孤愤。确实，贫、病、困"交加"的郑观应消沉了相当长一段时间，自称"少好道"[3] 的他开始沉醉于寻仙访道。游罢罗浮山，郑观应赋诗谓"少时梦想不能到，五十方快登陟缘"[4]。不无因祸得福的自嘲。他还自遣谓"漫说千秋业，扁舟泛五湖。身心犹是幻，富贵亦何娱。听水知琴韵，观星展易图。醉来花下卧，黄鸟莫相呼"[5]。于外人看来，他仿

---

[1] 参见《申报》（影印本）第 26、27 册（1885 年 1—12 月）。

[2] 郑观应：《五十自述》，夏东元编：《郑观应集》（下册），上海人民出版社，1982 年，第 1290 页。

[3] 郑观应：《〈道法纪纲〉序》，夏东元编：《郑观应集》（下册），上海人民出版社，1982 年，第 60 页。

[4] 郑观应：《游罗浮》，夏东元编：《郑观应集》（下册），上海人民出版社，1982 年，第 1273 页。

[5] 郑观应：《自遣》，夏东元编：《郑观应集》（下册），上海人民出版社，1982 年，第 1272 页。

佛要怡情山水、栖身林泉了。

◉**问**　您在《纪念郑观应诞辰一百六十年学术研讨会论文集》中陈述了当前对郑观应研究的怪状，批评少数人以假文章为研讨会"入场券"，敷衍了事，陋习迭出，叫人困惑难耐，或者剪辑原著，百变不离其"宗"，一篇论议院的文章洋洋八千言，剔去穿鞋戴帽之语，作者的文字不足五百，或者东拼西凑，拉杂成篇，作为历史学界的知名学者，请您为年轻学者如何做研究提点意见和建议。

◉**王**　你提出的问题切中时弊，很接地气，令我感慰，并添鼓舞。我首先要感谢《广东社会科学》，以卓绝的眼光和勇气，发表了那篇不足 900 字的"补丁"《简介》，更感激采访组同仁旧话重提，伸张正气！这是对学人最热情的支持，更是对学风的强烈呼吁！

学术研究是一项严肃而高尚的事业，不是投机取巧的场所。北宋张载在《横渠语录》记有古训，云"为天地立心，为生民立命，为往圣继绝学，为万世开太平"，这为读书问学之士提出了高山仰止的境界，一般人很难做得到如此极致，但我们应该立意取法乎上，但求乎中。

做学问，很高深。我始终坚持一个信条：先做人，后做事（学问）。入门者，要把学术当作一种责任、一种担当、一种使命。论文作业，首先自问良知与纯真，要对得起自己，对得起受众，对得起事业，即要树立对学术、对读者抱持一种敬畏心理。投稿论文前，要扪心自问：自己这篇文章是否能拿得出手——大到有无创新（观点、史料），中到行文（文字、简练、标点），小到注释（校对原文、版本），起码得有点闪光的东西！南京大学教授韩儒林先生撰过家喻户晓之一联："板凳要坐十年冷；文章不写半句空。"强调写文章须实事求是，独立思考，不能人云亦云，更不能没有根据胡编乱写，作无病呻吟。业师章开沅先生有名言，曰："治学不为媚时语，独寻真知启后人"，先生以自由之精神、独立之思考为中国学者树立了榜样，堪称学界点亮一盏明灯！

说到这里，多说一句。我不敢"好为人师"，但在学风这个"骨节"上，我又很不自觉地"好为人师"。为此，对学生及同好几近叨唠——写文章，做学术，要视思想为灵魂，借文字作仪表，把学术当生命，享潇洒之人生！我"发明"了一句话，写文章，勿当小偷，当一次小偷，就一辈子都成了小偷！这里说的"小偷"，是指后生人学做文抄公，老年人乐于炒冷饭（抄自己的）。曾记否，十几年前，本人与罗衍军合写过两篇关于黄世仲的论文，计3万余字，被粤西某师院的一位快手近乎全文录入他的大著中。本所同事张军民先生曾在《广东社会科学》发表关于孙中山与大亚洲的论文，被两位忠实的同道者抄袭，分别发表于西北的两个师专学报。因为是发生在身边的奇遇，我由此曾突发奇想，集10来篇原著及小偷的文章冶于一炉，标明尊姓大名、何方神圣、发表时间，来个"排排坐，吃果果"，李逵与李鬼心知肚明，不亦乐乎！料此书出版，肯定叫卖！奈何迄今未果。

●问　从当前郑观应的研究情况来看，其内容涉及政治、经济、军事、外交、文化、文学、新闻、教育、宗教、医学诸领域，以及身世、家族、思想、信仰、事业、品格、人脉、养生等层面，未来郑观应相关的研究，还应从哪些方面进行深入研究？

⊙王　作为近代伟大的实业家、思想家、慈善家，郑观应不失为学界开发研究的宝藏。经过几代学人的努力，郑观应研究取得了较为丰硕的成果。但是应该看到，此前的研究仅仅集中于郑观应的主要功业、思想与史料方面。我这里强调的只是主要问题或问题的主要方面，大量的与主要问题依存的"次要"或"边远"区域仍乏善可陈，而这些被"次要"或被"边远"的板块，既有可能补救与完善"主要"的短板，或甚有可能颠覆"主要"的陈说而出新见。由此，可以说被短板的研究，只是暂时的"次要"或"边远"，随着史料的开发和宏观与微观研究的深化，郑观应研究的百花园将会更加争奇斗艳。

梗概说来，未来的郑观应，似应从如下几方面发力用功：

唯此为大者，找米下锅。须下狠力加强郑观应史料挖掘与整理。史料即史学。发掘史料仍是郑观应研究的基本功。十几年前，学界尤其是澳门学界在《郑观应集》的基础上，通过郑观应生活过的城市、任职的机构、交往的时人，在相关的档案馆、博物馆、图书馆等机构，梳爬档案、报刊和人物著述等材料，将零散的郑观应著述和史料，整理并部分出版。但据上海档案馆消息透露，还有诸如股票、钱银收据、函札等数以千计的郑档史料，仍夹杂在其他人事的档案之中，等待启封，亟须发掘。再者，藏在英国、美国等地的外国洋行（中外文）档案，仍需"上穷碧落下黄泉"之付出！

始于足下者，还原真貌。须花大力气解决郑观应"是什么"。迄今为止，研究论文数百篇、著作数十册，可谓洋洋大观。冷静下来，却发现郑观应的不少问题还无人涉足，或者说面目还未清楚，或者一知半解。拿郑观应与香港来说，我于20年前写过小文一篇，现在越看心里就越不踏实。据本人初步查考，郑观应一生与香港过往不下9次，时间跨越25年（从43岁至67岁），停留的时间有长有短，驻足的原因不尽相同，对郑氏事业的影响大小兼有，其活动的主脉可以归述为两类：操持军务（第1、2、3、4、8次，计5次）和主办商务（第5、6、7、9次，计4次），军务与商务密切相关。从现在查到的史料看，郑观应接手的第一份差事，是到香港交涉提取驻德公使李凤苞从德国购回却被港英当局扣押的25尊大炮。之所以选派郑氏前往斡旋，乃因粤督张树声认定"郑道官应通达交涉事宜，于香港尤为熟悉"。透过"于香港尤为熟悉"等字眼分析，郑氏此行第一次涉足香港的说法就值得存疑，如果是第一次赴港，何来对香港"尤为熟悉"？且此话出自粤督之函。另有史料说1883年12月（农历十一月），郑观应因对招商局的整顿颇著成效，接替徐润任轮船招商局总办，随即到南洋一带考察航运。此南洋之行，是否涉足香港，就值得再考究了。再把视野展开，郑氏一生足迹涉及日本、印度、朝鲜、越南、缅甸、俄罗斯等周边，以及美国、英国、法国、德国等欧美西土的史料，如今有多少进入了学人的法眼？所以说，揭示郑氏真面目，非一日一年工夫可竟。

有待发力者，拓宽视域。郑观应涉事面广，阅历丰富，

王杰

学界对其思想与事功的研究角度仍有发力的空间，领域仍可拓宽，比如郑观应与香港的研究、与汉口等地的研究常处薄弱环节。基于郑观应在中国近代史上的重要影响，似应将郑观应放到中国近代化进程中去研究。而对郑氏与欧美西方国家、人士的研究，有利于从近代化、国际化视野的高度去提升研究的成果。我还来不及做深入的思考，但觉得加强郑观应与区域发展的研究亦可深探，此前学界较多关注澳门、上海（出过一本《郑观应与上海》，拙以为，就两者关系的重要性而言，出10本同类的著作亦不嫌多）和香山三地，而广州、南宁、汉口等地以及长江之行和南洋之行涉及之地的研究则明显乏力。郑观应社会关系网的研究，学人多聚焦在盛宣怀、李鸿章、王韬、孙中山等少数几个"一流"人物身上，而与香山同乡、"二流""三流"地方大员、江浙绅商、维新派、革命派、外国人士的互动关系，仍待新著层出。郑观应与任职机构的研究，此前，轮船招商局的多见，而宝顺洋行、太古洋行、机器织布局、开平矿务局、汉阳铁厂、粤汉铁路等研究则少见厚重的专论专著。郑观应与重大历史事件的研究，既往偏重洋务运动和戊戌变法，其与清末民初其他各种重大事件的关系如何，委实尚待深化。就郑观应与轮船招商局的研究，热点大多集中于郑氏加入轮船招商局之后及至戊戌变法失败期间，而对其早年在香山的生活和学习情况、民国后的生活和思想状况，不少仍是语焉不详。

呼唤力作者，加强专题研究。一是郑观应的思想体系，要加深郑氏与时人思想的比较，阐释其异同、先后，揭示其深浅、远近，从而评判其定位、定性。郑氏思想涉及政治、经济、文化、军事等"体用"方面；郑氏的"体用兼备"与王韬、薛福成等人"体用"区别何在？特色何方？确有重新认识和评价郑观应的思想，梳理郑观应思想的发展脉络、体系框架和影响，发掘其思想的现代价值。增强郑观应思想体系的整体性研究，乃至探讨《盛世危言》话语体系的形成和影响，对当下的启示。郑观应思想中所涉及的宗教信仰、婚姻观、女子教育观、职业教育观、留学教育观、国际关系、新闻自由、农业发展等内容，当可以继续发力。

关注当下者，发掘现代价值。郑观应是一位伟大的爱国者、实业家，这不仅体现在他"商战"等行动上，用行动实践爱国主义精神；更在其著书立说宣传"救亡图存"和"改良"，其思想富含爱国主义精神。因而，郑观应研究之中，其精神价值的研究不可或缺。以今之视野，郑观应的"改良"具有改革开放的特征。郑观应长期在洋务企业任职，是非常务实的实业家，思想具有实践性，除了君主立宪和三权分立之外，基本上都得以实现。郑观应的"商战"思想和外交思想，特别是应对外国挑战的策略，对今天中国应对外来压力和挑战，具有史鉴价值。

弘扬根魂者，写好爱国爱澳大文章。郑观应作为澳门之子，堪称爱澳爱国精神难得的本土乡土教材。郑观应在《救时揭要》中揭示的卖猪仔和禁鸦片等篇目，《澳门感事》描绘晚清澳门社会样态，蕴含着忧国伤时的爱国情怀，是澳门文学史上的著名诗篇，一句"自谓文明实昏瞶，不识公法受愚蠢。请问深知西律者，试思经事可屈从？"至今仍发人深省。郑观应对澳门地方弊端的揭露，抒发了对澳门的感怀，从这个角度来说，郑观应的爱国主义精神，堪称"爱国爱澳"的楷模，其"爱国爱澳"的价值，亟待学界研究和弘扬。现任澳门特别行政区行政长官贺一诚多次强调"坚守爱国爱澳核心价值"和"推动爱国爱澳教育"。建议澳门文化和教育部门参考 2015 年中山市的《孙中山德育读本》进课堂活动，精选郑观应著述，编撰《郑观应读本》，以供中小学选修阅读。

活化名人者，擦亮文化品牌。这一提法看似与研究无关，其实这才是研究的大文章，而且是篇战略大文章。因为，失去普及宣传，就失去了众人的关注；少了民间关注，就削减了研究的基础，尤其是未来的研究基础。要通过各种形式的文化活动，增加郑观应在澳门、在中山乃至在广东、全国的有形的可见度和无形的知名度。打造"郑观应文化景观"，条件许可的话，建议澳门或中山高校的社科类院系命名为"郑观应学院"，在市区重要公共场地树立"郑观应纪念碑"，增加郑观应在澳门各地的"可见度"，设立"郑观应节（纪念周）"，在每年郑观应诞辰，举办为期一周的相关纪念活动，集合学术研讨会、艺术展览、文艺表演、知识竞赛、征文比赛、诵读经典等各种文化活动，搭建一个推动宣传活动发展和汇聚的文化平台，也为澳门旅游增加一个重要项目，从而提升郑观应在澳门乃至中国的知名度，让郑观应成为澳门最响亮的文化品牌。

粤港澳大湾区建设风帆正鼓，华夏改革创新大潮澎湃，郑观应研究未有穷期。

附：《纪念郑观应诞辰 170 周年学术研讨会论文综述》（2012 年 10 月 12 日，广州南沙）

王
杰

各位学者、各位同仁：

下午好！承会议主办方的委托，我受命作本次会议的学术综述，诚惶诚恐。囿于时间与水平所限，难以承担本会的学术综述，充其量，只能算是我个人的心得与体会，谨请各位学者指谬、鉴谅。

我们的会议经过四天三地的研讨，本人有幸与在座诸位风雨同舟，可以用 10 个字来表现两个"真"：风雨见真情，执着淘真经。大浪淘沙。很多学人、同行，因为有更重要的事务，没能出席今天的闭幕式；他们和今天留下来参加会议的，是郑观应迷，用流行的话语说，是郑观应的粉丝，郑先生如泉下有知，他老人家不但感到欣慰，而且又掉泪了。因为他的思想功业与精神，有了传人。

在介绍郑观应研讨会学术成果之前，我们有必要作一个简短的学术回眸。我在做这方面的资料统计时，感到惊喜，自 2002 年召开郑观应诞辰一百六十周年至现在，郑观应研究 10 年以来，有很多兴奋点。

郑观应研究专著，有 4 本（3 本著作、1 本年谱），以发表时间为序，有刘圣宜的《近代强国之路的探索者：郑观应》（广东人民出版社，2006 年）、《郑观应》（收入岭南文化知识书系，广东人民出版社，2009 年）、夏东元的《郑观应年谱长编》（上海交通大学出版社，2009 年）、邵建的《郑观应在上海》（上海辞书出版社，2011 年）等。令人欣慰的是，郑观应研究既见老骥伏枥，更见一代新人成长……

编辑整理的郑观应资料，有上海图书馆与澳门博物馆合作编辑、上海古籍出版社出版的"郑观应文献选集"丛刊，包括以往从未刊行的《郑观应档案名人手札》（2007）、《长江日记》（2010），以及将郑观应在不同时期整理、修订的不同版本的《盛世危言》合编成集刊行（2008）。

中山市于 2009 年召开"郑观应思想与当代中国社会"学术研讨会，并于 2010 年出版了论文集。中国知网收录郑观应研究硕士论文计有 14 篇，涉及郑观应生平、事功、法律思想、荒政思想、道教思想、教育思想、商办企业思想、海防思想、慈善观及郑氏所著笔记小说《陶斋志果》、医书《中外卫生要旨》等诸领域。博士论文则有邵建博士关于郑观应人际交往的研究 1 篇。

中国知网收录郑观应专章论文研究计有 140 余篇，涵括郑观应生平、事功、思想等各领域。

本次研讨会，计收到论文 56 篇。按内容可以分为两大主题：一为郑观应专题研究，大抵分为两个层面，其一是郑观应的思想与实践，其一是郑观应史料的考证与解读。另一为郑观应研究与粤港澳发展。两大主题都展示了对历史与现实的深切关注。

刚才李振武先生、左连村先生分别就两个小组的学术讨论作了综述，很概括、很精辟，诸位对会议有了全貌的了解。我为综述准备了两个稿子，一个近万字，有观点的争论，有新见的阐发（详稿）。很明显，详稿与两位讲的多有重复，现在我用的是另一个稿子（简稿），力图简要，也为会议节省时间。

　　本次会议亮点纷呈，最显著的亮点表现为：一、新史料的发掘，如郑观应与《申报》、郑观应与葡文材料、郑观应口述史料等。新史料的发现，催生了新观点的出世，使"成见"面对挑战，推动了郑氏研究的百家争鸣。二、新领域的开拓，如郑观应笔下的香山、王韬与郑观应的交往、郑观应在广东的活动、郑观应《长江日记》中的巴蜀叙事、郑观应财政思想探析等，计有论文8篇。这些论文展现了作者的新史料、新视角、新观点。三、旧题新作的升华，如郑观应与孙中山、郑观应与澳门、郑观应风俗改良思想、慈善思想、《盛世危言》版本研究等，表现了学人在过往研究基础上的新功力，在某种程度上说是一种更为艰辛的拓展与深化。四、研究范式的转换，表现了历史学与经济学、文化学跨学科方法的应用，如海洋文明、珠三角研究、粤港澳合作、展示了传承郑观应思想的现代价值。五、新人辈出，在我们的队伍中，不仅看到了不少娃娃脸，更读到"小荷尖尖角"的论文，给郑观应研究带来了一股清新芳香的气息，使我们看到了郑观应研究的事业的未来，郑观应研究后继有人，郑观应研究的新人正在成长……

　　概而言之：本次会议，学者们对郑观应生平、事功、民主宪政思想、郑观应研究的学术谱系（以《历史教学》为例）以及郑观应游移于买办商人与启蒙思想家之间的多重身份等众多问题做了探讨，无疑是郑观应研究的深入与拓展。同时，学人们直陈当下珠三角地区在发展中面临的利弊得失，并就此提出解决方案，是郑观应"商战"思想在当下社

王
杰

会的具体实践，取法乎上，超越前人，彰显了当代经济学家"经世济用"的现实人文关怀。

兹将会议精彩点简介如下：

有学者指出王韬和郑观应的交往主要围绕着郑观应的几本重要著作的次第出版而展开，此外王韬与郑观应的重要交往还有：王韬数次请郑观应为格致书院考课命题；在康有为、孙中山赴沪拜谒王韬的过程中，郑观应均充当陪客；以及王韬晚年因生活所迫，入不敷出，代请郑观应向盛宣怀请款等。作者认为集中展示王韬影响郑观应思想的著述，当首推王韬所作的《易言》跋，它促成了郑观应的救时自强思想走向体系化。

有学者细心借鉴前人的研究成果，进一步考证了孙中山上书李鸿章书的前因后果，指出孙中山上书李鸿章，并非"请之参加造反"，而是希望以平民身份向素称"开明"的李鸿章表达意见，甚至不介意成为李鸿章幕下的一员，以和平的手段施展救国的大计。认为，孙中山与郑观应早先虽然互相欣赏，但必无交往，直到孙中山北上天津，才在上海见到郑观应。孙、郑二人出身、经历虽相差甚巨，但能够找到共同语言，是因为孙中山上李鸿章"书"中观点与郑氏的《盛世危言》如出一辙。而孙、郑二人的道别，预兆着两个时代的新、旧交替。

有学者在 10 年前参会文章的基础上，分析郑观应《盛世危言》一书版本众多的原因，计有四个方面：其一，该书深受读者欢迎，使郑观应和书商有一再修订、重版的动力。其二，郑氏本人根据时势的变化，多次修订、增补文章，并将文章重新分类、分卷，因而形成较多版本。其三，由于当时的出版物不很规范，即便书中有较多更改或于数年后增订重印也不加说明，使读者难以理清其出版脉络。其四，当时的社会缺乏版权观念，各地书商任意翻刻《盛世危言》，甚至自行增删文章，插入他人论著，另起书名，使得其版本更趋混乱。

有学者切入作者（郑观应）与报纸（《申报》）的互动样态，深入考察《救时揭要》与《申报》之间的合作关系，指出《救时揭要》所收录 24 篇文章，至少有 12 篇刊发于《申报》。《救时揭要》反映的是 19 世纪 70 年代初郑观应思想状况的作品。作者披露、论述了新发现的郑观应的一些重要佚文和诗歌（计有 11 篇），为进一步推进郑观应的研究提供新的文献资料。

有学者认为，商人思想家郑观应，以其特有的出身民间商人的身份，不避身价低微及触犯时忌，以商议政，思考抵御外国侵略、谋求祖国富强之策，提出改良思想，表现出非凡的勇气与卓识。郑观应关于发展工商、运用市场竞争手段，与外国展开"商战"的系列主张，具有超出当时一般文人思想家的独特价值。这些建立在市场分析基础上因而具有说服力的"商战"思想，以及具有可操作性的改革主张，成为甲午战争后维新运动及清末新政时期经济改革的蓝本。其中不少主张得到了实施，对促进我国走向"工商立国"工业化道路起到了一定的启蒙和推动作用。

有学者认为郑观应虽早在 1874 年完成的《易言》一书中就肯定了西方国家的议院制度，但这仅是郑氏要借助西方议会政治中公众议政的长处，破解中国现行政治中存在的上下情隔之弊。他在此时并没有提出制定宪法，也未把国会视为国家最高立法机关，其所设计的议院方案更不是真正的资产阶级议院，不能实现向君主立宪的过渡。直到 1895 年，郑观应才正式提出君主立宪思想。作者指出，郑观应一方面是思想上的巨人，另一方面却是行动上的矮子。郑氏在政治思想与行动上呈现出的巨大差异，个中原因，值得深思。

有学者则另辟蹊径，从郑观应与广东乡土社会的视域出发，重新解读了百年前郑观应笔下的广东社会。在作者看来，郑观应一生虽长期漂泊在外，却始终与家乡广东保持着紧密联系。郑氏关于广东社会的叙事，既是时空现场的历史记忆，又是乡土情怀的真实体现。作者犀利的眼光，独到的见解，与当下学界"社会史"研究兴起，及发掘"边缘材料"的旨趣暗合，收预流学术之效。

有学者结合文献记录，对郑观应亲长兄郑济东墓群考古发掘及保护等作了概括性的报告。作者认为，随着对郑观应学术研究的不断深入，关注郑氏家族成员的生平事迹和文物遗存，通过对郑氏的家族关系、家庭关系及文化遗存的研究去全面认识郑观应，将具有特别的辅助意义。作者指出，在经济迅速发展、工程改造不断拓展的时期，如何保护好郑氏家族墓葬群，不断发掘其历史内涵、彰显其文化价值，已成为当务之急。

有学者梳理了郑观应开发海南岛的叙事谱系，指出郑观应有关海南岛的政论，既有高屋建瓴的对于海南岛乃至中国南海的战略地位的宏观思考，也有将海南岛整体开发开放、建成一自由贸易岛的具体设想。他所倡导的通商贸易、开矿种植等开发计划，不失为切实可行的改变海南落后局面的办法，特别是他所提出的将海南建设成为自由贸易区的设想，体现出他研究取向的前瞻性和可操作性，在今天依然对我们有巨大的启发，具有现实意义。

有学者在回顾了近代中国引进西洋武器的历史，并在此基础上重新回眸了郑观应关于引进外洋武器的理论及实践。由此作者指出，郑观应对西洋火器的介绍表现了他强烈的爱国主义和科学精神，充满了先知的光辉。郑观应对于引进西方先进武器和国防建设的理论和实践不仅具有历史意义，也有现实意义，值得学术界作进一步深入的研究。

有学者提出作为近代实业家和思想家的郑观应，其改革思想适应于变法图强、拯救民族危机的要求，不仅包括工商、政治诸领域，而且涉及传统社会领域，借鉴西方观念变革宗族制度的思想就是其中的组成部分。作者认为郑观应的宗族改革思想，集中体现了近代洋务运动至立宪运动期间先进思想家对中国传统社会的观察与反省，进而提出了一系列变革宗族的主张。因而，可说郑观应是中国最早用近代眼光观察与针砭传统宗族制度的思想家。

有学者触及了前人少为关注的郑观应关于财政问题。指出，当郑观应《盛世危言》最后一篇定稿时，中文话语中尚未出现"财政"一词，故而郑氏之财政思想，并未汇集于特定的篇章，而是散见于《救时揭要》《易言》和《盛世危言》的诸多章节中，可谓有其实却无其名。学者以跨学科的方法，从现代财政学的概念着手，把郑观应的财政思想梳整归纳为主权财政、统一财政、公平财政、爱民财政、廉洁财政、节俭财政、经济财政凡7个方面。作者指出，郑观应的财政思想，有理论、有实践，有体系、有细节，不但对当时的维新变法有着重要指导意义，于后世财政理论与实践的发展，也教益良多。

难能可贵的是，郑观应的孙子郑吉祥先生提交了《郑观应与他家庭的部分追述》一文。作为郑观应的后人，作者以亲身经历，回忆了祖父郑观应及祖母郑何圣成生平的部分片段，并自述了外界是如何联系到自己的复杂经过，还以表格的形式，附上了郑氏后人的简单情况。发掘口述材料，可以弥补史学与史料研究中的不足，引起学界以深切关注。郑吉祥先生的论述，补充完善了郑观应生平事功的部分历史记忆，有助于升华学界关于郑观应研究之认识，是未来郑观应研究亟须抢救发掘的史料。

本次会议还就郑观应研究与海外史料发掘等问题做了激烈讨论，有学者就郑观应的国籍问题，提出可通过葡文材料，特别是香港司法材料的发掘，确定郑观应是否入籍葡萄牙。而对郑观应立宪思想源起的考证，除考察郑观应本身思想的变化以外，还须注意到此时宪政思想的"发源地"西方社会关于宪政的理论也处在"变化"之中。这一"变化"，同样将影响到郑观应有关宪政民主认识的思考。另有学者认为，郑观应有把成果"提前化"，以达到自己"原创"的嫌疑，学人对此尤需慎重。

与会学者还就粤港澳合作、广东产业经济升级转型及未来珠三角城市群发展等问题做了激烈讨论。

有学者在系统分析了南沙区位优势的基础上，高瞻远瞩地对既有粤港澳"前店后厂"合作模式提出了反思，并就如何全面促进粤港澳三地在优质生活、产业发展、科教文化、软环境构建等方面的合作提出了见解，有利于促进南沙新区又好又快地发展。作者的灼见，与当下广东省产业结构升级转型战略既相一致，又具新见，可谓目光如炬。

有学者指出环珠江口湾区是大珠三角都会区的核心圈，粤港澳三地合作勠力开发，可使之引领转变全国经济发展方式。而以南沙新区为突破口，实施以人为本、产业集约、城市功能优化、生态环境保护、文化繁荣、城乡统筹一体发展、公共服务体系均质化，有助于再造一个新型城市化的广州。

有学者在系统分析了形成世界级大都会几大要素的基础上，指出香港已初步具备建构世界级大都会的基础条件。作者认为，香港要想在激烈的竞争中脱颖而出，真正建成世界级的大都会，必须加强与深圳等地的经贸合作，而深圳、香港的经济一体化，势必有利于珠三角世界级大都会圈的建成，提升中国在全球的竞争力，保持珠三角城市群竞争优势的同时，实现香港的长期繁荣与稳定。

有学者指出珠江三角洲经济具有典型的外向型特征，推动战略性新兴产业国际化发展有着良好的基础和条件，也面临良好的发展机遇。应努力通过科技创新、加强国际联合研发、促进贸易和投资、强化财政金融政策功能、加强粤港澳合作等方面推进珠三角战略性新兴产业的国际化发展。

有学者认为要完成促成广州南沙新区的开发，必须从引进新兴主导产业、粤港澳三地携手合作以及走新型城市化之路三方面入手，走出一条有"南沙特色的"发展新路，并以之为模范，带动珠三角地区产业结构升级，使珠三角地区继续发挥带动中国经济发展的增长极作用，等等。

本次会议的最终成果体现为两大方面，一方面是有形的，就是学人已为大会提交的近 60 篇论文，是有了结论的成果，会后将出版论文集，并存于世；另一方面是无形的，为日后的研究提出了"热点"，启导了方向，也是最具含金量的发问，这不是皇帝的新衣裳，它必将为郑观应研究的新拓展激起千层浪花，催生万朵红霞。

（1）知难行易，乃是孙中山提出的哲学命题，田丰主席前天为此作了发展式的解读，提出理论创新、精神开发的价值，这是对思想史、文化史的重大阐释。田主席指出，只有思想觉醒了，整个民族才能觉醒，才能因思想的改变而改变中国。相对有形财富而言，无形的精神文化财富更长久，因而对外开放不仅要求经济上的开放，同时还要求文化上的开放，在中外文化的比较中找到中国文化新的阵地。要使我们的文化发展引领新潮流，就不能故步自封，要有自知之明，看到发展变化。

文化需要变革，尊重我们的传统文化是关键。近代化的潮流可说是广东文化传统的代表，纪念研究郑观应，是对此的积极呼应。我们只有在向后看，总结历史教训，寻求时空经验的基础上，才能更好地向前发展。郑观应研究的不断深入推进，势必有利于文化强市和文化强国战略目标的营造，有利于新广东精神的形成，有利于广东文化强省的建设。

（2）有学者呼吁注力研究中山（香山）的历史文化土壤。指出多元化、先进性的香山文化孕育了郑观应、孙中山两大伟人。郑观应与孙中山，年龄相差24岁、地域相距十几公里，他们都为中国走向近代化作出了巨大的贡献，为什么会同时出现两位伟人？因此，强调弘扬中山市双伟人精神，解放思想、勇于担当、敢于开先、天下为公，以文化软实力引领中山文化历史名城建设，以收获历史与现实为一体之功效。

（3）学术要与现实呼应。有学人在回溯近代香山精神的基础之上，提出19世纪30年代上海是远东经济中心，受香山文化和海派文化的熏陶，具有改革开放思维的40余万旅居上海的广东人，是海派文化形成的主要元素之一。古来士农工商的思想理念，经过郑观应等香山商帮的引领，工商救国，民主建政，科技引进，追赶世界新潮流，他们推动中国近代的经济建设、思想建设的同时，也推动了政治建设，倒置了几千年来士农工商的排序，这种文化的引领在粤文化中似乎应该给予客观的总结与提升。

（4）学术需要学问的高度统一。如果把"学"比作"是什么"，"问"则是"为什么"。郑观应研究目前大多局限于就"文本言文本"，后现代主义兴起，扩学科研究、发掘文本背后复杂的权力话语，有助于郑观应研究向着多元的认识层次发展。因而学人在未来当超越"文本"，走向"语境"，直面社会，以"知人论世"的方法，发掘郑观应话语、思想背后蕴藏着的历史图景，以跨学科的方法继续深入推动郑观应研究。

王杰

（5）学术需要百家争鸣，郑观应研究也不例外。对郑观应事功的评说，有学人肯定郑观应在近代中国史上的地位和功绩。有学者认为他是"思想上的巨人，行动上的矮子"，对此有学人指出，以"温情与敬意"的视角观之，郑氏的行动有因应时局的策略性考虑在里边。有学者提出郑观应归根结底是以"儒士"的面目应世的，对此有学者认为郑观应身份介于商人与思想者之间。对郑观应评价的争论，有助于升华学界对郑观应的认识，千秋功过谁与评说，期待80、90后新秀勠力探索！

在某种程度上说，发现问题、提出问题比解决问题更难，我们这次会议的成果提出了很多新课题、大方向，在这个意义上说，是一份沉甸甸的无形的思想成果。

千里之行始于足下，我们要有长远的战略规划，更要着眼当下的努力，我在此做下面的呼吁：

（1）史料的发掘和整理。包括海外洋行史料、东南亚"南巡"史料的发掘远远不够。10年前，上海档案馆还藏有1万多件档案，《郑观应集》只收集了七分之一的内容，有待继续整理发掘。

（2）郑观应与广东的研究。比如郑氏与商行、商会、铁路、道教，与澳门、香港、广州等的探索，仍需发狠力，广东学人任重而道远。

（3）郑氏关系网的研究。郑观应在风云变幻的近代中国生活了80年，于科举失意后投身买办、捐过官、营过商、办过报、从过军、出过书，与各国商界、中国社会各界有过广泛的交往，对郑氏人际关系网的分析研究，有助于推动郑观应学研究的向前发展。

此外，对郑观应的研究和宣传是很不够的，作为思想家、实业家、慈善家。现在，我很自信又很自豪地在此发表我的研究成果——如果诸位都认同的话，这几天我一直在思索着这样一个问题，为什么这次会议也是狂风暴雨，老天爷和郑观应是在告诉我们，郑观应研究呼唤狂风暴雨式的研究、需要狂风暴雨式的研究。我们的事业前途无量，大有可为！

记得10年前在纪念郑观应160周年的发言时，我说过一句话，郑观应一生活了80岁，很有魅力，也很有活力；研究郑观应的夏东元先生已经超过80岁，饮誉著作等身。我们作为郑观应的研究者，对郑公家弦户诵，通过学习他的思想，领悟慈善与养生，都会超过80岁。有如张磊先生、田丰先生在前天的讲话中所说的那样，我们要参加郑氏诞辰180周年、190周年、200周年研讨会。承两位贵言，我用如下一句话结束综述的发言，祈祝有志于郑观应的研究者，活上两辈子、两个80岁！如果大家赞同，请报以支持的掌声。谢谢！

张晓辉

张晓辉（1953—　），重庆人。1977年考入西南师范大学历史系，1983年考入吉林大学研究生院，1986年毕业分配到暨南大学文学院历史系工作，现已退休。在职期间，历任讲师、副教授、二级教授及博士生导师，曾兼任历史系副主任、主任，党总支书记，文学院副院长等职。现兼任广东中共党史学会顾问、广东省历史学会副会长、广东南方红色文化研究院执行院长、广东疍民文化研究会副会长、广东中华民族凝聚力研究会副会长、暨南大学老教授协会副会长。

主要研究方向：中国近现代史、粤港澳近现代区域经济史。

主要著述：《香港华商史》（香港明报出版社，1998）、《香港与近代中国对外贸易》（中国华侨出版社，2000）、《香港近代经济史（1840—1949）》（广东人民出版社，2001）、

《民国时期广东社会经济史》（广东人民出版社，2005）、《近代粤商与社会经济》（广东人民出版社，2015）、《近代香港与内地华资联号研究》（广西师范大学出版社，2011）、《民国时期广东的对外经济关系》（社会科学文献出版社，2011）、《近代粤港澳经济史研究》（中国社会科学出版社，2018）、《开埠后香港对外贸易史（1840—1941）》（暨南大学澳门研究院、澳门文化公所，2021）；合作著有《唐绍仪传》（珠海出版社，2004）、《民国时期广东两阳史》（中共党史出版社，2016）等；主编有《民国时期广东财政政策变迁》（经济科学出版社，2011）。

主要论文：在《近代史研究》《中共党史研究》《中国经济史研究》《中国社会经济史研究》《中国农史》《抗日战争研究》《学术月刊》《学术研究》《民国档案》《广东社会科学》《安徽史学》等刊物发表学术论文200多篇。

时　　间：2021 年 9 月 8 日

地　　点：暨南大学

口述者：张晓辉

采访者：龙良富　李向强

整理者：龙良富

◉问　张教授，您好！我们是"郑观应研究口述史"项目组。首先特别感谢您能够接受我们的访谈！作为中国近代史研究的当代著名学者，您对粤港澳经济史进行了深入研究，撰写了《香港华商史》《香港与近代中国对外贸易》《香港近代经济史（1840—1949）》《近代粤商与社会经济》等具有影响力的著作，形成了自己独特的学术风格和学术话语，请您分享一下您的治学经历。

◉张　我其实并不是广东人，而是在吉林大学读完研究生后毕业分配到了暨南大学。我读书的时候就对近代经济史有一定的兴趣，当时做的学位论文也是关于民族资产阶级。1986 年我来到了暨南大学，当时对广东是很陌生的，但是做学术、做研究要接地气，还是一个老话，就是"上什么山唱什么歌"。我原来做全国范围的资产阶级研究，重点放在江浙一带，但到了广东以后，首先资料就没有什么优势了，所以就开始关注岭南地区的近代社会经济。过去中山大学、香港中文大学、香港大学、广东社科院以及暨南大学研究岭南地区明清社会经济的专家比较多，但是研究岭南地区民国时期社会经济的却比较少，这正好可以作为我的研究视角，因为近水楼台，资料相对好找，而其他地方的人做这个课题，就缺少优势。

到20世纪90年代初又正好是港澳回归热，粤港澳经济发展成了一个热点。当时正好有一个契机，就是香港中文大学吴伦霓霞教授邀请我去做访问，他们知道我的研究方向。我和香港中文大学的学者围绕广东商人开展了系列研究，近代广东商人既包含广州府的广帮，也有潮汕地区的潮帮、客家地区的客帮，以及港澳地区的华商等。我到了香港以后，利用了当地大学珍藏的很多资料，包含清末民初的报刊以及香港大学和香港中文大学的藏书，这些资料那个时候在内地一般是看不到的，所以很少有人用。看过这些资料后，我有了做香港经济史的想法，访问回来以后就已经接近1997年了，那个时候举国上下掀起了香港回归热，我利用在香港收集到的资料撰写了《香港华商史》《香港与中国近代对外贸易》《香港近代经济史》等专著，形成了自己的学术创新点。我感到广东、香港以及澳门三地关系非常密切，决定继续做广东民国社会经济史研究。我在暨南大学历史系开设了"民国时期广东社会经济史"这门课，最初没有教材，为了适应教学，就边教学边撰写讲稿。我一直认为教学和科研是相互促进的，就是教学相长，这大概是我的学术路子。就这么走下来，教学加上研究已经超过30年了，形成了一些积累，至今已出版七八本专著和发表200多篇学术论文，形成了个人的一张所谓名片。

◉问　请问粤港澳经济圈大概是什么时候提出来的？

◉张　过去人们常以广东或岭南代指华南，其实这个提法不严谨，因为福建、台湾应该也算在华南地区。严格来讲，岭南地区还包括广西，只是广西地位比较弱，受广东的影响很大，人们关注得少一些，而且在 20 世纪四五十年代以前，广西沿海也是属于广东的，所以岭南是一个明确的地理范畴。

以往人们似乎并不太把"粤港澳"作为一个很常用的词语，具体什么时候有"粤港澳"的提法我没有考证。香港和澳门在回归之前，由于政治的原因，与内地其实是割裂的，但是作为经济体，三地之间在历史上的相互往来很密切。随着港澳的回归，"粤港澳"这个词用得很频繁，特别是现在国家倡导粤港澳大湾区建设，三地在各方面的互动就会越来越密切。

◉ **问**　您在研究粤港澳经济史的过程中，也研究了清代十三行时期的买办以及民国初期的买办陈廉伯，请问广东地区为什么会诞生众多对广东甚至全国影响很大的买办？他们对广东甚至全国的社会经济发展作出了哪些贡献？

◉ **张**　过去"买办"这个概念在很长时间被扭曲了，学界主流把买办解释为"买办阶级"和"官僚买办资产阶级"或者大资产阶级，所以"买办"成了很不中听的一个词，甚至变成比一般奸商还要糟糕的汉奸，导致人们对真正买办认识的模糊。买办变成一个阶级，再加上近代以后反帝爱国情绪高涨，这样就对"买办"形成了一些认识误区。近些年在香港、中山等地开了几次研讨会，与会学者基本达成了共识，就是不能像过去那样简单地为买办定性。

国内学者对买办进行研究早在民国时期就有了，但是到现在为止，买办这个职业到底是什么时候出现的，学术界并没有达成共识，基本认同是在十三行时期。买办群体对中国早期的社会经济产生了较大影响，我是参加广州十三行研究会学术活动的时候才接触到买办问题，因为研究十三行就肯定会涉及买办，"买办"概念应该有狭义和广义的理解。狭义的方面需要搞清楚买办原型，就是买办早期究竟是怎么样的？实际上在十三行时期，买办是地位很低的外国洋行雇员，就是和洋商签订雇用合同、工资待遇并不高的底层员工，当然他们吃回扣、拿佣金是另外一回事。清朝中期以后十三行商经营困难，买办这个职业的作用逐渐显现。十三行商虽然是带有垄断性的所谓"皇商"，但实际上并不是官，他再有钱在官的面前也没有地位。有学者认为广州十三行商曾经产生过世界首富，这是有可能的，但首富充其量表明其有钱，绝对不是有权。虽然广州十三行和英国东印度公司都带有贸易垄断性，但两者的地位和影响远不能相提并论。随着自由贸易时代的来临，英国人解散了自己的"皇商"，也就是东印度公司，同时也不能容忍广州十三行继续垄断对英贸易。在这种情况下，十三行行商的处境就很艰难，经营受到严重影响，但朝廷绝不允许其拖欠外商的贸易款项，而且还要其担保贸易对象外商不能违法经营。这在行商根本就做不到，因为当时鸦片是一个焦点问题，英商大肆贩卖鸦片，很多中国商人甚至官员都纷纷卷入鸦片贸易链，显然这是严重违法的，但行商根本无权处置，加上其他种种原因，最终导致很多行商破产。十三行的对外贸易垄断被打破后，外商虽然与中国一般商人交往方便了，但由于语言障碍、民情不通，清朝政府对其活动范围的限制，他们不可能和市场直接打交道，只能依靠买办。因为买办有比较开阔的视野，有中西沟通的经历，还有语言上的优势，可以发挥更大的作用。

十三行时期，买办的地位还是很低的，但是到了鸦片战争以后，条约体系对十三行行商产生了很大冲击。《南京条约》里面讲得很清楚，明文禁止行商再垄断商品的进出口，要自由贸易了。随后，鸦片战争前后的贸易对手，英国东印度公司退出了历史舞台，广州十三行也销声匿迹了。自由贸易时代为买办创造了大展身手的机会。因为刚才说了买办有其先天优势，又有条约赋予的地位，他们不仅仅是洋行雇员，可以抽佣金，而且可以做自己的生意。特别是条约体系建立以后，买办逐渐取代旧行商的地位和作用，完成资本原始积累。买办本是十三行的"衍生物"，但其角色一直在转变，可以是一身两任，既当买办又做自由商人。这两个身份是可以同时存在的，因为买办虽然与洋行签有合同，要给洋行办事，但他是自由身，可以在此之外做其他任何事情。买办上下其手，左右逢源，很快就积累了大量资本和财富，扩张了人脉，社会地位越来越高。

◉问　夏东元先生认为郑观应在 1880 年前后几年有着四重身份，也就是一身四任，既是外国洋行的买办，又是民族资本家和资产阶级改良主义者，并兼任洋务企业的重要职务。

◉张　那当然是可以的。还有相当一部分人此后不再当买办，演化为独立商人，向企业家转化，那就成为资产阶级分子，也就是资本家了。所以我认为研究买办首先就要搞清楚他的演变过程，不然以为在十三行时期就出现了买办这类汉奸，鸦片战争以后他们更是为虎作伥了。到了近代，特别是辛亥革命和中华民国成立后，"买办"逐渐演变成一个政治符号，和"官僚资本"等概念搅在一起，最后被贴上反动上层建筑的标签，"买办"这个词已经面目全非。

◉问　还是应该客观公正地看待这段历史。

◉张　对，不然很多问题就难以解释了。比如说郑观应做过买办，你能说他是负面人物吗？包括江浙的很多买办也是如此。不管是江浙买办还是更早的香山买办，还是其他地方的买办，后来都变成了一种主观的负面政治符号。为了纠正这种观点，我查阅了很多资料，写了一篇题为《十三行原型买办研究》的长文，发表在上海《史林》杂志，批评以往学界对"买办"概念的泛化，比如不能笼统地将买办等同于"买办商人"和"买办阶级"，那只是一种职业，就像如今不能把那些卖洋货的称为"买办商人"一样。

◉问　买办对中国近代化的推进发挥了哪些作用呢？

◉张　这个问题首先要搞清楚"近代化"这个概念。一般来说"近代化"实际上就是"现代化"，这并不是中国固有的名词，应该是根据日语转译过来的。如果我们同时使用"近代化"和"现代化"的概念，会出现什么问题？估计外国人难以理解，不能对话。因此，我赞同最好不要使用"近代化"一词，因为还涉及一个比较敏感的问题——推翻两千年的封建专制统治后，中国的前途有两个选择：社会主义和资本主义，但在近代中国不可能搞社会主义，中华人民共和国成立后也没有立即搞社会主义，而是1956年三大改造完成了才进入社会主义社会，开创了一条不同于西方资本主义国家的现代化道路。因此，虽然原则上不应该从"现代化"中再分解出一个"近代化"概念，但是问题比较复杂，如不加以分解，就涉及现代化的性质，到底是搞资本主义？还是搞社会主义？在中国走资本主义道路显然是行不通的，搞封建主义那是开倒车，前途只能是社会主义现代化。刚才这个问题谈到了"近代化"，其实前辈们使用"近代化"一词本来也可以理解，但在逻辑上似乎不够严谨。我觉得还是"现代化"这个概念明确，所以写文章时，对清末民国初期的发展用了"早期现代化"这个概念，"早期现代化"的实质就是资本主义化。近代第一个进步的经济建设就是洋务运动，随后戊戌变法和孙中山领导的辛亥革命，性质和目标都属于"早期现代化"，中共领导的新民主主义革命实际上是历史进步的传承，所以现代化理论就可以用进来了。我给研究生讲过一门课程就叫"中国现代化研究"，实际上"现代化"是一个很大的概念，学术界至今也没有一个标准定义，但是"现代化"基本可以划分为政治和经济两大部分。从政治层面来看，在近代中国搞资本主义民主运动是进步的，中华人民共和国成立后才逐渐建立起具有中国特色的社会主义制度，历史的进程不能颠倒。还有一个经济层面，经济现代化最为关键的就是工业化，大机器生产终究要取代小农经济，所以工业化是现代化的必由之路，对这一点有识之士都比较清楚了。从资本主义运动到社会主义建设，都促进了近代以来的中国工业化发展。这就是中国现代化历史的逻辑。

我们把现代化历史的逻辑弄清楚了，你刚才的问题就容易回答了。买办起了什么作用？买办就是中国早期工业化的先驱、资本主义的开拓者之一，因为早期现代化的核心就是资本主义的发展。资本主义在近代是先进的生产力和生产关系，在那个时候搞社会主义等于就是乌托邦了，搞封建主义那更是历史的倒退。现代化是历史发展的必然，买办在推动中国早期现代化方面做了大量工作，开创性地发展了航运、铁路、金融、保险等行业，这些都是我们研究近代工业化发展绕不开的历史。

◉**问**　刚才您谈到了买办的发展过程，请问清代十三行时期的原型买办与上海、香港、天津等开放口岸的买办在本质上有什么区别？

◉**张**　原先买办就是一种职业，也可以说是十三行制度的衍生品。早期买办是受欺压的，官僚、行商乃至洋商都可以拿他出气。但是鸦片战争后情况就有了很大不同，买办制度正式形成，买办的地位上升甚至显赫了。为什么人们后来说买办阶级？主要还是根据买办与洋商的特殊关系。虽然买办确实势力扩张很快，但能不能就说他是一个阶级呢？我不同意这种说法，更恰当地说买办只是一个具有很大能量的群体或阶层，得到近代条约体系的保障，在社会上发挥了独特作用，比如说唐廷枢、徐润和郑观应等人。

王韬曾说近代上海买办"半皆粤人为之"，其中又以香山人居多。"香山买办"确实是一个特殊的现象，但你在香山当地却难以找到有名的买办，他们都逐渐走向资本更集中的地方，也就是经济最发达的地方。随着近代条约的增加，

张晓辉

515

香山买办拓展到很多开放埠口，如武汉、天津、九江等，他们跟随洋行洋商北上，与早期向上海发展是一样的。这个过程中，不能说买办本质上发生了什么变化，而是时代改变了，他们的意识以及发挥的作用有所不同。因为在十三行的时候，买办其实就是个"马仔"，但他们发展起来以后就不太一样了，实力增强了，和外商的关系变得比较复杂了，不再纯粹是雇佣和非雇佣的关系。

◉**问**　您在《买办陈廉伯与民初广东》中提到，陈廉伯在事业成功之后，热心捐资家乡慈善教育公益事业，唐廷枢、徐润及郑观应等也有类似的经历，他们热心慈善、教育、公益事业的初衷是什么？对我国的教育、公益事业产生了哪些影响？

◉**张**　评价一个人物或者一个群体，一定要放到历史的范畴里面去，不能戴着有色眼镜去辨别。买办和传统的绅商当然是两回事，但在社会上所起作用也有相似性，我们可以通过对绅商的分析来帮助理解买办。"绅"一般是指退休的官员，"士"指还在任的官员，也指读书人，因为学而优则仕，过去要读书科举才能当官。在传统社会，不管是退休的还是在任的官员，都有较强烈的地域观念，特别是"家国情怀"，家国中的"国"这个概念并不是我们今天所理解的国家，以前的家国可以说就是放大了的家族，家国最大的家长就是皇帝。过去人们的地缘、亲缘、血缘，即所谓的三缘是有很大作用的，因为按照中国封建社会的统治传统，被形容为"皇权不下县"，县官大概就是最小的官了，县以下严格讲不再设官职。广泛的基层社会怎么治理？绅士就要起很大的作用。传统社会一直都是士农工商这样的社会结构，其中商人的地位最低，再有钱也不能改变这个排序。但这并不是一成不变的，从明清以来开始发生了潜移默化的变化，到了近代以后，在商品经济较为发达的地区，像岭南、江南等地，商人的作用开始凸显，地位不断提升，产生了一个新的阶层：绅商。以前的绅士和商人渐渐融会为绅商，是地方社会的威权势力。虽然在十三行时期，买办刚开始时数量很少，也没有什么地位，但近代以后情况就大不一样了，随着财产和地位的增强，买办自身的素养品格也在提升，社会作用和影响也大了。比如像徐润创办了格致书院、仁济医院、中国红十字会等，其中影响最为深远的当属选派中国幼童官费赴美留学和创办同文书局，还影印了《二十四史》和《资治通鉴》等大量古籍，可以说对开发中国近代文化事业做了大量工作。

不管是绅商还是绅士，大都具有浓厚的家国情怀。中国自古以来就提倡富而好礼、情系桑梓，而不是为富不仁，人有钱后应多积德，为乡里做一些善事。买办也是如此，有不少人都热心家乡的文化教育、救济赈灾、社会福利事业，这是中华民族的优良传统，是一种正能量的东西。

◉ **问**　这也是一种反哺，以此来推动宗族子女的教育和家乡发展。

◉ **张**　这的确是中华文明的一个优良传统。华侨也是这样，他们从世界各地回来反哺家乡建设，比如我所任教的暨南大学有很多楼房都以捐款校友的名字命名。广东华侨多，很多地方都是这样的。作为一个华夏子孙，不仅要光宗耀祖，还应该为家乡，也就是生你养你的地方做点事。

到近代以后，人们更加具有浓厚的民族意识。古代并没有"中华民族"的提法，这个词出现在清末遭到西方列强欺凌的时代，面对亡国灭种的严重危机，人们由此形成了现代国家民族概念。买办参与的慈善救济行为不仅仅局限于自己的家乡，而是拓展到了全国各地，比如1877年华北地区发生了大范围灾荒，郑观应就与经元善等人创办了筹赈公所，还遵照其母遗嘱将积存的1000两白银捐给直隶赈灾。我研究香港史，熟知近代香港华人不管是内地闹灾还是抗战等关系到民族存亡的关键时刻，都会激发强烈的家国情怀，全力以助。

◉问　不少买办除了热衷于慈善之外，还热衷于教育，为什么郑观应后期特别关注职业技术的教育？

◉张　长期从事近代企业经营管理的经历，使郑观应更加体会到，培养科学技术人才是中国教育的当务之急。在这个过程中，他提倡理论学习与实践操作相结合的教学方式，比如在汉阳铁厂主张"上午读书，下午入厂学习机器"的半工半读。郑观应继承和发展了林则徐、魏源的"师夷长技"的思想，主张了解西方、学习西方，吸取先进的科学技术为我所用。

◉问　您在《买办陈廉伯与民初广东》中提到，孙中山从骨子里鄙视商人，认为"中国把社会上的人，分作士、农、工、商四大类，商人居于最末级地位，知识极简单，他们独一无二的欲望，总是唯利是图，想组织大公司，赚多钱"。出生在对外贸易前沿、又是著名侨乡的香山的孙中山，他为什么会鄙视商人？

⊙张 人们对孙中山到底有没有说过"华侨是中国革命之母"这样的话是有争议的，但是他肯定是有这种意识，或者说有类似的表述。首先我们应该搞清楚，很多真正支持孙中山反清革命的都是华侨商人，但其中值得注意的是富商巨贾通常并不是很支持他，因为经营利益的关系，大商人更倾向于和官府保持合法的来往，而那个时候官府就是清朝统治者。首先支持孙中山闹革命的大部分是中小华侨商人，所以才有"华侨是中国革命之母"的说法。但孙中山后来骂那些商人，这是因为辛亥革命以后，商人逐渐开始疏离他了。原因很简单，商人天生就不喜欢革命，民国成立后，时局继续动荡对他们的经营没有什么好处，在兵荒马乱的岁月，生意是没法做的。所以孙中山在广东搞东征北伐，在商人的心目中，他从最初的革命者变成了一个"捣乱"的人。

商人追求安平乐道和天下太平，但孙中山在广东建立根据地后，开始时很希望商人参加反对军阀的斗争，特别是广东商人的势力很大，于是鼓动他们说工人、农民、学生都要革命，商会和商团也应该参加，将商团的武装力量变成革命的武装力量。但广州商会和商团的首领却以"在商言商"相推辞，意思就是说我们是商人，只谈生意场上的事情。孙中山和广东商人的矛盾和冲突越来越大，陈炯明的部属发动兵变把孙中山赶走了，孙中山后来又利用各路军阀打回来，社会激烈动荡。在此过程中，广东商人基本上站在陈炯明一边。孙中山的政府及其各路军阀为维护统治和支持征战，不得不大量征税派款抓丁，甚至拦路抢劫，搞得商人怨声载道，矛盾就激化了。特别是广东商人，他们抱怨孙中山耗费地方的钱财去买枪炮，四处征战，弄得民不聊生。还有人说孙中山是"孙大炮"，讽刺他只会吹牛。1924年就闹出所谓"商团叛乱"事件，对地方造成很大破坏。在这种情况下，孙中山当然要痛恨商人了。

◉问　根本原因是否是因为二者的利益诉求点不一样？

⊙张　当然任何时候利益肯定是最根本的，但也还牵涉志向的差别。孙中山搞国民革命，东征北伐，是有对整个国家民族的情怀抱负，而陈炯明以及商人的大部分眼光比较短浅，缺少这种大的境界。

◉问　刚才您讲到商人跟后期的孙中山比较疏远。郑观应和孙中山是同乡，在孙中山年轻的时候两人还是有些交往的。但是随着孙中山继续推行武装革命，郑观应与孙中山就没有什么来往了，为什么广东买办和孙中山会这样？

⊙张　广东买办在上海很有影响力，他们和孙中山的关系也说不上不好，但是确实没有那么紧密，因为孙中山的革命根据地不在上海，他发动的10次武装起义有7次都在广东，第一次在广州，最后一次也是在广州，可以说孙中山的革命策源地主要还是在广东。上海对于他来说有点像避风港，在其他地方失败了，他就到上海去隐居一段时间。

在孙中山的早期革命生涯中，得到了海外的华侨商人包括港澳华商的大力支持，因为孙中山的反清革命有两重含义：一是政治革命。当时国内被清朝高压专制，老百姓很愚昧，但海外侨胞对中西方进行比较后就会发现国内社会的封闭落后，他们认识到民主政治是世界潮流，清朝统治终将灭亡。二是种族革命。在清朝统治下，满汉民族矛盾还是很突出的，这也是清政府一个很大的心病。所以孙中山刚开始革命时，就提出了"驱除鞑虏，恢复中国"，认为"鞑虏"不是中国人，其实指的就是满人，要推翻"鞑虏"的统治。后来才感到这个提法有问题，于是把"中国"两字改成"中华"。由于在辛亥革命以前，孙中山长期流亡海外，与国内的商人不可能有太密切的关系。

在辛亥革命以后，因为推翻了清朝，建立了中华民国，大家以为革命成功了，但孙中山告诫说革命还没有成功，虽然民族主义（即推翻了清政府）、民权主义（即建立民国）都已经实现，但三民主义中的民生主义还未实现。孙中山撰写了《实业计划》，提出了按中央、东南、西北、东北、高原5大系统修建10万英里铁路等建设主张。孙中山晚年发现帝国主义还在压迫，列强扶植的军阀还在割据混战，必须继续进行三民主义革命，一般商人就不太能接受了。在革命策源地广东，孙中山和商人关系搞得很紧张，得不到支持。

有了孙中山和商人之间关系的背景分析，自然就能理解为什么后期郑观应和孙中山缺少交集了。郑观应作为一名商人，其"商战"思想也是要依靠商人（主要指民族资产阶级）为主力，通过发展机器工业来振兴商务，以抗衡列强的经济侵略。但郑观应担忧革命带来社会动荡，尤其是对民国建立后南北军阀割据混战的状态深恶痛绝，这使他与孙中山难以产生共识。孙中山和郑观应即使很长一段时间都住在上海，但也没有交集的记录。

◉**问**　您在《郑观应曾向国人提出经济思想的新武器》中认为，郑观应是中国近代最早具有完整维新思想体系的理论家、启蒙思想家，其一生经历了政治、经济、社会的剧烈变革，外界政治、经济、社会的剧烈变革为郑观应的个人成就创造了哪些天时、地利、人和？

◉**张**　地利可以通过两点来理解：一是郑观应出生于最早开放、很早看世界的香山。从明末开始，香山地区的澳门成为中国最早东西交汇的埠口，经济贸易、政治文化、思想观念，甚至宗教信仰都在此交汇碰撞，开风气之先；二是香山买办并不在本土发展，所以他还有一个地利，那就是上海。上海得天独厚，是近代中国最大的，甚至是远东近代最大的工商业城市，为郑观应的发展提供了广阔的舞台。

1842 年清政府与英国政府签订了《南京条约》，将广州、福州、厦门、宁波、上海 5 处辟为通商口岸，准许英国商人及其家属自由贸易和居住。上海滩并不是刚开埠就是繁华的十里洋场，当时的黄浦江两岸就是一片芦苇滩。随着怡和洋行、大英轮船公司、颠地洋行等外国企业的到来，大量资本涌入上海并迅速发展，由此需要大量的买办，这就是天时。中国对外贸易中心的北移使上海很快就取代了广州，成为全国对外贸易新的中心，这也是鸦片战争后中国社会经济发生的最重要的变化之一。随着广州口岸地位的下降和上海口岸的迅速崛起，原来在广州、香山地区的买办也纷纷北上，获得了先机。到 19 世纪 70 年代，上海洋行买办一半以上都是广东人，形成了很有影响力的势力，他们不但充当外国洋行的买办，也在积累资本并不断开展自己的业务，拥有大量财富，这也是郑观应在上海获得发展的天时。

上海古代设县，县治并不在今天上海市中心黄浦江沿岸。过去上海县的人自我陶醉，会自夸我们是"小苏州"，而现在的苏州人自我陶醉时，则自夸我们是"小上海"，这么一个小典故可以反映开埠前的上海经济还是比较落后的，开埠以前黄浦江两岸很多地方都是荒滩。上海开埠以后，大量广东人北上，民国初年的时候据说达到30多万，在虹口的街道有不少人还会讲广东话。我有次到会见一位朋友，听说我是广州来的，左邻右舍的人过来用粤语热情打招呼，可见这些广东人后裔虽然平时在外都讲上海话，但在自己的圈子里还可以讲粤语。广东人来到上海，他们异地生根，相互提携，这就是人和。像虹口这样的广东后裔聚集点，上海其他地方应该还有。广东人在聚集地搭房子、建商铺，慢慢就形成了街区，住在这里的人有血缘、地缘、业缘的关系，就像潮州人聚集的香港南北行街一样。在这种环境下，香山人在乡谊与利益驱使下，扶持具有三缘关系的同乡进入洋行做事就成为顺理成章的事情，比如郑观应17岁县试落榜后，到上海投奔叔父，后经同乡徐润介绍，进入宝顺洋行做学徒。除此之外，香山人担任买办成为一种普遍的现象，比如林钦在辞去怡和洋行买办时，就举荐唐廷枢接任，而郑观应进招商局时，也保荐同乡杨桂轩任太古洋行总买办。可见上海开埠后，香山人之间的相互提携就是郑观应发展的"人和"。

●问　与魏源"缓本治标"思想下形成的"师夷长技

以制夷"的中国工业化模式相比，初期资产阶级改良派，如郑观应、马建忠等提出重商的经济思想，具有哪些优势？

◎张　虽然都是早期改良派，但他们还是存在较大的差别。中国传统是小农经济，魏源已经意识到小农经济的局限，强调"本富"与"末富"的区别，极力主张富民，发展民营经济。他修正了传统的"重本抑末"论，提出了"缓本治标"论，但总体来看还是重农轻商的。也就是说"本"还是农，这是第一位的，只是不能像以前那么一味强调农，同时还要治标，治标就是发展民营工商业。面对深重的社会危机和民族危机，魏源认为不能再守着老祖宗成法不变，但是以农为本是不能动的。不管如何，迈向世界的第一步是很困难的，魏源"师夷长技以制夷"的思想，揭开了近代中国人了解西方、学习西方、走向世界的序幕。

郑观应和马建忠、薛福成等人提出了重商主义的经济思想，认为农业不再是本，要以商取农，以商立国，"农"实际上代表的是传统中国，"商"就是要走向现代中国。他们的境界相对于魏源就不一样了，已经有了现代意识。近代中国的出路在哪里？发展的主旋律就是现代化。什么叫现代化？最通俗的解释就是社会转型，从传统中国、乡村中国走向现代中国。从鸦片战争以来一直到今天，国家和社会发展的主旋律都是现代化，我们至今还在努力。现代化就要把旧的观念彻底颠倒过来，如果还是抱着以农立国的观念，始终都走不出传统社会小农经济这个圈子。当然，郑观应他们主张以商立国也并不能说很科学，因为是启蒙，很多地方还需要完善，但这一步是很重要的。康有为、梁启超、孙中山、毛泽东等人或多或少受到了郑观应维新思想的影响，所以启蒙是很重要的。学界对郑观应的评价是维新思想的启蒙思想家，这是没有问题的，只要你看过《盛世危言》，就会发现其中提出了一套政治、经济、文化、教育等理论体系，比魏源显然前进了一大步。

◉问　就像刚才您讲的，要从历史的角度去看待一个人，可能会看得更客观更全面。2011年中山市编纂了《郑观应志》，其中对郑观应的评价是"睁眼全面看世界的第一人"，您怎么来看这个评价？

◉张　我以前好像没听说过这个评价，但是有一定道理，因为之前确实没有人像郑观应那样系统地提出维新理论。我没有研究过这个问题，还需进一步探讨，凡是这种比较绝对的话，如果不是特别有把握，最好先不要忙着下定论，应更为严谨一点。

◉问　这个评价确实还需要进一步去论证研究。您在《郑观应曾向国人提出经济思想的新武器》中认同虞和平教授的观点，即香山人在洋务运动的关键领域发挥了重要作用，推动了中国早期现代化的进程，请您谈谈唐廷枢、郑观应等香山买办在洋务运动中发挥了哪些作用？

◉张　唐廷枢、郑观应等香山买办在洋务运动中发挥的作用就像虞和平先生所说的那样，确实是很突出的。洋务运动的内容包含两大块：一个是军用企业，这类企业数量不是很多。另外一个就是民用企业。鸦片战争后，洋商进入中国的航运领域，美国旗昌洋行、英国怡和洋行逐渐控制了长江航运。

李鸿章当时感受到西方列强的船坚炮利和清朝的民穷兵弱，积极参与洋务运动。他在着手筹办北洋海防的同时，大力发展矿务、机械、轮船、纺织等民用事业，但是他时间和精力有限，也没财力和经验，就到上海找唐廷枢、徐润和郑观应来负责经营轮船招商局，这些人不仅具有世界视野和丰富的企业经营管理经验，而且解决了招商局筹办的关键问题，就是资金。钱不是万能的，但是没钱是万万不能的，轮船公司不是买个轮船就可以的，还要建设码头，购买相关设备，这都需要大量的资金。徐润就有钱，他是茶叶大王，也是地产大王，在上海滩上搞房地产，这个不得了，需要一种冒险精神。唐廷枢和徐润首先引进了西方的股份公司制度，徐润经手招股就占了全部资本的一半以上，当人们看到唐廷枢和徐润都带头投资了，就纷纷将钱投到了轮船招商局，这说明唐、徐二人在上海有很强的号召力。谁也不愿意把自己的血汗钱拿去打水漂，甚至这个股份有限公司到底是什么玩意儿，时人都搞不明白，但他们看到唐廷枢和徐润都投资了，就相信这一定是赚钱的机会，所以都来响应，很快资金的问题就解决了。

郑观应稍微晚些时候也加入了轮船招商局，可以说，唐廷枢、徐润和郑观应等香山买办为招商局的发展立下了汗马功劳。因为轮船公司在当时是一个新生事物，这些香山买办搞得风生水起，和长江上的两大洋商轮船公司竞争，签订了齐价合同，甚至后来还收购了美商旗昌轮船公司，挫败了洋人的企业，在当时那就是很了不得的事，说明中国人也有本事。在自由竞争的时候，无论输还是赢都是很正常的，以前我们老宣传近代华人被洋人欺负，说中国人竞争不过外国人，其实也不是完全这样的，我做香港史研究，发现不论是在晚清还是民国时期，都可以找到类似的事例。

◎问　您在《近代中国的官营企业与香港》中提到，1872年成立的轮船招商局，总局设在上海，在沿海沿江及香港设立分局。陈树棠为香港商董，分管港处事务，招商局集股由唐廷枢、徐润总理其事，于1875年12月在上海创办保险招商局。翌年8月，唐、徐等又发起成立仁和水险公司，这两家公司都在内地各港埠以及香港设有分局。为什么当时由买办经营管理的企业会在香港设立分公司？买办在此过程中扮演了什么角色？

◎张　这有两方面的原因：一是轮船招商局的股东很多就是香港华人。刚才我们说到轮船招商局首先要集股，在这个过程中徐润就发挥了很大的作用，随后上海和香港的广帮响应集股，其实当时没有所谓"香港人"的概念，大概是20世纪六七十年代，香港的华人才开始有了本土意识，所以早期所谓的香港华人，其实主要就是去到香港的广东人，他们和买办关系比较密切。二是香港位置的特殊性。香港是在英国殖民统治下的自由港，贸易运输比较繁荣发达，有非常重要的地位，所以必须在香港设立分局。又比如说保险公司，海上航运是有很大风险的，沿海渔民都信仰妈祖，这是因为妈祖会保佑渔民的平安，保险公司就是保平安的。我们都知道，保险起源于地中海沿岸的航运贸易需求，因为码头容易失火，遇上海难货物容易损失。轮船招商局不仅是中国近代民族航运业的起点，也可以说是民族保险业的源头之一，而招商局和仁和保险公司先后成立，徐润也就成为中国保险业的重要开创者。香港作为中国近代最重要的转口贸易港口，招商局和仁和保险公司一定会去设分公司。

◎**问**　请问上海的总部跟香港这边的分公司是什么关系呢？

◎**张**　两者是总公司和分公司的关系，但香港的分支机构与一般企业的分支机构有所不同，因为它特别重要，而且经常会有发言权。两者曾经发生过矛盾，就是上海总部做出决定，但遭到了香港分公司的反对。南洋兄弟烟草公司是近代中国最大的民族烟草公司，是广东华侨在香港创办的，以后又到上海、重庆等地开设了分公司，人们称其为"上海南洋""香港南洋"及"重庆南洋"。随着"上海南洋"的不断发展，公司总部从香港迁到上海，香港反而成为分公司，但实际上是该公司有两个总部，两者的权力是均衡的，上海总公司并不能完全指挥香港分公司。南洋烟草公司和轮船招商局一样，在重大决策的时候上海和香港两处的股东基本上会达成一致，但经常也会有一些摩擦，比如上海股东做的决议影响到了香港股东的利益，后者就很不愉快，甚至闹着要分庭抗礼。

◎**问**　郑观应首次提出了"兵战"不如"商战"，认为中国在反对列强侵略方面，应该把反对经济侵略放在比反对军事侵略更为优先的地位。他强调"以商立国"，即主张发展资本主义，要求政府实行护商，包括收回海关、保护关税、裁撤厘金、自由投资等政策措施。这对今天中国特色社会主义市场经济建设具有什么启发价值？

◉张　一般来讲，经济控制管理模式基本上可以分为两种，即统制经济和自由经济。统制经济实际上主要就是由政府操控经济，按照西方经济学的说法就是用"看得见的手"进行资源和市场配置，而自由经济就是由"看不见的手"进行资源和市场配置。统制经济有不同的说法，比如苏联将政府主导经济称为"计划经济"，即所谓的斯大林经典社会主义。新中国学了苏联模式，一直到改革开放以前，搞的也是计划经济。但实践证明由政府高度集权的经济管理模式并不成功，苏联最终也解体了。后来我们意识到要改革开放，不能继续搞计划经济，而要搞市场（商品）经济，但又不可能一下子到位，要逐步来，于是从有计划的市场（商品）经济，发展到建设中国特色社会主义市场经济。

郑观应主张的商战理论，其中就包含扶持和发展民营经济，这在19世纪末是非常了不起的。中国自古有句话说"普天之下，莫非王土，率土之滨，莫非王臣"，就是说但凡天下的土地，都是属于帝王的，在这片土地上生活繁衍的人们也都是帝王的臣民，这是政治经济意义上的王权宣示。中国几千年朝代更替，长期以来根本就没有产权意识，从来就是一个官本位的社会，政府强有力地操控老百姓。在洋务运动的时候，倡导者曾国藩、张之洞等人主张对新式企业实行官办或官督商办，但是洋务派官办企业有"统制经济"的通病，不管是经济效率，还是经济效益都很差，它不计成本和利润，机构臃肿，任人唯亲，裙带关系很容易导致腐败，存在非常大的弊端。唐廷枢、徐润和郑观应等对这个问题看得很清楚，企业究竟应该官办、官督商办，还是商办？首先必须要弄清楚它的产权问题。郑观应提出"商战"思想，要达到国富民强，不能仅靠官办，还应该大力倡导商办，就是说应该自由竞争，搞市场经济。直到今天，大家还在议论"国进民退"或者"民进国退"，其实郑观应在100多年前就已经触及了这个问题。

读史使人聪明，郑观应以商立国的思想对于当今还有启示作用。比如他认为搞经济的形式可以多元，既要有官办，也要有商办，也可以官商合办，这些经营管理方式各有利弊。根据当时的实际情况，郑观应比较认同官督商办，但是官督商办要划分清楚"官"和"民"的权限，不然就会滋生官商勾结和腐败垄断等问题。即便是官督商办，主要应该还是侧重于商办，政府可以加强监督，但是不能过度干预，更多的应该是保护商办企业的发展。中国特色社会主义市场经济建设同样如此，既有国营，也有民营，权衡好两者的关系，政府应该制定相关政策来保护民营经济，并发挥引领和监管作用。从近代中国一直到现在，怎样处理好政商关系？这个问题仍值得深入探讨。

学界传统的观点将洋务运动的终结时间定格在19世纪90年代，即以甲午战败为标志，因为洋务运动失败了。这样笼统地讲并不准确，虽然军事失败了，但洋务运动的经济成果延续下来了，比如轮船招商局、开平煤矿、电报局、江南造船厂等大批企业之后还在经营，只能说洋务派求强求富的目标没有实现。洋务派的失败是必然的，因为即便是所谓的

"师夷长技"也是脱离国情的，他们把西方企业发展形式照搬过来，不要说设计图纸，连螺丝钉都是进口来的，拧上去就可以了，然而与现代企业发展相匹配的管理制度、法律、产权等是空缺的，根本上缺乏支撑工业化发展的要素。

很多洋务企业是官办或官督商办的，不论官办或官督商办，都容易产生垄断市场、产权不清、效率低下、人浮于事的通病，洋务企业的教训对今天国有企业的经营管理仍然有启迪意义。

◉问　您认为维新派的代表人物康有为、梁启超，革命者孙中山、毛泽东等都受到了《盛世危言》的影响，这些影响表现在哪些方面？

◉张　郑观应、康有为、梁启超和孙中山是广东同乡，当然不能说同乡就一定会彼此影响，但从时间顺序来看，郑观应可以算是他们的长者。郑观应该说受到了魏源改良思想的一些影响，提出了"兵战不如商战"观点，撰写了引起社会强烈反响的《盛世危言》。那么到了康梁一代，康有为明确提出将中国"定为工国"，讲求物质；梁启超提出了"以工立国"，看到了机器生产的重大作用。相比之下，康有为的"定为工国"可能更为准确一点。其实，康梁的工业化思想和郑观应的"以商立国"意思相近，郑观应的重商主义思想实际上包括工商业，但比较强调的是商业，康梁他们主要是讲的工业，更贴近工业化。工业化不能简单理解为发展工业，应该包括农工商业，因为农工商不可能分离开来各自单独发展，应该是一体化的。所以从早期改良思想到戊戌维新变法存在一定的延续性，是一脉相承的。

康梁从改良走到了维新，而孙中山则从改良走到了革命，前进了一大步。刚开始孙中山给李鸿章写信，试图通过郑观应转交，说明孙中山当时也主张改良，他显然受到了郑观应的影响。我曾经发表过一篇文章，题为《论孙中山的机器观》，孙中山所讲的"机器"内涵很深刻，实质上就是工业化的问题，其中有些表述和郑观应的实业救国思想是很相似的，当然孙中山在郑观应认识的基础上确实又有了很大的发展。

孙中山似乎并没有直接讲他曾受到过郑观应的影响，毛泽东则亲口说自己年轻时曾经阅读过《盛世危言》，激起了他"重新学习的欲望"。由此可见，郑观应不仅有超前意识，提出了系统的理论主张，而且对后来著名历史人物都起了很大的启蒙作用，推动了一系列重大的社会变革，如康梁搞戊戌变法，孙中山和毛泽东闹民主革命。因此，可以说《盛世危言》促进了中国历史发展的进程，影响非常深远。

◉**问** 您认为买办在为洋行服务的过程中，不仅感受到华洋之间的不平等，也亲见国家利权的大量流失，其民族意识逐渐觉醒，郑观应就是典型代表之一。请您谈谈郑观应的民族意识表现在哪些方面？

◉**张** 晚清以来国人对买办有个根深蒂固的认识，就是买办代表了洋人的利益，是为外国侵略者服务的。买办被贴上了反动的政治标签，人们想当然地断定买办是卖国的，甚至就是汉奸，但事实上并非都是如此。当然有买办不爱国、当汉奸，但是也有相当一部分买办不是这样的，不能用是否和洋商打交道来判断买办的立场，或作为政治判定的前提和标准，这是不对的。买办实际上就是洋行设立的一种工作岗位。当时有很多买办在工作过程中，看到同胞被洋人欺负，或者本身受到不公平待遇，和洋商产生矛盾，很自然地就会激起民族意识和国家情感。我曾经研究过太古洋行的莫氏买办世家，其中莫应溎就是一位著名的爱国人士，是中华人民共和国成立时在香港升起五星红旗的第一人。

另外还有不少买办成了实业家，创办近代企业，对推动民族经济发展作出过重要贡献。买办在洋行工作会忠于职守，领取工资，此外他也可以干自己的事情。很多买办把自己的经营做得风生水起，像徐润、唐廷枢等人在上海做买办的同时，还一起开办了仁和医院和保险公司。唐廷枢一生兴办的企业多达 47 家，在中国近代经济史上创造了许多个第一，逐渐变成著名的民族企业家。

郑观应不仅当过买办，并且自营贸易，还先后被李鸿章委任为上海机器织布局、轮船招商局、上海电报局总办。在这种亲身经历中，他的民族意识逐渐觉醒，要走"实业救国"之路，为国家的强大和民族的振兴奋发努力，表现出可贵的民族精神。郑观应很注重研究时政，主张变革以抵御外侮，收回海关，保护关税，敢于与洋商竞争，通过"商战"而"制西人以自强"，这是其思想体系的精华。

◉问　郑观应在《盛世危言》中提出举办世博会，是中国主张举办世博会的第一人，为什么郑观应会有举办世博会的主张？

◉张　世博会是文明时代文明成果的展示，在 19 世纪是一个新生事物。国际上最先进的文明成果汇集在会上展示，可以加强各国人民的广泛交流、传播和竞争。晚清封闭落后，一般人是不会去关注世博会的，但也有一些先进人物注意到了世博会的影响力，徐荣村是第一个去参加 1851 年首届世博会并获得参赛品大奖的中国商人，郑观应是第一个提出要举办世博会的中国人。他们恰好都是香山人，这不是偶然的，由于香山毗邻澳门，人们很早就接触和接受西洋事物。郑观应在《赛会》篇里集中反映了他对世博会的理解，认识到世博会可以使"民之灵明日辟，工艺日精，物产日增，商务日盛"，对国家社会经济发展有很大促进作用，故而大胆提出在上海举办世博会的主张。相比之下，郑观应比徐荣村更进了一步，不限于去当世博会的参与者，而是要做一个主办者，鼓励更多的同胞去亮相、学习、交流与竞争。

举办世博会是萦绕在当时仁人志士心头的一个梦想，他们已经意识到落伍就要被欺负和淘汰，民族企业一定要走到时代的前列去。虽然中国当时还很落后，但郑观应清楚看到了世博会潜在的价值和意义，有举办世博会的自信，更可贵的是当地中国真的如其所愿，在上海成功举办了世博会。早在 19 世纪末，郑观应就有这种眼光，真的特别可贵。

◉问　请问郑观应倡导举办世博会，底气来自哪里？

◉张　这种底气来自两个方面：一是上海已经成为远东著名的大都市。举办世博会，首先要选择一个有世界影响的举办地点，郑观应描述上海"为中西总汇，江海要冲，轮电往还、声闻不隔"，意思就是说上海不仅地理位置优越，而且商贸发达，已经是一个国际化的大都市了。二是中国有在世界上有竞争力的商品。世博会被誉为世界经济、科技、文化的"奥林匹克"盛会，就一定要拿具有竞争力的商品去展览，中国有很多好的东西，茶叶、瓷器、丝绸等等都独树一帜，之前郑观应的同乡徐荣村参加世博会还获了奖，这充分表明中国有很多物产是可以拿去展览和竞争的。

◉**问** 中国近代四大买办中，就有三人来自香山，您认为唐廷枢、徐润、郑观应之间相互提携与合作，以上海为中心，建立起了庞大的商业网络和人际关系体系，成为 19 世纪中国工商界的头面人物。请您分享下唐廷枢、徐润、郑观应之间相互提携与合作的经历以及对他们各自发展形成的影响。

◉**张** 唐廷枢、徐润、郑观应之间存在亲缘、地缘、业缘（即三缘）的关系，交情是很深的，这促进了他们之间的相互了解、信任与合作。特别是唐廷枢和徐润的关系更为紧密，合作也更多，对整个形势大局的把握应该也是有共识的。其实不仅仅是香山人，整个华人经济圈都有这么个共同特点，就是注重"三缘"，通过这种特殊关系，把相关的人拧在一起，形成牢固的人际关系圈，可以一直扩至很大的范围，甚至随着华侨的散布而到达全世界，这一点连外国人也意识到了。李鸿章请唐廷枢来接办轮船招商局，但是唐廷枢单独来办，首先融资就有困难，而且唐廷枢还有其他很多事要做，很难投入全部精力来经营，于是他把徐润、郑观应先后拉进来，就是因为他们相互了解和相互信任，知道对方的长处，共同合作就能达到共赢。

另外，他们三人各有特点。唐廷枢是一位实业先驱，他先后创办了数十家企业，而且办得都很好，可以说是一位出类拔萃、影响深远的实干家，他逝世时各国驻天津领事馆都下半旗志哀，李鸿章亲自主持葬礼，唐山的老百姓还为其建立了"唐公祠"，可见社会对唐廷枢的评价是相当高的。

徐润的生意做得相当大，茶叶是近代中外贸易极为重要的商品，而他被誉为"近代中国茶王"。现代化的空间就是城市化，不然工业化只能是空中楼阁。徐润敏锐地看到上海百业振兴，万商咸集，地价必将日益腾贵，于是又搞起了房地产，成为华商界的"地产大王"。这样一来，人口就很快集聚起来，促进了交通的大规模建设和工商业的蓬勃发展。可以说，徐润在推动上海的现代化发展方面作出了很大贡献，这也为他积累了大量的财富。

郑观应和唐廷枢、徐润相比，有共同的地方，就是都有买办和经商的经历，但除此之外，他还是个理论家、思想家，他的境界要更高一些，眼光更远一些，对社会产生的影响实际上更大，所以我还是比较同意熊月之的评价，认为郑观应是个"通人"。郑观应作为一个很出色的实业家，同时熟知古今中外，关心时政，这个是比较少见的，唐廷枢和徐润在这方面似乎就不如他。郑观应一定花了比其他两位更多的精力去思考问题，去写文章和著作，但要写作还得看很多资料，这就要花大量时间去阅读。

郑观应为我们提供了思想和理论，比如《盛世危言》中有一篇专门讲银行，我们知道银行是外国人带进来的，作为融资工具，中国商人自古也有自己的银号、钱庄、票号，虽然这也是金融机构，但相比于先进的银行，这些机构是传统社会的产物，如不与时俱进就会被淘汰，郑观应预测到了这一点。现代经济最顶尖的就是金融，现在已经发展到全球化了，国际之间的贸易战也是商战，顶级的就是金融战争。100多年前郑观应已经很敏锐地察觉到银行金融的重要性，说明他的认识是很深刻的。还有刚才说到的世博会，当时没有几个国人关注到世博会，即使是参加了，也没有郑观应那样深刻的认识。

◉**问**　唐廷枢、徐润、郑观应三人之间相互有什么影响呢?

◉**张**　他们相互之间的影响我没有太多的关注，但他们是买办世家，又都有"三缘"关系，相互关系很密切。传统中国就是一个熟人社会，我记得小时候和左右邻居都很熟的，经常会串门，连吃饭时都会互相走动，以前的个人圈子是比较小的。中国人注重人际关系，当你到了异乡，哪怕不是一个宗族的，甚至都不是同姓的，只要是同乡或者同业，就会有来往，相互提携。唐廷枢、徐润和郑观应曾一起在轮船招商局工作，那不是偶然的。盛宣怀和唐廷枢、徐润之间有矛盾，但没听说唐廷枢、徐润和郑观应之间有相互拆台的，这也是一个反证。

◉**问**　您认为当今盛世，实亦有喜有忧，我们应当继承和发扬郑观应遗留的思想与精神财富，居安思危，面对复杂多变的形势，时刻保持清醒的头脑。您认为当前我们应该继承和发扬郑观应的哪些思想与精神财富?

◉**张**　我认为面对纷繁变化的世界，要保持清醒的头脑，也要有忧患意识。你看《盛世危言》的书名，本身就耐人寻味。忠言逆耳，一般的人，尤其是当政者通常容易好大喜功，不愿听警示，既不肯、也不愿意去了解外部世界，沉浸在自己的天地里，就是井底之蛙。特别是中国传统社会，因为受到浓厚小农经济意识的局限，看问题比较片面，容易走极端。乾隆皇帝曾自诩"天朝物产丰富，无所不有"，英国使臣马戛尔尼曾经来中国拜访，想通过谈判开展贸易，开辟中国市场，但乾隆皇帝却把英国当成朝贡国，认为是来朝拜的，所以必须按照清朝的礼仪来下跪。乾隆认为我天朝上国，无所不有，自给自足，根本无须与外国通商，傲慢地拒绝了马戛尔尼提出的要求。可见当时不少人自以为我就是世界的中心，根本就不知道，也不关心外界发生了什么变化，处境多么危险，仍然闭关锁国，洋洋自得，盲目自大。这种现象、这种意识并没有随着历史的变迁而消失，现在国际局势仍然复杂多变，所以我们应该像郑观应一样，居安思危，保持清醒的头脑。《盛世危言》中的"盛世"到底是不是"盛世"？1894年中日甲午战争就将清朝彻底打回了原形，我想郑观应不可能真的认为是当时是盛世，如果晚清真的是盛世，他也不必费心写《盛世危言》这本书了。今天当然可以说是盛世，但是历史经验教训还是需要借鉴的，我们应该像郑观应那样具有问题意识，随时保持清醒的头脑。

●问　您在《近代粤商与社会经济》中对粤商的精神特质进行了总结，认为他们商业意识浓重、敢于冒险拼搏、勇于开拓创新，请问唐廷枢和郑观应等买办是否也具有这种特质？表现在哪些方面？

538　　●张　唐廷枢、徐润和郑观应作为近代粤商的杰出代表，充分表现出了敢于冒险拼搏、勇于开辟创新的特质。唐廷枢一生创办了很多现代企业，其中包括了很多中国的"第一"，如第一家机械煤矿、第一家保险公司、第一条铁路、第一家机器棉纺厂等。郑观应也创建了上海机器织布局、上海电报局等重要企业。这些新兴的行业和企业是中国以前不曾有过的，既然是开拓性的工作，就需要有冒险精神，因为它毕竟是一个未知的领域，就像鲁迅所说的，"其实世上本没有路，走的人多了，便变成了路"。路是人走出来的，但第一个去走的人那就很不简单。西方经济学家熊彼特认为企业家的实质就是创新，可能有人会说现代行业及企业外国不是早就有了吗？唐廷枢、徐润和郑观应等只不过是学习和引进了西方的那一套而已。我们当然不应强求近代的这些人去做多少原创，但是他们确实建立了中国过去所没有的行业及企业，而且适合国情，办得比较成功，积累了经验，有很强的引领作用，这就带有开创意义。

唐廷枢和郑观应在企业的经营管理方面也有很多创新。郑观应在《盛世危言》中提到了商律，所谓"商律"实际上就是经济法规，书中提到现代企业应该建立一套规章制度，虽然这并不是原创，但是他很好地吸收并利用了国外先进的知识和理念。还有一点是很可贵的，郑观应不像洋务派那样机械地搞全盘西化，而是注意结合国情，比如中国以前就有采用无限责任的合伙制企业，但没有股份有限公司这种组织形式，郑观应将恪守信用的传统经商美德和西方严格的企业管理制度结合起来，倡导创办股份有限公司，也就是我们前面讲的，把古今中外好的东西有机融合起来。这种创新符合国情，效果不错。唐廷枢、徐润和郑观应等人能在上海滩成为头面人物，绝不是偶然的。

◉问　《盛世危言》对政治、经济、军事、外交、文化诸方面的改革提出了切实可行的方案，光绪下旨"饬总署刷印二千部，分送臣工阅看"，但这些方案鲜有落实，为什么？

◉张　这有以下两方面的原因：一是光绪皇帝缺乏实权。虽然他比较重视《盛世危言》，敕令印2000本给大家看，但当时中国传统的旧势力还是非常强大，另外，光绪皇帝本身就不掌实权，不像唐太宗或者日本明治天皇那样，他本身就是个傀儡，底下的大臣们未必是真的遵从他。当时真正的权利掌握在慈禧太后手中，大臣们更为关心的是慈禧什么态度，如果是慈禧下旨则更为有效。二是《盛世危言》中有些内容对于清朝当权者来说是难以接受的。"中体西用"应该说还是比较贴近当时统治阶级利益的，当别人还在走第一步的时候，郑观应已经前进很多步了，所以书中的很多建议具有前瞻性，不能被当权者理解和接受，超前的方案当然得不到落实。郑观应提倡在经济上发展资本主义，在政治上主张开议院，实行君主立宪制，这简直就是要革顽固派的命了，他们绝不可能接受，如果真要这样做，那就不会有后来的辛亥革命而变为中国版的明治维新了。总的来看，当时整个清朝统治阶级普遍都不会认同《盛世危言》关于体制改革的主张。

◉问　您在《近代粤商与社会经济》中提到，郑观应对张弼士尊崇备至，誉其为"商务中伟人"，为什么郑观应对张弼士有如此高的评价？

　　◉张　张弼士去世的时候，郑观应作《荣哀录》，追忆自己和张弼士之间的交集，提到他们曾是旧交和拜把兄弟，说明两人之间交往是很密切的。郑观应和张弼士是旧交，这是有事实根据的，比如曾经一起在粤汉铁路局共事过，张弼士主持粤汉铁路对于一些情况不太了解，经常会去咨询郑观应，说明其关系确实不一般。两人还在广东商务总会共事过，在私人经济上也有合作。郑观应跟很多人拜过兄弟，虽然其中难免带有功利色彩，但他与张弼士有许多共同语言、人生志趣。他们经常有书信往来，切磋救国之策、商战之术，"初则学商战于外人，继则与外人商战"的思想不谋而合，郑观应将张弼士誉为"商务中伟人"，可见是很看重对方的。

　　◉问　郑观应不管是在官场，还是在商场，为什么都可以建立这么好的人际关系？

　　◉张　我认为主要有以下三个方面的原因：一是受过系统的儒家教育。郑观应的父亲郑文瑞是一位"不屑以寻章摘句为能"的普通文人，终身未获科名，长期做乡村塾师。因此郑观应在17岁离开故乡之前，受到了父亲严格的儒家传统伦理道德思想熏陶，即使父亲安排他到上海学习经商，也告诫"不得废书"，这为郑观应的人生描画了底色。熊月之曾将郑观应称为"通人"，赞其学通儒道与中西，知行合一，而且世事洞明，这与他的长期坚持学习是直接相关的。同时郑观应善于思考，所以能在报纸上不断写文章，也许这是他能跟当时江浙一带开明知识分子，如经元善、谢家福、王韬等人建立交往的一种基础。

二是待人真诚。人脉广，肯定与郑观应的为人处世密切相关。刚才讲到他和张弼士的关系，张弼士虽然不是实官，但其官位很高，遇到什么问题不懂，都要去找郑观应咨询，可见郑观应不是那种小心眼的人，比较豁达。人与人之间的交往就是这样，如果你不是诚心待人，就很难指望别人诚心待你，我认为香山买办在为人处世方面还是比较注意的，感觉郑观应表现得很出色，不论跟谁共事都能融洽，比如与盛宣怀以及其父亲、弟弟关系都不错，这是真诚待人的结果。

三是人品很好。郑观应虽然是一位商人，但又不是一个纯粹的商人，有思想、有见地的商人可以说并不多。而既有洞见又有深刻理论修养的商人，这就不得了了，这就是郑观应的特色。郑观应工作也不是纯粹为了赚钱，最终其个人财富并不是太多，但是他愿意花大量时间和精力来著书立说，形成自己的思想认识体系，可以说郑观应是一个关注时政的人，就是所谓"抬头看星空的人"，不屑于和小人争利益。他不是只顾享乐的人，也不是贪得无厌的人，有这种品格的话，对于各种友人都可坦诚相待。

◉问　粤港澳历来联系紧密，在中国近代史上具有独特的地位和作用，您对粤港澳经济史做了深入的研究。2019年2月18日，中共中央、国务院印发了《粤港澳大湾区发展规划纲要》，要推动三地更加紧密的合作。最后以史为鉴，请您谈谈未来粤港澳三地应该如何加强经济社会文化合作？

◉张　讲这个问题还是离不开历史，我只能简单说一下。从有澳门开始，明末清初以来，珠江口这个地方谁的地位最重要？谁是老大，或者说谁是龙头？如果群龙无首，一个地方就会缺乏凝聚力，也谈不上合作。鸦片战争之前，广州"一口通商"所带来的利好，基本垄断了全国的对外贸易，澳门只是附属于广州海关的港口，而那个时候"香港"还是个小渔村。有些专家认为在五口通商后，广州失去外贸垄断地位，逐渐衰落，但我认为广州其实一直都没有衰落，仍是对外贸易和开放的重镇，只是地位不像以前那么突出了。香港真正发展腾飞应该是在 1949 年中华人民共和国成立之后，当时中国面临西方资本主义国家的封锁，能够与外界交流的主要渠道就是通过香港，香港确实也发挥了中外转口贸易的枢纽作用，作为内地城市的广州在国际上的地位当然就不如香港了。

近代广州与香港之间的"龙头"之争发生不少经济纠葛和政治纠纷。比如 1925 年至 1926 年的省港大罢工沉重打击了港英政府，广东革命政府在罢工期间修建黄埔公路，以支撑黄埔开港。因为孙中山在其《实业计划》中，早就讲过要以广州为中心，打造"南方大港"，其中既有抵制英国侵略的反帝意义，也有加强广州与英国殖民统治下的香港相竞争的用心。所以广东政府要实现孙中山的遗愿，要在黄埔开港，必然会影响到香港的利益，激起两地之间的矛盾。

在近代广州与香港之间的"龙头"之争中，既含有民族大义和政治大义的成分，但确实也有经济上的地方利益保护主义。比如说广九铁路和粤汉铁路的接轨问题，民国前期粤汉铁路已经是南北交通大动脉了，但粤汉铁路只通广州黄沙，广九铁路到广州大沙头就结束了，两条铁路一直未予连通。港英政府、香港民众包括华商都是希望两路接轨的，然而广东政府、商人及老百姓却强烈反对。直到全面抗战爆发后，中央政府命令两路必须接轨，因为很多外援物资要经过铁路从香港运往内地，如在中途上下卸货，从大沙头再搬到黄沙，费时费力，当然不能这样瞎折腾。这个时候广东方面的反对就没有理由了，毕竟抗战关系到国家民族大义，所以两路一下子就接通了。通过这些例子，我们可以看出广州和香港在历史上一直是暗中较劲的。

1949年以后很长时间广州和香港各自发展，联系不多，甚至还有点"老死不相往来"。改革开放后，粤港澳关系越来越紧密，但问题又出来了，珠江口群龙并起，龙头之争的状况似乎是历史的重演。然而情况更复杂了，因为改革开放以后，深圳崛起很快，由一个边陲小镇变为现在国家的创新高地，又增添了一个新的龙头之争。经过几十年的高速发展，深圳的经济实力不仅超过了广州，也超过了香港。怎么解决好区域内的协调发展？各方面都在思考这个问题，比如建设城市圈或城市群等建议，其间我也从城市化的历史角度发表过一些论文。刚开始珠三角经济区划分为广佛肇、深莞惠、珠中江三大经济圈，后来将邻近省份加进来形成大珠三角，即所谓的"9+2"，现在再融入香港和澳门，最终形成了粤港澳大湾区的概念。

前述的那种龙头之争是不对的，区域之内的发展应该是合作共赢，最为关键的就是定好位，"粤港澳大湾区"的定位很清晰，不仅是中国的，而且还是世界级的大湾区，它本身就是一个超级城市圈或城市群，这样就不可能只有一个核心城市（龙头），所以国家将深圳、广州、香港、澳门都定位为大湾区的核心城市。比如深圳是高科技制造中心、香港是国际金融中心、广州是商贸物流枢纽城市，彼此各有所长，应该错位发展，优势互补，这样粤港澳大湾区的前途就会很好。

●问　粤港澳大湾区建设已有一年多的时间，您认为现在粤港澳大湾区最大的瓶颈在哪里？

⊙张　香港特别重要，它不仅是国际金融中心，也是国家对外招商引资的接口，是粤港澳大湾区打造"世界级湾区"的核心城市。但从当前来看，粤港澳大湾区建设最大的问题就是香港，主要表现在以下两个方面：一是经济问题。股市是经济的晴雨表，原来香港股市和美国股市的主要指数是差不太多的，现在已经低了很多，尽管股市不能完全说明问题，但这反映出香港的经济形势不景气。二是人心问题。香港民众特别是年轻一代对国家的认同度是一个很深层次的问题，加以经济发展比较低迷，不少重要的国际航运、金融公司纷纷转移到了新加坡等地，对香港社会的安定产生了不利影响。

我认为对当前粤港澳大湾区建设来说，香港这个点还是非常重要的，应该继续保持发挥其特殊作用，但要解决好这个问题还需要若干年的努力。

●问　您在研究过程中如何培养学生的问题意识？

⊙张　凡是有经验、负责任的老师，都会强调问题意识的重要性。我认为作为一名学生，首先要有问题意识。我们的教育有一个很大的缺憾，就是不太注重培养人的问题意识，从小学到大学，直到研究生都是这样，所以他们上课时基本上是不提问的。我在大学从教 35 年，目前停止教学了，因为要荣休了。我觉得几十年来，过去在课堂上还有一些学生提问，现在就很少人提问了，比较喜欢埋头看电脑或手机。上课时，我一般都会启发学生提问题，但容易冷场，学生都不吭声，好像没有发现什么。如果点名，在这个状态下学生被动回答，但也说不出个所以然。因为学生没有提问题的习惯，没有受到过这方面的训练。在课堂讨论上，很多学生表现沉闷。在这种情况下，教师也只能满堂灌了，我觉得这种教育很糟糕。

高校学生带有普遍性的这种状况，肯定自中学就是这样的，甚至小学就开始了。问题出在哪里？我认为有以下两个原因：一是来自应试教育，学生只要掌握标准答案就可以了。所有的各级考试特别是文科，都有标准答案，学生必须按规定模式答题。现在搞教学改革，连大学考试试卷也要配标准答案了，这是以前没有过的。大学生学习和思考怎么要按照事先确定的标准答案来？这显然是倒退，莫名其妙！这种标准化教育实际上就是搞形式化，很难让学生有发散性思维，他们只需关注答案就可以了，难怪提不出问题。二是从小就被压抑了问题意识。很多小朋友刚上幼儿园、小学的时候，本来是很活泼积极的，但逐渐就变得沉闷了，因为老师强调课堂纪律，特别是要听话，死记硬背教科书，并不鼓励上课提问，由此形成了一种消极的氛围。

除了给本科生上课外，几十年来我还带了数十名博士生和硕士生，带每一届学生的时候，我都会强调要有问题意识，要培养发现和解决问题的能力。有些学生希望我指定一个题目给他做，这是懒汉作风，我一般不会这么做，除非他实在没有办法。我给学生们讲，当初我读书的时候，老师讲完课要留时间给大家提问题，鼓励自觉去探寻。刚开始时我们也不太习惯，上课只是认真听讲，一边听一边迅速做笔记，生怕漏了一句话。当课讲完了，老师让我们提问题，一时真的还提不出什么来，因为上课时只注意听讲和做笔记，没有认真思考。所以老师曾告诫我们说："没有问题，就是最大的问题。"我对这句话的印象特别深。后来我在学习和工作过程中，积累了一些经验，感到要多看书多思考，才能形成了自己的问题意识。刚才讲到我来广东工作后，就积极去了解岭南地区的近现代社会经济状况，通过阅读和思考找到了今后的研究方向。所以对一个学生来说，非常重要的就是要有这个意识，要善于开动脑筋，要去找问题，有时候表面上看起来好像没什么问题，其实是有问题的。

第二，找到"问题"之后，还要去查阅资料，确认它到底是不是个问题。有些学生针对自己找出的问题写了论文，但是交给老师一看，才知道别人早就做过相关的研究，你一点都没有超越，这等于做了一件毫无意义的事情。学术的生命力就在于创新，绝不能去重复别人已经做了的研究。所以第二步就是要确定你所找到的所谓"问题"是否值得研究，但是往往有人比较忽略这个环节，在这方面必须下功夫去多做学术史回顾和梳理，尽力掌握国内外学术动态，才能鉴别你所面对的是否是真问题，应该从哪里切入。由于学生没有经验，以为发现了一个问题，其实它可能本身并不是一个什么问题，或者这个问题前人已经解决了，但这没有关系，指导老师有责任培养学生的能力。

第三，还要进一步确定能不能解决问题。当题目确定后，就要制定研究计划，思考怎么解决问题，这需要培养、锻炼克服困难的毅力和能力。我觉得研究生阶段最重要的就是要学会自己去找问题来解决，如果读了几年书，却没有这种意识和能力，简直就是白读了。这样的话，毕业出去工作也难有大的作为。

◉ **问**　刚才您讲到讨论式教学，如何在课堂上展开讨论？

◉ **张**　课堂讨论冷场是常见的，不管是本科生还是研究生都会这样。我认为有两方面的原因：一是学生不适应提问题和讨论的方式，因为从小就没有经历过这种训练，所以不知所措；二是高等教育扩招后，学生质量普遍下降了。基础知识比较薄弱，老师讲的没有听懂，而且课后也没有进行深入的阅读准备，怎么能够提问题？现在的学生在大学之前就是应试教育训练，只知道死记硬背，根据标准答案反复模拟做题，一离开听讲和考试就不知所措。知识面很窄，即便已经读到研究生了还是这样，甚至连专业方面的重要事件和人物都不知道，这就增加了教学的烦恼。

学生进来后我要求他们多看书，并预先指定一些参考书，供课堂进行讨论。比如我要讲孙中山的经济思想，就告诉博士生预先阅读孙中山的《建国方略》和《三民主义·民生主义》，并提示要点，要求认真思考，带着学习心得和问题来参加课题讨论，这样做的效果就很好。

　　◉**问**　谢谢张教授接受我们近 5 个小时的访谈，您辛苦了！

　　◉**张**　晚上还要赶着回去，你们也辛苦了！

邵雍

邵雍（1953— ），浙江慈溪人。上海师范大学人文学院历史系教授、博士生导师。

主要研究方向：中国近现代帮会及下层社会史。

主要著述：《中国会道门》（上海人民出版社，1997）、《秘密社会与中国革命》（商务印书馆，2010）、《中国近现代史论集》（学林出版社，2015）；《中国帮会史》（上海人民出版社，1993）；编著有《中国近代社会史》（合肥工业大学出版社，2008）。参与编写有《中国近代史教程》及其增订本、《新编中国现代史》《中国史学史》等27种。

主要论文：在《历史研究》《近代史研究》《抗日战争研究》《党史研究与教学》《民国档案》等学术刊物上发表了近100篇论文。

时　间：2021 年 9 月 21 日
地　点：上海社科院招待所
口述者：邵　雍
采访者：龙良富
整理者：闵祥晓

◉问　邵教授，您好！我们是"郑观应研究口述史"项目组，非常感谢您接受我们的访谈。您是中国近现代史特别是社会史研究方面的专家，著述颇丰。您 1978 年考入上海师范学院历史系，又在本校攻读中国近现代史专业研究生，毕业留校后一直从事近代史的教学与科研工作，到现在已经 40 多年了。当时考入上海师范学院时，您为何选择历史系？您对历史学的兴趣始于何时？您这么多年的近代史教学和科研经历，关注的重点有哪些转变？

◉邵　我从小喜欢读书，对历史有种天然的兴趣。当初喜欢历史学，其实跟 20 世纪五六十年代特殊的历史背景有关。20 世纪 60 年代初的中苏论战、十年动乱时期的大批判涉及不少历史问题，当时影视作品中的海瑞罢官、秦始皇史学素材，引起了我的关注和兴趣。所以 1978 年考大学的时候，就选择了历史专业，当时也有些人不以为然，说历史有什么好学的？全是假的，我说也不一定。

我就读的大学当时叫上海师范学院，有一些功底很深厚的老先生们，他们对于近现代史很有研究，比如说清华大学历史系毕业的季平子先生，他专门研究甲午战争和中国近代对外关系，给我留下了比较深刻的印象。进入大学，接受正规的史学训练之后，我逐渐把兴趣集中到中国近现代史方面，早在本科生阶段，就有意识选修了好几门近代史的课，打下了比较好的基础。

进入研究生阶段，由于导师魏建猷先生是会党史专家，专门研究中国秘密社会，所以我硕士学位论文的内容也是关于会党史的。后来在高校里任教，我一面从事近代史的相关教学，一面进行相关研究。但自 2008 年起，随着建党百年的临近，我将研究的重点转移至党史特别是中国共产党的创建史方面了。

◉**问**　我看了一下您的研究成果，您不但做了会党史研究和我们党的创建史研究，也关注了很多社会底层的研究，比如说妓女史、贩毒史，也对乞丐、人力车夫做了一些研究，是什么样的原因让您把视角放在社会最底层的阶层去做研究？

◉**邵**　以前的历史研究主要研究政治类人物，"文化大革命"以后学界也在反思，认为这样搞比较单线条，千百万人民的日常生活也应该受到关注。1988 年后，开始出现中国社会史学会等机构，他们基本上会定期召开全国性的讨论会，每次讨论会以后还会出版会议论文集，论文的研究对象包括会党、会道门①、绿林好汉或者贩毒群体、妓女等平民

———————————

① 会道门是"会门"和"道门"的合称。由于各类会、道、教、社大肆泛滥，混合生长，多名、重名和改名屡见不鲜。中华人民共和国成立后将其统称为会道门。

百姓。我对这些会议涉及的选题很感兴趣，这也让我对中国近代史有了一种新的认识，毕竟这些研究切入的角度不一样。

到世纪之交，随着政治氛围的宽松、新的历史资料的发掘，这些方面的研究都有了很大的进步。1949 年中华人民共和国成立，总归要对旧社会的污泥臭水来一番大扫荡，这个也是社会改造很重要的内容，任何一本书、任何一种社会史的研究都不可能不提这些东西。所以说，为什么要写这些书？或者说这些书为什么卖得掉？原因就在于，随着改革开放的推进，一些过去貌似已经解决的问题有死灰复燃的现象，像会党方面出现了带有黑社会性质的团伙，以前社会秩序很好的地方出现车匪路霸，全国还开通了匪警电话。随着经济的开放和意识方面的多元化，黄、赌、毒沉渣泛起，污染了社会风气，逼着人们思考过去是怎么处理这些问题的。这是这一类的著作或者论文受到关注很重要的现实原因，希望从过去的历史中借鉴现实问题的解决办法。但是有一点要注意，改革开放的时候跟 1949 年毕竟有很大的不一样，原先的很多条件都已经丧失了，比如严格的单位所有制，包括粮食的管控、户口管控等，刚开始时可行的这套东西，放在 1989 年、1999 年不一定有用，所以要正视现在的新问题，要拿出新的办法。

◉问　是的，这些问题所依存的历史场景发生了变化。

◉邵　对，历史的条件也发生了变化。

◉问　收集社会底层的这些资料，肯定要比收集社会精英的资料更难，他们自己的资料或者是他们在历史中形成的资料可能很少，所以当时写这些书或者这些文章的时候，是否面临着更大的困难？

⊙ 邵 　对。

◉ 问 　您是怎么来解决这个问题的？

⊙ 邵 　因为当时社会全面兴起，社会史有社会史的优势。我的研究思路主要是以上海《申报》为基本史料，那个时候还没有电子版，自己花了大概一年半的时间，从《申报》中一张一张翻过来。除了教学之外，就在图书馆里面连续不断地找，按照自己的需要做出目录索引，比如说关于帮会的，关于土匪的，做好的目录索引检索起来非常方便。当然了，还有一些比较靠谱的杂志如《东方杂志》，也有一些比较准确的报道。大概在 20 世纪 90 年代的中后期，天津人民出版社出版了《老新闻——民国旧事》（1912—1949），它是根据天津能够找到的有代表性的报纸，从 1912—1915 年一直编到 1947—1949 年，其内容相当丰富，社会史占了很大的比重，这也给我提供了很多有用的线索。当然仅仅依靠报纸是不行的，报纸是即时性的记录，往往不是很完整，需要再想办法去找。

当时还有一个有利条件。从 1978 年开始，中华人民共和国第二轮的修志工作启动了。按照国务院地方志领导小组的统一安排，这一批史书有个特点，每个地方的志书的某些章节可能是一样的，比如说一定要有取缔反动会道门、社会改造的内容，各地方都有，这些都给我们提供了非常好的线索，你要研究某个地方，你就据此去找。

◉**问** 以史为鉴，这些史料也让您的研究成果颇具影响力。邵教授，您做了这么多的研究，除了刚才谈到的社会群体的研究，其实您也做了很多个体人物的研究，并取得了丰硕的成果。请您评价一下，历史研究过程中的个体人物或者是群体研究，它在当代社会的价值体现在哪里？

◉**邵** 人物是史学研究的主要对象，是历史活动的主体，研究历史一定要目中有人。没有人就成为一潭死水，没有细节，没有激情，也没有人愿意看。无论是在古代还是在目前现实生活当中，我觉得人物始终是历史的创造者，我们的史学论义或者史学著作，如果没有活生生的人物，这本书是没什么人看的。唯独以人物为主线，将他所处的时代串联起来，然后分析他在解决这个历史难题之际，究竟做了哪些贡献，才会引发我们的思考：在当时的情况之下，他能做什么事情。当然我们不能苛求古人，如果换成自己在那个时代，可能比他们要做得差得多，不能做事后诸葛亮。

现在我们常说现代社会主义是艰辛摸索，其实近代中国何尝不是艰辛摸索呢？可能还要更艰辛一点。所以人物是灵魂，是一种主线，你把人物写好，其他的问题也就迎刃而解。

◉**问** 是的，历史是人来创造的。

◉**邵** 对，人很重要，当然，有各种各样的人，我们不是小学课本，简单分好人坏人，历史人物是要分阶段来进行研究的。

◉**问** 我看了一下您的研究成果，您描写了很多有血有肉的内容。因为社会是由各个阶层构成的，它不仅仅包括这些知名的上层人士，还包括大量生活在底层的社会群体，这也是近代社会非常重要的组成部分。您研究底层社会群体，比如贩毒群体、妓女群体等，描述他们日常生活细节，梳理他们曾经走过的历史。这些研究在当前社会的价值和意义在哪里？

⊙邵　这些研究对思考和解决当前社会存在的问题很有参考意义。比如帮会、会道门等的反抗，当然有各种各样的情况，其中有一种情况是带有"正义"色彩的。他们往往是在正规的途径（比如投诉官方、法律解决等）达不到目的的情况之下，开始铤而走险，通过这样一种组织形式来搞反抗。虽然他们的组织形式并不严密，政治目标也不是很确定，往往容易被一些别有用心的野心家利用，但是我们以史为鉴，也要看到，尽可能在合法的框架里解决民众的合理诉求真的很重要，民可载舟，也可覆舟，对吧？你要把人家弄得实在走投无路了，他也只好这样了，这是非常深刻的道理。要认真接受每一个群众的来访、投诉，真正把人民群众的疾苦放在心里，设法解决群众的问题。要缓解社会矛盾，做社会的减压者，而不是人为地捂住矛盾，以免积重难返、问题越来越糟糕。

⊙问　您很多研究都聚焦于中国近代史的历史大背景，您所著《中国近代社会史》一书，对1840至1949年中国社会的情况进行了全面介绍，其中在剖析社会结构章节，您按"士农工商"的顺序对近代社会的平民百姓进行了分析。近代中国社会中，"商人"的社会地位较之前有了很大的变化，徐润、郑观应等人在洋务运动时期脱离买办职位，开始转向民族资产阶级，近代中国这种由买办转向实业家的家族有着怎样的特点？是怎样的社会历史背景推动了这一转向？

◎**邵**　近代中国确实有一部分买办转变为民族资产阶级。这一群人是随着我们中国社会的半殖民地化、半封建化应运而生的，如果没有资本或者帝国主义经济势力的入侵，也不可能有买办存在的土壤。但是外国人要到中国来做生意，在人生地不熟的情况下，他必定要依靠本地的资源和人力，买办在这个过程当中起了一个"介绍"的作用，对于外资外商拓展业务发挥了很关键的作用。但是也要看到，这一群体中的有些人还是有志向的，等到他熟悉了这套业务、这套流程，特别是客户关系之后，他自己做老板。学习了洋人的东西，把洋人这一套东西用于自己经营实业，像郑观应等人就有类似的举动，这也是为我们近代史学者所认可的，他们成为中国民族资产阶级比较重要的组成部分。从这个意义上来讲，近代商人或者说买办群体的出现和发展，当然有一定的进步作用。

◎**问**　从上海地方史的角度看，这类群体对上海的城市发展起到了什么作用？

◎**邵**　上海这个地方又不一样了，自从五口通商以后，在很短的时间里面，进出口的贸易就超过了广州，成了资本最集中的地方。五口通商造就了中国最早的买办队伍，并使之迅速成为一种社会势力。19世纪60年代以后，买办不仅数量大增，而且朝专业化方向发展，如商业买办、银行买办、轮船公司买办、保险公司买办、煤矿公司买办等等。在为外商服务的同时，有的买办也从事独立的经营，他们后来与外国人脱离关系，自我发展，找到了客户网络和一整套经营的方法，成为近代民族工商资本发展的先驱。

上海外商和民族资产阶级的产生，催生了中国最早的无产阶级。无产阶级在上海这个口岸最为集中。到五四运动前期国内大概已经有 200 万的工人，上海占了大概四分之一，非常集中。所以我们讲，用历史唯物主义的基本观点来看，经济是基础，它带动了社会一系列的变化，这是非常明显的现象。过去我们对这方面很麻木，改革开放之后，我们亲眼见证了经济对上层建筑的促进作用，整个社会从长期徘徊或者说发展缓慢，进入到快速发展的历史阶段。

◉问　确实如此。那么上海的快速城市化发展进程对香山买办或者说买办群体产生了哪些影响？带来了什么新的变化？

◎邵　香山靠近澳门，香山人对资本主义的了解肯定要比上海早，在鸦片战争之前就有所了解了。一些很敏锐的香山人在上海经商，他的商业选址选得特别好，上海南京路四大百货公司什么的，不约而同地都是香山人。如果换了别的地方投资，这些企业不一定有这么大的经济效益，所以香山人对上海商业发展起到了很好的促进作用。说实话，上海的经济发展并不是上海原住民的贡献，上海原住民的贡献可以忽略不计，就是各省尤其是南方沿海各省的精英们共同努力的结果，当然他们也要用上海本地的人力资源，但是起决定作用、领导作用、组织作用的，都是这些外地人，他们有力地促进了上海的经济发展。

◉**问**　《中国近代社会史》一书详细论述了以女性为中心的人生历程，其中对近代女性所遭遇的"溺婴""缠足"等进行了阐述。据史料载，1877年《万国公报》刊发文章历数裹足的种种危害；1883年康有为创办戒缠足会，对女性"忍气吞声""毁筋绝骨"的苦痛深表同情。郑观应《救时揭要》（1872年）中有《劝戒溺女》，《易言》（1875年）中有《论裹足》，《盛世危言》（1895年）中有《女教》等。是怎样的社会环境变化导致这些有识之士开始关注女性缠足等陋习？郑观应在关注女性方面还有哪些积极的倡导？这些倡导对当时社会产生了怎样的影响？

◉**邵**　女性缠足是中国封建时代遗留的陈规陋俗之一，不仅损害了人们的身心健康，也阻碍了社会的进步，并且常为外国人所耻笑，成为中国落后、愚昧、野蛮的标志，所以废除它们，就成为文明进步的一个表现。

早期维新人士郑观应在《盛世危言》女教篇中指出："妇女缠足，合地球大洲九万里，仅有中国而已。……独此事酷虐残忍，殆无人理。……偶有水灾盗贼，则步履艰难，坐以待毙。"这可能跟中山毗邻澳门有点关系，郑观应在关注女性方面的思想和倡导都是很超前的，他从人性关怀和日常生活实际的视角，积极倡导破除这种摧残女性身体的习俗。孙中山也坚决反对家里给姐姐裹小脚，面对这个几千年的老规矩，他们这些人还是有些先进的想法的。妇女在中国近代没有地位的一个根本的原因，就是被剥夺了接受教育的机会。中国近代社会普遍的观点是，养女儿是赔钱货，你培养她干什么？她总归是人家的，在家谱上也没有名字，不愿意花功夫去培养，人为地扼杀了很多有才能的人，所以我觉得反缠足真的是妇女解放的先声，首先从可以做到的开始，对吧？当然这也是中外进步人士共同努力的结果。

倡导反缠足，对当时社会产生了积极的影响。它具有反封建的历史作用，是社会文明进步的标志之一。倡导反缠足多少改变了人们固有的思想观念，开始追求男女平等、妇女解放，也必然使社会习俗、社会风气、思想观念等都因之发生很大变化。废缠足运动，解除了脚的束缚，使其人身获得自由，这是求得妇女解放最基本的条件。由此进一步对妇女的地位、权益有所延伸。在妇女界的言论中，女权思想已经开始萌芽和传播。

庚子事变后，清政府实行新政，劝诫汉族妇女裹脚的诏谕指出："汉人妇女，率多缠足，由来已久，有伤造物之和。""天足运动"成为清政府实行新政的前奏，所有的变革都是从心灵的解放、观念的转变开始，拯救自己被毁坏了的肢体成为妇女解放的第一个行动。

这个过程也是很艰辛的，我那本书里也讲到了，尽管1905年新政及中华民国临时政府成立之后都有反缠足的倡导，但是直到20世纪30年代，很多抗日根据地裹小脚的现象仍然存在。一般沿海地区可能得风气之先，然后再中部地区，然后再西部地区，并不是一刀切的，这些陋俗的破除过程是一个比较缓慢的过程。我那些书里面还提到，民国期间山西妇女还有晒脚会，大家会把脚拿出来比谁的小，当时还拍了一张照片，我们现在看来真的是愚不可及。

◉问　您对近代商会有很多研究成果。鸦片战争后，中国在中外商战中步步败北，主张商战的郑观应明确指出，要振兴商务就必须特设商务大臣，同时在各省设立商务总局（即总商会），并让各地商人自行择地设立商务分局（即分商会）。1903年，在郑观应、康有为、张謇和一些清政府官员的呼吁下，清朝在中央各部之外新设立了商部，作为统辖农工商实业的最高管理机构。为什么晚清的商人群体迫切需要自己的商会？在当时的社会条件下，商会具有哪些作用？在晚清商会筹建过程中，郑观应等商人群体是如何积极推动的？

◉邵　很简单，特别是在上海，外国商人（如英国商人）有商会，中国商人没有商会，在商业竞争方面显然处于不利地位。大概在1902年，我们要跟英国签一个新的通商细则，在谈判当中，英国方面有商会给他们出主意，我们中国没有这样一个机构，所以痛定思痛，觉得建立一个商会是相当有必要的。

从宏观方面来讲，任何事情或者事物的产生，都有一定的限制条件。商会产生最根本的原因在于，20世纪初期中国本土的或者民族的资本主义发展到一定的规模，想要在与外国的资本竞争中占有优势，就需要组织起来。商会有整合信息、沟通关系、推广业务、以集体力量与官方打交道等多种优势，所以对建立商会最积极的群体是商人，而不是晚清政府。不过，清朝官方是鼓励建立商会并予以扶植保护的。清政府还专门成立商务部门，对各类商会进行管理，也反映出最高统治者对发展本国经济的重视。

商会是工商业者自愿合作并依据民主原则运作的、具有民间性质的独立自治组织，作为资产阶级社团，它是早期现代化的主角，在促进资产阶级自身现代化和近代中国的资本主义工业化、民主化、民族化等方面显示了重要作用。具体作用包括制定合理价格、调节商务纠纷、维持市场秩序；引进先进技术设备，举办初、中等商业学堂，以造就新型商业人才；开办免费义务学校，参与兴办近代教育事业；同时商会反对苛捐杂税，参与抗税抗捐斗争，领导反美爱国运动和收回利权运动。

◉问　商会成立之后对社会产生了什么作用？

◎邵　商会成立以后作用是巨大的，最重要的是跟外国资本展开竞争，也就是郑观应提倡的所谓"商战"。"商战"是文明行为，大家根据统一的规则，利用自己的力量在规则范围内展开竞争。商会在我们近代的民主革命当中也发挥了很大的作用，针对美国排华的浪潮，上海的商会首先发动了1903年的反美爱国运动，提出了一个最有效的办法就是抵制外货，哪一个国家对我不好，我就不买你的东西，不是说我要把你的东西烧掉，而是买别国的东西。这个办法在中国的民族革命中屡试不爽。

五四运动、五卅运动其实都是这样的，外国人也没什么话好讲。其实在这个过程中商会起了很大的作用。从政治方面来讲，商会毕竟代表了资产阶级的利益，对于促进清末的"筹备立宪"起了很大的作用。说实在的，立宪法就是这样一帮人推动的，当然还包括一些比较开明的汉族官员，但是在非官方的社会力量当中，商会起了很重要的作用。我想如果没有商会的组织，辛亥革命要组织得这么迅速，取得这么多的成果，显然是不可能的。

要为自己民族资本主义的发展寻求一个机会，寻求一个更有利的政治环境、社会环境，这就是商会很重要的作用。我们以前对商会很不重视，其实历史的舞台上，大家是轮流上场的，首先上场的肯定是民族资产阶级，然后五四运动，工人阶级作为一个独立的政治力量走上历史舞台，每一个时代都有每一个时代的中心力量，不要搞错。

◉问　刚才您也提到了商战，商会其实就是商战的手段之一，在商会推进过程中，提出商战思想的郑观应是否发挥了一些作用？

◉邵　正如刚才所讲，商战是一种比较文明的方式。当然我们中国在近代遭受了很多压迫，但是若像义和团那样盲目排外，凡是碰到外国的东西都要砸了或者烧了，并不能解决问题，不但不能救国，可能还要祸国。我想商战应该是比较好的办法，通过共同的规则来进行竞争。郑观应所在的轮船招商局，就是实行商战的典型企业，由于自己经营得比较好，就迫使竞争对手、外国轮船公司跟他三次签订了合同。如果我们轮船招商局没有一定的实力，谁会跟你签订这个合同？他根本不会理你，自己强大到一定程度的时候，与其大家都是大甩卖、大亏本，还不如搞成一个暂时的妥协联盟，这样大家都有发展的机会。

大家可能要问，为什么签订合同的行为是三次呢？因为平衡是暂时的，一段时间过后，又有一个新的不平衡出现了，又需要进行一个调节，之所以能够达成三次，也反映出轮船招商局当时非常杰出的商业竞争能力，人家也把你作为对手了，这等于打仗签订停战协定一样，势均力敌才签，我有能力把你战胜，为什么停战？把你灭了就算了，真的是这样，郑观应在当时提出的"商战"思想真的是代表了先进中国人的救国方案。

◉**问**　1905 年 7 月，年过花甲的郑观应回到广东老家并为新生的广州商务总会设计了一套规范化的综合发展计划。郑观应上书商部及两广总督，直指中国当时最迫切需要的是"开商智"，商会的首要职能是办教育；商会应筹集资金，组织现代的农工商银行等。郑观应这些设想陆续在广州商务总会加以推行，但结果不甚理想，对内有损行会利益的决议无法落实，对外招致诸多批评。这一时期的商会运行为何如此艰难？您如何评价郑观应在商会管理方面的尝试？

◎**邵**　每个地方的情况可能不太一样，一项新的东西能不能获得认可，理论方面是一回事情，但是个人的魅力、组织能力以及他的社会资源等方面，其实也都有讲究。

所谓红花要有绿叶辅，一个好汉三人帮，我稍微看了看，其实郑观应的履历当中，真正很好的朋友，或者说他有什么很好的团队，这些可能都比较欠缺。还有一个问题，历史本身有着强大的惯性，虽然你讲得很好，但可能触及了某些人的基本利益，对大家都好，但是对他不好，他就不愿意配合，这也是一个问题。

◉**问**　这是一个新的尝试，这种新的尝试一定会面临着诸如牺牲别人利益、破坏惯有秩序等困难。

◎**邵**　对，有些人就不习惯了，对吧？

◉**问**　但是他这种尝试也是有价值的吧？您能否来评价一下，郑观应这种商会管理尝试的价值或作用。

◉**邵**　我觉得这个尝试是符合历史前进潮流的，我们经常讲的，历史发展不是一帆风顺的，总会遇到某些挫折。我再强调一下，在其他条件相同的情况之下，个人的魅力、号召力、感召力也有很大的作用，比如说换一个人，张謇为什么在南通要风有风、要雨得雨？这跟他的团队，包括他的哥哥等人脉，都是有很大关系的。通俗来讲，张謇有一个比较大的朋友圈，郑观应就没有。郑观应后来发生的事情，我看着其实也很心酸，他在轮船招商局里面搞了很多改革，最后被人家骂得狗血喷头，甚至要动手打他、要把他杀死的人都有，很显然是触及了一些人的奶酪，所以他提出的很合理的方案往往不能得到一些人的理解。但是从长远来讲，他这种改革肯定势在必行，招商局不改革的话，肯定要被同行或者说被外国的航运企业给淘汰掉了。

郑观应的一个非凡之处就是，脑子始终是很清楚的，他不断地在进行一种比较，这跟他以前在宝顺洋行、太古洋行做过事情是很有关系的。如果你没有去过很多家企业，你就会认为自己是最好的。郑观应善于进行比较，实事求是地比较，我们中国的企业也确实存在着一些大的问题。

◉**问**　是的，尝试任何新的东西必然会受到旧的东西的抵制，这也是必然的。郑观应在商会管理中推行新尝试的努力，可能也是符合那个时代的潮流和发展方向的，这样看的话，郑观应的思想和行动是不是有点超前？

◉**邵**　他是有超前意识的，但是历史的发展总归要有一

565

些人站在时代前面，比如孙中山是不是有点超前？显然也有点超前。当时他要造反的时候，1895 年第一次广州起义失败，被人家口诛笔伐，认为他是一个乱臣贼子，没什么人同情他；到了 1910 年广州起义的时候，大家都为他扼腕痛惜，都希望他能够成功，这个处境一点点地在发生变化。站在时代潮流前的那些人一开始肯定是不为大家所理解的，别人肯定有各种各样的想法，但是要坚持下去，他的事业就可能会成功。

◉**问**　您曾撰文《郑观应与轮船招商局》，对郑观应在轮船招商局任职期间的作为进行了梳理。轮船招商局是个怎样的企业？郑观应是在怎样的背景下进入轮船招商局的？他对轮船招商局的贡献何在？轮船招商局又为他的职业生涯带来了什么？

◎**邵**　轮船招商局是晚清官督商办的典型企业，理论上可以避免纯官办与纯商办的不足。郑观应在进轮船招商局之前，就在上海宝顺洋行工作。1873 年太古洋行创办轮船公司，1874 年 2 月，郑观应与太古轮船公司签订了 3 年的雇佣合同，受聘为太古的总理兼管账房、栈房等，相当于总买办的地位。3 年雇佣合同期满时，又续订了 5 年合同，1882 年 2 月合同期满。因其精通船务，北洋大臣李鸿章于 1882 年邀请郑观应会办轮船招商局局务，3 月 30 日郑接受了李鸿章的委托，就任招商局帮办，不久提出了局务改革方案，同时将上海电报分局总办一职交给经元善接任，上海电报分局总办一职是 1881 年由盛宣怀委任的。1883 年郑观应被提升为招商局总办。

郑观应对轮船招商局的贡献是提出了局务改革方案，学习外国的竞争对手。他善于发现问题，常以外资企业特别是太古轮船公司作为比照、学习的对象，提出解决问题的对策。轮船招商局给他的职业生涯带来了辉煌，但最终又黯然收场。

◉**问**　您怎么来评价郑观应在轮船招商局的价值和作用？

◉**邵**　我觉得他在招商局里面也起了一个很大的作用。首先，他是一位专家，具有丰富的经验，然后他时不时地将招商局跟它的竞争对手，特别是太古洋行加以比较，一定会发现一些问题的。比如太古洋行招揽人货，齐了，便马上发船，我们中国的企业还要推三阻四的，要等，时间就是金钱，对吧？

作为一个企业管理专家，能时不时地看到问题，然后提出一些整改方案，虽然整改方案会引起一些既得利益者的不满，遭到很大的阻力，但是对于轮船招商局来说，这是比较有幸的事情。请了郑观应这个比较懂行的人来管理，对企业经营来讲，是非常重要的。

◉**问**　郑观应在轮船招商局三进三出，这段职业生涯对他本人可能产生什么样的影响？

◉**邵**　轮船招商局其实是我们中国近代史上官督商办的典型代表，而且是办得比较好的。郑观应在这里面工作，从政治方面来讲，他对于官场上的关系比一般人要理解得更加深刻。因为我们有三种模式，除了官商合办之外，还有纯官办的和纯商办的。理论上讲，纯官办的企业比较官僚主义，效率很低；纯商办的话，没有官方的支持，一些能够办的事情就办不了，或者说受到某种制约，等等。那么官商合办理论上讲是一种比较好的折中方案，但是这也仅限于理论上，官办的缺点或者商办的缺点，不同程度上还是存在的。在这种情况下，郑观应首先想到通过引进人才、任用外国人进行管理的办法。外国人的管理确实不错，但任用外国人成本太高了，用不起，还是要用自己人，那就要办学校培养人才，但培养一个高级人才是需要时间的。郑观应作为企业经营管理者，确实是比较精明的，既能看到外国人好的方面，也有不好的方面，然后跟自己企业进行认真的比较，切实践行了他自己倡导的"商场如战场"的思想。

单纯理论家不一定能很好地经营企业，但郑观应既有一种比较超前的意识，又有具体的企业经营的实践经验，具有两方面的优点，同时他还是一个爱国者，写出了影响深远的《盛世危言》。在他写《盛世危言》的时候，正是第二次鸦片战争之后，直至 1900 年的 60 余年，中国还比较太平。但郑观应就敏锐地看到很大的危机，发出了救国救市的警报，所以他这本书引起了很多人的注意，包括青年毛泽东，其实当时这种具有忧患意识的中国人也是不多的。

◉**问** 刚才您讲到郑观应具有爱国的情怀，您认为他的爱国情怀是怎么产生的？

◎**邵** 爱国情怀的产生应该有一定的历史根基。就某一个具体的近代中国人来讲，肯定是在同外国人打交道过程中实实在在感受到家国概念。毛泽东讲过，我们中国人怎么都不明白，为什么先生老是欺负学生呢？我们就是处于一种被欺负的学生的境遇。时间长了，要反抗、要改变现状的情怀就油然而生，那就是中国人也要自己争口气。郑观应的闪光点之一就是商战，其实目的就是为中国人争取应有的商业地位，这个也是他爱国情怀的具体体现。

◉**问**　对，通过商战拯救民族、振兴中华的想法，是他作为一个商人的爱国情怀的体现。1893年郑观应作为招商局帮办从上海到重庆巡查各分局的情况，并写成了《长江日记》。《长江日记》记载了郑观应的哪些见闻和思考？体现了郑观应怎样的企业管理思想？

◉**邵**　1893年3月30日（清光绪十九年二月十三日），郑观应开始了他西巡长江各轮船招商分局之行，5月6日抵达重庆。他把沿途了解的营业利弊，与怡和、太古的斗争情形及采取对策等见解，著成《长江日记》。可以说，《长江日记》就是一种工作日记，从长江中游开始，一路向上视察轮船招商局的码头、货站等等，一路上他就把认为要整改的地方记下来。用我们今天话来讲，《长江日记》就是巡视组组长的巡视日记。郑观应是个内行，所以他深入第一线，能看到一些问题，并认真思考对策，可见他对待工作是兢兢业业的，下定决心把企业搞好，有这种企业责任感，这是非常可贵的品质。

《长江日记》分析了招商局竞争不过怡和、太古的原因，认为主要是对方加强客货的揽载和水脚打折扣，广为招徕生意。对此他明确提出改变货船挂洋旗、免厘金、争揽客货的现象，以增加招商局的客货；在用人方面表达了对总船主蔚霞的不信任；并提出把招商局积累的资本用于扩大再生产和发展四川省的经济。

由于招商局要引进和利用外国先进的科技，因此需要付出高昂工资来吸引洋人为招商局服务。郑观应一开始虽也主张借才异地，但后来他很快注意到洋人薪水极高，还有职员受贿及徇私等现象，致使薪酬成本比日本和其他外商轮船公司更高，经营成本日增，竞争能力反被削弱。在这种情况下，郑观应建议"拟设招商局驾驶管轮练船章程"及厘定学堂教学合同式样，设立驾驶学堂来训练招商局华人员工，学习船务技艺，使中国能降低成本且大量吸收先进的西方科技。另外，由于此次长江之行是郑观应首次溯长江而上进行考察，记述内容非常丰富，笔带情感，时发议论，是郑氏日记中最富文学色彩的著作。

◉**问**　上次我去澳门的郑家大屋，在郑观应纪念馆里面已经有出版的《长江日记》了。

◉**邵**　对，能把这么珍贵的史料进行整理和出版是非常重要的。如果到档案馆去查找史料，会受到种种制约。现在由于疫情的关系，每天进入的人数都有限制的，你晚一点就无法预约，十分不便。出版的史料利用起来就很方便了。我们要把郑观应研究推进下去，就要不断地挖掘这种新的史料并深入研究。

◉**问**　是的，这些珍贵的史料是我们研究郑观应最重要的基础。郑观应诸多思想中，影响力最大的就是他的"商战思想"，兵战不如商战。您怎么来评价郑观应的商战？在那个背景之下，与西方企业的商战可不可以进行下去？

⊙**邵**　郑观应"习兵战不如习商战"的论断，代表了早期维新派"商战固本"的基本观点。他将外国资本主义的侵略归结为军事和经济两种方式，并认为经济侵略是造成中国贫穷的主要原因。他指出，中国要走富强之路，就得"兵战"与"商战"并举，"不独以兵为战，且以商为战"，以兵战"治其标"，以商战"固其本"。这种把发展民族资本主义经济同抵抗外来侵略联系起来的认识，是早期维新派在经济思想方面的重要贡献。

在当时的情况之下，我们跟西方的商战能不能继续下去，这个问题要放在整个中国的大框架里面进行分析。首先我们把它跟兵战相比较，兵战并不能持续多久，因为中国的国防实力太弱。那么在当时的情况之下，如果说能够得到政府的支持，商战至少可以持续一段时间，所以说当时跟西方进行商战是一个比较可行的办法之一。但资本主义和帝国主义会想方设法打压对手在他占绝对优势的时候，就鼓吹自由贸易，要进行开放；当他的优势丧失的时候，就会开出种种条件，比如质量检查或者关税等，对中国设置种种障碍。那中国也要根据对方的策略变化提出相应的对策。总体而言，中国在商战中仍然处于不利地位，最多出口一些加工的茶叶、农副产品或者少量的轻工业品，但涉及重工业，比如机器制造业等，就无法与西方国家竞争，但可以从轻工业产品着手与西方进行竞争。

旧中国确实像毛泽东指出的那样，工业发展实在太糟糕了，连一辆汽车、拖拉机都不会造，更不要说飞机、坦克了。这些都是从无到有，慢慢地摸索。我们确实也是这样做的，以前第一个五年计划靠苏联，后来跟苏联关系不好了，只能靠自己摸索。你只要想发展的话总归可以发展下去，最怕的是没有这种想法，那就很麻烦了。中国 2000 余年的封建社会为什么发展这么缓慢？就是因为没什么想法，老是把重心放在发展农业方面和经营田地方面，丧失了发展的机遇。

所以郑观应这批早期的维新思想家真的是与前人不一样，看到西方搞工业，就摸索中国自己的工业化道路。因为当时也没有很明确的概念，工业总归是被囊括在"商"里面的，所谓"商"，里面就包括了商业资本家，更包括了工业资本家，这便形成了郑观应"商战"的概念，所以他们还是有先见之明的。

◉问　当时国内有一批维新思想家，包括冯桂芬、王韬、康有为和梁启超等，跟他们相比，郑观应的维新思想其实还是有很大的提升，是吧？当时社会上的有识之士是否认同他的这种思想？

◉邵　正如刚才所讲，他之所以能够提出与众不同的想法，跟他丰富的社会实践是有关系的，他在宝顺洋行、太古洋行做过一些事情，从行业里面看外面，就看得非常清楚，他提出的想法和方案，往往具有可操作性。但在当时的历史条件下，像他这一群体的人实在太少了，还没有形成一种比较强有力的趋势，可谓和者必寡。其实一种新的思想刚刚提出，遭到忽视、冷落或不理解是很正常的。郑观应回顾说，1892 年"复任后仍不避嫌怨，整顿修船、投标、船上堆工、江船客票银水等事，约共岁有十万两。同事颇嫌多事，而反对百般恐吓，或声言饱以老拳，或暗以炸弹相对，曾贿报馆记者捏词毁谤，望官应长驻汉阳不回上海而后快"。

到了 20 世纪初期，情况就不一样了，由于各地商会的兴起，他们在各省局都有实实在在的地位，这个时候推行郑观应的"商战"思想可行性就非常大。我们今天研究历史，很容易筛选出郑观应当时提出的思想，但当时他的声音可能也是被淹没掉的。各种各样的思潮经过历史地筛选、高度地概括，现在我们才将其当时的情况提炼出来。

◉问 您曾撰文《西学、实学、博学——以广东博学馆名称为中心》，对比评价了近代中国的有识之士对中西学问关系的认识，文中提到郑观应的观点"中学其本也，西学其末也。主以中学，辅以西学"。您如何评价这种观点？近代中国西学东渐的社会背景下，以郑观应为代表的买办群体、以张之洞为代表的洋务派官员等，他们对西学的态度有何差异？

◉邵 郑观应的观点是"中学其本也，西学其末也。主以中学，辅以西学"。这种观点反映了郑观应务实的一面。就他所受的教育而言，无疑是中学，所以对于中学比较了解。某种意义上，中学也可以说是中国传统文化的代名词，郑观应这样提，反映了他的文化自信。但是作为一个先进的中国人，他并没有排斥外来文化即西学。

中学跟西学的比较研究时至今日仍在进行，我的基本观点是，中学是中国传统文化或者说中国文化的根本。郑观应所处的时代及其所接受的教育，决定了他思想体系当中"中学为体"的观念。但是他个人的从商生涯，特别是在洋行的经历又让他不得不承认，西方还是有些应该学习的地方，所以他是这样来处理中学跟西学的关系的。关于这一点，我们也要辩证地来看，我们不能简单机械地认为中学就一定是糟粕，西学就全是精华，无论是中学还是西学，都有精华跟糟粕。正如习近平总书记非常强调的那样，中华优秀传统文化是中华民族的"根"和"魂"，是我们必须世代传承的文化根脉、文化基因，如果我们能够很好地发扬中国传统文化当中的精华部分，就能够找到中华民族独特的精气神，真正实现中华民族的文化自信。毛泽东也曾讲过："从孔夫子到孙中山，我们应当给以总结，承继这一份珍贵的遗产。"当然即便是孔夫子和孙中山这样的伟人，他们身上也有负面的东西。现在我们站在历史的高度，就是要吸收其中优秀、精华的部分。我想在中西学的比较过程中，郑观应的主观意图也大抵如此吧。

◉**问**　郑观应的很多思想，其实对当今世界和当今中国的发展还有很强的指导作用。当时在西学东渐的背景之下，郑观应和张之洞代表两个群体，一个是买办群体，一个是洋务派的官员，他们对西学的态度有什么差异？

◉**邵**　张之洞跟郑观应是不一样的，作为朝廷要员，他一个很重要的任务是要巩固现有的统治秩序，无论这个统治在当下是否可行，所以他不可避免地有更大的历史局限性，他不可能接受这种维新思想。所以张之洞所强调的中学方面可能消极、负面的东西更多一点。而郑观应先是买办，后是民族资产阶级代言人，所以他的思想也反映出民族资产阶级要发展经济的一种诉求或思想，这其实也是由他自身的社会角色所决定的。

◉**问**　是的，他们处于不同的社会地位，扮演着不同的社会角色。

◉**邵**　不在其位不谋其政，大家想的都不一样。

◉**问**　1881年郑观应上书李鸿章，请求政府给予上海机器织布局的织布工艺以技术专利，"十年以内只准华商附股搭办，不准另行设局"。次年，光绪帝予以批准。这是中国历史上第一次国家批准的知识产权保护个案。您如何评价郑观应的这一举动？晚清"十年专利"产生的时代背景是怎样的？它对晚清民族工商业的发展是否有影响？

◉**邵**　这个问题也是中国近代经济史上反复讨论的一个问题。专利是把双刃剑，受专利保护的肯定得利，未受专利保护的肯定不利，双方的评价自然不同。所以晚清"十年专利"对晚清民族工商业的发展的影响是多面的。如果从保重点、抓大放小来说，促进作用是客观存在的。当然，如果能够全面放开，在各行各业准许"民间设立公司"那就更好。但是直到今天也不一定能做到。

保护商品的专利在中国近代历史背景下，算是一个新生事物。人们肯定会想，大家同时开放有什么不好呢？但其实这个是重点跟一般的关系，同时开放，齐头并进，其实是不可能的，一定存在有先有后的问题，所以我们要很好地利用专利制度，合理地划定专利的延续时间。从事后诸葛亮的眼光来看，晚清"十年专利"的延续时间好像太长了一点。

专利制度对于上海周边的一些小企业的发展确实很不利，但上海织布局在当时是规模比较大的，也因此成了外国竞争对手的眼中钉、肉中刺，所谓同行是冤家，就要尽量扼杀对方。正如毛主席所讲："凡是敌人反对的，我们就要拥护。"帝国主义痛恨上海织布局，说明上海织布局对帝国主义构成了威胁，那它肯定对中国有利，政府对它进行重点保护是很有必要的。

即使今天也是如此，国家在特定的地方试点特区政策，而不是全国统一搞特区，道理上是一样的。特区享有特殊的政策，经济发展总归是分阶段的、有先有后的，也受当时国力和历史情境的限制。所以对于历史事件，我们要有同情之理解，特别是对比今天的发展政策，再回头看看一两百年之前，郑观应等历史人物的做法还是值得肯定的。

◉问 这个制度在一定程度上扶持了重点民族企业的优先发展。如果不扶持，这些企业就没有与外国企业抗衡的可能。所以我非常认同您的观点，要从历史的眼光去看待和理解这些历史问题。

◉邵 事实证明，以前没有专利，企业发展很缓慢。对重点企业要重点扶持，这一点是毫无疑问的。20世纪大力发展宝钢，所有的设备都给宝钢，为什么其他地方就没有？因为没有这么多的人力、财力和物力，只能先选一个点进行突破。

◉问 如果按这种专利的思路来推进晚清的民族工商业，充分利用中国当时的条件去支持重点民族工业的发展，我们的民族工商业会不会得到很好的发展?

◉**邵**　任何一种制度从文本到执行是有差距的，执行的初期跟后期也有一定差距。一个良好的制度设计，具体的执行过程不同，结果也不同。我们很遗憾地看到，中国近代有些很好的政策，最终的落实环节往往存在很大的走样，这会消解原有制度的积极意义或推动作用。晚清社会腐败非常严重，由于经济的崩溃和《辛丑条约》之类的限制，专利制度的执行也不可避免地出现很多副作用，所以我们无法离开整个社会大环境单独讨论某一项政策。

◉**问**　郑观应出身书香世家，其家风家训颇具意义。"善耕者不必善织，能读者不必能商。但求一艺之精，可为世用，足矣。"1914 年，时年 73 岁的郑观应叮嘱子女们："我知二十世纪觅食艰难，故定家规，甚望我子孙各精一艺。"认为中国社会进入了"是技皆可成名天下，惟无技之人最苦，片技即是自立天下"的时代。您如何评价郑观应家训中对"技艺"的重视？这在当时社会中是否是主流的谋生观念？反映了近代中国经济格局的哪些转变？

◉**邵**　家训是中国传统文化很好的载体，郑观应家训中对"技艺"的重视是很自然的。家有黄金万两，不如薄技在身。黄金万两有用完的时候，但只要有薄技，生存下去是没有任何问题的。黄金万两在太平盛世没有问题，但在非常时期比如战争灾荒等年代是没用的，黄金能吃吗？能穿吗？不行的，自己有一项真正的技术、一种绝活，至少可以保证自己和家人的生存，所以这个观念是根深蒂固的。我们不能指望别人的救济施舍，一定要从小树立自立的思想。

郑氏家族之所以能够根深叶茂，跟他们走正路是有关系的，一方面高度重视教育，另一方面注重实际的谋生技能。这种提倡自食其力、自食其计的做法，今天还是站得住脚的。

◉问　这种自食其力的家训倡导，对今天的青少年教育有什么启示作用？

◉邵　对青少年进行这种教育真的很要紧。现在青少年往往好高骛远，不愿意干一些实际的工作，碰到一些不如意就索性躺平，他们很少思考自身存在的问题，可以干的事情认为太简单，比较复杂的事情又认为太艰苦。任何一种事业，它的起步阶段肯定是非常艰难的，青少年要发扬郑观应这种开拓进取的精神，才有可能把自己应该做的事情做好，不要怨天尤人，不要指责现在的环境怎么不利。我们必须不断地适应环境，不变的一点是，你首先要自己练好内功，你有一个绝活，总归大有用武之地，倘若你什么都不学，光凭一张嘴信口开河，到最后肯定是没有前途的。

所以在当今这个时代，读一读中国近代仁人志士的代表性著作，哪怕是选段，比如《盛世危言》选段等，对我们培养爱国主义情怀，树立中华文化的自信心等都是很有价值的。

◉问　您刚刚讲的年轻人要有一技之长的观点，让我想到了习近平总书记对职业教育的关注，郑观应关于"技艺"的家训和习近平总书记的职业教育观，您能不能对两者做一个比较？

◉**邵** 职业教育其实是一个社会的系统工程。孙中山讲"人尽其用"，每一个人的用途因人而异，教育也应该是分层次的，合理地进行分流，有一定比例的人员从事实际的技术性工作，这对整个社会的发展是很重要的。为什么说我们一方面要发扬科学家的精神，同时也要发扬工匠精神？工匠精神说到底也是一种技艺，当前出生率下降和人口老龄化必然导致未来人力资源更加紧缺，在这种时代背景下，有比较多的年轻人充实于一线，从事技术性很强的职业，我想真的是很要紧的时代要求。

如果大家一窝蜂地进入第三产业，或者都拥挤在比较热门的电商产业内，这也会造成某种失调。经济运行有它客观的规律，国家最高层面在职业教育方面提出了这种调整，应该也是基于第七次全国人口普查的具体数据来考虑的，当然职业教育的提升还需要很多配套设施的建设。还有一个观念的转变，我们要提倡劳动光荣的观念，普通的蓝领其实也很重要，像在美国等国家，蓝领的工资也不低，特别是高等级的蓝领，这种职业平等的观念需要进行舆论引导。

在这种时代要求下，郑观应作为郑氏家族的代言人，他提出的这种家训，就有了更强的现实意义，同时还可以作为一种历史的借鉴。郑观应的曾嫡孙郑克鲁教授（2020 年过世）精通法语，是著名的法国文学翻译家，共出版过 18 部著作和近 20 部译作，曾获得法国政府颁发的"一级文化交流勋章"，为促进中法两国人民的友谊作出了自己的贡献，他就是有真本事，努力践行郑氏家族的家风家训。郑克鲁曾坦言，自己学习外语或多或少受到曾祖父郑观应的影响，他曾说："曾祖父学了外语，才能接触到西方的先进文化和观念，并由于他具有思辨的天赋，加上有文字功底和写作的才能，更勤于动笔，这样才有了一部百科全书式的巨著《盛世危言》。我的思考与写作能力也许与他有关，只不过我喜欢的学科不如他那么广泛。我专攻的是法国文学，说庆幸也好，或说是种遗憾，在他的后代中，唯有我学的和从事的是文科，但不管怎样，多少也算是传承他的衣钵吧。"

◉问　您跟郑克鲁先生有过共同工作的经历是吧？给我们介绍一下郑克鲁先生？

◉邵　郑克鲁先生是位长者，他的身上有很多值得我们学习的地方。首先他本身院校出身很好，北京大学和中国社科院毕业，也在中国社科院工作过，为了能跟夫人一起回上海，1987 年来到上海师范大学，此后几十年，他在学科建设方面做出了很多的努力和很大的贡献，包括"外国文学与比较文学"专业，郑教授也是学科带头人之一，默默无闻做了很多工作，平时为人非常谦和，我跟他比较熟悉，所以他经常关照我对郑观应的研究工作。有好几次我到中山开会拍了一些照片，或者发表一些文章，都会送给他，他非常高兴。

◉问　郑克鲁先生很关心家乡的点点滴滴。

◉邵　对，他很关心家乡的建设，包括家乡的一些近况。

◉问　您是否问过他，为什么他不做郑观应研究？

◉邵　他说没有时间，因为他的专业是法国文学翻译。

有一次他语重心长地跟我讲："人家讲年纪这么大了，为什么天天来上班？总不见得等死，剩下来一些现在还能够利用的时间，一定要做自己最喜欢做的、认为最重要的事情。"他在接受访谈的时候也说过："生命就是你给世界留下了什么东西，不留下什么东西就什么也没有。人总是要死的，但我想留下一些东西。"所以郑先生真是个非常勤奋的人，非常值得我们学习和敬仰。

◉问　所以郑观应研究要留给你们历史学者来做。

◉邵　我们历史学者有这个责任。隔行如隔山，他是研究文学的，不是研究历史的，虽然说文史不分家，但是要做专门的深入研究还是要下功夫的。

◉问　您对近代中外关系也做了很多研究。郑观应在与外商多年竞争实践中，逐渐形成了自己的外交思想。《易言》首篇《论公法》，高度评价"公法"的作用"各国之借以互相维系，安于辑睦者，惟奉万国公法一书耳"；甚至认为"公法一出，各国皆不敢肆行"，并检讨说，中国"不屑自处为万国之一列入公法"，反倒陷入"孤立无援，独受其害"的境地，"不可不幡然变计"。历经一连串外交事件后，郑观应对上述观点进行了修正。《盛世危言》重写的《论公法》说道，中国与外国"讲求修睦，使命往来，历有年所"，且"开同文馆，习西学，译公法，博考而切究之，如此详且备矣"，"种种不合情理，公于何有法于何有？"为此，郑不得不承认，"盖国之强弱相等，则借公法相维持；若太强太弱，公法未必能行也"，因此，"惟有发愤自强，方可得公法之益。积弱不振，虽有公法何补哉"。您如何评价郑观应对近代中国外交地位的思考？近代中国外交关系最重要的特点是什么？近代中国外交关系对近代民族工商业的发展有何影响？

◉邵　关于中国的外交地位，概括起来就是要严守已有的条约，跟他们尽可能和平相处，当然这是我们的外交诉求。但在当时的情况之下，这可能很难办到，因为帝国主义者在逼迫中国签订某一项条约之初，可能由于他的侵略利益得到了一时满足，暂时会太平一段时间，但是过段时间，他们可能又要提出新的、不合理的侵略要求。其实我们在近代的对外关系中，中国做得还不错，没有故意违反条约的事情发生，用我们今天的话来讲，侵略者如果要发动战争，要找个理由是很容易的。所以尽管我们自觉遵守相关条约，近代中国始终处于一种被动挨打的境遇之下。

但是有一点是很重要的，就是在这样恶劣的环境之下，我们怎样才能使中国逐渐强大起来，培养出自己民族的力量，这个也是很要紧的。在当时的情况下，采取郑观应所谓的"商战"策略，应该说也是可取的办法之一。因为近代中国对外关系的好坏并不取决于中国一方，由于"一体均沾"的战后国待遇，很容易使列强联合起来对付中国。我们外交的余地其实非常小，总体上处于一种非常不利的情况，片面最惠国待遇条款的"一体均沾"使我们遭受到前所未有的巨大压力。郑观应曾对片面最惠国条款提出了"一国有利，各国均沾之语，何例也"的诘问，指出领事裁判权是"祖庇教民，包揽关捐，掠贩人口"的保护伞。

◉**问** 这种艰难的外交关系，对我们国家工商业的发展是不是有很大的负面影响？

◉**邵** 是非常不利的。举个例子，甲午战争后的《马关条约》讲，日本人可以在中国开厂，那美国人、英国人也可以开厂，他们根本不用发一枪一弹，同样可以得到跟日本相同的利益，但是条约并没有讲中国的民族资本家可以随便开厂，这就导致了外国和中国很不对等的地位，对中国发展自己的民族资本主义非常不利。

◉**问** 刚才提到甲午战争，我看到您曾撰文《甲午战争时期的上海反应》，对甲午海战发生期间上海各类民众的反应进行了细致分析，其中记录了关于郑观应和轮船招商局的几则旧事。1894 年 8 月上海轮船招商局帮办郑观应在上海致信轮船招商局督办盛宣怀说："倭人学华语、改华装，入我内地及各埠作奸细者甚多，且我国奸商代渠办伙食等物者亦不少，昨于公司搜出米二千余包；椰菜数百担。鄙见最好奏明朝廷，通饬各国公使，凡各国公司船由东洋来者，不准入口。"盛宣怀批："做不到。"您能跟我们讲讲甲午海战期间，郑观应是如何处理轮船招商局方面的有关事宜的？在面临企业利益和国家危难的矛盾时，郑观应及其轮船招商局是如何协调的？

◉**邵** 光绪二十年（1894）甲午战争开战后，郑观应曾多次上书请防备日本奸细、采取不准日本人使用电报密码等措施报告日军运送军械的情况，决定将招商局部分船只拨作军用以运送人员军械。日军攻占东北后，随着战局的发展，中方处境日益艰难。在这种严峻的形势下，盛宣怀未雨绸缪，力图用变通的方法保全轮船招商局的资产。为了保全轮船招商局的船只不受战争破坏，他要求上海汇丰洋行暂领。在上海汇丰银行婉拒后，招商局帮办郑观应还是设法将招商局二十多船只明卖暗托给德国、英国等国的洋行，使这些船得以挂洋旗安全行驶，并上《条陈中日战事》，反对向日本乞和。甲午战争结束后，郑观应将轮船全部收回，并坚决反对《马关条约》。如果当时不做财产保全，轮船招商局的损失就大了。由此也充分反映出郑观应是一个相当负责的人，在当时的情况之下，这个办法应该是比较可行的，因为日本人不可能向德国宣战，也不可能向它的盟友英国宣战，这也是特殊历史背景下中国商人不得已的策略。

◉**问**　请您评价一下《盛世危言》在中国历史上的作用。

◉**邵**　在我们狭义的中国近代史当中，也就是 1840 年到 1919 年期间，《盛世危言》是一部极具历史意义的名作。在表面上歌舞升平的和平时期，郑观应能够看到中国实际面对的民族危机。其实你不看内容，就只看这本书的名字，《盛世危言》，太平盛世，歌舞升平，中华民族已经处于比较危险的时刻，如果大家再浑浑噩噩下去，说不定会亡国灭种。郑观应的这种"先天下之忧而忧，后天之乐而乐"的忧患意识，也是对中华民族优秀传统文化的继承，他认为自己有责任向广大中国人首先是读书人发出警报，所以说他也是一个伟大的爱国者。

在当时的历史背景下，统治阶级肯定也不愿意听什么盛世危言，我想他肯定也承受了不少压力。这本著作奠定了他维新思想家的历史地位。这本书的众多读者中就有伟大领袖毛泽东同志，这足以说明此书的巨大影响力。

◉问　为什么这本书的名字采用了"盛世"两个字？郑观应选择这两个字是否有更深的用意？

◉邵　我们中国有个特点，人口特别多，如果按照原先传统的历史学的评估标准，看一个朝代是不是兴盛，主要看人口增长。中国那个时候的人口大概已经超过 4 亿了，乾隆初期大约只有 1.4 亿人口，单从人口的指标来看，"盛世"也算是达标了。表面上看，中国跟外国的关系处理得还可以，外国驻京使节表面上也是客客气气的，处于短暂的和平时期，这一时期各种事业都有了一定的发展，大多数人认为或者至少统治阶级认为是比较太平了，所以才称为"盛世"。我们可以看到，哪怕是在民间的会道门的经典上，也对慈禧太后镇压太平天国的事迹进行歌颂，宣扬慈禧太后是女中尧舜，吹牛拍马无奇不有，所以当时称"盛世"也有一定的道理。

◉问　您做出这么多研究成果，值得我们学习。最后想请您分享一下，年轻的历史学者该怎样做研究？

◉邵　我想最基本的一点，就是要立足于本国的国情，尽可能地继承中国传统文化当中的精华。还有一点就是要敢于面对新形势，研究新问题，用习近平总书记的话来讲，就是要研究真问题，切实回答这个时代和人民所需要回答的问题，只有这样做，历史研究的成果才能得到社会的认同和重视。从更宏大的历史观出发，我们要把历史研究同国家发展和人民希望，同民族复兴挂起钩来，尽可能地为国家和人民的长远发展提供有益的参考。

◉**问**　好的，谢谢，非常感谢您的支持！期待您继续支持郑观应研究，也欢迎您来郑观应的家乡中山做客。

易惠莉（1953—　），四川乐山人。华东师范大学历史系教授。1982年毕业于西南师范学院历史系，入西南交通大学社会科学部任教。1986年入华东师范大学历史系师从夏东元先生，攻读中国近现代史专业研究生课程，1989、1991年先后获历史学硕士、博士学位。从1991年开始任教于华东师大历史系。

易惠莉

主要研究方向：晚清史。

主要著述：《西学东渐与中国传统知识分子——沈毓桂个案研究》（吉林人民出版社，1993）、《郑观应评传》（南京大学出版社，1998）、《易惠莉论招商局》（社会科学文献出版社，2012）、《盛宣怀评传》（江苏人民出版社，2012）、《盛宣怀与日本——晚清中日关系之多面相》（上海书店出版社，2014）等；合作编有《二十世纪盛宣怀研究》（江苏古籍出版社，2002）、《招商局与近代中国研究》（中国社会科学出版社，2005）。

时　间：2022 年 2 月 25 日

地　点：线上访谈

口述者：易惠莉

采访者：龙良富

整理者：龙良富

◉**问**　易教授，您好！我们是"郑观应研究口述史"项目组。作为中国近代史研究的当代著名学者，您在 20 世纪 80 年代就师从夏东元先生开展中国近现代史的研究，对洋务运动中的重要参与者盛宣怀、郑观应、沈毓桂进行了深入研究，撰写了《郑观应评传》《盛宣怀评传》《西学东渐与中国传统知识分子——沈毓桂个案研究》《招商局与近代中国研究》等具有影响力的著作。作为夏东元先生的嫡传弟子，首先请您分享您从恩师夏东元先生那里接手撰著《郑观应评传》的经过。

◉**易**　1988 年初夏，南京大学的"中国思想家研究中心"正式宣告成立。与此同时，"中心"也预期为规模 200 部的《中国思想家评传丛书》确定了其中 101 部评传的选题及其作者人选。出任《中国思想家评传丛书》总编的南京大学校长匡亚明先生在"中心"成立的会议上提出，要做到评传的"传主是历史上一流的思想家，作者则要求是当代一流的研究者"。

郑观应作为晚清重要的洋务言论家，早在 20 世纪 60 年代大陆兴起洋务运动研究热期间即受到高度关注，其中最受瞩目的研究当属邵循正先生发表于 1964 年的论文《论郑观应》。① 邵先生对于郑观应研究的兴趣之深，还体现于早在"文化大革命"前他就与中华书局签约校编出版《郑观应集》一事。② 20 世纪 80 年代初在改革开放新时期的政治氛围下，学界对郑观应研究的关注再度升温，此期间最受瞩目的成果则当属夏东元先生出版于 1981 年的专著《郑观应传》，以及由他校编的《郑观应集》上、下两册于 1983 年和 1988 年相继出版。缘此之故，1988 年南大"中国思想家研究中心"在确定 101 部评传的选题及其作者人选时，《郑观应评传》入选当无疑问，而夏东元先生也应在当年接到撰著该作的邀约。

1988 年秋，我已在先生门下攻读中国近代史的博士学位，因此也就陆续从先生那里听说一些关于《郑观应评传》写作的事。先生先是商请同教研室的一位资深教师共同承担该书写作，而那位老师刚巧那几年身体状况不理想。继而又听先生说他决定由已经获得博士学位毕业的我的一位师兄与他共同承担写作，不过此事很快也没有了结果。

先生为何要决定与他人共同撰著《郑观应评传》，而非自己独立完成？我推想主要原因在那时先生一意将精力放在《洋务运动史》的撰著方面。自 1981 年《郑观应传》初版后，先生很快就进行了修订。在修订版的《郑观应传》于 1985 年出版的同时，先生将自 20 世纪 50 年代以来自己所撰

---

① 论文分两部分发表于《光明日报》1964 年 4 月 22 日、5 月 5 日。

② 参见夏东元：《临渊耕耘录》，夏宇飞编辑自版书，第 181 页。

著并已经发表过的有关洋务运动的论文辑成的论文集《晚清洋务运动研究》亦出版了。之后，先生按照预定计划专注于《盛宣怀传》的写作。《盛宣怀传》在 1988 年先生写作完成的当年，即由四川人民出版社出版面世，随即先生开始《洋务运动史》的撰著。撰写一本全面的《洋务运动史》，是我自 1986 年在先生门下攻读硕士学位时就知道的事，那时先生甚至已经为《洋务运动史》拟好了具体的章节题目。先生是属于目标性和自信心极强的一类人，故尽管他于 1988 年就已经接到南京大学"中国思想家研究中心"关于撰著《郑观应评传》的邀约，但这与他撰著《洋务运动史》的既定目标和时间有了冲突，这就成为他决定不再独立撰著而与他人共同承担《郑观应评传》写作的原因。下面这件事亦可证实我的推想。先生的《洋务运动史》完稿于 1990 年 11 月，该著甫经定稿，先生就因大病住进了医院。而据 1992 年出版的《洋务运动史》"前言"，先生说："本书从第一个提纲开始到完稿，经历了 27 年，写作上困难是很多的。"可见先生为撰著《洋务运动史》付出的艰辛，以及为完成《洋务运动史》的执念。

1991 年夏，我在师大完成博士论文的答辩后毕业留在中国近代史教研室任教，先生安排我致力于修改博士论文，为争取尽快出版做准备，他自己则于当年冬接吉林人民出版社邀约担纲主编《二十世纪中国大博览》。据先生后来说："1992 年头两个月，几乎天天坐在家中打电话指挥，接着写好的稿子从头到尾看稿，可说忙得不可开交。"4 月 20 日《二十世纪中国大博览》初稿完成，先生正在忙于统稿之际，又接到上海文汇出版社邀约担纲主编《二十世纪上海大博览》。①

易惠莉

此时，我的博士论文修订已经完成，先生也帮助我联系好了
出版社，我则接受先生的安排，在《二十世纪上海大博览》
项目中担任 1900—1909 年这 10 年的分主编。也就在 1992 年
的秋天，意外地我开始接触与以后从先生那里接手《郑观应
评传》写作有关的工作。

　　事情缘起于 1992 年 7 月末，先生受邀赴澳门参加"纪
念郑观应诞辰 150 周年学术研讨会"，与会期间，他应澳门
历史学会邀约编辑《郑观应文选》。先生返沪之后，他告诉
我希望由我们师生二人共同来编选，他本人负责从《郑观应
集》（上册）中编选，我则负责从《郑观应集》（下册）中
编选。到 10 月的时候，我已将《郑观应集》（下册）逐页
通读完，并向先生提交了从中抽选出拟收入《郑观应文选》
的文章目录。就此次编选而言，工作量是极有限的，但这应
该是我第一次系统地阅读《郑观应集》。现在回想起来，对
自己当时能在多大程度上读懂郑观应的那些文字，以及所作
选编是否得当，我还真有点感到不安。

　　就这样，好像是顺理成章的，当我作好《郑观应集》
（下册）拟收入《郑观应文选》的文章目录交先生后，先生
告诉我决定要由我和他共同完成《郑观应评传》的写作。记
得是那年的秋冬之交，南京大学《中国思想家评传丛书》的
编委来了先生的家里，先生和我一同在撰著《郑观应评传》
的委托书上签了名。但是很快先生就对我说，《郑观应评传》

---

① 　夏东元：《临渊耕耘录》，夏宇飞编辑自版书，第 207—209 页。

由我一个人单独完成比较好，他全部不参与了。我以为，无论是与先生一同编选《郑观应文选》，或是由我单独完成《郑观应评传》的写作，都是先生出于对我这个后辈的提携和激励。因为，本来《郑观应集》是由先生编校的，他从中抽选出拟编入《郑观应文选》的文章应该不费工夫；在近10年以前，他就已经完成了《郑观应传》的初版及修订版，他也完全可以不必重起炉灶，而在修订版的《郑观应传》基础上再修改以成《郑观应评传》。意识到这些，是我能够不假思索地答应独立撰著《郑观应评传》的原因。先生自20世纪70年代后期在上海图书馆查阅郑观应未刊档案资料，以及盛宣怀未刊档案资料所抄录的超10万字的资料卡片，我暂借存于家中长达4年，就是以此为开端的。这些资料卡片对我来说是非常珍贵的，因为当时上海图书馆的盛宣怀未刊档案资料尚未进行全部整理，这个资料经整理后开放是在2008年末；而上图藏郑观应未刊档案资料，至今也尚未对外开放。另外再值得言及，我延至20世纪90年代末期方开始用电脑写作，故写作《郑观应评传》时用的方格稿纸，则是先生送我由他自费在学校印刷厂定制的个人专用稿纸。

●问　您从1986年考入华东师范大学历史系师从夏东元先生，直到1991年获得博士学位，请问您从夏东元先生那里获得了哪些阅读和研究方法？同时也请您和我们分享您撰写硕士和博士学位论文所获得的经验。

◉易　记得1986年一入师门，先生就反复教导提示我们以下几点阅读和研究方法：第一，从一部完整的历史资料阅读入手，了解晚清史的概貌，诸如曾国藩、李鸿章或左宗棠的全集，以及《清实录》《光绪朝东华录》《筹办夷务始末》等等，在阅读资料过程中形成关注点。先生认为，这类编辑于更久远年代的文字资料，相对多地保留有原始史料状态，亦更多地体现了历史过程。先生又强调，这绝不代表拒绝利用新近以问题意识为指导并加以分类编辑的各种专题史料集。第二，通过对历史事件的关注点，选择具有创新性的研究课题。第三，在研究写作中注重叙事，注重时间点，并注重对工具书历史年表、职官年表等的利用。第四，在研究写作中虽要注重参考已有的研究成果，但切忌在文章中引入与他人研究作商榷的环节，对历史事件完整、清晰地陈述当是写作的首要目标。第五，在写作不顺的情况下，不妨以阅读历史事件的背景资料为突破口。在硕士研究生学习进入第二年，我与先生商议后，选择了晚清美国来华传教士林乐知先后在上海所办报纸《中国教会新报》（1868—1874）和《万国公报》（1874—1907）进行完整阅读，[①] 尝试以这份报纸作为切入口，从西学东渐方向上去解读中国近代化发生的过程。最终我选择了报纸的主笔，并长期服务于上海多名西方传教士的传统文化人沈毓桂（1807—1907）作为具体研究对象，先后完成了硕士学位论文《沈毓桂与〈万国公报〉》和博士学位论文《西学东渐的中介——沈毓桂评传》。在研究写作的过程中，我自感深获先生教诲之益。我还非常感恩先生在我选择以沈毓桂作为具体研究对象时的充分支持，并为我指拨多种参考文献和著作。

易惠莉

---

① 《万国公报》于 1874 年由《中国教会新报》更名而来，到 1907 年停刊，中间 1883—1889 年曾一度停刊。

《西学东渐的中介——沈毓桂评传》于1993年以《西学东渐与中国传统知识分子——沈毓桂个案研究》为书名，由吉林人民出版社出版。该书的出版，先生也颇费心思，记得当时出版方要求作者交付一定数额的出版补贴费，先生立刻将刚收到的澳门历史学会为编选《郑观应文选》一书预付的编辑费人民币4000元，寄给了出版社。再1年后，1994年我就是主要凭借这本论著获得副教授职称。而在撰著《郑观应评传》期间，我能心无杂念地全身心投入，与这一切当不无关系。

时隔多年之后，我十分庆幸自己当初以人物研究作为学位论文的选择。因为这一选择，决定了我是以叙事的写作姿态，而非论说的写作姿态迈出自己史学研究写作第一步的。而我的研究写作姿态以及写作习惯，亦就此定型。尽可能全面地追踪史料，尽可能细致地叙述事件的来龙去脉，揭示在史料中隐晦不明的史实，待史事清晰了然，见解和观点自然水到渠成；如要细说历史，就要决定写作选题必须有丰富的及新出的史料作为基础。从1992年末接手独立撰著《郑观应评传》，到1996年春该著全部顺利完稿，应该说《西学东渐的中介——沈毓桂评传》的写作提供了很多的经验。

◉问 郑观应与沈毓桂相比，他的人生履历更加丰富，请问您为撰著《郑观应评传》做了哪些准备？

◉易 尽管已有写作近代人物沈毓桂评传的经验，但面对同时代，且同是以华洋交融的上海为人生舞台的郑观应，我还是感到很大的挑战压力。沈毓桂的人生履历相对平凡，前半生有30多年惨淡的科举经历，后半生则有受雇于西方

传教士在华的文教事业长达 40 余年的近代职业人生涯；而
他存世的资料也仅有 1 册容量有限的诗文稿，以及 80 余篇
刊于《万国公报》的文章，因此为他作传自始至终都有资料
匮乏之困。相反，郑观应的人生履历则可谓波澜壮阔，经历
事件之多，交游范围之广，其本人存世的著作与关联资料的
丰富性，与沈毓桂完全不在一个量级。故我在《郑观应评
传》动笔前感到的第一个压力，就是我已经意识到如何充分
而妥帖地将这些资料融入传主丰富多彩的人生历程，绝非轻
而易举的事情。另外，沈毓桂作为谋生于西方传教士的文化
人身份，自来就缺乏来自学界的关注度；相反郑观应作为游
走在华洋世界之间和中国官商之间的成功商人，以及留下大
部头的时政评论文字的著名言论家，却是受到学界高度关注
的研究对象。在国内，除 1964 年邵循正先生长篇论文《论
郑观应》和 1981、1985 年夏先生专著《郑观应传》初版和
修订版外，整个 20 世纪 80 年代郑观应研究热始终方兴未
艾，其中包括 1979 年叶世昌、吴修先两先生的《〈救时揭
要〉〈易言〉〈盛世危言〉成书考》、1982 年汪熙先生的
《论郑官应》等等论著。[①] 如此的研究现状，决定我在接手
独立撰著《郑观应评传》这项工作后，并未即行动笔。我用
了半年多时间搜集阅读郑观应研究领域海内外的论著，也包
括传统商人、买办商人，以及资产阶级问题研究领域的论

易
惠
莉

① 　叶世昌、吴修先：《〈救时揭要〉〈易言〉〈盛世危言〉成书考》，《历
史学》1979 年第 4 期；汪熙：《论郑官应》，《历史研究》1982 年第 1
期；刘广京：《郑观应〈易言〉——光绪初年之变法思想》，（台北）
《清华学报》新八卷第一、二期合刊（1970 年）。

著。其时已推出的多种"海外中国研究丛书"译著，也在我当时的阅读范围之中，从而我有机会读到美国学者杰罗姆·B·格里德（贾祖麟）的专著《胡适与中国的文艺复兴——中国革命中的自由主义（1917—1950）》，作者在自序中的一段文字引发我的共鸣。这段文字是这样的："论述思想观念的传记作者不仅要把传记主人公说了什么讲述出来，而且也要把要为什么如此讲述出来；不仅要把他的言论与思想联系起来，也在某种程度上将其思想与行动联系起来。不仅要详尽地审查和评价传记中清晰可见的事实，而且，把这些事实联系起来成为一个有机整体的那些不可见的、通常甚至感觉不到的内心动机线索，也应该受审查和评价。要进行这样一次再现工作，作者甚至要透析到传记主人公的心灵深处，而这种神交，如果没有作者从情感上深入到传记主人公的生活之中，也是办不到的。"[①] 之后，我在写作《郑观应评传》的"导言"时，将其完整录入，视之为自己努力的目标。

◉**问**　《郑观应评传》第一章到第十二章，您阐述了郑观应人生前半期的社会活动和著述情况，请您谈谈当时的写作过程与感想。

◉**易**　在做好了基本的准备后，1993 年的暑期，我开始进入《郑观应评传》的写作。基于郑观应本人以及与其经历有关联的资料丰富，而且夏东元先生的《郑观应传》也提供了郑氏生平大事记，因此我也就相当自然地选择了从传主出

① ［美］格里德著，鲁奇译：《胡适与中国的文艺复兴——中国革命中的自由主义（1917—1950）》，江苏人民出版社，1989 年，"序言"第 1 页。

身的家庭以及故乡为始点，追踪其一生的言论思想的简单写作思路。换言之，在《郑观应评传》动笔前，我并未有过全书总体的规划设计。兼因动笔前已经有"论述思想观念的传记作者"为"透析到传记主人公的心灵深处"，务必要有"从情感上深入到传记主人公的生活之中"的自觉，故我对郑观应著述活动开始之前的生活经历和状态的追踪，以尽可能地达到充分完整为立场，从而安排了题作"故乡父亲"的第一章和"早期买办生涯"的第二章。然而，成书后的"故乡父亲"篇是全书各章中与最初文字差距最大的一章。因为，虽然郑观应笔下不乏有关其父母、兄弟，以及其叔父等的文字，但提供的信息均属片段性的，在此基础上要形成关于郑氏原生家庭的认知，难免单薄勉强。另外，当时自己也缺乏查寻族谱、县志等乡土资料的意识。幸而我后来自《申报》广告栏中搜寻到一则有关旅沪粤商贺郑观应父亲郑文瑞七十寿辰的信息，以及郑文瑞刊于《申报》的诗作《七十自述》等文字，乃从中落实了其父郑文瑞、其兄郑思齐，以及郑观应本人相继在沪上宝顺洋行任买办等诸多细节，后来改写时文字间的自信以及容量的充实，很大程度上得益于此。

关于郑观应早期生活经历和状态的写作，我从《徐愚斋自叙年谱》中获得启示甚多。徐润关于其家族成员关系，以及各自从业状态、经历的记录，在我第一章的写作中不但是理解郑观应家族的背景资料，而且还提供了写作的灵感。而在第二章"早期买办生涯"的写作中，徐润笔下关于其在宝顺洋行经历的人事，对于同期也在宝顺洋行任买办的郑观应的镜鉴意义就更明显了。宝顺洋行时期是郑观应 17 岁至 26 岁从青涩到成熟宝贵的青年期，他经历了宝顺洋行由极盛而衰败的过程，此阶段的历练对于他此后作为一名成功买办以及商人的一生，是弥足珍贵的。因此在这章内容中，我不厌其多地安排了"宝顺洋行的买办（上）"和"宝顺洋行的买办（下）"两节的篇幅加以铺陈。其中不但引录了徐润年谱中的记录，还引录了《郭嵩焘日记》中郭氏初到沪上对宝顺洋行的观感，以及《王韬日记》中有涉宝顺洋行人事的记录，以说明宝顺洋行在其时沪上洋行界的不同凡响。为强调郑观应这段人生经历的价值，我在该章引录了《剑桥中国晚清史》中美国学者费正清执笔的第 5 章"条约制度的形成"中如后一段文字："十九世纪五十年代末中国对外关系中的主要事件应该是中外贸易团体的建立，但它在引人注目的炮舰、士兵和外交人员这一调兵遣将事实的掩盖下竟未被注意。即使在这个战争和不安定的时期，贸易量和贸易值仍有所增加（虽然增加得不稳定），但能够为共同目的合作共事的人员，在两方面都出现了：中国方面出现了商人、买办和条约口岸的官员；外国方面出现了商人、领事和传教士。"[1]费正清笔下的"和解"，指历时近 10 年在"广州进城"问题上的中英外交冲突，终于以第二次中英战争后清政府接受"条约制度"告结。无论"和解"一词还是前面引文，均道明费正清认为受世界贸易驱动的"西力东渐"和"西学东渐"是不可抗拒的时代潮流，清政府接受"条约制度"乃

---

① ［美］费正清编：《剑桥中国晚清史（1800—1911）》（上），中国社会科学出版社，1985 年，第 281 页。

历史之必然。我的此番引用，在不经意间表明自己对费正清以"冲击—响应"为框架阐释晚清史方法论的认同。这样的立场在当时是不存在任何问题的。因为新时期以来，中国近代史学界对追随西方商人来上海谋发展的香山买办群体在晚清洋务运动中地位的肯定，在一定意义上也体现了对"冲击—响应"论的认同。关于上海的香山买办群体，我在第二章有一个评论，即："一个以地缘、血缘关系为纽带，从事商业活动的香山人、粤东人在上海的社会关系网络就这样形成了。这也是外贸重心转移过程中出现的一种独特现象，香山、粤东籍买办商人成为继封建社会商业活动中最大的商人群体——徽商——之后又一有影响的商人群体，而崛起在远离故乡的经营地——上海。"关于这个评论，书中未能展开叙说，其实主要出自我对宝顺洋行总买办香山人曾寄甫的人事关系的深刻印象。王韬在《淞滨琐话》中记龚孝拱（龚自珍之子）19 世纪 50 年代后期旅居上海时，即由曾寄甫介绍，出任时为英国驻沪领事馆参赞威妥玛的中文秘书。另外，1857 年容闳在沪依靠两件事获得成功亦全赖曾寄甫。一件是当宝顺洋行的总经理英国人必理去世时，曾寄甫推荐容闳将上海洋行业商人为必理撰写的中文悼念文译成英文，此事令容闳在上海西方人世界中得名；二是当年沪上绅商界为黄河决口而逃离家园避难来沪的灾区难民面向西方社会募捐时，曾寄甫又推荐容闳将募捐启事译成英文向沪上西方人募捐，此事则又令容闳在上海中国人中得名。容闳笔下记曾寄甫："文学极佳。人咸敬而重之……其所往来皆国中名儒硕学。又以身居商界，故凡中国大资本家及殷实之商家，无论在申或居他埠，亦无不与之相识。"①曾寄甫不但介绍容闳结识了继任宝顺洋行英国总经理的韦伯，为容闳作为宝顺洋行合伙人开创自己的商业事业提供了契机；他还介绍容闳认识了中国的数学家李善兰，容闳则又通过李善兰认识了曾国藩，最后被曾国藩先后委以赴美国采办后来创立的江南制造总局的机器，以及担任幼童赴美留学的选拔和监督等官方公务。通过龚孝拱和容闳的经历，可见曾寄甫在上海华洋世界中的活动能量。香山买办群体，不但以地缘、血缘为纽带，在上海建立起社会关系网络，他们还以自己的经商才能和个人魅力，在上海的华洋世界和官商之间建立起社会关系网络。曾寄甫是一个典型，后来的唐廷枢也是一个典型。很遗憾，虽然当时我已经敏感地认识到这点，但是却一直未能深入进行专题研究。

1867 年元旦宝顺洋行停业，此时郑观应 26 岁。延至 1872 年春，英资太古洋行在沪设立太古长江轮船公司，32 岁的郑观应出任该公司总买办。而郑观应第一部有社会影响的著作《救时揭要》，正刊行于其重拾买办旧业之际。为阐述该著在郑观应时政言论生涯中的重要性，我在《郑观应评传》中单列一章，即第三章以"《救时揭要》"为题进行介绍。关于该章的写作，有两方面值得一提。其一，我循郑观应自称其作"频登《申报》"，而查阅《救时揭要》中发刊于 1872 年《申报》的篇目一一予以落实。此举意外的收获，在我就此有了借助《申报》感受时局、社情、舆论背景的自

① 容闳：《西学东渐记》，湖南人民出版社，1981 年，第 41 页。

觉。之后，翻阅《申报》，感受特定时期的社情、舆论，几乎成为《郑观应评传》前半部分各章写作前的必修功课。其二，我以"它是郑观应著述活动由乡土文化层次向经世致用的士文化层次过渡时期的作品"为说，评价《救时揭要》在郑观应言论著述生涯中的地位。① 其实早在1981年版的《中国近代史新编》中，胡思庸先生评述"鸦片战争前后学术思想的变化"，就有"鸦片战前，中国思想界中一部分先进人士，产生了经世致用的思潮"，"林则徐注重经世致用，肯于关心民瘼"诸说；同年龚书铎先生也发表有以《清嘉道年间的士习和经世派》为题的论作。② 尽管如此，对"经世致用"一词的理解和应用，对我而言仍是全新的经验。因为此前我著《西学东渐与中国传统知识分子》时，在评述传主沈毓桂著述活动的用语中，从未使用过该词汇。而在《郑观应评传》写作中对"经世致用"概念的采纳，很大程度上是受刘广京先生的新著《经世思想与新兴企业》的影响。

《经世思想与新兴企业》是刘广京先生20世纪60年代至80年代有关洋务运动研究论文的自选集，其中包括刊于1961年的《唐廷枢之买办时代》篇和刊于1970年的《郑观应〈易言〉——光绪初年之变法思想》篇。前者是作者勘读剑桥大学所藏怡和洋行档案中"函件部分"的研究成果，20世纪60年代国内洋务运动研究中热衷于引据该篇资料的

① 易惠莉：《郑观应评传》，南京大学出版社，1998年，第62页。

② 胡思庸：《中国近代史新编》（上），人民出版社，1981年，第184、186页。龚书铎：《清嘉道年间的士习和经世派》，《中华学术论文集》，中华书局，1981年。

研究者不在少数。而后者刘先生对其重视的程度，则可见该书封底有关全书的内容简介："中国现代化自什么时候开始？本书探讨十九世纪初叶经世思想的意义及其与十九世纪晚期自强变法运动间的连续性；注意到魏源的历史进步论，李鸿章等人关于提倡西学的建议，以及当时自强实政的企业部分，特别是轮船航运和矿业。经世思想自魏源的《皇朝经世文编》（1826）发展到郑观应的《易言》（1880）似乎已越过重要的分水岭，进入新的境界。晚清的绅商社会随着新式企业之兴起而有新型知识分子出现。新兴企业虽然未必都十分成功，但商人而为知识分子，如郑观应、经元善等之倡言自强变法，在中国思想史及社会史上皆有重要意义。商人著书立说，要求制度上的突破，这就难能可贵，值得纪念了。"我所读的《经世思想与新兴企业》一书，系刘广京先生亲自题赠夏东元先生者。[1]《郑观应评传》在动笔前以及动笔后的相当长一段时间内，该书都在我手边被时常翻阅。刘广京先生评价郑观应的《易言》为晚清"经世思想"发展历程中里程碑作品的视角予我深刻印象，从而启发我在《郑观应评传》中有《救时揭要》"是郑观应著述活动由乡土文化层次向经世致用的士文化层次过渡时期的作品"之评说。

在《郑观应评传》中，我对被收在《救时揭要》末尾的《论中国轮船进止大略》篇独辟一章予以深入探讨，即题

---

① ［美］刘广京：《经世思想与新兴企业》，（台北）联经出版事业股份有限公司，1990年。以1981年秋出版的《郑观应传》为机缘，刘广京先生1982年亚洲之行在沪期间，曾与夏先生在华东师大晤面。见夏东元：《临渊耕耘录》，夏宇飞编辑自版书，第173、183页。

为"《论中国轮船进止大略》"的第四章，也正是有感于该篇在郑观应言论著述活动转型中的特殊意义。1873 年 1 月前后，郑观应撰写《论中国轮船进止大略》篇的背景是"轮船招商公局"在沪创立，主持创办之人仅有经办沙船海运漕粮事务的经验，却毫无近代轮航业的背景，此情令此前数度谋求官方支持其开创轮航业而未果的香山买办群体大感失望。而郑观应该篇有为香山买办遭遇政府歧视大鸣不平之意，对官方兴办洋务企业现行的用人政策发出尖利的嘲讽之声，所谓："议者皆知泰西之长技，而不知操泰西立法之大旨本源焉。岂虎贲中郎、衣冠优孟，而即又自诩得其真种子乎！"针对该篇全新的写作背景和写作姿态，我在《郑观应评传》中评说：《论中国轮船进止大略》篇在题材上的提升，"表明郑观应在经世致用——洋务论方向上又跃上了一个新的台阶"；"郑观应日后成为洋务思潮中的一大家，应该说《论中国轮船进止大略》一篇是奠基之作"。① 这样的评说应该是合宜的。

《郑观应评传》为《论中国轮船进止大略》篇独辟一章的写作安排，也使我能以充裕的篇幅展开轮船招商局从 1872 年初酝酿，到 1873 年初"轮船招商公局"成立过程的陈述；而且在结束该篇介绍后又刻意地安排了题为"太古轮船公司总买办"一节，在交代 1873 年春郑观应加盟新成立的英资太古长江轮船公司及重归买办身份的同时，也道清了此间"轮船招商公局"从酝酿改制，并于 1873 年 6 月实现了以昔

---

① 易惠莉：《郑观应评传》，南京大学出版社，1998 年，第 94 页。

日香山买办唐廷枢、徐润主管运营的"官督商办"体制的来龙去脉。这部分内容即使现在读来，对于《郑观应评传》一书而言也是不可或缺的。因为在晚清众多洋务企业中，轮船招商局不但是与郑观应一生事业关系最长远且最密切者，而其反映出的诸多问题，都成为郑观应言论中对洋务企业官督商办体制进行批判，以及思考和探讨中国近代资本主义企业制度建立的出发点。

《郑观应评传》在第四章之后，我安排有3章的篇幅围绕着探讨《易言》的两种版本展开。即使在夏先生1985年的《郑观应传》修订本中，《易言》（包括三十六篇本和二十篇本，以下简为"36"和"20"）是与《救时揭要》并列作为传主"早期代表作"的，并在题为"初期的维新思想"一章中统一介绍。而刘广京先生1970年的《郑观应〈易言〉——光绪初年之变法思想》则探讨的仅是《易言》（36），其中不无他当时尚无缘获见《救时揭要》和《易言》（20）二著的关系。至于我何以安排3章篇幅探讨《易言》？这首先缘于我受到刘广京先生文章的启示，乃有意要界定《易言》（36）的写作时间，从而有题为"《易言》三十六篇本"的第五章。其次，我有感于《易言》（36）从上卷到下卷，再到《易言》（20），郑观应言论思想的开放程度呈渐次退缩演变之势，从而有题为"《易言》（36）上卷"的第六章和题为"从《易言》（36）到《易言》（20）"的第七章。

关于《易言》（36）的写作时间界定，夏东元先生笼统地作"在七十年代成书"，刘广京先生则作"虽或有若干篇

似为旧稿，而其大部分必经于 1879 年前后重订"，并举例佐
证。① 在此问题上，我在《郑观应评传》中对刘广京先生文
章的观点及方法多有借鉴，并作进一步推断，称"《易言》
（36）上卷最迟当在 1878 年底前完成写作"。在《易言》
（36）的写作动机上，我将 1874 年秋中日"台事专条"签
约后清廷推出"筹议海防"的政治举措列为首要的背景因
素。② 不过，这一点现在来看是有重新审视余地的。因为据
《易言》（36）上卷开端的四篇——"论公法""论税务"
"论鸦片""论商务"的题材，均在阐述中国接受西方"条
约制度"后从政府到社会在涉外事务中应持态度的问题，所
以促动郑观应动笔的背景，应该具体落实于 1875 年夏因处
置"马嘉理事件"中英外交冲突升温到 1876 年夏秋之交中
英"烟台条约"签约之间。1870 年"天津教案"后，中国
接受中西"条约制度"的政治现实再度陷入了遭遇挑战的危
机事态，以此为背景，郑观应在《易言》（36）上卷恣意大
胆地表现出了特立独行的言论姿态。另外，在王韬对郑观应
《易言》（36）写作的影响作用问题上，我在《郑观应评传》
中虽有所强调，但现在来看仍有不足。1879 年 3 月，王韬自
香港赴日本途经上海，包括返乡，在沪停留时间长达 1 个
月，郑观应与他当有多次交往。《易言》（36）上卷首篇——
"论公法"中，有一段落详述西方社会文明进化史，其中含

① 夏东元：《郑观应传》，华东师范大学出版社，1985 年，第 24 页；刘广
京：《刘广京论招商局》，社会科学文献出版社，2012 年，第 232 页。
② 易惠莉：《郑观应评传》，南京大学出版社，1998 年，第 119、104—
105 页。

易惠莉

如后一笔极富社会进化论色彩的文字："……其后英、法斗战，延及百年。用是苦心焦思，始制巨舰大炮，狎风涛之险，备战守之方。西班牙检出西半球，悟地体圜转之理，遂开海道以连于亚洲之东南洋。及华盛顿崛起自立，合众部以挫强英。于是英人乃东并五印度，直逼东洋诸国。每经一战，局势诡变，人材挺生，各国皆发奋有为，讲武通商，力筹强富。既而拿破仑第一兴于法国，用兵精锐，穷全欧之智力以相竞，卒莫敢撄其锋焉。"① 这段文字，脱胎于日本汉学家兼激进的"兴亚论"者冈千仞《送佐和少警视奉使于欧洲序》一文。冈千仞撰该文，意在质疑王韬的《普法战纪》基于循环史观的非战论主张。② 1879 年 2 月，《送佐和少警视奉使于欧洲序》经由日本佐和少警视赴欧途经香港交付王韬，1 个月后该文又由王韬带到上海，从而有被郑观应"论公法"篇所引录的结果。王韬赴日游历往返两度途经上海，其间他对郑观应《易言》（36）写作的影响自当不仅限于此。关于冈千仞与王韬的关系，我是在 1999 年才开始做专题研究的，③ 故始读到冈千仞的文章，如果是在这之后去写作《郑观应评传》，那当对《易言》（36）上卷首篇——"论公法"的背景，有更丰富的深挖和更合理的评说。

---

① 夏东元编：《郑观应集》（上），上海人民出版社，1982 年，第 65 页。

② 冈千仞《送佐和少警视奉使于欧洲序》篇结尾句："近读香港王紫诠《普法战纪》，服其虑之深而其思之远。东野航过香港，见紫诠质以余言。紫诠游欧洲，谙海外事情，必知所以变而通之。"《藏名山房文初集》，卷 2，第 20—22 页。

③ 易惠莉：《日本汉学家冈千仞与王韬——兼论 1860—1870 年代中日知识界的交流》，《近代中国》第十二辑，上海人民出版社，2002 年。

郑观应《易言》（36）上卷有关中国接受中西"条约制度"问题的发声，是有其独特的时代价值的。关于这一点，我在《郑观应评传》中有两方面的强调。其一，引刘广京先生文所谓"其对于西洋之兴趣，则集中于各国所以致富强之原由"之说，[①] 称道郑观应在同时代洋务言论者中的优长之处。其二，高度评价郑观应引据"道法自然"的传统观念，用以阐述包括通商、传教在内的近世"西力东渐"有其正当性的论辩思路。郑观应《易言》（36）上卷有关中国接受中西"条约制度"的现实必要性的论说，是同时代洋务言论中最具勇气，也是最富感染力者。不过，这并不意味着郑观应的言论著述活动能凭借这一可喜的势头继续前行。事实是相反的结果，在《易言》（36）上卷达到思想境界的高峰后，从《易言》（36）下卷再到《易言》（20），郑观应在中西"条约制度"问题上的立场一路退却。究其原因在于，尽管郑观应以买办商人的身份令其考察问题时独具经济的视角，从而也更务实，不过在精神层面上他仍无法超越同时代的如王韬那样的洋务言论者。郑观应的言论著述活动，一旦进入到经世致用的层面，其写作动机中猎获官方关注度的成分势必同步提升。而 1879 年，正值郑观应以买办商人的身份全面涉入官方相关事务的开端之年。

●**问** 您这种对前人或同时代人的研究成果的借鉴和吸收的严谨认真的态度和方法，很值得我们学习。那么在写作

---

① 《郑观应〈易言〉——光绪初年之变法思想》，刘广京：《刘广京论招商局》，社会科学文献出版社，2012 年，第 236 页。

《郑观应评传》关于洋务运动有关的事务时，您是如何观察分析的？

⊙易　在以5章的篇幅集中探讨郑观应前半期的言论著述活动后，我转向集中探讨郑观应前半期以洋务为中心的社会活动情况，这在《郑观应评传》中占用篇幅仅3章。夏先生的《郑观应传》针对1878年筹办上海机器织布局郑观应被李鸿章委任为会办一事，称"洋务派官僚对郑观应确是赏识的。还在郑观应任太古轮船公司买办时，就被委派兼任洋务企业的重要职务了"①。受其影响，我在《郑观应评传》题为"初涉洋务企业活动"第八章的写作中，自始即有追溯郑观应为达成上述目标过程之意识。而据《盛世危言后编》相关函稿提供的信息，可以知晓至迟于1876年春，郑观应就已经是沪上政府官方筹议洋务事宜的座上客了。最初的人事背景来自粤籍洋务官员——新任津海关道的黎兆棠，其后又有同为香山籍的洋务官员郑藻如的关照。而影响政府官方高层对其观感的最大因素，还是在郑观应自身的努力。郑观应此期积极投身于沪上的赈务活动，不但为其树立了良好的社会形象，而且也在江南绅商界上层拥有了良好的人脉。其中最重要的情节，则是他与游走于官、商之间的盛宣怀确立了互惠合作的关系。这也是1880年郑观应参与进由盛宣怀领衔的官办津沪电报工程项目的背景。我在《郑观应评传》中关于该情节所作的评述，如今读来似有解读过度之嫌。所谓津沪电报的成功是"由在赈务活动中建立起的同人关系转

---

① 　易惠莉：《郑观应评传》，南京大学出版社，1998年，第39页。

化为创办企业活动的合作关系的典型事例"，"从这一事例可以看到赈务这个纯粹传统的事务，在19世纪70年代后期这一特殊的时代背景下发生的特殊作用，它能使我们进一步理解：江南作为中国传统社会经济、文化最发达的地区，它所具有的内在积极因素如何在近代环境下转化为推动社会变迁的动力"。① 对传统赈务活动在近代社会变迁中发生的正面意义作如此深挖，这是我自觉接受刘广京先生《经世思想与新兴企业》一书影响的另一案例。

《郑观应评传》第九章"从旁观到加入轮船招商局"，是探讨19世纪70年代、80年代之交郑观应与轮船招商局的关系问题的专章。该章在致力于交代清楚郑观应1882年春作出结束买办生涯加盟轮船招商局选择的缘由的同时，还要对《盛世危言后编》"船务"卷的三篇——分别题为致叶廷眷、致郑藻如、禀李鸿章的文稿进行解读。这两项工作决定该章相当多的篇幅将用于追溯1873年改制"官督商办"以来的轮船招商局史，也即在第四章有关招商局史内容基础上进一步展开。不过迫于时间上的压力，这部分内容的写作多参考夏先生《盛宣怀传》中的相关陈述，也大量引据了夏先生提供的"盛档"资料的手抄件。此期招商局内最富戏剧性的情节，当属并购美资旗昌轮船公司后招商局运营状况的恶化激化了盛宣怀与唐廷枢、徐润间的权力之争，并最终导致盛宣怀出局。我在陈述此情后做如下感想："纵观盛宣怀在此次争权中的表现，可以有恃

---

① 易惠莉：《郑观应评传》，南京大学出版社，1998年，第222页。

无恐一言概之。这自然是盛宣怀系李鸿章的亲信的缘故。不过对李鸿章还应有这样的看法：一是李鸿章作为官场中人对此类争权事甚能理解，并未过分看重；二是盛宣怀就整顿招商局提出的许多问题及措施，实际上也能为李鸿章接受和欣赏，只是当时李鸿章处在不得不依赖商力兴办近代企业的状况下，面对商人当时普遍对政府缺乏信赖、对近代企业缺乏信心，他不愿以近代商人形象的唐廷枢、徐润的失利进一步恶化这一被动局面。总之，盛宣怀在争权中的失利，并不意味着他在李鸿章幕中地位下降，此后的事实也表明了这一点。"此段评说此后读来亦当属对史实的过度解读，其原因出于当时对这段史实的探究尚不到位，对盛宣怀父子与李鸿章真实关系状况的了解更属肤浅，从而作出上述有点想当然的论说。《郑观应评传》出版十余年后，我在从事招商局早期历史的专题研究中有幸发现上说有误，从而致力于细节性地探究盛宣怀与唐廷枢、徐润争权的过程，以及其间李鸿章的反应。在这些专题研究中有关盛宣怀父子与李鸿章关系复杂多面性的强调，其中就包含着纠正《郑观应评传》上说失误的用心。第九章"从旁观到加入轮船招商局"写作另有的缺憾，则是在郑观应加盟招商局的背景问题上。针对郑观应本人强调系唐廷枢、徐润二氏禀请北洋"札委郑道帮办招商局，专管揽载事宜"，我就郑观应入招商局系北洋之旨意问题进行论证，并作出推论："联系到当时正是盛宣怀遭'不准再行干预局务'禁令后不久，在盛宣怀不再有插手招商局事务的机会的情况下，北洋官方自然有必要在招商局内安插在政治上较为可靠的耳目，填补盛宣怀被逐出后的空缺。"① 如此为说，实际上是将1882年春郑观应加盟招商局事与1881年春南洋刘坤一在查核并购旗昌轮船公司案复奏参劾盛宣怀之事相关联。这一观点在我后来的研究中被证实有误。因为早在1878年初，盛宣怀即因与唐廷枢、徐润争权，而失去李鸿章的信任离开招商局。同年秋，则有香山籍官员叶廷眷入局接替盛宣怀此前之职，但招商局内领导层权力之争夺又再次重演，且同样以官方委员身份的叶廷眷落败出局告结。1879年12月10日，北洋幕员沈能虎致函盛宣怀道及此情："顾之（叶廷眷）乞退，果许以板桥（郑观应）接手否。"② 可见郑观应入招商局，早于1879年内即已在北洋的议事日程。收录沈能虎该函的《盛宣怀实业朋僚函稿》一书，是1997年的港台出版物，《郑观应评传》写作时自然是无缘利用该则资料。我想若当时能获见该函，并能有现今这样的正确解读，那么《郑观应评传》在陈述1882年郑观应加盟招商局事时，势必是另一样式。《郑观应评传》书成后多年以来，我仍对与郑观应相关的史料高度关注，新史料的发现或关乎评传既有之陈述成立与否，或是令史实得以更丰富、更准确呈现的新机。

　　《郑观应评传》第十章以"1882年的企业活动"为题。1882年郑观应的洋务活动有所成效者在电报领域，本章以两节篇幅涉及该议题，即题为"津沪电报招商"的第二节和题

---

① 易惠莉：《郑观应评传》，南京大学出版社，1998年，第243、264页。
② 吴伦霓霞、王尔敏编：《盛宣怀实业朋僚函稿》，香港中文大学出版社，1997年，第1290页。

为"申办汉、浙电报及内河航运"的第四节。其中"津沪电报招商"一节写作间的感想是格外良好的，因为我在《盛世危言后编》"电报"卷和夏先生从上图"盛档"资料抄件有涉"电报招商章程"制作的文件、函稿中，读出在电报招商方面"郑观应、盛宣怀在携手合作的同时并存的相反一面，即双方各自在官与商立场上的坚持以及由此构成的矛盾冲突"的内情，[①] 这场各自的坚持导致延至 1882 年初凭借沪上投资热潮初兴的时机，方有一份题为"电报局变通章程"出台。史料内涵的发掘，扫除了原本对有关电报招商事之素材枯燥单薄的预感，该节的写作从而不再沉重，叙事因有起伏而略显生动。另外值得一提的，是该节引据香港中文大学1993 年版《盛宣怀实业函电稿》第二卷"电线：中国电报局"中的史料多达 6 处，叙事的完备性和可信度因这部分史料的加入得以大大加强。《盛宣怀实业函电稿》[②] 一书是1994 年春夏之交，得自香港建道神学院梁家麟先生和邢福增先生的馈赠。最近在写作这篇回顾性文字时，关于当年《郑观应评传》的撰著对香港中文大学所藏"盛宣怀档案"资料利用严重不足的缺憾甚深，直到此间检阅"津沪电报招商"一节文字，并查看了《盛宣怀实业函电稿》一书的版权页，这一缺憾方略得宽解。我庆幸自己能于《盛宣怀实业函电稿》出版次年即拥有此书，且能使之在评传写作中发生作用。

---

① 易惠莉：《郑观应评传》，南京大学出版社，1998 年，第 285 页。

② 此书与《盛宣怀实业朋僚函稿》同样，由王尔敏先生从香港中文大学所藏的盛宣怀档案资料专题编辑而来。

●**问**　您对自己的研究始终保持清晰的头脑和弥补、修正自己过去的不足的勇气，以及不断探索、追求真实的精神，令我们感动。在郑观应事业进入低潮和晚期的时候，您是如何看待他的人生的？

◉**易**　如果说《郑观应评传》的前十章主要是评述传主一生前半期著述和社会活动的记录，那么紧接其后的两章，即题为"1883—1884 年的经济风潮"的第十一章和题为"归隐故里"的第十二章，则主要是评述郑观应的人生及其事业由顶峰降至谷底的过程。因此这两章可视为传主人生由前半期转向后半期的过渡章节。于今看来第十一章题名中的"经济风潮"，当以"金融风潮"替代方为准确。始于 1883年的沪上"金融风潮"，令崛起于同光之间的香山买办群体同遭滑铁卢，评传致力于追寻其间郑观应个人的遭遇及其应对举措的背景和原因。由于郑观应在危机事态前有失理智地做出以从政逃避现实的选择，这就预示了其个人事业从此一蹶不振的前景。我在追踪这一方面情节的同时，也道及郑观应在逃避现实的精神状态下萌生了写作《盛世危言》的动机。评传第十一章最后一节题为"商人与近代早期工业化"，该节专事检讨作为沪上企业活动领袖人物的郑观应、徐润和唐廷枢诸位对此轮"金融风潮"的酝酿发生应承担的责任，并以后面一段文字为郑观应的人生前半期作小节。所谓："诸多事实表明：当 1882 年社会表现出在企业投资方面的热情时，中国社会在政治、经济、文化等诸方面并未为近代工业化进程的起步作好准备，包括正在由传统向近代转化的商人队伍中，也未出现足以在企业活动领域中担当领袖的合格人选。尽管此时洋务运动开展已有二十年左右的历史了。"①
这一段文字也是"商人与近代早期工业化"一节的结尾语，
其意在与该节开端有关费正清、赖肖尔著《中国：传统与变
革》一书的引文达成首尾呼应的效果。该节开端的引文系
《中国：传统与变革》第十一章（"中国对西方的反应"）第
四节（"条约体系下的经济发展"）的结尾段，其意在强调
单凭"通商口岸经济的增长促进了资本投资和经营方法的发
展"，是不足以支撑"中国度过工业化的关键阶段——进入
靠自己发展的阶段"的。②

◉问　《郑观应评传》第十三章到第二十章，您阐述了
郑观应后半生的履历和著作，但从写作内容来看，似乎有了
一些变化，请您和我们分享当时的写作过程和感想。

◉易　《郑观应评传》是将传主当作思想家来为其作传
的，故评传前面十二章的内容重心，在揭示和阐明郑观应人
生前期的言论著作《救时揭要》和《易言》撰著的背景及
其社会价值。尽管两书问世之间有近 10 年时差，不过因有
同光之间洋务初兴的统一时代背景，两书具备集中探讨的前
提，而且集中探讨的连贯性，也更利于凸显传主言论著述活
动层级的提升。关于郑观应人生后半期的著述成果，主要有
刊于 1894 年春的《盛世危言》五卷本，刊于 1896 年秋的
《盛世危言》十四卷本，以及刊于 1901 年中的《盛世危言》

---

① 易惠莉：《郑观应评传》，南京大学出版社，1998 年，第 356 页。
② 费正清、赖肖尔：《中国：传统与变革》，江苏人民出版社，1992 年，
　 第 340 页。

八卷本三种，我在《郑观应评传》中，安排有题为"《盛世危言》（五）"的第十三章，题为"《盛世危言》（十四）"的第十六章以及题为"'中国国会'及《盛世危言》（八）"的第二十章，分别予以探讨。并且即便在此三章内也都穿插有交代其间郑氏社会活动的专节。

夏先生在《郑观应传》中评述郑观应前期著述活动的三个演进阶梯："《救时揭要》所反映的感性阶段的认识"，《论中国轮船进止大略》是"理性认识的最初表现"，而《易言》则已呈现出"理性认识的初步系统化"。① 关于郑观应前后两期的言论著述成果，夏先生分别予以"初期的维新思想"和"资产阶级改良主义思想的发展和成熟"的评价，并称"《盛世危言》的中心思想是'富强救国'。在《危言》中，这一思想比《易言》中更为丰富、明确、深刻和强烈"。② 由此可以判断，夏先生认为郑观应的言论著述活动是随时代前进的。在《郑观应传》中，夏先生不仅强调《盛世危言》表明郑观应比被公认为"资产阶级改良主义者"的王韬的"思想先进得多"，并两度质疑李泽厚先生在撰于1956年的《十九世纪改良派变法维新思想研究》文中有损郑观应"资产阶级改良主义者"形象的观点。③ 而刘广京先生在《郑观应〈易言〉——光绪初年之变法思想》篇正文中仅有"所著《盛世危言》为晚清变法运动重要书籍

---

① 易惠莉：《郑观应评传》，南京大学出版社，1998年，第20、24、26页。

② 易惠莉：《郑观应评传》，南京大学出版社，1998年，第16、68、71页。《郑观应传》探讨《易言》《盛世危言》的篇幅比例为3比4。

③ 易惠莉：《郑观应评传》，南京大学出版社，1998年，第75、78、95页。

之一，久为习中国政治史者所熟悉"泛泛一说，且在全篇"结语"部分重申："中国近代史学者，每仅根据日后出版的《盛世危言》来讨论郑观应的思想。笔者则认为欲了解郑氏思想早年的形成和发展，《易言》三十六篇有关键性的材料。"①《易言》与《盛世危言》二著孰重孰轻，两相对比，刘广京先生与夏先生在该问题上的见解显然大相径庭。刘先生看重《易言》，固然有其关注光绪初年洋务运动初兴之际的历史过程的主观动因，然而其中当也包含他对《易言》言论著作的时代价值的独特判断。我在撰著《郑观应评传》时不存在总体规划，更无任何评价预设，论点基本上是伴随写作的推进而渐进形成。因此，我当时对于夏、刘二先生在郑观应前后期著述成果的评价问题上观点的差异，应该是缺乏意识的。观《郑观应评传》的相关内容，也可得到这样的印象。评传认为，《盛世危言》（五）是郑观应为适应"以制度引进为要求的变法论"兴起而作，内涵"将变法论推向政治合法化的动机"；其中"道器""西学"二篇，则是作者出于"为变法论提供社会所能容纳接受的合法性理论基础的目的"而作。②《盛世危言》（五）被定位于变法论，意味着《易言》（36）被定位于洋务论，而由洋务论到变法论，则可理解为关于郑观应的言论著述活动随时代前进的另一种表述。不过，评传正是在这里指出，《盛世危言》（五）的核

---

① 刘广京：《刘广京论招商局》，社会科学文献出版社，2012 年，第 226、295 页。

② 易惠莉：《郑观应评传》，南京大学出版社，1998 年，第 390、392、393 页。

心篇章——"道器""西学"篇体现了郑观应以适应社会接受程度为意的写作姿态，对比《易言》（36）上卷诸篇以倡导中国社会接纳中西条约制度为使命的写作姿态，两者间的孰高孰低则必有别样的观感。1880年《易言》（36）刊出前后郑观应个人的事业和精神状态，是1894年春《盛世危言》（五）刊出前的状态所无法比拟的，其前后两期言论著述活动的时代价值亦最终由此确定。其实，变法论成为时论潮流后，《易言》（36）上卷探讨中国进入国际条约体系后如何自处的言论，对于中国社会现实的新锐性、独特性是毫无改变的，其存在价值亦是《盛世危言》（五）中"议院""日报"篇所无法比拟的。我在《郑观应评传》中关于《盛世危言》（十四）以下观感也是出于这样的考量，所谓："郑观应从来不安于只成为某一领域的专家，他像传统的经世致用论者一样在广泛的领域轻易地发表见解，这从《盛世危言》（五）到《盛世危言》（十四）题材领域的急剧扩大方面可以看到他的这种不良倾向。郑观应的个人动机以及知识结构，都决定他不可能以近代学人认真而真诚的态度，对待诸如外交防务这样重大的国家政治问题。"又评论：甲午战后"随着以康、梁为代表的维新变法思想言论家的迅速崛起，以郑观应、王韬为代表的洋务变法思想言论家占据舆论中心的时代在逐渐结束"[①]。《郑观应评传》甚至在题为"辛亥前五年"的第二十二章，针对1909年郑观应曾有上书摄政王载沣之举发表评说："1903年左右《国

易惠莉

---

① 易惠莉：《郑观应评传》，南京大学出版社，1998年，第507、508页。

民日日报》发表的《近四十年世风之变态》一文，关于郑观应的著述，有如下之评说：'盛世危言之世风。盲人骑瞎马，夜半临深池，误以传误，疑以传疑，群盲骚乱之秋，有执烛炬以炫耀者，是非郑官应之'盛世危言'乎？……惜乎徒供江湖派谈洋务之资助，八股家作策论之材料。'"以此表达对郑观应在时代潮流面前缺乏自省，而不甘寂寞的遗憾之感。①

郑观应的人生后半期没有足可言及的个人事业，1891年后他再度以会办身份进入轮船招商局领导层，主要是缘于盛宣怀有赖于他联络招商局内粤港籍股东的关系，并兼亲信耳目担当特殊任务。《郑观应评传》题为"重入轮船招商局"的第十四章，即予以两节的篇幅探讨郑观应此期在局内的情况。与该章写作相关并值得指出的事情，应该是美国学者费维恺的专著《中国早期工业化——盛宣怀（1844—1916）和官督商办企业》未出现在评传书末所附"主要参考史料和征引书目"中。在这本"有关中国在晚清推行工业化失败的经典性研究"②专著中，费维恺对中西文资料的应用受到学界高度评价，其中有关哈佛大学图书馆藏品的西文原始资料——《马士通信集》的引用，尤其受到国内研究者的重

---

① 易惠莉：《郑观应评传》，南京大学出版社，1998年，第677页。《郑观应传》中引1897年3月2日《新闻日报》载："（《盛世危言》）所载中外各事，中华人近以该书作南针，迩来场中考试常出该书所序时务为题目。"夏东元：《郑观应传》，华东师范大学出版社，1985年，第72页。

② 柯文：《变动中的中国历史研究视角》，《二十一世纪双月刊》2003年8月，第43页。

视，诸如邵循正、汪熙这样精通西文的研究者早在 20 世纪 易惠莉
60 年代的论著中或加以转引，或直接从《马士通信集》发
掘更多的资料。作为费正清从事中国近代史研究的启蒙导师
的马士（1855—1934）有 30 余年的中国海关职业生涯，其
中还有一段脱离海关的特殊经历，即"1885 年 8 月至 1887
年 8 月曾任轮船招商局顾问"。费维恺该著引用《马士通信
集》的资料，正出于该特殊任职期间。这些资料对于了解
盛宣怀督办下招商局的经管体制，以及局内的人事状况弥
足珍贵。在 1990 年 10 月就有费维恺该著的大陆中译本的
情况下，《郑观应评传》却未能得以利用，不能不说是我
的一大疏漏，否则评传第十四章追溯 1884 年后招商局史的
环节将会增色不少。

郑观应在招商局会办的职位外，1896 年盛宣怀接手湖
北铁政局后又为其提供了"官督商办"汉阳铁厂总办的职
位。相对于招商局会办的职位，汉阳铁厂总办的职位应该
说更宜于郑观应施展其洋务才能，但他却无意长期接受该
任命，而勉为其难地在铁厂工作 1 年后回沪一去不返。郑
观应的离开，成全了以后相继出任汉阳铁厂翻译和总办的
李维格在汉冶萍公司创业历史上的不凡地位。1902 年盛宣
怀因"守制"失去对轮船招商局、电报局的控制权，郑观
应在招商局的会办之职也随之而去。其后郑观应还曾是
1907 年创立的粤路公司的首任总办，不过在任时间仅 3 个
月，因为公司内外的纷争之势终迫使他放弃了恋栈之念。
尽管这段经历对于郑观应个人意义有限，但与粤路公司来
由相关的事件却在晚清史上有重大的意义。1900 年盛宣怀

主持签约粤汉铁路对美借款合同，1904 年勘察、购地等事项推进有序，广州至佛山路段进入施工，如此境况仍无法阻止湘粤鄂三省士绅借题美方发行粤汉路债券公司股票转让比利时公司事掀起废约运动，并在张之洞主持下以极高代价于 1905 年达成废约。粤路公司由此应运而生，但粤路工程却再无进展。粤汉铁路废约成功，政府方面张之洞的作用至关重要。基于当时举借比利时款兴建的卢汉铁路全线通车（1906 年）在即，作为该工程项目的主持者之一，张之洞对于借款筑路之利弊当有清晰判断，这一点可以从他于 1909 年上半年主持签约"湖广铁路借款草合同"事上得到印证。然而张之洞仍不负责任地助成了粤汉铁路废约，其后果不但是致粤汉铁路项目夭折，更重要的是就此开启了清末各省此起彼伏的废约运动潮流。有感于晚清政坛上的常青树张之洞直至清末最后 10 年仍全无忠诚职守之精神，我在评传中于此引录了费正清、赖肖尔《中国：传统与变革》书中如下一段文字表达关于晚清政治没落的观感："制度比物质条件造成了更大的差别。日本的封建制度已经造就了各藩忠诚的行政官员、商业资本家、研究荷兰的学者以及具有爱国思想和个人主义精神的武士等，这些人足以创造一个民族国家，从而与其他民族国家竞争。中国的模式不同，它缺乏这种竞争机制。"此段文字出自《中国：传统与变革》一书关于"同治中兴"到"庚子事变" 30 余年来中国应对外来挑战失败经历的总结性论述。这个总结性论述中还另有一相对抽象的表述，所谓"阻碍中国对西方的威胁作出迅速反应的抑制因素主要是中国文化的坚强内聚力和稳固的结构"。① 尽管这与前一说中称中国制度上缺乏"竞争机制"不乏共性，但前一说中举证在日本应对西方挑战成功原因中高品质人才储备因素的重要性，客观上将中国固有制度缺陷的后果具体落实在人才的品质要素上，作者的观点由此也变得格外尖锐。而这也正是触动我将之引录入评传中的原因。

◉**问**　个人的生命历程也是社会力量和社会结构的产物，《郑观应评传》透过郑观应的一生，从一定的视野再现了中国由传统向近代过渡的复杂过程，请问还有什么细节和信息可以和我们分享？

◉**易**　关于《郑观应评传》的写作及一些感想，值得谈的大约只有以上这些了。不过另有一些与评传内容并非直接相关的写作感想，似也有在此稍做说明的必要。《郑观应评传》是我在博士学位论文后首次撰著一本书的尝试，该书新手上路的风格应该是浸在骨子里的，而正文中冗长引文的出现频率高正在其中。评传的引文除引录史料外，还引录权威论著的论断，尤其是引录费正清等人的论著。如除前面重点提及的评传第二章引录《剑桥中国晚清史》的 1 例外，另有引录《中国：传统与变革》的 4 例。② 如此大量地引录费正清的相关论断，在 20 世纪 90 年代的

易惠莉

---

① 费正清、赖肖尔：《中国：传统与变革》，江苏人民出版社，1992 年，第 399、398 页；易惠莉：《郑观应评传》，南京大学出版社，1998 年，第 655 页。

② 易惠莉：《郑观应评传》，南京大学出版社，1998 年，第 28、134、146—147、345、655 页。

国内中近史学界并非很适宜。因为，主张"根据中国人自己的经验而非西方人的想法去重构中国历史"，并"用批判的眼光检阅'西方冲击——中国回应'的研究取向"，于 20 世纪 80 年代在包括港台在内的海外中近史学界蔚然成风，① 20 世纪 90 年代此风也盛行于国内中近史学界。我在《郑观应评传》写作期间，阅读其时比费正清后一辈的美国学者柯文在国内声誉鹊起的著作——《在中国发现历史：中国中心观在美国的兴起》，对该著分别探讨的"三种观念架构所表现的西方中心观的偏见"，也仅有"'冲击—回应'的研究取向"一种能稍有所理解，即明白此乃为费正清所倡导者。至于它何以被冠以"西方中心观的偏见"，则难知其然。② 且夏东元先生主张的"洋务运动开始的标志，是 1861 年 1 月 20 日清廷批准设立'总理各国事务衙门'"。③ 这一见解是对清廷作出接受中西条约体制选择的积极肯定，与费正清"冲击—回应"的研究取向以条约体制落实为枢纽的见解相统一。因此，柯文倡导的"中国中心观"对我影响甚微。自然当时我更不可能意识到刘广京先生倡导研究晚清经世思想的实质，在"探讨存在于中国本土的现代化因素"，且其意在纠正费正清"冲击—回应"的研究取向，由是我在《郑观应评传》的写作中，对费正清、刘广京二氏论著的观

---

① 柯文：《变动中的中国历史研究视角》，《二十一世纪双月刊》2003 年 8 月，第 34、35 页。

② 柯文：《变动中的中国历史研究视角》，《二十一世纪双月刊》2003 年 8 月，第 36 页。

③ 夏东元：《洋务运动史》，华东师范大学出版社，1992 年，第 28 页。

点兼容并蓄毫无窒碍。① 况且评传引录刘广京先生观点的论著均属其前期的作品，即他参与《剑桥中国晚清史》以前的成果，其时刘先生笔下尚无纠正"冲击—回应"研究取向的动机。10 年以前，复旦大学历史系教授陈绛先生在《刘广京论招商局》"序二"中说，刘广京系其表兄，他于 20 世纪 70 年代末与刘广京先生建立联系后，"将当时刚在《学术月刊》（1979 年第 4 期）发表的拙文《十九世纪中叶向西方学习思想》寄去求教，文章立论颇受 50 年代出版的费正清、邓嗣禹《中国对西方的反应》一书关于'冲击—反应'模式的影响，强调西方的侵略。广京教授回信中委婉地告诉我，近年美国史学界的研究动向，正转向探讨存在于中国本土的现代化因素，这也正是科恩（文）教授后来写作《在中国发现历史》一书中'中国中心观'的主旨所在"②。

评传写作完成多年后，我获阅柯文发表于 2003 年的《变动中的中国历史研究视角》一文，关于他倡导"中国中心观"的来由方有所了解。因为，该文关于美国 20 世纪五六十年代中国近代史研究的成功之作均"特别强调中国社会和文化的特殊性质"的观感，道明了柯文关于"西方中心论偏见"说的内涵。而且柯文还就该观感有针对性地作出多项举证，其中就包含费正清、赖肖尔《中国：传统与变革》一

① 《郑观应评传》除在探讨《易言》的章节中引用刘广京先生的相关观点外，在第二章"早期买办生涯"中成段落地引录了其《英美航运势力在华的竞争（1862—1874）》一著中的文字。《郑观应评传》第 35—36 页。

② 刘广京：《刘广京论招商局》，社会科学文献出版社，2012 年，"序二"。

著，并作出"把中国无法回应西方的挑战的情况与日本比较"的概括，其意认为把"回应西方的挑战"作为判断一个国家，或民族近代化成功与否的标准，即"西方中心论偏见"。[①] 费正清、赖肖尔二氏的著作1973年初版书名为《东亚：传统与变革》，1978年修订版方改名《中国：传统与变革》。[②] 虽然从时间点上可以看到该著出版与中美建交进程的联系，不过从书名的沿革变化还可以见到该著与费正清1965年版《东亚：近代的改革》的联系。此著乃费正清中国史研究中的精心之作，我在撰著《郑观应评传》期间对该著的近代史部分的特殊关注是有其道理的。

柯文《变动中的中国历史研究视角》一文也使我关于刘广京先生的论著有了新的感想，即刘先生对有"西方中心论偏见"的作者进行选择性排斥。另一美国学者芮玛丽的《同治中兴——中国保守主义的最后抵抗》，柯文称该著表达了"认为中国这儒家之国的现代化努力是徒劳无功的见解"[③]，但它却长期受到刘广京先生的推崇。由费正清主编、1976年完成的《剑桥中国晚清史》上卷（英文原版为《剑桥中国史》第十卷），[④] 刘先生执笔了其中第九章"清代的中兴"。刘先生在该章最后结论性的一节——"对中兴的透视"的第一、二段落，有下述文字："芮玛丽在论及'中兴'时说：

---

① 柯文：《变动中的中国历史研究视角》，《二十一世纪双月刊》2003年8月，第43页。

② 《费正清集》，天津人民出版社，1992年，第453页。

③ 柯文：《变动中的中国历史研究视角》，《二十一世纪双月刊》2003年8月，第43页。

④ 费正清：《费正清对华回忆录》，知识出版社，1991年，第527页。

'不但一个王朝，而且一个文明看来已经崩溃了，但由于十九世纪六十年代的一些杰出人物的非凡努力，它们终于死里求生，再延续了六十年。这就是同治中兴。'今天一些对旧中国不很同情的学者可能没有芮玛丽的那种热情，或者可能提问：这些政治家究竟杰出在哪里？但是作为时代骄子的曾国藩、李鸿章及其同僚等前人确实成功地镇压了叛乱，恢复了王朝的地位，甚至重新振兴了王朝的治国精神，这可以说是事实俱在。"① 刘先生对《同治中兴——中国保守主义的最后抵抗》一著的"西方中心论偏见"毫无抵触，缘于芮玛丽虽然认为汉族士大夫抗拒中西条约体制导致了中国近代的困境，但她是在"同情"的立场上陈述这种见解，尤其是肯定中国"一些杰出人物的非凡努力"再造了清朝的中兴。而芮玛丽这方面的观点显然有悖费正清的见解的。《中国：传统与变革》的第九章第八节"清政府的中兴"，将"中兴"归功于条约体制下的在"中外合作"，甚至在"外国援助和太平天国的覆灭"的标题下，包含"最后，经过殊死战斗，曾国藩之弟在没有外国人帮助的情况下于1864年7月攻占南京"这样意味深长的陈述。② 因此，上述刘先生笔下"今天一些对旧中国不很同情的学者"，"或者可能提问：这些政治家究竟杰出在哪里？"其发问对象乃费正清属大概率事情。刘广京先生可以不在意芮玛丽认为儒家文明阻断中国

① ［美］费正清编：《剑桥中国晚清史（1800—1911）》，中国社会科学出版社，1985年，第517页。

② 费正清、赖肖尔：《中国：传统与变革》，江苏人民出版社，1992年，第308—310页。

近代化进程的观点，但对《中国：传统与变革》一书贬低晚清中国精英阶层整体品格的言论却是不能不在意的。刘先生在"清朝获胜的原因"标题下，有所谓"杰出人物如罗泽南、胡翼林和刘蓉等人把谦恭的、但又义无反顾的儒家思想付诸实践，从而使他们自己也具有曾国藩那种拯救王朝和拯救文明的坚定决心"之说；在"对中兴的透视"标题下，有所谓"仍须把曾国藩的一生视为中国士大夫统治阶级经世致用之学的胜利"之说。① 对湘军领导层成员如此过度的赞誉，很难令人不认为这是刘先生对《中国：传统与变革》中贬低晚清中国精英阶层言论的反弹观。由此，我关于刘广京、费正清二氏在晚清史问题上观点分歧的严重程度有了深刻了解。这一分歧的进一步发展，即刘广京先生20世纪80年代后在海外中近史学界倡导对经世思想的研究，他"一力促成欲1982年7月及1983年8月，先后在（台北）近代史研究所召开两次经世思想研讨会"。关于1982年的台北"中国近代经世思想研讨会"，他在会前曾表达如下指导意见："建议以嘉道年间为重点，可发掘我国制度改革及思想进化之内在根源。此大题目乃研究儒家思想今日尚未发明之关节。……着手处总以《经世文编》（1826）及鸦片战前之思想为起点。不然则又落入西潮'老套'也。"② 会议期间，刘先生接受专访时又称："我在六十年代便觉得'西潮冲

---

① ［美］费正清编：《剑桥中国晚清史（1800—1911）》，中国社会科学出版社，1985年，第449—450、529页。

② 王尔敏：《中国近代思想史论续集》，社会科学出版社，2005年，第26—27页。

击'并不足以解释中国近代史的全部。因为中国近代史毕竟是中国传统的延续，因此我们必须了解中国历史的遗产，才能更进一步了解中国受西潮冲击以后历史发展的趋势。中国的历史遗产自然有阻碍现代化的方面，但也有内在的推动现代化的动力。"直至 1997 年的香港访谈录中，刘先生仍声称："自强变法运动不只是中国对西方的反应，而且是在原有经世思想的基础上发展"。① 如此诸说，不难见到刘先生欲以"经世思想"研究取向取代"冲击—回应"研究取向的志向。

20 世纪 90 年代从事中国近代史领域的研究性写作，从海外研究成果中引经据典乃是常态，我在撰著《郑观应评传》时，自然亦是热衷于此道。此时回顾撰著《郑观应评传》的经历，为说明自己对引据参考最多的海外研究者有着持续关注的心情，我不厌其烦地写了上述看似多余的文字。

◉问　撰写《郑观应评传》是个大工程，花费了您数年的时间。请问您完成《郑观应评传》书稿的时候，是什么样的心情？

◉易　写作《郑观应评传》的时候，我也就 40 岁出头，精力比较充沛，思维也比较活跃，写作是比较顺利的，但书稿完成后，心里还是忐忑不安的，南大的思想家评传中心能

---

① 《学人专访：刘广京院士》1982 年 7 月 30 日于台北圆山饭店，郝延平、魏秀梅主编：《近世中国之传统与蜕变——刘广京院士七十五岁祝寿论文集》，"中央研究院"近代史研究所，1998 年，第 1314 页；刘广京：《刘广京论招商局》，社会科学文献出版社，2012 年，第 332—333 页。

否满意？记起 26 年前的 1996 年春天，一个春寒料峭的夜晚，我如约将《郑观应评传》全部稿件交给住在复旦大学招待所的南大"中国思想家评传丛书"编辑部人员后，准备返回师大，只见邯郸路上路灯稀疏，难觅人影，唯有路南远处新起的一栋高楼前的灯光予人些许安全感。"啊，终于完成了一件大事"，应该是有这种意识，步履变得轻快起来。

宋德华

宋德华（1954—　　），湖南常德人。华南师范大学历史文化学院教授、博士生导师，兼任广东省人民政府文史研究馆特约研究员、孙中山基金会理事、广东省心学研究会理事。历任历史系副主任、人文学院副院长、历史文化学院副院长。

主要研究方向：中国近代史、中国近代思想文化史。

主要著述：《岭南维新思想述论》（中华书局，2002）、《近代思想启蒙先锋：康有为》（广东人民出版社，2005）、《岭南人物与近代思潮》（中山大学出版社，2007；台湾昌明文化有限公司，2017）、《太平天国开创者：洪秀全》（广东人民出版社，2008）、《近代岭南文化价值观的演变》（中山大学出版社，2016）、《历史人物评说导论》（广东人民出版社，2017）、《从启蒙维新到尊孔复辟——

康有为政治与文化思想的演变》（文化艺术出版社，2018）；合作著有《岭南近代对外文化交流史》（广东人民出版社，1996）、《岭南思想文化的演进与更新》（社会科学文献出版社，2015）等；主编有《太平天国与中国近代社会——纪念太平天国起义160周年学术研讨会论文集》（广东人民出版社，2012）等。

主要论文：发表《戊戌维新派政治纲领的再探讨》《澳门与中西文化交流》《郑观应的中西文化比较论》《重评张之洞的中西文化观——以〈劝学篇〉为中心》《论郑观应学习西方富强之本的思想——以〈盛世危言〉为中心》《论黄遵宪的孔学观——兼与康有为相比较》等学术论文100余篇。

时　　间：2021 年 9 月 14 日

地　　点：线上访谈

口述者：宋德华

采访者：闵祥晓

整理者：闵祥晓

◉**问**　宋教授，您好！我们是"郑观应研究口述史"项目组，非常感谢您能接受我们的访谈。您在中国近代史、中国近代思想文化史等领域深耕多年，成果斐然，值得我们后辈学习。您是 1977 年读的大学吧？77 级是中国恢复高考后的首届大学生，是我国高等教育史上的特殊群体。您当年在湘潭大学历史系就读本科，当时为何选择历史学专业？您对历史学的兴趣始于何时？

◉**宋**　对，我是 77 级本科生。1977 年参加考试，1978 年春季入学。后来的大学生都是秋季入学，我们这届因情况特别，"文化大革命"十年大学停招之后首度恢复高考，时不我待，尽快赶早，所以打破了常规。这届大学生的确是我国高等教育史上的特殊群体，招生人数少，年龄差别大，人生阅历丰富，思想有深度，喜欢独立思考，寻根问底，相互辩论，学习的愿望特别强烈，自觉性特别高，这些特点与后来的大学生有很大的不同。77 级大学生的出现是时代转折的一大标志，能够成为这个特殊群体的一员，应该说是一种幸运，一份荣耀。我当时就读的是湘潭大学，刚进去时分在政治专业，有两个班。不久拆分为哲学、经济和历史三个专业，各设一个班。拆分时先填志愿，选经济的最多，其次是哲学，很少人选历史。我选的是哲学，但未能如愿。其实也不是对哲学情有独钟，大概是受以前全民学马克思主义哲学的影响，有过一些熏陶，比较喜好思辨，而历史学得少，历史又时常是受批判的对象，因此多有隔膜。经济不像哲学那么玄，又不像历史那样远，但大家都争着选，我没有去争，不假犹豫地选了哲学。但最后不是选择了历史专业，而是被分在了这个专业。不过，对学历史也没有抵触情绪，当时对专业不怎么看重，更没有远见看到专业选择对后来所发生的影响，只是觉得既然学了历史，就把这个专业学好。分了专业后，兴趣也随之而起，但就我而言，这还是比较宽泛的学习兴趣，而不是钻研历史的独特兴趣。要说真正的历史学兴趣，是在以后逐渐培养起来的。

◉**问** 您后来又在华南师范大学继续攻读历史学专业的硕士学位，此后在近代史、近代思想史领域深耕多年。这期间您的学习和研究领域有哪些转变？

◉**宋** 我报考研究生，带有一定的偶然性。我们班共35人，当时报考的有十余人，其中多数人志向明确，早有准备，我是较晚才决定考一下试试的。那时在读的硕士研究生极少，我们都用仰望的眼光看他们，不像今天如过江之鲫，就是博士研究生也变得平常。我受报考同学的影响较大，横向比较觉得自己的成绩不差，不妨也碰碰运气，这当中多少有点虚荣心起作用。结果运气还好，考上的三位中就有我一个，而其他有些成绩更好的同学，由于报考的单位名头大，竞争者多，未能考上，以后才如愿以偿。1985年研究生毕业后，我留在华师任教，直到 2014 年退休。回顾这 30 年的工作，主要是教学和科研两块，两块中对教学看得更重。科研方面，也还算努力，但因能力和精力的限制，取得的成绩很小。谈不上深耕，只能算是史海拾贝，多少拾一点，拾到了很高兴，拾不到也不失望。研究的领域很窄，集中于中国近代思想文化史，涉及近代政治史和史学理论。我与近代思想文化研究结缘很早，本科毕业论文写的是《从传教救世到开创新朝》，论洪秀全早期思想的转变；研究生学位论文写的是《论中国近代君主立宪思想的酝酿和产生》，是标准的政治思想课题。执教后写学术论文、出书，几乎都是思想文化方面的内容，其中以研究维新变法思想特别是康有为思想为多，其次是研究洪秀全的思想、孙中山的思想、郑观应的思想等。在这样一个单一的领域中转来转去，也没有自觉的计划，拾到什么算什么，当然拾得还算专心认真。

◉ **问**　您几十年如一日地深耕于近代史的研究，现在回想起来，您有哪些治学心得？您的学术思想主要集中于哪些方面？

◉ **宋**　如果从研究生毕业算起，加上退休后的日子，我对中国近代史的研究不知不觉已过了 37 年。时间虽不短，但实际上还是个边缘人，在专业上没有多大作为。要不是你问到，我对自己治学也很少回顾总结，谢谢你提供这样一个机会。想一想，大概可以谈四点心得吧。

一是要注重史料。历史学与其他学科研究有一个显著不同，就是对史料特别看重。全面收集史料，仔细梳理史料，留心鉴别史料，努力发现和运用新史料，这是史学研究的前提和基本功。任何学术观点的得出，都必须从史料出发，以相应的史料作为基础和证据，否则就不能立论，更不可能成为可靠的结论。惟有注重史料，所谓回到历史的现场，展现历史的真实，揭示历史的多种面相，乃至解开历史的各种谜团等，才具有可能性。这点往大里说，就是要做到实事求是，而不是自以为是。这里的"实事"，就应是史料或史实。要做到注重史料，看似简单，其实并不容易。从研究层面看，涉及许多专业性要求。比如，有对史料能否读通读懂的问题，有史料的引用是否丰富翔实的问题，有怎样处理不同史料之间的差别甚至矛盾的问题，有鉴别史料的真实可信性的问题，有如何合理剪裁引用史料的问题，有如何避免堆砌史料的问题，有如何力求史料与观点吻合的问题，有如何将新史料与旧史料相互结合的问题，等等。特别应该注意的是，对史料一定要采取十分尊重的态度，不能出于理论先套、观点先行、结论先定的需要，对史料断章取义、随意取舍。这些方面很难都兼顾得很好，但应予以重视，养成比较自觉注重史料的习惯。

二是要注重解读。研究历史，在很大程度上就是对各类史料进行解读。史料本身不会说话，仅仅将史料汇编在一起，还不成其为历史，还没有完成研究的任务。只有通过解读，才会有各种历史的建构。学者的功力，除了表现在史料方面外，另一个重要方面即表现在解读之上。学者与学者之间有差别，往往就因为对史料或史实有不同的解读而起。解读的范围很广，既有对一条条具体史料的解读，又有分析历史背景、条件、境遇时对综合性史料或史实的解读，还有考证、辨析、商榷式的史料或史实解读。解读的结果，便是得出了一系列或大或小或宽或窄或概括性强或见识度深的观点和结论，形成了共同的或独特的学术见解。要搞好解读，与许多基本功夫密切相关，如掌握理论的功夫，树立史观的功夫，学识素养的功夫，文字理解的功夫，归纳演绎的功夫，见微知著的功夫，由此及彼、由表及里的功夫，透过现象看本质的功夫等，可谓"十八般武艺"，在解读时可能都要用到。我一直以为，注重解读是不断提高研究能力和水平的关键。尤其在互联网时代，史料相对好找，如何善于解读显得更加重要。所谓善于解读，就是要解读得当，不应随意或过度解读，解读还是要围绕史料而展开，始终不要忘记史料或史实这个基点。

三是要注重逻辑。这点主要是就研究的思路、写作的结构、论析的条理等而言，其核心在于一切都要有内在联系。历史也像其他研究对象一样，从来都不是一堆杂乱的土豆，而是有机联系的整体。尽管各种表象看起来令人眼花缭乱，实际上它们绝不会彼此互不相干。学者的研究，就是要将这种或浅或深、或短或长、或隐或现的联系揭示出来，换言之，也就是要找到历史言说的逻辑。逻辑一词看起来很抽象，表现出来其实很具体。以论文为例，注重逻辑就有这样一些基本要求：论题与全文论述应密切相连，而不是文不对题；各部分之间应彼此呼应，而不是相互脱节；各种论证应层次分明，而不是含糊混杂；观点的表达应前后一致，而不是存在矛盾；史与论的结合应顺理成章，而不是牵强附会；对不同见解的辨析应据实而论，而不是强加于人；等等。这些大都属于形式逻辑的范畴，同时也与辩证逻辑相关。我读大学的时候，必修课中有形式逻辑一门，后来似乎取消了。逻辑训练不足，逻辑意识不强，逻辑问题比较突出，这是我以前指导本科和研究生论文时一个较深的感受。现在看学界论文，也会发现存在这方面的问题。要培养良好的逻辑思维能力不容易，但如果有自觉性，能从严要求，不断改进，就总会逐渐进步。

四是要注重表述。表述重在文字，所要解决的是如何将研究的成果准确清晰完整地呈现出来的问题。文字是思想的载体，也是研究的载体。如果研究做得好，而文字表述不够好，成果的价值就难免会受影响、打折扣。怎样才算好的表述？以我的体会，可以分为两个层次。其一是基本要求，包括文通字顺，没有差错，谋篇布局合理，章节段落清楚，语句意义明确，没有明显的啰唆重复等。其次是学术性要求，这是文字表述好的重点。这方面可谈者不少，若稍做挑选，可举这样三条：其一是采用学术话语，其特点是以论述性、论证性见长，摆史实，讲学理，客观平实，不直接抒情渲染褒贬，这与散文、政论、批判性文章等明显不同；其二是严谨，严谨性是科学性的体现，应贯穿于研究成果的始终，不仅概念、引述、立论应严谨，而且论证、辨析、商榷等也应严谨，做到有理有据，而不是随意挥洒；其三是简要，用尽可能明确、精炼的文字讲清楚史实和自己的观点，处理好主次详略轻重等关系，尽量减少无谓的枝蔓。好的文字表述虽有共同的长处，但没有固定的模式。其更高的境界是形成个人的风格，使好的表述带上较鲜明的个人色彩。我们有时看好的论文，仅看表述就知道出自谁的手笔，常不禁生出仰望之感，这并非人人都能做到，但可以是个努力的方向。

谈到学术思想，我有点犹豫。虽然我在教学和科研过程中，总会对中国近代史从不同角度进行思考，有这样或那样的看法，有些反映在论著里，有些表达于课堂上，还有些则保留在头脑中，与时贤不尽一致，但这些看法是否称得上学术思想，可能还是个问题。不管怎样吧，我还是愿意借此机会梳理一下，作为一种放大了的治学心得总结出来，也算是对自己的一个促进。

首先，对近代史总体发展趋势的判断，我认为是一个转型的历史。所谓转型，就是由古代形态转变到近代形态。这种转变确然已经发生，应当毫无疑义，人们常说的数千年未有之变局，指的即是这种转变。至于转变的性质是什么，对"半殖民地半封建化""近代化""资本主义化"等如何解读，当然还可以继续讨论。近代的这种转型，究竟是进步还是后退，或两者兼而有之，学界的分歧之见较多。在我看来，整体上应该说是进步的，是符合历史和时代潮流的。无论是在生产力、生产关系、政治制度，还是在思想观念、文化教育、社会生活等方面，宏观或微观方面，都可以找到这一进步的证明。在进步的同时，近代也经历了很多苦难，发生了可怕的沉沦，走过了很曲折的道路，这是转型所付出的沉重代价。在转型过程中，伴随着西方列强的侵略和中国封建社会的解体，形成了民主革命的大潮，也出现过近代化的浪潮和改革的浪潮，它们交织在一起，既相互矛盾，又相互连接和相互转换，共同构成了近代转型进步的内涵，生动体

宋德华

现了近代转型进步的多样性、丰富性和复杂性。对此内涵，应全面把握，恰当解读，深入分析，准确评价，避免以偏概全和简单化。

其次，中国近代社会的进步发展，是多种力量共同推动的结果。这里所说的多种力量，是个范围较广的概念。凡是在近代历史前进过程中，起过促进作用的，都可以列入其内，包括个人、团体、派别、政党等等。没有这种共同作用，单凭某种力量的作用，历史的前进很难想象，也很难得到合理的说明。多种力量的促进作用，并非一成不变，而是依历史时期和历史条件而定。时期和条件发生了变化，所起作用往往也会发生改变，甚至变到促进作用的反面。因此，多种力量并不能笼统地称为进步势力，而是要对其做具体的历史分析。另一方面，在同时起作用的多种力量中，总会有主有次，有作用大小之别，随着时间的推移，还会有主次大小的转换，这也需要做具体的历史分析。再一方面，在多种力量之间，虽然存在着共同点，因而在某个历史时刻能同起促进作用，但往往又存在相异相反之处，因而在另一个历史时刻却彼此变成了对手，这同样应作具体的历史分析。这些看似抽象的道理，如果联系各个时期的历史，尤其是像辛亥革命、国共合作、抗日战争等这样意义更为重大的历史，就可以找到很多生动而鲜活的案例。将多种力量的共同推动恰如其分地展示出来，这样书写的历史才更加真实完整可靠。

再次，在近代转型的历程中，中国与世界的连接既是一个十分重要的条件，也是一个十分重要的结果。中国古代社会形态之所以长期延续，与闭关自守有非常密切的关系，而近代转型终于发生和发展，打破封闭、走向世界起了非常关键的作用。中国与世界的连接，在较长的历史时期内，表现为西方对中国的影响和中国向西方的学习，并由此引发了近代中国一系列历史性的转变。西方影响和学习西方，中国固然有受动和被动的一面，但绝不仅仅是受动者和被动者。事实上，更重要的一面是，近代先进的中国人还在严峻时势的刺激下，不断觉醒，不断努力，不断突破，逐渐成为中西关系中的主导者和主动者。这表现为在中西文化观方面，完成了从夷夏之辨到师夷长技，再到鉴诸国和学习西方富强之本，再到高举民主与科学大旗和传播信仰马克思主义的转变；在中西对比方面，既通过深刻反省看到中国存在的巨大差距，虚心学习西方的优长之处，又对自身民族精神和文化遗产充满自信，具有赶超西方的坚强决心；在中西结合方面，坚持引进、借鉴、改造、创新并重，尤为注重适合中国国情，保持中国特色，追求中国创造，对世界作出中国贡献。在此过程中，有各种探索，有成功和失败，留下了各种宝贵的经验和深刻的教训。与此同时，中国与世界的连接也从来不是单行线，而是双向车，世界的确影响和改变了中国，而中国无疑也在影响和改变着世界。中国离不开世界，世界也离不开中国。时段越是向后推移，这种双向互动就表现得越为明显。

最后，近代历史演变与现实发展关联紧密，现实观照有利于近代史研究的不断深化。中国近代是一个变化的范畴，过去从1840年划到1919年，现在通常划到1949年。紧随其后，就是现代史或当代史。两个时段的人和事、事物和观念、风俗和习惯等等，还都千丝万缕、程度不同地连接在一起。论者常说研究历史要为现实服务、一切历史都是当代史，用在近代史研究上，似乎特别合适。每到某个周年，以纪念的形式进行历史研究，不仅是中国，也是国际学界的一种惯例。我是赞同历史研究联系现实的，问题不在于联不联系，而在于怎样联系。在此方面，我们有过很多教训，难免心存顾忌，实际上也还不是做得很好。有时联系现实，将历史研究变成了对现实的注解，对现实的附会，对现实的等同，这就违背了联系现实的初衷。我以为历史研究联系现实，是要站在现实的高度，不断重新审视和反思历史，从现实中找到研究的新课题，开拓研究的新境界，取得研究的新突破。研究的现实性必须以研究的独立性为前提，要有学者的立场，学术的追求，学理的坚守。要以学者的独特贡献为现实服务，使之在一定程度和一定意义上成为现实的引领者，而不是随波逐流地围绕现实转，跟着现实走。

◉问　您曾在 1998 年撰文《澳门与中西文化交流》，将澳门 400 多年中西文化交流史划分为三个历史阶段。澳门与中西文化交流的第三个阶段，即鸦片战争后葡萄牙人占据澳门、实行殖民统治的阶段，这一阶段澳门在国际贸易和交往中的地位开始衰落。从中国近代史的视角看，澳门在中国走向世界的历史进程中，扮演了怎样的角色？发挥了怎样的作用？

◉宋　澳门在中国近代史上，有着特殊的地位，起了重要的作用。这里原本只是一个偏僻的小渔村，自从明朝中叶葡萄牙人租住以来，逐渐发展起来，成为中国沿海最重要的中外贸易口岸，各国来华贸易的商人和肩负多种使命的传教士们也把澳门作为他们的重要栖身之地。伴随着贸易活动的开展，各种宗教传播活动、城市建设活动、文化教育活动、社会治理活动等也相继进行，取得了显著的成效。

在鸦片战争前，澳门对于中国走向世界而言，主要起着两大作用，一是中外贸易交往中心站的作用，二是中西文化交流大本营的作用。在这两大作用中，中西文化交流的作用显然更为重要，影响更加深远。鸦片战争后，这两种作用都明显减弱。先是由于清代"朝贡贸易制度"解体，中国对外贸易中心逐渐转移到香港和上海，澳门逐渐失去了与内地贸易的优势地位，慢慢变成了一个旅游消闲城市。澳门贸易的衰落，导致西方传教士纷纷离开，涌向香港和上海这两个新的基地，澳门与中西文化交流的关系变得疏远。尽管如此，澳门的中外贸易活动和中西文化交流活动并未中断，仍然在新的历史条件下继续发挥着应有的作用。

◉问 郑观应隐居澳门并写下著名的《盛世危言》，孙中山人生的第一次就业是在澳门行医，澳门近代史上曾有很多历史名人在此成就事业，这与澳门近代发展史有着怎样的关系？与其他区域的历史名人相比，澳门乃至大香山地区的历史名人是否更具有贯通中西的开放视野？

◉宋 包括郑观应在内，中国近代有不少名人都曾在澳门活动，留下了重要的历史印记，这与澳门提供的环境和条件密切相关。在西方资本主义向全球扩张的历史大背景下，澳门从明清时期就开始了自己蜕变的历程。鸦片战争后，随着西方资本主义的不断入侵，澳门的变化也更快更大。

简要地说，澳门经过葡萄牙殖民者的长期经营治理，形成了比较安定、有序、发达的特殊区域。相对于清朝统治下的内地来说，由于资本主义的先进性和中西文化融合的优越性，澳门无论在行政管理、法制秩序还是在文教设施、生活质量等方面，都要比弊端百出、贫弱交加、管制严厉的清朝社会领先得多，普通人得以在较为宽松、自由的情形下从事各种活动。清朝虽仍然拥有对澳门的领土主权，但具体管辖权还是由澳葡当局来行使，这就使澳门有了较大的独立性，使得那些在内地难以安身的人们，可以在澳门找到一个躲避之地。与此同时，经过400多年西方文化的传入和中西文化的交流融合，澳门成了中西文化共生共存的奇异之区，成为中国人了解西方的重要窗口。由于澳门有这样的历史特点，它对历史名人的影响自然与其他区域有显著的不同。

如果将澳门与香山连在一起，就可以更清楚地看出其地域和文化的优势。从地域来说，大香山处于中国东南沿海，清朝的统治相对薄弱，而与海外的联系却得天独厚，西方侵略势力不断东来，香山人因地利之便也不断西去。在这个过程中，生活在此的人们就逐渐具有了广阔的世界视野，一方面对西方的侵略性有了较多直观的认识，另一方面对中西利弊也能做出鲜明的对比。由于开放程度较高，就有利于破除传统的封闭心理和保守思想，较容易接受近代新事物、新观念。僻处海疆这一古代相对不利的地域劣势，到了近代就转而变成了地域优势。从文化来说，虽然传统文化仍然占据主导地位，科举之路仍是多数士人的取向，但由于西方东侵和西学东渐的影响，选择出国留洋者渐多，选择入洋行就业者渐多，香山成了华侨之乡、"买办之乡"，文化氛围、价值取向逐渐发生了很大变化，与内地封闭区域拉开了明显的距离。正是在地域和文化优势的基础上，香山出现了以容闳、郑观应、孙中山等为代表的一大批领时代潮流之先的人物，对中国近代史的发展产生了重要的影响。

◉问　在您 2007 年所著的《岭南人物与近代思潮》一书中，对早期维新派议院观的若干问题进行了深入辨析，其中提到郑观应有关议院的评价："故欲行公法，莫要于张国势；欲张国势，莫要于得民心；欲得民心，莫要于通下情；欲通下情，莫要于设议院。中国而终自安卑弱，不欲富国强兵，为天下之望国也，则亦已耳。苟欲安内攘外，君国子民，持公法以保太平之局，其必自设议院始矣。"为什么郑观应认为议院最重要的功能是通下情？这种观点与当时中国历史发展阶段是否相符？这种观点与其他早期维新派人物的观点有何异同？

◉宋　郑观应关于议院有很多精彩的论述，在当时很有代表性。你所说的这段话，是他对设议院重要性作出的一个连环推论。所谓"行公法"，就是按公认的国际准则行事，国与国之间平等交往，谁也不能欺压谁，但中国得不到这种待遇，总是受列强欺侮，公法变成了外国入侵中国冠冕堂皇的借口。何以如此？关键就在于中国"国势"不强，软弱无力，无法与外敌相抗衡，对外国不按公法行事只能听之任之。那么，怎样才能"张国势"，使国力强盛起来呢？关键是要得民心。得民心是句老话，从"众可可之，众否否之"，到"水能载舟，亦能覆舟"，讲的都是要得民心的道理。得民心就是要得到民众的认可、拥护和支持，如果民众都站在政府一边，愿意充当其坚强后盾，国家就不可能不强盛。要得民心，有很多办法，其关键又在于通下情。通下情就是要了解民间疾苦，知道老百姓的切身需要，尽力为民众排忧解难，真正维护民众的利益。要能做到这一点，民心自然就会朝向政府，与政府保持高度一致，甘愿听从政府的号令。通下情也有很多办法，像微服私访、视察巡查、官员进谏、士民申诉等，都是中国古代用过的法子。郑观应超越这些旧法，提出了一个关键性的新法，这就是设议院。议院是个舶来品，是西方民主制的重要代表。在郑观应之前之后，都有不少先进的中国人介绍议院的优越性，主张中国学习西方的议院制度。郑观应将设议院与通下情紧密连接在一起，作为连环推论的最后结论，也就是将设议院当成了行公法、张国势、得民心、通下情的最终落脚点。他强调说，中国要是自甘低人一等、示弱于人，不图富强，不想具有世界声望，也就罢了；若是还希望国内平安，抵御外侮，君主依旧治国治民，秉持国际公法以保中国太平无事，那么就必须从设议院开始做起。对设议院如此重视，将其利害关系讲得如此清楚，这在当时的议院之论中实不多见。

郑观应为什么认为议院最重要的功能是通下情？这是一个好问题，可做三方面的分析。一方面，西方议院制确实给了他这样的印象。郑观应的议院知识，可以说相当丰富，对议院如何选举议员、如何建构、如何议事、如何处理与官员乃至君主的关系等，皆有详尽的了解。他看到了议员对民众的代表性，看到了议院机制的合理性，看到了议事过程中的畅所欲言、集思广益和听从多数，看到了议院对官员及君主所起的约束作用，在他看来，这都是通下情的体现，可以用通下情来概括。另一方面，与他的政治思维定式有关。在中国传统的政治思想中，最优良者莫过于民本思想，提出过民为邦本、民贵君轻、重民爱民、为民请命等一系列命题，不绝如缕，代代相传，成为有良知、有理想的中国文化人的精神命脉，同时也成为他们进行政治思想价值判断的基本尺度。郑观应的民本思想，集中表现为通下情思想，他用这种固有的思想看议院，看得最多最重的就是通下情这种功能。这是一种中国式的看法，与西方议院制的本质精神和实际作用，并不完全相符。还有一方面，就是与他的现实利益诉求有关。郑观应何以将民本思想聚焦于通下情？这是因为"下情"因近代以来的种种变化而显得格外重要。下情的核心是民情，从鸦片战争到中日甲午战争，随着外国资本主义的入侵和中国社会的逐步转型，中国之民的成分在变，力量在变，作用在变，自我意识在变，对统治者的态度在变。民众正在逐渐成为新民众，与古代的旧民众渐有显著的不同。其中最能反映时代变化的就是新工商之民的出现，郑观应既是其中的一员，又是他们的思想代表。新工商之民在近代条件下不可遏止地生长，但又时时处处内受旧势力的压制、外受列强的排挤，他们有太多的下情要上达，有太多的权益要保护，有太多的主张要发表。他们需要一种过去所没有的制度来与政府相沟通，郑观应正是根据这些要求，将通下情作为设议院的最重要的使命。

郑观应的议院观与当时中国历史发展阶段，大体相符。

当时的中国，正经历从洋务运动向维新运动的转变，由政府所主持的早期近代化，需要进一步发展为自上而下的政治变革。郑观应敏锐地感受到了这一点，其设议院以通下情的主张从新工商之民的角度说，初步反映了他们的政治觉醒，是他们向统治者争取政治权利的开端；从统治者的角度说，指出了他们应该和必须做出的一种新的政治选择，即通过变革统治方式、让民众参与议政，使自己不致陷于衰败的危机。这种主张既有强烈的现实感，又很有远见，在根本上符合历史发展的趋势。这是历史的先声，后来维新运动中有设议院、兴民权的号召，立宪运动中有国会请愿的兴起，清廷虽然镇压了戊戌变法却不能不搞预备立宪、同意开谘议局和资政院，再后来建立民国终于有了国会和围绕国会展开了各种斗争，可以说都是这一历史先声的不同程度、不同旋律的回响，它们共同构成了历史的必然走向。当然，郑观应的议院观也不完全切合实际，带有某种空想的色彩，设议院以通下情当时还无法变成现实。在议院观上，其他早期维新派人物的观点与郑观应大同小异，以郑观应最有代表性。

●**问**　郑观应在《盛世危言》中提出："议院者，公议政事之院也。集众思，广众益，用人行政，一秉至公……昏暴之君无所施其虐，跋扈之臣无所擅其权，大小官司无所卸其职，草野小民无所积其怨，故断不至数代而亡，一朝而灭也。"这体现了郑观应怎样的政治观念？您如何评价郑观应的这种政治观念？

◎**宋**　郑观应的这段话也是论议院的作用，与通下情精神一致而角度有所不同，是对"通下情"论的延伸和补充。

这段话着重突出了一个"公"字，也就是以公平、公正、公权作为评价政治优劣的标准。他给议院性质所下的定义是"公议政事"，以此与自古以来的政事私议针锋相对。"公议"所代表的是大多数民众的利益，而不是极少数统治者的利益，因此众人的看法就显得很重要，只有集中众人的意见，站在众人的立场，使国家在官员的任用和政策的实行上，都以众人公论作为最高准则，那么就能清除各种政治痼疾。有了议院，就能制约昏庸的君主和残暴的君主，使他们无法为害国家和人民；就能管住横行霸道的官员，使他们无法滥用手中的权力；就能监督各级行政机构，使其无法逃避应尽的职责；就能消除社会底层民众的困苦，使其不会蒙冤受难。这样，一个政权就绝不至于很快走向灭亡。

郑观应的这种看法，建立在中西对比的基础之上。西方由于有议院，所以早早就根除了君主专制所造成的种种政治痼疾，而中国由于没有议院，这些政治痼疾不仅代代相传，而且愈演愈烈，成为祸国殃民的大害。郑观应的"公议"论，不限于通下情，还进一步表达了求公平的思想，希望以议院之公，严格限制胡作非为的君主和官员，严格管制无所作为的政权机构，从而达到民众各得其所、国家长治久安的目的，这已经有了鲜明的权力意识，有了反对君主专制的针对性，是对中国传统的"天下为公"思想的继承和发展。对这种设议院以求公平的思想，当时有一个流行的说法，叫作"君民共主"，以英国和德国式的君主立宪为模板。这一说法认为君主制权偏于上，民主制权偏于下，而君民共主才权得其平，是最合理的政治制度。在此说法中，权力意识可以看

宋德华

得更加清楚。应该说，公平论顺应了世界民主思想发展的潮流，在中国近代政治思想领域处于领先的地位。不过，公平思想还带有较大的模糊性，将君主立宪理解为君民共主也很不准确，这是当时中西文化互动中所特有的政治思想现象，也可说是必经的历史发展阶段。

◉问　郑观应《盛世危言》中体现的吏治思想具有较强的历史批判性，他对近代工业发展中的官商督办持否定意见，他认为"盖官督商办者，既有委员、监督，而用人之权操自督办，股东不能过问"。他们"多是官场中人，官气难除"，对于"商务卒皆瞆瞆，所委用者又不问其材之能否胜任，大抵瞻徇情面，非其亲戚即其私人，甚至挂名局内，干领修金不知凡几，结党营私毫无顾忌，而局务遂日归腐败矣"。您认为郑观应关于"官商督办"企业的评价是否恰当？近代中国工商业发展中的"官商督办"是如何发展变化的？它对近代工商业的发展具有怎样的影响？

◉宋　要判断郑观应对"官督商办"企业的评价是否恰当，先要对"官督商办"这一形式何以出现和怎样运作有一个了解。"官督商办"的出现，与洋务运动密切相关。洋务运动是中国最早的近代化运动，在此运动中，首先兴办了一批军事工业以制造武器，采取官办形式，它们与商无关，不具备资本主义企业的性质。但当军事工业办起来后，在资金、原材料、交通运输等方面遇到了一系列困难，急需开办民用工业以作为配合，也就是求强必须求富，这样才能有效地达到抵制外国侵略的目的。要办民用工业，仅有官方力量就显得很不够，还必须有民间力量的参与，于是官与商两者相结合，产生了"官督商办"这一形式，其典型的代表有轮船招商局、开平矿务局、天津电报局、上海机器织布局等。

所谓"官督商办"，不能仅从字面理解，以为就是官方监督、商方兴办。实际情况是，在这一形式下，企业的经营、财政、用人等大权都掌握在官方手中，而商方主要只是投资入股、参与具体运作而已。尽管如此，"官督商办"民用工业还是显示了与官办军事工业的显著不同，主要表现在这种形式的企业由于有民间资本的加入，卷入了市场经济，以盈利为经营目的，因此已具有资本主义企业的性质。这种资本主义，并不是后来才有的官僚资本主义，也不是与官僚资本主义相对应的民族资本主义，而是在特定历史条件下与外国资本主义相对的中国资本主义。

"官督商办"企业的出现，对中国近代工商业的发展是有一定积极作用的。它由于有官方主导，就有利于扫除各种阻挠工商业发展的障碍，使民用工业得以较为迅速、较为顺利地开办；它对民间资本的吸纳，使一部分官僚、地主、商人有了新的投资方式，在民用工业兴办的过程中逐渐转化为民族资本家；它以求富、与洋人争利、保自主之权为取向，通过各种方式维护中国工商业的利益，在一定程度上阻止或限制了外国经济侵略势力的扩张，这些都是值得肯定的。

但是，"官督商办"企业办得并不好，并不成功。它于19世纪70年代开始出现后，只存在了20余年，就因弊端太多，问题太大，变得难以为继，不得不将"官督商办"改为官商合办或商办。何以如此？原因很多，根本原因还是在于没有摆正官与商的关系。本来作为正常的资本主义企业，应该以商为主，按照市场规律办事，这样才有生命力和竞争力，而"官督商办"企业恰好相反，完全以官为主，一切权力归官府，把企业办得像衙门，商方反而成了附属之物。在这种本末颠倒的情况下，特别是在与强大的外国资本主义的对抗中，怎么能够有胜算呢？加之中国官府历来封建习气非常浓厚，因而对企业的伤害也就更为严重。所以，"官督商办"企业办起来后，就陆续出现了郑观应所说的种种"结党营私""日归腐败"的现象，而且是无药可医，最后只能以失败收场。这种评价一针见血，毫无疑问是很恰当的。

不过，还要补充两点：

第一，郑观应对于官方与商方共同发展中国工商业，曾寄予很大希望。他深知要在中国兴办新式企业，面临着传统守旧势力的严重阻挠和外国侵略势力的强大竞争，如果没有官方的提倡和扶持，单靠民间的力量，是无法做起来的。与此同时，根据他学习和研究西方富强之道的体会，认识到外国资本主义企业之所以办得好，就是因为得到了政府各方面的帮助，提供了各种有利的条件，尤其是政府并不喧宾夺主，而是以商为主，为商服务，充当保护人和服务者，政府和商人利益一致，融为一体，共谋富强。因此，郑观应希望清政府也能像西方政府一样，改变历来轻商、限商、剥商的做法，转而成为商人的主心骨和坚强后盾。在此方面，他在《盛世危言》中发表了很多议论，提出了很多建议，核心的一点就是主张企业要由商主办，而官府则应主要发挥扶持和保障作用。在"官督商办"企业出现前，他对官方的支持还是较有信心的，以为通过官与商的通力合作，就能实现民富国强的理想。

第二，在较长一段时间内，郑观应都是"官督商办"企业活动的积极参与者。他与洋务派大员李鸿章和洋务企业骨干盛宣怀等人关系密切，在多个"官督商办"企业中担任过会办、总办职务，为这些企业的筹建、经营、兴利除弊耗费过很多心血。"官督商办"企业之所以能够兴办起来，并取得一定成效，与郑观应这类人物的努力是分不开的。然而，"官督商办"原本就不符合郑观应的理想，兴办起来后又无法清除自身的严重弊病，反而越办越糟糕，毛病越来越大，这样就使郑观应变得心灰意冷，对其批评也越来越多，最后得出"官督商办势如虎"的结论，强烈要求摆脱这种形式的束缚。

●问　您对康有为的研究成果很多，康有为和郑观应都是维新派的代表人物，两者的思想主张有何同异？他们之间存在差异的原因是什么？

◎宋　学界通常将郑观应称作早期维新派，将康有为称作戊戌维新派，这主要是就其维新思想内涵所反映的不同历史阶段而言。前者所反映的主要是甲午战争失败前的维新诉求，而后者所反映的主要是甲午战争失败后的维新诉求。两者一脉相承，具有从早期形态发展到后期形态的明显变化和差别。但如果从两人代表性著述的年份、思想形成的时间来说，又具有同时性，可以说他们的维新思想，是同一历史阶段不同思想家各自独特思考的产物。如果将两人的维新思想主张做个比较，其同异之点有很多。

简略地说，其相同之处表现为这样几点：第一，他们对时局都有强烈的危机感。鸦片战争以来，外国入侵步步紧逼，清朝签订了越来越多的丧权辱国的不平等条约，国家和民族的贫弱日益加剧，前途岌岌可危，这对有强烈的爱国之心、密切关注时局发展的郑观应和康有为来说，都感到极为担忧。郑观应从写《救时揭要》《易言》到《盛世危言》，其忧虑程度日渐加深，所谓"盛世"是带有极大讽刺意味的假盛世，"危言"是吐露心声的真危言。康有为从上清帝第一书到第七书，也是将中国的危亡讲得越来越清楚，越来越令人忧虑不安。这种危机感，是他们走上维新之路的强大推动力。

第二，他们对洋务运动都持批评态度。郑观应既是维新派，也是洋务派，深度参与了洋务运动，在洋务事业方面多有建树。正因如此，他对洋务运动的弊端看得很清楚，尤其对新工商之民所受的内外压迫有亲身感受，对洋务运动的批评中肯到位。康有为不是洋务派，他站在洋务运动之外进行审视，从一系列事实中看出洋务运动的确是弊端重重，成效甚微，所以也发表了很多尖锐的批评意见。他们批评洋务运动，并不是说不应搞洋务运动，而是说搞得不好，局限性太大，应该改弦易辙，使洋务朝维新的方向转化，这样才能收到富强的实效。

第三，他们都主张学西方要抓住根本。在批评洋务运动对西方只学皮毛不学根本的基础上，郑观应和康有为都非常明确地提出了必须学习西方富强之本的命题。对于何为西方富强本，他们有很多相同的认识，如必须重视人才和教育，重视养民和教民，重视工商业和科技的发展，重视设议院以通下情，等等。这方面的论述很多，总的来说就是要全面系统地学习西方，不能只学船坚炮利，只学器物，而是着重要学西方的经济、政治和文化，着重要学西方的制度，只有这样，才能真正达到富强的目的。

第四，他们都要求朝廷进行变法。维新就是变法，重在除旧立新。在《盛世危言》中，虽然没有专设论变法的篇章，但每一篇章实际上都表达了必须变法的要求。郑观应在介绍西方先进做法时，都会与清朝的落后状况相对照，然后提出改进的主张，变法内容的覆盖面非常宽广。康有为对变法更是大声疾呼，也是通过对比痛陈中西之间的巨大差距，指出不变法必将带来不堪设想的严重后果。只有变法才能挽救中国的危亡，这是他们的共识。

他们的维新思想也有显著的不同。首先，在根本性价值观的取向上，存在较大的差异。郑观应的维新思想继承和弘扬了中国传统文化中的精粹，对君主专制持批判态度，热烈赞同西方的议院制度，自觉充当民众权益的代言人，有很多闪光之点，但还没有取得价值观上的突破，主要表现在还受到传统纲常礼教的束缚，对近代民主精神的根本观念还缺乏了解认同。康有为则不然。他早在1888年开始上书清帝之前，就用了近10年的时间进行思考探索，构建了一个新的思想体系，写成了《人类公理》（后来修订为《实理公法全书》）这部代表性的著作。在这部著作中，康有为充分肯定了以自由、平等、民权、自主、人道为核心的近代民主精神，对中国传统的纲常礼教及以其他形式出现的专制主义文化，给予了明确的否定。这部著作尽管表达的多半还是未来的理想而不是现实的主张，但对于解放思想有很大的作用，是康有为之所以成为戊戌维新派领袖的底气所在。《人类公理》在康有为万木草堂讲学时拓展为"大同口说"，戊戌政变后著成了《大同书》。

其次，在中西文化的结合上，存在较大的差异。郑观应对中西文化如何结合，做过全面的思考，提出了很多好的建议。他从源流、道器、本末主辅等角度对中西文化关系的定位，对中西文化优长得失的分析，对中西文化未来走向的期待，都很有见地，很有代表性，但这些见解还较多地停留在表面现象上，缺乏深度和创见。康有为较好地克服了这些局限性。他对中西文化都钻研得比较深，注重学理的探究和辨析，善于举一反三和融会贯通，视野和思路都相当宽广。他的中国文化根底尤为深厚，在很大程度上弥补了他在西学上的短板。作为康有为中西文化结合论的代表性成果，就是他的"大同三世说"，除了主要见之于《大同书》外，还见之于他的多部阐释儒家经典的著作。

再次，在变法的设想上，存在较大的差异。郑观应具体的变法主张很多，涉及的领域很广，也很有针对性，但比较分散，没有形成完整的思路，变法的议论较多而实际的举措较少。康有为则不同，他对如何变法有相当系统完整的设计，在变法指导思想上，提出了大变论、全变论、速变论和君权变法论；在变法纲领上，从上清帝第一书的"慎左右，通下情，变成法"，渐次演变为第四书的"明定国是，再立堂构"和第六书的"开制度局以变法"；在变法策略上，以"变于上"即鼓动皇帝和朝廷做出变法决定为主，以"变于下”即在各地广泛开展宣传组织活动以促使朝廷变法为辅，这些都对变法运动的开展直接产生了较大的影响。

最后，在变法的践行上，存在较大的差异。郑观应以宣传变法思想为主，很少直接参加变法活动，而康有为是维新派的主要领袖，在维新运动中极为活跃，戊戌变法的开展、"百日维新"的出现，都与他台前幕后的活动有很大关系，他最终也是因领导变法而获罪于后党，被迫逃亡海外。

郑观应与康有为之所以存在维新思想上的差异，在我看来，主要是因为他们的个人境遇有较大不同，由此对其维新思想的走向产生了决定性的影响。所谓个人境遇，含义比较宽泛，家庭、教育、人生道路、人际关系等都可包括在内。郑观应主要是个实业家，从弃学经商、担任买办到投资洋务企业，他一直在工商界活动，与外国人打交道很多，与洋务大员关系密切，与新工商之民更有休戚与共的利害关系，对来自外部的威胁和源自内部的隐患有切肤之痛。在这种背景下，他所提出的维新思想带有很强的实用性，更注重解决实际问题，在理论上则没有做过多的深究。康有为主要是个士人，在走科举之路的同时，又在各种因素的催生下，变成了先觉先行的启蒙思想家。他在投身变法运动之前，主要过的是读书钻研、著书立说的生活；投身变法运动之后，讲学、编撰著作仍然花费了很大的精力。他主要在士大夫圈子中活动，交往的对象大都有学者的身份或功底，探究的问题也大都与中西学问相关。因此，他所提出的维新思想既有很强的现实性，又有很强的理论性，在学理上、学术上独树一帜，不仅关注现在，而且关注未来，对中国和世界的前途命运都作了深远的思考，提出了自己的理想化设计。

◉**问**　您曾在 2010 年出版的《珠海、澳门与近代中西文化交流——"首届珠澳文化论坛"论文集》中写过一篇文章，题为《郑观应的中西文化比较论》，为什么会选择这个题目来阐述？郑观应如何看待中西文化之间的异同？他的看法具有怎样的先进性和局限性？

◉**宋**　进行中西文化比较，可以说是贯穿于《盛世危言》的一条主线。书中数十篇文章，论述了很多问题，基本采取的都是中西对比的方式。特别是书中的"道器""西学"等篇，提纲挈领，对中西文化的异同和相互关系，提出了很有价值的见解，形成了较为独特的中西文化比较论。对此，学界做过不少研究，已阐释得相当清楚、相当具体，但也存在一个不足，就是都将郑观应的中西文化比较论置于"中体西用"的论式下展开分析，因此出现了一些误读，不利于更准确地揭示郑观应的真实思想内涵。之所以选这个题目来写，是想做一点学术讨论。

先说一下"中体西用"。过去曾有较长一段时间，"中体西用"都被定义为洋务运动的指导思想，定性为用资本主义维护封建主义纲常礼教的反动纲领。后来得到重新评价，纠正了以往的偏差。但至今为止，还是存在一些认识上的误区。主要表现为仍将"中体西用"作为从洋务到维新时期的一种统一论式，对体用与主辅、道器、本末等概念未做明确的区分，对这一时期各相关代表人物的中西文化观缺乏阶段性、差异性辨析等。这些误区的存在，郑观应就是典型的例子之一。

　　我在这篇论文中，从源流、道器和本末主辅三个方面分析了郑观应的中西文化比较论。很有意思的是，郑观应将中学称为本源而将西学称为支流，将中学称为形而上之道而将西学称为形而下之器，将中学称为根本和主导而将西学称为枝叶和辅助，单从字面看，都是以中学为重，其实不然，其重心恰恰都在后面。在他看来，如果中学之源没有西学之流的接续和光大，就会变得枯竭；中学之道如果没有西学之器的承载和再现，就会堕入虚无；中学之本如果没有西学之末的连接，中学之主如果没有西学之辅的支撑，就会失去活力。简要地说，其源流论主要针对传统的"夷夏之辨"而发，着眼于中西文化之同，以同一性来消除西方文化的"异类"色彩，论证西方文化的现实优越性，重在完全打开接纳西学的大门；其道器论是要深究中西文化之异，从异中求同求通，进一步化解中西之间的隔膜和对立，以达到中西长短互补的目的，重在以西学弥补中学的严重不足；其本末论同时包含了源流和道器两个层面的含义，而主辅论主要表达的是一种民族主义的文化立场，两者重在重申中学必须与西学相结合。在《盛世危言》中，郑观应没有讲过"中体西用"，据我分析，他也并不是通常所认为的"中体西用"论者。郑观应的中西文化比较论包含了十分丰富的新文化观的内容，他对中学的落后性有非常清醒的认识，同时也没有否认中学的优长；对西学的先进性有非常充分的了解，同时也没有否认西学的不足。他最为注重的，是必须彻底扫除各种固守中学而排斥西学的思想障碍，全面接纳西学，将中西之学在全新的基础上结合起来。这种取向，完全符合时代潮流的发展，符合中国社会进步的需要。郑观应对中西文化的认识也存在局限性，主要表现在学理方面的欠缺，源流、道器、本末主辅的区分不尽准确，这在当时来说很难避免。

●问　您 2011 年曾撰文《重评张之洞的中西文化观——以〈劝学篇〉为中心》，将张之洞的中西文化观简称为中西文化"会通"论，并认为"张之洞对从魏源到郑观应等人的中西文化观有明显的继承性"。能跟我们大致梳理一下近代著名思想家如魏源、郑观应、张之洞以及康有为等人的中西文化观吗？他们之间具有怎样的差异和关联？其原因是什么，应当如何评价？

●宋　这些题目有点大，我只能谈些要点。为什么要重评张之洞的中西文化观呢？因为一直以来，张之洞的中西文化观都被概括为"中体西用"，而《劝学篇》就是"中体西用"的代表作。但是，只要仔细读一下《劝学篇》就可发现，张之洞并没有将"中体西用"作为全书纲领，而只是在并非主要的一个篇章里，作为一种学习中西文化的方法，提出要"以旧学为体，以新学为用"，连"中体西用"的字句也未正式出现。如果以全书为据，《劝学篇》的中西文化观可分为两大部分：一部分是纲常论，属于最高的政治准则，它将民权思想断然排除在可以接受的西学之外；另一部分是会通论，是文化的基本取向，极力主张中西之间全面融会贯通，取长补短。如果要梳理张之洞与其他思想家在中西文化观上的差异和关联，也需要分别从这两个部分着手。

先看纲常论方面。纲常论所代表的，是一种深层的政治思想，在这方面，张之洞与魏源等人有很大的不同乃至截然对立。从魏源到郑观应，他们并不反对纲常，但对纲常有不同于张之洞的解读，更重要的是，他们没有将纲常与学西方对立起来，更没有以西方民权思想为死敌。相反，他们对西方民主制度都表现出由衷的赞赏之意，与君主专制主义拉开了明显的距离。至于以康有为等人为代表的维新派，他们已经突破了纲常论的束缚，变成了民权思想的鼓吹者，与张之洞已是势不两立。

再看会通论方面。会通论所代表的是一种中西文化相结合的思想。魏源最早提出"师夷长技以制夷"，也看到中西文化有共同点，但还没有明确提出中西文化结合的主张。最初明确提出中西文化结合的是冯桂芬，他的主张是要"鉴诸国"，要"以中国之伦常名教为原本，辅以诸国富强之术"。这一主张，学界多认为是"中体西用"论的开端，其实不然，它有相当独特的含义，不能与通常所说的"中体西用"论混为一谈。冯桂芬之后，主张中西结合的人多了起来，郑观应集其大成，而康有为在前人和同时代人的基础上，又有进一步的发展。对这些思想家的中西结合主张，张之洞可以说一脉相承，在继承的同时，还有不同程度的拓展，其会通论高屋建瓴，对全面学习西方具有一定的引领作用。

所以，纲常论与会通论这两部分的思想意义是很不相同的。纲常论作为一位封疆大吏的政治宣言，阻遏着维新思潮的发展和西学传播的深化，而会通论作为一位著名学者的文化思考，汇聚了鸦片战争以来中国人学西方的思想成果，包含了不少有价值的见解。这是一种很矛盾的现象。张之洞之所以在政治思想上宣扬纲常论，与他所持的统治者的政治立场密切相关。在维新运动时期，由于维新派大力宣扬民权思想，对君主专制主义形成了强烈的冲击，学西方于是由文化问题变成了政治问题，引起了统治者们的高度关注。他们非常担心民权思想的传播会造成严重的政治后果，因此对中西结合必须划出一条不可逾越的底线，纲常论就是这条底线的代表。张之洞之所以在文化上宣扬会通论，与当时迫在眉睫的外患有很大关系。面对列强瓜分狂潮的猛烈冲击和学西方仍然阻力重重的现状，张之洞深知如果不学西方，不坚持中西文化的结合，只有死路一条。因此，他坚决反对顽固守旧，主张中西必须会通，这是一种相当理智而开通的态度。

◉问　您 2011 年还写了《论郑观应学习西方富强之本的思想——以〈盛世危言〉为中心》的论文，认为郑观应学习西方富强之本的思想是中国近代学习西方思潮发展到一个新阶段的显著标志。您为何选择这个角度切入郑观应的研究？郑观应十分看重的西方富强之本究竟是什么，有何重要价值？

◉宋　在洋务运动时期学习西方的思潮中，随着对西方了解的逐步增多，不少有识之士都提出了应学习西方富强之本的主张，而郑观应在此方面尤为突出。对郑观应学习西方富强之本的思想，以往学界虽多有关注，但论述还显得较为零散，概括力不够强，对其思想底蕴的揭示也不够透彻。我的做法是将《盛世危言》自序中的相关议论与书中诸多重要篇章的相关内容结合起来，通过梳理分析进行整合和阐释，以求获得更确切的认识。

概括起来说，郑观应认为的西方富强之本，其纲领就是他所总结的两句话，即"议院上下同心，教养得法"。前一句是指西方的议院制度，它使君民一体，上下同心，是国家富强的根本保证；后一句是指作为国家基本大政的教民养民之策，只有善教善养，富强才能落到实处。在此纲领之下，郑观应在书中分设若干专门篇章展开论述，形成了其西方富强之本思想中的议院观、教养观、学校观、工艺观、农政观、商务观、吏治观等核心观念。若进一步归纳，则可将这些观念提炼为四个方面的内容：一是以设立议院和革新吏治为中心的政治为本论，二是以"教养有道"和"广求格致"为中心的民生为本论，三是以兴学育才和注重工艺为中心的教育为本论，四是以振兴商务和更新农政为中心的经济为本论。这里要说明一下，10年前我在写这篇论文时，对此四方面的内容概括得还不够准确，现在做了一点调整，将第二方面修改为民生为本论，第三方面修改为教育为本论，希望表达得更完善些。

郑观应的这些认识，不仅相当明确清晰，而且相当系统完整。他将民主性的政治制度和现代化指向的大政方针作为国家富强的根本，表明他对西方的了解已相当准确而深入。尽管他的实践活动还未超出洋务运动的范围，但在思想认识上已经走在社会思潮发展的前列，在很大程度上为洋务运动向维新运动的转变提供了思想准备。特别值得一提的是，郑观应的民生为本论尤其具有远见卓识。他所非常看重的教养问题，以民生为主体，是对民众物质生活和精神生活的高度关注，后来康有为在上清帝书中也将养民教民列为变法的纲领性内容，而再往后孙中山提出民生主义，其内核之一也是要改变民众生存的处境，为广大民众谋幸福。在此方面，郑观应可说是当仁不让的思想先行者。他所大声疾呼的"格致"，相当于今日所说的"科学"。他将"格致"的重要性提升到了一个前所未有的高度，与"世运"联在一起，与天地万物的根本之理联在一起，与整个人类的生计联在一起，将"兴格致之学"当成振兴中国的一大枢纽。这种认识，在某种程度上开后来"科学救国"思想的先河。长远来看，五四新文化运动的纲领性口号之一就是"科学"，此后科学思想不发达也一直是中国难以实现现代化的一大瓶颈，郑观应较早就对"格致之学"如此重视，应该说实在很不简单。

◉ **问**　2017 年，您应邀参加了中山市举办的"纪念郑观应诞辰 175 周年学术研讨会"，在会上围绕郑观应的教育思想及其当代价值做了深入的阐述。郑观应非常看重学校教育，认为"学校者，造就人才之地，治天下之大本也"，"学校者人才所由出，人才者国势所由强，故泰西之强强于学，非强于人也"。您如何评价郑观应教育思想的历史地位和当代价值？

◉ **宋**　我在这次研讨会上提交了《郑观应的新教育观及其价值》的论文，是对郑观应西方富强之本思想中教育为本的观念，作专门的探讨。郑观应的教育观，是一种取得了根本性突破的新教育理念，它并不简单等同于对学校、人才、学问技能等单项问题的见解，而是在整个教育的基本定位、指导思想和价值取向上皆作了不同以往的解读。对教育的重要性重新定位，将其提升到决定国家前途命运的高度，这是郑观应新教育观的出发点和中心点。他指出兴学重教关乎国家的强弱存亡，认定兴学育才是西方富强之本，进而深刻阐释了学校的大本大原作用，将重振"教养之道"作为国家强盛的关键。关于教育的指导思想，郑观应针对科举制的严重弊端，高瞻远瞩，另辟蹊径，提出了一个非常独特的见解，这就是要顺应时代潮流的变化，将"格致"即科学作为学校育人才、求学问的根本。他十分敏锐地察觉到格致的时代意义，将格致与教育方针联系起来，从理论和现实两方面论证了格致决定教育成败的重大作用，并将格致为本的指导思想进一步落实为引进西学的主张。关于教育的价值取向，郑观应也有自己独到的见解，这就是要力戒虚理，重视实学。这一戒虚重实的思想，集中表现在他对工艺的看法上。工艺相当于科学技术中的技术，在中国传统观念中，工艺的地位极低，与国家富强谈不上有何关系，更难进入教育培养人才的殿堂。郑观应大破这些偏见，从西方各国的经验、中国上古的记载、道器必须结合的学理等多种角度，完全颠覆了将工艺视为末务末学甚至"奇技淫巧"的陈腐思想，为国人重新认识工艺的作用打开了眼界。

这些新观念，在维新思潮中很有代表性，对革新教育有如此前卫、全面、通透的理解，当时似乎还没有人能够超越。它开了"教育救国"思想的先河，不仅意义重大，而且对后世影响深远。时至今日，国际竞争的核心之一，也还是兴学育才的比拼；时代前进的方向之一，也还是科学的持续发展；文明演化的趋势之一，也还是中外之间的深度交融。尽管今昔变化很大，重温郑观应当年的教育思想，仍能给我们许多新的启发。

宋德华

●**问** 您是广东康梁研究会副会长、孙中山基金会理事，对岭南文化有深入的研究。郑观应、康有为、梁启超、孙中山等都是近代岭南著名的思想家。一方水土养一方人，这些思想家的成长历程与岭南文化之间，是否有着紧密的关系？在郑观应的思想中，是否蕴含了岭南文化的基因？

◉**宋** 我对岭南文化研究不多，主要还是限于研究近代几位著名的思想家。就我有限的观感而言，觉得这些思想家的成长与岭南文化的养育的确关系很密切。这些思想家虽然日后大部分时间活跃于中国甚至世界这个大舞台，但他们在岭南有家世的渊源，有早年的人生和受教育的经历，有各种本地的人际交往关系，受到岭南特有的人文环境、人情民情、文化风俗的熏陶，特别是受到岭南近代以来发生的种种变化的影响，这在他们身上留下了不可磨灭的印记，岭南文化在很大程度上就是他们的文化之根。在这些思想家的论著或回忆中，我们也常常可以读到许多谈岭南文化的文字，从各种不同的角度清晰地看到岭南文化对这些思想家所起的作用。

你提到了"岭南文化基因"这个概念，这是一个很有意思的话题。"文化基因"的提法不容易准确定义，我想还是讲文化特点比较妥当。当然，一种地域文化的特点究竟是什么，也不容易做出准确的概括。有些大家常讲的特点，如开放、务实、创新等，许多地域文化似乎都有，特性并不鲜明。对岭南文化的特点，我也做不出很好的归纳。前几年我做过一个课题，题目是"岭南近代文化价值观的演变研究"，对演变原因有一些思考，这里可以简单谈一谈。近代以来，岭南文化价值观的演变历时不长，而变动的速度和幅度却领全国之先，其原因我分析了四点：

一是对外战争的冲击。近代中国发生了一系列列强侵略和中国反侵略的战争，岭南地处沿海，与这些主要来自海上的战争有着更密切的关系。这里最早受战争之害，也最先获作为战争结果之一的社会转型变迁之利，由于战争的震撼而深思顿悟中华文化价值观的出路，亦顺理成章地走在近代中国的前列。

二是西方文化的传播和示范。在此方面，岭南也有其他地域难以比肩的优势。早在鸦片战争之前，西方传教士就通过南洋和澳门的基地，对岭南地区进行以宗教为主的各种文化渗透，打下了岭南人接触和知晓西学的基础。鸦片战争之后，岭南的中西文化交流更加频繁，通过各种渠道的接纳和互动，岭南人对西学的认识逐渐走向深入，而香港更是成为人们了解西方、对比中西的窗口。

三是岭南文化根性的熏陶。这种根性，大而言之来源于这片土地的自然条件、人文历史、文化传承，小而言之则与此地的民系、语系、教化方式、社会风俗、生活习惯等密切相关。文化根性的熏陶，是一种综合的、潜移默化的影响，它塑造了岭南人的共性，又以千差万别的个性表现出来。

四是岭南远离朝廷的便利。地处南疆、远离中央本来是一种劣势，它使岭南文化在相当长的时期内，因缺少与发达地域的沟通和朝廷的重视，而处于比较落后的状态。但与此同时，天然的阻隔和人为的放任，又使岭南少了许多控制和束缚，思想文化有了较为随意生长的土壤和空间。特别当步入近代，时势剧变和西学涌进为思想文化的变动提供重要契机之时，岭南相对松散无为的政治传统，就显出了有利于新观念、新思潮萌发速长的种种益处。

这四点不是讲岭南文化的特点，但与文化特点的形成和变化有直接关系，姑且做个参考吧。

◉**问**　中国近代思想史研究的内容包括人物、著作和思潮等，您的《岭南人物与近代思潮》将历史人物与某种思潮结合起来，您将这两者结合起来进行阐述的原因是什么？这两者之间有着怎样的关系？在此方面您是如何进行研究的？

◉**宋**　《岭南人物与近代思潮》是我于 2007 年出的第一本论文集，其中所收论文以研究人物思想为主，旁及相关思潮，在思潮研究方面很薄弱。我一直做点中国近代思想史研究，成果不多，体会不深，只能谈些粗浅的认识。研究思想史，研究人物是基础，特别是那些具有代表性的思想家，他们的思想往往就是思想史的核心内涵和演变线索。就人物思想研究本身来说，有两个难点。一个是历史背景，这点看起来容易，其实难度不小。主要是不容易找到思想家与历史背景之间具体的关联。同样出现在一个历史时期的思想家，其思想取向却差别很大，甚至全然相反，即使大致相同，而特点又各不一样，这就不能仅仅用历史大背景或一般的小背景来做解释，还必须深入到背景的非常个案化的情形中去找原因。这种原因有时找得到，有时找不到，史料会出现中断，需要做合理的推测。在此方面，年谱等史料和思想家个人的讲述等，显得相当重要。另一个难点是文本的解读。需要读懂读通，抓住实质，既做出概括又进行阐释，对其看似自相矛盾处加以辨析，对学界的不同看法展开讨论，尽量弄清思想家的真意，并找到内在的逻辑联系，给予恰当的评价等。要做好这些工作，需下一番深思熟虑的功夫。就人物研究与思潮研究的关系来说，研究思想家离不开研究思潮。一个思想家之所以值得研究，往往就是因为他与某种思潮有密切联系，甚至直接就是某种思潮的中心人物。研究思潮可以拓宽人物研究的眼界，深化对人物的认识，特别对人物的作用可以看得更加清楚。但思潮研究的难度更大一些，它不是几个人物研究的简单相加，而是对思想家群体的综合性考察。一个思潮何以兴起，思潮与时代和社会发展的关系，思潮的主要内容、演化阶段，思潮的消退和转变等，都需要做出分析。我怯于学识和能力，一直不敢写专论思潮的文章，只能打点擦边球。

◉**问**　您和刘圣宜教授在 2018 年合著出版了《岭南近代对外文化交流史》一书，全面反映岭南近代对外文化交流的全貌。这本书中提到"买办是西方经济思想的最先汲取者"，买办群体为何会成为西方经济思想的最先汲取者？郑观应作为买办群体的杰出代表，他在《盛世危言》中提出的"商战思想"是否可以看作郑观应汲取西方经济思想的重要成果？

◉**宋**　刘圣宜教授是我的师姐，我们都师承于何若钧先生。与刘教授合著的这本书，最初于 1996 年在广东人民出版社出版，是"岭南文库"中的一种，2009 年作为"岭南文库特选本"重印，2018 年出版了增订本。书中"西方经济思想的引进"这一部分，是刘教授写的，相关内容她比我更熟悉些，当然我也可以谈一点自己的认识。

对中国近代买办的研究，过去有段时间是存在一定偏颇的，就是比较简单地将早期买办与后来的买办资产阶级联系在一起，将前者视为后者的开端，因为后来要推翻作为三座大山之一的官僚资本主义，将官僚买办资产阶级当作新民主主义革命的一个主要敌人，所以对早期买办也否定得比较多。事实上，早期买办与较晚才形成的买办阶级有很大的不同。早期买办不是一个阶级或阶层的概念，而是一个职业的概念。在中国近代，这是一种新的职业，其出现既适应了西方资本主义经济入侵的需要，也适应了中国近代经济转型的需要。早期买办出现的地域，是当时中国经济最活跃的东南沿海地区，正是在这个区域中，自给自足的封建经济最早开始瓦解，资本主义的新经济最早开始形成，这是一个符合时代发展方向的必然过程，而早期买办对此历史进程总的来说，起了推进的作用。

早期买办从个体来看，各有自己特殊的人生经历，评价亦需因人而异，而从群体来看，应该说他们在整体上具有领潮流之先、开风气之先的特征。这些特征，具体表现在率先摆脱传统科举道路的束缚，率先从市场经济中找到个人致富的方式，率先成为中西经济互动的中介和推手，率先通过实践了解和掌握了新式工商的经营方式，率先积蓄了向民族资本家转化的潜能等。与这些特征并存的，当然还有另一方面的显著特征，就是对西方侵略势力的依附性，即只有投身于洋人开办的商行、公司、银行等机构，为洋人提供种种服务，早期买办才能获取自己的利益，而这些洋人代表着西方资产阶级的利益，具有不平等条约所赋特权的保护，其经济活动对中国权益具有掠夺性。但是，在当时历史条件下，没有这种依附，就没有早期买办的出现，也就没有随后中国最早的新式商人和新式企业家的出现。依附既具有不可避免性，又是必须付出的代价。关键在于，这种依附性并不是早期买办的本质属性，而是带有明显的过渡性。早期买办本质上是中国近代新式商人和新式企业家的前身，当其财富积累到一定程度的时候，就开始了自己单独的投资经营活动，逐渐摆脱了对洋人的依附，并与洋人展开了这样或那样的竞争。在早期买办身上，民族性表现得比较明显，西方侵略的危害使他们愤恨，中国的贫弱使他们痛心，希望通过学习西方使中国富强是他们的心愿。早期买办群体的主要归宿是中国近代民族资产阶级，而不是买办阶级。买办阶级在中国近代出现较晚，其构成、属性、作用等都与早期买办不同，不能相提并论。

作了这些分析之后，对买办群体为何会成为西方经济思想的最先汲取者这一问题，就比较容易解答了。早期买办最早直接参与西方资本主义的经济活动，因而就能最先通过各种渠道，对西方资本主义经营方式获得直观的了解，进而体悟这些方式背后所蕴含的经济思想。由于他们并不甘心只当买办，而是还有自己经营投资致富的打算，有与洋人争利的意识，还有为国家和民族求富强的愿望，所以在了解新式经营方式和体悟新的经济思想时，他们显得相当用心，很有收获。在此方面，郑观应的表现显然尤为突出。他在《盛世危言》中提出的"商战"思想，毫无疑问是汲取西方经济思想的重要成果，并且居于核心的地位。除了商战外，他所汲取的西方经济思想还有很多。在这部名著中，以商战为题的有2篇，以商务为题的有5篇，以商船为题的有2篇，其他还有20余篇分别论保险、铁路、电报、邮政、银行等等，皆与西方经济思想有密切关系。郑观应对西方经济思想的汲取，带有很强的现实性、经验性、实用性和可行性，不仅来自对书报的阅读，而且来自与中外各方人士的交谈，来自亲身参加经营活动的实践体验。他爱国忧国心切，眼界开阔宏大，善于细察深思，是学习西方以求中国富强的有心人，因而在早期买办群体中很有代表性。

◉问　您的很多研究成果聚焦于近代岭南地区的历史和岭南知名历史人物的研究，您认为当前在历史人物研究方面尤其是岭南历史人物研究方面，有哪些不足？面临哪些困难？

◉宋　这个问题有点大，我对历史人物研究，哪怕是岭南历史人物研究，也没有做过系统的学术史梳理，因此对存在的不足和困难，谈不出什么有针对性的意见来。这里只能仅就自己研究和阅读所及，对历史人物研究还需朝哪些方面用力，谈点粗浅的认识。

一是应对历史人物进行更加准确的定位。每个历史人物都有自己的独特性，其出现有独特性，历史作用有独特性，优长与局限以及在不同时期的变化也有独特性，如何将这些独特性更准确地揭示出来，还可以下更大的功夫。要做好这一点，就要拓展对相关时代背景的研究，对相关历史任务的研究，对相关历史成败得失的研究，也就是将人物研究的视野放得更宽，使结论变得更加客观充实。

二是应加强对历史人物群体的研究。历史人物产生影响和发挥作用，总是离不开这样或那样的群体，其中有领袖人物的群体，有政治家的群体，有思想家的群体，有各类派别的群体，有各门师徒的群体等等，群体之中个人之间的关系、异同、共性与个性、合作与分化等，都是值得研究的课题。对人物群体的研究可以延伸和深化对单个人物的研究，例如思想史，就可将对某个思想家的研究，扩充为对某种思潮、流派的研究，这对于透彻认识某一思想主张的来龙去脉、各种表述形式、起落流变的历程等，都很有意义。就现有研究看，还是对单个历史人物的研究较多，而对人物群体的研究偏少，需要加以改进。

三是在历史人物研究中应更多一些争鸣。要从学术上对一个历史人物特别是那些比较重要的历史人物进行恰当评说，是一件颇为复杂的工作，见仁见智不可避免，看法完全相反也不奇怪。之所以存在分歧，有的是因史观的差异，有的是因学养学识的差异，更多的还是因研究角度或侧重点的差异。不管出于哪种原因，只要是在学术研究的范围内，应该说都有益于深化对历史人物的认识。学术的本质是求真求实，而这只有通过不同观点的争鸣，通过求同存异，才可以实现。在此方面，还很有提倡和鼓励的必要，学者应增强争鸣的自觉性，而学界则应扩充对争鸣的包容性。

◉问 对近代历史人物如郑观应等的研究，在当代社会中具有怎样的价值？从学者的角度看，您希望这些研究成果以怎样的方式发挥更广泛的作用？

◎宋 研究近代历史人物，对当代社会毫无疑问具有多方面的价值。一是可以增强历史知识素养。历史人物是历史的重要组成部分，对历史人物了解得越多，我们的历史知识就越加丰富。通过研究人物来研究历史还有一个好处，就是会使历史变得更加生动具体，使一般的历史论断增添很多有趣的内容，变得更有吸引力，也更好理解。对历史研究得越深入，对现实的认识就越深刻；对历史人物研究得越透彻，对当今社会及当今人物的认识就越清晰。历史和历史人物是一面镜子，有没有这面镜子，是不是常照这面镜子，是很不一样的。二是有利于优良思想文化的传承。思想文化的发展，都是前后相接、不断积累而成的。有了前人的开拓，才有后人的进步。如果不注重传承，后来的发展就会是无源之水、无本之木，思想文化的前行就会中断，好东西就会丢失，甚至出现倒退现象。在此方面，我们曾有过惨痛的教训。近代历史人物，尤其是像郑观应这样的思想家，可以传承的优良思想很多，研究得越好，收益就越大。三是有助于思想文化的创新。研究历史要为今天的现实服务，研究历史人物同样如此。历史人物是过去时代的产物，今人不能照搬前人，停留于前人，而是要立足于新的时空条件，超越前人，继续前进。但历史总是基础和阶梯，从历史人物身上，我们可以得到启发，获取力量，也可以看清局限，接受教训，这些都对当下的创新很有帮助。

对于怎样发挥研究成果的作用，我没有什么经验。我想还是多出版著作，多发表论文，多开些研讨会，还可以举办形式多样的专题讲座，举办一些专题性的人物事迹展览等。

历史研究及其成果的传播虽关乎大众，但实际上还是比较小众的事。小众并不要紧，要紧的是总有人重视，总有人坚守，总有人关注。不求表面热闹，但求真正务实。如果研究和传播工作做得好，有新意有深度有现实性，形式又多样化，喜欢历史的人将会越来越多。

◉问　明年是郑观应诞辰 180 周年，这也是"郑观应研究口述史"项目的缘起。目前中山市在推进郑观应故居保护活化等系列工作。欢迎您有机会到访中山，也希望您持续关注郑观应在中国近代史、近代思想史方面的独特贡献。谢谢您！

◉宋　很高兴接受采访，这使我有机会回望自己过去的研究，重温郑观应及其他近代人物的思想，获得一些新的感想。中山市对历史研究一直非常重视，尤其在郑观应、孙中山等历史人物的研究和宣传上做了很多出色的工作。我对郑观应的研究，多受中山市领导和同仁的推动，希望以后还可以继续为研究出力。谢谢！

马敏

马敏（1955—　），四川雅安人。历史学博士，教授，博士生导师。现任华中师范大学中国近代史研究所所长、华中师范大学资深教授、华中师范大学学术委员会主任。兼任国家教材委员会历史学科专家委员会主任、国务院中国史学科评议组召集人、教育部历史教学指导委员会主任委员、教育部社会科学委员会委员、中央马克思主义理论研究和建设工程教材编写组首席专家、国家社科基金（历史）评审组成员、国家出版基金评审专家、中国炎黄文化研究会副会长、湖北省炎黄文化研究会会长。曾任华中师范大学历史文化学院首任院长，华中师范大学人文社会科学高等研究院院长，华中师范大学副校长、校长、党委书记，湖北省社科联主席，中国史学会第八届理事会副会长。

主要研究方向：中国近现代史研究，特别是中国商会史研究、中国近代博览会史研究、中国近代教会大学史研究等。

主要著述：《过渡形态：中国早期资产阶级构成之谜》（中国社会科学出版社，1994）、《官商之间：社会剧变中的近代绅商》（天津人民出版社，1995）、《商人精神的嬗变——近代中国商人观念研究》（华中师范大学出版社，2001）、《拓宽历史的视野：诠释与思考》（华中师范大学出版社，2006）、《微言希声——马敏谈史论学集》（华中师范大学出版社，2016）等；合作著有《传统与近代的二重变奏——晚清苏州商会个案研究》（巴蜀书社，1993）、《辛亥革命时期苏州商会研究》（华中师范大学出版社，2011）等；主编有《博览会与近代中国》（华中师范大学出版社，2010）、《中国近代商会通史》（社会科学文献出版社，2015）等；合作主编有《辛亥革命史话》（广东世界图书出版公司，2011）、《辛亥革命前后的官绅商学》（华中师范大学出版社，2011）、《苏州商会档案丛编》（华中师范大学出版社，2012）、《苏州商会档案续编第1辑》（华中师范大学出版社，2017）。

主要论文：在《中国社会科学》《历史研究》《近代史研究》等权威和核心刊物上发表中英文学术论文100余篇。

时　间：2021 年 12 月 28 日

地　点：华中师范大学中国近代史研究所

口述者：马　敏

采访者：李向强

整理者：李向强

◉问　马教授，您好！我是"郑观应研究口述史"项目组成员李向强。非常感谢您在百忙之中接受我的访谈。您是中国近现代社会经济史、中国近现代博览会史、中国近代教会大学史、辛亥革命史研究方面的著名学者，您也在这些领域形成了自己的学术风格和学术话语，产生了广泛的影响。请问您当初为什么选择历史学专业？您是如何走上历史研究道路的？

◉马　我当初选择历史专业，主要是兴趣使然，人就是这样，总要有一个爱好。另外，在我们那个年代去搞理工科，条件不足，当时读书断断续续，中学没毕业就上山下乡，理工科要求的实验条件也不具备，所以，那个时候我就明确选择文科，学文你可以自己看书。在这种情况下，自己的兴趣就往文科发展了。文科有哪些学科呢？主要是文、史、哲，当时我认为哲学用来训练思考能力，文学则是我的爱好，我看了很多苏联小说和中国小说。在读哲学和文学的时候，有时候想刨根问底，这就需要看历史书。历史带给人一种纵向的思维，能够了解人类社会的前世今生，知道我们是怎么来的，要往哪里去。所以文、史、哲的书我都看。后来，高考填报志愿，我报的主要是哲学和史学，当时第一志愿报的是北京大学哲学专业，因为数学没考好，所以没有考上北大，而被华中师范学院录取了，专业是历史。我幸运地成为"文化大革命"后第一批大学生，也就是 1977 级，从此我就走上了历史专业学习的道路。

入校后，一开始我对历史学的学科内容、研究方向还不太清楚，尚在不断学习和摸索中。我记得有一次听课，章开沅先生讲了苏州商会，他谈了如何发现苏州商会档案、苏州商会的历史脉络、苏州商会牵涉哪些资产阶级、苏州商会对于城市发展的影响等方面。我听下来感觉章先生的逻辑性很强，非常有思想，研究的东西很前沿，而且也很有价值。章先生谈辛亥革命，他不是就辛亥革命谈辛亥革命，而是让我们关注当时的社会，去研究商人、商业组织。这时候我慢慢对近代史产生了兴趣，并希望可以考取章先生的研究生。恰好此时刘望龄老师和李子林老师来找我，说章先生马上要招硕士研究生了，鼓励我积极报考。随后我就认真准备，当时本科毕业论文写的是《1900 年的历史特点》，也属于近代史领域，完成后老师们评价都比较高。后来我顺利考上研究生，成为章门的一员，开始真正走上历史研究的道路。

读研后，章先生介绍我们去整理苏州商会档案，慢慢进入了商会研究的范畴。从整理苏州商会档案开始，我才算真正进入了商会史研究领域。我和朱英教授合写的《传统与近代的二重变奏——晚清苏州商会个案研究》一书，就是基于这些珍贵的档案材料撰写的。从 1982 年到现在，我们终于把这些商会档案编出来了，现在华中师范大学出版社出版了

6 辑 12 册，还差 1 辑。如果全部出来，那就是 7 辑 14 册，1000 多万字。做学问是很不容易的，《苏州商会档案丛编》是我们前后历经 30 余年，靠着几代人的努力才弄出来的。我们前不久出版的 4 卷本《中国近代商会通史》，前后也用了 6 年多的时间。这套书是大部头著作，内容比较系统，今后研究商会是绕不过它的。我这一路走来，逐渐把自己的兴趣转移到历史研究上面，同时我认为很多历史问题也值得花功夫去思考和研究。

历史学兼有文学和哲学的特点，它有哲学的宏观和思考，也有文学的描写和评论，"文史哲"，历史正好在中间，所以历史学既有哲学的味道，又有文学的感觉。如果你文笔好，可以用文学的语言描写人物；如果你研究历史的深层次结构，那就跟哲学密切相关。我进入历史领域，可以说是"先结婚后恋爱"，然后越学越有味，越有兴趣，后面就开始写文章，文章一发表，动力就更强了，研究的兴趣就越来越深了。读了博士那就要靠历史吃饭了，认认真真地研究历史了，研究过后，我觉得历史很符合自己的性格和兴趣，就不断往这上面努力，逐步成为一个历史专业工作者，慢慢成了所谓的历史学家。总结来说，一方面是个人兴趣，一方面是老师的影响和指导，两方面的因素共同推动我走向历史学的研究道路。

●问　您求学、工作长期在华中师范大学，对这里的一草一木都非常熟悉，也曾到普林斯顿大学、耶鲁大学、牛津大学等著名学府访学，请问这些不同学校的经历，对您的学术成长有何影响？

◎马　在华中师范大学待了这么长时间，我对这所学校既熟悉，又充满感情。华师这所学校有它自己的特点，以文科见长，基础学科比较好，师范特色鲜明，华师的精神就是忠诚博雅、朴实刚毅，这种熏陶让我在工作和研究中比较踏实，也训练了我扎实的基本功。但是你老在这个学校里面转来转去，视野就会受限。所以章先生主张我们走出桂子山，走向全国，走向世界，善于在世界舞台上"表演"和研究。到普林斯顿大学、耶鲁大学、牛津大学等著名学府访学，跟那里的著名学者交流学习，听他们的课，了解别人怎么做研究，怎么搞学术，极大地开阔了我的眼界，使我具备了国际视野。比如前天刚刚去世的著名历史学家史景迁教授，我在耶鲁大学的时候跟他有过不少交流，听了他不少的课程，我还专门写过回忆他的文章。在普林斯顿大学，我重点听了余英时教授的课，大概有半学期我都坚持听他的课，学到很多东西，受到很多启发。跟这些大家、一流学者打交道，自然而然就知道了学问该怎么做，要具备深厚的基础，要有扎实的历史基本功。这些学校培养博士要求很高，博士期间要读几百本书，中西各方面都要涉及，最后长达五六年才能完成博士论文，拿到博士学位。通过接触，慢慢地就知道了这些高水平大学如何培养学生，发展学术。另外，这些学校往往崇尚学术自由，经常有各个领域的学术报告，报告结束之后就进行自由讨论，有时候还管盒饭，这些都给我留下了深刻印象。

这种经历，对我后来从事高校管理工作产生了积极影响。当时有人感觉奇怪，说你之前没当过什么领导职务，但

马敏

好像系主任、院长、校领导等职务最终都能胜任，怎么回事？我说，很简单，就是观察这些一流大学怎么运转、怎么管理、学术怎么发展。我看过之后，就把好的东西搬过来，加以借鉴。我当校领导后，提出要搞国际化，一个大学没有国际化，没有国际氛围，那知识怎么交流？人才怎么培养？培养人才一定要对外开放。我认为高校发展要努力做到"四化"，就是国际化、学术化、规范化和社会化。国际化就是要有一种开放的办学思想，敞开校门，主动融入这个世界；学术化就是要重视学术，这是高校的立身之本；规范化就是要依法办学，依规治校，而不是凭个人意志，这样学校才能长期稳定发展；社会化就是与社会结合，要服务于社会，通过与社会结合来育人，通过服务社会来发展学校，通过为社会做贡献来衡量学校的水平高低。我提出的"四化"从哪来的？其实就是观察这些一流大学的做法，这些学校能够发展上百年，是有一套内在的规章制度来保障学校的运行，同时不断地与时俱进和改革。

◉问　您是中国商会史研究的代表学者之一，较早提出了一套关于怎样理解中国商会的理论框架，即把商会看成是一个组织系统，包括总会、分会、分所，这是纵的；地方商会、全国商会、海外华侨商会，这是横的网络组织结构，这是大系统思维。您对中国近代商人和商会长期关注，出版了多本著作，发表了多篇论文，您为何关注这个领域？

◉马　商会就是研究社会，我们要深入研究辛亥革命，就需要把辛亥革命所处的社会环境搞清楚，就需要研究商会，这是章先生提倡的。通过研究商会，我们就了解了商人组织、市政组织以及他们跟革命的关系和近代城市的特点，进而了解了近代城市状况。所以，商会就是一个切入点，通过它来解剖整个社会。通过商会的研究，我进入到社会组织包括民间社团的研究，以后还涉及"公共领域"的问题，涉及"市民社会"的问题。之前，对于中国有没有公共领域、有没有市民社会是有疑问的。我从商会来分析，从商会的组织结构、行为特点和性质来看，找到了一套城市组织系统，这些东西恰好是中国式的公共领域。中国的商会跟传统的行会不同，它是新式社团，按照一定的规章制度组织，通过选举产生，他们集合起来，争一点民权，争一点自治，推动社会独立发展。商会研究为我打开了一扇观察中国城市发展、社会变迁和早期现代化的窗口。

实际上，我们研究商会是从寻找中国资产阶级开始的。我们研究辛亥革命达到一定阶段之后，发现深入不下去了，再深入就涉及中国到底有没有资产阶级这样一个问题。我们说辛亥革命是一场"资产阶级革命"，但是如果近代中国连资产阶级都没有，它怎么能叫"资产阶级革命"呢？

针对这个问题，我的老师章开沅先生和台湾的张玉法先生在当时有一场很大的争论。台湾学者认为中国没有资产阶级，辛亥革命也不是资产阶级革命。但章开沅老师坚持辛亥革命是一场资产阶级革命，他认为中国有自己的资产阶级，只是中国的资产阶级跟西方的不一样。那么什么是中国的资产阶级？它在哪里？当年我们跟着章开沅先生学习的时候，也在为这个事苦恼，想着怎样解释才能讲通。当时我们认为应该有一套理解方法在里面，如果方法得当，我们就可以把这个问题解释清楚。

最后，章先生给我们找了一个方法，就是把革命推向社会，从革命走向社会，在社会史研究中去寻找中国的资产阶级。如果只谈革命本身，很难将革命讲清楚。革命的阶级基础及背后的社会力量，它可能是资产阶级，或者是带有资产阶级性质的群体。章先生提出，我们研究资产阶级，不要学西方那样分成大资产阶级、小资产阶级，应该把这方面的研究推进到社会阶层、社会群体的层面，从阶层、群体中去一步一步地发现当时支撑革命的社会力量，要进行这样的研究，就要走向社会，走向社会组织，到一般的商人中去寻求答案，从社会、从绅商这个角度去寻找中国的资产阶级，去解释辛亥革命的社会基础问题。所以，我以辛亥革命史研究作为起点，走上社会史、商会史的研究道路。

◉问　您认为近代商会在中国城市中发挥了怎样的作用？

◉马　商会存在于城市中间，不管是大城市还是小城市，它都跟城市、社会有着密切的联系，在城市中间扮演了重要角色，涉及城市的经济、政治、社会、公益、教育等多方面。商会是一个活化石，能帮助我们去了解中国近代城市是怎样发展的。

美国有一个著名学者叫罗威廉，他最成功的研究之一就是汉口城市史研究，他写了《汉口：一个中国城市的商业与社会（1796—1889）》和《汉口：一个中国城市的冲突和社区（1796—1895）》两本书。这两本书是城市史研究的权威性著作，他也因此获得了费正清奖。罗威廉是从商业组织跟城市发展的关系入手，一步一步地将汉口研究透了。他找到了很多有用的资料，当然还有很多海外的资料。当时我们很奇怪，我们研究汉口总是感觉找不到资料，结果他写了两巨册关于汉口的书，资料非常丰富。实际上他就是从行会、城市生活入手，把城市的组织和社会功能联系起来做研究，在汉口研究上取得了很大的突破。

商会研究也是城市史研究的一部分。如果仅仅研究某一个商会，你讲得再清楚，也就是一个商会，但是如果把苏州这个城市讲清楚了，那就不得了，因为苏州是很有代表性的中国城市。上海是殖民者建立的一个飞地，是受西方影响很大的租界，而苏州则是自己发展起来的中国古典城市，当然它也受到了西方的影响，但是影响比较小。所以，在几十年前我就作出一个预言：如果某一天苏州找到了它的发展道路，那么它的发展速度和发展能量会是惊人的。当时大家都不相信，这样一个古老的城市能在现代化和工业化中起到很重要的作用吗？30年过去了，我们再看看苏州，它的发展速度是惊人的，已经把我们武汉甩在了后头，无论是新城还是老城都发展得非常好。当时我的判断依据是，明清时期苏州出了很多状元，文化很发达，是一个智慧城市，另外，它建立了很多传统的社会组织。如果将这些继承下来并发扬光大，再和现代嫁接，它的生命力将会很旺盛，比起一些过去曾是租界的城市，它绝对有文化根底和后发优势。

苏州之所以在近代发展得非常好，还在于它有一种自我协调、自我组织的能力。苏州有深厚的文化传统，也有一套管理经验，这套经验将官方组织和民间组织结合起来，形成

马
敏

了一套很好的"社会自组织"管理系统。"社会自组织"依赖于像商会、公馆、公所、教育会等社会组织，它们和官衙相互配合，把一个城市治理得非常好。

例如粪便问题。当时苏州没有像西方那样的厕所，只有马桶，但它的城市卫生体系却很完善，到了收粪便的时间，大家将马桶搬出来放好，然后有粪车来统一将粪便收走。什么时候洗晒马桶也是井井有条，那么多马桶不感觉到臭，这是很不简单的。还有苏州的下水道怎么维护？老人、流浪者怎么救助？它都有一套自己的组织运转体系。

这些自组织里面有绅商存在，他们受了很好的教育，知道怎么从公众的角度来管理一个城市。当时苏州有很多这样的人，他们既有官衔又经商，既有知识又有钱，成立了很多组织，不仅是商会，还有其他的社会组织。我觉得整个中国近代社会是过渡性的，绅商就是典型的过渡社会中的过渡阶层。这些人既能稳定社会，又能拿到官方资源，既有财力又有功名，既有传统的社会资源，还能学习西方知识，所以他们在城市治理中起到了很重要的作用。

◉**问** 您在著作《官商之间：社会剧变中的近代绅商》（1995 年）中，关注近代中国具有传统社会绅、商特性的过渡性群体——"绅商"群体，将其分为士人型、买办型和官僚型三种类型，并分析了这一群体在近代中国的社会功能和政治参与，探讨了绅商群体从"公"的领域到近代城市公益的扩展，新式商人社团的整合及其活动轨迹等内容。按此标准，郑观应属于买办型"绅商"，他在晚清商人群体中履历显赫，您对郑观应的整体评价是怎样的？

◉马 "绅商"是历史文献中的一个词，但它是绅士和商人的集合？还是特指一类人？这个问题我思考了很久，后来越来越觉得它可能特指一类人，例如绅商王某、绅商张某，这说明"士人"和"商人"两个名词已经集合成一个名词了，绅商成了一个很紧密的群体。绅商可以算是中国民族资产阶级的早期形态，之所以说是早期形态，是因为绅商还不是成熟和完备形态的近代资产阶级，而只是在中国社会由古代农耕社会向近代工商社会的转变过程中，一部分亦绅亦商的人逐步向符合近代要求的企业家过渡，然后慢慢具备了近代民族资产阶级的某些思想和行为特征，构成了近代民族资产阶级的重要主体。

把郑观应划归到买办型绅商，是根据我的研究标准，其他学者不见得这么划分。我是从绅商的角度，将其划分为三种类型：士人型、官僚型和买办型。士人型绅商保留很多传统的东西，走科举的道路，比如张謇等；官僚型绅商以官为主，用官的名义来经商，代表官方，比如周学熙、盛宣怀、胡雪岩等；买办型绅商从洋行转入，与洋人打交道，有时候也有官职，主要是捐官，是个虚职，比如郑观应、唐廷枢等。

郑观应是买办型绅商的代表，他很典型，从宝顺洋行到太古洋行，他的买办生涯很长，也很精彩，为他挣了人生第一桶金，进入轮船招商局之后，他才慢慢退出买办的行列。他不断著书立说，启迪民智，从《救时揭要》到《易言》再到《盛世危言》，与时俱进，这个人是爱国的，在思想上影响更大。他又是一个民族工商业者，代表民族资产阶级，提出商战的思想，与外商争利，并加以实践。他的核心是买办型绅商，但是他真正成名是作为维新思想家。他对西方的了解非常深刻和全面，在当时提出了最新颖、最系统、最全面的维新思想，涵盖各个方面，并结合中国问题提出了一整套学习西方的方法和途径，为解决中国问题殚精竭虑。他沟通中西，提出商战、学战思想，还有议会制度、自治制度、博览会、医疗卫生等各方面的思想，非常全面，是位杰出的优秀人才，也是位了不起的人物。

◉问　郑观应被誉为晚清"四大买办"之一，您如何看待以郑观应等为代表的买办群体？

◉马　过去一提到买办就是坏的、卖国的、投靠洋人的，这有失公允。买办可能更多是一种职业，表面上为洋人做事，实际上能从洋行获得更多收入。比如，郑观应为什么去轮船招商局、上海机器局等官督商办企业？是因为那边给的待遇不低，甚至比在洋行还高，这就证明郑观应最根本的身份是个商人。在商言商，商人利益是他的根本利益。买办首先是个商人，他为外资做事可以，为官方做事也可以，要看哪个更有利。郑观应身上有矛盾性，他既在洋商那赚钱，又具有自己的立场，不完全是为洋商讲话。郑观应在这拿钱可以，但是并不完全代表洋商的利益，而是要把中国的民族工商业发展起来。

旧的买办型商人依附于洋和官两边，这也是中国民族资产阶级的特点，缺乏独立性，有时候依附于洋人多一点，有时候依附于官方多一点。郑观应开始只能去依附洋商，因为依附官府，官府不要他，他没有功名，也没官位。但他在洋商那儿发展起来后，能力也展现出来了，官方这边有需求，就邀请他加入。他认为这个机会更好，就转过来了，提出很多主张，要求改良维新，要求中国富强。所以，我认为研究郑观应的价值之一就是更新对买办的认识。买办具有双重属性，有的一直依附于洋商，跟洋商一个鼻孔出气，更多的可能是先依附洋商发财，然后自己创办企业，与洋商争利，进而制约洋商，其中有一个转变的过程，所以，对买办要有一个客观的评价。特别像郑观应这种人，他们后来越来越像中国传统的绅商，逐步走向民族资产阶级。

◉ **问** 从中国近代思想史的视角来看，郑观应是中国近代最早具有完整维新思想体系的理论家、启蒙思想家，他的《盛世危言》影响巨大。您如何评价郑观应的早期维新思想？

◉ **马** 郑观应的早期维新思想系统、全面、深刻，在洋务运动中后期起了非常大的作用，不仅影响了当时的社会，而且对后世也产生了广泛影响，影响到了康有为、梁启超、严复、孙中山和毛泽东等人，可以说是在某种程度上改变了中国。毛泽东曾几次提到《盛世危言》，可见这本书对他影响之大。郑观应的思想是有逻辑和体系的，步步深入，比如为了与洋人竞争，就要发展民族工商业，提出商战的思想。不仅要跟洋商争国内市场，还要争国际市场。商战又涉及制度变革，要把商人组织起来，壮大力量，要推行商会。还要有商战人才，要搞商业教育，于是就有了学战的思想。进行商战的同时，还要有法律保障，改革制度。所以，我认为他是一个百科全书式的人物，是对后世影响最大的维新思想家之一。而且他跟其他的思想家不同的是，他还积极进行实践，是一位实践者。

◉问　您在文章《晚清商会与近代博览会》中指出，在广州商务总会成立后，郑观应被各商公举为协理，其重要工作之一便是筹备商报、商业学堂以及商品陈列馆。郑观应为何倡导商会要积极参与博览会？您对博览会史也有深入研究，能否谈一下郑观应对博览会的贡献？

◉马　郑观应最早提出要在中国举办博览会，而且要在上海办。《盛世危言》里面专门谈到赛会，他提到"欲富华民，必兴商务；欲兴商务，必开会场；欲筹赛会之区，必自上海始"。那个时候的赛会就是博览会，他认为要把博览会吸收进来，中国企业要积极参与，展现自己。1893年正值美国芝加哥世博会召开，这促使郑氏对赛会有了深入思考。上海因地处中国海岸线中点，又为长江的入海口，坐拥广大腹地，地理优势明显，再加上多年的外埠贸易发展，商业繁荣，是当时中国举办博览会的最佳选择。"上海为中西总汇，江海要冲，轮电往还，声闻不隔。"郑观应对博览会的讨论可谓掷地有声，不仅详细阐述了芝加哥世博会的情况，还分析了上海作为举办城市的优越条件。他是中国第一个提出来要自办博览会的人，而且准确预测了办会地点——上海，非常具有远见卓识。更重要的是他还与陈敬如共同拟定了《上海博览会章程》，上书给盛宣怀，就上海举办世博会的筹款、参展、评奖、组织参观等，作了一揽子构想。鉴于中国此前尚未办过赛会，缺乏经验，展品不足，郑观应提出由小及大的筹办步骤。他展望，10年以后，便可在上海举办世博会了，且足可与欧美列强主办的世博会媲美："期以十年，不惟远胜东洋，当无难与英、美各国齐驱并驾矣！"

◉问　1902 年，被誉为"中国实业之父""中国商父"
的盛宣怀，会同上海绅商严信厚、郑观应及上海道台袁树
勋，成立了中国人自己办的近代意义上的第一个商会——上
海商业会议公所。为什么晚清的商人群体迫切需要自己的商
会？在那个时代，成立商会有哪些意义？

◉马　上海商业会议公所始创于 1902 年，公所设在上
海大马路（今南京东路）五昌里，是中国第一个全市性商
会。会议公所以"明宗旨，通上下、联群情、陈利弊、定规
则、追逋负"为宗旨，内以处分华商争端，外以对付洋商之
交涉、联络商情、挽回利益。下设 4 个商务分会。光绪三十
年，改称上海商务总会，1912 年 1 月 1 日，上海商务总会与
上海商务公所合并改组成为上海总商会。上海商业会议公所
是近代商会的起源，盛宣怀是中国商会的创始人，郑观应是
重要的参与者。

晚清商会的建立离不开商人的要求和官方的支持，商人
需要通过商会组织起来，参与对外竞争。政府需要商会更好
地与洋人打交道，因为对方有这个东西，我们要对等，同时
通过商会可以更好地管理各个企业。所以商会在最初实际上
具有"官督商办"的性质，体现出官方在商会里面的作用。

商人要商战，商战就要组织起来，靠什么来组织呢？就
要靠商会。中国原来也有行业组织，但旧有的行业组织是相
对封闭的，行规也各自不同。另外还比较分散，每个行业都
有，这样就不能适应商战的需要，商战需要一个开放性的组
织来集中力量。中国的商情是分散的，各自做生意，但是要

把它连接起来，靠什么？靠的就是商会。当然，商会也离不开作为其基层组织的会馆和公所，但是商会又超脱于会馆、公所，它属于近代型的一种社会组织。所以商会又和教育会、学会、商团等组织联系起来，构成了城市民间自治网络，靠着这个网络，城市就能有效运转。这个网络其实就是西方讲的"公共领域"，就是西方式的市民社会的雏形。所以，晚清民初时期中国已经有了市民社会的雏形，但后来因为蒋介石上台，他要巩固政权、控制基层，南京国民政府的控制把城市民间自治的网络慢慢冲垮了。这个网络代表什么呢？其实就是代表中国早期的资产阶级，代表中国早期的工商业资本家。北洋政府时期，商人提出商人自治、城市自治的口号，要求成立商人政府，影响很大。

◉问　您在论文《近代儒商传统及其当代意义——以张謇和经元善为中心的考察》中，将郑观应作为近代儒商的代表之一，您的依据是什么？他有哪些特质？

◉马　明清之际，随着士与商的合流，中国社会业已形成了融经商与业儒为一体，亦商亦儒的"儒商"。他们可以是已博得功名的儒生，但更多的则是没有功名的普通商人。其共同的行为方式特征则是对儒学有着浓厚、持久的兴趣，"虽为贾者，咸近士风"。他们往往商名儒行，身在沽肆中，志在阿堵外，并不过分看重钱财，而更看重自身的名节与修养。进入近代，在"千古变局"时代条件推动之下，中国儒商的人数有所扩大，并最终形成以郑观应、张謇、经元善等人为代表的近代儒商群体。

与近代过渡性社会的特性相符，近代儒商的伦理价值观念亦呈现出新旧杂陈、由传统向现代转型的过渡性特点。郑观应以儒律己，在经商的同时，仍忠实于儒家信条，并以此作为自己及家人立身行事的宗旨。比如他在企业经营中，注重公平正义，在教育子女的时候，留下忠实于儒家信条的家书；坚持利缘义取，求天下之公利，热心公益，以回馈社会为己任；积极从事慈善事业，不断捐资赈灾；兴学育才，矢志发展教育，提出学战的思想，主讲中国建立职业教育，培养技术人才。另外，他还强调对"道义"的追求，做"有道之商"，近代儒商最本质的精神就是为求道、得道而经商，这种"道"，既是民族大义的"救国之道"，也是个人操守的"为人之道"。郑观应曾强调，商界中人不能光讲求"形器"之学，而忽略了"本原正大"之学，要以"孝悌忠信礼义廉耻"8 个字，作为修身立己的根本。① 对经商始终抱诚实、诚恳的敬畏态度，不弄虚作假，不坑蒙拐骗，不店大欺客。

◉问　晚清买办群体中，为什么郑观应著书立说，成为著名的维新思想家？而徐润、唐廷枢等重要买办，没有这些履历？

◉马　他们的背景和经历不同。首先，郑观应具有中国传统士大夫的情结，从小就受到良好的传统教育。他的父亲郑文瑞是一个饱学之士，在乡下自办私塾，教郑观应《四书五经》、诗词歌赋，15 岁时叫他去考秀才。尽管没有考上，

马
敏

---

① 　参见郑观应：《招商局公学开学训词》，夏东元编：《郑观应集》下，
　　上海人民出版社，1988 年，第 273 页。

但是郑观应17岁就赴沪学贾。他是弃儒学贾，前17年接受了许多传统文化教育，具备了中国传统文化的功底。其次，郑观应喜欢读书，也善于读书，到上海除了学习英文外，他又看了不少中国传统文化典籍，比如《王阳明集》《陈白沙文集》《五子近思录》《性理大全》等，另外还有很多道教的书籍。再次，他善于融会贯通，兼通中西，读了大量西学资料，比如《万国公报》《申报》和江南制造局翻译的西书，涉及工程、历史、地理、国际法、教育学和医学等多个方面，并且结合中国传统，将其加以贯通。再其次，唐廷枢、徐润等人更注重实务，主要兴趣在商业管理和实践，如何通过商业赚钱，更像一个纯粹的商人。最后，郑观应具有开放的心态，与时俱进，思想兼容并包，从《救世揭要》到《易言》再到《盛世危言》和《盛世危言后编》，不断地吸取新知，完善自己的思想体系，提出改革方案，使其更加适应中国，符合中国实际。郑观应的这种经历、知识和性格决定他不同于其他买办，也许他在经商方面的成就没有徐润、唐廷枢等人那么大，但他杂糅中西，构建了完整的思想体系，成了一个维新思想大家。他人脉广，交往广，跟江浙商人打交道比较多，是一个非常开放、开通之人，而且他善于处理各种关系，把各种关系处理得比较好，所以他能够做出跟唐廷枢、徐润他们不一样的业绩。

◉问　晚清"四大买办"中的徐润、唐廷枢和郑观应三人来自香山，晚清香山买办成为一个特殊而重要的群体，您认为它形成的原因是什么？香山为何成为"买办的故乡"？

◉马　这个原因有几个：一是香山人敢于冒险，也善于冒险，自古有这个一种冒险的精神；二是香山位于珠江三角洲的南端，临江靠海，上通广州，下连澳门，东接香港，交通便捷；三是与澳门的关系，澳门是明清之际中西交流的唯一桥梁，香山坐拥天时地利，海外交往频繁，做买办的时间长，人数也逐渐聚集，那时候大家特别注重亲缘、地缘和业缘。当然不排除其他地方也有买办，但其他地方都是在鸦片战争以后才有外国人来。

◉问　您在论文《试论晚清绅商与商会的关系》中指出，创设商会是晚清重商主义的重要内容之一，但晚清商会的实际创办者，恰恰是这批介于官商之间，能"通官商之邮"的绅商。晚清时期，既有官办的商部、商务局、农工商局，又有商办的商会，他们之间的关系是怎样的？在保护商人群体利益方面有哪些不同？

◉马　你所说的商部、商务局是官方机构，商会是民办机构，商务公所是半官方机构。商务公所在上海、天津刚开始办的时候，虽然也有董事，但是官府也派官员来领导。他们是完全不同的路子，这个要搞清楚。当然，商会也离不开"官督"，需要官方的支持，官方也需要对商会加以引导或控制，所以商会的负责人不是一般的商人，要绅商来负责，因为绅商有半官方身份，所以就使这个商会具有半官方的色彩，这就是中国传统，跟西方不完全一样。

西方的商会完全就是民间商人搞的，或者是资本家组织的。但中国就不同，一方面，传统中国是官本位社会，官方机构很强大，不愿意放弃这些权力，一旦离开了官，政府担心商人会搞独立，所以要管理监督。另一方面，如果没有官方背景，商会也很难发展，如果领导的商人有个一官半职，跟官方打交道就硬气多了，所以便有很多商人捐官成为绅商，这也意味着商人有了社会地位。

两者最初的关系是比较融洽的，他们认为只有官商合作，才能够把商业搞好，才能给官方带来利益。但两者保护商人利益的视角不同，商会更加看重商人利益，商部等官方机构更注重维护官方统治，希望通过商会管理工商业，为政府提供财力支持。后来，随着商会的发展，它的独立性变强，慢慢要争取更大的权利，官方认为影响到它的统治，就开始打压。后来，双方都进行了妥协，彼此都让点权，继续合作，这就是中国商会的特点——"官督商办，半官半商"。

◉问　郑观应积极呼吁建立官方的商部等机构，同时倡导建立商会。但他同时认为政府不应该派官员来干涉和监督商会，郑观应是如何看待官商关系的？

◉马　他认为在商会中，官商要分开，官就是官，商就是商。商业组织系统由官方管理，但是具体活动，要靠商会来办。郑观应主张官民要适当分开，但又要共治，分开共治。君主立宪是君民共治，商会就要官商共治。但是共治的前提是要分清楚，应是两个方面。一方面官方要做好综合监督，但不要插手具体事务；另一方面，商会要做好商业活动经营，二者并行。

◉问　您在文章《晚清绅商与近代经济发展》中认为，晚清绅商中的一部分人业已同近代企业经营发生广泛的联系，并由此而转化为早期的近代工商资本家，郑观应是其中的代表之一。郑观应在《盛世危言》卷八的《开矿》篇中呼吁"五金之产，天地自然之利，居今日而策富强，开矿诚为急务矣"。以郑观应为代表的有识之士，呼吁发展新式矿业的动机何在？

◎马　矿产是经济命脉和重要原料之一，没有矿产怎么发展工业？没有矿产怎么进行商战？如果洋人控制了你的矿产资源，也就控制了你的命脉，郑观应对此看得很清楚，所以他要求建立矿务局，把这些矿产开采出来，把经济命脉掌握在自己手中。同时，郑观应还想到要发展机器工业，因为发展经济不能靠人力，要靠机器，要办实业。他专门谈到，发展经济，不能光靠商业，要发展制造业，掌握关键技术，这个思想跟孙中山和张謇是一致的。郑观应开矿的思想与他的实业救国的道路有关，从建造机器，开设矿厂，控制资源，再到修建铁路，发展教育，是一整套的成体系的商战思想，非常了不起。

◎问　您在35年前就写过一篇文章《论孙中山伟人品质》，对孙中山的伟人品质进行了详细论述。郑观应与孙中山同为香山老乡，《盛世危言》对孙中山产生了广泛影响。二人早期交往密切，《盛世危言》收录孙中山所写的《农功》一文，孙中山上书李鸿章，由郑观应写信引荐，但后期二人为何鲜见交往？

◎马　我没有研究过这个问题，不太清楚，但是我觉得这是个重要问题，也是一个空白，很值得研究。我们需要做个对比分析，把郑观应的后半生和前半生做个比较，找出他后来落伍的原因。为什么郑观应慢慢地被时代的洪流淹没了呢？孙中山和郑观应的关系可能是研究这个问题的一个突破口。

◉问　上海开埠的中前期，以香山商人为代表的粤商在上海滩叱咤风云，影响巨大。为何与上海距离更近的苏商和浙商没有这样的表现？

◉马　一是跟香山的历史相关，很多洋商从广东来到上海，香山商人特别是这些买办就顺路跟过来。二是香山人富于冒险精神，更加敢闯敢干，更有闯劲。三是当时的苏商、浙商虽然距离近，但是在早期也没有接触洋人，不知道如何跟他们打交道。四是江浙商人更加稳重一些，后面发现商机后，逐渐进入上海，占据了主要地位，特别是宁波帮。

◉问　华中师范大学中国近代史研究所是"全国第一批硕士博士学位授权单位"，也是全国唯一的近代史研究基地，是由章开沅先生一手创办的，他已经成为华师近代史所的精神象征，能否介绍一下章先生的治学风格？

◉马　华师近代史研究所能发展到今天，其实就是一代又一代学者不断努力的结果，尤其是章开沅先生，他可以说既是我们所的精神象征，也是华中师大的精神象征、桂子山的精神象征。我在《光明日报》发表了《"史学是永无止境的远航"——章开沅先生学术道路与治史风格述略》，把章先生治学的道路概括了一下，基本把章先生的治学风格或者说是学术追求概括为以下四点：第一点是"求实存真"。章先生的一生就是求真、务实，说真话、说实话、办实事，这是他一生的追求，所以他将自己的书斋命名为"实斋"，实际的实，求实的实，老老实实的实。所以，章先生最喜欢引清代大儒戴震的"治学不为媚时语，独寻真知启后人"。章先生一生最信奉这句话，最推崇这句话，也是我们应该学习的，"求实崇真，实事求是"。第二点，我总结为"筚路蓝缕，开拓创新"。章先生这一生尤其是在学术上是开拓的，他最早从事太平天国史研究，然后到辛亥革命史研究，这是一个大的开拓，20世纪60年代开启了辛亥革命史研究，然后到民族资产阶级研究、张謇研究，又到商会史研究、教会大学史研究、南京大屠杀研究，不断地开拓，不断地创新，做出了很多创新性的成果，同时又为我们近代史所开辟了很多新的学术方向，所以，我认为创新、开拓是他学术道路最重要的特征之一。每一个新的领域，都是章先生带领我们不断地开辟、不断地扩大，然后才能形成全国影响、世界影响。现在，章先生走了，我们要把章先生的精神和学术传承下去，导师要带着学生去开拓、去创造，然后又去扩展新的领域，不断推动学术前进。第三点，我将之归结为"贵在通识，淹贯赅博"。要有宏大的精神，章先生做学问不是简单修修补补，他有着开宗立派的气魄。比如他提出要有"通识"，要全史在胸，全局在握，既讲"纵通"，又讲"横通"，中外古今都要通，这就是我们所追求的"大气"。第四点，"关心社会，融通古今"。章先生历来强调参与史学，不能关起门来搞历史，躲在"象牙塔"里边搞历史，要将历史研究和社会实践相结合，和中国的发展相结合，和世界的发展相结合，要关心社会发展趋势，关心人类的发展，关心一些大的问题，关心形而上的问题。他说：我们要有高度的社会责任感，不仅要书写历史，还要融入历史，创造历史，为人类正义事业和社会发展做出自己的贡献，在历史和现实结合中间寻找历史学者的使命，承担社会责任。

◉问　作为章先生的学生和同事，几十年的交往过程中，能否谈谈他对您的影响？作为现任所长的您，如何在前面已取得丰硕成果的基础上继续开拓创新，未来有哪些展望？

◉马　在我的眼里，开沅师始终是最令我敬重的师长，兼具严师与慈父的双重角色。我在许多场合都说过，能遇到章开沅先生这样的明师、良师，是自己一生最大的幸事，也是能够进入学术的殿堂、学有所成的关键。回顾起来，自己的治学道路无不受到开沅师的深刻影响，他在关键时刻的点拨，对于自己学业上的快速成长起到了至关重要的作用。记得开沅师曾很形象地说过，"觉得自己的一生好像一只忙忙碌碌的老鸡，成天到处啄啄扒扒，如发现什么谷粒、昆虫之类，便招呼小鸡前来'会餐'"。细想一下，自己不正是那群不时参与"会餐"的小鸡之一吗？从最初的辛亥革命史研究、资产阶级研究，到后来的商会史研究、现代化史研究、教会大学史研究，无一不是在开沅师的导引下，寻得门径，渐入佳境，通过不断努力最终取得了若干学术成就。

就我个人的治学而言，目前得到海内外学术界认可的主要有两个领域：一是商会与绅商群体研究，二是教会大学史的研究。而这两方面的兴趣，均是缘于开沅师的引导而产生。教师的职责不仅仅在于知识的传授，而更在于人才的培养。好的老师教给学生的往往不仅是做学问的方法，而是做人的道理。"桃李无言，下自成蹊"，老师的良好风范和道德操守无形之中一定会影响到学生。这种春风化雨、润物无声的人格魅力可以说是"师道"的最高层次，也是教师的最神圣的义务。在这方面，开沅师给我做出了最好的表率，所有章门弟子从老师那里学到不仅是治学之道，而且更是为人之道、处世之道、生活之道。回顾起来，在治学与做人相统一的意义上，开沅师在以下数方面给我留下深刻的印象，也可以说潜移默化地影响了自己的人生态度：

其一，宏大气象。在为人与治学上，开沅师给人最突出的印象就是淹贯浩博，气象宏大。尽管也学有专精，根基扎实，但开沅师的学术路径似乎更趋向于博，趋向于通，趋向于创臻辟莽、前驱先路的开新。开沅师曾比较他与亡友林增平先生的学术风格和路径："林公愍厚而我豁达，林公扎实而我开放，林公长于细密而我追求宏观，林公旧学根底深厚而我略知西学。如此等等，不一而足。"开沅师和林公是最知心的学术知音，这里的"愍厚"与"豁达"、"扎实"与"开放"、"细密"与"宏观"只是治学风格的不同，并无高下之分。其实，在一定意义上，他们都是那种博古通今，具有广阔学术视野和恢宏学术气度的一代宗师。增平先生能在30岁出头之际，便以一人之力编成新中国第一部完整的中国近代史教材，即是其具有非凡学术气度的明证。开沅师在开新方面也是不断实现自我超越，从辛亥革命史研究和张謇研究到现代化史研究和教会大学史研究，每一次研究领域的转换无不表现出开沅师过人的学术眼光和惊人的洞察力，同时开辟出了一片广阔的学术新天地。

其二，学者人格。开沅师最为强调史学要有自己独立的科学品格，史学家要始终保持自己独立的学者人格。在他看来，史学在本质上是一门求真的学问，真实是史学的生命，"求实存真是历史学家无可推卸的天职，因此也就更需要孟子所提倡的大丈夫刚直的浩然之气"。而事实上，开沅师最令人钦佩的，就是不管环境如何变化、际遇如何沉浮，他始终能保持自己的一颗赤子之心和刚正不阿的独立人格。如他自己所言："尽管史学在社会暂时受到冷落，但历史学者千万不可妄自菲薄，必须保持学者的尊严与良知，以高品位的学术成果争取社会的理解与支持。"我记得一位国外学者曾告诉我，章开沅先生给他留下的最突出印象就是始终能坚持自己的学术见解，有一股浩然之气。这实际上也是大多数人的印象和评价。对我们，开沅师常以楚图南为戴震纪念馆所写的两句题词相赠："治学不为媚时语，独寻真知启后人。"这里面既包含了他对人生的追求，同时也是对我们后辈的勉励。照我自己肤浅的理解，这两句话的含义，是要求我们在做人上，要有独立的人格，襟怀坦荡，一身正气，不媚时趋俗，不急功争利，一心以求学术的"真经"；在治学上，应有自己的独立思考和独立追求，以最终形成一种独立的学术风格，展现出自己的独特个性。惟其如此，方能成为开沅师所讲的那种"不忘根本"，既能"铁肩担道义"，又能"妙手著文章"的"真正的史学家"。

其三，参与史学。"参与的史学与史学的参与"是开沅师近些年常讲的话题，也在一定意义上体现了他的史观。这种史观强调历史学家要有强烈的参与意识和社会责任感，不仅要书写历史，还要参与创造历史，融入历史，为人类正义事业和社会发展做出自己的贡献。开沅师认为，"面对当代人类文明的严重缺失，历史学家不应该保持沉默，更不应该无所作为。我们必须和其他人文科学、社会科学乃至广大科技专家中的有识之士一起，共同纠正现今文明的缺失，并且用自己的学术精品，用自己的智慧与热情，营造健康向上的使人类免于继续沉沦的精神文明"。历史学家究竟怎样参与现实生活呢？开沅师的答复是主要用自己的史学成果来参与，"历史学家不仅应该积极参与现实生活，而且应该成为把现实与过去及未来连接起来的桥梁，应该用自己的研究成果丰富与影响现实生活，并且与人民一起追求光明的未来"。① 开沅师所提出的"参与史学"，十分发人深省。史学要找到自己的出路，不被社会所冷漠，第一，就应该自强和自省，在社会发展中明确自己的地位和责任。这就要求史学家不要困守于学术的象牙塔，而要主动地走出书斋，关心社会，参与社会，通过自己的社会活动和学术成果来影响历史的进程（尽管可能是微不足道的），"营造健康向上的使人类免于继续沉沦的精神文明"，直接或间接地创造历史。任何对现实社会生活的冷漠、逃避和事不关己的清高态度，对一个成熟和正直的历史学家都是不足取的。第二，仍需提倡"古为今用"（不是简单影射史学或惟我所用），加强古与今的对话，在我们的史学成果中打通古今，贯穿古今，真正使

马敏

---

① 章开沅：《现代化研究与中国近现代史研究——寻求历史与现实的契合》，林言椒主编：《中国历史学年鉴 1995》，生活·读书·新知三联书店，1995 年，第 3 页。

史学成为构筑过去、现实与未来的桥梁。"人事有代谢,往来成古今。"历史发展存在连续性,过去、现在与未来之间并没有截然的界限,因此,许多史学研究的课题将来自于对现实问题的关注,应勇于从历史的角度解读现今社会发展急需解决的问题。参与的史学只有在史学的参与中才能得到实现。

作为所长的我,首先是传承,要把章先生治学精神传承下来,使其成为我们所的一个精神支柱;其次是创新,要把章先生研究的领域进一步扩大,结合国家的需要,探讨中国的现代化之路;再次是加强民国史的研究,拓展辛亥革命研究范围,开拓社会史和医疗史研究范畴,加强政治史和思想史研究;最后是改善师资结构,提高人才培养水平,继续推进史学国际化道路,提升近代史所的声誉。

◉**问** 作为历史专业领域的著名学者,您有哪些研究的心得和体会?

◉**马** 做学问真的是不容易的,需要长期的循序渐进、执着追求。那些真正学有所成的一流大师巨匠,没有一个不把自己看作"文化托命之人",基于强烈的敬业精神,浓厚的学术兴趣,穷年累月,孜孜以求,全身心地关注一个领域,投入一项课题,最大限度地占有资料,反反复复地加以研讨,最终才形成独具一格的研究成果。著名的文献学大家张舜徽先生就是这样的典范。他在"文化大革命"的时候,住的是澡堂改成的房子,环境恶劣,但是仍旧不分酷暑严寒地刻苦治学,日积月累地写成了200多万字的巨著《说文解字约注》,光毛笔就写秃了50多支。

学术研究是"由冷而热"的过程，开始都是冷门，但是随着研究不断地深入，也会慢慢"热起来"。当初我也没想到教会大学史能够成为一个热门，商会史现在也成了显学，博览会史更是一个全国都在研究的领域。同时，我还要提倡"由热而冷"，这个"冷"是冷静，即在研究"很热门"的时候，要静下心来，深思熟虑，要充分利用"热"的时候流传出来的资料进行深入研究，而不是在这时什么都往外抛。

我觉得学术研究一定要有一个比较宽广的知识基础，并形成较为宽阔的学术视野和恢宏的气度。过去讲"文史不分家"，讲学问中的"通识"，均是强调知识的交叉性和渗透性，只有那些保持广泛兴趣的人，在相关领域都有所涉及、出入自由的人，方可做出大学问。一个人的知识、积累的材料也会影响一个人的研究取向。回顾过去30年的学术生涯，我的主要研究领域（商会、博览会、教会大学）就是一个不断扩展的过程。学术研究有时候是带有偶然性的，不是说想研究什么就研究什么，有时候你想走进这间房子，却不小心走进了另一间房子，就像在树林中散步一样，突然发现一片开阔地，豁然开朗，学术研究也是这样，但是要善于发现，思维要开阔，要有开放的心态，这样才能从一个领域不断地扩展到另一个领域。

◉**问** 目前国内对郑观应的研究已经比较深入了，您认为还可以在哪些方面继续加强？

◉**马** 郑观应这个人非常值得研究。一是要加强史料整理。受上海图书馆的委托，我们要整理盛宣怀的档案，盛宣怀跟郑观应交往十分密切，两人的通信有上千封，到时顺便把郑观应的资料整理出来，这里面应该能发现不少新的东西。二是好好研究他的人脉，也就是他的社会关系网络，比如他到底跟哪些人交往？在学界、商界、官界、宗教界都有哪些人？他跟江浙商人、广东商人的关系等等，以及他在澳门的交往情况。三是研究他的学脉，也就是他的知识结构。弄清楚他的西学来自哪里，他学了哪些中学。四是放在近代的社会大背景下，甚至从明清以来研究他的思想转变过程，与前面的李贽、王夫之、黄宗羲、顾炎武、林则徐、魏源、冯桂芬，后面的康有为、梁启超、孙中山、毛泽东结合起来。郑观应到底是个什么人？他实际上是介于中西之间，传统与现代之间，一个过渡时代的过渡性人物，同时又是开启新时代的启蒙思想家。把他放到这个位置上来看，那就会把郑观应看得更清楚。五是在理论框架上面，理论的思维还要更深刻一些，特别是站在中国近代变革和西方变革的异同视角上来思考和观察，郑观应是早期近代化过程中间把实践与思想有机结合起来的重要人物，他不是纯粹的思想家，也不是纯粹的实践家，他把思想和实践结合起来，提出了一套变革思想和改革方案，不仅高大上，而且接地气，很多方案是可行的。

◉问　近代以来，香山产生了众多名人，比如孙中山、郑观应、杨殷、容闳、苏兆征、林伟民、杨匏安、唐绍仪、唐廷枢、萧友梅、吴铁城、王云五、阮玲玉等，很多对后世具有重要影响。今后中山如何利用这些名人资源提升城市品位、促进经济发展？

◉马　一是继续发扬这种敢闯敢拼、勇于冒险的精神，勇立时代潮头，不断开拓创新；二是要开放包容，继续成为中西交流的桥梁和桥头堡，要有这种胸怀和气魄，让中西文化在这里相互激荡，继续发扬光大；三是注重名人资源的挖掘和整理，成为一个名人谱系，开发乡土教材，建设名人展览馆，举办相关节庆活动，加以宣传和学习；四是要广纳天下英才，推陈出新，有了人才，才能不断培育出新的名人和名人文化。

◉问　明年是郑观应诞辰 180 周年，欢迎您有机会到访中山，为中山与澳门的郑观应学术交流继续贡献力量，再次感谢您接受我们的访谈。

◉答　谢谢！您也辛苦了，中山我去过多次，每次去收获都不一样，明年有机会我非常乐意再次前往中山学习交流。

戴鞍钢

戴鞍钢（1955—　　），上海青浦人。中学毕业后，作为知青下乡插队务农。1977 年恢复高考后，成为复旦大学首届本科生，在历史学系相继获历史学学士、硕士学位。1985年留校任教，后又在职攻读，获历史学博士学位。现为复旦大学历史学系教授，中国近现代史博士生导师，国务院政府特殊津贴专家。

主要研究领域：江南史、上海史、晚清史、中国近现代经济社会史等。

主要著述：《港口·城市·腹地——上海与流域经济关系的历史考察（1843—1913）》（复旦大学出版社，1998）、《中国政治通史10·步步悲歌的晚清政治》（泰山出版社，2002）、《发展与落差——近代中国东西部经济发展进程比较研究（1840—1949）》（复旦大学出版社，2006）、《中国地方志精读》

（复旦大学出版社，2008）、《晚清史》（上海百家出版社，2009）、《大变局下的民生：近代中国再认识》（上海人民出版社，2012）、《中国近代江浙地理·第二卷·江浙沪近代经济地理》（华东师范大学出版社，2014）、《近代上海与江南：传统经济、文化的变迁》（上海人民出版社、上海书店出版社，2018）等；合作著有《中国历史人文地理》（科学出版社，2001）、《辛亥风雷》（中国青年出版社，2001）、《中华文明史》（北京大学出版社，2006）等；主编有《中国地方志经济资料汇编》（汉语大词典出版社，1999）、《近代中国：经济与社会研究》（复旦大学出版社，2000）、《中国通史教程》（山东大学出版社，2008）等。

　　主要论文：曾在《近代史研究》《清史研究集》《学术月刊》《史学月刊》《复旦学报》《历史地理》等学术期刊发表学术研究论文百余篇。

时　间：2021 年 10 月 24 日

地　点：上海社科院招待所

口述者：戴鞍钢

采访者：胡　波

整理者：刘　琴

⦿问　戴教授，您好！我们是"郑观应研究口述史"项目组，很高兴您能接受我们的访谈。作为复旦大学历史学系教授，您主要从事中国近现代史、晚清史、社会经济史的教学和研究。您的研究视角独到，很多选题此前几乎无人涉足，不少研究成果不仅填补了空白，而且具有很强的现实意义和实用价值。请您首先简单谈谈您的治学经历？

⦿戴　你们这个项目很有意义！郑观应是一个非常令人尊敬的人，是中山的光荣，其实也是上海的光荣，因为他的很多成就都是和上海分不开的。而且研究郑观应，在当前严峻的世界变局之下对如何认识历史、认识中国与世界也都非常有现实意义。

我是"文化大革命"结束后，作为首届考生进入复旦大学求学的。此前，我中学毕业后就去上海郊区农村插队务农。我和我的同学都格外珍惜这个来之不易的学习机会，当时的学校图书馆座位有限，课后我都早早去排队，用"争分夺秒""如饥似渴"来形容当时我们的学习热情，一点也不过分。正是在这样浓郁的学习氛围中，我逐渐步入史学研究这座既深奥又富有魅力的学术殿堂。本科毕业时，我决定继续求学，师从黄菃教授研习中国近代经济史。选择这个研究方向，主要是基于这样的考虑：长期以来，受各种因素的制约，中国近代史研究基本上局限于政治史，经济史的研究明显薄弱，直接妨碍了这门学科的发展。1981年刘大年先生撰文认为，中国近代史研究的突破口，应该是其中最薄弱、最繁难而又最重要的经济史研究。作为有志于这门学科的后来者，我觉得经济史的研究是我大学本科历史学的视野的拓展，虽有一定难度，但应该迎难而上。另一方面，我也受现实生活的感召。党的十一届三中全会后，全国人民在党的领导下，齐心协力地投入现代化建设的伟大事业，我深切地感到，史学研究应该也可以为当代社会的发展，提供一些有价值的历史借鉴和启示。正是因为考虑成熟，目标明确，这么多年来，不管外部环境怎样变化，我都始终认准方向，潜心钻研，不断进步。

经济史研究内容广泛，涉及农业、工业、手工业、外贸、商业、财政金融、交通运输等各个方面，其中我特别注重对基层社会经济状况的考察，我的硕士学位论文《清代后期漕运初探》，是一次很好的尝试。以往研究漕运，大多侧重制度本身，较少论及制度实际运作过程及其社会影响。我的研究，则在厘清制度规章条文的同时，着力揭示作为"一代之大政"，清代漕运在其实施过程中所出现的许多问题，诸如因此滋生的弊端、腐败和引发的社会矛盾，以及漕运变革对社会生活的多方面影响，包括近代航运业的启动，运河沿线商业活动的凋敝，大批人口失业和大运河淤塞等。这些见解先后刊登在《清史研究集》《齐鲁学刊》《江汉论坛》

《东岳论丛》《江西社会科学》等杂志上，受到好评，这也坚定了我的学术追求。

◉问　您关于经济史的研究的确成果丰硕，看来确定研究方向对于一个研究者来讲是非常重要的。请问，您研究生毕业后的研究方向还是经济史吗？

◉戴　是的，不过后来我的研究重点转向近代中国城乡经济的互动。因为关于近代中国城市和农村经济领域，近年来已有一些很好的研究成果，也有一些译著出版。但是这些论著的研究重点或是城市，或是乡村，将两者有机结合起来深入剖析其内在互动关系的专题研究尚不多见。这种状况，有碍于对近代中国经济发展演变历史进程的全面认识。我认为，从总体上说，尽管近代中国的广大农村仍处于封建土地所有制的束缚之下，经济发展迟滞，社会变动缓慢，但是鸦片战争后随着外国资本主义的入侵，中国封建的社会经济结构逐步分解，沿海沿江一批通商口岸城市相继增辟，以这些城市为中心，近代企业陆续兴办，轮船和铁路先后运行，市场贸易和商业资本不断发展，新式金融业次第开张，这些都给中国农村以耕织结合为主要特征的自给自足的自然经济带来猛烈冲击，相当一部分受到通商口岸城市经济直接或间接辐射的农村经济开始发生深刻变化，主要表现为自然经济的分解和商品经济的发展，这种演变同时也支撑和推动了近代中国城市经济的变革。应该说，这种双向的互动关系符合中国社会向前发展的历史要求，是积极的。深入地研究这段历史，有助于全面认识近代中国经济发展演变的历程，也有益于对当今加快推进城乡经济全面协调发展的思考。

◉**问** 这个问题很有趣也很有益，但难度可能也比较大。请问您是如何深入研究的？

◎**戴** 的确困难比较大，做起来不容易。研究城乡经济的互动需要花大力气，发掘大量资料。史学研究的一个基本要求，是尽可能详尽地掌握相关资料。真正做到这一点，也非易事。近代中国城乡经济互动关系的研究很少有人涉足，因为能够具体反映近代中国城市特别是沿海沿江通商口岸城市与农村间的经济互动关系的资料极为散见，不易爬梳。有鉴于此，我甘愿坐冷板凳，潜心收集相关资料，特别是着力从卷帙浩繁的地方志中探寻原始的乡土资料。地方志是中华民族文化宝库的重要部分，它内容丰富，包罗万象，蕴藏着大量自然和社会方面的各类资料，人称"一方全史"，为真切了解国情、乡情、民情提供了极为丰富的第一手资料。但历代地方志散布各处，数量庞大，对研究中国社会经济的发展演变极有价值。特别是到了近代，由于社会结构变动剧烈，各地经济交往包括城乡交流日趋扩大和频繁，地方志中记述经济演变的资料明显增多，以往人们虽知道地方志的独特价值，但面对汗牛充栋的古旧地方志，常常望而却步。我则知难而进，与黄苇先生一起组织同行，历时数年，走访各地，从数千种地方志中精心辑录、编纂了一部 275 万字的《中国地方志经济资料汇编》。

虽说现在肯做原始资料爬梳整理工作的人并不多，也不太愿意将自己辛辛苦苦收集的资料供大家使用，但为了学术的繁荣，我除了精心主持资料的编纂，还自筹资金补贴出版费用的缺口，终于使这部资料集在延搁 10 年后得以问世。

我觉得，为推动学术的发展，做一些扎扎实实的工作，是我们这一代学者应该担负起的责任。这部资料集因其编选精审，并涵盖农副业、手工业、近代工矿业、商业、外贸、交通运输、邮政电信、货币金融和社会经济生活等各个门类，甫出版即得到学术界的瞩目和上海《文汇报》的推介，海内外学者纷纷向我求购，我为我们的辛劳得到社会的认可感到欣慰。同时，一分耕耘一分收获，随着资料的日积月累，我对问题的思考不断深化，对近代中国城乡经济的互动关系逐渐有了清晰的认识。

◉**问**　资料整理工作的确是件苦活儿，但如您所说还是会在资料整理过程中发现新的问题。您后来好像比较关注上海与苏南浙北地区的互动关系。

◉**戴**　是的。20世纪初年，中国大地上相继出现一批采取集股商办形式开办的新式农垦企业。它们的设立，直接受中国民族工业发展的推动，也反映了资本主义经济关系在近代中国农村的渗透和延伸。我依据翔实的资料，指出这是中国农业发展史上的重要一页，因为这些新式农垦企业的设立，在一些地区引进了欧美资本主义农场的经营方式，应用了农业机械，传播了先进技术，促进了商品化农业生产。尽管近代中国的社会环境严重阻碍了这些企业的发展，但其积极意义不应忽略。我的这项研究，被学术界认为是1949年以后首次详尽探讨新式农垦企业的成果，主要论点由中国社会科学院近代史研究所主编的《中国近代经济史论著目录提要》详细摘录介绍，美国学者王国斌新著《转变的中国——历史变迁与欧洲经验的局限》也予征引。继而，我又发表了

《近代上海与苏南浙北农村经济变迁》，认为近代上海开埠后，成为中国对外贸易大港和工商业、金融中心城市，毗邻的苏南浙北农村经济受此促动，发生结构性的深刻变化。上海的内外贸易和城市经济，推动了苏南浙北农副业的发展，促使棉花、蚕桑、蔬菜等经济作物种植面积明显扩大，农产品商品化程度提高，并相应形成几个生产相对集中的产区；与此同时，原先面向国内市场以丝、棉织造为主的农村传统手工业的生产、经营发生剧烈变动，呈现转向国际市场、附丽于进出口贸易的新趋向。这些变化反映了传统农业向近代农业转型的历史进程，体现了近代都市和周边农村互动的双向经济关系。这些见解得到学术界的重视，中国社会科学院科研局主编的《中国社会科学前沿报告（1998）》认为，区域研究仍是中国近代经济史研究的热点，但较之先行开展区域研究的国家，中国近代区域经济史研究还处于起始阶段，只有少数几篇能够结合区域内的研究和区域间的研究。我的这篇论文，则被该报告首先予以重点介绍。

●问　除了您刚才所说的区域经济史研究外，据我们翻阅资料，您最先公开发表的论文是《五口通商后中国外贸重心由广州向上海的转移》。请谈谈您撰写此文的情况。

⊙戴　是的，我第一篇公开发表的学术论文是《五口通商后中国外贸重心由广州向上海的转移》。有关上海的研究，一直是我的用力所在。上海自 1843 年开埠后，迅速崛起，成为执中国经济牛耳的都市，百余年来雄踞龙头地位。其历史底蕴，无疑大可研究。关于上海城市史的研究，张仲礼、丁日初、熊月之等著名学者已有很多论述，成果斐然。相对而言，上海作为中国最大的港口城市，在发展进程中，与其广袤的经济腹地间相互关系的研究明显薄弱，我的主攻方向因此确定。其后的一系列专题论文，得到学术界的好评。其中发表在《近代史研究》上的《近代上海与长江流域商路变迁》，着力挖掘原始资料，包括各类已刊未刊档案文献、书报文稿，特别是那些海关资料、外国在华领事商务报告、中外人士实地勘察记录，以及各省、府、州、县地方志等。依据这些丰厚扎实的资料，对以往很少被论及的长江流域商路变迁问题，做了细致的考订和梳理，指出以上海为中心的长江流域市场网络的物质基础，是长江流域各地为上海港内外贸易所提供的丰富的物资来源和广大的销售市场。两者通常又是重合的，往往在向外输出商品的同时，也成为接纳外来产品的销售地。将这些商品产销地与上海连接起来的，则是众多纵横其间的货物运输线路，沿线经济生活因此也呈活跃的状态。不将其考订、梳理清楚，很多问题得不到合理的说明。

对这项填补空白的研究，学术界表示赞许，认为上海如何带动长江流域经济的发展，过去大多是泛泛而谈，我的研究则根据翔实的资料，通过对近代上海与宁波、镇江、芜湖、九江、汉口、重庆各口岸之间商品流通环节的论述，突出了上海在诸口岸中的中心集散港的地位，同时清晰地揭示了上海港与不同层次腹地间的关系，有力地论证了上海从长江三角洲区域经济中心发展为长江流域龙头城市的历史进程。后来，这项研究获得上海市哲学社会科学优秀成果论文奖。

之后，在第二届全国优秀博士学位论文评选中，我的《港口·城市·腹地——上海与长江流域经济关系的历史考察（1843—1913）》荣列全国百篇优秀博士学位论文之中，这是复旦大学同时也是上海市各高校和科研机构人文社会科学类第一篇全国百篇优秀博士学位论文，是对我的很大鼓励。这篇论文是在邹逸麟先生指导下完成的，它集中反映了我对近代上海与长江流域经济关系的思考和探究。论文在总结前人研究成果的基础上，独辟蹊径，将港口与所在城市及经济腹地作为一个整体进行了多方位的考察，深入探讨了上海依托港口发展成为近代中国经济中心城市的进程和特点，论述了上海中心城市地位的确立对长江三角洲及长江流域经济格局、市场网络、城镇体系和习俗风尚等社会生活诸方面带来的深刻变动，论证了上海以内外贸易为纽带，与周边地区及内陆省份之间互补互动的双向经济关系，并从总结历史经验教训的角度，对上海港和上海城市今后的发展，以及进一步加强上海与内地的经济联系，提出了自己的看法。这项研究被认为选题独到，从总结区域经济发展历程着眼，将港口与所在城市以及经济腹地作为一个整体综合考察，以港口为研究的切入点，详尽阐述其中紧密的经济关系，视野开阔，剖析精当，立论坚实，学术价值和现实意义并具，是一项开拓性的研究。论文完成后，即获上海市马克思主义学术著作出版基金资助出版，也让我深受鼓舞。

◉问　您是研究上海、漕运、近代史方面的专家，您从什么时候开始涉足郑观应研究这个课题的呢？

◎戴　我开始接触和涉足郑观应研究有两个时间节点：

戴
鞍
钢

715

第一个时间节点是我很早看过毛泽东和斯诺的谈话，毛泽东讲到他年少的时候就日夜阅读郑观应的《盛世危言》。当时对毛泽东很崇拜，那么伟人读过的书当然自己也应该去读，而且我也有幸进入了复旦大学，所以有很好的机会进行学习。第二个时间节点是在我大学学习过程中，我的学习方向是偏重中国近代史的，而中国近代史的主要研究内容就是中国如何和世界接轨。因为当时面对着西方的入侵，中国人怎么自立自强，是一个很严峻的问题。于是，当我在考虑硕士论文选题的时候，就决定考察一个旧制度在近代以后的变革，因为我觉得这是一个比较好的能够反映近代中国时代变局的方面。当时我也注意到很多的研究都是从鸦片战争讲起，这个当然很重要，但是很多的问题其实也不应该单一地从鸦片战争讲起。所以，我决定选择漕运这个从秦汉以来特别是隋唐以后对南方地区乃至整个中国有着重要影响的旧制度入手。漕运制度涉及漕粮征收、起运、入仓、分发一系列过程，可谓牵一发而动全身，这样一个国家制度在近代以后面对着西方入侵以及随之而来的种种新的因素的介入肯定不得不发生变化。

但是这样一个国家制度是源远流长的，而且牵涉面很广，加上既得利益集团盘根错节，所以想动它也是很难的。从清中叶以来，有很多人就要想推动这个制度的变革，但是一直很难奏效。后来，我就注意到近代以后有可能动一动这个庞然大物，这中间最有力的就是郑观应，而且在郑观应的代表作《易言》和《盛世危言》里面，都有非常精彩的篇章谈到漕运。过去，我只是学习郑观应的一些著作，还没有谈得上研究；但是进入漕运研究阶段之后，我就把郑观应先生作为我漕运研究的一个很重要的内容。

◉**问**　郑观应的著作中确实有很多关于漕运方面的论述，请您谈谈在梳理郑观应关于漕运问题的看法时有哪些心得体会？

◉**戴**　清中叶以来，很多人就提出要漕运变革，但是他们比较多的是讲弊端，只是流于揭露漕运给国计民生带来的种种负担，但是没有给出太直截了当的或者行之有效的一些方案。改革能不能奏效，不是说这个方案要多么的宏伟、多么的漂亮，而是要落到实处、要行之有效。我注意到郑观应对于改革漕运有两点独特之处，一方面他充分吸收了前人对漕运改革的有益见解，另一方面因为他有买办的经历，亲身参与了现代资本主义运作的一些具体的环节，所以他在前人基础上又结合自身对西方的认识，提出了有可能比冯桂芬、薛福成更务实、更有操作性的改革方案。

◉**问**　郑观应关于"晚清漕运改革"的具体主张有哪些？

◉**戴**　在他的漕运改革方案中，他首先强调了中国国内的粮食市场已经具备了供应北方那些达官贵人的所谓口粮的要求，这个是非常有见地的。这也不是说郑观应就是个天才，而是存在决定意识。因为在 1842 年签订了中英《南京条约》以后，特别是上海、广州等 5 个通商港口开放以后，整个沿海的粮食市场在一定程度上已经冲破了过去封建政府的束缚，它的增长规模是惊人的。前辈学者李文治做过一个统计，发现这是一个大幅度的提升。在这样一个背景下，正处于中国经济中心城市上海的郑观应敏锐地意识到国内市场经济的活跃，特别是在粮食流通这个环节，政府是可以退出的，政府没有必要大包大揽了。因为这对国家来说一是财政负担太重，二是每个环节都有腐败，而且变本加厉。

其次，他强调要用轮船进行运输。因为粮食要运到北京，当然要用到船。过去漕运走运河，用的是木船，但是木船的耗费是巨大的。如果使用轮船的话，就能在很大程度上承担大量的漕粮北运的任务。

再次，他从爱国主义的角度意识到如果中国不介入整个沿海的航运，那么就会完全落到西方手里。这虽然只是一个小问题，但是我们说一滴水中见太阳，从郑观应谈论漕运这个具体问题，就反映了他从宏观的角度对中国问题的思考。所以，他不仅高于前人，而且也启示后人。我想郑观应的《易言》和《盛世危言》的地位也体现在这个地方。

◉问　其实，在郑观应关注漕运、写作《停漕》《汰冗》之前，早已经有冯桂芬、王韬、薛福成等人提出了改革漕运制度的各种主张。请您具体阐述一下，郑观应关于漕运的改革方案与跟同时代的这些人对于漕运和海运的认识相比有何进步之处？

◉戴　同时代确实有不少人都对漕运有过抨击，但是他们比较多的都是抨击附着在漕运制度上的种种弊端，由此引申到对政府的一些不满等等。但是，从系统上或者从理论上以及从整个解决方案的完整性上来看，郑观应是非常独特的，他并不是只停留在抨击某一个环节的弊端上，而是结合中国的国情提出了解决弊端的方案，而且这种方案恰恰是和当时的整个社会经济发展的程度是吻合的，也是顺应这个时代潮流的。

◎问　但是漕运改革并不是郑观应最早关注的焦点，那郑观应之所以把视线聚焦于漕运改革，是不是跟他的行业、跟他后来所任职的招商局有一点点关系呢？

◉戴　漕运包括征收、运输、进仓、分发等环节，其中运输是大头。过去很多人抨击的主要是前面两个环节，说第一个征收环节是对农民的伤害，说第二个运输的环节是对国库的侵蚀，因为运输开支很大，甚至说运一石米的开支要远远超过一石米的价值。鉴于此，运输环节也曾经用上海的沙船尝试过海运。后来，郑观应有机会进入轮船招商局当帮办，所以，他提出这个漕运改革方案，考虑确实是蛮巧妙的，一箭双雕：一来可以解决一个旧制度的弊端，二来也可以为新生的轮船招商局提供一个稳固的财政来源。

当时，轮船招商局是中国第一个民营的资本主义性质的近代企业。虽然轮船招商局的地位很高，但其实在一开始是步履维艰的，他们一诞生就面临着英美轮船公司的竞争。他们必须解决两个问题，第一是怎么能够说服国家给予一定的资助，从而解决它的资金来源问题；二是中国人对轮船运输的认识其实有一个过程，那轮船公司怎么才有一个比较稳定的货源，让人愿意把货物交给你，从而解决业务来源问题，而漕运正好可以解决招商局诞生之初的两大难题。因为漕运作为国家的重中之重，是每年都要征收的，所以国家也愿意在保证安全顺利迅速地把漕粮从江南运到北京的前提下提供一些资助，经济上给予一些补贴，这就解决了招商局诞生之初的资金来源问题；加上漕粮是大宗货物，每年都要征收，这又解决了招商局诞生之初的业务来源问题。我们可以这么说，这奠定了轮船招商局发展起步的一个基石。这个方案其实也清楚地反映出郑观应的特点，他有商人的经历，同时也比较务实。

◉问　我觉得你刚才讲的这点很有意思。一是，郑观应对漕运的关注是他基于政府的立场来看这个问题，要救急；二是，郑观应对漕运的关注也与他在招商局做事有关，要救难，招商局需要利润；三是，从当时的发展趋势来讲，现代化轮船航运业的发展也是大势所趋，郑观应也是顺应了历史发展潮流。从对漕运问题的思考，就能体现出郑观应与那些只是单纯批判或者空喊改革的人不太一样。

◎戴　是的。我想郑观应有别于同时代人物的地方很多：第一，他是一个直接参与商业活动和企业经营活动的爱国思想家，所以他对中国问题的思考不是停留在书面上；第二，和他有同样经商经历的人也不少，比如徐润、唐廷枢，但是他们在思考的火候上要略逊于郑观应。所以说，郑观应了不起的地方就在于他既有思想家的深邃，又有商界人士的敏锐和务实，同时在官场上还有一定的人脉，另外还有很强的文字表达能力。

◉问　我觉得您把漕运制度变革作为考察中国在进入近代社会后的调整与变化的切入点的想法非常好，因为漕运制度变革既是一个老问题，又是一个新问题。漕运从秦汉时期开始一直延续到宋明清，但是对海上漕运的争议还是比较多的，那后来漕运改革包括郑观应所提出的漕运改革方案是否取得了预期的效果呢？

⊙戴　应该来说，漕运改革的过程其实是比较蹒跚、比较坎坷的，主要原因就是既得利益阶层盘根错节。大家都知道，郑观应的主张是对的，但是真正落实的时候却阻力重重。郑观应提出当时已经具备了一个非常好的粮食流通市场，国家应该退出，让商人来替代政府这个职能，完成粮食在国内市场从南运到北这样一个功能。但是漕运整个环节参与者众多，而且都是官府的行为，所谓雁过拔毛，每个环节都不容许有丝毫的变动，要改革不容易。

漕运真正受到致命性打击，其实有三次：

第一次是太平天国从广西打到江南，之后打下了扬州和镇江，而镇江、扬州是漕运的咽喉，导致漕粮河运中断，鉴于此，清政府不得不采取了一些变通的措施。

第二次是太平天国战争延续了 14 年，在整个战争过程中间，运河的水文状况更加恶化，淤塞了。到了 1864 年太平天国失败之后，如果要重整漕运，完全复旧也是不现实的。郑观应也是非常敏锐地意识到漕运的困局，发现清政府那套旧的漕运制度玩不下去了，所以他提出的主张也是适逢其时，政府不得不认真考虑民间的这些声音。

第三次是在戊戌变法期间，在戊戌变法中，包括康有为、梁启超在内的广东人贡献很大。我一直觉得近代中国的贡献离不开广东，现代中国的贡献离不开湖南，这个是非常值得研究的。广东人中间又有一个香山现象，这都是香山可以引以为傲的。郑观应关于漕运的主张真正能够付诸实践或者说一度有机会付诸实践的就是在康梁戊戌变法期间，但是大家知道戊戌变法103天昙花一现，所以郑观应的漕运改革措施没能够继续。

但是戊戌变法给中国人的影响是巨大的。特别是思想启蒙方面，某种程度上新政是戊戌变法的延续，我们过去太强调新政是西太后主导的，其实，西太后是不得不重新捡起戊戌变法的一些主要变革措施。再加上当时的义和团运动、八国联军侵华等一连串事件，漕运真正宣告终结或者说在制度层面终结，还要到清末新政时期，但是他还留了个尾巴，每年江南还是要征收和向朝廷输送100万石粮食，其实背后还是既得利益集团在作祟。而郑观应提出的改革主张真正被实现则要等到另一个香山人也就是孙中山创立中华民国以后。

◉问　您在硕士阶段研究了清代漕运之后，在博士阶段又开始关注港口城市腹地，我发现这两个研究主题之间有一个传承关系。也请您谈一谈这个话题，对我们从事研究也很有启发。

◉戴　是的，很多人很肯定我的研究，一是有前瞻性，二是有延续性。就像不断地在凿一口井，越挖越深。先是研究漕运，从漕运联系到运输，运输就要涉及内河和供应地，之后又由内河向海洋，又由中国向世界，又由苏州到上海。因为运河时代的中心是在苏杭，海洋时代的中心则在上海，而上海又是以码头起家的，以港兴市、以港兴商、以港兴城，是近代中国的典范，港口是上海城市资源，所以我后期又专注于上海的研究。

而且，我在做这些研究中发现不能忽略香山人，也不能绕开郑观应。我们都知道，五口通商以后有一个非常突出的现象，也就是中国的贸易中心由广州向上海转移，但是很少有人强调跟随贸易中心转移来到上海的那批香山人。他们其实都是在广东有经商经验的，或者有跟外国人打交道的经历，而这些是当时在上海的江南士绅不具备的。在清末漕运改革以及近代上海的起步中，我们发现起步阶段的一些关键历史人物大部分都是买办。我曾经多次强调，买办是一个阶层，不是一个阶级。因为我注意到早期中国的企业家，其实绝大部分都是来自买办。正是因为买办的经历使得这些人有可能在近代中国、近代上海引领时代潮流，之后他们又走出买办领域经商，特别是自己创办近代企业，或者说参与洋务企业。在这个过程中，郑观应早期的发展轨迹也清晰可见。所以，研究上海就离不开广东人，广东人离不开香山人，香山人又离不开郑观应。因为郑观应活动的时段很长，涉猎的范围很广，而且他的著述对后面的影响也是巨大的。

如果要类比的话，现在有关唐廷枢的研究也很多，澳门科技大学还专门有唐廷枢研究中心。唐廷枢当然很重要，但是唐廷枢对近代中国的思想界或者后人的思想启蒙方面的贡献，显然和郑观应还是有差距，因为唐廷枢的主要精力是在实业方面。

◉问　您曾经在《鸦片战争后的中国人实业主张》这篇文章中提出郑观应属于重商主义思想家，认为他们仅仅是从流通过程中的现象和危机出发，去理解现实的经济生活和自己的经济任务。即使有人开始涉及生产领域，主要也是把发展生产的要求附属于发展对外贸易和取得货币财富的目标之下。您现在仍然坚持这个看法吗？

◎**戴** 关于郑观应提出的一些主张，我们现在越来越感觉到他的前瞻性，比如重商。其实，我们过去对郑观应的评价还是过于保守了，当时认为他的这些主张还是没有跳出重商主义的范畴。但是，近年来社会关于商业对社会发展的推动力其实有全新的看法。吴承明先生在这方面非常有贡献，我是完全赞同他的。我们过去太强调生产对社会的推动力，而忽略了交换。但是生产的产品要对社会实实在在产生作用就必须要通过交换这个环节，如果没人买你生产的东西，怎么体现出生产的作用呢？所以，吴承明先生还有包括国际史学界也开始注意到这个问题。国内学术界也在关注晚明的奢靡风气这个问题，开始把奢靡的风气和早期资本主义的经济发展联系在一起。换句话说，如果没有奢靡，如果人们只是满足在自给自足的范畴里面，怎么去推动生产力呢？我们现在都已经认识到消费促进生产，消费和生产共同推动经济社会的发展。在当下，消费也在现实生活中越来越重要，我们现在强调内循环外循环，某种程度上也是在强调商业。现在上海提出要打造国际性的消费城市，其实也是一个道理。

所以，回过头来再看，郑观应真是一个思想宝库，他对现实问题的思考有超越前人之处，也有启迪后人之处，而我们当时可能对很多的事还没有一个足够清醒的认识。

上海学者邵建强调郑观应的人际网络、社会网络，这个研究也是非常有意思的。因为晚清上海的这个圈子其实并不大，而郑观应在这个圈子里是非常活跃、非常引人注目的。

◉**问**　您如何评价郑观应的《盛世危言》呢？

◉**戴**　冯桂芬的《校邠庐抗议》也是了不起的著作，但是在整体性和思想的深邃性方面还是比不上郑观应的《盛世危言》。可以说，《盛世危言》某种程度上是19世纪八九十年代近代的爱国者和先行者思考的集大成。后来之所以对《盛世危言》的评价非常高，也正是因为如此。任何时代的思想结晶，其实在一定程度上都是由某些具体的人来完成的，但是他的完成也不是无源之水、无根之木，他需要非常敏锐地观察时代、了解时代，而且同时也要注意到同时代人的一些思想贡献。

◉**问**　您刚才讲的主要是郑观应著作里所透露的思想，但是郑观应的实践也不少，比如说他参与创办上海机器织布局、电报业、经营轮船航运业以及到长江去考察商务等等。您后来研究港口城市腹地航运时，是否关注郑观应这方面的实践呢？

◉**戴**　我比较关注他的《长江日记》，他当时沿着长江考察各个码头，特别是非常细致地考察货物，有可能提供给轮船招商局的货物来源。这个也是我研究港口腹地的主要资料来源。

我想这也充分反映出郑观应身上的一些时代特点。第一他是务实的，第二他是一个爱国者。整个《长江日记》也反映出他每到一个码头就会注意到外资进入到哪里、外资对轮船招商局的经营可能带来哪些影响。所以，郑观应在整个中国近代工商企业的经营方面还是有他独特的建树的。可惜的是，他没有太多的时间，他这个职务也不是太高，不能独当一面，他只是参与者。相比之下，我们对唐廷枢的企业活动就知道得比较多。

◉问 郑观应实践方面的研究目前的确做得还不够，我们过去强调的主要是他的改革思想，但是对其具体细节确实关注得比较少。就像您所关注的郑观应与漕运的关系，郑观应对港口、码头、航运的关注确实也是我们研究的盲点。那您觉得在郑观应研究方面，我们还有哪些可以拓展的地方？

◉戴 我想第一个方面是我们可以去研究郑观应为什么能够超越前人、启示后人？他站位的高度到底是怎么形成的？我们不能一味地肯定他对整个近代的贡献，我们要学习先贤，首先要了解先贤、要理解先贤，这样我们才能真正学习先贤。同时代与他有同样经历的，香山也不只郑观应一个，为什么他就能够受到诸如毛泽东这样伟大人物的一些特别关注，我想这都是有原因的。我想有没有可能重新来整体研究从《易言》到《盛世危言》的一些内容的变化背后所反映出的时代变化和郑观应的思想的变化。从《易言》到《盛世危言》，它是不断修订的过程，不断修订的过程就是一个不断思索、不断进步的过程。所以，我想从《易言》到《盛世危言》，应该不是一个简单的版本迭代的问题，但是现在比较多的研究是版本的考证。在这方面，姜义华老师的研究成果是可以借鉴的。因为有关章太炎的研究非常多，但研究比较多的是从章太炎的文字研究章太炎，姜老师则是从章太炎读过的书来研究，从而认识章太炎为什么会有思想的变化，这个研究其实我们是可以效仿的。也就是说，郑观应是一个关心国家命运的人，他也意识到中国落后于世界，但是他的整个思索过程不是凭空想象，必然来自两个方面，一个是实践，一个就是思想资源。他涉猎很广，我们有没有可能去追溯一下郑观应读过哪些书？他的思想资源来自何方？这样对郑观应的认识要更加深刻，我想这是一个可以考虑的突破口。

第二个方面是研究郑观应对后人的影响。讲到对后人的影响，我们讲梁启超对后人的影响讲得比较多。其实郑观应在梁启超之前，我们甚至可以说梁启超也受到郑观应的某些启迪。所以，我们能不能从思想谱系的角度拉一条线，看看近代中国人的思想是怎样一代一代传承的，或者说前人如何被后人所继承、如何被后人所弘扬，又如何被新的后人所继承、所弘扬。

所以，如果要拓展郑观应研究的话，我想就可以从这两个方面展开，一是关于郑观应本身的思想传承的研究，二是郑观应和中国近代进步思想历程的关系。

◉**问**　我们注意到，在郑观应的人际关系中，他跟江南士绅尤其跟上海地区的名人联系比较密切，比如他跟谢家福、经元善、盛宣怀的关系都很密切，但是很多香山人都不愿意加入上海的士绅圈，上海人也不太喜欢跟他们交往，中间有争论。您对这个问题是怎么看的呢？

◎**戴**　不可否认，在早期上海的发展过程中，香山人发挥着举足轻重的作用。第一，他们带来了先进的理念，和西方交往的一种理念。相对来讲，江南有点小富即安的心态，当然也是现实束缚了他们的眼界。但是，广州从来没有封闭过，即使在五口通商之前，清朝也保留了广州这个口岸作为一口通商之地。所以说，广州人或者珠江三角洲地区的人和外面打交道的经历要早于上海、见识也要广于上海。第二，某种程度上也可以说，与外国人打交道的商业手段、经验、才能也是广东人手把手教给江南士绅的。第三，在与外国人打交道所使用的语言方面，也是广东人做了贡献，唐廷枢编的《英语集全》是中国第一部汉英词典及英文教科书。以前，我们讲江南文化、海派文化，关注对象主要是籍贯属于江南区域的群体，其实我觉得应该是指当时活动在江南区域的所有人，这样的表述可能更广泛一点、更准确一点。

当然，从广东的角度来讲，也应该加强对上海的研究。虽然在五口通商之前广东的商业走在时代前面，但是也不得不承认五口通商以后商业中心从广东转移到了上海，从1843年一直到1949年，上海一直是外国人在华经营的重中之重，从来没有变化过。我们注意到，在这个过程中，上海聚集了来自世界各地或者来自上海以外中国各地的青年才俊。因为中国人长期存在的家乡情结，他们在上海发达之后，也会反馈家乡。于是，在他们的发达地与家乡之间形成了一个纽带。以广东香山为例，因为在上海的香山买办所带来的香山和上海之间的纽带关系，给两地带来了经济、文化、社会等各方面实实在在的贡献。其实，历史是我们的老师，这对我们当下，尤其是对长三角一体化和大湾区建设，在某种程度上也可以给我们提供一些历史的启示和借鉴，特别是在人才交流、思想的贡献和经验的分享方面。

●**问**　您说的这几点，特别有现实意义。我们也注意到，郑观应的社交网络跟一般香山买办确实不太一样。一方面，他跟香山家乡人保持一定的关系，比如他和唐廷枢、徐润有姻亲关系，他跟当时的上海知县叶廷眷也是老乡；另一方面，他又跟江浙这一批绅商保持密切联系，比如他跟盛宣怀的关系就很好，而徐润与盛宣怀的关系就很糟糕，唐廷枢与盛宣怀的关系也只是一般般。您是怎么看待这个问题的呢？

◎戴　我觉得这特别反映了郑观应务实的、不拘泥传统的特质。郑观应是想做事的，所以他不大拘泥于传统的、同乡之间的小圈子交往，他到了上海之后就积极拓展自己的社交网络。他当然知道广东人是开风气之先的，但是他也认识到江南人很聪明，而且江南人有人脉、有商业资源、有名望，这种地方性的影响力也不是初来乍到的广东人所能比肩的。所以，郑观应了不起的地方就在于，第一他是一个务实的人，第二他是一个想做事的人，第三他也是一个能干事的人。

当然，很多事情也不是他刻意追求的。譬如，他进轮船招商局就并不是他刻意追求的，而是因为他显露出才华之后，唐廷枢才举荐他的。郑观应后来的境遇其实很窘迫，发展得不是很顺利，这与他的性格上不大愿意求人或者说比较清高、比较自律也有关。所以，郑观应的为人处世其实也是值得研究的，有一种名士风范。

相对于其他香山买办来说，他有一种名士风范，铜臭味比较少一点。某种程度上可以说，"他不是商人，又是商人；他不是士大夫，又是士大夫"。对大家来说，他是一个非常生动的人。

◉**问** 是的，我在研究他的时候其实也很纠结。我对比其他香山买办的材料，发现唐廷枢、容闳受西方教育比较多一点，而徐润基本上没有受过什么教育，他就是一个经商之人，而郑观应参加过科举考试。郑观应的性格和发展是不是跟他所受的教育有关系呢？

◉**戴** 有关系的，也就是说文化的底蕴不一样。传统文化在郑观应身上的积淀可能要更加浓厚一点，所以他表现得更加敦实。郑观应每一步都走得比较稳健，而且郑观应在个人品行或者个人恩怨方面没有受人诟病的地方。当时，大家都是蛮认可他的。相比之下，容闳当然了不起，但是容闳有些举动就比较随意、率性和激进。而郑观应就比较稳健。这可能也跟郑观应是脚踏实地爬上来的、更草根一点有关系。这个也是非常值得研究的。

◉**问** 是的，很有意思。当时，上海人和宁波人在《申报》写了不少文章诟病香山人，但是他们对郑观应的印象还是比较好的。唐廷枢受外国的教育比较多一点，他做事情就非常的西化和稳健，但是这种稳健可能更多的是跟西方的教育比较严谨有关系；而郑观应则比较儒雅，有他的理想和追求，所以他不停地写东西，传播自己的思想；徐润，则完全就是一个商人。所以，他们三个人的关系也很有意思，我觉得这一块可以关注。

◉**戴** 可以做一个比较研究，其实也蛮好的。将三者进行比较研究或将香山买办与宁波买办进行比较研究，可能很有趣味。

◉**问** 还有一个感兴趣的问题向您请教，因为您是研究港口城市的。我们知道，这些近代主要港口城市如香港、澳门、广州、上海、天津、汉口等在不同的政策、不同的形势以及不同人的影响下，会发生各种变化。如何看待香山人对这些港口城市的影响呢？

◉**戴** 香山人对您刚才讲的香港、澳门、广州、上海、天津、汉口等港口城市都有贡献，但是香山人贡献最大、影响最大的城市还是上海。

有以下几个方面原因：一是上海是近代中国最重要的经济中心城市，从 1843 年到 1949 年，上海的经济中心城市的地位一直都没有变化过。这中间有一个重要的原因就是上海有外国的租界，所以上海基本上没有受到国内连年战乱的影响，外国就一直把近代中国的经营重心放在上海；二是上海是长江的入海口，又是南北海岸线的枢纽港；这样的地位和地理位置使得在上海的经营投资的安全系数是最高的，而且它的回报也是最丰厚的，因为回报和经营环境是联系在一起的。这种优势甚至吸引了远在南半球的澳大利亚这个国家都要到上海来投资。那么，香山人从追求商业利益、从他的人生目标，从家族的长远发展考虑，也把重心放在上海。

当然，香山人也不断地向外拓展，跟着航线和外贸发展自己的事业，去到了天津、汉口、广州、福州。但是相对来讲，他们的重心还是主要放在上海，因为其他口岸从各个方面来讲条件都比不过上海。

现在，上海提出要重新打造上海长江经济带，长三角一体化等等，其实是有历史的渊源关系的。广州则比较吃亏，因为广州是被香港盖住的，天津当代是被北京盖住的，近代是天津把北京盖住的。因为，在一个狭小的空间里不可能长成两棵大树，特别是在现在的交通条件下，它更加不可能。所以，我们现在强调的是城市群，世界性的城市群。

◉问　你能不能给我们谈谈您在城市群方面的研究？

◉戴　现在，上海要打造长三角城市群，目标是将其打造成世界第六大城市群。从南京到上海，上海到宁波，这三个都是密集型的大城市，这些大城市在中国都是数一数二的，而且交通条件也很好。现在高铁很发达，但是真正盈利的高铁很少，京沪高铁是盈利的，还有长三角高铁是盈利的。我手上有一个2019年的统计数据，说2019年有7亿人次在长三角高铁流动，等于说全中国有一半的人在中国长三角这个区域里流动，这是很厉害的。而且我们自己也能体会到，现在南京到上海、上海到宁波的车票不太好买，说明这是一个充满活力的区域。所以，习近平总书记把长江三角洲区域一体化上升为国家战略，而且11月5日第四届中国国际进口博览会马上要开幕。

当然，我们也要注意到广州广交会是从20世纪50年代就开始的，"文化大革命"期间也没有中断。这其实也代表了香山人活动的一个基本格局，现在我们还是依稀可见。首先是广州开风气之先，然后上海接棒，北边则通过天津辐射华北区域，中部则通过武汉波及整个广袤的中西部。但是天津港和武汉还是不能和上海相比的，即使现在谈中部崛起，武汉也很难超越东部，因为它只是个二传手，首先有上海和世界的来往，然后通过上海影响汉口，进而波及中西部地区等。这是上海的地理位置决定的。郑观应也是非常敏锐地意识到这一点，在他的《长江日记》里边也非常细致地记录了这一点。

◉**问**　我看了您早年写的《港口·城市·腹地——上海与长江流域经济关系的历史考（1843—1913）》这本书，全书综合运用经济学、地理学、历史学、社会学等多学科专业知识和方法，独辟蹊径，将港口与所在城市及经济腹地作为一个整体进行了多方位的考察，深入探讨了上海依托港口发展成为近代中国经济中心城市的进程和特点，揭示了上海中心城市地位的确立。我觉得您的这本著作，开阔了我们的研究视角，打开了我们的视野。按照您的这个理论框架，也能解释广州为何不能带动珠江腹地各个城市的发展。

◎**戴**　是的。广州的东江西江毕竟短，通往的地区都比较贫瘠，而且出海口四通八达，河口很多。不像长江到上海只有一条路，很集中。所以，上海发展起来是必然的。

◉**问**　我觉得您的选题和研究角度都蛮有意思。我也看了你的《晚清史》，觉得您写的《晚清史》跟别人写法也不太一样。请您给我们简单谈一下为什么写《晚清史》？

◎**戴**　现在，学界对我的《晚清史》的评价还是蛮好的。我写《晚清史》有以下几个方面原因：

第一点，延续我之前的想法，就是中国的问题不能从鸦片战争讲起，晚清史至少应该从马嘎尔尼来华讲起。我们一直讲全球化，其实全球化并不是近代以后才开启的，而是可

733

以追溯到大航海时代，所以晚清史的帷幕不应该从鸦片战争说起。鸦片战争的前奏其实就是 1500 年以后的世界，从马嘎尔尼讲起，就打破了前清和晚清的界限。

第二点，要打通整个清代，寻找清史研究和近代史研究的对接点。当时，我跟着沈渭滨先生参加清史工程，每次会议我都参加。我发现清史研究是有两批人的，一批是研究清代前期的，一批是研究清代后期的，也称为近代史研究，但是这两批人中间有隔阂，缺乏对话和合作。当时我就提倡，做清代前期的清史研究要和做清代后期的也就是所谓的近代史研究之间要能够对接，要寻找一个大家都能接受的话语体系。当务之急就是要厘清鸦片战争在中国历史上的真正影响。鸦片战争确实对近代中国的影响很大，但并不是说第一次鸦片战争后就翻天覆地。如果真的要说对中国影响最大的还是第二次鸦片战争，因为国都都丢了，皇帝都死了。所以我在写《晚清史》时，一方面并不拘泥于鸦片战争，我认为要有一种历史的纵深，这样我们才可能看到中国问题的严峻性；另一方面，我认为晚清的中国不是中国的中国，而是世界的中国，必须把晚清史放到全球格局下，这也是我始终关注的一点。譬如太平天国就牵涉和列强的关系，列强也不是一开始就选择战争这种形式，它有一个很复杂的原因。列强之所以和太平天国反目，和上海和宁波都有关系，太平天国出于自身的考虑要打下上海、打下宁波，因为他要取得军火的来源地和取得关税，但是这一点是西方所不能容忍的。所以，整个的晚清史研究一方面不能脱离中国自身的、内在性的变化，另一方面也不能忽视外界的影响。尽管费正清的

"冲击—回应说"① 在国内还有很多争议，但是在我个人看来"冲击—回应说"并没有否定中国自身的因素，作为一种模式的概括，它肯定是简明扼要的。所以，"冲击—回应说"直到今天还是有合理之处。包括柯文写的《在中国发现历史》这本书中，也不能说"在中国发现的历史"就是传统中国的历史，它也是进入近代以后的中国历史，而这种历史其实已经受到我们从来没有遇到过的外界的影响。

第三点，满汉关系尽管比较敏感，但却是不能回避。如果离开满汉关系讲晚清史，讲不到点子上。譬如孙中山的"驱除鞑虏，恢复中华，创立民国，平均地权"16字纲领中，其中有8个字就是讲满汉关系的。毛泽东也讲过"推翻封建统治者也就是满族贵族的统治"。我们并不是说满汉之间的矛盾，而是满族贵族封建统治者与中华民族之间的矛盾，这种矛盾是压迫者和被压迫者之间的矛盾。当时的孙中山大声疾呼"驱逐鞑虏"有他的合理之处，因为考虑到当时中国人的教育程度，要激发他们的政治热情就要靠这种实实在在的、能够激发起他们共鸣的口号。就像中国共产党提出的"打土豪分田地"的口号，没讲共产主义，也没讲要实现共产主义，但确实是动员群众最有效的口号和手段。这其实是体现了政治家对国情的一种深刻的体察。虽然很多人认为

① 美国汉学家费正清提出的关于中国近代史著名的"冲击—回应"说，对中美两国的近代史研究影响深远。这个理论认为传统中国的社会和制度都非常稳定，缺乏向现代转型的内在动力，是个停滞的帝国，西方的入侵，刺激了中国的回应，中国为了保存自己的种族，开始变革，向现代转型。

孙中山好像一直游走于海外，其实孙中山真是一个非常了不起的人，一方面他受制于形势不得不长期游走于海外，另一方面他也深刻地体察国情，而且对国情的洞察又和世界演变的趋势联系在一起。

这里也讲到一个题外话，像孙中山和郑观应之间的联系都可以挖掘，因为思想资源互相影响，而且这个圈子本身也不大。你很难想象孙中山一点都不受郑观应的影响。

◉**问**　是的，他们之间确实也是有交集、有交往的。

◉**戴**　所以，现在我们非常强调一个群体的研究，群体和社会土壤的研究，时代风潮的研究，层层递进来进行研究，这个将是别开生面的。

◉**问**　我很多年前看您的《晚清史》第一版的时候，我也愣了一下，别人都称"中国近代史"，你怎么提"晚清史"这个概念呢。看完之后，我也深受启发，您在研究中所论述的空间、路线、制度的问题，还有对一些重要的事件、重要的人物、重要的人群对世界的影响的分析，都对我影响很大。我觉得你的研究方法和切入点非常好。我后来在写《中山简史》时，也是深受您的大作影响的。

◉**戴**　谢谢！我这次提交给纪念辛亥革命110周年国际学术研讨会的文章是《虞洽卿与辛亥革命在江南》，重点阐述了上海工商界名流虞洽卿为上海和江南辛亥革命成功所作的重大贡献。我之所以选择这个题目，一是我觉得虞洽卿是一个有争议的人，二是我认为虞洽卿是时代的缩影。之前，章开沅先生和台湾的张玉法先生有过关于"辛亥革命到底是不是资产阶级革命"的争论，这个争论尽管没有继续，但是这个争论还是存在的。我认为从虞洽卿身上至少可以看出，中国当时的资产阶级是赞成辛亥革命的，而且也是实际参与者，包括整个江南的资产阶级都是赞成的。一是因为当时中国资产阶级这个圈子就小，二是大家在政治上相互信得过，你来劝我，我就支持。这也是为什么张謇等人也倒向革命的原因。

◉**问**　您的很多研究涉及香山人，您也是上海中山学社①的主要成员，做的研究都跟我们中山人有关，请您评价一下香山人这个群体在中国历史上的地位或者贡献。

◉**戴**　其实，关于香山人的相关研究很多，你的团队、熊月之先生的团队，还有一些海外学者，比如像前不久不幸去世的黎志刚先生都是专门做香山人研究的。所以，香山人这个群体我是不敢涉足的，我只能算是旁观者。我想有几点是应该注意的：

第一个就是我刚才讲的香山人对上海的实实在在的一种

① 上海中山学社是上海地区孙中山研究学术团体，1987 年 10 月成立，挂靠中共上海市委统战部，是具有统战性质的学术团体。第一任社长为赵祖康。该社的宗旨是发扬爱国主义精神，贯彻"百花齐放、百家争鸣"方针，积极开展学术活动；密切同海内外学者的联系，促进团结，为加强海内外学术交流、繁荣孙中山研究作出贡献。上海中山学社主要任务是组织和推动上海地区孙中山研究的学术活动，交流社员的研究成果和资料；加强与国内特别是台湾、香港、澳门学术团体和有关单位以及热心于孙中山学说研究的人士的联系，沟通孙中山研究的信息，搜索、交流研究成果和资料；建立与海外有关孙中山研究的团体、个人的广泛接触和合作，开展学术交流；出版《近代中国》丛书。

推动力，近代上海崛起过程中香山人的独特的贡献，这是江南人所不具备的，所以这是应该强调的。

第二个是香山人的影响也并不拘泥于上海，因为香山人是开风气之先的，他们对近代中国都有影响。香山人更了不起的是以小我化为大我，在这方面郑观应和孙中山是突出的代表，这是江南人在某种程度上不具备的或者境界还要欠缺一些的。按道理来讲，在上海发展的香山人其实过得很滋润，用不着考虑这些宏大的时代命题，但是香山人以上海为窗口，在上海观察中国、观察世界，在这个基础上形成的对中国问题的思考以及对中国出路的思考，从思想的角度来讲，这是我们民族的珍宝。

第三个就是香山人身上与时俱进的精神，他们在政治上、经济上、思想文化上，一定程度上都是和世界同步的，在很多方面是引领了中国时代前进的步伐。

现在，有关香山人的一些基础性的工作都在做，特别是你和熊月之先生的团队联手做过"香山人在上海"这个项目。后续看能不能以上海为一个切入点，研究香山人在上海，进而又是怎么影响中国的。这个可能关注的人更多，因为过去关注的主要是香山人与上海的关系，那么我们下一步可以拓展到香山人与上海及中国的关系。这个可以先做一些，一步一步做，而且我们已经有条件做到这一点，因为郑观应是全国性的人物，甚至是国际学界都关注的人。譬如在黎志刚先生的研究中，香山人的商业网络是遍布全球的。那么香山人和华商的关系、和在东南亚的华商的网络关系，而这个关系都是和上海有关的、都是和香山有关的，这是两个重要的节点，都值得进一步探索。

◉**问**　郑观应是我们香山的名人，明年又是郑观应诞辰180周年，也是中山县建县870周年，想请您给我们具体指指路，郑观应下一步的研究要怎么做？

◉**戴**　第一，有没有可能做一个郑观应集的补编；第二，能不能做一个郑观应的文集，因为他这个《盛世危言》的篇幅太大；第三，能不能做一个郑观应的读本或是郑观应与香山的通俗性读本。其实就是三条线：一个是做基础资料，虽然夏东元先生编了年谱和文集，但是也已经将近40年了，应该是有一些新的资料，所以看看有没有增补资料；另一个就是做简本。因为这个时代的步伐太快，能沉下心来看书的人也不是太多，做一些普及性的读本或选本能够传播更广；还有一个就是乡土教育，编一个郑观应与家乡的通俗性读本。爱国首先要爱家乡，特别爱家乡首先要爱名人乡贤，这是爱国主义教育的应有之义。这些工作都比较好上手。

◉**问**　这个建议好。最后想请您给年轻人如何结合地方资源做好郑观应研究提点建议？

◉**戴**　我想有可能的话还是应该先以香山为中心成立一个郑观应研究中心，我不知道现在有没有，如果有的话就更好。这个中心应该是以香山的学者为核心，然后联系全国各地乃至海外的一些资深的学者成立一个咨询委员会或者学术委员会，然后向全球发布一些招标的研究项目。也就是先要有个研究平台，然后有个研究阵地，这样你可以搞多层次的活动，既可以举办一些面对市民的学术讲座，也可以召开一些专题的研讨会，把郑观应作为地方文化建设的一个强势抓手。我想市委和市政府应该是有兴趣的，因为现在都强调文化，特别是强调弘扬传统文化、振奋人民的文化自信，郑观应研究也是坚定文化自信的一个非常好的素材。孙中山肯定是中山的一个亮点，但孙中山研究毕竟起点很高了，而郑观应的研究还有很多值得拓展的地方。

郑观应是旧时代和新时代的桥梁。孙中山的追随者很多是读了郑观应的书而成为孙中山的追随者。你单讲孙中山是不够的，孙中山是一个特立独行的人，是一个站在时代最前列的人，但是他的拥护者、他的追随者其实有一个思想演变的过程，那么谁提供了这种思想演变的基础性资源，那就是像郑观应这些人。而且我们要看到孙中山不是只有他一个人，孙中山的成就是有一群人支撑的。那我们成立郑观应研究中心，也不能局限于研究郑观应，也要研究同时代的唐廷枢、徐润这批香山人。

◉**问**　您这个建议好，我再回去好好落实，郑观应研究这个事情真的是有必要再拓展。到时候，我们将联合澳门、珠海、中山一起来打造这个平台、项目和活动，一定把这个工作做好。也非常感谢您跟我们分享了您的治学经验和给我们的建议。

◉**戴**　我也非常高兴接受你们的访谈。

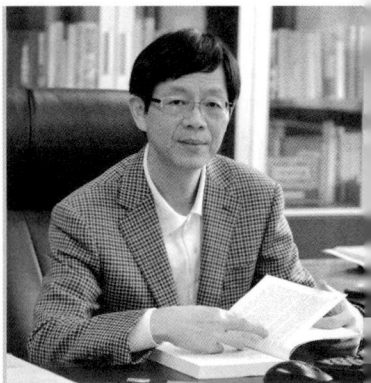

朱英

朱英（1956— ），生于湖北武汉。1977
年考入华中师范大学历史系，1984 年 12 月获
历史学硕士学位，留校任教至今，历任讲师、
副教授、教授、博士生导师。1998 年 9 月至
2002 年 4 月，任华中师范大学历史文化学院
院长。1999 年 12 月至 2015 年 5 月，任华中
师范大学中国近代史研究所（教育部人文社
会科学重点研究基地）所长。兼任湖北省文
史馆馆员、中国史学会理事、孙中山研究会
常务理事，并曾兼任辛亥革命史研究会理事
长。曾主持国家社科基金项目 4 项，其中重
大项目 1 项；国家级专项（清史工程）项目
2 项；教育部社科基金一般项目、重点项目、
重点研究基地重大项目 5 项。

主要研究方向：中国近代史，重点研究
领域为辛亥革命史、中国近代社会经济史、
中国近代商人与商会史。

　　主要著述：《辛亥革命时期新式商人社团研究》（中国人民大学出版社，1991）、《中国早期资产阶级概论》（河南大学出版社，1992）、《晚清经济政策与改革措施》（华中师范大学出版社，1996）、《商业革命中的文化变迁——近代上海商人与海派文化》（华中理工大学出版社，1996）、《转型时期的社会与国家——以近代中国商会为主体的历史透视》（华中师范大学出版社，1997；社会科学文献出版社，2018年修订本）、《近代中国商会、行会及商团新论》（中国人民大学出版社，2008）、《近代中国经济发展与社会变迁》（湖北人民出版社，2008）、《商民运动研究（1924—1930）》（北京大学出版社，2011）、《中国近代史十五讲》（北京大学出版社，2011；2021 年修订版）、《近代中国商人与商会》（广东高等教育出版社，2020）、《曲折的抗争：近代上海商会的社会活动与生存策略》（四川人民出版社，2020）；合作著有《传统与近代的二重变奏——晚清苏州商会个案研究》（巴蜀书社，1993）。

　　主要论文：在《中国社会科学》《历史研究》《近代史研究》《中国经济史研究》以及海内外其他学术刊物发表论文 200 余篇。

时　间：2021年9月18日
地　点：华中师范大学中国近代史研究所
口述者：朱　英
采访者：李向强
整理者：李向强　闵祥晓

◉问　朱教授，您好！我们是"郑观应研究口述史"项目组，非常感谢您在百忙之中接受我们的访谈。您是辛亥革命史、中国近代社会史、社会经济史研究方面的专家，著述颇丰。您从1977年考入华中师范学院历史系，又在本校攻读中国近现代史专业硕士研究生，毕业留校后一直从事近代史的教学与科研工作，到现在已经40多年了。当时考入华中师范学院时，您为何选择历史系？您对历史学的兴趣始于何时？您的治学和科研经历是怎样的？

◉朱　我现在回想起来，报考历史系这件事是没有提前计划的，算是一个偶然的选择吧。因为我们那个年代没有高考的准备，也没有这样的计划。我们高中毕业以后就去当知青，上山下乡，"文化大革命"10年都没有高考。后来1977年恢复高考也是非常突然的，正式通知我们可以参加高考之后，也没有多长时间去准备。1977年的那一次高考可能是中国考试史或者教育史上的一件很重要的事件，但是对于考生而言，这次考试又是最不受重视的一次，因为我们都没有准备，没有计划，人人都是去尝试一下，都没有把握能考上，也没有很多的期待。

我们这一代人的一个特点就是先天不足，由于"文化大革命"的影响，我们在学基础知识的阶段，根本就没有正常上课，所以基础知识非常不系统、不扎实，即使要参加高考，大多数人都会这样想："我初中高中都没学好，我怎么考?"有一批人可能平常喜欢看点书，他就想要去试一下，也没想过一定要考上大学。在当时这种背景下，报考什么专业，也很难有明确的想法。当时报考文科的学生，绝大多数都没想到要报考历史，包括我在内，当时所谓的爱好就是文学，看点小说。有时候我也喜欢看一点历史书，但是那个时候书籍很少，我主要还是看一些文学作品，所以报考的是中文系，可能我的历史考得还可以，所以就把我调剂到了历史系。

◉问 您中学毕业后是在哪里当知青?

◉朱 我是在离家比较近的武昌县郊区当知青，当时的武昌县就是现在的江夏区，已经变成武汉辖下的一个城区了，但那个时候是地道的农村，交通非常不方便，从下乡的地方回到武汉需要大半天的时间，又坐船又坐车，很辛苦。所以当时只想尽快通过招工回到城里面来，能读大学当然更好了，也不挑什么专业。

当时只有极少数人能考上大学，能考上大学的人都是幸运者。当然能够考上大学的人也是比较爱看书、爱学习的人，尤其上大学后都非常勤奋、刻苦，要把丢失的时间抢回来，所以尽管历史专业不是自己选择的，但是我也非常勤奋地学习。刚开始我对历史也没什么兴趣，虽然不很喜欢但也要逼着自己读。那个时候我算是成绩比较好的，老师说我们这些成绩比较好的同学应该考研究生，而且那个时候研究生比较少，大概1981年开始招生，报考的人很少，我们班上有些老三届的同学，就是"文化大革命"之前的高中生，他们比我们大，基础知识也比较好，其中有两个同学考上研究生了，等到我们毕业的时候考研究生的人还是不多，所以老师就动员我们班上几个同学报考研究生。当时我们班上有三个同学报考中国近现代史专业，我跟马敏两个人考上了，后来我就跟着章开沅先生攻读硕士研究生，并开始对历史产生了浓厚兴趣。

那个时候章开沅老师已经是很著名的辛亥革命研究专家了，在他的引导下，我开始接触研究性的著作，慢慢就感觉到，这样的研究著作还是很有趣的。后来章老师派我们去苏州整理商会的历史资料时，我开始接触到别人没有看过的大量的原始文献，意识到历史中有非常多的未知内容，很有意思，于是产生了研究的兴趣。当然我的研究经历也不是提前规划好的，我最早是从商会史研究开始起步的，但是当时凭我们的履历和学术水平，我们无论如何也意识不到商会史研究的重要性，是章老师把我们引上了这个重要的研究领域。章老师是我们学术道路上的领路人，很遗憾，他在2021年5月底仙逝，享年95。我在追忆章老师的文章中也谈到了，商会在当时整个辛亥革命史研究当中是很重要的领域，受到国内外的广泛关注，但是国内没有学者去研究它。商会相关的史料非常多，但完整的档案史料没有被利用，多年来被存放于档案馆的角落里，没有人去整理。那个时候章老师就在做这件事，他到江苏、浙江去收集史料，在苏州档案馆发现了保存完整的苏州商会的档案，然后就跟档案馆达成协议，由我们双方共同整理出版。就是在这个时候，我跟马敏考上了章老师的研究生，后来章老师就把我们派到苏州去参与这个工作，并引导我们说，商会研究全部是空白，里面有待研究的题目很多很多。

正是这些机缘巧合的事情，让我走上了学术研究之路，而且一开始就接触到商会史研究这个当时非常前沿、非常受关注的研究领域，而且这个研究领域又有很多发展空间，可以做很长时间的研究。湖南师大的林增平老师曾与章老师一起主编三卷本《辛亥革命史》，知道我们要做商会的时候，鼓励我们好好做，并说可以做一辈子。当时我们还很年轻，对林老师的话没有切身的体会，现在终于有了切身的体会，我甚至觉得商会史研究不是一辈子能做完的，后来很多人都在做这个领域的研究。最初的商会史研究是辛亥革命史的一个分支领域，后来该领域不断得到拓展，现在我们把商会史与整个中国近代史结合起来进行研究，而不仅仅是辛亥革命史的一个分支领域。辛亥革命毕竟只是一个历史阶段，商会发展历史则贯穿整个中国近代史，直到 1949 年中华人民共和国成立之后才被改组、被解散，并演化为各级工商业联合会。

◉**问**　比如今天湖北省的广东商会这种？

◉**朱**　你说的这种商会是后来出现的，是改革开放之后民营经济蓬勃发展的产物。与近代商会不同的是，当代诞生于特定的历史背景下，国内政府部门在跟国外的一些商业组织洽谈或者签合同的时候，会发现跟他们对接的一方不是国外政府部门，而是一些公司或者是行业组织，但是我们没有类似的组织跟他们对接，只能由政府部门出面，这就造成了不对等的局面，所以我们也要成立商会。实际上最早是对外贸易投资促进职能的中国贸促会，但是它也挂了国际商会这个牌子，"一个机构，两块牌子"，我们现在的各级工商联也都挂了商会这个牌子，各个行业都成立了商会。所以现在商会的设置模式有点乱，跟近代的商会不太一样。

中国近代是有商会法的，形成了统一而规范的商会组织。后来我的研究领域也从商会扩展到整个商人社团，因为商会只是商人社团中的一个，此外还有其他很多的商人社团，然后又拓展到近代商人的研究，包括商人的思想观念、实业经营、消费方式以及衣食住行等各个方面。

在商会研究中可以发现，近代中国商会有它的特殊性，它的产生跟西方国家还不太一样，实际上近代中国商会是官商合作的结果，政府在这个过程中发挥了重要作用。过去我们对清朝政府的研究，只是从妥协的、投降的卖国政府的标签来展开，这样会使很多复杂的问题简单化，特别是简单否定，缺乏深入、系统和扎实的研究。即使研究革命，也要研究革命的对手，比如研究辛亥革命，辛亥革命是要推翻清朝政府的，那就需要对革命的对象——清朝政府进行研究，将这两者一起进行研究的话，我们就会发现很多新的问题，看到很多新的史实，比如当时的清朝政府不断地进行改革尝试，尽管这些尝试是为了维持自身的统治。清末十年间也就是清朝被推翻的最后十年间，它的改革力度是最大的，我们称之为"清末新政"，其中成立商会就是清末经济改革当中的一个举措。

我的主要研究方向是社会经济史，所以在研究清末政府改革的时候，我主要关注的是它的经济政策。后来我关注近代国家与社会的关系，也是要考察政府组织与民间社会之间有怎样的互动，这种互动和传统的互动有什么不同，新的互动怎样运行以及它的影响。

商会和商人研究是我学术历程中最重要的领域，并且贯穿始终。特别是商会研究，它可以称得上是我安身立命的课题。在这个研究主线的基础上，我的研究领域不断衍生出更多分支。比如我在做商会史研究的时候，在接触到的商会档案和史料中发现关于农会的史料，以往没有人研究农会，而且我们想象中的农会都是国民革命运动期间，党领导农民打土豪分田地时期的农会，但没人知道的是，在辛亥革命之前就有农会，而且那个时候农会很普遍，每个省都成立了农会，有总会还有分会，还办杂志，开展很多的活动。我在苏州商会档案里面看到了苏州农务总会和苏州商务总会往来的公文，最初看到的时候觉得很奇怪，但史料显示这个时期确实存在农会，但是从来没有人研究过辛亥革命前后的农会。尽管很多人研究过大革命时期的农会，但是辛亥革命时期的农会跟大革命时期的农会的性质是不一样的，所以我就留心收集辛亥革命时期农会的相关史料，比如湖北农务总会史料，保存在湖北省图书馆的武昌农务总会办的杂志资料等。作为历史学研究者，我就是从商会史研究这个立足点出发，慢慢拓展开来，现在回想起来，这个历程是无法进行提前规划的，唯一可以做的就是勤奋，文科的研究无非就是要多看、多想、多写，认真做好这三点，就会有所作为。

◉**问**　您的著作《近代中国商人与社会》中，对晚清商人群体进行了多角度的深入分析。在晚清商人群体中，郑观应的商界履历非常显赫，您对郑观应的整体评价是怎样的？可否这样说，郑观应及其伟大思想，是在晚清商人群体中孕育的？是在晚清社会经济发展时势中造就的？

◉**朱**　郑观应那一代商人所处的时代是中国商人发展史上很重要的一个阶段，是近代商人群体发展的初期阶段，郑观应是那一代商人中最有思想的代表人物。在我的印象中，郑观应身上有诸多值得称道之处：一是他的思想非常独特，非常先进，在那个年代提出了很多影响深远的思想观念，在当时众多的商人中，能够提出这样独到见解的商人不多；二是他拥有非常丰富的商业实践经验，他积极参与各种经商活动，并在机缘巧合下参与到那个年代很重要的企业管理中，包括官督商办的企业。虽然可以说是那个时代造就了郑观应那样的商人，但是在那个时代下，在众多的商人中，唯独郑观应能够做到这样，那肯定与郑观应个人的主观因素密不可分，包括他的家庭、他的经历，甚至他的人际关系网络。所以说郑观应能取得那么高的成就，既是时代与社会的孕育，但更主要的还是靠他个人的努力和才华。

◉**问**　从中国近代思想史的视角来看，郑观应是中国近代最早具有完整维新思想体系的理论家、启蒙思想家，他的《盛世危言》影响巨大。您如何评价郑观应的早期维新思想？

晚清至民国的社会现实，使郑观应的改良思想屡遭挫折，比照当时的社会现实，他的维新思想的先进性和局限性体现在哪里？

◉**朱** 结合他所处的时代，他的先进性才能够体现出来，才能够比较充分地反映出来。在那个年代，《盛世危言》确实在知识界或知识分子当中占据非常重要的位置，它实际上是集近代早期维新改良思想之大成的一部重要著作。《盛世危言》里边的一些主张，实际上在后来的戊戌变法中曾被付诸实践，所以它是变法的先声，实际上也是变法的启蒙。在戊戌变法之前，包括官员、维新派人士以及康梁等人都受到了《盛世危言》的启蒙和影响，所以它的重要性就体现出来了。《盛世危言》涉及政治、经济、文化、社会、宗教等很多方面的改革思想，作为一个商人的郑观应，不是专门的思想家，却能够提出这么多思想，能够写出这样非同一般的著作，真是非常了不起的成就。

《盛世危言》的局限性也是有的，因为郑观应再怎么杰出，也跳不出当时的时代，他还是在那样一个框架里面思考。他不可能跟后来孙中山的思想一样，因为孙中山在檀香山受过教育，对整个世界了解得更多，对西方的思想或者政治学说了解得更全面。那个时代的郑观应属于中国早期第一代学习西方的群体，但他毕竟是最早的一批，所以他对西方的了解还是有局限性的，或者说是不全面、不深刻的。

◉**问** 郑观应增订《盛世危言》的目的，在庚子本"凡例"里开宗明义地指出，是为了"变法自强，百废俱举，除积习，戒因循，黜浮文，崇实学，大改蒙蔽泄沓之风"。请问朱教授，您认为《盛世危言》达到郑观应所说的目的了吗？您如何评价这本书？

⊙**朱**　这个大家可以辩证来看，有相当一部分达到了他的预期目的，这部著作成为那个时代的名著，而且确实对维新变法起了推动作用，但是他的根本目的没有完全达到，这不能说是郑观应的问题，更重要的是那个时代的限制。《盛世危言》中的美好设想最终没有实现，这不仅是郑观应的遗憾，也是近代中国的遗憾。

⊙**问**　您曾撰文《甲午战后清政府经济政策的变化与商人社会地位的提高》，里面提到"19 世纪末特别是 20 世纪初，清政府革故鼎新推行了一系列振兴实业的新经济政策，并采取许多具体措施对商人予以奖励，赋予商人过去所没有的各种权利，很快使商人的社会地位大为提高"。在此之前的 19 世纪中后期，早期维新派的许多代表人物，尤其是郑观应，最早提出了著名的"商战"论，并在当时的思想界产生了较为显著的影响，但未能形成全社会的重商热潮。以郑观应为代表的早期维新派代表人物，是在怎样的社会、经济大背景下，开始形成"商战"思想的？这种思想为什么无法形成全社会的重商热潮？郑观应提出的"商战"思想，从历史的角度看，是否对后来清政府振兴实业的经济政策有推动或引导作用？

⊙**朱**　"商战"论的提出体现了郑观应思想的先进性和独特性。最早的洋务派官员们在与西方打交道的过程中，所意识到的只不过是船坚炮利，所以他们最早开展的洋务运动主要是创建军用企业，还没有意识到经济方面的竞争。早期的维新思想家当中，以郑观应为代表的一批人最早看到了这一点，那就是西方的侵略除了军事上的侵略之外，还有经济上的侵略与控制，而且经济命脉一旦被外国侵略者所控制，这个国家就濒临灭亡了，所以他们认为经济侵略是亟待引起关注的问题，然后又提出中国应对经济侵略的一些策略，这就是所谓的"商战"，他们甚至还提出"兵战不如商战，商战不如学战"，将经济竞争引申到教育竞争的层面，可见他们这一批人确实具有思想上的先进性，能看到其他人意识不到的深层次的问题所在。"商战"这个口号对整个近代中国都有很显著的影响，它也是郑观应《盛世危言》诸多思想中最具代表性的思想体现。

当时"商战"思想提出后，为什么中国没有形成重商的热潮？这与近代中国特殊的封建君主专制体制有关。在当时的历史背景下，商战思想、早期的维新改革思想等，既没有得到普通知识分子的普遍理解，也没有得到统治集团的接纳，大家都没有意识到这个问题的重要性，也没有意识到迫切需要这样做，所以这个时候郑观应"商战思想"的主要意义还停留在思想史的层面上，还没有进入到实践中。后来清政府为什么要变法？是因为当时统治者终于意识到改革的重要性，再到后来清末新政的时候，同样也是当时清朝统治者的旨意，当然这也和整个社会的进步有关。宣传早期维新思想家的年代，公共舆论工具比较少，跟戊戌变法和清末新政的时候相比较而言，那个时候的近代媒体是不太发达的。到了戊戌变法的时候，各种各样的报刊如《国闻报》《时务报》等，数不胜数，据史料记载，民国初年，全国报纸总数高达500余家，此外还有一些民间的学术团体开始出现。早期的年代里社会整体进步没有达到那种程度，媒体渠道的宣传是很少的，这也是当时"商战论"等思想无法形成舆论热点进而催生重商热潮的一个原因。

◎问　您曾撰文《近代中国商人义利观的发展演变》，其中提到"近代中国第一代新兴商人的义利观……仍较多地带有较为浓厚的传统色彩，与当时的时代和他们所受的教育及其经历有着密切的关系"。作为近代中国第一代商人的杰出代表，郑观应"年十七，小试不售，即奉严命，赴沪学贾"，这表明郑观应在从商之前接受过系统的传统教育，这种传统教育是如何影响商人郑观应的"义利观"的？郑观应在征战商界多年中，始终思考"中国问题"，提出"商战"等救国图存的进步思想，可否看作那个时期的商人所追求的"义"？

◎朱　可以这样说，中国近代史上的第一代商人或多或少都有这样一些特点。第一，他们都受过良好的传统教育，他们的国学传统都比较深厚，所以他们写的文章都很漂亮，甚至很有思想，看上去都是传统教育功底深厚的人才写得出来的文章，不像商人写的文章，郑观应更是这一代人当中的佼佼者。一般而言，商人肯定是要讲利益的，因为没有利益的话，商人无法生存和发展；但是"义"与"利"之间的关系平衡一直是商人能否兼顾经济利益和社会利益所要考虑的重要内容。在我看来，作为中国传统的近代商人，一般情况下他们都是义利兼顾的，他不是见利忘义的，很多书包括史书上对近代商人唯利是图的批评实际上都是不太客观的。

　　近代史上这些商人，从第一批商人到第二批商人，都非常强调义利兼顾，尤其是第一批商人，它不太可能像第二代、第三代甚至留学或新式学校毕业的商人那样，而是深受传统文化教育的影响，传统的文化当中讲究义利兼顾，所以他们通常能够做到义利兼顾。郑观应以及后来的张謇，笼统地说都属于第一代的商人，他们甚至把义放在利的前面，所以他们逐利目的往往不是停留于获利的层面，而是为了义，这就比一般的义利兼顾要更胜一筹了。他们的逐利行为是为了中国民族工商业能够更发达，中国能够更富强，不受帝国主义的压迫和剥削，这种逐利行为是为了所谓的大义，也是他们爱国思想的具体表现。

　　从整体上看，郑观应的思想体系中饱含着深厚的爱国主义情怀。他所有的著作中阐述的思想，其最终的目的都是希望国家好起来，独立富强起来，充分体现了郑观应作为一个商人的大义。对一个商人而言，能够有这样先进的思想，有这样高尚的境界，真的很了不起。在这个方面，现在的商人表现得还不如近代的商人，但这也是时代所迫，因为那个时代的中国充满着亡国的煎熬，它就像巨大的阴霾，笼罩着这些有想法的人，越是有先进想法的人，受到的煎熬就越大，内心就越痛苦，所以他就不断地阐发这些救亡图存的思想。在这种情况下，郑观应提出这些思想，现在看起来确实是非常有进步意义的，也非常值得我们学习和研究，所以一定要保护好这类先进历史人物留给我们的精神财富。现在我们通过宣传弘扬或者大量的史实介绍来还原郑观应等近代商人的思想与形象，是非常有教育意义的举措。

◉**问**　鸦片战争后，中国在中外商战中步步败北，主张商战的郑观应明确指出要振兴商务，就必须特设商务大臣，同时在各省设立商务总局（即总商会），并让各地商人自行择地设立商务分局（即分商会）。1903 年，在郑观应、康有为、张謇和一些清政府官员的呼吁下，清朝在中央各部之外新设立了商部，作为统辖农工商实业的最高管理机构。郑观应主张设立商务局的目的何在？晚清政府设立商务局的情况是怎样的？商务局在各省纷纷设立，对当时的工商业发展是否有较强的推动作用？

◉**朱**　这个问题可能要结合近代中国的时代背景来考虑。在洋务运动推行了几十年之后，当时的郑观应作为直接参与者，开始意识到很多问题，开始思考这种官督商办的企业要怎样改变才能使整个中国的民族工商业得到发展，所以郑观应提出了企业改革的一系列设想，在当时这些设想是具有前瞻性的，并对后续出台的改革举措产生了推动作用。他在《盛世危言》的《商战》篇中明确指出要振兴商务，就必须特设商务大臣，同时在各省设立商务局。甲午海战后即洋务运动失败后，清政府便设立了商务局和农工商局。过去清朝政府从中央到地方没有设置过专门管理或扶持商业的机构，因为那个时候清政府根本没有把商业作为一个需要扶持的产业来看待，中国传统社会还是重农抑商的。随着郑观应等人提出"商战"思想并产生一定的社会影响力，清政府才开始意识到这类机构设立的必要性。最初设立的是商务局，是在各个省和地方设立的，还不是中央的商务部，中央商务部的设立是比较晚的，到了 1903 年才设立。商务局的设立反映了当时清朝统治集团对待商业发展的态度发生了变化，并开始推行实际举措来促进商业的发展。

另外，农工商局跟过去的纯衙门也不太一样，虽然它仍是一个官办的机构，但它会吸收一些商人参与其中，这是比较新的做法。过去商人没有机会参与这些事情，商务局、农工商局成立之后，采取了一系列相关的措施推动工商业发展，并起到了一定的积极作用，当然这与郑观应等人的推动是大有关系的。

◉问　郑观应认为，商会是联结官、商的一种好办法，他积极向国人介绍欧美和日本商会的作用，认为中国要振兴商务就必须设立商会。1902年，被誉为"中国实业之父""中国商父"的盛宣怀，会同上海绅商严信厚、郑观应及上海道台袁树勋，成立了中国人自己办的近代意义上的第一个商会——上海商业会议公所。为什么晚清的商人群体迫切需要自己的商会？在当时社会条件下，商会具有哪些作用？在晚清商会筹建过程中，郑观应等商人群体是如何积极推动的？

◉朱　郑观应算是中国近代史上最早认识到商会重要作用和影响力的商人之一。前面讲到的商务局、农工商局的设立，虽然在一定程度上促进了商业的发展，但它仍是一个官办的机构，而不是真正的商人团体。真正的商人团体要完全为商人考虑，要站在商人立场上，商会就是这样一个团体。商会之所以对商业发展起到重要作用，正是由于它克服了中国传统商人存在的缺陷。过去中国传统的商人没有能统一协调各个行业的组织，只有一些所谓的会馆、公所等行会。公所就是某一个行业的行会，有很强的行业限制；会馆则带有同乡会性质，有很强的地域限制。那个时候各个公所、会馆都有排他性，它只照顾自己成员的利益，而且它阻止自由竞争，它对产品、价格、原料来源甚或招收多少徒弟都有规定，谁要违反这些规定就会受到惩处，这种所谓的行会肯定无法促进近代资本主义工商业的发展。近代工商业的发展需要能统领各行各业的商业组织，那就是商会，当然商会组织也不是中国商人的突发奇想，而是效仿西方商业发展的经验，欧洲、美国乃至日本都有类似的商业组织，只不过名称不一样。中国最早的商会是1902年设立的上海商业会议公所，它是由盛宣怀会同督办商务大臣吕海寰等人奏请清政府而设立的，属官督民办性质，并于1904年改称上海商务总会。商会的重要性体现在以下几个方面：一是把分散在各个行业的商人凝聚为一个整体，通过商会组织，中国的商人群体第一次成为一个统一的整体，具有重要的历史意义；二是商会成立之后，中国商人以统一的面貌出现，商人群体的力量开始显示出来，商会组织也具有了更高的社会地位，当商人遭遇困境之时，商会组织可以代表整个商人群体跟政府部门交涉，极大地保障了中国商人群体的权益。可以说，商会的成立是中国工商业发展史上具有里程碑意义的事件。

郑观应曾说过一句很有名的话，"官督商办势如虎"，作为亲历过洋务运动的商人，郑观应深切地感受到中国官、商关系的复杂并深受其害，但他同时也明白，中国工商业想要得到发展，必须要官、商联合起来，劲往一处使，才能够达到国家富强的目的。能够使工与商、商与官的关系联合起来

朱
英

的纽带就是商会，所以像郑观应这样有远见的商人最先意识到商会的重要性，但是直到20世纪初，商会的重要性才被清朝统治者意识到，才被付诸实践。

近代中国很多问题的解决也是这样的，比如某个问题最初由实业界或者商人呼吁，经过一段时间政府就会有所回应，最后政府会将这些呼吁付诸实践，因此商人的呼吁是有价值的，尽管商人没有权利推行自己的主张，但随着时代的进步和社会的发展，这些先进的观念和有价值的倡导最终被接受，并最终为社会带来切实的改变。

◉问　1905年7月，年过花甲的郑观应回到广东老家并为新生的广州商务总会设计了一套规范化的综合发展计划。郑观应上书商部及两广总督，直指中国当时最迫切需要的是"开商智"，商会的首要职能是办教育；商会应筹集资金，组织现代的农工商银行等。郑观应这些设想陆续在广州商务总会加以推行，但结果不甚理想，对内有损行会利益的决议无法落实，对外招致诸多批评。这一时期的商会运行为何如此艰难？您如何评价郑观应在商会管理方面的尝试？

◎朱　在中国历史上，最早出现的新生事物都会面临很多困难，甚至全民反对，商会也是如此。商会成立之初，很多地方官员对商会不甚了解，普通的商人也不是非常了解，只有像郑观应这样的工商界有识之士才能意识到商会的重要性，所以当郑观应推行商会诸多设想的时候，肯定会碰到一些困难。当时郑观应回到广东，为广东商会提出这么多的设想，虽然这些设想很可贵，但也很超前，所以可能不太能够得到大家的支持。从历史发展的眼光来看，这也是很正常的，更能凸显出郑观应思想的先进性。

在当时那个年代，郑观应以及当时商界的有识之士能够意识到商业与教育的关系，并提出很多积极的设想，非常了不起。郑观应等人认为，中国商业要振兴，就要提高商人的受教育水平，他还特别强调了新式的商业教育，希望能够为商人办新式学堂。事实上后来很多商会都办了各种层次的商业学堂，包括初等的、中等的，甚至高等的商业学堂，但最初这个设想肯定会面临很多困难，比如学习费用、学习积极性等，一般的学徒或商人上一天班很辛苦，晚上肯定不愿意去学堂学习，所以需要做很多动员或宣传工作，慢慢才会有一定的成效。

◉**问** 清末民初，官办的商务局、农工商局与商办的商会，在保护商人利益方面有哪些差异？两者之间的关系是如何协调的？郑观应认为政府不应该派官员来干涉和监督商会，当时政府是如何过度干涉商会的？

◉**朱** 这是一个很重要的问题，也是商会成立之后直接面临的难题。如果将商务局、农工商局和商会进行比较的话，最大的区别就是性质不同，前者是官办的政府机构，后者是民办的社会团体。虽然说商务局、农工商局的宗旨是扶植和帮助工商业的发展，但它毕竟是一个官办机构，它的立场是官方的。商会则是真正的商人团体，它内部的所有管理者和会员都是商人，没有官员，所以它的立场完全站在商人的角度。有时候商会与官方的某个部门会发生矛盾，产生冲突，就是由于两者的立场不同，商会完全站在商人的立场上制定商业发展的政策，积极维护商人的利益。

当然，中国近代商务局、农工商局出现的时候还没有商会，所以它的作用就明显一些，商会出现之后，商务局、农工商局的作用反而降低了。民国6年（1917）北洋政府还设立了主管实业方面的新机构实业厅，实业厅作为省级行政机关之一，主要职能是全省实业行政事务的办理。中央有了商务部之后，地方上也有了专门的实业机构，大约到辛亥革命前的五六年时，商务局、农工商局出现的频率就越来越少了，后来慢慢就没有了。所以从历史发展来看，商务局、农工商局算是临时性的官方机构，它和商会并存的时间并不是很长，算是有点过渡性质的官方机构。

◉**问**　您在文章《论甲午战前清政府的矿业政策》中提到"近代新式煤矿的诞生，主要是为了适应中国自办近代工业发展的需要，同时也是开发利源的一项重要措施"。郑观应在《盛世危言》卷八的《开矿》篇中呼吁"五金之产，天地自然之利，居今日而策富强，开矿诚为急务矣"。晚清的矿务之兴，对其他行业有着怎样的作用？以郑观应为代表的有识之士，呼吁发展新式矿业的动机何在？

◉**朱**　其实矿务和铁路业务是晚清时期中国利益最重要的体现，也被认为是中国经济命脉之所在。当时外国资本想要强行获得中国开矿的权利和修建铁路的权利，如果中国矿产和铁路都被外国资本控制了，中国的经济命脉就掌握在外国人手中了，所以当时政府强调中国要自行开矿。其实洋务运动的时候政府就开始强调开矿的重要性，但那个时候的认识程度还不太高，开矿的主要目的是解决原料的问题。甲午战争之后，随着外国资本在中国的扩张，帝国主义的侵略从商品输出发展到资本输出的新阶段。外国资本输出的方式就是在中国不断地获得开矿权、修筑铁路权，而且他们还提出了很苛刻的条件，比如矿井或铁路周围15里属于他们控制的范围，这样一来整片区域就变成了外国人控制的殖民地了，将会为国家带来严重的危害。在这样的历史背景下，政府拼命地呼吁大家要自己来开矿，要保住开矿和修路等权利，并将这些权利上升到国家经济命脉的高度来倡导。晚清各省人民发起的收回利权运动实际上就是这两大类，一类是收回矿权运动，另一类就是收回路权运动。正是由于早期郑观应关于矿务、修路的呼吁，才让政府和民众意识到这些权利的重要性，并最终形成了全国人民夺回路矿权利的爱国运动，这充分体现了郑观应商业思想的前瞻性。

◉问　19世纪70年代中期，清政府开始发展机器采矿业。"1875年至甲午战前的16座新式煤矿，官办6座，官督商办9座，商办仅一座。"为什么当时的采矿业以官办或官商督办为主？这样做有哪些弊端？晚清采矿业政策实行的效果如何？

◉朱　坦率来讲，在甲午战争之前，中国没有相关的政策法规来保护商人去开矿，那就意味着商人的开矿投资行为得不到任何的保护，随便哪一个地方的哪一个官员找个理由，就可以把你的财产全部没收了，而且当时有一种风水的观念，认为开矿会把当地的好风水破坏掉，给人们带来灾难，所以经常会遭到当地老百姓的集体反对。若是官办企业或官督商办企业遭到老百姓的反对，官方就会出面帮忙，若是纯商办的企业遇到类似的事情，政府是不会支持你的，所以那个时候商人基本上无法单独从事开矿业务。

那个年代不只是矿务行业，其他行业里真正的近代企业也比较少，一般就是传统的手工店铺。可以说，当时官办或者官督商办企业比较多的现象和洋务运动时期的政府政策密切相关。甲午战后，情况就开始有了变化，到了20世纪初清末新政的时候，变化就更明显了，商人开矿的相关政策出台了，民办矿业也开始增多了。

◉**问**　郑观应在《盛世危言》中说道："全恃官力，则巨费难筹；兼集商资，则众擎易举。然全归商办，则土棍或至阻挠，兼倚官威，则吏役又多需索。必官督商办，各有责成……则上下相维，二弊俱去。"表明郑观应曾主张官办和官督商办企业。但是后来郑观应又说：企业"既有督，又有总，更有会办、提调诸名目，岁用正款以数百万计，其中浮支冒领供挥霍者不少，肥私囊者尤多，所以制成一物价比外洋昂率过半。而又苦于无机器，以致窳劣不精，难于销售。……今欲扩充商务，当力矫其弊，不用官办而用商办。"郑观应在晚清兴办企业的过程中，早期期待官督商办，后来又全力支持商办，他的态度因何而转变？当时环境下郑观应的主张是否得到政府的支持？他的商办主张是否符合当时的社会实际？

◉**朱**　毫无疑问，郑观应的商办主张是符合当时的实际情况的。官督商办刚开始的时候，为什么商人愿意把自己的钱投到里面去？是因为他没有其他的投资渠道，他没有办法自己单独创办企业，这会有很大的风险，所以很多商人愿意把钱投入到官督商办的企业。当然洋务运动初始阶段的官督商办企业经营得还不错，洋务派官员也比较维护商股的利益，一些商股还能获得投资效益，所以郑观应等人愿意投身于官督商办企业，认为这可能是当时中国经济发展的一种路径。

但随着时间的推移，官督商办企业的经营状况逐渐就变了。郑观应在直接参与企业经营的过程中，逐渐发现了很多问题，比如商股的利益受到了非常大的损害，同时企业的经营管理方面也面临着很多问题，所以郑观应意识到官督商办企业不是一种很好的企业经营方式，并开始抨击它。另外随着时代的进步，相关的法律保障体系逐步完善，商人也开始获得了自行投资创办企业的机会，郑观应提出的商办主张也变得更加可行。

◉问　郑观应在《盛世危言后编》"自叙"中明确指出："政治不改良，实业万难兴盛。"您在文章《评清末民初有关政治改良与商业发展关系的论说》中提到："在中国漫长的封建社会中，政治一直是少数贵族特权阶层谈论的话题，一般民众不仅受客观条件制约根本无权过问，而且在主观上也很少萌生政治思想与理念。因此，普通民众对政治问题大都漠不关心。封建社会中的商人同样也大体如此。"郑观应以买办商人成名，却以中国变法思想的集大成之作《盛世危言》名世，这体现了清末民初商业发展与政治改良之间存在着怎样的关系？从历史发展的角度看，两者之间紧密关系的特殊历史原因何在？

◉朱　政治改良与经济发展之间的关系是一个很重要的议题。近代中国很多历史人物，比如孙中山、梁启超等，都曾批评商人不关心政治。其实这也是一种很自然、很正常的社会现象，不仅是商人，一般的民众大概也是这样的。作为商界中的有识之士，郑观应等人对这个问题还是有认识的，他作为近代中国重要企业的管理者，清楚地意识到经济发展迫切需要依靠政治的改良，并发出"政治不改良，实业万难兴盛"的感慨。

从思想的角度分析，商人能够意识到经济发展与政治改良的关系是难能可贵的，但商人很难有能力将其付诸实践。商人不是政治家，也不是位高权重的统治者，他只能通过反思自己的经商实践来发出感慨。清末预备立宪改革的时候，商会也意识到这一点，开始积极投身于政治改良的运动中，比如积极参与敦促清朝政府尽早召开国会的国会请愿运动中。立宪派人士发起的国会请愿运动共有四次，从1910年1月开始第一次请愿活动，到1910年年底结束第四次请愿活动。第一次规模很小，声势不大，很快就被清朝政府拒绝了，立宪派认为要动员更多的社会力量参与进来，这时他们首先想到的就是商人，认为可以通过商会来动员商人参加，于是他们就跟上海商务总会沟通，当时上海商务总会也意识到商业发展需要政治改良，需要召开国会，便积极参与到这次请愿运动中，商人的影响很大，给政府带来了不小的压力。清廷面对请愿运动压力，遂将原定为9年的期限提前3年，即于宣统五年（1913）召开国会，并先设责任内阁。商人的作用在这次事件中展露无遗。

●**问** 郑观应和孙中山都是广东香山人，郑观应在澳门祖屋郑家大屋修订《盛世危言》期间，与孙中山有过较多接触，据说郑观应为孙中山修改过上书李鸿章的文字，孙中山也深受郑观应思想的影响，当时两人如同忘年之交。您如何评价两人的关系？

⊙**朱**　毫无疑问，郑观应的思想确实对孙中山产生了一些影响。在孙中山没有走上革命道路之前，他也是改良主义者，郑观应作为改良主义思想的先驱，他跟很多要员都有直接的联系，当时孙中山只是无名小卒，所以孙中山若想跟政府要员搭上关系，肯定需要郑观应等人的推荐。据说郑观应居住在澳门期间，他们经常见面，而且他们两人又是同乡，所以郑观应对孙中山思想的影响是非常明显的，尽管现在很难找到直接的史料。但后期，孙中山发现清政府是影响中国贫穷落后的根源，于是放弃改良主张，走上了革命道路。因孙中山跟郑观应的思想主张不太一样，从此两人渐行渐远。

他们两个人的交往和关系很值得研究。关于历史人物的研究，过去我们比较关注他的思想以及活动，而忽略了历史人物的人际关系网络研究。现在我们意识到，一个人的朋友圈很重要，它对这个人的思想、行动以及方方面面都会有影响。对历史人物的人际关系网络研究，一定能发现很多有意思的问题，比如郑观应，他在家乡香山长大，在上海成就了事业，住进澳门完成了《盛世危言》。在不同的年龄阶段，他的朋友圈也在发生变化，从中我们就可以看到郑观应的思想或者行动发生变化的大致轨迹，这样的研究不仅很有意思，也很有意义。

●**问**　在晚清的著名买办当中，徐润、唐廷枢和郑观应三人均来自广东香山，并在上海产生了广泛的交集。晚清的香山买办成为近代中国历史上一个特殊而重要的群体，您认为香山买办形成的原因是什么？为什么香山买办在中国近代史上发挥如此重要的作用？

⊙**朱**　近代中国，最早和西方接触的地方是广东，那个时候清朝政府实施闭关政策，只有广州一口通商，其他地方是不能够和外国商人接触的，而且广州又有著名的十三行，这些都促成了广东及澳门与西方的密切接触，也形成了近代中国最早的一批买办群体即广东买办。我们会发现，早期英语的发音不是根据标准的普通话发音来的，而是根据粤语的发音演化来的，这是什么原因？其实是因为那个时候，外国人接触最多的是广东人，他们就按照广东人的发音将英文翻译成中文，后来不懂粤语发音的人还闹出很多笑话。

鸦片战争之后，上海以极快的速度崛起，迅速发展成为中国进出口贸易的中心和近代中国的金融中心，所以上海很快就取代了广州，成为中西方贸易交流最重要的地方。广东买办群体站在时代潮流之巅，哪个地方对外贸易最发达，他们就往哪跑，所以这个时候的广东买办便跟随外国商人汇聚到上海，这也反映了近代中国地方兴衰的发展变迁。由于买办这种职业有很强的地缘关系和亲缘关系，比如在上海的香山买办会介绍自己的同乡好友来上海，一起从事买办这个职业，慢慢地，上海买办中就形成了香山买办这个群体，而且在最初占有重要地位。

⊙**问**　广帮是近代买办群体中的大帮，并且曾经是居首要的大帮。广帮主要是由原先生活在广州、肇庆两府，包括珠江三角洲地区的商人所构成。在买办这个职业中，为何地缘关系、亲缘关系如此重要，以至于先后形成了广帮、宁波帮以及一些买办家族？

◉朱　这也是那个时代、那个社会，包括经济文化发展的一个必然结果。首先，明代之后的外国人，包括商人、传教士，广东人接触得比较多，特别清朝实施闭关锁国之后，只留下广东一口通商，其他地方不能和外国人通商的，另外澳门就在广州旁边，成为中西交流的中转站，产生了最早的一批买办，这就是一个地缘关系，而且是不可或缺的客观条件。宁波商人离上海近，过去的多，是另一种地缘的体现。其次，形成这种情况，还跟中国传统社会相关。中国的传统是什么，就是家族或者同乡的关系是非常密切的，所以你会看到某一个地方，从事某一个行业的人很多来自同一个地方，比如现在的沙县小吃、湖南新化的打印，都存在这种情况。随着上海开埠，上海的地位越来越重要，这些人随着洋人最早来到上海，当时在上海的南方商人，主要是广东商人和福建商人。因为中国很多事情，包括经商，要依赖同乡或者亲戚朋友之间的关系，这实际上是亲缘的体现。后来随着时间的推移，距离更近的浙江和江苏商人影响就更大了，特别是宁波帮，上海最重要的新式商人社团，主要的领导人很多是宁波帮的商董来担任。但除了江浙的宁波帮之外，影响比较大的就是广东帮，在上海有一个很重要的广东帮组织叫广肇公所，在上海的影响一直非常大。

◉问　您曾撰文《晚清商人的教育思想及其兴学活动》，其中讲到"对于发展教育的作用，晚清商人的认识已达到较高的程度"。并对晚清儒商张謇的教育实践进行了阐述。郑观应从道器、本末、体用的哲学高度阐述了中学和西学、人才与国家兴衰的关系。您如何评价郑观应的教育思想？这种先进的教育思想主要源于怎样的社会背景？郑观应的教育思想与其他晚清商人的教育思想有何区别？

　　◎朱　郑观应关于人才需求或教育发展的思想都是源于切身的体验和具体的实践。他通过参与创办洋务企业，发现人才的缺乏可能是制约经济发展的很重要因素，所以他就非常强调人才的重要性。但如何来培养这些新型的人才，传统的方式不行，所以要发展新式教育，就需要学习西方的先进经验办新式学堂，也包括我前面说到的办夜校。你会发现像郑观应、张謇这些商人怎么那么重视教育，看起来让人不太理解，但实际上你要了解他们当时的心路历程和亲身体验，你就能明白了。他们当时要做很多事情，不能成功，最后发现是缺乏人才，当时的情况只能自己培养，那就办教育。

　　●问　您如何看待郑观应的思想从《救时揭要》到《易言》再到《盛世危言》的发展过程？

　　◎朱　这个是近代中国思想或者是近代中国整个社会发展的常态性表现，包括那些进步人物，他们的思想也都是随着这个时代或者随着整个社会的发展而不断发展。郑观应的这几部著作，实际上就是他在不同时间段的思想发展变化或者不断进步的一个具体体现，其实孙中山的思想也在不断地发展变化，从最初的改良思想到走上革命道路，这是一个正常的发展过程。实际上近代中国社会也是这样，一个阶梯一个阶梯地往前走，只不过郑观应是时代中的代表性人物，而且他留下了这些代表性著作，让我们可以透过这些代表性著作，了解郑观应思想的发展过程。透过这些著作里边的内容，我们甚至还可以了解他的心路历程和内心世界，所以这几部代表性的著作是我们研究郑观应思想的重要史料，也是我们研究那个时代思想变化的重要史料。

◉**问**　在《郑观应志》中，编者称郑观应为"全面看世界的第一人"，您赞同这个观点吗？

◉**朱**　这可能要稍微谨慎一点，因为我们历史书上一般说"睁眼看世界的第一人"是林则徐，《郑观应志》中称郑观应为"全面看世界的第一人"是想把他和林则徐区别开来，郑观应可能因为他的思想确实更加全面，这个称谓我能理解，但我感觉最好还是谨慎一点，因为容易引起歧义。同时代跟郑观应差不多的人不能说没有，加个"之一"可能就更稳妥一些，就不会引起歧义，别人也挑不出毛病，郑观应肯定是那个时代全面看世界的少数人。特别是你们地方上提出来的，别人就更有话说了，因为现在各地普遍在拔高当地的历史人物，主要目的是让这个地方更加知名。当然要从学术讨论的角度来说，可以这样提出来，因为这只是一种学术探讨，你有不同意见可以来反驳。然而中山市作为官方不便这样说，还需要慎重一些。

◉**问**　华中师范大学近代史研究所是中国近代史研究的重镇，章开沅先生及其弟子成果斐然。你们是怎样在章先生的带领下开创各个领域的？您如何看待学术传承？

◉**朱**　这个问题好复杂，也是我们研究所要总结的一个很重要的内容，特别是今年章先生去世之后，好多学者也提及，我们自己也意识到了，我们要好好地总结，传承创新，认真思考在后章先生时代我们应该怎样继续发展。

总结前面我们学科的发展，第一个是高标准的追求。这个高标准的追求就是世界一流。我们很早就了解国际史学界最先进的前沿问题，要能够进行国际学术对话，而且能够让国际承认你是比较先进的。这一点是因为章先生很早就在辛亥革命史的领域当中，达到了这样一个境界，所以就得到了认可。

第二个是不断开拓新的学科方向。章先生领导我们不固守在某一个学术领域，因为你如果完全固守在某一个学术领域，不开拓新的，就很难与时俱进。章先生很早就意识到这一点，然后不断开拓新的国际学术界关注的重要问题，比如商会史、教会大学史、东西方文化交流史等方面，同时不断探讨整个近代史的研究框架、研究理论和方法，比如说我们的商会史研究，最早是革命史的研究框架，然后我们又发展到一个新的研究范式，叫中国现代化或者中国近代化的研究范式，又是一个新的研究思路了。随着时间的推移，我们又不断地通过商会，研究国家与社会、公共领域和市民社会，继续研究市场网络。章老师在开拓近代教会大学史研究的时候，国内很少有人关注，受政治的影响，认为教会大学是帝国主义侵略中国的文化工具，长期就是这个结论，既然是帝国主义侵略中国的文化工具，还研究什么呢？但实际上这是非常复杂的问题，教会大学中培养的学生，很多成为中华人民共和国各个领域的学科带头人和奠基者，包括我们章先生也在教会大学求学，他们心中有个结，对自己的母校，对自己的老师都不敢公开表达敬意，更别提写那些肯定性或者回忆性的文章，实际上他们对当时的学校和老师都有感情，章先生后来到美国去，找他老师当年留下来的私人档案，而且在南京大屠杀的时候，他的老师是很著名的人物，组织了很多救济会。教会大学中有很多老师学识人品都很好，但当时你又不能说，这是一个很痛苦的感觉。坦率讲，最初我们官方是不支持这个方面研究的，但章先生坚持从学术的角度来探讨，让我们用学术的态度坚持下来。若干年后，就有变化了，现在教会大学史成为中国高等教育史上一个重要的研究领域，而且他们有很多值得今天我们高校借鉴的地方。比如现在各高校提的国际化，当年教会大学的国际化做得非常好，都是全英文授课，要求很高。慢慢从教会大学史的研究到教会中学史的研究，这又是新的拓展领域。

第三个在我看来，就是特别重视新的原始史料的挖掘。因为史学研究是离不开史料挖掘的，可以这样形容，没有史料，就如同巧妇难为无米之炊。从最早辛亥革命史料的挖掘，从国内到国外，不断去挖掘新东西，不断推进辛亥革命史的研究，一直到现在，我们仍然是研究辛亥革命的重镇。今年是辛亥革命110周年，中国史学会组织了高端的学术研讨会，这个研讨会的不同是先应征论文，然后组织专家来评审论文，从里面选取高水平的论文。论文评审上周刚结束，我们学校提交了13篇论文，其中包括两位博士的论文，全部都被选中，这非常厉害，说明我们华中师范大学到现在为止，还可以称得上是辛亥革命研究的重镇。其实章先生最早重视的也是史料的挖掘，刚才提到商会的材料，是章先生首先发现苏州商会的档案价值，教会大学史国内没有史料，章先生了解到国外重视这方面资料，亲自跑到国外整理史料，当时美国有个亚洲高等教育联合董事会，他们支持建立这些教会大学的史料档案，章老师去了以后跟他们那边的负责人联系说我们也要做，他们就非常支持这边来做，然后把他们那边的档案史料做成胶卷送给我们，使我们成为全国唯一拥有中国近代教会大学完整档案的地方。

第四个是保持一种开放的心态，包括方法、理论，国内外好的东西都可以借鉴学习，兼容并蓄，这种开放让我们能够接受各种范式，不断提升理论研究水平。还有一个很有意思，我们不要求新人来到我们所后，一定要从事什么研究，发表多少文章。但若干年之后，我们新老教师都一心一意做学问，互相切磋，保持一个良性的竞争，我们这里没有要求说哪一个人你必须一年要发表几篇论文，但大家都是自我加压，相互比着努力，这是发自内心地对自己的一种要求，这样他才能做得更好。

◉问　您是近代史研究的著名学者，您如何看待近代史和晚清的关系？

◉朱　简单来说，晚清是指1840—1911年，这几十年属于近代史的范畴，是近代史的一个重要组成部分，而且是承前启后的重要部分，所以你要研究民国，你不了解晚清甚至清前期和中期的历史，你就很难弄清楚后面的发展演变过程，所以我现在特别反对把历史人为地割裂开来，认为1840

年以前是古代史，1840 年之后才是近代史，我们才研究，这样是不行的。我们要打破人为地割裂，要往前追溯，要有一个整体的历史观，这样你才能够把历史的演变脉络搞清楚，所以它非常重要。我们的共和国史研究也一样，不能只关注 1949 年之后的东西，之前的也要关注。历史就是这样一环一环走过来的，它是逐步演变的，不了解前面，就不能准确把握后面。

◉问　您认为对近代历史名人的研究，年轻的学者应该注意些什么？

◉朱　历史名人研究实际上是整个历史人物研究的一部分，除了传统的那些研究路数，还要注意很多新的思路和新的方法，比如我刚才已经提到了历史名人的朋友圈和人际网络问题，同时要与时俱进，思路开阔。历史人物的研究，除了我们过去传统的编一个年谱，比如他做了哪些事情，这个一定要做，这是最基本的，但如果你只停留在这个层面，你研究的这个人物就不是鲜活的，是比较死的，你还要把这个人物的研究做成鲜活的历史人物，就要跳出传统，加入一些新的东西。总之，一定不要把历史名人做死，一定要把他做活。特别像郑观应这样的人，他也是可以做活的，因为他思想这么宏大，活动这么丰富，经历这么曲折，他不是平淡的人，如果你把他做成了平淡的人，那就是你研究者的功力不够，如果这个人物本身就是个平淡的人物，你也很难把他做活。

◉问　近代以来，香山产生了众多名人，比如孙中山、郑观应、杨殷、容闳、苏兆征、林伟民、杨匏安、唐绍仪、唐廷枢、萧友梅、吴铁城、王云五、阮玲玉等，很多对后世具有重要影响，请您介绍一下背后的原因？今后中山如何利用这些名人促进城市文化发展和全面提升？

◎朱　香山之所以产生这么多的近代历史名人，是内外因素综合作用的结果。外部因素是，这里比较早与外来的经济、文化和思想产生交流或者碰撞，比较早地受到新思想的影响。内部因素是，广东相对于中原而言，传统文化还是比较落后的，但这实际上是酝酿新思想的沃土，中原地区传统思想强盛，新思想产生反而可能更困难，香山应该说传统思想没有那么强势，或者说处于所谓的边缘地带，这时候新思想、新观念反而更容易产生。从某种角度来说，香山也是人杰地灵的地方。整个近代，无论改良还是革命，他都是酝酿领导人的地方，这不是一个偶然现象，受内外因素的综合作用。

这些历史名人是中山非常宝贵的历史遗产，需要好好利用。一方面是让我们后人来学习纪念这些名人，他们为中华民族的繁荣富强做出了种种努力，他们的精神是长久不衰的，我们要传承并加以发扬。另一方面，还要结合实际，把名人资源活化起来，不仅从形式上，比如修建纪念馆等，还要从内容上，针对不同年龄，做一个分类。最后，把这些资源融入学校教育中，融入传统文化、革命文化当中，培养学生正确的历史观、人生观和价值观。这是我对这个问题的不成熟的看法。

◎问　明年是郑观应诞辰 180 周年，这也是"郑观应研究口述史"项目的缘起。目前中山市还在推进郑观应故居保护活化等系列工作。欢迎您有机会到访中山，也希望您持续关注郑观应在中国近代思想史、经济史上的独特贡献。谢谢您！

⊙朱　你们也辛苦了，祝愿你们的活动顺利举办！

吴冉彬

吴冉彬（1960—　　），广东中山人。副编审，广东省省情专家库专家和中山市市情专家库专家，中山市郑观应文化学会会长，中山市档案馆原副馆长，中山市人民政府地方志办公室原副主任。

主要研究方向：修志编鉴编史、中山名人文化地情研究、地方志信息化数字化、方志馆与数字方志馆建设等。

主要成果：2001 年主持总纂广东省内首部名人专志《广东省志·孙中山志》和《孙中山图典》，2006 年策划主持编纂首部中山近代名人专志《郑观应志》，主编参编和审改98 部地方志书和地情书。

时　　间：2021 年 8 月 23、26 日

地　　点：中山市档案馆

口述者：吴冉彬

采访者：龙良富　刘　琴

整理者：龙良富

◉问　吴主任，您好！我们是"郑观应研究口述史"项目组。您从 1985 年开始就从事地方志编写工作，至今 36 年，其间您承担了首本《中山市志》编纂出版工作，创办和主持编纂了《中山年鉴》，主持统编出版了国内首部近现代伟人志《广东省志·孙中山志》和《孙中山图典》，并主持编纂了《郑观应志》等 51 部志书，极大地促进了中山的地方志事业发展，获得了"全国地方志先进工作者"、"广东省首届修志工作先进工作者"等荣誉称号。请您谈谈您在地方志部门工作的经历？

◉吴　这些都是组织给我的荣誉，其实都是我们集体的荣誉。

我参加地方志工作是很偶然的，1985 年广东省国土厅开始在各地级市开展地名志的撰写，各个地级市人民政府就开始组建地名志编辑部或者编辑室，中山市人民政府在政府大楼 4 楼设了一个十几平方米的办公室，由一位他们现职的同志来主持工作，其他的同志从各个部门抽调过来。当时我是国有企业中山市化工机械厂的在编员工，由于是首届广东省广播电视大学的文科毕业生，也被抽调进了地名志编辑部，

帮忙做录入工作。那个时候打字是用铅字打字机，逐字敲写入蜡纸上，如果用的力度过小，蜡纸上的字就模糊；如果用的力度太大了，蜡纸就易打穿。打完字之后需用滚筒油印机印出来，如果蜡纸铺得不好就会皱褶，打出来的文稿的字就不清晰了。当时我们各镇区撰稿的同志文化水平参差不齐，而且全省也是第一次编纂地方志书，没有范例，也没有规范，最终形成的书稿水平不是很高。因为我是汉语言专业，比较熟悉语法造句，在录入过程中就经常会发现文稿中的语法错误，经常向主编提出修改意见："邱主编，我觉得这句的动宾搭配不对。"他觉得我说的几乎都有理，便让我只要发现不对的就直接改。这直接迸发了我的工作积极性，从那时候起我已经把自己从打字员定位为编辑了。后来市府办经研究，发文增加我为《中山市地名志》编辑。

成为编辑后，我首先承担了十几个镇区的地名志文稿编辑工作。当时关于地名志方面的文献很少，但省里明确要求我们要记述准确，要把地名志编纂成为地名的工具书。中山市的地名最少有上千条，地名一般来源于自然村落、企业、山川河流这些实体，各种不同类型的地名有不同的记述要素，要保持准确率就要有规范。我就跟主编提出意见，"虽然省里没有发文件规定，但我们自己可以规范中山地名志的编纂体例"，不仅要明确每个地名内容的记述要项与要素，而且要规范记述要项与要素的排序，这样编写的时候就知道应该记写什么内容。比如记写自然村落，就应该记写包括村名、位置、人口、耕地、经济社会发展、历史人文等情况。主编同意我的意见，我就起草了编纂规范文件，报市府办审批下文发给各个镇区按照规范编写地名志条。

当时的资料很少，沙田地区特别缺少资料，中山当时属于佛山，也属于珠江三角洲，于是我找到了由佛山市农业局主编的《珠江三角洲农业志》，其中有中山沙洲形成的历史源流。我们从《珠江三角洲农业志》中还找到了其他的资料。在这个过程中，我很高兴地发现原来我们的古镇镇，是新石器晚期最早的珠三角聚落群之一，"古"就是古壮语"那里"的意思，"古镇"这个地名的意思就是"那里的镇"，还有我们的贴边村、横栏等地名都有独特的含义。我当时很遗憾读大学时没选修"语音学"专业课，这导致我只能从历史方面去考究，无法从发音去研究地名缘由信息。这次之后，我成为新成立的广东省地名学会的首批会员。

1988 年，中山由县升级为地级市，我们开始了第一轮的修志工作。当时中共中山市委、市政府很重视修志工作，形成了一个全社会积极支持参与工作的氛围，在组织层面上集中了中山市各行业的知名人士，也发动了很多华侨参与，成立中山市地方志编纂委员会。当时的体例也是延伸民国以前的修志传统，要推举学识渊博、德高望重的人做主编。民国时期的中山县志编修工作由当时的中山名士郑彼岸主持，编出个别篇章的文稿就在报纸上发布，再征集社会各方的修改意见。我们在编修第一轮志书时最缺民国的资料，但民国时期中山林林总总有 100 多份不同的报纸，这些报纸在中山图书馆保存得比较好。那时到中山图书馆三楼，只要说我是方志办的，图书馆的同志就将这些报纸拿出来，放在一张小方桌上，我们几个人在那里翻阅摘抄。每翻一次已经泛黄的报刊，地下就掉一层纸碎，越翻到后面报纸就越少，我们真的很心疼。修志的工作量很大，也很辛苦。

当时我主要负责中山市的民风民俗这部分内容，除了查阅资料和上山下乡，还是有很多问题弄不清楚，当时我是经常讨教中山有名气的专家，只要有与民俗相关的会议，我没有被邀请参会也要去旁听，将记录下来的问题请教参会的专家：到底什么叫作民俗？什么叫作封建陋习？怎么去记述陋习？我就按当时学界的定论来写，形成约 10 万字的首部《中山市志》"民俗"志稿。

因为我既是撰稿人又是编辑，必须要参加志书的修改会。那时大家都很专注，也很认真，几位老编辑经常为史料的考证争论得脸红耳热。在第一轮修志中明确了香山县县名的缘由是五桂山有香飘四溢的奇花异卉，而不是沉香，因沉香是一种树，如果没有人工加热，它是没有香味的。我受到老一辈修志工作者的教育，真的很感动，所以我一直坚持做修志工作，把地方志工作当成我的爱好、我的事业。众手成志，中山的第一轮修志形成了自己的特色，特别对人物的编纂做得很好，编出了中山名人城市的特色，在第六届广东省哲学社会科学优秀成果奖的评选中，《中山市志》获得了三等奖，成为当年唯一获该项大奖的地方志书。

后来我作为中山市第十一届政协委员，提出编写《中山方言志》的提案，得到了众多文史委委员的附议。首部《中山方言志》编纂工作获市政府同意立项，由市地方志办公室组织编纂，并交由我来主持编写工作。我选择了对我们香山县粤语、闽南语、客家话三大方言都有长期而独到研究的暨南大学方言研究中心副主任高然教授做方言调查和撰稿。在洽谈具体工作时，高教授认为现在年轻人都讲普通话了，这些方言在不久的将来都会灭亡，成为历史的活化石，《中山方言志》只是为即将死亡的中山各方言画画像而已。当时，我不同意这个观点，我认为现在我们本地人还在讲自己的方言，石岐人在讲石岐话，小榄人也还在讲小榄话，各村不同话，各村不同俗，至少现实还是这样的，语言本身也是不断变化的，以后怎么被同化或被侵袭，那是以后的事情，一定要对当前的方言情况做一个全面的普查。我提出工作要求：即在写方言志前，必须先开展全市各镇区方言情况普查。最后，高教授采纳了我的意见，根据当时中山本土的人口区域划分，做了一个方言区域划分的模型版图，用300多天到全市945个自然村的130多个重要方言点，逐村逐点采集中山方言语音语素词汇语料及音视频资料，据实考证研判出中山方言有10个种类和伟人孙中山、名人郑观应口音方言特点等新方言研究成果，标注记录中山方言国际音标，全面收录方言词汇，并以志书的体例全面、准确、系统地记述全市粤语、闽语、客语三大方言的发展变化与现状。

后来随着地方志工作的推进，除了每年常规地编纂出版一部《中山年鉴》年刊之外，就像你刚才介绍的一样，我参与撰写首部《中山市志》，主持续修第二部市志《中山市志1979—2005》。1998年起，组织制作中山市地方志书和地方综合年鉴多媒体电子光盘，经验被广东省地方志办公室多次推广。1999年组织录制省内首张1200万字的地方综合志书电子光盘《中山百科》。2001年主持总纂出版了广东省内首部名人专志《广东省志·孙中山志》和《孙中山图典》。2006 年策划主持编纂首部中山近代名人专志《郑观应志》。2015—2018 年组织开展中山自然村落历史人文普查，成果《中山村情》（全 3 册）入选 2019 年中共中山市委（党组）理论学习中心组阅读书目。至 2019 年，创办及统编、核改和执行主编 20 部《中山年鉴》，主编参编 3 部人物志、1 部方言志、2 部地方史专著（撰写其中 1 部）、10 部地情书，指导和审改 27 部专业（部门）志、33 部镇区村志、2 部市志，共 98 部地方志书和地情书，约 7382 万字，获 19 个省级以上奖项。我于 2002 年获评为广东省首届新地方志编修工作先进工作者，2005 年获中国地方志指导小组评为全国地方志先进工作者，2019 年第二次获评为全国地方志先进工作者。

◉问　2006 年您全程参与了《郑观应志》编纂，并在此过程中做了大量工作，您为何会选择华东师范大学教授夏东元先生来编撰《郑观应志》？请您分享您和夏东元先生共事的一些经历。

◉吴　夏东元先生可以说是我的恩师，其实在编撰《郑观应志》之前我跟他素未谋面，认识他也是一个偶然的机会。《孙中山志》是广东省乃至全国的第一部近现代伟人专志，在编纂伟人志书方面做出了一定的探索，社会反响是很大的。当时我们认为中山是名人城市，可以编纂 5 位总理级人物的人物志。经过讨论，孙中山、孙科、唐绍仪、吴铁成和王云五排在前五位，郑观应当时没能排进前五位。但是在我参加了第一轮修志，还有孙中山志编纂工作之后，发现郑观应对当时社会产生的影响应该是仅次于孙中山，属于中山的顶级人物，我们方志办在完成《孙中山志》后就开始谋划要编《郑观应志》。当时中山没什么郑观应的资料，研究他的重镇在上海，特别是华东师范大学的夏东元先生。夏东元先生在1977年接受了上海人民出版社的委托撰写《洋务运动史》，他告诉出版社，要撰写《洋务运动史》，一定要用上海图书馆馆藏的"盛宣怀档案"，当时图书馆馆长顾廷龙对他很敬重，不仅允许夏东元先生查阅所有资料，而且还专门找了半间房间给他使用。在"盛档"中，夏东元先生找到了大量盛宣怀和郑观应的往来书信，他就抽丝剥茧，发现了广东买办、香山买办这个群体，俗称"广东帮""香山帮"，其中的代表人物和领袖是郑观应。郑观应他们在上海立足，为了谋生在洋行做买办，做洋人的生活和工作助手；但是在这个过程中，他们也目睹我们国家腐败落后被列强欺凌，激发强烈救时救国的爱国情绪，他们学习洋人的经营理念与经验，再用这种本事直接来抵御列强的欺凌。郑观应因而形成了"商战"论、"学战"论。

郑观应不仅身体力行，积极参与洋务运动，还著书立说。他在洋行学习经营现代企业的方法，也收集西方国家科技发展的相关信息，比如电报、轮船、电话、能源等新兴领域的发展情况，同时又通过集资来兴办中国新兴的、由清廷洋务派官员主持或鼓励的洋务企业和民办企业，其才能在当时已经广为人知。李鸿章作为当时洋务运动的领袖，主张要通过兴办新型企业来实业救国。办企业就需要大量的专业人才，盛宣怀作为李鸿章的得力干将，联通了郑观应等买办跟李鸿章的关系，将郑观应推荐给了李鸿章，可以说，郑观应等香山买办在洋务运动中发挥了重要作用，也是他们实现爱国救国报国的一种方式。同时，以郑观应为首的香山买办还积极从思想上唤醒国人，撰写了《盛世危言》等对当时影响深远的著作，虽然没有后来的新民主主义革命那样彻底唤起了民众，但是为之后康梁的戊戌变法和孙中山的新民主主义革命奠定了思想基础。历史就这样走过来的，我们一定要辩证地看待历史人物，郑观应等香山买办在当时很爱国，自觉以救时报国为己任；后来夏东元先生在整理中国洋务运动史资料的时候，发现了郑观应，令他感动。由此，夏东元先生认为推动中国商业文明的从晋商发展到徽商、到近现代就逐渐转到了粤商，当年雄霸上海外滩的先施、永安、新新、大新四大百货公司，还有活跃在上海滩的香山买办，均与粤商、广东香山商人有关。当时，国人对洋务运动、买办阶层都是以批判的眼光来看待的，说他们是帮助列强入侵中国的走狗；但是夏东元先生是对买办正面评价的第一人，认为很多买办是以他们独特的方式来抵御列强入侵的。当时对买办群体的正面肯定，需要极大的勇气和史识。夏东元先生跟我说：我已经做好了被国人多轮攻击的准备，但是没想到我竟受到了学界的广泛赞同，国人转为客观地看待洋务运动和买办阶层。

夏东元先生一生致力于洋务运动史的研究，其中对盛宣怀和郑观应的研究用力最勤、影响也最大。夏东元先生完成《洋务运动史》的过程中，做了很多卡片，清理出很多郑观应的资料，很快就出了第一本书《郑观应传》，这是我们国内第一本关于郑观应的书，接着又出版了专著《盛宣怀传》。因为郑观应和盛宣怀之间的关系是很紧密的，我们在编《广东省志·孙中山志》的时候，我提出要单独编写孙中山的朋友圈。一般人物志应该包含名人的思想、亲属、生平，从国内外学者对孙中山的研究来看，1925 年前后国人已经在研究他的生平，之后学者们就开始转向，研究他的革命活动和他的思想。到了 20 世纪 70 年代左右，学术界开始研究与孙中山相关的人物，包括他的朋友和敌人，因为我们只能从人与人之间的关系去研究、还原他的地位、表现和行为思想。我也是从这个角度考虑，可能夏东元先生当时就已经做了这些考量，写完《郑观应志》之后，他就加紧研究与郑观应关联度很大的盛宣怀。

后来，夏东元先生对郑观应的遗著进行了很繁复的考证，完成了《郑观应集》（上、下册）。郑观应 17 岁时参加清廷科举童子试不成功后，马上就放弃了科举，到上海跟其叔叔郑廷江学做买办，后半生出了两件事件对他打击很大，便回到澳门的郑家大屋修编完成了中国近代思想名著——《盛世危言》，其他主要的时间都在上海。我非常佩服郑观应的勤快，他好像永远都在学习和写作。他后来在近 60 岁还奉命去长江往重庆方向巡视沿途的轮船招商局属下的企业，每天在船上颠簸，难受得吃不下饭，勉强吃了都会吐出来，但一到沿途企业就坚持上岸巡查，并细致询问指导，对每个巡查指导的企业均做好记录，并立即写信向李鸿章和盛宣怀汇报，还根据沿途情况写了《长江日记》一书，给我们留下了大量的文献资料。这些文字资料主要集中在上海。夏东元先生把郑观应留下来的文案整理出来，形成了《郑观应集》，后来又完成了《郑观应年谱长编》（上下卷）和《郑观应文集》。我请他帮忙编《郑观应志》的时候，他的《郑观应年谱长编》已经出了第二稿，所以我们当时也借用他的第二稿来核实很多事件史实，因为它的年谱长编写得特别详尽，按照时间顺序把郑观应的主要活动记得很详细，同时又把他相关的思想点和相关的文章附注上去，所以他的年谱长篇是很细化的。《郑观应年谱长编》是跟《郑观应志》同在 2009 年出版。到晚年的时候，其实他还计划编写《郑观应评传》，但因为没有精力，就请他的博士生易惠莉老师来撰写。

夏东元先生对郑观应资料的收集整理是很完备的，通过编写《郑观应传》《郑观应集》等书，对郑观应的生平思想以及著作研究已经很透彻，形成了自己对郑观应的研究体系。而且他对中国近代史的分段也有独特的判断，国内学界一般都是以 1840 年的鸦片战争作为中国近代史的起端，他则以"一条主线"，即资本主义酝酿、发生和发展为线索；"两个过程"，即帝国主义和中国封建主义相结合，把中国变为半殖民地半封建的过程，也就是中国人民反抗帝国主义和封建主义的相结合，阐明了中国近代 110 年的历史规律，提出应该以 1898 年戊戌变法为中国 110 年近代史的分段线。他的研究不仅有全面精细的系统结构，也有自己的独特见解，是我最崇拜的学者之一。

◉问　请您给我们分享下您和夏东元先生交往的一些细节吧？

◉吴　我们在计划编写《郑观应志》的时候，几乎都没有郑观应的相关资料，唯一有的可能就是在《中山市志》的人物篇中的两三百字简介而已。如果我们不请夏东元先生来编写，他的研究成果我们就不能用，我们也不可能在两三年内就能编成一本人物专志，编写的内容也不可能这么全面，因此，邀请夏东元先生做我们的主编是必然的事情。2006年之前，我还没有到上海去见夏东元先生，那时候在办公室一有空就打电话给他，但是他讲的宁波话我听得也不是太懂，每一次找他听电话，他都要找保姆阿姨听后转达。我就这样打了两年的电话。

后来有一天他说："小吴，你过来见面吧。"这样子我就去上海见他了。那时他夫人刚刚去世，我带了一束鲜花献到他夫人的遗像前，他很感动。我们可以说是一见如故，我直接说明了来意，问他能不能支持帮忙编《郑观应志》，并表示如果没有他的帮忙，我们是动不了的，因为上海图书馆向夏东元先生和盘托出了郑观应的资料，到后来大家都知道这是宝贝了，后来因需整理，基本上不再对外提供查阅了。我前两年再去上海图书馆的时候，他们已经把这些资料数据化了，就是扫描到图书馆的数据库里，所有读者都可以查阅。在我们修《郑观应志》的时候，曾经也想去查第一手的资料，但我们查阅不到一张原件，所以没有夏东元先生的支持，我们真的干不了。但是他年事已高了，那个时候已近90高龄了，我们也不能强求他来真正做主编的事务。所以我就说："您就做我们名义上的主编，你委托一个执行主编来主持编务工作吧。"他答应了，叫我们帮他拿个凳子，从藏在高处书柜里的第一层书后面拔出一本《郑观应集》送我。原来他把他写的这些宝贝专著放在其他书的后面，就是怕人家再把它"顺"走，所以送我们的这本《郑观应集》真的是很珍贵的。他说："行吧，反正是修志需要的，你们全部都可以用。"我就是这样和夏东元先生结缘的，所以《郑观应志》的主编非他莫属，因为他对郑观应的认识全面到位，研究成果丰硕。

在这段过程中，我们来来回回去过他家好多次，包括我们编纂组。他有次很高兴地告诉我们，他刚刚接受了凤凰卫视或央视对郑观应专题的采访。还有一次，中山市人民政府副市长韩泽生带着我们拜访夏东元先生，我们还做了一套中山装送给他，他很高兴，指着我说："你真是个江洋大盗，已经把我50年的东西全'盗'走了。"所以，我们是站在巨人的肩膀上，才能将《郑观应志》写得这么快，而且到目前为止，我还没听到对"郑观应志"提出的批评意见，所以我真的要感恩感谢夏东元老师。在与夏东元先生接触的过程中，我们感受到了他的情感，如果你跟他投缘，他就跟你滔滔不绝，有时候听不懂他的话，他就叫保姆翻译，后来有时候我们交流的方式就是写字。我们成稿后送给他阅改，他也没有提多少意见，都是持赞同的意见。他去世的时候，我不知道，是胡波主席告诉我的，当时也没发讣告，我们都没能去给他老人家送行。

◉问 您在夏东元先生晚年的时候去探望过多次，他也很关照您，你们之间已经形成了一定的情谊吧。

◉吴 我觉得夏老师真的很关爱我，我俩见面一两次后，他居然说要收我为女大弟子，叮嘱我要把郑观应的研究继续下去，弄得我那个时候真的好想回来辞职，去上海跟他学做学问。但那个时候我的孩子还很小，而且有好多地方志项目要做。我说："夏老师，我真想有时间跟您老人家研究郑观应呢，完成了《郑观应志》，我又要马不停蹄去赶做其他项目。"我当时觉得很惭愧，特别是在他辞世后，我曾答应他继续研究郑观应的，一时还没能做到，确实难过了好一阵子。

◎问　刚才您说到《郑观应志》出书至今，还没有听到任何批评意见，成功的关键除了有夏东元先生的鼎力支持外，还有哪些？

◎吴　一是我们邀请的执行主编辛朝毅很厉害。他原是广东人民出版社地方志编辑室主任，后任岭南美术出版社副总编辑，年纪轻轻就已经策划了好多个出版的大项目。二是项目组成员全力以赴。我每次和主编及项目组成员见面，都会把我的编写想法提出来，并请教他们是否科学可行、是否赞同，因为他们都是广东省的大学者和高级专家。到最后定稿的时候，我们审稿的人一人一台电脑，一字一句地审核修改，分别由各章节负责人主讲，听取并讨论大家的修改意见。

◎问　《郑观应志》认为如果林则徐作为鸦片战争前后社会精英的代表，成为中国睁眼看世界的第一人，那么，郑观应就是他这一荣誉的直接继承者，作为中国现代化运动思想的代表和先驱，理应成为中国"全面看世界的第一人"。这是夏东元先生提出的吗？他当时的依据是什么？您认可这个观点吗？

⊙吴　夏东元先生没有直接提出，是我们编纂组总结出来的，但是你看看是双引号，前面有学者是这样评论过的，我们经研究后，充分认可就直接引用了。

为什么我们在《郑观应志》的概述中评价郑观应是中国近代"全面看世界的第一人"？当时夏东元先生也跟我们分析过，说郑观应先生很有计谋，他身处的环境本身是危世，但他说是盛世，危言其实是很有策略的建言，到后来澳门有学者提出"盛世危言"中的"危"，按照古语来说其实不是危险的意思，而是城市的维度。这也是郑观应的策略，如果你跟当时清廷的统治者说你不应该这样，或不应该那样，他们肯定不会接纳你的意见，所以郑观应只能说你现在已经很好了，我给你提出未雨绸缪的一种建议，所以他们就能接受了。

《盛世危言》从政治、经济、文化、军事、教育等各个方面提出要实现全面现代化转型的意见，倡导自强求富、变革图强，张之洞看了之后说道，"论时务之书虽多，究不及此书之统筹全局择精语详，可以坐而言即以起而行也"。光绪皇帝看完之后大加赞赏，下令清廷总理衙门要印 2000 册，分给朝廷六品以上官员人手一册，并命大臣们阅看。有了皇帝的推荐，此书成为一时的畅销书，一些地方官甚至把其中部分内容作为考试的考题，可见其影响之大。《盛世危言》让被列强欺压的中国人看到了国富民强的曙光，魏源、王韬、薛福成、马建忠等早期维新思想家都提倡在经济上发展资本主义，文化上推行西学教育，思想上对儒学进行批判，具有爱国和进步的意义；但都没形成完整的理论体系，也就是之前这些维新思想家的著作没有一本有《盛世危言》这么全面，而且我们从另一方面看从清廷到各级官员，再到朝野民间，都是一片肯定声音，对他的评价绝对是前无古人，所以这一点我觉得是不容置疑的。因为它全面地提出中国社会必须由封建体制全面转型为现代化社会，才能振兴国力，才有能力抵抗列强的入侵。除了体制方面的建制之外，还提出了最重要的一个理念，就是"商战"论。商战论中说到"兵战不如商战"，后面紧跟的是"商战不如学战"，其实是很重要的，那就是要全面实行现代化，我们就是要学习人家好的东西。

中国近代史上第一个睁眼看世界的人，学术界认定就是林则徐。林则徐作为鸦片战争前后社会精英的代表，提出坚决支持严惩吸食鸦片者的严厉主张，提出六条具体禁烟方案，并率先在湖广实施，成绩卓著。之后他受命为钦差大臣，前往广东禁烟，并节制广东水师，查办海口。特别是在虎门销烟，极大增强了中国广大民众对鸦片危害的认识，使很多人看清了英国向中国贩卖鸦片的本质，唤醒了国人的爱国意识；而且委托魏源将自己收集的资料编辑成书，就是今天众所周知的《海国图志》。所以，林则徐作为近代中国"睁眼看世界的第一人"是没有争议的。在编写《郑观应志》的过程中，我们也在反复研究讨论，执行主编也有自己的研判，究竟应该怎样更好地定位郑观应？我们都认为郑观应在当时是全面清晰地了解认知了我们的国情及国内外形势，并在这个基础上提出了推进我们社会的全面现代化转型的系统思路。所以从这些方面来讲，如果我们说林则徐是"睁眼看世界的第一人"，郑观应应该是这一荣誉的直接继承者，我们将他称之为"中国全面看世界的第一人"是不为过的。

◉问　您刚才说到郑观应的勤奋令您很感动，在主持编辑《郑观应志》的过程中，郑观应还有令您感动的地方吗？

◉吴　我们在编写《郑观应志》的时候，判断他是理论家、思想家、教育家、慈善家，还是文学家。他有著作，但是著作不是很多，除了文学诗词之外，还有比较多的劝人崇善、劝人捐献的文学作品。通过编撰《郑观应志》，还有多年的组织协会的活动交流，让我更清晰地觉得郑观应的伟大是作为爱国、爱中华民族的思想家，其次就是他身体力行、毕生践行救时救国报国的言行。他做这么多事情的动力是什么？我认为是他伟大的爱国主义情怀，这一点令我最感动、最敬佩。郑家大屋修复后开放展示，澳门特区政府请中央电视台帮他们拍了一个纪录片，第一次看到纪录片就吸引了我，我们之前对郑观应的熟知主要是通过文字资料，但通过央视的主题摄制，郑观应的形象生动立体了，在列强入侵我们国土、欺凌我们人民的危机中，居然也有我们中国人说了算的历史场景——与洋人平分长江航运利权的谈判获得胜利。

当时中法战争已经爆发，法国当然是胜利者，我们签订了不平等条约。这些列强一进来就疯狂掠夺我国的资源，包括矿产资源和关税、海运等权利。长江是中国的大动脉，之前在长江和京杭大运河上运行的漕运船虽然已经是"高级定制款",但和外国的大船相比就是小巫见大巫。郑观应对此描写道:我们的那些漕运船就好像小沙船一样,他们那些又高又大的轮船驶过的一个浪打过来,就能把我们的船掀翻了。当时直接影响了朝廷对粮食、食盐以及军队的运输,这也是后来洋务运动者为什么重视轮船招商局发展的原因。唐廷枢、徐润和郑观应把轮船招商局经营得很好,轮船招商局的成立一下就打破了原本由旗昌、太古、怡和3家英美洋行瓜分长江内河航运的垄断局面。经过第一轮价格战后,规模最大的美国旗昌轮船公司被轮船招商局并购,这是中国近代工商业发展史上具有里程碑意义的大事。接着招商局与太古、怡和2家外资巨头3次(1877年、1883年、1889年)签订了长江内河航运权利"齐价合同",即与中外公司在各条航线上共同议定统一的价格,确定水脚收入和货源分配方案。第一次齐价谈判之后即将到期的前两年,郑观应还不是主办,盛宣怀催促他抓紧时间与太古、怡和进行第二次齐价谈判,结果郑观应带着香山人唐廷枢成功谈妥,签订了有利于中国轮船航运的齐价合同,但只是轻描淡写地发了"已谈妥"3个字向盛宣怀报喜。郑观应也成功地再签订第3次齐价合同。这一方面证明郑观应熟悉外国人的运作,另一方面也表现了他的思辨能力与据理力争,因为当时我们的国力是不行的,弱国无外交,没有话语权,但是3次签订有利于中国的"齐价合同",真的是长了我们国人的志气,也是郑观应商战论的最好实践。可以看到,郑观应不但有谋略,而且还在践行救时报国理想;他波澜壮阔的一生,情系国家和民族的命运,在经济上他积极参办创办中国实业,总办汉阳铁厂、赎回粤汉路权。为了国家和民族的利益，郑观应放弃苦心经营的轮船招商局等优差，毅然弃商从戎，南下南洋联络"合纵抗法"。他以一己之力，奋力前进，这些身体力行都是为了实现振兴中华的爱国报国理想。我觉得我们应该学习他这种爱国精神，还有那种不屈不挠抗争列强入侵的奋斗拼搏精神。

◉**问**　您于2015年7月被选举为中山市郑观应文化学会第二届理事会会长，作为会长，您近年来在推进郑观应思想文化的研究和传承方面做了哪些主要工作？

◉**吴**　郑观应文化学会成立于2009年，主要目的是挖掘中山名人文化资源。第一届我是被组织安排，做了常务副会长兼秘书长，第二届大家因为我主持编纂了《郑观应志》而推选我当了会长。这些年我也想好好研究郑观应，但是本身工作实在太忙，每天都要加班加点，身心疲惫，也就只能暂时放下了。我在开展会务工作时主要做了两方面工作：一是发展会员。二是争取获得市社科联的年度社科普及项目立项，获得开展会务的经费支持，以宣传普及郑观应思想文化。这几年主要是配合市纪委、市委宣传部、市档案局响应习近平总书记廉洁家风建设的号召，挖掘、研究并举办省内首个廉洁家风家训展览，为"齐贤修身，传承好家风——中山市家风家训文化图片展"提供了郑观应廉洁家风家训展板内容，获市纪委领导高度评价与肯定，助推建设良好的家庭和社会风气，多形式普及宣传郑观应思想文化及其当代价值。三是举办了多个郑观应主题研讨会，兼顾承办市社科联主办的个别研讨会，如联合澳门近代文学学会等社团在澳门举办"郑观应与近代中国"学术研讨会；基本每年都联合开展纪念郑观应的相关活动，加强两地人文交流。四是加强联络郑观应的后人。我们通过各种方法，联系了郑观应的部分直系家属，以及其兄弟的后人。比如上海的郑吉祥先生，他是郑观应的孙子，与郑观应刚好差了100岁。另外，我们还联系了郑观应的曾孙郑克鲁，他是上海师范大学的知名教授，也是中国当代著名的法语翻译家。在纪念郑观应诞辰175周年的时候，我受市委宣传部领导的委托，将联系上的家属全部邀请回了中山三乡，这为丰富郑观应族谱及后人的信息资料打下了基础。

◉问 自2015年5月起，中央纪委监察部网站推出了《中国传统中的家规》系列节目。2017年7月的《中国传统中的家规》第101期中，专题介绍了广东中山郑氏家族以廉洁自强立家的家训，重点介绍了郑观应的家训思想。你在此过程中为郑观应家训思想的对外推广做了很多工作。请您谈谈郑观应家训思想是如何被中央纪委监察部选中的？郑观应的家训家规对当今社会有哪些启示？

◉吴 2015年开始，中央纪委监察部网站开办了"中国传统中的家规"专题，带领读者从传统家规中汲取精华、去除糟粕，延续和弘扬中华民族的"家国"文化，涵养新时代的良好家风，为党员干部和群众营造精神心灵的家园，提升对中华传统的文化认同和文化自信。当时中山市纪委部门计划准备一个项目争取入选中央纪委的"中国传统中的家规"专栏，领导向我咨询："我们要选一个人，你看选谁？"我当时第一个想到的是孙中山，他家风教育也很好，但他告诉我最好选晚清的，这样只能选择郑观应了。他当时仍有疑虑，但我告诉他确实有郑观应挪用公款的谣言，后面已经证明那是被人家陷害的，他三进轮船招商局，其实并没有什么撒手锏，他就是整顿腐败、重整规矩，得罪了那些伸手获私利的人。在《招商局公学开学训词》中，郑观应也表示："人能不贪，乃无后悔。至公无私，辞金却贿。布衣蔬食，儒士何嫌。四字铭坐，俭以养廉。"这句话的意思就是：人如能不贪图财富，才能无悔，做人要极其公正无私，拒绝收受贿赂，读书人不应该嫌弃穿粗布衣、吃粗茶淡饭，要把"俭以养廉"这四个字当作座右铭，时时铭记于心。这对当今的所有人仍有深刻的启示作用。之后，市纪委部门的领导同意推送郑观应的家规家训，但要求必须紧扣廉洁思想。

当时我就犯难了。郑观应的先祖郑子纲生前曾放弃功名，在村里钻研学问教授学生，并以建立了一套"家规"改善乡俗为己任，倡导后人要孝悌爱亲、忠贞爱国、乐善好施；后来这套"家规"也成为村里所有姓氏的家规家训。县官同意村民们为了纪念他，改以其号"雍陌"作村名。郑观应先祖创立的家训影响了郑氏世代后人，郑观应在《乙酉还家书以自勉》中说到"不贪富与贵，但愿救同胞"，就是以当年郑子纲要求后人要忠贞爱国为自勉的。但郑观应不是朝廷命官，其家训有可能直接体现廉洁吗？所幸那时澳门近代文学学会的副理事长梁金玉女士，她的硕士论文全面探讨了郑观应的家规家训，我就在她的研究基础上，在郑观应2万多字的书信和《盛世危言》等著述里进一步搜索。遇上个别家规家训的出处搞不清楚，我就请教梁女士，最终拟写了郑观应的家规家训大纲。但领导看后说这不行，要按照其他地区的廉洁家训做法，不仅要求注释所选的廉洁家训古文，而且还要求拍摄一部宣传廉洁家训的纪录片。

我根据相关要求，继续在郑观应的家规家训中寻找有廉洁内容的家训。我记得很清楚，大概寻找了10多天后，在有天晚上凌晨2点，我终于找到了其中的廉洁家训。我当时兴奋得拍案叫绝，继续寻找，共发现了56条廉洁家训。比如郑观应在《训次儿润潮书》中就多次体现出廉洁思想："清、慎、勤三字，古之循吏垂为官箴，余谓此三字不特为官宜守之，即作商亦宜奉作金科玉律。"他认为清、慎、勤这3个字，是古代奉公守法官吏的戒规，不仅官员应该遵守，即使是从商者也应尊奉为守则和信条去遵守；在《招商局公学开学训词》中郑观应说道："人能不贪，乃无后悔。至公无私，辞金却贿。布衣蔬食，儒士何嫌。四字铭坐，俭以养廉。"可见在招商局的公务中，郑观应也将廉洁奉公作为其基本准则。我将这56条廉洁家训配上释文。随后由中山电视台名主持江秀娟担任导演和解说，我配合她撰写拍摄大纲及在澳门和中山拍摄，制作成一个令人满意的纪录片。

随后我们就向市、省和中央各级纪委逐级报送，首先是获中共中山市纪委直接通过，再报送到省纪委也基本没修改，再经省纪委报送给中央纪委。中央纪委的评委建议最好再找澳门的一位专家来点评更好。于是，我找澳门大学的邓景滨教授以及澳门近代文学学会现任理事长梁金玉帮忙写了一段文字。邓景滨教授以郑观应"惜食惜衣不独惜财还惜福，求名求利必须求己免求人"的对联，阐释了郑观应前半生努力功业的向上精神，告诫后人建功立业一定要靠自己的实力，要做到修身——修养自己，齐家——家庭和睦，那才是无愧的一生。郑观应一生勤奋上进，胸怀世界，心系国家，为子女和后人做了典范，他要求子女以高尚的道德标准为准绳，同时又将维新思想体现在家训中，这些家规家训包括了真诚、有恒、勤俭、廉洁、立志、知足、珍惜、慈善、包容、和睦等内容。最终 2017 年 7 月 11 日上线的"中国传统中的家规"第 101 期专题介绍了郑观应及郑氏家族以廉洁自强立家的家训，也让中国近代民主与科学的启蒙思想家郑观应再次走进国人的视野。

为进一步推进宣传郑观应的廉洁家训，我们还于 2016 年 12 月在三乡镇政府举行了郑观应廉洁家风研讨会，邀请与会人员参观市档案局"齐贤修身　传承好家风——中山市家风家训文化图片展"，组织主题发言，参观郑观应故居及纪念设施。我们邀请了澳门近代文学学会副理事长梁金玉、澳门历史学会理事长陈树荣、中山职业技术学院匡和平教授、中山市社科联主席胡波教授、珠海市图书馆副研究馆员黎细玲、资深会员陈迪秋等，交流探讨郑观应的廉洁家风家训及其影响。我也做了主题发言，谈了自己对郑观应廉洁家风家训的研究心得，分享了自己从郑观应 2.6 万字的家训中精选廉洁家训及箴言的过程。

后来，我们学会举办郑观应廉洁家训巡展活动，从文案设计、申请与立项、展板设计等方面都花了很多时间，尽可能达到更好的宣传教育效果。2019 年 12 月 4 日，《郑观应廉洁家训》图片展首站在郑观应文化普及教育基地白石村开幕，当时很多家长带着孩子来看图片展，部分家长和学生还进行了讨论，并撰写观后感。郑观应在《训子侄（立身处世）》中说道："少年读书时，自问立志欲学何等人？如志在修、齐、治、平、扬名显亲，期学第一等人，务须勤俭坚忍、吃苦耐劳、百折不回，方能达其目的。"这句话的意思就是说：年少读书时，自问立志要学习哪一等人？如立志要修身、齐家、治国、平天下、扬名万里彰显宗亲，则期望要学第一等人，务必要勤俭坚韧、吃苦耐劳、百折不回，才能达到目的。这些家训在当前对孩子的教育仍是很有用的。很多家长和孩子看了郑观应廉洁家训图片展后都给我们留言，告诉我们通过学习郑观应的家训，了解到应该首先培养孩子形成良好品格，让孩子保持良好的生活习惯；其次是不能沾染陋习恶习，同时要告诫孩子结交朋友与用人及办事均必须谨慎；还要让孩子学会务实，学习各种谋生本领，不沉迷电子游戏和电视，不贪恋物质和钱财。

这两年我带着学会成员开始将郑观应的廉洁家训推广到学校，2018 年和 2020 年，我两次到中山市博爱小学，第一次去向学生了赠送《中山市志》《中山市志（1979—2005）》《广东省志·孙中山志》《郑观应志》《中山市人物志》《中山年鉴》等 25 种地方志书，并向全校师生讲述了郑观应的爱国主义情怀、诚实守信情操、勤勉俭朴品格、扶危济困懿行，及其所体现的社会主义核心价值观、廉洁文化观、创业创新文化观、慈善文化、工匠精神和学习观等当代价值，以此来弘扬中华优秀传统文化，激发了同学们对中华优秀传统文化、中国精神和价值观的学习热情。我讲述时，师生听得

吴冉彬

很认真；我还搞了现场互动问答，他们都很踊跃。除此之外，我还用粤语和石岐话诵读郑观应先生的廉洁家训名句在市档案馆的常设展馆中展播。在分享的过程中发现，郑观应的家规家训用石岐话诵读，既押韵，更朗朗上口，这也在一定程度上反映了郑观应的家乡情结。

通过这些活动，让我对郑观应的思想有了更加深入的了解，我后面进行的部分授课或者专题论文的交流，都主要探究郑观应的廉洁思想及其当代价值与影响。2018 年，我专题研究了郑观应的工匠精神，并按中山市政协的安排，代表中山参加澳门多个社团举办的郑观应学术研讨会，做大会论文交流发言。2020 年 10 月，我应市委宣传部邀请，给全体同志讲解郑观应思想及其当代价值；我结合了郑观应的廉洁家训和工匠精神，归结了 12 个方面的思想及其时代价值。

◉问　吴主任，您好！欢迎您第二次接受我们的访谈。您认为郑观应一直呼吁国人主动跟上世界现代化潮流以及社会的总体变革，唤醒了一个时代，甚至直接影响了孙中山、毛泽东，以及康有为和梁启超等一大批振兴中华的民族精英。这种影响表现在哪些方面？

◉吴　郑观应不只是自己身体力行地进行实业救国，而且还形成理论，撰写了影响深远的《盛世危言》。当时列强入侵，我们封闭的国门被列强的坚船利炮给打开了，国土资源被掠夺，生灵涂炭，可以说是万马齐喑。在深重的民族危机中，很多仁人志士都在探索寻求变革。郑观应有一个有利条件，就是可以接触到大量的英国人，因为当时侵华的列强当中，英国、法国和美国都是头号的帝国主义国家，他们借助洋行作为工具大量掠夺我们的资源。郑观应作为太古洋行的买办，在工作中可以全面及时地了解西方资本主义国家的社会政治学说、先进的科学技术知识以及企业管理经验。另一方面，面对国家民族的危亡局面，郑观应深感忧虑，表现出强烈的爱国情怀，反对外商侵犯华商权益的心情也强烈起来，萌生在洋行当买办是"初则学商战于外人"，然后凭着所掌握的经营近代工商业的经验"继则与外人商战"的报国志向，当他摆脱了买办生涯后，就满怀信心地要运用他的商业才干，不断地与外人商战，并积极思考寻求中国的富民强国之路。

面对列强的入侵，清朝孱弱的军事力量已经完全不能与列强抗衡，比如在洋务运动中建立起来的北洋海军，一经中日甲午战争就毁于一旦。另外，很多清朝官员闭关自守，愚昧无知，将外国列强的军舰视作污秽的牛鬼蛇神，认为只要用污秽之物抵御，就会不战而胜，清军没有任何保护就冲上去，结果一排一排地倒在血泊中。众多列强的入侵，其战场是全方位的，不仅有真枪真炮的战场杀戮，还有在商场上的掠夺倾覆。郑观应及时清醒地认识到近代中国社会的现状，呼吁国人"欲攘外，亟须自强；欲自强，必先致富；欲致富，必首在振工商"，因为近代工商业发展了，不仅军队有自造的新式装备，而且在市场上有更多的中国产品可与外国的廉价商品竞争。郑观应利用买办的身份，接触到列强在政治、经济、社会、文化、军事方面的发展动向，一边观察一边记录下来，并加以思索，如何将人家的先进思想和技术学会，从而挽救我们的国家和民族。如当时西方国家普遍采用电报、电话来传递信息，而我们当时还靠驿站人力来传递信息，效率很低，且易泄露军机要情，没有保密可言，所以他一接触就已经意识到这是好东西，于是主张立即发展我国电报、电话业，在 19 世纪 70 年代还撰写了《论电报》，提出我国发展电报业的意义、建设与使用管理的具体方案方法。他发展电报业的谋想在当时是很超前的，还需针对某些思想保守的国人的疑虑进行合情合理的解说。可见，郑观应发展实业的思想不是喊口号，而是拿出了实实在在的具体方案，并在 1880 年亲自参与电报业的发展，任上海电报分局总办，直接参与了京沪线、长江线等线路的建设，加快了我国军事、政治、经济信息的传递。

按照世界史的划分，英国的蒸汽革命成功之后西方国家就已经步入了现代化；按照我们中国历史的划分，一般以鸦片战争为界划分近代史。因为第一次鸦片战争的炮火轰开了中国的国门，使得素以天朝上国自居的清政府遭受了割地、赔款的屈辱，随后洋务运动开始强化海军，培养北洋水师，培养现代化人才，以及向国外进口现代化技术和生产器械，仍旧算是让我们第一次睁眼看到了世界文明的进程。虽然清廷实行的是被动的现代化，伴随着列强入侵的坚船利炮，这种西方文明是以我们不愿接受的形式来到了中国，但是它也是人类文明。在这个时期，时代精神状况发生了显著的变化，新的思想大量涌现。学术界都认可林则徐是"睁眼看世界的第一人"，他在广东禁烟时，为了解外国的情况，组织专人搜集外国的报纸和书籍，主持汇编成《四洲志》，这本书记述了世界五大洲 30 多个国家和地区的地理和历史，是近代中国第一部相对完整、比较系统的世界地理志书。

林则徐坚决实行禁烟，抵抗外国武装侵略，捍卫了国家主权和领土，还主张学习西方先进技术，发展民族工商业，魏源在《海国图志》中很好地贯彻并发挥了林则徐了解和学习西方的思想和做法，推崇资本主义国家的民主制度。郑观应在很大程度上深化了他们的思想，把自强的基点放在近代工商业的发展上，放在"商战"上，提出"商战重于兵战"的思想，认为兵战固然不可忽视，但它是"末"，商战才是"本"，并对实现近代中国政治、经济、社会、文化、教育等方面的现代化建设进行了整套的、成体系的设计，这些内容都呈现在他撰写的《盛世危言》中。这本书的出版给国人扫清了雾霾，看到了希望。郑观应成体系的理念中，第一是提出了要设议院、实行君主立宪制的政治改革，这实质上是倡导民主；第二是提倡广办各类学校，崇尚学习西学。他提倡先要掌握西方国家发展的经验精华，其实就是科学技术，这实质上是倡导科学。后来1919年爆发的五四运动，提到的两大主题——民主与科学，在《盛世危言》中已有体现。

郑观应和孙中山是同乡，虽然年龄相差24岁，但他们仍有共同的社会背景、爱国报国、忧国忧民的情怀以及对西方世界的认识，这些共同点让他们在澳门就有了很多交集。郑观应当时肯定很欣赏孙中山，孙中山撰写的《农功》就收录在《盛世危言》书中，这既是肯定，也是对孙中山的推介。另外，孙中山的很多经济建设思想，包括在《上李鸿章书》中提到的"人尽其才，地尽其利，物尽其用，货畅其流"，也借鉴了郑观应的经济发展思想。毛泽东在延安的时候接受英国记者采访时就提到《盛世危言》一书对他的影响。

◉问 您近年来专注于研究郑观应的家规家训，特别是其中的廉洁家训，请您和我们分享下郑观应的家规家训和廉洁思想有哪些特点？

◉吴 郑氏家族是香山县的书香世家，其家族祖训便有"德行为上，慈善为怀；勤俭朴素，吃苦耐劳；喜读诗书，发奋上进"等内涵。在郑观应的故居澳门郑家大屋里，有一副木刻抱柱楹联"惜食惜衣不独惜财还惜福，求名求利必须求己免求人"。这副楹联反映郑氏的家风为珍惜福泽，自立自强，光明磊落。郑观应继承祖训，具有强烈的家国情怀，为了挽救国家，一生廉洁奉公，鞠躬尽瘁。郑观应十分重视家庭教育，写有廉洁家训及格言共26000多字，散见于其家书、嘱书、诗歌、散文、匾额和楹联中，使其融合着"勤、学、廉、善"等主题的家训成为传递中华优秀传统文化及道德品格的跨时代桥梁，对世人影响深远和持久，并成为中华民族优秀文化传统之一。

郑观应的廉洁家训主要内容包括注重传承中华民族忠孝仁义、爱国护国、修身齐家、行善积德、勤俭耐苦、立志上进等优秀传统文化，重视家庭教育，教诲儿孙。这些廉洁家训及格言展示了郑观应爱国报国情怀、诚实守信情操、勤勉俭朴品格、扶危济困懿行，对其家人及世人均有重要教育意义。

一是不求富贵，以廉行事。他在嘱书中将孝、悌、忠、信、礼、义、廉、耻八个字编为韵句教育后辈，亦表明其清廉的品格及救世的志愿："不妄取，不强求，盖志在救世，事事期无惭于衾影。"关于廉的韵句为："人能不贪，乃无后悔。至公无私，辞金却贿。布衣蔬食，儒士何嫌。四字铭坐，俭以养廉。""不贪富与贵，但愿救同胞。""况当此竞争之世，人心叵测，稍有不慎，即堕入机陷中。勿贪意外之财，无故币重言甘、礼下于我者，将有所求。""将来无论求名求利，均当以道德为根据。诚如先贤云：'不为财色所困者方是英雄。'"

二是德行为上，慈善为怀。"求福莫如积善，积善莫如救人。救人之切而要、广而普者，莫如赈饥。""何如行善举，慷慨法欧洲。家财千百万，不为儿孙留。或设大书院，或创育婴楼，或建工作厂，或为医院筹。人爵何足贵，天爵胜王侯。"

三是勤俭朴素，吃苦耐劳。"至于勤俭，尤处家第一要义。无论贫富，若怠惰自甘，则家道难成。""英雄出处多穷困，功业由来俭与勤。""勤俭得富贵，骄奢得贫穷。""至于勤俭，尤处家第一要义。无论贫富，若怠惰自甘，则家道难成。盖大富由天，小富由勤，勤而不俭，终难积蓄。"

四是勤学精艺，发奋上进。"立志在青年，老来悔已晚。须观有用书，学业身之本。""学问之道贵诚、勤、恒，能耐劳、能耐苦而又要稳步安详、小心谨慎。""笃志力行，勤学好问，进德修业，事事有恒，庶老来无追悔之叹。""无论男女，除读书外，必日有手艺进款，勿使饱食终日，无所用心，奢侈无度。""盖今日时势，非晓通英文、业精一艺，不足以多获薪水。"郑观应认为要适应社会的发展，应学习英语和专业技能，才具备谋生的本领；在竞争的世界中，必须务实、刻苦勤劳，愿意接受磨炼。他立定家规，期望子孙各精一艺，在踏入社会工作初期，以积累经验为目标，不要计较薪金多少，先于大公司学习，发奋上进，努力锻炼自立的能力。郑观应还认为女子要读书，女子的学问很重要，故在《致内子叶夫人书并录妇女时报治家格言》中阐明"要之食、着、住三者，实为消费上之一大要项，而无论贫富皆不能缺掌其职者。普通人户其权恒在妇人，故妇人不可不有家庭经济之知识也"。他专门安排读书费，儿子和女儿都有读书的机会。

五是忠孝仁义，爱国护国。"食人之禄，忠人之事。士农工商，均应如是。兴亡有责，况在国家。忠贞报国，振我中华。""吾人献身社会，凡力能福国利民，不妨请自隗始，但奉天为日、俄狙上物，割之窬之惟所欲，故鄙见与洋人合办，弟能于此兴办矿业，是亦争回利权之先机也。愿勉图之。"

◉问　刚才您和我们分享了郑观应家规家训和廉洁思想，这对当今社会有哪些启示？

◎吴　在中国近代史上，郑观应和他的《盛世危言》可以说具有举足轻重的地位，他的爱国情怀、慈善思想、务实作风以及家训家规释放出来的巨大影响力，至今仍有很大的借鉴价值。其家训家规是传递中华优秀传统文化及道德品格的跨时代桥梁，学者们普遍认为"清、慎、勤、廉"是郑观应家规家训的核心要素，郑观应担任过多家洋行、民族工商企业的主要管理者，无论在什么岗位，都专心做好所在职位的本分工作，做到清廉、谨慎、勤勉，为子孙后代树立了良好的榜样，可以说"清、慎、勤、廉"不仅是教育后代为人处世的家训，也是郑观应个人品性的写照。

我认为郑观应是非常重视家庭子女教育的，而且能做到男女平等，这在女子无才便是德的封建社会是极不容易的。在郑观应的家训中，包括了普惠式的教育，就是不管是男的女的，都应该接受教育。郑观应鼓励子女们学一技之长，并特别叮嘱他们："我知二十世纪觅食维艰，故定家规，甚望我子孙各精一艺，凡子孙读书毕业后及二十一岁后不愿入专门学堂读书者，应令自谋生路，父母不再资助。"在他的安排下，长子郑润林留学日本，毕业于法政高等警察学校，次子郑润潮入读北京的税务学校，三子郑润燊就读青岛特别高等专门学堂，四子郑景康（原名郑润鑫）中学毕业后被送到上海一所商业专科学校就读。中山自晚清以来，上年纪的老人教育小辈时都会说上一句："后生仔，要学一技之长啊，否则没用啊。这可是郑观应说的呀。"郑观应重视对子女进行技术教育的观念，具有现代气息，保证了培养的人才具有很强的实用性，这与今天我们国家倡导职业技术教育、培养实用型技术人才的理念是相通的。

郑观应一生洁身自好、以廉行事，"惜食惜衣不独惜财还惜福，求名求利必须求己免求人"，这副悬挂在澳门郑家大屋余庆堂的对联，可以说是郑观应品性最好的写照，他也将廉洁自好写入了家训中，在《训长男润林书》以及写给女儿和子侄的家书中，都有提到勤俭才能成就事业，告诫子孙不要结交损友、沾染不良陋习，鼓励他们多读书，通过读书了解外面的世界。郑观应以身作则，示范教育，让子女形成良好的品性和为人处世之道，这对当前的家庭教育有很多的借鉴价值。

◉问　您在《郑观应廉洁家训的当代价值》一文中认为，郑观应的思想在当代仍具有很重要的价值。请问这些价值体现在哪些方面？

◎吴　我当时写这篇文章，主要是结合时代需求，论述了郑观应廉洁家训的当代价值，主要体现在以下方面：

一是体现了社会主义核心价值观。党和国家在精神文明建设中，着重提出要建设社会主义核心价值体系与社会主义核心价值观，建设社会主义文化强国，提升文化软实力，促进社会和谐。社会主义核心价值观是以"富强、民主、文明、和谐""自由、平等、公正、法治""爱国、敬业、诚信、友善"为社会主义核心价值目标的思想保证和行动指南。郑观应廉洁家训告诫后人要修身律己、崇德向善、礼让宽容、遵纪守法、艰苦朴素、自食其力、勤俭节约、好学上进，并在价值观层面实现家国的统一，正所谓"修身齐家治国平天下"。郑观应的廉洁家训包含了我国社会主义核心价值观中公民个人应遵守并践行的"爱国、敬业、诚信、友善"的价值准则。郑观应廉洁家训内含丰富的道德素质教育和价值观培育的内容，对受教者极具感染力、亲和力和启发性，对我们推动培育与践行社会主义核心价值观有直接的教育意义。

二是体现了廉洁文化观。他在遗嘱中亦表明其清廉的品格及救世的志愿："不妄取，不强求，流志在救世，事事期无惭于衾影。"为了教育后辈，他将孝、悌、忠、信、礼义、廉、耻八个字编为韵句，关于廉的韵句为："人能不贪，乃无后悔。至公无私，辞金却贿。布衣蔬食，儒士何嫌。四字铭坐，俭以养廉。"这些家训体现廉洁文化的内涵和要义及自律性的行为模式，对于社会大众形成与主流文化相适应的价值观、道德观及相应的行为模式，引导社会大众形成崇廉尚洁、鄙贪弃腐的廉洁观念，认同廉洁行为具有正面的教育意义。

三是体现了创业创新文化观。作为一名实业家，郑观应深知一技傍身的重要性。他有不少家规反映出这种实用的心态。如"现处竞存时代，无论为士、为农、为工、为商，务求各精其业、各执一艺"。这些家训传达出他期望子孙各精一技，发奋上进，以图自立的期望。

2015 年，国务院总理李克强在政府工作报告中又提出"大众创业，万众创新""既可以扩大就业、增加居民收入又有利于促进社会纵向流动和公平正义"。在论及创业创新文化时，李克强强调"让人们在创造财富的过程中，更好地实现精神追求和自身价值"。郑观应廉洁家训在我们正在进行的"一带一路"历史机遇和大众创业、万众创新的发展机遇与实践中，仍有重要的现实意义。

四是体现当代的慈善文化观。郑观应廉洁家训中有"求福莫如积善，积善莫如救人。救人之切而要、广而普者，莫如赈饥。""是故地方负有教育之职者，宜设幼儿园多所。家拥巨资之绅商亦宜大破悭囊，联络提倡，富贵者无论也。"这些家训与当代慈善文化的利他主义价值观相关联，与中国红十字会发扬人道、博爱、奉献精神，保护人的生命和健康，促进人类和平进步事业的宗旨相关联。当代慈善文化所要达到的境界就是要在全社会倡导和营造"以人为本""助人为乐"的人文关怀的社会环境，减少冲突，调和矛盾，推动社会稳定和谐。我们在构建社会主义和谐社会的历史进程中，需要有郑观应廉洁家训等体现的中华优良家风文化的启迪、承载和激励，构筑一方有难八方支援的互助协作平台和慈善伟业。郑观应家乡中山市于1988年开始举办的"中山慈善万人行活动"，每年一届，已成为中山最具特色的城市精神文化品牌，成为"广东乃至全国红十字运动的一面旗帜"。

五是体现爱岗敬业的"工匠精神"。郑观应廉洁家训中有"现处竞存时代，无论为士、为农、为工、为商，务求各精其业、各执一艺"；"吾在家尝教人固穷勤俭，劳苦忍辱，谨慎谦恭，长于一艺为谋生之本"；"无论男女，除读书外，必日有手艺进款，勿使饱食终日，无所用心，奢侈无度"。这些廉洁家训具有重要的时代价值与广泛的社会意义。郑观应廉洁家训体现中华民族历来有"敬业乐群""忠于职守"的传统和爱岗敬业的"工匠精神"。"工匠精神"包括有敬业、精益、专注、创新等方面内涵。敬业是中国人的传统美德，也是当今社会主义核心价值观的基本要求之一；精益求精，是老子所说的"天下大事，必作于细"，是在做得很好的基础上还要求做得更好，是"即使做一颗螺丝钉也要做到最好"的境界；专注就是内心笃定而着眼于细节的耐心、执着和坚持的精神，是中国古语所说的"艺痴者技必良"而终能在各自领域里成为"领头羊"的执着追求；创新就是在执着、坚持、专注中追求突破、革新，是工匠把"匠心"融入日常劳作的每个环节，在敬畏职业与追求高质量的同时，富有追求突破和革新的创新能力。在科技日益发达的现代，我们重温郑观应廉洁家训，弘扬和传承爱岗敬业的"工匠精神"，争取成为守在各自岗位上的能工巧匠，就能为实现中华民族伟大复兴的中国梦而作出贡献。

六是体现当代的学习观。郑观应廉洁家训有"笃志力行，勤学好问，进德修业，事事有恒，庶老来无追悔之叹。""少年读书时，自问立志欲学何等人？如志在修、齐、治、扬名显亲，期学第一等人，务须勤俭坚忍、吃苦耐劳、百折不回，方能达其目的。""立志在青年，老来悔已晚。须观有用书，学业身之本。"郑观应在其廉洁家训中不乏诲人好学从而进德修业的格言韵句。重视学习，是中华民族延续数千年的优良传统，也是我们中华民族文化源远流长且博大精深的精神保障。郑观应廉洁家训传承着中华民族传统文化中对学习的重视和强调，并为我们指明为学之道，要求我们将学习思考作为做人治学的基本要求和首要步骤。重视学习也是中共的优良传统，正如习近平总书记所言："中国共产党人依靠学习走到今天，也必然要依靠学习走向未来。"并要求领导干部要认认真真学习、老老实实做人、干干净净干事。总之，要像郑观应先生所说的"须勤俭坚忍、吃苦耐劳、百折不回"地坚持学习，通过学习避免陷入少知而迷、不知而盲、无知而乱的人生困境，克服本领不足、本领恐慌、本领落后的安身立命难题，致力于让自己"自立"成为有坚定理想信念、完备政治素养、高度专业水平的中国特色社会主义事业建设者，成为既光耀门庭又扬振国威的"中国工匠"。

●**问** 您认为郑观应的家风家训为雍陌郑氏家风注入了更丰富的内容，成就了著名美术教育家、画家郑锦，摄影艺术家郑景康，翻译家郑克鲁等郑氏名人，郑观应对这些后辈的影响具体表现在哪些方面？

◎**吴** 我们之前提到他的祖先郑雍陌，为人公道，关心公益，慈善为怀，扶贫助弱。郑观应的祖父郑鸣岐，是一位"莫因善小而不为"的儒学之士，奉行"积金玉以遗子孙，子孙未必能宁；积诗书以遗子孙，子孙未必能读；不如积德以遗子孙"的准则，而父亲郑文瑞也是位慷慨好义的乡绅，曾率夫人捐资重修村里的石板大街，在大街东西两端的庙宇外，至今还有村民感念此事的碑刻。可见郑家世代都是"德行为上，慈善为怀"，这种优秀品质对郑氏家族的发展定下了基调。

古代有"富不过三代"的预言，认为只留给后人财富是不足的，传一种好的品德给子孙才是永恒的。郑观应的直系后人遵循郑观应廉洁奋进、掌握一技之长的家训，家族后代从政的几乎没有，他们多在掌握了某项职业技能后，在特定领域作出了应有的贡献。郑景康是郑观应的第四个儿子，曾为毛泽东拍摄了肖像照片，我国首都北京天安门城楼上悬挂的国家主席毛泽东的画像就是根据他拍摄的照片绘制而成。他不仅能真实、自然、生动地抓拍历史人物，塑造出立体的人物形象，是中国纪实摄影的奠基人，也是著名的摄影理论家，对于摄影艺术有着深刻的认识和理论的阐述，撰写了

《摄影创作初步》《新闻摄影讲义》等著作和其他文章。除了郑景康，他的孙子郑吉祥（郑润燊的儿子），是上海一家化工厂的高级工程师，还是上海市劳动模范。还有他的曾孙郑克鲁，是著名的翻译家。可以说，郑观应孝悌爱亲、勤俭忠诚、廉洁自律的家风传承，以及他强烈的爱国情怀、富国强兵的主张，也为雍陌郑氏家风注入了更深厚的内涵，成就了著名美术教育家郑锦、摄影艺术家郑景康、翻译家郑克鲁等郑氏名人。

◉问　为了弘扬中华民族优秀传统文化，坚定广大青少年学生的社会主义文化自信，构筑中国精神、中国价值、中国力量，让现在的小学生重温发生在自己成长的土地的大事、要事、特事，进一步认识家乡，增强文化认同。您近年来不断开展郑观应廉洁家训进学校普及讲座，请你谈谈做郑观应廉洁家训普及工作的初衷。

◎吴　这个也跟我是中山市郑观应文化学会会长有直接关系。我们学会的主要职能是研究、传播、发展郑观应的爱国、救国、强国思想，所以普及、宣传、弘扬郑观应的思想文化是我们的主要会务工作。当时我们觉得廉洁家训很契合当下小学生的爱国主义教育、社会主义核心价值观教育。

◉问　您于2020年6月在詹园举行了"郑观应倡导与践行工匠精神"讲座，认为郑观应除了以其警世鸿著《盛世危言》传世，向世人宣示他炽热的爱国情怀与振兴中华的伟大抱负外，还以家训和著作倡导中华优秀传统文化及传统美德宝库中的工匠精神，毕生践行为学求是、办事求精、勤勉坚韧、舍我奉献、创业求新的工匠精神和懿范懿行，其影响深远持久。郑观应在其一生中哪些方面表现出了工匠精神？

◎吴　第一，郑观应在学习中强调为学求是，治学严谨。郑观应身体条件不是很好，患哮喘病，比较瘦弱。我们都知道旧社会的学徒对师傅要像孝敬父母一样照顾的，要照顾师傅的起居生活，需待师傅休息之后才能下班。郑观应初到上海入行时是干跑腿的，每天的工作非常辛苦，但他知道"不学英语，不足于多获薪水"，于是利用自己极少的业余时间，将微薄收入的大部分投入到英国传教士傅兰雅开办的英华书馆学英语。郑观应学习非常严谨，不仅学习如何说和写英语，还对西方发达国家的政治、经济等方面产生了浓厚兴趣；可以说，因为掌握了英语，他成了那个时代最了解西方、最具有世界眼光的中国人之一。由于刻苦学习，仅两年之后，他经世交徐润的推荐，到徐润当总办的英商宝顺洋行当上了正式买办，自己也逐渐涉足茶业、盐业生意，开始积累财富。

第二，郑观应在工作中表现出勤勉坚韧的品质。郑观应曾在日记里写道，1859年冬被派赴天津考察商务，时值天寒地冻，他衣衫单薄，但仍顶着漫天风雪坚韧完成相关事务，而且完成得很好，后来人家说小青年真的很勤勉，能吃苦，回上海后立即安排他做账房的事情，很快就做了买办。另外，郑观应巡视长江沿岸轮船招商局各分局的商贸、航运、房地产租赁等经营状况，时间长达3个多月，撰写3万多字的《长江日记》一书，记录大量当时航运、造船、税制、进出口贸易、工业、矿产、中药材、丝织、茶叶、玻璃等经营状况以及各地民俗与自然风光等。他这种勤勉与办事求精的工作精神正是工匠精神的具体表现。

第三，郑观应还具有舍我奉献的精神。郑观应生活在一个内忧外患、列强称霸的动荡时期，强烈的爱国情怀驱使他竭尽全力为国家服务，表现出舍我奉献的精神。郑观应三进三出中国第一家官督商办的近代企业——轮船招商局，三次都是以拯救轮船招商局局务危机的身份去的，特别第二次与第三次，那时轮船招商局已经在亏损了，盛宣怀邀请郑观应前来就任，可以说郑观应是不求回报的，因为最后一次连工资都没有。当时盛宣怀提出能不能给郑观应退休金，因为前面有人享受过这个待遇，但是郑观应通过砍断腐败进行招商局局务的整顿，这在无形之中得罪了既得利益者，遭到了这些人的指责陷害，不同意给他退休金的优待。

第四，郑观应在工作中精益求精。在自行制造的原则下，郑观应参与了中国第一间具有规模的新式纺织工厂——上海机器织布局的筹建，并委托容闳去美国购买织布机和挑选工程师，甚至还有棉花的种子。在开平煤矿粤局担任总办的时候，郑观应不仅负责购地建厂、填筑码头，而且亲自参与技术革新，计算出炼矿炼铁的比例，以此保证品质，在工作中追求完美极致。

第五，郑观应在工作中处处表现出创新精神。执意追求创新的意识，在郑观应身上表现得很充分。他曾先后创设及总办上海和各地厂矿、电报、轮船等公司，并为这些公司的发展做出了很大贡献。比如他在洋行中看到西方国家已经有电报，就立即意识到发展电报业的重大意义，首先写了文章

《论电报》，不仅高屋建瓴地指出电报在军事、商业、政治上的各种优势，还详细阐述了电报工作的基本原理，后来他组织编译了《万国电报通例》和《测量浅说》，这种以理论论证方式发出的呼吁，形成了很强的说服力和巨大的震撼力，从而在朝野中产生了重要的影响。

◉问　刚才您和我们分享了郑观应的工匠精神，请问郑观应的工匠精神对当今社会有哪些启示？

◎吴　首先，我们应该建立一种认识，工作没有贵贱之分，行行都能出状元。有了这种认识，才能鼓励我们在自己的行业里不断地奋进，不断地创新，不断地追求极致，这个极致既包括我们劳动成果的品质最大化，也包括我们个人技能的最优化，需要不断地学习，不断吸取前人精益求精的精神。

其次，每个人做好自己的本分职业。郑观应不管是学习还是工作，都扎扎实实地把每一项任务做好，这也鼓励所有人，包括我们正处成长期的青少年，学习就追求学到最好，工作就应该守岗尽责，以发挥每个螺丝钉的作用来凝聚起民族振兴的磅礴伟力。

◉问　听说您于 2020 年 10 月间，受邀到中共中山市委宣传部授课讲述郑观应救时救国的思想贡献及其当代价值。请问包括有哪些内容？

◎吴　郑观应的救时救国的思想包括爱国主义思想、政治改革思想、廉洁思想、商战思想、学战与教育思想、涉及商务和工业农业与金融财税及交通邮政等经济领域的经济思想、人才思想、法制思想、军事思想、外交思想、社会管理思想、新闻报业和公共文化设施及文明规范思想、希望通过建立人类的普世价值以和解人类矛盾的世界人类共同发展思想。

郑观应以其毕生勤勉笃行和以文倡导所形成的思想，是近代中国救亡图存的思想，是中国由封闭的封建社会向开放的现代社会全面转型的思想，富含中华民族深厚持久的爱国主义传统和为实现中华民族伟大复兴而奋斗的精神力量。郑观应思想的时代意义在于对中国社会的现代化转型提出了整体性设计意见，其内容涵盖政治、经济、文化以及社会管理等方面，是对近现代中国思想的一大贡献。他的宪政思想的本质就是倡导民主，他提倡"西学"本质就是倡导科学，在《盛世危言》中倡导民主与科学，孕育着伟大的五四运动精神，体现他的思想成就及其时代价值。

郑观应放眼世界，关注当时西方先进国家出现的电报业等效益好的新技术，结合中国现状提出成套建议，希望以此改变中国的落后面貌。其经济思想的基本理论和出发点富有完整的创见性和很高的现代意识，符合近代中国的转型实际与世界潮流的发展趋势。其论及的商战原则、条件与技巧等既极大地启发了当时的国人，亦昭示了现代世界贸易的本质就是"商战"，其作为思想资料的价值影响还将更加久远；商务思想积极帮助民族实业刚起步的中国民众明识以商战抗衡列强入侵的途径方法，慧眼独到地发现和发挥华侨参与中国商务活动的潜力。他非常重视近代信息传送、获取商情，倡办"邮政"和"电报"。其农业思想在较高的层面丰富了中国农业现代化的理论，其工业思想及其战略思路切中近代中国的局势时弊，基本成为日后世界各国发展重工业的主要原则。其倡导开展全民教育，为推进中国社会的现代化进程作具体铺垫，至今仍有其解决社会问题的应用价值。其强调效法西方建立公开公正的"公举"和"考试"的选拔人才制度，认为社会只有形成"实事求是"的风气，才能保证"人尽其才"，郑观应关于人才理念的创见更显其现代价值，在 21 世纪的世界各国国力的竞争实质上是人才的竞争已经成为全球的共识。其法制思想从社会利益分配不公的角度批判专制体制，极具近代民主意识，具有鲜明的时代性与以法救国的务实性，对中国法律思想观念现代化的启蒙与推动作用凸现。其军事思想贯穿自强御侮的爱国主义精神，体现了现代化的国防观，其防御战略在当时是合理的，关于中国兵制改革的思路极具时代先进性，其国防观代表着中国近代国防思想的发展方向，对其后中国国防的实践产生深远影响。其外交思想积极进取很有预见性，将中国传统的连横合纵思想运用于对近代国际形势的分析并提出相应策略，仍能启迪当代国家间的外交方略，为推动中国现代化尤其是外交现代化准备了丰厚的理论与思想资源。其对官吏管理的呼吁在当时非常及时，对于现代政府的机构改革也极具警鉴意义。其提倡社会文明礼仪及诚信建设，触及社会价值观念和精神文明的转轨问题，直接推进了现代化社会的建设。在医事管理思想上，其提出中西医结合辨证诊治的科学倡议，对西方医学知识的传播和中国近代医学的发展产生了积极影响，在新中国已经产生了深刻持久的积极影响和重大效应。其革除社会陋习的思想，成功开启近代中国社会的文明新风并影响至今。其倡导世界人类共同发展的思想，传承弘扬了中华优秀传统文化讲仁爱、重民本、守诚信、崇正义、尚和合、求大同等核心思想理念，为现代社会治国理政提供有益借鉴，在继"地球村""地球家园"与"普世价值"等概念获世界各国肯定后，当2020年人类社会遭遇新冠肺炎疫情在全球蔓延的严重威胁时，推动构建人类命运共同体、人类共同应对疫情挑战的中国主张和中国方案已被多次写入联合国文件，得到国际社会的欢迎和认可，同舟共济、团结合作成为当今国际社会主流，体现出百年郑观应思想的生命力和价值所在。

◉问　中山地方志的行业曾经有句话："中山这么多镇区、行业，想要知道哪些历史事件的来龙去脉而不得，可以去找吴冉彬请教。就算碰巧她不知道，她也知道该问谁。"可见您踏实的工作作风已经获得了同行的高度评价，体现出您在工作中的"工匠精神"。您是如何在工作中做到这点的？

◉吴　这个是过誉了。一者是因为我在这个岗位上工作的时间比较长。我是咱们广东比较少有的，年纪不算大，但是又经历了两轮修志的幸运儿。我在20世纪80年代就参与了首部《中山市志》的编写，后来又主持了第二轮《中山市志》的组稿、修改、送审与出版等工作。我从小就立志自己要像泰山顶上的一颗种子，风把我吹到哪里，哪怕是石缝当中我也要生存，而且还要比较高品质地生存，这才不枉为人一遭。因此自己从小就有很多憧憬，鼓励自己挑战一些自己做不到的事情。因为有这种追求，每当组织上安排我做什么工作，我都会尽量创造条件高质量地完成。因为能在千万人中挑选到我，就是瞧得起我，就是我人生的伯乐，我就不能让挑选者失望。广东省人民政府地方志办公室曾经来电说要采访我，我推却不了，当放下电话时就立即想到了接受采访的主题——《以感恩的心服务地方志事业》。我在地方志办公室工作了 30 多年，在广东省内真的为数不多，有的也已陆续退休了。

二者就是感恩。我们中华优秀传统文化已有 5000 多年的历史，在封建时代，地方志是我们老祖宗创建的一个传承中华优秀文明的载体，在世界的四大文明古国当中，唯有中华民族能够整体兴盛发展到现在，地方志是功不可没的。在新时代，我国创新发展了新的修志体制，即党委领导、政府主持、地方志部门主办、专家学者和全民参与的修志体制。按照惯例，各地一般较着重开展本行政区划内的修志工作，但现在按广东省人民政府的要求，修志工作已经全面开花了，连单个人物都可以独立设志编修，包括我们中山编成出版的《广东省志·孙中山志》《郑观应志》，这都是一种创新。既然中山市在超 100 万人中挑选了我来修志，我感觉很荣幸，所以立志将这份工作做好。

我具有这份荣誉心后，一直都抱有战战兢兢、生怕自己漏记史实的工作心态。我给自己一个清晰的定位，就是要做好对历史的记录，不敢说自己是行业的老资历，只能说是以感恩的心、以服务的心，诚惶诚恐地书写好中山人民的奋斗史。我从事地方志工作几十年来就是抱着这样的一种心态。

◉问　您在第二届理事会任职讲话中强调，要团结和发挥会员才华，致力推动发展郑观应文化学会会务，组织学术研究与交流，多出精品与人才，提升学会影响力，多形式普及郑观应思想文化，促进其转化为生产力，为全市文化事业发展提供有力支撑。时至今日，5 年过去了，您在担任理事会期间做了大量工作，举办郑观应学术研究会、收集郑观应历史史料、拜访郑观应后裔、开设郑观应相关讲座等。未来您将在哪些方面领导学会理事会开展工作？

◉吴　郑观应文化协会是 2009 年成立的，首届理事会当中，我是副会长兼秘书长，当时我还在主持、编撰和出版《郑观应志》，业务工作挺忙，对协会工作切入点不太高。到第二届的时候，我就任会长，第一个任务就是发展新会员。因为创会会员不是申请进来的，至少有一半是从孙中山研究会调拨过来的，对郑观应的理解和研究都很不够，他们也从不参加协会的任何活动。我当会长后确立了新会员的主要发展方向：一个是电子科技大学中山学院、中共中山市委党校、中山职业技术学院和火炬开发区技术学院的教师；二是孙中山故居纪念馆馆员；三是市地方志办公室的工作人员等。除此之外，我还积极拓展市外的会员。我们的会员不能仅是中山市的，因为郑观应思想文化的研究比较冷门，跟孙中山思想文化的研究（简称"孙学"）无法相比；而且中山市的研究力量有限，我只要发现其有研究意愿，就积极鼓励其入会。总的来看，现在的会员从质量上和数量上还是不够的，还需要进一步将更多的专家学者等吸纳入学会中来，才能形成一个有影响力的文化协会。

另外，协会还需进一步挖掘和利用郑观应思想文化。党

吴冉彬

中央、国务院两办发布的《粤港澳大湾区发展规划纲要》明确提出要支持中山市深度挖掘和弘扬孙中山文化资源。我一看到这个文件，就立即联想到郑观应思想文化也是孙中山文化资源的组成部分，甚至是很重要的一部分。我在很多场合均提出这样的想法：咱们中山有三位伟大级的人物：郑观应，被誉为是近代中国"全面看世界的第一人"，是推进中国社会现代化进程的启蒙导师，是中国现代化运动思想的代表和先驱，他的思想名著《盛世危言》直接影响了康有为、孙中山和毛泽东等大批为振兴中华而奋斗的民族志士；孙中山，是伟大的爱国主义者、中国民主革命的伟大先驱，他一生以革命为己任，立志救国救民，为中华民族作出了彪炳史册的贡献；杨殷，与孙中山同为翠亨村人，早年参加孙中山领导的同盟会，是孙中山先生的卫士队长，后参加中国共产党，成为著名的工人运动领袖，党早期军事工作的重要领导者和情报保卫工作的重要开拓者之一，参与领导省港大罢工和广州起义，1929 年在上海被捕后英勇就义，是 100 位为中华人民共和国成立作出突出贡献的英雄模范人物。三位中山人构成一条历史发展的路径，今后如果有可能的话，我也期望能对杨殷进行具有深度和广度的挖掘研究和宣传普及。

在挖掘阐发郑观应思想文化精髓方面，还有很大的空间。2017 年 1 月 25 日，中共中央和国务院两办联合印发《关于实施中华优秀传统文化实施工程的意见》（简称"意见"），提出要对中华优秀传统文化作创造性的传承和创新性的发展（简称"双创"）。学会近年来加大了对郑观应廉洁家训和思想时代价值的研究，这块我们是做出了探索，可以说是落实了"意见"中的"双创"。我任中山市郑观应文化学会会长后，就想深度挖掘中山市的名人文化资源，包括郑观应的思想文化，细化研究完了就把它转化为全民的特别是中小学生的宣传普及社会主义核心价值观的素材，最终把我们的这些研究成果通过走进校园和社区来得以转化。

当前，我们正在进行粤港澳大湾区建设，湾区的建设不仅仅是经济建设，还有人文湾区的建设，我们中山名人众多，在中国近代文明进程中扮演着重要角色，如何挖掘名人文化服务于人文湾区的建设，是今后学会研究的方向。另外，做好相关宣传普及工作也是我们社会科学界同仁应尽的责任。近年，我们学会在南区詹园、石岐区博爱小学、三乡白石村等地开展了郑观应廉洁家训巡展。这些廉洁家训巡展活动在一定程度上推动了粤港澳大湾区的人文湾区建设。今后我们将让郑观应的廉洁家训走进更多的社区和学校。

◉问 作为长期深耕本土历史文化的学者，您认为作为本地的文化工作者，今后应该在哪些方面深入研究郑观应？又应该如何推广郑观应思想文化？

◉吴 也是跟刚才有点关联，研究和推广郑观应思想文化是我们学会的主旨，首先要深度挖掘阐释郑观应的思想，才能宣扬推广其价值。对于郑观应的研究，要展开有依据、经充分论证而且可获学界认同的，符合历史事实与规律、符合当下价值取向的有深度和广度的研究。

对于我们中山市来说，要结合中山民情讲好中山先贤故事，增加我们的民族认同。我觉得最好的方法就是将我们的先贤故事编写入可供领导干部、公务员、教师、导游学习的乡土教材中，虽然当前已经有了中山名人的乡土教材，但较多的是介绍先贤的简历，较少介绍其思想性的内容，以后应编写更多中山名人的鲜活史料，提高教育和宣传效果，为开展全民教育和全域文化旅游提供名人文化资源的直接支持与成果转化。

◉**问**　感谢您接受我们"郑观应研究口述史"项目组的访问。

◉**吴**　也谢谢你们。

廖大伟（1961—　），籍贯江苏盐城，生于上海。上海大学历史系二级教授、"伟长学者"、博士生导师，上海市文史研究馆馆员，国家社会科学基金重大项目首席专家。1983年复旦大学历史系本科毕业，1989年上海师范大学历史系硕士研究生毕业，2003年晋升研究员。曾任上海社会科学院科研处副处长、历史研究所所长助理，台湾东华大学学术委员会委员、人文学院副院长（主持工作）、历史研究所所长。兼任中国孙中山研究会副会长、中国太平天国研究会副会长、中国现代文化学会区域文化专业委员会副会长、中国近现代史史料学会常务理事、中国辛亥革命研究会常务理事、孙中山基金会理事兼学术评议委员、上海中山学社副社长兼秘书长、上海市毛泽东思想研究会副会长、上海市历史学会理事、上海社会科学院历史研究所特

廖大伟

约研究员、台湾东华大学历史学系客座教授、《近代中国》（cssci 集刊）主编等。目前主持国家社会科学基金重大项目"中国近代纺织史资料整理与研究"（19ZDA213）。

主要研究方向：中国近现代史、上海史研究。

主要著述：《1912：初试共和》（学林出版社，2004）、《辛亥革命与民初政治转型》（中国社会科学出版社，2008）、《海上风云：辛亥革命在上海》（上海人民出版社，2011）；合作著有《新世纪的曙光——1912 年至 1928 年的中国故事》（上海锦绣文章出版社，2009）、《衣被天下：上海纺织》（学林出版社，2021）、《五四运动》（上海书店出版社，1999）；主编有《近代人物研究：社会网络与日常生活》（上海人民出版社，2012）；合作主编有《侵华日军的自白：来自"一·二八"、"八·一三"淞沪战争》（上海社会科学院出版社，2002）、《浴血雄狮——抗日战争的故事》（上海教育出版社，2005）、《东南社会与中国近代化》（上海古籍出版社，2005）、《上海社会与纺织科技》（上海人民出版社，2019）；等等。

主要论文：发表 100 余篇学术论文及多篇专业文章。

时　间：2021 年 10 月 19 日

地　点：上海社会科学院招待所

口述者：廖大伟

采访者：龙良富

整理者：闵祥晓

◉**问**　廖教授，您好！非常感谢您在百忙之中接受我们的访谈。您从 1983 年进入复旦大学历史系开始，一直专注于历史学的学习和研究，至今已近 40 年了。您在中国近现代史、上海史研究等方面取得了丰硕的成果，值得我们敬佩。首先请您跟我们分享一下您的中国近现代史专业学术之路。您考大学为何选择历史学？您对历史学的兴趣始于何时？一路求学和研究历程是怎样的？历史学研究为您带来了什么？

◉**廖**　好的，这个问题我已经在孙中山研究的口述采访当中说过了一些。大致情况是这样的：我是 1979 年应届考取的复旦大学，那个年代里，我在中小学所学的不多，对学科分类了解很少，无非是中学所学的课程比如数理化、政治、历史、地理等等，所以没有什么学科概念。另一方面，当时大学设置的专业本身也比较少。"文化大革命"当中史学是个显学，因为历史学有一个特点，它比较生动，有故事，所以当时我对历史有兴趣，对有些内容有一定的了解。当时我的中学历史老师是一个很好的老师，叫孔繁刚，很会讲故事，1994 年孔老师还荣获上海市的特级教师称号。在当时的时代背景下，又遇到了这么好的历史老师，所以我对历史很感兴趣，考大学的时候就报考了历史专业，那个时候历史专业的录取分数还蛮高的。自从大学主攻历史专业以来，我没有从事过其他的工作，一直在历史专业的学术圈里耕耘，主要精力也花在历史学的科研和教学两个方面。可以说，历史学给我带来的影响是终生的，是一辈子的。

现在算起来，我从 1983 年进入上海教育学院历史系做教师，到今天，已经 38 个年头了！我现在还记得当年 7 月份我到上海教育学院历史系工作时的情景。从那个时候开始，我正式成为历史学领域的新兵，现在我已经 60 岁了，也算个老兵了，现在开始我每年都要写延聘申请。对我来说，我一辈子就是靠历史学专业吃饭，我从没离开过，即使在我最困难的时候也没有离开过。你知道 20 世纪 90 年代，全国曾掀起全民经商的"下海潮"，那个时候我们都很困难，真的，我们当时从事学术研究的人还不如社会上的一个普通工人。我举个例子，当时有宝钢工人，有石化工人，金山石化工人，他们的收入比我们要高得多，以至于我们的邻里之间、父辈母辈都讲，你读了复旦大学，读了那么好的大学有啥用？当时很多身边的人就会发出这样的疑问，但是我坚信，春天总会来。当然，除了历史学，其他我也不会。一路走来，我对历史学的选择始终是坚定不移的，我将历史学当作自己的生命一样看待，当作自己唯一赖以谋生的手段和终生的事业来看待，不管我的成就大小，这么多年来，我始终在历史学研究的道路上孜孜不倦。

我现在分头作战，既要带硕士生、博士生，指导博士后和访问学者，还要教学，现在教授要上本科生的课。我还承担一个国家级的重大项目。此外，我还有一些社会工作，担任一些学术团体的职务和慈善组织的职务，党派也多多少少都有点事情，业余为社会、为团体、为党派做一点贡献，我觉得也是应该的。当然主业还是我的教学和科研，带学生和搞科研是老师的本分嘛！

我的科研工作当前主要集中在两大板块，一是民国初年的政治与社会转型，二是我承担的国家级重大课题。我要完成《中国近代纺织史资料的整理和研究》，这个课题已经进行两年多了，现在进展还算顺利，我预计这个项目完成后会有100卷的资料成果，当然有些资料是影印的，有些资料是翻译的，虽然过程很辛苦，但是这个课题研究很有意义，也得到了学生们的帮助和方方面面的支持。如果我把这个课题完成了，也算为我这辈子从事历史学研究的漫漫征程画上了一个比较完美的标点符号，也算对得起历史学科赋予我的机会和厚爱，我也为历史学研究做了点力所能及的贡献。

我已经年过60岁了，最近确实很辛苦，真可谓多头作战，个人精力也有限，课题研究的工作量非常大，我是首席专家，所以方方面面都要联络、要协调、要操心，有些事情不是我个人努力就一定能够获得想要的结果，会有很多未知的因素。

历史学为我带来了什么？这倒是个新问题。历史研究是我谋生的手段，从事历史研究的人比较严谨、谨慎，做事比较公正，而且有自己独立的眼光，就是善于思考，视角敏锐，这应该是历史研究给我带来的最大的影响吧！

廖大伟

英国哲学家弗兰西斯·培根说:"读史使人明智,读诗使人灵秀,数学使人周密,科学使人深刻,伦理学使人庄重,逻辑修辞学使人善辩:凡有所学,皆成性格。"① 北宋史学家司马光主编的《资治通鉴》,书名就体现了史学家治史以资政的强烈责任感,据说该书名"资治通鉴"是宋神宗认为该书"鉴于往事,有资于治道"而钦赐的,所以历史学研究使人严谨,也会使人有历史责任感,历史学者的每句话都要有依据,容不得半点虚假,这个特点古今中外都适用。

南京大学元史大家韩儒林先生曾有一副对联赠予历史学家范文澜先生曰:"板凳要坐十年冷;文章不写半句空。"范文澜先生是我国著名的历史学家,历史学科不像理工学科那样具有完整意义上的科学性和可验证性,所有人文学科都是没有办法进行验证的,但是在人文和社会学科当中,史学是非常严谨的,史学的研究也是最吃力的。经过严格训练的历史学专业学生,特别是与史学终身为伴,将其作为职业的学者,其个人性格、品德乃至道德水准都会受到史学学科特征的深远影响。

我这辈子有幸与史学为伴,算是有一点史学情怀和兼济天下的使命感。当初我做民初历史研究,其实是有个人想法的,因为史学和圣人打交道,和历史上的先贤达人等智者打交道,慢慢地就会拥有丰富的思想和很高的眼界,所以我愿

---

① 出自英国弗兰西斯·培根所著《培根随笔》中的《论读书》。文艺复兴时期,人文主义者关心人本身,把完美的人作为自己的理想。为救治与教化有弱点与弊病的凡人,当时的文章常带有教诲目的。《论读书》就是在这样的历史背景下创作的。

意做一个普通的教师，一个普通的教授。我的思想会反映在我的学术论文中，这些思想就是我的贡献。我曾经较早地考虑到民生问题，并对孙中山的民生思想进行了研究，从历史的视角思考如何才是真正地为人民谋幸福、为民族谋复兴，现在习近平总书记也讲这句话，充分体现了我们党和国家不忘初心的时代责任感。当然我是从学术的角度归纳出这几句话的。研究孙中山的时候，我开始思考孙中山追求的目标究竟是什么？我认为他的目标可能有三个：第一个是走向世界，第二个是为民族谋复兴，第三个就是真正地让国家富强起来，为人民谋幸福。

所以史学对我一生都有重要影响，我的性格、人生观和价值观都深受史学研究的影响。

◎**问**　以史为鉴，可以让我们站在更高的高度去看待当前的很多事情。刚才讲到您主要的研究领域是民国初年的政治和社会转型，后来怎么拓展到中国近代纺织史研究的？由您主持的这项国家社科基金重大项目聚焦近代中国的纺织工业历史，对纺织史文献资料的保护应该具有非常重要的价值吧？

◎**廖**　这项重大项目的名称叫"中国近代纺织史资料整理与研究"，是2019年底获得立项的。当时申请这个项目也是很偶然的机会，我当时在东华大学，是人文学院主持工作的副院长，又是校学术委员会的委员，在项目申报方面要带头。因为东华大学的前身就是中国纺织大学，以纺织、材料、设计为优势和特色。2012年由人文学院与纺织学院等单位共建"纺织科技史"二级交叉博士点，2014年开始招生。

后来我作为博导开始带"纺织科技史"专业的博士，但是我原来的研究没有涉及过纺织史，所以算是跟学生一起专攻这个方向。我一直引导我的硕士生、博士生做纺织史资料、纺织报刊史方面的研究，引导他们关注纺织史，要有专业意识。因为若想建立一个专业或方向，要带领一个学生团队，从长远的角度来说，首先要从资料抓起，所以纺织史资料的建设非常重要，其中应包括纺织史资料的整理和研究两个重要方面。正是基于这些因素，所以我跟我的学生一起商讨国家级项目选题的时候，就选定了"近代纺织史"并最终将课题名称表述为"中国近代纺织史资料整理与研究"。

大概 2019 年的 7 月份，国家社会科学基金重大项目招标公告对外公布，我们报的那个选题被列入指南里面了，但是那个时候我已经离开东华大学，到上海大学任教了，到了上大就以上大的名义来申报这个指南里面的项目。这个项目的申报者不只我一个，还有别人来竞标，但是最后我们申报成功了。当时申报这个项目的过程也是很辛苦的，我跟学生们全力以赴，花了 20 多天的时间，写出了 17 万字的申报书交上去了，大概到 11 月份的时候才知道项目立项成功了，我们之前的所有努力都值得了。

◉**问**　这个课题确实花了您很多的精力，您能拿到这个课题实在是实至名归。目前"中国近代纺织史资料整理与研究"项目做得怎么样了？

◉**廖**　现在进展得蛮顺利的。目前各方面对这个项目都很关注，也都很支持，但是我要协调很多事情，有些事情不是我个人努力就能够办到的，有赖于社会方方面面的支持和理解。

关于项目内容，现在我们聚焦在四大板块。第一个板块是上海的纺织档案，这部分我们已经基本完成了，现在我们已经把上海档案馆的纺织资料排摸了一遍，好几位同学大概花了大半年时间在做这件事情，目前这项工作还在继续。在此基础上，我们跟上海档案馆合作，已经形成了一个初步的资料目录，当然最后我还要将全部的资料浏览一遍，进行资料编排，然后精选出几个选题。

第二个板块是翻译日本在华纺织企业的资料，现在也已经启动了。我们邀请了外省市的专家，这位专家曾经利用过这些资料，也就是说在这批资料建档的时候，他曾是参与者之一，他当时是跟着他的日本导师一起参与的，所以请这个专家做翻译工作是很合适的。

第三个板块是东华大学保存的纺织方面的珍稀图书档案。虽然我现在离开了东华大学，但毕竟是我工作很多年的单位，所以邀请了东华大学的几位老师，请他们成立一个子课题组，负责整理东华大学图书馆里的一些稀有图书档案，在此基础上梳理出我国近代纺织历史发展的脉络以及纺织学科发展的路径。

第四个板块是中国近代纺织史档案指南的编写。这是我们正在写的一个工具书，我们想在这个工具书里面介绍全国各地档案馆馆藏的有关近代纺织的档案情况，比如陕西省档案馆，它里面有多少关于近代纺织的档案卷宗？全宗号是多少？有什么特色？主要能够解决什么问题？档案是怎么来的？怎样查询到？我们把各个地方档案馆的有关纺织档案情况进行汇总，然后形成一个比较有用的工具书，为有志于纺织史研究的学者们提供较清晰的资料指南。

这几件事情做下来，这个项目就完成得比较扎实了。原来这个国家级项目的要求是 500 多万字，现在已经远远超过了，原来打算形成十几卷资料，现在可以达到 100 卷了。我想充分利用这个宝贵的机会，尽心尽力地把它做好。如果经费不够，那就从个人其他经费补贴一点。我认为把事情做好才是最重要的，我不太看重项目带给我多少经济效益。

●问　您的这些话让我很感动，也印证了开始您谈到的史学让人严谨、扎实地做人做事。刚才谈到近代纺织史，我想肯定会关注到上海机器织布局，它是李鸿章建立的中国首家机器棉纺织工厂。上海机器织布局在中国近代纺织史上应该具有重要的地位，发挥了重要作用。

◎廖　那是肯定的，上海机器织布局在中国近代纺织史上的地位和作用大得不得了。

其实纺织业是一个很大的概念，它包括纺织工业和纺织手工业。纺织工业是什么？就是机器生产的纺织业，是由大规模的机器生产出来的，相应地，我们原来的纺织业是手工的，属于纺织手工业。机器生产的纺织业和手工生产的纺织业不是一个概念，纺织工业则专指机器纺织。

中国近代的机器纺织业或曰大纺织业、纺织工业，就是从这个机器织布局开始的，这应该算是上海机器织布局在中国近代纺织史上的第一个重要意义。上海机器织布局自清光绪四年（1878）开始酝酿和筹建，光绪六年（1880），以实业家郑观应为主的知名人士拟定了《上海机器织布局招商集股章程》，从办厂的动机目的、招商集股、购机、买地、建厂到生产、销售、赢利分配，以及商办、用人、发展前途等，都做了明确的计划和精细的计算。历时 10 年，几经波折，织布局终于在清光绪十五年十二月初七（1889 年 12 月 28 日）正式开工，算是在上海抢滩成功。清光绪十九年九月初十（1893 年 10 月 19 日），上海织布局遭遇一场大火，整个工厂被烧毁，损失惨重。同年 11 月，由李鸿章主导，在上海织布局旧址上重建并设立了机器纺织总厂，后取名"华盛"，仍为官督商办。重建后的"上海华盛纺织总厂"，机器生产的规模大了，产出效率高了，出产棉纱也多了，需求原料自然也就多了。上海机器织布局（包括改名后的"华盛"）作为中国第一家机器棉纺织工厂，它跌宕起伏的历史标志着中国近代机器纺织业的开端，似乎也暗示着中国近代民族工业发展的艰难进程。

上海机器织布局在近代中国纺织史上的第二个意义则表现为它的民族资本特征。上海机器织布局是中国民族资本，但它不是民间资本，它是官商资本，有官的资本也有商的资本，主要是商资。为什么要关注企业的华资特征？为什么强调它是民族资本创办的企业？因为当时上海已经有很多国外的纺织厂，日本的、英国的机器纺织厂都已在上海成立了，他们利用强大的机器生产力，占有中国市场，把中国的手工业、纺织手工业打压下去了，毕竟机器织布比手工织布先进很多，产量更大，而且效率和质量也更高。在这个大的行业背景下，上海机器织布局的设立代表了华资企业对外来资本压迫的反抗，是中国工业领域里的标杆性企业。所以当时在中国本土设立一个机器厂和国外纺织厂进行竞争，它不仅仅是利润的问题，而是涉及民族利益和民族形象的问题，它具有民族工业的象征意义。

所以机器织布局在中国近代纺织史乃至工业史上的地位都是很高的，它既是中国近代纺织工业的开端，也象征着一种民族权益。纺织工业处于近代中华民族反侵略和抗争的第一线，而上海机器织布局则是这个行业里的第一个企业。

◉**问**　上海机器织布总局的创办过程是怎样的？郑观应作为创办人之一，在创办过程中有哪些贡献？在创办之初，郑观应关于上海机器织布总局的企业管理有什么规划吗？

◉**廖**　1878 年，李鸿章委托郑观应筹办上海机器织布局。郑观应在上海机器织布局几进几出，关系比较复杂。他在织布局里面的角色可能不是总办，他大致相当于织布局协办或者会办的角色，专管"商务"，而且还多次变动，但是他作用很大。

后来以李鸿章为代表的清政府做出承诺，保障上海机器织布局的垄断性地位，就是说，除了上海机器织布局，其他企业不能再设立类似的机器纺织厂，但是其他人可以在机器织布局参股；另外机器织布局在利息和税收方面也要享有优惠。这些想法是谁提出的？其实都是郑观应提出的。郑观应作为一个经验丰富的实业家，早在机器织布局成立之初的1880 年，就牵头拟定了《上海机器织布局招商集股章程》，明确规划了办厂动机、目的、招商集股、购机、买地、建厂、生产、销售、赢利分配，以及商办、用人、发展前途等事项。1881 年，郑观应向李鸿章上书，请求清政府给予上海机器织布局的织布工艺以技术专利，要求"酌给十五年或十年之限，饬行通商各口，无论华人洋人，均不得于限内另自纺织"，并要求对该局产品"准免厘捐并酌减税项"。经李鸿章奏准，"十年以内只准华商附股搭办，不准另行设局"。该局所产布匹，如在上海销售，免完厘税，如运销内地，仅在上海新关完一正税，概免沿途厘税。次年，光绪帝予以批准。这是上海机器织布局享有的特别专利权和优惠待遇，也被称为中国历史上第一次国家批准的知识产权保护个案。

所以在那个特殊的历史背景下，中国企业若想与国外企业竞争，必须要得到政府扶持，所以郑观应在企业经营方面的想法是很先进的，他倡导的"十年专利权"、附股搭办、税收优惠等策略，都是非常可行的。现在看来是企业垄断行为，是国家政策的大力支持，但是在应对激烈的外国企业竞争背景下，郑观应的这个提法是对的，只有这样，我们才能避免国内企业竞争力的内耗，才能将中国企业的主要力量集中于抵抗外资竞争，因为外资进来中国的时候，他有国家条约体系的支撑。

外资的进入对中国的国计民生产生了非常大的影响，在外国输入中国的商品中，除鸦片之外，棉纺织品所占的比重最大。中国人抵御不了它，因为它的设备和管理都是很先进的，它的效率和产品质量都比中国企业高很多，所以它很快就把我们中国的土布纺织市场冲垮了，洋布很快就占领了中国市场。曾无比强大的古代中国棉纺业，成了明日黄花。"美国棉""英国纱""东洋布"充斥中国市场上，洋股东就继续在中国，在我们的国家，用我们的廉价劳动力生产产品，最后又把产品倾销在我们的国家。另外在中国设厂的外资企业，它在运输方面节省了很多成本，投资规模又小又方便，而且外资生产所需原材料可能也不是中国产的，而是国外进来的，所以在外资进入中国的整个过程中，我们获利甚少，却对民族工商业打击甚大。

我国是世界上最早发展手工纺织业的国家，棉纺织业被认为是实业救国的希望，这也是上海机器织布局被寄予厚望的历史缘由。

◉**问**　刚才您讲到郑观应在筹建上海机器织布局时提出的"十年专利权"和企业税收优惠的措施，这些措施最终也得到了政府的支持。在上海机器织布局与国外的纺织企业进行竞争的过程中，这些措施发挥了哪些作用？最终的效果是怎样的？

◉**廖**　这些措施的效果是可以的，在 1893 年的那场大火之前，机器织布局的经营状况还是蛮好的，企业已经获得了各种投资，从正式投产开始就生意兴隆，获利颇高。

清光绪十九年九月初十日（1893 年 10 月 19 日），一场大火将整个工厂烧毁，损失惨重。起火之初，织布局的人连忙赶往附近的英法美租界，请他们的消防车前来救火，却遭到洋人的拒绝，理由是：工厂在租界之外，不便前往。就这样，这场大火从上午 9 时烧到晚上 7 时，前后烧了 10 个小时，烧毁清花厂、弹花厂、织布厂、机器厂、生火间（锅炉房）、棉花仓库、棉纱仓库、洋布仓库以及工人宿舍等共计 600 余幢（间），机器销熔，变成一堆废铁，还烧毁一批棉花，总计损失不下白银 150 万两。这次火灾成为中国第一次棉纺织厂大火，似乎预示着中国民族工业的艰难历程。

这场大火发生时，旁边租界的消防局是有消防车的，但是他们不肯搭救，因为着火的企业与人家外国的企业是有竞争关系的，所以租界是隔岸观火，眼看着大火把织布局烧掉。从这场大火中，我们也看到了中外企业竞争的惨烈局面，能看出机器织布局对外国企业产生了很大的威胁。

这场大火以后，李鸿章派盛宣怀会同上海海关道聂缉椝负责恢复织布局，重新募集资本 100 万两，再次抢滩上海城。最后，在织布局旧址上设立了机器纺织总厂，规模更大，织布机达到 750 台，改名为"华盛纺织总厂"，仍为官督商办，还在上海、宁波、镇江等处设立 10 个分厂。华盛纺织总厂的路数，一个是税收的优惠，还有一个就是垄断经营，基本的格局和享受的待遇与原来的机器织布局是一样的，但是盛宣怀接手企业的时候，开始有点私人化的味道了，他把企业交给很多熟人管理，而且很多股份开始私有化了。

◉问　所以郑观应的很多经营理念还是很超前的，在企业经营方面提出专利权的想法，他应该算是中国第一人吧？

◎廖　应该是吧，他的这个想法和他的经历有很大的关系。企业专利权，郑观应提出，我完全相信，如果说是盛宣怀提出的，我未必相信。因为郑观应做过买办，和外国人打交道很多，他知道外国的情况，他还懂英文，和那些传教士、洋行外国人都有接触。他早期就职于外国洋行，后来积累了一定财富之后，他就投资这种企业。他非常了解国外的商业行情和赚钱理念，以及中国企业经营的问题，他对这些问题已经了然于心了，看得非常清楚。而对于这些问题，一般的中国人看不清楚。一般人虽然能够看到中国的问题，但是看不到对方，无法从对方的角度来看问题。就像很多人在山上看山，没有爬到对岸去看山，是看不清楚山的问题的。郑观应看得很清楚，他能够了解对方经营的精髓，知道问题究竟在什么地方，国家应该怎么办。这些想法慢慢地变成他的一种商业思想，并在他所撰著作中提出，所以说他对企业经营的看法和他书中的思想都是一脉相承的。在这一点上，郑观应和孙中山是很相似的，孙中山为什么能提出那么超前的思想？也是由于他的经历。他在国外长时间的独特经历，使他形成了独特的政治思想，促使他在深刻地思考和对比中，为当时的中国找到一条救国图存的道路。

◉**问**　郑观应是中国近代著名的实业家，他有机会看到外国的这些企业是怎样运营的。应该说，郑观应为上海机器织布局的运营立下了汗马功劳。但是最后郑观应败走织布局，这个经历也给他的职业发展带来了一些负面的影响，能跟我们分享一下具体的情况吗？

◉**廖**　究竟真相是怎样的，由于我没有做过详细的研究，所以不是特别清楚。我大概的理解是这样的。当时郑观应大概是企业会办或是帮办之类的角色，他负责为企业筹钱，尽管织布局后来改称华盛，但是织布局借的钱，当时是以他的名义。后来中法战争期间上海市面银根抽紧，股票大跌，使织布局外放之款收不回而出现亏损，总办龚寿图诬告郑观应经营不善，在企业融进的股本金里有很多股票，最后郑观应只得垫出两万金了结此案。这件事给郑观应带来很大的困扰，当然同时期还有太古轮船公司追赔案的困扰，这两件事让郑观应心力交瘁。清光绪十年（1884）十三日，他在写给盛宣怀的信中有这般意思的感慨："我这些年来命运坎坷，大多事与愿违。以至于在外有上司朋友的谴责，在家里还有父兄妻子的怨恨，可谓是进退维谷，申诉无门啊。如今我身败名裂，不足以被别人驱使了，我虽到处去求别人，也始终没有称心如意。"于是他退隐澳门，集中精力对此前所著《易言》进行重新修订，终于在 1894 年完成了他的杰出代表著作《盛世危言》。可以说郑观应不是一般的人物，他很有志向，商场失意却催生了他思想上的升华和《盛世危言》这部对中国近代史走向有着重要影响的巨著。

◉问　上海机器织布局设于杨树浦临江地方，据载该选址系郑观应与厂方所聘美国工程师所定。郑观应在《盛世危言》中对选址理由进行了如下阐述："此地其利有三：地沿江滨，上落货物便宜，大省扛力，一利也。不在租界，不纳工部等捐，二利也。地面宽阔，又近马路，价极相宜，三利也。现在纺织等局均设近布局，地价大涨，每亩已值银六百两。"您如何看待郑观应对上海机器织布局选址的考虑？该选址在后来的企业经营中是否体现了其正确性？

◉廖　这个选址是非常明智的。上海是个纺织生产重镇，之前上海纺织厂很多，上海的纺织工业在历史上曾占据过中国纺织业的半壁江山，现在的上海仍然是中国最重要的纺织贸易与生产、纺织科技与时尚的重镇之一，可以说，近代上海纺织工业发展史是由上海机器织布局开启的。

我的母亲也是纺织厂的工人，我们小的时候，上海有很多纺织厂，大概二十几年之前的 20 世纪八九十年代，上海的纺织厂停产停工，纺织企业的很多纺织工人纷纷下岗。

100 多年前的上海机器织布局为上海纺织工业留下了基本的生产格局，上海的纺织企业一般都是临水而设，一定是在水系旁边、江河旁边，不是在黄浦江边，就是在苏州河、兰州路河或者哪个河旁边。什么道理呢？这和中国长期的运输条件有关。对纺织企业来说，原料和产品的体积比较大，但是它不一定很重，最适合船运，船运既便宜，运转量又大。而且上海这个地方是一个河网密布的地带，上海本来就是一个滩，过去的上海河网很多。当然现在上海的河流少了，在城市更新过程中被填埋了很多，比如原来的肇家浜，浜就是河，原来是条河，现在是条马路，改名叫肇家浜路。

所以郑观应在为织布局选址时所概括的"此地其利有三"是非常有道理的，考虑也是非常周到而务实的。后来几乎所有的纺织企业都选址在河道旁边，也很好地印证了郑观应选址的明智和可行。因为那个时候上海交通运输不发达，1900 年前后上海才有汽车，所以大宗商品运输一般都得靠船，这是最可行的方式。

◉**问** 当时在上海的外国纺织企业，比如日本、英国的纺织厂，他们的分布和布局是怎样的？

◉**廖** 他们也遵循这个选址原则，外国人的纺织厂一般也在河道旁边，也是利用船来运输货物的。日本纺织厂也是这样，和华资工厂的布局差不多，主要分布在黄浦江一带，或是小沙渡（因是原苏州河的一个渡口而得名）、曹家渡一带。当然也有一些纺织厂零零星星地分布在其他地方，比如织布局就建在杨树浦临江之处。小沙渡就是苏州河拐弯的那个地方，主要设有华资、日资和英资的棉纺织厂，这些工厂的选址和布局基本都是一样的。

◉问　在上海机器织布局的成立过程中，英国、日本这些织布厂有没有采取什么措施来抑制织布局的发展，比如说成立一个企业联盟之类的？

◉廖　我还没有研究到这一步。但是我想在整个华资纺织企业的建设当中，遇到这种情况也是很普遍的。但是上海机器织布局的投资过程历经波折，经营没几年又遭遇大火，所以在织布局的资料里面没有看到类似的资料，但我相信一定会有，而且我还相信，如果织布局继续存在下去的话，肯定会产生这个问题，因为外国工厂的产品会通过削价竞争把你搞垮，垄断你的原料，可能还会提高工厂工人的待遇，让技术工人流动到他们企业去，他们一定会这样做的。

后来的纺织厂太多了，有华资、日资、英资等，日本在华纺织厂有他们的行业联合体，相当于一个行业协会，保护日本纺织业在中国的权益或者利益，对内制定企业间的和平协议、对外制定竞争规则等。当然中国人也有华商纱厂联合会，华资和日资的行业协会之间也会谈判。为什么叫华商纱厂联合会？我们现在叫纺织厂，当时一般叫纺纱厂，主要是纺纱，其实它不单是纺纱，它有纺织的整个工序，有的有纺、织、染一整套，实际上就是纺织厂，但是当时就叫纱厂，比如第几纱厂、内外纱厂等。

◉问　它就是一个完整的产业链，是吧？从纺纱到织布

廖
大
伟

843

再到服装。郑观应是"洋布自织论"的最早倡导者之一，但他对具体纺织技术却不甚了解。与西方棉花相比，中国棉花纤维较短且质地粗硬，订购合适的纺织机器便成了一大技术难题。当时郑观应等人是如何解决的？

◉廖　我还没有找到比较详细的史料。据说郑观应有考虑到这个问题，他注意到了不同的原材料会为产品质量带来很大影响，大概19世纪80年代初，郑观应曾叮嘱其译员梁子石在美国"考究外洋种（棉）花之法……先购花籽，于沪试种"。但是后来这个问题是如何解决的，还需要史料的进一步挖掘。这个问题在中国纺织工厂应该是普遍存在的，比如清末张謇创办的私营棉纺织企业大生纱厂，就是引进国外的种子来种植棉花，从而解决中国棉花在纺织加工中的弊端。现在我们新疆的棉花质量是非常好的，新疆棉花就是引进外国的种子种植的，新疆得天独厚的自然条件，造就了新疆长绒棉的优良品质。

◉问　新疆棉花在国际市场上非常具有竞争力，当然现在国际企业之间的竞争态势，跟历史上的国际企业竞争态势是非常不同的。

◉廖　是的，现在国际竞争态势发生了很大变化。跟过去相比，我们国家的经济实力和国际地位已经发生了翻天覆地的变化。现在中国企业如果在国际竞争中遭遇不公平待遇，我们的国家不会袖手旁观，只要你是为民族利益，只要你是正当的，国家一定会鼎力支持。但是近代中国积贫积弱，当时的政府在国际上很没地位，无法为中国企业参与国际竞争提供强有力的支持，甚至有时候，政府为了讨好外国势力，还可能踩你一脚。那些中国企业所面临的环境非常恶劣，就像毛泽东讲的三座大山，封建的、外国的、官僚的势力都会为中国企业带来压力，所以那个时候，要靠一个企业或一个行业去参与国际竞争实在是太难了，真的是在夹缝中求生存。

◉**问**　所以那个时候很多比较成功的企业都是官督商办，是吧？官方介入企业的经营管理，会不会导致一些腐败现象？

◉**廖**　肯定会的，以上海机器织布局为例，它的官方背景既为它带来了很多政策的利好，也不可避免地受到官僚和官衙习性的影响，特别是涉及企业重大决策问题的时候，官场的一套就来了。民间办企业追求的是利润最大化，它要不断地吸引投资，追求规模做大，靠研发新产品获得持久盈利。所以"官办"和"商办"企业是两种思路，这两种思路各有利弊。郑观应在晚清兴办企业的过程中，早期期待官督商办，他希望能兼得"官办"和"商办"企业的优势，但是很遗憾，"官督"为企业带来了太多桎梏，严重影响企业的经营管理决策，所以，郑观应后来又全力支持商办，他的这一态度转变及其缘由可以在《盛世危言》中找到答案，他在《盛世危言》中说："全恃官力，则巨费难筹；兼集商资，则众擎易举。然全归商办，则土棍或至阻挠，兼倚官威，则吏役又多需索。必官督商办，各有责成……则上下相维，二弊俱去。"这表明郑观应曾主张官督商办企业。但是后来郑观应又说：企业"既有督，又有总，更有会办、提调诸名目，岁用正款以数百万计。其中浮支冒领供挥霍者不少，肥私囊者尤多，所以制成一物价比外洋昂率过半。而又苦于无机器，以致窳劣不精，难于销售。……今欲扩充商务，当力矫其弊，不用官办而用商办"。

◉**问** 在历史研究过程中，我们应该关注这些对历史具有推动作用的企业的发展史，比如中国近代史上，上海机器织布局的发展史是近代中国纺织史研究的重要内容。在研究一个企业或行业发展史中，是否也应该将其融入一个城市的近代史发展中？是否要聚焦特定历史人物在某一行业发展史中的特殊作用？

◎**廖** 纺织行业对上海这座城市来说是个最大众的行业。在上海城市发展过程中，1949 年以前，乃至中华人民共和国成立初期，按工业门类来说，纺织行业是第一位的。当时上海有很多的纺织工人，以女性为主，男性也很多。即使到改革开放之前，计划经济的时候，那个时候上海很多家庭是纺织家庭，也诞生了很多纺织劳模。应该说成为纺织工人，门槛较低，因为这个行业技术含量不是很高，劳动强度看上去又不大，它不是流血流汗的行业，但是工时长，手脚不停，不能片刻开小差，所以只要手脚灵敏，能吃得苦就能胜任。所以这个行业为上海培养了或者说养育、造就了一大批纺织工人。

当时上海有很多纺织企业、纺织大鳄，也可以叫纺织民族资本家，像我刚才讲到的，有日资的、华资的、英资的。当时上海很多知名人物都是纺织行业出身的，像张謇、唐君远、陆辅舟等。我以前研究过这个选题，衣食住行中"衣"是第一位的，纺织行业的发展不仅促进了城市社会的发展，还有一个时尚引领的作用，比如纺织布料怎么样？服装款式怎么样？哪些是引领潮流的？所以说纺织行业是一个引领时尚的行业，历来就是这样的。

上海这座城市早期的时尚是广东香山人引领的。上海是1843年开埠的，开埠以后的很长一段时间内，是香山人来引领上海的时尚，因为从广东香山来上海的人很多，最有代表性的就是以四大百货公司为代表的环球百货业。曾经上海滩赫赫有名的"四大百货公司"，在相互竞争中，竞相打出了"统办全球百货"的经营理念，还率先招聘女店员，并将餐饮、娱乐引入百货公司经营中，同时开创性地运用了一系列先进的经营管理措施来促进销售。可以说，当时的四大百货公司曾高调引领了上海的消费时尚，成为上海乃至全国最具现代性的写照。为什么刚开埠的上海的时尚行业是由香山人来引领呢？因为上海刚开埠不久，和香山这些地方相比，它在时尚方面、与国际接轨方面还不如香山人。

郑观应、孙中山这些香山先贤，都曾在上海留下了很多足迹。为什么香山出了那么多名人？因为香山曾经是中国最早领略欧风美雨的前哨，澳门原来是香山的，珠海原来是香山的，而且香山距离澳门比较近，大概不到60公里，所以当澳门成为东西方文化碰撞的前沿时，香山也自然而然地成为中西文化交流、交汇、交融的前沿。

上海开埠以后，它才开始接触西方文化，还需要一段时间去消化和理解，但是那个时候的香山人，在和外国人打交道方面已经很有经验了，所以当时很多香山人，跟着外国商人到上海来做领军人物，做买办的做买办，做指导的做指导。

郑观应也是这样的。他为什么肯到上海来做买办？因为他清楚这个行业的利益，对吧？另外他的父辈也在上海做买办，可以引荐他、帮助他成为洋行买办，而且外国人都愿意用香山人，不用上海人，什么道理？香山人懂他的理念，懂英语，和他们已经合拍了。

可以说，郑观应在上海的经商经历，与他的香山乡缘密不可分。他出生在香山，作为中西文化交融之地，香山的社会文化环境对他的世界观、人生观和价值观都产生了重要影响。郑观应的商业才华在上海得以实现，他从一个默默无闻的小买办迅速成长为晚清四大买办之一，并成为近代著名的思想家。当然也可以说是上海造就了郑观应，因为那个时候的上海，正赶上国家的开埠政策和热火朝天的发展态势。

◉问　刚才您讲到香山人在上海开埠初期的经济发展中起到了重要作用，这些香山人当然也包括买办群体，他们对上海城市社会发展的推动作用体现在哪里？

◎廖　他们对上海城市社会发展的推动作用可以说大得不得了。举个例子，"十里洋场南京路"，之前还有一个说法是"到上海不到南京路，等于没到大上海"。为什么南京路这么有名，就是因为这里有香山人建的四大百货公司，他们造就了南京路的繁华和时尚，成就了南京路"中华商业第一街"的美名。

南京路的发展历程与上海城市的发展历程密切相关。1843 年上海开埠之时，这条路只是一条无名小路。后来这里成为英租界，不断有英国人到来，洋行在这里开了起来，小径逐渐开始繁华，这条路开始被叫作"花园弄"，上海人根据 Parklane 的发音叫作"派克弄"。再后来，由于英国人在附近建了跑马场，他们经常骑着高头大马从这里经过，此道又被称为"大马路"。1862 年，英、美租界合并为公共租界，双方对于怎么定路名各持己见，最后达成统一意见，颁布了《上海马路命名备忘录》，规定南北走向的路用中国各省的名字命名，东西走向的路用中国的城市名称命名，此后，南京路走上了历史舞台。

南京路原来是马路，为了提高地皮的租金，出租方用柚木地板将南京路重新铺好，高档的马路营造了良好的环境，南京路日益繁华起来。20 世纪二三十年代，四大百货公司入驻南京路以后，则将南京路发展成十里洋场，也带动了上海其他地方的商业发展和房地产发展。

当时南京路上的大光明电影院也很有名，它的经营理念非常国际化，它当时有个做法很超前，就是大光明电影院播放的外国大片和好莱坞播放时间只相差一两个月，就是好莱坞播放了以后，大光明电影院马上就放了，热门电影都是同一条主线的。所以在这种行业背景下，很多新事物、新理念、新风尚不断涌现就不足为奇了，它对上海国际化视野的推动作用非常大，也催生了上海很多知名的影视明星、艺术名家。祖籍香山的知名艺术人物有很多，比如阮玲玉、郑君里、吕文成、萧友梅等，他们被称作"艺坛四杰"，凭借视通中西的创新引领，在各自领域展露才情，引领时尚，为 20 世纪二三十年代的上海开启了艺术新时代。

此外还有一批技术工匠，也涌现了像郑观应这样成功的企业家和思想家，对上海经济社会发展的影响很大。郑观应先后在上海生活、工作的时间近半个世纪，最后在上海逝世。同是香山人的孙中山与上海的关系也很深，孙中山虽然在北京逝世，但他的最后 10 年大多是在上海的孙中山故居度过的，那也是他写作成就最高的时候。我觉得那个时候的香山人很喜欢上海，或者说喜欢追随国际贸易的发展脚步。

◉问　应该是因为近代上海的经济社会发展环境为香山人创造了更好的发展机会，所以他们才愿意来，对吧？

◉廖　可以这么说，上海迎来了更先进理念的香山人，香山人推动了上海的城市化和国际化，另外上海也为这些人提供了一个广阔的市场舞台，双好双赢。可以分阶段来看这个问题，香山人来的时候正好是上海对外开放的初始阶段，这个阶段的上海，相对于香山，它的国际贸易还不那么发达，所以香山人的到来对上海的经济社会发展起到了很强的推动作用；第二个阶段则是上海后来居上的阶段，日益发达的上海成长为大型的国际化都市，这个时期的上海又反过来为远道而来的香山人提供了与上海同步发展的机会和空间。

◉问　从您刚才的讲述中，我们仿佛看到了在上海奋斗的香山人的群像。从历史学的视角来看，历史人物的群像研究是由一个个具体的历史人物研究组成的吗？您曾表达过一个观点是，史学即人学，历史人物的研究应该成为史学研究的重要内容，具体的理由是什么？

◉廖　现在历史学的分工或者选题的研究领域越来越细化，要研究的内容纷繁复杂，但是人物研究是历史研究的一个基本选项，或者说它是一个历史研究者的基本功。因为无论你研究的是历史思想还是历史事件，都离不开历史人物。我常常跟学生讲，你写东西一定要见人见事，如果你只是从抽象到抽象，那你说服不了人，既不形象，也不具体，既没有说服力，也没有证明力。历史研究要有一个具体的个案，个案就是讲一个具体的事情，这个事情有具体的时间、地点和人物，人物才是历史当中的主体，历史就是由人物来演绎的，所以人物研究很重要，比如郑观应研究。聚焦一个具体的历史人物的研究，会涉及非常多历史要素，能很好地形成生动历史背景中的立体人物形象。

我给学生上过一门课叫"近代人物评价"，我将近代人物评价标准概括为"三点二面一基础"原则。三点，分别是立德、立功和立言，当然是以我们当前这个时代的价值观来理解的立德、立功和立言。以前的立德、立功、立言就是要做官，他有一套封建官僚思想，现在我们要以新时代的价值观来理解。立德就是他的道德品质，他在世的时候要成为榜样，要为后世留下风范。立功就是他对社会要有贡献，对人民要有贡献，对时代要有贡献，当然是正能量的贡献。立言是指他的思想，一些符合时代进步的、促进时代发展的先进思想，并形成文字和稳定的形象，比如他们曾经的演讲内容留存下来，其中的观点能经受时间的检验，被历史和时代证明是非常正确的思想。从这三点来评价近代人物，郑观应和孙中山肯定是近代伟大的历史人物，他们在立德、立功和立言方面都有卓越的表现。

除了评价标准以外，还要考虑民族利益和历史潮流这两个重要的方面。你说这个历史人物是好人还是坏人，那这个评价太简单了，要充分考虑历史人物的一生，是不是为民族利益而服务的。此外还要考虑历史潮流，伟大的历史人物都是顺应历史潮流的，若逆历史潮流而行事，即使再有本事，也成不了伟大的历史人物。汪精卫一生当中有相当长的阶段表现很好，做了很多好事，也是一个大革命家，但到最后，在涉及民族利益的时候，他摔了一个很大的跟头，爬不起来了，被人们称为汉奸，至于如何认定汉奸，为什么爬不起来，咱们暂且不论，但他最后落得个汉奸之名，这个帽子就盖棺论定了，就毁了他一生。所以评价历史人物的时候，民族利益和历史潮流这两方面都是大是大非问题，任何一方面出了问题，摔了跟头，就再也难爬起来了。

除了"三点两面"，还有"一基础"，"一基础"说的是评价行为需要考虑当时历史条件的制约。什么意思呢？比如郑观应，他在当时的历史条件下能够取得那么高的成就，《盛世危言》振聋发聩，那他就是公认的先驱。为什么说郑观应是先驱？因为在他所生活的 19 世纪八九十年代的晚清时期，国家和社会还没有改革的时候，郑观应作为那个时代的清醒者，已经对中国全方位变革提出了周密的设想，所以他被誉为晚清早期改良主义思潮的重要代表人物之一。

所以历史人物研究是历史研究的基础，我们评价历史人物，要回归到他所处的历史环境中去评价。因为每个历史人物所处的历史环境不一样，或者说每个历史人物所占领的制高点不一样，有些人成就很高，但是历史赋予它的制高点也很高，相对地，他自发创造的成就就要打折扣；有些历史人物的成就虽然看起来不是特别高，但是历史提供给他的制高点太低，他的成就就具有很强的开创性，所以相对地，他更伟大、更不容易。

此外在进行历史人物研究和评价中，我们还要怀有一种同情性的理解。同情性的理解就是，我们在看待历史人物的时候，不能以当代人的是非观念去评判他的是非功过，要深入到历史人物所处的历史背景中，要考虑历史人物的现实困境，将他当作一个活生生的人，在同情他的难处的基础上去理解他的种种行为，要考虑他作为人的本性，如果他做的事情是符合人性的，那就是应该被理解的。

历史人物研究和评价还要注意的一点就是公私两个不同领域的兼顾。什么叫私领域？就是历史人物的私人生活领域。我发现郑观应的研究，涉及公共领域的研究成果比较多，但对他的私人生活领域研究不多，比如，他和老婆关系怎么样？和子女关系怎么样？生活的爱好怎么样？信仰怎么样？嗜好怎么样？俗话说"论事易，论人难"，这种日常生活中的历史人物的考察，可以让我们看到公众形象背后的私人形象，再结合他一贯的公众面前的形象，才能构成一个真实而立体的历史人物形象。当然在进行历史人物私领域研究的时候也同样要求史料的扎实和同情之理解的态度。

●问　非常认同，把历史人物当作特定历史场景下的人去考察，把公私领域结合起来去看待，有助于我们更深刻地把握一个历史人物的伟大之处。我们在做郑观应研究口述史的过程中，也专门做了关于郑观应家族后人的很多口述访谈，了解了很多郑观应所处时代以及他为人处世的私人生活

853

领域的细节，这对我们全面认识这位历史人物非常有帮助。2009 年夏东元先生主编的《郑观应志》里面对郑观应所作的评价是中国"全面看世界的第一人"，您认同这个观点吗？

◎廖　历史学界对于何为"第一人"没有特别明确的标准，何况历史事实也是很复杂的。我想，类似的一个桂冠或头衔给他肯定是有依据的，但是这种依据必须要有比较，不同人物在某一方面的成就取得时间的前后比较。你只给他一个称号是不作数的，要充分论证他是"第一人"的合理性。为什么说他是中国"全面看世界的第一人"？在"看世界"这方面，他和前人比，前人最突出的是谁？冯桂芬、魏源或林则徐？和他们比郑观应在"看世界"方面是怎么样的？所取得的成就又是怎样的？这个论证和比较过程要非常严密，必须要有深刻的比较，若是对比"看世界"的成就，那就要对这几个历史人物在世界性、世界观等方面有彻底的比较，才具有说服力。当然我没看过这个成果，我也不好讲结论，但是我认为，如果这个观点是经过严谨比较而得出来的结论，我会很认同，没有比较的话，说服力就不强。

根据我对郑观应肤浅的理解，我觉得郑观应"全面看世界第一人"的定位似乎不太准确。因为他对国外的了解不是很透彻，毕竟他的出国经历有限，尽管他到过越南、泰国这些东南亚国家。他对世界的认识主要是通过与中国在华的外国人的交往而获得的，虽然他成就很高，但在"看世界"这方面还不太能被称为"第一人"。或者说，从绝对意义上看，对郑观应的这一定位似乎有点主观。

说到中国"全面看世界第一人"，我认为孙中山应该更合适。孙中山 59 岁的一生中，一半时间在国内，一半时间在国外，他游历了很多国家，拥有非常开阔的国际视野，这可以从他《建国方略》的内容中深刻感受到，所以孙中山也被称为"国际人"。当然要界定"第一人"，还要比较不同历史人物所处历史时期的前后关系，但是这个时间的比较很简单，难的是对他们在"看世界"方面成就的比较。

◉**问**　您的阐述也呼应了最开始您提到的观点，历史学让人严谨，您无论教学还是研究，都非常谦虚和严谨，让人敬佩。刚才您提到了一门课"近代人物评价"，听起来很有意思，通过近代人物进一步深入了解中国近代史。能跟我们介绍一下这门课吗？在这门课里，您大致涉及哪些近代人物的评价？

◉**廖**　这门课很简单，主要是想通过对近代人物的评价，训练学生基本的历史学方法论。我们主要讲这么几个人：孙中山、袁世凯、蒋介石、毛泽东，也会讲张学良、汪精卫等，此外还涉及一些群体研究，主要讲一流人物，教会学生比较规范的历史人物评价方法。比如电视剧《张学良》出来的时候，很多人都认为张学良很厉害，很了不起，这个时候我们就要让学生理性点，要让他们学会从历史的角度看待问题，因为历史条件赋予他的高度很高，他老爸留给他的条件及家产太好了，但是从他个人的成就来看，他的表现并不令人满意。因为西安事变中，他和中共合作，才让历史记住了他也凸显了他，除此之外，他个人能力、品德及其他方面都不是非常杰出，所以要用历史的方法去分析历史人物，才能更客观、更公正。如果我们去翻翻杨天石老师主编的

《张学良口述历史》，多少会有一些新的认识。

◉**问**　通过这门课，引导学生主动挖掘、梳理某一历史人物的相关史料，让学生掌握历史人物评价的基本方法，也培养了他们严谨、客观的历史学科意识。回到历史人物研究的话题，您觉得当前关于历史人物的研究，应该从哪些视角切入会更好？

◉**廖**　刚才我提到的历史人物评价的几个原则，其实也暗含了视角选择的问题，当然具体的历史人物不同，视角选择也应该因人而异。历史人物研究要遵循一定的方法论；要扎实地占有史料，史料是研究的基础和前提，文章不写半句空，所有的观点和阐述都应该有依据，有扎实的史料基础；在历史人物研究的内容方面，尽量立体多面，由表及里，由公到私，最好能探究到人物的心理、思想及观念等比较深层次的特征；同时要注意历史人物所处的历史环境和时空条件，要放在历史的语境中去关照他的每句话、每个行动。

为什么要注意历史人物的评价问题？就是因为很多人没有主见，对历史人物的评价人云亦云，不论对错，不求实证，这种历史人物的评价是很肤浅的，也是没有社会意义和学术价值的。我们要通过对历史人物的评价，反思我们应该有什么样的人生观、世界观和价值观。客观认识和评价历史上的伟大人物，我们就会真正领悟到：人首先要自爱，不要太功利，要有胸怀、有操守，在此基础上能够对社会有贡献，对历史有交代，能为后人留下一些有用的东西，这才是人应该有的追求。所以这门课对学生们也是一种引导，引导他们对自己、对学问有更积极的想法，向历史人物学习，

"立德、立功、立言"乃做人之根本，"三立"之中，个人品德是最重要的追求。

◉**问**　古人云：君子三立。《左传·襄公二十四年》："太上有立德，其次有立功，其次有立言，虽久不废，此之谓不朽。""立德、立功、立言"之"三不朽"之间的关系和顺序是怎样的？在对近代历史人物进行评价时，这三点的重要程度是否有侧重？研究难度和热度是否有差异？

◉**廖**　"三立"之间的顺序就是古文中列出的顺序。首先就是"立德"，人的品德一定是第一位的，是立身之本，如果一个人没有比较好的品德，他在"立功"方面是不太可能成功的，因为我们讲的"功"是一种有利于社会的功，有利于国家的功。如果一个人品德不可靠，即使他取得了个人成就方面的"功"，也极有可能将这个"功"转化为自己的私人资本，那这个"功"就变成可怕的特权了，所以任何时候，人的德是第一位的，功是第二位的。有思想当然难，著书立说以"立言"是最难的，这是从"三立"的前后顺序上来看的，所以"立言"是普通人可求而不可得的，只有那些文化修养高、思想深邃的人才有可能做到。

若是从学术研究的角度看，对历史人物的思想进行研究是最容易的，因为他的思想往往会体现在他著书立说上，有文集、著作或视频等史料留下来，历史研究的初学者可以先从历史人物的思想、事功研究切入，然后是"立德"。个人品德的研究是最难，它往往是精神层面的东西。我们评价一个历史人物的重要性往往按照"德、功、言"的顺序和标准来展开。

◉**问** 其实一个人要同时做到"立德、立功、立言"还是很难的。

◉**廖** 对于普通人来说，没有"立功、立言"也没太大关系，但是"立德"是每个人都应该做的，也是每个人都可以做好的。你可以没有大功劳、没有什么思想论述，但是你要做好自己，好好做人，这就是个人的道德、个人的品德。

◉**问** 郑观应从洋行买办，到中国民族企业家，再到执掌官督商办的国家洋务企业，一步步参与到中国民族工商业发展中，在"立功"方面表现突出；他所著《盛世危言》，影响了孙中山、毛泽东，以及康有为和梁启超等一大批振兴中华的民族精英，可以说在"立言"方面表现卓越。您刚才提到的近代人物评价里没有谈到郑观应，如果让你评价郑观应，您对他在"立功"和"立言"方面的表现作何评价？

◉**廖** 郑观应在"立功"方面的表现主要集中在他的经商才能，他在中国民族资本主义发展和商办企业经营方面做了很多事情，将国外先进的企业经营管理制度借鉴到中国企业管理的实践中来，并发挥了很大的作用。他是中国近代著名的实业家，通晓西方企业经营管理经验，为中国商办企业服务。

他在"立言"方面的成就更有代表性了，他是近代中国伟大的改良主义维新思想家，他提出的思想主张非常多，包括"商战"思想、"宪政"思想等。从《易言》到《盛世危言》，充分体现了他作为一个先进实业家的强烈社会责任感和忧患意识，本着"富强救国"的美好愿望，将自己多年来商场沉浮的深刻思考转化为一系列的思想主张和改革方案，为甲午战败后迷茫的晚清末世开出了一帖拯危于安的良药。这本巨著呼唤了一个时代，甚至影响了一大批振兴中华的民族精英。所以说，郑观应是名副其实的思想家，他在"立言"方面的历史价值远远大于"立功"方面的成就。在那个时代，他虽然不是第一个开眼看世界的人，但他独特的经商经历、对西方企业经营管理的了解程度，以及强烈的爱国救国意识，使他目收中外，由经商而至经世，由"立功"更及"立言"，成为近代中国伟大的思想家之一。

廖大伟

◉**问**　除了"立功"和"立言"，郑观应的"立德"方面关注不多。他的爱国精神和强烈的家国情怀应该是他良好个人品德的重要内容之一。其实他在《盛世危言》里提出的这些政策或改革方案，很多都涉及国家的富强和稳定，体现了他"富强救国"的强烈诉求。为什么那个时代的郑观应，会有这么强烈的爱国情？您如何评价他的爱国情怀？

◎**廖**　那个时候的中国，正一步步走下坡路，可以说朝不保夕，人人都有危机感，在中国人亡国的危机感非常浓烈的时候，但凡有能力、有情怀的人都有担起天下重任的想法，都会产生"天下兴亡、匹夫有责"的时代责任感。这一点我们现代人没有办法体会，现在普通人会认为亡国和我没什么关系，中国怎么可能亡国呢？但是当时就是有这种可能，中国确确实实处于内忧外患的艰难境地。那个时代的中国不仅积贫积弱，还面临民族危亡的危险，所以就激发了更多人的时代责任和爱国情怀。郑观应说自己"初则学商战于外人，继则与外人商战"，他与外国人20多年的"商战"实践让他更能清晰地感受到中国政府和民族企业在中西方各种竞争关系中的艰难境地，从而促使他产生更强烈的爱国精神。

◉**问**　郑观应的爱国主义精神在当代具有更普遍的社会价值和意义。上海是郑观应开创事业的重要城市，中山是郑观应的故乡，澳门也是郑观应的祖居地。在近代历史人物郑观应的研究中，这些城市是否可以某种形式进行联动？这些城市的城市史研究中应如何关注郑观应与城市历史之间的关联？

◉**廖**　你提到的中山和澳门，包括现在的珠海，这三个地方原来是一家，就是现在所说的大香山文化，这个地方在中国近代曾经有过辉煌的历史，曾经为中华民族作出过很大的贡献。大香山文化资源就是一种乡土文化、乡缘文化，从这里走出来的人，会自发产生一种浓厚的乡情、乡缘的真实情感。所以现在我们挖掘和弘扬大香山地区在近代涌现的这些伟大历史人物的文化资源，对大香山地区的民众来说，是一种非常珍贵的乡土教育资源，能唤起本地民众强烈的共情、共鸣，以及对本乡本土的热爱和自豪感。

近代香山地区涌现的很多历史名人，普通百姓不一定很了解，即使了解也不一定很清楚，所以我们要不断地挖掘，大力地宣传，同时要注意对地方文化构成要素的选择。近代香山文化，既包括爱国文化，也包括红色文化，还包括中国走向现代化之路的创新文化，要选择一种最主要的文化进行宣传。比如上海的地方文化，包括江南文化、红色文化、海派文化等，其中海派文化就是我们上海的特色文化。反观香山地区，它在近代历史上出现的名人非常多，当然最厉害的当属孙中山，还有郑观应、唐廷枢、唐绍仪等，还有中国四大百货创始人马应彪、蔡昌等，文化艺术界也名人辈出，如阮玲玉等，巧合的是，近代香山这些历史人物，绝大部分都是在上海走向人生巅峰，可见近代上海和香山两地很有渊源，香山人才积极流向上海等大城市的现象，充分体现了香山人敢闯敢干、敢为人先的特质，也反映出香山人在异地他乡的切切乡情和团结互助。

所以说，历史人物和城市史是密切相关的。就郑观应来说，他早年在故乡的生活学习经历奠定了他人生的底色，而上海经商的经历则助力他走向人生巅峰，所以在历史人物研究中，各相关城市的历史研究者都有责任挖掘和共享史料，并积极促成学术研究上的交流与合作。在郑观应研究方面，中山市做了很多努力，可以由中山牵头，联合上海、澳门等相关城市，就郑观应研究和相关文化资源利用工作进行深层次交流，多方面协作。今年是郑观应诞辰 180 周年，这是一个很好的契机，你们现在做的郑观应研究口述史课题，其实就是一种主动的多城市联合整理和挖掘工作。

●问　从名人文化和城市历史的关系进行考察，是很有意义的事情。前段时间我们前往澳门做了郑观应研究的口述访谈，发现澳门学者对郑观应研究还是很有学术情怀的，他们在进行澳门历史文化的研究和保护中，对澳门历史上出现过的很多伟大的人物都非常关注。我们也希望通过郑观应研究，推动中山跟上海、珠海等城市之间形成更稳定、更深层次的文化交流与合作。我们也期待有更多机会向上海等地的史学界教授们学习。您在近代史、上海史等领域有近 40 年

廖大伟

的研究经历，在史学研究方面有哪些心得？对年轻的历史学者或历史学专业学生有哪些建议？

◎**廖**　对年轻的学生来说，我觉得学习和研究历史学专业不能太功利，现在的很多学生，做学问很功利。过去我们提倡的是"板凳要坐十年冷，文章不写半句空"，现在这个精神还在，但这个方法已经不在了，因为现在是网络时代，数字媒体时代，网上的很多东西得来太容易，但是有很多东西需要仔细求证，同样需要甘于坐冷板凳的精神。现在大家都琢磨怎么能够马上发文章，别说十年了，半年都静不下心来搞研究。但是历史学的研究不是一蹴而就的，它是一种水到渠成的结果，我们一定要把基础打好，把史料看透，把问题想清楚，并且把文章写作的能力提高，只有这样才能有好成果。有些学生还没学会写文章，就想着发表，一直碰壁，老是问老师怎么回事，我说你文章都没写好，写作功夫还没到，你研究的、探讨的史料都没看，什么书都没看，怎么可能发表呢？我当时大学毕业不久就发文章了，1983 年毕业，1985 年左右就发表论文了，但是我们在大学里面曾经拼命地、如饥似渴地看了很多书。

我一直跟学生举一个例子，就是我在大学毕业时写一篇文章的经历。当时我把 1945 年以前的《解放日报》的每一页都翻过，每一页都仔细看过，在这个基础上写出来的文章肯定是比较扎实的。现在资讯那么发达，资料那么多，你一定要尽量穷尽你要研究的那个选题的史料，好好地琢磨，磨刀不误砍柴工，你把一篇文章写作的每个过程都做扎实了，就会有一个完整的宝贵的文章写作训练。尤其是学生们的第一篇文章，或者是早期的几篇文章，真的需要好好打磨，与这篇文章相关的史料要尽可能地查找，能够看到的史料一定要看，不能急于求成。当然身处互联网时代，也要学会充分利用先进的网络资源，充分掌握国内外相关学术信息，跟踪国内外一流学者，并在此基础上谨慎地选择自己的研究选题，尽量形成问题意识。

◉问　"板凳要坐十年冷，文章不写半句空"，这既是一种做学问的精神，也可以说是一种踏实做学问的方法。郑观应作为一个伟大的思想家，他对待学问也是非常严谨的，他的代表作《盛世危言》，是他隐居澳门近6年，在其1873年完成的《救世揭要》和1880年完成的《易言》的基础上扩编完善而成的。2022年是郑观应诞辰180周年，这也是"郑观应研究口述史"项目的缘起。目前中山市正在推进郑观应故居保护活化等系列工作。欢迎您有机会到访中山，也希望您持续关注郑观应先生在中国近代史、上海史上的独特贡献。谢谢您！

◉廖　非常荣幸能为中山市"郑观应研究口述史"项目做一点事情，预祝本课题圆满完成，也预祝明年郑观应诞辰180周年的系列纪念活动圆满成功！

侯杰

侯杰（1962—　），天津人。南开大学历史学院暨中国社会史研究中心教授、博士生导师。兼任天津市人民政府办公厅决策咨询专家组文化组组长、天津妈祖文化促进会会长、严修研究会理事长、孙中山研究会副会长、张伯苓研究会副理事长、天津口述史研究会副会长等，台湾《传播研究与实践》学界编辑顾问，中国《妇女研究论丛》、韩国《中国史研究》、英国《性别与历史》编委等。

主要研究方向：中国近代社会史，社会性别史，城市史，教育史，宗教史以及民众意识、民众宗教意识、商人群体、报刊媒体研究等。

主要著述：《〈大公报〉与近代中国社会》（南开大学出版社，2006）、《女性与近代天津》（人民出版社，2020）；合作著有

《世俗与神圣：中国民众宗教意识》（天津人民出版社，2001）、《张伯苓家族》（新星出版社，2014）、《变法图强：近代的挑战与革新》（江苏人民出版社，2017）等；主编有《台湾硕士博士历史学术文库》（山西教育出版社）、《民国中国文化史要籍汇刊》（南开大学出版社）；合作主编有《买办与近代中西文化交流》（广东经济出版社，2014）。

主要论文：《"海洋中国"——以香山买办与近代中国社会为中心的考察》《〈盛世危言〉——"世居澳门"的郑观应向近代中国敲响警世钟》《晚清早期改良派的思想特征》等近百篇。

侯
杰

时　　间：2021 年 10 月 22 日
地　　点：桔子水晶酒店（天津滨江道步行街店）
口述者：侯　杰
采访者：龙良富
整理者：龙良富

◉**问**　侯教授，您好！我们是"郑观应研究口述史"项目组。作为中国近代史研究的当代著名学者，您从 20 世纪 80 年代中期开始聚焦近代天津这一特定时空进行了深入研究，撰写了《〈大公报〉与近代中国社会》《女性与近代天津》《世俗与神圣：中国民众宗教意识》《张伯苓家族》等具有很大影响力的著作，在史学界形成了自己独特的学术风格和学术话语，请您分享下的您的治学经历。

◉**侯**　我是 1980 年到南开大学上学的，因为南开大学历史系有一位老前辈——郑天挺老师主办了首届中国明清史的大型国际学术研讨会，在社会上引起很大影响，所以报志愿的时候我没有选文学类、经济类等其他专业，直接奔历史专业了，当然也有另外一个考虑，因为学历史是需要坐冷板凳的，跟社会热点的联系没有那么直接，可以安心地多读书，冷静地多思考，积累和成长也能更多一些。

到了南开大学历史系上学以后，逐渐发现历史系确实是有传统的。1923 年获得美国哥伦比亚大学博士学位的蒋廷黻先生回国后，在张伯苓校长的支持和帮助下创办了南开大学的历史系，2022 年是我们南开大学历史学科建立 100 年。蒋廷黻先生对中国近代史、外交史等比较重视，开创了中国近代史、外交史等学科。他还重视社会调查，在八里台等地进行过学术实践，奠定了南开大学历史学科走向社会，进行口述访谈、田野调查的基础。所以我们一直有中外文化交流这样一个研究方向，同时也特别重视社会调查和深度访谈。近代天津是中外文化交汇的一个地方，文化生态环境比较特殊，很多学者包括一些文学家、艺术家都想去概括天津文化，但是总让人感觉概括得不够完整，也难说准确。因为天津租界众多，有九国租界。人们都以为租界里面都是西洋文化，其实不光有西洋文化，还有东洋日本的文化。西洋文化也很复杂，包括美国、英国、法国、德国、俄罗斯、意大利、比利时和奥匈帝国等国家的文化，不同国家的文化在天津的表现形态也不完全一样。现在咱们交谈的这个地方（天津和平路步行街一带）是近代的法租界，法国的文化很丰富。后来从 90 年代开始我多次去美国、法国、意大利、奥地利、日本、加拿大、芬兰、韩国、新加坡、马来西亚等国家访学、交流、考察，到哪都不陌生，因为这些国家的楼房样式、街区景观似乎在天津都见过。所以在中外文化交流方面，我觉得天津人的体会可能比在别的城市里长大的人要更多一些。另一方面，天津传统文化保留得也很多，如果您稍微晚一点来，到春节的时候您就会看到家家户户都贴窗花、挂吊钱，住在高楼大厦上的人也挂。在天津人的观念里，传统的、现代的、中国的、外国的兼收并蓄，杂糅在一起。当然在天津中外文化也经历了剧烈的冲击、碰撞、矛盾、冲突等过程，比如说"天津教案""义和团运动"等民众参与的

侯
杰

社会运动其实都是很剧烈的。当然，中外文化的融合、发展也有很多突出表现，如洋务运动、维新变法、清末新政、资本主义经济的黄金时期，天津在全国都占有一席之地。

20 世纪 80 年代，我在南开大学读本科以及研究生的时候，一直对中外文化碰撞与交流有浓厚的兴趣，也有一点积累，促使我去认识它、了解它。在研究方面，我自己比较喜好研究中国老百姓。一般来讲，对老百姓的研究需要有很长时间的积累，我自己采取的策略是一边潜心研究自己喜欢的群体或个体，一边关注社会当中比较容易发现的问题以及能够做出一点回答的问题。所以我早期撰写的文章是《论晚清早期改良派的思想特征》，主要讲包括郑观应以及冯桂芬、王韬、薛福成、马建忠、陈虬、陈炽、何启、胡礼垣、汤震、宋育仁、宋恕等晚清时期早期改良派的思想观念，一方面强调他们重视学习西方的先进科学技术和某些思想政治学说，顺应时代潮流，为摆脱民族危机，大胆提出改革清王朝政治、经济、外交、文化的思想主张，为资本主义的发展呼风唤雨。另一方面还特别指出，晚清早期改良派大都来自传统士大夫阶层，有的还曾经跻身官僚行列，都受过较系统的传统教育。在他们的思想中，保存着大量的中国传统观念，主张经世致用，以变易的思想迎接时代的挑战，以"礼失而求诸野"为学习西方张目，作为"中国固有论"的提倡者和鼓吹者，把中国历史上的一些现象与西方的事物相附会。总之，在晚清早期改良派的思想中，既有代表时代发展方向、学习西方的进步主张，又夹杂有大量的传统观念，呈现出中西杂糅的典型特征。传统思想观念对于他们变法维新，昭示中国社会发展方向，发生过一定的积极作用，然而传统观念和主张又阻碍了他们认识世界、改造中国。从那个时候起，郑观应成为了我学习和研究的一个重要历史人物。

另外还有一个特别好的机缘，就是改革开放后，我们这些年轻的学者出去学习交流、开会、讲学的机会比老一辈学者们多一些。毕竟他们年纪大了，出去交流的机会也比较少。因为我觉得作为一位中国近代史的学习者和研究者，应该具有国际眼光和世界襟怀，所以克服困难，勇敢地走向世界。机缘巧合，我去香港、台湾、澳门等地交流的机会比较多一些，广东的开放程度也比较高，所以我就借到香港、澳门等地交流学术的机会，进一步了解这些生活在这一区域的历史人物的生平事迹，体会他们生活的自然环境、社会环境、文化环境。比如，我就借着去澳门开会的机会，多次参观访问过郑家大屋，前前后后可能有两三趟吧。对于一个历史研究者，能亲自体验一个历史人物的生活环境其实还是挺重要的，因为他们所处的环境对他们思想观念的形成、发展，对他们认识中国和世界都有很大的帮助。我感到我们这一代学者特别幸运，尽管感触良多，五味杂陈，还是要特别感恩。独立思考，甘于寂寞，勇于创新，视学术为生命是必须要坚持的。

◉问　天津这个地方西洋文化与中国传统文化的杂糅、并蓄，这对天津人的性格特征是否产生了很大影响？

◉侯　天津这个城市是有明确记年的。1404 年 12 月 23 日建成，在这之前其实它是一个中外要冲，沟通国内的南北、东西。朱棣（明成祖）从北方到南方征战的时候，是从天津出发，所以他把原来叫直沽的地方改名为天津。天津的意思就是天子渡口，天子上船的地方。朱棣定都北京后，更加重视天津的防卫功能，后来就设立了卫所。当时天津三个卫所的驻军基本上都是从安徽来的，所以我们现在讲的天津话，其实就是安徽话，即安徽话在天津的在地化（安徽话融合当时天津本地讲的话成了现在的天津话）。明代以来天津的军旅文化很发达，形成了一种文化生态，后来到了近代更是如此。因为列强入侵，朝廷比较重视海防，当时大沽炮台的建设水平也不低，在第二次鸦片战争，包括后来的义和团运动时期，屡次抵御外国侵略者。所以，天津人有一种特别的地方，就是对外来的文化，特别是外来的侵略，从来不惧怕，即使知道打不过也要打，所以才有很多跟其他地方不一样的地方。从军力等各方面来讲，很多时候天津处于劣势。在这种情况下，他们也不会轻易选择逃跑、投降，而是顽强抵抗，宁肯鱼死网破，也一定要打出个结果来。现在所说的租界，是近代列强侵华的产物，但建设程度、文明程度都比天津旧城要高得多。尽管如此，在天津人的心目中，租界这些地方被叫作"下边"。这跟地理位置关系并不大。可见从文化心态来讲，天津人对外来事物不像有些城市那样一味吸收或者盲目排外，它有自己的文化品格。

随着文化交流越来越多，天津人越来越善于吸收外来文化。这种多元性的文化不仅影响生产、生活形态，也影响城市建设，以及市民的吃、穿、用、行等各个方面。在近代中国的发展史里，天津的发明创造不少，很多近代中国第一次出现的事物都在天津。天津拥有中国最早的公共交通系统，

1904年就有公交车、电车，就是说很早整个城市的公共交通系统就已经建立起来了，走在比天津开埠还早的城市前面。天津没有一个完整的地方菜系，多是特色小吃，现在政府在努力打造天津菜，但实际上它是一个国际大饭桌，就是各国、各地的菜，各式各样的菜都有，体现出兼收并蓄的文化品质，这样比较方便天津市民大快朵颐，也跟他们的文化心态有关，不排斥什么，想吃什么就吃什么。但是天津这个地方的缺点是腹地似乎越来越小，它原来是服务于东北、西北、华北等广袤地区的亿万民众，但是一直没有形成一个像"珠三角""长三角"那样内聚力比较强的一个跨越行政区域的共同体。它的联络比较松散，导致没有办法形成再生能力，即使发明出来了，拓展能力、转化能力似乎也不足。

◉问　如果对天津和上海进行比较，两个城市都是通商口岸，但从经济层面上来讲，上海可能更有影响力，为什么有这么多新鲜事物诞生在天津，而不是在上海？

◉侯　近代天津的地方政府是强而有力的，办企业、办学校卓有成效。比如说办新式学校，在洋务运动时期，中国的水师，武备、军医，还有多种新式学堂都集中在天津，为中国培养了许多军事人才，为新建陆军、海军提供智力支撑。后来的北京政府时期，即北洋军阀时期，好多的总理、总统都是从洋务运动时期天津军事教育系统里培养出来的。以往人们对他们有一点误解，以为他们都不学无术，没知识，少文化，其实不然。北洋武备学堂，是采用近代世界上最先进的德国陆军模式进行教学，在教室里面学理论和战术，在操场上演练兵法。他们都受到现代教育的滋养，具有一定的专业素养。北洋水师学堂是取法世界上最先进的英国海军模式进行教学，严复、伍光建等主持校务者都是英国留学回国人员，学生也都是经过精挑细选出来的，黎元洪、张伯苓等人都是从该校毕业的。

中国最早的官派留美学生，也是在天津提出来的。1870年"天津教案"发生之后，容闳到天津来帮忙处理善后事宜，当时就向负责处理教案的丁日昌提出要派遣留学生的建议。而负责处理天津教案的清朝重臣曾国藩和李鸿章得知后，就向北京的清廷提议，并开始实行。当然最早出国留学的，其实是广东和香港人比较多。因为那时候中国人比较保守，对出国留学这么多年还是非常顾虑的。不像现在的人，出国的愿望都比较迫切。中国现代化的步伐也是从南到北一步步来的，而各地民众受教育的程度也不一样。当时天津招生的人数不多，没有人愿意去，也不一定符合条件，没有资格去，在广东和香港就不同了，可是，即便在南方有可能去美国留学的人也心存顾忌。例如，詹天佑就非得说上一门亲，才答应出去留学。后来，留美幼童遭到破坏，不得不中途回国。回国的留美幼童有70多人，50多人都留在了天津，在天津从事各种洋务事业。就连詹天佑也在留美同学的引荐下，辗转来到位于天津的中国铁路公司工作，成就了中国的铁路事业。学术界以往多认为洋务运动在中日甲午战争后因为中国战败而中断了，其实并非如此，天津的许多洋务企业和事业一直延续了下来。天津有很多人比较早地接受了新的思想、机构、机制，对比较前卫、现代的，不管是西方、还是东洋的东西了解得更多。

另外还有一个特别值得关注的是，1860 年清政府在不平等的《北京条约》中答应了列强提出的公使驻京的条款，但实际上外交谈判经常是在天津举行，所以以《天津条约》命名的不平等条约很多。当时直隶总督兼北洋大臣李鸿章有两个办公地点，一个是在保定，一个是在天津，他负责的外交谈判多是在天津进行的。现在有些重要的中国外交谈判也安排到了天津，可是现在整个外交谈判的主体、客体，包括国际背景、外交生态都不一样了，确实发生了翻天覆地的变化。

◉问　看了您的研究成果，您的研究对象主要聚焦近代天津的历史人物。1858 年，郑观应被英商宝顺洋行派赴天津考察商务，但从郑观应一生经历来看，他和天津的交集有限，为什么您选择了郑观应作为您天津之外的研究对象？

◉侯　因为我是天津人，所以我对天津的事物有一种学习和了解的强烈愿望，像郑观应这种在历史上有一定影响，但在天津、中国其他地方的实际情况如何？成为不断探寻的目标，久而久之就形成了一种使命感和责任感。历史本身不会说话，我想通过自身的努力告诉大家近代的天津是怎么样的，其实骨子里也有一个天津人不服输的精神。因为您不知道，或者说不清楚，不代表他没有。在研究郑观应的时候，我发现他们这一批人有一个共性，就是现实压力与传统文化成为他们寻找中国出路的一个重要的内在动力。由于近代时势的剧烈变化，他们蒙受了列强给中华民族带来的屈辱。但是，他们没有屈服，而是勇敢地向打败自己的对手、敌人学习。他们向西方学习，不仅引进西方的科学技术，还接受西方的文明以及政治制度，甚至要建议院等。其中"穷则变，变则通，通则久"等蕴含着很多智慧的中国传统思想帮助他们找到了说服自己和别人变革的许多理由，比如说"礼失求诸野""中国固有论"，西方的东西再好，也不过是中国固有的一部分，只是现在遗失到了国外。这种解释对于恪守传统的中国人心态的调整特别有帮助，也容易被别人理解和接受。所以由郑观应、王韬、冯桂芬等人组成的群体，都有从传统思想文化中寻找资源，并努力嫁接到现代认知上面去的一个过程。其实年代稍晚的政治人物和思想家同样有这样的特点，孙中山亦是如此。孙中山的言论中有很多中国传统因素，只是现在越来越强调西方，强调现代思想文化，导致我们对中国传统思想文化不那么自信，所以就无意地不提，或是有意地忽略。这其实是不应该的。因为要把郑观应看成是一个生活在近代中国社会的人，他从传统到现代的心路历程怎么样？值得探讨，这也特别重要。因为这是中国思想家很重要的一个内在转变，对认识历史人物、把握中国文化的某些特质也有好处。若干年后，后人看我们的时候，也会从我们的思想言论中找到一些共同性的东西和特点。

所以不管是学习历史，还是做某个问题的分析，都需要考虑是否有可能在搞清楚基本情况后，进而提炼成一种公共知识，变成一种民族的智慧。我认为这个转化比研究某一个具体问题更重要。所以在我的理念中，中国的文化和外国的文化如何从矛盾冲突的状态中走出来，在批判、吸收的基础上形成新的思想、文化、社会、制度等，特别耐人寻味，也需要下力气研究。通过对郑观应的研究，可以给现代人提供很多启示。所以广东中山有很多值得挖掘的人物和事物，它可以阐发出很多属于中国乃至世界的共同意义和价值。

◉**问**　在特殊的年代，大家对西方的东西未必都接受，维新思想家用一种自己的语言，将西方的事物表达成一种大家可以接受的文字形式，您觉得这种表达方式有什么特点或者技巧？

⊙**侯**　郑观应编著的《盛世危言》，是在郑家大屋里面完成的。他当时面对的是中国三千年未有之大变局，思考怎样寻找一条出路。他用"盛世"二字来表达自己的谏言，可能是一种策略的选择。因为这个"盛世"，当局或者时人会比较容易接受；若说"危局"，就会让时人或者当局产生恐惧感或危机感。所以说，广东人很聪明，有智慧，他用了一个大家比较容易接受的方式来表达他的诉求，效果奇佳。从写作过程中来看，《盛世危言》经过多次修改，不同时期的版本，基本内容没有太大变化，但具体表述却有一定的调整。另外，他也把孙中山的有关文字如《农功》编进去了，说明他们有关农业的思想观念具有一致性，或者说孙中山的主张符合他的思想。不仅如此，这件事充分说明郑观应挺欣赏孙中山的。另外也可以看出，郑观应特别希望凝结那个时代的，能够表达一定宽度、高度、深度的观点。所以我觉得关于《盛世危言》的研究，一方面应该加强对其内容本身的解读，即对文本、语境、内涵的分析，另一个方面应该加强传播和阅读的分析。多年前，我在澳门发表过一篇文章，其中有一部分讲到了阅读史，即《盛世危言》这部书对生活在中国不同时代的人产生的影响也是不同的。

最典型的例子就是毛泽东。毛泽东对中国社会的认识、了解，或者说对时局的一些看法，得益于一个不太完整版本的《盛世危言》。他是从亲戚朋友那借来的。虽然那个版本不完整，但是他还是看得很认真，从那以后他对社会的认知就更深刻了。他跟埃德加·斯诺也讲过这件事，国外的传记作家写毛泽东传记时，也特别肯定了这部书对毛泽东影响。我觉得如果再仔细查找的话，可能还有更多新的发现。其实天津有一个影响很大的人——严复，但是天津没有像中山那样，做好有关严复研究的学术口述。严复影响了好几代人，但是他的思想传播，却很少系统地、大规模地研究。

文化传播是一个过程，不仅要从具体研究中来提出问题、发现问题，而且要对我们的研究发现做更广泛的传播，让更多人了解、认识。我们不仅是知识的发现者、生产者和传播者，还是文化的发现者、制造者和传播者，更是智慧的发现者、生产者和传播者。因为历史不会说话，但我们可以通过阅读和研究，获取它留给我们的一些启示。今天我阅读郑观应的《盛世危言》时，获得一种认知，过一段时间结合毛泽东、斯诺的谈话再看，可能会看到一些新的东西，也可以从自己的学习研究里面，结合社会经验得到一些新的启示。通过阅读郑观应的著作，以及分析研究他的著作、论文等学术成果，不断提升自己的认识。这是一个不断学习、不断深化的过程。所有的研究都是阶段性的，这个过程不断给我们提出一些挑战，让我们去思考、去面对、去超越。

文化的传播多是靠志同道合的人帮助进行的，但是也并不是说在合作的过程中就没有矛盾、冲突。有一个故事，就是有关何启和胡礼垣的。大家都知道他们写过一部书叫《新政真诠》，但是不一定知道帮助这部书出版的人是天津的英敛之。英敛之是一个天主教徒，而何启是基督教徒，至于胡礼垣是不是信仰基督教，是不是基督教徒，我还不敢断定。但是何启、胡礼垣变法维新的思想，跟英敛之的主张非常契合，所以英敛之愿意帮忙出版《新政真诠》，但是在印刷过程中有点小误会，后来是英敛之自费帮何启、胡礼垣印刷《新政真诠》。总体来讲，在思想艰难传播的过程中，其实好多事情我们现在想起来是不应该发生的，是可以避免的，但历史往往并不能如我们所愿，像我们想象的那样。何启、胡礼垣的思想与主张能够进入内地，并且传播开来，一定有很多人在里面起了作用。

侯
杰

　　◉**问**　昨天我们去访谈虞和平教授的时候，他讲到郑观应的思想肯定是有源头的，但是没有历史的佐证，您怎么来看这个问题？

　　◉**侯**　虞和平教授提出了一个新的、重要的课题，要做多方面的思考。首先是深入分析郑观应思想的来源，看他阅读了哪些中国传统思想家和西方思想家的书籍和文章，然后看他在文章和书籍中是怎样表达中外思想的，接受了哪些，改变了哪些。既要探究他的知识是怎么传播来的，例如他的新思想或新观念来自哪本他看过的书，还要尊重他的主体性和创造性，考察他是怎样根据现实或报刊上的实事报道中提出的一些挑战而进行的思考。在学术研究里面有一个亟待加强的领域叫"议题生命史"，例如讲变法这个概念，这个议题一开始是谁提出的，怎么提出的，在不断传播中它是怎么

877

样发展变化的，就是议题在不断地发展和变化，这就是"议题生命史"要处理的主要问题。但是，如果只看这个议题的发展变化，就显得幼稚了，因为人是有主动性的，有综合创造能力的，很多直接或间接、有联系或没有联系的事物都会引发他的思考，催生新的想法。我在台湾大学给师生演讲的时候，就说从严复研究中我发现一个问题，即误解、误读是打开严复思想密码的一把钥匙。这也恰好是我们认识真理的必由之路，若真的对西方学者、思想家的思想主张正解、正读，我们有可能抓住这些思想的真谛，但是却难以直接用来解决中国的许多问题。因为西方的学者、思想家讲的都是西方话语，跟中国实际没有或者很少有关系。倘若严复在理解西方思想家的思想主张之后，再转个大弯子启发自己，再启发别人去解决中国面对的、西方思想家没有思考过的实际问题，岂不是太不现实了。所以，他一定是针对中国面临的实际问题，用自己的理解去体会西方思想家们所表达的意义和价值，然后进行改纂，这里面就难免有某些误解和误读。有的是主观的，有的是无意的。总体来讲，关于思想传播和转换，假如有机会的话，应该好好去研究一下，这是特别有意义的事情。

●问 《盛世危言》深度阐述了政治、经济、外交、文学等多方面的问题，涉及面非常广，请问郑观应为什么会有如此多的深刻见解？

●侯 郑观应受过比较好的传统文化熏陶，养成了中国士人的家国情怀。讲究经世致用，是他们普遍坚守的信条。所以他读书也好，做什么事情也好，都有一些超越，不全是为自己。人的境界和修为跟自己的设定目标有关，如果他就为自己活着，这个事就比较简单了，如果他还要兼顾更多的人、更多的事，他的胸怀就不一样了。实事求是地说，郑观应对近代中国时局的变化特别关注，虽然对西学的认识和了解并不系统，但因为赶上了一个变化的时代，又接触、接受了一些西方事物，所以郑观应可以运用中外文化，对国家的政治、经济、外交等提出自己的见解和思路。

中山这个地方能够在近代产生那么大的作用和影响，也不是偶然的。因为它靠近香港、澳门这两个中外文化交汇的地方。总体来讲，香港对生长在中山等地的中国士人刺激最大。原来香港并不比内地强，但 1840 年开埠后，它的社会面貌就大变样了。国人不得不思考为什么会这样？因为中国传统士人有一套政治方程式——"修身齐家治国平天下"，以"治国平天下"为使命的他们就会思考是不是国家管理制度出了问题，虽然表达方式有些是传统的，但是面对的问题却是现代的，或者是传统和现代兼而有之。因为社会变化很大，他们毫不畏惧地面对时局，思考应该采取怎样的方案，解决包括澳门人口贩卖等在内的棘手问题。因为郑观应在澳门有生活体验，所以能够有的放矢。换个外地人，可能都不太知道澳门还有这种事。郑观应不仅发现了这个问题，而且在这个问题基础上又找到了更多的问题及其解决之方。可以说，郑观应生活在时代前沿的中山，顺应了社会发展的潮流，也把握住了时代的脉搏。因此，他的生命价值在很多方面都呈现出来。

◉问 像郑观应这种中国传统士大夫的家国情怀，在特

侯杰

殊年代中的作用是什么？

⊙侯　我们中国有句古话叫"达则兼济天下，穷则独善其身"，集中体现出中国士人的价值追求。中国人受教育所表现出来的精神气质，除了指点江山的雄心、抱负外，还有对自己文化的自信。在近代这样的特殊年代，被士人奉为至宝的中国文化受到外来文化的猛烈冲击，但士人们还是凭借自己的文化积累和自信，千方百计提出国家、民族的发展思路。这种文化修养和意志品质，他们是有的。这种意志品质在有些关键时候就起到相当大的作用。

毫不夸张地说，士人们提出的很多主张，客观上造福了国家、民族。举一个例子，南开大学1937年7月被日本侵略者炸毁，其实早在20年代末，东北的局势就已经很危险了，日本侵华的狼子野心被南开校长张伯苓发现，透过编写《东北地理教本》，昭告天下，让日本侵略者恨之入骨。南开大学被日本侵略者炸毁与此密不可分。1937年8月1日，蒋介石约见张伯苓、蒋梦麟、胡适、梅贻琦、陶希圣等，会谈中，张伯苓表示："此刻南开的校舍被毁的烟火未熄，只要委员长决策抗战，南开的牺牲有无限的代价，无上的光荣。我拥护委员长决策抗战……南开已被日军烧掉了，我几十年的努力都完了。但是只要国家有办法，能打下去，我头一个举手赞成。只要国家有办法，南开算什么？打完了仗，再建一个南开。"实际上，在此之前，有强烈危机意识的张伯苓校长就已经在重庆办学了。当时是要以空间换时间，所以国民政府看到后，就跟着辗转来到了重庆。有使命感和担当的中国士人往往是急国家之所急，为解决国家、民族所遭遇的各种各样的问题准备了很多的方案，你问不问我应急之方是你的事，但我要把凝聚着我的聪明智慧的方案准备出来，以备不时之需。为什么中国士人普遍有怀才不遇的感叹？他们的期待或这种期待之下所进行的思考和研究，对国家民族是有意义的。从这个意义上讲，国家和政府要充分尊重士人，尊重知识分子，充分尊重知识和智慧。当然士人和知识分子说的话也不一定都对，需要甄别，找到其合理性、可行性。它在特定时期可能会给中国乃至世界提供一种出路。比如说目前中美关系、两岸关系很紧张，需要破解之方，不是说你喊我喊，两人比谁调门大就能解决问题，这样解决不了问题，一定要有切实可行的方案。孟晚舟为什么能回来？肯定有方案，这个方案怎么形成我不知道，但一定有高人，同时也充分发挥了中国制度的优越。如果两岸关系平稳了，这不仅是中华民族的福祉，也是人类的福祉。所以郑观应他们这一代人，在他们那个时代，为国家、民族所提出的很多设想，进行的实践活动，是国家、民族的重要财富，所以您刚才提得很对，很多士人都有家国情怀。

●**问** 刚才您讲到《盛世危言》对毛泽东的影响，这句话是毛泽东说出来的，有真凭实据。在您这篇文章里讲到，郑观应的思想对康梁的唯心派也产生了启发和影响，这种启发和影响表现在哪些方面？

◎**侯** 郑观应是早期改良派，这是教科书写的。早期改良派活跃在19世纪60至80年代，最晚到1900年，而郑观应活到了1921年，已经过了很长一段时间了，他对国家社会的关注、提出的方案已经跟晚清时期遇到的问题不太一样了，所以他的一生绝对不是一个早期改良派就能完全概括的。早期改良派超越洋务派的地方是提出了不仅学习西方的技术，而且要学习政治制度。郑观应也觉得光学技术不够，还需要一些政治思想、制度等方面的变化。那个时代讲改良，为国家寻找出路。从政治方面着手和着眼，是那个时代的一个特点，也形成引领时代潮流的一些话语。这样的话，康梁等维新派也会接受，因为一个是地缘政治，他们都是广东人，产生思想观念的历史文化、社会环境、地理环境都相同，也容易相通。大家有时候就是这样，在同一个时代，你可能在广东，我可能在天津，但是大家的想法却惊人地相似，因为我们观察的是共同的问题，提出怎么解决这个问题的方案，可能会有共同的思考，我们一般接受相同的或者相似的东西更容易一些。你要说具体哪些东西，是康梁从郑观应那里继承下来的，需要认真比对，因为早期改良派的思想主张也各有异同，前后还有变化。

我现在进行的性别研究给我一个很大的启发，就是要充分重视差异性。以前研究早期改良派时，就是找共同性，他们几位的思想哪一方面是共同的东西，但其实差异更重要，假如我再有时间做郑观应研究，我将研究郑观应和这个群体的差异在哪，这才能看出他的独特价值，因为裹在一起了，做群体性的研究，求同大于求异，他的独特性就没有完全显现出来了。时代给他们提出的挑战前后也有一些新的变化，所以他们的主张也会随之而变化。另外，思想武器也不一样。天津出过一份报纸叫《时报》。这个《时报》有中文版，也有英文版，主要编者叫李提摩太。戊戌变法受到了他的很多影响，因为他的报纸为戊戌变法做了很多思想上的宣传，但我对《时报》的研究不够深入，也没有找跟戊戌变法对接得上的东西。

◉问　刚才您认为把郑观应定义为或者归类为早期改良派的维新思想家不太合适，那您个人觉得应该怎么来定义郑观应？

◉侯　随着时代的发展变化，历史人物在不同的时期会有不同的主体身份。定义一个历史人物，既要考察他一生之中都从事哪些重要的工作，作出哪些重要的历史贡献，进而拥有哪些主体身份，还要将他的思想和作为与同时代以及前后代的历史人物进行比对，看独特价值在哪。理清楚这个就可以来定义他了。大家对郑观应的认识，除了早期改良派之外，还是实业家、教育家、文学家、慈善家等等。此外，他还比较关注道教方面的东西，不管说他是道教思想家，还是对道教有贡献，都是他主体身份当中很重要的方面。如果不为早期改良派这个主体身份所限，看他跟随着时代的发展其主体身份都有哪些变化，我们更能全面地认识这样一个历史人物了。为什么他早年都在积极主张学习西方，进行社会变革，晚年又回到中国传统的世界里？郑观应从道教中找到了很多人生的意义和价值，我觉得这个研究对于我们认识郑观应更有意义。因为很长一段时间，学界对历史人物与中国传统文化、宗教的联系是有"欠账"的，对他们的分析和研究都还不够深入，评论也不够公道。

◉问　您为什么认为郑观应是主张中国近代社会现代化

的一个重要先驱者？

◉侯　郑观应不是一个简单的人物，而是跟近代中国特别是晚清时期的中国社会息息相关。他自己的命运和时代的发展密切地联系在一起，因此他所撰写的这部《盛世危言》，还有其他的著作跟中国的政治、经济、军事、外交、文学、教育、法律、新闻、宗教等都有很大的关系。

首先，在政治上，他要将君主专制变成君民共处的立宪制度，要设立议院，要讨论政事，要制定宪法，要改善吏治，要成立警察机构。警察、议院、宪法等对近代中国人来说都是新名词，以前是没有的。

其次，在经济上，他呼吁清政府实行重商政策，保护商业，保护商人，允许商人自由投资，主张集资兴办新的工商业，增强中国商品的市场竞争力，与外国人进行商战。他希望中国人在与外国人商业竞争的时候，实行商战，争取取胜。在当时来说，这种观点是非常难得、比较罕见的。

再次，在军事上，他主张训练官兵，使清朝官兵成为具有现代军事知识和技能的人才。他们都知道中国的兵内战内行，外战外行。中国最强大的是陆军，主要职能是镇压百姓，是为了巩固政权。而清朝的八旗绿营，在满族人夺取政权的时候，可以说立下了汗马功劳，可是经过了200年的安逸生活，将军和士兵们早已失去了战斗力，只会欺负老百姓。有的时候皇帝来视察，士兵不够登记人数，因为军中腐败，吃空饷，所以就临时找人来凑数；士兵也很少演练军事技能和战术，刀枪入库，以致很多武器都生锈了。这样的一支军队怎么去抵御外侮？连维护专制统治都很困难，后来在镇压太平天国起义的时候，八旗绿营根本没有办法和农民起义军作战。清政府不得不做出很大的改变，由原来的排斥汉人，到重用汉员，组建有别于八旗绿营的军队，这才挽救了清政府将倾之大厦，而挽救清政府将倾之大厦的就是汉人曾国藩所建的湘军，还有李鸿章组建的淮军等。湘军的组织原则非常明确，专门挑选忠实于领导而少心窍之人，很多军中的领导都是曾国藩自己的学生和自己的手下，这些人对曾国藩绝对忠诚。所以大家可以看到，当湘军作战失败，曾国藩无奈地从船上跳下水去的时候，总会得到部下的拼死营救，曾国藩两次投水，两次被他的部下救起，说明他与士兵的感情很深，治军也是有效的。这支军队可以说是一支曾家军，对曾国藩绝对忠诚，却也招致清朝统治者的极不放心。然而郑观应是从整个国家民族利益的角度来看问题，提出要培养新式军事人才。在他看来，八旗绿营肯定是不行的，而湘军的现代化程度也不够。《盛世危言》是1893年出版的，对于中国军事发展他寄托了某种希望。

另外，在外交上，他特别主张修改中外不平等条约，展开外交谈判。因为郑观应对外交事务比较了解，所以特别希望能够通过修改不平等条约，为中国谋取实际利益。近代中国倒霉就倒霉政府腐败，在中外战争中一打就败，有时即便战场没败，在外交上也失败，于是签订各种不平等条约，割地赔款，使得中国很多主权完全丧失了。因此，他想通过举行中外修改条约的谈判来换取或争回某些国家主权和权利。另外还需要指出的是，郑观应是在侨乡长大的。我想这样的地理环境使他对外国事物比较了解，加上有很多老乡在国外谋生，有助于他对外国情况的认识，故而，他特别主张在国外设立领事馆，保护华侨的利益，进而维护国家的主权。

在教育上，他强调要效仿西方的教育制度和考试制度，对于传统的制度要进行改革，要培养新式人才，要普及教育，要提高国民素质，甚至呼吁兴办民学。

在财政上，他主张开源节流，进行财政制度改革，保护关税。中国海关从建立之日起，掌握海关职权的就是洋人。海关是一个掌管国家钥匙的机构，而这个钥匙就在外国人手里，这对中国是不利的。所以，郑观应要改变这种状况。

此外，他还主张架设电线使通讯现代化，铺设铁路使交通现代化，建立报社、设立报馆使公共舆论空间得以成长。他要开办图书馆，使人们能有一个学习交流的地方。

◉**问**　请问郑观应所提出的现代化思想和洋务派有哪些区别？

◉**侯**　学过中国近代史的人都知道，洋务派的主要历史贡献在于赞成学习西方的科学技术，部分模仿西方工业组织形式和教育制度，但是在政治制度方面依然是维护专制政体，而郑观应则走在了时代的前列，提出了变法的思想主张。他甚至提出，要想达到富国、强国的目的，就必须进行政治改革。用他的话来说，要想抵制外来侵略就要自强，要自强就要致富，要致富就要振兴工商业，振兴工商业就一定要讲求时效，要颁布宪法，要重道德。在他的思想里形成了一套较为完整的逻辑关系，而洋务派的思想是中体西用，在某种程度上割裂了体用之间的联系。本来体和用是联系在一起的，是一个整体，这是问题的关键，郑观应批评洋务派认识上的片面性，批评他们只重视技术层面学习西方而忽视政治层面与此相伴随的变革等要求，因此要改变中国的政治制度。他有一个想法，这跟中国的民本思想有很大的关系，认为立国根本在于得民心，而国家的兴衰与是否得到民众的拥护有很大的关系。他认为，中国在近代社会屡战屡败就是因为上下异心，这是大问题，而传统中国尤其是尧舜禹的时代不是这样的，那时是上下一心，后来，专制制度形成了，成为现在这种局面，而西方的国家以前也像中国专制制度一样，后来实行了民主制度，设立议院，所以很多问题就豁然开朗了，得到解决了，因此，他特别主张设立议院。

为什么要设立议院，郑观应首先把设立议院和抵御外来侵略联系在一起。另外，他把设立议院跟壮大中国的力量联系起来。归纳起来可以说有这样几点：第一，设立议院能够通上下之情，使君民的关系融洽，朝野上下同心同德，众志成城，议院能够集思广益，使整个社会秩序井然；第二，议员是由国人共同选出来的，可以使国内的一些精英人物和有才智的民众为国效力。而广大民众也有了参政的权利，共同参与国家的治理，这样就使得各界人士都能够为国家的壮大、发展出力献策。为了达到这个目的，他对各国所实行的政治制度进行了分类、比较。他认为，在当时的世界上可以分为以下几类，一类是君主治国，由君王主宰国家，另外有民主治国，还有君民共同治国。在他看来，君主治国主权偏上，民主治国主权偏下，而理想模式就是君民共处，实际上就是所谓的君主立宪。而郑观应把立宪看成是变法的根本，所以提出了很多变法立宪的主张。如果我们对其变法立宪的主张做进一步分析的话，还可以发现一个问题，即他选择性地采用了很多传统概念，帮助自己理解和阐释政治改良思想。

我们由此可以发现郑观应虽然讲议会制度，甚至立宪，并都归于可变之法，但是却又提出了一个观点，就是法可变而道不可变。什么是道？就是中国以传统文化为中心的核心价值，也就是说体现儒家思想的道在他的头脑当中还是不能动摇的。他在《盛世危言》这部书里明确指出："道为本，器为末。器可变，道不可变。"很多东西都可以改变，但是有一个根本性的东西是不可以改变的。这个根本就是孔孟之道。而他的一个好友，也是一个改良思想家，在为郑观应的书所撰写的序言中就直言不讳地说，郑观应所要变的是器而不是道。为什么会有这样的情况发生？那是因为郑观应始终是一个中国固有论者，认为西方很多事物都是中国以前有的。近代某些思想家认为当时学习西方的东西不过是把中国原来创造的东西重新拿回来，这就是中国固有论。其实，这是一种经不起推敲的说法。可是，郑观应偏偏认定西方各国的天算、数学、化学、光学、气学、电学、机器学都是从中国学去的。把西方的事物说成是中国固有的，会带来什么样的后果呢？从积极方面来讲，可以从某种程度上使人们不再将西方事物当成是外来的，使人们容易从心理上接受这些事物，进而接受西学；从消极方面来看，则会使人们沉溺于对传统和过去的回味，断章取义，妄自尊大，妨碍了国人对西方的认识、学习和理解。

另外，还有一点需要指出的就是，郑观应常常把一些西方的事物和中国传统的事物相附会。比如中国上古三代时期的政治和西方的民主政治本来不可同日而语，但是他却把两者紧密地联系在一起，从不同的角度加以对比。这种比对也暴露出郑观应对西方政治生活和西方的政治制度缺乏全面、系统的了解。总起来讲，他是赞成学习和引进西方的议院政治，但是又不想妨碍君主制度和传统的礼法，所以就选择了君民共处。这样的政治设想也使得西方的三权分立和议院制度失去了很多光彩。所谓先驱者，并不是说这些人的所有言行都是对的；实际上也有很多认识不深刻、了解不全面的地方。尽管如此，郑观应对于近代中国社会，还是产生了非常大的影响。

◉**问** 请问郑观应对近代中国社会究竟产生了哪些影响？

◉**侯** 讲到郑观应所产生的影响，按时间顺序应该从孙中山讲起。实事求是地说，孙中山受到了郑观应的重要影响。在19世纪80年代末90年代初，郑观应和孙中山的交往非常密切，在经济上曾经支持过孙中山。他们两个人是同乡，据说相距只有30里。郑观应比孙中山大24岁，但是孙中山认识郑观应并不是他自己登门拜访，而是经过朋友的介绍。因为孙中山有一位很好的朋友叫陆皓东，在上海读书的时候和郑观应就有交往，所以孙中山就在陆皓东的介绍下认识了郑观应。由于郑观应不仅仅是一位官员，还是一个具有爱国思想的维新人士，所以受到孙中山的特别敬重。后来，两个人慢慢成了忘年交。在救国的问题上，他们基本上志同道合；在西学特别是医药学方面，他们也有一些共同语言。郑观应是一个对道教养生比较精通的人，而孙中山早年学习的专业是西医。郑观应在澳门定居，撰写《盛世危言》这部书的这段时间，孙中山正在香港求学，每逢假期都要从香港经过澳门回家，过澳门的时候就去拜访郑观应。于是，他们就经常在一起畅谈对西学的看法。在他们交往的过程中，孙中山将自己撰写的一篇专门论述农业的文章拿给郑观应看。郑观应非常欣赏，然后就改成了《农功》这个名字，并收入了他的名著——《盛世危言》。这对于年轻的孙中山来说是一个莫大的鼓励。后来，孙中山上书给李鸿章，其实也是由郑观应写信托熟人向李鸿章推荐的。推荐时，郑观应特别强调，孙中山很有振兴中国农业的雄心壮志，用了很多赞美之词。对于孙中山来说，可以说是得到了伯乐的青睐。

毛泽东在少年时代也受过郑观应和《盛世危言》一书的影响。现在在湖南韶山毛泽东纪念馆里面，有一张他在1915年写的还书条，里面特别注明自己曾经借过一部《盛世危言》，但是把书壳弄丢了，所以感到很抱歉。据考证，他所看的这部书就是8卷本的《盛世危言》新编，于1900年印制。毛泽东特别喜欢这部书，无论走到哪里都随身携带，不仅带出了韶山，也带到了长沙。这本书对于中国革命来说，有特殊的意义。我们来看看毛泽东自己是怎么讲述这件事的。1936年，他在接受美国著名记者斯诺的访问时说："《盛世危言》这部书，我读了又读，直至熟记背诵。"他情不自禁地回忆道，青少年的时候，家里经历了一件事，父亲去打官司，本来以为打赢的，后来因为别的事情，所以局面发生了很大的改变，甚至改变了结局。就是跟他父亲打官司的人在大堂之上，背了一段儒家经典，这个判官觉得这个人好像有学问，所以就判他赢了。毛泽东的父亲很生气，后来就让毛泽东背经书。但是毛泽东就是不爱看经书，为了不让父亲知道，他就把房门、窗户都封闭得紧紧的，不让灯光透出去，然后细心阅读《盛世危言》，直至熟读并背诵下来。毛泽东还向斯诺透露：他读这部书还获得了一个特别大的收获，即燃起了重新恢复学业的希望。言外之意，毛泽东年轻的时候，也是失学青年，曾经有一段时间放弃了学业。读了这部书之后，他又重新燃起求学的热望，并逐渐影响到他在田间的工作。所以父亲批评他，双方常常发生口角，直到最后他离开了家。我们可以解释为，毛泽东读这部书重新唤起了进一步读书追求新知识的希望。在一位美国学者撰写的《毛泽东传》里面还特别提到这件事。他说，一本倡导改良呼吁技术进步的书，使毛泽东形成了这样的思想，为了挽救自己的文明，中国必须借鉴西方的东西。这本书的作者是一位具有改良思想的人，这使毛泽东产生了这样的考虑：为了中国的命运，他应该走出韶山，去学习更多的知识。如果我们做个合理的推断的话，假如毛泽东没有读这本书，没有离开韶山，中国的历史命运又是怎么样的呢？

●问　您在《海洋中国——以香山买办与近代社会为中心的考察》中指出，有学者认为香山买办在海洋中国的沿海城市拓展过程中呈现出"三头家"特色，即选择上海、天津等为事业发展的主要场域，将香港、澳门作为安居之所，最后在香山叶落归根，为什么他们会呈现"三头家"特色？从郑观应的人生历程来看，他离开香山雍陌村后几乎再也没有回去，最后逝世在上海，他为什么没有选择叶落归根？

侯
杰

⊙**侯**　其实不光是大部分买办的人生轨迹跟这几个地方都有连接，很多近代活跃人物也都与这些地方有程度不同的生命链接。当然，买办的人生轨迹与他们的政治理念与生活是不能完全分割的，所以在不同的人生阶段，在不同地区都会留下了他们的足迹。历史研究基本上是一个对过往经验的总结，是靠材料来说明问题，而不像有些学科是理论先行，如果拿一个理论的框架先框住历史，再寻求解答我觉得有点危险。历史的奇妙之处就在于既有惊人的相似之处，如人们往往是落叶归根，但是也有超出人们预料的变异，如郑观应没有走常人常走之路。这里面既受主观因素影响，也受客观因素制约，既有偶然性，也有必然性，应该说是综合作用的结果。

◉**问**　香山地区在近代中国名人辈出，请问郑观应成为著名的维新思想家和香山地方有什么关系？

⊙**侯**　历史不能假设，但是可以阐释。地理环境决定论曾受到质疑，但地理环境在历史发展、社会转型中发挥着重要的作用却是毋庸置疑的。郑观应能够提出现代化的理论，除了与他所处的时代有关之外，和地理环境、地域文化也有很大关联。历史上的香山即现在的中山是一个什么样的地方呢？香山位于珠江入海口的西岸，面对着浩瀚的南海，离广州不远，与香港隔水相望，和澳门也比较近。澳门同样是一个重要的所在。对于中山乃至中国来说，澳门为什么重要？在中外文化交流中，澳门虽然空间很小，有人说在澳门踢足球一脚就可以踢到海里去。就这么一个弹丸之地，在中国的历史文化版图里面却发挥过举足轻重的作用。明朝时，天主教神父们从欧洲到中国来的时候，都要先到澳门。他们把西方的宗教仪式和经典、西方的科学技术一批又一批地经澳门带到了中国。另外，他们又从中国贩运走了很多"中国制造"，那个时候的"中国制造"除了丝绸、瓷器、茶叶外，就是思想文化。他们把大量的中国儒家、道教经典搬到了欧洲，翻译成各种文字，促进了欧洲社会的改变，促进了人类文明的提升，所以中国曾经对欧洲产生了非常重要的影响。这在教科书里面，在历史著作里面以往很少提到。大家都知道中国有四大发明，这四大发明对欧洲产生了革命性的影响：火药，摧毁了骑士阶级；指南针，发现了新大陆；造纸和印刷术，使知识的生产和传播成了新的潮流。不仅如此，中国的瓷器、中国的园林都对欧洲产生了非常重要的影响。所以我们现在在欧洲、美国参观访问的时候，在很多地方的博物馆都会看到西方人收藏的中国瓷器，有些比在中国博物馆看到的还要震撼人心。在图书馆中，可以看到被翻译成不同文字、不同版本的中国经典。中国的传统思想文化，被西方的思想家、哲学家视为人类瑰宝，很多思想大师如莱布尼茨、伏尔泰对中国传统思想文化推崇备至。所以在明清时期，澳门曾经扮演过非常重要的角色，而中国传统思想文化曾经对世界作出过这么辉煌的贡献。

到了1807年，英国新教传教士马礼逊又绕道美国泛海而来，还是从澳门登陆。他在澳门创立学校，开设医院，兴办期刊，编纂字典，翻译《圣经》。后来，其他的传教士陆陆续续来到中国从事宗教、文化传播，所以澳门是中国和外国联系的一个非常重要的通道。正是由于澳门在中外文化交流中非常重要，所以靠近澳门的中山，出现了一些特殊时代

侯杰

造就的特殊人才。他们不仅懂得中国的经贸习俗、文化，而且也了解外国的经贸制度、规则，所以在嫁接中外商贸文化时，扮演着不可替代的角色。居住在这样一个中外互通环境里面的郑观应，耳濡目染了一些外国事物，经受了欧风美雨的洗礼，同时也深受中国思想文化的影响。而中外文化的巨大差异，使他不得不深入思考，晚清时期西方列强的侵略和清政府的腐败，也使他产生了亡国灭种的危机感。而如何挽救国家民族危亡，如何寻求富国强国的道路，就摆在他和他们这一代人的面前。他是以一种开放包容的心态开眼看世界，拥抱外来文明，追求中华民族的富强。虽然我们说郑观应的思想里面，还存在很多传统或者落后于时代的东西，但是更应该珍惜他身上所体现出来的时代精神。我们看待历史人物，要把他放在当时的历史环境、当时的地理环境里面来分析、观察，不能完全用现代人的标准来苛求。

在近代中国，特殊的历史条件和中山独特的地理环境、社会环境、人文环境，孕育和培养了像郑观应、孙中山这样的世纪伟人。我们希望能够生长在这里的，同样是在中山这个中外文化交流会通中成长起来的中山人，也能够沿着先辈的足迹创造更美好的中山的未来，中国的未来。

◉问　您近年来都在研究性别，我觉得这个很有意思。您在文章里也提到郑观应的性别观念，请问郑观应是怎样关心女性问题的？

◉侯　郑观应很重视女性的生存权，特别是对溺女婴的习俗深恶痛绝。溺女婴，是中国传统社会一直延续到近代社会的陋俗。由于中国人重男轻女，不把女孩当孩子，生下来之后往往溺死。由此可见，在传统中国社会，女孩能活下来很不容易。人们常说"不孝有三，无后为大"，这个"后"是指男性，不包括女性。所以诸如此类的女性问题，不是单纯女性的问题，是性别的问题，是社会的问题。

另外，女性还有一劫，就是天灾人祸的威胁。天灾在中国非常多，有一句话说中国是灾荒的国度，几乎无年不灾，无处不灾。每到闹灾荒的时候，就出现卖儿卖女的现象，上演丈夫卖妻子，父亲卖女儿的人间惨剧。因为是男权社会，丈夫和父亲是家长，有"权利"出卖妻子、女儿。被出卖的女性任人挑来拣去，有些年龄小的、长相漂亮的女孩往往被卖到大户人家作二奶、三奶……八奶，姿色稍微差一点的女孩可能被卖到上海、南京等地的妓院，条件更差一些的女孩可能想卖都没人买了。因此，有人说，女人比猪肉卖得还便宜。这是近代中国社会出现的一种悲惨状况，现代的人可能无法接受，也不能理解。我再举个例子，从1875年到1878年，在中国的山西、河南、山东、直隶（今河北）、陕西等北方五省出现过一场大灾荒，波及苏北、皖北、陇东和川北等地，旱情极为严重，不仅使农作物绝收，而且造成900万到1200万人死亡。开始的时候，灾民像应付一般灾荒那样吃点树皮，吃点草根，勉强充饥，可是连续三年、四年的灾荒，造成什么都没得吃了，只好易子而食。因为灾荒严重，人真的没有尊严了。在这样的状况下，中国女性的生存受到更大的威胁。郑观应有针对性地提出：在遇到灾荒的时候，应在灾区严厉打击人贩子，禁止贩卖妇女，而且在社会赈灾的时候要给予女性更多的关怀，多发一些赈灾的粮款，收恤

侯
杰

遣还灾区的妇女。为了维持社会稳定，政府要在交通要道设立关卡，截住那些被贩卖的女性，并杜绝贩卖妇女的源头。为此，他还制订了一系列的章程，阻止买卖妇女。

在改变女俗方面，郑观应也做出过努力。例如，他针对女性缠足问题提出一系列主张。现在女孩脚长多大就是多大，不用限制。但在近代中国就不是这样，如果女孩子的脚正常成长，极有可能是嫁不出去的。当女孩子长到四五岁或六七岁时，家长们就会张罗把她的脚缠成小脚，而且越小越好，所谓"三寸金莲"是也。从古代到近代，这种现象在中国的很多地区都比较严重。当然，满族等少数民族和同为汉族的客家人等却是另外一种情况。

郑观应认为，缠足对女性的身体来说是极大的摧残，妨碍了女性的身体健康，让女人没办法从事生产劳动，即便能够生活、生产，遇到点天灾人祸也跑不动。所以大家看到一有外来侵略者侵入中国的时候，有些家庭、家族特别是传统大家族的女性因为缠足，无法及时逃脱，只能被迫做一件事，自尽。她们要么跳井，要么悬梁自尽，无论如何都要结束自己的生命。为了不受外国侵略者的侮辱，维护自己的名节，她们想逃走，却跑不快，难以逃脱魔掌，又不想坐以待毙，只好自杀。这都是缠足和片面贞洁观念造成的恶果。另外，郑观应也认识到缠足不仅使女性的身体变得软弱，而且国家民族也没有办法富强起来。为什么呢？在郑观应看来，女人是国民之母，她们承担着哺育下一代的重任，所以母亲很重要，要好好地哺育自己的孩子，这不仅是为了自己的孩子，也是为了国家民族的未来。我演绎一下郑观应的说法，他讲如果女人把缠足的精力放在求学上，以 10 年时间安心读书，凭着女人的聪明才智，所取得的成就未必在男人之下。这就是郑观应的期待。他的这个期待目前已经逐渐变成了现实，现在考试成绩出来之后，往往都是女生拔得头筹。以前总有人说女生中小学成绩好，到上大学的时候成绩好的就要看男生了。其实，现在我在大学里面看到的，女生都在前几名，保送上研究生的名单一看几乎全是女生，考研的前几名一看也全是女生。前些年博士考试，结果一看前几名也还是女生。所以，现在的变化很大，当然这可能也有专业的问题，在历史学院就是如此。刚才讲郑观应期待女人全力读书，不去缠足一定能够取得很好的成绩。为此，郑观应特别希望政府颁布命令禁止缠足，如果谁缠足就处罚谁。对于缠足问题的解决，历史上多采取这两种方式：一种方式就是郑观应所说的，让缠足的人一律放足。这对于缠足女性来说，实际上是第二次摧残，因为缠足的时候把自然的脚变成了自制的高跟鞋，蒙受了第一次痛苦，把缠裹的小脚再给放开，她又得承受第二次痛苦。理性的选择应该是让新生女孩儿不再缠足，保持天足。近代有一个说法叫"天足运动"，就是解决缠足问题的第二种方法。问题还不只如此，近代中国人有一种社会心理，认为女人不缠足的话长大之后嫁不出去。因此无论如何都要让女孩子缠足。现在我们回过头来思考这个问题，总感到每前进一步都是那样的不容易。

值得注意的是，郑观应强调女性还有一个重要的权利，就是受教育权。而在受教育方面，郑观应特别赞赏西方社会男女皆有平等受教育的权力这一点。实事求是地说，他是比较早接受男女平等思想的人。这也符合咱们的基本国策，中国的基本国策就是男女平等。早在近代中国社会，郑观应就提出男女皆有受教育的权利等主张，是有前瞻性的。他认为：受教育不论是对于家庭来说，还是对于社会而言都有重要的意义。首先，女子受教育有利于家庭的稳定。他举例说，在广东女人不读书，不懂人情道理，把儿子和丈夫挣来的钱全花光了。他所说的这个故事，我觉得不仅仅在广东有，在全国很多地区女性中都有。在他的想象中，女人受教育之后一切都变好，不再赌博了，也不再东家长西家短到处传口舌了，就可以成为贤良的女儿、贤良的太太或者贤良的母亲了，可以相夫教子，帮助丈夫和孩子。她们不仅跟丈夫一块花钱，而且还帮着赚钱。其次，女子受教育跟国家强弱有很大的关系。郑观应曾设问道：美国为什么强大？因为女学发展，所以才强大，可以不战屈人之兵。他认为美国当时强大，就是女学好，而女学不如美国的国家，像英国、法国、德国就没有美国强盛，而中国因为没有女学所以才有问题。从这点来看，郑观应把女学和国家兴衰荣辱联系在一起，足见他对女学有多重视。

当然他的女学观念还有可以进一步展开分析、解读的地方，暴露出其性别观念存在的一些问题，例如他把女性受教育看成是为了相夫教子等等。其实，女性受教育的意义和价值远不止此。事实证明，女性受教育不仅仅在于提升自己的内在品质，而且还拓展了生活空间，从家庭步入学校，进入社会，更重要的是实现了主体身份的转变，社会地位和价值都得到了提升。与此相关的就是他对女性生存空间的想象，仍停留在男主外、女主内这样非常传统的范畴内。现在看来，中国发生很大改变的一个地方，就是男女共同主内和主外，就看你愿意和适合在哪方面发展。所以，有时候我就畅想世界上有些国家出现了女总理，按现在中国女性进步的速度来看，可能不出 100 年，50 年，二三十年，中国也会有更多的女性国家主要领导人。男女是有自然和社会性别差异的，但并不是像郑观应所想象的那样，一定是男人在外边打拼，女人在家里守着。假如说男人就想在家照顾孩子、关照家人，我觉得也不错；女人就想在外面发展，就让她努力进取吧。要尊重各自的意愿和选择。

需要强调指出的是，郑观应的女学教育思想和教育内容，既有很多中国传统的因素，也有外国现代元素。他看到西方女子教育的蓬勃发展，所以特别向国人介绍现代女学的最新状况，也极力主张在中国兴办女学。他的这个思想主张实际上是对中国传统的"女子无才便是德"思想的一种否定。对于每个受教育者来说，教育改变了个人、家庭的命运。对于一个国家民族来说，教育改变了国家民族的命运，甚至可以带来希望和未来。

◉问　您认为郑观应提出尊重女性生命权、教育权、生存权的"禁溺女"，"解放"身体，"兴女教"以"开女智"等主张，具有重要的历史价值和现代意义，但您也认为郑观应的性别观具有悖论性与统一性的双重属性，郑观应的性别观还存在哪些局限性？原因是什么？

◉侯　郑观应等近代中国士人能提出"禁溺女""解放"身体、"兴女教"以"开女智"等尊重女性的生命权、教育权、生存权的主张，这是值得敬佩的。因为当时的社会是由男性主导，在国家民族危机不断加剧的形势下拥有主导权的男性士人放弃部分权利，组织动员女性掌握应有的权力，让她们了解国际时事，了解自己的处境，进而改变现状，确实了不起。但是，任何人都不能够离开时代而存在。这些男性士人的思想和观念，难免存在对外来、现代文明认识上的不足，乃至缺憾，对中国传统思想观念认知上的偏失，乃至固守。所以既要充分肯定他们的创新价值，也要客观评价他们的局限。另外，光看士人们说什么是不行的，还要看他们都做了什么，并把两者结合起来，综合研判。比如康有为，嘴上说的跟实际行动就存在很大的差距。他主张一夫一妻制，结果自己讨了好几房小老婆。因此，我们对历史人物，就不光看他的言语，还要看他的行为，这样才能形成对历史人物的全面认识和整体评价。郑观应生活在近代中国，有那个时代的局限性。但是，说这句话并不是要推卸责任，放弃对郑观应等历史人物的具体分析和阐释。当时还有很多涉及女性、性别的问题郑观应没有关注到，比如说女性的看病、治病问题等，除此之外，可能还有其他的问题有待学习和探讨，但实事求是地说，我和我的学生们截至目前还没有发掘、整理出更充分的资料，在访谈之后，我们在进一步整理资料、深化研究的时候，再看看郑观应与性别这一专题还有哪些可以改善和深入的地方。

●问　1902年《大公报》在天津创刊，首先在变陋俗、开风气上大做文章，劝戒缠足、倡兴女学、张扬女权等方面不遗余力，这与郑观应在18世纪70年代倡导的"劝戒溺女""禁止缠足"和"兴女教"基本是一样的，为什么几十年过了，中国的这些问题还没有得到很好的解决？

◎侯 您这个问题提得挺好。郑观应作为思想家，他比较早地洞察到了社会存在的问题，他将解决这些问题的思考写成文字，编入书籍刊出，但受众还是有限的。而《大公报》是公共媒体，受众比较多，流传比较广，速度比较快。近代报刊所刊登的文章，其实是继承或者是发展了近代思想家们的某些主张。就前者来讲，可以说是近代思想家们某些思想主张的再传播；就后者而言，是对近代思想家们某些思想主张的丰富和完善。关键是"溺女婴""缠足"和"女学不兴"等社会问题依然存在。因此，这些报刊文章的作者对郑观应等人提出的、但在近代中国社会一直没有解决的问题，如溺女婴的问题、放足的问题、女学的问题，通过自己的理解，结合这些问题出现的新变化，在前人思想主张的基础上进行再论述、再传播。

报刊是一种文化商品，有文化属性，同时也有商品性质，所以办报刊的报人们要合理地表达社会诉求，但也得抓一些比较安全的议题，如果观点太激烈了，与官府的立场不一致，就有被封的危险。《大公报》就曾经在1905年抵制美货运动中被封。值得注意的是，不封没有那么多人买报纸，一封就吸引了很多人关注和购买、阅读，结果，《大公报》大卖，销量大增，知名度明显提高，社会影响力扩大。这似乎也成为一条铁律。

此外，近代中国社会出现的一些重要议题一般也是先由思想家们提出，然后经过报刊媒体来传播，并一步一步地推广，比如反缠足，《大公报》不仅刊登过一些有关反缠足、诫缠足的言论、法令，而且报人们还组织成立了天足社，以实际行动来反缠足。缠足，是我们性别研究中比较重要的一个领域。同样不仅要看报人们的思想主张，也要看他们有没有行动，不仅要看它的议题讲什么，更要去看它做了什么，也就是说要看是否收到成效或者推动社会的哪些变化，改变学界以往那种重言不重行，更不重视考察实际效果的状况。

◉**问** 当前郑观应相关的研究受到了重视，您认为未来应该从哪些方面持续研究郑观应？

◉**侯** 我觉得未来对郑观应的研究可以从以下几个方面展开：一是要不断地从现实发展和需要中回看郑观应。郑观应是一个历史人物，他所生活的那个时代已经过去了，但是他生活中的很多意义和价值要不断被重新认识和发现。现实是刺激我们重新回望历史的一个很重要的方式。有些外国史学家说所有的历史都是当代史，这样说的原因不仅是说历史可以写到当代，更是说我们应该从现实的挑战中去回望历史，因为随着社会的不断变化，有些没有认识到的问题会慢慢显现出来，有些已有的议题可以被重新提出来，加以认识。二是以前研究中存在的一些问题，比如说严重偏离事实的、没有足够依据的，还需要查阅资料进一步核实。为了研究好郑观应，必须要采取更多的办法，寻找包括文字、影像、实物的各种各样的资料，并对资料进行甄别。如这些资料在研究和使用过程中是不是经过了比较严格的学术审查和批判，资料是不是真实，是不是准确。这都影响到对他的评价，所以一定要有一个重新对史料进行批判的过程，然后才能更好地得出新的观点，或确认既有的结论。历史研究不仅是与古人对话，更重要的是我们对现实的关照，以及对后人产生的影响。因此历史不光是说清楚一件事就完了，更重要的是怎样对现实有所关照，对未来有所启示。我觉得这是历史研究中一项非常重要的工作，不仅有挑战性，而且有无穷的魅力和巨大的潜力。诚然，大家对郑观应学习、了解和研究的兴趣越来越大，而郑观应身上所蕴含、显现、折射出来的对现实的价值、对未来的启示更值得探究。因为这是中外文化剧烈碰撞、交流、融合的成果，包含着人类共同的智慧，而这些意义和价值需要人们重新发现和评判。

总体来讲，我们应该不断从现实中发现议题来回望郑观应这样的历史人物，同时也要不断地修正研究中的一些观点，发掘新史料，发现新问题，采用新方法，增加新视角，得出新论断。因为每位研究者都要在知识、文化、智慧的生产和传播中对历史负责，不能生产垃圾。比如说咱们中山人也好，或者咱们中国人也好，或者世界各地的人也好，重新认识郑观应、认识中国的时候，可能依靠的是你的研究成果。我们做学术研究，原来说是白纸黑字，现在是说有图有真相，但不论怎么说，就是要对历史负起责任来，换而言之，就是应该以高度负责任的态度来从事学术研究工作。

◉**问**　刚才您讲到历史学者要关照现实，当前我们这个阶段，我们来解读郑观应或者《盛世危言》，不管是从外交、经济还是从教育，对我们当代社会的指导或者借鉴价值在哪里？

◉**侯**　我觉得第一个还是要深耕。对郑观应的言论，还有他的行动，要做一个在现有的基础上，不论材料还是什么史实，可以做更系统的一个梳理，然后从中再发现其价值和意义。另外一个就是传播的工作。中山不仅有责任更好地挖掘像郑观应这样历史人物的价值，而且还有责任对外传播，透过对外传播树立咱们中山的城市文化形象，以此作为我们中山跟香港、澳门甚至外国交流的一个渠道、一个桥梁。这样的话，对他的认识也可能会有新的意义和价值呈现。若咱们只局限在中山或者学者范围，可能只认识到中山人物或者说郑观应的某个方面或某些方面，其实还有很多方面有待开发。

◉**问**　中山在传播郑观应的思想方面，您有什么好的建议呢？

◉**侯**　中山的基础条件非常好，一个是咱们政府对文化事业、历史资源整理比较重视，还有那么多精兵强将，到各地去拜访我们这些研究人员，说明中山很有战略眼光和文化情怀、创意，在全国带了一个好头。这是好的基础。此外，我觉得可以在疫情结束以后适当搞一些论坛，凝聚各地的力量，持续发声，制造新闻，产生社会效应。这是我们其他地方想做却做不到的。因为我们研究一下郑观应，没有像中山那边将研究郑观应当成一个长期的任务。通过举办研讨会可以吸纳更多专家学者共同为中山服务，为中山贡献，所以这也是一种借用"外脑"的方式，既扩大了中山的学术、社会影响力，也凝聚了中山市内外的学术力量，培养了中山的学术人才。

　　　　因为中山的近代历史人物比较多，是不是可以考虑创新

机制、体制，搞一个常设机构？比如说设立中山历史文化研
究中心或者研究院，然后以中山市哲学社会科学、人文科学
的学者为主，适当聘请一些中山市以外的，甚至包括国际的
一些知名学者共同参与工作。这样的话，就可以保证一种长
效机制的有序发挥效能。刚才讲有些学者只是偶尔研究一下
郑观应，我们怎么才能把他们拉住，让他们可以用更长一点
的时间来研究郑观应。这样的话，中山就不用花那么多的培
养费，可以直接"摘果"。这是很值得考虑如何进一步实施
的创意，可以变成中山长期发展的一个有效的机制。否则的
话，很难长期坚持。像您主要工作是在学校，但是需要完成
采访郑观应研究者的任务，为此做了大量的准备工作，对郑
观应的研究已经非常熟悉和了解，和国内学者有非常紧密的
联系，但是这事忙完了，可能就放下了，回到自己的学校，
从事各项工作，与郑观应研究的联系就不那么大了。那就可
惜了，我觉得可以做这方面的尝试，尽量避免这样的损失。

　　实际上，您现在正在从事的工作也很重要，就是把郑观
应研究向郑观应学术研究、学术史研究方向转移和延伸。这
就会不断地出现新议题，因为郑观应本身的研究资料总有穷
尽的时候，但是研究在不同的时代就有不同的议题、不同的
研究方法，可以不断深入。其他中山历史人物或其他议题的
研究都需要创建一个机制加以保障其顺利实施。我还建议，
在中山的高等院校里设立一些相关专业，培养专业人才，因
为咱们中山学校的旅游专业也有，新闻传播专业也有，再适
当增加一点人文科学、社会科学的理论方法训练，就可以培
养出综合性人才。这些人才的综合素养提高了，那么在中山

文化的传承上就能发挥更大的作用。中国人讲事在人为，人很重要，但一定得有一个阶梯性的人才培养机制才能使人才发挥更大的作用。

除此之外，有些相关的成果，看有没有可能借助咱们中山的媒体，还有包括中央的媒体做更好的传播。虽然中央这个层级的竞争可能会比较激烈一些，但是我觉得中山有足够的智慧，也可以采取一些合作的方式进行推介。例如央视现在有一个机制就是编播分离，中山把编好了的节目，交他们播就可以。中山是一个侨乡，蕴含着一个得天独厚的优势，就是中国文化的海外传播。我觉得这些工作都可以在中山市委、市政府的领导和支持下，放到中山市历史文化研究院来统筹进行，研究院应该有机制、体制的创新，也要有一些内容上的创新，比如您不断地有新的节目、新的研究成果出来，这样才有更大的存在价值，各级领导才会更重视。

◉**问**　近年来，您的研究主要集中于社会性别史，研究了女性在历史发展中的社会角色与命运沉浮，为什么您会选择做社会性别史？请您分享下您的研究过程和收获。

◉**侯**　关于妇女性别研究，我经过了一个比较漫长的选择过程。以前在上学和工作以后，其实不论是教学还是做研究，都会注意到有关女性的议题，但是没有把女性研究作为自己的一个学术研究方向来进行。当时除河南等地外，天津师范大学杜芳琴老师在妇女研究方面做得不错。1996 年，我应美国学者周锡瑞教授的邀请到美国加州大学圣地亚哥分校历史系访学，同系的一个老师现在非常有名，就是台湾"中央"研究院院士高彦颐教授，她专门研究缠足和闺塾师等。

我和她有一位共同的朋友、时任美国辛辛那提大学历史系教授的关文彬。所以，她每周三从洛杉矶到圣地亚哥来上课，这一天只要不上课，我们就在办公室海聊性别研究话题。那时候，性别研究在美国方兴未艾。当时她就跟我说："您既然想研究这些议题，就大胆地介入，没关系，现在有一个新名词叫性别研究，男性女性学者都可以展开研究。"我觉得这个建议挺好，这样我们展开性别研究就更有正当性了。高教授还把自己写的书和文章都送给了我，我与她也就此进行了很多交流。当年，她在圣地亚哥还举办了一个有关宋代以来中日韩妇女史的国际研讨会，邀请我参加。在会场内外，我跟与会的中外学者进行了交流，也认识了很多华人学者，包括天津师大的杜老师和香港浸会大学历史系的刘咏聪教授。在日本横滨市立大学任教的随清远教授恰好也在加州大学圣地亚哥分校访问，我们相识还很有点戏剧性。记得有一次周锡瑞教授请我发表演讲，为了推广天津研究，回应周教授对叶家的研究，我特意选了一个有关天津历史的题目，把自己的研究发现与师生们分享。随教授不仅来捧场，而且在演讲后非常热情地走上前来与我热烈握手，祝贺演讲成功。他说，侯教授虽然年轻，但在国外学界还是很重要的，因为一般的中国学者到海外很少有机会在比较大的场合做学术演讲。美国非常牛的学校，更没有中国学者做讲座了。他介绍说自己是天津人，1980 年考到北京大学，后来在日本和美国学习、工作几十年。我们两人同年高考，在美国相逢也算奇遇。从此我们结缘，后来我们还一块从美国去了墨西哥。

我从美国回来后，其实也没有立即启动性别研究。后来，我发现以前我们上学时候男生多女生少，等到我带研究生的时候，女生越来越多。我就想女性多了，有关女性、性别的议题也比较多，这样可以组织动员学生一起从事这方面的学习和研究。我做事喜欢简单、有效，争取一步到位，就直接在国内重点大学里开辟了硕士生的研究方向，培养了中国第一批近代妇女性别史的硕士研究生。很多从事性别研究和教学工作的老师在不同的学校里指导了好多学生，做了很多工作，但是他们的专业培养方向一直没有调整，所以学生们最后写学位论文的时候，专业方向还得写中国近代某某史，题目也受到限制，有些跟妇女/性别没有关系。我觉得这太可惜了，所以我以此为鉴，干脆就直接培养中国近代社会与性别史研究方向的硕士生了。因为南开大学历史系冯尔康教授开创的社会史研究在学界很有影响力和号召力，所以我定的研究生培养方向是社会与性别。因为有了稳定的专业培养方向，我们开课、交流特别是招收、培养学生就更顺畅了。

21 世纪初，我刚负责中国近代史教研室工作时，咱们专业招生并不理想。尽管是重点学科，还有公费名额，可是没有特别优秀的学生报考，有时还得从其他历史专业的考生中调剂过来。我觉得这是奇耻大辱，是绝对不能接受的。转年，我就在一个学期里为本科生开设了两门与社会性别史研究相关的课程，专门请世界各国的知名学者来讲自己正在从事的研究。我想他们最好不讲他们已经出名的东西，因为那些著作或论文大家都可以看到，正在进行的研究对学生们的影响和启发更大。等再招考研究生的时候，我们的生源发生了很大的改变，有 46 名学生报考 2 个公费名额。冷门、长线专业，成了大热门，这在历史系是从来没有过的。从此以后，我的日子就好过了，系里最优秀的学生都集中到我们这里，甚至好多其他专业的同学也到我们这边旁听、跨专业考研。我们这个专业方向的学生起点高了，培养学生更精心了。我每天从早上 7 点到学校，除上课外，在教研室里一直工作到晚上 11 点。除教研室向学生全天开放外，还经常带学生或安排他/她们参加天津、北京、上海、香港、台湾等地组织的学术活动。我觉得胡波主席现在做的这件事很好，很重要，带着咱们中山的老师们出来，对中山人才的培养绝对有很重要的意义。年轻人要是没有机会跟人交流，怎么能听到这些东西，怎么去成长，对吧？其实有时候就是这样，我们越在这个领域下功夫，就越需要外界的刺激。学生们往往是给一点阳光就会灿烂，他/她们特别需要机遇，需要锻炼和成长。

我带学生的方法可能和其他老师不太一样，带学生去研究《大公报》，尤其是性别问题时，我觉得老师和学生应该是命运共同体，老师们不能摆架子，而是应该和同学们平等对话，然后在学习、研究中不断锻炼和成长。这也是我进行性别教学与研究时遵守的一个很重要的原则。所谓平等对话，就是说师生身份不同，但地位平等。在学术问题上，我们师生共同学习，大胆实践，将学术发现放在性别平等的原则下来评估。同学们学习和研究的积极性和创造性更强了，成长得非常好。有的同学获得了"南开十杰"，很多同学获得国家奖学金。如果按照同学的研究成果和研究能力来讲，

侯杰

909

每年的奖学金评比中，我们学院的前几名全是我指导的学生。这种现象持续了几年，但是学校一般都是按学生名额，按专业分配奖学金名额和等级，结果好多优秀学生成绩优异却拿不到好的奖次，其他专业的学生成果平平，却拿到好的奖次，结果非常不公平。学生的学习热情和积极性受到挫伤，情绪难免会受到影响。我鼓励他/她们把眼界放开，因为成长是一个过程，挫折、压力不一定是负担，要努力把它转换好，变成前进的动力。此外，我还要千方百计地创造更多的机会，带领他/她们成长。

我推荐了很多学生去美国及中国香港著名高校随妇女性别研究的专家学者继续深造。因为我觉得咱们中国需要高水平人才。我的任务就是尽自己的所能把未来托起来，不管他们毕业后是在美国还是中国香港工作或是回到国内来发展，在性别研究方面都取得了不同的成绩，作出一定的贡献。因为当时我还不能指导博士生，所以把他/她们送出去深造。

2005年，我可以招收博士研究生了，随即又开辟了社会与性别的博士生培养方向，更有利于培养高层次学生了。在这个过程中，我也遇到一些令人头痛的事情。为了了解同学们的学术研究兴趣和能力，把学习和研究工作做好，要积极申请和精心选择不同领域的课题，安排学生参与，以检测其对性别研究的认识和了解，及其达到何种程度和水平。在培养过程中，我仍坚持用刚才讲的走出去、请进来等办法，帮学生们夯实基础，开阔眼界。从2003年到2019年，每到暑假都选派硕士生、博士生去香港学习和交流。感谢香港中文大学崇基学院的领导和老师们，不仅提供经费，安排接待，而且还有精彩的课程学习，开展自己的研究工作。学生们趁此机会，一边上课，一边去访问老师、查阅资料，这样对他们的成长非常有好处。即便是出国、出境留学的学生，他/她们做的学位论文还都是我们有一定积累、比较擅长的题目。这样的话，他们拿着奖学金，专心做研究，及时和我们交流，就比较容易毕业，同时可以给国际学界提供一些支持。后来，我又想了一个"扶上马送一程"的办法，因为学生们出去留学了，如果不支持他/她们就可能没有办法顺利地完成学业。另外咱们自己培养的学生参加工作以后，也希望有不断充电的机会。所以，我从2016年开始，基本上每年都组织不同主题的妇女性别学术研讨会。去年因为疫情严重，所以就没有举行。举办研讨会其实很困难，堂堂南开大学有时也无法落实办会经费，多亏了妇女性别研究中心的乔以钢鼎力支持。我就带领学生咬牙坚持办，这是南开精神，什么困难都不怕，想办法解决。最近两年，我们不仅和CSSCI来源期刊《妇女研究论丛》和全国妇联妇女研究所合作，还跟《中华女子学院学报》《山东女子学院学报》一块合作，因为我是这3家期刊的编委，这样我为他们服务，他们也可以给我们提供支持，共创妇女性别研究主流化的辉煌。今年天津社科院历史研究所和CSSCI来源集刊《城市史研究》也和我们合作。前几年，我们还和《广东社会科学》合作过，假如明年有机会，我们也可以跟中山合作。因为这个合作是实质性的，必须要有人出人，有力出力，有钱出钱。我觉得妇女/性别研究还要加强各地学者的交流，进行学术成果的引入，就是把一些海外学者的优秀成果拿到大陆

侯
杰

911

来出版。因此，我主编了一套台湾的硕士博士的优秀毕业论文在山西教育出版社出版。台湾的学生写论文很下功夫，第一集都是有关妇女/性别的研究成果，出版后受到欢迎。这样对两岸的学术、文化、教育交流有好处，对台湾的师生来讲也是一件特别高兴的事，对他们也是一个肯定。台湾的张玉法、吕芳上教授等对我们的工作给予大力支持，游鉴明、卢建荣等教授付出很多心血，我和作者也结下了深厚的友谊。有学者说我们的工作将写进台湾的学术发展史，对两岸学术交流也作出巨大贡献。

我的思路可能跟别人不太一样，现在很多人都在谋自己，精致的利己主义者越来越多，但是我在努力配合做一些促使性别研究主流化的实际工作。前些年，我们南开大学的谭琳教授到全国妇女研究会任职，担任妇女研究所所长，在有关领导的支持下，开始推动妇女/性别研究主流化。我就想在南开大学如何以及怎么来开展这项既有历史意义又有现实意义的工作。经过一段时间的努力，取得非常明显的效果，包括各地各专业学者可以申报国家社科规划重大项目、一般项目、青年项目，教育部的重大社科规划项目、一般项目等。有30多个来自不同高校、社会科学院、党校、妇联的妇女/性别研究中心，成为全国妇联认定的妇女研究重点基地。以前各地的妇女/性别研究中心基本上都是"三无"——无经费、无办公地点、无编制，现在经费解决了，场地也没有问题了，差的就是编制。这是结构性问题，因为咱们很多学科都是一样，老师退休了，这个学科就没了。但是这个问题我觉得从妇女/性别研究本身来讲，应该想办法解决，要不解决的话，真的就有可能昙花一现。因为妇女/性别研究跟其他历史研究不太一样，比如经济史研究，你不研究别人可以研究，你的学生到别的学校也可以研究，但是妇女/性别史研究就不同了，你在学校研究性别，可能就名不正言不顺，因为学校的评价体系不接纳，还面临着打压等问题，所以需要有比较好的保护机制，先孵化然后再壮大。

特事有时必须特办，如妇女/性别研究就设立了评奖机制并坚持多年。每5年举办一次关于妇女性别研究的评奖活动，评奖范围包括著作、论文、调查报告，还有通俗读物、翻译作品等，还有两年一届的硕士、博士优秀论文的评奖。我曾经也向全国妇女研究会提过举办妇女/性别研究的大学生论文比赛等建议，我觉得这个是最好的、更容易扎根的事情。因为你要考虑生源的问题，我们现在开辟硕士、博士培养方向，但受过比较系统教育训练的妇女/性别研究领域的本科学生却没有。没有前期知识性的积累，对后面的专业人才培养是非常不利的。如果从本科生阶段开始转向，他们有兴趣报考这个专业方向的研究生、博士生，那条件就更好也更成熟了。

我自己的设想，咱们大学本科是解决知识性的问题，研究阶段是解决理论方法的问题，到博士阶段才可能有所创新。学生在不同阶段有不同的重要问题要解决。现在的问题是，大量的知识性东西没有学扎实，怎么会在掌握一定的理论方法之后，有更能牵一发而动全身的创新？另外从教育发展来讲，现在本科生是一个比较大的面，研究生是一个比较小的块，到博士阶段才是一个小点。由此可见，越往上学，您的研究领域就越小，金字塔式的。但是到教学的时候正好反过来了，你要用的是更广阔的知识讲给大学生们听。如果你的知识储备不够的话，你的教学任务就完成不好。所以这里面就需要针对不同阶段的教育重点，进行合理的安排。在妇女/性别教学和研究中应该有一个循序渐进的科学体系。

我现在做的工作除了主办研讨会、论坛，邀请海内外学者、学生积极参与外，就是到中山、佛山等地举办系列讲座。我们的知识应该面向大众，让更多人了解。

我觉得中山非常特殊，改革开放以后这里聚集了很多大学毕业生，但是当地没有好的大学，请恕我直言。这跟老师、孩子家长的期待有很大的距离。我认为应该以电子科技大学中山学院为基础，通过提高办学质量来吸引同学们来到中山学习和就业，提升中山的文化素养、品质，为创建中山市的大学做准备。另外，可以通过公共平台，给市民更多的学习、交流机会。让我印象特别深的是，我在中山讲座场场爆满，但在天津办讲座，听众很少，有时只有三五十人，差距很大，天津人对知识的渴求就没有那么大吗？这是另外的问题，这里咱们就先不讲了。

我们做妇女/性别研究，应该注意以下两点：一是要突出性别的主体性，要以它为重点，不论做什么研究都要考虑性别因素；二是要把性别放到不同的社会环境中去分析，与政治、经济、军事、文化、外交、宗教、民俗以及具体历史事件结合起来，进行综合研判，才能取得进展。

从目前来看，妇女/性别研究有比较大的发展空间，前景很好，国际学界也非常重视相关研究，英国有一份学术期刊，名叫《性别与历史》。他们请我给该刊做编辑，我为该刊服务了一些年，因为我觉得这不仅是我自己的事，也是中国学者的神圣使命和义不容辞的责任。今年还有一件事对我来讲也有些挑战性，就是华人顶尖学者有一个奖项叫"唐奖"，主办方请我做评委。因为形势特殊，我没有想好应该怎样去履行我的职责。如果今后再找我的话，在形势比较稳定的情况下，我还是愿意向海外传播我们的中国文化，也为我们中国学者树立服务形象。我觉得，我们不仅要经济输出，也要文化输出，其实经济输出若是有文化保驾护航的话可以消减一些中外矛盾和利益冲突。

●问　根据您的研究经验，我们这些年轻的学者怎么去找一个好的研究方向或者研究问题？

⊙侯　年轻人好奇心强，思想也活跃，一定要发现和培养自己的研究兴趣，进行必要的学术积累。什么是好的方向、好的题目？你在广泛学习和了解海内外学者研究动态的情况下认为是好的，并且通过努力能够实现的题目就是好题目。人的成长是有过程的，有时候急于求成可能更麻烦，"欲速则不达"，要一步一步来。一定是要有一个或几个比较好的明确方向，又有一个或几个比较容易实施的方案，这样就容易接近你确定的学术目标了。实事求是地说，你要了解世界各国相关领域的学术发展情况，其实是很难的，因为人的经历、时间都有限，我认为有条捷径，就是多拜访一些比较好的老师。我没有读博士，但我自认为比很多博士的见识要宽、要多，主要原因是我有比较多的老师愿意帮助我，特别是在海外。我曾经遇到过一位韩国老师，那时候他60岁，我30多岁。他要办《东亚人文学》，得到我的一些帮助。他很感激，动情地说："我活到 60 岁，能帮你是我一辈子的荣幸。"听到这话，我也挺感动的。我在香港工作的时候，几乎跑遍了香港的佛寺道观，做了大量的田野调查，法国学者希望与我合作进行华南传统客家社会的研究，加拿大学者听说后，找到我，明确表示希望我继续做华北地域文化的研究，提出合作研究华北民间信仰、民俗文化的调查与研究的设想，并真诚地说："我跪下来求你可不可以继续对华北进行调查和研究？"说起来，包括许倬云教授、金耀基教授、余光中教授、成露茜教授、王尔敏教授、张玉法教授、卢建荣教授等，他们都把自己治学的经验和学术创见、人生体会等毫无保留地传授给我。我很感恩。在和他们的平常接触中，我都可以学到很多东西。学习要沉下心来，要有谦卑的或者是虚心的态度，才能学有所得，拥有开阔的视野，形成跨学科的思维习惯，并不断提升内在品质。

◉问 作为国内知名学者，最后请您为年轻人提几点应该如何做研究的建议。

◎侯 第一个就是关注现实社会发展，挖掘和思考收集到的历史和现实资料，然后批判地继承。我们要有主体性，一定要把主体和客体分开，我们是主体，研究对象是客体，要把客体认识清楚。另外我认为在研究方法上应该多尝试，别墨守成规。现在是多媒体时代，我们可以从媒体中找资料，可以把成果通过媒体做传播，做影视史学。我也做电视节目。纪念辛亥革命 100 周年的时候，我给中央电视台综合频道播出的《辛亥革命》撰写了脚本，我还在凤凰卫视等媒体上策划、播出历史类节目，有时是做顾问，有时自己也粉墨登场做主讲。这也是一种学术体验，因为既然要研究影视史学、影像史学，不了解它的制作过程，那就是空谈，作为一位学者，还是应该有一些实践的经验。但光有实践经验也不行，很多摄制者也不一定会成为学者。为什么？因为缺少学者的专业素养。我们做口述访谈，但和你现在的工作不一样，你更多关心的是学者就某个议题做过哪些研究，发表过哪些见解，多属于学术史的范畴。我是比较愿意去民间做口述，就不同议题听不同民众的声音。从研究的视野来看，历史是所有人参与创造的，研究历史就应该是全方位的，应该充分尊重普通民众，尤其是普通女性，倾听他们的声音。我曾在河北与加拿大学者一起进行民间信仰、民俗文化的田野调查，带着南开大学的学生连续多年到山东淄博等地进行缠足女性的调查与研究，因为他们是整个社会发展的细胞，但以往对他们的了解和研究不够，关注也不多，所以总的来讲我觉得深入民间进行田野调查和口述访谈是一件前途无量的事情。此外，研究者不仅要有价值中立的态度，客观、科学的追求，而且也要有民族的情怀、文化的使命以及责任和担当。

◉**问**　中山当前提出要文化兴城，大力挖掘地方文化，您能否为中山未来的文化建设提点意见和建议？

◉**侯**　作为一个中国人，孙中山先生是大家的共同记忆，也是中国的一个象征。在两岸对话和交流的过程中，我觉得孙中山是目前最容易被双方认可的一个标志性的人物。我们谈孙中山，大家都没有问题。我觉得这是一个非常好的支撑，中山市在这方面应该也能够担当更大的责任和使命。

如果需要我帮忙的话，我也愿意尽自己的一点力量，台湾那边也有很多学界的朋友。这对于中山市的文化建设是有好处的，因为想要建设好一个城市的文化，最大的智慧就是吸引其他地方人士的关注，动员本地人的参与。还有一个可以借鉴的经验，对于所有出生、生活在中山的人，无论是名人还是普通人，做一个比较全面的调查，听听大家的意见和建议。我最大的愿望是研究民众的历史，研究中华人民共和国的历史，看普通人在这个社会中扮演什么样的角色，发挥什么样的作用，这个在中山的文化里面，也是非常重要的。

我觉得中山市的城市文化建设，需要进行更多既有广度又有深度的研究，这需要联合和依靠相关的专业人士共同努力。有研究做基础，中山城市文化才会出现新的格局。一样的东西在不同的人的手里、眼里有不同的呈现，不同的表达，在一个比较广阔的国际空间里面，无论接触的学者是优秀的学者，还是一般的学者，中山都可以欢迎他们就中山城市文化的研究和建设发表自己观察和思考，应该以海纳百川的心胸来吸纳各种不同的声音，形成各种优势组合，实现多赢。另外，中山还可以从粤港澳大湾区，乃至国际化的大背景来展开思考，把香山文化当成整个中国文化的一部分，当成整个世界文化的一部分来谋划，来发展，从而更好地推动中山市的文化建设，树立城市文化形象。

◉**问** 谢谢侯老师接受我们的访问，并提了许多非常好的建议。

◉**侯** 不客气，非常高兴能接受你们的采访。

918

◎胡 波 主编

郑观应研究口述史

第三册

SPM
南方传媒 广东人民出版社

·广州·

图书在版编目（CIP）数据

郑观应研究口述史／胡波主编. —广州：广东人民出版社，
2022.7
ISBN 978‑7‑218‑15489‑3

Ⅰ. ①郑⋯　Ⅱ. ①胡⋯　Ⅲ. ①郑观应（1842—1921）—人
物研究　Ⅳ. ①K827＝6

中国版本图书馆 CIP 数据核字（2022）第 006539 号

ZHENG GUANYING YANJIU KOUSHUSHI
郑观应研究口述史
胡　波　主编

出 版 人：肖风华

责任编辑：张贤明　唐金英
责任校对：李沙沙　周潘宇镝
装帧设计：瀚文文化
责任技编：吴彦斌　周星奎

ISBN 978-7-218-15489-3

出版发行：广东人民出版社
地　　址：广州市越秀区大沙头四马路 10 号（邮政编码：510199）
电　　话：（020）85716809（总编室）
传　　真：（020）85716872
网　　址：http://www.gdpph.com
印　　刷：恒美印务（广州）有限公司
开　　本：787mm×1092mm　1/16
印　　张：100　　字　数：1100 千
版　　次：2022 年 7 月第 1 版
印　　次：2022 年 7 月第 1 次印刷
定　　价：480.00 元（全 4 册）

如发现印装质量问题，影响阅读，请与出版社（020－85716808）联系调换。
售书热线：020－85716826

林广志（1962— ），广东韶关人。历史学博士，澳门科技大学社会和文化研究所所长、教授、博士生导师，中国历史研究院澳门历史研究中心常务副主任。兼任澳门基金会历史文化工作委员会委员、中国澳门学学会会长、中国经济史学会外国经济史专业委员会副主任等职。曾在暨南大学、中国社会科学院经济研究所、澳门大学从事研究工作（含博士后研究）。

主要研究方向：澳门学（经济社会史）、旅游休闲、区域合作及相关公共政策。

主要著述：《卢九家族研究》（社会科学文献出版社，2013）、《鎏金岁月——卢九与卢家大屋》（澳门特别行政区政府文化局，2014）、《澳门晚清华商》[三联书店（香港）有限公司，2015]、《澳门之魂：晚清澳门华商与华人社会研究》（广东人民出版社，

林广志

2017）等；主编有《高等教育自学考试物业管理专业专科系列教材》（7种）；合作主编有《西学与汉学——中外交流史及澳门史论集》（上海古籍出版社，2009）、《澳门学引论：首届澳门学国际学术研讨会论文集》（社会科学文献出版社，2012）、《澳门街道——城市纹脉与历史记忆学术研讨会论文集》（暨南大学出版社，2013）、《澳门回归大事编年（2010—2014）》（社会科学文献出版社，2015）、《澳门旅游休闲发展报告（2016—2017）》（社会科学文献出版社，2017）、《中国与葡语国家经贸合作发展报告（2017—2018）》（社会科学文献出版社，2020）、《粤港澳大湾区发展报告（2019—2020）》（广东人民出版社，2021）、《澳门社会经济发展报告（2009—2021）》（澳门基金会、社会科学文献出版社，2010—2022）、《澳门高等教育研究（1999—2019）》（澳门文化公所，2020）等；合作整理有《美国驻澳门领事馆报告（1849—1869）》（广东人民出版社，2016）；主编杂志《澳门研究》（2009—2016）《唐廷枢研究》《澳门学》等。

主要论文：在《历史研究》《中国经济史研究》《学术研究》《广东社会科学》《华南师范大学学报（人文社科版）》等刊物发表论文40余篇。

时　间：2021 年 12 月 6 日

地　点：澳门科技大学

口述者：林广志

采访者：李向强

整理者：李向强

◉问　林教授，您好！我是"郑观应研究口述史"项目组的成员李向强，很高兴见到您，也很荣幸您能接受我的访谈。您从 1986 年进入学术研究，至今已有 35 年。请您谈谈您是如何走上学术道路的？

◉林　我于 1979 年考入华南师范大学中文系，1983 年考入华南师范大学汉语史专业。硕士毕业后曾在暨南大学、中国社会科学院经济研究所、澳门大学从事教学和研究，以及在民盟广东省委、广州珠江实业集团有限公司、广州越秀企业集团有限公司从事行政及企业管理，目前在澳门科技大学从事教学和研究工作。非常幸运的是，在人生的重要时刻，恰逢国家改革开放，我有机会做过学术及非学术的尝试与探索：从 1986 年分配到暨南大学至 2009 年聘入澳门大学、2017 年加入澳门科技大学，其间从政从商十余年，最终又回归大学教学和研究。

我能够走上学术道路，是有幸遇到一批良师。本科时期，陈宝茹先生教我讲普通话，梁猷刚先生教我语言学，关步勋先生教我古代汉语，马挺生先生教我现代汉语——这些经历"文化大革命"冲击而重新回到讲台的优秀学者满怀热情，循循善诱，培养了我对研究语言学尤其是研究古汉语的兴趣；我的硕士导师是语法学家唐启运先生，著名文字学家吴三立先生以及周日健先生、吴昶新先生分别讲授文字学、音韵学、训诂学等课程；硕士毕业后到暨南大学古籍所工作，有幸得到著名学者陈乐素先生、常绍温先生的指点；我的博士导师汤开建先生为我打开了澳门历史研究的大门，博士后合作导师魏明孔先生让我明白如何从理论经济学视角研究澳门经济史；到澳门大学工作后，吴志良、金国平、郝雨凡等先生对我的学习和研究也给予了支持和指导。

◉问　我通读了您以博士论文为基础修订出版的《澳门之魂——晚清澳门华商与华人社会研究》。您为何会选择研究澳门华商问题？

◉林　关于澳门历史的研究，简单来说，研究者们比较注重中葡关系、中西文化交流以及澳葡政治发展的研究，成果也比较丰硕，而对澳门的华人史和经济史的研究却比较薄弱。在极少的研究澳门经济史的著作中，对鸦片战争前澳门以中西方贸易为主的经济形态描述较多，而关于晚清澳门经济的研究却几近阙如。那么，人们很自然就会问，晚清澳门经济发展情况是怎样的？在晚清澳门经济生活中，华人扮演了什么角色呢？这些问题，是当时澳门史学界难以回答的。这也正是我们对晚清澳门华商与华人社会问题发生浓厚兴趣的主要原因。

鸦片战争后，澳门的政治、经济形势发生了根本性的逆转。一方面，葡澳当局以种种手段加速澳门殖民化的步伐。至1849年，以领土、税收、行政管治权的沦丧为标志，澳门实际上已进入葡萄牙管治时期。殖民化"推倒"了澳门城墙、青洲、述仔、路环、望厦等岛屿和乡村逐步并入澳葡的"永居"和管治范围；殖民化带来了澳门的城市化和商业化，澳门进入了一个新的历史发展时期。另一方面，随着国际贸易航线的中断，自明末清初开始，澳门的经济持续衰落，到香港开埠后，澳门经济已到了濒临崩溃的边缘。面对衰落的经济形势，澳门被迫进行自开埠以来的经济转型，一种发端于清朝嘉庆年间的以鸦片走私贸易、苦力贸易和博彩业为产业核心的新的经济模式逐步成型，澳门也因此迈进了新的经济时代。

在这种情形下，逐步远离皇权，脱离清政府的管制，沦为葡萄牙殖民地居民的华人社会也发生了重要的变化，华人及其商业逐渐成为影响澳门政治、经济和社会生活的重要力量：第一，进入澳门的华人人数有了大幅度的增加。据有关资料显示，1839 年林则徐视察澳门时，华人人口为 7033 人；至 1849 年，10 年间增至 34000 人；至 1896 年，更增至 74568 人。尽管大量华人涌入澳门的原因比较复杂，但是不可否认的是，澳门的城市化扩大了对内地华人的吸引力和容纳度，而大批华人的迁入又促进澳门经济的发展和城市功能的完备。第二，在澳门新一轮的经济发展中，华商扮演了重要的角色，逐渐掌控了澳门的经济命脉。即使在 1849 年，澳门的华商就已成为制衡粤澳关系的重要力量。当年两广总督徐广缙、广东巡抚叶名琛策划了"以商制夷"事件，澳门铺商陆续由澳门迁至黄埔，对澳督亚马勒和澳门经济造成了致命性的打击，可见华商之于澳门是何等重要。进入 1850

年之后，华商逐步进入并控制了澳门的鸦片业、苦力业、博彩业、零售业、娼妓业、金融及典当业、造船业、渔业、房地产业、制造业等，几乎涉及澳门经济的所有领域；至19世纪末期，华商成了澳门最大的业主和最主要的纳税人，澳门的经济命脉完全掌握在华商手中。第三，随着财富的增加以及对澳门经济命脉的掌握，华商在澳门的社会生活中开始扮演重要角色，并且成了协调华人内部关系、平抑华夷社会矛盾的主导性力量。由于华商的杰出作用和影响，华人参与澳门政治生活有了历史性的突破，澳葡政府对华人社会及其风俗亦逐步给予了尊重和重视。在晚清国内政治风云波及澳门的时候，无论是在革命派还是保皇会的队伍中，都可以看到澳门华人巨商何连旺、卢九、吴节微、卢廉若等人的身影。

如此看来，晚清澳门华商的创业历程，确是不应该忽略的重要历史片段。有的学者已经注意到华人华商之于晚清澳门历史的重要性。从某种意义而言，一部澳门近代史，记录的更重要的是这一时期华人的兴起、华人的衰败、华人的荣耀、华人的耻辱。既然华人及其商业在晚清澳门的经济、社会中占有如此重要的地位，发挥了如此重要的作用，那么，澳门史，或澳门华人史，或澳门经济史，值得对此进行公允而扎实的研究，并以其成果构建真实而完整的晚清澳门史学，而且至少要回答以下问题：华人及其商业的基本情形，华商的主要分类及其所从事的行业；在澳门近代化城市进程中，华人及其商业的作用和地位；大型的华人商业集团——华商家族的兴盛衰落，及其对整个商业格局的影响力；华商崛起的真正原因，晚清葡澳政府的商业政策及管理对华商的崛起形成了什么影响？华人及其商业与整个华人社会的关系，华人依赖其商业上的成功，对其改善生存形态有何裨益？在晚清中国动荡不安的政治形势中，华商的角色，及其与保皇会、革命派的关系，与广东政府、葡澳政府的关系。

当时学术界对于晚清澳门华人及其商业的研究尚属起步阶段，全面、系统、深入的研究著作尚未出现。之所以如此，主要原因有：一是方向问题，澳门史界一直比较偏重中葡关系史或政治史的研究，在研究时段上，重古代，轻近代，且以澳门为主体的专题性研究明显不足；二是认识问题，对于近代澳门经济转型的规律和特点认识不足，对华人在这一经济转型中的地位和作用缺乏史学的把握；三是资料问题，近代澳门华商的相关资料仍有待开拓，许多华商家族对其从事鸦片、博彩、走私等行为一直讳莫如深，资料的匮乏，对该问题的研究带来了困难。

鉴于华人及其商业在晚清澳门政治、经济、社会中的重要地位和作用，以及该课题的研究之于构建澳门史学的重要性，在汤开建先生的鼓励和指导下，我试图借助新发掘的一些材料，尤其是《澳门宪报》中文资料，对晚清澳门华商与华人社会问题作初步探索，为今后该课题的进一步研究做些基础工作。

◉问　您的著作前后 8 次提到郑观应，当前的研究也与郑观应相关。请您谈一下为什么要关注和研究郑观应？

◉林　在 20 世纪 90 年代前后，夏东元先生和易惠莉先生对郑观应进行了全面系统的研究，形成了郑观应研究的一座高峰，夏先生开拓在先，贡献尤多。可以说，夏先生、易先生的著作已成为郑观应研究的"学术高峰"，关于郑观应的生平事迹、主要思想及其对中国近代化的贡献，这些著作都有宏富而精当的阐释。个人认为，目前尚无学者可以超越他们的贡献。进入新世纪后，郑观应研究处于沉寂状态，或许是夏先生和易先生对郑观应的研究已经做得非常好了，其他人很难找到突破口或者新材料。2000 年以后，虽然有一些文章，但有影响的研究著作较少。当然，也有若干著作较有影响，包括邓景滨教授研究郑观应诗、邵建教授研究郑观应的人际关系、王五一教授探索郑观应的财税思想等。

那么，今天我们为什么还要研究郑观应呢？在我看来，郑观应思想是值得长期研究的课题，我有时候甚至想，或许应该有一门"郑观应学"。就是说，郑观应是近代洋务运动时期放眼全球的思想巨人，他的著作和实践是成体系的思想宝库，是近代以来西学东渐、体用结合的集大成者。我有时跟学生讨论，中国当代改革开放思想的源头在哪里？如果我们往上追索，郑观应前后的一批时代精英的探索和呼吁，发出了中国改革开放的"先声"，提出来了富国强国的路径与策略。人们通常说，郑观应是一位改良思想家，但我认为，他之理想，他之所述，宗旨在"强国"与"救国"，不仅改良，也要改革，不仅改革外交、军事、经济、社会、教育、文化等领域，还要进行上层建筑改革如君主立宪等，他是一位对器与道、体与用、民间与朝廷等各个层面都提出改革路径与策略的思想家。因此，从改革发展的角度来说，郑观应的研究永远不会过时。

对于郑观应思想的价值，我们的认识还是不够的。举个简单例子，我们研究所有国际关系、历史学两个博士学位课程，我会要求两个专业的学生都要研读郑观应的著作，撰写课程论文。历史学专业阅读郑观应的著作，比较好理解，但国际关系专业的学生为什么也要读郑观应的著作呢？因为很多人不知道，或不认为郑观应是一位国际关系专家。实际上，他的一系列论述涉及当时 60 多个国家和地区，对西方列强及南洋诸国都有过深入的观察和研究。例如，他基于中国如何处理与西方诸国关系的"均势"说，对日本的认识及中日关系的论述，对外国与外资外企关系的"商战"评论，关于中国外交、军事、海防以及 1884 年的"联暹抗法"，等等。学生通过研读郑观应的著作，发现郑观应关于国际关系的论述不但自成体系，而且他对某些国家的评价及其与中国关系的预测至今仍然闪耀着智慧的光芒。

当然，还有一点值得注意，郑观应并不是坐而论道的思想家，他还积极参与实践，既有丰富的经验，也有惨痛的教训。用今天的话来说，郑观应是一个很爱操心的人，或者说是一个"很多事"的人，不是他管的事情，但是他觉得应该管，他都会给相关的人包括两广总督李鸿章提出建议，并且在他的能力范围内努力践行，如说"商战"，他既有一套体系，也参与了跟外企的齐价谈判及收购美商旗昌洋行等；又如职业教育，既有专门的论述，又在汉阳铁厂试办；等等。

●问　郑观应久居澳门，毕生致力于富国强国，是澳门爱国主义优良传统的标志性人物，被誉为"澳门之子"。但长期以来，澳门学术界对郑观应的行迹与思想研究较为薄弱，以致形成澳门虽有"郑家大屋"而无"郑观应研究"的尴尬局面。请您介绍一下澳门对郑观应的研究情况？目前的欠缺在什么地方？

◎**林**　郑观应之父郑文瑞约在 19 世纪中叶移居澳门，积极参与华人社会事务，逐渐成为澳门华商领袖之一：1866年是首倡重修莲峰庙值事；1871 年镜湖医院创建捐赠者之一；1879 年，郑氏与何贵、冯成、曹有、蔡照、沈旺、王岐卿、陈六、蔡森、陈瑞阁等著名华商将巨幅锦旗赠予离任澳督施利华。郑观应虽然不是生于澳门，在他 16 岁往上海学习经商时，不排除他父亲郑文瑞已往来或居住于澳门，且郑观应后来曾长年在澳门居住和著述，因家族、营商关系，其亲戚朋友遍布澳门街巷。他在著述和信函中称，"世居澳门"，澳门是其"故里""故乡"。另外，在近代四大买办中，郑观应是唯一在澳门出版集大成著述且至今仍在澳门存有故居者。因此，澳门学界、澳门社会首先必须记住郑观应，其次必须研究郑观应，第三必须宣传郑观应，努力把郑观应这张既存著作又有故居的、名留青史的"思想牌""爱国牌"擦至闪亮。澳门学者邓景滨、王五一先生曾出版关于郑观应诗词、财税方面的研究著作，陈树荣、郑国强等先生也定期举办纪念郑观应诞辰的研讨会，海内外学者多次在澳门研讨其思想。但是，与内地比较，澳门学者对郑观应的研究仍然偏少，且至今没有设立专门的郑观应研究机构。某种程度上说，我们对不起郑观应这位"乡贤"。

◎**问**　您介绍了澳门郑观应研究的现状，特别指出对郑观应研究的不足。最近，澳门科技大学成立了郑观应研究中心，您能谈谈成立这个机构的原因和目的吗？

◉林　近年来，澳门科技大学重视对澳门历史以及香山人与中国近代化之关系的研究。2018年澳门科技大学成立唐廷枢研究中心，出版《唐廷枢研究》集刊，启动编撰《唐廷枢年谱长编》，为梳理其背景，也拟编撰《洋务运动大事编年》。这些工作，自然与香山、与澳门、与郑观应有密切的关系。因此，为推动以唐廷枢、郑观应为中心的香山人物与中国近代化研究，2022年2月，在郑观应诞辰180周年之际，澳门科技大学成立了郑观应研究中心。

郑观应研究中心的成立是基于郑观应对中国近代化的贡献及其与澳门的关系而创建的，其目的是致力打造可持续的郑观应研究机构、平台和团队。如上所述，郑观应久居澳门，在澳门完成《盛世危言》的编撰，其故居"郑家大屋"成为澳门历史城区现存建筑面积最大的华人民居建筑，因此被称为"澳门之子"。郑家大屋成为世界文化遗产后，有关郑观应的历史文献不断发掘，澳门社会对郑观应的认知度逐步提高。近年来，特区政府对历史文化的重视程度不断提升，对澳门历史文化研究的支持也形成了相应的机制。澳门高等教育人文社科研究发展迅速，特别是历史学科的发展与成绩有目共睹。尽管如此，对郑观应这位既有成体系的皇皇巨著、又有保持完整的世遗故居的"乡里"爱国者、思想家仍然研究不足、传播不足，以致社会认知不足。成立郑观应研究中心，持续加强相关研究，不断推出有质量的研究成果，当可弥补澳门本土学术界、文化界和教育界乃至社会各界的这种"时代之憾"和"地方之憾"。这是我们成立郑观应研究中心的基本考虑和主要原因。

当前，国家加紧建设粤港澳大湾区，澳门积极融入国家发展，我们正处于研究郑观应的最好的时代。我以为，要把郑观应放在澳门、香港与祖国内地的关系、西学东渐和洋务运动，特别是国际形势变化、国家改革开放、大湾区建设的大背景下来研究。这样自然就会讨论到澳门、香港与中国近代化的关系、香山人与洋务运动的关系以及研究郑观应的当代意义和价值。目前我们正在开展香山人与澳门和香港、与洋务运动之间的相关研究，包括唐廷枢、郑观应的相关研究。也就是说，我们并不是孤立地研究郑观应，而是把他放在澳门、香港与内地的地理空间、与西学东渐和洋务运动的世界大背景下来研究，这就是我们同时启动洋务运动研究的原因。在这个背景下，挖掘当时历史环境下的时代精英如唐廷枢、郑观应的所作所为所思所想及其为国家所做的重要实践和重大贡献。目前，唐廷枢研究中心为了推进《唐廷枢年谱长编》，已出版了大量的唐廷枢相关史料。因为唐廷枢、郑观应既是同乡、同事，又是姻亲，关系密切，多有合作。因此，唐廷枢、郑观应两个研究中心将协同发展，齐头并进。

资料建设是相关研究的基础，必须注重新史料的挖掘、整理和利用。《唐廷枢年谱长编》也涉及大量郑观应的事迹，也是对郑观应研究的新的推动。我们知道，夏东元先生、易惠莉先生对郑观应史料整理、研究贡献巨大，先后出版《郑观应传》《郑观应集》《郑观应文选》《郑观应年谱长编》和《郑观应评传》等，当然，郑观应史料整理仍然有很大的潜力和空间，比如说，他还有数千封信函有待整理，以及近代上海、香港、澳门和海外的报刊资料等，均值得进一步发掘、整理和研究，因此编纂《郑观应史料长编》应是最基础的工作。

研究队伍的培养和建设是关键因素。我们研究所的两个博士课程（国际关系、历史学），其"社会科学理论和方法"课程均要求博士生阅读郑观应著作，完成一篇与郑观应相关的课程论文。自2020年起至今，已完成近40篇相关论文，且在"濠江新语博士论坛"发表，经著名学者、名刊编辑评点，学生继续修改，然后对外投稿。目前，已有若干篇论文公开发表于澳门、内地刊物。在这个过程中，我们发现，已有多位同学对郑观应与洋务运动研究产生浓厚兴趣，初步确定将郑观应研究作为博士论文选题。我希望通过这种方式，逐步物色和培养一批研究郑观应的年轻学者，逐步建立澳门本土的可持续发展的唐廷枢、郑观应研究团队。

◉问　对于郑观应，我们后续怎么去研究？有哪些突破的地方？

◉林　我想可以分几个方面来做。第一就是刚才讲到的，完整地编纂郑观应史料，这项工作应尽快推动实施；第二是希望得到澳门特区政府及社会各界的支持，发挥科大交叉学科优势，建立全球性的"郑观应研究数据库"，将郑观应的著作、史料及研究文献数据化，使澳门能够成为全球性的郑观应研究中心；第三是加强专题性研究，即在夏先生和易先生全面系统研究的基础上，选择若干问题，联系当时的社会环境和国际形势专题性研究。如关于郑观应的"世界观"及其改革思想，已有博士生选取郑观应的日本观、教育思想、法律思想作为博士论文选题。假以时日，我们一定会推出一批新的成果。

虽然夏先生、易先生对郑观应已经做了全景式的深度研究，但郑观应研究永无止境，作为后来者，我们需要继续努力。实际上，除了继续收集、整理散佚资料外，也还有不少具体的问题值得进一步探究。比如，1884 年 6 月，两广总督从德国购买了一批军火，包括克虎伯炮 25 门。这批货运到香港，被港英政府扣住了。为什么呢？港英政府说，惠州有所谓的匪患。为此，两广总督派人过去索取，但都搞不定，后来派了郑观应过去，他会见香港总督后，这批军火就顺利运回广东了。郑观应是怎么搞定的？为什么要购买这批军火？其去向又如何？把这些问题弄清楚，就可以写一篇很好的论文。再举一个例子，还是 1884 年，广东因中法战争及本地土匪侵扰，政府需要整军备战，但没有钱，而郑观应此时帮助两广总督理财和收税，并建议开赌筹饷。清末广东有开赌风气，政府之于赌博时禁时弛，1884 年开赌就是郑观应建议的。大家知道，郑观应是坚决反对赌博的，在《盛世危言》曾论及赌博之害。为什么一个坚决反对赌博的人，在 1884 年却建议广东政府开赌？其背后的原因、经过值得探讨和分析。还有个例子，两广总督李鸿章 1900 年"以裕饷需""筹饷练兵"之名批给澳门华商卢九开赌（小闱姓）8 年，结果做了 3 年多，按承充时所定条款，应缴银 330 万元，但已溢缴正饷、加饷、报效、军需等款计 474.5 万元，至李鸿章离任，岑春煊接任两广总督，于 1903 年禁赌，但拒不返还卢九溢缴饷项，导致卢九落败，上吊自杀。是谁在背后策动岑春煊禁赌呢？实际上，是郑观应策动在京粤省官员给岑春煊施加压力所致。可以看出，郑观应既反对赌博，又主动提出开赌，最后他又背后策动禁赌，那么，他跟赌博的关系是怎样的呢？又如，关于中西医结合，他提出必须将《本草纲目》的药方用西法进行检验，非常了不起，直到今天，其研究思路依然是我们中医药研究的重点之一，即通过检查中药成分、含量及其之间的关系，这事直到今天我们仍然没有做完。郑观应对中西医既有肯定也有批评，认为必须发挥中西医的优势，进行中西医结合。博览会就不用说了，他不仅提出中国企业要参加博览会，而且最早提出中国要办博览会（"赛会"）；他还系统提出经略海南的方案，包括在海南建设"自由贸易港"。诸如此类，还有很多问题值得探讨，无论是做博士论文还是写小论文，关于郑观应可以研究的领域、问题还是相当多的，可在资料收集、专题研究和具体问题等方面继续开拓和深化。

除了研究郑观应，还必须宣传郑观应，弘扬其爱国、强国的奋斗精神。目前，中山、澳门对郑观应的宣传推广已经做了不少工作，但还远远不够，要做的事情还有很多。三乡目前的郑观应铜像、郑观应故居，规模偏小，应扩建为"郑观应纪念馆"，使之成为纪念郑观应的具象载体，承载"教化"功能，建设成为爱国主义教育基地。

澳门方面，我们最近在推动特区政府恢复设立郑观应大马路。过去是有郑观应大马路的，就在现在的澳门半岛永利美高梅度假村一带。1996年，澳门设立郑观应大马路，而且

林广志

933

这条路很宽大。2002年，因建设和发展需要，特区政府取消了这条马路，至今已20年了。近日，立法会议员马志成、庞川提出，在新城A区的公共文化场馆旁边恢复设立郑观应大马路，使它成为游客和市民都能够看到的景观。对此我们表示赞赏，并愿意持续提供学术支持。其次是保护和用好郑家大屋。郑家大屋是澳门历史城区的组成部分，修葺得很好，但里面的宣传内容较单薄，据了解，政府目前正在丰富"郑观应展览馆"。我认为，未来应将郑家大屋命名为国家级的爱国主义教育基地。当然，也可以"组团"郑家大屋、林则徐纪念馆、叶挺故居以及冼星海纪念馆，以建筑群组方式向国家申报。此外，应加强中小学生对"澳门之子"郑观应的认识，让青年学生认识郑观应所处的时代背景与社会环境，以及怀抱强国梦的郑观应完整的所思所想所行和他们为国家所做的贡献；应该让澳门社会知道，澳门除了赌王、资本家，也曾产生郑观应这一具有完整思想体系的影响中国近代化乃至现代化进程的伟大人物；政府应在郑观应公立学校基础上，建设具有显示度的"载体"，如以郑观应之名命名公园、道路和铜像，开发与郑观应相关的乡土教材。

在区域合作方面，澳门、中山、珠海应加强合作，共同推动郑观应的研究与推广。比如，合作举办"郑观应杯"文化活动，通过郑观应拉动澳门跟中山、珠海的文化交流、青年交流活动。在近代中国，香山人物发挥了很大作用，比如上海开埠与发展，香山人是主要参与者之一。过去中山有个"香山文化论坛"，好像做了四届，目前没有继续下去。2022年，我们将举办"香山文化论坛"，主题是纪念唐廷枢诞辰

190周年暨"香山商帮与洋务运动",围绕"香山人物与洋务运动"主题,重点发掘香山精英对中国近代社会转型的贡献,擦亮"香山文化论坛"的牌子。届时我们将邀请中山和珠海有关部门参与主办,共同推动香山文化研究。

◉问　作为《唐廷枢研究》的主编,您认为唐廷枢、郑观应是香山、澳门既传承中华传统文化又融汇西方优秀文化的杰出代表。请您评述一下两人的异同?

◉林　近代香山精英的国内外关系网络,包括郑观应与唐廷枢之间的关系,是我们目前研究的一个课题。先说唐、郑二人的共同点:第一,他们不排斥外语,且勇于和善于学习和掌握英语。唐廷枢在澳门、香港读书,学了一口流利英语,而郑观应16岁到上海,先随家叔秀山学英语,同时将微薄工作收入的大部分投入傅兰雅的英华书馆学英语,白天做工,晚上学习,不辞辛苦。两年之后,他在世交徐家引荐下,到徐润当总办的英资宝顺洋行工作。由于掌握了与洋人交流的工具,他们都取得了成功。当然,唐廷枢除了自己掌握英语,还"兼济天下",用广东方言编著英语学习工具书《英语集全》,这是早期西学东渐的重要语言文本,是唐廷枢对洋务运动的另一重要贡献。第二,唐、郑都是以买办起身,先后被李鸿章重用,从边缘地带进入主流社会,成为洋务运动的主将,进而带动香山人进入国家政治经济体系中。第三,他们都是爱国者,都有通过向西方学习以振兴国家的梦想。他们都擅长跟洋商打交道,了解西人的思维方式与行事规则,他们一旦被纳入国家体系,被赋予"国家资源",便实现了买办体系与国家体系的"合力",从而推动民族工商业乃至中国近代化的进程。

然而，唐廷枢和郑观应还有很多不同。初步来看，第一，唐廷枢自进入国家体系后，长期主持轮船招商局、开平矿务局的工作，在拓展商业、经营管理方面要比郑观应更为成功，其营商能力要比郑观应更强，商业成就更大。郑观应因商业纠纷而在香港"被执"后，其商务跌宕不定，开始走下坡路。第二，唐廷枢应该比郑观应更擅长人际关系，其政商交往能力比郑观应要强。第三，唐廷枢专注于商业实践，除《英语集全》外，他很少对时政公开发表评论，而郑观应是个"爱管闲事"的人，喜欢针砭时弊，著书立说，逐步形成了宏大的思想体系。第四，郑观应虽然没有参加科举，但有士大夫情结，骨子里是想做官的，但唐廷枢除了例行捐官外，似乎更专注于商业经营。

当然，上述比较是较为粗疏的，需要开展深入研究才能真实、全面展示两人的关系、特征及其异同。

◉问　您在研究中经常涉及澳门华商卢九及其家族。作为澳门第一代赌王、澳门华商领袖和近代澳门历史上具有重要影响的人物，他跟郑观应生活在同一时代，请您谈一下他跟郑观应的关系和交往情况？

◉林　2007年，上海图书馆、澳门博物馆出版《郑观应档案名人手札》，其中两封信值得注意，一是郑观应写给何连旺的，一是卢九写给郑观应的。写给何连旺的信，内容是何连旺委托他在上海买房子；卢九写给他的信，内容是关于粤澳铁路公司股东及董事事宜。卢九认为某人不合适做股东，事实上是卢九想入股，想把他原来开赌而"溢缴"的钱收回来。其他资料，有待进一步发掘。

◉问　澳门不仅是孙中山迈向世界的门户和踏进社会的舞台，而且也是孙中山安置家人和从事革命活动、进行救国斗争的直接或间接的重要基地。您的论文《澳门华商与孙中山的行医及革命活动》指出，孙中山读书期间往来澳门，乃至到镜湖坐诊赠药，充分利用了他的地缘优势，其主要的交往与支持者，多为广东特别是香山籍华商，您能否具体谈一下？

◉林　一般认为，"澳门不仅是孙中山迈向世界的门户和踏进社会的舞台，而且也是孙中山安置家人和从事革命活动、进行救国斗争的直接或间接的重要基地"，但已有研究对孙中山在澳门接触和交往的对象——华商缺乏足够关注，或一笔带过，或语焉不详，对华商与孙交往的过程以及双方的心态鲜有论及，无法全面揭示孙早年在澳门活动的历史面貌。我们在研究澳门华商的过程中，发现围绕孙中山的诸多华商及其史料与事迹，于是从华商视角对相关问题进行了讨论。经过梳理，我们发现，孙中山在澳门期间善于利用老乡关系，其交往的华人华商，主要是广东，尤其是香山籍人士，包括香山籍的郑观应、杨鹤龄、曹有、曹善业、吴节微、陈席儒、萧瀛洲以及"新香山人"卢九（新会）、何连旺（顺德）等人。

实际上，孙中山在镜湖医院、中西药局及"仁慈堂右邻"行医坐诊，乃至在澳门的一切活动，均与华商有着密切关系，均得到华商不同程度的支持和帮助。孙中山最初对支持他"悬壶济世"的华商曹有、曹善业、卢九、何连旺、吴节薇等人抱有很大期望，但这些华商对其政治理想缺乏兴趣，孙难以找到政治运动的"热心同志"，加之受到葡医、中医的排挤与忌妒，最终离开了澳门。这一过程，使孙"早认澳门一地不能为政治之运动，乃乘机收束中西药局而移于广州"。即使如此，多年以后，孙对曾在医务上给予他大力支持的"澳门中国医局之华董"仍然心存感激。华商方面，其心态也颇为复杂。首先，卢九、何连旺、曹善业等人热衷于华人慈善事业，对"立竿见影"的西医颇为热衷，对"华人而业西医"且医术高明、义务诊症的孙中山大表欢迎，积极推介。其次，何、卢、曹等人拥有资财，捐有官衔，深得清政府"眷顾"，在政治上比较保守，对孙以改造中国为目标的政治言论"心有疑虑"，反应冷淡。但当孙中山在革命运动中遭遇危险时，卢九等人毅然伸出援手，暗中给予同情与帮助。辛亥革命后，与其父辈的"顽固""冷漠"不同，以卢廉若兄弟为代表的新一代华商对孙的革命伟业有了新的认识，逐渐转变为革命的"热心同志"，他们出钱出力，甚至加入同盟会或国民党，公开支持孙中山的革命事业。这种曲折关系和复杂心态，真实地反映了清末民初澳门华人社会对外部世界，特别是对革命浪潮"甫见开通"的情形。

孙中山在澳门的医务实践及其政治活动，给澳门华人社会带来了什么影响呢？这是另一个值得讨论的问题。我认为，孙早期在澳门的活动，无疑给镜湖医院乃至澳门华人社会带来了另一种意义的"革命"：一方面，孙在澳门"始知有一种政治运动，其宗旨在改造中国"，他所鼓吹的改造中国的"政治言论"，对卢廉若、卢煊仲、卢怡若等新一代华商以及杨振熊、赵连城、古桂芬等华人青年转向支持或参与革命产生直接影响。他离开澳门后所从事的波澜壮阔的革命事业，以及内地所发生的翻天覆地的变化，则将澳门华人的政治视野带至更广阔的天地，尤其是更加关注祖国的前途和命运。1911 年 12 月，广东军政府派员到澳门筹饷，澳门华人"人人争先"，踊跃捐款。13 日，手车行商人刊登布告，"情愿将五天内所得之车费，除各人伙食外，尽数帮助军饷"，"以尽国民之责"，并且盼望"大功告成，光复祖国"，其"爱国之心"于此可见。另一方面，孙中山在澳门的医务实践，推动了西医在澳门的传播和普及，启动了镜湖医院向医疗现代化的转型。孙中山离开澳门后，卢怡若自解私囊，聘请西医廖德山在镜湖驻诊，"赠医施药于社会卫生"；辛亥革命前后，时任澳葡总督马楂度发现，"通常而言，华人不接受西医和西式疗法，但最近以来，某些受过教育的、有文化的华人，也开始利用葡萄牙的科学治疗方法"。在这些华人的带动下，西医西药在华人社会逐渐兴盛起来。民国初年，卢怡若发起组织"西法接生会"，请女西医余美德主持医务，"自兹而往，产妇婴儿之伤亡日减"。镜湖医院于"一九一九年兴建留医所（C 座大楼），一九二一年倡设保婴部。自此以后，西医西药逐渐发展，为西法治病之需。一九二三年更倡办护士助产学校。可见，孙中山早期在澳门的活动之于镜湖医院的发展乃至澳门华人社会的开放，有着重大而深远的影响。

●问 郑观应在澳门郑家大屋完成了其代表作《盛世危言》，这揭开了民主与科学的序幕，该书对孙中山产生了重

林广志

要影响。请您跟我们讲讲这两位香山名人在澳门的交往故事吧？特别是后期的交往历程，目前很少看到，您那边有没有新发现？

◎**林**　郑观应与孙中山前期交往较多，包括一般所言之《盛世危言》收录孙中山文章；孙中山欲见李鸿章，郑观应也曾致信盛宣怀为之推荐；等等。但目前未见郑观应与孙中山在澳门的交往资料。有一种说法，郑观应或其后人把相关资料都烧毁了，为什么烧毁了？因为孙中山被通缉，手握这些资料是非常危险的。两者在后期的交往资料目前也没有看到，如果有的话，应该早就搜出来了。因此，怎么去评价他们的关系呢？只能说他们曾有密切往来，但是没有材料来证实。

◎**问**　您如何评价郑观应的《澳门感事》这首诗？对研究澳门华商有哪些启示？

◎**林**　郑观应的《澳门感事》，其诗曰：

澳门上古名莲峰，鹊巢鸠占谁折冲？
海镜波平涵电火，山屏烟起若云龙。
华人神诞喜燃炮，葡人礼拜例敲钟。
华葡杂处无贵贱，有财无德亦敬恭。
外埠俱谓逋逃薮，各街频闻卖菜佣。
商务鱼栏与鸦片，饷源以赌为大宗。
历查富贵无三代，风俗浇漓官势匈。
屋价千金抽八十，公钞不纳被官封。
昔有葡督极暴虐，竟为义士诛其凶。
自谓文明实昏聩，不识公法受愚蠢。

请问深知西律者，试思此事可曲从？

这首诗从"上古"至"现状"，可称为"澳门史诗"。全诗既有现实的书写，也有对时人所谓"文明"的嘲讽。全诗看似语气平和，然而所蕴含的内容十分丰富，涉及晚清澳门的政治、经济、社会以及华夷相处、时尚风俗等，高声朗诵之，则似海涛之汹涌拍岸，又似久恨长忍之隐发。

从政治层面看，郑观应对于葡人赁居澳门，以后逐渐蚕食侵占中国领土，喻之为"鹊巢鸠占"。这一比喻亦颇为准确而沉痛，因为葡人确实不是以武力迅即侵占澳门，而是以晾晒水渍诸物而停泊上岸，"三十二年，蕃舶言舟触风涛，原借壕镜地暴诸水渍贡物，海道副使汪柏许之"。尔后，由于清政府的软弱，澳门逐渐被葡人"永居管理"。在此过程中，"昔有葡督极暴虐，竟为义士诛其凶"。可惜"义士"的壮烈仍不能改变国土沦丧的态势，胸怀世界、放眼五洲的郑观应唯有求请"公法""西律"，可见其无奈与愤慨。

在经济方面，"商务鱼栏与鸦片，饷源以赌为大宗"。渔业、鸦片走私、博彩业乃晚清澳门的三大支柱产业，也是澳葡政府税饷的主要来源。所谓"外埠俱谓逋逃薮，街频闻卖菜佣"，"屋价千金抽八十，公钞不纳被官封"，表明澳葡政府实行自由经济政策所形成的经济秩序与景象，因为法规之严厉，抽钞之苛繁，不管是否"逋逃"之人，只要到了澳门，就要受其法规章程的约束。唯其如此，"各街频闻卖菜佣"，华人商业亦因此得而兴旺。

在社会方面，虽然华夷杂处，风俗各异，"华人神诞喜燃炮，葡人礼拜例敲钟"，然而华夷逐步混居、交融，种族、文化之间的隔膜逐步消融，不管是华是夷，"华葡杂处无贵贱，有财无德亦敬恭"，区分贵贱，是否受到尊重，不是因为人种，而是看是否多财。此乃商业社会最通俗的价值评判标准。

最触人心扉的，是"历查富贵无三代，风俗浇漓官势匈"。郑观应此语，可以说点中了晚清澳门华商家族的"死穴"。根据《澳门宪报》，可以大略看到，晚清澳门华商商业的发展经历了三个阶段，即发展期（鸦片战争后至1860年）、繁荣期（1860—1900年）、衰落期（1900—1911年）。1900年之后，许多华人巨商频频陷入商业诉讼，其店号、公司纷纷"倒盆"：1902年1月18日，时和银店宣布倒闭；10月25日，何连旺、何连钧、何连汉、何连辉、何连宗之物业被查封，等待拍卖。1905年3月25日，经营了30余年的泰隆银店倒闭；8月7日，东主萧容之物业家产被查封拍卖。1908年2月29日，曹善根、曹善麟告曹善业欠银一案，曹善业之物业悉数被拍卖；3月21日，泰和银店倒闭；东主潘礼臣随后频遭债主控告追索，物业亦被拍卖；6月27日，卢九家族之卢光裕卷入宝行银号欺骗案。1909年1月2日，柯六控告卢九、卢光裕司理恒和公司时"计数不清"，涉嫌侵吞。王禄、王棣都是咸同年间澳门最大的华人业主，但"王禄、王棣等相继逝世后，其子孙守成不易，已将大部分让与别人"。

再从华商家族事业承继来看，早期显赫一时的华人巨商，大多传至其子，其孙辈则不闻。如王禄家族，传至其子王棣；何桂家族，传至其子何连胜、何连旺；卢九家族，传至子侄卢廉若、卢光裕；陈六家族，传于其子侄陈厚华、陈厚年、陈厚能；曹有家族，传至其子曹善业；冯成家族，传至其子冯萝川、冯宝川……

为什么华商"富不过三代"呢？郑观应认为，是因为"风俗浇漓官势匈"。浇漓者，轻薄也。确实，富不过三代，与华人家族本身的家风、家传有密切的关系，但就晚清澳门而言，恐怕最重要的原因，还是与当时澳门政治的不明朗、经济的不稳定有关。以经济言之，这些华商家族第一代创业者多以鸦片走私、苦力贸易和博彩业发家致富，时人多谓之"捞家"。这些商业项目政治、经济风险极大，极其不稳定性是其基本特点，一朝中矢，则马上发达，而风头过后，其子孙则难踵其后，且别项营生难觅，别样本事全无，其子孙焉有不败其家财者。

郑观应此篇《澳门感事》立意高远，寓意深邃，比之晚清澳门华商与华人社会，堪当史诗。又比照《澳门宪报》，观察晚清澳门华商的情形，其创业之艰苦，其成功之荣耀，其衰败之运道，个中滋味，令人感慨系之……

◉问　您认为在郑观应研究中如何加强澳门与广东特别是与中山的合作？

◉林　这个问题前面有所提及，我们应在大湾区建设背景下加强合作，共同推动大香山文化的兴盛，尤其注重学术交流，充分挖掘以"香山文化"为纽带的历史脉络，挖掘孙中山、唐廷枢、郑观应的思想价值，搭建平台，建立机制，多做实实在在的工作，以孙中山、唐廷枢、郑观应研究为契机，推动香山精英、香山商帮和西方文化交流及其与中国近代化发展的关系之研究，构建澳门与中山、与珠海在历史文化上的紧密关系，推动粤港澳大湾区"人文湾区"建设。

◉问　2022 年是郑观应诞辰 180 周年，欢迎您有机会到访中山，为中山与澳门的郑观应学术交流继续贡献力量，再次感谢您接受我们的访谈。

◉林　谢谢！我也期待前往中山学习交流。

胡波（1963— ），湖北黄冈英山人。先后在武汉大学、中山大学获学士、硕士和历史学博士学位，中国近现代史教授，九三学社社员。现任中山政协专职常委。曾任电子科技大学中山学院人文社科系主任、中山市文学艺术界联合会主席、中山市社会科学界联合会主席，中华口述历史研究会副会长、中国区域文化研究会副会长、广东近代文化学会副会长、广东疍民文化研究会副会长、广府文化研究会副会长、香山文化研究会会长等，中山市第四、第五批优秀专家拔尖人才，广东省首批优秀社科普及专家和全国优秀社科普及专家。

主要著述：《历史心理学》（广东高等教育出版社，1983）、《岭南文化与孙中山》（中山大学出版社，1997）、《香山买办与近代中国》（广东人民出版社，2007）、《中山装：

胡波

一个时代的生命符号》（广东人民出版社，2008）、《误读的思想传统——民本思想在近代中国的命运》（广东人民出版社，2011）、《香山商帮》（漓江出版社，2011）、《辛亥革命前后的中英经济关系（1895—1915年)》（广东人民出版社，2012）、《香山名人文化十二讲》（江西人民出版社，2015）、《心理与历史十五讲》（广东人民出版社，2018）、《马来西亚华侨华人史话》（广东教育出版社，2019）、《中山简史》（广东人民出版社，2021）；主编有《百年中山文史系列丛书》（15卷，广东人民出版社）、《孙中山研究口述史》（7卷12册，广东人民出版社，2016）、《永安月刊》（10卷，广东人民出版社，2017）、《中山市社科普及丛书》（13种）。

主要论文：发表论文100余篇。其中涉及郑观应研究的论文多篇，包括《香山文化与郑观应的知和行》《郑观应与中国近代化》《同光时期郑观应民本思想初探》《郑观应笔下的香山社会》《郑观应笔下的广东社会》《买办与近代中国社会转型——以香山买办为中心》等。

时　间：2021 年 8 月 16、22 日

地　点：中山市政协大楼 1006 室

口述者：胡　波

采访者：龙良富

整理者：龙良富

◉问　胡教授，您好！我们是"郑观应研究口述史"项目组。作为中国近代史研究的当代学者，您在研究生阶段就率先对 19 世纪末期的中英经济关系进行了独特分析，到中山工作后，您对历史心理学进行了理论探索、对孙中山先生进行了系统研究，随后对香山文化、香山买办特别是郑观应本人进行了专题论述。您的研究领域从最初的中英经济关系、历史心理学，跨越到孙中山、香山买办、香山商帮，并在这些领域形成了自己的学术风格和学术话语，请您与我们分享一下您个人的治学经历？

◉胡　非常感谢项目组的采访，让我有机会重新回忆曾经走过的学术历程。我的学术研究严格来讲，应该是上大学以后才开始的。我于 1981 年在武汉大学学习中国史。当时武汉大学名师云集，声名远播，其中两位教授对我的学习和研究产生了重要影响：一位是魏晋南北朝史的专家唐长孺先生。唐先生先期研究魏晋南北朝，后来转向研究敦煌吐鲁番文书。他对吐鲁番文书的整理和研究，使我们过去的敦煌学从日本和法国又回到了中国，对学界产生了举足轻重的影响。唐先生治学非常严谨，他给我们讲课的时候，很少写黑

板，只拿几张纸片，讲述魏晋南北朝史，应该说他是准确地背诵材料，我们认真地做笔记。有些时候，我们怀疑唐先生是不是讲错了，但回来对照一下原文，发现错得很少，大部分是我们记错了。唐先生这种治学的严谨和知识的渊博以及对材料的熟悉，让我们非常钦佩。第二位是研究世界史的吴于廑先生。作为中国世界史研究体系的开创者之一，吴先生不仅对西方史学、古希腊、古罗马、地中海文明的历史了如指掌，还提出了一套宏观的世界历史理论体系。两位先生，一位注重材料和专题的研究，一位注重宏观的视野和理论的分析，对我们的教风、学风、文风、学术之风产生了深远影响。

在武大众多德高望重的老师们的影响下，我上大学的时候，养成了自己的学习习惯：

一是大量阅读各种理论书籍。曾经有很多人批评李泽厚的《中国近代思想史论》《中国古代思想史论》和《中国现代思想史论》中有很多硬伤，但他在《走自己的路》的散文集里面写道：我是一个思想家，我提供的是思想，我所依赖的事实都是史学家们研究出来的，如果有错的话，那也不是我的错，我是思想家，思想家提供的是思想，它不是历史的细节。我当时也喜欢理论，希望形成自己的研究特色，因此不断地翻阅大量的书籍，不仅看过亚里士多德、维科、康德、黑格尔、卢梭、伏尔泰、柯林武德、康斯坦丁、卢卡齐、丹纳等哲学家思想家的著作，也认真阅读了《马克思恩格斯选集》《列宁选集》《斯大林选集》《毛泽东选集》《普列汉诺夫全集》等中西方政治理论方面的书籍，涉及东西方哲学、中西方思想文化、东西方宗教等，并做了大量的读书笔记。我印象很深的是，冬天在珞珈山校园操场旁边树林的石板凳上，坐着看黑格尔的《小逻辑》，冰冷的石板凳，刺骨的寒风，枯燥的理论，晦涩的文字，带给我的是浑身的麻木和茫然。不过，这些理论知识直到现在都是我的看家本领，也是我的研究指引，所以我觉得理论基础是非常重要的，没有理论的话，没办法看出材料所反映的问题，找不到它们彼此之间的联系。余秋雨的散文也有很多人批评，说他把很多历史知识变成他的散文里面的一部分，有时候甚至张冠李戴。但我觉得他也为我们普及了历史知识，提供了历史写作的样本，意识到历史的重要性，同时也使我们意识到材料是很重要的，因为你不看原始材料和历史书籍，没有广阔的视野和丰富的历史知识，就不可能有新的发现。为了获得更多的历史知识，我读过克劳塞维茨的《战争论》、孙武的《孙子兵法》、王绳祖的《国际关系史》、中央编译局的《国际共运史研究资料》、王芸生的《六十年来中国与日本》等，还有黄仁宇的《万历十五年》、吉田茂的《激荡的百年史》、斯宾格勒的《西方的没落》、福泽谕吉的《文明论概略》、伏尔泰的《风俗论》、丹纳的《艺术哲学》、孟德斯鸠的《论法的精神》等等，这些国内外书籍对我影响很大，我觉得学史撰文一定要像他们写得那么精彩，那么有内涵。

二是喜欢用不同的版本进行对比阅读，比如读胡绳的《从鸦片战争到五四运动》（上下卷）的同时，我还看了陈旭麓、章开沅、范文澜、吕思勉、翦伯赞等老一辈编的中国通史和中国近代史。在比较的过程中就会发现很多问题，如同样的历史事件为什么不同版本有不同的框架和不同的结构？为什么会用这个材料而不用那个材料？比如说，武昌起义为什么会成功？我看到很多关于武昌起义胜利原因分析的不同文章和书，我把这些不同的看法放在一起，就发现有的是看到经济的作用，有的是见到社会的影响，有的是关注一个短期的局部的问题，通过比较，独辟蹊径，发现了心理因素也是一个不可忽视的原因。曾在《大公报》当记者的李剑农先生，写了《戊戌以后 30 年中国政治史》对武昌起义成功的原因，跟别人分析完全不一样，对我的影响比较大。在对比过程中我发现许多问题很有趣，但在学术界尚未得到重视，比如写近代史，过去学界的结论一般都是帝国主义侵略中国，但中国近代跟世界的关系还存在更多的面向，所以我当时特别关注中国对外关系史。那个时候我深受马克思、恩格斯的辩证唯物主义和历史唯物主义的观点和方法论的影响，认为要研究近代史，首先要清楚经济的问题，其次才涉及中国近代的政治、文化、社会变革等等，这直接影响了我硕士毕业论文的选题。

三是大量做读书笔记。大学 4 年我养成了一个习惯，就是每天晚上 10 点回到宿舍，把当天读过的书重新做一个梳理，做一个评论，有时候写一本书的评论可能几十页，后来成为我撰写论文的基础。在读吉田茂的《激荡的百年史》时，我就在思考，日本为什么会成功？这本书就几万字，但我估计写了万来字的札记。这些笔记至今还部分保留着。现在常有人问我：为什么你的文章里经常引用马列著作中的论述？其实就是因为过去有这方面的大量阅读和大量笔记。

后来在武大读研究生的时候，老师要我做孙中山和黄兴关系的研究，但基于之前大量的学习和思考，我还是选择了中英经济关系作为毕业论文的选题。为什么选择1895年到1915年这段历史的中英经济关系进行研究？因为这段历史对中国社会的改变太大了。通常，人们认为鸦片战争改变了中国的历史，但我觉得这仅仅是局部的影响，甚至可以说对中国人的世界观并没有形成太大的冲击。在我看来，对中国影响最大的应该是1895年的中日甲午战争。早期有梁启超等亲身经历者的切身感受，当代有如葛兆光等专家学者的相同看法。1895年到1915年这20年的时间，中国和外国的关系发生了很大的变化，英国在东方的势力逐渐被日本取代，美国的影响也在中国不断增强，这些变化中的因素直接改变了整个东方的历史，同时对中国的辛亥革命有着直接的影响。虽然日本逐渐强大，但当时英国与中国的关系仍是首要的，你不了解中英关系，近代中外关系中的很多事情就说不清楚。所以到了毕业的时候，我很坚定要从经济的角度来解答辛亥革命前后的中英关系，重点了解从1895年到1915年一战爆发之前的20年中英关系在经济方面有什么表现。

为了更好地研究近代中国与世界的经济关系，尤其是中英经济关系对辛亥革命的影响，就需要阅读很多书籍。为此，我专门读过战争史、外交史、经济史和社会史等书籍，同时也选修了很多课程，比如说统计学、中国近代经济史，中国经济史，中国经济思想史等，甚至还上了语言学方面的课程，因为我很好奇中外关系建立的时候，不同的话语体系和不同的文化观念的人，见面以后是怎么把自己的思想观点

胡
波

传达给对方的？

我借鉴了社会学、经济学、政治学、传播学、心理学、文化学等方面的理论和方法，撰写了十几万字题为《辛亥革命前后的中英经济关系（1895—1915）》的硕士论文，主要研究中英经济关系的主客体及其作用，分析了中英经济关系的影响因素，如科技的影响、心态的影响、政治的影响、文化的影响等，最终对中英经济关系的社会效应进行了相对客观的评价。论文的重点内容逐渐在《中州学刊》《广东社会科学》《学术研究》《经济纵横》《辛亥革命研究》等期刊发表，后来硕士论文在纪念辛亥革命100周年的时候作为专著由广东人民出版社出版。我的博士生导师陈胜粦老师在我报考时说："把你的硕士论文给我看看。"我就把我的硕士论文打印稿给他看了，他当时就说："论文写得不错。第一，抓住了经济这个根；第二，抓住了商人这一特殊主体，二者结合得比较好。"

我本科和硕士学习阶段，正是中国思想解放的重要时期，也是过去西方的思想理论不断地传入中国的时期，西方文艺理论和美学思想以及各种社会思潮，还有像李泽厚的中国思想史三论和他的关于康德哲学美学等方面的书籍，给我们带来了一股新鲜的学术风气。那时候，我对心理学产生了浓厚兴趣，弗洛伊德为代表的精神分析学派、冯特创始的实验心理学、詹姆斯的功能主义、华生的行为主义、马斯洛的人本主义、韦特海默等人的格式塔学派、奈瑟的认知心理学等主要的心理学派的经典书籍我都认真阅读过。当时我很想研究在中国走向世界的过程中国人的心理是怎么样的，但是老师不同意，认为这些都是唯心主义的东西。导师要求我们读章开沅、林增平主编的《辛亥革命史》（上中下三卷），并写读书体会，我一边阅读一边想，在武昌起义的时候，主要的几个官员都逃走了，敌我双方力量的悬殊，对人们心理会产生什么影响？我当时从个体心理和群体心理来分析，撰写了《武昌起义胜利原因新探》，这是我最早用心理学方法来写的论文，后来这篇文章发表在《广东社会科学》，被认为是改革开放以来研究武昌起义胜利原因最有新意的一篇论文，多次被转载或引用。

这篇文章所引起的广泛关注转变了我的历史观，我初步意识到研究历史首先要关注人，历史的发展不仅仅是阶级斗争，阶级斗争只是一种表现的方式，人的欲望和人的需求也许是推动历史进步的力量。那时候我还没有完整地掌握系统的新理论来分析，只有比较熟悉心理学知识，于是就提出了"历史心理学"这个概念，并尝试对历史心理学理论体系进行构建，准备撰写《历史心理学》。我首先写了《历史研究也要重视社会心理》的学期论文，后来写了14000多字的《历史心理学及其研究对象》，发表在《学习与探索》（1988年1月）杂志上，以及《民族心理定势与早期中英经济关系》《社会心理与历史研究》《历史心理学的价值与意义》等文章。在武汉大学读书期间，这本书已经写了三分之一。1988年来到中山工作，儿子出生后，我每天抱着他继续书写。为了节省稿纸，尽量不改动，一气呵成，最终花了一年时间完成了接近40万字的《历史心理学》书稿。当时广东高等教育出版社的熊福林总编对这本书的审稿意见，我大概

胡
波

还记得，他说这是他目前看到的最好的一本理论书稿，不但有原创性、学术性，还有文学性、思想性，而且很难得的是作者的目录标题充满诗意，文采飞扬，引人入胜，写得非常棒。《历史心理学》出版后在学界反应比较好，应该说让我一书成名，1978 年到 1995 年来的广东优秀社科成果首次评奖，在不太多的历史学类奖项中，我荣获三等奖。后来，这本书甚至成为一些高校的研究生教材或参考书。

●问　从 20 世纪 90 年代开始至今，您对孙中山的社会关系网络、革命生涯、思想价值观念等进行了系统研究，这在一定程度上拓展了孙学的研究视野，也推动了孙学的深入研究。2006 年您撰写了专著《孙中山与香山买办》，2007 年出版了《香山买办与近代中国》，开始了对香山买办的持续研究，是什么原因让您从对孙中山的研究跨越到了买办研究？

◎胡　这个说起来还是跟孙中山研究有关。我在研究过程中一直受到福柯的影响，福柯专门研究过知识考古学，是研究知识谱系的学者，对我的研究很有启发和指引，受其影响，我深知要研究中山先生思想是怎么来的，就必须了解他读过什么书、跟什么人交往。我写《岭南文化与孙中山》的时候，主要是从文化和社会学的角度去了解的，中山先生是在岭南文化范围内成长起来的，在研究的时候就要去了解他的生活圈、学习圈、交往圈。在查阅资料的时候，自然而然就涉及郑观应等香山买办。孙中山在香港读书期间，已经萌发了社会变革的思想，后又在澳门开设了中西药局和医馆，遇见了此时在官场上有很大影响的成功人士郑观应。毫无疑问，中山先生此时是很崇拜郑观应的，二人又是同乡，又有比较接近的话题，因此很快就熟悉起来。1894年孙中山起草了《上李鸿章书》，亲自到上海拜访了时任招商局帮办的郑观应，郑观应欣然转托他的挚友盛宣怀向李鸿章引荐孙中山，并在信中称赞孙中山志向远大。郑观应、盛宣怀这些人都是顶尖级人物，有这些人给他写推荐信，你想想那是很不容易的，对孙中山是一个很大的鼓舞，所以我觉得郑观应对孙中山有很大的影响。这个时候我就开始研究郑观应，发现他在上海有很多关系，这也引导我开始关注两个群体：海外的香山华侨和上海的香山买办。

我随后阅读了《郑观应集》《郑观应年谱长编（上下卷）》《盛世危言》《郑观应传》等书籍，看完以后就觉得郑观应太值得深入研究了。2002年是中山建县850周年，也是郑观应诞辰一百六十周年，于是2001年我专门写了一个内参给市委、市政府，建议中山市政府联合珠海澳门三地联合召开郑观应学术研讨会，保护好与郑观应有关的文物。这一建议受到市委、市政府的重视，2002年7月，中山、珠海和澳门三地政府共同举办的纪念郑观应诞辰一百六十周年大会，在孙中山故居纪念馆隆重召开，来自北京、上海等省市以及港澳台地区和海外的专家学者100多人出席了大会。我在大会上代表中山做了一个主题发言。本来已经准备好了讲郑观应的思想，但在会前张磊老师跟我聊天，他说："胡波，你怎么不写地方文化，你们中山文化是怎么影响孙中山的？这个问题有意思。"因此，我以《香山文化与郑观应的知与行》作了大会发言，演讲完后，台湾、海外的学者认为我提的"香山文化"这个概念非常好,他们认为应该继续写,所以后来我就开始做这方面的研究。

2003年市里让我筹建商业博物馆,我就开始研究香山买办,在研究孙中山的过程中,发现买办对孙中山影响较大。那年正好是"非典"时期,我写了大纲,带着问题在上海查了很多资料,在查资料的过程中,发现香山买办是一个学术研究的金矿,应该去挖掘。回中山后,我在家里把《毛泽东选集》全部翻了一遍,了解毛泽东是怎样看待买办与买办资产阶级的。我看了后确定毛泽东讲的买办和我要研究的买办虽然也有重叠,但他们是两个不同时间段的两个不同性质的群体。2003年上海开埠160周年,上海市社会科学院历史所所长熊月之老师邀请我撰文参会,因此我写了《香山买办与开埠后的上海社会》这篇文章。当时大家对买办还有很多怀疑和误解,所以我只写了800多字发言大纲,因为我是最后交稿的,发言大纲被安排在论文集的最后一页。但在会上他们说我是广东代表让我先讲,报告完后受到很多学者的高度赞同,并鼓励我将文章写出来。这篇文章在2004年上海的《史林》杂志上刊发,由此我开始了香山买办的群体研究。

后来我陆续发表了系列香山买办的文章,如发表在《山东社会科学》的《近代中西文化碰撞中的香山买办——兼论近代中外关系的几种研究模式》、《广东社会科学》的《孙中山与香山买办》、《粤海风》的《香山买办的崛起》、《岭南文化》的《简述香山买办文化》、《团结报》的《香山买办结缘世博述评》与《香山买办与近代中国》等等,没想到社会反响还蛮好。在此基础上,我觉得应该出一本书,所以我就将这些文章结集出版，以《香山买办与近代中国》为书名由广东人民出版社出版，并获得中南五省人民出版社优秀社科著作奖。

2009 年 11 月在中山市举行的"香山买办与近代中国"学术研讨会，来自澳大利亚和香港、北京、上海、武汉、杭州、广州、中山、珠海等国家和地区的专家学者 40 余人，就香山买办群体产生的过程和特点、代表人物、历史地位与作用，以及社会评价等问题，展开了深入的讨论和广泛的交流，59 篇论文被整理为《被误读的群体：香山买办与近代中国》一书在广东人民出版社出版。香港中文大学邀请我去做讲座后，我倡议成立香山买办研究会，在沿海开埠城市轮流合作召开学术研讨会。第二、三、四届分别在香港、上海、天津成功召开。第五届香山买办研讨会准备在厦门开，但澳门强烈要求在澳门开，后来因其他原因搁浅了，结果这事一放就放下来了。

◉问　刚才您提到了很多香山买办，像唐廷枢、徐润、郑观应、莫仕扬等，您在《香山买办与买办文化》中提到，在 19 世纪，香山人几乎与买办同义，当时的香山县也被称为"买办的故乡"，香山县为何能成为买办的故乡？

◉胡　这首先跟澳门开埠有关系。1553 年葡萄牙人进入澳门和 1557 年租住澳门后，这里逐渐成为东西方很重要的贸易窗口，是广州的外港。当时清政府规定，外国人到广州可以做贸易，不能待在广州，只能到澳门居住。另外因为受季风的影响，外国人夏天来广东，冬天乘季风从北到南才能回去，在这里他要住半年的时间。由于澳门完全靠周边地区提供物资，毫无疑问为香山人提供了很好的商业契机，内地很多产品通过香山这个地方的水运和陆运到达澳门，这就为香山人的对外交往提供了一个特别的窗口。

其次是香山人的外语学习。语言是社会交往的前提，要跟外国人打交道就必须学外语。初期，香山人只能和葡萄牙人比画比画，慢慢地就可以用葡语来沟通了。随着荷兰人、英国人、法国人、德国人、美国人到来了以后，葡萄牙逐渐衰落，英人渐占上风，英语的普及性就慢慢超过了葡语。香山人近水楼台先得月，比较早地了解了西方世界的语言、风俗、文化、历史和社会发展，尤其是中外商贸业务，他们更加熟悉。

最后是香山人在长期与外商交往中，具备了西方的契约精神。契约精神是西方的一个很重要的商业精神，是一种自由、平等、诚信的精神。我们中国人其实是没有契约精神的，只是口头的承诺和熟人之间的信任，强调一诺千金，注重诚信。香山人与外商的长期交往，使他们知道国际的贸易是按照契约、按照法律进行的，国际贸易上的问题应该由法律来解决。他们明白，既然外国人遵守法律，我们也按照法律来做，这样就没有商业贸易方面的障碍。按照国际惯例进行贸易活动，形成了契约精神，这是香山买办比较受外国商人欢迎的一个很重要的原因。

香山人这种先天优势和敢闯敢冒的精神，在澳门和香港贸易时期，不仅深受外国商人欢迎，而且在同乡之间也建立了比较密切的关系。鸦片战争以后，随着香港以及五口通商的开设，徐润、唐廷枢、郑观应他们自然而然地随着洋人的脚步，进入五口通商口岸，直接充当了洋行的买办。

因为在鸦片战争之前中国人受雇于外国人，必须要在政府里面拿到腰牌，按照我们现在的说法，就是一个职业合格证或者是一个授权证，没有这个证件就是违法的。鸦片战争以后，外国人就可以直接雇佣我们中国人了。这些既懂西方商贸规则，也懂中国市场规则的香山人，因缘际会地进入中国早期的开埠口岸，形成了香山买办群体。

◉**问**　中国传统社会有"士农工商"的社会阶层，为什么在香山地区对在洋行中做买办、帮外国人经商，甚至自己经商的人持比较开放的态度？

◉**胡**　因为香山这个地方离朝廷和文化中心很远，离政治远的地方往往是一个相对自由的地方，可以自由探索和冒险，但另外一方面也是一个很正统的地方，他们有归属国家和朝廷的强烈意愿，所以香山这个地方既开放又正统，二者是不矛盾的。香山人很务实，长期与外商的贸易活动，对经商或异质文化并不排斥。从郑观应的经历来看，他首先参加科举考试，希望通过科举考试进入仕途，但他考不上也没有痛心疾首，而是在父亲的安排下到上海经商。对于香山人来说，不管是入仕还是经商，都是求生存的一种方式，不是一条路走到黑，而是比较务实的选择。既灵活又务实，这就是香山人的最大特点。

另外，香山人在从事商业的过程中，给他们带来了大量财富，改变了家庭的生活方式和生活状况。大家看到与外国人做生意能赚许多钱，这就说明是个好事情，所以香山人普遍不排斥学习外语。唐廷枢的父亲就说，我之所以要把孩子送到教会学习，就是希望将来可以找一份很好的职业来谋生。事实上，香山买办在洋行里很快积累了大量财富，通过买官在官场上又获得了政治的地位，光宗耀祖，这就在无意之中给乡村人们树立了一个成功的榜样。这种成功的榜样，其影响的力量是无穷的，事实告诉了香山人，买办职业是走向成功的发家致富的路径之一。

更重要的是这些成功的香山买办，也希望壮大自己的实力，改变自己在新口岸里被欺负或被打压的境况，所以买办成功以后，他就自然而然地把家乡的人带到各个通商口岸。这个过程就像海外移民，年轻的香山人向最发达的地区、最能赚钱的地方转移，到最新型的产业里面去工作，比如煤矿、铁路、铁厂、航运等。同时，这些同乡通过姻亲关系、商业合作等方式，进一步加深了他们之间的联系。同乡和宗亲之间彼此依靠，相互信赖，担保和引荐同乡和宗亲入洋行做事，几乎成了香山买办应尽的义务。尤其是买办制度的建立，在加大买办个人的风险和责任的同时，也强化了买办的地域性和宗族性。

●**问** 传统的中国商人，很少参与中国早期的工业化，如胡雪岩和以日昇昌为代表的山西票号，对新式经营和管理理念缺乏兴趣，而香山买办却率先参与了新式商业，他们与其他商人群体有什么不同？

◎**胡** 香山买办与晋商、徽商、洞庭商、龙游商等相比，交往的主要对象和成长的历史不同。晋商是应运而生，跟明代的开中法有关。朱元璋出于政治和军事需要，在东起鸭绿江、西至嘉峪关的长城沿线，建立了九个边防重镇，山西相邻九边，近水楼台先得月，他们向九边运输粮食马匹等，换取了盐引。由此可见晋商跟政府的政策有密切关系。而徽商跟左宗棠关系非常密切，如胡雪岩的成功就与左宗棠有着直接的关系。他们和日昇昌为代表的晋商，不太愿意进行新式经营和管理，主要依靠政府官员做垄断的生意。香山买办不只受雇于洋人，自己也是独立商人，他们更多受到海洋文化的影响和东南沿海五口通商的国际化影响，主要工作是将收购的产品转卖给洋人，因此主要与洋人和国内商人打交道，获得更多的利润，同时也为了实现民族工业发展的夙愿，企业的运营就更需要新式经营和管理理念，一方面他们积极参与洋务运动，创办了很多新式企业，如唐廷枢就创办了中国第一家机械煤矿、中国第一家保险公司等；另一方面，在企业管理方面形成了先进理念，如郑观应在其富强救国的"商战"思想中，非常重视人才的培养与使用，讲求成本与利润的核算，所以我觉得他们顺应了时代的潮流和社会的需要。

●问　您在《近代中西方碰撞中的香山买办》中认为中国的买办和买办商人，是中国与西方关系发展不可或缺的桥梁和推动力，并认为香山买办群体的产生、形成、发展和转化的历史，是中国走向世界和世界走向中国的双向互动的历史缩影，请问当年买办在中国走向世界过程中发挥了哪些作用？

●胡　买办的相关研究在民国时期就已经开始了，但在1949年以后，接二连三的政治运动和思想改造，正常的学术研究受到干扰，买办相关的研究也受到了一定的影响。改革开放后，1979 年上海《文汇报》发表了夏东元先生《再论洋务派》的专论，后又出版了专著《郑观应传》，促进了学术界对买办群体的进一步研究。随后复旦大学的汪熙教授、中国社科院的汪敬虞先生和严中平先生都有对郑观应及买办的再研究和再评价，这些研究慢慢转变了我们过去对买办一棍子打死的做法。

不过，我认为这些研究中影响最大的是美国人郝延平先生写的《19 世纪的中国买办——东西间的桥梁》，这本书充分肯定了买办的作用，认为买办充当了中国和西方之间的桥梁，起到了媒介的作用，在近代中国中产生了多重推动作用，这对买办做了很重要的评判，当时把这本书翻译过来本身就是对买办有很正面的一个评价。后来华东师范大学的易惠莉教授对郑观应家族、郑观应思想、郑观应一生的重大业绩等方面进行了深入研究，非常客观，资料也非常丰富，到目前为止我认为这是对郑观应最好的研究，现在我们很多人的研究水平都没有超过她。另外，黎志刚、朱荫贵等教授对轮船招商局的研究，里面也写到了郑观应、唐廷枢等香山买办，对买办的肯定也比较多。

我当时因为研究孙中山和筹建中山商业文化博物馆的关系，阅读了大量前沿的研究著作，展开了香山买办群体和个体的研究。在这个研究的过程中，我觉得香山买办固然也有一些不足的地方，比如像徐润曾挪用公款，但是他们在轮船招商局的工作，始终兢兢业业，开创了很多新的模式。像郑观应，他虽然在商业上不如唐廷枢、徐润成功，但他有比较系统的富强救国为核心的维新思想；而唐廷枢一生中兴办的企业达47家，在中国近代经济史上创造了许多个"中国第一"；容闳虽然做买办时间短暂，但为中国教育的改革提供了很多好的建议。所以他们在近代中国的地位和作用是应该予以肯定的，而不是否定的。

◉**问**　您是说应该对买办更加客观地评价？

◎**胡**　对，要恢复历史的本相和原貌。过去对买办的评价不高，因为过去中国人狭隘的民族主义情绪和民族主义思想，认为买办是给外国人做生意，帮外国人赚中国人的钱，他们赚的是黑心钱，是洋人的走狗，是卖国分子，他们因此长期被妖魔化了。那时候家族意识和国家意识不是很强，他们中的少数人有时候丧失了国格和人格，像我们今天说的爱国主义精神不是特别强烈。他们大多数唯利是图，有时候为了钱做鸦片生意，或者在鸦片战争时期为洋人带路。但香山买办是爱国意识和责任意识非常强的一个群体，像唐廷枢、徐润等都是非常典型的爱国者。他们在近代的对外贸易过程中充当了中间人、推动者的角色，在中国早期工业化的过程中，他们可以说是倡导者、推动者，甚至就是参与者和建设者。

◉**问**　您在《香山买办与近代中国》这本书中将香山买办作为特殊群体进行了群像分析，对他们进行了系统研究，但在唐廷枢、徐润、郑观应、莫仕扬等众多知名的香山买办中，您只对郑观应进行了个体研究，为什么呢？

◎**胡**　这有几个方面的原因：一是郑观应研究是我从事孙中山研究的延伸。因为研究孙中山，关注郑观应是很重要的，他们二人是同乡，都有忧国忧民的情怀和相同的改造中国社会的思想，郑观应对年轻时的孙中山多有提携，在孙中山上书李鸿章的过程中，给予孙中山较高的评价和重要的帮助。郑观应的《盛世危言》，不仅影响了康梁的戊戌变法，也影响了毛泽东的革命思想。二是郑观应的资料比较丰富，对郑观应的研究也跟他的相关资料有关系。在我研究郑观应的时候，学术界已经有很多郑观应的学术成果，如夏东元的《郑观应集》（上、下）和《郑观应传》、郝延平的《19世纪的中国买办——东西间的桥梁》、易惠莉的《郑观应评传》等，另外上海档案馆以及澳门还有很多地方都有他相关的资料，这是研究的重要前提。三是郑观应是我们中山人。珠海近年来大力开展唐廷枢、徐润的相关研究，香港梁元生、郑宏泰、丁新豹等一批专家在研究莫氏家族，而郑观应诞生在我们中山的三乡，当仁不让应该由我们来推动。从地域分工上看，每个地方在研究的取向上面都有所取舍，但中山、珠海、澳门协同起来共同研究香山买办家族，一定会更有成效。我后来做中国近代社会思潮研究，就思考郑观应改良思想到底是民主思想还是民本思想？在这个基础上，撰写了《同光时期郑观应的民本思想》《郑观应与中国近代化》等系列文章。近年来，我们配合中山市委、市政府对郑观应的文化资源的保护和挖掘，成立郑观应文化学会，开展郑观应研究的口述史，使郑观应研究工作有了新的进展。

◉**问**　您在《香山文化与郑观应的知与行》一文中认为，郑观应弃文从商既是顺应近代中国发展潮流的明智选择，也是香山文化影响的必然结果，香山文化潜移默化地影响了郑观应的思维方式、情感倾向和价值观念，成为郑观应永远挥之不去的文化乡愁和历史记忆。香山文化对郑观应思维方式、情感倾向和价值观念的影响具体有哪些表现？

◎**胡**　我在《香山文化与郑观应的知与行》这篇文章里，对这个问题做了一个简单的分析。俗话说"树有根，水有源"，一个人的成长，总离不开特定的环境条件，郑观应个性的陶铸、思想的形成和事业的成败等，同样离不开生他养他的香山这个地方。首先，香山人的经商传统，与外商打交道的知识、经验和才干，影响了郑观应的人生选择和价值追求。郑观应在香山社会环境中度过了青年时代，并完成了早期教育，初试不第后，在父亲郑文瑞的安排下，弃文从商，追随他的叔叔和亲朋好友，到上海洋行中工作。香山重商传统和长期对外贸易形成的家族式商业关系网络和人脉，是郑观应习文重商意识产生的社会文化基础。郑氏家族与香山买办徐润、莫仕扬、唐廷枢等家族有密切的联系，他们彼此提携，相互扶持，共同发展。郑观应入洋行做买办，其商战思想的形成和富强救国主张的提出，显然都受到香山独特的商业文化环境的影响。其次，香山是一个文化多元的移民社会和著名的侨乡，香山人的开放创新和兼容并蓄的精神，同样影响了郑观应的思想和行动。鸦片战争后，特别是新旧金山的相继发现，吸引了大批香山人出外寻求发展。他们到了国外，凭着吃苦耐劳、勤奋好学的精神，积累了大量财富，回来时不仅带回了大量的金钱，也捎回了在海外所见所闻的信息。这些新鲜的信息无疑潜移默化地影响了郑观应的思维方式和价值观念。他年轻时弃文从商，到上海洋行谋生的时候，对西方文化始终持积极的态度，就是例证。另外，郑观应也秉持了香山华侨吃苦耐劳、勤奋好学的精神，17 岁刚到上海新德洋行做学徒，晚上还坚持学习英语，后随宝顺洋行坐船去天津考察商务，天寒地冻，在衣服单薄的条件下，也要将事情做好。最后，香山人反抗斗争的精神和追求自由幸福的欲望，也感染了郑观应，并成为他思想和情感中的一部分。康熙年间，香山人对清政府的内迁政策和出尔反尔的言行，曾多次反抗。鸦片战争期间，香山人又积极配合林则徐、关天培的抗英斗争，可以说，香山人的忠义爱国和不屈不挠的斗争精神，自古以来，一脉相承。尽管郑观应一生中并不赞成采取过激的革命方式来获取自由、平等和幸福生活，但他提出富强救国、追求民主、崇尚科学，同样具有反帝反封建的思想意义。郑观应在国家利益和个人利益发生冲突时，他首先考虑的是国家和民族的整体利益，在《救时揭要》《易言》和《盛世危言》等著作中，处处流露着他对国家主权的强调和对利权与民族的关注，可谓至情至性，表里如一。可以肯定地说，香山文化潜移默化地影响了郑观应的思维方式、行为方式、情感倾向和价值观念，成为郑观应永远挥之不去的文化乡愁和历史记忆，香山文化也因有了郑观应这位集先进思想和大胆行事的一代精英而更加灿烂。

◉**问**　这种爱国情怀或者是爱国主义的思想，郑观应是怎么形成的？

◉**胡**　我觉得他的爱国思想是在融合中西文化和工商实践的过程中形成的。一个人只有离开了生你养你的地方，到异国他乡去的时候才会产生对家乡的依恋，你老待在一个地方，有时候会坐井观天，但和外界交往的时候，你就会换位思考。郑观应在与洋行和外国人打交道的时候，他发现洋人不是我们所说的那样一味采用强盗逻辑，人家其实很文明，也很富庶和民主，对照中国当时的境况，他感同身受，忧患意识和危机意识油然而生。忧患意识和危机意识是中国传统知识分子的本性，所以我觉得郑观应在和西方人打交道的过程中，他这种焦虑感非常典型，这也是近代中国人在西方资本主义列强的野蛮侵略面前的普遍心态，并油然而生一种爱国情绪。郑观应的爱国不是简单地喊个口号，而是通过自己的思想去改变人们的观念，通过自己的实践活动去证明这个观念是正确的，它要通过理论和实践这种有机的结合，实现国家的富强和人民的幸福。

◉问　郑观应祖父是一个"不屑以寻章摘句为能"的封建文人，父亲是一个"少攻儒业、授徒自给"的布衣塾师，但从郑观应的经历来看，他们特别是其父亲对郑观应的思想和价值观产生了哪些影响？

◉胡　家风、家教、家训过去对家族人的影响应该是蛮大的，而且珠江三角洲宗族意识和家族意识都非常强。郑观应的祖父和父亲都具有比较典型的儒家思想，这对郑观应产生了重要影响。郑观应关于国和家的认识比一般人更加深刻更加强化，因为儒家讲的是入世，是要建功立业，即立德、立功、立言三不朽，郑观应在立德、立功、立言方面是做得不错的：立德，表现在他大者爱国忠君，小者爱家爱乡。面对列强的侵略，他应国家需要，到南洋去考察去刺探敌情，冒着生命危险收集列强的信息，还为了民族企业的发展到长江内地去行走考察。本来他在洋行干得很好，收入又高，但为了国家工业发展，义无反顾地到洋务企业工作，这就是爱国知识分子的家国情怀和奉献精神。立功，并不是传统意义的建立功名，而是在实际工作中做出一定的成就，这方面我认为家族的价值取向也对郑观应有很大影响。郑观应从小接受儒家教育，父母首先鼓励他去科考，但考不成也不是一个不光彩的事情，就安排他到洋行去经商，最终郑观应作出了很大成就。立言，当然就是写了《救时揭要》《易言》《盛世危言》这些有影响的著作。

◉**问**　上海社会科学院邵建教授从社会学的角度揭示了郑观应的人际关系网络，认为这是郑观应在晚清商界和思想领域取得很多成效的重要原因。您在郑观应的当代价值这篇文章里面表示很认同这个观点，郑观应构建了哪些人际关系网络？这对我们今天有什么启示？

◉**胡**　这个问题挺有意思的。邵建是熊月之老师的学生，他曾专门研究郑观应，下次你们去采访他的时候可以直接问他。郑观应离开家乡到上海以后，很注重构建自己的人际关系。首先，建立了和外国人的关系。郑观应和外国人有非常多的联系，刚到上海，就利用业余时间跟随英国传教士傅兰雅学习英文，这对他学习西方语言、了解西方世界和阅读最新著作是很有帮助的。随后在洋行工作中，又和外国商人建立了良好关系，被邀到英商太古洋行工作，参与了太古轮船公司的创办。可以看出，郑观应通过和外国人建立友好的关系，为自己的思想发展和地位提升奠定了广泛的社会基础。

其次，他和官场人士也建立了很好的关系。郑观应深受传统文化的影响，比较熟悉官场生态，也知道怎么去建立这种官场的人际关系。在上海，你不和江浙当地人交往的话，你就很难求得更大的发展，所以郑观应不仅在唐廷枢、徐润等构建的同乡和亲属这个圈子里面活动，而且和江浙地区的名流交往也很多，比如经元善、谢家福、盛宣怀等。在官场和江浙人里面，他和盛宣怀、李鸿章的关系最为密切。盛宣怀作为李鸿章的幕僚，是洋务运动的代表人物，郑观应和他的交往，为他后来从事商业和工业，甚至孩子的教育和未来的发展，奠定了坚实的基础。郑观应主要通过两个渠道去构建官场的关系：一是通过赈灾来树立自己的正面形象；二是通过撰写文章，提高自己的社会地位和思想影响力。

郑观应是郑氏家族的枢纽人物，他和兄弟姐妹以及这些兄弟姐妹的姻亲关系都处理得很好，这也与他建立的官场、商界、学界的人脉有关。通过构建自己的人际关系网络，实际上保护了整个家族的利益，也为家人搭建了一个更广阔的发展平台，所以研究郑观应的人际关系，是非常重要的分析视角。我们对郑观应的研究，不能仅仅从文本到文本的研究，还要通过他的人生阅历来研究，更重要的是搞清楚他与哪些人交往，这些人是干什么的，这些人对他有什么帮助和影响。社会交往的过程，也反映了当时整个社会的经济生态、社会生态、文化生态以及官场生态。所以我觉得邵建的研究，是从另外一个角度打开了一个窗口，从社会学、文化学的角度去构建郑观应的精神和生活世界，我觉得很有价值，这也是对郑观应研究的创新。郑观应的研究既要做资料发掘和整理，但是如果没有新的视角和新的方法，史料再丰富，也无法了解郑观应的知与行。

◉**问**　郑观应为什么可以构建一流的社会关系呢？

◉**胡**　这个就是机缘巧合。第一，郑观应首先在宝顺洋行做买办，宝顺洋行在当时可以说是香港、上海首屈一指的洋行，由于洋行本身跟各界有关系，能在宝顺洋行做买办，就很自然地建立了跟当地的政商学之间的关系，这个起点一定很高，它不是与跟班的小商小贩交流，而是代表条约保护下的洋人直接跟官府打交道，这让郑观应能与洋人、地方官商学界建立一流的社会关系。

第二，他做的洋务企业当时是最多的，跟李鸿章有直接关系。洋务企业相当于现在的央企，大都是开创性的企业，所以在开拓的过程中，郑观应就会接触到很多方面的人。不管是在轮船招商局还是在汉阳铁厂，他都做了很多企业经营管理的改革，这些改革就跟早期的洋务思想派的这些人自然而然地发生关系。以文会友、以商会友、以商战会友，其中马建忠就很典型。马建忠是一位"善古文辞，尤精欧文，英、法现行文字以至希腊、拉丁古文，无不兼通"的学贯中西的新式人才，他从国外留学回来，在李鸿章幕府，"随办洋务"，任轮船招商局会办，主持局务，这些当时顶尖级的人物在前沿的产业里面，郑观应就很自然地和他们打交道，虽然可能在某些问题上意见相左，但在根本上不影响他广泛的社会关系。古人说交友一定要交比自己厉害的朋友，当然这是一种实用主义的做法，但是从个人成长来讲，一定要与高手交往才行，有高人指点你，有名师指导你，你就会不断地往前走。与高人和名人在一起，你也会因水涨而船高。很多人不懂得这个道理，互相拆台，彼此贬损，这是损人而不利己的，应该是相互抬举，彼此欣赏，这样才能够大家一起成长。所以我认为一个人要想快速成长成才，一定要有高水平、大平台。我们今天写文章、找对象、找单位、找工作，都是想去最好的平台，也是这个道理。

◉问　这个可能跟您刚才讲的中山人的务实精神和开放的性格有关。夏东元先生讲到郑观应第二次到轮船招商局的时候，所有人都赞同，说明他务实的工作作风是得到认可的，有资格和这些人打交道，和他们在同一个平台上交流。

◉胡　郑观应还有一种情怀，就是一种读书人的情怀，按照今天来讲就是知识分子的情怀：一是保家爱国情怀；二是建功立业情怀。立德、立功、立言的三不朽，郑观应都做得很好，所以熊月之老师说他是通人，赞其学通儒道与中西，知行合一，而且世事洞明。其实郑观应相对于其他买办没有那么有钱，但他在顺境时能趁势而上，逆境时埋头读书，做自己的学问，持之以恒地关注国家的一些问题，我觉得这个是很难得的。他从《救时揭要》开始写起，一直到《盛世危言》，他就顺着这个时代的潮流不断地往前走，中山先生同样如此，紧紧跟着时代的步伐才不被这个时代所淘汰。

◉问　您在《同光时期郑观应的民本思想》中认为，在中西方相互碰撞的过程中，既不武断地否认或抛弃中国儒家民本思想的文化传统，又不盲目地排拒西方民主政治的历史文化和思想学说，而是熔中西政治思想文化于一炉，为什么郑观应能把民权民主思想纳入儒家民本思想体系？这对民权民主思想在国内传播具有什么作用？

◎**胡** 我觉得郑观应有一个很重要的特点，就是坚守中国传统的思想文化，即儒家思想。民本思想是儒家用来治国安邦的指导思想，一向受到历代统治者的高度重视，也为士大夫和平民百姓所推崇。在中国古代社会，民本思想一直是人们衡量君臣好坏、政治得失的价值尺度，也是儒家用来律己和治人的政治行为准则，在儒家文化长期影响之下，各阶层人士的政治思想和政治行为中，已经打下了民本思想的烙印。郑观应的祖父和父亲都热心地方公益，他们的行为早就表现出仁义道德的气象。郑观应幼时跟随父亲熟读孔孟经书，儒家中林林总总的思想言论无疑激起了郑观应救世救民的热情，如对华工沦为猪仔的不幸遭遇，郑观应不仅深表同情，而且还提出了"设华官于外国保卫商民"的政治主张。

在中西文化相互碰撞的过程中，郑观应并没有像大多数保守顽固的官僚士大夫那样，固执地坚守传统的立国之道，也不像只是空洞地谈论民本思想的清流人物那样高喊"敌所畏者中国之民心"，而是以一种相对开放的心态和爱国救民的热情，顺应时势，在思想和认识上与时俱进。在坚守儒家文化的同时，郑观应融合了一些新的思想在传统的民本思想中，如"民"的放大和权利意识的增强，客观上丰富了民本思想体系下"民"的内涵，扩大了民本思想的阶级和社会基础。传统的"民"通常指士、农、工、商四民。郑观应虽然不是较早提出四民结构不合理的思想家，但他对"工商"的社会作用与影响的系统概述，客观上改变了传统的四民社会秩序的格局，这种思想并非片面强调商业的重要性，而且注重商与士、农、工之间的相互关系，在突出商民地位和作用的同时，也不贬低士、农、工的地位和作用，还特别指出要尊重和保护商民，以及士、农、工等的权利。这样社会就更容易接受新的民本思想。郑观应的民本思想具有明显的"中庸"特点，中庸就是把多个项目融合，不要过于偏激，让本土的土壤能够适应，不然水土不服。可以说，郑观应对中国本土文化和人们接受的心态具有了深入的了解。

同时，郑观应对西方文明，以及西方社会核心的东西，也认识得比较清楚，所以他在嫁接的过程当中也是比较谨慎的。张之洞提出"中学为体，西学为用"，但他并不讲具体的问题，这就是他的高明之处，你讲具体的东西人家不一定能接受。所以我觉得郑观应是在对中国和西方的东西都比较了解的情况下，找到了一个生根开花结果的土壤，这就是郑观应的高明所在。我在写《同光时期郑观应的民本思想》的时候，发现他尽量减少水土不服的东西，尽量让他悄无声息地、不要太多阻力地进行，带着一种改良和渐进的方式去推动中国的改革。这种渐进式的方式对郑观应思想的传播具有很好的推动作用，因为如果在思想还没有完全消化的情况下，贸然地进行就会处处碰壁，如果要找坦途的话，就肯定要找大家都能接受的来做。郑观应是最早公开提出要实现君主立宪的思想家，也是最早提出要成立商会的改革者，他提出兵战不如商战的思想，大家就更容易理解，也更能够接受，他的渐进改革的方式，有利于西方思想在中国的传播，所以我觉得郑观应对当时的社会心理和统治者的主观意志拿捏得比较准。

◉**问**　在郑观应的著作中，处处流露出他对国家主权的强调和对利权与民生问题的关注，您认为郑观应的言与行，民本主义思想情怀和爱国主义精神的践行可谓表里如一，这对当今社会有何启示？

◉**胡**　郑观应有一种强烈的爱国情绪，希望国家富强、民族独立、人民幸福。因此，他努力寻找合适中国国情的可行之路，明确提出了"商战"的思想和君主立宪的主张。世界历史发展表明，一个国家的商业发展是需要国家政府来保护的，英国就是以国家的武力来保护它的商业和自由贸易。郑观应因此认为国家在关税上，对本土企业运营和海外贸易方面，应该为自己民族的利益保驾护航。在中外发生冲突的时候，应该找到一个不需要用武力来解决的方式，比如说外交谈判，用国际的共同规则来跟你谈判，在共同的规则下进行权益博弈。从今天来看，郑观应的利权与民生思想，也给了我们很多启发，在中外谈判的时候，你要了解人家的规则和价值取向，还要了解我们自己的目的是什么，他人的目的是什么？我觉得郑观应在那个年代是很清楚的。在中外矛盾不断凸显的时候，呼唤大家理性、和平、平等地通过法律的形式、谈判的形式解决一些争端，固然有缘木求鱼之险，但也有可取之处。同时，我们自己要强身健体，必须要发展我们自己的工业、自己的商业、自己的组织，培养自己的人才，这样国家才能够繁荣富强。在世界经济一体化的进程中，第一不能闭门造车，要了解世界的大势；第二要顺势而为，不要逆潮流而动；第三要以和平的手段解决冲突，尽量不要战争。

◉**问**　郑观应长期以来被人们誉为"既是变落后为先进、变贫穷为富强的理论家，也是运用西方先进科学技术发展资本主义经济的实践者"，为什么您认为他的理论思想和实践活动只有在解放思想、实事求是、全国上下团结奋进的今天，才能获得社会普遍认同？

◉**胡**　这是特别重要的问题，郑观应的研究确实和我们的思想解放有关系。从 19 世纪到 20 世纪，中国的时代主题不断在变化，在从旧民主主义革命向新民主主义革命转变的过程中，他的改良主义思想跟当时的潮流是不太一致的，主流学者不关注郑观应也是很正常的。但是郑观应在那个时代也有特殊的地位和作用，他的《盛世危言》还是很受欢迎的。光绪皇帝在戊戌变法的时候看完此书，大为赞赏，命总理衙门印刷 2000 部散发给大臣阅读，这也说明他的思想是有一定价值的。

由于我们长期对买办甚至改良主义的思想持一种消极的或者批评的态度，郑观应作为买办群体的一个重要代表，过去就是研究的禁区。虽然几十年来学术界较少关注郑观应，但并不代表他的思想没有价值。思想者往往都是孤独者，郑观应是那个时代的先行者，有很多人不一定能够理解，到了一定的时候，他的思想就会发光发热发力。郑观应研究为什么在 20 世纪末这个世纪初在学界又重新受到了关注？这是因为改革开放以后，党的工作重心转向了经济建设，整个社会以经济建设、以工商业发展为导向，所以学术研究也围绕着这样一个主题来展开，比如说现代市场的研究，就会涉及政治、经济、文化体制方面的改革问题。学术研究经常是要和我们时代的需求紧密相连。可以说，时代的需要，时代的思潮，会影响我们的学术研究。随着现代化研究的深入，在20世纪八九十年代以来，郑观应思想体系的价值逐渐凸显出来，他的思想也受到越来越多学者的关注。另外，还与我们学术界的学术转向有关系。中国近代史的研究逐渐由宏观历史向微观历史转变，由群体研究转向个体研究。过去，学术界主要关注活动、事件的研究或思想、精神的研究，20世纪末21世纪初以来，学界在思想解放的过程中，注重还原历史，实事求是，转移到社会思想和文化心态的研究，在这个转变过程中，郑观应研究的价值很快就凸显出来了。

总之，20世纪末和21世纪初，郑观应研究受到学术界的重视，是跟我们当下的经济建设、社会发展、社会治理、文化建设，甚至包括我们个人的品格、个人的修养等受到重视有关。郑观应并不是我们过去所想象的那样，是外国侵略势力压迫我国人民的帮助者，损害国家和民族利益，其实他是一个有血有肉的爱国主义者，是中国近代最早具有完整维新思想体系的理论家、启蒙思想家，也是实业家、慈善家，在他的身上有多面的体现。他的思想和实践的价值以及人格精神的魅力，对今天的社会治理、经济建设等均有某种借鉴和启发的意义。

◉**问**　不同的时代需要不同的思想引领，郑观应的商战主张是他的核心思想，商战的思想对当前的社会发展或者经济建设的引领有哪些意义呢？

◉**胡**　19 世纪中后期，人们普遍认为外国人对我们的侵略，是枪炮式战争，是看得见的烧杀掠夺，因为西方列强烧杀掠夺在中国人心中留下了深刻的印记。但他们没有看到这个侵略背后的更重要的无形的力量在影响、剥削和压榨着我们，比如说商业贸易，工业投资和金融操控等就是看不见的战线，其对中国人的杀伤力可能更大。郑观应提出了"商战"思想，就改变了人们这种浅视的行为，浅视就是只看到表面的东西，没看到深层的东西。"商战"的思想在当时很深邃，让国人看到外国人不仅仅是面对面地和我们作战，还有那些你看不到的东西对我们的伤害会更大。从这个意义上来看，郑观应的"商战"思想应该说是非常了不起的见识，他让国人看到外国人侵略我们的本质。

过去我们过于强调武器，强调和侵略者进行硬碰硬的直接战争，郑观应正确认识到了现实情况，所以他认为更重要的是要发展自己。在商战的过程中，一方面要发展自己，壮大自己，要提高自己国家的综合实力和国家的经济实力，因为这比枪炮更能解决问题。为了更好地抵制西方的侵略，维护国家民族的利益，郑观应提出"兵战不如商战"，主张与西方列强进行商战，主张学习西方的先进技术和管理制度，建立近代金融和财政体制。在郑观应看来，商战更多的是为了建设，在建设的过程中防守，以积极的态度推动我们自己的经济发展。可以说，郑观应的商战思想对唤起民族觉醒，探索民族振兴，推动近代工商业发展，捍卫国家经济利益都有很重要的意义。

在今天，郑观应的"商战"思想同样还是很有意义的。

现在西方国家对中国的崛起持不同态度，有的讲中国崩溃论，有的讲中国威胁论，尤其是以美国为代表的少数国家对中国的经济制裁，包括对我们的经济封锁、贸易战等等，这都是一种看不见的战争硝烟，我们同样要保持高度的警惕。在这个过程中我们不要失去理性，我们要有更多的方法、更多的智慧去面对我们今天所遭遇的围堵，我们要练好内功，大力发展自己的高科技、自己的原创产品。在这样一种特殊的环境下，郑观应的"商战"思想对我们更有启发和教育意义。

●问　郑观应提倡"初则学商战于外人，继则与外人商战"的主张，商战可以说是郑观应的核心思想，作为郑观应同乡的孙中山，也提出要发展工商实业，实现现代化的《建国方略》，孙中山和郑观应的思想观点是比较接近的。您在《孙中山与香山买办》一文中提到郑观应对孙中山的帮助和影响是不容忽视的，郑观应与孙中山有哪些联系？郑观应对孙中山思想的产生和形成有哪些影响？

◉胡　郑观应和孙中山两人相差 24 岁，应该说是有一定代际差距的，但是因为他们有救国救民、爱国爱乡的共同基础，就有很多共同的话题。郑观应很早就接触了西方理论，了解了西方社会，相对于同时代的维新人士，他的观念和方案都更深刻全面，涉及物质文化、制度文化和意识形态的诸多方面。孙中山从小接受海外教育，满怀热情地探求国家进步、社会变革的方案。他们两个思想比较开明，在对中国国情的认识上，有很多共鸣和共识，比如要学习西方来武装自己，同时也要中体西用等等，因此他们之间有不少可以交流的地方。

其次，因为郑观应是一个成功的、在当时有很大影响的人物，上到朝廷下到基层，有广泛的人脉。中山先生作为年轻的后进者，想要寻找更多的资源以实现自己的理想，郑观应毫无疑问地进入了他的视野。我想当时中山先生应该是敬仰和崇拜郑观应的，希望得到他的支持。尤其是他在香港和澳门期间，跟郑观应有很多的交往，郑观应也为中山先生提供了一些帮助。后来郑观应向李鸿章推荐中山先生的时候，也介绍了孙中山的经历和特长。他的推介不仅仅是一种书面上的介绍，更带有一种欣赏的态度，愿意推荐本身就是对中山先生的一种认可或者肯定。孙中山也希望借郑观应这个平台，搭上李鸿章的桥，发表自己的政治建议，实现救国救民的愿望，同时可以认识朝廷的一些重要的官员，为以后的就业、谋生和发展做好预先的铺垫。

另外，郑观应的改良思想对中山先生早期的思想也是有影响的。郑观应那个时候已经名满天下，功成名就，对社会经济、政治和文化教育方面提出了不少改革的思想主张，虽然郑观应的维新思想并没有太多的革命意味，但孙中山看到了郑观应思想中值得借鉴或者启发的东西。中山先生《上李鸿章书》并未取得预期效果，但他因此认识到当时社会的现状以及朝廷的动态，意识到维新思想与改良运动在半殖民地半封建的中国难以实现富强的目标，也认识到自己应该寻找更多的途径实现自己的夙愿。从改良到革命，郑观应对中山先生还是有一些影响的。

再次，中山先生和郑观应还交流了一些医学知识。郑观应晚年比较注重养生，非常关注中外医学知识，而中山先生是学西医的，所以他们在医学、养生方面有比较深入的交流。只要把郑观应和孙中山的著作对照性地阅读一下，就不难发现他们之间的交流与互动。

●问　为什么最终中山先生和郑观应没有走到一起，后来也没有多少来往？

⊙胡　其实，郑观应并没有明确地反对中山先生的革命，只是静观其变。中山先生与时俱进，踏上民主革命的道路，将自己的思想推到了新的高度，但郑观应还是原地不动，实际上就是退步了。郑观应不像容闳那样一直保持着变化，在民国成立的时候，还让他的儿子回国支持中山先生，但郑观应在1894年孙中山上李鸿章书之后几乎就没有与孙中山联系了。后来郑观应参与了粤汉铁路的建设，以及民族工业的创办，但他与中山先生之间的关系不像容闳那么密切，再后来在中山先生的革命生涯中，基本上看不到郑观应的影子了，也许是年龄的或政治倾向的原因使他们之间不再联系了吧。

●问　您如何评价当前孙中山与郑观应之间关系的研究？

⊙胡　我曾经写过郑观应和孙中山的关系的一篇文章，但是感觉这方面学界发掘的材料还是很不够的。从学术的研究角度来讲，虽然中山大学、广东省社科院、上海高校和研究机构的一些老师都写过有关中山先生和郑观应关系的文章，但我感觉当前的研究还是不够的。不够在哪里？主要是资料发掘和历史评价的问题。早期中山先生在家乡时，就对香山地区的乡贤有所期待，曾写信给郑藻如和郑观应，其中有很多值得探讨的问题，如年轻人怎么看乡贤，怎么联系他？孙中山通过上书的形式或写信的形式，向乡贤提出自己的看法，既有传统的意味，也有年轻人急于求成的特点。

◉问　在郑观应的著作里，处处流露出他对国家主权的强调和对利权与民生问题的关注。您认为郑观应的民本主义思想和爱国主义精神的践行表里如一，对当今社会有什么启示？

◉胡　郑观应在他那一代人里面，是比较特别的，真的是表里如一。虽然我们刚才说他的政治倾向有所变化，但他在社会变革方面，在经济社会发展上，还是一如既往地希望国泰民安、国家富强。在晚清之后的辛亥革命期间，他的年纪大了，但还是身体力行，仍提出很多有利于社会发展的积极主张，并参与各种各样的活动，支持国家民族企业以及职业教育的发展。

郑观应的民本主义思想和爱国主义精神对当今社会建设应该有一定的启发。一方面，作为中国人，我们应该关心自己生活成长的地方，以自己的专业本领和文化素养去参与社会的变革，参与社会的建设。记得章开沅先生曾经提出参与史学的观点，就是应该参与这个时代的变革，要以个人的专业特长去书写时代的华章，为社会提供一些智力和技术的支撑。郑观应时常把他所学所思所感的一些事情和时代紧密连在一起，积极参与社会的建设，无论是风吹浪打，即使受到别人的毁誉，以及同乡对他有不同的看法，在历史大是大非面前，他都能不计个人得失，主动参与时代的改革和变革，我觉得这是非常了不起的。今天我们年轻人要有担当的精神，要有一种参与的意识。现在很多年轻人认为社会跟他没有关系，学习不好好去学，工作不好好地干，没有更好地参与社会建设，这是很可悲的。我觉得这种参与意识是非常重要的，应该将我们所学所想参与到这个时代的建设之中，与这个时代相呼吸共进退。

一个人应该要有爱国爱乡的精神。古代的读书人既爱国也爱乡，但现在很多人家国的观念不是很强。我们从农村到城市，从这个城市到另外一个城市，已经找不到乡土，也找不到家园，就是我们既无法融入城市，也无法回到家乡，心是很难安顿的。在这种情况下，我觉得每个人在一个不同的地方或者新的单位，都应该扎下根来，才能够学有所成、学有所用。

◉**问**　我们应该如何加强对郑观应的研究，提升现在年轻人对于家国的这种情怀？

◎**胡**　这就是我们今天要深入全面研究郑观应的原因之一。每一个成功的人，他都有很深刻的思想内涵，也有很多经验的积累。李泽厚曾经说要经验变先验，要历史成理性，心理成本体，我觉得讲得非常对，很多历史人物，无论是成功还是失败，他们的思想和行动、成功和失败，对我们来讲都是宝贵的精神财富，我们从中可以找到很多的经验和教训，少走一些弯路。比如研究郑观应的家风、家教、家训，对我们来讲就很有用，会告诉我们怎么样教育我们的子孙，培养良好的家教、家风是至关重要的一环。另外，郑观应在经营现代化企业的时候，有很多的经验教训，这对我们今天的企业管理，包括我们企业家的创新精神，都是很有意义的。所以说研究郑观应对我们今天文化建设、社会治理以及个人修身齐家都是非常有意义的。这就要求学者去研究、去发现、去总结，更多更好地发掘郑观应的优秀品质，为今天建设中国特色社会主义的繁荣、富强、美丽的中国提供有价值的参考。

◎**问**　刚才您讲每个人都应跟这个时代同呼吸共命运，因此每个人都有一种时代的特点，或者有时代的一种局限性，其实郑观应的思想也有局限性，它的局限性可能有哪些呢？

◎**胡**　每个人的思想放在历史的时空中去观察，都是有一定的局限性的，也必然带有某种时代的印记。一个人的思想跟他的认识是有关系的，而认识又是在特定时代的特定环境下的认识。比如说那个时候的科学技术还不够发达，身处其时的人当然想象不到今天的现代高科技包括今天的互联网及其作用。还有所谓的阶层身份，也可能使人的思想具有一定的局限性。但是郑观应的思考方法、表达方式和价值取向，都能给我们一定的启发和借鉴。

◎**问**　您在《郑观应与中国近代化》中认为，郑观应不仅是学习西方科学技术和民主制度的积极提倡者，而且还是中国走向近代化的推动者和引路人，并且认为郑观应是全面探索中国近代化的第一人，为什么郑观应能超越魏源、冯桂芬等人，成为全面探索中国近代化的第一人？

◎**胡**　这个问题和前面的问题可以说是相呼应的。魏源、冯桂芬、王韬等这一批早期的维新思想家，在中国刚刚从封闭走向开放的过程中，都主张学习西方，如魏源提出了"师夷之长技以制夷"，冯桂芬明确提出"采西学""制洋器"的主张，王韬强调"器变道不变"，但他们对西方的认识是有局限的，对中国的认识也是有局限的。郑观应刚好跟他们在经历上基本相同，但在思想和实践上有不同步的地方。相同的是都为大时代里面的同代人，但是他们有不同的岗位和领域。郑观应实际上是士人型的"绅商"，即学者与商人的结合。他在洋行中与外国人长期交往，形成了他与西方资产阶级思想家更为相近的主张与见解，这些见解随着他职业的变化，也在不断发生变化。另外，魏源、冯桂芬、王韬等提出的早期维新思想毕竟在郑观应之前，在吸收前人思想的基础上，郑观应有他的新发现和新思想。他能够超越之前的维新思想家，这是历史的必然，关键是他在思想和实践上的超越是一种继承上的超越。

郑观应被史学界称为"戊戌变法承前启后的资产阶级改革派思想家""中国睁眼全面看世界的第一人"，也是全面探索中国近代化的第一人，原因在于相对于魏源、冯桂芬、王韬等这一批早期的维新思想家而言，他的思想更加全面、更加深刻，也更加系统。比如他在政治上主张君主立宪、设立议院，作为政治改革主张提出来，这是对封建专制制度的否定，这是之前的维新思想家没有提出来的。同时，站在一个企业家的角度去思考如何进行经济建设，他是有实践的检验的。像王韬有办报的经历，但他没有实业的经验；徐润有经商的头脑和技巧，但是他没有郑观应传统文化教育的经历、舞文弄墨的能力以及忧国忧民的意识，也缺乏唐廷枢那样全面受到西方文化的影响，他是埋头苦干的思想家和企业家。总的来看，这些维新思想家个人的经历和眼界是不一样的，郑观应超越他们是必然的。

◉问　郑观应维新思想的构建也是站在巨人的肩膀上，对吧？

◉胡　对，所以他是时代造就的。早期的思想家不可能提出来，如果冯桂芬公开提出要在政治上实行君主立宪、设立议院，朝廷肯定是不允许的，也可能会杀头的。郑观应为什么会成为那个时代的思想家？因为他那个时代需要有这样的人，也有这样的生存环境。个人思想的表达，要抓住特定的时机，符合时代的需求，郑观应可能就是被历史和时代选中的那个人。

◉问　刚才您讲到了很多买办，如唐廷枢、徐润等，其实他们还是受过一定教育的，也参与了洋务活动，但是为什么他们没有成为像郑观应这样的一个思想家？

◉胡　郑观应受家学、家风、家教以及传统儒家文化的影响比其他买办不仅多而且大，17 岁参加科举考试，如果从 7 岁开始学习，郑观应至少接受了超过 10 年的儒家文化教育，拥有了很好的舞文弄墨的能力。而徐润和唐廷枢都没有，徐润小时候去看相，认为他将来可以做翰林，但到苏州去学了一段时间，苏州话都没学好，广东话也丢掉了；而唐廷枢从小在香港的马礼逊教会学堂，受的是西方教育，所以他们两个接受中国传统的东西很少，他们早期求学的经历和接受教育的经历影响了他们日后的人生。

其二是和郑观应交往的人有关系。他交往的很多人都是具有现代气息的知识分子，比如说传教士，就有傅兰雅和墨海书馆的翻译家，还有当时的开明知识分子如经元善、谢家福、王韬等。同时他和政府官员也走得比较近，如李鸿章、盛宣怀等，这些人也会对他的思想产生影响。这种特殊的人际关系的构建，使郑观应与唐廷枢、徐润、莫仕扬等香山买办不一样。

◉问　您认为郑观应不是中国近代化的首倡者，但却是全面探索中国现代化的第一人，为什么郑观应能成为全面探索中国现代化的第一人？

◉胡　在郑观应之前，魏源、冯桂芬、洪仁玕等早期的维新思想家已经对中国现代化道路进行了初步的探索。但是，魏源关心的是西方军事方面的"长技"，还不懂得现代用兵的高度机动性，现代化在魏源的意识里实际上就是国防现代化。冯桂芬主张的仍然是"以中国之伦常名教为本，辅以诸国富强之术"。洪仁玕虽然明确提出了效法西方资本主义国家的政治、经济、文化的主张，但他既没有触及农民革命的根本问题，也没有意识到中国革命的根本问题，更没有意识到外国资本帝国主义对华侵略的本质。至于洋务派中的一些官僚，他们对现代化的理解，就更显得片面和肤浅。在他们的心目中，现代化就是国防现代化和经济现代化。"中学为体，西学为用"的原则，表明他们不可能从根本上使中国走向全面现代化。

与众不同的是，郑观应不仅对中国现代化的前提条件做了可贵的探索，而且全面、系统地论述了中国现代化的内容和实质。比如他较早地认为，设议院、达民情、实行君民共治的民主制度，是中国现代化的先决条件，同时提出了"工商立国""富强救国"的口号，为中国经济现代化提供了理论依据，另外他还特别重视新式人才的培养，总把培训科学技术人才放在首位，设计了一整套培养人才的制度和方法。

由此我们不难看出，现代化在郑观应这里，既不是简单的防御型国防现代化，也不是单纯的经济现代化，而是从政治到经济到文化到人的全面性和整体性的现代化。他的这种全方位实现现代化的思想主张，在当时虽然曲高和寡，但影响却深刻和持久。集中体现他具有现代化思想的《盛世危言》一书，从1893年刊行以来，短短几年中，"辗转翻刻已售至十余万部之多"。在当时虽不是"洛阳纸贵"，却也轰动一时，一度出现过《盛世危言》热。《盛世危言》一书所阐述的改良中国社会政治、经济、文化等多方面的思想以及强烈的爱国主义精神，不仅影响了当时的资产阶级维新派思想家康有为、梁启超，而且也影响了孙中山和毛泽东。

从郑观应对中国现代化的认识上看，可以说他是当时透视中国、睁眼看世界的第一人。据不完全统计，《救时揭要》中曾出现过58个不同的国名和地名，而在《易言》中出现的不同国名、地名有114个。《易言》中使用的外国地名比国内的地名明显要多，使用频率明显要高，这也表明郑观应的思维空间较早地冲破了传统士大夫那种狭窄的"天下"范围，而且有了统观全球的开阔视野和思想境界，代表了19世纪后期中国人认识世界的水平。

胡波

●**问** 您不仅做了大量历史理论的研究，还参与了"孙中山故居纪念馆""中山影视城——中山近代名人馆""中山商业博物馆"等项目的策划、规划工作，请您谈谈理论研究如何才能更好地为地方社会经济文化服务？

●**胡** 其实这就是跟我们过去讲的教学相长相类似，也与你们所谓教学研究和为地方服务相辅相成相仿佛。我在大学教书20年，来中山的时候，觉得首先要用好所学的知识和技能，做好自己的教学和研究。你讲到的这些参与，其实很多是因为我有了一些知识储备和成果的积累。古人说"学好文武艺，卖与帝王家"，我们学习知识是为了奉献社会，有益于社会，也有益于自身，但是如果你没有特殊的本领，你就没有办法去参与社会的建设，因此首先是必须读书学习。一个人要不断地学习，不断地实践，培养自己的兴趣和爱好，形成专业特长，做好自己的本职工作。

我来中山以后主要是关注孙中山，关注地方史，关注这些地方的人、事、物，包括这个地方的自然环境和社会生活，然后在持续不断的调查研究中推出了一系列研究成果。当社会需要的时候，你就可以使你所学的东西发挥作用。我做孙中山研究的时候，因为当时中山要重建孙中山故居纪念馆，市委宣传部和文广新局要找这些方面的专家，我在这个时候就得到了这样一个机会，这就是学有所用，所以我就参与了孙中山故居的筹建，发挥了自己长期知识积累的作用。在筹建的过程中，发挥了我在孙中山研究方面的特长，我也不断地提升自己，学习怎么去做展览、怎么布展等方面的知识，还要思考孙中山故居如何与其他的展览馆和纪念馆有所不同，有什么差距，你要去寻找他们之间的差异性，在此过程中去定位。

所以在这个过程之中，我把我过去所学的东西重新梳理了一遍，强化了我的一些知识，这是很重要的，就是学和用之间的关系。很多人认为我是搞研究的就只专注搞我的研究，为地方服务好像耽误了我的学术或者教学，其实恰恰相反，为地方服务跟教和学是相得益彰的，不要把它当作一个简单的任务来完成，你要把它当作一个学习和一个提升的过程，你的世界就会越来越宽广。

第二个是我参与了中山商业文化博物馆的筹建和策划，参加了中山历史博物馆大纲的讨论和其他部分大纲的修改和定稿，还有收音机博物馆、中山市华侨历史博物馆大纲的讨论，也参与了上海世博会的中山城市馆的总策划和中山影视城的建设，以及中山市改革开放40年成就展大纲的设计和整个展览的策划，还接受了很多媒体的采访，在这个过程中不断地丰富和拓展自己的知识领域和文化视野。这些活动的参与使我在研究过程中开始慢慢地关注孙中山之外的更多历史人物，他们的人生经历、活动场景，在这个过程之中我也发现很多新的研究问题。筹办香山商业文化博物馆的时候，我其实只掌握了一点点关于商业的知识，筹办过程不仅激活了我库存的一些知识，也促使我要去深化和拓展研究郑观应和四大百货公司，后来我就写了关于香山买办、郑观应的一系列的文章，后来形成了专著。

我认为一个人不一定一辈子做学问，但是一定要做一个有学问的人。每一件事情都是有道理有讲究有理路的，做一件事情都应该把它当作一个问题、一个课题或者一个项目，在做这个事情过程之中，你可能发现一个新天地和新问题，深入研究和不断拓展下去就会成为这个方面的专家或行家，比如我对买办和商帮的研究，就是在筹建香山商业文化博物馆的过程中不断深化和拓展的结果。在为地方社会经济文化建设服务过程中，将学与用相互结合，非常有意思。我在参与《珠江怒潮》即珠江纵队纪录片的策划、撰稿和拍摄前，对珠江纵队的历史根本就不了解，因为要做这个事情，我就要去看书，一要看与珠江纵队的历史和文化相关的资料，第二要看纪录片制作的基本要求和拍摄技巧，了解纪录片脚本撰写的原则要求、格式特点、镜头选择、音乐配音、时间控制等，我边学边用，最后这个纪录片还获得了国家大奖。可以说，这些事情不仅成就了自己的梦想，也丰富了自己的人生。

◉**问**　刚才跟我们分享了您在理论研究之余做了很多项目的策划和落实工作，可以给我们介绍一下筹建香山商业文化博物馆的具体过程吗？

◉**胡**　参与商业博物馆的建设其实是一件偶然的事情，为什么说是偶然？因为当时中山市计划在孙文西路步行街做一个中山民俗博物馆，最初取名为"香山民俗风情馆"，并没有想要做商业博物馆。2002年年初，当时的文化局局长郑集思打电话问我："你能不能提个方案给我？三个月的时间行不行？"我告诉他出个策划大纲一个月就够了，并要求先去香港和澳门看看。因为这两个地方和我们一样，都属于广府文化圈，先去香港博物馆、澳门博物馆还有香港民俗馆去调研学习，好差异化地做民俗博物馆。2002年清明节前后，我和纪光明、张潮，还有博物馆的两三位同志去了香港和澳门，全面考察了香港的文化博物馆和民俗馆以及澳门博物馆。在澳门的一家酒店里，我向纪光明、张潮两位表示，不做中山的民俗馆，应该做商业文化博物馆，因为中山与广州、澳门、香港都在同一个文化圈内，做民俗文化馆意义不大，而且也没有目前香港、澳门和广州做得好，还是做自己的特色博物馆。回中山后，我就告诉文化局局长郑集思应该改变方向，不能再搞民俗馆了，因为香港的文化博物馆、民俗博物馆做得非常棒，广州也有民俗博物馆，再在广府文化圈重复做一个同样的馆是没有意义的，也做不过别人，我们有条件做个专题性的商业文化博物馆。我当时讲了两个观点：第一，19世纪中山诞生了很多买办，他们是中外文化交流很重要的群体；第二，上海的四大百货公司创始人全是我们香山人。郑集思马上回应说："你这个想法好，写一个初步的设想出来，明天我们晚上讨论。"我当天花了一个晚上，写了大概5000字的策划大纲，主要撰写了建设商业文化博物馆的优势、利弊，以及如何建设的基本思路。第二天郑集思及文化局的同事看了我的策划大纲后，都认为是一个很好的策划，但只有200多万建设经费，远远不够，必须要说服市里主要领导和有关部门同意增加经费，我说可以先呼吁重视香山商业文化，通过研究和舆论来影响政府。

2002年12月26日，中山市政府陈根楷市长召集专家开座谈会，我在会上讲了两点：第一，中山作为一个文化名城，应该重视历史文化资源的保护和利用；第二，中山有很突出的商业文化，香山买办和四大百货创始人对中国的商业历史发展作出了重要贡献，我们应该加强研究和保护，建议中山做一个馆陈列中山独特的商业文化。陈根楷市长当场采纳了我的建议。2003 年 1 月 2 日，陈根楷市长带着市政府的各个局办的负责人，从南朗到南区再到三乡进行历史文化资源考察，我做现场讲解，结束后在三乡开了一个总结会，我做了发言，陈根楷市长表态政府将大力支持商业博物馆的建设。

2003 年 3 月，策划大纲经过反复讨论通过了。我按 2000 多平方米展览策划撰写了大纲，但到现场才知道那个地方面积不够，才 1000 多平方米，后来市领导说可以拆建，在不影响步行街的整体风貌前提下，重新规划设计建设商业文化博物馆。

香山商业文化博物馆要展示买办的经济与生活状况，遭到了一些不明就里的人的质疑，因此在撰写大纲的过程之中，我在 2003 年春节期间，认真翻阅了《毛泽东全集》和有关资料，把其中关于买办的论述全部找了出来，我发现我讲的买办跟毛泽东批判的买办是不一样的，随即我就开始研究买办，买办研究也成为我后来研究的重点课题，因此当时就有人称我为"胡买办"。总之，在为地方服务的过程中，拓宽了我的研究领域，提升了我的学术水平，形成了自己的研究特色，这个是没有想到的。我觉得学和用要有机结合，时刻做一个有心人，始终做一个有学问的人，你才能够学以致用，才能够更好地服务社会。

●**问**　您已经在政府机关担任十几年的部门领导，但在此过程中仍做了大量的学术研究，发表或出版了大量高水平的论著，您是如何协调行政事务与学术之间的关系呢？

◉**胡**　这个问题有很多人问过我，他们说你在一个地方担任单位的主要领导，有那么多事情要做，怎么还能够有这样一种做学问的时间和心思，还能够出大量的成果？我觉得有几个很重要的东西：

第一，我始终保持着一种学习和探索的热情。学习的这种热情我始终是有的，而且我对不熟悉的东西有一种打破砂锅问到底的冲动，对新鲜的事物保持一种好奇心，这种冲动就会促使自己坚持学习，不断思考。我到中山市文学艺术界联合会工作后，觉得自己必须熟悉这个领域，不断地向艺术家们学习，与他们打成一片，这样才能当好服务员。因为文艺涉及的面广，又是我不太熟悉的领域，但作为领导不能讲外行话做外行事，更不能外行人管内行人，所以我就开始恶补中外文学艺术理论的精品佳作，在学习的过程中不断地丰富自己的知识，慢慢变成一个内行人。

第二，要善于分配和利用时间。我一般在手提包里放一支笔和几本书，在出差、开会、旅行甚至排队的时候，抓紧一切可以利用的时间读书学习。最近四五年学会了手机写作，5000字以内的文章基本上是在手机上完成的。有时利用跑步或散步的时间思考问题，有时在出差的路上阅读或修改文章，很多作品是在飞机上、在火车上、在汽车上、轮船上构思和写作，包括很多为朋友作品写的序、读书体会等，都是利用这些碎片化的时间完成的。

第三，要善于阅读和写作。阅读是我的爱好，对我来讲是一件快乐和轻松的事情，但如果你读了很多书，不深入思考，不形成文字，没有把它变成自己的东西，这也是没有意义的。"板凳要坐十年冷，文章不写一句空"，在阅读过程中始终保持写作的状态很重要。做行政工作以来，星期六、星期天以及国家法定节假日就是我最好的时光，我会利用这些闲暇时间读书、思考和写作，这种创作的状态使我至今每年有一定的论文发表和专著出版。

第四，多和外界交流。读万卷书，行万里路。我不管在哪个岗位上，都和学术圈内的专家学者保持交流沟通，经常以参加讲座、论坛和研讨会等方式保持和学术界的紧密联系，用自己的研究成果和同行交流。在这个过程中，帮助自己重新整理所学所思，更能使自己始终保持学术研究的兴趣。

◉**问**　您30多年的研究，跨越了这么多领域，对于一个学者和政府工作人员来讲真的很不容易。请您为年轻的学者在研究方面提一些建议，怎样才能够永远保持研究的状态？

◉**胡**　首先，要多阅读。如果想做研究，就要有阅读和求知的欲望和兴趣，如果没有求知的欲望，没有阅读的兴趣，要去搞创新是很难的，因此年轻人一定要带着问题去阅读，也就是有目的地去阅读，做一个持之以恒的阅读者和思考者。另外，我发现很多人进书店就只看他自己专业的书，这是很功利的阅读，我认为年轻人不管做学问也好，还是学习也好，不要有功利性，要大量广泛阅读，这有利于丰富你的专业知识。在保持阅读的时候，也要保持思考的习惯，做一个思考者，我觉得这个是非常重要的。

其次，要有一定的方向性。将你的专业、教学、研究和兴趣有机结合在一起，找准自己的研究方向，持之以恒，就一定会找到不同的研究视角。年轻人不要别人做什么你就跟着去做什么，比如别人研究郑观应的社会关系，你也去做这方面的研究，但这不一定适合你。所以我觉得每个人要找到自己的方向，找到了方向，就必须有自己的定力，你才会持之以恒，有所作为。

最后，要多动笔、多动脑、多动腿。要不断地走出去，要善于观察和思考，要勤于动笔，你才能保持良好的精神状态和创新意识。

我认为年轻人在这三个方面是最重要的，你没有兴趣，就没有定力，没有创新的欲望，年轻人一旦找到了方向，持之以恒，肯定能够水滴石穿。一个人不一定要多聪明，关键是他能不能坚持下去。另外，做事情不要太功利，因为功利就是注重眼前的东西，如果你老是盯着眼前的东西，看不到前面有什么，就可能一下子坠入悬崖。

◉问 相对孙中山、梁启超、康有为的研究，郑观应研究进展相对比较缓慢，成果也相对比较少，您认为原因在哪里呢？

◉胡 梁启超、康有为是19世纪末20世纪初改良主义的标志性人物，孙中山是改变一个时代的人物，所以他们自然而然地受到大家的关注。在历史研究领域，学术界过去都非常重视重要人物、重大事件或者重要思想的研究，为什么呢？一是它的影响大，二是资料多，三是有共鸣。郑观应不是一个特定时代的标志性人物，同时人们还带有某种意识形态的偏见，所以郑观应的研究相对孙中山、康有为、梁启超三位而言，确实比较弱。另外我们的学术研究，由于材料缺失、对被研究的人物的重要性重视不够，所以存在很多的盲点和空白点。郑观应是一个启蒙性的人物，虽然当前学术界对他展开了越来越多的研究，但还是不够透彻，仍然存在很多的盲点和空白点。我认为要通过我们地方来推动郑观应的研究和宣传。今后我们联合国内国外的著名专家学者，或者是一些新生代的研究者，整合他们的力量，通过一些重要的节点，与他们联合在一起共同研究，相信郑观应的研究前景还是很可观的。

◉**问** 今后应该在哪些方面进行研究，或者是通过什么方式去研究，郑观应可能会得到更大的关注？

◉**胡** 未来郑观应的研究应该通过多渠道进行：第一，要抓住重要的节点。我们要抓住人物生与死，或者重大历史事件的节点去研究历史人物，纪念史学就是逢五逢十举行纪念活动，召开纪念会或研讨会。明年是郑观应诞辰180周年，这就是重要的节点，我们中山应该举办各种活动，大力推进郑观应的研究、遗址遗迹的保护和利用。第二，对材料进行抢救和整理。郑观应的材料当前挖掘和整理还不够，我们要把资料弄出来，进一步拓展相关的研究空间，并通过一系列的学术研讨会、座谈会、论文的撰写和专著的出版，推动相关资料的抢救和整理。第三，与高校、研究机构紧密合作。高校研究所和地方政府的有机结合，这样能够实现1＋1＞2的社会效益，拓宽对郑观应的有关研究。

关于郑观应的研究，要加强的地方很多。其实我们现在
真正把郑观应全集读通的学者还真的不多，我认为研读郑观
应的文本是做研究的基础。目前郑观应和轮船招商局的关系
研究得比较多，郑观应与上海机器制造总局、天津电报局的
关系，郑观应的民本思想、人际关系、家族后人等等方面也
有研究，但还不够深入，这也表明郑观应的研究未来还有巨
大的发展空间。

胡
波

◉**问**　谢谢您在百忙之中接受我们的访谈！

◉**胡**　也感谢你们为郑观应研究付出的热情和汗水！

陈丽莲

　　陈丽莲（1963—　），广东佛山人。博士研究生。澳门博物馆研究员，澳门科技大学兼职助理教授，澳门科技大学《唐廷枢研究文献汇编》第一届编委。

　　主要研究方向：博物馆学、文化遗产管理以及与孙中山、郑观应、圣若瑟修院等相关的澳门近现代史。

　　主要著述：参与编写有《郑观应档案名人手札》（上海图书馆、澳门博物馆编，上海古籍出版社，2007）、《盛世危言》《香山郑慎余堂待鹤老人嘱书》（上海图书馆、澳门博物馆编，上海古籍出版社，2007）、《长江日记》（上海图书馆、澳门博物馆编，上海古籍出版社，2010）、《郑观应诗集》（上海图书馆、澳门博物馆编，上海古籍出版社，2014）等。

　　主要论文：《郑观应本名"郑张应"——

澳门博物馆藏郑观应家族文物初考》《从郑观应档案看洋务运动对中国现代化进程的影响》《买办生涯对郑观应的影响》《郑观应家族的家训与三代传承》《〈盛世危言〉的韵文版——郑观应诗集研究》《郑观应的危机应对之道》《从"关唇齿"的感情，到"中原之祸"的理性——郑观应的日本观》《郑观应〈盛世危言后篇〉版本初探》《郑观应出生与成长地的初探》等 10 余篇关于郑观应的论文。

其他相关：全程策划并组织《盛世危言——郑观应文物展》（2008）、《红色岁月——郑景康摄影展》（2010）、《文昌厅郑氏家族展览》（2010）《天下为公——孙中山与澳门》（2011）等展览，参与《郑观应》（2008）、《郑家大屋口述历史》（2008）、《郑景康研究口述历史》（2009）、《郑观应与轮船招商局》（2014）、《郑观应与织布局》（2014）、《郑观应与电报局》（2014）、《郑家历史故事》（2021，卡通片）等纪录片的制作。作为负责人筹设"圣若瑟修院藏珍馆"（2016）、"郑观应故居纪念馆"（2019）展览馆。

时　　间：2021 年 9 月 19 日

地　　点：澳门郑家大屋

口述者：陈丽莲

采访者：龙良富

整理者：龙良富

⊙**问**　陈教授，您好！很高兴您能接受我们的访谈。您是澳门博物馆的资深研究员，对郑观应有长期深入的研究。首先请您谈谈当初是如何选择博物馆学作为自己的主攻学科的？

⊙**陈**　博物馆学是我多学科里的最后一个专业。我第一个专业是医学院护理专业，后来又学习了计算机和工商管理专业，最后学习了艺术管理和博物馆学。当然，博物馆学是我最喜欢的一个专业，也是我一直会从事到退休的一个专业。

⊙**问**　这种跨学科的背景对您从事博物馆工作有什么帮助？

⊙**陈**　我个人觉得，无论我之前学了多少学科，学问总是不够的。我很幸运从事了博物馆工作，因为博物馆就是一个海纳百川的空间，它能把所有的学科都融合在一起。比如我原来念过医学，当我向观众介绍中国医学的时候，这些知识就自然而然地帮助我做出准确的表述；当讲到文学、艺术的时候，我原来学过的西方文学史和艺术史也能派上用场。

所以说知识是没有多余的，这是博物馆工作带给我的经验。以前所学的知识最后都能用在我的工作中，所以我觉得博物馆是非常好的一个锻炼平台。

◉问　刚开始您学习了医学，后来转向管理学和艺术学，最后博士确定研究方向为文化遗产管理，请讲讲您求学过程中不断转变专业的原因。

◎陈　这是一个机缘巧合的事情。1997 年我停止工作，计划回到大学里继续念书，刚好那个时候澳门博物馆准备筹建。澳门是中西文化的一个交汇点，博物馆的规划也要呈现出中西方文化对比的展览内容，其中有中西方文化名人的介绍，当然就需要孔子和老子的塑像。当时的筹备工作组在一个私人的作坊里采购了孔子和老子的陶像，但效果不太满意。我是佛山人，在家乡有一些从事陶瓷艺术的亲戚，通过这些亲戚介绍，博物馆采购到了又好又便宜的老子和孔子的塑像。看到孔子和老子的塑像这么好，他们想继续订造曾在澳门居住的葡萄牙著名诗人贾梅士（Luís Vaz de Camões）和历史学家庇山耶（Camilo de Almeida de Pessanha）的塑像。但只有历史照片，我们试着去佛山找到一位艺术家，他真的就凭着平面的旧照片做成了贾梅士和庇山耶的立体塑像，效果非常好。由于有这几次的互动和合作，筹备办公室的领导问我有没有兴趣一起来博物馆工作。我觉得这也挺好玩的，而且中国文化也一直是我喜欢的，就同意到博物馆应聘，随后经过笔试、面试等程序，最后我有幸加入了澳门博物馆筹备办公室的工作小组，一直到现在。

陈丽莲

◉**问** 1997 年到现在您已经在澳门博物馆工作了 24 年，请介绍下您的工作情况。

◉**陈** 我开始的时候主要是参与藏品的搜集跟管理，还兼顾博物馆的保安工作，当看到一些有趣的藏品的时候，也做一些文物研究。慢慢地发展到历史研究，把研究的成果拓展为一个展览，这就变成了展览的策划。作为一个策展人，还需要涉及编辑、翻译、校对、出版等工作。可以说，我的工作一直都在不停调整变化，总之博物馆发展过程中有什么工作交给我，我就做什么。

◉**问** 作为一个博物馆的工作人员，涉及大量的工作，在这么紧张的工作状态中，您的科研是怎么开展的？

◉**陈** 我的工作主要涉及策展和历史研究，文物相关的科研主要是我们修复部的同事去负责，当然我在进入博物馆的时候也有这方面的训练。我在博物馆工作的范畴是藏品研究、展览策划，也包括图书出版时的翻译、校对、编辑等。一个展览的策划，需要做文物的准备，要清楚该如何修复并将它呈现出来，这就需要有修复方面的基础知识，才好跟修复部的技术人员一起商量修复到一个怎么样的程度。不同的文物有不同的修复原则和方法，比如一个破的瓷器，瓷器已经有崩损了，你是修复到它完全看不出来，还是修复到把补的部分留白，让观众看到这是新补上去的。这在修复理论中有不一样的观点和主张。所以，作为一个展览的策划人，虽然修复不是我的专业，但要对修复专业有所了解。更重要的是要对展览主题和相关文物进行研究。如果没有深入的研究，你掌握不到展览的意义，不知道用什么方法将这些文物展示出它该有的氛围。最重要的是你不知道怎么写说明文字，怎么把一件件独立的文物串成一个故事，然后用展览专业的形式，以展览独特的语言，博物馆专业的展览技术去呈现出来，这是普通展览跟博物馆展览不一样的地方。

◉问　澳门博物馆在收藏和宣传澳门历史文化方面，对澳门有什么样的意义？

◉陈　澳门历史一直是澳门博物馆的工作核心和研究方向。我们的展览有介绍已经消失而变成了历史的东西，例如火柴、爆竹等传统工业；也有介绍现在还存在但已经随着社会而改变的民生店铺，例如饼店、凉茶铺等；还有宗教、民生、艺术、教育等不同领域的历史。在这里，外来旅客能对澳门增加认识；澳门人能找到他们的乡土情怀：老人家找到自己曾经熟悉的物品，年轻人知道澳门的过去。

◉问　澳门博物馆对中西方文化进行了对比展示，您觉得中西方文化最大的差别是什么？

◉陈　与其说中西方文化的差别，我认为不如说说澳门的中西文化融合会更有趣。澳门是一个中西文化交流的地方，你们去参观澳门博物馆的时候，就会感受到我们很多内容都有东西方文化的对比。一楼主要介绍澳门地区的起源，入口的长廊对中西方的文字、哲学、建筑、科技各自有一个大概的介绍，然后进到正式展厅的时候，考古出土物展示了远古的澳门，本是珠江三角洲的一部分，中国和葡萄牙各自的发展历程，以及两者在澳门相遇后引起的贸易、宗教和文化等方面的接触，以及在往后数百年中逐渐形成的独特的澳

陈丽莲

门文化。然后通过澳门，中国的传统工艺被带到葡国。比如说陶瓷，我们展出了中国生产的陶瓷，也展出了葡萄牙受中国陶瓷技艺影响后生产的陶瓷制品。另外，我们以当年出口用的通草画介绍了珠江三角洲地区生产丝绸的养蚕缫丝工艺。这些丝绸通过澳门源源不断地运送到葡萄牙，促进了葡萄牙的丝绸业发展。在葡萄牙北部有一个小镇，叫 Freixo de Espada à Cinta，这是一个很有名的运用养蚕缫丝工艺生产丝绸的地方，展厅中也有介绍他们的丝绸产品。通过这些展示，告诉观众海上丝绸之路的形成和发展，在介绍东西方文化交流的同时，也很清楚地表述了澳门在历史中的地位和曾经做出过的贡献。

澳门中西文化的融合，郑家大屋就是很好的一个例子。郑家大屋很自然地融合了西方文化和中国文化，这也是岭南建筑文化的一个特点。澳门有一些旧房子，尽管外形是欧式建筑，但它们的细节有我们中国特色的建筑构件，比如百叶窗，既能通风和挡阳光，又能遮掩隐私。郑家大屋的屋顶、梁架结构都运用了中式建筑手法，墙体上除了彩绘及泥塑浅浮雕，也有绿色的釉陶窗花，还有我们称作"明瓦"的牡蛎壳片。因为当时的玻璃很贵，用陶瓷作为建筑构件，以"明瓦"作窗户，可以采光保持透亮，冬天也可以挡风，展现了传统的岭南宅院风格。而天花的西式泥塑图案装饰、精致繁复的门楣窗楣式样，以及外墙的抹灰，受到了外来文化的影响，整座建筑在岭南建筑风格里糅合了西方的装饰元素，中西方文化融合得很巧妙。

◉问　2005 年澳门博物馆成立了郑观应研究小组，这个小组是在什么背景下成立的？你们博物馆是怎么展开郑观应研究的？

◎**陈**　对于这个小组的成立，首先要感谢两位先生，第一位就是郑家的后人，当年是我们的同事郑震邦①先生，他把自己保存了好久的郑家文物捐给了澳门博物馆，我第一手接收了这批文物。在这批文物中，最重要的当然是众所周知的郑观应跟他家人的合照，但其中一样东西引起了我个人很大的好奇，就是他们的家谱——《荥阳家谱》（积善堂存本）。我翻开之后看见家谱中郑观应的名字是郑张应，当时我的第一个想法就是，会不会写错了？但这家谱不是普通的手写本，而是一个誊抄本，家谱上还不只一处这么写，所以我就觉得这不应该是手误，一定是郑张应。后来我就写了一篇文章《郑观应本名"郑张应"》，在我们文化局的《文化》杂志上发表。郑观应另一个名字为郑官应，官方的官，当时他的很多往来书信都自称官应，而且他的很多兄弟都是用这个"官"字。"郑张应"是仅仅出现在家谱里头的名字，郑观应本人也没怎么用，很多人就不知道其存在了，甚至在中山雍陌村收藏的族谱里头都没有"张应"这一个名字，而是用"官应"。

◎**问**　您刚才讲郑观应研究小组的成立和发展要感谢两个人，另外一个人是谁？

◎**陈**　另外一个就是徐新先生。他当时是我们文化局的同事。郑观应研究这个项目设立的时候还是有点困难的，但

陈丽莲 陈丽莲

---

① 郑震邦为郑观应三弟郑思贤的孙子。

是徐先生一开始就意识到这个项目的重要性，把开展郑观应研究的作用和意义跟文化局当时的领导们反映。很幸运的是，当时的局长、副局长还有博物馆馆长都很支持，把一些困难移开了。所以从2005年开始，我们就成立了郑观应研究工作小组，一直到2015年，这10年的工作开展得挺好的，慢慢地也做出了一些成果。后来的几年稍稍停了下来，去年开始把这个研究又慢慢地重新再接续起来。我们希望有机会的话会继续开展更多的研究领域。

◉问　郑观应研究小组主要做出了哪些成果？

◉陈　这方面主要得到了上海方面的合作。上海图书馆有很多郑观应的档案。承蒙他们的大力支持，我们那几年合作出版了系列丛书《郑观应文献选集》，包括郑观应的著作、诗集、日记、书信文献。同时还做了3个郑观应及郑观应家族的研究课题，比如2008年是博物馆成立10周年，我们做了郑观应的专题展览，叫《〈盛世危言〉——郑观应文物展》，2009年我们也做了以郑观应的儿子郑景康为主题的《红色岁月——郑景康摄影展》。2019年把郑家大屋旁边建的一座新建筑，筹设成为郑观应纪念馆。这个展馆因为建设条件的局限，我们目前只开了两层。把建筑问题解决了之后，很快就要开始做一个三层的展览。

◉问　刚才您讲到郑观应的后人郑震邦，他是影响博物馆开展郑观应研究的一个非常重要的人物，他当时在什么样的一个背景下把这些文物捐献给博物馆的？

◉陈　郑震邦先生的爷爷是郑观应的同父同母三弟郑思

贤，他本人是郑观应的侄孙。澳门博物馆刚开馆的时候，整个博物馆只有一件跟郑观应有关的文物，是一套巾箱本的《盛世危言》。郑震邦先生当时也是文化局的工作人员，他告诉我们的领导他手上有一批文物，并愿意把这些文物捐献给博物馆。我们一看，这些文物好得不得了，有很珍贵的郑家大屋跟郑氏家族的文物，包括照片、家谱，还有一些文献。文献中有郑家大屋平面图；郑观应父亲郑文瑞留下的一些条子，告诉大家郑家大屋哪部分是谁出钱修建的；还有郑思贤笔录父亲去世时遗嘱的一个草稿；等等。在这基础上，澳门博物馆后来又收购了一批郑家大屋原来属于郑思贤的一些家具，现在陈列在郑家大屋，每件家具上面都有雕刻着他的堂号"郑积善堂 曜东重置"。

◉问 您刚才讲到 2008 年澳门博物馆建馆 10 周年，特别举办了澳门历史名人郑观应的一些活动，呈现了郑观应一生的历程，您是这些活动的主要策展人和组织者，请分享一下策展的详细过程。

◉陈 这方面我们也很幸运。刚刚提到过徐新先生，当时他还不在澳门博物馆，而是在文化局工作，但他从一开始就很支持郑观应的研究项目。我们去上海收集资料，他就带着我们去图书馆、资料馆，这些机构也很支持我们。比如上海图书馆，我们做郑观应研究需要资料，他们很慷慨地开放给我们查阅，对我们的工作大力支持，为此我们一直感恩。有了他们的支持，我们很快找到相关的历史文献和资料，并整理成展览的大纲，随后举办了《〈盛世危言〉——郑观应文物展》。

◉**问**　刚才您讲到上海图书馆给你们提供了很多帮助，分享了很多资料，能不能与我们分享一下当初你们到上海图书馆挖掘这些资料的过程？

◉**陈**　我们跟上海图书馆的老师们经历了从不太熟到慢慢熟，最后到相互了解、互相支持的过程。和上海图书馆的老师们一样，我们都是文物工作者，对文物保护有专业的训练，对历史研究的价值都有相同的理解和认同，同时吴建中馆长等领导给予很大的支持。虽然他们将资料开放给我们，我们每一位到上图公干的同事都遵守文物工作的规范，遵守他们的工作纪律和尊重他们的安排。同时，我们恪守一个原则，就是尊重他们的知识产权，即他们给我们用的任何东西，我们必须按照他们给我们的范围使用，不能也不会私底下把它弄到其他方面，我自己要发表文章的时候，都向他们申请授权，所以他们就不会有太多的顾虑。这是我们之间形成的互信基础，有了互信之后，我们就逐渐熟络了，慢慢地，上海图书馆的老师们给我们看更多的资料，最后将关于郑观应的东西都开放给我们看。当他们在《盛宣怀档案》电子系统论证的时候，我们也很高兴能参与，毕竟他们对我们的支持太大了。两馆由此形成了相互合作关系。

◉**问**　内地的其他单位或机构也提供了类似帮助吗？

◉**陈**　上海音像资料馆多年来为我们提供了许多帮助。当然还有我们的博物馆同行包括中山市文化局和孙中山故居纪念馆、国家博物馆、中国电影资料馆等等。新华社对我们的支持也很大，当年与新华社联系的时候，他们对图片的使用非常严谨和规范，给我留下了深刻的印象。所以我是尽努力去遵守这些机构的规定，我觉得别人对我们好，我们就不应该让他们失望，他们给我们的东西，我们都是好好地利用，而且是规矩地利用。

◉**问**　当时为什么要举办《〈盛世危言〉——郑观应文物展》?

◉**陈**　为庆贺澳门博物馆成立 10 周年，馆里需要举办一个有代表性的展览，加上经过几年的郑观应研究之后，已经有了一定的积累，所以举办《〈盛世危言〉——郑观应文物展》是顺理成章的事情。当时我们的馆长陈迎宪先生问："能不能把郑观应的研究拓展成一个展览?"许新先生和我都觉得这个提议很好，因为郑观应文物展既是博物馆的研究成果，又跟澳门的历史紧密相关，并且可以作为澳门文化遗产保护的工作汇报，可以说这是 10 年工作的一个阶段总结。当时的展览不仅展出了我们原本收藏的文物，还向不同的文博机构借展，有很多东西是第一次向公众发布的。上海音像资料馆特别为我们制作了珍贵的历史文献纪录片，用来介绍郑观应的历史，讲述郑观应对于我们民族企业的发展所做出过的贡献。为了配合展览，我们还举办了讲座，邀请上海社科院费成康教授、复旦大学陈绛教授、上海图书馆王宏研究员和上海音像资料馆张景岳研究员担任我们的主讲嘉宾。

◉**问**　这个展览在社会上反响怎么样?

◉**陈**　应该还可以吧，我不太肯定。但是从《〈盛世危言〉——郑观应文物展》之后，中山的朋友们，还有香港和内地的学界都开始对我们有一些新的认识。一些研讨会，还有一些比如像今天这样的访谈也就多了，没有中断过。国内的郑观应研究、近现代史研究、辛亥革命研究、买办研究、中国的商人家族研究，相关的研讨会对我们的约稿也多了。向博物馆查询的专家、学者就更多了。

◉问 这是对澳门博物馆 10 年工作的一种肯定和认可。

◉陈 是的，很感谢他们。同时我们也从这些老师们那里得到了很多的帮助和指教。

◉问 刚才您谈到了澳门博物馆举办了《红色岁月——郑景康摄影展》，当时是什么样的一个契机做了这次展览？

◉陈 偶然的一个机会，我们知道郑观应有一个儿子是 20 世纪中国著名的摄影大师，并且在 40 年代的延安——当年的革命根据地担任摄影记者。而且郑观应的曾孙郑克鲁教授就曾经跟晚年的郑景康生活了好长一段时间。郑景康遗下的照片，就是由郑克鲁先生保存并慷慨捐献了出来。郑景康擅长人物拍照，这些照片包括毛泽东、朱德等当时共产党的著名领导人，还有红线女、齐白石等文化名人。根据郑克鲁教授的介绍，郑景康当时保存的照片很多，可是因为"文化大革命"的冲击，一部分现在认为很珍贵的照片被烧掉了。当照片被烧的时候，病床上的郑景康痛惜不已，因为他知道当中的历史价值。庆幸的是毕竟还是保存了一点，变成了我们的馆藏品。

◉问 现在还有多少张照片？

◉陈 总共有 10 来张，延安时期的不足 10 张，已经很少了。中国共产党人到延安，是很艰苦的一段岁月，拍照当时是洋玩意儿，不是草根百姓能做的事情。因为郑景康是郑观应的儿子，在上海有学习西方技术的机会，也有财力购买拍照器材，他甚至在香港开了一家景康摄影室。有这样的技术去到延安没多少人，他还在延安开办了多届摄影学习班，作出了很大贡献。1949 年之后他进入新华社，最后去世的时候，当时的副总理王震主持了他的追悼会，可见他的资格是蛮老的。

◉ **问**　您在郑观应家族方面的研究还会进一步拓展吗？

◎ **陈**　会的，我们慢慢地循着这一个方向继续努力。其实已经在酝酿一些郑观应家族的研究计划了，希望将来能把时间腾出来，好好地做。

◉ **问**　对于郑观应的家族研究，您已经研究到几代了？

◎ **陈**　除了郑观应的兄弟，我们对郑观应长子和第四子都有了初步的资料积累。郑观应五弟郑翼之的后人，我们曾做过访问。郑观应的四弟郑官桂有子孙在美国，儿子郑汝兴1994 年去世前叮嘱儿子达文，要回澳门来郑家大屋寻根。半年后达文带着他的洋媳妇和孩子们，陪着他的妈妈，也就是郑汝兴的夫人、郑观应弟媳，回到了郑家大屋。1995 年，回来寻根后 1 年，老夫人也去世了，但总算圆了两位老人家的心愿。

◉ **问**　现在这些后人主要从事什么工作？

◎ **陈**　郑氏后人的职业分布很广，有做教授的，有做警察的，有从事教育、做普通工作人员的，也有从事商业的。除了澳门，还分布在上海、天津、石家庄、广州、香港，以及英国和美国。

●问　他们的后人会经常到郑家大屋参观吗？

⊙陈　有时候。我的同事，还有我们另外一个部门的同事，偶尔会接到他们后代来访的要求，这些后人甚至还很主动地提供他们的一些历史照片和资料给我们。

●问　您刚才讲的专著《郑观应的家族》，您将会有什么重要的观点？

⊙陈　作为一个文物工作者，我希望不偏重于观点上的评论，而是把文物内含的原始资料挖掘出来。至于怎么利用这些文物，或者再进一步的研究，可能不同领域的历史工作者有所不同。比如研究澳门民生历史的专家，或者研究工业史的专家，都有他自己的特定角度。

●问　谢谢您为这些专家的深入研究做了前期的资料收集、整理的工作。

⊙陈　这也是我们应该做的。我们非常幸运，能直接接触到各种文物，这是博物馆工作者值得珍惜的一种缘分。如果我们不开发出来，没有那么轻易接触到文物的其他学者，根本不知道我们有这样的文物，所以我觉得我们把它开发出来是我们该有的责任。此外，如果得到他们的回馈，于我也是一个学习机会，可以改正我有错的地方，以及补充我的不足。

◉**问**　在郑家大屋的保护过程中，政府做了哪些工作，起了哪些作用？

◎**陈**　澳门文化局一直都是以弘扬澳门历史和文化作为它的核心工作。在郑家大屋的保护过程中，起到了三方面的作用：

一是注重历史建筑的修复。在 2001 年开始的申遗过程中，这方面的工作非常艰巨，不同的部门都各司其职。比如文化遗产厅，他们在建筑物修复方面做了大量的工作，所以才有我们今天所看到的郑家大屋。原来的郑家大屋曾经被火烧过，也租出去过，破损得一塌糊涂，变成了"72 家房客"那样子。后来文化局把它从私人手上收购回来。收回来后，怎么去修复，有很多专业的学问，既牵涉建筑科学的范畴，又牵涉文物修复的范畴，当然还有历史原貌的问题。但他们在各方面都做得蛮好的。

二是加大对文物保护的投入。现在我们看到的郑家大屋是一座岭南民居，但凝聚了很厚重的历史，所以在澳门彰显出独一无二的魅力。可是，作为一个现代的历史展览设施来说，它又有不可回避的缺陷，就是它不能承受温湿度调控设备的安装，以符合文物文献展品的保护需求。所以文化局跟其他的政府部门协商，我们又在旁边盖了一个全新的展览馆，那里就可以展出需要温湿度控制的文物。

三是协同其他部门对我们的工作提供帮助。我们要负责文物的策展，做出展览大纲，但策划如果没有足够多的资料，也是无源之水、无本之木，这就需要其他部门的积极支持。澳门的图书馆、档案馆收藏了我们需要的资料，他们在工作中非常支持我们，经常提供协助，有时更是主动地帮我们去查找，这样我们才有研究的史料去构思，炒出来一盘菜。所以这些都是文化局各部门的同事和我们形成了一个团队，大家协同合作，才有今天博物馆的发展。

◉**问**　地方文化发展真的需要政府的大力建设和扶持，没有政府的大力支持，根本是不可能的。

◎**陈**　您说到了点子上。因为这是社会投资，不是商业投资，没有投资回报率或者其他一些商业上的考虑。所以我们对投资回报的评估有时候不可能是量化的，不可能以一个财政投资的商业管理概念去衡量，还应该从整体的社会效益去考虑。这方面澳门政府在回归之后是有这样的一个认知的，包括我们的很多民众和民间团体，大家都意识到文化遗产保护对澳门历史文化、社会经济起到的积极作用。所以大家都有主人翁的态度，哪个地方不对了，就会指出来；哪个地方有问题了，就赶紧告诉相关部门，马上去解决和补救，甚至民众能迅速地提出一些有前瞻的措施。

◉**问**　刚才您讲到了民众的文化保护意识，澳门是如何推动民众的文化保护意识的？

◎**陈**　澳门成功申遗，这是一个很大的契机。从特区政府到下面的各个基层部门，大家都知道文物保护的重要性，并且达成了共识，就是文化遗产的保护能极大地推动澳门旅游业发展。澳门的经济产业单一，大家都知道它的问题，特别是这一次的疫情影响，大家就更清楚了。太偏重赌业对当地经济的长远发展会有影响。文化遗产作为一个城市的金色名片，是全民的财产。通过旅游拓展可以得到经济回报，之后又反过来反哺文化遗产的保护，以及相关的教育和科研。如果管理得好，一个良性的循环就不断往上，但是如果有一个环节管理不好，风险发生的时候就会前功尽弃。所以在文化遗产保护方面，不管是政府还是业界，都要达成共识，好好地爱护它，我们的经济才更多元化。

◉**问**　在民众保护意识方面，还是要有投入和产生回报的激励措施，老百姓从中得到了好处，他们保护文化遗产的积极性可能会更高。

◉**陈**　是的，您这是一个政府管理的建设性提议。鼓励企业机构、民间团体、个人对文化遗产保护的投入，对于他们作出的贡献，可考虑以荣誉性的表彰，或是以资助、税务扣减等财政方式进行。

◉**问**　澳门博物馆有没有带动澳门年轻人对中华传统文化学习的积极性？

◉**陈**　有一个现象挺好的。我经常看到老师们带着澳门中小学生，甚至还有幼儿园的小朋友来参观澳门博物馆，在博物馆讲澳门的历史，当然博物馆也有一些同事去帮忙讲解。此外，我们在策划展览的时候，负责教育的同事都会设计一个专门的空间，配合展览内容与公众互动。到下一个郑观应展览推出的时候，除了播放以大人为对象的历史文献纪录片之外，我们还将制作卡通片来介绍郑观应的故事，吸引小朋友的关注和兴趣。2011年纪念辛亥革命100周年的时候，我们做了一个《孙中山与澳门》的展览。为了让学生们了解辛亥革命的背景，在他们来澳门博物馆参观之前对辛亥革命有基本的认识，我们还做了很多套介绍辛亥革命历史的展板，送到学校去放到校园里。学校的历史老师也特别高兴，因为我们把教材都准备好了，他们又可以把澳门博物馆的展场作为历史课堂，带着学生在博物馆中讲解辛亥革命，以及孙中山与澳门的关系，所以那一次展览效果非常好。在后来的展览策划之中，我都吸收了这次的经验，尽量扩展教育功能，让孩子们对自己本土历史认识之后产生地方认同或者国家认同，这真的挺有用。

⦿问　在郑观应事业最红火的 1870 年到 1880 年之交，郑观应父亲郑文瑞为什么会带领儿子集资在澳门修建"郑家大屋"？

⦿陈　正如您所说的，"世居澳门"的郑家父子们在事业最发达、经济实力最好的时候去修建家园，这也是中国人的传统。这段时间郑观应的父亲郑文瑞还为镜湖医院的筹建捐款。曾经做过买办的郑文瑞，当时为什么要在这里建郑家大屋，现在还不清楚。郑观应有诗说是其父在梦中受神仙指引，这说法我们姑且听之。郑文瑞只是出资建造了部分建筑，之后不同的建筑群是由他的儿子们出钱建的。根据郑文瑞去世前留下的字据，我们知道"积善堂"的部分是郑观应的三弟郑思贤出钱建的；后面有一部分是郑观应出钱建的。有些部分现在已经被拆掉了。

⦿问　根据当前的研究，学术界都认可郑观应出生在中山的雍陌村，他为什么会说自己世居澳门呢？

⊙**陈**　我一直都有这个疑问：郑观应的出生地究竟是在澳门还是在中山？到现在为止，我个人还没有看到正式的证据。根据郑文瑞的遗嘱，郑观应的哥哥郑思齐当年私用了家里的一部分钱，所以郑文瑞去世的时候，嘱咐其他的儿子向长房要回来，在雍陌村建一个家祠。后来郑观应他们兄弟执行了父亲的遗嘱，但又没有完全执行父亲的遗嘱，因为他们修建的，是以父亲名字命名的"秀峰家塾"，而不是父亲所吩咐的"鸣岐祖祠"。我个人认为，郑观应兄弟们是更好地遵循了父亲的遗嘱，只不过是将祖祠的名称改成了家塾，并以此来纪念他们的父亲。我们去雍陌村考察的时候，中山市文化局一位科长，还有一位住在那里的老先生带着我们参观秀峰家塾，他们说秀峰家塾的建筑样式不是住宅，其实是家祠。我很认同这个观点。

郑观应一定出生在中山？对此我是存疑的。郑观应在他的《救时揭要》中说他世居澳门，就是说他们一直住在澳门。以这样理解的话，我个人觉得澳门也有可能是郑观应的出生地，甚至可能性比在中山出生还要高。

◉**问**　有没有证据论证郑观应究竟在哪里出生的？

⊙**陈**　在郑观应的历史资料中并没有明确的证据说他究竟在哪里出生。他 17 岁离家到上海，这个"家"究竟在中山的雍陌村还是其他地方，不得而知。但他说自己世居澳门，就可以看出，他早已把澳门当作是他的家。

尽管现在还没有文献明确说他在哪里出生，但我还是偏向于澳门，因为澳门有郑观应的家，但中山只有家祠。还有根据他在众多著作中对澳门的感情、对澳门的了解，起码，他在 17 岁到上海之前，是在澳门成长。

◉问　秀峰家塾也有可能是拆掉老宅以后才修的房子？

◉陈　不能排除这个可能。中山雍陌有多座郑氏宗祠，分属不同的分支。秀峰家塾土地历史的具体情况我不太清楚，需要进一步考证，现在只推断和怀疑，还没有一个正式的论断。这方面还得请教中山的历史专家和老师们。

◉问　当时郑文瑞为什么在澳门修建郑家大屋？

◉陈　郑文瑞为什么在澳门修建郑家大屋？这块地是怎么来的？没有一个很明确的文献记载。或者是，他们就一直住在澳门？甚至一直就住在附近，目前所见的郑家大屋是他们在经济允许后逐步的扩建？这都有可能，却又都无法确定。

在 18 世纪末到 19 世纪初，郑家大屋所在的这个地方其实是很偏僻的，澳门的地名录里，这里还没有多少建筑物。郑家从这里寄出去的信，或者从上海寄回来的信中，信封地址和信中内容都将这里叫作新村尾，我一直都没找到这个地方。后来通过中葡文对比才找到所谓的新村尾，其实就是指郑家大屋下面的那条街。"新村尾"后来又称为"下环新村尾街""下环街"。现在郑家大屋这里的地址叫"龙头左巷"，但直到 1905 年，都还没有"龙头左巷"的名称。

我曾经访问了郑观应的孙媳妇，就是郑克鲁教授的妈妈，她在抗战时期回郑家大屋住了几年。她说当时郑家大屋是附近最漂亮的房子，而且它的对面就是一个军营，隔着花园就听到"红头阿三"（就是印度兵）操练的声音。那么说当时的郑家花园对面，就应该是郑家大屋下面的军营，原来的港务局大厦。再推断郑家大屋旁边新盖的建筑物"郑苑"，很可能是占用了一部分郑家花园的土地。有位老人家曾经在澳门郑家大屋做过租客，他回忆说郑家大屋原来有一个很大的花园，像足球场那么大。这个花园究竟有多大，很难说，因为小孩子的眼里什么都是比较大的，但是可以肯定的是郑家大屋原来还有一个很大的后花园。

◉**问** 这个花园什么时候没有了？

◉**陈** 抗日战争时候还在。这可以参考旁边郑苑的建设年份，哪年郑苑起建了，那个时间或者之前就应该没有了。

◉**问** 最终遗留下来的这部分郑家大屋的所有权还一直在郑家人手上，是吗？

◉**陈** 郑观应的兄弟在这里有自己的房产或居住空间，所以郑家大屋是一个郑氏家族的聚居地。直到后来分租后才有租客的加入。

郑克鲁教授的妈妈告诉我们，他们家住的房子是西式建筑。后来由于要跟着丈夫去海南岛，临走的时候就把屋契留给了小叔子夫妇，但现在这部分建筑已经没有了，原因是小叔子夫妇好赌，很快就将它卖掉了。郑家大屋是郑文瑞和儿子们共同修建的，儿子们出资修建的房子就归他们自己所有，所以产权很清晰，但这些产权清晰的房子是最容易被卖掉的。现在这片能够保留下来，原因也许是产权太复杂，后人无法集中签字卖掉，后来就出租给多户人家。郑振邦先生捐给我们的文物之中，有一幅20世纪50年代郑家大屋分租给住客的平面图，可以看到好多户人家在那里生活。

◉问　请问有后人在这里管理吗？

◉陈　有的，郑思贤的一个后人在这里管理。他还做了一个平面图，在上面写着哪个地方是郑家后人公用，哪一部分是第九房的，哪一部分是第三房的，他自己住在哪一房间。除此之外，他还以租住户的职业来标注租出的房子，如机器佬、揸（驾）车仔、鱼栏佬、八卦婆等等，可见当时郑家大屋出租给了很多不同的人家，这些人都属于草根阶层。

◉问　经过您多年的研究，郑家大屋还有什么特别之处吗？

◉陈　从现在遗存的郑家大屋来看，后面那部分是岭南建筑风格的，但前面部分的建筑风格有点不一样。为什么会这样设计？还需进一步研究。前面部分在里墙靠顶部的地方有圆洞，我一直都很好奇这是用来干什么的，寓意什么吗？后来我在澳门路环一间荒废了的建筑物，看到里头的墙顶上也有一个这样的洞。有机会得请教澳门专门研究建筑史的专家们。

◉问　郑观应呕心沥血完成的《盛世危言》，使他成为中国近代著名的维新思想家。郑观应是在怎样的情势下，回到澳门郑家大屋编写《盛世危言》的？

◉陈　郑观应为什么要回来澳门编写《盛世危言》，有几方面的原因：

首先，郑观应已经有了比较多的写作积累，这为他完成

《盛世危言》奠定了基础。郑观应长期在上海报刊发表文章，并结集出版了《救时揭要》和《易言》两本著作。随着时代的发展，郑观应的个人阅历以及对社会的认知也不断丰富，过去的著作内容已经反映不出郑观应的思想深度，这是郑观应编写《盛世危言》的内在动力。

其次，个人际遇也为郑观应编写《盛世危言》造就了时空条件。郑观应两次进入上海机器织布局，第一次他被委任为襄办，但当时的主办彭汝琮是一个贪利钻营的人，他利用了郑观应的招牌，但"遇事进言，概置不省"，织布局就筹办不下去了。李鸿章对此很不高兴，邀请郑观应再次筹办织布局，担任会办。在郑观应的努力下，织布局在买地、建厂、购机等方面都大有起色。但是刚好遇到上海的金融风暴，织布局发生了严重亏损，作为主要负责人，郑观应在风险管理方面是有责任的。发生这件事后，他没有协助清理亏欠，而是撇开上海织布局不管，投奔粤东防务大臣彭玉麟门下抵抗法国侵略。祸不单行，他当年离开太古洋行的时候，担保郑桂轩替代自己当买办，但是郑桂轩挪用公款，连累了保人，当时郑观应刚好经过香港，太古洋行通知香港政府，把他拘留了差不多一年。那段时间是郑观应人生的低潮，名利双失，所以当时他的书信和著作，都表达出很消极的情绪。"贫病交迫"的郑观应回到澳门，在郑家大屋待了差不多5年。在身体和心理慢慢恢复了之后，重新整理了自己的思绪，开始编写《盛世危言》，并为日后的复出作准备。可见事物是辩证的，这段隐居式的生活为这本维新思想著作创造了时空条件。

陈丽莲

◉**问**　澳门在几百年的发展过程中，其实也出现了很多名人，但为什么把郑观应推为了"澳门之子"？

◉**陈**　将郑观应推为"澳门之子"，我想主要是基于以下两方面的考虑：一是郑观应与澳门之间的关系。澳门很小，这里的名人其实并不多，正面的、影响力大的、有政治和社会高度的名人就更少了。我们可以说孙中山跟澳门有关系，但从政后的孙中山其实没有真正在澳门长时间居住过。而郑观应的的确确在澳门居住过不短的时间，在这里成长、生活、著书。而且这里有他的家和家人，至今还有他的故居。二是郑观应的历史地位和贡献。郑观应作为一个维新思想家，其著作《盛世危言》影响了好几代人，如清王朝的光绪以及他的朝臣们、民主革命的孙中山、新民主主义革命的毛泽东。所以郑观应是澳门很重要的文化遗产，也是值得我们加以研究和宣传的一个很重要的人物。

◉**问**　郑观应在澳门编写了《盛世危言》，这本书本身和澳门的关系大吗？

◉**陈**　《盛世危言》中涉及澳门的不算多，因为郑观应一生大部分时间生活在当时中国的经济文化中心——上海，更多的是全国的视野。但是在他之前的著作里，很多第一手资料来源于澳门。当时大三巴下面有一段叫长楼的街道，两旁贩卖苦力人口的"猪仔馆"林立。所以他的《救时揭要》有24篇文章，开头就有6篇是关于卖猪仔的。还有其他关于赌博、鸦片等问题，都是当时澳门的社会现象。

在《盛世危言》的内容中直接提到澳门的，除了上述的卖猪仔问题在《贩奴》一章中有论述，也在"粤省三大害"

中讲到澳门的闱姓赌博问题。在《税则》一章中，讲到了外权，陈述外国政府怎么保护自己的国民、保护自己的商业机构，而我们中国人在从事创业行为之中，缺乏政府的保护。这些内容虽然和他后来做买办和从商积累的社会阅历和工作经验有关，但也跟他当年在澳门所见所闻不无关系。

其次是《盛世危言后编》载有郑观应与儿子、妻妾以及一些澳门名人往来的信件，也有他父亲、妻妾、儿子的墓志，这些都涉及澳门。

◉**问**　刚才您讲到《救时揭要》里面有"卖猪仔"的内容，从郑观应的人生发展来看，他出生在中山雍陌村，17岁离乡到上海，其实在写《救时揭要》的时候应该和澳门没有太多交集，他为什么对澳门会有这么大的关注？

◉**陈**　您的观察十分准确，所以我才认为郑观应是在澳门出生，起码是在澳门成长。一个人青春期的成长经历，对于他一辈子的影响是很深的。郑观应17岁就去上海，但对于一个21岁开始撰写《救时揭要》的年轻人来说，他一定是留意他成长过程中积累下来的所见所闻，而这个过程中很大部分就是他在澳门的经历。澳门的东西，就是在他的成长过程最深刻的记忆，他自然就把看到的社会现象作为写作素材。开始是卖猪仔、鸦片、闱姓、溺女等身边发生的事，到了最后一章《论中国轮船进止大略》，就不再局限于家乡澳门的范围。从《救时揭要》到《易言》，这已经又是另外一个层次了，因为《易言》除了关注社会问题，还关注外交问题、经济问题、军事问题、教育问题等等，整个视野和高度已经完全不同了。

陈丽莲

1023

◉**问**　您刚才讲到年轻人生活的一些经验经历，可能成为他以后著书立说重要的资料来源，这我很赞同，但我对您刚才讲的郑观应出生、长大在澳门有点存疑，如果真是这样的话，郑观应的故事可能要重写了。

◉**陈**　我是有这么一个个人的想法，但是这仅仅是我个人的想法。除了最早的著作《救时揭要》有多篇论述澳门时事的文章，郑观应《盛世危言》中的《贩奴》《税则》都有以澳门时事和社会现象做深入论述，但未见有雍陌或者香山的例子。

郑观应一直以香山人自居，在《盛世危言》中都以"香山郑观应陶斋纂著"署名。当然不同的学者可以有自己的观点，不同的观点都值得尊重的，只要有自己的依据。

◉**问**　您刚才讲到《盛世危言》对孙中山产生了一些影响，这些影响表现在什么地方？

◉**陈**　孙中山和郑观应属于忘年之交，年轻的、有家国观念的、满腔爱国热情的孙中山跟一个中年的、已经有一定社会名望和深刻社会见解的郑观应相遇，当然就有一些讨论学习的过程。孙中山在给李鸿章上书中提出"人尽其才，地尽其力，物尽其用，货畅其流"，其实是来源于郑观应的"三尽"，这证明他们之间有一定的交流。郑观应给予孙中山极高评价，并写了推荐信将孙中山介绍给李鸿章，最后虽然孙中山没有受到李鸿章的接见，但可以看出李鸿章还是很欣赏孙中山的，给了他出国护照。孙中山去了檀香山并建立了兴中会，也就有了之后的民主主义革命，所以这个过程也是历史机缘巧合的过程。

◉**问**　历史既有偶然性，也有必然性。

◉**陈**　对，一个偶然的机会，却必然地改变了历史。

◉**问**　刚才您讲到了郑观应对孙中山的影响，请问二人在澳门居住期间是如何交往的？

◉**陈**　由于没有相关文献，现在为止我不敢说郑观应跟孙中山是在澳门见的面，还是在上海见的面，或者是两地都有见面。

◉**问**　在澳门期间两人是否见面不能确定，孙中山到上海见到了郑观应，这是有明确记载的，说明在孙中山去上海之前二人就应该相识了？

◉**陈**　谢谢您的指教。郑观应愿意帮孙中山写推荐信，说明二人还是比较熟悉的。这也只能说明郑观应跟孙中山是相互熟悉的，但是否在上海第一次见面，我不敢下断语。

◉**问**　做历史还是要以史料为准，不能够拍脑袋想象出一个结论。

◉**陈**　是的，我们是做历史，不是编故事。

◉**问**　刚才您已经分享了您 2006 年写的一篇文章，研究了郑观应的本名，请问郑张应这个名字为什么会演变成了郑观应？

◉**陈**　郑张应这个名字只出现在他的澳门这本族谱里，有两处地方。在其他文献没有见过这个名字。历史档案中郑观应名字的第二个字有官方的官，也有观看的观，更多的是官方的官。但名字是怎么演变为郑观应的,这个我不清楚,有待于进一步的研究。《盛世危言》中他就署名为"香山郑观应陶斋",也许因为这个原因,我们现在用的是"观应"这个名字。

●问　您长期专注于郑氏家族的相关研究,在香港中文大学郑宏泰等所著的《家族企业治理:华人家族企业传承研究》一书中,收录您的《郑观应家族的家训与三代传承》。您是如何看待郑观应家族在家庭教育和文化传承方面的特色?

◉陈　郑观应非常重视家庭教育,除了著作,他还以写信、赠诗的方式给儿子、侄子很多的勉励,也给妻妾很多劝导。但是郑观应在家庭教育,特别是子女教育上面,也有自己的盲点,就是他有言传,但缺少身教。

郑观应的长子润霖在澳门长大,7岁妈妈就去世了,这和郑观应的个人经历很相似。因为郑观应的亲生妈妈也是很早就去世了,所以郑观应很多的父爱都投入到了这个儿子身上,并送他去日本法政警察学校留学。但这个孩子回来之后,不愿意投身警察行业,更多的是希望找到高薪水、不用太辛苦的工作。好不容易去了营口做翻译,又不断地投诉营口冷、薪水不够,让郑观应求人给他加薪水、给他送皮大衣。在写给郑观应的很多家书里,可以看到他经常向郑观应提要求,如"外交衙门要聘请一些工作人员,能不能介绍我去?或者说广州有一个银行要想请经理了,爸爸能不能找人介绍我去?"1910年,郑观应请求盛宣怀为润霖谋职,好不容易拿到了轮船招商局厦门分局总办的工作,但因任上"修船费失察"事件被免去了职务。郑观应动用了自己和他的弟弟郑翼之当时所有政商界的关系为他开脱，最后不追究连带责任，但他的职位丢了，工作也就没有了，回到郑家大屋生活。但是这个孩子回到郑家大屋生活后也没有好好地反思，还经常写信给郑观应诉苦，我们看到就有一封信的大概意思是这样：爸爸，我身体不好，看了医生，医生建议我要经常吃鱼肝油、燕窝和鱼翅。你想想当时鱼肝油、燕窝和鱼翅有多贵？还有燕窝和鱼翅要长期当饭吃才好，这是不是很过分？郑观应最后对润霖的评价是"不可奢望"，可见作为一个老父亲有多无奈。我们看了这个个案之后心里挺郁闷的，郑观应也是一个有见识、有阅历的成功人士，对于教育有那么多的论述，但偏偏就是在自己孩子的身上，或者在自己的一些风险管理上面有一些盲点。所以当时徐新先生看着郑润霖的信说，幸好自己没有儿子，生了这样一个儿子我都揪心了。

◉ **问**　永远提要求，永远不满足。

◎ **陈**　是的，这是溺爱过度的孩子的通病。通过这个个案也让我们知道言传很重要，身教也许更重要。但是郑观应对于教育的论述是不可埋没的。郑观应在他的遗嘱里嘱咐子女要学好英文，找工作不要追求薪水多少，要看有没有学到东西、有没有自我发展的机会。这些理念从不同的角度去看年轻人的成长过程，在当时的社会是比较超前的。毕竟郑观应是一个买办出身，他受了很多西方文化的影响，但同时这也受到了润霖家庭教育失败的启发。

◉**问** 刚才您讲到了郑观应与儿子郑润霖父子之间两代人的家庭教育与家庭关系，您的文章中的三代传承应该还包含郑观应与父亲郑文瑞之间的家庭教育。请问郑氏家族家训的三代人之间有什么差别？

◉**陈** 三代人处于不同的社会环境，他们在回应不同社会环境的过程中，就会有不同的观念。但我觉得郑氏家族在伦理上的传承有一点是没有改变的，那就是善。无论是从郑观应的父亲郑文瑞、他自己这一代和儿子一代都没有改变过，所以在郑家大屋的房子里，每一家都是围绕着"善"去做文章。郑家大屋主房区包括余庆堂和积善堂，从名字不难看出，取自"积善之家必有余庆"，这是他们的一个家训。为表彰郑氏家族的乐善好施，曾国藩的弟弟曾国荃还赠送郑家大屋一块"崇德厚施"的牌匾。

◉**问** 刚才您讲到郑观应与父亲、儿子三代的家训传

郑家大屋

承，根据您的调查和研究，这种善在您所有接触的郑观应的孙子甚至曾孙，他们也有传承吗？

◉**陈**　郑观应家族的孙子和曾孙辈在传承家训方面我还没有足够多的研究去下定论，知道得比较多一点的是郑景康。因为要筹办他的展览，我们曾经去访问了他的同事和学生，每个人对他的回忆都是很正面的，郑景康不管是在延安还是在新华社工作期间，都是一个非常敬业乐业的人，而且对他的学生、对他的同事、对他身边的人都非常好。

郑观应的曾孙郑克鲁教授，是一个非常有学问的翻译家，这些年来每一次与他接触，他都和蔼可亲，令人敬重。所以澳门文化局去年在他去世的时候，专门致送了悼词。

◉**问**　郑家大屋在保护郑氏文物和郑观应研究方面的角色和作用是什么？

◉**陈**　如果以一个人来比喻郑家大屋、郑氏文物和郑观应研究三者的角色和作用，那是躯体、器官和灵魂。

郑家大屋的角色非常重要。郑家大屋对于澳门的建筑史是一个证物，对于郑观应研究来说又是一个载体，所以将郑观应故居的郑家大屋、郑氏文物与郑观应思想结合起来进行共融研究，其中既有有形的历史建筑，也有无形的郑观应思想，有助于对郑观应进行更好的研究。

我们现在隔壁（郑家大屋旁）的展馆叫作郑观应纪念馆，其实严格来说，它应该称为郑观应故居纪念馆。因为除了郑家大屋之外，还没有哪个地方可以称之为郑观应故居。以郑观应命名的纪念馆可以有很多，但以郑观应故居纪念馆命名的应该只能在我们澳门这个地方，因为这是郑观应和他的家族实实在在生活过的地方。

◉**问**　郑家大屋是一个非常重要的文化载体，澳门特区政府近年来在宣传和保护方面做了哪些工作？

◉**陈**　对郑家大屋进行常规的修复和保护，每年的各个节庆日在这里举办各种各样的活动以作宣传，除了这些，澳门文化局在这个项目中还做了很多工作，主要表现在以下几方面：一是通过政府相关网站，宣传和展示郑家大屋相关的信息。除了文化局的文化遗产网和澳门博物馆网站上有郑家大屋的相关信息，文化局还专门做了一个郑家大屋的网页，里面有郑观应跟郑家大屋的一些研究资料。二是在修复郑家大屋的基础上，建设了这个郑观应纪念馆。文化局于2001年7月正式接管大屋，随即开展了8年漫长的修葺工程，后来又将郑观应生平展的临时展厅扩展成现在的郑观应纪念馆。郑家大屋还定位为公众和青少年本土文化学习基地、外来游客深度探究澳门的文化场所和本土历史学者研究及整理郑氏生平和思想体系的场馆。我们计划在明年继续补充改善纪念馆。三是形成了全民通报机制。不单是郑家大屋，澳门所有的文化景点、历史景点、历史建筑物，澳门文化局都有一个专门的全民的通报机制"文化遗产全民通报站"，只要在澳门发现历史建筑物有什么问题，你都可以马上在网页上面把你的意见写进去，这对于澳门文化局来说，既是一个人力资源的拓展，全澳门的市民都成了义务巡察员，又是一个官民共同合作保护文化遗产的很好的互动方式和宣传活动。

◉**问**　能否介绍郑观应纪念馆和郑家大屋近年来在文物

收藏方面做了哪些事情？

⊙**陈**　我们自从接受了第一批，就是由郑振邦先生捐献的文物之后，陆陆续续收集了不少郑观应跟郑家大屋有关的文物，但是您知道文物有时候是可遇不可求的。

◉**问**　现在收藏的文物有哪些类别？
⊙**陈**　类别有家具、文献、照片、器皿等。

◉**问**　相对来讲，哪些类别是比较多的？
⊙**陈**　从数量来说都差不多。相比之下，文献更多点，因为包括仿制品。

◉**问**　对于一个有影响力的博物馆或者做纪念馆，需要足够多的文物，并在此基础上进行相关的研究。郑观应相关文物的不断收集是否推动了郑观应研究？
⊙**陈**　最基础的历史研究是基于文物跟文献进行的。有了文物和文献，就比较有说服力，而且比较生动。文物展览之所以跟一般的展览不同，是它有一种穿越时空的厚重感。在此基础上做研究就有了充分的资料和证据，郑观应相关文物的增加也为我们进行研究提供了宝贵的原始资料。

◉**问**　当时您去三乡雍陌村考察，获得了新的资料吗？
⊙**陈**　由我们当时的馆长带领，还有中山文化局一位科长的陪同。我们到了雍陌村，才知道这个郑氏家族的居住点有很多祠堂，郑观应兄弟修建的秀峰家塾是其中一个，位置也离其他祠堂稍远点。这是郑观应几兄弟根据父亲的遗嘱建起来的，而且以父亲的名字命名，以此来纪念父亲，所以我很认同这位科长先生和在场的一位长者的意见，秀峰家塾不是民居的建筑形态。

◉问　今天讲到中山现存的郑观应故居，其实严格来讲还不能算故居，因为郑观应也没在里面生活过。

◉陈　对，如果能考证出秀峰家塾这块地是原来郑观应生活过的旧址，那是遗址。我们现在有文献去解释为什么要盖秀峰家塾，但秀峰家塾之前这地是什么样子就不得而知了。

◉问　所以郑观应在中山的故居还有待考证？

◉陈　这仅仅是我的个人意见。相信中山的学者们应该会有自己的考察和研究的。

◉问　郑观应自述自己17岁离开香山，离开雍陌村。

◉陈　他是17岁去上海。

◉问　离开雍陌村去了上海？

◉陈　但他没有说离开雍陌村才去上海。

◉问　这真的可以再深入研究。

◉陈　我很期待专家老师们的研究成果，期待能向他们学习。

◉问　我觉得您的观点跟华东师范大学易惠莉教授的观点很相似，都很客观。

◉**陈** 在研究郑观应的众多学者中，她是我最尊重的学者之一。我们曾经一起在香港参加研讨会，在酒店房间里长谈。多年来去上海公干，都会在不同的场合见到她，她总是给我很多指导和启发。易教授以一个学者特有的严谨从事历史研究工作，同时在现实环境中，在郑观应研究中保持着学术的坚持和气节。

◉**问** 做历史研究还是要真凭实据。

◉**陈** 是的，历史研究，尤其是名人研究，我觉得也应该以事论事。郑观应是很重要的名人，但不能因此说他什么都是好的。在机器织布局的处理方面，他就有不对的地方，特别是在经元善这个事情上，他和盛宣怀也做得有点过分，对吧？但当时的政治现实，也有他们迫不得已的处境。对郑观应的评价应该客观真实，他有很大的贡献，瑕不掩瑜，但是也不能说他所有的都是完美的。

◉**问** 您怎么来评价郑观应的得与失？或者说功与过？

◉**陈** 得与失可能比较好讲一点。比如，他已经得到他该有的声望和尊重，一百多年之后的今天，他还受到这么多人的尊重和纪念，他的著作和文章还有众多学者去研究。这份成就，"怎一个'得'字了得"？在失方面，他应试过却没考上，中国传统是"学而优则仕"，郑观应在这方面还没能脱离传统桎梏。买过一些官，甚至去做过广西左江道的地方官员，但是后来因为王之春下台了，他就没有继续下去。还有，由于机器织布局的事件，他名利两失，最后只能置身于商界，甚至只是依附在招商局这样的官督商办企业里，再也没有以一个独立商人的身份走出来，这不能不说是他的一个遗憾。

郑观应没有升官，也算不上发财，他以著作和思想而闻名。

◉**问**　郑观应去世的具体时间学术界还有争议吗？

◉**陈**　去世的年份现在应该没有争议了。曾经有过不同的时间点，是因为一位老学者访问过郑观应的第三个儿子郑润燊。润燊回忆说郑观应去世年份应该是 1922 年，澳门的郑家族谱没有记载，因为那时候郑观应还没去世；而中山族谱写的是 1921 年。郑观应究竟是哪年去世的？上海《申报》有他的讣告，讣告应该是不会错的，1921 年就没有争议了。

◉**问**　郑观应逝世没有受到多少社会的关注，原因是什么？

◉**陈**　我认为有两方面的原因：一是郑观应的理论和思想已经不太符合时代需要了。郑观应去世的时候，整个社会已经进入民国了，他也没有与时俱进地发表相关的评论和文章，后期的更多是家书，所以也就没有得到当时社会的关注。虽然郑观应在 1908 年开始把他"平生所蓄条陈、上书、论说、序跋稿本"编成《盛世危言后篇》，"'前篇'者言其所知也，'后篇'者行其所言也"。借此依赖《盛世危言》的声望，续其晚年的影响力。但此书于 1909 年开始排印。郑观应 1921 年去世前能否看到此书正式出版仍未能确知。

另一个原因是郑观应长寿。郑观应去世的时候接近 80 岁，在他那个年代 70 多岁已经算是很长寿了。与他同时代的、知道他价值的人，很多已经逝世了；健在的都已经变老，早已退出历史舞台。既然同时代的人都过去了，时移世易，自然受到的关注就更少，这是很自然的。但无论怎么样，郑观应最后在招商局公学里去世，他对于招商局作出了大半生的贡献，是毋庸置疑的。

◉**问**　在粤港澳大湾区建设过程中，郑观应及郑家大屋可以在港澳台地区的文化交流方面发挥什么作用？

◉**陈**　郑观应对商战有过精辟的论述，对国家安全问题有着切身的体会。面对今天的国际形势，有着地缘之利，且粤港澳大湾区景况相近，参考其中的观点，或可有借鉴和启发的作用。

作为香山买办，郑观应及其家族曾与香港和珠海的唐氏、莫氏等家族联姻而扩大其实力和影响力。因此三地可考虑共同合作，继续开展相关的经济史研究。

在郑观应研究中，还有一些研究空白，例如刚才我们所说的秀峰家塾的原址问题，郑景康在香港开办摄影室的历史，郑观应因太古事被香港政府拘留时的情况，若三地的学者合作，或者可以找到一些新的研究线索和数据。

郑家大屋已经成为"世界遗产青少年教育基地"，郑观应著作里充满了乱世中忧民忧国的情怀，因此郑家大屋也可为大湾区的青少年提供多一个文化遗产学习和爱国教育的场所。

◉**问**　刚才您讲到郑观应的爱国思想，在郑观应一生中，他的爱国情怀或者爱国思想表现在哪些地方？

◉**陈**　在中日战争的时候，郑观应的诗、信以及报告中都有非常浓烈的爱国之情。特别是对日本，对日本间谍，对日本一些商业行为的戒心，他看得深也看得准。本来，感性上郑观应很喜欢日本，他有不少日本朋友，长子也曾赴日本念书，还撰写了许多文章介绍日本的教育、管理制度等。但是在中日战争之前，他就很理性地看出了日本的不怀好意。他非常明确地告诉上级盛宣怀：招商局下面一些码头发现了很多日本间谍的行迹，他们已经开始在煤矿产业做手脚，我们中国在这方面也要有所准备才好。因此他写了很多建议，告诉当时的管理层，我们国家正面临着日本方方面面的渗透。这种对国家安全的担心表现出郑观应很强烈的爱国情怀，虽然有些观点并不一定正确，比如他建议不许由日本来的船入口，盛宣怀批注说"做不到"。或者不买他们的东西，以此来破坏他们的经济，盛宣怀则批注说，我们可能要找伍廷芳问问，这样会不会违反了国际法。

◉**问**　除了对日本这样的一个态度之外，在其他方面有没有爱国情怀的呈现？

◉**陈**　有的。郑观应的爱国情怀从年轻时就已经开始，表现在以下几个方面：一是对卖猪仔的关注。19世纪中期，澳门一度盛行卖猪仔，位于关前街附近的长楼更是招工馆林立，这些招工馆实则为猪仔馆贩卖苦力人口，当年就有不少华人自愿或被诱骗"卖猪仔"到海外，是澳门繁华背后的一段惨痛历史。这些猪仔一旦途中染病、死亡，都会被无情抛下大海。郑观应在《救时揭要》至少6篇文章谈及卖猪仔，说若是家乡有人被卖猪仔到国外，有人惨死在途中，就呼吁同船的乡民尽量先把他们的尸体运回来，或者就地火化把骨灰运回来，让他的家人可以拿到他的遗体或者骨灰做个寄托，不让那些客死异乡的人做孤魂野鬼。那个时候，年轻的郑观应就有这样的情怀去关心这个议题。二是对赌博的批评。19世纪末的中国，鸦片和赌博盛行，郑观应特别批评广东人好赌成癖，不管珍贵卑污，什么东西包括闱姓，都可以拿来赌。所以他有一首诗的第一句就是说，赌博从来下九流。三是他提出商战的初衷是怎么样维护我们的民族企业，政府应该利用商法，利用外交去维权，维护我们的利益，这核心的价值就是富民强国。事实上，《盛世危言》的核心内容，富国、开源、强兵、节流，都是建基于他的爱国情怀而撰写的。

●**问**　对于郑观应的研究，很多东西还有待进一步去挖掘。作为澳门博物馆的研究专家，您对于澳门博物馆的运作情况很熟悉，请问博物馆保存和传播各类文化遗产，特别是民族文化遗产方面有哪些独特的优势？

⊙**陈**　博物馆在保存和传播民族文化，具有两方面的优势：一是专业优势。博物馆就是一个文物的储存机构，博物馆的工作人员就应该以他的专业知识去延长文物的寿命，所以很多文物收藏者，最后都愿意把自己的收藏捐到博物馆，原因在于他知道自己的心血有专业的技术人员去保管。二是社会服务的优势。来到博物馆的文物，就已经不再是收藏家个人的东西，它是与民共享的社会财富。当前所有的博物馆都在加大基础设施建设与设备投入，提高服务水平，与大众更好地分享这些穿越时空的文物。三是研究优势。博物馆除了保管文物之外，还要对文物加以研究和利用，把文物的价值更大地发挥出来。

◉**问**　您刚才讲到博物馆有研究的优势，作为一个资深的郑观应研究者，您觉得澳门未来将在哪些方面开展郑观应研究？

◉**陈**　澳门博物馆的郑观应研究起起伏伏，有一段时间比较顺，然后停顿下来，现在又开始慢慢地走上轨道。郑观应是澳门的重要名人，他不仅是一个思想家，还是一个买办和实业家，我认为可以选择郑观应不同方面的其中一个点，围绕着近现代史从不同领域去研究。但是郑观应的研究不应该局限在澳门，澳门与上海、香港、中山、广州等地的专家可以联合起来形成一种合作，共同研究。我觉得这是一个可以考虑的发展方向。

◉**问**　所以郑观应不仅是中山的郑观应，也不仅是澳门的郑观应，而是全国的郑观应，甚至是全世界的郑观应。

◉**陈**　是的，您讲得很到位。

◉**问**　这样可以把郑观应的文化思想挖掘得更加透彻，除了要协同这些地方的专家来一起做研究之外，我们澳门的本土专家应该如何更好地从事郑观应研究？

◉**陈**　每一个不同领域的研究者，都会从自身角度出发，比如历史研究学者会进行郑观应相关的史料研究，建筑研究学者会进行郑家大屋的研究。我作为一个文物工作者，应该将更多的文物史料发掘出来提供给研究者。但我一个人的能力很有限，现在能做的都是一些前期工作。如果将来能把郑观应的著作和史料建成一个数据库，有了搜索引擎，这样的研究效率和效果会更好。

◉**问**　未来 5 年郑家大屋可能会做哪些方面的活动？相关部门将关注哪些方面的研究？

◉**陈**　领导们可能有自己的具体想法，不同的部门可能有不同的同事在进行一些计划，所以我还不肯定。

◉**问**　您在 2016 年曾撰文《建基于原始文献：博物馆的历史研究与馆务发展》，里面提到了"文献影像化"和"影音文献化"已经成为文献保存和档案查阅方面的趋势。请您谈谈澳门博物馆、郑观应纪念馆、郑家大屋等纪念展馆，目前在"文献影像化"和"影音文献化"方面是否有一些尝试？

◉**陈**　传统的历史档案对于现代社会来讲存在明显的局限：一是很多珍贵资料对于一般读者来说是不能查阅的。这个原因是传统的古籍或者年代较远的报纸，每一次翻阅都是对它们的一次伤害，所以要予以重点保护。要查阅这些资料，需要很多手续，而且一般只对有特殊需求的人开放，普通人无法查阅。二是地点的局限性。历史档案馆中的资料一般移动性是很低的，你只能到某个馆某个机构查阅相关的资料。

"文献影像化"就可以很好地解决上述两个问题。以前已经有微缩胶卷的使用，但微缩胶卷会老化。现代可通过数码技术将古籍和文献扫描成电子档案，这具有以下三个优势：一是可以更好地保护这些文献资料。文献影像化之后就几乎可以不用再搬动，用电子档来看就可以了，这些脆弱的古籍文献可以更好地保护在库房里。另一方面，数据的传播力和传播速度大大加强，我们任何时候都可以把它传送到世界每个角落，这就超越了地域的限制。三是安保的问题。万一原物受损，电子档案对文物修复有很重要的参考价值。

影音文献化是将历史资料，如旧的照片、胶卷、录音、片子等进行分门别类地做出档案，变成一个影音历史文献的资料库，并通过电子媒体可以快速地找到读者需要的东西，所以影音文献化要花的人力和物力会很大，特别是资料的征集、开发成本很高。但是由于影音资料的寿命比一般纸本的寿命还要短，比如一些照片、胶卷、唱片，老化的时候，影像和声音都会失真，所以我觉得这方面是需要的。

◉**问**　郑家大屋在"文献影像化"和"影音文献化"方面做了哪些具体工作？

◎**陈**　围绕郑观应研究，我们主要做了两方面工作：一是将郑观应著作的精华部分进行了影像化。来到郑观应纪念馆，你就可以直接在电脑屏幕上阅读，待会儿您可以体验下；二是在影音文献化方面，我们与上海音像资料馆合作，得到他们一直以来的大力支持，他们在国内和海外收集到的音像文献，做成了我们在馆里播放的郑观应文献纪录片，还有围绕着郑观应从事的几个重要的企业，如招商局、织布局还有电报局等，做了一些专题的纪录短片。

对于澳门博物馆来说，"文献影像化"和"影音文献化"的技术不仅已经应用在郑观应纪念馆，也运用到了其他地方。1996 年我在圣若瑟修道院里做了一个展览馆，就把修道院的历史照片制作成照片视频（photo video），然后又把天主教东传的史料做了文献纪录片《圣若瑟修院——西学东渐的先行者》，这也是得到上海音像资料馆的支持。这些纪录片的制作，让我们可以系统地开展包括收集、整理、开发、保存、利用和研究的工作。因为做一个纪录片首先要将资料挖掘出来，资料收集过程也是整理的过程，把有价值的资料进行研究，研究出来将成果与大家分享，以后再使用的时候就衍生一个子档案，方便下一次的研究，所以这是一个良性循环及向纵横发展的过程。

◉**问** 您曾在澳门科技大学开设"文化遗产与旅游资源"课程，对郑家大屋和郑观应纪念馆，能否从文化遗产的视角出发，将其转化为旅游资源和旅游吸引物？应如何做？在这个过程中要注意些什么？

◉**陈** 没有郑家大屋，郑观应研究就缺少了载体。但是没有郑观应研究，郑家大屋也只是一个躯壳，没有灵魂。所以这两者能结合起来，便可以相互补充。

郑家大屋是我教案里的一个案例。从郑家大屋的修复，到文物和历史资料的搜集，经过整理和研究，再版郑观应的著作，出版研究书籍，制作纪录片，建成博物馆，这一连串的工作，也就是刚才我们说的物质文化遗产和非物质文化遗产的协同效应。当它不仅具有教育和文化推广的功能，又是一处旅游热点的时候，郑家大屋就不再只是一项文化事业，它也向文化产业转型。

作为一个旅游热点，它不仅向旅客展示这样一个具有独特风格的建筑群，还要告诉人们郑观应这个人的故事，他在历史中做过什么？有什么贡献？旅客就可以在此凭吊，并且穿越时空想象当年的郑观应在这里是怎么生活的，和他对话。这是郑家大屋和一般的旅游景点不同的地方。

◉**问**　刚才您讲的无形的非物质文化和有形的物质文化的融合，形成一种符合精神属性的一个旅游产品，你们为了能够更好地把这些文化的东西展现出来，做了什么工作？

◉**陈**　我们主要做了两方面工作：一是多层面的展示。你到了郑家大屋，就会欣赏到澳门保存完好的、古老的中国传统大型民居建筑，它既富岭南特色，也随处流溢西方痕迹，触摸感受到郑观应生活过的场所和空间。到了郑观应纪念馆，你就会看到很多郑家大屋的文物与历史发展，除了文物之外，还有我们刚刚说到的影像资料和历史纪录片，可以了解他的生平和他所处的那个时代。二是增加互动。我们把郑观应的一些书籍做成影像，应用电子技术，观众可以把他的著作一页一页地翻开来看，借此了解他的思想和观点。将来我们还要做一些郑观应的卡通片，让孩子们可以更加容易理解郑观应和郑氏家族的故事。当然除了这些之外，我们还有在不同的景点增加影像解说系统，游客在郑家大屋可以现场了解其中的建筑风格，也可以下载影音资料带回家。郑家大屋还有一个小卖部，出售我们历年来出版的郑观应的书籍，包括他的诗集、书信、《盛世危言》等。小卖部还出售许多精致有趣的、以郑家大屋为创作元素的文创旅游产品。这对于郑家大屋的宣传与推广，对于澳门的文创产品的扶持，都有积极的作用。

◉问　您是一位将理论和实践结合得很好的学者，最后向您请教，您是如何保持这种工作热情的？

◉陈　一项工作的开展能否成功，我觉得从上到下的共识是很重要的。工作过程中领导和主管有认知，下面的人员就有工作热情。当年我在北京国家博物馆进行博物馆学实习的时候，一位实验室主任对我说，如果员工对文化事业没有事业心，就不会有职业热情。我觉得基层同事的工作热情很重要，这需要上级对这种热情加以珍视，各个层级主管理解和认同，有了理解和认同，才会支持项目开展。特别是澳门的文博机构大都是政府部门，这更需要鼓励研究者能自发地产生职业热情。

◉陈①　20世纪初，毛泽东从长沙学校回家过年，跟他表哥借了11本书，其中有一本叫作《盛世危言》。这在毛泽东的还书条子里可以看出来，但是书的布匣子丢了。30年代接受美国记者访问的时候，毛泽东还提及此事，说他年轻的时候看《盛世危言》之后，引领了他求学的欲望。他父亲其实并不认同他看很多闲书，但是毛泽东从小就是爱看书。这本书可以说对他的人生路径产生过影响，当然我们不能说没有这本书，毛泽东就会一辈子在家乡。但这本书引起了他的求学欲望，于是他就离开了家乡，出去后与一个学法律的同学住在一起，慢慢地走上了不一样的人生。毛泽东在延安投入革命的时候，郑观应的儿子郑景康也去了延安，成了他的

陈丽莲

①　以下内容为参观郑观应纪念馆和郑家大屋时的交谈。

摄影师，扮演了很重要的见证历史的角色。郑观应父子中间加了一个毛泽东，变成了一种隔代的缘分，这种缘分穿越了时空，具有一定的戏剧性。

◉问 《盛世危言》这本书当时怎么会传播到湘潭的一个小山村？

◉陈 《盛世危言》论述的范围很广，社会上的方方面面都涵盖了，如国防、民生、外交和实业等，而且郑观应还把一些他认为写得好的别人的文章收录其中，社会各阶层的人都可以从这本书中获取营养。所以当年的《盛世危言》在中国是非常出名的，社会影响很大。除了社会舆论反应热烈，在郑观应的生活中，他的好友、上司等很多跟他有关系的人都直接向他讨要书，这证明当时《盛世危言》的影响力和传播度是多大。毛泽东能看到这本书，或者说他的表兄能看到，也许是买了这本书，一点也不奇怪。

◉问 《盛世危言》收录了孙中山的《农功》就是一个很好的例子，对吧？郑观应将对社会的弊端提出中肯意见或者建议的那些文章收录进去，也反映出他对时局改革的迫切期望。

◉陈 一般学者认为《农功》是孙中山写的，但我认同易惠莉教授的看法，就是这个结论是值得质疑，原因如下：一是从内容看，作者应该具有丰富的社会阅历，年龄应该不会太年轻。因为长期的买办和官督商办经历为郑观应增添了厚重的履历。二是《农功》讲的例子都是江浙地区的，包括上海、松江、宁波，而不是珠三角的。年轻孙中山的生活背景是珠江三角洲，但郑观应除了成长于珠江三角洲之外，他还有江浙地区工作的经历，这样写作的时候自然会引用他熟悉的例子来论述。最重要的是，文中一段"余尝刊有《美国种植棉花法》一书，分送乡人，并购美国花子在沪栽种"。这是因为郑观应在筹办机器织布局的过程中，对于纺织技艺已经有了很深的了解，曾买了美国的棉花种子在上海试种，也托过盛宣怀向李鸿章上呈种棉西法。

所以《农功》是孙中山写的，还是孙中山与郑观应一起写的，或者是郑观应独撰的，还需进一步论证。

◉**问**　郑观应大部分时间都生活在上海，他了解江浙沪地区的很多东西是自然而然的事情。

◉**陈**　当然珠江三角洲也有养蚕工业，但从当时两个人的工作和生活经历来看，我更认同这是郑观应的观点。

◉**问**　这也说明二人是有很多交往的？

◉**陈**　这证明两人一定有过交往，而且有相似的看法与思想的共鸣。后来，孙中山带着精心写就的《上李鸿章书》到天津面呈李鸿章，临行时郑观应还写信给盛宣怀，请求盛宣怀将孙中山推荐给李鸿章。这是郑观应的推荐信（如照片），其实还有一个信封，这里没有展出来，上面有"陶斋"（郑观应的号）、"孙医士事"几个字，档案里盛宣怀很少在信封上做注释的，证明盛宣怀非常重视这封信。除了这封推荐信外，郑观应还很周到，加了一封附件，请盛宣怀代向李鸿章转告，孙中山希望去外国考察，需要护照。虽然孙中山最终没能见到李鸿章，但还是获得了出国的护照。

陈丽莲

这是我们跟上海图书馆合作的出版物。这是《盛世危言》线装书，绫子是订做的，上面有澳门博物馆的标志。我们以郑观应自己收藏的版本为蓝本，然后把这个版本里没有的，而其他版本有的文章收集在一起，加在后面作补充，变成了一个最齐全的《盛世危言》版本。

这是郑景康拍的毛泽东的照片。

◉**问**　悬挂在天安门广场就是这张？

◉**陈**　当时开国大典上选的就是这一张，还有很多毛泽东的著作，如《论人民民主专政》，都是用这张照片作封面。

◉**问**　毛泽东喜欢这张照片的原因是什么？

◉**陈**　您看这张毛泽东照片，多自然，都是郑景康当年拍的。我们在做郑景康口述史的时候，访问他当时的学生，没有人知道他是澳门人。

◉**问**　大家认为他是哪里人？

◉**陈**　大家只知道郑景康是中山人，但不知道他父亲是郑观应，我们去做口述史的时候，他们才知道。

◉**陈**　这是郑景康的追悼会，当时的主持人是国务院副总理王震。

◉**问**　我看了纪念夏东元先生的文章，文中提到《郑观应传》出版之后，王震到上海亲自接见了他，谈了两个小时，并买了200本《郑观应传》带回北京，郑观应的维新思想对当代的经济建设仍有一定的参考价值。

⊙**陈**　郑观应的维新思想确实具有一定的前瞻性，比如像上海的世博会，100多年前郑观应说中国要办赛会，而且要在上海举办，赛会即今天的世博会，100年后这个梦想真的实现了。我们的纪录片里面也讲到了这个事情。

"仁者寿" 木匾

这是郑家大屋原来的牌匾，所以刚刚说到家庭教育的问题，他们一直贯穿的都是仁、义、善。

"崇德厚施" 木匾

◉**问**　请问这块牌当时挂在哪里？

⊙**陈**　挂在郑观应的弟弟郑思贤的客厅里面

●**问** 他们这几兄弟的房子在郑家大屋分割得很清楚？

◉**陈** 是的，但是郑观应的大哥郑思齐在这里没有房子，因为郑文瑞的哥哥没有后代，郑思齐就过继给了郑观应的伯父。

●**问** 郑观应就变成了兄长，我看了易惠莉教授对郑观应家族研究的文章，认为郑观应对家庭的付出可能在一定程度上影响到了郑观应的事业发展。

◉**陈** 他确实多次利用在招商局的便利，为他的儿子、弟弟谋职位，这在当时是一个常例。郑观应也为他们的前途和事业操了不少心。有次郑观应写信给他的弟弟太古郑，就是天津的郑翼之，大概意思是这样的：为八弟、九弟安排了工作，但他们都怕吃苦不去干。

●**问** 郑观应与妻妾关系如何？

◉**陈** 这里我要介绍一下郑观应的第 6 个小妾，她是一位非常有趣的女士。郑观应的原配很早就去世了，由于人丁不旺，后来陆续娶了几位小妾，其中最小的六妾就是这位何女士。在书信往来中，澳门的继室对这位何女士是非常贬损的，给郑观应的信中都称她为"婊子六"，这样说是很难听的，说明何女士的家庭地位很低。这位何女士虽然年轻，但非常有见地，她跟着郑观应居住在上海，每当郑观应离沪在外时，不仅将家里打理得头头是道，而且对外关系也处理得很到位。比如该打点的人情或者亲戚朋友家的喜事丧事，她都处理得让郑观应很满意，而且代表郑观应多次捐款。另外，家书中还看到她购买当时不便宜的缝纫机，这是非常洋气的。根据中山的族谱，郑观应把她扶成了继室，这是很不容易的。

◉**问**　这位何女士应该就是郑景康的亲生母亲？

◉**陈**　是的。郑观应长大成年的有 4 个儿子，大儿子是第三个小妾生的，第二个儿子是后来的继室姓叶的夫人生的，三儿的生母不详，四儿景康是这位何女士生的。郑景康是郑观应最小的儿子，老来得子，自然从小就锦衣玉食。去世前郑观应把他安排在上海商专学习，但在郑观应去世之后郑景康自己改变了意愿，转去了艺术专门学校。我相信他后来是卖了一些遗产，因为郑观应去世之前把天津一些大型的商业大楼留给了他，然后去香港开摄影室。您想那个时候开一个摄影室多不容易，都是洋玩意儿，不是一般的家庭可以支持的。

◉**问**　郑观应在上海是直接捐款还有募捐？

◉**陈**　我相信主要是募捐。郑观应之所以成为后来的郑观应，开始主要是通过慈善事业以及上海的其他项目构建了自己的关系网。他们的募捐很有一套：将募捐信息印刷发行，把一些因果报应的故事编辑出版，以好心有好报作为宣传口号，所以他们募捐的金额越来越多。

◉**问**　郑观应能够把个人社会网络搞得那么好，真的跟他注重细节很有关系。

◉**陈**　其实郑观应的人际关系网并不是非常好，他的同事兼好友吴广霈为他题诗"刚方正直不合时宜"，说明他是一个很有个性和原则的人，因此曾在商业上得罪了不少人，包括张之洞，他批评汉阳铁厂的开办策略。那些官派的人官商勾结，贪污腐败，无所不为，可以看出，郑观应与这些人在性情上格格不入，这样一定会得罪人的。另外郑观应管理才能突出，其严格的企业规章制度无形中也会侵蚀这部分人的利益，得罪他们。

我们刚说过郑观应父亲郑文瑞去世前留下了一张条子给郑观应的弟弟郑思贤，或者叫正元，这张条子明确了哪个楼房是正元出钱盖的，哪个地方是正翔给钱建的，正翔就是郑观应。他留下这张条子几天之后就去世了。

您看，他爸爸是余庆堂，郑观应是慎余堂，还有他的弟弟郑思贤是积善堂，还有一个弟弟官桂是善余堂，这都是围绕着"善"来命名自己的房屋。

这是我们说过的平面图。郑家大屋这样看起来真的不小，当时租房子的人各种职业都有，有"卖雪仔""机器佬"等等。

◉**问**　卖雪仔是卖雪糕的？

◉**陈**　卖雪条（冰棍）或者卖冰的吧，就是冰镇东西的那个冰。

这是当年 72 家房客的典型。

◉**问**　这也说明郑观应的后人在租房管理方面很有水平。

◉**陈**　是，那都是念过书的人。这张郑家大屋的平面图清楚地写了六房、三房、九房、四房。说明这些房产就是他

们出资修建，或者是后来归
他们使用的空间，这些房子
就没有出租，其他的地方都
出租了。

◉ **问**　郑观应住在
哪里？

◉ **陈**　郑观应自己修建
的房子位于郑家大屋紧邻后
花园的那个地方。

◉ **问**　现在已经没有了
是吧？

◉ **陈**　是的。二房就是
郑观应，这个位置就是郑观
应的房子。

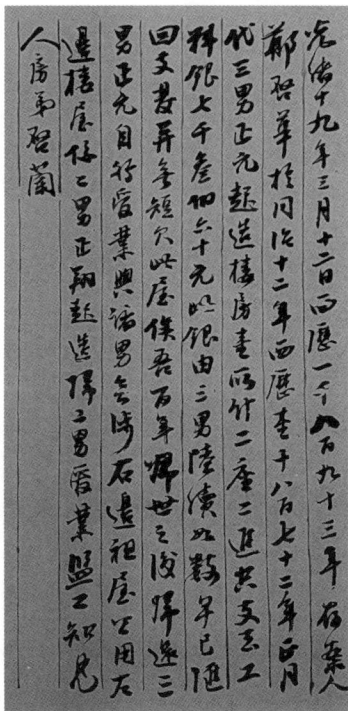

郑家大屋修建记录

◉ **问**　这边有个后花园？

◉ **陈**　这后花园就没了，现在旁边的建筑物"郑苑"也
许就是其中的一部分。

◉ **问**　郑家大屋是几兄弟先后出资修建，还是把钱集中
起来一起修建？

◉ **陈**　根据现有的文献，前面部分是郑文瑞出资修建
的，所以人人都可以在这里住，但郑文瑞在去世之前把郑家
大屋的产权交割清楚了，说这里是三房出钱 1872 年盖的，

这里是二房出钱盖的，产权就是他们自己的，与公产无关。公产的大家可以去住，但是属于他们自己产权的房子你们就不能动。这在一定程度上说明郑家大屋的修建是由郑观应父亲开始，接着儿子们先后出资建的。

这就是郑观应全家福照片拍摄的地方，当时所有的东西都在这里，只是没有了屏风。

郑家大屋二楼平台

◉**问**　是的，但是窗子已经变化了。

◉**陈**　不，窗子没变化，就是外加了一个门。

◉**问**　这里的木门变成了玻璃？

◉**陈**　对，木门变成了玻璃，但是木门还在。这里的铁格子在这个玻璃上，后面的那些格子也还在的。

●**问** 这个屏风一拿掉以后就这样，这张图片真的好难得。

⊙**陈** 嗯，真的好难得。

●**问** 那个时候郑观应多大？

⊙**陈** 应该有 60 岁左右，父亲郑文瑞已经去世了，他的继母还在，但已经分不清谁是谁了。

这些是他们后代的照片。这是郑克鲁教授的全家，最小的这个就是郑克鲁，照片中还有郑克鲁的两个兄弟、姐姐和妈妈。他妈妈回忆在这里生活的时候，可以听到旁边的"红头阿三"操兵的声音。

●**问** 郑克鲁在这里生活过吗？

⊙**陈** 应该生活过，他说他是在郑家大屋出生的。您看，这些都是在这里后花园生活的照片，但是到了抗战的时候，因为郑克鲁的爸爸是从事银行的，调去海南岛，临走前把郑家大屋住的地契交给了小叔子，后来就被卖掉了。

这也是郑家后人的照片，是郑旭峰先生捐给文化局的。这张照片有除了长子郑润霖之外的其他 3 个儿子，郑景康也在这里。

这是郑观应三弟思贤。

●**问** 郑思贤和郑观应是同胞兄弟，他们的关系如何？

⊙**陈** 他们虽然是同胞兄弟，但郑观应跟郑思贤的性格有些不一样，思贤有时候抱怨说我把一些家里的问题告诉二哥了，他也不管。事实上郑观应和天津的五弟郑翼之关系更好。

⊙**陈**　这里有与中山秀峰家塾有关的文献。郑思贤笔录家族成员参加父亲郑文瑞的后事，写道："济东有家财六十万藏匿，不与父知。""济东"就是大哥郑思齐，他私藏了家中 60 万两银子，不让父亲知道。然而"今其首念各妹多有穷苦无依者，及三叔年老无食，嘱贤向大宅收回银三十万两。如查确其家产无六十万，哪怕有三四十万、十万八万，亦照数勒令交回，一

郑思贤笔录郑文瑞遗嘱

半并嘱贤等将该款建鸣岐祖祠，及稍分惠各穷亲胞妹与胞三叔"。您看按照郑文瑞的意思，应该用这钱的一半来建设鸣岐祖祠。但现在中山没有鸣岐祖祠，只有秀峰家塾，因为郑观应几兄弟将原本父亲交代要建的"鸣岐祖祠"改成"秀峰家塾"。这就是秀峰家塾的来源。除此之外，还要将部分钱分给经济条件稍差的各女儿与三叔。

◉**问**　这里的三叔是谁？

⊙**陈**　这位三叔是郑文瑞三弟郑文焕。人老子幼，因此

需要郑文瑞的接济。这也反映了郑文瑞慈爱持家，有着大族长老的风范。

◉**问**　今天访谈您花了您一天的时间，太感谢了。

◉**陈**　不客气，也是我的荣幸，谢谢您!

梁金玉

梁金玉，澳门人。公共管理硕士，现职公务员。澳门近代文学学会理事长、中山市郑观应文化学会会员。

主要研究方向：郑观应家训及其相关研究。

主要著述：《郑观应家训研究》（澳门近代文学学会，2014）、《郑观应家训的价值》（广东人民出版社，2016）。

主要论文：《从郑观应族人的事迹探析家训的作用》《感悟郑观应家国情怀的当代意义》《郑观应与〈盛世言危〉对中国现代化的先导作用》《以〈郑观应家训〉提升粤港澳大湾区软实力》《郑观应家训的文种、特点及其价值》《晚清实业家郑观应怎么教儿子进行"商战"？》等。

时　间：2021 年 9 月 24 日

地　点：澳门历史文物关注协会

口述者：梁金玉

采访者：刘　琴

整理者：刘　琴

●问　梁理事长，您好！我们是"郑观应研究口述史"项目组，项目主要是围绕历史名人郑观应而开展的郑观应研究之口述历史。很高兴您能接受我们的访谈。您在 2013 年时以"郑观应家训"作为硕士毕业论文的研究主题，然后于 2014 年在澳门出版专著《郑观应家训研究》，2016 年在内地再次出版专著《郑观应家训的价值》，也陆续写作和发表了《从郑观应族人的事迹探析家训的作用》《感悟郑观应家国情怀的当代意义》以及《郑观应家训的文种、特点及其价值》等与郑观应相关的论文。可以看出，您对"澳门之子"郑观应的研究主要着眼于他的家训，这也是独辟蹊径丰富郑观应研究的开创性研究，有填补空白的意义。请问您是如何关注到郑观应家训这个主题的呢？

◎梁　很荣幸能够被列入您课题组的访谈对象。我开始郑观应家训研究，其实是为了做好一份作业。2011 年，我修读北京大学与国家行政学院合作培养的澳门特别行政区公共管理硕士专业学位研究生班，其中一个科目是"中国历史与文化"，老师讲课时介绍了中国传统家训文化。这科要求交一篇论文，当时我觉得家训文化可以结合澳门的情况帮助培养人才，于是选择了这个主题。

澳门郑家大屋于 2010 年修复开放。我去参观时，由于本人喜欢书法，所以特别注意里面的匾额、楹联。当我准备这科"中国历史与文化"作业时，便想起郑家大屋的两副楹联和"余庆"匾额："惜食惜衣不独惜财还惜福，求名求利必须求己免求人""何须建参赞事功但安所遇，若果明修齐道理无忝尔生""易曰：积善之家，必有余庆"，这些楹联和匾额都是郑观应用来教导子孙的家训。

郑家大屋的历史文物，充实了我作业中有关家训文化的资料。接着，我请求这科老师关海庭教授作为我的毕业论文指导老师，以郑观应家训为选题。于是，我开始了郑观应家训的研究。

◉**问** 您从 2013 年以"郑观应家训"作为硕士毕业论文的研究主题至今，已经陆续发表有关"郑观应家训""郑观应家国情怀"等多本著作和多篇学术论文，成为"郑观应家训"研究领域的专家。请您分享一下您关于郑观应研究和其家训研究的研究历程？

◎**梁** 2013 年完成毕业论文之后，澳门一位研究郑观应的资深学者、澳门近代文学学会会长邓景滨教授，鼓励我以毕业论文为基础写成著作，他还帮这本书起名为《郑观应家训研究》。我很高兴有这个机会，亦很感谢邓景滨教授对我的信任。于是我再深入研究，2014 年撰写了《郑观应家训研究》，由澳门近代文学学会出版，在澳门郑家大屋进行新书发布。由于我自己素来喜爱书法，因此这本书封面上的书名是我自己用楷书写的。这本书谈到家训的发展和实践，分析家训的影响力，郑观应家训的内容和特点，亦比较了不同家族的家训。

书中提出推广郑观应家训的建议，得到不少朋友的认同。在朋友的鼓励下，我筹备在内地出版。在出版过程中，非常感谢中山市社会科学界联合会及中山市郑观应文化学会给予鼓励和支持，特别是中山市郑观应文化学会吴冉彬会长热心协助联系出版。另外，孙中山故居纪念馆安排专人介绍雍陌村郑观应的故居，并借阅馆藏文献《郑雍陌祖房谱》，这些资料非常重要，也给我写作该书提供了很大帮助。

在搜集资料期间，我不单只去澳门郑家大屋，也曾经去过中山、福建、上海、天津、浙江、武汉等地，尝试寻找郑观应的足迹、他祖先的事迹以及其他家族的家训资料。2016年，我的著作《郑观应家训的价值》，在"纪念郑观应逝世九十五周年'郑观应与近代中国'学术研讨会"进行新书发布。这本书选录30多位郑观应的祖先、亲属及后人的事迹，具体地展示中国传统家训深远的影响力。后来，这本书获得"第五届澳门人文社会科学研究成果评奖"著作类优异奖。

近几年，我逐渐认识一些澳门及中山研究郑观应的学者，并参与郑观应研究的学术研讨会，发表了几篇论文：《从郑观应族人的事迹探析家训的作用》，系 2016 年参加"纪念郑观应逝世九十五周年'郑观应与近代中国'学术研讨会"时提交的论文；《感悟郑观应家国情怀的当代意义》，系 2017 年参加纪念郑观应诞辰 175 周年学术研讨会时提交的论文；《郑观应与〈盛世言危〉对中国现代化的先导作

梁金玉

用》，系 2017 年参加"思索践行：郑观应与近代中国"学术研讨会时提交的论文；《以〈郑观应家训〉提升粤港澳大湾区软实力》，系 2017 年参加纪念郑观应诞辰 175 年·粤港澳大湾区合作元年《盛世大湾区》论坛时提交的论文；《郑观应家训的文种、特点及其价值》，系 2018 年参加国际汉语应用文研究高端论坛时提交的论文。

我所写的关于郑观应家训的这些著作、文章相继发表后，郑观应家训开始受到关注，并得到社会的认同。澳门及内地的传播媒介，相继以郑观应家训为专题作广泛介绍宣传。其中，澳门广播电视于 2015 年的《开卷有益》电视节目专门介绍宣传《郑观应家训研究》这本书，还邀请了澳门大学邓景滨教授作为专家对该书进行点评。中山广播电视台也于 2016 年专门拍摄一辑共上、下两集的电视节目《中山故事——郑观应家风家训》，我和多位专家学者参与并接受访问。2017 年 6 月，《香山》杂志以专题形式大篇幅介绍郑观应的生平及其家训，我也参与了撰写。

在各界同仁的努力下，郑观应家训逐渐受到重视。2017 年 7 月 11 日，《郑观应家训》登上了中央纪委监察部网站的《中国传统中的家规》专栏，题为"广东中山郑观应《盛世危言》让人警醒"，南粤清风网进行了同步推送。该专栏介绍了郑观应的事迹及其家训，鼓励人们学习郑观应家训，特别是郑观应一生谨守的"清、慎、勤"三字。我和邓景滨教授参与了有关专题的拍摄，并且在《专家观点》栏目联合发表《晚清思想家、实业家郑观应怎么教儿子进行"商战"？》一文。

●问 您在《郑观应家训的价值》一书中提出"家训

蕴含中华民族数千年的智慧，培育了大量的社会精英"，"是中华民族珍贵的文化遗产"。请您结合家训的发展史谈一谈家训价值的具体体现。

◉**梁**　中国人自古以来都重视家庭教育，专门写家训教导子孙如何做人处事。家训起源于先秦时期，有周公家训、孔子家训、孟母家训等。周公家训的重点是礼贤下士，对于治理国家有很大作用。孔子家训关注学习、习惯、交友、礼的教育，作为做人立身处世之道。孟母的家教则从胎教开始，注意生活环境对孩子的影响，她将儿子孟子培育成为著名的思想家。

两汉三国时期，数世同居共财的大家庭增多，为家训的实践和普及提供了适当的土壤，这个时期产生了专门训导女子的女训。而两晋至隋唐时期，则有母训，展示了母亲对栽培子女的贡献。

两晋至南北朝时期战事频繁，士大夫为保家族的延续，十分重视子女的教育，《颜氏家训》正是该时期所著。《颜氏家训》是中国古代家训的代表作，由颜之推撰写，是历史上首部系统地将训言分为不同卷、篇的家训，显示中国传统家训已踏入成熟期。《颜氏家训》内容丰富，共 7 卷，20 篇，提出孩子从小就要开始教育，劝勉勤奋好学，要德才兼备，对社会有益。颜之推的子孙听从祖训，用功学习，多人为官。他的五世孙颜真卿是唐代著名书法家，也是唐朝忠臣，具有高尚的品格。

唐代时，由于诗歌的迅速发展，这一时期以诗歌形式书写的家训，即家训诗或诗训，被广泛应用。

宋元是家训发展的繁荣时期，家训数量很多，有范仲淹的《义庄规矩》、包拯的《家训》、陆游的诗训和《放翁家训》等。南宋袁采的《袁氏世范》结合生活，具有亲和力。这时期有很多庞大的家族，借助家训传扬家族的理念，以及管理家族的事务，其中浦江郑氏家族的《郑氏规范》共有168 则，内容十分详细。

明清是中国家训的鼎盛时期，出现大量家训，有帝王家训、官吏家训、商贾家训、名儒家训、抗清义士家训、女训、治家格言等。

清代后期，西方文化传入中国，家训逐渐走向衰落。然而，这一时期的家训却显得更有特色，例如林则徐、魏源这些近代中国最早开眼看世界的官僚士大夫的家训具有爱国泽民思想；曾国藩家训则集中国传统家训之大成，总结修身、读书、养生、治家、为官、治军等；左宗棠、李鸿章、张之洞等洋务派官僚的家训在守旧中创新，注重修身，亦主张学习科技知识；郑观应、梁启超等维新派思想家注重对家训的开拓，如教导儿女自立、各精一艺、读书毕业、救国；革命派人物的家训则以反封建帝制为主旨，鼓励自主自立自强，为国家的自由、民主、富强、独立而奋斗。

总的来说，家训是为了家庭幸福，教育子孙立身处世，延续家族。一些典范的家训形成社会的行为规范。帝王家训有栽培接班人及维持政权稳定的政治任务。在一般家庭，栽培子孙成才，能促进家庭的兴旺发展。在庞大的家族，家训有凝聚族人的功能，族人有序履行自己的责任，为家族的生存、兴旺、延续作出贡献。清代后期因受到西方文化的影响，家训开始衰落，但在中西文化碰撞的过程中，这时期的家训甚具特色，大放异彩。

◉问　您提出"到了清代后期，西方文化传入中国，对社会产生巨大的影响，家训逐渐走向衰落"。请您讲讲当时传入中国的西方文化究竟是如何导致中国家训文化衰落的？这种影响的利弊何在？

◉梁　清代后期，中国十分衰弱，被世界列强欺侮，大大打击民族自信。当时西方国家政治、经济、文化快速发展，中国受到西方新思潮的冲击，人心思变，纷纷向西方学习。人们提出反封建礼教，摒弃旧的风俗习惯，追求自主、自立、自强，建立社会新风气，此时的家训文化则被认为是专制和保守的。另一方面，战争导致政治、经济环境改变，很多庞大家族衰落。因此，中国传统家训文化逐渐失去生存的空间，从顶峰迅速滑落。

由于传统家训中的确存在一些糟粕，尤其是部分家族的家训僵化，体罚较多，没有体现家长的关怀。这类不合时宜的家训被摒弃，正好满足了当时社会的需求，释放年青一代被压抑的活力，加快了社会发展的步伐。

近代中国放弃实践了数千年的家庭教育方法，反映人们求新、求变的渴望。但当代社会的各种现象，尤其是青少年问题，促使我们思考家庭教育不到位的情况。我们应反思，集合了中华民族数千年智慧结晶的家训，到底有没有值得借鉴的地方，这才是对下一代负责任的态度。

◉问　您提到郑观应家训的学术价值之一就是"从整个

家训发展史来看，郑观应家训正处于中西文化交汇的特殊阶段，能反映这个时期家训的特点"。请您谈谈在郑观应的家训中哪些地方反映了家训的时代性？

◎**梁** 郑观应是早期维新思想家，父亲是私塾老师。他秉承父亲的家教传统，十分重视子女的道德教育。因此，郑观应的家训，既保存中国传统家训精华，又反映了家训的时代特性。主要体现为以下 6 个方面：

第一，家训的体裁和载体多样性。郑观应家训用灵活多样的方式教育子孙，包括家书、嘱书、诗歌、散文、匾额和楹联等。如在郑观应的嘱书中包含了他最重视的家训教诲。郑观应 73 岁时因年老多病，于是定立遗嘱，名为《香山郑慎余堂待鹤老人嘱书》，当中用了大量篇幅训导子孙，传授毕生的心得。另外，郑观应喜读诗书，有较高的文学水平，常以诗歌抒发感情，写了大量诗作。在邓景滨教授所编的《郑观应诗类编》中，已搜集郑观应的诗共有 368 题 726 首，当中不少就是家训诗。郑观应以精炼、富有感情和韵律美的语言书写家训，读他的家训诗，就像欣赏一件融合了儒家文化、语言精练、散发着关爱和励志的作品。

第二，具有传承性。郑观应家训注重修身齐家、行善积德、勤俭耐苦、立志上进等儒家文化传统。郑氏家族的律远规是，德行为上，慈善为怀；勤俭朴素，吃苦耐劳；喜读诗书，发奋上进。郑观应继承祖训，在对子侄的训诫中仍然保留了中国传统儒家文化的特色——首重修身、齐家。他要求子侄达到崇高的道德标准，珍惜自己，爱护家人和亲戚，充分体现了其传承性的特点。

第三，具有发展性。郑观应家训在传统的忠孝仁义基础上，提出救国的理念，以应对当时国家危急的形势。郑观应的父亲教导他要忠孝仁义，不义之财决不贪。郑观应长大后到上海工作，涉足官商两界数十年，观察到罔顾道德者对社会的公义造成严重损害。当时的中国正在受到外人欺侮，列强不断入侵中国瓜分利益。因此，他将父亲的教诲进一步发展，认为忠于国家不只是单纯的忠，而且要想办法救国。郑观应写的《盛世危言》，从国家政策的各个范畴全面提出挽救国家的措施，正是贯彻其救世的理念。

第四，具有适应性。随着社会的进步，家训教诲的内容须跟随社会调整，才能给予儿女适当的指导。郑观应生于巨变的年代，祖训不能完全满足新时代的需要。因此，他在教导子女时，补充了一些适应新时代的训诫。郑观应在家训中提到，20世纪世界竞争激烈，优胜劣败，必须重视学习谋生本领，增强个人的竞争优势，以适应社会的变化。

第五，具有先进性。郑观应在家训中鼓励家人实践其商战理念，树立崭新的办事作风，重视栽培子孙，女子亦要读书。首先，他在家训中鼓励家人支持新兴工业，一起实践他的商战理念。他教导家人，发展新兴工业能阻止外人掠夺我国资源，更有助于改善民生和国家经济，所以如果有能力应积极参与发展。其次，在工作方面，他要求子侄树立崭新的办事作风，因为在商务竞争之世界，想与西人竞争，必须了解西人的办事习惯，摒弃中国人所忽视的惯常弊习，学习西方人公私分明、务实的工作态度。郑观应的五弟郑翼之，就是实践郑观应商战思想的杰出者。郑翼之积极创办近代工商企业，用外国人的办法与其竞争，争取中华民族的权利。再次，郑观应也重视栽培子孙，期望所有子孙都能进学校读书，因此专门为子孙安排读书费。同时，赞成选择好子侄到外国学习，把他们培育为优秀的人才，毕业后回国工作。他嘱咐家人，女子要读书，指出女子的人格和学问尤为可贵。在当时的社会情况，到外国深造的人不多，女子一般读书也较少，因此，他培育子孙的观念具有先进性。

第六，具有劝谕性。郑观应是一位亲切、有涵养的慈父，他教导子女的方式也是一派儒者风范。他的家训语调温和，态度坦诚率真，流露出仁爱、平等的价值观。他喜欢使用比喻手法，引用中外名人隽语，或列举事实等，来说明深邃的哲理。他为了劝导家人，也会诉说自己不幸的经历，动之以情，期望子孙理解他的教诲的用意。

总之，郑观应生活的时代正在经历巨大的变化，发生了鸦片战争、洋务运动等事件，大量西方新事物与中国传统社会发生碰撞。因此，重视家庭教育的郑观应在对子女的教育中，也随着社会的变化补充了不少符合新时代特色的内容，同时也将其维新思想体现在家训当中。

◉**问** 郑观应家训非常重视教导子孙"培养良好的品格"。您在著作中指出："他要求具备的品格内涵丰富，当中最主要的，除了在《招商局公学开学训词》提及的孝悌忠信礼义廉耻这八个字之外，他还要求培养真诚、有恒、勤俭、立志、气节、知足、珍惜、慈善、包容、和睦等十项品格特质。"为何郑观应如此重视人的品格？他本人又是如何践行这些要求的？

◎梁　郑氏家族有良好的家风，很重视子孙的教育，用心栽培子孙成为有用的人。郑观应的父亲教导他中国传统儒家思想，同时以身作则，为郑观应做了很好的示范榜样。郑观应受到父亲启发，他继承郑氏家风，同样重视对子孙的品格培养。

他身体力行，认真履行孝悌忠信礼义廉耻这 8 个字，并且具备真诚、有恒、勤俭、立志、气节、知足、珍惜、慈善、包容、和睦等 10 项品格特质。例如，在 19 世纪 70 年代中国多省发生严重天灾，他热心推动社会各界捐款，筹得大笔善款，成果引起社会各方的注目。此外，还出版著作《富贵源头》《陶斋志果》，劝人向善。

他立志救世救国，17 岁从家乡去上海，边学英文边学商务，目的是"学商战于外人，然后与外人商战"，挽救国家。他在多家全国一流的民族工商企业担任领导，包括上海轮船招商局、上海机器织布局、开平煤矿粤局、广东粤汉铁路总公司、汉阳铁厂等，表现出卓越的处事能力。

他的著作《救事揭要》，揭露西方国家贩卖华人，讨论救灾恤贫。《易言》论述国家事务，启发民智。《盛世危言》则针对国家问题，提出改革建议。1883 年中法战争爆发，他果断放弃事业上的高位，到军营效力。他杰出的事迹，为子孙做了良好的榜样。

◎问　"身历官商两界数十年"的郑观应，嘱咐儿子无论为官为商都应以清、慎、勤为信条。他 70 岁时写的《训长男润林书》中谈到，"余有生以来，素位而行，惟守清、慎、勤三字"。在《训次男润潮（竞争须注意道德）书》，他也特别强调"清、慎、勤三字，古之循吏垂为官箴，余谓此三字不特为官宜守之，即作商亦宜奉作金科玉律"。郑观应本人是如何践行"清廉、谨慎、勤勉"这一为人之道的呢？这一家训对于当今社会有何借鉴意义？

◉梁　郑观应在工作中，严于律己，关注细节，公私分明，坚守清、慎、勤三字。例如，1896 年，他上任为汉阳铁厂总办，他争分夺秒，勤奋工作，迅速全面分析原料、技术、生产、运输、市场、人员、薪金、管理等问题，拟定《整顿汉阳铁厂条陈四十八款》。经整顿后，汉阳铁厂业务蒸蒸日上。

另外，他为山西募捐赈灾的款项，使用谨慎。其中部分款项要用来为灾民代赎已卖子女，他拟定"代赎"章程，说明如何查实拐卖，赎回每人给的价钱，如何鼓励买主自首，如买主再转卖应惩治，代灾民赎回的子女如何跟进暂养、学习等，保障程序清晰，用款廉洁，考虑周到。

在与儿子分享工作经验时，他提到无论接洽任何人，所收银钱必须当面点明，收藏妥当。所交银钱要件必须真正亲笔收条，以备将来稽查。凡事先审问之、慎思之，然后笃行之。

在谈到经商经验时，他在《与子侄论商务书》中提出12 条要特别注意之处：①办事时决不饮茶。②计算价值用纸笔记载。③少告假。④行中佣仆不以个人私事擅自驱遣。⑤入事务室即办事，不做无谓寒暄。⑥办事时间内不处理私事。⑦不拖延办事。⑧接洽事务说话简明。⑨负责任，不偷闲。⑩不浪费。⑪文件整齐放在指定位置。⑫如有紧急私事，仅谈数语。

以上注意事项，以及清、慎、勤三字，在今天仍然值得我们借鉴学习。

◉**问**　郑观应家训中也教导子孙要"保持良好的生活习惯，不得沾染不良的陋习"。从郑观应家训可知，其训诫内容细致入微。如《卫生歌》《训子侄之肄业日本者》《鸦片吟》《伤赌叹》，家书《训长男润林并录寄月岩弟（增强体质）》《训长男润林书》，以及嘱书的劝诫。训诫子孙"须讲究卫生，时常锻炼身体、节欲。少喝酒，少愤怒，才能保持身体健康。同时要洁身自爱，切勿吸食鸦片、嫖赌，否则将会败名丧节，荡产亡家，造成不可挽救的后果"。这些家训的提出与19世纪的澳门鸦片和赌博盛行这一社会环境有关。当下，澳门的社会环境已经发生了翻天覆地的变化。那郑观应家训中这方面的内容对当下澳门地区乃至内地还有何借鉴意义呢？

◎**梁**　虽然澳门特区政府和社会各界很重视青少年的发展，透过多方面的措施引导他们，但是社会上仍存在不同形式的毒品引诱青少年。另一方面，博彩业在澳门历史悠久，以往澳门居民通过社会经验，明白赌博的祸害，因此教导子女要自食其力，不要贪婪，从而产生了对赌博引诱的免疫力。这是上一代坚持对子女耐心教诲的成果，这种重视家庭教育的良好传统应延续下去。

然而，当今社会由于人们工作压力大、家长要轮班工作、子女功课繁重、缺乏沟通时间等各种原因，开始对家庭教育有所松懈，甚至通过金钱和物质去弥补与子女的沟通不足，让不良的风气逐渐滋长。现在信息发达，青少年比家长更善于利用互联网，亦接触到不少危害心智的内容。因此，今天的家长正面对严峻的教育子女问题。

所以，我们必须加强家庭教育，郑观应家训有关"保持良好的生活习惯，不得沾染不良的陋习"的内容很值得借鉴。透过前贤总结的经验，协助青少年建立正确的价值观，增强对不良风气的免疫力。

◉**问** 郑观应在家训中还特别提醒子孙要小心选择朋友。其中他在《训儿女（择交宜慎）书》说："处适者生存之时代而不为天演所淘汰者，首贵自立。然能自立矣，离群索居则不免有孤陋寡闻之诮，是又在得贤人以相助为理也，故择交不可不慎。择交既慎，则结纳皆贤，声相应，气相求，既能孚以道德；过相规，善相劝，自不入邪淫。"重点提到了益友的重要性。我们发现，在郑观应的一生中，之所以能够在晚清商界、洋务派企业和思想领域取得很高的成就，除了他的天赋、勤奋与机遇外，很重要的一点就是他拥有广泛的社会关系网络，用时下流行的话来说，就是有一个强大的朋友圈。郑观应是一个善于交际的绅商，无论是在同乡圈子，还在江浙士绅圈子，或是在晚清商界、政界、学界，乃至道教界，他都有私交甚好的朋友，有广泛的朋友圈子，拥有产生巨大能量的社会关系网络。请您给我们讲讲在郑观应的朋友圈中有哪些是郑观应所说的"贤人"，郑观应与他们是如何相识和交往的呢？

◉**梁** 郑观应有很多朋友，有些在他一生中有重要影响力，与郑观应有共同志向，互相扶持，为了伟大的理想一起奋斗，为近代中国写下光辉的一页。这里介绍几位：

　　盛宣怀，清末政治家、企业家、慈善家、洋务派官员，亦是商人，是洋务派领袖李鸿章的左右手，他引荐郑观应给李鸿章，亦曾受郑观应委托，致函李鸿章介绍孙中山。盛宣怀创办及领导很多工商企业，如轮船招商局、中国电报局、华盛纺织总厂、汉阳铁厂、中国通商银行等；以及创办西式学堂，如天津中西学堂、上海南洋公学等。郑观应与盛宣怀相识于慈善赈灾，1876 年至 1879 年，中国多省发生灾荒，郑观应连续几年与志同道合的士绅办义赈公所募集赈款，动员各界赈灾。1878 年，他与徐润、盛宣怀等人筹办义赈公所，赈济山西、河南、直隶、陕西等省的灾民。他全力投入救灾工作，运用他在商界的关系和影响力，为救灾作出了极大的贡献，从而获得盛宣怀的欣赏。盛宣怀致力发展民族工商业以及教育，他很信任郑观应，多次邀请郑观应协助发展工商业。郑观应亦积极支持，提供了大量精辟的建议，有关于商战、人才培养、训练民兵、设厂自制枪炮、办矿务、电报等。他们两人并肩与外人商战，为中国近代工商业以至教育作出重要的贡献。

　　彭玉麟，湘军将领，郑观应透过彭玉麟的部属王之春与彭玉麟相识。郑观应与王之春共事多年，每谈及法国入侵越南，企图侵占广东，郑观应深感愤慨。彭玉麟对郑观应的爱国、熟悉洋务，且对增强军事实力又能提出精辟的意见，非常欣赏。因此，1884 年粤防大臣彭玉麟为在抗法战争中作"围魏救赵"之计，向清帝密折推荐郑观应到南洋进行"合纵抗法"的工作。郑观应到南洋侦察敌情，联络抗法志士做内应，工作相当危险，而他完成了任务。他的爱国情怀，令彭玉麟深受感动，为郑观应写了一首诗，亦为《盛世危言》写了一篇序，这篇序比《盛世危言》出版日提前10年就写好，可见他对郑观应的理念非常认同。

孙中山，伟大的民主革命家，与郑观应同是香山人，郑观应比孙中山年长。1887年，孙中山在香港学医期间，曾到澳门郑家大屋与郑观应会面，受到郑观应维新思想的启发。孙中山亦去过上海探访郑观应，《盛世危言》的《农功》篇是孙中山所写，有些地方由郑观应改写过。1892年，孙中山在澳门行医，常到郑家大屋与郑观应讨论救国救民之路。后来郑观应请盛宣怀向李鸿章推荐孙中山以及为他办理出国护照。郑观应在《盛世危言》自序提出富强之本，包括人尽其才、地尽其利、物畅其流。孙中山十分赞同，于1894年写的《上李鸿章书》表达了相同的观点。

郑观应确实善于交际，认识不少朋友。作为香山人，他具备开放、务实、进取、包容的特质，同时，他在香山县、澳门、上海这三个地方成长和工作，他吸收了三地之优点，兼容并蓄，大胆创新，勤劳实干，擅长经商。他在同乡圈子、江浙士绅圈子以及晚清商界、政界、学界，乃至道教界所结交之朋友，不乏各界翘楚，拥有巨大能量。而最重要的是，他继承了郑氏家族行善积德的家风，自幼已定立的崇高目标，一心为国为民。无论在赈灾活动以及各种方式的救国救民工作中，他的无私、真诚及崇高的理念感动了人们，令他增添了个人魅力，从而在朋友中吸引了一群志同道合的"贤人"。他们在逆境中互相扶持，不但对个人的成长和事业发展产生重大影响，取得了一个又一个的成功，更促进了近代中国的进步。

◉**问**　郑观应在家训中特别提醒子孙要小心选择朋友时，除了讲到益友的重要性，也特别强调要注意不可与小人交朋友。其中他在《乙酉还家书以自勉》中写道"人心不可测，君子贵择交。用人如不慎，鸠占鹊之巢"。他在《训长男润林书》中训示儿子要遵守七款原则，头一条就是交友问题，他说"余平日交友因爱其才华未知其心术，遂致受累，始知取人之道，须如书云'视其所以，观其所由，察其所安'，方悉真伪。盖友以辅仁，所以亲君子远小人则兴，亲小人远君子则败。观其友便知其人，盖其人端则其取友必端矣"。这与郑观应曾经历了因友人诚信问题而导致的投资亏损或者被友人骗去钱财之事有关，这也使得郑观应对于朋友相处之道有了深深的失望。请您给我们讲讲在郑观应的朋友圈中有哪些是郑观应所说的"损友"，郑观应遭遇了哪些事情才导致他在家训中提醒子孙"亲小人远君子则败"呢？

◉**梁**　家训文化中一个教育子孙的方法，是经验传授，将亲身经历或所见所闻，总结经验。郑观应在嘱书记录了5件他亲身经历的事，让子孙提高警惕。

由于当时中国创立很多新的企业，新企业需要合股集资，在招股集资中很容易受骗，涉及利益时甚至相熟的好友或亲戚都有可能翻脸不认账。他在嘱书中谈及3件股银被骗之事，让子孙知道骗术稀奇，人情险诈，银钱交易尤宜谨慎。其中，他谈到与原属两代世交的徐润之间的银钱纠纷：郑观应曾委托徐润代交天津塘沽耕种公司股银3000两，但是徐润没有给郑观应收条，只说后期会给股票。后来，徐润又对郑观应说耕种公司亏损严重，前期的招股还不足，股票一事没有下落。等到了庚戌年（1910），郑观应到天津查问才知道，徐润一直没有说实话。其实，耕种公司经营正常，该公司股银共计135000两，华洋各占一半，当时股票的市值已达50万两。后来，郑观应曾经委托上海广肇公所董事就此事询问徐润之子，其回信虽然承认了双方确实有这笔银钱往来，但是推脱此事不是他本人经手代交塘沽耕种公司股银3000两的具体事宜，因此也不认账。徐润与郑观应两家是两代世交，但对方竟然不顾世交之情，欺骗郑观应股银，着实令人十分意外。

另有一件事，涉及文化界之徐秋畦，竟然欺骗书籍的印售费，亦是令人意想不到。己酉年（1909），郑观应在广东养病。上海同文书局创办人、徐润的堂弟徐秋畦来看望郑观应，对郑观应说很同情他贫病交加的处境，给郑观应介绍了一个可以救穷的法子：说他们当时正在集资印售《策论》，郑观应可以出资1万两做股本，等到秋季乡试结束后就可以收回成本，确保一本万利等。郑观应听信其言，交了1万两银子给徐秋畦，但是徐秋畦拿到钱后即翻脸不认账，不仅没有股息，连本金也不归还。郑观应费尽周折，才拿到本金3000多两。剩下的6000多两本金，经多方协商，徐秋畦仅用四川冕宁金矿股票3600两做抵押，而且不肯更名。后来，该矿停开，该股票还需要继续向承办者追索。

而影响最严重的，就是担保太古轮船公司买办杨桂轩的事。杨桂轩亏空公款，连累郑观应被困在香港。郑观应曾在太古轮船公司任职，离开太古时，与李秋坪等人共同担保香山同乡杨桂轩接任太古轮船公司的总买办一职。后来，杨桂轩因挪用公款致亏空太古洋行 10 万元，除已赔外，尚欠 4 万余元。虽然郑观应在杨桂轩没有亏欠款项之前数月已致函太古不再作保，但太古洋行仍追究郑观应。1885 年 1 月，郑观应因公务途经香港时，太古洋行报案，郑观应被港英当局拘留。直至同年 5 月事件才解决，郑观应得以返回澳门，身心深受其累。

因此，郑观应告诫后人，"人心不可测，君子贵择交。用人如不慎，鸠占鹊之巢"，避免轻信、太过重情，不可再蹈前辙。

◉问　郑观应家训中谈到做人要务实，学习谋生本领，"盖今日时势，非晓英文，业精一艺，不足以多获薪水"。请问，郑观应本人是如何践行这一家训的，其家族又是如何践行这一家训的，这对他们的发展起了什么作用？

◉梁　郑观应精通英语，工作由低做起，最初做杂务，后来在全国一流的企业担任领导。他在家训中专门指出："盖今日时势，非晓英文，业精一艺，不足以多获薪水。"他的子孙谨遵教诲，勤奋读书，积极上进，各精其业，努力学习谋生本领。

他的长子郑润霖从小学习英文和日文，后留学日本，毕业于法政高等警察专科。次子郑润潮在香港广州岭南学堂圣士提反学校读英文书 8 年，精通外语，后入京肄业税务学校。三子郑润燊幼年在澳门读书，9 岁跟随父亲到上海，在南洋公学（当时叫"交通部上海工业专门学校"，今上海交通大学前身）的附小、附中、大学就读，1927 年夏毕业于南洋公学铁路管理科，后进入南洋模范中小学（在中华人民共和国成立前后一直是上海著名重点学校）任教，毕生从事教育事业，曾任该校总务主任。四子郑润鑫（又名景康）一腔热血，是杰出的摄影艺术家及摄影记者，以照片揭露日寇侵略中国的罪行及反映抗日救亡活动，发表了多部摄影理论著作，并举办了多个摄影展。在延安期间，他为中共中央领导人拍摄了大量的历史照片。现挂在天安门城楼上的毛泽东油画像，就是按照郑景康在 1964 年为毛泽东拍摄的标准像绘制。民国十九年（1930）春，他在香港开设景康摄影室。民国二十三年，在北平举办"景康个人摄影展"。民国二十四年春，由他发起举办"北平联合影展"。抗日战争爆发后，郑景康深感"国家兴亡，匹夫有责"。民国二十七年，他毅然从香港来到武汉，任国民政府国际宣传处摄影室主任，拍摄了一批揭露日寇侵略中国罪行和反映抗日救亡活动的照片。民国三十年 1 月至民国三十四年 11 月，他先后在八路军总政宣传部和联政宣传部任摄影记者、摄影师。中华人民共和国成立后，他先后担任新闻摄影局研究室主任、新华社特派记者、研究员、中国摄影学会常务理事、创作辅导部主任等职，从事新闻摄影、人像摄影和摄影理论的研究工作。其《景康摄影集》以及《摄影创作初步》《摄影讲座》等摄影理论著作，深受广大摄影工作者、爱好者的欢迎。1957 年春，郑景康在北京举办中华人民共和国建立后的第一个个人影展，1962 年和梁思成联合举办内蒙古纪游摄影展览。

郑观应的孙辈后代同样认真学习和工作。他的孙子郑吉祥自 1960 年上海华东理工大学化工学院毕业后，先后到上海炼油厂、上海高桥石油化工公司上班，是高级工程师，1983 年被评为上海市劳动模范。郑吉祥兄弟姐妹五人都念了大学，为国家做出贡献。曾孙郑克鲁是大学教授、博士生导师、学术单位领导、当代杰出翻译家，出版了大量著作，获得多个国内外学术奖项和荣誉。郑克鲁 1962 年毕业于北京大学西语系，1965 年毕业于中国社科院外国文学研究所，硕士研究生。历任武汉大学法语系主任、法国问题研究所所长，上海师范大学中文系教授、博士生导师，上海师范大学图书馆馆长，中国比较文学学会上海分会副会长，中国作家协会理事，上海图书馆协会理事，上海翻译家协会副会长，中国外国文学学会理事，中国法国研究会副会长，中国法国文学研究会副会长，中国外国文学研究会理事。郑克鲁出版了大量著作，并翻译了多部法国文学名著，获得多个奖项：1987 年获法国政府教育勋章；他的《法国古今短篇小说精选》获上海 1986—1993 年社会优秀成果论文二等奖；《法国文学史》（上卷、中卷）获 1994 年中国社科院科研成果一等奖；2012 年获第四届傅雷翻译出版奖。

在郑观应家训的教导下，郑观应的子孙分别成为单位领导、教育工作者、艺术家、专业人士，并且出版著作，为国家的进步作出贡献，对社会产生正面的影响。

●问　郑观应家训中主张"女子要读书"。郑观应对女子也要接受教育、自食其力以及对女性掌握家庭消费大权的认识，在当时确实是非常超前和先进的。请问，郑观应的这种观念究竟如何形成的呢？在他们家族是如何践行的？又有何成效呢？

◉**梁**　郑观应在他的著作《易言》的《论考试》篇之附文《论洋学》，以及《盛世危言》的《女教》篇，介绍外国的教育制度，无论男女皆须入学。他赞成这种男女都要读书的做法，认为有助于国家培育英才，女子之才力聪明，不会在男子之下。郑观应的家训贯彻这个观点，他认为女子要读书，女子的学问很重要，因此，他专门安排读书费，儿子和女儿都有读书的机会。到了他的孙女这一辈，都能读上大学，为国家作出贡献。

◉**问**　郑观应家训中特别谈到了婚嫁一事必须认真对待，在选择配偶时，品格、体质、学问、业精一艺、勤俭治家是最重要的条件，而外貌、家财、厚奁则不必计较。同时，择偶的对象不宜太年轻，否则不清楚其品行，也不宜急，否则后悔莫及。这种婚嫁观念在当时也是非常超前和先进的。请问，郑观应的这种婚嫁观念形成的背景是什么？

◉**梁**　郑观应家训注重品格，做人要务实，学习谋生本领，他对子孙婚姻择偶的要求与他的家训相同，而且他既参考中国前贤的家训，亦考虑外国人的做法。

其中，他赞同朱子家训之"嫁女择佳婿，毋索重聘；娶妻求淑女，勿计厚奁"。郑观应认为，择婿应先以品学为重，不可贪图荣华富贵。现处于竞争的时代，无论为士、为农、为工、为商，务必各精其业，各执一艺。

谈到选媳妇的标准时，他十分推崇《后汉书》提到的女子的四种修养"妇德，妇言，妇容，妇功"。他指出《后汉书》所提出的"清闲真静，操守整齐，行己有耻，进退有法，是谓妇德；择辞而说，不道恶语，时然后言，不厌于人，是谓妇言；盥浣尘秽，服饰鲜洁，沐浴以时，身不垢辱，是谓妇容；专心纺绩，不好戏笑，洁齐酒食，以奉宾客，是谓妇功"。这四种修养是女子的大美之德，不可以不具备。

同时，他也指出欧美的婚娶习惯值得借鉴。他在嘱书中谈道："二十世纪婚嫁尤为讲究，彼此均要其父母与本人体质强、品行好、无宿疾痨症，且学业有成、能理家业、能治生计者。盖欧美人婚娶后必离其父母，自携新妇另居，故婆媳、姑嫂、妯娌间无争执意见之事，非精一艺者不能自立也。然平常人家概不雇佣人操作，悉由妇女任之，家计稍裕者只雇一女佣而已。查西例，一夫一妇，俗无早婚。盖男子以色欲不节而妨其发达，女子以生育过早而损其康健，子女多孱弱则遗忧于种性，教养不完全则流毒于社会。"

因此，他认为，在选择配偶时，品格、体质、学问、业精一艺、勤俭治家是最重要的条件，而外貌、家财、厚奁则不必计较。同时，择偶的对象不宜太年轻，否则不清楚其品行；也不宜急，否则后悔莫及。

● 问　请您具体阐述一下郑氏家风或者家训对郑观应的成就究竟有什么作用？其先祖和父亲对郑观应的影响体现在哪些方面？

◉ 梁　郑观应在写作、工商业及慈善方面皆取得杰出的成就。其代表作《盛世危言》提出前瞻性的改革建议，是维新思想的先锋。他提出"商战"理念，带领国家的工商业与外人"商战"。他秉承行善积德的家风，热心推动赈灾捐款，救济了大量灾民，获得政府及社会各方的赞扬。

他的成就，与郑氏家族的家风有一定关系。不同时代的郑氏族人有一个共通点，就是热心公益慈善。郑氏第五十七世祖"南湖三先生"捐出书堂建寺院，即现存的福建莆田广化寺；第七十三世祖郑子纲捐资修桥；郑观应的父亲热心筹置义田，兴立善堂，修建宗祠、书院、道路、桥梁。郑观应传承家风，积极捐款、组织义赈公所、写文章劝人行善，以及研究防灾等，推动赈灾及防灾。

在出版著作方面，郑氏第七十三世祖郑子纲收集有关事亲言孝的诗章结集刻印；郑观应的父亲抄录格言和故事编辑成书，自费印刷《训俗良规》和《劝戒录》；而郑观应就选辑汉代至清代救荒福报的故事，编成《富贵源头》用来呼吁赈灾，以及将岭南有关积德行善、因果报应的民间故事和传说，写成《陶斋志果》劝人向善。

在写作用字方面，他的祖父瞧不起只懂摘录漂亮词句的人；郑观应的诗歌用字浅显易懂，内容论及国家之事，目的是救国。

在遭遇强权欺负时，他的曾祖父挺身对抗富家豪族，通过诉讼夺回祖宗坟地；郑观应则投稿上海《申报》，揭露澳门的葡萄牙人纵容拐卖华人苦工的买卖（即"卖猪仔"），通过舆论阻止这种冷血的罪恶交易，保护家乡人的生命安全。这都体现了先祖和父亲对他的影响。

◉**问**　您认为澳门当前的家庭教育存在哪些不足之处？郑观应家训对于提升澳门的家庭教育有哪些值得借鉴的地方？

◉**梁**　家长是子女的第一任启蒙老师，所以家长要树立好榜样，通过言传身教，启发子女努力学习，积极向上。但是，有些家长没有认清自己的责任，认为通过金钱、物质就是履行了父母的责任。澳门青少年的偏差行为，例如说脏话、抽烟、沉迷网络和电子游戏，部分是受朋辈影响，也有部分是模仿父母的行为。因此，需要改变家长的观念，建议向家长推介郑观应的家教方法。

郑观应居于澳门，少年时澳门吸食鸦片和赌博的风气盛行，而郑观应在良好的家教熏陶下，能自觉拒绝引诱，立定志向，成为杰出的人物。这针对澳门的青少年，其家教有较强的说服力。

郑观应的家训首重修身，养成良好的品格和生活习惯，不得沾染不良的陋习；勤奋读书；交友、用人、办事谨慎；做人要务实，学习谋生本领；重视婚姻择偶。这些家训有助于青少年抵御不良的社会风气，远离赌博、毒品或沉迷上网；立定志向，勤奋学习，保持积极向上的态度，不会迷失方向而做出偏差行为；选择婚姻的对象以品德、学问和谋生本领为标准。通过借鉴郑观应的家训，相信能够改善澳门的家庭教育。

◉问　对于优化澳门家庭教育，您有何建议？

◉梁　郑观应的成长环境，比如文化背景、面对的社会问题与今天的澳门有不少相似的地方。为了寻找适当的切入点，让家长理解家庭教育的重要性，建议向澳门的家长推介郑观应家训。期望家长透过郑观应这位澳门历史名人，加深认识家训的作用，借鉴他的经验，尝试实践，并且在融会贯通之后，制定适合自己的家训。

首先进行推广，然后再深入介绍。鉴于郑观应家训是一项珍贵的文化资源，而澳门以世界旅游休闲中心为定位，所以将郑观应家训与澳门的家庭教育、人才培养、文化遗产、旅游、文化创意产业的发展策略互相配合。其中，文化遗产（特别是澳门郑家大屋）、旅游、文化创意产业以郑观应家训为亮点进行推广，增加有关服务及产品的文化内涵，让更多人认识。

接着，透过学校、社会组织、学术团体等向家长宣传家庭教育的作用，改善教育子女的方法。同时，透过网络进行广泛的宣传，推广家训文化，以郑观应家训为示范榜样，令家长改变观念，为家庭教育付出更多。

另外，通过电视、网络等平台，以轻松的模式向家长宣传、沟通互动、经验分享、网上讨论等，提升家长不断改善家庭教育素质的热诚，保持家庭教育的活力，持续优化家庭教育的素质。

◉**问**　您个人在推动优化澳门家庭教育方面做了哪些工作？有何成效？有何阻力？

◉**梁**　在研究方面，我提出透过郑观应家训改善澳门的家庭教育，发表过有关的论文、著作。宣传推广方面，有透过讲座、电视、网络、报章、杂志等进行广泛的宣传和推介。

家庭教育涉及的人很多，需要依靠家长用心去进行。只要有家长接受我的提议，并能栽培好其子女，我都很高兴。

而如果把家庭教育作为整个地区的人才培养政策来看，研究只是属于较前期的部分，接下来还需要透过不同的平台，以不同的方式向大众推广，获得普遍的接纳和实践，最终达到栽培优秀人才的目的。因此，我在尽力做研究之外，一旦有机会便会透过不同的平台向大众推广，亦非常感谢这些年给予协助、提供推广平台的机构和朋友。

我希望将来能够搜集到更多研究资料，亦希望有更多机构、朋友参与研究和推广工作，促使更多家长认识和实践家训文化。

◉**问**　您关于郑观应家训方面的著作发表后，郑观应家训开始受到关注，并得到社会的认同。中山广播电视台亦于2016年专门拍摄一辑共上、下两集的电视节目《中山故事——郑观应家风家训》；2017年7月11日，《郑观应家训》登上了中央纪委监察部网站的《中国传统中的家规》专栏，题为"广东中山郑观应《盛世危言》让人警醒"，南粤清风网也同步推送。请问未来您关于郑观应家训这一主题的理论研究及其应用有何打算呢？

◉**梁**　郑观应家训能够登上中山广播电视台，然后登上中央纪委监察部网站、南粤清风网，我觉得好幸运，非常感谢有关部门、媒体提供平台，给予机会。澳门电视台也曾介绍郑观应家训，这说明社会有这个需要。近代中国放弃曾经实践了数千年的家训文化，再度返回我们的视野。我们曾经因为落后而挨打，拼命向外国学习。今天，我国各方面快速发展，赶上世界先进水平。我们也深刻认识到，栽培人的品格修养，与知识、技术同样重要。因此，我们要珍惜家训文化，结合地情区情，更好地推广郑观应家训，栽培德才兼备的优秀人才。

在郑观应家训研究方面，目前已经做了比较多的资料搜集，共搜集了27000多字。现阶段，根据粤港澳大湾区的发展方向，建议研究大湾区内有关的历史名人的家训，与郑观应家训联系一起，呈现粤港澳大湾区的文化底蕴和形象，为年轻一辈树立榜样，并借以加强粤港澳大湾区的凝聚力。

通过研究得出结论，其实只是一系列行动的起点。只有将郑观应家训、中国传统家训文化落到实处，广泛获得家长的认同并付诸实践，栽培好下一代，才是最终目的。当然，在这个过程中需要适当的平台、不同的形式去推广，以及很多人同心协力投入去参与。

●**问**　您在《感悟郑观应家国情怀的当代意义》一文中，将郑观应的家国情怀细分为爱国家、爱国民、爱家乡以及爱家人四个层面。请您谈一下郑观应关心国家民族前途命运的具体体现。

●**梁**　郑观应在上海奋斗多年，熟谙华洋商务，他观察到外商从中国夺取大量利益，因此极力主张通过商战维护国家的权益。

当时西方国家"借和约为兵刃"，掠夺经济利益。中国在军事及经济皆处于落后状况，长此以往，终会衰亡。郑观应预见国家的危机，认为"习兵战不如商战"。因此，建议国家"用官权以助商力所不逮"，堵塞漏洞，致力发展工商业，增强竞争优势。他曾任多家民族工商企业的领导，每次上任，都会迅速诊断企业的问题，提出改善方案，从战略、策略、管理、人才等各方面为企业输入新思维，激发活力，推动了中国近代工商业的进步。他构思整套增强国家竞争优势的方案，在《盛世危言》的111篇文章中，论述商战及有利工商业的建议共有 32 篇。

他不仅提出商战理论，更积极实践。1880 年他翻译外国通商章程，寄予轮船招商局，述及商税、行船、商律、挂旗、厘捐、驾驶、验船、用人、创设保险公司以及总商会等。他亦参与拟定《电报局招商章程》和《详定大略章程二十条》，积极推动工商业的进步。1882 年他放弃太古轮船公司的高职高薪，到轮船招商局任职，全心全意为民族工商业打拼，实现商战救国的志愿。

◉ **问**　也请您讲讲郑观应关心国民生存与命运的具体体现。

◉ **梁**　郑观应到南洋考察商务，观察到华人在南洋被外人虐待和欺负，他深感悲哀。因此，他在向李鸿章禀告南洋各岛的通商情况时，亦报告了华人的遭遇，力促官方给予关注及保护。他对国家和人民的感情深厚，希望华人的生命安全得到保障，不再受到欺凌。他坚信"民为邦本，本固邦宁"，即使在外国的华人，郑观应也非常关心他们的安全和权利。

他的著作很多，其中《救时揭要》《易言》《盛世危言》充分反映其忧患意识和救国思想。他的著作非常感人，高度浓缩其爱国爱民之情。此外，他有怜悯之心，热心公益慈善。当发生天灾时，他十分担忧灾民的困苦，积极推动捐款赈灾，并通过撰写文章劝人捐款。

◉ **问**　请您再为我介绍一下郑观应关心家族和家人的具体体现。

◉ **梁**　郑观应很重视家庭教育，即使在外地工作十分忙碌，仍经常写信教导弟弟和子侄，尽力做好兄长和父亲的责任，他特别注重培养良好的品格和习惯。他的家训顾及做人的各方面，有 27000 多字，强调做人是根本，道德是做人的核心。晚年，他特别指出立志、勤学、端品十分重要。他的家训语调温和，态度坦诚率真，喜欢使用比喻手法，引用中外名人隽语，或列举事实等，来说明深邃的哲理。

◉问　郑观应出生于香山县三乡镇雍陌村，澳门是他长期居住的地方（澳门以前称濠镜，属香山县）。您在《感悟郑观应家国情怀的当代意义》一文中，也谈到了"郑观应爱家乡"。请您给我们讲讲郑观应爱家乡的具体体现。

◉梁　19 世纪，西方国家为了扩张势力，开发殖民地，以不人道的手段，拐骗和贩卖华人，运往外地做苦工，这种买卖称为"卖猪仔"。当时澳门有大量这种"卖猪仔"，运载华工到外国须漂洋过海，时间很长，船上条件极差，抵达后又惨遭劳役，大量华人被残害致死。

郑观应当时在上海工作，但是对家乡的情况十分了解，他知道澳门的葡萄牙人纵容拐卖华人，澳门的猪仔馆有几百间，每天大量家庭上演生离死别的悲剧。郑观应义愤填膺，挺身而出，1872 年他投稿刚创立不久的上海《申报》发表《澳门猪仔论》，批评这种冷血的罪恶交易。他以强烈的情感，对国民处于水深火热的苦难表达极度痛心，有关言论获得了国内和国际上的广泛关注。在他的著作《救时揭要》，反对外国侵略者贩卖"猪仔"和奴役的文章有 11 篇。

另外，他在外工作很想念家乡雍陌。在雍陌村，可看到两项文物，一项是 1903 年修建的秀峰家塾；另一项是 1904

年"重修雍陌乡大街志"石碑，共两块石碑分别位于石板大街头尾两端。相信是郑观应和兄弟为纪念父亲去世10周年，在家乡修建秀峰家塾，并于次年以父母名义捐钱重修雍陌村的石板街，为家乡做公益事。

还有一项文物，亦说明郑观应心系家乡。2015年3月，"岐澳古道"五桂山段云迳寺茶亭遗址路侧，发现一块石碑，碑额为《许真君格言》，碑末两行分别署："顺德黄敬孚敬书""香山郑陶斋恭勒"。"岐澳古道"是石岐至澳门的山地形古驿道，被誉为近代香山到澳门的"茶马古道"，是"海上丝绸之路的陆上引桥"。每天大量香山人利用岐澳古道运送货物到澳门售卖，亦有人沿着这条古道去到澳门，再乘船出洋到世界各地。岐澳古道的其中一段，途经郑观应的故乡雍陌村，因此，郑观应就选择了在岐澳古道五桂山段的茶亭位置立一块石碑，借用许真君格言教化家乡人，劝乡人立善心，做善事，孝顺父母，和睦兄弟，修养自己。许真君是晋朝人，《许真君格言》很有道理，碑文内容是：存心不善，风水无益；父母不孝，奉神无益；兄弟不和，交友无益；行止不端，读书无益；心高气傲，博学无益；做事乖张，聪明无益；不惜元气，服药无益；时运不通，妄求无益；妄取人财，布施无益；淫恶肆欲，阴骘无益。以上历史文献及文物皆体现郑观应深爱家乡之情。

◉**问**　那郑观应又是如何通过家训传承其家国情怀的呢？

◉**梁**　郑观应的家国情怀，完全融入其家训中，他将做人的理念通过家训传给子孙。他指出，修身目的是贡献国家和人民，要努力读书，勤俭坚忍，不受引诱，如有能力应行善积德，并且协助国家发展。如他在家训中谈到"少年读书时，自问立志欲学何等人？如志在修、齐、治、平、扬名显亲，期学第一等人，务须勤俭坚忍、吃苦耐劳、百折不回，方能达其目的"，"况古之名贤无不勤俭，因穷守道，忠孝传家。"

作为提倡商战的实业家，他在家训中亦鼓励家人参与商战，认为开矿能保护国家的资源避免遭到外商掠夺。如他在《致天津翼之弟书》的家书中谈到"近年西学东渐，而矿业渐形发达，我国多开一矿即外人少涎一矿，朝廷百废待举，财力或有未逮，则富商巨贾正宜亟起维持，故兄谓此举关于国计民生者此也"。

此外，他在《与子侄论商务书》中告诫子侄商战要取得成功，必须做好职位的本分；他在《训次儿润潮》中提出要谨记清廉、谨慎、勤勉，关注细节，严于律己，公私分明。

◉**问**　您认为"家国情怀能将人们的立足点提升至一个高度，能使人以宏观的角度分析问题，为国家出谋献策"。您是如何得出这一结论的？在郑观应身上又是如何体现的？

◉**梁**　家国情怀、爱国爱乡是中国传统儒家思想的内容，有识之士皆忧国忧民，自觉肩负起保家卫国的使命，为国家出谋献策。郑观应自幼接受中国传统教育，父亲教导他儒家文化的修身、齐家、治国、平天下的道理。他继承郑氏家风，爱家乡、爱国家。

晚清时期，中国被外国入侵，激发他强烈的家国情怀。他立志救世，通过商战、写作、慈善救济以及协助军务等途径，挽救国家和人民，并教育子侄为国家作贡献。

他勇于面对西方新事物的挑战，谨记父亲的教导，勤奋好学。他从家乡初到上海时，不懂商务，凭着香山人开放、务实、进取、包容的特质，经过一段时间的学习，得到赏识而担任要职。此外，他有崇高的理念，他继承行善积德的家风，推动赈灾捐款，他的无私和真诚令人感动，得到各方的大力支持。

另一方面，他具有很强的观察力，他看到社会的问题，投稿到报章发表他的主张。他的文章很有感染力，令人对社会的不公感到愤慨，对受害者给予同情。其后他出版著作，以创新的思维为国家出谋献策，他的代表作《盛世危言》成为近代中国几代伟人的启蒙经典。

●**问**　您还认为"家国情怀能发挥人的潜能，竭力克服艰难险阻，立定志向，努力钻研学问，为国家的繁荣富强、为人民的福祉作出贡献"。您又是如何得出这一结论的？在郑观应身上又是如何体现的？

●**梁**　一般人经过努力，能够达到安居乐业，基本上都会满足。但是，如果拥有家国情怀，为了国家和民族，更愿意跳出舒适圈，继续努力奋斗。

郑观应原本在洋行有高职位，但为了国家和民族，他愿意放弃安稳的高薪厚职。在救国救民的历程中，遇到很多困难，但他坚持不懈，立定志向，努力钻研学问，汲取新知识，协助国家挽回利权，推动了中国近代工商业的进步。他乐善好施，坚信"民为邦本，本固邦宁"，通过赈灾筹款，以及撰写劝人行善的笔记小说和诗歌，救济了大量灾民，并提出从国家政策的层面达到更大的善；他热心栽培我国人才，亦关心在国外华人的安全和权利，力促官方给予保护。在国家处于危急的形势，他充分展现了至诚的爱国之情，在行动、战略和策略等方面全力投入保卫国家的事务。他的著作唤醒国人，是维新思想的先锋，开创了国家发展的新路向。

◉**问**　那您认为郑观应的家国情怀对当代有何启迪意义？对于增强当代青年人的家国情怀，您有何建议呢？

◉**梁**　郑观应对国家和民族的重大贡献，深刻地阐明家国情怀对做人处事产生的巨大作用，为当代的人才栽培提供了启示：家国情怀将人的立足点提升至一个高度，以宏观的角度分析问题，为国家出谋献策；并能发挥人的潜能，竭力克服艰难险阻，立定志向，努力钻研学问，为国家的繁荣富强、为人民的福祉作出贡献。

现在世界形势复杂，大量资讯透过网络传播，影响我们的想法，特别是年轻人。我相信，只要社会各界与家长携手，重视年轻人的品德教育、历史和文化认知，透过更多平台、方式，让年轻人多了解中华优秀传统文化，学习先贤用毕生经验总结的家训，将有助年轻人建立正确的价值观，增强家国情怀，立志为国家和民族多作贡献。

◉**问**　非常感谢您接受我们的访谈，通过您的讲述，我们对郑观应家训的诞生背景、具体内容、当代价值和相关研究以及郑观应的家国情怀都有了深入而全面的了解和认识。

◉**答**　不用谢，我也很荣幸接受你们的访问。

曹天忠

曹天忠（1964— ），广西博白人。历史学博士，中山大学历史学系教授、博士生导师，系研究生教育与学术委员会委员，校研究生院兼职副处长（2000—2001），北京高等教育出版社研究生教材编写委员会委员，广东省文史学会副秘书长，广东省华南教育历史研学基地专家，广东省文博片职称大评委专家，澳门科技大学访问教授暨兼职博士导师，联合国非政府组织香港中华能源基金会顾问等。

主要研究方向：中国近现代史、孙中山与近代中国、中国近现代教育与社会变迁、中国近代历史文献学、历史文化普及教育与博物馆展陈等。

主要著述：《教育与社会改造——雷沛鸿与近代广西教育及社会》（天津古籍出版社，2004）《中国近现代史史料学》（高等教育出版社，2016）、《陈安仁评传》（团结出版社，2020）；合作著有《中国社会教育社史》（西南大学出版社，2021）等；合作主编有《各方致孙中山函电汇编》（第七卷）（社会科学文献出版社，2012）、《岑春煊集》（广东人民出版社，2019）。参与编写有《近代中国的知识与制度转型》（经济科学出版社，2013）、《孙中山史事编年》（第九卷）（中华书局，2017）。

主要论文：在《历史研究》《近代史研究》《中国社会科学》（英文版）、台湾《中研院近代史研究所集刊》、澳门《南国学术》等境内外重要期刊发表论文近50篇。

时　间：2022 年 3 月 28 日
地　点：线上访谈
口述者：曹天忠
采访者：龙良富
整理者：龙良富

◉问　曹教授，您好！我们是"郑观应研究口述史"项目组。您从 20 世纪 90 年代起就开展了晚清民国史、中国近现代教育与社会变迁的研究，出版了《教育与社会改造——雷沛鸿与近代广西教育及社会》《先因后创与不破不立：近代中国学术流派研究》《中国近现代史史料学》等著作，已经成为当代中国近现代史，特别是民国教育研究的知名学者。您为什么独辟蹊径地选择民国教育作为您的主要研究方向？首先请谈谈您的治学经历。

◉曹　以民国教育史作为自己研究主要方向，与自己求学经历有关。我本科和研究生就读于广西师范大学历史系，师承中国近现代史著名专家钟文典、陈伟芳教授；博士研究生就读于广州中山大学历史系，师从著名孙中山研究专家林家有教授，并到中国人民大学、北京大学、台北政治大学做高级访问学者或合作研究，主要围绕近现代中国历史主题革命与建设及其关系展开自己的研究工作。

革命研究主要从孙中山及其思想入手，建设需要人才，人才则通过教育培养。广西师大偏重培养师资，开设教育学、心理学等必修课程，自己有这方面的知识与理论积累，本科和硕士研究生毕业论文分别以复旦大学创始人马相伯、广西籍著名教育家雷沛鸿（字滨南）的教育思想为题。到了中大之后，考虑到博士论文要与硕士论文有连续性，加上当时全国教育史学界有一股研究"雷沛鸿热"，且他参加过辛亥革命，进入民国后主张通过教育进行社会结构改造，遂以"雷沛鸿与近代广西教育和社会"作为博士论文题目，初步在一省区域触及革命与建设关系的历史主题。除此之外，我逐步认识到教育所起的基础、战略、长远作用，与个人成长上升、家庭命运改变、国家和民族的振兴都有重要关系，对学界关于近代"教育救国"思想评价偏低且将教育与革命对立起来理解产生疑问；与此同时，我也注意到史学界的"教育史"与教育界的"教育史"研究取向存在很大的不同，如何发挥历史学优势进行不同的教育史研究，互相补充，应该大有可为。后来进一步认识到通过教育史研究，可以加深近代中国革命与建设及其转化的主题的理解，进而从教育与社会互动和制约的一个侧面和维度，达到对整个中国近现代史通的把握，这应该是一个不错且可行的选择。

◉**问**　郑观应是中国近代著名思想家，也是教育史上有影响的人物，您做过不少研究，请列举代表性成果及其影响。

◉**曹**　本人有关郑观应及其思想研究成果有：书稿1部，即《郑观应与郑家大屋》（书稿，澳门文化局《澳门世界文化遗产丛书》之一，10多万字）；在《澳门研究》等有影响刊物上发表相关论文6篇，如《郑观应家庭教育思想述论》《郑观应、盛宣怀交谊与晚晴洋务实业——以汉阳铁厂

（1896—1898）为例》《郑观应的医道、仙道和治道》《郑观应与岑春煊关系简论》《唐廷枢的社会交往述论》等。这些成果主要反映在4个方面：郑观应与澳门的关系；郑观应的教育思想，特别是家庭教育思想；郑观应思想的各个部分之间内在逻辑及其结构关系；郑观应的人脉关系网络，即围绕洋务运动时期督抚、实业家、思想家以及科学家四大群体之间进行研究，如郑观应与唐廷枢、盛宣怀、岑春煊等人关系，与一般学者主要研究各个体之间关系不同，这里侧重从群体交往角度进行。

以《郑观应与郑家大屋》书稿为例，这是由澳门文化局组织撰写的《澳门世界文化遗产丛书》之一，承蒙时任澳门大学历史系讲座教授汤开建先生错爱，约请我为首批丛书的作者之一。全书10多万字，以时间为经，以郑观应思想、事功为纬，详人所略，略人所详，力求有所创新，共分7章。第一章，郑家大屋；第二章，家族遗风；第三章，"郑氏家训"；第四章，"讲卫生"，问仙道；第五章，著书立说；第六章，事功活动；第七章，广交"海内名流"。本书转换视角，在充分借鉴、吸收前人研究成果的基础上，以丰富翔实的史料、活泼清新的文笔，以郑观应与郑家大屋的互动关系为主线，以郑家大屋为圆点，以其相关的生平、思想和事功活动为半径，充分勾画、展现郑观应与郑氏家族、澳门本地以及近代中国各种重要史事、人物的关系。认为位于澳门的郑家大屋既是郑氏青少年生活之所，更是中年后的第二故居、事功进退栖身之所，总结一生经验教训、著书立说的发源地，问道求医的精神家园和人际交往网络之纽结。该书主要回答了"余世居澳门，素知底蕴"郑观应何以成为"澳门之子"，并为此后本人有关郑观应专题论文研究打下良好的基础。

◉**问** 在《辛亥革命与民国教育》一文中您论及革命与教育之间的关系，认为革命与教育不再是简单的对立，而是逐渐合流甚至同一，并在教育领域首先完成了革命从破坏到建设的衔接和转换，倡导教育要与时俱进。清末是一个旧的原则、旧的制度逐渐失效，新的原则、新的制度正在建立尚未完全建立的时代，传统的科举制、学徒制已经不符合近代商业发展的需要，越来越多新式商人需求多了起来，此时郑观应呼吁应在各大开放口岸创立学堂、兴建商业图书馆及创办商业舆论刊物，请您分析下郑观应为什么建议要创立学堂、兴建商业图书馆及创办商业舆论刊物？这对当时的教育产生了哪些影响？

◉**曹** 这大约可以从郑观应重视学校教育和社会教育两个方面来理解。郑观应身处中国从传统社会向近代社会过渡时期，尤其是洋务运动展开，传统中国以注经解经为内容、以做官为主要目的科举考试方式已经没有办法满足当时出现的"学战""商战"要求，因此需要借鉴西方和日本新式的学堂教育。这种教育特点是以西方科学技术、外语为内容，采取分大中小等级和集体的班级教学方式，大面积培养面向专门行业的新式人才。这种呼声无疑推动了停科举、兴学堂的教育转型，触动晚清政府进行教育改革，颁布国家学堂学制章程，可谓为开近代中国教育风气摇旗呐喊。倡议商业图书馆开办，创办包括商业在内的各种刊物，这是属于社会教育范畴，适应当时的社会需要。它们对改变过去重农抑商的传统习惯，宣传普及商业知识，传播商业信息，营造"商战"氛围和培养人才，起到了振聋发聩的启蒙作用。

●问　您在《岑春煊与清末新式教育》中认为，清季科举禁锢人才，导致国势衰落，有识之士多以兴办新式教育为自强要着之一，行政型教育家张之洞、袁世凯、岑春煊利用权力资源，将兴办新式学堂（校）的教育理念变成现实，同时期郑观应也主张废除科举考试制度，反对采取八股考试来选拔人才，出自对富国强企的理想，强调学习西方的科学技术，要求学生掌握西方天文、地理、电子、医学等知识，培养并且录用精通西学的人才来为国效力，并创办了驾驶学堂、机器学堂等，请问郑观应这种教育理念和岑春煊、盛宣怀、马相伯所倡导的清末新式教育有何异同？

◉曹　本人在《岑春煊与清末新式教育》一文中将近代中国历史上"教育救国"重要教育家分为4类，即以理论为主型、以实践为主型者、理论与实践兼具型和教育行政型，据此郑观应应属于理论为主型的教育家。就相同方面而言，他们都生长在清末向民国初年转化过渡时代，甚至与盛宣怀、岑春煊有过比较密切的交往，在教育方面都主张废除科举制度，在全国或省域系统兴办西式学堂，学习西方自然科学、社会科学、语言文字课程和知识，十分重视教育和现代人才培养。就不同方面而言，由于自己经历和社会角色区别，郑观应作为著名思想家，他在教育上的主要贡献在教育思想和理论上，在宏观方面，撰写了《学校上》《学校下》《西学》《考试上》《考试下》等专文，侧重介绍西方考选人才方法以及德国、法国、日本、美国、俄国等的教育和大、中、小学校制度。在专业教育方面，郑观应还特别重视女子教育、实用专业教育、外语（英语）教育和残疾人特殊教育。岑春煊、盛宣怀以及马相伯等人主要属于实践性教育家，在教育上的贡献和事功，主要通过办理省、部教育或某所大学的实践中表现出来，他们虽然不乏教育理念上的见解，但利用自己担任总督、巡抚、邮传部尚书等行政职位，或者外国教会的势力，将教育理论付诸行动，办成中国最早一批并影响后来的著名学府。担任过山西巡抚和两广、四川总督的岑春煊就办过山西大学堂、四川大学堂以及规划、批准广东法政学堂、两广游学学务处、两广优级师范学堂等广东、广西两省教育行政。盛宣怀则利用担任邮传部大臣、商务大臣之机先后办理了包括高等、中等、初等教育层次在内的北洋大学堂和南洋大学堂等侧重工科或商科人才培养的专科大学。马相伯借助于法国天主教力量，主张在上海筹办专门进行科学研究机关考文苑以及复旦大学前身——震旦学院。

◉问　您所写的《郑观应的家庭教育思想》一文中，主要内容和观点是什么，主张这些观点与其本人的教育背景和实践经历有什么关系？所强调职业性教育和外语（英文）教育重要性，这对今天的子女教育有什么启示？他的家庭教育思想在中国家庭教育史上具有独特的价值和明显的现实意义？

◉曹　《郑观应的家庭教育思想》一文认为家庭教育是郑观应整个思想有机的重要组成部分，且多为已有研究所未及。它包括持家处世与读书教育两大块，各自观点、要素丰富多样，精彩纷呈。家教思想特点鲜明，在内各部分之间彼此勾连，对外与其整个思想密不可分，形成一种可称之为郑氏式的家庭教育思想结构。家教思想实为其整个思想体系的基础，在中国家庭教育史上具有独特的价值和深刻的现实意义。

在持家上的"清、诚、勤、慎、恒、和、立、时"八字诀和处世的"风度、待人、用人、观人、交人、防人、戒嫖赌"七箴言，一方面说明长期离家在外的郑观应对家庭子女教育的担忧和重视，是他重视教育在家庭上的反映和表现；另一方面，郑观应生长在中国从传统向近代的过渡时代，身居上海、澳门华洋杂处之所，游走于商界、学界、教育界、官场等多个领域，特别是深谙"商场如战场"、血本无归的复杂和江湖人性险恶，多次被亲属朋友坑害欺骗和目睹时人世事的潮起沉浮，这是一种血与泪、耻与辱的苦心孤诣的警示教育。他主张郑氏子弟进入商业、税务、电报、医学等专业化学堂，尤其强调掌握外语、通晓英文的重要性，其实是一种家庭实用专业性教育。社会进入近现代，中国卷入世界之中，传统中国以伦理道义为基础的教育不再适用于或不敌于源自域外西方的商科、税务、电讯、医学等专业性强的新式教育，掌握的人少，属于紧缺人才，容易就业，收入远高于传统行业。与此同时，郑观应与香山买办长期与洋人洋商打交道，深知外语尤其是英语在交流中的重要性。掌握外语，还有助于了解西方的各种先进知识和资讯，开阔眼界，方便与世界前沿接轨。这对今天家庭教育仍有直接现实意义。家庭氛围，买办职业，竞争时代，传统与近代、中国与西洋因素缠绕、纠结、并存的过渡社会形态，影响和决定了其家教思想具有与传统不同的特点，中西兼备，世俗与宗教、理论与实践结合，经验和教训杂糅。这些特点充分证明了郑观应家教思想在中国家庭教育历史，特别是在近现代中国家庭教育史上，具有独特的价值；对今日在市场经济下竞争日趋激烈的中国家庭来说，也有直接的借鉴意义。

◎**问**　您在《郑观应的医道、仙道和治道》一文所说主要观点及其学术价值与现实意义是什么？

◎**曹**　郑观应是中国近代史上罕见的全面型思想家、百科全书式的人物，其中医疗卫生的医道、修身向玄的仙道和治国平天下的治道及三者之间存在各有特点、主次之分的内在关系，这对准确和深入理解和研究郑观应的整体思想，具有不可忽视的意义。

医道是指郑观应对医学理论与实践、中西医关系互补的观点看法，包括主张医师职业专门化，重视医德，寻找病源，预防为主，中西医各有优点和不足，互相结合等。他认为医生涉及人的健康与生命，所谓人命关天，是一种特殊、专门的职业，需要掌握比较系统的理论知识和丰富的临床经验，需要准入标准和门槛，需要专业化。在医患关系紧张的时候，医生的医德要高尚和要有底线，医院不能完全市场化，理应担负起救死扶伤的人道主义和社会责任。

由于中医对"新型冠状病毒肺炎"具有特殊疗效，关于中西医优劣问题引起剧烈的争论。中西医作为产生于中国本土与西方的两个不同医学体系，具有不同的理论基础和治疗方式，各有优点和不足。中医在整体关照具体，注重养生保健、治疗疑难杂症、防疫抗疫等方面显然具有自己的优点。面对中医被西医打压和边缘化的现状，防止用西医标准简单要求中医，国家要保护、扶持和发展中医。此外，中西医之争重启，还涉及中国传统文化与西方文化竞争的根本性问题，其重要性已经超出医学的范畴。

郑观应以教育培才为基础和根本的"学战"或"教战"，重于此前所说的"商战"。注重"教战"这是对郑观应思想认识的一种深化。郑观应认为今后的时代是中国与西方世界竞争时代，并在汉阳铁厂经营管理亲身经历中，要想在竞争中占据主动，需要养成大批接受新式教育，尤其是涉外语言、机械制造、商业、电化等各种实用学科的专门人才，这对仍处在工业化时代的中国而言，具有将人口多的压力转变成为发展优势具有明显的借鉴意义。

在仙道问题上，郑观应重视"道"或道教，这并非学界多以为是郑氏致力于道教是其进入晚景、思想消极的结果，而是一种郑观应对治国问题的再思考，是由国家社会、群体回归个体的更深层次的一种反映。首先，他认为儒家、道家、佛家三家宗教各有优长和分工互补，儒家处事，道家处心，佛家处性，道家成为人们不可或缺的信仰之一。其次，做人做事要与个人的积极主观努力相结合。"凡事须脚踏实地，知己知彼，度德量力，守分安命，顺时听天，以待机缘，不可行险以侥幸。虽大富贵天主张，然非自己学业优长，品行端方不来。"① "富贵天主张，由不得我，当居易以俟之；学问我主张，由不得天，当勉力而行之。"由此可以看到兼备命运与主动、客观与主观、尽人事看天命的中国式平和达观的为人处世方式。

◉**问**　关于郑观应与晚清洋务运动督抚、思想家、实业家、科技家四大群体交往，是深化郑观应思想与事功研究值得注意的方面，也可以为进而深化甚至突破历史人物之间的关系提供参考。其中郑氏与实业家群体中的盛宣怀、唐廷枢关系最为密切。关于郑观应与盛、唐二人交往如何体现出来？

◎**曹**　关于郑观应与实业家盛宣怀的关系，本人在《郑观应、盛宣怀交谊与晚晴洋务实业——以汉阳铁厂（1896—1898）为例》一文中，认为郑观应、盛宣怀均将对方视为自己的最大知己。他们彼此之间的交谊与晚清洋务事业之间的关系集中体现在办理接手整顿张之洞汉阳铁厂之中。在联合整顿铁厂过程中的重重阻力；兼并联营的理念与张之洞相左以及由此产生了郑观应对实业专门教育的格外重视。通过三者内在关系的考察，不仅可以进一步深化相关问题的研究，而且可窥洋务运动中思想家、实业家以及地方督抚三大群体之间的交集、互动、博弈等连环关系。

至于作为以思想家为主的郑观应与实业家唐廷枢的关系，本人在《唐廷枢的社会群体交往述论》一文提到，郑观

---

① 《中华民国三年香山郑慎余堂待鹤老人嘱书》，夏东元编：《郑观应集》（下册），上海人民出版社，1988年，第1487页。

应与唐廷枢等香山洋务实业家群体的关系密切。唐廷枢曾向李鸿章推荐郑观应，令其经历津沪电报局和进入轮船招商局，并在广州合作开办运输煤炭的码头。究其原因，首先，他们同是广东中山人，彼此之间不仅有乡谊、姻亲和世交等密切关系，而且在一生的事业发展中有很多交集，互相提携和帮助，比较容易了解和信任。其次，唐廷枢之所以重视和向李鸿章等清廷要员推荐郑观应，是为了发挥其在洋务实业深刻、系统思想理论，与洋人洋商关系比较密切以及对世界大势了解的优势，并联手合作经办轮船招商局等企业，以便与英国太古洋行展开有效运输方面的竞争，体现了爱国实业家的情怀，并推动郑观应在洋务运动中从理论家向实操手角色的变化，成为实业家中不可或缺的一员，可谓互相成就，相得益彰。再次，郑观应在人品、洋务、成就以及与自己关系上对唐廷枢作了高度评价：唐廷枢去世后，郑观应在给盛宣怀的信中说："盖此公一生精力销磨于商务洋务之中，数十年来备尝艰苦，凡事不因仇怨，顾全大局，力图整顿，洵为吾粤中办洋务之特出者。弟与之谊属至亲，诸多叨爱，相依最久，亦相知最深。"①

◉问 《盛世危言》有《藏书》篇，专论各省应于各厅、州、县分设书院即图书馆，"购中外有用之书藏贮其中，派员专管。无论寒儒博士，领凭入院，即可遍读群书"。请您谈谈这对我国当前乡村图书馆的建设有什么启示？

◉曹 郑观应在各省以下各级行政机关管辖地设立图书

① 夏东元：《郑观应传》，华东师范大学出版社，1985年，第287页注释1。

馆、免费开放阅读的倡议，对当前中国乡村图书馆的建设具有一定启示。首先，中国城乡存在文化教育的二元结构的差别，此举有助于改变城市文化教育比较发达、图书资料丰富而农村刚好相反的现象。其次，乡村图书馆设立，收藏中外基本典籍、实用技术等图书，提高村民文化教育水平，对配合、推进目前乡村振兴战略工作实施打下文化基础。再次，专人看管，公开免费，一视同仁，可以鼓励和刺激村民阅读欲望和兴趣，提高科学文化素质，移风易俗，聚合人心均大有裨益。

◉**问**　作为中青年历史学研究的佼佼者，最后能否分享一下您的史学研究方法或经验感悟？

◉**曹**　在近30年的中国近现代史研究上，自己有过一些经验，也存在不少教训。其一，结合个人求学、工作、生活的经历，由"自知之明"达到"知人论世"。其二，坚信三人行必有我师，转益多师，扬长避短，取长补短，为我所用，形成自己的特色和优长。其三，鉴于历史研究的对象是"过去"的特殊性，主张回到历史现场，重建史实，讲清故事，实证研究。中国近现代史实证研究入手必须作史事编年和比较考异，在微观基础上进行宏观思考，以小见大，以大观小，大小相施。其四，追求"融会贯通，明体达用"的治学境界。"论从史出""史论结合""以论代史"交替采用，资料编纂、论文发表、专著结撰、方法自觉齐头并进，将教学、科研、治事、生活打成一片，以教育与近代中国社会结构关系以求近现代中国历史的通识通解。

马学强（1967—　），浙江绍兴人。毕业于华东师范大学，历史学博士，上海社会科学院历史研究所研究员。

主要研究方向：中国城市史、区域史、人文遗产等。

主要著述：《从传统到近代：江南城镇土地产权制度研究》（上海社会科学院出版，2002）、《江南席家——中国一个经商大族的变迁》（商务印书馆，2007）；合作著有《出入于中西之间：近代上海买办社会生活》（上海辞书出版社，2009）；合作编有《上海的城南旧事》（上海社会科学院出版社，2015）；主编有《上海的城市之心——南京东路街区百年变迁》（上海社会科学院出版社，2017）、《上海石库门珍贵文献选辑》（商务印书馆，2018）；合作主编有《千年龙华：上海西南一个区域的变迁》（学林出版社，2006）、《阅

马学强

读思南公馆》（上海人民出版，2012）、《八百里瓯江》（商务印书馆，2016）、《从工部局大楼到上海市人民政府大厦：一幢大楼与一座城市的变迁》（上海社会科学院出版社，2019）、《〈密勒氏评论报〉总目与研究》（上海书店出版社，2015）。近年来主持"百年名校与江南文脉"研究系列（商务印书馆陆续出版，第一辑10种）、"城市更新与人文遗产·上海系列"（上海人民出版社、上海社会科学院出版社出版，已出8种）等。

主要论文：在各类学术刊物发表论文100余篇。

时　　间：2021 年 10 月 25 日

地　　点：上海社会科学院历史研究所

口述者：马学强

采访者：龙良富　闵祥晓

整理者：闵祥晓　龙良富

◉问　马教授，您好！我们是"郑观应研究口述史"项目组，非常感谢您能接受我们的访谈。您是中国城市史、明清江南史研究方面的专家，特别是关于近代上海城市的研究，让我们深刻感受到了这座城市百年变迁的波澜壮阔。您是历史学博士，请问您是如何选择历史学作为自己的主攻专业的？您对历史学的兴趣和学习始于何时？主要研究方向是怎样转变的？

◉马　我是 1985 年上的大学，当年填报历史学完全是无意的。到了大学三年级，我对明清江南市镇的研究方向产生了兴趣。这里有一个背景，长三角（彼时还没有这个称呼，一般称江南或太湖流域）乡镇企业迅速发展，小城镇理论兴起。这里，我要提到一本书，就是著名社会学家、人类学家费孝通先生早年的著作《江村经济》，这是他在伦敦大学布·马林诺斯基教授指导下从事江南的小村、小镇研究，是在广泛地开展历史学、社会学、人类学等考察活动基础上写出的著作，这本书对我影响很大。所以 1989 年准备考研究生的时候，我就选择了华东师范大学，师从王家范教授，专门研究明清江南史。也是从这个时候开始，我才算真正走上了研习历史之路。

1992 年研究生毕业以后，我到上海社会科学院历史研究所工作，在熊月之等老师的带领下，开始研究以上海为主的中国城市史。

从研究路径与内在逻辑上来说，从江南到上海，有一条脉络，彼此有着密切的联系；从时序上来讲，明清江南史、近现代城市史也是一条脉络，所以我个人从明清史向近代史研究方向的转变过程，也体现了很强的时序绵延和内在逻辑的演变过程。

◉**问**　从明清江南到近代城市，这里面有着非常好的时空延续性。我发现无论明清还是近代，它都是社会人口流动特别大的时代，您也做了很多关于人口流动的研究，所以请问，在近代上海开埠的初建时期，香山地区有很多买办或商人到上海这边来谋生，这种移民或人口的流动对近代上海的城市发展产生了什么影响？

◉**马**　因为上海原来只是一个县城，1843 年上海开埠以后，就有全国各地的人过来，在这个过程中，"移民"是一个重要的考量因素。最早从事商贸活动的外来人员，其实是跟随外国人来的广东、福建籍商贩或买办群体，我与广东省中山市社科联的胡波主席一起做买办群体研究的时候发现，其实上海第一代的买办就是香山买办或者说广东买办。对于广东来讲，由于有"十三行"体制的因素，可能来上海的那些买办，并不是第一代买办，甚至可以说是第二、第三代或更多代了。但是在上海开埠之时，这些广东买办群体对于上海来说，则是第一代买办，买卖群体中就包括徐润、郑观应这些人，当然也可能有更早的一批。而且由于他们在跟外国人打交道方面具有丰富的经验，所以这些买办群体在上海早期的对外交往中起到了重要的作用。

◎问　那么，这些广东买办或香山买办群体在早期上海城市社会发展和中外交往中的作用大概表现在哪些方面？

◎马　我最近在做上海"商船会馆"的课题研究。我个人觉得，尽管早在清康熙年间就开放"海禁"，上海已经发展了一些贸易活动。据史料记载，到清乾嘉时期，上海已然成为"江海通津，东南都会"。上海港口当时也有了所谓的"东西南北洋"，但交往的对象主要还是沿海地区与邻近的国家，比如东亚的日本，与"西洋"的往来其实并不多。但是，在1843年上海开埠后的新"通商体制"下，广州过来的西方人，主要是以欧美人为主，与此前上海交往的贸易对象是不一样的，尤其是香港、香山和澳门的商人多来自西方，比如葡萄牙、西班牙、英国等国的商人。所以这个历史时期对上海来讲，来自广东的移民或者说买办群体对城市产生的影响很大。其影响主要体现在以下两个方面：一是体现在商业贸易上。上海开埠以后，在对外贸易方面发生了巨大变化。第二个方面，也是更重要的方面，是广东买办群体北上为上海带来了经商观念上的改变，广州作为早期开埠的重要港口城市，它的开埠经验和先进的经商观念对上海开埠后贸易活动的影响是非常大的。我的同事宋钻友研究员有本著作是《广东人在上海（1843—1949年）》，我觉得他当时选的题目非常好，具有很高的学术研究价值。

●问 您认为上海开埠后的城市发展中体现更多的是江南因素吧，所以您有一篇论文是《近代上海成长中的"江南因素"》，我想顺着这个思路追问一下，您认为上海城市成长过程里面的广东因素有哪些？

◎马 这是我在十几年前写的一篇论文，因为在整个上海城市的成长过程中，最主要的腹地是长三角地区，这个客观事实促使我去思考近代上海成长中的"江南因素"。其实在上海早期或者很长一段时期，在上海城市发展中，"广东因素"对它也有很大的影响。你刚才这个问题让我开始设想，如果近代上海的发展离开了"广东因素"，它会怎么样？

关于近代上海成长中的"广东因素"，我现在提出来，但目前还没有做过这方面系统的研究。只是提一点还比较浅表的看法，我个人觉得有两个方面：

一个是在上海早期开埠中所具有的引导意义。广东具有导向性的，也可以说是观念上的导向，因为广东人与西方人的接触、交流，比江浙一带的人要早，一些观念与做法实际上是广东人（还可能是福建人）跟随着西方人而来的。在早期的上海竹枝词中经常提到"说鸟语"，鸟语指的可能是外语，也可能是广东（或福建）话，所以这个说法也颇有意味。事实上，乾嘉年间上海已经有了洋行街，"在小东门外，北至海关大街"。也就是说在外国人来上海之前，上海已经有"鸟语"这个说法，也有了"洋行街"。所以在上海的城市发展中，不管是开埠后还是开埠前，"广东因素"是值得关注的，从深层的背景上说，就是与"十三行"体制有关。广州的买办群体是中国比较早的一批与西方打交道的人，在某些领域的"导向性"值得研究。由于有这样的历史因素与特殊的传承性，从早期的通商开埠到现在的改革开放，就对外交流而言，"广东因素"一直对上海发展有一定的导向作用。

第二个方面是两个区域（城市）的精神气质具有"内通"的一面。在区域文化方面，胡波教授的研究成果比较多，广东人的务实精神跟江南的务实性、商业理念具有相通的一面，都比较务实，讲究实效，不尚空谈，这种文化上的相通很重要，彼此可以交流、交往。从地域上说，就好比北京那边认为我们上海这里是南方，其实对于更南方的广州那边来讲，我们上海也是北方。所谓的南北方，是相对的，但就整体而言，长江以南的南方，一些文化传统包括商业精神，相对而言更相近。所以，我个人认为崇尚务实、讲究实效的文化气质使广东人跟上海人走近，或者在长三角和珠三角之间的交流方面，可能更加容易一些。所以，涉及改革开放，上海人与广东人更容易沟通与交流，务实也会让他们迅速达成一致的协定或者实行一些改革。

在观念的导向和务实精神的共同作用下，广东的很多东西就会在上海扎根、生长，开始发展起来。这体现在很多领域与行业中，诸如餐饮、娱乐，还有一些工商领域的分工合作。可能在其他地方需要经过很长时间才会发生改变，但在上海这种局面很快得到改变。

然而，珠三角与长三角还是有很大区别的。其中，上海有两大优势非常突出，一个是地缘或区位上的，处于大陆南北海岸线的中点，位于长江的入海口，所以它拥有更庞大的腹地，可以集中更多的资源。从长期来看，在通商的格局形成后，上海会快速超越广东。事实上，上海自 1843 年开埠后，在短短的数十年间，无论是对外贸易量，还是经济的整体发展，就迅速超越了广东，这是区位优势所决定的。另一方面，上海的包容性更强，濒江临海，处于东西南北的大通道中，如果不是人为设置障碍，这里才真正能实现五方杂处，海纳百川。在新事物、新观念大量涌入的同时，也有强大的吸收能力、消化能力，一方面有庞大的腹地支撑，也有地域所造就的文化多元性因素促成。所以，在区域（城市）的发展中，上海既是一个很好的合作者，但同时也会迅速成为一个强大的竞争者，在未来长三角、珠三角城市群的合作或竞争中也会体现这些特征。

●问　您在上海生活了几十年，对于刚才讲到的广东人对上海的影响，或者是移民对上海的影响，在历经了百余年后的当下，上海这个城市里面的广东文化符号还留存多少？

◉马　你这个问题问得非常好，其实近代上海有很多体现广东文化的历史遗迹、文化遗存，我们在考察近代建筑和历史风貌区的时候，就已经关注到这一现象，如石库门建筑中的"广东文化"或"广东符号"，还有一些历史街区，如四川北路，都保留了大量广东文化的符号与元素。

谈到当下上海的"广东符号"，可以从两个方面展开：一个方面是上海的广东文化符号总体在减弱。近代广东人在上海势力非常强大，南京路上四大百货公司都是广东商人开办的，这是比较典型的表现。在我接触到的历史风貌和历史建筑中，彰显粤文化的东西还是很多的，历史遗迹也留存了不少，包括建筑，有"广式"的，无论是民居，还是公共建筑，都有大量体现"广式"文化元素的；以前还有一些广东街区，但现在好像越来越少了。这些问题，我跟胡波教授沟通过，当下上海城市的广东元素好像越来越少，广东文化的因素在减弱。其背后的原因，也值得深究。可能由于现在的珠三角发展比较好，广东人也不太愿意来上海吧，或者，还有其他原因？第二个方面是受城市更新的影响。最近几十年，上海城市更新步伐加快，在快速更迭的城市发展进程中，很多的遗迹、遗址在大量消失，当然消失的不仅仅是"广东文化符号"，其他类型的文化遗存也在不断消亡之中。反映城市某一个历史阶段的文化记忆的消失，这不得不说是一种遗憾。

◎问　我们继续谈您的江南史研究，请介绍研究的大致进展。另外，在您的课题《中国江南地区一个家族的变迁：洞庭席家研究》中，已采用了口述历史的方式。在进行口述历史访谈过程中，让您最难忘的事情是什么？您认为在对近代历史人物进行口述历史研究过程中，最困难的地方是什么？应该注意哪些问题？

◎马　我从事江南史研究多年，较早撰写的一篇论文是《明清江南港口城市初探》，1993 年发表在《华东师大学报》上。我关于苏州席家研究的书稿，后来由商务印书馆出版，题为《江南席家——中国一个经商大族的变迁》。在这本书中，我做了几个尝试，可以这样梳理：①将明清时期的江南家族研究延展到近代。拓展到近代，有一个好处，就是可以阅读的档案资料多了。因为有席家的研究，才有了后来买办课题的衍生，有了后来的买办研究及《出入于中西之间：近代上海买办社会生活》一书的出版。②我第一次大量使用口述资料，先后采访了散布海内外的席家子弟几十人。③在家族研究中，我深刻体会何为"社会变迁"。从制度演变到生活层面，人群在变动社会中的境遇、状况，如果不从事这些具体的深入探究，是无法体会的。历史的复杂性就是在这样的样本研究中才得以呈现。

在做口述研究的经历中，我认识到了口述历史的重要性。如果要总结的话，可以归纳为：

（1）可以通过"当时人""亲历者"或"相关人"的回忆，帮助研究者走进现场，加深对相关内容的理解。

（2）从中获取一些有价值的线索，了解更多细节内容。有的线索、有些细节可能是独一无二的，否则就会被"淹没"，或者"石沉大海"，这也是口述研究的价值所在、魅力所在。

（3）口述采访与文献档案相结合，可以互相印证，互为补充，可以更好地还原历史事件的某种真实。

20 年前，我非常庆幸当时有机会选择以苏州洞庭席家在内的洞庭商人作为课题的研究，对我个人而言，有两个方面需要说明：第一点，时段上的突破。过往研究洞庭商人，一般都聚焦于明清时期，这样近代的大量档案资料就被忽视了。事实上，苏州的一些商人后来是跑到了上海这些通商口岸，继续演绎着他们的"传奇"。我将这些商人作为一个整体考察，从明清延续到了近代。正因为有了这样的时段突破，才有了寻找这些商人后代的可能性，所以有了第二点，重视口述。

我在做洞庭席家研究的时候，尤其涉及买办家人的时候，做了大量的口述采访，我采访了 30 多位席家后人。其实当时做席家口述研究的时候，也没有现成的方法，都是自己摸索出来的，当然我也知道口述研究的一些基本路径，但是通过扎实的口述采访活动的推进，我马上体会到口述研究的价值所在。

进行口述采访的对象主要有几种，一种是亲历者（见证者），还有一种是相关者。亲历者、见证者，很多已离世，无法再完成口述任务。但相关者很重要，他们与亲历者（见证者）因存在的特殊关系而成为关联者，他们知道了一些情况，掌握了一些资料，可以帮助我们找到一些事情的真相。我们作为研究者，作为"他者"，由口述者代替现场，通过他们的回忆、他们的口述，让我们进入历史现场，这本身就具有很重要的历史价值，这是口述研究体现的价值

在对口述对象的采访中，他们可能会触景生情，漫无边际地进行讲述，反而可以获得一些意想不到的独特史料，这类史料可能很重要，可以跟档案里、文件里、家谱里的其他史料进行相互佐证，从而找到新的历史线索。这些意想不到的珍贵史料具有独一无二性，如果你不做这个人的采访，这些史料可能就被淹没了。就像我们曾经采访的一位口述人物，后来他去世了，他的夫人或子女，就替代不了他，因为他是独一无二的，他作为一位相关者，会提供一些非常有价值的史料，这就是口述史的价值。尽管有些人的口述内容可能是杂乱的，但内行人会迅速抓住他的一个亮点挖掘，这就

是它的独特性。

总之，口述史的价值可以归纳为三点：第一个价值是场景再现；第二个价值是独特史料（或线索）的获取；第三个也是最重要的价值就是口述内容。口述资料与文集、笔记、档案等内容可以相互参照、互为依据，共同深化相关的研究专题。就像考古挖掘，也如侦探小说，线索越多，证据越多，指向就越明确，价值就越大。

在进行口述历史访谈过程中，让我最难忘的事情是什么？现在回忆起来，正是通过做口述访谈，我认识了很多席家的人，拿到了一些无法从公藏机构获得的珍贵家谱、图照。另外，包括一些重要人物的识别、图片的辨认、事实的考证，如果没有开展相关的口述采访，几乎是无法完成的。做席家的口述研究时，我们还联系到了海外的那些席家后人，真正了解到他们家族在上海时期的生活状况。

说到最困难的，其中一个难题是口述影像的保存问题，当时的录音资料保存在磁带上，现在导不出来了，很遗憾。后来在影像资料馆讲课时听说要借助很复杂的工具才能导出来。所以要注意口述资料的保存问题，保证若干年以后还可以使用，也是很重要的。

◉问　刚才您说到，口述研究中被采访对象是"他者"，那研究者就可以被称为"我者"。对于"我者"跟"他者"的关系是怎样的？访谈过程中应该怎么去激发"他者"的讲述欲望和讲述话题的拓展？

◉马　我在做口述研究的时候发现，做口述访谈其实是非常困难的，没有一定的资历、阅历和专业能力的人是很难做好口述采访的。对研究者而言，要求甚多。第一个要求是对相关背景材料的掌握。第二个要求则是提问题要适当，要考虑周全一点，要注意忌讳的问题，比如，你不能往人家的痛处、隐私方面讲，这是犯忌的，这也需要了解更多的背景知识。我们做口述采访，尤其是对家属采访的时候，需要了解一些内容，同时也要事先跟他进行沟通，因为每个家属都有自己的隐私，就算是从法律角度来讲，人家的隐私你也不能涉及，这是一个要求。第三个要求就是把握好尺度，你作为一个研究者，当然希望激发他讲很多你不知道的东西，但是尺寸把握好，这很重要，作为研究者，你要事先将你的采访对象研究得很清楚，才可以聊得比较详细，所以最好的口述采访是双向交流，交流内容和深度随着采访过程而不断提升，被采访者也会了解新的视角或新的问题，所以口述采访最好的状态就是：先研究、先了解；再口述、交流；共同提升，共同商讨，这样的口述采访的价值是最高的。

●**问**　那样的口述采访会达到一种共情的状态，由双方共同推动信息交流的过程进而达到共同提升的口述采访境界，这种高质量的口述采访可以增加采访双方的理解深度。

◎**马**　这是个理想状态，这是我个人做了大量的口述课题而得出来的一些看法。口述研究，有多种类型，多种样态，无疑这是一项非常艰辛的工作。这个度一定要把握好，既要从理想角度来看，要激发口述者讲出真实的内容，但也要时刻注意保护口述者的情绪、心态。其实，保护口述者的隐私权也很重要，以免发生纠纷。所以，要事先跟口述者达成一个很好的共识，就是我们谈某个问题的时候一定要给他

马学强

1117

空间，告诉他这是您的空间，您可以不回答，您若回答的话，可以发表的程度怎么样，我们要达成一种默契的空间，这也是口述采访的难度之一。

◉**问**　最后文字整理方面有什么好的经验呢？

◉**马**　关于文字整理方面的做法，我们也有一个工作的模式或方法。第一步，先将口述资料完整地保留下来；第二步，对采访的内容做注释，根据我们的档案资料或其他权威资料进行补充完善，这就是对历史事实的尊重；第三步，定稿后的内容要交给口述者进行审阅，并据此对采访内容进行修订，这是对口述者的尊重。做到这三步，整理出来的内容，大家就都能接受了。因为口述的内容其实是双方的版权，不单单是口述研究者的版权，还有口述者的版权，所以整理者和口述者都很重要，这是一个共同完成的任务。

◉**问**　您曾撰文《论近代上海买办的教育背景》，其中提到"上海通商开埠后，数十年间造就了数以千计的买办"。您是如何看待上海的买办群体的？您是怎样关注到上海买办的教育背景这一问题的？上海买办的教育背景与买办群体的发展之间有着怎样的关联？

◉**马**　有了对以苏州席家为核心的江浙买办的研究为基础，再来考察近代上海的买办群体，前后就有了比较，有了关照，知道江浙买办并不是上海的第一代买办。而从近代中国开放的时序上来说，广东、福建一带的买办，才是最早的一批。"香山籍"这些买办群体，于是成了我们研究上海史绕不开的议题。

关于买办的教育，只是考察的一个视角。从这个角度切入，可以发现大量的问题，譬如：

（1）涉及中国"本土"而言，各地的乡土文化特点、教育观念、信仰问题等，江南地区与华南地区有区别，即使在江南内部，浙北与苏南不同，浙江的宁绍与杭嘉湖也有差异；在广东，潮汕与香山两地，也是有明显不同的，这样的对比观察视角对于理解买办的特性很有帮助。

（2）从接受外来文化而言，近代中国存在着"代际"的差异。实际上，由于"十三行"体制的存在，广东比江南更早接触到外来文化，这在买办的教育问题上很早就得以体现。所以，我们注意到了买办教育的"代际"问题。最近，我在写一篇文章，题为《在上海读书：圣玛利亚女校、中西女中广东中山籍学生的样本分析》，届时与中山朋友做一些交流。

归根到底，不同的教育背景，会影响到买办的职业状况、参与程度等。当然，买办的职业生涯，与各个地区在不同时期构建的社会关系、产业结构等因素，也有着密切的关系。

◉问　上海早期的广东籍买办群体的教育背景是怎样的？郑观应等人是接受过传统教育，然后进入上海充当买办的，传统教育的背景对郑观应的买办生涯有哪些影响？比如重视道义、爱国爱乡？

◉马　话题聚焦到广东籍买办群体与郑观应，就很有意思了。早期在上海充当买办的很多都是广东香山人，香山由此被称为"买办故乡"。香山县距广州不远，毗邻澳门、香港，中国早期的许多买办从这里产生，有其深厚的地理背景。

我们先看看上海广东籍买办的构成与数量。在早期上海的买办构成中，有多少人是来自广东地区的，这一直是大家关注的问题。据郝延平对 19 世纪中后期上海琼记、旗昌、怡和、宝顺四大洋行买办的统计，注明为广东籍买办的有 24 位，这里有一份名单，他们是：仕开（See Kai）、朱雨亭（Chu－u－teng）（上海琼记洋行买办）；林显扬（阿耀）、何廉玉（顺昌）、顾丰盛、昌发（Chongfat）（上海旗昌洋行买办）；阿三（Asam）、阿陶（Atow）、阿福（William Af-fo）、雅记（Yakee）、阿李（Aleet）、林钦（Acum）、唐景星（廷枢）、唐茂枝（廷植）、阿林（Allum）、唐杰臣、唐玉田、唐荣俊、唐纪常（上海怡和洋行买办）；徐钰亭、徐荣村、曾继圃、阿穆（Amew）、徐润（上海宝顺洋行买办）。在其他洋行任职的还有：郑观应、杨梅南等，先后为上海太古洋行买办；郑秀山，上海柯化威洋行买办，等等。

直到 19 世纪 70 年代，粤人在上海的中外贸易中仍占据一定势力，晚清的王韬在《瀛壖杂志》就说过"沪地百货阗集，中外贸易惟凭通事一言，半皆粤人为之"。此后，随着江浙籍买办的兴起，广东籍买办在上海的力量有所减弱，但也只是相对减弱，一些著名洋行仍聘请广东人担任买办，如来自广东中山县的陈可良、陈雪佳父子，先后担任上海太古洋行买办。潘澄波，广东新会人，任上海怡和洋行总买办，后由其子潘志铨继任该洋行买办，第四子潘志贤任副买办。

另一个数据也说明了这一点，在 20 世纪三四十年代上海商业储蓄银行、中国征信所等所涉及的 500 余名买办调查中，广东籍买办有 58 名，是除江浙以外产生买办人数较多的地区。

再来说说他们的教育背景。

应该说，徐润、郑观应等知名买办，是较早来上海的一代买办。这一代买办，早年所接受的教育还是比较传统的。徐润，清道光十八年（1838）出生于香山县北岭乡老宅，号雨之，别号愚斋。据他自己介绍：8 岁，由王丹书开学；9 岁至 12 岁，由王丹书教读；13、14 岁，由卢麟教读。清咸丰二年（1852）二月，15 岁的徐润结束了在家乡 7 年的私塾生活，离开澳门下香港，随同四叔荣村（徐瑞珩）乘英公司轮船到开埠未久的上海。徐瑞珩雅好文墨，周围也多饱学之士，他希望侄子不要流落市井，宜从学，所以在上海停留数日后，即将他送往苏州西园杨子芳老伯家读书。但因口音隔阂，徐润根本听不懂吴语，"不惟书不能读，话也不明"，五月仍回上海。这时候，在上海宝顺洋行"行内办房事务"的伯父徐昭珩出来说话了："既不能读书，当就商业。"于是，徐润就留在宝顺洋行学艺办事，开始他的经商生涯。从学徒开始，学丝学茶，其间与西人韦伯氏等相熟，练习英文，后来徐润当上了宝顺洋行的买办。

比徐润小 4 岁的郑观应，出生于香山县的一个书香世家，祖父郑鸣岐是一位学者，在当地颇负名望，父亲郑文瑞也是一位饱学之士。在这样一个有着家学渊源、藏书丰富的家庭中，郑观应从小读经书、习时文，并立志在科场上有所作为。清咸丰八年（1858），17 岁的郑观应在香山县应童子试，未中，即奉父亲之命到上海学贾。与徐润一样，郑观应之所以选择到上海，也是因为有亲戚在上海做买办。郑观应的叔父郑廷江（秀山）时任上海新德洋行（亦作柯化威洋行）买办，郑观应遂投奔叔父郑秀山。在奔走洋行之间，郑观应意识到英文的重要性，他曾说："盖今日时势，非晓英文、业精一艺，不足以多获薪水。"① 这应该是他当时非常切身的体验。他的英文启蒙老师应是郑秀山，就是那位令他一辈子念念不忘的"秀山叔"热心地教他学英语。1859 年，郑观应通过同乡亲友介绍，到宝顺洋行工作，兼营轮船揽载事宜。工作之余，郑观应继续进修英语，一度从英华书馆教习傅兰雅读英文夜馆。② 苦读几年，英文水平大有长进，这为他此后在洋行谋职提升奠定了基础。后来，他离开宝顺洋行，于1874 年受聘为上海太古轮船公司的总理兼管账房、栈房等事，相当于总买办的职务。

传统教育的背景对郑观应买办生涯肯定有着重要的影响。

孩童时期的郑观应，所读之书，不过是传统的经史诸子及历朝诸君子文，后来弃学从商，补习英语，搏击洋场。

---

① 郑观应：《郑观应集》（下册），上海人民出版社，1988 年，第 1483 页。

② 据《北华捷报》介绍：上海的英华书馆（Anglo - Chinese School）成立于 1865 年，是一所主要"适应商界子弟需要"的教会学校。在英华书馆，用英国语言进行认真的教学，校长傅兰雅。一些洋行的经理及多位买办（如旗昌洋行买办陈竹坪、唐廷枢等）对该书馆都有过积极赞助。

但早年的传统教育，还是给郑观应烙下了深刻的印记。考察郑观应的买办经历，与后来的很多买办是不同的，如在国家、社会和个人的关系处理上，郑观应有家国情怀，有道义担当，而且非常注重人际关系，能把握好"利"与"义"之间的关系。

更重要的是，有了深厚的"本土"教育背景，才能客观地对待西方和西学。郑观应在批评 19 世纪人们对西学的学习和理解时，曾说道："今之读书者不知穷理，又不能专习一艺，虽好新学，而不得新学之益，粗通中、西文字，即效西装、食西餐、饮洋酒、吸纸烟、戴金丝眼镜，扁帽革靴，高领窄衣，徒袭西人外貌，未得西人实学，已自以为熟悉洋务，足为新学中人矣。究其所学，实一艺无成，全在文饰上做工夫。"[1]

可以说，有了本土传统文化的"底气"与"底蕴"，郑观应才会在对待西学问题上形成自己的看法，这也是他所秉持价值观的具体体现。

◉问　您刚刚提到的，上海最知名的外语培训班英华书馆，是一座位于上海武进路 412 号的老房子，这所学校是专门为商界子弟提供英文学习的场所。就像刚刚谈到的那样，学习英文为郑观应在商场上谋职提升奠定了坚实的语言基础，除此之外，学习英文还为郑观应等买办群体产生了哪些其他方面的影响？

◉马　关于学习英语以及接受西方知识给郑观应等买办

---

[1]　郑观应：《训子侄》，《郑观应集》，中华书局，2013 年，第 262 页。

群体带来的影响，郑观应本人也曾经多次论述过。在他所著《易言》的《论考试》篇及其后《附论洋学》篇中，郑观应提出科举应兼采西学，并对运用西方的方法和内容培养人才的设想进行了较为全面的论述。

郑观应认为中国经济要发展，培养科学技术人才极为重要。他设计了一整套培养人才的制度和方法，这就是要学习西学，包括自然科学、工艺学以及社会政治方面的学问，要精通外文，要通过办正规学校、在实践中半工半读两条途径来培养人才。他指出了中国传统教育的弊端：

"中国之士专尚制艺。上以此求，下以此应，将一生有用之精神，尽销磨于八股五言之中，舍是不遑涉猎。洎登第入官而后，上自国计民生，下至人情风俗，及兵、刑、钱、谷等事，非所素习；猝膺民社，措治无从，皆因仕、学两歧，以致言行不逮也。"

"然而欲作人才，先觇教养。今之学校书院，专事举业，而外邦之风俗政事，一概不知，且深以西学为可鄙。欲求一洞识时事、兼习中西者，实难其人。况当今海禁大开，藩篱尽撤，欧洲各国，无不肩摩毂击，互市通商。各恃富强，相为要挟。更宜练兵修政，选将筹边，断非醉草可以吓蛮，围棋自堪破敌时也。"①

郑观应对兴办学堂非常支持，他在上海工部局华童公学、经元善发起的中国女学会书塾（又称经正书塾或经正女学）等学堂的创办中都发挥了重要作用。

---

① 《论考试》，《郑观应集》，中华书局，2013 年，第 105—106 页。

另外一个例子，作为买办，郑观应不仅重视子女的外语教育，而且要求他们精通一门技艺。他声称："凡诸弟来沪学习商务者，我无不嘱其先入英文学堂。盖今日时势，非晓英文、业精一艺，不足以多获薪水。"

郑观应长子润林，自日本读书毕业后返国，在营口海关道当翻译4年，后回到上海，任厦门招商分局局长4年。但郑观应认为润林虽已读中西书十余年，毕业于日本法政高等警察学校，但不肯入实业专门学堂习得一技之长以谋生，甚失所望。

次子郑润潮幼年在澳门"郑慎余堂"读私塾，后在广州岭南学堂圣士提反学校①读英文书8年，1911年考入北京税务学校学习。

郑观应为了激励儿子自谋生计，还制定了严格的家规，这一切都源于郑观应对几十年商战经历的体验和总结：

"我知二十世纪觅食艰难，故定家规，甚望我子孙各精一艺，凡子孙读书毕业后及二十一岁后不愿入专门学堂读书者，应令自谋生路，父母不再资助，循西例也。我子孙所得薪水由五百两以外至五千两，均提九五扣归公家，如过千两及营业得利者，任其加提若干以培基本，如不遵守者便是不孝。此款只为各子孙读书之费，不准别用。"②

●问　在中国近代百年商史中，买办群体扮演了重要的

---

① 该校1900年因时局动乱迁往澳门，郑润潮大概此时进该校读书，1904年圣士提反学校迁回广州时改名岭南学堂，后又迁往香港。

② 《郑观应集》（下册），上海人民出版社，1988年，第1487—1488页。

角色，也诞生了郑观应等很多历史人物。您前面也提到，晚清的王韬在《瀛壖杂志》里就说过"沪地百货阗集，中外贸易惟凭通事（即买办）一言，半皆粤人为之"，他们顷刻之间"千金赤手可致"。法国著名的中国近代史专家白吉尔教授在其所著《上海史：走向现代之路》中，也专门写到了买办群体，可见买办群体对近代中国历史的影响巨大。晚清至民国时期的近代中国史上，买办群体对上海及中国社会的影响主要集中在哪些方面？国外研究中国近代史的专家对买办群体有哪些评价？

◉马　客观地说，买办在近代通商口岸城市所具有的这段独特经历与商业机缘，不仅改变了他们生活的世界，而且也使他们在中西商业往来、文化交流中有意无意地扮演着重要的角色，进而奠定了买办群体在中国近代史上独特的历史地位。由于职业上的关系，买办群体与西方人接触最多，交往也广，相互间的利益关系尤为密切，所以他们对西方人与西方事物的了解更多，受其影响至深。同时，买办也是近代中国财富的极大拥有者，具有充分的消费能力去仿效、融合、消化西方人的生活方式，因此他们的生活方式包括衣着、住房、宴请、信仰、社会活动以及子女教育等方面，都与传统官绅、商人群体迥然有别，在许多方面都逸出了中国固有的传统，为处于静态、闭塞中的中国社会提供了一种新的生活方式。

但在不同的历史语境与社会环境下，学者们对买办的作用与地位的看法是有很大差别的。

◉问　您和张秀莉教授合作完成的专著《出入于中西之

间：近代上海买办社会生活》一书，将研究对象聚焦于上海买办群体，您是如何选定这个研究主题的？研究过程中有哪些新的感悟？您和张秀莉教授之间的合作和分工情形是怎样的？

⊙马　在完成"江南席家"国家课题后，我就专注于上海买办的研究。关于买办，学术界以往主要从社会经济史角度考察较多。买办作为近代中国通商口岸兴起的一个阶层，也是近代中国社会中最有争议的人群之一。有人说它是"洋奴"，更极端的称其为"卖国贼""帝国主义的走狗"；另一种评论则截然不同，认为买办是中外通商的居间人、中间人，是东西两种文化的中介人、线人，还有一些学者，如美国学者郝延平在20世纪60年代就曾以"19世纪的中国买办"为专题进行研究，后成一书，即《19世纪的中国买办：东西间的桥梁》（中文本由李荣昌等翻译，上海社会科学院出版社1988年出版）。郝延平认为买办是中外商人之间的中介，所以"他们在近代中国的作用主要是经济上的"，该书研究的重点也主要在经济领域。同时，作者也注意到买办不仅仅是"买卖人"，在非经济活动中诸如生活方式、对西方文化思想的反应、对社会政治的关注与参与方面，买办也深受西方的影响。

在阅读了上海买办的新资料特别是20世纪后的一些档案资料后，我觉得对买办认识上的分歧及所构造形象的差异，主要源于不同的视野与语境。特定的历史时期与特殊的语境下对买办论述的泛政治化，使买办在社会大众中留下了"概念化""脸谱化"的印记。事实上，从19世纪中叶上海开埠之初到 20 世纪三四十年代，近百年来买办的作用与地位发生了很大变化，人们对买办的认识也一直在改变之中。对这一过程的梳理，不仅有助于理解买办的产生背景、职业特征及所担当社会角色的转变，而且也可以明晰在不同语境下买办形象的演变。这就是我想继续考察买办的原因。

这里，还与熊月之教授主持的一个比较大的项目有关。2001 年，上海社会科学院历史研究所承担的多卷本"上海城市社会生活史"被列为上海市哲学社会科学"十五"规划重点课题，并专门成立了编委会。作为近代上海的一个特殊而重要的社会阶层，买办的社会生活值得关注，于是，编委会将《出入于中西之间：近代上海买办的社会生活》列为"上海城市社会生活史"中的一卷，由我与张秀莉承担。

从立项到完稿，花了很长时间。其间，我们从各类文献档案中整理辑录了近百万字的买办资料，并对一些买办的后代作了口述。围绕几个专题撰写论文，我陆续发表了《论近代上海买办的教育背景》《近代上海买办的社会生活及其文化特征》《近代中国一个新阶层的收入与消费状况：对上海买办的考察》《20 世纪前期的买办及其社会生活状况研究》等等。

这里，也要提一下在香港召开的一次研讨会。2009 年 3 月 7 日，香港中文大学中国文化研究所文物馆、历史系合办"买办与近代中国学术研讨会"，我应邀与会，并提交论文《跨文化背景下的近代上海买办生活》。这次会议，海内外研究买办的一些专家、学者都出席了。同行们相互切磋，交流信息，受益颇多。

《出入于中西之间：近代上海买办社会生活》书稿，由我与张秀莉博士合作完成，具体分工：导论、第一章"买办：一个新阶层在上海的兴起"、第二章"教育背景与买办职业的关系"、第四章"买办：财富的极大拥有者"、第五章"买办的消费与日常生活"，主要由我撰写；第三章"对买办收入的解读"、第六章"买办的家庭结构与婚姻状况"、第七章"买办的宗教信仰与宗教生活"，则由张秀莉撰写。我们还共同完成一份资料长编，有 30 余万字，由于出版字数限制，我们仅摘选部分资料作为"附录"刊印。书稿最后由我统稿并配图。该书于 2009 年 9 月由上海辞书出版社出版。

◉问　除了郑观应，您还做过其他历史人物的研究，研究过程中也采用了一些新的方法和新的手段。您认为如何才能做好历史人物的研究？应该注意些什么？

◉马　这个问题很难作答，因为历史人物所处的历史阶段不同，人物类型不同，需要注意的内容也不同。比如城市史视野中的人物研究，我一直觉得应该更关注历史人物与城市历史之间的关系。在研究一个城市或者一个区域中的历史人物时，需要关注以下两点：第一点就是要在人物研究中体现城市社会的演进脉络，可能是文化脉络，也可能是历史进程的脉络；第二点要注意的是历史人物研究一定要借助特定人群的活动进行分析，因为所有的文化演进或社会变迁，都是与历史人物及其活动联结在一起的，所以城市史研究一定要看到"人群的活动"，要有大量历史人物研究作为基础。现在，一些城市史的研究，通篇看不到"人"的活动，历史人物所起的作用，缺少了城市中人与事的内在联系，就显得很"硬"，少了"烟火气"。缺乏历史人物及其活动的刻画，城市中看不见人群的活动，那么，这座城市史的研究一定是不鲜活的，也是不完整的。

中山市在这方面做得不错，在城市文化形象打造中非常注重挖掘历史人物的现代价值。中山城市历史上名人辈出，包括孙中山、郑观应等一大批近代历史名人，这些历史人物的群像要悉心刻画出来，要体现特定的时代特色，当然也要有符合当下这个时代的表达方式。所以说，对历史人物的研究，还要突破历史人物身上传统而刻板的标签，要把它融入当地的文化中，或者放置在当前社会大背景下，要清晰地表达出历史人物研究对当下社会的意义，这就需要扎实的历史人物研究成果和丰富的历史人物遗迹遗存的积淀。

就像郑观应，他作为近代史上有一定代表性的改良主义思想家，以及能塑造积极形象的买办典型，其活动范围遍及国内很多城市，也为后世留下了大量的著作，这些在当前都转化为历史人物研究的重要史料和遗迹。这些因素共同决定了郑观应在那个时代人群中具有鲜明的特征，也决定了郑观应研究在当前这个时代仍具有一定的价值。

●问 广东中山三乡镇雍陌村有郑观应故居，澳门有郑家大屋，这些都是重要的郑氏家族的人文遗产。您是人文遗产研究方面的专家，在城市更新的大背景下，您认为应该如何有效保护和充分利用这些历史人物类文化遗产？

◎马 这也是一个很好的话题。2022年是郑观应先生诞辰180周年，作为郑观应先生的故乡，将郑观应研究、保护和利用工作作为明年中山市政府工作的一个重点是非常恰当的，中山市肯定有责任也有能力把它做好。

个人以为，首先应该整理郑观应先生留下的文集、著作等相关成果，或曰"人文遗产"，包括著作、文集、诗词、文物、家规家训等。就郑观应留存在各地的"人文遗产"，其存在样态可以是多种多样的，现在的状况是文字方面的遗产比较多，图像、文物类的遗产比较少。从学术研究的角度看，郑观应及其研究者所编写的一些文集具有重要的研究价值，如由上海人民出版社出版的《郑观应集》上册、下册，由中华书局刊印的《郑观应集》全8册，由上海图书馆、澳门博物馆编选、上海古籍出版社刊印的《郑观应诗集》全6册，都很有价值。

除了这些书籍外，我觉得相关图照的整理与研究很有价值，也很重要，要用心搜集。当然你们现在做的关于郑观应的口述研究也很有意义。

另外，虽然郑观应家乡中山市在郑观应的遗产遗迹保护方面做得很好，但是其他城市有关郑观应的遗迹可能已经消失了，因此需要由中山市牵头相关城市，围绕郑观应相关遗址遗迹的挖掘和保护工作进行深入交流和彼此合作。中山市应该在郑观应遗迹、遗物、遗存等的搜集和整理方面一马当先，要做到"集大成"，要担起责任。在此基础上将郑观应相关的文物史料保护好、研究好、利用好，做到"三位一体"。

很期待广东中山在郑观应先生"人文遗产"方面的保护与利用方面取得进展。

●问　您刚才提到了郑观应研究要关注其当代的价值和重要意义，请您跟我们分享一下，郑观应研究对当代社会的普世价值或社会意义体现在哪里？如何更好地发挥其当代价值？

◉马　刚才我跟胡主席也在交流，现在我们纪念郑观应先生到底有什么重要的价值和意义？我觉得可以从他的思想和家国情怀两方面去理解郑观应研究的社会意义。第一个方面，对郑观应思想的研究在当前近代史研究中具有重要的价值。郑观应先生作为近代史上思想比较开放的一个历史人物，他的经历很独特，或者说郑观应当时面对的世界也是非常奇特的。郑观应从香山这个地方出发，走南闯北，面对这样一个中国，面对这样一个世界，他是怎么看的？这些独特而丰富的人生经历催生了他独特的思想，其中最具代表性的就是从中国近现代商业的独特视角而形成的"商战"思想。另外我们也可以从他的商战思想、商业思想中去体会郑观应面对那个时代的中国或者广东，面对全局，面对世界的直观感受，这个感受也是我们近代史研究的宝贵财富。

第二个方面就是郑观应的家国情怀。身处近代世界中的中国人，他对国家是怎么看的？国家怎么看待他？从他教育子孙、与同事往来等方面的事例中可以看出，他是一个有道义感、有强烈国家意识的人。

郑观应为当下的中山留下了什么？我觉得主要有两点，第一点是他很强调的家规家风。郑氏家族后人有郑克鲁先生这样优秀的子孙，这与他的家规家训中的严格要求分不开的。现在中山市的专家学者已经对郑观应的家规家训内容进行系统整理，这不仅对郑氏家族意义重大，对现在的中山人也是有启示意义的。

第二点是郑观应先生具有开阔的世界观。中山人现在也要向郑观应先生学习，应该怎么看待世界，怎样激发自己的潜力。当我了解了郑观应先生的经历后，深深地感慨于他的胆识、气魄和胸怀。现在的中山人还具有这样的气魄吗？还有这样开阔的世界观吗？虽然郑观应学历有限，但他在生活中屡经磨炼，不断突破自我，有了独特的眼界，有了那样的世界观，他的这种眼界和世界观清楚地反映在他所著的著作和诗文中。

当下，大家都在思考如何纪念郑观应先生，从家规家训、世界观这些方面去探索纪念郑观应先生诞辰180周年的社会意义，进而思考这些社会意义在民族、国家发展方面的长远价值，这应该是揭示了纪念郑观应先生的题中应有之义。作为他的家乡，还要考虑郑观应这位乡贤对于中山的实际价值与现实意义。

●问　是的，将郑观应先生宝贵的人文遗产保护好、利用好就是对他最好的纪念。当前中山市在挖掘、研究和保护郑观应文化遗产方面做了很多工作。刚才您谈到的郑观应的先进思想、家规家训和家国情怀等方面，在当前都具有很高的社会意义和宣传价值。中山市也曾利用图片展等方式，面向年轻人特别是中小学生宣传郑氏家族的家规家训和爱国情怀等。您认为在宣传和弘扬郑观应等历史人物的杰出成就方面，中山市应该注意些什么？存在一些什么问题？有哪些好的建议？

◉**马**　中山市在宣传和弘扬名人文化方面做得很好，当然最有代表性的当属对孙中山历史文化的保护和弘扬。孙中山故居那一带的文化景观保护得挺好的，我们每次到访都能学到一些经验。当然我们外地学者每次到访都是走马观花，看问题并不准确，但是我们大家都很喜欢到广东中山去参观学习，说明中山肯定有什么地方吸引着我们，对吧？坦率地讲，你们在保护和利用孙中山文化方面做得很有特色，现在又能这么积极地推进郑观应先生的史迹资料的挖掘、保护和利用，充分体现了中山市历史文化名城的深厚文化底蕴和鲜明的名人文化特征，也值得其他城市学习。

如果让我提一个建议，应该也是我们共同面临的问题，就是当下面临大数据时代的到来，怎样利用大数据，为我们当前要做的事情提供帮助，比如大数据如何让名人文化资源梳理更系统，挖掘更深入，数据保存更完整，利用更便利？以及大数据如何让这些宝贵的历史资源更多、更好地满足大众的需求？大数据能否解决当下名人文化资源利用中出现的其他问题和困难？当然，这个问题应该是研究者、管理者和使用者共同探讨、共同解决的。

当前是一个图像、视频的时代，也是一个"人人都是自媒体"的泛媒体时代，这就对名人文化资源的利用、传播工作提出了更高的要求。

◉**问**　是的，自媒体时代的宣传工作对影像制作和图照挖掘提出了更高的要求，这对名人文化资源的研究和利用方式都提出了新的挑战。您在 2019 年主编的新书《打浦桥：上海一个街区的成长》印制非常精美，图文并茂，通过大量珍贵历史图片和史料考究，展现了中华人民共和国成立以来打浦桥从一座桥名到一条路名，再作为一个街道名背后凸显的地区工业化、城市化、现代化的历史进程。这本书充分体现了历史研究中影像、图照资料的重要价值。这本书的编纂过程是怎样的？在历史图照资料挖掘和研究中有哪些经验可以分享？

◎马　最近几年，我在主持编写一套丛书，题为"城市更新与人文遗产·上海系列"，由上海人民出版社、上海社会科学院出版社陆续出版，已出 8 本，包括《阅读思南公馆》《上海的城南旧事》《一幢楼与一座城：从工部局大楼到上海市人民政府大厦：一幢大楼与一座城市的变迁》《上海城市之心》等，《打浦桥：上海一个街区的成长》是其中的一本。总体思路是通过选取不同样态的街区，将研究触角延伸至一个个"细部"街区。注重考察街区形成路径、演变肌理与功能特点，以及深层的经济结构、民情风俗、社会生活，并尝试以内涵与空间相结合的"新表达"，从中彰显城市不同街区所蕴含的独特文化内涵。在此过程中，我们也逐渐形成了自己的研究特色，可以归纳为五个结合，即：虚实结合（实体建筑与内蕴文化），古今结合（历史文献资料与当下口述资料），中外结合（中文资料与外语文献），动静结合（书刊器物资料与影像图片资料），多学科结合（历史学与地理学、建筑学、规划学、影像学等）。在这几个结合中，"图像入史"很重要，这是我们近年来重点突破的地方。

我们也期待着与广州、中山等城市的专家学者一起探讨，共同努力，更新研究方法，用新的思路去拓展城市史研

马学强

究，以及更好地讲好历史街区的故事、历史人物的故事。

◉问 谈到如何讲好历史人物的故事，这是非常值得探讨的。您认为可以怎样具体地利用大数据或者现代媒体来传播，有哪些好的建议？

◉马 其实各地发掘出的历史人物不一样，历史人物的特征和精神不一样，传播的渠道必定也不一样，现在好多地方都在积极探索。前几天我在上海交通大学设计学院与阮昕院长作交流，他说现在可以利用新的科技手段，把一些富有历史内涵的历史建筑、历史故事，通过一些新的方式呈现出来。人文与科技相结合，这将是一种趋势，当然，这里还有许多工作要做，我们的城市史研究包括历史人物的研究，也要主动与现代科技结合，通过多学科的融合，共同讲好城市故事、人物故事。新的研究路径必将开辟出更广阔的空间，这样的前景是可以展望的。

◉问 2022 年是郑观应诞辰 180 周年，这也是"郑观应研究口述史"项目的缘起。目前中山市还在推进郑观应故居保护活化等系列工作。欢迎您有机会到访中山，也希望您持续关注郑观应先生在中国近代史、上海近代史上的独特贡献。谢谢您！

◉马 谢谢你们的邀请。祝愿相关项目顺利完成，也预祝明年郑观应诞辰 180 周年的系列活动取得圆满成功。

李玉（1968—　），山西山阴人。历史学博士，南京大学历史学院教授、博士生导师。现任教育部重点研究基地南京大学中华民国史研究中心副主任、《民国研究》执行主编，兼任中国太平天国史研究会副秘书长、江苏省太平天国史学会会长、中国商业史学会企业史分会副会长等职。

主要研究方向：太平天国与晚清史、中国近现代企业制度史、政府与政策史、中国国民党史。

主要著述：《企业先驱——范旭东大传》（中国工商联合出版社，1998）、《长沙近代化启动》（湖南教育出版社，2000）、《晚清公司制度建设研究》（人民出版社，2002）、《北洋政府时期企业制度结构史论》（社会科学文献出版社，2007）、《晚清政治经济史论》（生活·读书·新知三联书店，2013）、《轮船招商局故事》（南京出版社，2020）；合作著有《第二次世界大战通鉴》（天津人民出版社，1995）、《中国近代不同类型城市综合研究》（四川大学出版社，1998）、《国民党政治与社会结构之演变（1905—1949）》（社会科学文献出版社，2007）、《南京百年城市史（1912—2012）·政府卷》（南京出版社，2014）等；主编有《制度寻踪·公司制度卷》（上海财经大学出版社，2009）、《民国四大报纸社论篇名索引》（国家图书馆出版社，2011）、《〈申报〉招商局史料选辑》（晚清卷、民国卷）　（社会科学文献出版社，2017、2021）等。

主要论文：发表《试论清末的中外合资公司》《晚清"官督商办"企业制度的"跷跷板"效应》《认识晚清经济民族主义的新维度》等学术文章200余篇。

时　间：2021 年 10 月 19 日
地　点：线上访谈
口述者：李　玉
采访者：李向强
整理者：李向强

　　●问　李教授，您好！我是"郑观应研究口述史"项目组成员李向强，非常感谢您在百忙之中接受我们的访谈。您是中国近代经济史、太平天国史和中国近现代企业制度史研究方面的专家，著述颇丰。您在南京大学历史系读完博士后留校任教，一直从事近代史的教学与科研工作，到现在已经 20 多年了。请问您为何选择历史学专业？您对历史学的兴趣始于何时？

　　◉李　我对历史学专业感兴趣，可能有个由小到大、由弱到强的过程。小时候没书可读，受父亲影响，喜欢《水浒传》《杨家将》等有点"历史"感的图书；包括农村节庆所看的地方大剧小戏，也多为历史人物故事，潜移默化，就有了对"过往"人物与事件的"启蒙"认识。不过，这只是一个人的潜意识，与真正的历史认识相差很远。上小学之后，语文、政治课本里的一些课文有一定的历史素材，一知半解地学到一些。后来上了初中开始正式有了"历史"这门课，主要是中国历史，虽然简单，但首次系统了解了中国历史的大致脉络，我非常喜欢。但"历史"是一门副课，为应付中考，只得将精力放于主课，在"历史"方面也就没下多大功夫了。到太原上学期间，第一次感到"有书读"的好处，对知识充满了渴求。学校阅览室有历史类的期刊，我经常光顾，而且从图书馆借阅相关书籍；节假日进城，还从报摊上购买一些文史类的书刊，这些自由散漫的阅读，对于丰富我的历史"阅历"起了较大的作用，进一步增强了我对"历史"的喜爱。后来考研究生，选择了中国近现代史专业，一方面是感觉"好考"，另一方面也与我对"历史"的喜欢有一定关系。

●问 您先后撰写了《长沙的近代化启动》《晚清公司制度建设研究》《北洋政府时期企业制度结构史论》等具有影响力的专著，形成了自己独特的学术风格和学术话语，请您分享下您的治学和科研经历。

◉李 写了几本小书，影响力谈不上，倒是有灾梨祸枣之嫌。因为这几本小书都有这样或那样的问题，自己都不满意。但书一旦出版，就成了公共产品，被纳入社会评价体系，所以出书越多，实际上压力越大。但现在这种考评机制，需要学者不断做出"产品"，越快越好，越多越好，这无疑是"快餐"文化的反映。古人可以"两句三年得"，现在则完全是另一种境界与状态了。所以说我的三四本小书不值一哂。不过，这几本小书与我的求学和科研经历有关。

《长沙的近代化启动》是我的博士学位论文，由湖南教育出版社于 2000 年出版，被纳入该社的"博士论丛"。我于1995 年从四川师范大学硕士毕业之后，考入四川大学，当时叫作四川联合大学，由教育部原直属重点大学四川大学、成都科技大学合并而成。我的导师是著名历史学家隗瀛涛先生，他是中国第一个"中国地方史"（现已并入"专门史"）博士点的创办者，是著名的城市史专家。我师从隗先生读博士，进行了城市史的系统学习，增强了对这一学科的兴趣，夯实了研究基础，形成了自己以后的学术路向之一。

在博士论文选题的时候，考虑过中国近代县级城市（以四川省合川县为例）、中国近代城市宗族活动等议题，但均因资料问题而搁置。后来发现长沙在近代化演进过程中有一定的特色，而且资料也较为丰富，于是就以此为题，撰写了博士论文。

《晚清公司制度建设研究》是我的博士后报告。我的中国近代企业史研究始于硕士阶段。1992 年 9 月，我进入四川师范大学历史系，师从著名历史学家彭久松先生，攻读硕士学位。彭先生治学范围广博，是较早从事中国企业制度史研究的学者，尤其是他对自贡井盐生产工艺、井盐科技创新、井盐企业制度设计等专题的研究，都处于国内外一流的地位。他以井盐业为例，对中国传统合伙制度进行了深入解释，提出有限公司制度是中国人所发明，比德国早百余年的重要论点，对我影响比较大。

当时，国家正好在搞股份制改革，我就征得彭先生同意，以晚清公司制度为研究对象撰写了硕士学位论文；在硕士期间也发表了几篇关于中国近代公司制度的学术论文。

读博士期间，我读的是"中国地方史"专业，就想换个研究选题，于是就选了长沙城市史的一个专题进行研究。到 1998 年博士毕业到南京大学历史系从事博士后研究时，感觉近代公司制度方面又积累了不少资料，可以开展进一步研究，于是又进行了"回归"，撰写了题为《晚清公司制度建设研究》的博士后报告，共计 25 万字，由人民出版社在 2002 年出版。那一年是南京大学建校 100 周年，是我留校工作的第 2 年。

◉**问**　您对中国近现代企业制度史的研究格外关注，您关注这个领域的原因是什么？

◎**李**　一方面受彭先生的影响，另一方面与我自身的一些经历有关。我读研究生之前在太原瓷厂工作过 4 年，对于企业的组织结构、运行状况、工人生活，以及企业的内外与上下关系比较了解。

读研究生之后，开始转向关注历史，我就在思考企业在中国近代化进程中的作用，以及中国企业的发生与演变路径，认识到企业是社会经济的单元，而企业制度是企业生产与经营的"软件"，其意义与价值不容低估。于是就开始着手研究中国企业制度史。企业制度史与企业史不完全同构，但有较大的交叉性，从某种程度上讲，企业史注重的是个案，企业制度史则是共性层面的考察。两项工作相互促进，可收相得益彰之效。我后来又从企业制度史扩展到企业史，也是学术研究的需要。我可能是国内较早设置"企业史"博士研究生招生方向的学者之一。

◉**问**　您在《试论清末的中外合资公司》论文中认为，中外合资公司是清末中国的一种重要的企业制度形式，它的经营、运作对中国社会经济产生了较大的影响，请您具体谈谈产生了哪些较大影响？

◉**李**　我在文中对于清末的"中外合资公司"进行了界定，包括"洋公司附搭华股者"以及"华公司附搭洋股者"，即仅从资本构成方式着眼。文章对于晚清中外合资公司的创建缘由、治理结构进行了梳理，内容还相当肤浅，只是粗线条扫描式的，未能深入解剖具体个案，对于其社会影响也只是泛泛而谈，所以深度有限。晚清的中外合资公司的实际影响是较为复杂的，既有经济方面的，也有政治方面的。以往研究比较强调此类公司或依托于洋商在华特权，或以外国政府为后盾，凌驾于中国治理机关与商业规则之上，在一定程度上是外国对华经济殖民的帮手，不利于中国经济发展与法制建设。这或许是其中最为显著的一个方面，但还有一些"溢出效应"不容否定。比如对于近代企业制度的推广，对于公司治理办法的传播，对于公司法制建设的导引等，凡此种种，对于推动中国近代新式企业的创建与新式企业制度的运维均产生了一定的作用。

◉**问**　您认为清末的中外合资公司中，中国的投资者主要是买办，您能否谈一下买办群体？他们在中国近代社会转型中扮演了怎样的角色？

◉**李**　近代国人最早参与的公司就是中外合资公司，这些公司虽然由洋商创办，但华商参与投资，有的占比还不低。汪敬虞先生对于近代早期华商参股洋行的情况有过非常详细的研究，文章题名是《十九世纪外国侵华企业中的华商附股活动》，发表在《历史研究》1965 年第 4 期，可资参考。近代中国的买办资产阶级，在很大程度上是通过附股于外国侵华企业的道路成长起来的。最早参股洋行的华商主要

李

玉

是买办。洋商在中国开始发售股票之际，一般华商不太了解，防范心很强，不敢贸然投资。买办商人较早与洋商打交道，对于洋行的运行情况了解较多，得"近水楼台"之便，开始购买外国公司股票，并开始获得分红，享受到获利的好处，对外国公司股票的好感与信任逐步生成。随着参股数量的增加，买办在公司中逐渐参与重要事宜，比如唐廷枢、徐润、郑观应、席正甫等均在洋行担任过董事甚至更高职务，他们对于公司制度、组织建制、运行流程与管理模式无疑较一般人有更为真切的学习与体验，这是近代中国新式企业制度的知识源头之一，也是华商对于公司最早的实践之一。这种学习与实践对于中国近代新式企业、以公司制为主体的新式企业制度的发生与发展都有重要意义。洋务民用企业"官督商办"公司制建设的早期骨干人物不少都是买办出身，如唐廷枢、徐润、郑观应等。在某种程度上可以说，买办是近代中国学习西方企业制度的桥梁之一。

◉**问**　郑观应被誉为晚清"四大买办"之一，在晚清商人群体中，郑观应的商界履历非常显赫，您对郑观应的整体评价是怎样的？他在中国近现代企业制度发展中扮演了怎样的角色？发挥了哪些作用？

◉**李**　作为"四大买办"之一的郑观应，总体影响似乎可以说越过其他三人，因为他的影响是多方面的，他的商务实践虽然比不上唐廷枢，但他的文字著述非其他人可比，甚至可以说郑观应在中国近代早期改良派思想家中也占有十分重要的地位，他留下了大量启蒙著作，由夏东元先生编的《郑观应集》，收录了包括《盛世危言》在内的诸多著述，共计 170 余万字。郑氏在商务方面的论述特色明显，颇富价值。例如关于"商政""税制""盐政""船政""铁路""电报""邮政""银行""货币""博览会"的论述，在当时都比较领先，是中国近代"师夷"思想的重要体现。他对"商务"的论述尤为详尽，在其名著《盛世危言》中有 5 篇，仅次于"边防"（9 篇）。郑观应较早注意到中外"商战"的影响，进行了具体的论述，提出了"习兵战不如习商战""商战之时长、其祸大"等在当时有"振聋发聩"意味的论断。此外，郑观应关于政治建设、文化变革等议题也都有重要著述刊发。可以说，作为早期改良派思想家，郑观应的影响是比较全面的，也是非常深远的。

郑观应在中国近代公司制度建设史上的地位也是十分显著的，表现在几个方面。首先，他是公司制度的早期实践者，从买办生涯开始，参与外国公司的经营；投身洋务民用企业之后，参与中国本土公司制度的早期建设，并对轮船招商局、上海机器织布局的经营管理发挥过重要影响。其次，他是中国近代公司法规的积极宣介者。他在《盛世危言》中写到，"国家非有商律……商务必不能旺"，"今欲整顿商务，必须仿照西例，速定商律"。国家"须延访深明商律之人，将东、西商律参定颁行，俾可遵循，庶奸商无弊可舞，自然阛阓日兴，公司大集，中国之利权不致外移矣"[1]。他还将英国公司定例的中译本附入自己的重要著作《盛世危言》中，"以备当道采择施行"。

李玉

① 夏东元编：《郑观应集》（上册），上海人民出版社，1988 年，第 622 页。

郑观应还对照西方的公司法规，对公司创建与运营知识多有介绍。例如 1882 年为改进轮船招商局的经营状况，郑观应专门向李鸿章介绍了西方公司的运作机制："查公司例由众股东公举董事、总协理；由总协理慎选总管五人，报告董事会公决……各总管，遇有大事，须请总会办集商股东并商督办酌裁……（依）各国公司例举董事查账员为股东代表监管稽核也。公司寻常之事，概由总会办管理；如有重大事件，必邀董事集议公决方准施行。所有出入账目，准查账员随时查核。董事与查账员限一年为期，期满去留由股东投筹公定，以多数取决。"① 他还在《盛世危言·商务三》再次对西方公司的董事制度做了解释："董事由股东而举，总办由董事而举，非商务出身者不用。另举一极精书算之人，按月一查账目。有事则众董集议，有大事则集股商会议，无事则于结账时聚议。每年总办将账目及生意情形刊成清册，登诸日报，俾众咸知。董事亦各抒所见，以备采择，凡有益于公司之事，董事须竭力维持，否则必为人所轻鄙。此西国公司之通例也。"可见，郑观应对西方公司董事制度的运行程序介绍得还是较为准确的。相形之下，洋务民用企业虽然自诩为"公司"，但从组织结构到运行流程均距西方的公司企业有一定距离，郑观应则经常依照"西例"，对洋务民用企业的机制和运作进行检讨。他在《盛世危言·商务二》中这样写道："按西例：由官设立者谓之局，由商民设立者谓之公司。总理公司之人即由股商中推选，才干练达股份最多者

---

① 夏东元编：《郑观应集》（下册），上海人民出版社，1988 年，第 784—786 页。

为总办。初未尝假于官，官特为之保护耳。今中国禀请大宪
开办之公司，皆商民集股者，亦谓之局，其总办或由股份人
公举，或由大宪札饬。凡大宪札饬者，无论有股无股，熟识
商务与否，只求品级高。合大宪之意者，皆二、三品大员，
颁给关防，要以札副，全以官派行之。位尊而权重，得以专
擅其事；位卑而权轻者，相率而听命。公司得有盈余，地方
官莫不思荐人越俎代谋。试问外洋公司有此办法乎？"可见，
郑观应对于晚清"官督商办公司制"的批评是比较激烈的。
这说明他是商办公司制的坚定支持者，他是清末积极推动轮
船招商局的商办生意活动的积极策划与实际主持者。不过，
晚年他参与商办广东粤汉铁路公司的相关事宜，又深感公司
群龙无首，管理混乱，弊窦丛生，效率低下，表示出对"官
督"机制监管、约束功能的"回味"。历史有时比较有意
思，从郑观应在公司制度建设方面对"官督商办"机制的前
后态度变化，也可说明这一点。

◉问　股份制企业起源于西方，是近代企业的主要形式
之一。晚清时期的股份制企业跟西方有哪些不同？郑观应对
股份制企业的"中国特色"认识如何？

◉李　晚清是中国近代企业的发端期，股份制从西方引
入之后，在中国本土落地过程中产生了一定的变异，表现在
多个方面。

公司制度是西方的一项伟大创新，对人类社会发展产生
了巨大的推动作用。马克思在他那个时代就注意到"公司"
的社会意义，曾说过如果没有公司制度，那么恐怕根本不能
完成像修建铁路这样的宏大工程；但是通过公司形式集中资

本，短时间之内就可以创办一家大型企业，从事个人资本难以企及的事业。

公司制度的集资与合力功能，在列强对华商战过程中发挥了不亚于兵战中坚船利炮的作用。中国方面逐渐认识到公司制度也是西方的"长技"之一，先是观摩，进而仿行，从附股洋公司，到自办华公司，骎骎然风气渐开，日增月益，乃至中国股市之气象渐令外人注目。

但外来的制度很快在中国本土发生了颓变，形成明显的中国特色：对公司创办者而言，只管"办公司"，不问"如何办公司"和"如何办好公司"，或者说，只管集股东之资，而不顾其他；对于股东而言，只管买卖股票，不问公司好坏，只关注股票市价，而对公司经营不感兴趣。

如何"办好公司"？西方经过长期实践，积累了丰富的经验，形成了一系列运营规则。例如因为公司股东众多，不可能都参与管理，公司所有权与经营权必然发生分离，于是委托管理机制应运而生。委托管理，固然基于信用，但离不开股权机制的制约。股东既不能自视为公司的主人，随意干涉公司事务，亦不能被奉为公司的宾客，空享荣誉，不问业务；更不能被贬为公司的陌路人，想了解公司内容难如登天。

而这些西方的良法善规在中国难以实现。中国公司不公布账目是常事，开股东会主要不在于议事，而在于摆筵席，大吃大喝。西方公司是股东共同的，中国公司是管理层的。西方办公司要经过周密设计、精心策划，围绕业务展开运营；中国办公司则看重高挂招牌、兴建豪华办公处所，显示公司的气派。西方公司注意节俭；中国公司处处奢费。西方公司是为股东而节俭；中国公司则靡费股东资财。

在批评以"官督商办"为主要特征的中国式公司管理机制，引介西方公司之道方面，郑观应多有发言，前已提及。但是也应看到，公司制度的中国特色的形成原因是复杂的，关乎多个方面。除了政治因素之外，还有社会资本存量、生产力发展水平以及民众的投资理念等，这些均对中国近代早期的公司制度建设质量与成效产生了重要影响。郑观应对于中西公司制度差异的观察也是多方面的，既注意到西方制度的规范性建置与标准化运行，也对中国本土的公司文化特色成因表示出一定的理解。这从他对中国近代公司内部的"官利"表态就可看出。近代公司制在晚清被引入中国后，公司股票以其整齐划一、转让灵活的特点，为国人投资理财带来了不少方便。但是习惯于独资、合伙与借贷等经营方式的民众，尚难深入理解与体验公司的经营原则。于是，近代经济手段同传统经营理念的嫁接，便导致了一些奇异的经济行为。民众股票投资方面的债券性要求就是其中一例。晚清民众对股票投资的债券性要求的一个突出例证，就是公司股票普遍存在的"官利"现象。所谓官利，就是股本利息，即股息的俗称。而在近代中国公司企业中，官利是固定的，而且是必须予以保证的。官利必付、官利先付是近代中国实业界的一种社会俗成制度，即持股人不问企业盈亏，依固定利率定期向公司领取息金。官利利率一般载于公司章程和股票上，如期支付官利成为公司企业经营运作中必须遵循的一项原则。股东在缴纳股金获得股票的同时，还会拿到一种息折，据以定期向公司领取息金。检阅晚清官督商办和商办公司企业的章程，几乎没有不规定官利的，只不过表述略有差异而已。

郑观应认可股份制公司，在其企业经营过程中，积极引入西方近代企业制度，推动公司制改革。但其认为股票"官利"有存在的必要性，他曾说，"中国自矿股亏败以来，上海倾倒银号多有，丧资百万，至今视为厉阶"，故此"集股之法，首当保定官利"。

官利制度确实是中国本土商业文化与经济环境的产物，具有复杂的成因。"官利优先""官利必付"则是中国自晚清新式企业产生后就普遍存在的一种做法，表现出强大的制度惯性。在大众心态中，"股票以利息为准"，"公司不发给股息，目为亏折"。民众投资企业后，"所关心的只是如何收受股息……只考虑股息愈大愈有利"。

官利制度的"路径依赖"决定了企业家向传统的妥协，就连著名实业家张謇所办的企业，官利"无年不付"。深受官利之苦的他无奈地叹道：中国实业界"亦赖依此习惯耳，否则资本家一齐猬缩矣，中国宁有实业可言？"另一位著名实业家范旭东亦说过："（中国）风气不开，办实业的人们，极不容易集资，他们不得已用借债方式募股，就是收到股款，即日用'官息'名义计息。"

官利制度虽然由于历史与社会的因素形成了强固的制度惯性，但作为一种制度，既是各方博弈的框架，自然不会一成不变。对一种制度而言，既有维持旧制度的受益者，也有创新或改革制度的获利者，双方或多方的动态博弈结果决定了制度的阶段特质。

◉**问** 晚清"四大买办"中的徐润、唐廷枢和郑观应三人来自香山，在上海产生广泛的交集，晚清香山买办成为一个特殊而重要的群体，您认为它形成的原因是什么？

◉**李** 这是一个非常有趣的问题，我解答不好。不过，有一本读物，很有启发性，就是胡波先生新近出版的《中山简史》，其中对于近代香山的买办群体进行了专门论述，印证了我长久的一个思考，那就是香山人在近代对于"夷语"的学习。我曾经见过唐廷枢编纂的英华字典的发行广告，《申报》曾评论唐廷枢"凡于西国语言文字，无不精且博"①，当时只觉得唐廷枢是一个外语天才，以为只是个案。胡波先生的著作不仅告诉我们唐廷枢兄弟接受 8 年"彻底的英华教育"，而且在香山，学习英语成为一种风气，很多学生通晓英文。正如胡波先生所言："当时的香山社会，懂得'夷语'，意味着可以谋生，甚至可以致富。尤其是晚清时代，香山人更加意识到，熟悉英语，就可以与外国人做生意，就可以充当外国机构里的译员或洋行的买办。因此，学习英语，了解中外商务，与外国人做生意，充当外国机构里的译员和洋行买办……成为香山社会的一种风气。"②

香山与澳门相邻，很早就与外国通商，在中国近代开风气较早，出了一大批名人，区域文化特色非常鲜明，买办文化既是其近代社会转型的成果，也推动了区域社会转型。

---

① 《补录唐景星方伯祝嘏事并书其后》，《申报》1892 年 6 月 28 日第 1 版。

② 胡波：《中山简史（远古—1949）》，广东人民出版社，2021 年，第 236 页。

◉问　您在文章《认识晚清经济民族主义的新维度》中指出，洋务派官员较早注意到"商战"的重要性，冯桂芬、郑观应、薛福成、王韬等著名知识分子对中国的安全形势给予高度关注，探讨商战的相关策略。郑观应等早期维新派代表人物，是在怎样的社会、经济大背景下，开始形成"商战"思想的？这种思想为什么无法形成全社会的重商热潮？郑观应提出的"商战"思想，从历史的角度看，是否对后来清政府振兴实业的经济政策有推动或引导作用？

◉李　中国近代"商战"思潮持续时间很长，发端于晚清洋务运动时期，包括洋务官员在内的晚清官、绅、商、学各界对这个词都不陌生，可以说即使在晚清，这也是个高频词。但郑观应、冯桂芬、薛福成、王韬、陈炽等早期维新派人士的贡献在于对发展商务、以利商战的思想进行了较为系统的论述，这些论述经各种媒体传播之后，对于调动和增强全社会的重商观念，营造重商的社会氛围无疑产生了重要作用。例如《申报》发表了大量提倡重商的社评，但有的社评与郑观应、王韬、汪康年等人的政论非常相近，有的完全是直接引用（当然也不排除早期改良派人士对于《申报》的借鉴）；在20世纪初编纂的各类大型"经世文编"或"新政文编"丛书中，郑观应、冯桂芬、薛福成、王韬、陈炽等人的相关论著更是多被收录，这也可以说明郑观应等早期改良派人士重商著述的社会影响。

◉问　面对西方列强对中国经济的疯狂掠夺，以郑观应为代表的资产阶级改良派表现出怎样的特点？

◉李　赔款、外债造成的晚清财政负担最终转嫁到国民身上，洋货与洋企的肆虐使民众利益进一步受损，国人共同的维权诉求愈来愈强，从而在公司制框架之下，演绎了资本联合、共赴国难的历史话剧。

郑观应在这中间表现出强烈的民族忧患意识，民族经济主义展现出来。洋货的冲击，使中国传统工艺"大受影响"，造成传统产业破产，华民失业，生计日艰。正如郑观应所言："洋布、洋纱、洋花边、洋袜、洋巾入中国，而女红失业。洋油、洋煤、洋电灯入中国，而东南数省之柏树皆弃为不材。洋铁、洋针、洋钉入中国，而业冶者多无事投闲。此其大者，尚有小者，不胜枚举。所以然者，外国用机制，故工致而价廉，成功亦易。中国用人工，故工笨而价费，且成功亦难，华民生计皆为所夺矣。"

所谓民族主义，从根本上讲就是基于民族共同体而形成的具有共同价值取向的社会思想或意识形态。郑观应逐渐认识到"公司"在列强对华"商战"中具有不亚于坚船利炮的"利器"作用。他积极推动商战，推进近代公司制度的发展，展现出忧国忧民的经济民族主义。

●问　鸦片战争后，中国在中外商战中步步败北，主张商战的郑观应明确指出要振兴商务，就必须特设商务大臣，同时在各省设立商务总局（即总商会），并让各地商人自行择地设立商务分局（即分商会）。1903 年，在郑观应、康有为、张謇和一些清政府官员的呼吁下，清朝在中央各部之外新设立了商部，作为统辖农工商实业的最高管理机构。郑观应主张设立商务局的目的何在？晚清政府设立商务局的情况是怎样的？商务局在各省纷纷设立，对当时的工商业发展是否有较强的推动作用？

◉李　晚清商务局的设立其实是比较早的，最早的是带民间性质的商务经营机构，例如台湾商务局等。甲午战争之后，国内重商人士有设立商务局之议，例如《申报》在1895年的一则社评中这样说道："至于护商之要，不外乎集众商之力以厚其本，合国与民之力以济其穷；各省宜设商务局，令各项商务悉举董事，随时会议，专取便商利民之举，酌剂轻重，而官为疏通之，毋使倾轧坏业，毋使作伪败名。"① 戊戌变法期间，清政府开始在上海、苏州、武汉等地设立商务局，成为发展地方经济的领导机关。

在设立商务局方面，郑观应作了大量宣传，他在《盛世危言》中专门评论"商务"的文章就有5篇，多次提到设立"商部""商务局"，这些宣传对于推动晚清商政改革无疑产生了一定影响。郑观应提倡设立商务局，自然是他系统性重商思想的组成部分，是他"在商言商"，或"代商言商"的表现。而清末新政时期各地商务局的设立，对于地方工商业的发展起到了一定的促进作用，但各地的表现也不尽一致。大抵而言，上海、苏州、汉口等商务局办理成效相对大一些，其他地方的成效相对小一些。

◉问　您在文章《晚清"官督商办"企业制度的"跷跷板"效应》中，指出"官"与"商"两个主体、"督"与"办"两种行为的组合，使得"官督商办"的"跷跷板"效应在所难免。郑观应曾在上海电报局、轮船招商局等"官

---

① 《广轮舶以兴商务》，《申报》1895年11月4日第1版。

督商办"企业任职多年，请问他是如何看待企业经营中的"官"与"商"之间关系的？据此，有没有提出相关的政策建议？

◎李　郑观应早年还是比较赞同官商合办或者官商合作的，例如对"官督商办"，他曾这样说道："全恃官力，则巨费难筹；兼集商资，则众擎易举。然全归商办，则土棍或至阻挠；兼倚官威，则吏役又多需索。必官督商办，各有责成……则上下相维，二弊俱去。与《会典》'有司治之，召商开采'之言亦相符合也。"① 他本人也参与多家洋务民用企业的经营管理，实际上是以"商"的身份与"官"进行了较多的合作，在上海机器织布局，李鸿章对他寄予厚望，他的权力还是非常大的。

随着商务实践的增加，他对"官督"之弊的体会越来越深，开始批评，并不断加强，直至喊出"名为保商实剥商，官督商办猛如虎"的声音②。面对"官督"对于"商权"的压制与侵害，郑观应积极鼓吹制定商法，遵照公司规程，保护股商权益。也就是说积极倡导公司"商办主义"，轮船招商局在20世纪初的商办注册运动，主要是由郑观应等人发动和组织的。不过，当他参与广东粤汉铁路公司相关事务时，又感到公司缺乏监察与稽核，管理混乱，腐败严重，因而又产生了对于官权介入以利整顿的期许，在一定程度上反映了他在官商关系方面的犹疑态度。总体而言，郑观应是希望在维护商权的基础上，实行"官商合办"，实际上是"官

李
玉

①　夏东元编：《郑观应集》（上册），上海人民出版社，1988年，第704页。

②　夏东元编：《郑观应集》（下册），上海人民出版社，1988年，第1370页。

助商办"。他积极要求建立商部，设立商务大臣，制定公司法，都是出于为商办企业营造有利环境的考量。

◉**问** 洋务民用企业"仿西国公司例"创立，为何直接以公司命名的不多？郑观应如何看待这一现象？

◎**李** 中国传统社会没有孕育出能广泛集合资本、实行大规模经营的公司机制，鸦片战争之后源源落户中国的洋行，在不断吸纳华股的同时，也为国人提供了公司经营机制的样板。洋务派官员精心策划创办的民用企业成了近代公司制的率先仿行者，这从各企业章程的特意声明、主管官员的有关表述和社会舆论的定位等方面都可得到证实。但各企业的"官督商办"性质，又使其成为一种特殊的公司经营机制。

这些企业虽然为"公司"性质，且多次对外进行这样的表态，本人在《晚清公司制度建设研究》一书中对此有大量引用，例如由李鸿章批准的轮船招商局创办章程的第一条就婉转地表明："（中国）轮船之有商局，犹外国之有公司也"。李鸿章还明确说道："轮船招商局，本仿西国公司之意。"他在该局创办之初，还有过将其易名为"中国轮船公司"的打算。刘坤一和盛宣怀也在轮船招商局创办之初，分别指出该局"系仿泰西各国设立公司办法"，"究系众商公司"。后来，盛宣怀进一步指出轮船招商局，"实系已成之公司，从前称公局者，即系公司之谓也"。还有人称李鸿章适应时代要求，设立轮船招商之局，"虽不曰轮船公司，其实则与轮船公司无异矣"。开平煤矿创立之后，李鸿章明确承认其"系仿照西商贸易章程，集股办理"。稍后，督办云南矿务大臣唐炯呼吁外省绅商"仿照直隶开平厂务，设立公司，凑集股份，来滇开办，庶众擎易举，可期速收实效"。云贵总督岑毓英亦称云南开办矿务，系"仿照公司，广招商民凑集股份"。1880年李鸿章奏准设立天津电报局，两年后改为官督商办，后来该局与丹麦大北电报公司、英国大东电报公司签订电报合同时，则自署为"中国电报公司"。上海机器织布局亦曾被李鸿章举为"中国试行西法，创立公司"的一个实例。19世纪70年代末80年代初，清政府"官督商办"矿务企业迅速增多，上海及其他通商口岸掀起一股招募矿股之风。这些矿务企业亦多声明仿行"公司"之法。如顺德铜矿将其在天津的账房定名为"公司帐房"，办事之员叫作"公司经理帐房之人"；金州煤铁矿则声称该局的经营方法系"仿照各公司例"；山东峄县煤矿、登州铅矿、湖北荆门煤矿也均自诩为"公司"。其后，在议办漠河金矿时，李鸿章声称"（该矿）拟仿照西国公司之法，招集股本二十万两"。负责筹办该矿的官员李金镛在所拟招商开办章程中，将该矿定名为"黑龙江金厂公司"，该章程先后出现了"本公司事事核实""钱财出入为金厂之根本，况属公司，尤宜公办""出金果旺……是公司与股友幸事"等表述。漠河金矿章程是洋务民用企业章程中"公司性"较强的一个。几年后，由盛宣怀等人拟定的吉林三姓金矿招商开办章程基本上照搬了漠河金矿章程。

洋务民用企业虽然纷纷宣称"仿西国公司之例"，但直接以"公司"命名的并不多见，多数企业以"局"冠名。这必然同这些企业的"官督"性质有关。长期参与洋务民用企业经营的郑观应这样指出："按西例，由官设立者谓之局，由绅商设立、为商贾事者谓之公司……公司总办由股董公举，各司事由总办所定。……今中国禀请大宪开办之公司，虽商民集股，亦谓之局。其总办稍有牵涉官事者，即由大宪札饬之，不问其胜任与否，只求品级较高，大宪合意即可。所以各局总办，道员居多。"可见，"名不至"与"实不归"均是洋务民用企业受人批评的原因。

◉**问**　晚清洋务民用企业股东会作为企业经营决策的重要形式，经历了什么样的发展阶段？郑观应在其中有何作为？

◉**李**　开会是征求意见、商议对策的有效途径，是集思广益、民主决断的必备程序。中国古代会议的一般情形大都无考，关于一些著名会议的记述，虽不难找到，但均非纪录型史料，难窥会议过程。论者每谓中国古时有"询谋佥同"的民主传统，此语出自《尚书·大禹谟》，原句为"朕志先定，询谋佥同"，实际上已经体现了中国会议先"议"后"会"的特征。这一"会议精神"在历代相传中，被不断巩固和扩大，到晚清时期官场会议有"会"无"议"的情形已至极致。

随着大量洋务企业的成立和公司制度的发展，召集董事会、股东会成为常态。但这类会议同行政会议一样有"会"无"议"，总体而言，可以用"有名无实"概括，正如我在《晚清公司制度建设研究》一书中所言：股东大会是股份公司股东行使股权的重要场所，定期召集股东会议也是股份公司正常运作的必要程序之一，洋务民用企业在这方面也有所

仿行。例如轮船招商局规定每年八月初一日在总局召集股东
会议，平素"遇有紧要事件，有关局务，以及更改定章，或
添置船只、兴造码头栈房诸大端，（亦）须邀在股众人集议，
择善而行"。在实际经营中，轮船招商局于唐廷枢担任总办
的十余年时间内有过年终结账后召集股东会议进行查账并会
商有关事宜的记录。平泉矿务局也规定："本局于每年八月
初一日，准在股之人来局会议一次，如有应行改易者，即可
和衷商办，总求于局务有裨。"天津铁路公司于 1888 年结账
时，"邀请众股友"到局查账并"商议"有关事项；开平煤
矿于 1888 年 7 月 17 日在天津办事处"召开股东大会，通过
帐目"；安徽池州煤矿在资本告罄之时，于 1885 年"邀请有
股诸君来局集议"对策。

但是，从根本上讲，洋务民用企业对股东会普遍不予重
视，多数企业没有召集股东会议的规定。轮船招商局等企业
虽然召集过股东会议，但也只是形式而已。当年《申报》的
一篇评论指出：中国公司开股东会议时，"公事未说，先排
筵席，更有雅兴，招妓侍侧，拇战喧哗，杯盘狼藉，主宾欢
然，其乐无极。迨至既醉既饱，然后以所议之事出以相示。
其实则所议早已拟定，笔之于书，特令众人略一过目而已。
原拟以为可者，无人焉否之；原拟以为否者，无人焉可之。
此一会也，殊显可有可无，于公司之事绝无裨益"。股东议
事会之所以演变成"情况通报会"，一方面可能是企业方面
的美酒饱食"堵"住了股东之口，另一方面也在于股商认为
总办、会办皆系官方委任，故"有所怀疑畏惮而不敢尽其
辞"。正因为股东会议对企业主管者而言可有可无，所以企

业在作出重大决策前，普遍不征求股东的意见。例如轮船招商局虽然规定"遇有紧要事件"，"须邀在股众人集议，择善而行"，但该局 1876 年兼并旗昌轮船公司和 1884 年暂时售卖于旗昌洋行，事前均未令众股商知悉。收购旗昌轮船公司的决策是该局会办徐润和叶廷眷"通宵筹计"后作出的。而将商局出售于旗昌洋行，则主要是由会办马建忠在李鸿章支持下策划完成的，中小股东事先根本不知。当此事被披露后，商局股东"无不心惊发指，各抱不平"。部分股东至总局质询其事，马建忠避匿不敢出见。那些没有规定召集股东会议的企业更是把主管人员的意志强加于众股东。例如上海机器织布局在 1883 年上海股市风潮中，资本流失严重，加上郑观应等人决策失误，导致筹建工作陷于停顿。1887 年该局局董商议决定将老股一律以 7 折计算，限期每股加银 30 两，以凑足百两之数，倘不照办，则"照公法将老股票作为废纸"。这一决定事先也没有向股商征求意见，所以出台后"物论哗然"，部分股东不得不发出"鸣冤"之声。有的企业在决定停办退还股款时也不邀集股东会商，结果企业总办、会办擅定的还股方案令股商大为不满，众股东不得不公开声讨，或"登报以鸣冤"。时人感叹：中小商人"虽经入股，不啻路人"，形象地说明了在洋务民用企业股东会议机制不健全的情况下，中小股东参与公司经营决策权被抹杀的情况。

但是，1904 年清政府颁布《公司律》之后，中国公司的股东会机制运行进入一个新的阶段。该律还对股东会、董事会的设置作了具体规定，为公司股权的运作提供了指导。

《公司律》的颁布，确立了晚清公司的准则主义机制，既促进了商办公司的大力发展，也为轮船招商局的转型提供了机遇与条件。

《公司律》颁布后，轮船招商局等洋务民用企业的股商有了同官权对抗的法律依据，要求实行商办的呼声日益高涨。正如郑观应指出："当大集股东会议公举董事，具禀商部注册，则根基稳立，然后再图整顿。否则委员恃有护符，积习难除，上下侵蚀，百弊丛生，商战日剧，恐如江河日下，不可收拾矣。"这种呼吁无疑代表了当时绝大多数股商的心声。

郑观应是招商局要求商办注册的积极策划者，他在盛宣怀的支持下，在上海等地设立了股东挂号处，进行股权登记。计划在各埠挂号之股达到总股本的十分之七，就召集股东大会，妥议章程，进行"商办"注册，此后"永归商办"。如北洋大臣不同意，郑观应等人还准备动员众股东签名，并"公举代表赴部讨论，务须达其目的"。该局股东还对照商律，鞭挞"官督"之弊，他们以该局第三十五届年结为例，指出其8处"不合商律者"，要求"我股东亟宜及早挽救，勿避嫌怨"。正是在郑观应等人的积极推动下，轮船招商局依托于广大股东的力量，通过股东会机制，最终实现了"商办"注册。

●问　洋务运动时期，洋务派官员对洋股基本上是拒绝的。郑观应对利用洋股的宣传尤多。甲午战争之后，他多次提出吸纳洋股，设立华股占2/3、洋股占1/3的公司，以改造洋务民用企业或兴办路矿事业。郑观应如何认识到洋股的作用？背后的原因是什么？

◉李　吸纳洋股，但对洋股进行限制，主要是为了确保公司管理权掌握在华人手里，包括清政府颁布的矿务法规，也是这么规定的。路矿是晚清洋商染指较多的领域，尤其是19世纪末20世纪初，各国掀起"瓜分"中国利权的狂潮，受冲击最大的就是中国的矿务与铁路行业，通过华洋合股但予以限制的方式，在某种程度上也是一种"开门揖盗"之策，是一种"被动中的主动发展"。当然，也有经济方面的原因，主要是国内产业资本弱小，吸纳洋股可以增加创办资本，以利企业开办。但实际上，晚清大多数中外合办企业的管理大权最终都很难掌握在中国人手里，华商所得多为"虚权"，而实权则落入洋商之手，以致许多公司的中国总办"仅拥虚名"。我在《试论清末的中外合资公司》那篇文章中也谈到了。

◉问　股票是股份资本所有权的证明书，股份制公司是现代公司的主要组织形式。郑观应很早就关注股票、股份和股票债券化等问题，请您介绍一下，郑观应具体做了哪些事情来推动晚清企业股份化？

◉李　关于郑观应对于股票债券化的评论，我关注得不多，但注意到郑观应在其文集中，关于股票、股份的论述非常多，在《盛世危言》中的"商务""银行"等专章中都有所涉及，他还在《盛世危言》中附录了英国驻沪领事哲美森所著《英国颁行公司定例》，对于公司设立与运营程序进行了全面介绍，其中关于股份、股票、股东的内容尤为详尽。郑观应实际参与招商局、上海机器织布局、汉冶萍公司、广

东粤汉铁路公司等公司的经营管理，这些企业均属股份有限
公司性质，股份、股票与股东等核心要素莫或能离。作为各
企业的"高管"，郑观应对于各企业的股票发行、股本筹募、
股东会议召开等事宜参与较多，以其理论宣传与实际行动推
动了中国企业的股份制建设。

◉问　股票市场是企业筹集资金的重要渠道，上海是晚
清时期中国的主要股市，洋务企业在上海积极发行股票，筹
集资金，发展生产。李教授，能否谈一下 19 世纪 80 年代初
上海股市风潮对洋务民用企业的影响？

◎李　晚清上海股票买卖源于华商对洋行股票的认购，
上海市场股票交易至迟在 19 世纪 70 年代初就已成为普遍现
象。上海较早的华文报纸《上海新报》自 1871 年开始就设
置了股票行情表。在 1871 年 3 月至次年 3 月的行情表中，
所列洋行股票计有汇丰银行旧股、新股，旗昌轮船公司旧
股、新股等 20 多种。这些股票市价涨跌不一，变化较大，
说明当时上海市场洋股交易非常频繁。1872 年轮船招商局创
立，成为晚清第一家发行股票的华商企业。4 年后，开平煤
矿也向社会广募股份。继之，上海机器织布局、天津电报
局、平泉铜矿、荆门煤铁矿等企业陆续创立，均在上海等通
商口岸募集股本。这些企业所发行的股票亦渐成市面交易对
象，时人称华商对洋务民用企业"不仅投股而已，又有以股
份票相互买卖者，其行情时有涨跌"。于是，上海华股市场渐
成滥觞。经过短期发展，至 1882 年上海华股市场渐达高潮。

股票一旦进入市场，往往会成为一种特殊的商品，它的
显著特征就是引发交易投机。股市的火热，为洋务民用企业

的募股集资带来了很大好处。因各类股票供不应求，各企业在上海所设分局或股票发行点也都格外宣扬，盛极一时。但上海股市的骤然低落，直接影响到洋务民用企业的经营运作。如在轮船招商局，经营管理人员见商局生意日旺，股票市价不断增长，故当股价涨至一百七八十两及二百两时，莫不设法借贷银两，购买本企业股票。及至1883年春，上海市面开始衰落，因受债主催逼，这些人不得不以股票向招商局押银还债。后来，市面日坏，一旦押票者无力取赎，所押股票即归招商局承受，遂使该局资本减缩不少。而中小股东也因对时局疑惧，"咸思撤回股本"。所有这些，均给招商局的经营带来严重困难。

19世纪80年代初上海股市的兴起与兴盛，为洋务民用企业的募股集资带来了极大的便利，催生了不少新的企业，尤其是矿务企业。但是，股票这种新的经济手段几乎刚为商民接受，就被当作投机的工具，促使股市成为当时上海金融投机的一个重要场所，随之而来的金融和社会风波则使上海股市很快全面崩溃。因受股市风潮的冲击，洋务民用企业的经营运作受到不同程度的影响。而对广大商民来说，鉴于股市投资的惨痛损失，普遍产生了对公司、股票的恐惧、厌恶心理，严重挫伤了他们投资新式企业的积极性。同时，股市风潮的冲击也暴露了洋务民用企业自身的弊端，激发了商民比照西方公司之制对洋务民用企业的检讨。

●问　您在文章《晚清洋务民用企业的公司性刍论》中认为，洋务民用企业是晚清国人"仿西国公司之例"的产物，开中国公司制建设之先河。郑观应曾专门"购译"了

"香港商贾公司条例"，专门对境外企业进行研究。请问李教授，以郑观应为代表的买办群体在洋务民用企业中发挥了怎样的作用？他们与现代公司职业经理人都有哪些异同？

◎**李** 在经营管理方面，同期西方公司无疑是非常注重效率与效益的，洋务民用企业也力求如此。作为一个企业，要参与市场竞争，本来就得依照"买卖常规"办理；否则，何以生存发展？洋务民用企业之所以要突出遵循"买卖常规"、实施优化管理的规定，实际上体现了这些企业的"商办"属性对"官督"机制的抗拒。郑观应在《盛世危言》中写道："今欲整顿商务，必须仿造西例，速定商律。余曾购译各国水陆商政，比例通议、香港商贾公司条例，请盛杏荪京卿奏议，并咨取各国商律，择其善者，编定若干条，颁行天下。"他还将英国驻沪领事哲美森所著《英国颁行公司定例》附入《盛世危言》之中，进行传播。郑观应对洋务民用企业公司制度建设表现在理论宣传与实践探索上。一方面他积极提倡实行公司制度，另一方面他反对各公司实行"官督商办"机制，同时又在具体任职过程中对相关企业（如轮船招商局、上海机器织布局等）的公司化发展产生了较大的影响。

郑观应力求依商务常规经营，但难拒"官气"侵蚀，正如郑观应指出的："我国创一厂、设一局……岁用正款以数百万计，其中浮支冒领供挥霍者不少，肥私囊者尤多，所以制成一物价比外洋昂率过半。"就郑观应而言，既有现代职业经理人的某些特征，又在某些建树方面高于后者，主要体现在他的理论探索与传播方面。

◉**问** 甲午战争的结果给中华民族带来空前严重的民族危机，大大加深了中国社会半殖民地化的程度。甲午战争前和后，官方对民办实业态度有较大不同。郑观应关心洋务、关注洋商，积极参与近代企业创办，请问这一时期，他的心态有何变化？

◉**李** 甲午战争之后，国内开始了普遍的"反省"，并渐成思潮，包括加大重商力度，支持商办企业发展，以利强国富民在内的变革之策成为社会"共识"之一。也就是说，面对民族危机深重的"最小公倍数"，"变革""求强"越来越成为有识人士的"最大公约数"。受《马关条约》的影响，除了割地之痛与赔款之巨外，民众首先考虑到的就是中外"商战"的加剧，所以疾呼朝廷转变国策，扶助商办企业发展，郑观应无疑是这一思潮的积极推动者。甲午战争之后，郑观应"忧时""求变""强国"的思想特色更加明显。其"重商"思想也上了一个新的台阶。将个人的强音汇入时代的潮声之中，形成那个时代强大的变革交响曲。

◉**问** 郑观应认为，商会是联结官、商的一种好办法，他积极向国人介绍欧美和日本商会的作用，认为中国要振兴商务就必须设立商会。1902 年，被誉为"中国实业之父""中国商父"的盛宣怀，会同上海绅商严信厚、郑观应及上海道台袁树勋，成立了中国人自己办的近代意义上的第一个商会——上海商业会议公所。为什么晚清的商人群体迫切需要自己的商会？在当时社会条件下，商会具有哪些作用？在晚清商会筹建过程中，郑观应等商人群体是如何积极推动的？

◉**李**　像盛宣怀一样，郑观应其实也是官场中人，虽然任职没有盛宣怀那样显赫，他不仅因捐资赈济河南、直隶、陕西等省灾荒，而获得候补道衔，而且以中高级军官身份参与中法战争，他与李鸿章、彭玉麟、王之春、张之洞等朝廷重臣关系素契；他与盛宣怀更是情同手足，遇事多有协商。

晚清商会的建立离不开商人的要求，但更少不了官方的支持，所以商会在最初实际上是"官督商办"性质，正是像盛宣怀、郑观应、严信厚这样"亦官亦商"的著名人物，才推动了上海商业会议公所的创立。

◉**问**　您如何看待郑观应的思想从《救时揭要》到《易言》，再到《盛世危言》的发展过程？

◉**李**　从《救时揭要》《易言》到《盛世危言》，一方面是著述名称的变化，另一方面也反映郑观应思想认识的深化。三者虽有详略之异，但都是郑观应观察"中西利病"、思考中国变法之道的成果。郑观应将自己察世、观风、思变的心得与体会，本着"不顾忌讳，知无不言，言无不尽，欲使天下人于中外情形了如指掌，勿为外人所侮"的原则，随时著录，积少成多，先刊成《救时揭要》，于同治元年付印；同治十年，又将续集以《易言》为题刊行。到光绪十九年，在新增续集的基础之上，郑观应在广泛征求师友意见后，改名《盛世危言》重新刊布。此后又多次修订。郑观应在其《〈盛世危言〉增订新编凡例》①中，对此有所说明，有助于

---

①　夏东元编：《郑观应集》（上册），上海人民出版社，1982年，第237—240页。

厘清三者的递进关系。关于各种版本的演递关系，可参考夏东元先生在编纂《郑观应集》所作《编纂说明》。①

◉**问** 相对于唐廷枢、徐润、莫仕扬等知名香山买办，郑观应能在多个领域著书立说，成为著名的思想家，您认为这是郑观应将著述出版活动，由传统的对世道人心的道德关怀移向更广泛、更具有现实意义的社会问题的结果，在这个转变过程中，哪些因素对郑观应产生了影响？

◉**李** 因素可能比较多，但至少有两个方面是非常明显的，其一是晚清的时局变化，其二是郑观应丰富的社会实践。晚清处于"中国三千年未有之变局"，危机四伏，需要不断进行各种主动或被动的变革，从而产生了许多不容回避的时代命题，在这些命题之前，有识之士分别进行了自己的回答，有的立言，有的立行。郑观应则是既立行又立言，从洋务运动开始，不仅深度参与中国企业制度建设，而且参加了不少政务、军务与赈务活动，这使他对中国社会的处境、变迁及其制约有比较深刻的了解。他一本愤时忧国之心，具有深厚的爱国主义情怀，边观察边思考边记录，从而使他的著述具有非常充实的社会性，在某种程度上他的政论著述，都是从社会实情出发，是对中国变革方案不断思考的体现。

◉**问** 郑观应的代表作《盛世危言》是中国近代史上颇有社会影响的一部著作，您如何评价这本著作在近代中国历史上的重要作用？这部著作的诞生，反映了近代中国怎样的

---

① 夏东元编：《郑观应集》（上册），上海人民出版社，1982年，第1—5页。

社会变迁？

⊙李　《盛世危言》是近代中国一部非常重要的政论著作，其所关注与讨论的都是重大的社会问题，是郑观应对富民强国方针、方案与方法的认识，这些想法是其不断思考与探索的结果。《盛世危言》前后多次修订，不断扩容与更新，反映了郑观应对于社会问题的持续关注与深刻思考，也使得该著的理论性与实务性都很突出。加之郑氏行文流畅，议论畅达，视野开阔，从而使该书赢得不少读者，在晚清图书市场占据相当不错的地位，这从《申报》所载该书的发行广告就可得到一定的证明。

这部著作既是晚清社会变迁，尤其是知识分子经世思想的反映，反过来，该书也在一定程度上促进了晚清社会思想文化的变化，是近代中国较为重要的思想启蒙著作。

◉问　您认为历史名人对一个城市来说，价值何在？中山市在近代香山历史名人的研究中，应该有哪些针对性的举措？

⊙李　我对近代中国人物研究不多，但很赞赏胡波先生等以名人名牌为抓手推进地方历史研究的想法。以前讲知人论世，从某种程度上讲，也可以说是"知人论市"。有些地方名人资源不多，但中山不一样，名人资源非常丰富，这是中山的宝贵资源，应当用好。你们在胡波先生的带领之下，对于研究、传承与创新中山名人文化已经进行了大量探索，形成一些有效的工作机制，有些方面颇有创新性。我认为许多城市的文史工作领导机关与负责人都应向中山学习。希望香山在近代名人文化研究方面，继续深入下去，做大做强，进一步扩大香山历史文化与名人文化的名片效应，促进中山文化软实力提升。

◉问　您认为中山市如何进一步加强地方史的研究工作，不断发挥历史的育人价值？

◉李　地方史，又称区域史，是历史学科的一个分支。所谓地方史研究，就是专门考察、分析某一地区历史变迁的史学工作。地方史是史学研究自身发展的必然趋势，也是史学服务于地方精神文明建设的客观要求。正如我国著名地方史专家隗瀛涛先生在其主编的《四川近代史稿》的《序言》中所言："由于中国幅员广阔，各地区的经济、政治、文化发展不平衡，区域特征各异，史学界日益感到划分若干易于把握的区域空间，进行深入研究，是推动全国通史、断代史、专门史向深度和广度进展的一个有效途径。"西方史学家在近代早期就开始对区域史进行研究：14—16世纪意大利学者对佛罗伦萨进行了多方面的研究；18世纪法国圣摩耳学派制定了编写该国省区史的庞大计划，到1789年法国革命爆发，先后完成了《郎格多克史》《布列塔尼史》《勃艮第史》等；再如法国年鉴学派对地中海地区的研究，美国史学家对日本长洲地区的分析，也都是区域史研究的范例。中国古代记述地方社会实情的著作比较多。宋代范成大所撰《吴郡志》是目前所见的最早的地方志，据《中国地方志综录》统计，中国现存地方志8000多种，而各类族谱则数量更多。

中山市政府高度重视地方史的研究工作，开展了富有成效的各项研究，取得了较为丰硕的研究成果，力学笃行，通过修志、修史、编鉴构筑中山基础地情信息数据库，先后出版《中山市志》《中山市志（1979—2005）》及各类志书多部；出版国内首部人物专志《孙中山志》，它和《郑观应志》《中山市人物志》在广东省乃至全国形成示范效应。希望今后可以在史学求真精神的支配下，进一步加强中山史研究的多层次、多角度探索；广泛开展关于中山史研究理论的探讨，以历史学为主干，融合社会学、文化人类学、地理学、经济学等学科，只有得到多种学科方法的支撑，中山史研究才能不断深入；要充分挖掘以孙中山、郑观应等为代表的中山历史文化名人，活化历史名人研究，将其纳入中山史研究的整体框架，不断提升历史的育人功效。

◉问　2022年是郑观应诞辰180周年，这也是"郑观应研究口述史"课题的缘起。目前中山市还在推进郑观应故居保护活化等系列工作。欢迎您有机会到访中山，也希望您持续关注郑观应在中国近代思想史、经济史和企业史上的独特贡献。

◎李　谢谢，你也辛苦了！有机会我也乐于前往中山学习交流。

李玉

冯筱才

冯筱才（1970—　），江西都昌人。历史学博士，华东师范大学历史系教授、博士生导师，民间记忆与地方文献研究中心主任。2001年毕业于浙江大学，获历史学博士学位，曾在浙江大学任教7年。2001年至2003年在复旦大学历史学博士后流动站工作。2003年9月入复旦大学历史系工作，曾担任复旦大学历史系教授，博士生导师，中外现代化研究中心专职研究人员。

主要研究方向：从晚清到当代历史研究，侧重于政治社会史、政治经济史和区域史。目前正在从事20世纪50年代私营工商业改造、20世纪社团政治化、非正规经济等课题的研究。

主要著述：《在商言商：政治变局中的江浙商人》（上海社会科学院出版社，2004）、《北伐前后的商民运动（1924—1930）》（台

湾商务印书馆，2004）、《政商中国：虞洽卿与他的时代》
（社会科学文献出版社，2013）、《教育之桥：从清华到麻省
理工》（清华大学出版社，2014）；合作编著有《走出上海：
早期电影的另类景观》（北京大学出版社，2016）、《文成畲
族文书集萃》（浙江大学出版社，2017）、《浙江畲族文书集
成》（浙江大学出版社，2019）、《温州通史》（人民出版社，
2021）等。

主要论文：在《历史研究》《近代史研究》等刊物发表
《名实·政治·人事——关于民初上海商人团体史研究的几
点思考》《中国商会史研究之回顾与反思》等论文 50 多篇。

时　间：2021 年 10 月 27 日

地　点：上海宝龙艺悦酒店（紫竹华师大交大店）

口述者：冯筱才

采访者：李向强

整理者：李向强

●问　冯教授，您好！我是"郑观应研究口述史"项目组成员李向强，非常感谢您在百忙之中接受我的访谈。您是中国政治社会史、政治经济史和商人史研究方面的专家，著述颇丰，您也在这些领域形成了自己的学术风格和学术话语。请问您当初为什么选择历史学专业？同时也请您介绍一下您的学术经历和学术道路？

◎冯　研究历史是兴趣使然。个人没有什么特别的"经历"或"道路"，跟大多数从事这一行的人类似。

●问　您比较关注近代商会、商人团体的研究，请问您关注这个领域的原因是什么？郑观应如何进入您的学术视野？

◎冯　大概在 20 世纪 90 年代，我刚开始从事历史研究的时候，当时商会的话题很热，我也在做这方面研究。在中国学界，商会史研究的发轫是与资产阶级研究密不可分的。实际上，最初中国学者有关商会史的研究，主要是想把它当作是研究资产阶级"群体"的重要切入口。研究者对商人个体及群体活动的实际情况了解未必太多。对此，我从一开始就想弄清楚究竟在所谓"资产阶级"标签下的那些人及其组织，到底是怎么回事，因此商会等商人团体的研究便无法绕过去。

讲到晚清商人历史，郑观应是没办法回避的一个人。一旦涉及晚清的商业史、洋务史，乃至晚清的官商关系，郑都是一个重要角色。在我们查资料的过程里面，多多少少都涉及这个人物。洋务运动的代表人物李鸿章、盛宣怀在活动中都跟郑观应存在广泛交集。晚清洋务派的事业，郑观应介入很深，从招商局、电报局、上海机器织布局、汉阳铁厂、粤汉铁路都有他的身影。从当时的洋务派官僚来看，郑基本上是一个不可替代的人物。所以必须要去了解他。

◉**问**　作为著名买办，在晚清商人群体中，郑观应的商界履历非常显赫，您对郑观应的整体评价是怎样的？您如何看待以郑观应等为代表的买办群体？

◉**冯**　买办原来是个贬义词，总是被人诟病。实际应该是个中性词。买办的历史比较长，是中外贸易的中介，是最早一批跟洋人打交道的人。当时，清政府要跟洋人做生意，一是依靠这些在洋行里的买办，另外是派人过去学习，但最直接的是利用买办与洋人做生意。中国的近代工商业，近代企业，没有办法绕开这一批人，当然这批人也不是简单的商人，他们的身份也很复杂，很多人有家族背景，有些带有官商色彩，有些饱读诗书，有些富有才艺，有些办有企业，晚清的几大买办身上基本都有很多标签，买办只是一个标签。他们有的是实业家，有的是艺术家，比如上海的王一亭，他就在日本洋行里面做事，但他的书画是一流的，非常厉害，也就是说这一批人很复杂，郑观应也是这样子。

●问　冯教授，晚清时的徐润、唐廷枢和郑观应三人来自香山，在上海产生广泛的交集，晚清香山买办成为一个特殊而重要的群体，您认为它形成的原因是什么？香山为何成为"买办的故乡"？

◎冯　香山人的历史需要好好研究。香山地处沿海，晚清甚至更早就有不少人跟洋行打交道，或成为洋行经纪人，所谓"香山买办群体"即在这种情形下形成；葡萄牙占领澳门后，香山人更以澳门为跳板移民海外，走向世界；这些侨民在海外抱团互助合作，同时又对国内许多事务都有介入，因此，这些人的历史值得重视。

●问　您曾在论文《中国商会史研究之回顾与反思》中指出，1949 年前，商会这种法定的商人组织形式遍布中国各地，成为当地工商界的主要代言机关，亦是政府对商人进行管理的重要凭借。郑观应认为，商会是联结官、商的一种好办法，他积极向国人介绍欧美和日本商会的作用，认为中国要振兴商务就必须设立商会。在晚清商会筹建过程中，郑观应等商人群体是如何积极推动的？

◎冯　郑观应早在《盛世危言》一书中就提出："习兵战不如习商战。"希望中国政府能够像西方列强那样倾其全力发展新型工商业。所谓"商战"要推行，必须仰赖于商人牢固的组织，因此，提倡商会便成为他们关心的优先事项。除了引进新观念，郑亦提出设立中国商会的建议，规划组织系统。1902 年，协助盛宣怀等在上海创建了中国第一个商会

——上海商业会议公所。1905年又担任广州商务总会协理。

◉问　您在论文《从"轻商"走向"重商"？——晚清重商主义再思考》中指出，"商战"是经济民族主义的一个直接表达，亦是重商浪潮中最响亮的口号。郑观应最早系统地提出和论述"商战"思想，从历史的角度看，对后来清政府振兴实业的经济政策有哪些作用？对晚清的重商主义有怎样的影响？

◉冯　由于财政上的需要及外力的冲击，晚清政府开始重视工商业，并有实际的举措。但政府的目的仍在对外，并未认识到商业本身于民生的重要意义。"重商主义"一词除广义上的重视商业的意味，其在经济学上的意义更主张由政府控制国家的经济。晚清重商主义在实际上亦有此一面的意义。经济民族主义是晚清重商主义的核心，"商战"是其主要口号，并为商人所欢迎。

郑观应不一定是最早提出"商战"口号的人，却可能是系统论述这个思想的人，他这种口号的提出契合了当时的政府需求。"商战"是经济民族主义的一个直接表达。商人以"商战"为口号，强调与列强竞争，最要紧的是通过贸易及工矿业生产，既要增加出口额，更要在本国市场上将外货驱逐出去，以国货代替。于是"国货运动"便成了商人持久不息的爱好。商人以"商战"口号为游说资本，争取政府的实业支持或补助。晚清政府出台一系列保商、恤商、奖商的政策，不能不说有"商战"的考虑在其中。而所谓"商权"的抬升，更是受"商战"思潮的推动。所以打着"商战"的旗帜，对商人而言，既有利用的成分，亦属时势所逼。

晚清以来政经结构的变化，虽然直接推动了国内重商主义浪潮的涌起，商人地位亦随之发生嬗变。但值得注意的是：重商主义的实质在于其目的是指向国家的强大，以在国际竞争中获得有利的地位。而所谓商人地位的抬升，要服从于这个大的目的。实际上，晚清商人从来就未能获得其欧洲同行的地位，私有财产权亦处于暧昧之中，未有明确的制度化的保护措施。进而，轻商的社会风气未能从根本上祛除。商人仍在一片混沌之中经营他们的事业。

◎**问**　晚清政府推行重商主义，实行保护商人奖励商业的政策，商人地位有了较大提升，但商人的私有产权未得到法律的明文规定。请您分析一下具体的原因是什么？

◉**冯**　讲到产权的问题就非常复杂，因为我们跟西方的文化传统、法律制度不一样，跟西方的重商主义也不一样，本身就有差异。西方资本主义发展时间长，也比较充分，他们强调私产的极端重要性，强调个人财产、私有财产神圣不可侵犯，而我们基本上没有这个意识，所以清朝政府也不会发布保护商人私有产权的明文规定。

中国传统强调，有钱人要主动拿钱出来，去施善，去做好事，从而实现大同的理想社会，而且有的时候官员会给你很多压力。我也不清楚郑观应有没有讲过财产神圣不可侵犯的话，他肯定知道洋人的这些东西，但不一定去宣传。

◎**问**　1905 年 7 月，年过花甲的郑观应回到广东老家并为新生的广州商务总会设计了一套规范化的综合发展计划。郑观应积极呼吁建立官方的商务局、商部等机构，同时倡导建立商会。但他同时认为政府不应该派官员来干涉和监督商会，当时政府是怎样过度干涉商会的？郑观应是如何看待官商关系的？

⊙冯　商会这个东西是发展到一定阶段的产物，我们要跟西方打交道，西方很多时候都是行业协会或商会出面，清政府没有，这样就不对等，就需要设立。成立商会这个事情，每个地方不一样，有的地方商人不想做这个事，感觉很麻烦，没人主动，政府一般都是劝办，有的时候劝不动了，那就指定几个人去办，这是上面的要求，你不办起来上面是要打板子的，就是上海有了，广州不能不办，但广东商人不一定主动愿意办，或者办会的能力不足。郑观应积极呼吁建立官方的商部等机构，是为了更好地制定商业政策，发展商业，富国强民。建立商会，是为了维护商人利益，更好与政府沟通，与外国抗衡。原先我们是存在行业组织的，这个东西很多，很分散，力量不集中，政府打交道也很麻烦，有了商会就能节约政府的交易成本。政府有时候为了鼓励商人办会，可能会划拨一笔资金来启动这个事情，这也算政绩。在这种情况下，这些商会就要接受政府的监督，政府就要干涉商会的事情，商会要帮政府做事，为服务政府，对接政府的商务政策，替政府向商人募资，实际上是官督商办，跟西方的商会存在较大不同。郑观应跟洋人打交道多了，他在上海见过洋人的商会，政府不进行干涉。怎么我们的政府，总是下这么多命令，干涉商会的正常运转，很多地方商会的负责人跟官员吵起来，甚至打起来，郑观应可能不大喜欢这种情况。他主张既要设立官办的商务局，制定商务政策，兴办实业，也要设立商会，凝聚商人力量，与外商对抗，但政府不应过多干涉商会。

◉问 您在著作《在商言商：政治变局中的江浙商人》中指出，普通商人的心理，如街上小贩、开小卖部的、小工厂的老板等，这些人基本没什么政治性的想法，他们就是在商言商，你要求他们有什么伟大的、宏伟的政治企图，这几乎是不可能的。即使是多数"大商人"，其内心真实想法也大致如此，其实今天仍然如此。作为晚清商人群体中的重要人物和那个时代的代表性人物之一，郑观应积极著书立说、参与政治、改造社会，他的代表作《盛世危言》体现得十分全面。您认为郑观应为什么跟普通商人有着明显区别？背后的原因是什么？

◉冯 郑观应跟普通商人有区别，他不是一个普通的商人，他的身份很多，层级很高。他本身是个洋务官员，如同今天的央企负责人一样，不是简单的商人，这些人要在其位谋其政。郑观应所在的那些企业，虽然说是官商合作，但其实是官为主，商的话语权比较小，基本上是政府说了算。首先，郑观应作为洋务派官员，要站在国家利益的角度思考问题。他既不是街上卖豆腐的小商小贩，也不是一般企业主，你可以说他是洋务官员、是官商、是政商，虽然身上有商的色彩，但终其一生，他都不是一个普通的商人，他最后去世的地方是招商局公学，也是"国有单位"。郑观应跟政府高官走得比较近，这些大员们做决定的时候，一般都要问问他的意见，他时常参与顶层设计，这是一般商人接触不到的，也难以做到的。

●问 您在著作《政商中国：虞洽卿与他的时代》中把"政商"看作是解释 20 世纪中国历史的一条潜在的线索，研究了以虞洽卿为代表的一批很特别的商人及其背后的政商结构。同为买办的郑观应，是否符合您著作中"政商"的定义？能否介绍一下，他跟虞洽卿的异同？

●冯 研究 20 世纪的历史脉络，政商关系问题是绝对绕不开的。我自己研究的虞洽卿，之所以可以成为近代中国政商典型，与当时宁波商人在国内的地位，以及上海商埠的重要性、华洋杂处的复杂环境，个人的禀赋及其个人努力等有关。对商人不能有过高的道德标准要求，在商言商，自身并无太多的政治信仰，根据现实利益进行抉择。但是一些政治上的站队，却是与利益攸关的。虞洽卿在 1927 年后愿意做蒋介石的代理人，在财经、外交上给蒋介石以有力支持，其个人地位也随着蒋介石权力的巩固而上升；蒋介石对虞氏在生意上也给予极大的帮助，带来了许多好处，没有蒋介石的支持，虞氏的轮运生意不可能那么顺畅，不可能在重庆时期经营垄断性的商车特权及道路许可，不可能在外汇、金融、司法等方面得到蒋介石的特殊协助。

虞洽卿跟郑观应还是有不少相似性。如两人均是买办出身，跟政府都保持密切的关系。但郑观应可能入仕的企图较虞更多些，其文人色彩浓厚，喜欢著书立说，影响社会。从这一点来看，与虞洽卿相比较，或许郑观应身上的"政商"性更弱一些。

●问 郑观应在《盛世危言后编》"自叙"中明确指出："政治不改良，实业万难兴盛。"作为中日甲午战争前著名的政治改良论者，郑观应在《盛世危言》中重点阐述了吏治改革和司法改革。您如何评价郑观应的政治改良主张？

⊙冯　无论是康梁这些维新派还是李鸿章、张之洞这些洋务派讲的有关政治改革的话，都要放在当时的语境去理解，郑观应的言论也是如此。一些政治改革主张也不是郑观应一个人讲的，当时就有不少这种论述。中国的司法如何改革？吏治如何改革？当时有一群人在谈这个事情，甚至还有很多洋人出谋划策。

郑观应阅读面很广，思想活跃，想法也很多，因此，他写出来的东西比较有影响力，从这一点来看，郑观应或者确实是一个思想家。一个人的思想之所以能够变成一个流行的东西或者变成一个时代的潮流，很重要的是要看他什么时候提出。相同的东西，换个时空环境，可能不但不能流行，甚至讲话人要被打成逆贼了。因此，如何评价是跟时代联系起来，需要你的时候，你的话听得很顺耳，听得很舒服，不需要你的时候，你就是逆贼。比如经元善，在1900年1月己亥立储事件中，领衔发起有一千多人签名的保皇通电，恳请光绪亲政，反对另立皇储，结果触怒了以慈禧为首的后党，因遭通缉而亡命澳门，然后给他污名化，说他贪污，要赔几万两银子。

◉问　在孙中山1894年赴天津上书李鸿章时，郑观应专门写了推荐信给盛宣怀，请盛宣怀将孙中山的上书转呈给李鸿章。郑观应为什么愿意为孙中山写推荐信？

⊙冯　这个事情没有研究，我也不知道孙中山有没有找其他人帮忙，他跟郑观应是如何联系上的？真正要搞明白，可能还需要搞清楚两家的家世谱系及两人的社会网络。这是个很有意思的话题。也有可能在当时就是仪式性的同乡荐举而已，之所以被人反复提及，是与两人后来的历史地位有关。

◉问　与李鸿章、盛宣怀、王之春、邓华熙、唐廷枢等人的关系中，郑观应无疑是地位相对低的，他与这么多领域的要人交往颇好，请问他是如何做到的？交往的基本原则是什么？对今天我们与人相处的启示是什么？

◉冯　郑观应是如何打交道的，我没有研究。在当时，你有一定的家世背景及身份基础，与上流社会打交道当然要注意礼仪秩序，这个不能乱。来往要互相尊重，注重礼仪，并不是官大一级压死人，大家在这个体系中都觉得比较舒服。但是犯了错就要承担责任，比如郑观应曾经亏空20万两银子，肯定要处理他，如果不处理，朝廷怪罪下来，李鸿章都要承担责任。

◉问　人是历史的创造者，因此历史人物研究是历史研究的主题之一。近代历史人物的研究在近代史研究中处于怎样的地位？如何更好研究？

◉冯　这个问题感觉有点大。总的来说，历史是人的历史，我们研究历史就是要研究人，没有人就没有历史，所以说历史都是基于人的故事，都是要把人的东西搞清楚，比方说要研究中国近代史，郑观应很重要，你就要关注这个重要人物，但如果你要研究郑观应，也不能脱离那个时代。研究人物一定要把握整个时代发展的脉络和背景；其次要看他真正做的事情及其社会网络，就是要把这个人从教科书中还原到历史情境里，了解他究竟干了啥事？他的七大姑八大姨是谁？他的朋友圈是哪些？人有七情六欲，历史人物同样如此，把这些搞清楚了，他才是一个人，才能更好地研究，否则那就是个"神"。所以，研究历史人物尤其不能把它神格化，把他吹得天花乱坠，没办法去考证的东西最好不说，用语不要太夸张，要恰到其分，经得起推敲，尽量少用"最""唯一""第一"等语，具体的事情，可以考证的东西才可使用。历史人物研究一定要脱虚向实，做好扎实的史料工作。

◉**问**　您曾在第一届地方文史高级研修班的专家讲座活动上，作了题为"口述访谈的方法与实践"的报告。请您从专家的角度，为我们更好开展"郑观应研究口述史"工作提几点建议？

◉**冯**　科大卫教授说过一句话："每个人都是一个博物馆，最珍贵的历史资源是人。"人是最珍贵的历史资料，人没有了，他大脑中保存的资料就都没有了，所以口述访谈特别重要。我自己刚开设口述史研究的课程时，有的学生认为这门课应该比较轻松容易，听听老师口头讲过去的历史故事就够了，结果一上课发现并不是自己想象的那样。每一次口述研究所需要的工作量可能不亚于进行一项专题学术研究，对一些重要的受访人可能要进行反复多次的访谈，访谈结束后的整理工作也同样需要大量时间，如果要整理出一份可以直接作为材料使用的访谈稿，投入的精力还得更多。准备口述访谈之前的背景资料就已经是一项巨大的"工程"了。为了能够对访谈对象的身份、经历、人际关系等都提前有一定的了解，可能就得查阅档案、年谱、文集、方志、报刊等各种类型的文献，除了文字资料的准备外，还需要通过知情人介绍或向地方文史研究者请教，这些都可以为访谈的资料准备工作提供帮助。另外，现在信息发达，通过网络和数据库人们都能搜集到很多丰富的信息。有一些访谈对象可能自己已发表文章、出版著作，在访谈过程中你提出某个问题时，他们可能就直接让你去看自己写的文字，如果没有事先读过这些背景材料，访谈就可能没办法顺利继续了。如果你已经读过了相关资料，那就可以进一步追问其中的细节，获得更多、更具体的信息。预访谈是增加对受访人了解的好方法，它可以了解一个人的生命史，进一步可以确定以后访谈的重点，也容易赢得受访者的尊重。

总的来说，要做好以下方面：第一，做实、做细、做好史料的收集整理工作，搞清楚郑观应的个人情况，他的求学、工作、交友经历等方方面面。比如他在哪些洋行干过？做了多少时间？做过什么业务？跟谁做生意？搞清楚这些，才能解释李鸿章为什么要用他。第二，尽可能采访到更多有价值的人，搞清楚郑观应的家谱体系，查清楚他们的后代分布，并通过不同渠道尽可能联系他们。口述这个东西就是要实和真，你要问清楚各种各样的细节。比如究竟郑观应的爸爸叫什么名字？爸爸的亲兄弟有多少人？堂兄弟都是谁？他妈妈叫什么名字？不一定有名字记录，可能是某个姓氏，她在哪个村庄？那里有没有家谱？他的外公家里外婆家里是干什么的？出了哪些人物？要把这些东西查清楚，一个个往上查，他爸爸那一辈，往上查他爷爷、曾祖父、高祖父，把他上5代下5代调查清楚，那就厉害了。第三，掌握访谈的技巧，访谈是双向的情感交流和信息互通的过程，访谈不应该只是从受访人那里获得信息，而应该要有"信息共享"的意识，最好带上一些受访人可能感兴趣的材料送给他们，这种资料分享的意识很容易拉近双方距离，这样口述访谈才不会变成一项冷冰冰的任务。访谈是一个开放的过程，在设计问题时应该考虑启发性、开放性，不能只及一点，不顾其余。访谈中要遵循具体化、日常化、细节化等基本原则，提问的语言也应容易被受访者理解，访问者要努力尝试走进受访人的世界，理解他们的语言、事件、价值等，这样口述访谈才有可能获得有意义的历史信息。同时，需要向访谈对象说明个人遭遇背后的时代性、制度性等深层次原因，避免完全移情。第四，在处理史料时需要摆脱非此即彼的简单看法。档案史料也好，口述史料也罢，都一定有着各自的局限性，并不是因为口述访谈得到的历史信息和档案不一致，就完全否定了档案的"真实"。如果我们承认个人历史的重要性，那么对每一个人进行访谈所获得的历史信息，也一定是千差万别的，这意味着实际的历史过程充满了复杂性。历史学专业口述访谈的意义在很大程度上就是通过发掘更多的历史信息来展现这种复杂性和魅力。

◉**问**　2022年是郑观应诞辰180周年，这也是我们开展"郑观应研究口述史"课题的重要原因。欢迎您有机会到访中山，为郑观应学术交流与研究继续贡献力量，再次感谢您接受我们的访谈。

◉**冯**　谢谢邀请，有机会我定会前往调研交流！

赵殿红

赵殿红（1974—　　），历史学博士，澳门科技大学社会和文化研究所副所长、唐廷枢研究中心研究员，中国历史研究院澳门历史研究中心研究员。2002年、2006年在暨南大学中国文化史籍研究所分别获得历史学硕士、博士学位。曾在南开大学、广东省民族宗教研究院、广东人民出版社从事研究、出版等工作。

主要研究方向：中外关系史、基督宗教传华史、澳门历史与社会。

主要著述：《教会与社会：明末清初江南地区耶稣会传教网络》（宗教文化出版社，2021）；译有《清初耶稣会士鲁日满常熟账本及灵修笔记研究》（大象出版社，2007）、《少林寺：历史、宗教与武术》（宗教文化出版社，2016）、《普塔克澳门史与海洋史论集》（广东人民出版社，2018）。参与编写有《明清时期澳门问题档案文献汇编》《澳门宪报中文资料辑录（1850—1911）》《澳门编年史》等。

主要论文：在《世界宗教研究》《社会科学》《学术研究》《学习与探索》等刊物发表相关论文50余篇。

时　间：2021 年 12 月 6 日

地　点：澳门科技大学社会和文化研究所

口述者：赵殿红

采访者：李向强

整理者：李向强

◉**问**　赵老师，您好！很高兴认识您，我们此次访谈活动是围绕历史名人郑观应而开展的口述历史研究课题。您长期从事天主教传华史、中外关系史、澳门史的研究，不少论文与译著围绕澳门展开，请问您当初是如何选择历史学作为自己的主攻学科，走上中外关系史的研究道路的？

◉**赵**　我大学读的是英语专业，硕士和博士进入历史学专业，跟随暨南大学汤开建教授学习，后又在南开大学从事博士后研究工作，跟柏桦教授学习中国政治制度史。汤教授致力于澳门史、天主教史、中西文化交流史、西夏史及中国边疆民族史研究。汤老师起初也不是做中外关系史的，他以前从事西北史和民族史研究。1986 年，他从西北民族学院调到暨南大学，开始转向研究澳门历史。汤老师对澳门历史文献档案进行"竭泽而渔"式的收集与整理，30 多年来成果蔚为大观，是澳门史研究的领军人物。我 1999 年考入暨南大学古籍所（后改名为中国文化史籍研究所）读硕士研究生，当时并没有什么历史功底，在汤老师"边做项目边研究"的培养方式下，慢慢有了一些积累。当时在研究中外关系史的学生中，英语好的学生不是很多，我利用这个优势做了一些翻译，渐渐走上天主教传教史、中外关系史的道路。

汤老师指导的专业方向是"明清史及澳门史"，而澳门史的研究自然免不了与天主教史相关。明末清初是天主教在中国传播的一个高潮，也是一个相对的"黄金时期"。沿着汤老师的学术路径，我的硕士论文研究的是"康熙历狱"时期被集中扣押在广州的传教士的活动，博士论文则选择了清初耶稣会士在江南地区的传教活动研究。主要是因为明清之际江南地区的天主教传教史内容极为丰富，耶稣会士的传教网络建设、信教人数的发展、传教策略的实践都比较典型，在全国比较有代表性。

◉问　根据刚才的介绍，能否深入谈一下您博士论文选题的背景？

◉赵　20世纪80年代以来，明清时期天主教传华史及与其相关的中西会通史的研究越来越受到学界关注，相关研究主要集中于以下方面：一是中西文化的交流与碰撞，如西学东渐和东学西传、中国士人对西人和西学的反应、西人早期的汉学研究、西方科技对中国的影响、中国礼仪之争问题等。二是对传教史上"支柱性"人物的研究，如对利玛窦、艾儒略、汤若望、南怀仁等传教士的研究，对徐光启、李之藻、杨廷筠等中国信教士大夫的研究。三是对中国皇帝或宫廷对天主教的态度或政策的研究，包括早期的外交史，如康熙与西学、康熙与传教士、康熙与罗马教廷、早期中梵关系、早期中国与欧洲的关系。四是对教案的研究，包括明末的"南京教案"、清初的"杨光先教案"。五是对地方传教史的研究，如北京传教史、西北传教史、山东传教史等。

总体来看，这些主题并未深入传教史研究的"核心"。例如西方传教士东来的复杂背景，其中传教的因素与政治的因素各占几许？其国家背景与修会背景如何？其经费来源如何组织？他们到达中国之前具有什么样的教育基础？他们在中国有着怎样的内部架构和人际关系？传教士们人手短缺，如何组织教务工作，管理数目相对庞大的教徒团体？他们如何安排自己的衣食住行？不同修会的传教士，其传教方法有何差别？耶稣会与方济各会、多明我会等传教对象有何差异？此外，可否从个人喜好、人生经历、教育背景等方面对传教士个案进行研究？能否深入探讨个别传教团体的经费来源和支出？能否专门研究中国信徒或其他参与者在传教事务上的作用？最重要的传教载体书籍和图画是如何印刷的？什么样的人参与了编写、翻译、修订、印刷、装订、分发等工作？天主教的各种教徒组织"会"是如何分类和组织的？传道员、讲道员等人需要具备什么样的训练条件？他们的社会地位和教育水平如何？等等。

近二三十年来，学术界对明清天主教史的研究越来越深入，专题性越来越强，与外国学者的对话、交流与合作也越来越频繁。李天纲的《中国礼仪之争：历史、文献和意义》、韩琦的《中国科学技术的西传及其影响（1582—1793）》、张西平的《传教士汉学研究》、汤开建的《明清天主教史论稿初编——从澳门出发》、崔维孝的《明清之际西班牙方济会在华传教研究（1579—1732）》、张先清的《官府、宗族与天主教：17—19世纪福安乡村教会的历史叙事》、康志杰的《磨盘山天主教历史研究（明末—1949年之前）》等，这些开创性的专题性研究，为我们提供了崭新的视角。

在汤开建教授和张西平教授的引荐之下，我在读硕士期间，很幸运地接触到比利时鲁汉大学南怀仁文化协会高华士博士（Noël Golvers）出版不久的专著 *François de Rougemont, S. J., Missionary in Ch'ang – shu（Chiang – nan）: A Study of the Account Book（1674 – 1676）and the Elogium*，在仔细研读之后，决定译介给中国学者。后来被收入国家清史编纂委员会"编译丛刊"，中文版书名《清初耶稣会士鲁日满常熟账本及灵修笔记研究》，2007 年在大象出版社出版。

对高华士大作的研读和翻译，令我获益匪浅，也在国内外研究状况、专题研究方法、中外文史料等方面打下了一些基础。高华士利用新发现的耶稣会士鲁日满（François de Rougemont）1674 年 10 月到 1676 年 4 月在常熟地区的生活账本，对其进行了深入精细的研究，并参考与同时代的耶稣会士 Aegidius Estrix 在 1690 年所写的纪念性作品《鲁日满行谊》及鲁日满发往欧洲的信件等珍贵材料，撰成约 50 万字的巨著，详细描绘了鲁日满的具体生活场景和账本所反映的传教、经济、生活、文化、交往等信息，深入揭示了西方传教士在明清时期的具体活动情况，同时也大有裨益于明清经济史的研究。

受本书的启发，经过与汤教授商量，遂确定了以明末清初的江南地区为例，研究耶稣会传教士的"传教网络"问题。可以说，在明末清初百余年间，江南地区是天主教耶稣会中国传教"适应策略"的实验场，从欧洲远道而来的耶稣会士在奉教士绅和华人传道员的帮助下，建立了一整套成熟细密的传教网络，从而使该地区成为当时天主教事业最有成效的地方，无论是教堂数量，还是教徒人数，都在全国首屈一指。我在论文中试图展现明末清初江南地区耶稣会传教网络、人物群体、传教方法、圣会组织等层面，以细节和数据描绘一幅生动的"教会与社会"相交相融的中西文化交流图景。

◉问　请谈谈您博士论文研究的主要内容。

◉赵　我的论文基本观点是：明末清初江南地区 10 多万民众接受西学和西教，是 16 世纪以来西学东渐、东学西传的一大事件。耶稣会士、奉教士绅、华人传道员等通力合作，在江南地区顺利建立传教网络，把该地区变成天主教传播的沃土和中西文化交流的广阔舞台。以"利玛窦路线"为核心的"适应策略"在明清时期的中国获得普遍接受，可以说是明末清初"江南模式"在全国的发展和延伸。具体来说，主要有如下内容：

一、明末清初，耶稣会士从在南京建立第一个传教点开始，逐步扩展到上海、松江、杭州、苏州、常州、扬州、淮安、嘉定、嘉兴、湖州、宁波、绍兴等整个江南省及浙江东北部地区。到康熙中期，江南地区建有约 200 座大小教堂，居全国各地区之首；教徒人数约达 14 万人，占全国教徒总数七成以上。二、明末清初相对宽松的政策环境，各地政府对天主教的容忍和友好，为天主教传播提供了宽松的社会土壤。明末清初百余年，国家层面对天主教不利的时期，不足 10 年，其余近百年，是天主教在华传播的宽松期，是中西文化相遇与交流的黄金时期。三、由范礼安、罗明坚、利玛窦等人倡导的传教"适应策略"，得到江南地区耶稣会士创造性的发展和实施，灵活应用于传教实践，获得当地官员和士绅的广泛认同，得以建立自上而下、由城市到乡村的传教体系。四、总体说来，明末清初来华的耶稣会士，是一批受过高等教育、掌握多种技能、具有较高科学文化水平的饱学之士，特别是早期来华的意大利、葡萄牙及法国耶稣会士，更是传教队伍中的精英人才。耶稣会士个人素养对官绅和民众产生强烈的精神感召。五、遍布城乡、种类多样的天主教圣会组织，构成了江南地区庞大的教会网络的基础。无论是在中心城市，还是在边缘乡镇，都建有各种圣会组织，传教士通过这些组织，以"四两拨千斤"的方式管理着数万名教徒。六、华人传道员在协助耶稣会士的传教工作上发挥了至关重要的作用。他们在传教士的领导之下，各司其职，在事实上维持着当地教会的运转和发展，是教会不可或缺的重要组成部分。

论文通过答辩后，放了几年时间，慢慢补充资料、修订内容，2021 年受澳门基金会资助，在宗教文化出版社出版。

◉**问**　澳门地域狭小，人口不多，但地位特殊。你的研究是如何发现和逐渐聚焦在澳门之上的？

◉**赵**　实际上在澳门回归前后，研究澳门的学者比较多，但现在越来越少，出现严重的断层现象，像汤开建教授这样几十年如一日研究澳门、将明清时期的澳门史做深做透的前辈已是绝无仅有。在澳门，有几个专门机构研究澳门历史文化，主要是澳门大学的澳门研究中心、澳门理工大学的中西文化研究所等。2020 年，我所在的澳门科技大学与中国社会科学院中国历史研究院共建"中国历史研究院澳门历史研究中心"，中心的成立是澳门历史研究进程中的一个里程碑，将澳门历史研究纳入国家统筹规划，是澳门融入国家发展的重要举措，是加强"爱国爱澳"教育、弘扬中国优秀历史文化的新探索。我有幸协助林广志所长参与推动其事，与有荣焉，深感受益。

澳门在很长一个历史时期，在中外关系、中外文化交流、全球贸易当中处于枢纽位置，留下了很多遗存，有一些是可见的，比如说像教堂建筑和丰富的文字材料。前几年汤教授主持了一个全世界澳门材料的调查，发现在全世界很多图书馆都藏有不少跟澳门相关的材料，包括葡萄牙、西班牙、法国、英国、澳大利亚和梵蒂冈的图书馆、档案馆，语种也特别丰富，包括葡语、西语、法语、英语和德语等的材料，所以从材料的角度，关于澳门的史料还很丰富，还有很多没有挖掘。

就我个人而言，虽然并没有将研究领域完全聚焦在澳门历史上，但无论是过去的研究经历，还是目前的工作关系，都自然需要十分关注澳门的历史、文化、社会等议题。

◉问　您的硕士论文和博士论文均聚焦天主教在中国的传播，请问西方传教士在中国的活动对我国的对外关系产生怎样的影响？

◎赵　大规模的中外文化交流有过几次高潮，包括汉唐时期的佛教传播、宋元时期的伊斯兰教传播，以及明清时期的天主教、基督教传播。其中明清之际"天学"与"儒学"的相遇与会通，最具深度和高度。这些西方传教士人数较多，而且大部分都是饱学之士，有数学家、哲学家、艺术家等专业人士，这些人直接在宫廷服务，与中国士大夫对话，对中国产生了重要影响，所以研究这一块的人也很多，有的从文化交流的角度，有的从宗教传播的角度，有的从文明相遇的角度，有的从科技史的角度，还有的从哲学的角度。

我的硕士论文关注了杨光先教案时期被扣押传教士在广州的活动。当时大部分传教士被送到了广州，1666—1671年他们被关押了5年多时间，而这5年当中他们的经历是怎样的？其具体过程，当时学术界并不是很了解，难道就是待在教堂里不动吗？带着这些疑问，我跟汤老师商量，想弄清楚这些传教士关押广州期间的日常活动。后来发现资料比较难找，因为中文的材料基本上是没有的，外文的材料，拉丁文和葡萄牙文看不懂，后来通过各种各样的零碎材料，写了10万字左右的论文，对这一阶段传教士在广州的活动进行详细探讨，并通过比勘互证，澄清许多作品中对此阶段认识的各种偏差。传教士们被扣押在广州时期，随着时间及外部形势的改变，有着不同程度的活动自由。对他们来说幸运的是，当时的两任广东总督及平南王父子，对西方传教士抱有好感，并试图利用他们在对外贸易活动中担任翻译沟通之类的工作，因而对他们以礼相待，传教士的生活来源也因此有所保障。正是广东官方的宽松对待，才使传教士们有了对外交往、翻译经典、召开会议等活动的自由。他们甚至用冒名顶替的办法，派人去欧洲汇报情况及寻求帮助。

在这段时期，传教士尤其是耶稣会士的最大贡献是对中国经典的继续翻译与整理，从而汇集西方了解中国儒学经典的巨篇《西文四书直解》。这次规模大、有系统的"中学西传"，是中西文化交流史上的一件大事。

　　同时，此次集中扣押，使当时在中国传教的不同修会的传教士有了一次全面对话的机会和充足的时间，这也是不同修会的传教士在中国首次大规模的接触与对话。北京受审及广州扣押的初期，是他们在一起交流的"蜜月期"，他们相互沟通，相互同情，一致对外，新鲜感与共同面对的灾难使他们团结起来应对困境。但随着外部看管的松懈，以及不同修会传教士相互了解的加深，再加上广州扣押时间的漫长和生活的枯燥乏味，他们旧有矛盾和冲突日益显现，原本在中国礼仪问题和传教策略上的分歧更加明显，而20多位传教士因不同的国家和民族背景使他们的冲突更加多样和复杂。被扣押在广州的传教士在5年多的时间内，活动的自由度越来越大，他们召开会议、翻译经典、学习语言、编写书籍，以至对外交往和秘密了解传教地区的情况。因此，他们这段时间的活动，很值得深入研究。

　　我们知道，康熙皇帝对天主教，对各种宗教都比较开放，比较包容，但是后来因为中国礼仪之争问题，中国与罗马对话就出现了问题，随后康熙就采取了禁教政策。如果说通过杨光先教案的解决促使康熙对西方科学技术的了解和对西方传教士的信任，那么到后来随着礼仪之争的发展，又使他决定禁止天主教在中国境内的传播，从而出现了中西文化交流的低潮。"礼仪之争"原因颇为复杂，既反映了东西方文化的矛盾冲突，也反映了天主教各会各派之间的矛盾，以及天主教国家间政教关系的问题。但无论如何，西方传教士在17—19世纪促进了中国与欧洲文化、科技、哲学与政治的广泛交流。

◉**问** 继唐代的景教和元代的也里可温之后，天主教第三次进入中国是在明后期。赵博士，您在文中提到，中国传教团的正式建立，严格来说，是始于 1583 年，因为在那一年，耶稣会士罗明坚和利玛窦才正式获得了官方许可，在中国内陆建立一个相对固定的传教站。澳门在这一过程中，发挥了怎样的作用？

◉**赵** 澳门的作用很关键。我们知道天主教传播史上有一个很重要的阶段，就是保教权时期，有不少学者对此做过研究。"保教权"实际上是天主教向世界传播的权力，最终权力肯定是在教宗这里，保教权实际上是神权和政权之间的一种妥协，是教宗对传教权的一种让渡。在葡萄牙保教权时期，耶稣会大部分是葡萄牙人，传教和贸易紧密结合。传教士到东方传教都要乘葡萄牙的船从里斯本出发，而传教的津贴费用由葡萄牙王室来支付。那么澳门作为葡萄牙在远东的一个重要据点，是传教士到东方的重要站点。澳门在开埠以后，很快设立澳门教区，又建立了圣保禄学院，保教权下的传教士需要在澳门学习，准备好后就往日本、东南亚和中国内陆等地传教，所以澳门是传教士的重要中转站、集散地、休养地，当然也带动了天主教在澳门的传播。

后来随着葡萄牙的衰落，荷兰、法国、英国崛起，法国在跟葡萄牙的保教权争夺中占了上风。尤其在鸦片战争后，法国在中国内地建了许多教堂，用各种手段取得很多地产教产。

◉**问** 郑观应是中国近代著名文学家、思想家和实业家，也是中国近代最早具有完整维新思想体系的理论家。他思想的形成过程是否受西学东渐和西方传教士的影响？能否简单介绍一下？

◉**赵**　我对郑观应没有做过专门研究。但我们社会和文化研究所林广志所长长期关注和推动郑观应研究，也带着不少博士生整理资料、撰写论文。在林所长建议下，澳科大近期将成立郑观应研究中心，与唐廷枢研究中心一起，共同研究洋务运动时期的重要历史人物，以及香山、澳门与中国的近代化的关系。

郑观应毕生致力于国家富强的思考和探索，在《盛世危言》等著作中针对政治、经济、军事、外交、文化、教育、医疗等领域的改革发展，首次提出"立宪""议会""商战""领事""专利""水利"、海南"自由贸易港"、上海"赛会"以及中西医结合等论述和方案，是我国近代具有完整改革思想体系的启蒙思想家；他密切观察和深度分析英、法、德、美、俄、日等国的政治、经济、社会发展状况及其与中国的利害关系，谋划和参与"联暹抗法"等抗争活动，是近代著名的国际关系专家；他参与招商局、电报局、汉阳铁厂、粤汉铁路等民族工商业的经营管理，与英资、美资大型企业开展"商战"活动。郑观应一系列切合时弊、切实可行的论述与实践，使之成为影响中国近代化进程的时代巨人。郑观应的爱国热情、开阔视野、深刻洞见与趋势预测，至今仍有研究价值和启示意义。

在林所长看来，相对而言，澳门学界对郑观应这位既有成体系的皇皇巨著，又有保存完整的世遗故居的"乡里"爱国者、思想家仍然研究不足、传播不足以致社会认知不足。研究郑观应，既是香山商帮与中国近代化进程研究的学术发展，是澳门特区加强保护和利用郑家大屋的重要课题，也是在澳门开展"爱国爱澳"教育的"当然课题"和迫切任务。

我个人对郑观应蔚为大观的"新派"思想体系的知识来源比较感兴趣。郑观应虽然是一个忠实的道教信奉者，但他与基督教传教士有着不少直接或间接的交往，对天主教、基督教并不排斥。比如他与李提摩太有不少书信往来，在傅兰雅办的学校学习英语。很显然，他主动接受和吸收了传教士带来的新文化、新知识、新思想。上海是中国开放较早的地区，也是传教士比较集中的地区，新观念、新知识交织在一起，郑观应肯定受到影响较深，并在著作中加以吸收，集为大成，构建出自己的思想体系。同时，他的《盛世危言》完成于澳门，澳门的西方文化和多元文化，对他也有着显而易见的熏陶。

●问　郑观应出生在香山，事业成功在上海，为什么他在生前称自己"世居澳门"？澳门在郑观应心目中有怎样的特殊地位？

◉赵　郑观应的父亲郑文瑞在澳门设私塾授徒，郑观应自小在澳门受教育，17 岁参加香山县的童子试落第，才离开澳门赴上海当商务学徒，并随叔父学英语。晚年在澳门祖居郑慎余堂养病写作十多年。因此，他称自己"世居澳门"毫不奇怪。我个人觉得，郑观应很可能把澳门当成了一个"标本"。郑观应是一个主张西学的人，又具有传统士大夫精神，同时他经过商、从过政、治过学，从他的内心深处应该把澳门当成了一个很重要的观察对象，而不仅仅是故乡的概念。首先，澳门东西交汇，近代很多重要学者都来过澳门，康梁也在此办《知新报》，鼓吹维新变法，包括后来的孙中山，都把澳门当成一个重要的基地；其次，澳门是一个很稳定的地方，没有发生大的乱局，传统文化没有中断，同时又可以接收到外界的各种各样信息，特别是西学的知识；最后，澳门本来就是香山的一部分，所以澳门在郑观应心目中应该具有标本与故乡的双重地位。

◉问　澳门历史上产生过不少名人，郑观应一生也与澳门有着很紧密的关联，为什么郑观应被称为"澳门之子"？

◉赵　其实与澳门相关的历史名人还是挺多的，从清代的赵元辂、赵允菁家族，到近代的林则徐、郑观应，再到后来的康有为、梁启超，民国时期的孙中山、叶挺、冼星海、柯麟等人，都在澳门有深入的居住或活动经历。我觉得郑观应对澳门有很深的乡土情怀。他在澳门受教育，在澳门著述，是维新思想的集大成者，是近代中国学习西学的代表人物，他的思想内容广泛、体系完备，他的著作影响深远。最重要的是，郑观应是一个伟大的爱国者，他的爱国精神是澳门爱国传统的一个重要组成部分。澳门还有郑观应家族的重要遗存——郑家大屋，是澳门现存最大的私家民宅，是澳门世界文化遗产的重要代表性建筑。

◉问　历史上有三位重要买办来自香山，香山买办成为一个特殊而重要的群体，您认为它形成的原因是什么？香山作为西方传教的重要支撑节点，它对香山买办群体的形成有何关系?

⊙赵　我们研究所一直关注香山研究,包括对重要的香山买办群体的研究。我们相继成立唐廷枢研究中心和郑观应研究中心,买办群体和洋行研究是我们关注的重要领域。香山确实是出买办的地方,我觉得最重要的原因,首先是他们受西学的影响较早,这里的人很早就接受西学教育,这些西学多数是传教士带来的。1839 年,英国人温施娣和美国传教士布朗在澳门开办马礼逊学堂,1842 年迁到香港。由于地缘相近,香山地区不少青少年到马礼逊学堂学习。包括唐廷桂、唐廷枢、唐廷庚三兄弟,以及推动近代中国幼童留学美国的容闳等。唐廷枢兄弟为了方便中国人学习和了解英语,还编了《英语集全》,可见其西学的深厚功底。

这些香山年轻人最大的一个共同点,就是自幼受英文教育,接受西方知识,同时深受基督教文化的影响。在马礼逊学堂学习的青少年,多数受洗入教,甚至为教会服务多年。例如唐廷桂,先在香港担任翻译,后赴美国在教会工作,不久又成为当地华人领袖,为华人利益奔走呼吁,回国后在唐廷枢的引荐下担任洋行买办。我曾经翻译过唐廷桂在当地英文报纸上发表的一封写给加州州长毕格勒的信,阐述中国文化及华人对美国的贡献,在"排华"问题上为华人辩护。因此,早年接受西学,在人格养成时期受西风熏染,这是其一。其二,香山毗邻港澳,面向海洋,明清以来就有下南洋、出西洋的传统,群体流动性较强。其三,香山人作为广东人的重要部分,非常重视地缘、亲缘、血缘关系,在对外关系上倾向于相互提携引荐,因此无论在海外,还是在上海等口岸城市，易于形成群体。

我还想补充一点看法，近些年因为海洋史研究成为热门领域，大家对海洋的看法与过去有所不同。传统的观点把中国看成一个陆地国家，那么沿海地区就成了"边疆"，含有"偏僻""遥远""未知"之意；事实上若从海洋的角度看，中国南部包括香山一带，是世界体系的重心之一，沿海人群的生活生产方式、精神气质、思想观念自成体系，"海洋文明"与"陆地文明"并驾齐驱，海洋更加推动了中国的近代化进程。

◉问　唐廷枢、郑观应既是近代著名的买办，又是一个时代的香山同乡，二者有着怎样的关系和交往历程？他们是既传承中华传统文化又融汇西方优秀文化的杰出代表，您如何评价他们？他们有着怎样的异同？

◉赵　唐廷枢出生于1832年，郑观应生于1842年，两人相差10岁，两家又有姻亲关系，交往比较密切。应该说唐廷枢对郑观应提携较多，尤其在洋务方面对后者影响较深。我们研究所林所长带领的团队正对两人关系开展深入研究，未来会有相关成果出版。

简单来说，唐廷枢以实干著称，在近代工业、商业、交通、金融、保险等领域筚路蓝缕，具有开创之功。郑观应则以思想遗世，是维新思想的集大成者，是具有完整改革思想体系的启蒙思想家，留下大量的著述和书信。两人都怀抱强烈的爱国强国之心，其事迹与精神值得我们深入研究和大力弘扬。

◉问　那么据您的研究，郑观应对西方传教士在华传教活动，他的态度是怎样的？他在这个活动当中有没有发挥一些积极的作用？

⊙**赵**　郑观应在《易言》和《盛世危言》对"传教"问题都有专门论述，其主要观点，不是反对传教，而是解决"民教相争"的问题，并提出使民教相安的处置办法。他同时赞赏重要传教士如林乐知、李提摩太、傅兰雅、艾约瑟、花之安等对中国的贡献，可见他对基督教及传教士抱有审慎、客观、开明的态度。至于他在传教活动中有没有发挥积极的作用，尚难评价。

⊙**问**　您作为唐廷枢研究中心的研究员，能否谈一下唐廷枢研究中心开展了哪些工作？取得什么成果？

⊙**赵**　唐廷枢研究中心在 2018 年 11 月成立，主要是研究以唐廷枢为重心的近代香山历史人物，香山、澳门与中国近代化的关系。中心成立以来得到校领导、兄弟研究机构、学者同行以及珠海唐家湾、开滦集团、招商局集团的大力支持。具体工作主要有以下方面：一是林广志教授牵头编写《唐廷枢年谱长编》，计划约 100 万字，以唐廷枢事迹和活动为主线，反映晚清洋务运动的整体风貌；二是戴龙基教授牵头收集整理《唐廷枢史料丛刊》及《唐廷枢系年资料》，对唐廷枢相关史料进行全面收集，影印或整理出版；三是编辑出版《唐廷枢研究》集刊，为相关研究成果提供发表平台；四是与珠海相关政府和文化部门合作，策划出版"唐家湾历史文化丛书"，目前已出版第一批 6 本，包括《中国近代民族工业先驱唐廷枢》《中国共产党早期著名领袖苏兆征》《唐家湾古建筑艺术》《唐家湾文物保护利用笔记》《清华首任校长唐国安》《唐家湾碑刻集》等；五是举办"香山文化论坛：唐廷枢与近代中国国际学术研讨会""香山文化讲座"等。

同时，我们协调澳科大的各种学术和研究资源，参与唐家湾历史文化展览馆设计和展示，推动宝臣唐公祠的修缮和维护，在唐家湾开展设计、绘画、摄影等艺术活动，对唐家湾历史文化名镇开发和保护提出政策建议等。

◉**问**　您的个人经历丰富，曾在广东人民出版社和广东省民族宗教研究院工作，如今又回到高校，请问这些不同的人生经历对您的学术之路的影响是什么？

◉**赵**　我在广东人民出版社工作有 8 年时间，在广东省民族宗教研究院工作也是 8 年。这两个阶段的经历都非常宝贵，对我的学习之路和生活道路都影响至深。当编辑是一个磨人的活，我常常说，我从小喜欢文字，成年后天天被文字淹没，既被文字折磨得很痛苦，又因为它终于被"码得很顺"而喜不自禁。幸运的是，我在出版社一直从事的是学术编辑，主要负责"岭南文库"和"澳门丛书"两大系列，一方面在知识上不断补充营养，另一方面结识了许多学术名家，为我未来的学习和工作打下扎实的基础，提供了源源不断的学术资源。在广东省民族宗教研究院的工作主要是调研、编辑两方面，负责编辑《民族宗教研究》和《民族宗教工作》刊物，并为决策部门撰写有关民族宗教的政策建议，熟悉了国家的民族宗教政策，也在田野中了解了民族和宗教领域的现状与问题。总结来说，回顾过去的工作经历，总是围绕写作、编辑两大块。而长年的编辑工作，使我特别注意写作和研究的"规范性"，对行文、结构、注释、引文包括版面、字体有着强烈的"执念"，有时都有点强迫症的味道了，对学生也总是这样要求。

◉问　您研究澳门、关注澳门、关心澳门，您认为怎样将郑观应等历史名人文化运用到今天的澳门城市建设和发展中？

◉赵　这个问题很有意思。我们社会和文化研究所的工作宗旨就是"研究澳门，服务社会"，在关注社会、服务社会方面做了许多工作。前不久，林广志所长撰写了一份报告，建议恢复"郑观应大马路"，在澳门城市当中更多地显现中华历史文化的要素与脉络。澳门在粤港澳大湾区中的定位之一是"以中华文化为主流、多元文化共存的交流合作基地"，需要把"主流"的中华文化，以各种形式展现出来。比如澳门街道中有许多"围"和"里"单位，我们做过调查，现存仍有 260 多条；澳门有赵家大屋、郑家大屋、卢家大屋、林则徐纪念馆、孙中山中西药局、冼星海故居、叶挺故居等传统建筑；澳门有 40 多座中国传统庙宇，民间宗教丰富多彩。作为世界旅游休闲中心，澳门的城市建设和发展有着丰厚的历史文化资源。

◉问　您对未来在澳门继续开展郑观应研究有何期许呢？建议今后应该如何开展郑观应研究？

◉赵　郑观应的研究前期已达到相当的高度，夏东元、易惠莉等前辈学者成果丰硕，贡献卓著。澳科大将成立郑观应研究中心，正是要在前人的基础上，持续收集相关史料，系统研究郑观应的生平事迹、思想价值与探索精神，促进以唐廷枢、郑观应为中心的香山与澳门历史文化研究，为澳门建设"以中华文化为主流、多元文化共存的交流合作基地"，加强爱国爱澳教育，促进"人文湾区"建设做出学术贡献。

林广志所长对此有更为深入的思考，他在我们举办的一次郑观应学术活动上表示，本土文化既是城市的灵魂，也是激发城市创新发展的动力。虽然郑观应久居澳门，在澳门完成《盛世危言》的编撰，其故居"郑家大屋"成为澳门历史城区现存建筑面积最大的华人民居建筑，因此被称为"澳门之子"；虽然有关郑观应的历史文献不断发掘，郑家大屋成为世界文化遗产后，澳门社会对郑观应的认知度有所提高；虽然近年来特区政府对历史文化的重视程度不断提升，对澳门历史文化研究的支持也形成了相应的机制；虽然回归后澳门高等教育人文社科研究发展迅速，特别是历史学科的发展与成绩有目共睹，但是，比较内地学界而言，我们对于郑观应这位既有成体系的皇皇巨著，又有保持完整的世遗故居的"乡里"爱国者、思想家仍然研究不足、传播不足以致社会认知不足。这是澳门本土学术界、文化界和教育界乃至社会各界的遗憾，这也是我们成立郑观应研究中心的基本考虑和主要原因。

对郑观应的研究从来不是孤立的人物研究，而是洋务运动、香山商帮与中国近代化进程相关研究的延伸与发展。结合与林所长的讨论，我们认为，一是要持续挖掘整理资料，条件成熟时建立"郑观应研究数据库"；二是加强保护和利用历史遗存，丰富澳门"郑家大屋"的历史文化内涵，恢复"郑观应大马路"；三是开展历史文化普及工作，加强"爱国爱澳"教育，编写《郑观应读本》等乡土教材，支持文产界以郑观应、郑家大屋为题材和背景的展演活动；四是以郑观应研究为纽带，加强与粤港澳大湾区及上海等城市的交流与合作，促进"人文湾区"建设。

◉**问**　您认为在郑观应研究中，如何加强澳门与内地特别是与广东的合作，开展学术交流互鉴？

◉**赵**　我们与内地伙伴机构交流与合作十分密切，在郑观应、唐廷枢相关研究方面，与珠海市高新区唐家湾古镇、上海社会科学院、常州大学、开滦博物馆、广东省社会科学院、珠海市社会科学界联合会、中山市社会科学界联合会、中山市档案馆、香港中文大学等单位交流资料、合作研究、举办活动，取得了较好的成效。

中国历史研究院澳门历史研究中心的成立使我们有了更好的平台，未来将努力凝聚力量，拓展研究领域，培养优秀人才，产出高质量的研究成果。例如，我们已经收集数百封郑观应书信，同时着手翻译相关外文材料尤其是近代外文报刊资料，并在洋行、海关、华侨历史资料方面与国外收藏机构联络，争取在新材料方面有所突破。

◉**问**　2022 年是郑观应诞辰 180 周年，欢迎您有机会到访中山，为中山与澳门的郑观应学术交流继续贡献力量，再次感谢您接受我们的访谈。

◉**赵**　谢谢邀请！我们也在 2022 年郑观应诞辰 180 周年、唐廷枢诞辰 190 周年之际，举办专题纪念和学术活动，欢迎你们到澳门交流。也感谢你们为郑观应研究所做出的努力和贡献！

邵建

邵建（1975—　），江苏武进人。历史学博士。现任上海社会科学院研究员、上海市历史学会副会长。曾任德国埃尔朗根—纽伦堡大学访问学者。

主要研究方向：上海城市史、澳门城市史、企业史等中国近代史研究。

主要著述：《郑观应在上海》（上海辞书出版社，2011）、《一个上海香山人的人际交往——郑观应社会关系网研究》（上海辞书出版社，2014）等。

主要论文：在《社会科学》《学术月刊》《澳门研究》等核心期刊上发表《郑观应与盛宣怀关系研究》《新生活·新观念·新名词：以近代上海城市用语变迁为考察线索》《论郑观应与上海》等论文20多篇。

时　间：2021 年 9 月 20 日
地　点：上海社会科学院招待所
口述者：邵　建
采访者：龙良富
整理者：龙良富

◉问　邵教授，您好！我们是"郑观应研究口述史"项目组。首先感谢您能接受我们的访谈，您可以说是当代唯一将郑观应作为主要研究对象的中青年历史专家，出版了《郑观应在上海》《一个上海香山人的人际交往：郑观应社会关系网研究》等专著，请分享下为什么您会将郑观应作为学术研究的主要对象呢？

◉邵　好的。关于这个问题，我简单介绍一下。郑观应是晚清时期开明知识分子群体中一个比较具有代表性的人物，他既当过官，又做过买办，也做过洋务企业的高级管理人员，更著名的是维新思想家，所以他的身份是多重的，按照现在的讲法，他是一个跨界人才，所以研究这么一个人物，对我们了解当时历史环境下，中国人怎么应对西方挑战，怎么来发展自己的民族工业，怎么走向现代化，都具有非常积极的意义。

我研究郑观应实际上是跟中山结缘的。十多年之前，中山市社科联立项了"中山人与中国近代化"系列课题，我被分配负责其中的"郑观应在上海"子课题。领到这个任务以后，我就开始切入郑观应研究领域。郑观应在中国近代社会大名鼎鼎，但我只是了解面上的信息，比如他办过洋务、做过买办，写了《盛世危言》，他的思想对孙中山、毛泽东都有很大的启发等，如果说深入研究的话，当时我还没有。所以接到"郑观应在上海"这个课题任务以后，我逐渐把精力转向这个领域，开始通读夏东元先生编的《郑观应集》（上下册）、《郑观应年谱长编》，以及易惠莉教授的《郑观应评传》等方方面面的资料，深入了解学术界已有的郑观应研究成果。在深入梳理材料的时候，我非常注意留心其中与上海相关的内容，因为我要把郑观应在上海的活动轨迹弄清楚，通俗点来说就是要了解他在上海做了哪些事、办了哪些企业、认识了哪些人。这也就是我完成的中山社科联的项目，后来在此基础上出版了我的第一本专著，就是《郑观应在上海》。

更有意思的是，课题结束的时间是 2011 年前后，当时我正在写博士论文。当时我的博士论文题目是"晚清西学著作译介研究"，实事求是地说，这个题目比较大，也比较难。当花了很大精力收集了大量研究材料后，我发现这个题目做不下去，即使可以做下去，也会花非常多的精力和时间。我就想可不可以改一个题目，在"郑观应在上海"这个课题的基础上完成我的博士论文。后来我就跟导师商量，他也同意了我的想法，并建议我做郑观应社会关系网研究，把郑观应有关联的人物都梳理一遍。所以，从 2008 年到 2014 年的 6 年时间里，我的研究都聚焦在郑观应研究领域，其间，我不仅完成了博士学位论文，也写了一些相关的学术论文。

◉ **问**　您出版了专著《郑观应在上海》，对郑观应在上海的活动轨迹进行了深入研究，请问郑观应和上海的关系是什么？也就是说郑观应对上海产生了什么影响，上海又对郑观应产生了什么影响？

　　⊙邵　我们选择一个地方学习或者生活，很多时候是一种机缘巧合。一个人来到一个城市，如果能很快很好地适应这个城市，他就能在这个城市里站稳脚跟，成就一番事业，对城市的发展就会起到一定的作用，产生一定的影响，就会在这个城市里继续生活和工作下去。还有一种情况就是一个人到了这个城市来，他不适应这个城市，事业上不是很成功，不是很顺利，发挥不了自己的价值，他可能就要换个地方。郑观应属于第一种人。他到上海进入洋行是他父亲的安排，因为广东人有重商传统，他们对功名的渴求没有其他地方的人那么渴望，所以郑观应没考中秀才就非常果断地退出了科考这条道路，用现在的话来说，叫弃文从商，到上海来做学徒了。

　　到上海后，郑观应进入新德洋行工作，跟随其任洋行买办的叔父郑廷江"供走奔之劳"，也就是做一个学徒。次年，通过姻亲曾寄圃和世交徐钰亭的关系，进入上海一流的英商宝顺洋行做杂务工，同年冬被派赴天津考察商务。1860年春返回上海后，被宝顺洋行委托管理丝楼兼管轮船揽载事项，并得到买办头衔。之后升任宝顺轮船公司经理，直到1868年宝顺洋行停业。1873年，郑观应参与太古洋行轮船公司创办，次年被聘为总理兼管账房、栈房等事，权力相当于总买办。1877年，合同到期，因为工作出色，续签5年。1882年2月，由于洋务派的再三邀请，于太古洋行5年合同期满之时，不再续约。从郑观应的职业历程来看，由于他勤奋好学以及本身具有的经商头脑和管理才能，用了 10 多年时间，从学徒逐步成为洋行买办、总买办。那时他才 30 岁出头，这是了不起的成就。所以郑观应对上海是有感情的，因为上海成就了他的事业。这是我要讲的第一点，就是上海提供了他事业成功、人生发展的重要机遇和平台。

郑观应来到上海之后，他为上海贡献了什么呢？上海开埠之后，一大批上海之外的、思想比较开明的知识分子聚集到了上海，我们称他们为"晚清的口岸知识分子群体"①，或者叫开明知识分子群体。这个群体来到上海以后，通过持续地接触和学习西方知识，形成了自己的一些想法和看法，并且把它转换成了文章刊登在报纸上，供各级政府官员参考，就像我们今天提供给政府的决策咨询建议。郑观应同样如此，虽然他在洋行中做买办，但他对时局仍有很多想法，写成了很多文章发表在上海的报纸上，我们今天去看《申报》以及当年的其他报纸，都能看到郑观应的文章。最后他把自己的文章结集成册，就成了《救时揭要》《易言》和《盛世危言》三本著作。从某种程度上来讲，在晚清的那段时间，中国人急需寻找一条能够抵抗外来侵略，增强国力、增强经济实力的道路。从这个意义上来说，郑观应、王韬、冯桂芬等维新思想家对近代中国社会的转型和发展提供了智

---

① 所谓"条约口岸知识分子"（intellectuals in treaty port cities），是美国学者柯文首创的概念，是指生活在最早开埠的通商口岸、近距离密切接触西方文化且对中外文化关系有所思考的中国士人。李善兰、王韬、蒋剑人是其中最具代表性的人物。

力上的支持和思想上的动员。

⊙**问**　您刚才讲到上海为郑观应的人生发展提供了机遇，请问上海为郑观应提供了哪些人生机遇？

⊙**邵**　毫无疑问，一个人要取得成功，"天赋、勤奋和机遇"三者缺一不可，特别是"机遇"，并不是每个人都能得到命运的眷顾，天赋和勤奋，对于很多人而言，仅仅是取得了通向事业成功的基本要素。而郑观应在天赋和勤奋之外所拥有的机遇，大多数是在上海出现的，或是与上海有直接关联的。《盛世危言》刊行并得到光绪皇帝高度认可之时，也就是1894年，郑观应53岁，无论是在商业领域还是在思想领域都达到了一生的高峰。回顾郑观应自17岁离开家乡香山来到上海以后的20多年，这里至少给他带来4次重要的人生机遇。

第一次机遇，是他到上海之初获得的，即通过叔父郑廷江以及姻亲曾寄圃和世交徐润的关系，先后进入新德洋行、宝顺洋行工作，在天津考察商务之后得到了买办头衔。20岁不到的郑观应，已经成为买办，实属不易，这一方面有他的天赋和工作上的努力，另一方面也离不开亲友的照应，毫无疑问这是家族的关系给他带来的机遇。

第二次机遇，是1873年太古洋行轮船公司的创办。1868年宝顺洋行停业前后，郑观应先后在公正轮船公司、和生祥茶栈、荣泰驳船公司任职，也担任过一段时间的扬州盐务总理，甚至还加入了上海轮船招商局的一些股份。郑观应这几年的工作实际上是一些短期的行为，甚至有些仅仅只是作为一个投资人，并不参与到公司的实际运作。同时他离开了洋行，也不再是洋行的买办了。太古洋行创办轮船公司，为郑观应再次进入洋行担任买办带来了新的机遇，他此前在宝顺洋行的朋友麦奎因（MacQueen）在担任了太古轮船公司总船主以后，力邀郑观应到公司总理一切，他愉快地接受了邀请并积极参与公司创办，第二年就被聘为总买办。这是郑观应在上海碰到的第二次机遇，他在宝顺洋行工作期间建立的与麦奎因的良好私交，使他成为上海滩真正的大买办。

第三次机遇，是得到洋务派官僚的赏识。郑观应交游甚广，逐渐与盛宣怀、盛康、李鸿章、张之洞等洋务派大官僚取得了联络，以其卓越的商业才能和富有见地的政论得到他们的赏识和信任。以李鸿章、盛宣怀为代表的洋务派，逐渐明确了让郑观应为其所用的想法，并积极付诸实施。早在1878年，李鸿章便开始力请他参与洋务派企业的创办乃至直接担任高级管理职务，先后邀请他赴津襄办堤工赈务，筹办上海机器织布局，担任上海机器织布局会办、上海电报分局总办等要职。1882年3月，郑观应正式接受了轮船招商局帮办的委任并继续兼任上海织布局职务，1883年年底被李鸿章擢升为轮船招商局总办。此后，他又先后担任过开平煤矿粤局总办、再度担任招商局帮办、汉阳铁厂总办、兼任粤汉铁路总董等洋务企业要职，而且两度重返轮船招商局。从郑观应在洋务派企业的任职情况来看，不难看出他所受到洋务派的器重，这些无疑是他与洋务派的人脉所带来的新的机遇。

第四次机遇，是《盛世危言》得到了光绪皇帝的高度认可。郑观应利用赋闲澳门的一段时间写就《盛世危言》，刊行后由孙家鼐、邓华熙推荐给光绪皇帝，之后又被钦命分发清廷高级官僚阅读。一个知识分子的著作能够引起如此广泛乃至朝廷最高层的认同和重视，在晚清寥寥无几，这不但为郑观应在政界和商界的名气带来了极大的提升，更为他在当时的思想领域树立了权威。这次机遇是郑观应在上海期间丰富的工作与学习经历造就的，可以说，没有他在上海的经验积累就没有《盛世危言》，更没有光绪皇帝的认可。

郑观应的《盛世危言》得到光绪皇帝赞赏，个人声望达到了一生之顶峰。实事求是地说，此后他尽管也先后担任了一些洋务派企业的要职，而且《盛世危言》也一版再版，但无论是在商业领域还是在思想领域，他所取得的成就已经远不如1883年首度担任轮船招商局总办，及1895年《盛世危言》得到皇帝欣赏时所能达到的事业高峰。从在轮船招商局的任职来看，他再也没做过总办的高位，而其思想代表作《盛世危言》也仅仅是一再修订，不再有新品力作出现。这固然一方面与当时的社会环境及高层的派系斗争有关，另一方面随着岁数的逐渐增长，步入晚年的郑观应在精力方面也远不及此前的年富力强了。从一个人的事业发展轨迹来看，年轻的时候更多需要的是发展，除了拥有一定的天赋与勤奋之外，出现能够为自己抓住的机遇无疑难能可贵，所以在一个人的事业上升期，我们能够看到一些人生机遇，而在顶峰之后即无可避免地进入平台期甚至走入下坡期，此时好的机遇一般也不大再会出现了。

从郑观应的身上，我们可以清晰地看到这样的规律，他第一次来到上海仅17岁，此后连续在上海工作了26年，这个时期是他事业的基础期和上升期，在这里，他得到了三次重要机遇。52 岁时又因在上海期间的知识和经验积累得以刊行《盛世危言》得到了第四次机遇。而在这以后，从他的经历来看，再也没有什么称得上更好的机遇出现在他的面前了，基本上就是比较稳定地在诸多洋务派企业中担任要职。辛亥革命以后，由于年龄的因素，郑观应除了在轮船招商局还有一些工作以及先后担任了招商局公学的住校董事和商务中学名誉董事外，便再也没有其他要职能够担任了。同时他的主要精力放在了修道上，尽管还非常关心教育领域的工作，并对中国教育进行深入的思考和发表了一些言论，但产生的影响已经非常有限了。

由此可见，上海对于郑观应来说，毫无疑问是安身立命、成就事业的福地。同时，郑观应在 1909 年 8 月第三度进入招商局任职以后，直到 1921 年 6 月 14 日病逝于上海提篮桥招商局公学宿舍，12 年中绝大多数时间都工作、居住在上海，所以从这个方面来说上海是郑观应的人生归宿之地。

●问　您刚讲了上海给予郑观应的机遇，因此他在事业上取得了成功，请问郑观应为什么能抓住这些机遇？

◉邵　我认为主要有以下三方面的原因：

一是具有很好的谋生的基本素质。郑家世居的香山有"买办故乡"之称，郑家既是官宦世家，又是买办家族。在郑观应成为买办以前，郑家及其亲朋早已有人在洋行从事买办等方面的工作，叔父郑廷江是上海新德洋行买办，亲戚曾寄圃是上海宝顺洋行高级买办，郑家姻亲唐廷枢以及世交徐润均是颇有名望的洋行买办。所以，郑观应自小就浸润在与洋行有特殊关系的氛围之中。同时，少年时代的郑观应更有过游历南洋的经历，所谓"自幼从海泊遍历越南、暹罗、新加坡等处，熟悉洋务"。有了比一般人更丰富的阅历，对于与洋人打交道以及洋行生意并不陌生。所以在秀才不中奉父命远赴上海"弃学从商"之后，郑观应先前就具备的一些基本素养在年轻人当中便显得尤为突出，这也为他日后在上海站稳脚跟打下了基础。

二是在上海拥有良好的人际网络。郑观应能够在上海成就一番事业，与他在上海有着良好的人际网络有很大的关系。就先天具有的人际网络而言，他的家人、亲戚和朋友中就有如郑廷江、曾寄圃、唐廷枢、徐钰亭、徐润等颇有成就的洋行买办。郑到上海谋生，这些人都或多或少出了力。比如，郑来上海之初，就跟随叔父郑廷江到新德洋行供职，并随他学习英语；之后又由于曾寄圃、徐钰亭、徐润等人的关系被介绍到宝顺洋行工作，次年冬天便跟随洋人到天津考察商务，返沪之后随即掌管了丝楼及轮船揽载业务，正式开始了买办生涯；后来又与唐廷枢等人一起经办公正轮船公司。此后，郑观应开始自己建立新的人际网络，范围更为广阔，同时无论是层次还是拥有的资源也更为优质。其中有代表性的人物有：麦奎因、郭甘章、经元善、盛康、盛宣怀、李鸿章等人，特别是李鸿章和盛宣怀对于郑本人及其洋务能力非常信任和推崇，为他日后在洋务派企业中发挥作用提供了最重要的支持。除此之外，郑在上海从事商业活动期间，还与左宗棠、张之洞、彭玉麟、邓华熙、王之春等官场大员建立了联系，取得了他们的欣赏与信任。这些人脉关系网络，为郑观应日后成为洋行的大买办、洋务企业的高级管理人员，最终成为洋务派企业家中的重要人物乃至有了从政的经历发挥了重要的作用。

三是天赋与勤奋并存。郑观应能够在商业领域和思想领域取得如此高的成就，与他本身的天赋和后天的勤奋分不开，在这个意义上来说，他是一个既具有天赋又后天勤奋的商业知识分子，按照夏东元先生的说法，郑观应是同时拥有"禀赋、勤奋和机遇"的人。郑观应幼年在私塾读书时便"颖悟过人"，后来有人这样评价他，说他"幼读书，有大志"。颖悟过人和有大志，是后人对他的评价，而这种评价是建立在他功成名就的基础上，也许有所褒扬。但是，从郑观应日后的事业发展及思辨深度来看，他无疑是具有天赋的人。同时，在少年时期他便有机会跟随亲朋遍游南洋等地，也对他日后的思想开放、视野开阔起了非常积极的作用。郑观应秀才未中，实际上和他早年学习生涯中的兴趣所在有很大的关系。郑观应对于四书五经的学习至少是并没有全力投入的，相反对于家族环境中习以为然的经商之道颇有兴趣，是在情理之中。所以在他初试未中以后，并没有和多数人一样继续苦读等待下一次考试，而是立即前往上海从事洋行工作，这一方面的确反映了他及其家族对传统科举考试并无留恋，另一方面也反映了他的家庭环境和他本人对于从事洋行工作这一谋生出路的高度认可。来到上海之后，如果只有与生俱来的禀赋，而缺乏勤奋的话，也不能够让一个人有所成就。从郑观应的经历来看，他不可谓不勤奋，主要表现在如下几个方面：

首先，在学习西学方面，他到新德洋行工作之初，便跟随叔父郑廷江学习英文；到了宝顺洋行，又到英国人傅兰雅所办的英华书馆夜校学习英语，并对西方政治、经济方面的知识产生了浓厚兴趣，即所谓"究心政治、实业之学"。

其次，在工作方面，无论是在洋行工作，还是在洋务派企业工作，他都兢兢业业，取得很大的成绩，并努力将工作过程中取得的经验进行总结。例如到上海轮解招商局正式就职不久，即上书李鸿章"条陈轮船招商局利弊"，就轮船揽载事宜总结了十六条意见，每条建议在当时来说都是非常切合实际的真知灼见。

再次，在思想理论方面，他注重将所学与实践结合进行相应的思辨，特别是他提出的"商战"思想对晚清改良思潮有着重要的影响。郑观应一生笔耕不辍，著作等身。在宝顺洋行工作期间，年仅 24 岁的郑观应就开始酝酿写作《救时揭要》，在 1870 年 28 岁时开始转入《易言》写作，之后又在此前基础上撰写《盛世危言》。据不完全统计，仅其代表作《盛世危言》前后修订、补编出版就达 24 次。此外，郑观应还是一个有心人，善于将自己的所见所闻随时记录以备后查，他无论到何地访查都会做详细的笔记，比如《长江日记》《西行日记》《赴梧日记》。在中法战争爆发不久，受督办粤防军务大臣彭玉麟的委派，他到越南、泰国等地深入了解南洋各地的情况，将所见写成《南游日记》，并在新加坡时拟务陈时事五策上书张之洞，良苦用心及勤奋努力显而易见。

●问 郑观应科举不成功，所以他到上海来从商，请问"商而优则仕"和传统的"学而优则仕"，两者之间的利弊有哪些？

◉邵　中国人有一个传统的观念，就是"学而优则仕"，今天很多时候也还会强调。中国的科举制度延续了上千年，通过科举获得功名，最后进入国家的官僚体系，获得一定的官职，是历代中国读书人非常重要的人生目标，甚至是终极追求。

同时，中国传统的社会结构是"士农工商"，商人不管多有钱，社会地位都不高。但是到了晚清发生了一些变化，特别是洋人来了以后，买办这个群体首先对传统"士农工商"的社会结构形成了挑战。当时中国正面对西方列强的侵略，怎么和洋人打交道是摆在清政府官员面前最大的问题之一，因为和洋人打交道，弄不好就搞成一个外交事件。这个时候有这么一群长期在洋行工作的买办，他们懂外文，长期和洋人接触，又知道洋行怎么运作，就在社会上很有优势。当时正好是朝廷用人之际，所以买办群体当中的一些人就进入了朝廷的视野，主要是进入了洋务派的视野，他们的社会地位自然就上去了。

"商而优则仕"，就是商人赚了很多钱之后通过捐纳获得官员的身份，这在晚清是比较常见的一种操作。当时清政府要大量向西方列强赔款，国家非常困难，所以让有钱人捐官得到了国家的鼓励。比如一个人有了钱以后，捐一个知府，但是他只是获得了身份，这个知府是虚职，很多人一辈子也没有获得过实质的官职，因为在清朝的官僚体系当中，商人获得实质的官职基本是不太可能的，这些官职主要还是通过科举选拔上来的人获得，这是"学而优则仕"和"商而优则仕"最大的区别。你看郑观应去世的时候，在《申报》上的讣告写他的官职是二品顶戴，虽然他也在清政府中任职过一段时间，但实质上从没获得这么高的官职。

◉问　刚才您讲到清末商人的地位有一定提高，"士农工商"传统的社会结构仍然没有打破，为什么当时郑观应的父亲郑文瑞要鼓励郑观应弃文从商？

◉邵　这和家族传统有关系。从郑观应的自传可以看到，郑家是有经商传统的。郑观应父亲很早就到南洋一带做生意，郑观应小时候就跟他父亲到过南洋地区。郑观应早年有哮喘病，他父亲曾遍寻良医，甚至带他到东南亚一带去看过医生。所以郑观应从小就适应了到外面去做生意的生活。这种情况在香山县是比较常见的，上海南京路上的四大百货公司创始人都是香山人，由此可以看出整个地区对经商没有偏见，这不像江浙一带那样强调"学而优则仕"，像我爷爷在我小时候经常对我强调"万般皆下品，唯有读书高"，就是这个意思。比如盛宣怀，他已经在洋务运动中混得风生水起了，但是还要回去参加科考，考了几次进士都没考上，但郑观应就不这样，他17岁秀才没考上，就来上海经商，再没去参加科考。因为，对郑观应他们来说，经商可以挣钱改善生活、提高家族的财富积累，也是很好的发展途径。

◉问　盛宣怀已经经商了，为什么还要去科考？

◉邵　这个跟传承有关系。广东地区出的进士可能不多，但是到东南亚、南洋做生意的人很多。他们通过努力，成为成功的商人，从外面赚了很多钱回来。江浙一带的人，他们世代读书，比如盛宣怀，他父亲盛康是进士出身，官至知府，盛宣怀的祖父，也是有功名的，所以还是有比较明显的历史脉络。

◉问　是的，直到今天广东地区的人还不是特别重视教育，这和江浙一带存在很大的区别。刚才您讲到捐官获得的官职通常是虚职，对吗？但郑观应在人生历程中有两次获得了实质官职，这怎么解释？

◎邵　因为王之春的两次邀请和推荐，郑观应获得了实质性官职。第一次是清光绪二十八年（1902），时任广西巡抚的王之春邀请郑观应去广西"听候差委"，是让郑观应考察广西吏治，给他出一些比较好的主意，不久郑观应出任左江道道台，确实也干了几件大事，比如剿灭横州土匪、在南宁倡设巡警、收取百姓意见、将书院改成学堂等，但由于王之春革职，他仅在这个官职上待了40天。第二次也是因为王之春的推荐，郑观应被彭玉麟调到广东，总办湘军营务处事宜，相当于今天某个军区的后勤部部长这种角色。

晚清时期，知府、道台一级的实职对很多候补官员来说是一道难以逾越的门槛，有人终其一生也没有跨上这级台阶，《清史稿》中曾为谢家福列传，最后写道"家福历保至直隶州知州，卒不仕"。在这方面郑观应无疑比谢家福情况稍许好些，毕竟两次获得实职，但也仅此而已，很难像盛宣怀、王之春等人一样跨过这些台阶，获得更高的官位。相对于郑观应在商界的游刃有余，尽管郑观应在为官之时亦有政绩，但绝对算不上一个成功的官员，仕途对郑观应来说，并不如从商一样给他带来丰厚的收入和很高的地位，也不如著书立说能够使得他声名远播，官场的艰险他还没有机会直接面对和真正体会。盛宣怀与郑观应加上王之春三人，在晚清众多通过捐纳获得功名的士绅群体中具有一定的代表性，这三个人都没有获得功名，即走上所谓的通过科举而仕途的"正途"，盛宣怀、郑观应通过赈灾和捐纳获得候补官衔，王之春弃学从军获得军功，三人由于不同的家庭背景、官场人脉以及对官场规则的理解，最终都获得了任用，但仕途却有天渊之别。而对于一般士绅来说，即便是通过科举获得了功名，但若既无过硬的家庭背景，又无良好的官场人脉，能够出头者也是百难有一，更不用说那些通过捐纳获得功名和虚衔的跨界绅商了。

◉问　由此我们可以看出郑观应与王之春的关系非常好。但是郑观应与非官场人士关系也不错，如您所研究的郑观应与经元善的关系。请讲讲他们之间的关系是怎么回事？

◉邵　我写过一篇论文《郑观应和经元善的关系研究》，为什么写这篇论文？因为郑观应与谢家福、经元善等5人义结金兰，但后来郑观应与经元善两人的关系搞得很僵，最终分道扬镳，我觉得这很有意思。

郑观应与经元善因联手与众绅商一起创办上海协晋赈公所而相识，二人年龄相仿，志同道合，在很多事情上有共同语言，逐渐发展为至交好友。1880年，郑观应进入织布局做筹办工作时，特意将经元善引荐到织布局的筹办中来，之后李鸿章给予经元善会办织布局的札委。随后，郑观应还以身兼轮船招商局和机器织布局两个要职为由，直接向李鸿章辞掉上海电报局总办职务，并建议经元善接任。由此可见，在机器织布局的人事安排上，郑观应用心提携了经元善。可以说，二人是良好私交之下进行成功的商务合作的典范。

当郑观应应彭玉麟奏调赴粤，留下了机器织布局巨额亏耗的烂摊子以后，经元善临危受命接办织布局务并清理前账。据经元善称，对于郑观应挪借巨款导致亏耗之误，起初有意着力袒护，甚至故意回避郑观应挪用局款的行为，意欲将其个人行为上升为整个织布局领导层的行为。但根据《盛档》所存当时有关织布局的往来信函及电文，我们能够了解织布局亏耗案发生以后，所涉及人物的基本态度和做法，我们也据此发现经元善此番说法基本上不实。实际上，对郑观应在工作中的过失，经元善等人从一开始就已经向盛宣怀、李鸿章据实上报了，还列明了郑家兄弟所欠织布局银款的具体数量。对于郑观应及其兄弟和叔父郑秀山所欠银款，经元善也是"连次函催"，毫不留情。此后，经元善清理织布局困难重重，并随时可能引火烧身，他还通过盛宣怀催促郑观应本人返回上海"原手料理"。可以看出，经元善在接办清理织布局后的所作所为，并非如他自己所说的一心要顾全郑观应。

经元善的这种做法，大可以称得上公事公办。不过细细品读一下那段时间经元善写给李鸿章、盛宣怀等人的信函，在汇报郑观应的工作失误、挪用局款，以及数次催款未果的时候，其中的态度、语气很难看得出他与郑观应是结拜兄弟，让人能够明显地感受到经元善冷眼看笑话的心态，甚至有一种为郑观应落难而心生畅快的感觉。经元善的这种心态与做法，郑观应当时已经明显地感受到了。二人结义兄弟，又前后接办织布局事务，按理说对于清理织布局的亏耗应该有频繁的通信，以通消息或商量工作，但事实上两人之间这段时间基本没有通信的记录。由此可以看出，织布局的事情使得郑、经二人的关系发生了根本的变化。

1885年年初，郑观应通过谢家福为其筹款，请在沪各好友协助时，列了一个拟借款的名单，其中就有经元善，但他却在经远善名下加注了"难允"二字，不知是什么原因。此后经元善到底有没有出钱无从查证，但这是否暗示着两人之间的关系处于何种情况，不得而知。反观盛宣怀还曾在郑观应经济困顿之时，送上洋300元以解其燃眉之急，这说明二人的关系远胜二位结拜兄弟之间的关系。1897年，当经元善计划创办女学堂，向盛宣怀、郑观应二人筹款，郑观应虽然赞同此举，但却并不捐款，以"穷得很"应付了事。此事终于让经元善忍无可忍，于是向友人致信揭发，还特地将郑观应岁收入很高但不肯出钱的事情原原本本地说了出来。可以看出，这个时候两人的关系已经非常不好了。

经元善在两年后连续致信数封与郑观应等人，讨论电报局、织布局、女学堂等事情，议论和痛批官督商办，讽刺盛宣怀"一只手捞十六颗夜明珠"。没想到，郑观应却将这几封信函直接转交盛宣怀。直接将经元善卖了个干净，这种行为于情于理都算不上光彩。

总之，郑观应与经元善二人义结金兰之后，逐步沦为矛盾重重，最终交情全无的过程，不能说责任全部归于某一方。首先，两人年龄相仿，容易形成竞争关系，特别是都在洋务派里面工作，这种竞争关系可能就更容易凸显；二是生存在一个比较复杂的社会关系网里，他们的关系受第三个人的影响，嵌入到两人关系中的这个第三人，可能是个变量，这个变量就是盛宣怀。

◉**问**　刚才您讲到盛宣怀是郑观应与经元善关系的变量，今天我还翻了《郑观应志》，发现郑观应和盛宣怀之间的信件特别多，这也说明郑观应和盛宣怀的关系很好，请问郑观应跟盛宣怀能长时间保持友好关系的原因是什么？

◉**邵**　我在写博士论文的过程中，对郑观应与盛宣怀之间的友情也很感慨。后来我将当时关注的几个问题进行了扩充，补充了一些新的材料，写了一篇新的文章《郑观应与盛宣怀的关系研究》。按照郑观应的说法，他与盛宣怀的关系维持了40年，他们从18世纪70年代初为山西饥荒办赈务的时候就认识了，一直到盛宣怀1916年去世，两个人的友情能够长期维持是非常不容易的。根据我所掌握的情况来看，他们之间基本上没有什么矛盾，到最后盛宣怀明知道自己身体不好，没几年可活的情况下，最为思念的除了家人之外，就是郑观应。1915年初，盛宣怀已经病重在床，他还惦念着老友郑观应，因为郑观应打算从招商局辞职，而担心他晚年生活的经济保障，要将手中的一些股票赠予郑观应，而且将郑观应长子润林在招商局的工作也考虑妥当了。当时盛宣怀已经无法亲自写信，就让儿子代笔："弟与阁下数十年旧友，拟为阁下筹款娱老。弟新买股票数百股，价值一百四十两，即为待鹤主人之股票，可更换新股票六百股。再有花红一二万。拟以阁下为公司副会长或为汉口总办，令朗（郎）调闽局便可敷衍，弟一可对我老友。"信中言语情真意切，我当时看了这封信，也很感慨他们之间的友情。

我认为，他们能保持40年的友好关系主要有三个原因：

一是能在很多问题上达成共识。两个人的关系，特别是同事之间的关系，一般我们都比较注重礼尚往来，但这只是浮于表面的东西，如果要进一步形成牢固的关系，两个人在重大问题上的看法必须是一致的，也就是能在很多看法上达成共识，这个是非常重要的。对政治的看法，对国家局势的看法，对行业企业的运营管理等能够形成一致看法，两个人的友谊才能长久保持。郑观应无论是在具体工作方面，还是在企业商办或督办或官督商办等立场问题上，都与盛保持了高度的一致性，甚至亦步亦趋。比如，在对待经元善被慈禧通缉以及邮传部将铁路、电报收归国有等事件上，郑观应无不是紧跟盛宣怀的想法。

二是要有共同的利益。郑观应与盛宣怀经常一起投资，早就成了利益的共同体。1882年郑观应在屡次向江浙一带地方督抚上书，申请延伸电报线之后，又多次向此前已有过湖北办矿失败经历的盛宣怀提出，抓紧创办具有经济效益潜力的采矿业，并建议大举买进已办矿业的股票或集资建矿。盛宣怀也正有此意，在山东进行了有关勘矿的工作。在接下来的一段时间内，两人在诸多矿业投资方面步调一致，形成了一个利益共同体。尽管在接下来的经济风潮中，各种投资的股票价格大为缩水，两人都蒙受了一定损失，但是他们的默契却得以形成。

三是在关键时刻互相支持。在盛宣怀面临抉择的时候或者非常需要人帮助的时候，郑观应都是得力干将；而在郑观应需要帮助的时候，<u>盛宣怀</u>也能及时予以回应。这也是他们两人能够保持几十年友谊的重要原因。刚才讲到了，<u>郑观应</u>筹办织布局亏耗后将烂摊子甩手丢给<u>盛宣怀</u>收拾，自己远赴<u>彭玉麟</u>军中。对于这件事，<u>盛宣怀</u>并未接手，而是将其交由<u>经元善</u>维持，<u>盛宣怀</u>也没有因此而埋怨<u>郑观应</u>。在<u>郑观应</u>因织布局、<u>太古</u>债务困扰回乡隐居期间，<u>盛宣怀</u>一直惦记这位老友，给予相当的帮助。<u>郑观应</u>复出以后，逐步高升的<u>盛宣怀</u>更是给了他事业上的大力支持。在<u>李鸿章</u>不再信任<u>郑观应</u>以后，<u>郑观应</u>所担任的洋务企业要职，绝大多数都是<u>盛宣怀</u>安排或斡旋的。同样，在有关的政治斗争和洋务企业内部的斗争中，<u>郑观应</u>也力挺<u>盛宣怀</u>，发自内心地理解和支持<u>盛宣怀</u>的工作。比如，对于电报国有和铁路国有，<u>郑观应</u>全力支持<u>盛宣怀</u>，在与<u>袁世凯</u>派系展开的对轮、电二局的数度争夺战中的表现，<u>郑观应</u>也是站在<u>盛宣怀</u>一边。<u>盛宣怀</u>逃亡<u>日本</u>以后，<u>郑观应</u>出面组织，尽力维护轮船招商局的工作，<u>盛宣怀</u>自<u>日本</u>归国以后，<u>郑观应</u>力助他重新控制招商局。

◉**问**　刚才您讲到商人的赈灾，商人热衷于慈善的原因是什么？

◉**邵**　我对近代慈善业的研究不是太多，但是通过研究这几个人物，我发现有一个现象，就是在 20 世纪的六七十年代，<u>盛宣怀</u>、<u>郑观应</u>、<u>经元善</u>、<u>谢家福</u>等一批人不约而同地把精力放在了赈灾上。我看过一些材料，这可能是因为当时朝廷发布过相关的指令，鼓励有钱的出钱，有力的出力。这应该是为当时的有钱人热衷于慈善营造了政治环境，也成为年轻人获得功名的一种渠道，当时<u>盛宣怀</u>的父亲<u>盛康</u>安排他去做慈善，郑观应的父亲郑文瑞也要他参与赈灾，赈灾结束以后，这些人很快得到朝廷的嘉奖。

◉**问**　从您发掘的材料来看，郑观应和江浙一带的绅商关系应该更好，作为一位广东人，郑观应是怎么进入江浙人脉圈的？

◉**邵**　郑观应是一个比较善于社会交往的人，但要和江浙人打交道，还是需要一些条件：第一是有一定的社会地位；第二是有一定的经济基础；第三是有相近或者共同的志向、趣味。正好郑观应这些条件都具备，所以能与江浙绅商建立良好的社会关系。

另外，我认为还应重点分析郑观应参与赈捐对他跨入江浙圈的影响。赈捐作为清代官赈的组成部分，在晚清政府救灾能力大幅下降期间，成为清政府救荒筹款的主要手段。郑观应受父亲的影响，是比较早参与赈灾的广东人之一，这很难得，因为上海开埠之后，率先来上海的就是跟随洋行来的广东买办，他们是比较有钱的一个群体，但从资料来看，参与赈灾的广东人并不多。但正是在参与赈灾的过程中，郑观应认识了很多有影响的江浙绅商，比如盛宣怀、谢家福、经元善等，并和他们形成了非常好的关系，比如为《救时揭要》写序的作者就是郑观应在赈务活动中认识的江浙绅商中一位有身份的朋友。

同时，郑观应笔头特别勤，为了赈灾写了很多劝善的良言，也在《申报》上发表了《论救荒要务》《赈饥十二善说》等文字，很快就在以江浙人为主的赈济救灾圈中成为重要人物。《申报》记载了18世纪后期华北五省的大灾荒的赈济情况，当时成立了7人组来统筹负责这件事，7人中只有郑观应是广东人，其余6人都是江浙人，而且郑观应的名字排在首位，可见他已经成为这次赈济救灾活动的领头。可以说，赈灾活动使郑观应在江浙绅商社会中崭露头角，随着活动的推进，他与江浙绅商的私人关系也进入更深的层次。

◉问　刚才您讲到郑观应通过赈济救灾活动很好地融进了江浙绅商社会，这些江浙绅商日后成了他重要的人际关系，并对他此后在上海的事业发展形成了很大影响。我们换个视角来看看郑观应和广东商圈的关系，可以说，郑观应家族及其姻亲是他在洋行事业发展的重要推手，但是到他的人生后半程，他和广东帮的关系好像慢慢开始淡化了，是这样吗？

◉邵　从研究的角度来看，郑观应后来跟江浙绅商交往的资料多于他跟广东帮交往的资料，比如说他跟盛宣怀之间的通信多如牛毛，但是跟徐润之间没有太多信件。同时为了维护和盛宣怀的关系，他后来也和徐润逐渐疏远，这会造成一种假象，好像他跟盛宣怀为首的江浙人关系更好，因为他很多活动的轨迹就是这样。但事实上，他在广泛地交往江浙绅商的同时，跟广东商人的关系还是很近的。比如他为了粤汉铁路专门到广州筹集资金，很多时候就居住在广州，后来为了夺回轮船招商局的控制权，他也到广州筹款，这两次都是广东商人群体出的钱，所以不能说他跟广东商人之间的关系逐渐淡化。

◉问　郑观应和徐润的关系逐渐不好的原因是什么？

◎邵　郑观应和徐润是世交，他在上海洋行的工作，可以说徐润是帮了忙的，两人后来逐渐走远，如果有一个定性的话，可能徐润的责任更大一点，更多一些。徐润是一个精明的商人，郑观应跟着他做了几次投资，都赔了钱，甚至连投资都收不回，这自然会产生经济上的纠纷。

另外，盛宣怀也是郑观应与徐润关系的变量。在收购兼并美商旗昌洋行的商战中，徐、盛两人和唐廷枢通力合作，"盛某主其成，而与洋人议价则唐某也，领款付款则徐某也"，他们在此次事件中通力合作，最终取得了收购战的辉煌胜利，可见这时盛宣怀和徐润的关系应该是不错的。光绪九年（1883），法国军舰驶抵吴淞口，并扬言要攻打江南制造局，于是上海发生了巨大的恐慌，各种商品价格暴跌，银根收紧，徐润拥有的大量房地产的价格都成了白菜价，随后宣布破产，无力偿还挪用招商局白银 16 万余两。这件事被盛宣怀报告给了李鸿章，最后提议"应请旨将二品衔浙江补用道徐润革职"，徐润也因此不但被革去了二品衔浙江补用道，也被赶出了招商局，由此二人产生了比较尖锐的矛盾。

在有关的政治斗争和洋务企业内部的斗争中，郑观应由于各方面的原因，一直都力挺盛宣怀。对于虽是自己世交、却是盛宣怀在轮船招商局的老对手徐润，郑观应在这次事件中还是站在了盛宣怀这边。尽管表面上郑观应与徐润的关系还算融洽，在《不平则以公启》中徐润也署了名，但是我们在郑观应写给盛宣怀的私信中可以看出郑观应的态度。在这封信中，郑观应对徐润的评价很差，说"城北公正在香港会议招商局改归商办事，闻其言与我宫保不和，想斗垣业已面陈。昨闻城北公出局,杨侍郎与会办两董公享北洋大臣请札委为港粤两局顾问员,月受薪水三百元。溯我宫保为轮电两局惨淡经营三十年,不知费尽多少精力,才有今日,更应聘为头等顾问。官应亦在局将二十年⋯⋯亦应瞩为顾问。当此竞争之世。小人道长之时,有强权而无公理,全讲私情,商务何能振兴"。此中有郑观应对徐润被聘为招商局港粤两局顾问的不满,但这种对徐润如此直接的反感和称之为"小人道长"的恶劣评价,我们也可以将他看成郑观应受盛宣怀影响而不得不进行的站边选择,这种站边选择无疑为两人此后的关系增添了未知数。

◉**问** 所以盛宣怀还在一定程度上左右了郑观应和这些人的关系?

◉**邵** 是的,我认为盛宣怀是郑观应人际关系方面的一个重要变量,但并不是决定性的因素,决定性因素还是郑观应和他人之间的利益关系。刚才讲了,郑观应与徐润因为投资,在利益分配方面产生了纠纷,比如 1881 年,徐润与唐廷枢、郑观应等人在今塘沽火车站一带,以"普惠堂"名义购买荒地 4000 顷,成立了近代中国第一家股份制农场——天津塘沽耕植畜牧公司,该公司用股份制的方法集资 13 万两白银,其中唐廷枢、徐润认股 65000 两,开平矿务局认股 62000 两,郑观应认股 3000 两。1889 年,徐润与唐景星等人将开平矿务局分设到广州,购得城南沿河坦地合建商场,兼作栈房码头,组建了广州城南地基公司,公司共计股本 3 万两,开平局认股 1 万两,其余由徐润、李玉衡、唐景星、郑观应各认股 5000 两。但这些公司开办数年,没有股息、没有分配，相当于钱都打了水漂。徐润的弟弟也从郑观应那里弄了一笔钱，最后赔得一塌糊涂。后来郑观应经济非常吃紧的时候去问徐润要钱，要他将弟弟欠他的钱还给他，但最终也没有要回来。后来还发生了一件事，记录在了广肇公所的资料中。广肇公所除了作为一个可以结识更多同乡的平台外，还为广东人提供了申诉生意场纠纷的渠道，郑观应曾把他与徐润之间关于招商局股票的纠纷公诸广肇公所，进行申述，可见这个时候，两人之间的矛盾已经比较激烈了。

◉问　郑观应和江浙绅商相比，他的地位并不算高，请问他是如何建立和维持与他们的关系的？

◉邵　郑观应在经营和维护关系网方面，确实有非常独到的一面。他像同时代许多其他富商一样，捐纳巨资获得候补道头衔，为的就是取得与官员交往的资格，打通与官员交往的通道。尽管郑观应本人并不适应在官场上发展，但他还是非常善于与官场中人，特别是洋务派或者倾向洋务的官员打交道的。与郑观应保持了良好私人关系的官员有很多，张之洞、彭玉麟、王之春、邓华熙、孙家鼐、郭嵩焘、郑藻如、龚蔼人、端方等朝廷大员都和郑观应有比较好的关系，很多人都为郑观应提供了各种各样的帮助，其中一些对郑观应的事业发展还发挥了关键作用。

郑观应关系网的建立与维持，主要遵循了互惠原则。就像你所说的，在他与盛宣怀、王之春、邓华熙等人的关系中，郑观应确实是地位相对低的，但是，他熟悉洋务，熟悉洋务企业的运作，熟悉西学，还著书立说，这在整个晚清开明士绅群体思考国家富强的氛围下，有很大的需求。换句话来讲，这些在高位的官员非常需要有关西学、洋务方面的智力支持，这是他与这些大员的关系能够维系的根本原因。例如，醇亲王委托郑观应购买军火，郑观应尽心尽责地与洋商联系，圆满完成了采购任务；盛宣怀在争夺轮船招商局的过程中，屡次请郑观应出力帮助，达到了他想要的结果。我们能够看到大量的郑观应写给各级官员的政策建议，比如他积极上书左宗棠推动电报事业，一些地方官员在兴办洋务的过程中碰到了困惑和难题，郑观应总是详细耐心地解答和提出自己的观点。郑观应通过赠书、请人写序、请人指正等方式，结识了他所想要认识的官员和维护了与某些官员的关系。这种与官场的关系网，也使他受益良多。例如，郑观应与王之春、邓华熙的关系，是绅与官的合作，是知识与权力的合作。没有此前《救时揭要》《易言》《盛世危言》的影响，王、邓不会赏识郑观应；没有邓华熙那样高的地位，《盛世危言》就难达帝听，就难有皇帝的批示，也就不会产生那么广泛的影响。

◉问　您在博士论文《郑观应社会关系网研究》中认为，郑观应的个性和情感世界比较复杂，甚至有很多自我矛盾之处，虽然他积极地参与各项社会事务，但也有消极的一面，比如说遇到挫折的时候，会花很多的精力和时间在道教上，这对他的事业产生了什么影响？

◉邵　这个问题就是比较复杂。郑观应对道学的痴迷，主要是受两个方面影响：一是长年疾病的困扰、身体虚弱和对延年益寿的渴望。郑观应从小就有哮喘病，身体很不好，所以他的父亲从小就带他到处求医，但一直都没医好。当时的人没有现代医学概念，他父亲就带他去找一些江湖术士，所以，他从小就和父亲一样，深信道教。郑观应对道教的信仰非常牢固，一直到晚年都在修道，而且非常相信自己可以得道成仙。他很多的文章著作里，都表达了自己希望通过道教来解决问题，比如第一次世界大战爆发，死了很多人，他希望通过修道来拯救这个世界，由此我们可以看出他迷信道教已经到了什么样的程度。到了晚年，郑观应还找了各种各样的江湖术士去练仙丹，通过喝神仙水来延年益寿。二是事业上的失意，主要是他受织布局和太古洋行债务的牵连而归隐家乡，巨大的经济压力，使他强化了访道求仙之念，并将其作为自己精神世界的寄托。

郑观应的这种行为与我们印象中那个崇尚儒学、推崇西学、呼吁维新变法、在洋行中担任总买办、在洋务企业中运筹帷幄的郑观应是截然不同的，甚至是矛盾的。他既有入世的一面，也有出世的一面。很有意思的是，郑观应往往正在逍遥自在地在山上修道修仙，但是一有机会他就又立即回上海或广州去从事重要的工作。所以我觉得，他既没有因为道教而在事业上有什么损失，也没有因为道教而对他的事业有什么促进。当然他因为信道教花了很多钱，除资助各仙师修炼丹道外，还经常出资刊刻各种丹经道书，这与他出版《盛世危言》等书也是并行的。他还曾遇到过骗子，耗费了大量金钱。

道教对郑观应的延年益寿应该是有作用的，因为暂时抛却现实生活，静心修道，心情就非常轻松、愉悦，这种感觉在他的《游罗浮》① 诗中有充分体现，这对他能活到将近80岁是绝对是有作用的。当自己颓废或失意的时候，空出一段时间调养自己的身心，这样可以增加思考的时间，也给了很多写作的时间，最终才有他的惊鸿之作——《盛世危言》。

◉问　您还研究了郑观应与孙中山的关系，在这个研究中，您有什么新的发现？

◎邵　我一直在寻找孙中山和郑观应直接的书信来往，但是目前还没发现，只是通过转述或者说通过其他人的研究得出了一些结论，但有些问题还是值得我们研究的。比如两个人都出生在中山，两家的距离没多远，他俩有没有可能在老家就已经认识了？这是否有直接的证据？另外，很多学者认为在19世纪80年代末期和90年代初期，郑观应同孙中山在澳门有过颇为密切的交往，关于这个讨论，我在文章中也提出了质疑：一是《盛世危言》收入《农功》的问题。1890年，孙中山曾致信郑藻如，提议效法西方，对乡政进行改良，提出"兴农会以倡革农桑业""立会设局以禁绝鸦片"和"兴学会设学校以普及教育"三点具体意见，并建议在香山县率先实行，然后推广到全国。在此基础上，孙中山进一步根据致郑藻如信的内容在1891年前后写就《农功》一文。很显然，孙中山撰写《农功》在前，《盛世危言》出

① 全诗为：罗浮自古多神仙，四百青峰高插天。少时梦想不能到，五十方快登陟缘。策杖拔云识古迹，台登华叟看飞泉。石柱铁桥亘空碧，黄龙白鹤相高骞。飞云上界出天外，俯视列峰大如拳。万松月上朱明洞，归访稚川论汞铅。

版在后，郑观应的这篇文章的确是在修改孙中山《农功》的基础上完成的。但是，这并不能够充分说明两人有过直接交往甚至密切交往。二是郑观应撰写《中外卫生要旨》曾经得到孙中山的帮助，也缺乏史料的进一步支持。所以，目前并没有史料能够佐证两人的确在香山或者澳门见过面，更不用说有过深入的交谈。

所以学术界对于郑观应与孙中山之间的关系，还有很多东西值得我们深入研究。之前有一些学者认为他们两个关系还是比较好的，或者说交往还是比较紧密的，我认为这都是一种推断，因为没有直接证据，除非能找到他们之间直接通信或者交往的证据。我现在还一直在找，如果找到了，那就可能真的有新发现、新观点了。

◉问　郑观应支持孙中山的革命事业吗？

◉邵　讨论郑观应与孙中山的关系，有一个问题无法回避，就是辛亥革命。孙中山是辛亥革命的领导者，是武力推翻清政府的领袖。从郑观应的人生经历和留下来的文字作品看，应该说他对于清政府还是比较忠心的。从人生经历来看，郑观应的几个事业巅峰期都在晚清洋务运动时期，包括他早年通过捐纳得到二品顶戴花翎，以及两次短暂的从政。光绪皇帝驾崩，郑观应赋《景皇帝挽歌》① 长诗一首，从中

---

① 嗟我景皇帝，圣德迈唐虞。……神功卅四载，方冀庆覃敷。尧年竟不获，穹苍阻吁呼。鼎湖龙上驭，薄海泪成枯。丹心萦谱牒，白发哭江湖。犹幸垂帘圣，仓皇立帝模。贤王赖监国，仁政后来苏。立宪期诸速，日月手重扶。

可以看出郑观应对清廷的高度认可。

郑观应病逝后，出殡按照前清道台礼仪，也反映了他生前对清朝的态度。从目前可以看到的郑观应 70 岁和 80 岁的照片，能够很清晰地看出郑观应并没有剪掉辫子。所以在孙中山的领导下，革命派通过武力手段推翻了郑观应颇为忠心、又寄予维新希望的清政府，郑观应内心对孙中山及其领导下的革命的态度可想而知。民国肇造以后，革命的果实迅速被袁世凯窃取，在袁氏死后，全国又陷入了军阀割据的状态，对此，郑观应深恶痛绝，从中可以看出他对革命的态度。

四川保路运动及武昌首义爆发前后，郑观应正在巡视招商局长江各口，其所著《长江日记》中有一些涉及当时的情况。书中可见，对于辛亥革命，特别是革命带来的乱局，郑观应没有太多的好感，所著文字多是直接描述革命带来的混乱与社会动荡。实际上，郑观应早在广西镇压会党期间以及后来在粤路风潮中，就先后与革命党人发生过间接的冲突，特别再联系到他与端方的关系，我们就更容易看出郑观应内心对革命的真实看法。时任川汉、粤汉铁路督办的端方，在成都血案发生后，署理四川总督，率湖北新军经宜昌入川，后因新军叛变，端方及其弟端锦为军官刘怡凤所杀。郑观应与端方私交甚好，这从《长江日记》中的二人往来记录就不难看出，郑观应在四川巡视期间，端方曾数次宴请他，甚至希望他能够坐船同去重庆。对于端方是否能够完成清廷交办的任务，以及他的人身安全，郑观应曾表示过他非常的担心，结果 1 个多月后，郑观应就听到了端方被杀的噩耗。对于好友端方被杀，郑观应在这里并没有过多的评述，但呼应此前的忧虑，其内心的悲伤毋庸置疑，之所以没有过多评述，却也正好反映出了郑观应为人之谨慎——不想日后为革命党人有所口舌。

◉问 我们也访谈了郑观应的后代，都谈到不要进入官场，而是要求他们学技术、有专长，请问郑观应为什么会制止自己的子孙进入政界？

◉邵 这是他对自己人生阅历的总结，因为他自己两次进入官场，结果都是非常失败的。第一次到香港去之后被人关起来了，第二次随着王之春被弹劾，他也被迫离开了官场。可以说，这两次经历都是很不愉快的，自然让他对从政产生一定的心理排斥。而且他跟李鸿章、左宗棠、彭玉麟、端方、王之春等晚清的重要官僚都有很多交集，很了解官场中官场生态的复杂性，他本人也并不适应这种复杂的环境。所有他希望自己的子女不要重蹈覆辙，要他们学好一技之长，以此来安身立命。

◉问 郑观应有一系列的头衔，比如思想家、实业家、教育家、诗人等等，如果您来评价郑观应，请问他究竟是一个什么样的人？

◉邵 这个很难说。以前由于学术氛围还比较保守，学术界大多定义郑观应等买办是帝国主义的代理人。后来，学术环境逐渐宽松，大家又认为买办群体是爱国主义者，对中国近代化发展具有非常重要的作用。所以，我们对一个群体或者一个人物的定位，会随着时间的改变而变化。郑观应无疑是买办群体中比较突出的代表人物，是一个有情怀的知识分子和商人，当然也是一位杰出的维新思想家。总的来看，我还是很赞同我的老师熊月之教授对郑观应的评价，"郑观应是一个通人"。就像熊老师所说："郑观应是一个在事功发展路径、治学、修身等方面都相当成功的人，是一个对时代变动有敏锐感悟的人，一个恰当地选择自己的事功发展路径，顺时调适自己行为方式的人，一个既善于读有字之书，也善于读无字之书的人，一个由中华文化孕育出来的大聪明人，一个难得的通人。"

◎**问**　在《郑观应志》中，编者将郑观应定义为"中国全面看世界的第一人"，您如何来看这个定位？

◎**邵**　开眼看世界的中国第一人肯定不是郑观应，但是如果加上"全面"两个字，这个定位还是比较中肯的，因为之前的林则徐也好，魏源也好，他们实际上并没有形成系统的维新思想。而郑观应最早提出了中国维新变法思想体系，从这个方面来说，这个评价应该不为过。

◎**问**　从夏东元先生的《郑观应传》、《郑观应集》（上下二册）、《郑观应年谱长编》，到易惠莉教授的《郑观应评传》，再到您的《郑观应在上海》《一个上海香山人的人际交往：郑观应社会关系网研究》，华东师大可以说是郑观应研究的大本营，华东师大有老师和学生仍然在做郑观应的研究吗？您认为未来应该从哪些方面持续研究郑观应？

◎**邵**　易惠莉教授是夏东元先生的学生，所以他们之间是有传承的。但是，我研究郑观应，是半路出家，主要是跟中山社科联的课题有一个机缘巧合的关系，才进入到郑观应研究领域。

据我的了解，这些年来易惠莉教授着重于研究近代外交关系和近代中外文化交流，所以华东师大可能已经不再是研究郑观应的大本营了。从我的观察来看，当前郑观应研究走在前面的应该是澳门，郑观应作为"澳门之子"，受到澳门的高度重视。比如，澳门科技大学长期关注郑观应研究，除了组织学术会议论坛外，还专门成立了"郑观应研究中心"、出版相关学术期刊。

郑观应思想博大精深，对他的事功和思想的研究可以说是一个长盛不衰的领域，我希望能有一批年轻人能够继续关注他的思想和他的社会交往。另外，我也非常期望有关他的史料有新的发现。

◉**问**　时间比较晚了，谢谢您对我们课题的大力支持，也欢迎您参加明年的郑观应诞辰 180 周年纪念活动，到中山来给予指导！

◎**邵**　不客气，很期待有机会再到中山学习交流。

张秀莉

张秀莉（1976—），复旦大学历史学博士，上海财经大学理论经济学博士后。现为上海社会科学院历史所研究员、当代史研究室主任。

主要研究方向：中国近现代社会经济史、中华人民共和国史。

主要著述：《币信悖论：南京国民政府纸币发行准备政策研究》（上海远东出版社，2012）、《国际视野下的南京国民政府纸币政策研究》（上海社会科学院出版社，2018）；合作著有《出入于中西之间：近代上海买办社会生活》（上海辞书出版社，2009）、《上海工人生活研究（1843—1949）》（上海辞书出版社，2011）；合作主编有《海外中国当代史研究理论前沿》（上海社会科学院出版社，2018）、《国家战略与地方经验》（上海人民出版社，2019）、《上海普陀城区史》（上海辞书出版社，2019）、新修《上海通史》第 13 卷（上海人民出版社，1999）；译有《移民企业家——香港的上海工业家》（上海古籍出版社，2003）。参与编写有《上海卢湾城区史》（上海辞书出版社，2010）、《上海：城市嬗变及展望》上卷（格致出版社、上海人民出版社，2010）、《中国太平发展简史》（中国金融出版社，2015）、《西风东渐》（外语教学与研究出版社，2010）、《〈密勒氏评论报〉总目与研究》（上海书店出版社，2015）、《国家战略与上海发展之路（1949—2019）》（上海人民出版社，2019）等。

主要论文：在核心期刊发表《19 世纪上海外商企业中的华董》《上海外商企业中的华董研究（1895—1927）》《论郑观应的道教信仰与经世实务之关系》等论文 40 余篇。

时　　间：2021 年 10 月 26 日

地　　点：上海社科院八楼会议室

口述者：张秀莉

采访者：刘　琴

整理者：刘　琴

　　◉**问**　张老师，您好！我们是"郑观应研究口述史"项目组，该项目主要是围绕历史名人郑观应而开展的郑观应研究之口述历史。很高兴您能接受我们的访谈。作为上海社科院历史所当代史研究室主任，您的主要研究方向是中国近现代社会经济史、中华人民共和国史，并在这两方面积累了比较丰硕的学术成果，请您分享一下您的治学经历？

　　◉**张**　我是 1998 年考上研究生后开始进入专业研究的，当时我的研究方向是财政金融史，重点是民国时期的货币金融。我的硕士论文是关于上海银行公会的研究，在研究过程当中开始接触上海城市史、上海商界的一些资料，比较感兴趣。

　　2001 年研究生毕业后，我进入上海社科院历史所工作。2002 年，历史所承担的多卷本"上海城市社会生活史"被列为上海市哲学社会科学"十五"规划重点课题。于是，我就申报了一个关于上海买办的研究课题。我觉得上海的买办阶层非常重要，于是提出从上海买办这个群体来切入上海城市社会生活史这个大项目的研究。我的同事马学强老师正好也在研究近代中国显赫的买办家族席家，于是我们就一起开始了买办研究。从 2002 年启动到 2009 年研究成果出版，前前后后做了 8 年。在这 8 年当中，我也做了其他的一些相关的研究，包括外商企业、华董等。完成这个项目后，我开始攻读博士学位。我攻读博士期间的研究主题是关于南京国民政府的货币政策，这跟我研究生阶段主攻的金融方向是一致的。

2013 年，我们历史所进行了学科调整，把研究视野从 1949 年之前扩展到 1949 年以后，成立了当代史研究室，我遵照所里的要求转入当代史研究室。于是，我从 2013 年开始介入当代史研究领域，近现代史方面的研究也还在做。不过，无论是做当代史研究，还是做近现代史研究，我的研究重点都侧重于经济史，比如工业史研究、工商关系史研究等。

◉问　您刚才谈到了自己关于上海买办的研究，我们也得知您和马老师是在 2009 年合作出版了《出入于中西之间：近代上海买办社会生活》这本著作，请您给我们详细讲讲当初为什么会选择买办这个群体来进行研究呢？

◉张　我刚才讲到我是从做硕士论文的时候开始接触上海商界，对其中的商界人物比较感兴趣。我发现在当时上海的商会中，不少人就是买办，像早期的徐润，民国初期的虞洽卿、朱葆三等，他们既是上海商界的知名人物，也是当时著名的买办。于是，我就开始关注这个领域，看了郝延平的经典著作《十九世纪的中国买办——东西间桥梁》，还有上海社科院老院长黄逸峰写的《旧中国的买办阶级》等很多这方面的书。看了之后，我觉得这个群体还是比较值得去研究的，所以就开始以买办为研究课题来进行深入研究。

◉**问** 您在这本书中认为，"将买办作为一个阶层置于社会与文化视野中去进行探讨，似更为合适与恰当"。请您给我们讲一下，这与将买办视为一个"阶级"的这种视角有什么区别，以及您在这本书中所倡导的将"买办作为一个阶层"来看待的这种视角有哪些价值？

◉**张** 由于买办是条约制度的产物，与中国被侵略、被奴役、被压迫的历史紧密相连，因此在民族感情的立场上，他们理所当然地成为抨击的对象。在政治语境中，买办始终是被贬低的，其境遇也每况愈下。晚清的官员李鸿章、张之洞、王先谦等人都对买办进行过抨击，但他们又不得不利用买办为自己服务。20世纪在反抗帝国主义的斗争和国内的阶级斗争中，买办更是被列为"革命"的对象，但这也并未阻止他们出任政府和社会要职。

后来，在1924年广州商团事件中，汇丰银行买办陈廉伯联合外国势力进攻广州革命政府，使国共两党以及共产国际似乎对中国商人阶层有了新的理解和认识。在革命话语系统中，"买办阶级"与"大资产阶级"的概念开始被使用，并以革命的对立面而存在，"中小商人"则成为革命的联络力量，这样的划分成为此后国民党和共产党有关商人政策的重要理论来源，影响深远。如在1926年第二次全国代表大会商民运动决议案第二条中就提出："对于旧式商会之为买办阶级操纵者，须用适当方法逐渐改造，一面并帮助各地中小商人组织商民协会，一洗从前绅士买办阶级旧商会之恶习。"1927年中央商人部又发出通告，拟于第三次全国代表大会提出议案，请求撤销全国旧商会，组织商民协会领导商界。买办成为阶级斗争的靶子，也成为商人内部斗争的借口。1929 年，上海商民协会要求取消上海总商会，理由是总商会由帝国主义者的工具和奴隶即买办构成，他们是在政府的控制之下，而上海商民协会由中小商人组成，在国民党统治之下。因此，在国民党政权领导下，上海总商会不应存在。而在 1929 年通过的《商民协会组织条例》中则明确规定"现任买办"不得当选商人总会的会员。该处所称"商民"指商人、店员及摊贩，即所谓小商人。1930 年上海市商会成立，其执行委员和监察委员中的袁履登和劳敬修曾出任买办，但买办在市商会中占有的席位显然是减少了。

当时不少人注意到买办与帝国主义的关系，1927 年 7 月，《向导周报》第 162 期发表了一篇署名"秋白"的文章，题目是《上海买办阶级的威权与商民》，讨论上海买办阶级的形成，对买办进行了分析与批判。而将南京国民政府的一部分当权者归属为买办阶级，认为买办阶级在 20 世纪二三十年代即已出现。从此，买办从"职业"演化为"阶级"，被认定为一个自外国资本主义入侵中国之后，中国半殖民地、半封建社会中出现的新阶级，这个阶级与外国资产阶级结成直接的人身雇佣关系或直接的资本合作关系，从而成为与外国侵略者相勾结的势力。"买办阶级"这个概念的出现，使得买办逐渐失去了其作为职业的内涵，买办概念被异化，转化为一种阶级斗争的政治术语。

如今，买办的时代早已离我们远去。当我们再来审视那个时代的买办与买办的问题，就会发现这个群体内部的复杂性以及所蕴含的很多丰富的细节内容，不少被遮掩起来。在阅读大量档案文献及社会调查资料的基础上，我们觉得以"社会生活史"角度切入，将买办作为一个阶层置于社会与文化视野之中去进行探讨，似乎更合适与恰当。

张秀莉

通常说来，对一个阶层的划分，有一些指标上的规定，主要包括职业、收入、消费、认同感、社会影响力等。一个社会阶层的形成有许多因素，其中一点就是阶层意识或者群体意识的培育。这是一个自然的历史过程。在近代上海，买办作为一个阶层，其群体的特性与意识的形成，与他们的职业生活、社会生活、文化生活的参与过程紧密相关，并通过各种各样的方式，而每一种方式都会给这一群体带来关于自身、自身与其他社会阶层群体的关系、自身的权利、自身的发展前途等的不同体认、判断和思考。作为一个阶层的形成，其重要标志是它的文化内涵，即该阶层成员具有相近的生活方式、价值观念和文化特征。鉴于此，需要我们从多个角度对买办阶层进行分析。同时，要把买办的社会生活放置于现实的场景中，这是重构买办记忆的基础。

将买办视为一个社会阶层研究，首先涉及群体的产生与规模问题。社会学中的"群体"，其力量"并非来自其静态形式而是其动态属性"，所以必须研究"群体内部发生了什么"，并由此联系到群体的规模、群体的思维等。上海的买办如何产生？由哪些人担任？为什么是他们？来自哪些地区？在哪些洋行任职？群体的内部构成又如何？凡此等等，需要对买办群体有整体的了解与把握。而要做到这一点，其基础就是要有一定数量的买办样本，并据此做出类型上的分析。在近代上海，不同时期、不同行业、不同类型的买办，他们的产生背景、地域籍贯、文化教育、宗教信仰、收入状况、社会生活存在很大差异，如果取样过少，分析过于简单化，从中得出的观点与结论自然有所偏差。所以，要避免这一状况，必须掌握足够数量的买办样本以及深入考察买办群体的复杂构成。

鉴于此，我们通过不同途径寻访收集有关上海买办的群体资料，编辑了一部有关上海买办的资料长编，从而为我们了解上海买办这个群体的生计、职业、教育、生活以及观念、心理等变化，复原买办生活的社会现场，透视近代上海社会的变迁提供了丰富、翔实的资料，这也是我们这个研究的价值所在。

◉**问**　我们也注意到您在写作这本著作时，搜集和整理了大量的文献资料，包括中外报刊、档案资料、方志、家谱、笔记、文集、口述采访、一份包含近千人的买办名录以及 20 世纪三四十年代有关买办社会生活的调查资料等。请您给我们具体讲讲您在寻找、处理、消化这些档案资料的过程中碰到了哪些困难，有哪些故事？

◉**张**　首先，我们在查找资料的过程中碰到的最大问题就是资料不好找。我们国家有关外商企业的档案是不开放的，但是我们所研究的买办又是服务于外商企业的，这导致我们的研究一开始就遇到了很大的困难。我之前提到的郝延平写《十九世纪的中国买办——东西间桥梁》所借助的是西方在华行号，如琼记洋行的档案、旗昌洋行的档案、怡和洋行的档案①，这些原始资料为他研究中国买办提供了相当大的帮助。但是我们在国内想查阅这些藏在国外的洋行档案不方便，而国内现有的外商企业档案又不对外开放，于是我们的研究就陷入了困局，我有1年左右的时间其实是有点彷徨的。因为缺乏核心资料，所以觉得可能很难做下去，很难去超越前人的成果。

后来，我们开始从两个方面突破，一方面考虑到这个研究是关注社会生活史的，我们就开始收集地方志以及买办的家谱、笔记、文集，做买办家族后人口述史等，尽可能收集现有的资料；另一方面则得益于我在上海市档案馆的发现。为了搜集资料，我不断在上海市档案馆查找。有一次，通过买办人名的检索，一下子让我找到了更多的线索，包括上海商业储蓄银行、金城银行、中国征信所在20世纪三四十年代所做的信誉调查档案。我们发现在这些信誉调查档案中，涉及500多名买办的个人信息。而且这些征信档案做得非常详细，包括被调查对象的籍贯、履历、教育、收入和资产、信誉状况、家庭结构、社会关系、日常生活、宗教信仰等。这些资料为我们打开了一扇大门，让我们的研究有了扎实的资料支撑，我当时就感觉这个课题可以继续下去了。

而且我们发现找到的这些资料对当时的买办研究也是一个比较大的突破。因为，之前的买办研究都聚焦于19世纪，如郝延平研究的是19世纪的中国买办在东西间所扮演的角色，汪敬虞写的唐廷枢也是生活和活跃于19世纪。但我们

<table>
<tr><td>张
秀
莉</td></tr>
</table>

① 琼记档、旗昌档藏于哈佛商业学院贝克图书馆，怡和档藏于英国剑桥大学图书馆。

查找到的这些有关买办的征信调查资料形成于 20 世纪三四十年代。这也就意味着，买办不仅在 19 世纪是一个比较重要的群体，在 20 世纪三四十年代的规模也还比较庞大，有 1 万人左右，在上海商界也发挥着重要作用。有了这个资料的支撑，我们就能把 19 世纪到 20 世纪打通，来梳理买办家族网络在这两个世纪的延续和发展，勾勒出买办在这两个世纪的概貌。这个资料也构成了我们研究的核心材料，我们以这些资料所提到的买办人物为中心，将我们所收集的诸如方志、家谱、笔记、文集、口述等，跟其他资料连缀起来，去分析他的信仰、教育、收入、家庭、婚姻等，从而将研究系统扎实地进行下去。

除了这些征信调查资料外，我们还将视角拓宽至《北华捷报》《字林西报》等外文报纸，外文报纸所做的行名录、外国人所做的《中国名人录》等众多外文资料。这些外文报纸对我们来说尤其重要，因为我们接触不到外商企业的档案，但是当时很多的企业会在报纸上公布财务报告，这些报告以及相关的广告都可以为我们提供很多的商业信息、洋行信息。还有外文报纸所做的行名录上记录了洋行的名称、资本、地址、董事名单，便于我们按图索骥进行梳理。

其次，我们在处理这些资料的过程中发现工作量是非常大的。譬如上海市档案馆所存的中国征信所和上海商业储蓄银行的征信调查档案都是纸质档案，大约有几十卷，而且档案并没有将买办的征信调查单列。所以，我需要逐页地翻阅这几十卷档案，然后根据需要录入电脑供后期整理，这个资料录入的工作就做了三四个月。还有，那些外文报纸、行名录、中国名人录等外文资料专门存放于徐家汇藏书楼。为了把这些外文资料中的相关内容录入电脑，我在徐家汇藏书楼花了差不多3个月，1个星期至少要去徐家汇藏书楼3次，从早上8点开馆待到下午闭馆才走，完成资料的数字化。还有如何将外文资料中的买办名与中文名对应起来，如相继担任汇丰银行买办的席正甫祖孙三代，究竟对应外文资料中所提到的哪一个买办英文名呢。我们也花了一番工夫进行考证，需要查阅多种资料才能知道他们的中文名字。把这些译名一一查考出来，也是一项艰辛而有意义的工作。我们确实在档案资料处理中花费了比较大的功夫，因为把这些资料整理出来是有价值的，它能够提供有关上海买办群体的概貌信息，能够弥补当下已有的买办资料比较零散、主要聚焦于买办个体、不能反映买办群体全貌的不足。

另外，口述史对我们完成这个项目也是很有帮助的。因为，档案虽然严谨，但是难免枯燥，通过对买办家族后人的口述可以更深入了解和搜集一些比较生动的、有关买办家族生活方面的信息。所以，我们这个项目也针对买办家族后人进行了大量的口述采访工作。这方面的工作，马老师做得很扎实。他专门研究席正甫家族，大概做了席正甫家族后人100多人的口述。我主要做了徐润、周宗良家族后人的口述等。

口述史工作为我们打开了另外一扇窗，通过史料和人物访谈的结合，为我们所搜集的买办社会生活增加了更鲜活的资料，让我们对买办社会生活的理解也更丰富、更生动、更立体。譬如档案中提到一个买办的年收入达到10万银圆，那他当时的生活到底是一个什么样的样态，通过后人的口述就可以得到更多的细节和故事帮助我们去理解，而不是拍脑袋想象。还有，在一般人的认识中，都认为买办崇洋媚外，一心只想着谋利，对外国人趋炎附势，访谈却让我们得到不一样的信息。譬如我们在采访周宗良后人的时候，了解到因为周宗良是德国人所属的德孚洋行、谦信洋行买办，德国驻上海的领事每年春节都要到他家去给周宗良拜年，而且拜年时是按照中国规矩行下跪磕头这一礼节的。据其后人讲，他外祖父穿着长袍马褂就端坐在那里，然后接受洋人对他的磕头拜年。这就和我们一般的理解不一样了，在一般想象中会觉得买办为洋人服务和跑腿，应该是比较敬畏洋人。其实在19世纪的这些买办，像唐廷枢、郑观应，他们和外商的关系并不是像我们想象的那种单纯的崇洋媚外的关系，在涉及民族大义、国家利益的时候，他们也站出来与外国人进行交涉，以维护国家民族利益，唐廷枢和其兄唐茂枝也是很受外国人敬重的。

◉**问**　那您在完成这部著作后，有哪些心得与研究同仁分享呢？

◉**张**　其实，我们做历史研究的方法差不多。

首先，一定要去尽可能地挖掘资料，而且尽可能收集全面。因为只有掌握了史料，我们才能进行解读和阐释。所以，挖掘资料是基础工作，不可忽视。

其次，在解读资料的过程当中，要结合时代背景去理解。虽然我们离那个时代已经比较遥远了，但是要尽可能地通过史料去产生一种共情理解的东西，在他那个时代到底是怎样影响他们的行为、他们的作用的，用我们现在的社会标准去评判肯定是不合适的。这点心得体会也体现在我这本书的前言中所写的关于买办形象演变的部分文字之中。我认为，买办的形象构建其实有一个历史过程，到底是谁在构建买办的形象，政治人物是如何看待买办的，在文人的文学作品中是怎样反映买办的，学术界是如何界定买办的，当我们回到经济领域又该如何看待买办？这需要我们把这些看法综合起来，只有这样才能让我们对这个特殊时代的这群人有一个更加客观的理解。你不能根据自己的好恶对他们进行任意评判，只有从方方面面进行解读才能让我们对研究对象有一个更加全面的理解。很多时候我们也不能够下定论，但至少可以做到一个更全面的呈现。

我们在研究买办的时候，从社会生活的角度去切入这个研究对象，就是不想把他们脸谱化，把他们当成一个人，而不是一个符号，也不是一个概念化的职业人，把他还原成在他们那个时代的一个普通人，然后从教育、婚姻、财富、宗教、消费各个方面来展现他。相对以往主要集中于经济和政治方面研究认识买办来说，我们的研究就期望让大家对买办的认识更丰富、更立体，也更真实。

◉问　我们看到您在这本书中辟出专门章节谈买办的宗教信仰，您为什么会去关注买办的宗教信仰呢？

◉张　这有三个方面的原因：

一是因为我们是研究社会生活史，信仰就是社会生活很重要的一部分。所以谈买办的宗教信仰和宗教生活就是顺理成章的事情。

　　二是因为上海地区的宗教情况也确实十分特殊。当我们试图考察上海买办的宗教信仰时，必须明确上海地区宗教的特征。一方面，各种宗教流派在上海兼容并包，各种宗教共存互通，交往密切。不同宗教人士相互往来，结成挚友的也不少，如上海回族穆斯林社区的领袖哈少夫与世界佛教居士王一亭居士，以及海派画家代表吴昌硕等人，经常往来酬答，他们还都担任过光绪年间创立的海上题襟馆书画会的正副会长。而王一亭与作为商界杰出人物的基督教徒沈缦云也交情笃深，两人与李平书、叶惠钧等沪上名人还是辛亥革命时光复上海之役的重要领袖人物。道教庙宇红庙门楼上所书的"保安司徒庙"由王一亭题写。1928年中华道教会的成立就得力于佛教居士王一亭、黄涵之、姚天明和原基督教青年会干事谢强公等人帮助。传教士李佳白创办的"尚贤堂"，不仅是基督教一个教派传教活动的场所，而且逐渐演变为上海各种宗教学术研究者坐而论道的团体。上海的佛教、道教和伊斯兰教的代表人物都曾在尚贤堂发表演讲，参与活动。另一方面，上海宗教信仰活动表现出很强的世俗性。这是由于商业环境与人们功利之心的深刻影响，当时即有竹枝词云："独对游僧笑不禁，如何闹市作禅林。烟花满目先熏醉，那有工夫参道心。"与之相对的却是"爆竹声中换锦衣，香烧头炷轿如飞。索逋不管东方白，还点灯笼去叩扉"。尽管有心参禅者少，但祈求升官发财、平安健康的宗教生活依然盛行，寺观庙宇香火旺盛，各种教会财源充足。其中自然也不乏买办这一新兴富裕群体的捐献之功。

　　三是因为买办在职业上与西方人保持着长期而亲密的联

系，故其行为方式、知识结构、思想观念等方面深受西方的影响。人们自然也会关注"西化"的买办，对天主教、基督教等西方宗教的信仰及接受情况。而且以信仰为基础的"神缘"使买办更容易赢得外商的信任。许多买办虽然实际上没有皈依西方的宗教，但与传教士及其慈善事业的关系极为密切。当然，买办中也不乏佛教、道教和其他宗教的信仰者，他们也是在异质文化交织下上海宗教信仰多元的重要体现。

我们要研究买办的社会生活，就不能局限于研究职业本身，宗教信仰和宗教生活也是很重要的一个部分，所以我们就写了买办的宗教信仰和宗教生活。

◉问　您在这本书中也花了很多笔墨分析郑观应的宗教信仰，郑观应的宗教信仰有哪些特殊性呢？

◎张　这本书之所以选择郑观应为个案来分析其宗教信仰，主要有三个方面的原因：

一是，他的信仰跟受西方影响的众多买办不一样。他信奉的既不是天主教，也不是基督教，而是中国本土宗教道教。这是他的宗教信仰的独特性所在。

二是，后世在研究郑观应的《盛世危言》《盛世危言后编》时，往往强调他论述中外利弊、富国强兵的救时策略，对分别置于首篇的《道器》《道术》多有忽略，甚至认为《道术》篇所论与后面的经世致用之学互相矛盾。其实，这两种做法都误解了郑观应"修身为本，己欲达而达人，己欲立而立人，成己成人"的本意，自然也忽略了终其一生的道教信仰和实践对他的事业和生活的影响。郑观应信奉道教要远远早于他进入买办职场生活的时间，而且求道是郑观应生活中非常重要的一部分，贯穿他的一生。鉴于一贯研究的忽略和宗教信仰对郑观应的重要性，我们就无法避而不谈郑观应的宗教信仰和宗教生活。

三是，在众多买办中，郑观应是最有文采的，他留下了大量关于其道教信仰的文字记载。这又跟很多买办不一样，因为很多买办并没有留下文集等文字性记载。因此，郑观应留下的关于其道教信仰的文字记载又为我们分析他的道教信仰和分析其对西方宗教的态度提供了难得的个案。

●问 接下来，我们来详细谈谈郑观应的道教信仰。您认为郑观应道教信仰的特征之一是"认为儒、释、道三者一理、本原相通"。郑观应本人也确实写过《三教归一不外一理》一文。郑观应认为"儒释道三教是统一的"这一观点的依据是什么？这三者的相同点是什么？

◎张 郑观应对于儒、释、道三教的理解，是他悟道的核心。他在《危言·道术》篇和《三教归一不外一理》中都提到三教穷理尽性致命之学。儒曰"正心"，道曰"修心"，佛曰"明心"。说法虽然不同，道理都是一样的。然其所以载理、入理、见理者，总不外乎正心、修心、明心。圣贤仙佛之所以异于人者，异其心者也；圣贤仙佛之所以与人同者，同其理者也。

他还提出，老子之道本来就与儒释一致，道教以清静无为立教，以慈俭自下建宗，以归根复命、返虚归朴为究竟。

郑观应认为孔子的"诚意修身"之文、孟子的"存心养性"之训之所以略而不详，是想正伦纪纲常之事，施仁义礼乐之教，因此对于金丹之道未尝显言，仅以命学寄诸易象、性功混诸微言而已。

◉问 郑观应认同张三丰关于儒释道三者区别的说法，儒释道三教的主要区别是什么？

◉张 在郑观应看来，儒、释、道的理是相通的，但道教的境界要高于儒和释。他认为儒与道，其源虽同而流不同。儒之道不外乎日用伦常，修、齐、治、平，皆中庸也。仙之道实足以补天地之缺，济儒道之穷。

◉问 郑观应因为幼年时体弱多病，为求延年益寿开始学道。后来，学道贯穿了郑观应一生，直到去世前他仍然执着于求仙问道。您在研究中提出"郑观应求道主要是以救世为目的"。您这一观点的依据是什么？

◉张 郑观应对道教的信仰远早于他所提出的商战救国主张，他最初或许没有将修道成仙与济世联系起来，但一旦他意识到商战救国的主张根本无法实现时，就自然想到借修仙以偿救世的愿望。他在《上张三丰祖师疏文》和《戊申冬久病未痊感怀》两篇文章中就表现出面对混乱时局"愿学旌阳炼剑方，扫除魔障试锋芒。群雄震慑干戈息，万里诛妖一电光"，借助神力消灭武力征伐的愿望。在给陈抱一祖师的上表中，他详细言明了五大宏愿，无论是"奏请上帝大发慈悲，消除浩劫"，还是"由仙、佛法力慑服乱世魔王，消灭各种火器"，抑或是"以点金术所成黄白，限制若干分交各分院教主，选聘公正绅商，创设贫民工艺厂、各学校及开矿、开垦等事，务使野无旷土，国无游民"等愿望，都是他面对军阀的连年征战，发现仅凭个人力量不能扭转乾坤时，转而寄希望于"治人"和神力。

郑观应也曾在表文中追述自己信道的心迹和经历:"观应原拟仙道成学佛,佛道成再穷究天主、耶稣、回教之理,道通各教、法力无边之后,即商前辈高真,会同奏请上帝施恩饬行。……是访道行善数十年来,备尝艰苦。……然向道之心百折不回,一息尚存,此志不容稍懈。"这也表明郑观应的修道和经世都是他所寻求的济世救国之道。

他也一直提倡通过劝诫人们积德行善,以达到挽救世道人心的目的,希望人们咸知爱国、共谋利益,其目标依然是救世。所以他极力反对庆祝神灵寿诞的神会或盂兰会,认为这些风俗徒费资财、败坏风俗,以有用之财,做无益之事。倒不如将梨园神会的耗费用作济世救民,创义仓、开义学、设育婴堂、收埋路尸、舍药施医,利民利物。对于修行,他有独到的理解:"按修行功德之事,不以茹素诵经为修行,不以建坛设醮为功德。凡物有损坏者,补之缉之谓之修。人有愆尤者,悔之改之谓之修。故省察克治,所以自修也。"他认为茹素诵经、建坛设醮、施祭幽魂,俱为善之末务,《道德》五千言的要旨在于抱拙守愚、位高身退。

由此可见,郑观应的道教信仰,与那些汲汲于为自己求福、求利、求永生的信徒和为谋利不择手段的道士相比,境界的确胜人一筹,其修道目的仍在济世救国。

◉问　郑观应一生中积极参与慈善事业,"凡有善举无不赞助"。郑观应从事慈善事业与其求道有什么关系?在道教的影响下,郑观应参加了哪些慈善事业?

◉张　按照郑观应自己的说法是:凡有善事无不尽力倡

助，冀消魔障。

修道对郑观应的另一重要影响就是他念念不忘的积善积德，这促使他做了不少慈善事业。他在反思修道不成的原因时，反复提到积德对于入道成仙的必要性，因为这一积德的观念深植于心，所以在他的朋友向他募捐购米赈济灾区饥民时，他的第一反应就是"所谓外积阴功、内修三宝者也"，因此立即电请上海广肇公所董事劝捐，以冀源源接济。他声称自己"凡有善举无不赞助"。当我们将这些综合起来看时，对于郑观应所做的慈善事业或许会有另一番感受。

修道促使郑观应做了不少慈善事业。一方面，他广泛搜求道教的书籍并将其刊印流传，这也是源于他自己在求道的过程中，屡次受那些异端旁门及一知半解的道士欺骗，耗费资财而皓首无成。因此将广泛搜求的道教书籍刊刻出来以正视听。另一方面，他也积极募捐赈济灾民。郑观应除自己捐款外，还积极向各界募捐。1876年江南旱灾，郑观应在上海积极筹捐。1877年，为赈济山西灾荒，郑观应与经元善等人创办筹赈公所，后来因公所没办事场所，就将公所设在自家寓所内，作为捐款汇总之地。除办晋赈外，又捐资并募捐赈济河南、直隶、山东、陕西、广东等地灾荒。郑观应还遵其母遗嘱将积存的1000两白银捐给直隶赈灾。他声称自己"凡有善举无不赞助"。此外，郑观应还参与办理协赈公所，出任善堂、广肇公所董事以及中国红十字会特别名誉会员。

●问　有观点认为郑观应在文章中讲究因果报应，其《陶斋志果》《富贵源头》《成仙捷径》《剑侠传》等作品是宣扬封建迷信和消极的体现。您是如何看待郑观应的这些观

1261

点和作品的呢？

⊙**张**　其实，从郑观应的道教信仰这一角度分析，他刊印这些作品依然是以此劝人们修身养性、修善积德，因为在他看来"商战"属于所谓的"用"或"器"，不足以达到"治世"的目的，要达到"治世"就要"体、用"或"道、器"兼备。

而且，我们也要注意到郑观应反对旁门左道的邪说，对于有邪说内容的《道元一气》《锦身机要秘诀》，告诫道友不可示人，以免招致天谴。

●**问**　夏东元先生在《郑观应传》中认为"郑观应主张设修真院来培养治人，其原因在于以富强救国为职志的中国近代资产阶级改良主义思想家最后无路可走时的必然归宿，这是民族资产阶级软弱性的一个具体表现。这种表现是阶级局限性所决定的，不是郑观应一个人所能突破的"。您对此表达了不同的观点。您的看法和依据是什么呢？

⊙**张**　郑观应作为上海早期的一位著名买办，前后二十余年的时间是为洋行服务的，此后虽进入官督商办企业，也主要是考虑如何与外人"商战"，他对于"体"与"用"关系也有一定的理解。对西方的学习，他比此前的洋务派相对全面。在 1884 年的《南游日记》中，郑观应即进行过详细的论述："余平日历查西人立国之本，体用兼备。育才于书院，论政于议院，君民一体，上下同心，此其体；练兵、制器械、铁路、电线等事，此其用。中国遗其体效其用，所以事多扞格，难臻富强。"因此他呼吁并身体力行地倡办新式书院和教育，赞成君主立宪制度。

但是对于"道""器"关系的理解却有很大不同，他认为"尧、舜、禹、汤、文、武、周、孔之道，为万世不易之大经"，而"西人不知大道，囿于一偏。原耶稣传教之初心，亦何尝非因俗利导，劝人为善。郑观应的道器观以及对西方宗教的态度，根本上受其道教信仰的影响，也是他"以西学化为中学"的依据所在。

综观郑观应一生的道教信仰与经世实务的关系，其信仰影响了立身行事的规则，其信仰发展变化的过程也是他所处时代、所办时务的反映，信仰追求与经世实践的目标虽然一致，但在现实中却存在着无法解决的矛盾。从郑观应信道之初，即希望通过因果报应的事例劝善抑恶，以达到挽救世道人心的目的，在经历了数十年的经世实践而屡屡受挫后，他总是很自然地将救世的愿望寄托在修道成仙上，这完全合乎他本人的心迹和信仰，也是其信仰与事功相反相成变动的结果，而不是由其阶级性所决定。

◉问 您在这本著作中还谈到了从"买办"到"华经理"的转变。请您介绍一下，"华经理"出现的背景是什么？"买办"和"华经理"有何区别有何联系？

◉张 "华经理"的称谓最早出现在何时还无法断言，在《民国九年庚申岁（1920 年）上海总商会同人录》中，最早出现以"华经理"执业出任上海总商会会员，此前的上海总商会会员名录中不以"华经理"相称。其实，早在1915 年银行家张公权在日记中已使用此说法，而且他指出华经理通称"买办"。即在他的表述中"华经理"和"买办"指称的是同一个对象，只是称谓的差别而已。通常的观点则认为由于民族运动的高涨，买办往往被抨击为"帝国主义的走狗"，极不光彩，因此改称"华经理"，以便把他们同买办区分开来。有些外商企业确实将买办制度改为华经理制，有些外商企业虽然不用"华经理"名义，但改革的目标都是一致的，即削弱买办的权力。

以推行华经理制的太古洋行为例，我们比较了太古洋行1947年3月拟订的华经理雇佣合约和一般的买办条约，发现这些内容和一般买办合约基本一致，主要区别是买办在往来客户发生不履行债务或义务时，由买办赔偿全部损失，而华经理制比较缓和一些，只负"尽力斡旋"之责，而太古则愿以"法律或其他方法"协助华经理"催索欠款或催促履行义务"；另外，太古实行买办制时所有华籍人员，包括仆役在内，全部属于买办并由买办雇用和管理。改为华经理制后，这些人员改为由太古洋行各部门以"雇员"名义雇用，但仍由华经理收取个人保证金和负全部责任。这便是华经理制和买办制的主要区别。

通过上述比较分析可以发现，华经理制度实质上都是买办制度的继续和发展，所不同的是外商在尽力削弱买办自行雇用和控制其他华人职员的权力。只要买办制度赖以存在的社会经济基础没有消失，它就会存在和发展。而且，在20世纪三四十年代，不是所有外商企业都采用华经理制，买办与华经理始终是并存的。

●问　您在多篇文章中还谈到了在上海外商企业中任职董事的中国人，也就是"华董"。您是怎样关注到"华董"这个群体的？

⊙**张**　董事与近代股份制企业相伴而生，由于近代中国股份企业的发生源自西方社会的传入，因此中国领土上的第一批董事也产生于这些外商股份企业中。值得我们重视的是，有一部分华商竟然跻身于外商企业的董事会这一最高管理决策机构。以往有些研究成果中，虽然也涉及华董的问题。但专门的研究却很少，例如关于华董群体的规模如何、当选的条件是什么、在外商企业中发挥怎样的作用、如何行使职权、报酬多少、从洋人那里学到了什么等一系列问题都还没有明确的答案。因此，我希望通过收集整理分析一些散见的资料，从上海的外商企业入手，对参与外商企业经营决策的华董群体做初步考察，从而帮助我们去正确评估华董这个特殊群体在中国早期近代化中的作用。所以，我选择了"华董"这一群体进行研究，先后写了两篇文章分别对 19 世纪和 20 世纪两个时期中的上海外商企业的华董进行研究。

●**问**　我们看到，华董和买办都是在外商企业中服务的中国人。华董产生的背景是什么？

⊙**张**　华董产生需要具备两个必要条件：一是洋行改变以自有资金从事代理业务的经营方式，积极寻求与华人的合作；二是华人对股份企业这一新生事物有投资的热情，持有企业的大量股份。在上海，这两个条件从 19 世纪六七十年代开始逐步形成。

上海开埠初期，洋行的经营方式主要是印度商号或某种外国商品的代理行，兼做自营贩运。由于交通阻隔，洋行的代理和自营业务不限于以鸦片输入和丝、茶、白银输出为主要经营内容的进出口商品贸易，同时兼营航运、保险、金融汇兑业务。他们利用操纵居奇的地位，获得了巨额的利润。但是这种旧式垄断制度下的方法与资本主义自由竞争之间的冲突已开始表露出来。

19 世纪六七十年代发生的一系列事件，最终促成了洋行经营方式的转变。这些事件包括：

一是太平天国结束后，愈来愈多的中国商人加入对外贸易的竞争，他们熟知内地市场，外商即使有买办相助，也难以与之竞争。怡和洋行就是为应对来自中国本地商人的竞争，由商品贸易转向从事代理及附加服务业。华商力量的崛起使得中外合作成为大势所趋。

二是 1865 年汇丰银行在上海设立分行。这是第一家总行设在香港，资本全部来自香港和上海的新型"国际银行"，拥有广泛的外汇经营权，对洋行兼营的汇兑业务产生极大的威胁。新式金融家所提供的改良的资金融通方式，使得仅有小额资本的人，比以前在漫长而不可靠的海程，以及靠轮船传递消息的时代，更易于获得信用，因此洋行之间的竞争发展到了顶点。

三是 1869 年 11 月 17 日，苏伊士运河通航，随着轮船运输的发展，中英航程实际上缩短了一半以上。正常和健全的竞争使运费维持着一个低廉的标准。轮船的使用也将洋行原有的帆船驱逐出了海洋。

四是 1871 年 6 月 3 日，海底电报线通至上海。电报的接通更是将贸易损失的风险降到最低。这些条件吸引着许多过去因缺乏资本或信用而被排斥于商业之外的竞争者参加贸易，因而刺激了贸易的发展。国外商号可以直接控制中国的进出口贸易，他们已不需要委托某一在华洋行作为专门代理，而用函电选择与任何在华洋行建立贸易关系。洋行的性质由过去的"代理行"，转变为收取佣金的代理商，也开始改变原有的独资运作的方式。

一旦他们结束"独资运作"的方式，扩大投资时，同华商的合作就成为势所必然的了。1867年起，怡和洋行私人信件的主要内容就谈到需要同"本地商人"合作，并且提出今后的利润应该从中国人所不能胜任的领域中取得。从19世纪70年代一直延续至80年代初期，随着中国投资者在西方人控制的公司里的人数逐年增多，无论是在合股经营中还是出口贸易中的专门性服务，依靠中国人帮助的外国企业也一年比一年多起来。还出现中外商人合资从事商品投机，以及合股经营"当铺、戏馆之类纯中国式店铺"的情况。到了1875年，中国人要求将资本使用于外商经营的轮船公司、保险公司、船坞和仓库已成司空见惯的事。

而华商投资外商企业的主要原因是，他们认为洋行与中国官员的腐败、拖延、无能相比，行事利落，办事有效率，且通常较为诚实。更为重要的是外商企业拥有更多的特权，而且获利丰厚，利润有保障。

◉问 那华董和买办有何联系呢？

◉张 华董中有一部分是买办，但也有不是买办的著名商人。

根据我们对19世纪外商企业中华董的研究，在已确定身份的华董中，有14人曾担任买办。诸如郑观应在1867年至1869年期间曾担任外商企业公正轮船公司的华董。而郑观应从 1860 年开始即被宝顺洋行派管丝楼兼管轮船揽载事宜，从此开始买办的生涯，一直到 1868 年宝顺洋行停业。宝顺洋行停业后，他曾充当和生祥茶栈的通事。

唐景星（即唐廷枢）是外商企业公正轮船公司、北清轮船公司、华海轮船公司的华董，唐茂枝是外商企业上海电光公司、荣泰驳船行的华董，唐杰臣是外商企业永明人寿保险公司的华董。他们三人均先后担任怡和洋行上海行的买办。

还有不少华董都是买办出身。如外商企业上海电光公司华董的李松筠曾任公正轮船公司的买办。美查有限公司华董的梁金池、英国企业上海五彩画印有限公司华董的曹子俊和陆敬南都担任过德商禅臣洋行的买办。英国企业上海五彩画印有限公司华董的袁承斋是天福洋行的买办。外商企业鸿源纱厂华董的朱葆三曾任上海英商"十大企业"之一的平和洋行买办。外商企业瑞记纱厂华董的吴少卿是瑞记洋行买办；瑞记纱厂华董的孙仲英毕业于天津鱼雷及海军学校，1886 年入怡和洋行当翻译，两年后担任信义洋行买办（该行承包中国政府工程）。外商企业永明人寿保险公司华董的叶澄衷、席正甫和黄佐卿，曾分别任英商老晋隆洋行买办、汇丰银行买办和英商公和洋行买办。如果考虑到未能确定身份的人之中，曾任买办的可能性，则有买办身份的人所占比例要超过一半。

◉问　是的，我们看到唐景星和郑观应都曾担任过公正轮船公司的华董。两人被推举为公正轮船公司华董的原因有哪些？当时外商挑选华董时有什么标准呢？

　◎张　华董大都具备这样 5 个条件：①熟悉洋行的业

务，有一定的英语基础，与洋人关系密切；②有深厚的商业背景；③在华商中有影响力；④广有资财；⑤与官府关系密切。总而言之，他们是当时华商中的佼佼者，不仅能出入洋场，结交官场，而且在华商中有振臂一呼、四方响应的号召力。

唐景星和郑观应都有洋行的工作经历，而且他们在处理洋行的贸易业务时是需要与轮船运输打交道的，所以他们对于轮船经营比较熟悉，这是他们被外国人选聘到轮船公司成为董事的一个原因。英语能力就不必说了，唐景星在出任怡和买办前曾历任香港殖民政府、上海海关翻译。怡和洋行的克锡称赞唐景星"这个人的英文是这么样地精通"，琼记洋行的费伦称唐景星"说起英语来就像一个英国人"。而郑观应从17岁即跟随他的叔父也就是新德洋行买办郑秀山学习英语，在宝顺洋行期间又跟随英华书馆的教习傅兰雅读英文夜馆，颇有成效。

而且，他们也有人脉资源。这些外商企业刚成立的时候要招股，就需要依靠华商的人脉资源来招集股份，这对新公司的运作是非常重要的；还有就是利用他们已有的商业网络来拓展业务。像朱葆三、周宗良本身就有自己的商号及商业网络，那么外商企业把他们吸收进董事会也是利用他们的商业网络来拓展业务。华董和外国企业之间既有雇佣关系，也有合作关系。

投资是华人能出任外商企业董事的前提条件，郑观应和唐景星都是公正轮船公司的股东。

还有这些华董要么跟官方来往密切，要么本身在政府担任要职。如既是华俄道胜银行和荷兰银行买办又兼任法商万国储蓄会华董的虞洽卿和既是瑞和洋行买办又兼任法商万国储蓄会和瑞和洋行华董的叶琢堂与蒋介石、宋子文、孔祥熙等人的关系非常密切。南京国民政府成立后，他们都曾在政府或官办机构中任要职。叶琢堂历任中国银行官股董事、中央银行董事、中国建设银公司常务董事、四明银行总经理、中央银行和中国银行常务董事、中央信托局局长、中国农民银行总经理等职。这样一些叱咤商场又与官场有密切关系的人物势必对外商企业的发展发挥较大的作用。

⦿**问**　以现在的眼光来看，这个选拔标准是否符合现代企业制度？

⦿**张**　也不完全一致。因为在当时，懂洋务的人少，能够和西方、外国人打交道的人也少，商业背景和商业影响力对于新成立的外商企业募股和经营非常重要。而我们现在，更看重用人的专业性。

其实到20世纪30年代的时候，外商企业选择华董的标准，就又跟之前不一样了。此时，他们一般是需要接受过诸如圣约翰大学、复旦大学、东吴大学等正规的学科训练的人才。而且在这个时候，语言对他们来说已经不是障碍了。相反，更强调专业性，包括这些人的素质、家族背景，就更加多元一些了。

⦿**问**　以唐廷枢和郑观应为代表的华董在担任外商企业华董期间，是怎样行使自己的职权的？他们的实际职权究竟有多大呢？

◉张　从华董所服务的外商企业的历次股东大会会议记录内容看，董事的职权也不外乎制订企业经营的决策方针、向股东提供报告和财务报告书、解答股东提出的疑问，对经理人进行监督。

首先，看他们在股东大会上的表现。我曾经分析了1869年公正轮船公司的一次股东代表大会，因为这次会议在所看到的历次股东会议中，讨论最为热烈，涉及问题也最多，所以华董在此次会议上的表现也比较具有代表性。我对出席大会的名单进行了统计，发现此次大会的出席者共有23人，其中华商有5人，分别是唐景星、信昌（Sinchang，音译）、李松筠（Soong－yin）、郭甘章（Acheong）、阿江（A－keong，音译）。我对发言的内容也进行了梳理，发现此次讨论的内容广泛涉及股东的利益，包括财务报告表中的错误；对收支报告、汇兑账目质疑；代理人手中掌握着太多资金，股东是否有权利要这笔资金的利息；轮船运营的详细报告；董事购买轮船要征求所有股东的意见；章程第67款，关于股东揽货回佣的比例、发放时间；反对主席Groom增开北方航线的提议；重新选举董事、建议董事选举延期；稽核员的选举；选举权的分配、限制问题；股东从准备金投资中应得的利益等诸多问题，普通股东和董事之间还展开激烈的争论，如关于购买"格兰吉尔号"问题等等。我还对股东发言的次数做了一个统计，发现在出席会议的18名外商股东中发言的有12人，其中1人发言竟达18次之多。但是面对这样激烈的讨论，没有1名华商股东发言，即使是已经被推举为董事的唐景星也始终静默旁观。

张
秀
莉

其次，我们再来看看他们在董事会会议上的职权体现。因为资料的限制，无法对华董在董事会的表现作一整体评价。因此，我选择了一件发生在公正轮船公司的代理人更换问题来考察华董在董事会中的地位。1871 年 3 月 8 日，公正轮船公司董事会的 4 位洋董约翰·阿西顿、J. A. 林格、萨缪尔·布朗和欧文·布洛克不满"华人拥有更多的股份和影响"，于是趁华董胡茂孔和阿茂正在休假，剥夺了他们作为董事的权力。但是，两位华董非但没有忐忑不安，反而将这一结果作为既定事实在 3 月 25 日召开的临时股东会上予以确认。我们也没有看到两位华董对此举的抗议。还有，据怡和丝厂董事徐棣山的儿子回忆："华董并不到行办公，偶然到行，即坐在总大班间。总大班间有洋董的写字台，而两个华董只有两张大扶手高靠背的圈椅，没有写字台。丝厂遇有要事，如增股、派红利、人事重要更动等，即开董事会。开会时买办唐杰臣也被邀参加。会由洋董主持，他把议案提出，华董们通过一下，签个字，就算完成。"其实，徐棣山对怡和丝厂的筹建和原料供应是起关键作用的，但他作为怡和丝厂的华董与洋董的权力之别却判然而见。

再次，我们来看审核公司财务报告的权力。向股东大会提交的财务报告一般不是董事自己编写，而是委托专人负责，但只有经过董事的审核确认后方具效力。在目前所见到的财务报告书中，有华董签名的 6 份，1 份是华海轮船公司1874 年第三次股东年会上提交的损益报告书，落款者共 4 名董事，唐景星也名列其中。5 份是荣泰驳船行的财务报告，华董唐茂枝名列其中。或许审核报告意味着对公司财务的知情权和对公司运营状况的全面了解，只有这样才能真正做到对经理人的监督。

◉**问**　就公司职权而言，华董与同期的洋人董事相比还是有差别的，这种差异说明了什么问题？

◉**张**　我觉得这种差别其实是由当时的中外关系决定的。在当时的时代背景下，虽然说华人在外商企业中占了很大的股份，但是洋人处于非常强势的地位，这些华董只不过是代表了华股的持股人，但是真正的决定权还是在洋人这边；加上这些华董毕竟没有从事西方股份制公司的管理经验，所以对于如何去履行董事的权利，他们本身是不熟悉的。

比如郑观应虽然担任外商企业公正轮船公司的华董，但是并没有多少实权；即使是比郑观应商业经验更丰富、实业成就更大的唐景星在担任华董期间，也很少在董事会议上发言和参加讨论。

◉**问**　后来，唐景星在管理国内第一家股份制企业即轮船招商局时，在招商局的治理结构上也设置了董事这一职位。在这一时期的轮船招商局中，董事的选拔标准是什么？

◉**张**　是的，他们刚开始在外商股份制企业中担任华董时仍然处于一种摸索、学习乃至从属地位，但是他们很快就把在外商股份制企业中所学习的经验移植到了民族企业的创办中。

唐景星在进入轮船招商局后，就将招商局从官办改为商办，设立商总、商董一职，商董的选拔标准主要看募股的资金大小，其次也考察其经验和能力。他在《局规》中规定，"每股五百两""选举董事，每百股举一商董，于众董之中推一总董，分派总局各局办事，以三年为期，期满之日公议，或请留或另举"。而且他们也仿照西方股份制企业那样，定期在《北华捷报》等报纸上公布财务报告，很规范。只是后来在 1885 年时，唐景星、徐润、郑观应先后离开了招商局，盛宣怀以督办身份重新进入招商局后，招商局又重回官办，政府取代商总、商董起主导作用，这是一个比较大的转型。

◉问　那在唐景星、徐润和郑观应主政的招商局这一时期，董事是否有实权？董事发挥了哪些实质性作用？

◉张　在 1885 年人事变动之前，轮船招商局的商总和商董是有实际的经营管理权的。李鸿章也说过"招商轮船局本仿西国公司之意，虽赖官为扶助，一切张弛缓急事宜皆由商董经管"。

他们仿照西方股份制公司，拟定了《轮船招商局局规》和《轮船招商局章程》。《局规》规定："商总为总局主政，以一二商董副之，如商总公出，令商董代理，其余商董分派各分局任事，仍归总局调度，商董若不称职，许商总禀请大宪裁撤，另行选举。商总倘不胜任，亦应由各董联名禀请更换。"《章程》则规定办事商董拟请预先选定，以专责成，商局设在上海，商总为唐廷枢。股份较大者举为商董。轮船归商办理，拟请删去繁文，以归简易。事实上，他们是通过上述规定确认了轮船招商局实行的是"商总、商董、司事人"这样一个以商人为主的治理结构。

虽然我们没看到关于董事会的规定，但马士在 1886 年的私人信件中提到唐景星"曾提出不要专制政权的控制，坚持举行两周一次的董事会"。尽管商总、商董的选举、改选的决定权仍控制在"大宪"李鸿章手中，还无法实现彻底的商人治理，而且唐景星本人也是以"总办"这一官方身份进入招商局的，但这种商人治理的主张在一定程度上被付诸实施。与以往的官办企业和传统的合伙商业行号相比，无疑是一个巨大的进步。

在他们主持轮船招商局期间，也是招商局最富于进取精神和最活跃的时期。他们按照自己的计划广招股份、扩大营业，吸引了大量华商购买招商局股票。招商局于1881年筹足了最初拟定的100万两，在1882—1883年间该局的股本稳定在200万两。他们在轮船招商局的成功招股和经营也引起当时社会的投资热潮，民间一下子冒出很多股份制公司。虽然不少跟风创办的股份制公司因为缺乏经营管理经验倒闭了，但是这恰恰说明了他们在轮船招商局中的经营管理是有示范效应也是卓有成效的。

◉问　这与唐廷枢和郑观应在外商企业中任华董时有何区别？这种差异说明了什么问题？

◉张　他们在轮船招商局主政的这一时期，跟他们在外商企业中任华董时还是有很大区别的，之前是名义上的董事、但无实权，但是这一时期是占据主导地位、有实权的。

至于如何看待这个差异，涉及我们研究买办时的一个立足点"将买办视作东西方交流的桥梁"，这也是郝延平在他那本书中所贯穿的思想。在中国近代化这个特殊的时期，在西方对东方具有压倒性优势的背景下，买办这个群体所起的就是东西方交流的桥梁作用，他们把在西方企业中所学习的经营管理经验复制到中国的民族企业中，开始中国现代化的探索过程。这必然会经历先参与、再模仿、最后再自主的过程。

◉**问**　那您认为究竟应该如何评价在 19 世纪末 20 世纪初的上海外商企业中任职董事的这一批中国人呢？

◉**张**　首先，我认为华董作为华商中的精英分子而当选外商企业的董事，为外商企业在中国的发展发挥了重要作用。

其次，我们也要看到他们也在参与外商企业经营决策的过程中，从洋人那里学到了近代企业经营管理的方法，并因此在中国的早期近代化中发挥了不可替代的作用。

就以唐景星和郑观应来说：为了增加招商局的揽载业务，唐景星邀请曾任公正轮船公司董事、正任太古轮船公司买办的郑观应入局。1882 年，郑观应接受李鸿章札委，帮办轮船招商局。入局后，郑观应即偕唐景星到太古、怡和面谈，签订齐价合同，所有三公司往来天津、烟台、长江各埠的船只，按照船数多少均分，招商局得多数。因此水脚日增，股票的价格也大为上涨。郑还向李鸿章提出了整顿招商局的 16 条建议。这些建议的内容无不显示郑观应对近代企业管理方法的谙熟。如果这些建议得以贯彻实施，用郑自己的话说就是"成效宁有涯矣"。

唐景星和郑观应的企业管理才能不只表现于轮船招商局，而是与近代化进程密切相关的诸多行业。譬如为了解决招商局北方航线的回航货运问题，唐景星开始了在天津开采煤矿的尝试。1876 年他受李鸿章面谕，驰赴开平查看煤铁矿情形。他在向李鸿章条陈情形的节略中，详细分析了那里的山川形势、土人采煤情形与西人采煤情形的比较、凤山铁石仿照西法熔化的成本、开平煤的价值、由开平至涧河口筑铁路情形、满盘筹算的费用。由此可见唐景星对西方技术文明的了解和通盘筹划的周详。开平煤矿从 1882 年正式出煤，它的成功远远超出人们的预期，煤的质量非常高。开平煤矿的股票也成为最优良的股票。1881 年，开平煤矿面值 100 两的股票，市价涨到 150 两，1882 年 6 月高达 237 两，此后在 170 两上下。1883 年因上海金融风潮短暂下跌，年底又回升到 140 两。1888 年开始发放股息。这在初期的华人股份制企业中是罕见的。因此李鸿章在奏折中盛赞唐景星"熟精洋学，于开采机宜、商情、市价详稽博考，胸有成竹，经理数年，规模粗备。……今则成效确有可观，转瞬运煤销售，实足与轮船招商、机器织造各局相为表里"。

此后，唐景星又以开平为中心，在唐山生产焦炭、砖瓦和水泥，还参与了热河附近金银矿的开采。随着矿井的加深，1880 年还提供了一个煤气照明系统。为了将开平煤运至天津，然后再转运到其他地方，1883 年修筑了从唐山到胥各庄的铁路，这是由中国人修建的第一条铁路。1889 年矿务局还有了自己转运煤炭的航运企业。

而上海机器织布局的经办则得力于郑观应。他在 1878 年筹议之初就奉派襄办，终因在招股、定购机器、购觅厂地、造厂等关键问题上官僚代表彭汝琮"独断而不相谋，会商而不见纳"，愤而辞职。彭汝琮因对企业经营茫然无知的荒唐举动而被革职。之后，郑观应被委为总办，负责招股、用人、立法诸大端。股份仿照轮船招商局章程，每股规银100两，共集4000股，计银40万两。其中2000股由在局经办者认购，其余2000股公开在官、商中招徕。至于请洋匠、定机器、购地基，总以股份集满收齐五成然后举办。为了确认中国棉花是否适用外国机器加工，他将棉花寄到英、美两国试织，结果令人满意后，才决定按计划进行。他还委托容闳从美国聘请一个技术专家，负责管理厂房的建造和购置机器，还雇用了外国技术人员安装设备，并教中国工人如何操纵纱机和织机。后来，他又派人去美国学习棉花的种植和加工。后来出任华兴玻璃公司董事的经元善也应邀入局主事。他不仅在亲友中募得六七万两股份，而且在《申报》上刊登广告公开招股，据经元善的说法，华人企业登报招股的做法从此次发端。本来章程拟定招股40万两，可由于认购者踊跃，最后招得50万两，还有人被拒绝。尽管织布局最终没有在郑的经办下开车生产，他没有经营大规模机器生产公司的任何经验也确属事实，但是从表面上看，织布局已完全具备了成功开业的必要因素，郑观应在筹备过程中表现的才能应该得到肯定。

1896—1897年游历过中国的布拉克本商会的一个商业代表团的报告里就提到，他们所访问过的一些华人所有的棉纺织厂的设备，"在每一方面都像我们英国最新式的工厂一样，并且在购买最新设计的机器和工具时都被免除了费用"。

汉阳铁厂的新式设备比日本政府于1896年在八幡开始生产钢铁还早两年。但是汉阳铁厂却由于"资本无从筹措、洋员一再更易、良工难得、煤铁不能相辅为用"等诸多经营困难而难以为继，不得已由盛宣怀招商承办。而盛宣怀任汉阳铁厂督办后，又立即举郑观应为总办。到1908年时，郑与盛一起将汉阳铁厂、大冶铁矿和萍乡煤矿合并成为我国历史上第一个大型钢铁联合企业汉冶萍煤铁公司。费惟凯在比较了张之洞和李鸿章经办的洋务企业的不同结局后，指出李鸿章的企业是比较幸运的，这些例子可能表明在开平煤矿、华盛纺织厂、电报局和招商局的商人职员中能够找到少数值得羡慕的宝贵人才。华董在这些企业中所表现的组织和管理能力已完全证明了这一点。中国早期近代化所需要的不只是西方技术的引进，更重要的是经营近代企业的方法和人才。华董在当时的社会中可算是凤毛麟角，但他们在早期近代化过程中所发挥的作用却非同寻常。

再次，华董也是近代中西交流的承担者和实践者。华董的出现是中西交流发展到一定阶段的产物。而中国的近代化无疑是一个向西方学习的过程，华董在这个过程中承担了将西方的近代企业经营管理方法引入中国的任务。即使在西方人的眼中，他们也是最优秀的商务人才。如唐景星和其兄弟唐茂枝受到中外人士的普遍赞扬。《北华捷报》在报道唐景星逝世的消息中曾高度评价唐景星的成就："在过去20年中国的和平进步中，他比其他公民发挥了更重要的作用。他的一生中，诚信正直无可挑剔。……开平煤矿、轮船招商局、天津铁路（即唐胥铁路）仍在见证他的知识、精力、组织和管理能力。他是外国人永久的朋友，他与许多人保持着密切的关系。他的去世无论对中国人还是外国人都是一个永久的损失。"

尽管华董在中国近代化过程中的作用还是初步的，并且存在着诸多弊端和缺陷，但我认为他们的地位是无可替代的，应该得到后人充分的尊重。

◉问　您未来有什么研究计划？

◉张　我现在主要做当代史研究，如社会主义改造、工商关系调整，还有当代上海的工业史。也是与我当前所在的当代史研究室和原来的经济方向相结合来做研究。

◉问　那还会继续买办方面的研究吗？

◉张　买办已经很多年没做研究了。因为，我们在做完那个课题以后，觉得我们能找的资料都找了。从学理上来讲，已没有太大突破了。关于学理上如何去定位买办这群人，其实学术界也已经比较公认了，就是"在东西方之间发挥沟通和桥梁的作用"；从史料上来讲，我觉得从我们现有的资料开放情况来看，也没有一个大的突破。后来，西方也出了一些专门研究买办的书，如怡和洋行、琼记洋行都出过书，这些资料我们也参考过。但是，我们现在还无法看到当时在中国的这些洋行的资料，很多详细资料还没有对外开放，比较遗憾。所以，在史料上其实也没法有更多的突破。

◉问　非常感谢您配合我们的时间接受我们的访谈。

◉张　应该的，我们是学术共同体，以前也经常一起开会交流。也感谢你们的访问。

◎胡 波 主编

郑观应研究口述史

第四册

SPM 南方传媒 广东人民出版社
·广州·

图书在版编目（CIP）数据

郑观应研究口述史／胡波主编. —广州：广东人民出版社，
2022.7
ISBN 978-7-218-15489-3

Ⅰ. ①郑…　Ⅱ. ①胡…　Ⅲ. ①郑观应（1842—1921）—人
物研究　Ⅳ. ①K827＝6

中国版本图书馆 CIP 数据核字（2022）第 006539 号

ZHENG GUANYING YANJIU KOUSHUSHI

郑观应研究口述史

胡　波　主编

出 版 人：肖风华

责任编辑：张贤明　唐金英
责任校对：李沙沙　周潘宇镝
装帧设计：瀚文文化
责任技编：吴彦斌　周星奎

ISBN 978-7-218-15489-3

9 787218 154893 >

出版发行：广东人民出版社
地　　址：广州市越秀区大沙头四马路 10 号（邮政编码：510199）
电　　话：（020）85716809（总编室）
传　　真：（020）85716872
网　　址：http://www.gdpph.com
印　　刷：恒美印务（广州）有限公司
开　　本：787mm×1092mm　1/16
印　　张：100　字　数：1100 千
版　　次：2022 年 7 月第 1 版
印　　次：2022 年 7 月第 1 次印刷
定　　价：480.00 元（全 4 册）

如发现印装质量问题，影响阅读，请与出版社（020-85716808）联系调换。
售书热线：020-85716826

朱碧恒

朱碧恒（1940—   ），生于上海，江苏无锡人。郑观应曾孙、著名法语翻译家郑克鲁教授的妻子，英语翻译家、副教授。1964 年毕业于上海外国语大学英语系，1964—1980 年在新华社国际部工作，1980—1984 年在中国社会科学院世界经济所、青少年所、美国研究所工作，1984—1987 年在武汉大学外事处工作，1987—2000 年在上海师范大学《高等学校文科学术文摘》杂志社担任副编审。

主要著述：译有《新娘·主人·十字架——克利斯丁三部曲》（漓江出版社，1990）、《欧·亨利短篇小说选》（吉林出版集团有限责任公司，2009）、《安妮日记》（中央编译出版社，2015）、《秘密花园》（江苏凤凰科学技术出版社，2016）、《螺丝在拧紧》（国际文化出版公司，2017）、《假如给我三天光明》（岳麓书社，2020）、《海蒂》（北京理工大学出版社，2020）等。

时　间：2021 年 10 月 25 日
地　点：上海社科院招待所
口述者：朱碧恒
采访者：龙良富　刘　琴
整理者：刘　琴　龙良富

◉问　朱老师，您好！非常感谢您接受"郑观应研究口述史"项目组的采访，我们今天的访谈是想听您讲讲郑氏家族的故事，包括郑景康先生、郑克鲁先生，还有您个人的。请问，您和您的先生郑克鲁跟郑景康一起生活了十几年是吗？

◉朱　应该有 15 年左右吧。

◉问　那郑景康先生是从什么时候开始和你们一起生活的呢？

◉朱　大概是从 1965 年 1 月开始的。在 1966 年之前，郑景康一直在新华社工作。我在 1964 年 6 月分配到新华社工作后跟克鲁结婚。结婚后他告诉我，他有一个叔公叫郑景康，和我一样也在新华社工作，只不过郑景康在新华社摄影部，而我在新华社国际部。当时，

郑景康

我就问他为什么不去找叔公郑景康呢？他说自从 1940 年叔公郑景康去了延安之后，就与家人失去了联系。加上我先生郑克鲁是一个很内向的人，所以即使知道叔公郑景康就在北京、就在新华社工作，也从没有主动去认亲。于是，我跟他说，既然叔公郑景康就在我工作的新华社，那我们去找他。我爱人郑克鲁先生就说，你要去就自己去吧。

我是 1964 年 6 月进入新华社的，被分配在新华社国际部欧美组。那时还没有手机，但是我们每个人都有办公室，我就用办公室电话给摄影部打电话。我告诉摄影部的人说我们是郑景康的后代，但是与他已经失去联系很多年了。现在，我跟我爱人都在北京，我爱人在社科院中国语言文学所，我在新华社国际部欧美组，郑景康是我爱人的叔公。现在我们想要认亲，请帮我们转告郑景康先生。他们听说之后，答应会马上通知郑景康，并把他办公室的电话也告诉了我，我也留下了我的办公室电话。1939 年，郑景康原本在重庆，后来周总理把他介绍到延安工作。从此，就跟我们家庭失去了联系。现在那么多年过去了，我也不知道叔公还愿不愿意跟我们联系。

摄影部秘书让我等回信。打完电话，我挺开心的，回家后我就把这件事告诉了克鲁，他听了，就说很好。

当时新华社实行三班倒，分成白班、小夜班、大夜班，大夜班是从晚上 11 点一直上班到天亮。我是在大夜班工作时打的电话，打完电话后我就下班回家，回到家已经是早晨了。第二天，我仍然是晚上 11 点上大夜班，就看到了白天交接班的同事给我写的留言："小朱，摄影部的老权威（因为他当时是摄影方面的权威）郑景康，打了好多电话要见你。我们告诉他，因为这个礼拜你是上大夜班，你要晚上11点才来上班。"并叮嘱我，看到留言后赶紧回电话。我很开心，就直接打电话到他家，当时郑景康家里是有电话的。一打电话就接通了，而且就是郑景康接的电话。

他问："你是朱碧恒吗？"

我说："是的。你是叔公吗？"

他说："对，我是郑景康，我是叔公。"

他还说："你们为什么一直不找我啊？"

我说："我也是刚知道这件事。"

他对我说，我当然愿意认你们。他希望我们能赶紧到他家相聚。他当时住在新华社院子里，新华社很大，后面有一个大院子是家属宿舍。他那时候是住在一号楼还是二号楼我不记得了。我跟他约定周日一早就去拜访。

他说："你赶紧来。"

我说："我现在在上班，来不了，因为我这星期要上大夜班。我周末来行不行？"

他回答说："好的，你们就周末过来吧。"

由于那时候只有礼拜天一天休息，没有双休的。我就说："我礼拜天早上一早就来，好吗？"

他说："行行行，尽管来尽管来。"

第3天，我早晨下班之后回到家，就跟克鲁说："叔公认我们了，让我们去他那里。"

他说："真的？"

我说："当然是真的。"

礼拜天那天，虽然那时候我们两个人工资也不高，女儿在上海，还需要寄钱养家，但是因为要去认亲嘛，我们就买了水果点心过去了。一早就到他宿舍门口敲门了。

门一开，郑景康一看到克鲁，就立即笑着说："不用介绍，你没有冒认，因为你跟阿雄很像（郑克鲁的爸爸叫郑世雄）。"他对克鲁特别亲热，对克鲁说："你太像你爸爸了，可惜阿雄走得太早了。"

郑世雄全家照（后左一为郑世雄，前右一为郑克鲁）

虽然克鲁的爸爸是郑景康的侄子，但是两人年纪相仿，小时候经常一起玩耍。以前，郑家很有钱，他们家很大，他们还可以在家里荡秋千。有一次他们荡秋千时，郑世雄摔了一跤，这一跤摔得蛮厉害的，对他的身体影响蛮大。所以，克鲁爸爸50岁就离开人世了。

之后，他搬椅子让我们坐。

我看了半天就问他："叔婆呢?"

他说:"哪有叔婆,我没有你们的叔婆,我就一个人。"

那个时候我们刚刚见面,也不敢细问。我说:"哦,就你一个人啊。"

他说:"是呀,就我一个人。所以,你们早就应该来认我了。"

后来,他问:"你们现在住在哪里?"

我说:"我们住在东城,住在中国社会科学院的宿舍。"

他就说:"那我也要到你们家去看看。"

我说:"可以,下礼拜你来,我们在家里接待你。"

他说:"好的。"

到了下个礼拜天,他就到东城看我们来了,还给我们买了好多好多香肠和巧克力。因为,当时他已经是高干了,月工资大概是 200 元,比我们两个人的工资还多得多,他也知道我们两个小年轻的工资不高。当时,我大学毕业拿 22 级工资 56 元,我爱人研究生毕业拿 21 级工资 62 元,工资跟叔公郑景康是没法比的。加上那时候东西也挺紧张,什么都要凭票才能买得到,所以他买了好多不要票的香肠巧克力给我们。

我们看到了,就说:"买得太多了!"

他说:"没事,你们慢慢吃。"

他也仔细看了我们当时的居住环境。我和克鲁住在一间很小的屋子里,10 平方米左右,是租的社科院宿舍,根据级别配了一个桌子、两个凳子、一个大床,还有一个碗柜。

看完了,他问:"这就是你们的全部家当吗?"

我回答:"嗯,就这些呢。而且这些还是公家的,不是我们的。"

听了，他就笑笑说："明白了。"

然后，我们就在家里聊天。

到了中午，我说："叔公，我买了点菜，今天中午就在我们家吃饭吧。"

他说："算了，不麻烦了。我已经在外面吃惯了，我们一起到外面吃吧。"于是，我们就跟着他去外面吃饭了。吃完以后，我们就送他回去。

后来，他又在过来东城看望我们的时候告诉我，既然和他都在新华社上班，那以后我上班的日子可以经常到他那里去。于是，我去新华社上班的时候，就经常去看他。我发现他并不在家烧饭，也是去食堂吃饭。

他当时的待遇已经很不错了，住一室一厅，是可以做饭的。但是他说："虽然我这里可以烧饭，但是我不烧的，我就去吃食堂，很方便的。"

后来，我就对他说："叔公，你年纪大了，只要我来上班，中午我从食堂买饭给您送过来，我给你管午饭，行不行？"

他说："可以可以。"然后，他就给了我一大堆饭票。那时候还没有饭卡，新华社食堂使用的是饭票。

他知道我们也没多少钱，就说："你去食堂给我买饭时，也给自己买一份，然后拿回来，我们俩在家里吃。"

我说："可以。"

于是，只要我去新华社上班，中午我就买好我们两个人的饭菜到他家里陪他一起吃饭。有时，他会叫我不用去食堂买饭，带我出去吃。新华社在西城区，他就老带我到西城区各个大饭店吃，我们俩还挺高兴的，这样的状态一直持续了好几个月。

其实在我们一起相处的这段时间，叔公也在计划让我们跟他住在一起，为此他打报告给新华社人事处申请大一点的房子。但是，他做这些事的时候，没有告诉我们，我们都不知道。后来，叔公告诉我，他跟当时的新华社副社长石少华沟通了这个事情。

他告诉石少华："少华，我现在有家了，我有后代了。"

石少华就问他怎么回事，他就把我们认亲的过程告诉了石少华。并对石少华说："那我现在不能再住一间屋了，我得跟他们一块住，他们可以照顾我，我也觉得我有家了。"

石少华问他："你肯定是嫡亲吗？"

他说："肯定的，绝对不会冒认的。我已经跟我的侄媳妇联系上了，而且我也认识他们的爸爸妈妈。"

石少华听了，就说："如果是真的，那我们马上给你申请房子，让你们两家住在一起。"

他做这些事情的时候，并没有告诉我们。过了一阵子，房子就批下来了。

有一天，他对我说："告诉你一个好消息，我申请的房子批下来了。"

我就问："什么房子呀？"

他说："我申请房子时把你们一家三口也作为我的家庭成员（朱老师补充说，当时她和郑克鲁已经有了女儿）报上去了。"

我告诉他，现在我女儿并不在身边。

他说："没关系，总归要回来，有了房子你就把她迁过来一起住。"

那我又发愁了，说："那谁帮我带小孩呢？因为我工作很忙的，要上夜班，克鲁也忙。"

他就问："那现在是谁带她呀？"

我说："目前是我妈妈帮我带小孩。"

叔公很爽快地说："那就把你妈妈一块接过来不就完了。那房子很大的，2室1厅，有两间，挺好的。"

那我当然高兴了，我本来就舍不得女儿不在我身边。于是，我们就搬家，把我妈妈跟女儿都接过来，跟叔公一起生活。

叔公对我特别好，他让我管理他的工资并给我提了一件必须做的事就是"每次领工资的时候，要先帮他交10块党费"。我当时听了还很纳闷，因为一般人只需要交1块多党费，加上我还不是党员，这才知道原来党费那么贵。当时，普通工人的月工资也才三十几块，10块钱就顶三分之一的工资了。

我就跟叔公开玩笑："原来党员的党费要交10块啊！要是我是党员的话，我都交不起。"

他就笑了："哪有那么贵的党费，是我自己愿意交的。一般人是按比例交的，大概千分之几吧。按照我的月工资200块，党费最多不到2块钱。但是，这是我自愿交的。我一个人要那么多钱干吗？我每个月都是交10块党费的，几十年都没有变。在新华社也找不出第二个。"

我说："明白了。"

他对我说："尽管你们跟我住在一起了，你们也有工资，但是我每个月交 10 块党费这个不能变，我一直都是这么交的。"

我就回答："好的好的，我明白了。你说什么我就做什么，我绝对不会变的。"

从此，叔公每个月的工资，都是我去领的。那个时候没有卡，都是给现金的，放在一个信封里。200 块不是小数目，我拿了这个工资也不敢乱用。

我就回家跟我妈说："叔公把工资全都交给我保管了。"

我妈妈是劳动人民，她就告诉我："那你要帮他把钱好好存起来，不要乱用。"

我说："那是当然，我怎么能乱用呢？肯定不敢的，他叫我用什么我才用，虽然他让我管工资，但这个钱还是他的。"

所以，我们住在一起，生活得很开心。

我爱人工作单位很远，上班的日子早出晚归，但每星期只去 2 天，不坐班。叔公在克鲁上班的日子叫我妈妈不用做午饭，他带我出去吃，吃完了再给她们带回来。他出门上饭店也不愿意我女儿和我妈跟着他，他就喜欢带我出去。

我也有个习惯，跟关系好的长辈就经常勾着手走路。所以，我每次跟叔公出门，都是勾着叔公的手。谁知道，这样还给我惹来了麻烦。有一次在外面吃饭回来，不知道是哪个部门的人写了封揭发信去告发我跟叔公。这个揭发人也不知道我的名字，就说国际部的某某人跟摄影部的老权威郑景康乱搞，经常在外面吃饭下馆子，还在外面勾肩搭背。

人事处收到这份揭发信后，就把我叫去了，说："朱碧恒呀，你到我们人事处来一趟。"

我说："不是发工资的时间，到你们人事处来干吗？"

他说："你来就是了。"

我去了之后，他就把这封揭发信给我看了。我看了也笑，就问处长："这个事怎么办呢？是他们误会了。"

他说："放心，我老早就在一次大会上帮你们解释了，说你们不是乱搞，你们是一家人。"

后来，我把这件事告诉了叔公，叔公也笑了，他说："这些人就是这样的，跟他没关系的事情，他们也要管。"

◉问　郑景康和郑克鲁老师的爸爸年纪差不多对吗？

◉朱　是的，差不多大，等于大侄子小叔子差不了几岁，郑景康的妈妈，就是郑观应的六太太，她是信佛的，经常带着他们两个人在一块玩。

◉问　也就是说两人年纪差不多，那两个人的关系很好是吗？

◉朱　是的，很好的。这个倒是我婆婆给我说的，她原本也不知道的，也是我公公告诉她的。克鲁的爸爸说他和郑景康两个人小时候原本很要好，后来因为一起荡秋千克鲁的爸爸从秋千上摔下来了，郑景康的妈妈吓坏了，他可是郑观应的长子长孙啊，就不敢再让克鲁的爸爸玩秋千了。

◉问　如果关系很好的话，那郑景康从延安回到北京、郑老师的爸爸在上海，他们之间没有联系吗？

　　⊙朱　没有联系。三四十年代时，郑景康可能跟他爸爸郑观应在思想方面不一致，叔公就向郑观应要了一笔钱，然后自己出去闯荡了。这个我搞不清楚，我婆婆也搞不清楚，反正郑景康他们家有钱，他就拿了一大笔钱自己出去闯荡了。后来，他在重庆闯荡时认识了周总理，周总理安排他去了重庆八路军办事处。后来周总理把他送到了延安，那时候毛主席也在延安。

　　自从他到了延安，就跟家人断了联系。我婆婆说他在全国包括在重庆闯荡的时候，还是经常跟家里有联系的，包括要钱什么的，毕竟是大少爷嘛，只会花钱不会赚钱的。加上照相本来就比较花钱，买器材等等也需要花钱。但自从到了延安，他和家里就没有联系了。

　　后来中华人民共和国成立了，到北京了应该可以找了，家里人又觉得谁知道他还认不认我们。他们不找的原因主要是怕他不认，并不知道他是孤身一人。克鲁说过："要知道他孤身一人，我老早就找他了，因为一个人总是希望有家属的。那时候大家都知道他已很有名，还给毛主席照过相，但是也担心如果去找他，他的家人会欢迎吗？"

　　⊙问　那中华人民共和国成立以后，是什么时候知道郑景康还活着呢？

　　⊙朱　家里也搞不清楚。后来，克鲁从上海来到北大念书，看到郑景康的名字，才知道叔公还活着，知道叔公在新华社工作，而且知道了毛主席的像是他拍的。但是，克鲁很低调，一般不对外人讲，包括我俩谈恋爱时。

我们结婚以后，那天他也是不经意地对我说起："你们新华社的郑景康是我们家叔公。"

我说："真的？他跟你们家真有关系？"

克鲁说："当然了，我爸爸是跟他一块长大的，怎么不是真的？错不了的。"

我就对克鲁说："那就去找叔公呀。"

他说："我不去找。"

我问他："为什么不找？"

克鲁说："这么多年了，谁知道他还认不认我们？他可能还以为我们家里人是反动派的，会怀疑我们到台湾去了或者会怀疑我们跟国民党有关系之类的。"因为那时候他们家里有钱，跟国民党也有点关系。

我对克鲁说："你不找，我找。"

他说："要找，你去找好了，我反正不会陪你找的，不能让我们家难为情，我又不需要靠他。"郑家人都这么说："我们不在乎。他当他的官，跟我们有什么关系。而且他也不是官，他只是高级知识分子。"

其实叔公始终不当官。郑景康不像克鲁，克鲁还当过系主任、馆长等，但是郑景康在新华社是没有职务的。他是党员，完全可以当摄影部主任，人家叫他当，但是他不当。他说："我不要，懒得管事。因为当官是要管事的，我这个人自由惯了，不爱当官。"

我也问过叔公，说："叔公，您当一个副社长应该没问题的，摄影部主任更没问题了。"

他说："这些都让我做过，我才不要。当官又加不了多少钱，我一个人又不缺钱花，而且我现在这点钱够用了，我一个人用不了这么多钱，我连党费都交 10 块，我干吗要去管事？我一个人又没有后代，那我去当官干吗？"所以，新华社曾经让他当摄影部主任，但是他不去。

◉**问**　您能给我们讲讲，郑老师在您去找郑景康之前，为什么一直都没和郑景康联系呢？

◉**朱**　这主要跟我先生克鲁的性格有关。他是比较单纯的人。其实，他在 1957 年就来北大念书了，当时完全可以去找叔公郑景康。结婚后，当我听他说了叔公的事，我跟他商量去找叔公相认的时候，克鲁说："从 30 年代开始，我们就跟叔公失去联系了，谁知道他还认不认我们？再说，我们也没这个必要，也不愁吃不愁穿。"他还说："如果要联系的话，你自己想办法，反正我是不会出面的。他要认我们当然最好，但是他万一说不知道、不相认，那多丢脸。而且又不知道他有没有后代，也许他想认，但是他后代不想认呢！"

我婆婆也说："我们也不愁吃，不是非认不可。"当时，郑家人都没想过去跟叔公郑景康联系。就像克鲁本来是中山人，也从没想过要去中山联系家族的人。

联系叔公郑景康这个事情是我一个人决定的。我想着既然是亲戚，他又是那么大的干部，又是延安过来的，为什么不相认呢？相认之后，叔公是一个人，不仅认了我们，还对我们好得不得了。其实，能够相认也是一种缘分。反正我当时认为，相认了，对大家都好。确实，自从 1965 年跟叔公相认了以后，我也经常让婆婆和郑家的兄弟姐妹来北京，他们都说我是大功臣。总之，相认之后，大家都过得更好了。

从这个方面来说，相认是对的。

◉问　当郑克鲁老师和郑景康相认之后，他们的关系怎么样？郑老师原来不太想认亲，后来认亲之后，他有跟你讲了什么吗？

◉朱　认亲之后，他也很开心。后来，我们搬过来跟叔公住在一起，那套房子有两个房间，都是向阳的，叔公一间，我们一间。钱是我来管，我们几乎每个礼拜都要出去饭店吃饭。我妈妈也搬过来帮我带孩子，我女儿也开心，大家都开心。

因为克鲁是搞学问的，他话不多，所以克鲁跟叔公的对话倒是真的不多，而且两个人好像又有点互相不服气。克鲁认为叔公写东西肯定不如他，叔公认为克鲁虽然能写东西，但是一个书呆子，不活跃。所以，他们俩除了在家吃饭在一起，外面出去吃饭和出去活动时在一起，平时克鲁都待在房间里，下了班就在屋子里写东西，叔公也主要是待在房间里，不太出房门。不上班在家的时候，我就经常去陪叔公聊天。所以，我们俩最好，他可喜欢我了，什么都告诉我，他就喜欢我。

我也问过叔公："克鲁不好吗？"

他说："好是好，但是他也不怎么陪我聊天啊。"

我就告诉叔公："你看我们夫妻俩说的话也不多的。因为我知道他要做学问，不能打搅他。如果他需要聊天了，我就陪他聊天；他要是不需要聊天，我也不去打扰他。"

◉问　那郑景康跟你们在一起之后，有跟你们讲过他在延安的那些经历吗?

⊙**朱** 不太讲,但也讲一点。比方他说过自己是第一个在延安开摄影展的,还说江青陪毛主席前来看他的摄影展,主席还表扬他了。他是唯一一个在延安开摄影展的,很厉害,和当时摄影界的另一位名家张印泉合称"南郑北张",因为郑景康是南方人。现在挂在天安门的毛主席像,就是他拍的。毛主席很欣赏郑景康的照相技术,因为郑景康擅长抓拍,他不是让你定住了然后再给你拍,都是抓拍的。历史上有很多人都给毛主席拍过照,但是毛主席还是相中了郑景康拍的这张照片。所以,叔公对自己的摄影技术也是很自豪的。

◉**问** 那郑景康是什么时候过世的呢?

⊙**朱** 郑景康是 1978 年去世的。郑景康走的时候,郑克鲁专门写了一篇纪念文章刊登在《光明日报》上,这篇文章写得非常好,也很长。但是,澳门政府专门派人到《光明日报》去查,就是查不到。我跟你说,澳门政府要查找这篇文章,中山市也是在千方百计查找到这篇文章。这篇文章肯定是登在《光明日报》上,而且对郑景康的评述还是蛮全面的。时任国务院副总理王震都参加了郑景康的追悼会,是有照片为证的。

我们把好多照片都送给了澳门博物馆,你们可以到澳门博物馆去看的,我婆婆的照片老漂亮了。

我就跟郑克鲁说:"澳门老请我们去参加纪念活动,我们把这些东西送给他们吧。"

克鲁那时候不同意,还说我了,他说"舍不得"。

我说："有什么舍不得呢？我们走了，谁保存这些东西呢？如果给了博物馆，还能得到更好的保存。"

我们去到澳门之后，两任特首何厚铧和崔世安都曾经接见过我们。我们捐献东西后，澳门政府还给了我们捐献证书。

郑克鲁、朱碧恒为郑景康敬献的花圈

◉问　当时具体送了哪些照片、哪些东西到澳门博物馆呢？

◉朱　好像送了一大堆。我这个人大大咧咧的，他们只给了我们一张捐献证书，我们也没有要清单。

◉问　大概是些什么东西呢？

◉朱　主要是照片，还有一些小玩意。我现在也记不清楚了，反正都是纪念郑景康的东西。最主要的是他照的相，包括郭沫若的、于蓝的、齐白石的、徐悲鸿的，还有林彪的，都是郑景康拍的当时的名人相片，我都给了澳门博物馆。

◉问　郑景康过世后究竟留下了多少张照片呢？

◉朱　基本都没有留下来，都烧了！哎，一讲到这个事情，克鲁就说我"不该帮叔公烧"。

2009 年 12 月 11 日—2010 年 3 月 21 日，澳门历史文化博物馆举办"红色岁月·郑景康摄影展"

经过是这样的："文化大革命"时期，叔公被下放到车间里洗照片，工作很辛苦。后来还被批斗。我跟叔公是一个单位的，我在台下看着只有哭，也不知道该怎么办。

回来了以后，他就跟我商量，他说："能不能帮我做件事？"

我说："叔公，做什么事？"

那时候，叔公所有的照片作品、底片都在一个大铁箱里面，他说："白天烧东西别人看不见。"于是我们就躲在阳台上把阳台门反锁了，开始烧照片。

当时，克鲁在外面敲阳台门，一直说："不要烧、不要烧，这些都是宝贝啊。"

叔公就对我说："不能开门。就你对我好。"

我对叔公说："叔公，我帮你，你对我那么好，我听你的。"就这样，把这些照片全烧掉了。

现在看来那时候我们烧的这些照片有多珍贵，因为叔公当时拍的好多照片连新华社都没有保存底片。

后来，老舍平反了，他的大女儿到新华社去要一张标准像，都没有找到。于是，新华社的负责同志对她说："仓库里真的没有你爸爸的标准像，也没有任何东西，说不定还有一个人家里保存有，那就是郑景康。虽然郑景康走了，但是他的侄孙、侄媳还在。"

他们那个时候并不知道我们早就烧掉了。当老舍大女儿来找我们，说想要他爸爸的照片，让我们一定要给他们时，我说："原来是有的，但是都烧掉了。"

我也很为难，是叔公要烧，我只是帮叔公。叔公当时说得很清楚，要是我不帮他，他把阳台门开了往下跳。

◉问　是的，确实很为难。烧掉的就是历史，很多历史的东西用钱买不到。

◉朱　是的，现在用钱都买不到。因为叔公是做人像摄影的，他当时拍了很多名人，很多照片都很有名。其中就有一件事，郑景康给徐悲鸿拍了一张照片，徐悲鸿认为拍得特别好，感激他就送他一幅飞马，上面还题字写着"景康兄留念"。徐悲鸿画的马很珍贵，飞马更难得。但是被抄走了，就这么永远没有了。

郑景康一直对此耿耿于怀，还去找了领导，说："我的飞马没了，我的飞马没了。该找谁去？"但回复已找不到了。

还有斯诺送给叔公的全套老式照相机，也给抄走了。这些都很珍贵，也很有纪念价值，但是都没了。我们现在保存的东西很少，很多珍贵的东西都给破坏或失踪了。

⦿问　这样子的话，郑景康生命的最后 10 年还是蛮痛苦的。

⦿朱　那是当然了。

⦿问　郑景康在这期间，被关在哪里？回来又住在哪里呢？

⦿朱　那个时候我叔公在新华社，他回来的时候就住在家里的。他的房间，我们给他保存得很好。他不在，我妈妈照样给他打扫干净，我们都不去动他的房间。

当时，一共有两间房，我妈妈、我女儿、我爱人跟我 4 个人睡一间房，他 1 个人睡一间房，让他一个人过得舒服。房间本来就是他的，房子也全是他的，我们是沾他的光。所以，我们跟郑景康一起生活的十几年间，关系好得很，中间没有任何摩擦。

⦿问　那在你们跟郑景康生活的十几年时间里，他有没有跟你讲他小时候生活的经历？

⦿朱　这个他倒不怎么讲，他倒是反复给我讲去延安的经过。他说他那时在重庆，当时国民党政府和八路军的办事处都在重庆。他在重庆各地采风拍照，被周总理发现了，周总理动员他去了延安。

但是，他们郑家人一般不太讲这种事情，也不喜欢多讲。你看，克鲁也很少跟我讲话的，要不是他那一天突然跟我说有这么一个叔公，我们是永远也不会去找郑景康的。

⦿问　郑景康是因为什么病去世的呢？

◉朱　叔公是在北京医院病房里去世的，是脑梗死导致半瘫。他躺在床上有五六年时间，都是我们伺候。大家都知道我们不容易，说郑景康有后福。那时候，我们也请保姆，但是保姆哪有自己人照顾得好啊！要知道我们这么多年很不容易，很辛苦。唐山大地震的时候，叔公已经瘫了，我们把他抬出来，搭了防震棚睡的。"文化大革命"那几年，医院也住不进的，全是我们在照顾。

◉问　那他能够说话吗？

◉朱　当然能说话，其他什么毛病都没有，就是起不来了。以前，他除了带着我们出去吃饭，他也不爱玩，也不爱锻炼。他胖，爱吃鱼虾，爱吃荤，不爱动。因为他又胖又高又大，他自己又不肯锻炼，所以就一直躺在床上。我记得70岁左右就瘫痪了。

瘫痪在床期间，他老夸我妈妈劳动人民品质好，他不喜欢保姆，老是骂保姆。因为我们都上班，那时候也没录像什么的，我们就说不会吧。

有的时候，我们也问保姆："他老说你不好。"

她说："他无缘无故骂我，脾气不好，我都不想做了，你给我再多钱我也不想做了。"

◉问　郑景康去世的时候，大概跟你们说了什么吗？

◉朱　没有。郑景康走的时候很突然，因为一直都是比较正常的生活，没有留下遗言。我们把叔公送到医院，他在病房里住了十来天，治疗不了而病故了。脑梗病人是说走就走的。

很遗憾，叔公离开了我们，也没留下什么遗言。

◉问　郑景康有没有留下来一些家传的东西呢？

◉朱　有倒是有，就是全家的合照，现在都在澳门博物馆。我听叔公亲口讲过，他的妈妈是六夫人，因为她信佛，所以住在上海的清凉寺。后来，她身体不好了，她就说："你们要拿走什么东西都可以，但这个沙发不行，沙发一定要给我亲儿子。"

于是，寺庙里伺候她的一个丫鬟，就赶紧来通知郑景康。那时候她知道他在北京，她说："你妈妈不行了，你赶紧回来取她要给你的东西，一个破沙发，估计里边都是珍珠宝贝。"

她叫郑景康赶紧去拿，结果郑景康对她说："共产党员不要遗产。"

叔公告诉我，那时候要跟官僚资产阶级划清界限。他又是延安过来的，所以他说"不要"。这些都是郑景康亲口告诉我的。

后来，他说："我没回去，但我估计沙发里边都是珍珠宝贝。要不然，留一个破沙发给我干吗。"

我就问："那你现在后悔吗？"

"后悔也没用了，"他说，"当初我就是这样做的。"

◉问　您和郑老师的妈妈在一起生活过没有？

◉朱　自从 1987 年我和克鲁从武汉调回上海，就跟他妈妈一起生活了。我婆婆是信教的，很虔诚，吃饭前还要祷告。后来，上海基督教跟天主教联合办了一个敬老院，因为她是教民，所以她就搬进敬老院了。大概 1998 年的时候她就进了敬老院，她生命最后的七八年时间都是在敬老院度过的。澳门文化局曾派人到敬老院去采访过她，所以澳门博物馆应该有关于我婆婆的文字资料和采访录像。我婆婆是大美女。

郑克鲁母亲蔡兆珍和姐姐郑克勤

当时，我婆婆自己有房子，是两室一厅。她把自己的房子卖掉，卖了 20 多万，然后全放在敬老院。她是厂校老师，退休之后也有退休金，当时那个养老院的费用也不高，好像每个月三四千块钱，她的退休金都不止三四千。要是存在敬老院的钱不够用了，她还有退休金可支付。其实，钱也都用不完。后来，她过世了，我们 4 个子女每家还分到了一两万。之前，郑老师的爸爸是在海关工作的，虽然 50 岁就走了，但是他们家的条件一直都是很好的。

◉问 那请您给我们详细介绍一下郑老师的妈妈。

◉朱 克鲁的妈妈叫蔡兆珍，上过大学，也是出自书香门第。克鲁的外公好厉害的，有外国护照，好像在美国的公司里工作，所以克鲁的妈妈手里有克鲁外公在汇丰银行的账号。以前，这个账本是可以领抚恤金的，由美国人发抚恤金，原本是发给克鲁外婆的。克鲁外婆离开人世之后，因为我婆婆是大女儿，家里也没有儿子，就给到她手里了。这个账本我是看到过的，以前哪知道这些是有纪念意义的东西，后来又领不到钱了，所以要它干吗？反正早就过时了，也不可能领到钱的，丢了、送了都无关紧要了。

◉问 郑老师的妈妈有给您讲过郑家的故事吗？

◉朱 其实，他们家都不太讲家族里的事情。只是，她有时跟我讲笑话，说："克鲁4岁以前是不开口的，我们还以为他要哑巴了。"当时，他们每个孩子都有奶妈照顾。她说："克鲁跟他奶妈都不讲话，克鲁在4岁之前都不说话，家里还担心他是哑巴。后来才知道他会说话，不是哑巴，只是到后来大一点才

郑克鲁姐弟

说话。"

还有，克鲁的爸爸荡秋千掉下来的事情，也是我婆婆给我讲的。因为克鲁不太喜欢讲话，这些事情都是他妈妈告诉我的。

她说克鲁小的时候不声不响，只知道看书，应该是在初中之前就把名著都看了。他就喜欢看书，看着看着就变成近视眼了。中外小说他都看，最喜欢的是俄国文学，他喜欢俄国名著。那时候他本来是要考俄语系的，但是他考的那年北大俄文不招生，所以就念了法语。克鲁自己也老跟人家说，他本来要考俄语的，但是北大那一年俄国文学不招生，大概那时候中苏关系不好了，所以他就念了法语专业。真是阴差阳错。

◉问　刚才讲到了郑老师的妈妈，那您对郑老师的爸爸有印象吗？

◉朱　克鲁的爸爸原本是在海关工作的，中华人民共和国成立后就转到上海外国语大学图书馆工作，任馆长。

◉问　那您跟他打过交道吗？

◉朱　你说巧不巧，我大学读的是上海外国语大学，克鲁的爸爸刚好跟我大学是一个单位，克鲁的叔公郑景康又跟我工作是一个单位。所以说，我这个人好像跟郑家有缘。念书的时候，学生总是要到图书馆看书的，有时也会到图书馆劳动，所以我在上大学期间是认识克鲁爸爸的。克鲁的性格跟他爸爸完全一样，都是不争不抢的，克鲁的爸爸是一个很好的馆长。

●问 您当时也没想到他会成为您的公公，是吧？

⊙朱 是呀，这完全没想到。因为我和克鲁结婚，并不是他爸爸介绍的。我念书的时候虽然知道图书馆馆长是谁，但是跟他是基本上不认识的。

●问 除了不爱讲话，您对郑老师的爸爸的总体印象是什么？

在上海外国语大学学习时的朱碧恒

⊙朱 克鲁的爸爸是一个不太爱讲话、很老实的人。我们去图书馆劳动的时候，会去帮忙整理图书，就是他指挥我们怎么整理，他都很有耐心。我们去图书馆劳动的时候都是他给我们分配工作的，这么说起来我跟克鲁的爸爸倒是蛮熟的。在所有的儿媳妇中，就只有我跟他爸爸有缘在一起工作过。

●问 对，因为你们是长子长孙，郑老师的爸爸是长孙，然后郑老师又是这一房的长重孙。所以按例来讲全是第一个。据我们所知，郑景康还有一个姐姐叫郑慧娟，您知道她的情况吗？

⊙朱 叔公给我讲过，说他的姐姐一直在美国。

◉**问**　郑景康还有一个妹妹叫郑妙庸，您知道她的情况吗？

◉**朱**　叔公也给我讲过，说找不到他这个妹妹了，不知道是在美国还是在中国，都搞不清楚了。战争年代，找不到人的情况太多了，很普遍。我也无缘见她。叔公郑景康也是因为我和他一起在新华社工作才能找到的，要不然也找不到。

郑观应长女郑慧娟　　　　　郑观应幺女郑妙庸

◉**问**　郑景康还有个哥哥叫郑润燊，您知道他的情况吗？

◉**朱**　你说的就是郑景康的四哥吧？算下来，郑景康排行老五，所以我们叫他五叔公。但是，叔公郑景康和克鲁跟他们这一房没有往来。

◉**问**　那你们现在跟老二郑润潮那边有没有联系呢？

◉**朱**　老二走得很早，老二的老婆倒是走得比较晚。我婆婆叫她二伯娘，是老二这边的。

◉**问** 如果你的婆婆叫二伯娘的话，应该就是郑老师祖父的弟媳妇，老二的老婆。

⊙**朱** 是的。

◉**问** 那他们这房人也是生活在上海吗？

⊙**朱** 应该在上海，但是我们这一代基本都不来往，真搞不清楚了。但是我婆婆叫她二伯娘的，这我倒是看见过。有一次，我们夫妻俩从北京回来探亲，还看到过她，觉得这个人挺好的。我记得我们俩结婚的时候，她还送了我们一个礼物，好像是一个 8 瓦的台灯。我婆婆肯定跟他们有来往，关系还蛮好的，但是我们这一代就不怎么来往了。

◉**问** 郑老师有没有兄弟姐妹呢？

⊙**朱** 他们一共 4 兄妹，就是郑克勤、郑克鲁、郑克重、郑克用。其中 3 个兄弟在上海，姐姐郑克勤在武汉。他们 4 兄妹关系很好，4 兄妹中就克鲁一个人去年走了。以前过年过节，我们都一起到敬老院去看妈妈的。

早些时候，我和克鲁在北京，姐姐在武汉，郑克用在山东，郑克重留在上海照顾妈妈。但是，后来郑克重住到他丈母娘家里，我婆婆又没有人照顾了。那时候刚好有一个政策，如果老人没有人照顾，可以调回来一个子女。于是，就申请把在山东的郑克用夫妇调回上海照顾我婆婆。他们刚回来时，是跟我婆婆住在一起的。但是，后来他们分到房子也搬走了。以前，虽然姐姐在武汉，但是小孩放在上海，跟我婆婆住在一起。后来，姐姐的孩子大了也到武汉去了。

克鲁因为人才引进也调到了上海，上海师大给我们分了

郑克鲁姐弟三人

一套三室一厅的房子，婆婆也跟我们住过一段时间。后来，婆婆说要去住敬老院，她说两个教会联合办的敬老院特别好，每个礼拜可以做礼拜。我们也去看了那家敬老院，发现确实还不错，而且我婆婆又自愿，所以婆婆就住进了敬老院。

关于婆婆的房子，她也来跟我们商量看怎么处理。郑克鲁就告诉他妈妈把房子卖掉后，钱就自己拿着，四兄妹也不要这笔钱。因为郑克鲁是儿子中的老大，所以他的决定大家都认同。

本来，我婆婆还想让我帮她管理这笔钱，她对我说："我的钱你来管好不好？"我说："不要。第一，我们条件很好，也不缺钱。第二，兄弟姐妹多，我也怕管得不好有麻烦。"克鲁知道我不愿意管钱后，也告诉他妈妈："碧恒说了不愿意管，那我也管不了。"我婆婆为此还说克鲁"你总听老婆的"。克鲁就说："这不是我听老婆的，是因为我从来不管钱，我的钱也都是她在管。如果她不管，我要科研写作教学翻译，无心思管钱的。"那我婆婆就问："那我的钱交给谁管好呢？"我和克鲁就建议交给郑克用管理，于是我婆婆就把大家召集在一起，宣布由郑克用管理她的这一笔房款。虽然现在二十几万不算多，但是在那个时候二十几万也算是一大笔钱。这笔钱就一直由郑克用管理，一直到妈妈去世。

婆婆的房子卖掉后，又涉及婆婆户口迁移的问题。当时，姐姐在武汉，郑克重住在丈母娘家，郑克用又说不方便，最后就把婆婆的户口迁到我们的户口本上了。所以，婆婆的户口就一直在我们这里。

在婆婆进敬老院前，我和克鲁经常去陪她。有的时候，几兄妹在婆婆家大聚会后，我们夫妻也经常留下来陪我婆婆住几天。所以，我们夫妻跟妈妈的关系一直是最好的。

妈妈在敬老院去世以后，敬老院的东西也是我去处理的。我去敬老院整理了妈妈留下的遗物，其中就有一些照片，感觉放在家也不是长久之计，就跟克鲁商量把这些东西和我们所保存的叔公的东西一起捐给了澳门。其实郑老师也很舍不得，但是他也觉得放在家里得不到很好的保管，毕竟我们的女儿已经长期在国外，很少回家。他就问我捐给谁，我就说："捐给澳门。"

◉问　那你们捐过去的这些家族遗物，澳门那边是怎么处理的？展示出来了吗？

◉朱　都展示出来了。你们现在到澳门博物馆都能看到，有好多东西，你们还能看到对我婆婆的一个采访。后来，北京要出一本郑景康的摄影集子，需要好多照片。他们就来问我们，我说："原本是有的，但都捐给了澳门博物馆。"于是他们就到澳门博物馆去借。澳门博物馆办事很严谨，说："虽然他们把照片赠送给我们了，但是这拍照片的主人还不是我们，你们需要找主人签一个同意出借的书面说明。"所以，他们又到上海来找克鲁签字，才去澳门博物馆借这批照片。这本书顺利出版后，还送给了我们一本。这本书大概还在我家，我到时候也给你们好了。我慢慢地整理齐了，就送给你们。

◉问　好的，三乡雍陌村也需要这方面的资料。您送给我们之后，我们用完了，就转交给三乡雍陌村。

◎朱　好的，我整理好之后再送给你们。

◉问　我们还想问一下，郑老师的爸爸还有一个弟弟的，那就是郑老师还有一个叔叔，是吗？

◎朱　是的，我公公有一个弟弟，叫郑世铨。但是我没有见过，我婆婆见过，据说在香港。当时，我公公郑世雄带着全家回上海了，但是他们留在了澳门，又从澳门去了香港，后来就一直待在香港。

我婆婆跟他们家还是有联系的。我记得，在内地困难时期，好多人吃不饱饭，他们家还从香港给我婆婆寄猪油。那时候内地很苦，都没有东西吃，在香港有亲戚的就会给内地亲戚寄吃的。他们家也给我婆婆寄猪油，就是那种一听装的猪油，方方的。

◉**问** 那您知道郑世铨他们的一些事情吗？

⊙**朱** 我没见过郑世铨，但是我听婆婆说他老婆是赌鬼，就是她把澳门大院给赌掉的。我婆婆说，澳门大院的地契本来是在我婆婆手上的，因为她是大儿媳。后来要回上海，他们觉得战争年代把这个地契放在身上不安全，于是就把这个地契给了弟媳妇，让她好好保存。结果，她赌输了就把房子卖掉了一半。后来，剩下的澳门大院这一部分也都被卖掉了。

◉**问** 那就是说，您婆婆在澳门郑家大院也是住过一段时间的？

⊙**朱** 不是住过一段时间，在他们离开澳门之前全家都住在澳门郑家大院。不要说我婆婆这一代，克鲁都还是出生在大院里的，5岁之前也都是在里边生活长大的。现在，郑克鲁跟他姐姐在郑家大院还留下一张照片，两个人坐在台阶上。这张照片很珍贵，应该也捐给了澳门博物馆，去澳门博物馆应该可以看到。

◉**问** 郑老师也是在澳门出生的是吗？

⊙**朱** 是的，克鲁的籍贯是澳门。我记得我女儿去给我们办理移民，我们还专门到澳门去办理克鲁的出身公证，因为在户口本上克鲁的户籍是属于澳门的，那时候在家里出生，没有出生证。郑克勤跟郑克鲁两人都是在澳门出生的，郑克鲁离开澳门时5岁，姐姐离开澳门时6岁。

◉**问** 你和郑老师跟郑世铨家族有联系吗？

郑克鲁和郑克勤在郑家大屋

◉**朱**　郑世铨有一个儿子叫郑励文，跟郑克鲁是堂兄弟，同辈的。他们一直生活在香港，改革开放以后也经常回来看我们，他们也回去过中山。我们关系很好，他们叫我"家嫂"，叫郑克鲁"大哥"，包括我女儿出国他们还帮过忙。他们夫妻俩没有孩子，是丁克，他们很喜欢我女儿，还开玩笑说要让我女儿做干女儿。他们有时候到外国去也碰上，虽然没有正式认，但他们很喜欢我女儿。

◉**问**　他们自己没有子女，你们的女儿是他们的侄女，也算是他们的后人，关系自然是很亲的。那他们在香港是做什么的呢？

◉**朱**　他很厉害的，是香港督察，听说退休以后还在汇丰银行办公。他很有钱，也很有权。他的妻子叫方海伦，听我婆婆讲好像是广西一个军阀的女儿，这个就不清楚是真的假的，反正方海伦是广西人应该可以确定。

他妈妈把郑家大屋赌掉的时候，他还没成年，大概还没到 10 岁，跟他一点关系都没有。具体房子是怎么被赌掉的，郑励文可能比较清楚，也可能知道得不多。

◉问　你们跟郑励文家还是有很多联系的，是吧？

◉朱　我们跟他们联系是在改革开放以后，他回来看到大哥那么厉害，就很敬重克鲁。他老表扬克鲁，说"克鲁是我们家的文化人"，可能感觉自己做警察没什么学问吧。

郑励文来上海时，常常住在我家。那时候我们住在延安路，房子还蛮大的。他小时候也在上海待过，最想念上海的油条和粢饭。虽然那时候香港什么都有，但是没有油条也没有粢饭。他到我家后，就跟我说："家嫂，我就想吃这两样东西。"我就天天买这两样东西给他当早餐，他很高兴。现在香港也能买到油条了，但以前不多，不像我们上海到处都有油条。

有一次，他来看我，刚好克鲁去法国出差了，他就说去法国看他。他可以随便去任何国家，但是我们内地当时是不能随便出国的。

那时候我脑子里就想着国家太穷了，就对他说："你有办法把你大哥搞到香港去吗？"

他说："没问题，我是督察，还是有点本事的。"

答应我之后，他就到法国去看他大哥。他对克鲁说："我去上海看大嫂了，大嫂说你在法国，所以我就到法国来看你。大嫂说了要我把你搞到香港去，我也答应她了，等我回去就给你办。"

谁知道，克鲁却对他说："你别听她的，她做不了我的主，我的事情我自己做主。她又在自作主张了，我干吗要到香港去？"

那时候香港比内地好，但是克鲁说："我干吗要到香港去？我到香港去干什么？干警察？我不行的！你千万不要给我搞。"郑克鲁坚决反对，他说："我坚决不去的，你搞了我也不去的。"

过几年，克鲁从法国回来了，他也没跟我说这件事，我也不敢问他。我知道他这个人，女儿要他移民加拿大定居，他也不去，硬是把女儿花大钱为我们夫妇办的移民枫叶卡等白白浪费了。至于去香港，我就更不敢问了。

后来，郑励文又来我家了，趁克鲁不在，我就说他："你说话不算数。"

他说："家嫂，怎么了呢？我什么地方得罪你了？"

我对他说："你没得罪我，但是你说话不算数。"

他就追问我："我什么事情说话不算数了呢？"

我说："我不是要你把大哥搞到香港。"

他反问我说："大哥没告诉你吗？"

我说："没有。"我问都不敢问，因为这事是我自作主张的。

他告诉我："大哥叫我不要听你的，说我帮他搞好了他也不会去的。"

这下我才明白是怎么回事。我了解克鲁，也知道我错怪堂弟了。于是对他说："对不起，对不起。我冤枉你了，还冤枉你说话不算数。"

他说："家嫂，你确实冤枉我了。"

等他离开了，我就对郑克鲁说："我什么事情都听你的，我难得给你作一回主，你都不听，你都不答应。"

克鲁就反问我："我到香港去干什么？我能干什么？"

我说："香港又不是没有大学，到香港中文大学去好了，你可以继续当你的教授。我喜欢香港！"

他说："香港中文大学哪能跟上海的大学比？那我到那边去干什么？第一，虽然我还能讲广东话，但是已经不正宗了；第二，我现在在国内已经是老大了，很有名望，去香港从头来？"

他继续说："我才不要去香港，我挺喜欢上海的，我相信国内会越来越好的。"

他还用"弹丸之地"四个字形容香港，他说："这种弹丸之地，我可不要去。"

本来我是希望他去，然后我们一家三口就在香港了，但克鲁坚决不干。

◉问　现在，郑励文多大年纪了？

◉朱　郑励文只比克鲁小五六岁，也 70 多岁了，他们兄弟关系还蛮好的，你们到香港可以找他的。他一直在香港，没有离开过香港。

◉问　说起来，郑励文也在上海生活过一段时间，是吧？

◉朱　应该是待过的，要不然他怎么会提出要吃油条和粢饭呢？就好这一口，说明他还是有记忆的。但是具体是什么时间生活在上海，我就不知道了。

◉问　现在，我们也想请您谈谈您所了解的郑克鲁老师。

◉朱　郑老师小时候的事，我也不太清楚。但是听我婆婆说，克鲁是1939年在澳门出生的，在澳门郑家大屋待到5岁离开。因为克鲁的父亲在海关工作，经常换地方值守，先后在澳门、海口、湛江等地轮换。所以克鲁就跟随父亲先是离开澳门在香港待了几个月，后来到湛江和海南岛待了2年。然后由于父亲工作调动全家又搬到上海。他大概小学三年级时来到上海，入读上海南洋模范小学。他高中念的是华师大二附中，那是上海最好的学校，里边出很多名人的。上中学时，他最感兴趣的便是苏俄文学和法国、英国文学。

郑克鲁的北京大学毕业文凭

1957年，他考上了北京大学法语专业。他告诉我，他大概在北大第二年就开始写文章，写的是关于《红与黑》《简爱》等作品的评论文章，还得到了校领导的表扬。在北大时，由于他文字能力出色，还担任了北大校报的编辑。反正他念书的时候是非常厉害的，特别能干。他念书的时候也经历了三年自然灾害时期，被下放到十三陵去劳动。他说那边很苦，那时候也没得吃。

1962 年，他大学毕业。那一年恰好中国社会科学院文学研究所第一次招收研究生，于是他便考上社科院攻读硕士，跟随李健吾先生研究法国文学，从此开启了他的法国文学科研之路。1965 年，克鲁研究生毕业后，就留在社科院中文所工作。

◉问　您和郑老师是怎么认识的？

◉朱　这也是有一段历史的：我从上海外国语大学毕业后，被分配到新华社工作。那一年，我们整个上海外国语大学有好多人被分配到北京工作，其中被分配到新华社的有 4 人，被分配到社科院的就只有 1 人。分配到社科院去的那个人叫程静芬，她的丈夫叫徐公恃，也是很有名的。郑老师跟他们夫妻俩都在社科院中国语言文学所，那时候还没有外文所。他们年纪差不多，克鲁是 1939 年的，徐公恃是 1938 年的，程静芬是 1941 年的，基本都是刚刚从大学过来的。当时住的宿舍叫筒子楼，我同学程静芬的宿舍对面住的就是郑克鲁跟董衡巽，刚好面对面，中间就隔着走廊。程静芬在上海时跟我很要好，因为大家都是上海人，家也住得蛮近的，两家人要好得很，我们两个也是一块坐火车去北京报到的。我们当时舍不得离开上海，一路上都在哭。我这人虽然不太愿意离开上海，但是到北京以后，我还是很高兴就去新华社报到了。因为，我们学校被分配到新华社的一共有 4 个人，大家都是同学，所以也蛮开心的。只有她一个人在社科院，所以就整天哭，不吃饭。

社科院人事处处长郭霖也没办法，就问她："你老哭干什么？你怎么了？到底是有病还是怎么了？"

程静芬说："没病。"

他又问："那你到底哭什么？"

她回答说："我孤孤单单一个人怎么办？"因为跟她住在一起的舍友张静云是结过婚的，没有天天住在宿舍，所以程静芬就说自己很孤单。

郭霖也觉得她一个人蛮可怜的，就问她："那怎么办？总不能把你爸爸妈妈调过来！那你说到底怎么解决？"

她就说："让我的同学来看看我吧。"她说的那个同学就是我。

后来他们就打电话到新华社人事处，叫他们查新调来国际部的有没有一个叫朱碧恒的人。因为大家刚刚调过来，程静芬也没有我的电话，她没法直接联系到我。新华社人事处查到我了，我也是刚调过来没几天。他们对新华社人事处说："你们能不能让朱碧恒到我们单位这边来看望一下她的同学程静芬？我们这边出了这个事，太麻烦了，你们就帮帮忙，就给她半天假让她过来看望一次，要不然要出人命的。"

新华社听说这个事后，也是讲道理的，就叫我去听电话。

对方在电话里说："我叫郭霖，是社科院人事处的处长。"

我就问："找我有什么事？"

他说："程静芬是你朋友吗？"

我回答："是我好朋友。"

他说："她现在整天都在哭，饭也不吃，两天没吃饭了，你赶紧来劝劝她。"

我说："好的，不过我还得请假。"

他那边就说："假都帮你请好了，你赶紧来。"郭霖还说："你把坐车的车票留着，我们给你报。你快点坐车过来，反正不要慢慢走，赶快来。"

当时我们两个单位隔得蛮远的，我在西城，她在东城，我就坐了很久的车过去了。

见到程静芬，我说："静芬，你干吗？不吃饭干吗？"

她说："我怎么办呢？我活不下去了，我要死了。"

我问她："你怎么会死？"

她说："我一个人在这个地方，没人理我，晚上风呼呼地吹，好吓人的。"

当时，她住在朝北的房间，郑克鲁他们住在朝南的房间。我感觉她确实也蛮可怜、蛮孤单的，我就说："那今天我陪你。"刚好，当天张静云回家了，我就睡在张静云的床上。我就陪程静芬聊天，也陪她吃饭。

吃完饭了，我们俩继续聊天，我对她说："我也不可能不上班的，我也不可能老陪着你的。"

她就说："那你走了，我还是不吃饭，我就想回上海。"可是，回上海也不是容易的事，那怎么办？

后来，郭霖就跟我商量，他说："要不，我们把你调到我们单位，你跟她住这个房间，反正你也是搞外语的，我们也需要，对吧？"

我当场就说了："社科院，我懂都不懂！再说了，我到社科院干什么？"我在新华社蛮好的，而且我们有4个同学，住在一起，蛮开心的。我就说："我不来。要不，你把静芬调到我们新华社去"。

郭霖说他试试看，他就跟新华社人事处打电话。新华社那边回复说："我没有这个权，新华社调人得社里开会定的，不是你说调一个人过来就能调过来的。而且她学的是阿拉伯语，我们新华社现在还没有阿拉伯文组，调她过来干吗。"

他们又问程静芬的英文好不好，我同学回答她英文连ABCD都背不了多少，因为她大学学的是阿拉伯文，那时候念书还没有第二外语。于是新华社就回复说："调她来是不可能，要把朱碧恒调去是可以商量的。"

社科院那边看我性格很开朗，又是学英语的，他们也缺少学英语的大学毕业生，本来就很欢迎我去，但是我不肯去。如果我要去，我家里人不骂死我？好好的新华社不待，跑到社科院去，他们听都没听说过。当时，确实没几个中国老百姓知道中国社科院。郭霖也拿我没办法。

我就劝程静芬："你答应我，好好吃饭，好好在这工作。想回上海这个事是没办法的，我们只是小老百姓。既然已经来了，开弓没有回头箭，你就老老实实地，我保证每个礼拜到你这来住一天。"我们当时一个礼拜只有一天的假，我对程静芬说："就算上夜班，我也白天到你这来睡觉。"

就这样，我就经常去社科院。当时，郑克鲁就住在对面，大家低头不见抬头见，一来二去也就认识了。

当时，郑克鲁还没有朋友。之前有人给郑克鲁介绍对象，郑克鲁还说："我不要，我还不想结婚，我学问都还没搞好，我没有结婚的打算。"而且一听是介绍程静芬给她做女朋友，克鲁就说："我也不爱讲话的，让我整天陪着她哭吗？不要。"

后来，王宁仁把我介绍给他，问克鲁想不想跟我见见面。因为我们之前已经有碰过面，他就回答说："这个人我倒可以见见。这个人好像还蛮热闹的，在宿舍里老听到她讲话，我自己不爱讲话，我要找一个性格相反的人，而且这个人在新华社工作，我想可以谈谈。"

克鲁的室友老董也对他说："你是该考虑结婚了。"然后，礼拜天老董就陪克鲁过来程静芬的宿舍和我们聊天。聊了一会儿，感觉我们两个人还蛮聊得来的。以前，北京机关食堂礼拜天吃饭就只吃两顿，早上9点和下午4点各一顿。早上9点，我们四个人一块去食堂吃饭。

吃完饭以后，老董就对克鲁说："克鲁，你平时话也不多的，今天话还不少。要不，你们俩去公园玩和出去聊吧。"

我当时就说："我还要陪静芬。"

程静芬听了就说："那你去吧。"

当时，老董已经结婚了，就对静芬说："反正你也没有男朋友，我给你介绍一个人叫徐公恃，他也要找女朋友，我让徐公恃来陪你好吗？"

静芬说："反正我一个人也没意思，就让他来吧。"

但是，四个人没法一块谈朋友的吧。于是，程静芬、徐公恃两人在宿舍里聊天，我跟郑克鲁就只能出门聊天。

当时距离工作分配也已经有两三个月了，这期间我也经常过去社科院陪程静芬，所以双方还算是比较熟了。我们俩出去后也没地方可去，月坛公园就在他们单位旁边，我们就到月坛公园去。但是两个人在外面又不能待太长时间，如果待太长时间，红卫兵就会给我们口袋里塞条子，上面写着"回去抓革命促生产"，意思就是在这聊干吗，赶快回去干活。在当时，不干活是不行的。

我们俩就坐在月坛公园那边聊天，大概从 9 点多钟谈到 11 点钟，两个人倒是谈得来，蛮开心的。但是，当时天冷得要死，我们穿的衣服也不算多，又是露天，太冷了坐不下去了。

在公园里，我就对郑克鲁说："今天我们就聊到这，要不我回去了，下礼拜你来新华社吧。"

他还有点舍不得，就说："哦！回去啊？才两个小时，你就想回去了。"

我说："冷啊。太冷了，受不了。"

郑克鲁很好说话的，他听我这么说，就说："好吧，那我送你回去吧。"

我就问他："你不冷吗？你还不想回去？"

他说："冷倒是也冷，但是我倒挺喜欢跟你聊天的。"

当时，我们俩聊天从来不会聊家庭的，我不去问他家庭怎么样，他也不问我家庭怎么样。我们不知道聊什么，就是聊得来，两人聊得挺开心的。我聊新华社的工作，他聊他的工作，我还挺爱听，他也挺爱听。

听他说"舍不得离开"，我突然想起来一个地方，我就对他说："今天是我们俩第一次约会，我突然想起来一个地方，你想不想去，你肯不肯去？"

他说："你说说看什么地方？"

我就说："我在北京有一个亲舅舅，可以去我舅舅家。"我舅舅虽然也是无锡人，但是舅舅、舅妈、表哥、表嫂以及表弟、表妹全家都在北京。因为我表哥是上海立新会计毕业的，分配到北京煤矿设计院，在门头沟工作。他觉得门头沟那个地方可以，就把全家人从无锡接过来了，在北京有好几年了。

我说："我舅舅家在门头沟，门头沟很远的，但是他们家是有地方的。"因为我们家之前在上海时开一家小店，曾经支持表哥、表弟、表妹念书念大学，所以舅舅、舅妈很感激我们家。我来北京后，他们也经常要我去他们家吃饭、住和玩。但是门头沟太远了，我去舅舅家得穿越大半个北京城，去那起码得 2 个小时，要换好多车，所以我也去得很少。

于是，我就对克鲁说："我也有好久没去舅舅家了，要不你跟我到我舅舅家去？你放心，我舅舅家暖和得很，家里挺好的，而且吃饭什么的都没问题。"

我问他肯不肯去，这位老兄一口就答应了："去啊。是你舅舅家，我就跟你去。还可以不挨冻，安心聊天。"

去之前，我们先去买了些点心、水果。到舅舅家都下午 2 点多了，舅舅、舅妈他们也刚好午休起床。

一见到我，表哥就说："你终于来了，你再不来我都要专门去接你了。"

我就说："哎呀，太远了，来一次累死了。就算晚上住在你这，第二天一早得多早回去啊，所以来不了。而且，我有夜班，我怎么来嘛？"当时，我舅舅他们还在埋怨我来得少，我表哥也在埋怨我，一看到我后面还有个人，就不讲话了，很尴尬。我就说他们："你们还没等我说话，就一大堆的话。"我在他们那边是很娇气的，因为我还小。我就直接给他们介绍："这是我男朋友。"

他们很吃惊："你交男朋友了？你什么时候交的？"

我就骗他们说："老早就交了"。

他们说："老早就交了？那你怎么不告诉我们呢？你妈妈知道吗？"

我就对我舅舅说我连妈妈都没讲："没有！保密！"。

他们又问："那你今天怎么想到我们这来了？"

我想我总不能说我冷，没地方待吧。我就说："你毕竟是舅舅，又在北京，我就先告诉你，让你先帮我参谋参谋。要是你觉得还可以，我再去告诉我爸妈。"

我舅舅就说："外甥女，你做得对，就是要让舅舅先你看看。"舅妈、表哥都说会帮我出谋划策。

他们很热情，对郑克鲁好得不得了。大家都不富裕，但他们马上去买菜做饭，准备晚饭。他们还把表哥、表嫂的房间空出来，让表哥、表嫂带孩子出去玩，让我们俩在他们房间谈恋爱。我们俩就到表哥、表嫂房间，房间里炉火烧得旺旺的，好暖和，两个人在房间里一边聊天一边吃花生瓜子和喝茶，很开心。

克鲁当时还说："天堂！天堂！"

我说："什么天堂！但这倒是个不错的地方，以后可以每周来。"

我俩一直谈到他们敲门叫我们吃晚饭，我们一看时间都7点了，我还说："舅舅，你们今天怎么这么晚才吃饭？"因为，平时我到他们家，吃晚饭还没这么晚的。

舅舅就说："还不是看你们俩在房间里一直没出来，我们也不好意思打扰，大家都等着你们。后来，一看时间都到7点了，你们总不能不吃晚饭，对吧？"

舅舅他们为我们准备的晚饭可丰盛了，克鲁还说："我到北京来这么久，还第一次这么享受呢！"因为，当时他也只是个穷秀才，没多少钱，工资才62元，我56元，也只比我多6块。当时，大家也都蛮节约的，极少到外面去吃饭。所以，他那天就挺高兴。吃完饭以后，我表弟还跟他下棋，他高兴极了。

我们俩就在那边待到很晚了，大概九十点钟了。我表哥说："没车了，那怎么办？"

我表嫂人很好的，她说："太晚了，坐车不保险。万一中间接驳的车子收班了，接不上，那么晚了回不了城不安全。你们又不能去住旅馆，因为两个人还不是夫妻。你俩没有结婚证，旅馆也不能给你们开一间房。"于是，表哥、表嫂就让我们住在他们家，让我跟表嫂睡，郑克鲁跟表弟睡，表哥睡舅舅、舅妈房间里。

刚好，我第二天是上夜班，而克鲁在社科院也不需要坐班，就不用一大早起床。第二天是礼拜一，我表弟上学去了，表哥、表嫂上班去了，就只剩我们俩。我俩就睡懒觉，睡到大概九十点钟才起来。我舅舅、舅妈特别好，也不叫我们，让我们继续睡，等我们起床后马上做饭给我们吃。吃完这个算是早中饭吧，我们就告辞回去了，反正吃得早回到单位也正好不影响吃晚饭。克鲁一直把我送到新华社，他才回社科院。这就是我跟郑老师的第一次约会，很有意思的。

后来，我们谈恋爱总是没地方去。如果每个礼拜都到门头沟也受不了，因为实在是太远了，那时候又没有地铁。其实，克鲁已经在心里认定就是我了，我也觉得他不错。

有一次，我们两个人想见面又没地方去，我们俩就又到门头沟去了。当时，我们在我表嫂的房间里面聊天，我就问他："你敢不敢跟我结婚，你到底要不要我？你结婚的对象是不是我？"

他回答："我绝对定了，就是你。我不会再去跟别的人谈恋爱的。我就不知道你是不是把我也看成你的结婚对象了？"

我告诉他："我喜欢一个人的话，是不会变的。要是你敢的话，那我们俩结婚就是了，管它才认识一个月两个月的。"

我还问克鲁："你怕别人这样说吗？"

他说："不怕。"

我说："你不怕，我也不怕。我怕什么，我这个人从来都不怕。"于是，社科院的人都知道，我们俩才谈恋爱 1 个月就回家结婚去了。

我对克鲁说："你赶紧给我们家写一封信，把你的情况给我爸爸妈妈讲，然后看我爸爸妈妈同意不同意，我爸爸妈妈妈也知道你这个人了，因为我舅舅肯定告诉他们了。"

后来，他就给我爸爸妈妈写了一封信，他的文笔很好的。我爸爸妈妈看了这封信以后，说克鲁这个人真的太好了，我妹妹她们看了也说他棒、很好，我舅舅、舅妈、表哥、表嫂也都说他这个人好，说："表妹跟他在一起，绝对不会被抛弃的。"而且克鲁长得一表人才，又是社科院的，又是研究生，他们还挑什么嘛。所以，我家就同意了。

他们家很重视，他妈妈专门坐飞机来看我们，那时候坐飞机很贵的。见面后，他妈妈对我也很满意，觉得我很好。

当时，正好快过春节了，他妈妈就对我说："要不，你们就春节跟我回去结婚吧？你就住在我家好了，我们家有房子，没关系的。"

我说："结婚之前，我住你们家干吗，我自己也有家的。虽然我们家破烂可能比不上你们家，但是我结婚前不会住你们家的。"

她说："随你随你。"于是，我们3个人就一块回上海了。

他妈妈对我们很好，在北京就给我们添东西，给我们买大衣什么的，因为他们家还是有点钱的。我以前不知道，他也不问我，我也不问他的。后来，我们回到上海了。我觉得他妈妈对我们真的挺好，我当时就跟克鲁说："你妈真好。我们才刚刚认识，她怎么对我那么好？"

克鲁说："你是我看上的人，我妈妈一定会对你好的，而且你是她的大儿媳妇，她怎么会对你不好？"

我回到自己家以后，我妈就说我们两家父母见个面。因为，克鲁的爸爸当时已经过世了，所以我爸妈就跟克鲁妈妈三个人见了面。大家见了面也谈得来，就定了春节的时候结婚。当时，我们已经在北京登记好了，所以春节就直接回家结婚了。我们就是这样认识、谈恋爱和结婚的。

我和克鲁的朋友王守仁看我们俩才谈了 1 个月的恋爱就结婚了，就说："不得了，胆子真大。"但是，我们结婚至今已经有 55 年了，都没有吵过架。有的人谈了两三年恋爱才结婚，到最后还离婚了。我们才谈 1 个月恋爱就结婚，那个时候你谈恋爱没地方去，人家会给你口袋里塞条子，让我们"回去抓革命促生产"。

◉ 问　那个时候，郑老师哪一点最打动您？

◉ 朱　第一是有才，第二是脾气好，我就看中他这两点。

我们俩结婚后，我还问他："程静芬长得蛮漂亮的，我长得又不漂亮，也没什么特点，你为什么不要她要我呢？"

他说："她哭不拉几的，太软弱了，没劲，我不想找一个要我照顾她一辈子的人。而且，我看你很风趣，就很好。"所以，他看中我人很风趣，人也挺好，没有什么心眼。然后还有一点，我是在新华社工作的，他说他很崇拜能到新华社工作的人。

我们两个人就是谈得来才结婚的，当时真的不像现在这么功利，结婚前要考虑那么多。比如，你们家有钱吗？给我准备什么房子什么的，都没考虑。我们只知道我们俩谈得来，我们俩彼此喜欢，他离不开我、我离不开他。真的很怪，感觉是上天给我们牵了线。

我脑子里从没有考虑过他家是穷还是富，他家怎么样，什么都没了解，只知道我喜欢他、他喜欢我。我俩才谈恋爱1个月，两个人爱得要死要活的。

社科院的老董都没法理解，说："郑克鲁这么一表人才，那么有学问有才气，怎么会要这样一个傻乎乎的、老是哇啦哇啦地大声说话的女的？"克鲁长得又帅，大家都知道他家是书香门第。当时，社科院有好多人喜欢他的，心理所有一个女孩子可喜欢克鲁了，克鲁却对她说"我还不想谈恋爱"。但是，克鲁对我是一门心思的好。

后来，克鲁到武大后，一个外教也看上他，一定要嫁给他。她还对我说："我们公平竞争。"

我告诉她："你懂什么叫公平竞争？公平竞争是两个人同时交一个朋友，但是我跟他都有孩子了，你还跟我公平竞争，你这是破坏婚姻。""而且这种事你应该去跟我爱人说，不要跟我说，我随便他。要是他跟我提出离婚，我没话讲。要是我爱人提出不要我了，我放手。我爱他，我就让他自由，我为什么要把他拖死？他要是真的对你有感情了，我跟他在一起也不见得会开心。"

那个外教说："我问过他了，他不肯，所以我来找你谈。"后来，我对那个外教说："你不要乱找了，像郑克鲁这样的美男子，武大多的是。我在外事处工作，所有院系老师我都很熟，我帮你留心介绍一个，你要不要？"

她说："要。"

我就给她介绍了一位很优秀的小伙子，而且他是新华社湖北分社社长的儿子，这个事情武大都知道。后来，他们俩结婚了。

当时的武大校长刘道玉也支持，还表扬我说："你还蛮有本事的，还能给外教介绍对象。"

我说："她要我的郑老师，那我怎么办？我总得让她死心。"

克鲁也受不了她，他当时是系主任，这个外教就老是爱找理由向系主任汇报工作，老是打着这个名头去接近他，克鲁也不胜其烦。

◉问　郑老师的工作习惯是怎样的呢？

◉朱　克鲁早晨起来洗漱完就开始工作了。他要是写文章是绝对不能打扰他的，因为写文章是需要思考的，他就坐在那不声不响地构思；要是他搞翻译，吃完早饭以后稍微休息一下，他就开始翻译了。一般，他会上午连续翻译2个小时，基本上不休息，2个小时后他就要休息了。他一般都在办公室工作，休息的话就到下面院子里散步、做操之类。要是上来的时候晚了，他也不干了，就去吃饭了。要是饭前还有1个小时，他就继续翻译。有时候上午可以做3个小时，有时候只做2个小时，取决于他起得早还是起得晚。他要是起得早，比方说六七点钟就起来了，那么到8点就可以开工了；他要是起得晚，有时候睡会儿懒觉，七八点钟才起来，那么上午只能工作2个小时，然后就吃午饭了。

吃好午饭以后，他会在办公室的长沙发上休息，我给他备了毯子，他中午可以睡1个多小时。他这人吃得下睡得着，晚上睡觉时碰到枕头，如果我不跟他聊天，他也就慢慢地睡着了；如果我跟他聊一会，他也会说我要睡了，他的生活是很规律的。

下午也是这样的，就干 2 个小时休息 1 个小时。上了年纪以后，晚上他基本不干活。以前晚上也工作，那时候年轻，都是夜猫子。他那时候还在社科院工作，和老董他们一样会工作到晚上十一二点，第二天就会晚一点起来，因为在社科院上班不用坐班。后来调到上海，作息蛮规律的，因为白天还要上课，不像在社科院那样白天不用坐班。而且，我们后来住在学校外面，每天来回赶也蛮累的。所以，晚上一般都不干活。他也不爱看电视，有时候会看看新闻。他觉得无聊了，就去睡觉了。

他自己也说过："研究生毕业之后从事研究工作，研究之外，除了吃饭睡觉就是翻译，这已经成为我生活中必不可少的一部分。"对他来说，翻译是一种"爱的劳作"，是余生唯一的兴趣，也是灵魂的终极归属。

生活事务都是我在打理，他不管家里的，我也不要他管。他还跟我开玩笑："你叫我干 1 个小时家务，其实你是不划算的，我这 1 个小时给你挣的钱，你可以请 10 个小时的钟点工。"

他还会跟我开玩笑："你怎么都不叫我晚上早点休息的？"

我就说："我叫你，你也不会听我的。而且那个时候我在新华社上夜班，我也不知道你这个情况，对吧？"

有一次出差时，一位厦门大学的老师跟我们同住一个软卧车厢，他看到我对克鲁可好了。虽然克鲁是男的，但是我让他住下铺，我住上铺，我对他说："我轻巧，你就不要爬上爬下的。"这位厦门大学教授就对他说："郑老师，朱老师对你真好，真是体贴入微。"

他没起来的时候，我也不会去叫他，我就等他，等他醒了再陪他去餐桌吃早饭。反正吃饭我总归是陪着他，都听他的，他什么时候去吃我都等他。

克鲁开玩笑说："她是对我好，因为我是她的摇钱树。一摇，钱来了。一摇，钱来了。"

后来我就跟他开玩笑说："你不要这么说，好像我就是为了你能赚钱我才对你好的。"

他说："开玩笑，开玩笑。'文化大革命'中说我是黑笔杆子把我关起来，你还对我说要陪我一起去坐牢呢。"

◉问　"郑老师被关起来了？"这是怎么回事呢？发生在什么时间？请您给我们讲讲。

◉朱　那还是"五·一六事件"时期，对他影响很大的，他当时被关了有1个月之久，差一点就想死了。

他说："我受不了。"

我对他说："你不能死，你有老婆有女儿，你怎么能死。你死了，我也去死。"

他也只能说："好，不死、不死。"

后来他还是挺过来了。

◉问　听说你们夫妻有一个下放的经历，是吧？

◉朱　是的。当时我是被下放在北京的郊区房山，他被下放在河南信阳。关于社科院下放的情况，你可以看杨绛写的《我们仨》，那里边写得可详细了。他们在那边很可怜的，几个月都吃不到肉。

下放的时间大概有 2 年吧，我也不记得了。他们社科院是连锅端、全下去，钱钟书跟杨绛都被下放了。当时像郑老师这种年轻人可苦了，干的都是和泥盖房那种最苦最累的活。我下放时倒还好，我当时是被分配在养猪班，虽然稍微脏一点，但是不用下田干活，人家还跟我开玩笑说我是"卫生猪倌"。

◉问　听说，你们在下放时还相互勉励背字典、背外文版的《毛主席语录》，是吗？

◉朱　当时我们两个人被下放在不同地方，他在通信中就鼓励我，让我和他一起背字典、背外文版语录，他背法文字典、背法文版的《毛主席语录》，让我背英文字典和英文版《毛主席语录》。

他说："我们俩共勉。我们把字典反反复复地背出来，等下放结束，我们的外文水平会大大提高。"

我给他回信："好的，我听你的。"

后来，下放结束了，我们俩都回到了北京。我问他："你真的背字典了？"

他说："当然了，我来来回回都背了两三遍了。"他能从 A 背到 Z 的，他一遍又一遍反反复复地背，所以，他的词汇量多得不得了。我最多背到 ABC 就背不下去了，这个是要有毅力的。就是搁到现在，能背字典、能把字典背完的人也不多。

◉问　是的，背字典虽然很枯燥但很扎实。朱老师，那也请您给我们讲讲郑克鲁老师的翻译工作。

◉**朱**　首先，他翻译很挑作品，如果不是一流作品，他不会去翻译。在克鲁数量庞大的翻译作品中，一流文学作品占绝大多数，超过 2000 万字。他说过："我的翻译观念从一开始想挑选还未曾译过的好作品，逐渐发展到翻译有广泛读者的作品，然后又发展到主要翻译第一流作品。"他完成了雨果小说全集的翻译，但是他就不翻译大仲马的作品，他说大仲马的作品很通俗，并不难翻译，他觉得不算一流作品，就不打算翻译。

他选择的都是难度比较高的，因为一流作品往往很难翻译。他翻译《第二性》，法文原版就长达 1071 页，译成汉字约有 70 万字，而且涉及生物学、精神分析学、哲学、历史学、人类学、宗教、心理学、文学、法律、社会学等众多学科，特别是第一卷有"很多的理论词汇"，专门术语充满了艰深，所以，这对克鲁来说，也是一次挑战和考验，他用了整整 2 年时间才译完全书。

这本书是很难懂的，没有人敢翻译法文原著。他像啃硬骨头一样硬是把它啃下来了。目前，他所翻译的《第二性》还是目前国内唯一一本法译中全译本。他就是刻苦地钻研，现在国内没有第二本能超过他的，也没有人敢翻。其他人都是转译的，从英文版转翻过来，那就简单多了，毕竟人家已经消化过一遍了。而且那个英文译本被英文译者自行删去了15% 的内容，且有多处错译，不尽如人意。所以，克鲁根据波伏瓦《第二性》的法文原版翻译的中文本还得奖了，获得了 2012 年傅雷翻译出版奖。法国人也很重视这本书的中文翻译工作，他们也承认和肯定了克鲁翻译的这本《第二性》。

郑克鲁凭借翻译的《第二性》获 2012 年傅雷翻译出版奖

有一位教授还说："作为一个女同志，要是已经到了教授级别了，她应该看这本书。如果连这本书都没看过的，她不配称教授。"但是确实很难阅读，我现在在看，我要认真看完这本书。

当时，克鲁也推荐我读这本书。我说："那么难懂又不好看。"

他说："可以提高知识。"他老鼓励我，前面我就提到，下放时他还写信勉励我和他一起背字典和背外文版《毛主席语录》。他是真的舍得下功夫。

其次，克鲁把作品翻译完了，不会马上交出去，他还会自己读下来录音，录好了以后就放出来听。如果听着不顺口，他就马上把原文拿出来，仔细核对更改，要达到"信达雅"才行，所以他的作品朗朗上口。有时候女儿从国外回来探亲，他就让女儿帮他读和录音，然后他就逐字逐句听、逐字逐句修改，他既怕自己翻译错了，又要达到朗朗上口。所以，郑老师每本翻译都是要录音的，为了提高翻译质量，他是很愿意花工夫的，现在很少有翻译家能做得到这一点了。目前，喜马拉雅正在跟我联系，想把克鲁翻译的那套雨果的作品做成音频，他们也说郑老师翻译的作品朗朗上口。

◉问　武汉大学也是看中郑克鲁老师在法语翻译方面的成就，所以邀请他到武汉大学任教。请您给我们讲讲这中间的故事。

◉朱　"文化大革命"结束之后，全国恢复高考制度，数百万名大学生走进了高校课堂，这对从事人才培养的高等院校也提出了挑战，特别是文科教育方面，人才培养的断层使得很多高校师资力量捉襟见肘。就是在这样的背景下，武汉大学向克鲁伸出了橄榄枝，这中间还有一个令人感动的故事，就是当时武汉大学的校长刘道玉为了请克鲁去武大而"四顾茅庐"。

时任武汉大学校长的刘道玉认为当年的武汉大学最主要的还是师资问题，缺少学有专长、仍在科研第一线工作的学术带头人，特别是大师级的科学家。因此，要振兴武汉大学，必须从加强教师队伍的建设做起，特别是要千方百计地物色和培养各学科的学术带头人和大师级人物。在物色人才时，还应当解放思想，不拘一格，不应忽视那些受到压抑或埋没的人才，以及确有才华的名不见经传的"小人物"。

郑克鲁译作《列那狐的故事》的获奖证书

当时，武汉大学想与法国签一个教育交流协议，有鉴于此，武汉大学把西语系法语专业升级为独立的法语系，新建了法国问题研究所，创办了《法国研究》杂志，还主办了中法两国学术研究讨论会和博士预备班。但是，这个所长人选仍然未定，因为法国人说这个所长人选需要得到法国方面的认可。武汉大学就提了好几个人选，法国方面都不认可。最后，提到郑克鲁时，法国那边就答应了。因为那时候，克鲁已经翻译了好多法国小说，而且也写过法国文学研究文章，特别是那篇8万余字的《巴尔扎克人间戏剧》，国内外都知名，法国文化处知道他的成就。

这可让武大为难了，因为当时克鲁在北京，又在中国社科院，怎么可能来武大？为了把克鲁挖去武大，刘道玉就去北京找当时的教育部副部长张保庆商量。因为，他知道张保庆跟克鲁是好朋友，两人一起在法国待过。

刘道玉就对张保庆说："我们要郑克鲁，你有办法吗？"

张保庆说："郑克鲁倒是好说，但是他老婆难商量，他老婆整天就想着回上海，连北京都不想待的，她肯到你们武汉？难！"

刘道玉听了，就说："我去试试，你只要介绍我到他家去就行。"

刘道玉第一次到我们家来，跟克鲁第一次谈这个事情，克鲁当时就一口答应了："嗯，武大不错。好啊。"

我当时就在旁边，说："好什么好！我不去。要去你一个人去！"

克鲁听了就动摇了："你为了我牺牲了那么多，我走了，留你一个人在北京是不好。"

我说："反正我不去武汉。再说，到武大那边去，我干什么呢？我能干什么？"

刘道玉当时就说："这个简单，你就到我们外事处，可以吧？"我当时想外事处是可以待的，但是我当时没答应，这是刘道玉的第一次来访。

当时，刘道玉很紧张，因为同时还有好几家高校都在争夺跟法国的教育合作，复旦也在抢，北大也在抢，清华也在抢。可以说，谁争取到了郑克鲁，谁就在争夺跟法国的教育交流方面赢了。其中，武汉大学是最早跟法国那边联络接洽这个事情的，刘道玉必须速战速决。于是，刘道玉第二次又来我们家。但是，我看到刘道玉来，就赶紧逃掉了，不跟他谈。他第二次来又没成功，就回去了。

但是，还没过两天，他又来了。第三次来，刚好我上夜班不在家，他也没办法，只能又回去了。

但是武大这个项目已经火烧眉毛了，大家都在抢这个合作点。刘道玉想，反正郑克鲁已经答应了，老婆不答应有啥难的，要是克鲁本人不答应我就不来了。于是，他第四次又到我家，这回直接堵门，礼拜天时把我堵上了。

他说："朱老师，让我跟你讲两句话总可以吧？"

我说："好。可是你要我北京不待跑到你们武汉去，你跟我谈什么我都听不进去的。听说武汉是个火炉，我去火炉干什么？我最怕热了，不行的！"

刘道玉说："四万万武汉人都待得了，你怎么就待不了呢？诸葛亮有三顾茅庐，我都四顾茅庐了，你还不觉得我诚心吗？你尽管提要求，任何要求我都答应你，哪怕是不讲道理的要求。只要你提出来，我都满足你。"

我说："这样吧！你让我们夫妻俩先去武汉看看吧。我也没去过武汉，对吧？武汉到底能不能过，去看看才知道。人家都说武汉冬天冷、夏天热啊，而且那个地方又闭塞得要死。"

他说："瞎说！我们武大樱花可美了！"

于是，他就在武大樱花开放的季节把我们请去了武汉，给我们住最高级的宾馆，然后给了我们一张卡随便用，说："你们出去玩也好，吃饭也好，反正凭这张卡你们随便消费。"我们在那边待了1个月，他们专门派了一辆小车跟着我们，我们想去哪里就去哪里。整整1个月吃喝玩乐，反正我也不懂，那时候简直是过神仙的生活。

1个月之后，我们就要回去了，郑克鲁就问我："你玩得倒蛮开心，那你怎么回答人家？"

我说："怎么回答？我只是答应过来看看，但是还要看适不适应呢。"

克鲁又问我："那你适应了没有？"

我说："没有。"

他就说："那你玩得那么开心干什么？"

我说："我从来都没玩过，对不对？趁此机会就好好玩玩。"

克鲁就说："那你好意思？你吃了人家的，玩了人家的，用了人家的，最后你仍然说不来，你做得出我做不出。这种事情我做不出，你要么当初不来。"

我就对他说："你真坏，当初是你给我出的主意，叫我过来武汉先看一下、考察一下。怎么，来看看就一定要留下？你太坏了！说明你是铁了心想去了。"

　　克鲁就说："我当然想去了。武大有什么不好，而且我人还没去武大就给了我两个职务，一个是法语系系主任，一个是法国问题研究所所长。人还没去报到，任命书先到。"那时候不像现在这么容易当官的，混一个职务不容易的。克鲁看了任命书也挺开心的，他说："从来没当过官，一下子两个官，做做看嘛！"他倒不是喜欢当官，他说反正没有当过官，就试试嘛。而且人还没去，就给他提了两级工资，那时候提级很难的。

　　后来，刘道玉问我："朱老师，怎么样啊？来不来？"

　　我说："来。"

　　他们高兴得不得了，我们就调过去了。

　　作为武汉大学重点引进人才，学校确实为克鲁的工作和生活创造了优越的条件，当时克鲁担任了武大法语系主任、法国问题研究所所长和《法国研究》杂志主编，武汉大学也成为当时国内法国综合研究的学术中心之一。在武汉大学的几年时光，克鲁的学术生涯也迎来了大爆发。他发表了几十篇论文，主编44万字的法国中短篇小说集《假情妇》一书，完成《法国文学史》的雏形《繁花似锦：法国文学小史》一书。更重要的是，他出国前便开始翻译的、总字数达130万字的《蒂博一家》终于全部出版，加上他在武汉大学法语系建设上的成就，为他赢得了法国文化教育一级勋章，法国教育部部长莫利诺在1987年3月13日时还亲自前来武汉为他授勋，克鲁的学术荣誉达到了顶峰。

　　◉问　后来，你们是怎么去的上海师范大学呢？

　　◉朱　我们在武大只待了3年半，真的过不惯。克鲁特别爱出汗，那时候也没有空调，我就想出一个办法：买了一个大缸，再钻一个孔，装满水后，再把孔堵住，然后克鲁跳进去凉快凉快。那真的是个好办法，跳进去、凉快，然后把水放掉，再装水，再跳进去，就这样才熬过武汉的夏天。后来过了一两年，武汉慢慢地发展了，有空调了，也有宾馆了。因为他们看我们也挺可怜的，就让我们住宾馆了，不住家了。在珞珈山上给我们7间房，我们两个人7间房，待遇很高的。还让我当外事处副处长，这日子过得可太开心。刘道玉就一个要求，就是叫我们不要走。那时，刘道玉对我们可好了，经常没事就到山上来看我们，拜访我们。

后来刘道玉被免去了武汉大学职务，我们也有了离开的想法。复旦大学谢希德校长听说我们愿意到上海，马上就写了一封信给克鲁，这封信我现在还能找得到。谢校长亲笔写信要我们过去，我们当然一口答应了。而且去复旦大学又是回到上海，所以我们就一口答应了。

结果在调动过程中出了一件要命的事，就是那时候不管什么样的人才，进上海都要付一笔很大的引进费，是个大数目。他们就跟克鲁商量："你先跟你夫人商量商量，你先进来，我们先付一个人的，把你调进来。你爱人到底算不算引进人才，我们还得和校领导、校务委员会研究研究，对不对？但是，我保证迟早把你爱人调来。"

克鲁就跟我商量，他说："我能去你不能去，你先暂时留着。"

我跟克鲁说："你开什么玩笑？我们在北京新华社和社科院都过得蛮好的，你非要把我拉过来武汉，那我也跟你过来了。现在弄了半天，你去上海了，我留在武汉，我不干。"克鲁是在武汉入的党，我还没入党。

于是，克鲁就只有对谢校长说："你就原谅我不能过去。想想我爱人也挺可怜的，她为我也吃尽了苦。她对我真的是很好，我不能这样对她，她也为了要让她独自留在武大哭了，害怕了。"

谢校长说"理解"，于是，复旦大学就没去成。

上海师范大学听到这个消息后，党委书记和校长两个人就一块来到武汉我们家，他说："听说复旦大学没法解决引进费。我们愿意付，我们就是砸锅卖铁也要把你们夫妻俩一起调过去，只要你们同意。"

后来，克鲁就问我："去不去？"

我说："我也不懂复旦大学和上师大有什么差别，只要有大学要两个人就行了。"就这样，我们从武大调到了上海师范大学。

我们到了上海师范大学之后，他们对我们是真好啊。学校分了一套房子3房2厅给我们，是最好的教授楼，好像还给了我一个外事处职务，反正我是挺开心的。后来，因为外事处要四处出差，我的身体不太好了，跑不动了，我就去了上师大的高教文摘出版社。那时候《高教文摘》还不是很有名，但是我当编辑蛮好，我们就安安心心地过日子。

上师大在办理我们的调动时对克鲁说："我们对你没什么要求，就是希望你们不要跳槽，不要把我们当跳板。"

克鲁说："我这个人不爱动。而且你们把我夫妻俩都调来了，还花费了一大笔引进费，我不会那么自私的。"

那时候就只有一点点经费，一个学校一下子花了那么一大笔经费很不容易。我也说："唉哟，绝对不会。"我们是1987年调来的，到退休了都没有离开过上师大，始终遵守自己的许诺。

来到上海师范大学后，克鲁担任了上师大中文系主任和文学研究所所长。一方面，他为学生开设了"外国文学史""法国文学史""法国诗歌选读""法译汉的方法与实践""高级法语"等多门本科和研究生课程；另一方面，又开始系统地翻译法语诗歌，后来结集为三卷本《法国诗选》，由河北教育出版社出版，撰写了《法国诗歌史》。随后，克鲁又把精力投入到教科书《外国文学史》的编撰工作，克鲁用5年时间编撰的《外国文学史》至今还在国内各大高校中文系使用。上海师范大学副校长陈恒也说，郑克鲁先生1987年来到上师大时47岁，正是一个人文学者富于创造力的阶段，可以说把人生中最重要的、最好的学术年华都奉献给了上师大。

2009年，克鲁从上海师范大学退休。退休后的他，依旧把工作放在第一位。只要没有重大活动需要外出，他每天都和我穿过师大校园来到光启楼14层的办公室内打开电脑相对而坐，开始一天的翻译工作，始终保持一天2000字左右的翻译量。他还经常自嘲："退休了就是没事干了，我喜欢翻译，可以用翻译来充斥时间的流逝。"他是在退休后接手"女权主义圣经"《第二性》的法语全译本这一任务的，最后这本书为他赢得了2012年傅雷翻译出版奖。2018年，他又出版了《郑克鲁文集》，共38卷，这里边包含了不少人们耳熟能详的、由克鲁翻译的法国文学名著，包括《悲惨世界》《巴黎圣母院》《红与黑》《基度山恩仇记》《茶花女》《高老头》《欧也妮·葛朗台》《神秘岛》《局外人》《海底两万里》《八十天环游地球》《九三年》等。然后，克鲁在80岁时又完成了《雨果小说全集》的翻译。可以说，一直都没有闲着。

我自己在2000年退休，当时学校还问我要不要返聘，因为上师大是允许返聘的。我说我的家务负担太

2018年4月7日，《郑克鲁文集》发布会暨郑克鲁学术与翻译思想研讨会在上海举行。图为研讨会海报

重，我得照顾克鲁，他是家里的什么事情都不管的，所以我就不返聘了，反正我们家也不缺钱，我就在家里做贤妻良母吧，让他安心地做学问。我早出晚归地陪着他，也给他做助手。他需要打字，我就帮他打字；他需要翻译英文的东西，我就帮他翻译，他当然自己也能看英文材料，但是很累，我给他翻译成中文就更省力一点。

克鲁把雨果所有的小说全部收齐了，其中有很多是新译的。北京人民文学出版社知道了，来找我要新译的。我告诉他们，全集在克鲁在世时已经全部给了复旦大学出版社了。

●问　郑老师走得很突然，是吗？

◎**朱**　是的。克鲁是 2020 年 9 月 20 日晚上 10 点离开的。当天下午 5 点钟时，他还跟一个专门从杭州来上海医院探望他的博士生陈许教授聊得挺好的。我和陈许一起离开的时候，他还好好的。陈许还说："没事的，朱老师。郑老师会好的。"我也说："你看他，脑子清楚得很，一点问题都没有。"但是，晚上 9 点多医院把我叫去，等我急忙赶到医院，他人就没了。我都没看到他最后一面，我进去的时候白布已经盖上了。我扑上去，喊了一声："克鲁，你怎么走了？"我就晕过去了。他们把我弄到床上躺着，我啥也不知道了。我没有思想准备，半点思想准备都没有。惨啊！

克鲁是因为脚肿去医院看病，医院要他住院。面对医院规定的住院要求，克鲁也乐观面对，从未觉得是多大的事。"他将生死看得很淡，生前就留下遗言，说不需要开追悼会，不需要遗体告别仪式，简简单单就好了。"但谁也没想到，他就这样安静地离开了这个世界。至今想来，我就泪流不止。自从克鲁去世后，我一直很悲伤，痛苦万分，我的身体也变差了好多，一下子多了好多白发。

克鲁以前一直跟我说，也跟领导说过，他的遗体不要保存，撒大海就好。他说邓小平、周总理都可以把骨灰撒大海，他也要撒大海。他为什么这么做呢？他说："有坟地，但是没有人去扫墓，这个坟地就变成荒墓了，没意思，还不如撒到大海。"确实，我公公、婆婆的坟墓，我们大家也很少去扫墓。去是去的，但也做不到常常去。包括郑景康的坟墓在八宝山，我们在北京的时候当然会去扫墓，但我们离开了北京，怎么可能再到八宝山去扫墓呢？正是因为看到了这点，克鲁就对我说："女儿长年在国外，要坟墓干吗？谁来扫墓？女儿都未必能年年去扫，那谁给我们扫墓？"所以克鲁就说，我们俩的骨灰都要撒大海。

现在，我的理念更先进了，我自己都不要骨灰，我把我的遗体直接捐给红十字会，给医学院的人研究。为什么呢？一方面是因为我的女儿在国外，现在我爱人也走了，我们家就只有我一个人；另一方面也是因为听说医学院现在捐遗体的人太少了，他们现在都没有真的遗体来研究。所以，我已经写好了遗嘱将我的遗体捐给红十字会。姐姐也这么做了，就是郑克鲁的亲姐姐郑克勤，她和我两个人都愿意把遗体捐给国家。

关于这个事情，我已经征求了女儿的意见。刚开始，我女儿不同意，说："妈妈不要这样做。"我说："不，我一定要这样做。"最后，她也支持我，也签字了。我已经签了合同了，我女儿也签了字了。红十字会还表扬我，说我大爱。

因为克鲁走得太突然，很多事情都没有给我交代，所以我们家现在还有很多麻烦事得不到处理。譬如我们夫妻关系一直很好，现在我住的房子房产证上只有克鲁一个人的名字，我以前根本没想到要写上两个人的名字。现在，他突然走了，房子就成了遗产了，我本来想换一套环境好一点的，但是我不能交易这套房子；还有他名字下的银行存款，我现在也动不了，全都冻结了，都成了遗产。克鲁翻译了很多作品，有很多稿费，以往稿费都是汇到克鲁的银行卡上；克鲁是正教授，退休金有1万多，当然也没有了。我是副教授，我的退休金不到9000。因为他的卡冻结了，现在我就靠自己的 9000 元退休金生活，当然一点问题也没有，足够生活的，但是要想住好一点的养老院就不行了。以前克鲁在世的时候，我们干什么都不用考虑钱，因为他银行卡上有的是钱。以前，我们两个人是很傻的，人家都劝我们买房，我们总是说够住就行了，多买房干吗，还得去管理它。所以，我们俩一直没买房，就这么一套房，唯一的一套房，而且这一套房的房产证上只有克鲁一个人的名字，现在成了遗产。我接着住下去没问题，但是要交易就不行，得等我女儿从国外回来。中国的法律规定遗产一定要第一继承人全部到场才可以分，少一个人都是不行的。克鲁的父母也是第一继承人，但是老早就没了。我们家只有一个女儿，所以克鲁遗产的第一继承人就是我跟我女儿，现在只要我女儿到场了，就可以解冻了。

我女儿声明放弃继承爸爸的遗产，全部给妈妈。但是，现在我女儿的声明也碰到了麻烦。我女儿跟我请的律师通电话了，她说："我入了外国籍，因为疫情，中国不给签证就回不来，我现在向你表示我放弃爸爸的所有财产，都给我妈妈。"那个律师说："你是电话跟我说的，我怎么可以相信？要是你反悔了，那我找谁去，这样是不行的。"我女儿就问："那怎么办呢？我妈妈动不了这个房子吗？"他说："有一个办法就是你亲手写一个声明，里面把你的护照等身份信息都写上，然后签字。"我女儿说："OK，没问题，这个太容易了。我自己的母亲我怕什么？她走了不都还是我的，我马上写。"他又说："慢，还有一个程序。"我女儿就在电话里问他："又怎么了？"他说："因为你是加拿大籍和法国籍，你还要到政府的有关部门去盖章，去法国盖章也可以，去加拿大盖章也可以。如果不盖章，光签字是没有用的。"我们后来也去问了好多律师，他们说的确是这样的。

于是，我女儿就去加拿大政府和法国政府的大使馆，请求盖章。"像我这样的情况，我放弃爸爸的一切遗产，请问你们哪一个政府部门可以盖这个章，请你们帮我盖一个。"对方回答："我们没有处理这种事件的部门。我们公务员只管国家的公事，个人要放弃遗产的这个事情不是公事。所以，我女儿那边就没办成。而且我女儿也烦了，就说："妈妈，反正房子还可以住，你就别换了。"

现在，我自己的年纪也大了，我也怕要是我有一天突然走了，再出这个问题也很麻烦。所以，我现在也在安排。我已经把克鲁的所有东西包括书、奖状等都捐给了我们上师大档案馆，他们还给了我一张捐献清单。我想着有一天我也是要走的，我留着克鲁的东西有啥用呢。

我问女儿："你要吗?"

她说："不要不要，捐给上师大很好。"

现在的年轻人不像老一辈那样重视亲情，而且我女儿也不是收藏家，所以我把克鲁随身保存的东西，如奖状、克鲁的书，都捐给了上师大的档案馆和图书馆了。

上师大档案馆特别高兴，克鲁的学生也都支持我，他的学生蒋承勇也说："您这样做很对。放在您这，到最后您走了说不定就散掉了，您现在把这些东西放在上师大档案馆，人家需的话就到档案馆里查阅就好了，也能得到很好的保存。"我也是考虑克鲁走了，我要那么多东西干吗? 没用的。

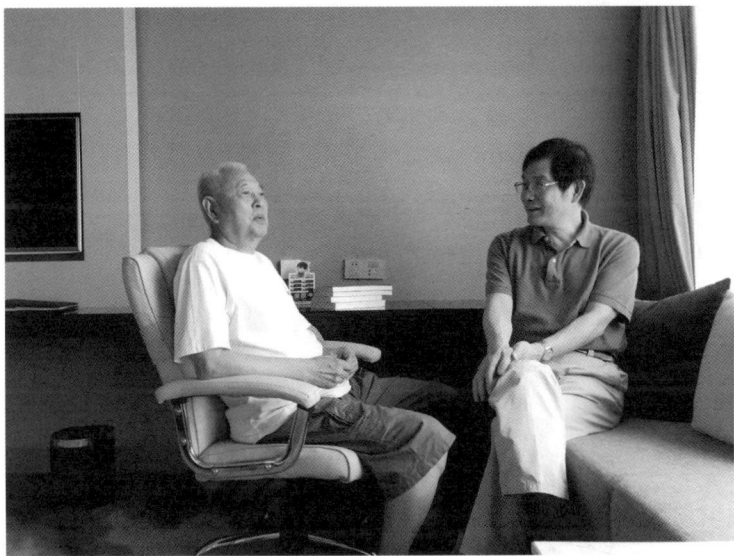

郑克鲁和他的学生蒋承勇

我留一点就够了，我留下一两本书作纪念就好了。我知道你们的胡波主席是藏书的，他喜欢书，所以我就送给他一本克鲁的手稿书。

自从克鲁突然走了，又没有遗嘱，本来都是夫妻共同财产，搞得那么复杂，所以我现在早就立好了遗嘱。我告诉我女儿："妈妈所有的一切都是你的，但是我现在不给。在我走之前，到时你来拿就好了。我的一切都是我女儿的，跟任何人没有关系。至于我女儿要给我女婿，那是她的事情。但是我的一切都只给郑琳，唯独郑琳，其他人我都不承认的。到了郑琳手上，她要给谁是她的事情。"我是写了遗嘱的，而且还录音了，而且我都公证了。省得像这次克鲁突然走了，我们夫妻关系那么好，弄得房子都不是我的了。

◉**问** 是的，郑克鲁老师走得太突然了。我们也很遗憾，没能采访到郑老师。郑老师花了很多时间在工作上，陪您的时间会不会就少一点？

◉**朱** 那倒没有。虽然克鲁的主要精力都放在工作上，但是后来我从新华社调到了他的工作单位社科院，之后我俩又是一起到武大和上海师大工作，所以我跟他形影不离。我们俩都是手牵手到办公室，然后手牵手回家，我们俩整天在一起。后来我俩都退休了，他出差或有人请他都带着我。毕竟他年纪也大了，带着我一起，我还可以照顾他。我整天在他旁边，他到任何地方都让我一起去，除非我自己不想去。他的所有朋友我都认识，因为我跟他形影不离，我们最后的20年几乎一直在一起。

虽然我整天在他的旁边，但是我很老实，我从来不打扰他，我总会在旁边默默地坐着。他跟人家讲话，我也不打

郑克鲁和朱碧恒的日常生活

扰。他要干什么，我不管。就像他跟女同学一块聊天，那就是在谈学术。我放心得很，他连外教都不要，他怎么可能去跟一个学生好。

克鲁也跟我开玩笑说："要我的人不要太多，但是我干吗要换老婆？"我们俩志同道合，而且性格也互补。他觉得很无聊的时候，我就给他讲笑话，跟他聊天，甚至给他唱两句玩玩，尽管他并不爱听。我就跟他说："你管它是越剧还是沪剧呢，就我这破嗓子给你唱两句听听。"他就笑了，说："就你会哄人。"

他知道我特别懂他。有时候别人嫉妒他，说了伤害他的话，他在外面不表现，回来就跟我说。我就劝他："管他呢！你不要理他就好了。你不爱讲话，你又不能去解释。你要是觉得不满意了，不吭声就好了。算了，甘蔗没有从头甜到尾的。"有时候，他有一些消极想法，我都想法子帮他化解。

而且我对他的学生也非常好，克鲁的学生也跟我关系很好。克鲁走了之后，他的学生经常到家里看我。那天开克鲁的追思会，好多人谈我。我妹妹也说："姐，今天在姐夫的追思会上，那么多人都夸你的。"陈恒也说我好，你们的领导也说我好。我对人一片真心的，没有仇人，我也不跟人家争名争利。

◉问　是的，您这么懂郑老师和照顾郑老师，郑老师也是一个特别幸福的人。朱老师，也请您给我们讲讲您的故事，包括您的小时候、您的求学经历、工作经历以及翻译成果。

◉朱　好的。我是江苏无锡人，生于 1940 年 6 月 2 日。

郑克鲁和朱碧恒在中山

其实，我跟无锡没有任何关系，我生在上海长在上海。老早，我爸爸妈妈这一代人就到上海了。我的祖父是郎中，主治淋巴、甲状腺之类疾病。我们祖辈都是城里人，老家住在无锡市中心。舅舅他们住在无锡，偶尔过年过节我们会回去无锡舅舅家玩上半个月到一个月。

因为我爸爸的姑妈嫁给了上海一个比较大的资本家王德大，是一个麻油店的老板。然后就把我的爸爸妈妈也带到了上海，并资助我爸妈在上海开了一个夫妻店，叫朱顺大麻油店，没有佣人。我爸妈就开始在上海谋生，当时一共生了9个孩子，但是因为缺医少药最后就剩下我们三姐妹。有的出生就死了，有的生病死了，最后一个儿子是9岁时病死的，当时我妈妈很伤心，头发一下子都白了，蛮可怜的。所以我们家没有男孩，就我们三姐妹，我是老大。我和小妹妹都结婚了，二妹没有结婚，二妹一直与我们住在一起。克鲁走后，她就陪我，跟我住在一起。我小时候念书很用功，成绩很好。我们那时候念书放学之后都不需要辅导，我们回到家还要做家务，因为爸爸妈妈要管店，我们一到家就要做饭、洗衣服什么的。

虽然我妈妈自己没有文化，但是她觉得要把我们培养成有文化的人。所以，妈妈就对我们说要好好念书，将来可以出人头地。我读书很用功，从小学中学一直考到大学，考上了上海外国语学院，现在叫上海外国语大学。我在上外读英语系，毕业于1964年。我很幸运，被分配到北京新华社，等于我们家出了一个大人物了，我爸爸妈妈高兴极了。

我当时在新华社的国际部欧美组工作，我是搞翻译的，

朱碧恒

1355

主要负责翻译全球四大国际通讯社传过来的外文稿件，翻译之后提供给国内的媒体，叫新华通讯，那时候所有的报纸用的外国报道其实都是新华社翻译的。从 1964 年一直到 1980

刚毕业时的朱碧恒（左一）

年，我一直在新华社国际部欧美组工作。

在新华社工作有很多出国机会，特别在欧美组出国机会就更多了。但是，我在新华社工作这么多年，只出国过一次。

当时，我也想申请出国见见世面，去新华社在世界各地的分社工作。但是组织上说，虽然我的工作能力不错，符合派出国去分社工作的条件，但是光派我一个人出去是不可能的。因为对方派来的都是一对夫妻，是两个人，那怎么办呢？

他们就给我支了个招，说把郑克鲁调过来新华社就可以派我们两夫妻一起出国了，因为他们都知道我爱人厉害。我说："好呀，那你们去调呀。"

组织上说："那首先得问他愿意不愿意来。"

我就回家问克鲁："我们领导说了要把你调到新华社，从社科院调到新华社，然后就可以把我们俩一起派到新华社巴黎分社。好不好啦？"

当时克鲁就问我："我去你们新华社干什么？"

我说："来当记者啊，多好啊！"

他说："第一，我对记者不感兴趣，我这个人连话都不太愿意讲的，我怎么去当记者？第二，我对新闻不感兴趣，新闻不是我喜欢的工作。"

我说："你为了我也不肯去吗？"

他就问："你怎么了？你自己在新华社干得不是很好吗？"

我说："我想出国。"

他就说："出国嘛，以后再说吧，懂外语总归能出国的。"

我这个人好说话，我就听他的，就这样没调成，也没出成国。

后来，我被借调到教育部，然后被教育部外派到联合国教科文组织，工作了 1 个月左右，才算又出国了一次。刚好，那时候克鲁也在法国进修，我就可以跟他在法国一起团圆。1 个月后，我就先回来了。我总算又出过国了，我一个当外文干部的就出过两次国，我就这么可怜，后来再出国就是去看望女儿了，我女儿把我们请到她那边住了好长时间。

我觉得在新华社的工作不错，但是也很辛苦，三班倒。白班是正常的班，小夜班是从下午 3 点到晚上 11 点，大夜班的是从晚上 11 点一直到天亮，人家白班来接班，我们就可以回家了。我们 24 小时不能离人的，因为新闻是不断地发生，然后国内国外又有时差。三班倒很辛苦，我有时候也抱怨抱怨。1978 年，叔公去世了，我就更不想留在新华社了。

于是，我跟克鲁说："我想动一动。" 1980 年，克鲁就帮我调到了他们单位社科院。我进了社科院世界经济所，后来调整成了美国研究所。我开始研究美国文学，跟着克鲁学习翻译。我在新华社就是从事新闻翻译工作的，到了社科院后开始从事文学作品翻译，也陆续翻译了几本文学作品，包括挪威女作家温塞特获得诺贝尔文学奖的《新娘·主人·十字架》三部曲 100 余万字。《黛瑟·密勒》《螺丝在拧紧》《欧·亨利短篇小说选》《假如给我三天光明》《秘密花园》《安妮日记》《海蒂》等。我在社科院这边得心应手，还不坐班，过得也蛮开心。

后来，我随着克鲁的工作调动，1984 年到了武大，1987 年到了上海师范大学工作。2000 年，从上海师范大学退休。

◉**问**　朱老师，也请您讲讲您和郑老师的女儿，你们是怎么教育女儿的呢？

◉**朱**　关于女儿的培养，我和克鲁分工很明确，克鲁让我管女儿的生活，他管女儿的学习。我女儿从小学习也很好，初中高中都是北外附中的，成绩都是班上前三名。高中毕业后，女儿便去了法国，在巴黎第三大学经济学专业学习，毕业后随丈夫去了蒙特利尔，在加拿大国家银行工作，如今很少回上海。

在我女儿小时候，我上夜班时，克鲁就陪女儿睡觉，睡前要给女儿讲故事。讲了一个，我女儿还要听，讲多了，爸爸就说"那么晚了该睡觉了"。女儿不怕他爸爸，她就怕我，克鲁就说："你要是再不听话，等妈妈上完夜班回来，我要告诉她。"我女儿听到就马上睡觉了。这也是一个蛮有意思的事，对吧？

我女儿的写作，都是他爸爸教的。我女儿高中时就已经在《新民晚报》上发表文章了，都是他爸爸教的。他爸爸教她怎么写文章，怎么写议论文、怎么写叙述文，一步一步地教她。他很负责，在教女儿上面，他不怕浪费时间。

平时吧，要是我跟他说："咱们聊聊天吧。"

他说："哦哟，好啊。但是我陪你聊天，我这个摇钱树就要少摇好多钱。"他就这么吓唬我，跟我开玩笑。

我就说："那就算了。"

他特别重视我女儿的教育。我记得，我女儿上北外附中一年级时晚去了1个月，他怕女儿跟不上，他就住到北外朋友家，给她补落下来的1个月的课程。当时，我女儿晚去学校报到1个月也是有故事的。因为那时候进北外附中，既要笔试，又要口试。我女儿通过了笔试，也参加了口试。我前面讲过，我女儿很漂亮，还演过白雪公主，那时候姑姑于蓝还想让我女儿跟她去做演员。我女儿的语音语调也是非常好听的，她在口试时用法语读了一篇文章，很好听。当时，口语监考老师还给她打了满分。但是，等到最后我女儿竟然没有被录取，理由是口试没通过。当时考的是法语，我女儿的法语很厉害，他爸爸教的嘛，我女儿怎么可能法语口试通不过呢。当时，我女儿就哭得稀里哗啦，因为北外附中是她的第一志愿，虽然北京四中也是市重点，但是我女儿不喜欢，我女儿就要念北外，因为她从小就想出国。

克鲁喜欢女儿，而且他也觉得奇怪，女儿怎么会通不过法语口试。于是，他就到北外找他同学打听。一般，克鲁是不肯去做这种乱七八糟事情的，但是为了女儿他不管了，他豁出去了。他说："我想了解一下我女儿为什么没有被录取，我觉得没有道理，我女儿各方面都挺优秀的。"他们找到了当时的口试老师，口试老师说："在我印象里，口试时是有一个学生口语特别好，我是打满分的，后来我发现并没有录取这个学生，原来她是郑克鲁的女儿，我帮你查查是怎么回事。"一查，理由是近视眼，但是这次考上的有四五个都是近视眼，原来是被有关系的人顶掉了名额。

一听是这个理由，克鲁的同学就火了，她说："这太欺负人了。你们知道吗？她的爸爸郑克鲁在社科院也是挺有名的，是法语界蛮厉害的一个人。而且她妈妈可是新华社的记者，她妈妈要是找一个媒体来曝光这件事，看你们怎么收场。你们自己查清楚，到底怎么回事？这个学生到底是为什么不被录取的？"

后来，顶替进来的学生被退回去了，做手脚的那个老师也被北外附中开除了。

于是，我女儿去北大附中就晚报到了 1 个月。学外语差 1 个月差很远，克鲁就为了女儿住到北外同学家去了，他说他亲自来给女儿补她所缺的 1 个月课程。他为了女儿在朋友家住了 1 个月，这个是真的事情。所以在教育女儿上，克鲁是很花心思的。

◉问　那您女儿知道自己的祖辈是郑观应吗？

◉朱　我女儿不到 16 岁就出国了，她对这些事一点兴趣都没有。

◉问　您女儿现在在加拿大做什么？

郑克鲁全家照

◉**朱**　我女儿在加拿大和法国都有家。蒙特利尔非常冷，冬天会零下 40 摄氏度，她让我过去，我不想去。法国是他老公家，他公公是建筑师，他婆婆是牙科医生，但是现在公公婆婆都没了。所以他们现在法国的这套别墅没人住。克鲁走之后，她建议我去法国住，我说我一个人在法国，我也不懂法语，那怎么办呢？我女儿现在在蒙特利尔加拿大国家银行做管理层工作，负责贷款事务。

我女儿不肯回国，她已经完全西化了。我女儿说，她讨厌国人的围观，只要你有一点点事，别人就对你指指点点、对着你看。她说在国外，就算你把衣服穿反了，也不会有人对你多看一眼。你去反穿，这是你的自由，是你的性格，西方都这样的，哪怕衣服穿反了也没人说你一句。

有时，我对我女儿说："回来吧，现在国内真的挺好。"

她每年都会回来看我们，她就说："的确，现在国内的硬件真的超过了外国。外国的大学现在都是几年不修的，显得破破烂烂，而现在国内的大学都像花园一样的。我有时候回到我的母校巴黎三大，看母校还是老样子，没什么变化。可是我到上师大来参观，虽然上师大也不算顶好，但是比起国外那些老旧的大学，那是真的漂亮。国内的大商场也很漂亮，外国人都是没话讲的。"

她说："现在国内的硬件确实好，但是软件呢？"

我说："什么叫软件？"

她说："就是品格和修养等等。例如人们还是要围观，对吧？要是看到一个中国人跟一个外国人，他们夫妻两个人勾着手，甚至于看到两个人在马路上接吻，那就不得了了，那就要围观了。当然，西方也不是说老有人在马路上接吻，但是有时候也会有的对吧？又没有妨碍别人什么事，但是国人都要围观，我真的已经不习惯了。

我女儿是1984年走的，到现在已经快40年了。她说："我已经完全欧化了，已经非常习惯国外的生活了。妈妈你现在要我回来，第一，我也不习惯了；更何况罗伯特（我的女婿叫罗伯特）是法国人，他怎么可能到中国来呢？爸爸妈妈，我什么都可以答应你们（那时候爸爸还活着），但就是这一点做不到。"

●问　是的，年轻一代有自己的活法，长辈也没办法干涉。那郑克鲁老师之前做过慈善没有呢？

◉朱　克鲁这个人真的是不问天下事，就研究他的外国文学。我工作也一直挺忙，我还管家务。学生都说我们人好，学生谁缺钱了，到我这来借钱，我都借，学生创业我们也都有支持。

我记得克鲁曾经支持过他的学生办教育，事情是这样的：克鲁有一个学生叫钟鸣，办了一个学校，叫江西万载外国语学校，还把克鲁和我带到他的学校那边去参观过。

克鲁对他说："我一直就想做两件事：一个办学校，一个是办出版社，但是两个都比较难。办学校要有地，办出版社要批，不是人人都可以办的，这两个我都做不到，所以我就只能搞学问。现在有学生代我完成一个心愿，我很高兴。如果你们缺钱，我借给你们好了。"最后，我们前后借了2000万给他们办学校，一开始借了1500万，后来又加了500万。现在，这个学校在当地办得很好。后来，他发展得好了，已经把钱都还给我们了。但是，现在这些钱都被冻结了。

我们有一个微信群，叫"郑门一家亲"，有137个人，全是克鲁的学生，这里边的人都知道郑老师帮过这个学生。给克鲁开追思会的时候，钟鸣也来了，他表态的时候都掉眼泪了，他说："老师不光是教我们，我们只要有困难，他就帮。"讲着讲着就哭了。

在克鲁住院期间，克鲁的学生蒋承勇、朱振武也专门问了克鲁："您的版权和您的钱怎么处理？"

克鲁对他们说："我想办一个基金会，用于支持外国文学。我是愿意这样做的，但你们还是要问问我妻子，因为毕竟钱是我们两夫妻的共同财产，我说了不能算，还得问她本人。因为我们夫妻关系很好，不能我一个人说了算。"

他们谈完之后就来找我谈，说郑老师是这个观点，您是什么观点？

我说："钱本身就是郑老师赚的，虽然我也翻译了几本，那没多少稿费的。没问题，他要做的事情我要满足他。只要给我和我女儿各留一部分就好，你们要办基金会就去办好了。你们不能全拿掉，毕竟这笔钱数额也不少。"具体的数额，我现在也不想讲，反正不少。郑老师是告诉他们的，他们都知道。

他们对我说："办基金会时，也会把您的名字加上去。"

我说："不在乎，我这人一辈子无所谓，就写郑克鲁基金会就行，不要把我搭进去。"当时已经说好了，基金会本来是要办的，但是现在钱冻结了，所以没办法，早晚是要办的。

当时，克鲁也说了，既要问过我，也要问我女儿的意见。因为那时候我女儿没回来，所以我们也没法问她。我估计我女儿是不在乎的，她一定会听他爸爸的。我女儿从来不过问我们的金钱。我女儿说："第一，我没有后代（因为他们丁克）；第二，我们赚的钱自己都用不完。我们要爸爸的遗产干吗？到时候也没用，我又没有子女。"我们也劝她去领养一子或一女，但是我女婿罗伯特不干，罗伯特说："领养了就得负责，我们哪有精力？"所以，我女儿到现在都没有子女。

反正现在所有的钱归根结底都是她一个人的，然后办基金会这些事到时候都由她决定了。我估计我女儿不会要这个钱的，她很爱她的爸爸，她爸爸想做的事情，她不会反对的。

◉**问**　郑家是有这个慈善传统的。这也是一个慈善基金，用来支持外国语文学在中国更好地发展，这是一种大爱。

◉**朱**　虽然这点钱是杯水车薪，但总归是有点用的。克鲁所有的学生和我们的亲朋好友都知道，我和克鲁两个人的生活真的很简单很朴实的。我们既不炒房，衣服也从来不买名牌，平时吃得也很简单。我们的存款当然是克鲁赚下来的，但也是我们节约下来的。克鲁的生活说难听点，说他苦行僧都可以。本来，我是喜欢享受的，但是他不需要享受，我就陪着他不享受，我无所谓。

克鲁的学生钟鸣就说："哎呀，师母，你劝劝老师，干吗这么节约？"但是他就这样，这人的性格定了。

有时候我跟克鲁说："我们买一套别墅住吧？"

他说："别墅是要爬楼的。你的腿不好，还爬楼？"

我说："现在可以装电梯。"

他说："那有必要吗？我们现在住得不是挺好吗。"他都不要买，我这个人真怪，都听他的，所以我们关系很好。

◉**问**　可能正是因为郑老师没有这些物质追求，所以他才可以一心扑在翻译事业上。

◉**朱**　大家都说郑老师吐出得多，吸收得少。你看他穿得也很朴素，我们真的没有什么物质追求。我是穷出身，反正我觉得现在的生活已经很好了。而且我一直节约。年轻时，我们钱少，要养家，我爸爸妈妈后来没有开店了，也没有钱了，我把女儿放到上海给他们带。我要给家里寄钱养女儿，所以我们很节约。那时候克鲁工资有 62 块，他就给家里寄 10 块，说表示孝心。而我工资 56 块，要给家里邮寄 40 块，等于三分之二的工资都要寄回去养女儿。我们经常回家看女儿，回家看家人也不能空手，所以我们平时还要省钱，我们开玩笑说这是在"铺铁轨"，意思是说攒钱坐火车回上海看女儿。

有时候我们去遛马路，郑克鲁说："买根雪糕吃怎么样？"

我跟他说："雪糕就不要了，冰棒就可以。凉的，我就不吃了。家里煮了大麦茶，我回家喝大麦茶。"克鲁知道我是为了节约，然后就只买了冰棍。

有时候，我想他也挺可怜的——为了我们家、为了女儿那么节约。偶尔，我对他说："这回奖励你，买雪糕吃吧。"我还是什么也不要，说我回家喝大麦茶。

我们就这几年才过上了好日子，那个年代有时候根本没什么好吃的，尤其是困难时期。所以，我这辈子都会省吃俭用，克鲁也被我管得不知道什么是享受了。其实我知道他们家出身好，也爱吃。跟我在一起后，他也变得很节约了。

后来，我跟他说要买个大房子住，他说就这个房子住着就可以了。因为大房子都要买得很远，克鲁不想离上师大太远。

我说："怕什么，买辆车就好了。"

他说："哦哟，我还得去学车，不要，不要。"他还说："苦日子都过来了，现在过得那么好，你不要老是跟人家去

郑克鲁在工作室

学。人家要享受，我们无所谓。"

现在的年轻人要求都挺高的，我们俩在生活方面的要求都不高，也想不到去买房去买车。两个人在一起，就觉得很开心。而且他说在上师大有独立工作室就蛮好，蛮大、蛮舒服的，办公室里什么机器都有，家里还没那么全，所以他待在办公室的时间很长。就我们这些钱，好多人可能会去拼命地买房子、一年四季都出去旅游啥的。我们啥地方也不去，因为郑老师没时间出去玩，我也不喜欢玩。我倒真的是不喜欢玩，我就是喜欢吃，所以我在吃的方面倒是不节约，把郑老师也照顾得挺好。除了吃，穿和玩我也不在乎，所以我是没去过几个地方，只去过法国、加拿大和美国，其他地方就都没去过。克鲁在武大时因为工作的关系，要出国去签合约，就到处跑，欧洲大概都跑遍了。说郑老师喜欢玩倒也不见得，是有工作需要。到了上师大，一次杨校长出访法国，点名要克鲁陪同。借光这次出访，他把法国跑遍了。

2003 年，我女儿给我们俩办了加拿大移民，但是克鲁还是要回来。

他问我："你喜欢住在加拿大吗？"

我当然喜欢了，住得好，吃得好，空气也好。我就问他："你喜欢吗？"

他说："我也喜欢，但是这地方是一个文化沙漠。我到蒙特利尔的所有图书馆去看了，根本没有我可用的书，我在这怎么办？我的事业是外国文学，在这干吗呢？我为什么要到这里来做寓公，让女儿女婿养我，我明明可以自己养自己，为什么要在这里呢？"

香港，他不去；加拿大和法国，他也不去。女儿在加拿大和法国都有别墅，挺好的。但是，他说："我不是贪图享受的人，我要搞学问，你不让我搞学问，我要闲死的。"他在临死前 1 个月，都还在做翻译工作。他刚把雨果小说全集都翻译完了，他本来还准备翻译卢梭的书，他说"卢梭的书也不错，很值得翻译的"，"还有好多作品等着我去翻译呢"……

◉问　非常感谢朱老师接受我们的访谈，从早上一直谈到晚上，辛苦您了。也非常感谢您给我们讲了整个郑氏家族的故事，让我们对郑景康先生、郑克鲁老师有了更清晰的认识。也希望您保重身体，欢迎您和女儿到中山来看看。

⊙朱　好的。

郑吉祥

郑吉祥（1942—　），郑观应嫡孙，中共党员，高级工程师。父亲郑润燊（1902—1990）是郑观应的第四子，曾任上海市南洋模范中学总务主任。1965年在华东化工学院（今华东理工大学）本科毕业。曾任中石化高桥石油化工公司综合计划处处长（正处级）、上海市海洋石油油料公司董事长、中美合资上海加德士润滑油公司董事。

时　　间：2021 年 9 月 21 日
地　　点：上海郑吉祥家
口 述 者：郑吉祥
采 访 者：龙良富　胡　波
整 理 者：龙良富

◉问　郑老师，您好！我们是"郑观应研究口述史"项目组。2022 年是郑观应诞辰 180 周年，为了纪念郑观应，我们邀请了郑观应相关的专家和家属进行访谈。您是郑观应的孙子，很高兴您能接受我们的访谈。请先简要介绍一下您的经历以及和郑观应的关系？

◉郑　我今年刚好 80 岁，我和祖父郑观应刚好相差

郑观应子女合影（前排右起：何圣成、郑慧娟、郑润潮、郑润燊；后排右一仇珍秀、右三郑妙庸、右四郑润鑫、右五郑世铨、右六郑世雄）

100 岁，为什么？因为我父亲出生的时候郑观应 60 岁，我父亲是 40 岁生的我，所以我和郑观应相差整整 100 岁。我对别人介绍说我是郑观应的孙子，人家都不相信郑观应还有孙子活着，都是因为郑观应生儿子生得晚。我写的《郑观应家族史》里，有一章专门写了郑观应生育的坎坷史。他的原配夫人姓莫，莫氏生了两个孩子，但都早殇。郑观应工作很忙，到了三十八九岁还没有儿子，那时候在大家庭和社会里面，有一种"不孝有三，无后为大"的传统观念，所以大家都催他纳妾。他后来相继娶了叶氏和赵氏。直到 1884 年才有了长子润林，当时他已经 42 岁了，4 年之后生了次子润潮，1902 年生了我祖父润燊，1904 年生了小儿子润鑫。

郑观应四子郑润燊全家福（前排自右到左：郑燕、郑润燊、仇珍秀、郑元；中排自右到左：郑方、方亚君、吴燕华、杨仲梅；后排自右到左：郑吉祥、郑吉人、郑吉甫、郑吉裕）

因为相差 100 岁，我曾做过对比，在同样的年纪我们分别在做什么。因为郑观应写的《盛世危言》每一篇文章都是有年份的。比如 1865 年，那年他 17 岁，离开三乡雍陌村到了上海，开始在洋行做事；1965 年，我还是懵懵懂懂的学生，所以我和祖父相差很大，但是这样可以很方便找到我和他的不同。当然时代也不一样了，也不能直接这样对比，但我就在思考，我祖父为什么可以做出这么大的成就？

◉问　郑老师，您作为当前郑氏家族辈分最长的长辈，和家族成员有联系吗？

◉郑　有的。郑观应的直系后代里，当前我是辈分最高的，但郑氏家族后代与我同辈的还有，因为我的曾祖父 9 个儿子，最小的比我祖父小了 35 岁。作为长辈，我有责任将郑氏家族联系起来。2015 年，我们郑家建立了一个郑观应后人的微信群，现在有 38 个人。这个群里都是郑家的嫡系亲戚。现在郑氏家族后人天南地北都有，国外的也不少，大家后来都逐渐断了联系，我想通过这种方式让我们郑氏家族的后代重新联系起来。

后来我决定撰写《郑观应家族史》。为了写这本书，我走访了很多我们郑家的亲人，包括曾祖父长子郑思齐的后裔。我还找到了一位名叫郑国瑛的 89 岁老太太，她是郑思齐的孙女。我特意到江西吉安拜访她。下图是他们发给我的照片。这张照片特别珍贵。思齐长子炳勋当时在天津北洋师范学堂。同时我还走访了郑观应次子郑润潮的孙子郑雪峰，在他家里住了两个晚上，见到了其他亲戚，这一房的人我见得最多。

郑氏家族照片（第二排右二为郑思齐孙女郑国瑛）

◉**问**　您还拜见了其他的族人吗？

◉**郑**　刚才讲了两个，那么我见到的第三个是郑观应的三弟郑思贤的后人。郑思贤以前也在上海居住。他的孙子是郑震中和郑震华，一个比我大 1 岁，一个比我小 1 岁。郑震中写了很多东西给我，让我了解了郑思贤子孙的情况，我在书里也一一做了介绍。

　　第四个是郑观应四弟郑官桂的后人。可以说，郑官桂备受郑观应的关照。当时郑观应以招商局会办身份视察长江各港口时，专门对招商局九江分局提出改组建议，并多次向盛宣怀提出请求，最终让郑官桂担任了招商局九江分局总办。郑官桂的家属很多在九江，还有一部分在广州。郑丽瑛、郑丽兰、郑丽娟、郑康健和郑康锭都在广州，我去了他们家，但九江我一直没去，因为我已经 80 岁了，身体也不太好，现在戴上牙套，比较容易牙疼。我和樱楠讲过找个时间我们一起去，但现在不行，疫情比较严重。

郑观应三弟郑思贤夫妻油画

第五个是天津郑樱楠家，她是郑观应五弟郑翼之的后人。她也叫我去，她说她家什么都比较好，但是有个缺点，就是没有电梯，要走上去。我真的很想去下天津，但是我夫人腿不行，我腰不行，走楼梯很艰难。樱楠她妈妈阿凌（郑凌）也来过我家。现在我联系最多的就是樱楠，包括我写的这本书，樱楠也在帮我。我们夫妻两个人计划到天津住几天，就在他们家附近住一个酒店就好了。另外，我与郑九如，就是郑文瑞最小的儿子的后代也有联系。

◉问　您刚才讲您写了本书，给我们介绍下这本书吧。

◎郑　你看我弄了一个表，我们郑家的所有的亲人都在这里面。郑家后代的资料要弄清楚太不容易了，我花了好多

郑翼之长子郑昌（中）、长孙郑兆良（右）、曾孙郑灏（左）

时间。我举个例子，郑庆麟就是郑翼之，郑翼之的长子郑昌，郑昌的长子郑兆良，郑兆良长子就是郑灏，樱楠的父亲。这个表里面还标注了他们的出生年月日，还有夫人的名字，还有什么时候过世的信息，一看这个表马上就清楚郑氏家族的后代情况了，所以这个东西很花功夫。

◉问　太好了！这个事情很花时间，而且需要您来做才行。

◉郑　这是个总表，在后面的资料介绍中，还有更细的信息，包括每个人的学历情况、出生年月日都有。我写这本书，全是手写的，因为我和夫人都不会打字，现在全是手稿，我的字不潦草，应该可以看清楚。我现在还有133张照片，这是非常难得的，今后出版的时候也可以将这些照片放进去。

现在樱楠1年要来我家一两次，就住在小房间里，我说这个狗窝永远是你的，她住在这里，帮我弄这本书。她说我帮你复印，你看，这是有水印的，我一看印得这么好，非常满意。现在需要将我手写的文稿在电脑中打出来，我把手稿寄给了樱楠，樱楠现在就是我的代理人，我相信她会成功的。雍陌村的书记郑志辉知道我在写这本书，他直接说要30本。听说出一本书大约要10万块钱？据说出版社还要编审，所以我还特意修改了好几次。

◉**问**　出版书方面的事情我们比您老人家熟。现在市委书记挂帅在雍陌村，督促雍陌村和郑观应故居暨周边历史文物的保护等方面的工作。待您整理书稿完备，我们再向村里汇报，争取得到他们的支持，早点出版。不过我们想请您先聊聊您从小到大的经历。

◉**郑**　我父亲是郑观应的四子郑润燊，10岁的时候被祖父带到上海。当时一起去上海的还有父亲同母同父的兄弟郑润鑫，就是郑景康。祖母还生了一个女儿，名字叫郑妙庸。郑观应为儿子起的名字都是有道理的，第一个儿子叫郑润

郑思贤三子郑润源

郑观应四子郑润燊

霖，第二个儿子叫郑润潮，第三个儿子，就是我父亲的亲哥哥叫郑润森，他1岁就死了，这个里面没记录，第四个就是我的父亲郑润燊，燊就是火的意思，最小的儿子叫郑润鑫。郑观应一共有5儿2女。郑观应很重视对儿子的教育，他带着我祖母和3个孩子去上海，让他们到更好的学校读中学，接受更好的教育。我父亲告诉我，他小时候家里请了秀才来做他们的家庭教师，教我父亲和我叔叔郑景康。他们两个人相差1岁半，就一起上学。这个秀才教得很好，所以我父亲的语文程度非常高。他后来成为学校语文教研组组长，就是靠当初的教育打下基础的。

郑观应全家福（1901年）

父亲到上海以后开始读中学，就读于英租界专向华人子弟开放的华童学堂。1921年父亲中学毕业的时候，祖父在上海提篮桥招商局工学宿舍逝世，当时就我父亲在他身边。郑观应是怎么死的呢？他有哮喘，哮喘的人不能躺下来，要坐着，现在有药一喷就好了，那时候没有药，透不过气来。我父亲对我讲，"你祖父死的时候，我抱着他"。第二年暑假，父亲和两位妈妈护送郑观应的灵柩回到香山，埋葬在前山。

父亲 1926 年从上海交通大学毕业，结婚后生下我们姐弟 3 人。我是家里的第三个孩子，1942 年出生的。郑观应的遗训要求后代要努力学习，无论做什么事，做官或是做农、做工、做商，都要有一技之长。其实我们小的时候，家庭条件已经不太好了，但是我父亲还是遵守祖父的遗训，要求我们必须好好学习，竭尽全力培养我们读大学，女儿也一样，我们学习成绩一直都名列前茅，最终我们姐弟三人都成了大学生，这在那个时代还是很不容易的。

郑观应四子郑润桑全家福

◉问　在您印象中，您父亲是一个什么样的人？

◉郑　他是老师，终身从事教育，母亲也终身从事教育。父亲工作很卖力，每天晚上备课备得很晚，学生的作业他都带回家批改。他的一生就是老老实实做人、踏踏实实教书，"文化大革命"时因为家庭的原因，受到了牵连，吃了不少苦头。但是父亲还是活到了89岁。郑家我们这一房都比较长寿。相对而言，郑翼之因工作比较努力，生活在北方，所以没有活得那么长。郑观应的遗嘱里本委托郑翼之帮助管理他的后代，结果郑翼之比郑观应还早5年过世，1916年就去世了。

郑润燊、仇珍秀结婚照，女傧相是郑润燊的妹妹郑妙庸

◉问　您大学毕业后，做什么工作呢？

◉郑　我这本书里面写到郑家的家风家训，分为两部分：一部分是郑家的祖训，就是从郑雍陌开始到郑文瑞这一代形成的乡规民约；另一部分就是郑观应的家训。我认为郑观应给我们后代留下了非常珍贵的思想精神和家风家训，这真的是无价之宝，所以我不管做什么事情，都铭记我的身

份：我不仅是共产党员，还是郑家的后代，是郑观应的孙子。我1965年大学毕业就分配到上海中石化这样一个大厂，后来我做到副厂长，属于正处级干部，也获得了上海市劳动模范、科技发明奖等荣誉，做出了一定的成绩。

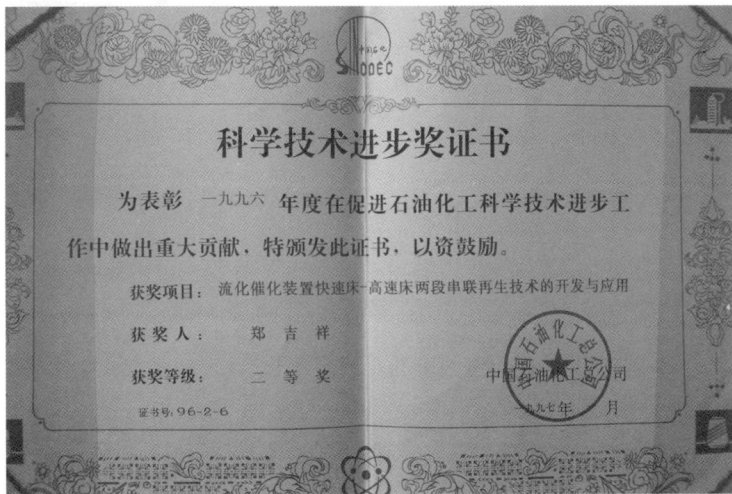

科学技术进步奖证书

为表彰 一九九六 年度在促进石油化工科学技术进步工作中做出重大贡献，特颁发此证书，以资鼓励。

获奖项目： 流化催化装置快速床-高速床两段串联再生技术的开发与应用

获奖人： 郑 吉 祥

获奖等级： 二 等 奖 中国石油化工总公司

证书号：96-2-6 一九九七年 月

郑吉祥获得的科学技术进步奖证书

◉**问** 您获得省部级的科技发明奖，这是很不容易的。

◉**郑** 这个奖特别难得，因为要获得这个奖是很不容易的。上次胡波带队来时，我忘了拿出这份奖状，现在找出来一起分享。这个奖状有编号，当时发给我的时候还有镜框，这里还有五一奖章和劳动模范奖章。

◉**问** 很难得啊，20世纪80年代的劳动模范，请问当时怎么评选劳动模范的？那个时候的基本条件是什么呢？

◉**郑** 所有这些东西我都不知道。当时厂门口就红榜公示了，看看大家有什么意见。因为我是专业对口的大学毕业生，在厂里很忙，经常不回家。

郑吉祥获得的上海市劳动模范称号证书

◉**问**　说明您在技术方面作出了比较重要的贡献，才能获得科技发明奖，而且是省部级的，还真的很难得。

◉**郑**　我把这个奖领回去后，我老爸很高兴，那时候还有一个镜框，我老爸说要挂在老家那边。可以说，我的成长受到了郑观应很大的影响，虽然没有得到他遗留下来的遗产，包括钱和房子，但他给我们留下了宝贵的精神财富。我这本书里面写到，我老爸曾回忆他10岁以后到了上海的住所。他住过的地方我都去看过，现在都拆掉了，那个房子很旧很破，不是什么好房子。郑观应的顶头上司盛宣怀有淮海中路1517号的花园洋房，盛宣怀的顶头上司李鸿章的丁香花园也好得不得了，郑观应什么都没有，钱也没有留下，房子也没有留下，但是留下了他的思想和精神。这个思想精神现在还可以用，这个就是无价之宝。郑观应没钱建豪宅吗？

其实还是有的，原来在太古洋行 1 年的年薪就达到 7000 两白银，还有很多其他的收入，这些钱大都捐掉了。当然他当官不是为了赚钱，但他最后死的时候还住在学校宿舍里面，其实还是很心酸的。

《盛世危言》的核心思想就是富强救国，这本书我也看了，太好了！为什么好？它牵涉的面太广了，包含了政治、经济、教育、文化、社会、外交、企业管理等方面，可以说为当时中国的发展开了一个药方。《盛世危言》前面几章讲的是教育，讲到了外国的学校，世界上很多的大学和图书馆都有记录，他讲的教育思想和理念对我们今天的教育也有很大的启示作用。这本书还讲到铁路怎么搞，轮船怎么搞，国防怎么搞，牵涉的面很广，他说我们中国要向外国学习，学了以后我们有本领对付外国人，与他们进行商战。《盛世危言》对很多当时存在的社会问题剖析得很清楚，提出了比较合理的解决办法。比如他提出要修两条铁路——粤汉铁路和卢汉铁路（武汉—卢沟桥）。他在文章中首先对外国的铁路建设情况进行了分析，列举了俄国就是靠修铁路扩张土地，它修到哪里，哪里就是他们的土地；英国在印度修铁路到了我们中国，法国在云南安南修铁路，就是计划要打我们。他认为运输服务首先交通得发达，我们必须赶快修铁路，并认为修铁路需要铁道学院毕业的大学生，所以要加强铁路相关的教育培养。另外铁路要统一铁轨，铁轨需要机头，他指出美国哪个公司的火车头最好、最省钱，他连这个数据都有，可见写这篇文章用了多少工夫。郑观应的《盛世危言》就在郑家大屋写成，这些资料哪里来？因为在澳门是中西交流的窗口，这里的外国信息多，都是外文的，他英文很好，所以获得了第一手资料。那时候没有电脑，也不像现在写什么东西有一套班子，他是一个人用毛笔写的，这老爷子真的很厉害。我看郑观应的《盛世危言》，看着都要流泪，这太了不起了。

◉**问**　郑老师，您父亲曾经跟您讲过一些关于郑家的故事吗？

◉**郑**　我父亲很少跟我提郑观应，我们家族上一辈的人都讲得少，为什么？因为改革开放以前，郑观应是买办，特别是在"文化大革命"时期，你更不能讲了。改革开放以后，很多专家在研究买办历史，发现中国的近代发展和买办有很大的关系，重新为买办正名，我们才敢说我们是买办家庭出身的。我在整理我们家族资料的时候也发现，买办虽然在外国人那里做事，帮外国人赚钱，但是他吸收了西方发达国家的资本主义发展经验，意识到我们国家应该引进新的技术和更多的资本，提倡股份制，以此来改变中国的生产关系，提高中国的生产力。比如郑观应的五弟郑翼之，他是天津四大买办之一，在发展天津包括北方的经济方面起了很大作用，但他受关注的程度不太高。

我退休以前也没有空去关注郑观应的东西，因为我是厂长，忙得经常没时间回家，那时一个星期不回家也不稀奇。另外，家里确实也没有什么郑观应的东西了。华东师范大学的夏东元教授曾来过我家，想看看郑观应遗留下来的东西，但"文化大革命"期间家里被抄了三次，郑观应在上海的许多东西现在都没有了。

◉**问**　您家里一点也没有留下郑观应的东西吗？

◉**郑**　我给你看样东西，这个东西没人看过，只有樱楠看过，是郑观应60岁的照片底片。

◉**问**　太难得了，100多年了，能够保存下来很不容易，而且还很清晰。

◉**郑**　除了家人，其他人都没有看过。

60岁时的郑观应

◉**问**　这个底片真精致，说明那个时候的工艺还是相当不错的。

◉**郑**　就是底片，还有一本相册，这些东西我肯定要捐献给郑观应家乡的。

◉**问**　太重要了，这个是非常难得的文物，既体现了当时的工艺，又展示了郑观应的形象。

◉**郑**　这个肯定要捐献给故乡的，但是怎么捐？我要去看下保存的技术，如果对方有专业的保存技术，我就放心了。现在我的初步想法是要么捐给澳门博物馆，要么捐给广东中山雍陌村，我个人认为捐给中山应该更好。还有一份我父亲整理的相册，老家还有一个很破的、我祖母曾经用过的柜子。市委组织部原部长陈小娟来的时候，我答应把这个东西捐给故乡，但是我拿不动，我怎么把这个柜子搬到广东去？将来郑观应的纪念馆建起来了之后，还有一套我父亲结婚时候的家具，我也可以一起捐出来。

◉问　很好、很难得，必须要留下来放到合适的博物馆或纪念馆，让更多的人了解郑观应和他那个时代。

◉郑　我没办法直接送到中山，这些文物很宝贵，但真的拿不动。

◉问　这个没问题，现在通过特殊的快递货运是可以的，主要是要做好保管和研究。

◉郑　特殊货运也要人去扛下来，因为在二楼，我扛不动。我去看过陈云的纪念馆，在他的乡下老家，家具也是很旧的，我们这些东西也很适合放在郑观应的纪念馆里。故乡如果想要这个东西，就想办法搬掉，因为今后如果房子拆了，我也没办法，拆掉了这些家具就丢掉了。天津的郑氏后人也有一些老家具，郑灏说有两个椅子也要捐给中山。他的家具好，因为郑观应的9个兄弟中，最赚钱的是郑翼之，最会生儿子的是郑官桂。

◉问　你们这个家族太厉害了，都是名人，而且都做出了成就，值得今天的中山人学习和研究。刚才您讲到郑官桂，请您给我们讲讲他的后代情况。

◉郑　郑官桂很厉害，他做了30年的九江总商会会长，我这本书有几页是专门讲郑官桂的。郑官桂有11个儿子，分别是汝思、汝煜、汝品、汝安、汝发、汝荣、汝祥、汝海、汝九、汝兴、汝厚；还有15个女儿，但我这里没有记录，因为那时候的女儿没有留下姓名。但是，有关他们这一支的后代情况，还有待进一步沟通和细致整理相关材料，才能比较清晰。

◉**问**　郑老师，您刚才讲到郑观应的教育思想，能否给我们总结下，郑观应的教育思想包含哪些内容？

◉**郑**　讲到郑观应的教育思想，主要包含以下几点：

一是以德为先。郑观应认为中国当时的教育不是新的教育，认为学生不仅仅要学知识，更要学做人，要确认人生观、世界观、价值观，同时也要以德为先，不仅仅学生要以德为先，老师也要以德为先，要有德的人才能做老师。

二是学有所用。郑观应讲到当时学生所学的东西在工作中没有用到，这很可惜，即"从无有所学非所用，所用非所学者"，认为学的东西都要用，不像以前我们的应试教育，学习就是为了考试，初中就为了中考，高中就为了高考，考完了就完了，这是不对的。中国第一个半工半读的学校就是郑观应办的，在什么地方办呢？在武汉。郑观应到了武汉汉阳铁厂，汉阳铁厂由晚清名臣张之洞创办，是中国近代最早的官办钢铁企业，但汉阳铁厂经营不善，每月亏空高达10万两银子以上，而且生产的钢材，连本国都不要，更别说外国的销路。郑观应上任后，采取了一系列改革举措，如宣布吸纳民间资本，将炼铁炉改建在盛产铁矿的大冶；为了解决燃料问题，派人在湘赣等地勘探，最终选定了萍乡出产的焦炭。他重金聘用英国工程师，但洋工程师的使用也存在很多问题，郑观应向盛宣怀建议自办半工半读的学堂，培养专门的技术人才"上午读书，下午入厂学习机器"，他的这一设想，在后任李维格手上得以实现。

三是注重女学。郑观应认为女子在家庭及社会中，扮演着极为重要的角色，赞扬西方各国男女都有接受教育的机会。女子要接受教育，首先要解放身体，就是必须废除裹脚，她们才能更好地接受教育，这是发展女子德育、智育的根本前提。郑观应认为我们中国女子的裹脚是一种社会陋习，而且酷虐残忍。在培养女子方面，郑观应指出要"诚能广筹经费，增设女塾，参仿西法，译以华文，仍将中国诸经列传训诫女子之书，别类分门，因材施教，而女红、纺织、书数各事继之"，把女子培养成为贤女、贤妇、贤母。

◉问　刚才您讲到郑观应到汉阳铁厂之后，很快就扭亏止损了，您也曾担任过厂长，请您总结下郑观应的企业管理思想。

◉郑　郑观应管理过的企业有11家，我在书里也写了郑观应成功的经验，我是上海市企业家会员，但我和郑观应相比，差老远了。他做实业的成功经验有这么几条：

第一是制定管理条例。他到任何一家企业担任督办或总办，第一件事就是制定企业规章制度，对贪污行为不容忍，所以得罪了很多人。我们都知道那个时代经济成本已经让位给了政治资本，被派往这些企业的总办都会中饱私囊、任人唯亲。但他制定这些制度，是对事不对人，对企业的正常运行是百利无一害的。

第二是能和外国人平等谈判。郑观应的外文很好，他本来就是太古洋行的总办，很清楚外国人的脾气。外国人也要赚钱，你和他谈判，你要赚钱我要发展，咱们共赢，不是我把你挤掉，这样谈判才会成功。郑观应三进三出招商局，参与了1882年轮船招商局与太古、怡和两大公司谈判，三方你来我往，两年讨价还价，终于签订为期6年的齐价合同，合同一签，招商局的股票价格立即从30两升至160两；1892年再度出山，第二年再次订立齐价合同，招商局的股票价格又由60两升至140两。

三是培养自己的专业技术人才。我刚刚讲到了汉阳铁厂，当时郑观应到了汉阳铁厂，一看不对，主要岗位都是外国人，他说这样不行，因为有些外国人没什么本领，但他们的工资却很高，他兴办了中国第一个半工半读的学校——钢铁冶炼学堂，拟定了学堂章程，规定招收学生40名，一半学熔炼，一半学机器绘图；上午读书，下午入工厂学习操作实践，师资以厂里的工程师充当，培养中国自己的钢铁技术人才。郑观应还提出派我们国家懂外文的人出国学习，通过国外的学习成为专业技术人才，三年学成回来为国效力。

第四是"人尽其材、物尽其用、货畅其流"三大准则掌握得很好。他到了汉阳钢铁厂，第一个就是看。一看设备不行，人家大我们小，必须要扩大设备。一看煤不行，他就去找煤。煤有一个专业的名称叫煤化工，我大哥就是学煤化工的。煤分三种煤，叫无烟煤、烟煤和褐煤，燃烧质量不一样，褐煤最差。煤还可以分两类：一个高硫煤，一个低硫煤，两者价钱都不一样，在使用的时候要掺和，这样成本低。当时郑观应也是这么做的，从中可以看出，他当时成功的行业管理经验，到现在还是可以用的。

◉问　这些都是现在企业管理的宝贵经验。

◉**郑** 这些都是现代企业管理可以借鉴的宝贵经验，所以郑观应是真正的实业家。刚才我们说到汉阳铁厂生产上去了，成本降低了，那销路怎么样呢？刚才我讲的两条铁路，其中一条是卢汉铁路，就是卢沟桥到汉口的铁路；另一条是粤汉铁路，广东到汉口的铁路。建设这两条铁路用到的钢铁就是汉阳铁厂生产的。另外，在钢铁中加入重金属铅、铝、锰等就是特种钢，可以生产兵器，这就是汉阳枪炮厂。我们打日本人有汉阳枪炮厂造的兵器，就是这么回事。所以郑观应真是为国家作出了很大贡献，但现在有人讲郑观应对上海的影响很小，在上海连一个故居也没有。

◉**问** 没有像盛宣怀、李鸿章那样的住宅？

◉**郑** 巴金在上海有一个故居，对吧？大家去参观故居，这样就是最好的宣传，郑观应就没有，我去找过，所以我书里边有一章写了郑观应故居，就是我父亲讲给我听的他曾经住过的地方。

◉**问** 现在还找不到，我们也问了许多上海史专家和文博系统的专家，他们都没发现。

◉**郑** 没有的，郑观应住过的房子本来就是小房子，上海市政改造拆迁后就没有了，他过世的地方上海提篮桥招商局工学宿舍也没有了，太可惜了。现在只有郑家大屋和三乡祖屋，他做官真不是为了钱，也不是为了贪图享受，基本都做慈善，捐掉了。

◉**问** 他真的是一位专心干事、衷心爱国的企业家。为了国家利益，宁可放弃在洋行工作的丰厚待遇而去从事探索性、冒险性的建设事业，实在了不起。

◉郑　是的。他人生中有两次重要的跳槽：一次是从太古洋行跳槽到轮船招商局。郑观应在太古洋行有很好的待遇，7000 银圆一年，还有五六倍别的酬劳。从这个角度来看的话，他甚至比郑翼之会赚钱。当时李鸿章叫他到招商局，招商局当时要人没人，要钱没钱，要管理没管理，他也犹豫了很久，但最后还是下定决心去招商局。因为他看到了长江上都是外国洋行的船，垄断了我们国家的航运，觉得这样不行，所以就去了招商局。第二次跳槽，是辞去上海织布局、电报局总办。那时候正好中法战争开战了，他要到前线去看外国人的情况，于是被派往西贡、暹罗这些地方去侦察敌情，表现出强烈的爱国热情。

◉问　郑观应还是有一种家国情怀的。他是读书人出身的，跟唐廷枢、徐润是不一样的。

◉郑　上次你们来的时候，我知道胡波打算研究买办文化，准备写一部关于香山买办群体的专著，这令我们很期待。我已经80岁了，就是要把郑观应的东西留下来，保存好给我们郑家的后人看。我们的前辈是这么讲的，是这么做的，我们要铭记他们的家训，这是第一个。第二个这些资料也给你们这些专家，给你们参考。

◉问　这是非常宝贵的资料。郑老师刚才讲了您父亲，再讲讲您母亲吧，比如她的成长经历，怎么和您父亲认识的？

⊙郑　她和父亲都在上海南洋模范中学做老师。我妈是小学老师，从上班起一直到退休都是这个学校的老师。我妈妈人也比较老实，不太和人家争吵。在我印象中，她的脾气很好，和爸爸从来不吵。我们这些小孩，调皮得不得了，但她对我们的教育就是循循善诱。小时候我一直是妈妈的小尾巴，她到哪里就带我去哪里。

郑润燊妻子仇珍秀

⊙问　您爸爸妈妈结婚的时候，郑观应已经过世了？

⊙郑　过世了，父亲中学毕业的时候郑观应就过世了。虽然过世了，但郑观应对最小的两个儿子，就是父亲和郑景康叔叔做了安排，要他们有一技之长。父亲毕业于交通大学铁路管理系，毕业后到上海铁路局、广西铁路局工作过一段时间，后来就回到自己的母校——上海市南洋模范中学。南洋模范中学是中国人自己创办的最早新式学堂之一，也是上海市重点中学。后来父亲做到了总务主任，对南洋模范中学的发展作了很大的贡献。不仅如此，现在的七宝中学也是他去开发的，七宝中学也是上海市重点。

⊙问　这样说来，郑景康是您的小叔叔，是吧？

⊙郑　郑景康是我的叔叔，他和我父亲两个人小时候一直在一起，郑观应在他们小时候请了一个秀才教他们。刚才讲了，虽然郑观应过世的时候他们年纪还不是很大，但都对他们做了安排。他安排我父亲读理工科，学铁路；安排郑景康学商业，搞金融。郑景康不喜欢学商科，在祖父郑观应死后第二年，他就不在商科专科学校读书了，而是考到了上海美术学校学习绘画，就是现在很出名的上海美院，我们国家

郑观应的小儿子郑景康

很多的美术家、摄影家都是从这里出来的。后来他到上海柯达公司服务处工作，从此成了摄影工作者。搞摄影这个机器是很贵的，他把他母亲给他的钱都拿去买设备，开始的时候在香港开了个摄影馆。我的老家在"文化大革命"以前，留下了很多郑景康的画，素描他画得很好。"文化大革命"后就没有了，所以很可惜。

◉问　郑景康和您爸爸后来还有交集吗？

◉郑　后来叔叔回到上海，又从上海到了武汉、重庆，后来到了延安就一直没联系了。我姐姐去看过他两次。第一次是在1960年，她从华东水利学院毕业，到天津大沽塘去实习。因为我姐姐学的专业就是港口码头，天津到北京比较近，她就特意去看了叔叔。因为郑景康和父亲是同父同母的

亲兄弟，所以父亲叫她去看看。那时郑景康在新华社，身体还可以，但是没有老婆，到吃饭的时候，就到食堂去打饭。第二次是毛主席纪念堂落成以后，我姐姐到北京去瞻仰毛主席，也到郑景康家里去看望了他。那一次郑景康身体已经不行了。我姐姐那次见到了郑克鲁，郑克鲁已经不认识姐姐了。其实郑克鲁小时候从澳门到上海后，就住在我们家。郑克鲁、我哥和我三个人几乎同龄，都是小孩，大家一起玩。郑克鲁的母亲叫蔡兆珍，她最喜欢我儿子。我儿子小时候很胖，长得很好玩，我和夫人一起带着儿子去她家里玩，她当时住在大连路。她一看见我儿子就很喜欢，要抱抱我儿子，对我儿子讲，"方方，我们去看大老虎，我们一起去到和平公园去看大老虎"。我儿子小名叫方方，那时候和平公园有动物园。

◉**问**　后来您爸爸和郑景康联系了吗？

◉**郑**　我姐姐回来告诉父亲，说郑景康的身体不行了。那时候父亲年纪也大了，刚刚从牛棚里解放出来。在牛棚里接受改造。父亲刚刚平反1年，郑景康就过世了，当时父亲拍电报到北京，想参加悼念仪式，但北京没反应。当时有个规矩，父亲离开上海要去汇报，汇报的程序很麻烦，所以他也没有参加郑景康的追悼会。

其实郑景康曾借南下的机会回来看过我祖母。祖母看到小儿子回来了肯定很高兴，心里面肯定也最想小儿子，因为母亲一般都喜欢最小的孩子。但她守寡了32年，脾气很犟，郑景康回来后，我祖母却很生气地说："你怎么还没死啊。"郑景康也有脾气，一听很生气，就走了。父亲急坏了，说：

"你不能走，好不容易几十年都过来了。"但最终叔叔还是走了，就这样再没联系了。

◉问　您跟祖母一起生活过，是吧？

◉郑　从我记事起，祖母就是独自住在尼姑庵。因为祖母是1954年过世的，那时我刚好小学毕业，记得很清楚。她没去世之前，我父母亲总是带我去看她，她是带发修行，住在尼姑庵二楼，有两间房间。我爸爸告诉我，祖母还到了一个女子学校去进修，而且很前卫，参加了红十字会，担任了义工。那时候我祖母真的不容易，我还记得过年过节都要向她磕头。

1954年她过世，是火化的。那时火化是根据佛教的仪式火化。棺材下面放了灯芯，在中山路和鲁班路的地方火化的。骨灰放在了苏州灵岩寺庙中，我还记得菩萨下面有一个地道，地道下面标记了几排几座。最近我领儿子去看过，里面东西都没有了。老和尚对我说："你不要怪我们，不是我们没保管好，'文化大革命'的时候这些才被毁掉的。"现在这个寺庙根据原样恢复了，我给了他们我保存的入塔证，后来把我祖母的遗物放在那里，请了和尚为她做佛事，完成了我的心愿。

◉问　您祖母那个时候为什么要进尼姑庵呢？

◉郑　这个我就不大清楚了。我祖母很坎坷，一共生了4个孩子：第一个郑润森，一年就死了；第二个是我父亲；第三个就是郑景康，郑景康走了，没有音信；小女儿叫郑妙庸，长得很好，英文也很好，因为郑观应的子女都是有学问的，后来她在英国政府的机构里做翻译，这个工作很时髦，但也因此被英国人看中，把她带到英国去结婚了。当时我祖母不同意，她的思想根本接受不了，但郑妙庸一定要走。后来祖母就在那个英国人的房子前面一直坐着，结果没有看到女儿出来，从此以后就再也没有联系了。

祖母最后只有父亲这一个儿子在身边。父亲对她蛮好的，照顾得很好，虽然她住在尼姑庵里面，父亲只要有时间，都会去看看，但也只能白天去看，晚上不能住在尼姑庵，对吧？父母亲去的时候，我是他们的尾巴，也跟去了。为什么我祖母最后到了尼姑庵？你想想看，郑观应和祖母年龄其实相差很大，应该差了30多岁，最后一直守寡，儿女们走的走、散的散，她可能也很伤心。但在我的印象里，她对我很亲近，很善良，不大发火，就是这样。

郑观应继室、郑吉祥祖母何圣成的最后留影

◉问　小女儿郑妙庸就没有回来看过老太太？

◉郑　没有。

◉问　老太太肯定是有脾气的。您祖母是哪里人？

⊙郑　不知道。我估计是苏州人。因为各地方叫祖母的叫法不一样，我们叫他好婆，好婆是苏州人的叫法，无锡人叫婆婆，广东人叫嬷嬷，我祖母说的都是上海话。

◉问　您祖母老的时候只有一个儿子在身边，儿女的行为对她肯定产生了很大的情感伤害。

⊙郑　所以我这里也写了，我祖母的经历真不容易。但我祖母年轻的时候还是很厉害的，听郑润潮的儿子郑泽民说祖母管儿子很严。有一次郑景康可能不听话，他亲眼看见祖母关了门打他。

◉问　这个尼姑庵现在还在吗？
⊙郑　我去看过，这个尼姑庵也没有了。

◉问　作为郑观应的孙子，请您来总结下他的思想的意义和价值。

⊙郑　郑观应是思想家、实业家和慈善家，也有人说他是文学家、诗人什么的，他的思想不仅在清末民初的时候有意义，在现在也有很大的意义。郑观应在他的家风家训里边有这么一句话："积金玉以遗子孙，子孙未必能宁；积诗书以遗子孙，子孙未必能读；不如积德以遗子孙。"所以我的一生没有拿到郑观应的一分钱，但是他的精神和思想，还有留下来的郑家大屋是无价之宝，这个我是很有体会的。郑观应的思想不仅是对家庭，对今天中国的建设和发展也是很有意义的，比如今天我们的习近平总书记提出复兴中华民族的大事，我认为这和郑观应的富强救国的思想是很契合的。

我是社区关心下一代工作委员会的常务副主席，为什么是常务副主席？因为街道里边常务副主席，要求是处级干部退下来的，所以我退休以后他们就请我做了这个职位。我在社区里讲郑观应的家训，我通常一讲就是一个上午，效果很好。

◉**问** 郑老师，您之前讲到了郑观应在郑家大屋写了《盛世危言》，请您讲讲郑家和澳门之间的关系。

◎**郑** 澳门有两个慈善机构，一个是澳门镜湖慈善会，还有一个是同善堂。同善堂是一家创建于 1892 年的慈善机构，初创时期的救济主要集中在赠医送药、施棺丧葬及创办义学等，为亟须救助的华人雪中送炭。那么澳门郑家大屋为什么能够保存呢？主要是受到郑文瑞和郑观应的影响，因为郑文瑞到了澳门，开设了"郑慎余堂"，从事商业和慈善活动，是镜湖慈善会的主要捐助人之一，也是镜湖慈善会的首倡值理之一，应该说他在一定程度推动了镜湖慈善会的成立与发展。另外，郑氏家族在 1854—1866 年间开始移居澳门，逐步发展，并热心公益事业，1862 年和 1872 年参与澳门福德祠的创建和重修，1875 年参与澳门莲峰庙的重建，1878 年参与妈阁庙的重修等。同善堂辖下的"施药剂善会"于 1897 年成立，在同善堂石碑刻匾上有郑观应、郑翼之、郑炳勋等 5 位郑氏家族成员的姓名，所以郑家对澳门的影响很大。

郑家大屋在澳门受到重视，也与郑氏家族与澳门精英群体有合作，同进退，保持良好关系。澳门社会始终有"爱国爱民爱澳"的良好风气。1881 年郑家大屋筹建，澳门成为郑家的第二故乡。1885年起郑观应用近10年的心血，在郑家大屋写完《盛世危言》，产生了很大的社会影响，可以说在很大程度推动了中国的现代化进程，郑观应也被誉为"澳门之子"。郑观应树立了很高的声望，结交了很多社会精英。澳门首任特首何厚铧的祖父和郑观应在广州有一定的交情，而且他们都注重慈善，热心社会福利。澳门第三、四任行政长官崔世安家族移居澳门要比何家早得多，崔家担任"同善堂"主席长达60余年，而郑家又在资金方面大力支持同善堂，因此，崔家和郑家必然也会有很多交集。

1990年开发商获得"郑家大屋"产权，准备推倒重建新楼，就在这关键时刻，基于郑观应对中国近代历史的影响以及对澳门的意义，这一房地产商的项目被叫停，该建筑得以保存，后历经8年的严谨整修，才成现今模样。2005年7月"郑家大屋"以澳门历史城区的一部分，成功申报联合国世界文化遗产名录，为澳门增添了新的光彩。

◉问　修复前，当时还是一片废墟，断垣残壁，只有模样尚存。

◉郑　所以说郑观应在澳门的影响很大，遗留下来的东西相对集中而丰富。

◉问　郑观应在澳门的影响比中山大。在中山，孙中山的光芒盖过了他，还有一个原因，有人认为他出去后没有回过中山。其实，2001年，我（胡）向市委、市政府写了一个内参，认为中山是要搞文化名城建设，要提高城市知名度

郑家大屋

和文化软实力，应该加大对郑观应的研究以及历代名人文物的抢救保护。2002年是中山建县850周年，郑观应诞辰160周年，建议中山市要搞一个专门纪念郑观应的活动，在中山、珠海、澳门三地联合举办一个郑观应的高水平、大规模的学术研讨会，从中山开始，在澳门结束。当时市委、市政府非常重视，2002年就落实了，在"郑观应与中国近代化"的学术研讨会上，我（胡）代表中山在大会上做主旨发言，做了《香山文化与郑观应的知和行》报告。同时还在《光明日报》上发了《郑观应与中国近代化》专题文章。

2003年1月2日，时任中山市市长陈根楷带着各个有关的部门现场办公，对中山市的陈家祠、郑观应故居等历史建筑进行现场调研，我（胡）做现场讲解说明，强调澳门已把郑观应叫作"澳门之子"，郑家大屋也保护得非常好，但我们中山三乡的郑观应故居却保护不当。郑文瑞捐资在雍陌村修建了一条石板路，这条路本来保护得很好，从起点到终点都有石碑介绍，我（胡）当时去的时候还在，再次考察时这条路就变成了水泥路，我（胡）就对这个事情提出了批评。后来中山市市长现场就批评了当时三乡镇的主要领导，要求他们做好郑观应故居及雍陌村环境的保护工作。

我们认为中山要重视郑观应，但事实上中山过去没有澳门重视，保护力度不够大。澳门的郑家大屋被火烧了以后，重新修复搞得非常好。现在市委提出"文化兴城"五年规划和三年行动方案，与郑观应相关的文化遗存受到高度重视。市领导各挂点一个历史文化村，市委书记就挂点雍陌村，对雍陌村进行了整体规范和历史性的抢救保护。您今后回去会

郑吉祥

有很大的变化。

⊙郑　我在这本书里也有个建议，就是希望澳门和中山共建一个郑观应文化小区。

中山市三乡镇和雍陌村领导至上海拜访郑吉祥

⊙问　文化小区或者纪念馆，这是必须要建的。我们当时提了一定要建立郑观应的纪念馆，或者是博物馆，因为以郑观应为核心，可以联系更多的人。因为郑观应与粤港澳大湾区有很多关系，特别是跟香港、澳门又都密切关系。目前中山正在做郑观应的纪念展，估计8月份会对外开放。郑老师，您这么关注家乡的发展，您是什么时候与家乡取得联系的？

⊙郑　2010年上海举办世博会，《中山日报》有两个记者来采访我，因为他们知道郑观应有个后人在上海。我是上海市劳动模范，所以到上海市政府里面查到了我，就到我这里来采访。访谈和我的照片在《中山日报》上面刊登。广东人都看得到《中山日报》，之后郑旭峰的爸爸郑泽民也看到了这篇文章。因为我和我爸爸长得一模一样，他认出了我是四叔公润燊的儿子。他就找《中山日报》要了我的地址和电话，那时候我开始与广东有联系。

◉**问**　您对三乡郑观应故居还有什么好的发展建议吗？

◉**郑**　我们到过澳门的郑家大屋，澳门特区政府在文物保护和开发方面真的做得很好，郑观应纪念馆的资料也很多，我们看了都很感动。但是我们三乡没什么东西，就是一栋房子，没有内涵，没有故事，郑文瑞、郑观应的坟墓也都不在那里。我的意思不是要建一个像翠亨那样的孙氏家族墓地，找个地方建一个衣冠冢也是可以的，没有钱我们后人一起出。另外，纪念馆也是必须要建的。

◉**问**　中山的商业文化博物馆是我（胡）参与策划和筹建的，其中突出了郑观应的商业思想。当时我的老师就跟我说："胡波，你把买办的东西讲得那么好，可能不妥吧！"也有人骂我，说我为买办翻案了，思想有问题，但我还是坚持实事求是的原则。当时在展览馆的序厅摆放唐廷枢、徐润、郑观应、郭乐和马应彪5个人的雕像时，设计人员不知如何摆，我说郑观应一定要放在中间。现在事实证明我的做法是对的，也得到了大家非常高的评价。后来我一直在推动买办和香山买办的研究，出版了《香山买办与近代中国》这本书，为买办正名。再后来我组织了国内外很多知名学者在中山召开了关于买办的研讨会，第一届在中山，第二届在香港，第三届在上海，第四届在天津，第五届本来想在厦门开，但因各种原因推迟了，以后还会继续举办下去。

◉郑　所以我也在讲，你们就是郑家的恩人。

◉问　不是，这是我们应该做的，而且也成就了我们。

◉郑　没有你们可能什么都没了。

◉问　不过，如果我们学者都不研究，不呼吁不推动，社会上不一定关注，政府也不一定像现在这样重视。

◉郑　听说，郑观应捐资将林则徐巡视澳门后所写的《十无益格言》做成《许真君格言》碑刻，后来你们找到了。

◉问　岐澳古道是我们定名的，当时在考察岐澳古道时，意外地发现这块刻有《许真君格言》落款为郑陶斋的碑刻，他们不知道这个人是谁，记者问我（胡），我告诉他们这应该是郑观应捐刻的，此碑作为文物得以保存下来。

◉郑　所以你们是恩人啊，因为在路边上放着没人管，他们不知道陶斋是谁。如果没被发现就消失了，幸好你是专家，一眼就知道这是郑观应捐的碑刻。

◉问　郑老师，还想问问您，您和郑世雄、郑世铨他们的交往多吗？

◉郑　郑世雄死得早，没有太多照片资料。以前我们来往很多，郑世雄的夫人蔡兆珍，我们叫她阿珍嫂，跟我是同辈，所以郑克鲁叫我叔叔。她来过我的家，我们也去过她家。蔡兆珍有三儿一女。女儿叫郑克勤，在武汉，我没见过她。三个儿子分别是郑克鲁、郑克重和郑克用。郑克用和我是同一个大学同一届的。

◉问　你们有来往吗？

◉郑　没有，因为我们不同系，我是有机化工的，他是无机化工的，我只知道他毕业以后分配到了吴淞化工厂。毕业以后他的同学我都见过，就是没有看到过他，他同学问我："听说他叫你叔叔，他现在在哪儿啊？"我真的不知道。

◉问　刚才讲您家被抄了三次？这个经历能否跟我们讲讲？

◉郑　"文化大革命"一开始，我们家就被抄了，当时我已经毕业工作了。其实我们家里真的有郑观应的东西，我看过，我哥也看过。有郑观应和詹天佑的通信，郑观应的官帽、顶戴，还有一个箱子，后来就一点东西都没有了。家里还有郑景康的画，上海以前有个画报叫《良友》。

◉问　《良友》？很有名的杂志，也是广东人办的。

◉郑　《良友》上面有郑景康拍的照片，以前家里都有，抄家后都被翻出来了，就什么都没了。

《良友》封面　　　　　　《肖像（张正宇)》（郑景康摄影作品）

◉问　那个时候真的将文物和文化破坏得太多太多了。

◉郑　当时家里还有很多中国画，这些画我看不懂，都被撕掉了，也没有了。当时我理解，"文化大革命"都是这样的。后来我父亲被改造，我也理解。我父亲放出来的时候已经70多岁了。

◉问　你们这代人真不容易。我小时候正值"文化大革命"，没有入少先队，因为我母亲是地主家庭出身，表格中的成分一栏就是地主，心理上就觉得低人一等。

◉郑　我工作的时候没有时间，也没多关注郑观应的东西，只知道郑观应是很伟大的人，我要铭记他的教训，铭记郑家的家风。我开始仔细地看《盛世危言》是到了退休以后，当时夏东元到我家里来采访过，问过我父亲，并且借过我家里的东西，这让我开始逐渐了解和关注郑观应，好好地阅读《盛世危言》。

　⊙**问**　我们项目组也采访过夏东元先生，不过，那是做《孙中山研究口述史》项目时去采访的。

　⊙**郑**　20世纪70年代，夏东元是研究郑观应最厉害的专家，而且是开创者，贡献最大，最早就是他来看过我的父亲。

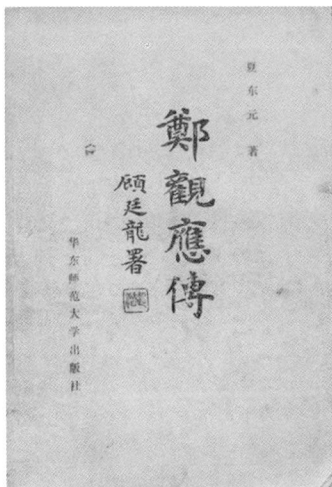

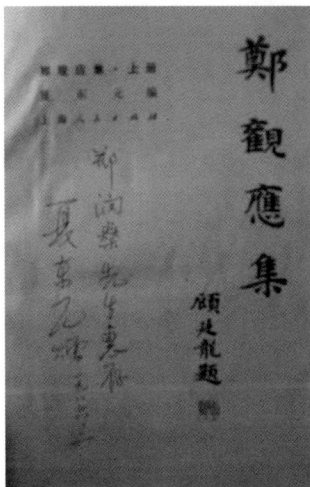

夏东元教授著的《郑观应传》和赠郑润燊的《郑观应集》

　⊙**问**　他的弟子易惠莉教授也写了《郑观应评传》，进一步研究了郑观应，做了很多开拓性的工作，书写得非常好。

　⊙**郑**　还有中山的郑观应文化学会，也做了不少组织、发动工作。会长吴冉彬退休了？

　⊙**问**　是的，她前年就退了，因为是干部，现在都不能

郑吉祥与中山市领导等合影（左起：吴冉彬、陈小娟、郑吉祥、陈岚）

做协会的会长，现在重新找了一个专家做会长。

　　◉郑　她说会长是你的学生？

　　◉问　不是我的学生，是一位热心于传统文化的专家，名字叫张为。郑老师，我还想问下您，您是怎么向您的子孙后代传播郑家家训的？

　　◉郑　现在年纪轻的人都不大看这些东西，都在玩手机，所以我写了这本书以后，他总有一天得看。我是很着急，这些东西应该给郑家的后人看，要让他们知道我们的先辈是怎么做、怎么说的？他们告诉我们应该做什么？我们应该从中学习什么？郑观应在《盛世危言》的所有篇章当中，教育放在前面，可以看出他最重视教育。我们要继承他的思想，首先就是要把子女教育好，我也培养孙子到大学毕业了，这是我应该做的。

◉**问** 郑老师，您作为郑观应的后代，还希望家乡在哪些方面做得更好？

◉**郑** 以前的郑观应故居是孙中山故居托管的，现在已经决定由三乡来管，希望三乡大力建设郑观应故居。刚才胡波不是讲了拨专项款来建设雍陌村吗？我们希望不仅仅只是竖立一个郑观应雕像就行了，还应该建设郑观应纪念馆，恢复雍陌大街。

◉**问** 明年全部完工，到时请您回去看看。请问为什么要恢复雍陌大街的石板路呢？

◉**郑** 雍陌大街很有意义，我在写雍陌大街这部分内容的时候，特意问了大街是什么时候修建和重修的。郑文瑞非常热衷筹置义田，兴立善堂，修建宗祠、书院、桥梁等公益事业。1869年他与陈、刘两位夫人捐款，重修了雍陌村主干道石板街，现在大街东西两端都有石碑记录了修街的过程，上面刻有"我乡大街创自宋代，念旧维修，崎岖不平，行人患之。里人郑君启华暨陈、刘夫人慨然捐款"。雍陌大街是岐澳古道的精华部分，全长1400米，横贯雍陌村东西。雍陌大街是怎么修建的？雍陌大街的一条条青石板是从水路，途经珠江口、珠海前山、坦洲，用船运到雍陌村文阁塔，然后一条条抬上来，抬到一二公里远的工地，工程浩大。雍陌大街称作"七板街"，从右到左排列七板，排水系统很科学，石板街的南面是沟渠坑，就是排水沟，排水沟的南面还有一块板。这是三乡雍陌村的老人讲的，可能大家都不知道。一般的石板街都是左拐弯右拐弯的，只有雍陌大街是笔直的，这一特点让雍陌大街名声在外，人人羡慕，赞声赞道。

◉**问**　工程设计都是很科学、很合理的。郑老师，我有个建议，不用打印，就拿你的手稿来出版这本书。这个书法挺难得的，现在很多人没有这么好的书法了，用手稿来做一本书就好了，正反印的话还更有感觉。谢谢郑老师接受我们的访谈，期待您明年再来中山。

◉**郑**　不客气，好的。

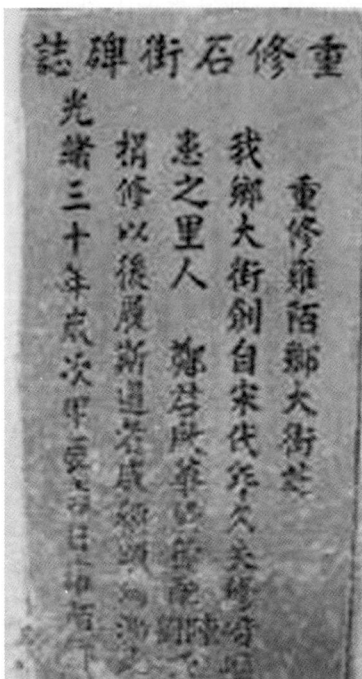

雍陌村上街《重修雍陌乡大街志》

郑吉祥

文端（启华，秀峰）
1812年十一月十一—1893年三月十六

思齐（入嗣文经。正思，济东）
1835年七月十三—1892年十月初二

炳勋（日升，纪常）
1857年十月初九—
1934年七月十八

炳勔
1861年二月十一—
1932年五月廿五

炳慈
1875年十一月十三—
1881年十月廿四

炳煜
1881年十二月初二

（殇）

炳漳
1885年三月廿一—
1991年七月廿

炳清
1886年三月十八—
1895年十一月廿六

乃榕
1876年七月十五—
1884年八月十四

乃显
1879年七月初—1880年七月初一

乃熙
1880年九月初四

乃昭
1886年十月十六

乃润
（殇）

乃骥（玉甫）
1901年四月廿五
出嗣炳清

乃钧
1903年五月廿五

乃桐
1908年九月廿三

乃登
1911年二月十八

乃烜
1912年七月十五

国璞（女）
（富春）

国珍

龙振基
1949.6.16
（江西吉安）

龙振祥

国光
（加拿大）

国瑗
（上海）

郑观应及郑思齐家族表（郑吉祥整理）

1411

郑观应三弟郑恩赞家族表（郑吉祥整理）

文瑞（启华、正元、秀峰）
1812年十一月十一—1893年三月十六

思照（元亨、正元、曜东）
1845年七月廿七—1920年六月初九

天恩（日仙、梯屏）
1870年正月十七—1888年六月廿六

团恩（殇）

鸿恩（殇）

承恩（殇）

长久（殇）

申宝（日癸、楚材）
娶汤洁如
1906.12.18—1983.1.11

润源

震孙
娶徐玉琴
1927.3.13

震恩
娶陈忆秋
1932.4.6

震邦
娶金端珍
（澳门）
1935.7.25

震昌
娶张梅芳
1937.5.7—2016.2.14

（女）

震中
娶郑惠珍
1941.7.19—2020.10.5

震华
娶张亚君
1944.11.19

淑娴（女）
1929.10.29—2020.3

伟民
娶前阮蕾
1965.7.2

怡佳（女）
2000.7.4

洪
1968.11.17
娶许毅敏
1966.2.4
（加拿大）

利
1968.11.17

迪龙
1994.4.2

伟玲（女）
1961.2.17
（美国）

利敏（女）
1970.10.26

宇敏（女）
1974.10.26

皓（女）
1973.8.6

伟蓉（女）
1972.7.4

文瑞（启华、秀峰）
1812年十一月十一—1893年三月十六

官桂（思桂、正明、月岩）
1895年九月初五—1948年元月
（九江）

汝（日添、铁如）
七月十五日

汝忠（莫臣、旷）
娶凌凤岐
1878年六月初四—1913年九月廿一

冰棠（观文）
娶黎新燕
1914年二月廿九—2004年二月初四
（广州）

观贵
（澳门）

（三女）

丽蓂（女）
1957.2.27

康键
娶黄伟玲
1954.3.7
（广州）

嘉燊
娶梁君君
1984.8.7
（广州）

丽兰（女）
1947.2.24
（美国）

丽娟（女）
1945.8.30
（广州）

徐小红（女）　　徐小燕（女）

丽瑛（女）
适孝振前
1943.10.25
（广州）

李昕（女）

康锭
娶潘少玲
1942.2.29—2003.7.7

纪笺（女）
1981.3.25
（广州）

郑观应四弟郑官桂家族表（郑吉祥整理）

郑观应五弟秉翼之家族表（郑吉祥整理）

郑观应研究口述史

文瑞（启华，秀峰）
1812年十一月十一—1893年三月十六
翼之

昌（润昌，宗蔚）
1868
（上海）

恒（香港）
1890—1958

炽（润炽，慈荫）
1893年十二月初二—1964.8.14
（上海）

兆良
1919年二月廿六
（天津）
—1964

兆恩
娶祭恩慈
—1964

兆璜
（天津）
娶裴美
（天津）

兆黔
（天津）

兆纺
德睿（女）
（西贡）

德怡（女）
（上海）

兆佳
（天津）

兆年
（天津）

兆莹（志嶷）
1925
（天津）

兆明
1927
（天津）

德财（女）
1937
（天津）

兆华
1939
（石家庄）

汉升
娶郑桡堎
1944.12.1—
2017.2.6
（天津）

汉璧（女）
1948
（天津）

要吴振荃
1946.8.13—
2007
（天津）

梅（女）
（美国）

卓如（女）

源
立

航
1968
（石家庄）

海
1972
（北京）

瀟

樱楠（女）
1985.8.2
（天津）

京男（女）
1993
（墨尔本）

京麒 京麟

1414

文端（启华、秀峰）
1812年十一月十一—1893年三月十六

庆镈（正洪、德光）
娶谭氏
1875年五月十七
— 炳赞（殇）、炳晋

官寿（商琴）
娶刘氏
1871年二月十四—
1887年二月初四
— 富荣、大仁、大材、大填（殇）、大成 — 永裕
大仁 — 家齐、金牛

庆蕃（正保、保之）
娶林氏
1865年十一月廿八

大酉
1885年十一月廿九
— 运宁、德志

德养
1940.1.13
— 镜海、有权、炜烈

宝行、广源

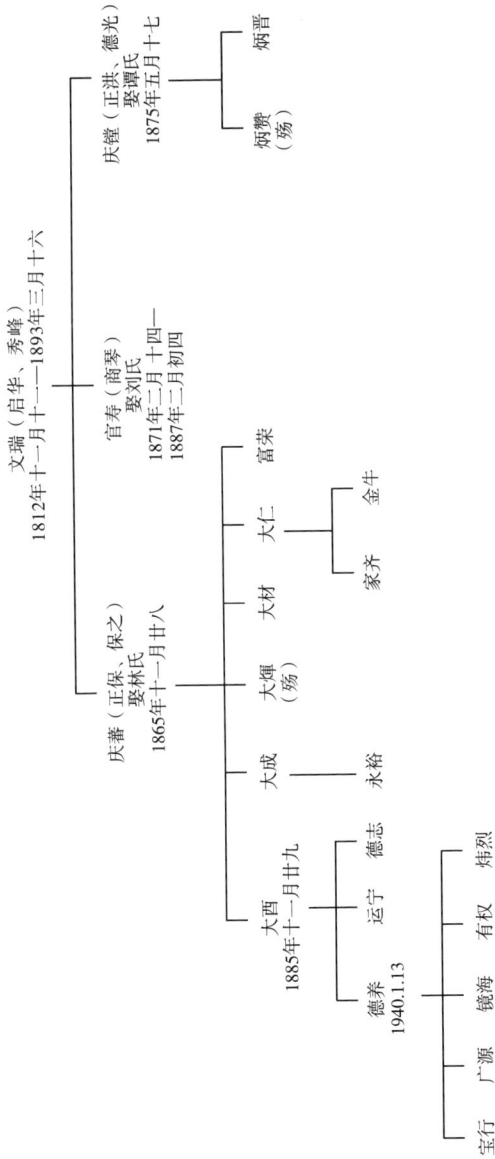

郑观应六弟郑庆蕃、七弟郑观寿、八弟郑应镈家族谱（郑吉祥整理）

郑观应九弟郑九如家谱（郑吉祥整理）

文瑞（启华，秀峰）
1812年十一月十一—1893年三月十六

九如（正如，定子）
娶张氏
1877年六月十五

炳信
1902年二月十二—1979.2.17
娶郭宝珠
（香港）

章文
1906年六月—1970.11.26
娶李玉珍

开泰
（澳门）

植培

信宝
1933.2.26—1976.2.17
娶吴銮
（上海）

嘉宝
（殇）

耀华
1952.4.9
娶谭美蓉

耀明
1955.7.6
娶黄佩仪
（深圳）

耀强
1957.10.17
娶曾玉珍

耀堂
1963.11.23
娶文凤兰

清华
娶吴晨霏
1960.3.31
（德国）

清怡（女）
1966.5.24

纬文

纬钊

纬豪
1993.11.25

清盈（女）
1987.8.4

倩茵（女）

雅霞
1997.5.25
（德国）

雅颢
2000.2.7
（德国）

雅臻
2003.7.24
（德国）

观应（正翔，陶斋）
1842年六月十七—1922年五月下旬

润霖（赵氏出。日鉴，雨生）
1884年八月三十一—1913年三月廿五

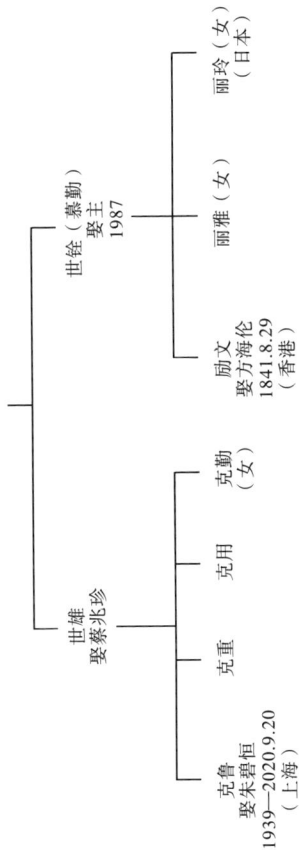

世雄
娶蔡兆珍

世铨（慕勤）
娶主
1987

克鲁
娶朱碧恒
1939—2020.9.20
（上海）

克重

克用

克勤（女）

励文
娶方海伦
1841.8.29
（香港）

丽雅（女）

丽玲（女）（日本）

郑观应长子郑润霖家谱

郑观应二子郑润潮家族表（郑吉祥整理）

观应（正翔，陶斋）
1842年六月十七—1922年五月下旬

慧娟（叶氏出。女）
（澳门）

润潮（叶氏出。日涯，觉生）
要赵氏
1888—1971

琬
1920年四月廿
（香港）

衡
1922年二月初九
（香港）

英（泽明）
要欧剑魂
1924年六月廿一
2021.11.22
（广州）

（女）

宝芬（女）
1945.4.26
广州

宝通（旭峰）
要陈秀贞
1947.1.5
（广州）

宝章
要黄惠雄
1954.2
（美国）

宝珊（女）
1962.8.31
（广州）

彦（女）
1973.7
（广州）

毅
要黄梦露
1975.6.10
（广州）

昶
要黄梦露
1982.9.5
（美国）

观应（正翔，陶斋）
1842年六月十七—1922年五月下旬

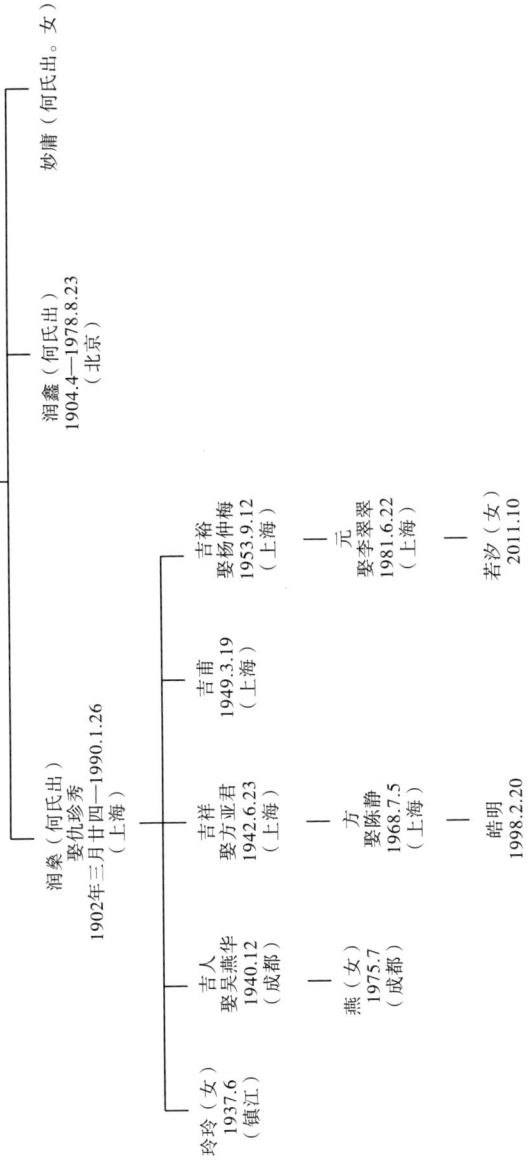

润燕（何氏出）
娶仇珍秀
1902年三月廿四—1990.1.26
（上海）

润鑫（何氏出）
1904.4—1978.8.23
（北京）

妙庸（何氏出。女）

玲玲（女）
1937.6
（镇江）

吉人
娶吴燕华
1940.12
（成都）

吉祥
娶方亚君
1942.6.23
（上海）

吉甫
1949.3.19
（上海）

吉裕
娶杨仲梅
1953.9.12
（上海）

燕（女）
1975.7
（成都）

方
娶陈静
1968.7.5
（上海）

皓明
1998.2.20

元
娶李翠翠
1981.6.22
（上海）

若汐（女）
2011.10

郑观应三子郑润燕、四子郑润鑫家族表（郑吉祥整理）

郑凌

　　郑凌（1949—　），出生于天津，郑观应五弟郑翼之四代玄孙郑灏的妻子，唐廷枢四代玄孙。毕业于中国医学科学院血液学研究所，曾任天津市公安医院检验科主任，授予三级警监警衔。

时　间：2021 年 10 月 23 日

地　点：桔子水晶天津滨江道步行街酒店

口述者：郑　凌

采访者：龙良富

整理者：龙良富

◎问　郑阿姨，您好！我们是"郑观应研究口述史"项
目组。今天我们来您家，主要想聊聊您的家族史，请问您是
郑翼之的第几代后人呢？

◎郑　我爱人郑灏是郑翼之的第四代孙，也就是曾孙，
郑翼之是我先生郑灏的曾祖父。

◎问　您当初与郑灏老师是怎么认识的呢？

◎郑　我毕业于协和医学院血液研究所，毕业后就响应
毛主席的号召，分配到四川乐山工作，辗转 10 年后回到了
天津。天津人对故土的依恋还是很浓厚的，无论走了多远，
还是要回家的。回到天津后，就分配到了天津公安医院检验
科，当时我一边工作一边利用业余时间学习英语，郑灏恰好
和我在同一个班，就这样认识了。后来经过老师的撮合，我
们就在一起了，冥冥中的缘分。

◎问　在谈恋爱的时候郑灏老师有没有告诉过您，有关
郑家的故事？

◎郑　没有，当时我也很单纯，主要是觉得郑灏这个人

很真诚，对工作充满热情，对家庭也很有责任感，没有讨论过他家族的事情。

◉问　结婚以后呢？

◎郑　结婚以后也不知道。我最开始知道，还是从我们公安医院的老主任那儿听说的，他跟我们科室里的人说："郑凌爱人家是一个大家族，为天津现代化建设作出过很大贡献。"可是，我们两个人一点都没有谈过这些事。

◉问　什么时候郑灏老师开始跟您谈到有关他们祖辈的事情呢？

◎郑　后来我是从樱楠（郑灏的独生女）奶奶那里知道的。她告诉我，郑灏的父亲郑兆良是郑翼之的长孙，按照香山人的习俗，长子长孙是要继承家业的，而郑翼之的主要家业在天津，所以郑兆良辗转还是回到了天津，要继承家业。

郑兆良毕业于燕京大学法学院社会系，和中国社会学和人类学的奠基人费孝通是同门，师从吴文藻先生。因为这缘故，和吴文藻、冰心夫妇关系也非常好，郑兆良叫冰心干妈。

◉问　郑灏老师的父亲是怎么认识他母亲的呢？

◎答　郑灏父亲曾辗转于南京、贵阳、重庆等多地工作，后在重庆战时保育会工作时认识了樱楠奶奶。奶奶是西北师范学院毕业的，当时他们主要开展社会福利救济工作，一方面要求联合国善后救济总署向中共解放区分配合理的救济物资，另一方面与国内外义务机构联系，为中共解放区争

郑兆良燕京大学毕业论文

取大量的捐赠物资，可以说为解放区的社会福利、医疗救济作出了很大贡献。他们在重庆结婚，后来要继承家业，特意回到天津，居住在祖屋。

◉问　郑灏老师的父亲（郑兆良）也是长子吗？

◉郑　是的。郑灏的祖父是郑宗荫，他是郑翼之的长子，郑灏的父亲郑兆良是郑宗荫的长子，郑灏也是长子，所以我们这房就是长子长孙。

◉问　你们长子长孙这房就必须要继承家业吗？

◉郑　对，按照他家的规矩，长子长孙要继承家业，其他儿女要出去深造，多学习，见世面。郑兆良几兄弟中，只有他在燕京大学上学，其他的人都在国外有名的学校上大学。

◉问　郑兆良作为长房，要继承这个家，所以没有走出去，对吧？

◉郑　对，广东人都有这传统。

◉问　这样说来，郑灏老师应该是在郑翼之的老宅里面出生的，是吧？

◉郑　郑灏是在重庆出生的，因为他父母当时还在中国福利基金会工作，然后很小的时候到了天津。樱楠也是在我们天津营口道的老房子出生的，我生他的时候我们住在营口道那边。

◉问　什么时候搬出来的？

◉郑　樱楠 3 岁的时候我们搬到了水上村，离我家也很
近，后来就搬到现在住的地方。

◉问　当时为什么从营口道那边的老房子搬出来？

◉郑　营口道那边的老房子很大，也很高，西式的老洋
房，一个房间就有 40 平方米。虽然是洋房，但由于没有暖
气，冬天特别冷，墙体早就阴湿发霉了。当时我们只住在一
楼，楼上的房子中华人民共和国成立后就充公给了别人，有
一年天津闹大水，水直接灌进了房子，我们的家具什么的都
全部潮湿坏掉了。当时我们的经济状况也很紧张，家里没有
条件整修，我们就通过向政府申请更换房子，然后政府安排
我们换到了水上村，给我们解决了两套房，奶奶一套，我们
一套。

◉问　那老房子的所有权呢？

◉郑　中华人民共和国成立之后，郑翼之其他地方的房
产都归政府了，只留下营口道这栋房子供我们居住，但这个
房子的所有权不是郑灏的，也不是我婆婆的，而是郑灏奶奶
的，需要郑灏的几个叔叔和姑姑来签字放弃，放弃之后房子
的所有权就归了政府。

◉问　那樱楠的爷爷奶奶会不会给你们讲一些以前的
事情？

◉郑　樱楠的爷爷"文化大革命"以前就去世了，我一
直都没见过，奶奶一直跟我们住在一起。奶奶是一个看着特
别有气质的知识分子，说话轻声细语的，特别尊重别人，我

们在一起生活这么多年，相互都特别尊重，没有一点矛盾。

当时我们从营口道老房子搬到了水上村，都住在一层，所以我们经常在一起，有时闲了跟她聊天，知道得多一点。我家婆婆也是有故事的，她的哥哥余心清是冯玉祥的老部下，也是最早留学美国哥伦比亚大学的中国留学生之一，回国后曾担任冯玉祥部开封训政学院院长、民众抗日同盟军总务处处长等职务，1947 年由于联络美国领事馆策动国民党第 11 战区司令孙连仲起义，遭到国民党逮捕，1949 年获释，后来担任中央人民政府办公厅副主任、典礼局长、人大常委会副秘书长、国家民委副主任等职务。

◎问　好像开国大典第一餐是他操持的？

◉郑　是的。天安门举行盛大开国大典的时候，余心清陪毛主席走上了天安门，晚上在北京饭店举行盛大宴会，招待前来参加开国大典的 600 多位中外贵宾，被称为"开国第一宴"，这次晚宴就是由余心清策划、布置的。他也可以说是新中国国家礼宾礼仪工作的创始人，他与外交部工作人员一起，参照各国礼仪，为新中国制定了最初的礼宾礼仪工作的典章制度。

◎问　余心清在那个年代受到了这么好的教育，樱楠的奶奶应该出生在很大的家族，是吧？

◉郑　她家原来是菜农。余心清先在南京金陵神学院上学，后来到了哥伦比亚大学学习行政管理，回来后成了牧师，到处讲道。因为他口才好，讲道特别好，人长得也英俊，被冯玉祥看上了，就说"你跟我一起干吧"。

◉**问**　这样来看，两方的家族都是有一定背景的。

◉**郑**　应该都算是大家族，家族中的成员也都在很努力地为祖国的统一、国家的建设，全力以赴地贡献着自己的力量。

◉**问**　奶奶当时跟您说了郑家的故事吗？

◉**郑**　她应该知道很多事情，但她讲得不多，对我讲得多的还是她的哥哥余心清的故事。

郑凌家保存的余心清赠送的瓷器

◉**问**　大概跟您讲了哪些郑家的故事？

◉**郑**　主要讲了他们在天津所有的老房子，比如说医药公司那一圈都是他们家的房子，马场道那边有一个制药厂，应该也是他们家的祖屋。她还给我讲了她和爷爷一起创办了天津市第一个幼儿园——日新幼儿园，这个幼儿园的地皮、建筑、玩具都是他们俩出资购买的，中华人民共和国成立后就交给二轻局了。后来郑灏的父亲郑兆良回上海去照顾自己的母亲，我婆婆没有一起去，而是待在天津带孩子上学，到铁路医院的学前教育搞幼儿营养，做营养技师。

◉问　郑灏老师和您结婚之后，会跟您分享他们祖辈的事情吗？

◉郑　会讲一些，比如郑翼之是郑观应的五弟，也是郑观应思想文化最成功的实践者之一，17岁就随其兄长郑观应从广东中山来到上海，进入英商太古洋行，从账房练习生做起，郑翼之的中文功底很深，但是对英文却一窍不通。英方的总经理觉得这个职员工作很勤奋，又好学，认为是个人才，工作之余，就有意加强培养他学习英语，郑翼之本来就很聪明好学，懂得抓住机会刻苦学习，在短短几年，英语口语已达到很高的水平，为其他同事所不及，深得英国总经理的赏识。做买办有钱后，他就投资中外股票及房地产，在天津英租界内外和上海等处买了很多地皮，在湖北路、大沽路都有住宅，天津城墙被八国联军强行拆除后，他与梁炎卿用拆城大砖盖了新华路的大宅。后来郑翼之与唐绍仪等人捐资建造了天津广东会馆。郑翼之过世后，郑灏的爷爷郑宗荫继任了太古洋行的买办。

郑灏还告诉我他小时候住在马场道药厂的房子，那个房子好大好大，天津市原来的一位老市长经常到那这个房子来，因为每到星期六、星期天，这里都举行舞会。

郑灏还告诉我，他的父亲心地特别善良，只要在路上看见有特别穷的人，衣服穿得不好的、冬天衣服特别薄的，他都要把家里的东西拿过去给他们。有一次他知道有几个特别穷的人没钱吃饭，他就把他们叫到家里，然后给他们饭吃。

◉问　郑氏家族一直都坚持做慈善，对周边的人都很好，看来，他这样做，实际上是一个家族传承。

◉郑　是啊。郑观应、郑翼之的父亲就热心于公益事业和慈善救济。郑翼之如此，郑宗荫如此，郑兆良和郑灏都是如此。

◉问　郑灏老师小时候生活在哪呢？

◉郑　他小时候生活在天津，后来到上海跟奶奶生活了一段时间，到了上学的年纪又回到了天津。

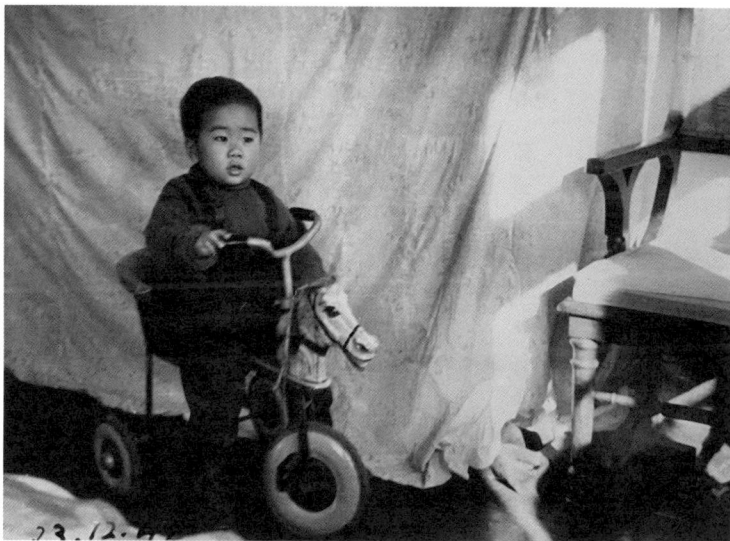

郑灏小时候在上海家中留影

◉问　为什么要回天津？

◉郑　因为我婆婆在天津铁路医院当营养技师。

◉问　要回到爸爸妈妈身边来，是吗？

◉郑　对，爸爸妈妈主要是在天津。

●问　上海那边有郑宗荫的其他子女，是吗？

◉郑　是的。郑兆良在上海有几个弟弟妹妹。他是老大，老二好像是英国剑桥大学毕业的，后来成了上海外语学院的教授；一个妹妹也是国外留学回来的，后来生活在南京；还有一位弟弟在美国，这位弟弟应该也有很强的专业能力，我在天津见过他一次。

●问　这样推算的话，郑灏老师回天津已经是20世纪50年代了，后来的"文化大革命"对他影响大吗？

◉郑　"文化大革命"开始的时候，郑灏已经上高中了。他的初中、高中还赶上了考试，成绩一直都非常好。初中在天津一中，高中在医大附中，这些中学都是天津最好的学校，但是到毕业分配的时候，由于家庭是买办出身，影响了之后的升学发展，被分到塘沽的一所中学。按照他的成绩，本来可以考上一所很好的大学，所以挺可惜的。

郑灏的弟弟也是很可惜的，他在天津一中上的初中，耀华中学上的高中，成绩也非常好，但是考不上大学，后来报考了河南的一个农学院，因为出身不好最终被拒绝。那个时候奶奶也挨批斗了，家都被抄了。据说奶奶的批斗和郑家关系不大，主要是与她的哥哥有关系，她告诉我说，被批斗的时候，她站在院里的一个四个腿的小方凳子上面。

●问　他们有没有因此对自己家族的这些历史有什么抱怨呢？

◉郑　他们基本不提自己的家族历史。虽然受到了一定影响，但结果也不是很差，他们后来都有自己的工作了，而且在工作中都作出了自己的成绩。郑灏的弟弟非常聪明，动手能力也强，我们国家刚出现电脑的时候，他就开始自学，后来成为这方面的能手，在塘沽的第二教育局搞计算机软件系统很有名。郑灏是医大附中毕业的，但没有机会从医，高中毕业之后被分到塘沽五中，后来上了师范学院学习中文，因受到"文化大革命"的影响，毕业后不敢教中文，怕自己说错话，就转专业做了体育老师。

◉问　那还好，郑灏老师还上了大学。

◉郑　因为他高中毕业，在那个年代也算是高学历人才了。但是因为家庭成分的问题，兄弟俩最后工作都没被分配到天津城区，而是当时很偏僻落后的塘沽。

◉问　因为买办家里条件好，后代都受到了很好的教育，也给他们创造了一些机会，对吧？

◉郑　对，他喜欢看书，比较尊重科学，尊重知识。

◉问　还是受到家庭条件的影响？

◉郑　因为从祖辈开始，家族都重视教育，到了郑观应、郑翼之这代，有了更好的教育条件，更加支持后辈上学。郑灏的爸爸是燕京大学毕业的，燕京大学是那个时代中国最好的大学之一，奶奶也是西北联大毕业的，都是知识分子，这种家庭的学习氛围是很浓厚的。

◉**问**　郑灏老师从小喜欢读书，受到爷爷奶奶的影响，可能也受到郑家有读书传统的影响。

◉**郑**　应该都有，他一方面受到爷爷奶奶的影响，一方面也受到郑氏家族的影响。郑家很重视读书，郑灏的奶奶给他留了好多钱，本计划送他到国外留学的，但"文化大革命"都被抄走了。

◉**问**　郑观应当时为家族准备了一个读书的基金，是吧？

◉**郑**　是的。郑观应非常重视子女的道德教育，即使工作非常繁忙，也通过各种方法悉心培育子女，鼓励侄子们多读书。那个时候郑观应对家族有一个遗训，就是成立一个家族基金，子侄读书的时候用家族基金来支持他，等他有工作以后再把钱还回来。

◉**问**　郑灏老师在高中毕业之后，做了哪些事情？

◉**郑**　主要是当老师，他一直是塘沽五中的体育老师。他很喜欢体育专业，特别投入，经常带着学生去体育场练球。那时候我们住营口道大院，体育馆离我们家特别近，他打完球就把学生，就是他带队的那些队员们都领到我们家，就在家里吃饭，当时我们家的房子好大，一个房间就40多平方米，他就在里面搭地铺，让学生睡在家里，第二天再去参加锻炼。他在教学方面是挺下功夫的，应该说取得了很好的成绩，可以说今天天津女排的基础都来自塘沽，他为天津女排打下了很好的基础。

◉**问**　郑灏老师在改革开放以后，还在乎自己是买办资产阶级家庭出身吗？什么时候改变了这个看法？

◉**郑**　应该从 2012 年以后，当时南开大学有一个会议①。在这个会议中，专家们对买办有了新评价，认为买办对中国的发展起到一定的积极作用。他此后才敢光明正大地说自己来自买办资产阶级。

◉**问**　后来他有参加一些买办的活动吧？

◉**郑**　有的。他在世的时候，中山市的郑观应文化研究会几次发函给他，邀请他参加相关的会议，他都非常积极地写文章。另外他是民革成员，天津政协的有些会议也邀请他参加，他都是很积极参与的。可惜他 73 岁时心脏病发作突然去世了。其实，他本来还有很多计划要实施的。

◉**问**　樱楠的奶奶后来是怎么过世的呢？

◉**郑**　我婆婆 94 岁的时候去世的，就在我家输完液以后，很安详地走了。她没有病，身体一直挺好的，就是自然死亡的。

樱楠的奶奶是基督教徒，在世的时候几乎天天念《圣经》，每天都要检查自己。郑灏受到了父母的影响，也是基督教徒，经常和妈妈一起读《圣经》。我们家《圣经》很多，都是他抄的，奶奶不仅抄，还写读书笔记，这两年我也

郑
凌

---

① 这个会议是由中山市文学艺术界联合会、南开大学文学院、香港中文大学崇基学院三个地方三个单位联合举办的"买办与近代中西文化交流"。郑灏参加了这次研讨会。

郑灏母亲余慈恩的笔记

在看他们抄的圣经，字迹工整，基本没有错字。

◉**问** 你们作为长房长子长孙，有没有保留一些郑家的东西？

◉**郑** 我们家现在有几件家具是郑家祖辈遗留下来的，但都是小件的，一直没有大的东西，大的东西恐怕都被郑灏的爷爷奶奶拿到上海了，"文化大革命"也抄光了。这几件家具有100多年历史了，一看就是古香古色的。

据我婆婆说，郑灏的奶奶当初也想让他们几兄妹去国外留学，还特意为他们留学留下了很多金条，结果都被抄光了。郑灏的叔叔在上海，好像他一直住在郑翼之在上海留下的老房子到最后去世。郑翼之在天津的房产很多，但后来房子都被国家收走了，我们真是没有留下一点东西。

但我婆婆对这些想得很开，一点都不在意这些东西，说"文化大革命"后能活下来就是最好的结果。因为当时买办资本家定的成分很高，他们根本不敢说，我这是因为和奶奶接触多了，稍微了解一点，涉及政治的东西我们都不敢讲。

◉**问** 后来买办的研究慢慢变多了，买办的历史价值逐渐被认可了，郑灏老师有没有写家族史的计划？

◉**郑** 他是有这个计划的，本来想把郑翼之的东西好好整理的，后来生病就没有机会了。他给郑观应文化学会投过稿，然后在澳门、中山开的两次会他也发言了，只不过后来这些事儿太晚了，他好多东西都没来得及做就过世了。

◉**问** 他有很多关于家族发展的个人记忆，这些记忆随着他的过世就没有了，可惜了。

◉郑　是的。他们广东人特别讲究长子长孙，郑灏是长子长孙，所以好多东西他都应该比较清楚，比如他小时候在上海和爷爷奶奶生活的经历，还有天津的郑家祖屋的来历故事，但我对这些东西没怎么关注，也没有主动去问他，所以我不是很清楚。

◉问　那郑观应的《盛世危言》这些书，郑灏老师有买来看过吗？

◉郑　看过。他在 1987 年第一次回到中山三乡，当时他是自己一个人去的，后来又去中山参加了几次郑观应的纪念活动，才逐渐开始关注郑氏家族的历史。后来他陆陆续续地买了好几个版本的《盛世危言》，有精装的，也有平装的。如果没有受到"文化大革命"影响的话，可能我们会对郑家的宝贵遗产了解得更早，了解得更多，一旦把这个东西割断以后，我们再把它捡起来可能就会相对慢一点。

◉问　郑灏老师是 1987 年第一次去三乡，当时您没去吗？

◉郑　是的，1987 年，当时我没去。他回到中山看了三乡雍陌村的祖屋，当时这个老屋是郑伟权的儿子在那住着，等我们 2016 年去的时候，祖屋就腾出来了。

◉问　郑灏老师第一次去三乡回来，当时的情景大概是什么样子的？他回来给您分享了什么信息吗？

　◉郑　第一次去了三乡，回来后他很兴奋，对我说终于找到他的根在哪儿了。郑氏族人看见他回去了，都特别亲热，他和郑家家族的人聊了好多。后来郑观应诞辰 165 周年，他去了澳门的郑家大屋，然后我们俩 2016 年又去了三乡雍陌村和郑家大屋，就对他家祖辈的历史有了更进一步的了解。也从那时候开始，郑灏知道他的太爷郑翼之是郑观应思想的实践者，因为郑翼之十几岁去了上海，开始是郑观应介绍他去的，后来因为比较勤劳，又爱学习，怡和洋行就将他带到了天津。

◉问　郑老师和他母亲交流了吗？

◉郑　郑灏回来后可能也和她有些交流，但是不可能很多，因为"文化大革命"对奶奶的刺激还是比较大的。

◉问　当时你们一起回中山，是谁接待你们的？

◉郑　我们当时去了郑家大公祠，是中山三乡镇政府一个姓高的官员负责接待我们，我忘记他叫什么名字了。好像叫高兆辉，人很好，很热情，对郑氏家族的历史文化比较了解。郑灏的身体恢复后，他也特别感激，觉得国家政府做了一件大好事，能够让他看到他家祖屋的原本样子。

◉问　那您有时间会看《盛世危言》吗？

◉郑　有的时候我也看看，因为都是文言文，有点艰涩难懂。我女儿倒是经常看，因为她是学文科的孩子，虽然有点难，但是她对我说："妈，我一定得好好读，好多内容得好好学。"我们这代错过了学习祖辈思想和文化遗产的机会，幸运的是，郑家年轻的一辈开始重视这些东西了。孩子虽然工作也忙，但是她因为经常跟你们接触，跟中国医协接触，现在她逐渐认识到了这些东西的重要性。

郑灏一家四口

⊙**问**　樱楠的爷爷，他们原来在郑家大屋住过吗？

⊙**郑**　没听说过。郑灏从中山、澳门回来后，奶奶给我讲了点郑家的历史，说郑观应和郑翼之的关系特别好，郑观应一些经济上的问题到最后都是郑翼之支持的，可能到最后郑观应其实没什么钱了，而郑翼之是兄弟里面最有钱的。

⊙**问**　郑翼之在天津主要做了哪些事情呢？

⊙**郑**　郑灏最后一次从中山回来后开始收集郑翼之的信息，他也告诉我一些收集到的故事，我退休后也阅读了收集的故事，对他的家族也有一些了解。郑观应和郑翼之是同父异母兄弟，郑翼之大概 16 岁时随郑观应到上海，在他的介绍下，郑翼之首先在太古洋行账房做练习生。想当年，进入洋行做实习生就像20世纪80年代初期年轻人进入外资企业做初级文员一样，虽然有郑观应和同乡的帮助，但最终还是要看自己的悟性和机缘。郑翼之刚到上海的时候，他不懂英语，但当时的太古洋行英国总经理斯维尔看他工作勤恳，又好学，认为是个人才，在工作之余，培养他学习英语。他抓住了这个机遇，刻苦自学，在短短的几年时间里，英语口语对答如流，深得斯维尔的赏识。

后来上海太古洋行决定在天津设立分行，它的办公大楼就在解放北路，现在还保留着。天津太古洋行主要有轮运与食糖两大基本业务。最初天津太古洋行的买办是黄国祥，但他有点不理业务，当时大堆大堆的太古砂糖卸到了海河太古码头上，没有任何遮挡，碰巧当时天气不好，连续阴天，黄国祥担心如果下雨的话，这些糖不就化了吗？这样不但拿不到钱，还要损失买办的保证金，所以他就辞职了。这时候汇丰银行买办吴调卿向太古洋行推荐了只有25岁的郑翼之任买办，随后郑翼之指导各代销店和分销处加大力度向农村渗透，一手建立起北方的食糖网络，中国北方的洋糖进口业务，全部落在太古洋行手中。

郑翼之当上买办之后，天津太古洋行业务迅速发展，郑翼之累积的利润和佣金非常丰厚，他将所得收入主要投资于中外股票及房地产。

据说郑翼之在积累财富上也很有心思，他收房租是按阴历计算，因为阴历每5年有2个闰月，每值闰年是13个月，但是阳历则永远是12个月，按照阴历收租每隔5年就可以多收2个月的房租。郑观应在天津有一处著名房产——北海楼，紧邻北马路，是当时天津最早的综合性购物娱乐场所。北海楼的经营收入全部由郑翼之负责打理，可见郑观应和郑翼之关系是很好的。

◉**问** 除了这些之外，您还有什么故事和我们分享？

◉**郑** 我听奶奶讲，郑翼之和唐廷枢带头出资盖了广东会馆，因为天津的广东人很多，而且也很团结，他们买办人数也比较多，很快就集资好了。另外，可能大家不知道的是，郑翼之也是天津耀华中学的主要出资者。当时庄乐峰先生筹34000两白银创办"天津公学"，并任校董，校址位于今天的湖北路，当时属于英租界，是一所服务英租界纳税华人的英式精英学校，后来"天津公学"改名为耀华中学，就是光耀中华的意思。郑翼之家族从1927年的第一届一直到1949年的第六届，每届校长他们都给予支持。光耀中学直到现在都是天津最牛的学校之一，应该是数一数二的，毕业生大多都是名牌大学，都是国家未来的栋梁，可以说，在天津市的教育和其他的实业发展中，郑翼之起了很大的作用。但是"文化大革命"时期一些人可能把他负面的东西给说得过多了。

◉**问** 现在耀华中学举行大的活动的时候，还会请你们这些郑家后人去吗？

◉**郑** 校庆的时候可以去。学校有一个文史馆，里面有好多照片，可以看到第一任校长到1949年之前的6届校长的资料，但对具体哪些人出资建校的情况，没有做更多的讲解。

◉问 不管有没有说到郑翼之，耀华中学的发展还是有郑家很大的功劳，是吧？

◉郑 是的。当时郑翼之很有钱，据说他病故的时候家产已达千万，而且他还在英国的大洋行做买办，捐钱支持英租界学校的建设也是理所应当的，这为耀华中学的发展打下了很好的基础，没钱怎么发展学校呢？我们感到很欣慰的是，历史还是铭记住了郑家在天津教育的功劳。

爷爷和奶奶当初要去办幼儿园，他们的理由是孩子的教育要从小开始抓，幼儿园的各种剧目、各种玩具、英文班，都是他们亲自设计的。听说很多小玩具都是爷爷找细致的木工做的，滑梯也是自己家做的。中华人民共和国成立后他们将幼儿园交给了政府，变成了国家的幼儿园。

◉问 这个幼儿园还在吗？

◉郑 这个幼儿园已经不在了，但是那个地方还在，就在我们当时住的老房子的拐弯处，这块地后来办了工厂，但原来属于他们家的医药公司的房子还在。

◉问 所以郑翼之的遗产至今还在天津发挥着作用？

◉郑 是的，留下的这些遗产，还是在天津市发挥很大的作用，我们的住屋就交给医药公司了嘛。

◉问 现在医药公司还在这一栋楼里吗？

◉郑 还在的。郑州道139号郑翼之的祖屋，现在是中国烟草公司，这个楼也很奇怪，外表看起来好像是在五大道上。

◉**问** 这些建筑简介中有没有介绍郑翼之呢？比如说这栋楼原来是郑翼之曾居住过的房子？

◉**郑** 这些房子还没有相关的介绍，但是在《工人日报》等报纸上会有些郑翼之的文章，涉及这些老建筑的文章都会提到郑翼之。

◉**问** 您可以去要求他们挂一个牌，说明这栋楼原来是郑家的。

◉**郑** 奶奶觉得经历这么多，能活下来就不错了，就没有要求什么。等郑樱楠再成熟一些，可以去争取。

◉**问** 您去过郑家大屋，郑家大屋给您的印象是什么？

◉**郑** 澳门的郑家大屋修复之后，我们去了一趟，蛮震撼的，规模很大，也很漂亮，既具浓厚岭南民居风格，又融汇了不少西方建筑元素。当时我们去的时候也了解了郑家大屋的历史，才知道有这么个祖屋，是郑观应几兄弟集资来修的，在20世纪三四十年代，由于族人外迁，闲置的房间及空地还被分租出去，一度有住客五六百人，郑家大屋遭到严重的破坏，直至2001年澳门特区政府以换地的方式获得了大屋的业权，才得以展开了大规模的修缮工作。我们去的时候感到很开心，澳门特区政府费这么大的力气将郑家大屋维修好了，而且成为世界文化遗产，这样郑家大屋就可以永远保留下来了。

◉**问** 刚才您说到郑灏老师和奶奶都是信奉基督教？

◉**郑** 是的，他们都是基督教徒，每周六和周日要去教堂礼拜。他们心地比较善良，只要有条件就会去帮助别人，每月都要拿出自己收入的10%来捐给教堂。

◉**问** 那个时候经济收入都很少啊，为什么要这样呢？

◉**郑** 我也不知道，也没阻拦过他们，他们觉得基督教徒应该做这种慈善，要帮助穷人，一直到他们去世。

◉**问** 是因为基督教徒，还是更多受到家族的影响？

◉**郑** 家族也有影响。我们中国人"穷则独善其身，达则兼济天下"，其实从郑家先辈开始就很注重慈善。你看雍陌村就有一条我们先祖（郑文瑞）为村民修的路，他还发动亲戚和分散各地谋生的儿子们捐10万两银赈济山西特大旱灾，救人不少，现在雍陌村还有一块"乐善好施"的牌坊。我发现他们这种济贫救困的思想真的是代代相传。我婆婆和郑灏都是这样，一直到他们去世，每月都要奉献，就到礼拜堂去捐赠。

奶奶和郑灏过世的时候，丧事办得很简单很特别，就是牧师到家里来，因为他们平常去捐赠，樱楠跟教会联系了一下，牧师就带着唱诗班给我们做了一个追思礼拜。他们前头唱的是《圣经》里那些特别优美的歌，特别欢快，人家弄完了就走了，也不要钱，说感谢主就行了。

当时郑樱楠负责给奶奶和爸爸买了一个墓地，因为他们是信奉基督教的，就按照基督教的要求布置了墓碑，很简单，没有太复杂的东西，那环境一看就让人感觉舒服。

◉**问** 对，这对亲人其实也是一种解脱，是吧？

◉郑　感觉他上了天堂，不会特别伤心，而且特别欢快。

◉问　请讲讲您的经历？

◉郑　因为我在北方长大，从小生活在天津，上学工作也在天津，郑灏家还是比较有广东的生活传统。有时候我们也有不同的看法，比如广东人鼓励孩子出去锻炼、去经历，北方尤其是天津的家长，绝对不愿意让孩子走出去，所以我家下一辈7个孩子，就只有我们家的郑樱楠走出了天津，到北京工作。

◉问　您家下一辈有7个小孩？

◉郑　我兄弟姐妹6个，加上我家樱楠共有7个孩子，现在只有郑樱楠一个人没在天津工作，他们都舍不得放出去，可是郑灏家就不是这个观点。

◉问　您刚才讲到，您跟唐廷枢有关系是吧？

◉郑　唐廷枢应该是我妈妈的舅爷爷。

◉问　那是您妈妈的姥姥的亲哥哥，这其实还是蛮亲的。

◉郑　应该不算远，我姥爷叫唐廷枢舅舅。唐廷枢将天津的老城里的房产给了妹妹，对妹妹也安排得非常好。我姥爷，就是唐廷枢的外甥，他的工作也是唐廷枢给安排的。

◉问　唐廷枢当时在天津吗？

◉郑　唐廷枢外面的事务很多，大部分时间都不在天津，主要待在上海，但他的爱人在天津，就是我妈妈和我姥姥总跟我们讲的唐大奶奶，唐大奶奶后来到了北京，在北京待了很长时间。另外，我姥姥的婆婆还是郑观应的妹妹，她经常带着我姥姥参加一些比较大的活动，还有打牌等休闲娱乐，因为她们已经在社会上有一定的位置，有一定的圈子。

◉**问**　您是什么时候知道您跟唐廷枢有这种血缘关系的？

◉**郑**　因为时代很特殊，我们小时候真的不知道这些，真正知道我们是唐廷枢的后代，还是在我妈病重的时候。当时我姐姐开着车去开平煤矿参观，带回了两本书，就给躺在床上妈妈说到了唐廷枢，我妈说唐廷枢是我的舅爷。

其实我们之前也知道一些，但是不那么明确。以前就听说姥爷分到公安局的房子，就是利用了和唐廷枢的关系，因为这样，我姥爷特别重视和喜欢女儿。按照中国的传统，我舅舅家族的儿子，是正常继承人，我妈是女儿，嫁出去的女儿就像泼出去的水，不太受重视，但是我姥爷觉得我妈聪明好学，就把公安局的房子给了她，而没有给我的舅舅。我姐姐是在那院子里长大的，她们还记得当时家很大，很漂亮，我也是在那院生的，但是没有记忆。可以说，虽然我们这一代没见到过唐廷枢，但是他也在潜移默化地影响我们的生活。

◉**问**　您还记得您的姥姥、姥爷的一些事情吗？

◉**郑**　我从小跟着姥姥、姥爷一起生活，我姥姥是唐廷枢的侄女，基本上维持了广东人的生活习惯。我记得当时家里堂屋中间挂了一张很大的照片，可能广东人家中都要这样子的。一直到我记事这张照片都还在，但"文化大革命"开始后，再回家就没有了。另外，我记得家中还有很多字画什么的，当时都毁了，后来都没有了。

我的大舅，就是我妈的哥哥，曾经做过傅作义的秘书，当时对北平的和平解放立了功，所以我姥姥家一直挂着光荣军属证，"文化大革命"当中，我姥姥家虽然受到了一定冲击，好多字画、有历史的东西都扔了，或者是毁了，但没有受到批斗。

我大舅后来当了山西文史馆的馆长，在"文化大革命"中被批斗去世了。我记得他写的毛笔字很漂亮，我的姥爷写字也漂亮，特别是小楷。

◉问　您的家族重视教育吗？

◉郑　因为家庭背景比较好，我们家族特别重视教育。我妈那个年代都是分男女校的，像她这个年龄的人应该上不了那么多学，但家里非常支持女孩上学。不幸的是，她高中的时候日本开始侵略中国了，她当时参加了抵制日货的活动，我妈的奶奶就不干了，怕出事，就不让她上学了。我妈当时和邓颖超同一个学校，比邓颖超低两届，如果不是遇到特殊时期，也可能有一些成就。我父亲是个资本家，但是在中华人民共和国成立之后也受到了一些冲击，我们兄妹 6 人上学都是个问题，负担压力很大，但是我妈妈就特别重视教育，一定要让我们都去上学，起码上个中专。

◉问　当时留下的东西都没有了，是吧？

⊙郑　没有了，我姥姥家什么东西都没有了。你看我姥姥的妈妈是唐廷枢的亲妹妹，他给妹妹留了不少东西，比如天津爬头街整个胡同的房子都是唐廷枢给妹妹的。

⊙问　那您妈妈小时候是不是在那房子住过啊？

⊙郑　我妈在那院长大的。她以前总讲爬头街，我都搞不清楚，那时候不像现在，我们都不敢去向家长问这些问题，他们也不说，没挨整就不错了，现在终于弄清楚了，就是天津历史最悠久的地方，现在天津的和平区中心地带，我妈也在那儿上学。

⊙问　您受到这种家庭的影响，感觉跟同龄的小孩有什么区别吗？

⊙郑　我妈妈就是让我们一心念书，要有一技之长。我家兄弟姐妹6人，哥哥是铁路工程学院毕业的，当时可能受唐廷枢建设了中国第一条铁路的影响，要搞铁路建设。我们姐妹4个，3个都是学医的，我妹妹正好赶上了"文化大革命"，没有好好念书，那是特殊时代，是没办法的事情。

⊙问　郑观应也要求子女要有一技之长。

⊙郑　我们家应该也是受他们这一代的影响，把念书看得特别重要，思想也很新潮，我妈那年头还要裹小脚，但她没有裹过，家里还要鼓励她念书。

⊙问　还是有文化的人，是吧？

⊙郑　我妈很可惜，只读了高中，她和我婆婆那种文化人不一样，我婆婆她有她的专业，学前教育营养技术，但我妈错过了机会，没有念大学。

◉问　樱楠的奶奶视野就更大，是吧？

◉郑　对，都是他的哥哥余心清供她上学，从南京带出来的，7 岁上北南小学，后又进了北南中学。

◉问　那个时候郑灏老师知道您是唐廷枢家族的后代吗？

◉郑　就是我妈确切地告诉了我们，唐廷枢是她的舅爷爷，我才把这个事情告诉了他。

◉问　郑灏老师听了有什么感受？

◉郑　我们就觉得郑家跟唐家的渊源特别多，之前咱俩真的一点都不知道。

◉问　在香山，郑家和唐家与莫家的联姻很多。

◉郑　我们一点没有考虑这个，这只不过是后来的巧合，没想到还是有血缘关系的。我有些时候也觉得这还是蛮有意思的一个组合，感觉中国好像特别小，唐家和郑家又走到一起来了。但是按照辈分来讲，一点都没乱，我们都是第四辈。

◉问　郑灏老师当初从郑文瑞，就是郑观应、郑翼之的父亲开始去考察郑氏家族的发展，对吗？

◉郑　后来郑灏对家族历史都很清楚了。虽然口上不说，但他心里都有数，因为他从小经历了很多事儿，很少谈家里的事情，但是这些发展历史他知道。改革开放后，大家对买办有了更多的认识之后，郑灏参加了几次郑观应的研讨会，认识到他的太爷爷郑翼之在中国干了那么多实业，是非常了不起的一个人物。

◉问　可能就有一种荣耀感，是吧？

◉郑　是的，重新认识，因为他生长的年代不适合谈这些，所以后期能把这些东西重新拾起来也挺好的。

◉问　也算是完成了一个心愿吧？

◉郑　对，我们家郑观应的书很多，只要有这方面的书，不管是郑樱楠还是郑灏看见了都买回来，收集在一起，还有奶奶家冯玉祥的历史故事、余心清的资料，他们都会买。

◉问　确实要理清楚，还隔得不太远，三四五代是吧？还是可以把这个东西理清楚的，知道来龙去脉，毕竟祖先做过这么多大事。

◉郑　我们不像你们这些文人能够思考得那么清楚，也就是一句半句地听奶奶说，也就是这样，好多东西都不清楚，可能好多都说得不对。

◉问　你们两个家族在男女的教育方面都很公平，您父母亲没有说是女儿，就不应该上学。

◉郑　对，包括我的姥爷。我的姥爷应该是唐廷枢的外甥，他的观念根深蒂固，就是女儿要跟男孩一样去上学，所以我妈才有书念，才有一定的远见，让我们也念书，就是代代相传。

●问　你们同龄中的女孩子好多都没有机会上学。

◉郑　那时候工作也好找，如果家里有困难，有五六个孩子，早就让他们工作了。我们家就没有这样，要我们努力念书。

●问　我觉得重视教育是一个非常好的家族理念，对吧？

◉郑　对。郑樱楠从小受奶奶的影响很大，像叔叔，他的大姑，余心清的女儿，家里的书都很多，都特别重视学习。我们家樱楠从小受这个氛围的影响，虽然对家里的历史了解不多，但是她喜欢读书，并且心地特别善良，头脑也单纯，没有社会上这些复杂的东西。

●问　是的，我觉得还是一种家族的这种风气，从老祖先开始一代一代地传下来，这个是很不容易的事情。

◉郑　都是积极向上的，不管是对家庭还是对国家都作出了应有的贡献。

●问　你们去了三乡雍陌村，也去了郑家大屋，你们对郑家大屋或者是雍陌村的这些祖居，在保护方面有什么意见和建议？

◉郑　我觉得郑家大屋保护得非常棒，但是三乡雍陌这个祖屋保护得不是很好，我那天在祖屋拍照的时候，还特意穿了一件红色的衣服，但照片还是有点暗，我觉得应该更好地保护这些祖屋。

◉问　现在中山这块做得真不太好，前几年我们去的时候还开不了门，要预约，在管理方面做得还不是很好。你们作为后人有什么样的期待呢？

◉郑　当然就是希望家乡要弄得好一些，也希望我们每次回去，家乡有一个新的变化，尤其是把祖屋弄得好一些，因为这样才能更好地传承郑观应的一些思想，我们后人也会更感兴趣。

◉问　与郑观应有关的文化遗存都应该保护得更好，资料也应该更丰富，是吧？

◉郑　对。我们也去看了唐家湾的唐国安纪念馆，这个纪念馆弄得非常好，所以希望中山三乡能在有条件的基础上尽量地搞得好一些，咱也不提特殊要求，就是希望郑观应的思想等很多好东西能在三乡这儿就能看到，像郑家大屋宣传得比较多，但是三乡没有，我印象当中祖屋就是没有多少资料，做得好点就更好了。

◉问　所以三乡的祖屋还得提升和改进才行。

◉郑　对，争取国家和各级政府的支持。

◉问　你们要求樱楠学习郑氏家族的祖训吗？

◉郑　郑灏在世的时候，就希望郑樱楠多看他们的家书，要给他讲，并且他还希望郑樱楠去澳门的郑观应学校当个老师，希望挺多的，愿意让她继承他家的好多东西，比如说勤奋。郑翼之很勤奋，十几岁从家乡出来，当时他什么都不会，为了学好英语，拿着字典背，几年时间就能说一口流利的英语，能跟外国人对话，这就是一种刻苦的精神，所以郑灏也希望樱楠能继承这种品质。

郑灏对郑樱楠的希望挺大的，可是当时樱楠不是太在意这些。郑灏走了以后，她接触这些事情多了，广东有时候开会也找她，再加上和上海郑吉祥接触得很多，就愿意深入学习家族方面的东西，我觉得这是一个过程，年轻人未必愿意去做这些事情，因为她的工作也很忙，除了工作之外再学习，好多东西不像你们学得这么清楚。

◉问　樱楠的叔叔有没有后代？

◉郑　有一个女儿，就是樱楠的姐姐，比樱楠大 6 岁左右，现在 40 多岁，一直都在塘沽生活。她身体不太好，现在可能基本不怎么上班了。

◉问　只有一个女儿？那樱楠叔叔的女儿比樱楠大很多，是吧？

◉郑　对，他们结婚很早。郑灏的弟弟被分到了塘沽渔村，因为当时出身不好，只能做渔村的老师，最后他找了当地渔民的孩子，这家人比较穷，女孩子也没什么文化，当时家里人都不同意，奶奶还到上海找了郑灏的叔叔去阻拦，但是人家对他特别好，不管是洗衣服还是做饭都照顾得很好，家里人也没拦住，他们很早就结婚了。

◉问　郑家的这些后代，你们联系得最多的是哪些人？

◉郑　联系最多的应该是郑灏的一个小叔叔，他们家在石家庄，但现在这位小叔叔也不在了。

◉问　就是郑灏老师的叔叔吗？

◉郑　是的。郑灏去世的时候这位叔叔也来了，他们是同一个爷爷的后代，还是很亲的。他虽然是郑灏的叔叔，年龄也不是很大，80多岁，只是辈分大。这位小叔叔过世后，我们联系得就少些了，不过郑樱楠和那两个哥哥还有联系，但毕竟没一起生活过，不像以前那么亲热了。

◉问　他们现在做什么呀？

◉郑　我们那位小叔叔原来是中医学院毕业的，后来担任了河北省卫生厅厅长。他两个儿子，一个是做药的，一个是做绘画教育的，两个孙子都在北京上大学，一个是外语学院的，一个是学影视的，学影视的这个孙子说长大以后要拍一部他们家族历史的电影。

◉问　现在还没毕业吗？

◉郑　是的，现在才上大一，去年才考上的。

◉问　想把祖先的东西拍下来，是吧？

◉郑　对，有这个愿望。这个小叔叔希望他的孙子，以后能把郑翼之的这些东西拍成电影或者电视剧。

◉问　现在来讲的话，他们这一代人就没有了以前的阴影，就可以做自己想做的事情。

◉郑　对，像我们这一代经历"文化大革命"，看到了很多负面的东西，所以比较谨慎。但是我们也比较幸运地看到了国家的发展，对郑观应、郑翼之有了不同的看法。像樱楠他们这一代，没有这么多包袱，对事情的看法也不一样，也希望他们做点家族传承的事情。

◉问　您这代人可能政治性强一点。

◉郑　那也只能接受命运。其实你看郑灏写的那笔字，漂亮极了，奶奶的字也很漂亮，等会可以给你看一下，他们不经历"文化大革命"，可能会为国家作出更大的贡献。

◉问　您经历了这么多事情，反过头来再看这件事，不管是唐廷枢还是郑翼之、郑观应，现在重新对这些先辈做个评价，您会怎么看？

◉郑　当前习近平总书记提倡国富民强，国家要富裕，人民财产有保障，我觉得这和《盛世危言》里讲的应该完全符合，所以郑观应100多年前提出来的很多思想，其实放在当前也是很有借鉴价值的。对于我们来说，看到了一种希望，希望年轻人要把这些优秀宝贵的思想传承下来，干一些实业的事儿，不要弄那些很虚的事儿。郑翼之也是从一个学徒工人最后干出那么大的事，管理那么大的事业，很不容易，年轻人就应该脚踏实地地做事情。

郑耀明（1955— ），出生于广东省惠州市桥西区，郑观应九弟郑九如的孙子。本科毕业于广东行政学院。曾任惠州市前进汽缸床厂工人，惠阳地区人民银行科员，深圳市财政局行财科科员，深圳市宝安县财政局行财股、预算股股长，宝安县财政局常务副局长，深圳市沙井镇镇委书记，罗湖区财政局常务副局长，中信实业银行龙岗支行行长，罗湖区工业园管理局拆迁办主任。2014年退休。

郑耀明

时　　间：2022 年 2 月 26 日

地　　点：线上访谈

口述者：郑耀明

采访者：龙良富

整理者：龙良富

◉**问**　郑老师，您好！我们是"郑观应研究口述史"项目组。2022 年是郑观应诞辰 180 周年，为了纪念郑观应，我们邀请了郑观应相关的专家和家属进行访谈，您是郑观应九弟郑九如的孙子，很高兴您能接受我们的访谈。请问您小时候您父亲给您讲过有关郑观应和郑九如的故事吗？

◉**郑**　小时候，父亲告诉我说，我们祖籍是香山雍陌。但我们都不知道雍陌在哪里。那为什么我们的祖籍是香山雍陌呢？父亲告诉我："因为你爷爷就出生在香山雍陌村。你爷爷有 9 兄弟，他们大都在上海做生意、开工厂，郑家在上海是很有名望的。""以前咱家老有钱了，有很多很多的工厂和房子。你大伯爷（郑思齐）在工厂里做管理，二伯爷（郑观应）是家族里最有出息的，他不仅与当时的官员关系非常好，还写得一手好字，而且还写了很多书，家里的《家训》就是你二伯爷制定的。你爷爷是管账打算盘的，每天都要去各个铺头检查账目，晚上再向你二伯爷报数。再后来家族生意越做越大，你二伯爷就将你爷爷派到福建厦门做事了，做了厦门招商局总办。"

郑观应九弟郑九如和妻子张氏

◉**问**　您父亲还向您讲了有关于您爷爷的其他故事吗？

◉**郑**　小时候，父亲就对我说："儿子，爸爸很早就想与儿女们讲讲咱家族的历史，可惜你的姐姐哥哥都要忙于学习，没有时间听我讲，现在由你陪着我，我就先讲给你听，而且也只有你几次提出要我讲家族历史，但你要记住，咱家是大资本家家族，听完后千万不要出去说给别人听，不然就老麻烦了。"

虽然父亲向我提到了爷爷和他兄弟的一些事情，但很多事情都是点到为止，其他的细节就不清楚了。我当时一直不明白为什么父母不愿意给子女讲述详细的家族历史，现在我想应该有两方面的原因：一是离开大家庭时间长了，很多情况不知道；二是我们长大的年代正处于"文化大革命"时期，恐"惹事"。

◉**问** 您兄弟姐妹这么多人，为什么您父亲只和您分享家族的这些故事？

◉**郑** 我1955年7月6日出生在广东省惠州市。我有9个姐妹兄弟，五女四男，我排行老五，上有3个姐1个哥，下有2个弟2个妹。大约在1962年我读小学二年级的时候，正处于"三反五反"运动期间。父亲因曾在国民党部队任职，运动开始就被打成历史反革命，撤销了副院长职务，宣布在家等待安排工作。父亲本来身体就不好，此次对他打击非常大，竟病倒在床。为了照顾父亲，母亲要我停学1年在家照顾父亲及管理弟妹。平时从早忙到晚的父亲突然不明不白被"停职"，一时接受不了，整天愁眉苦脸。母亲为了不

郑耀明兄弟姐妹

让父亲从此颓废下去，便要我请老爸讲讲家族的故事。于是，我想知道的家族历史就翻开了。

◉问　郑老师，请和我们分享下您父母亲的故事。

◎郑　我父亲郑竞文，是郑观应九弟郑九如的二儿子，生在上海长在上海，十足一个"上海佬"。父亲毕业于上海复旦大学医学院，因成绩优秀被国民政府保送到日本东京医科大学就读，获医学博士学位，毕业后回到上海。抗日战争爆发后，父亲被政府征召到国民革命军第十九路军任上校军医，后来辗转到了广东，就再也没有与父母联系了。

我母亲叫李玉珍，广东台山人，广州护士学校毕业。抗日战争期间十九路军驻扎在广州，当时国共两党处于合作时

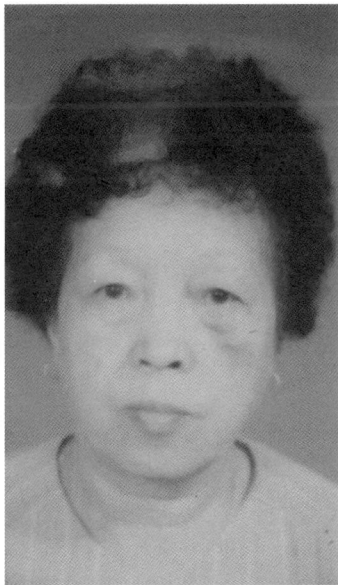

郑耀明父亲郑竞文和母亲李玉珍

期，我妈妈的哥哥，即我的大舅李滔，是当时中共广东东江纵队的一位团长，因负伤送入十九路军广州医院抢救，因此认识了我父亲。大舅觉得我父亲医术高超，富有敬业精神，他康复出院后便将自己的妹妹托付给了我父亲。中华人民共和国成立后我大舅留在广州黄埔，任南海舰队旅级政委。

◉问　后来您全家怎么去了惠州？

◉郑　1946 年我母亲怀了我姐，为了照顾母亲，父亲申请退役，从此离开了十九路军。在我大舅的推荐下，父母选择定居惠州。父亲在最早的惠州市（县级市）人民医院任副院长，妈妈在医院当护士，直至今天他们的遗骨都是安葬在惠州的。

◉问　您父亲几兄弟？能否介绍一下他们的情况？

◉郑　我父亲共四兄弟：大伯秉信一直在上海，育有我堂哥信宝、堂姐嘉宝（均已去世）；父亲排行第二，到了广东；三叔开泰在澳门看护郑家大院；四叔植培是无线电高级工程师，中华人民共和国成立前夕随国民党部队去了台湾，我只在香港见过从台湾赶过来见面的四婶和侄女佩蒂。

◉问　刚才您说曾在香港见过从台湾赶过来见面的四婶和侄女佩蒂，您还与其他亲属保持联系吗？

◉郑　郑家亲属是经过多年不懈努力才形成今天这个圈子的。我的主要途径是委托原居住在故居的郑福田（同一个太太爷的亲属），只要有亲属回来三乡雍陌寻找郑观应亲属的，必须立即致电我与其联系，如不便也请他或她留下联系方式和居住地址。

我所属的九房，我也只见过大伯的儿子信宝及在德国的儿子女儿、四叔之妻四婶及侄女。在澳门郑家大院的三叔我没见过，只有我在香港的哥哥见过他。原因是三叔在世时，我已在政府部门任职，不允许去澳门。现在已经联系上的有在上海所属三房的郑吉祥，在广州所属四房的郑康健等，在天津所属的五房郑灏，其余六、七、八房暂未联系上。

◉ **问**　请您分享下您的个人成长史。

◉ **郑**　我的成长历史可以用"坎坷与顺利并存"来形容。父亲1962年被莫名其妙停职回家，从此再也没有恢复工作。父亲被停职为什么要我停学来照顾他呢？父亲逝世后我妈才将实情告诉我。她说要我停学是我爸和她商量过的，我爸说："那么多儿女也只有耀明能读书，他也爱读书，停一年学不会影响他以后继续读书。而且我刚离开医院，老百姓需要看病还会来家里找我，留他在身边，一方面可以帮我手，另一方面也可以让他接触一下病人，学一些简单病例的救治。"就因为父亲有这个远景计划，我在他超严厉的管教下，每天帮他接收络绎不绝前来求医的街坊。时间长了，一些简单的外伤和简单的病例我都会处理了。父亲由于长期忧郁，心理不平衡，不久就与世长辞了。可惜啊，一代名医，一位医学博士就被"解雇"一年多没人来过问半句，没有发放一分钱生活费。

父亲的逝世，激励了我要认真读书，有文化才能出人头地，才能做出一番事业。可是，当我继续读完小学时，1966年下半年，发生了轰轰烈烈的"文化大革命"，"知识青年到农村去接受贫下中农再教育""工人阶级领导一切""停课闹革命"等运动，一波接一波，我的初中梦破灭了。在惠州市第一小学，由小学教师代替在"小学附设初中班"勉强上了一个学期文化课，接着一直在农村与工厂劳动。两年后就算初中毕业了。由于这种附设初中班没有经过注册和批准，教育局不发给毕业证。幸好父亲是医生，而且是个医术十分高明的医生，得到绝大多数老百姓的尊重、认可与爱戴，其中有很多是领导。我在家"待业"了几个月，街道就给我安排了工作，但没有招工指标，属于临时工，每月 20元工资。

父亲生前每月 159 元工资，这在当时比市长的工资还高。父亲过世后，我们一家七口人，仅靠母亲 50.5 元的工资维持，生活质量可想而知。所以我能有 20 元工资帮补家庭，已经感觉很满足了。我除了每天上班外，晚上还跟二姐夫学修理半导体收音机，没有工资，只是学一门手艺而已。但是，这门手艺却改变了我的人生。

到了 1978 年下半年，改革开放的春风吹进了惠州。惠阳地区行政公署人民银行被省定为改革试点，试行从应届高中毕业生中招考 300 名银行职员（含分配到管辖的 11 个县市）。我会修理半导体收音机，恰好银行的几个领导拿给我姐夫修理的收音机都交给我修。我姐夫获悉了银行招考职员的消息，于是叫我亲自将修好的收音机送到银行每位领导家中，并且要说是我修好的，以后再坏了还可继续帮他们修，我照办了。当时地区级的人民银行已经配有自动点钞机，但质量不稳定，经常坏。为此，银行决定招一个懂修点钞机的人。就这样，在连初中文凭都没有的条件下，银行破例批准我可以不是应届毕业生，也无须高中文化，只要语文、数学、政治三科（免考英语）合格就可以招。最后，上述三门课我以高分成绩获得录取，并且留在地区机关里工作。这是我人生的一个重要转折点。

1979年春节，由于改革开放，政府放宽了香港返回内地旅客的条件，大量香港人返回内地探亲过年。深圳作为窗口，有大量的港人返回内地，兑换货币成了银行的首要任务。每逢节假日，大量的港人返回内地需要兑换货币的数量激增。此时我被地区中心支行临时派到深圳支援兑换货币工作。嫁到深圳的姐姐的丈夫见我很喜欢深圳的工作，就与我协商，问我是否考虑调到深圳来工作，我欣然同意了。最后，姐夫帮我联系了深圳市财政局，1980年我调到了深圳市财政局工作，被分配在行政事业财务科当会计。

1981年底，随着经济特区的不断发展，原来的小渔村面积已不能适应日益发展的特区需要。因此，市政府决定并报省政府批准，除在特区内已设立的单位可继续留在深圳特区办公外，其余单位和企业，扩大到边防铁丝网外的宝安县。我是新调入深圳的干部，因此被调整到宝安县工作。

1982年初，我与许多同事一起到了深圳市宝安县财政局工作。我被任命为该局的行政事业单位财务股股长，后来因原深圳市财政局国家预算科科长年纪大了，不便到宝安工作申请退休，由我兼任国家预算股股长。至此，可以说财政局编内的两个核心业务股由我一个人担纲。当时的宝安县一片荒凉，但县政府领导班子早已提前介入规划，已经把整个宝安县规划好了。由于宝安县财政局的局长是由原深圳市财政局副局长担任，他不愿意到距离深圳市区约 50 公里外的城郊工作。最初的半年还能坚持每天上班，后来就干脆不上班，每天给我打个电话交代一下工作。从此，几乎所有县委、县政府涉及财政工作的会议都由我代表局领导参加并汇报。由于县委会议经常是常委一级的干部会议，不是中共党员是不能列席会议的。为此，县委组织部和直属机关党委找我谈话，要我申请加入中国共产党。我依照组织要求写了入党申请书，1982 年 8 月 26 日获得批准，加入了党组织。同年，县委拟提拔我任财政局常务副局长，组织部在审查我的档案时，发现我只有初中文化，不符合任用条件，再次找我谈话，强调我必须拥有大专以上文化。为此，我报考了由暨南大学在深圳兴办的深圳市对外经济管理大专班（深圳大学前身），学制两年，经毕业考试各科合格准予毕业。但实际上我还没有毕业就已经被任命为深圳市宝安区财政局常务副局长了。

有了这个工作岗位，我就有了许多联系兄弟单位的机会。当时珠江三角洲经济发达地区有宝安、中山、顺德、南海、东莞、番禺等城市，这些城市的财政部门都很希望能互相交流取经，自发要求每年召开一次联席会议交流经验。我就是 1984 年在中山温泉宾馆召开珠三角财政工作交流会议时，认识了时任温泉宾馆的黄鸿枢总经理，他后来调到财政局任局长。我当时不知道雍陌村就在三乡，还傻愣愣地问黄局长："我父亲说我是香山雍陌人，香山雍陌是否就是这个温泉边上的雍陌村？"黄局长肯定地答复了我，说中山只有这个雍陌村。随后黄局长带我去找到雍陌村村长，经核对老族谱，确认了我就是郑观应九弟郑九如的孙子。至此，我苦苦寻找了 10 多年的老家终于找到了。

在宝安县财政局常务副局长的位置上工作近 4 年，县政府非常满意，拟将我下放到基层锻炼两年，回来担任分管财经工作的副县长职务。组织部部长与我谈话后，我即被调到深圳市最富裕的沙井镇任镇长，后在党委书记选举中我又高票当选党委书记。随后，为了日后工作需要，组织上要求我必须取得大学本科学历。于是，我与许多领导干部一样，工作了一段时间继续报考广东省委党校经济管理本科班（后改名为广东行政学院），直至本科毕业。

1989 年下半年，深圳市罗湖区升格为副地市级城区，原来的财政局局长因年龄关系即将退休。为此，区政府请求市财政局委派人员担任局长一职。时任市财政局局长推荐了我，于是我离开了刚刚上轨道的基层政府，重新回到财政部门任职。此后曾轮岗调任罗湖区工业园管理局、罗湖区建筑工务署等部门任职直至 2015 年 7 月光荣退休至今。40 年从政经历，从来没有因为家族历史原因给我的工作和任职带来什么不便。

●问　您刚才讲到 1984 年终于知道您的老家在中山雍陌村，也知道了郑观应就是您爷爷郑九如的哥哥，后来您了解了更多有关于郑观应的信息吗？

◉郑　后来，定居加拿大的大姐来信说到，我小舅父需要我们帮他购买《郑观应文集》，我马上联系在上海的堂哥郑信宝帮忙，很快就帮我找到了一套，共两本的《郑观应文集》。这是我第一次了解到郑观应有这么多著作。后来我再请信宝哥给我买一套，他说已经买不到了，最后他把自己保存的那一套送给了我，我选看了一部分。其中《实业救国》一文的论述，我认为与中国改革开放的路子和理论很有联系，我就着重看了。

◉问　能谈谈您对郑观应思想体系的认识吗？

◉郑　郑观应是我二伯爷，自童年起，我父亲就经常和子女们讲先辈是如何爱国爱家的，其中讲到观应伯爷的故事最多。后来我也开始阅读《郑观应文集》，着重认识和了解了观应伯爷的一部分思想体系，突出的主要有两点：

一是实业救国理论。他认为只有国家资本强大了，才能抵御洋人的经济掠夺，民众才能丰衣足食，也就是说国富才能民强。例如当年上海的江南造船厂、机器织布厂等大型以民族资本为基础的企业就是这样形成的。我认为郑观应实业救国的思想体系，对我国现阶段改革开放的经济体系也有借鉴意义。通过发展经济，改善民生，实现增强国力的目标。我国现阶段取得的经济成就足以证明国富一定要民强的真理，建立深圳经济特区就是证明。

二是制定家训，约束亲人。郑观应制定的家训是"积金玉以遗子孙，子孙未必能宁；积诗书以遗子孙，子孙未必能读；不如积德以遗子孙"。短短的5句话，足以体现郑观应对家族在金钱与道德方面的约束是如此的分明与严厉。据我不完全了解，在郑家家训严厉的约束下，郑观应这个大家族，至今没有收到有哪位家庭成员因腐败和违法乱纪而受到惩治的。爱国爱家、严于律己的家风在郑家已经成为我们自觉自律的规范。

◉ **问** 除了郑观应，您近年来关注您爷爷的其他兄弟吗？

◎ **郑** 我了解比较多的是天津的郑翼之。据说郑翼之出生于 1861 年阴历腊月二十三。那天，正是灶王爷上天的日子，亲朋好友纷纷来道喜，都说这个孩子将来准会当大官发大财，当时我太爷爷郑文瑞听了很高兴，为他取名官辅。直到他上家塾时才改名为应麟，字正阳，别名翼之。

郑观应父亲郑文瑞

1877 年，16 岁的郑翼之随其兄长郑观应到上海，进入英商太古洋行。该行的买办由同乡莫氏族人担任，郑翼之进入该行后经莫姓推荐，进入账房做练习生。他虽对英文一窍不通，但英方总经理斯维尔看他工作勤恳，又好学，认为是个人才，在工作之余，培养他学习英语。郑翼之本来就聪明好学，他抓住机遇，刻苦自学，在短短的几年时间里，英语口语对答如流，已达到很高的水平。尤其在英文文字的运用上造诣颇高，为同事们所不及，深得英方总经理斯维尔的赏识。

1881 年，上海太古洋行决定在天津设立分行，英方总经理斯维尔指派郑翼之随同洋员北上，进行筹备。郑翼之年轻有为，大力发展津沪、津港等航运业务。与此同时，香港太古糖坊出产的洋糖也大量运到天津销售。轮运与食糖成为天津太古洋行的两大业务，而所有对华人业务的开展，全由郑翼之一手操办。

1886 年，经举荐，郑翼之继任太古洋行天津分行买办。跃登太古洋行买办的宝座后，全力以赴开展业务。天津太古洋行的轮运业务不几年就跃居天津外轮第一位，食糖、油漆、面粉、保险、驳船、房地产等其他业务也发展迅速。郑翼之利用为太古推销食糖的机会，在天津创设恒泰昌、原记、协茂等 8 个代理店，并在农村广设代销店和分销处，使太古逐步占领了北方各地的食糖市场。由于郑翼之的精明能干，天津太古洋行的各项业务迅速发展，郑翼之也因此成了巨富，捐候补道职衔，结交上层官僚，被称为"太古郑"，同时也成为租界的大绅士、天津广东帮的中心人物之一。

郑九如岳父张子标

郑翼之发迹后，主要投资于中外股票及房地产。在天津英租界内外和上海等处买进多处地皮，置有湖北路、大沽路等处大片住宅。1901 年后，天津城垣被八国联军强行拆除，郑翼之与梁炎卿用拆城大砖建盖新华路大宅。1908 年又和唐

郑观应部分亲属

绍仪等人捐资在天津建造广东会馆。此外，他在上海创办了益顺盛报关行，并开设有开平煤栈及山海关锦州煤栈。郑翼之是天津太古洋行买办，他与怡和洋行买办梁炎卿、华俄道胜银行买办王铭槐、汇丰银行买办吴调卿一起并称为天津四大买办。

◉问　郑翼之能成为天津广东帮的中心人物之一，当时与他结交的人物有哪些？

◉郑　广东籍买办作为中国近代经济发展中一支不可忽视的力量，特别在天津，梁炎卿、陈子珍、唐茂枝等一大批广东籍买办，他们与郑翼之既相互竞争，又相互协作。同时，郑翼之与梁炎卿、陈子珍、罗道生、凌润苔、周寿臣等广东同乡们一起，积极地兴办地方公益事业。1903年，唐绍仪首倡在天津建立广东会馆，得到郑翼之、梁炎卿以及广东籍同乡的积极响应。

◉问　郑翼之逝世后，家族的买办事业发展如何？

◉郑　1921 年郑翼之病故后，买办一职由其长子郑宗荫继任。1925 年郑宗荫辞职后，又由郑翼之三子郑慈荫接任。到 1931 年，太古洋行英国人看"太古郑"发财太大了，决意要把这项巨大的买办所得转化为英国人自己的收益。于是太古洋行利用伦敦总行查账的机会，宣布取消买办制，改为营业制，"太古郑"的两代买办生涯到此宣告结束。

◉问　您于 1984 年就到了中山三乡雍陌村，可能是最早知道老家还有祖宅的郑氏后人，请详细谈谈您和郑观应故居之间的渊源？

◉郑　1984 年因在三乡温泉宾馆开会期间找到了家乡雍陌村，并经查族谱证实确认，我是郑观应九弟郑九如的孙子。村里即告诉了当时居住在郑观应故居里的郑福田。郑福田是我太爷启华公的弟弟，也是同宗同族的亲人。会后我留在三乡继续住了两天，耐心听郑福田讲述"文化大革命"期间故居处于"生死存亡"时刻的"故事"。

1967 年，"破四旧、立四新"是当时最流行的口号。红卫兵强烈要拆除属于"四旧"的故居，幸好有郑福田在，向当地的红卫兵说清楚是他们一家要住的房子，加上村里的老人和镇上的人也出面说话，终于保住了故居。郑福田一家也搬进故居居住。其时，故居年久失修，已经有许多地方破烂亟待维修。但郑福田一家都是从事农业生产的，哪有资金来维修？此事我看在眼里记在心里。时隔不久，我到中山交流工作，经中山市财政局刘局长介绍，我认识了文化局的郑集思局长。在谈到三乡郑观应故居时，郑局长告诉我，中山市已向省文物局申报了几项文物，其中就有郑观应故居，希望得到我的支持，并向我说明文物保护是有法律条文规定的。老实说，从我的角度考虑，交给政府管理是一劳永逸的大好事，但郑福田一家的住房如何解决是我必须考虑的。经过反复协商，最终取得一致意见，政府一次性补偿郑家40万元"安置费"。按理说这项补助应是对郑观应家族的补偿，与郑福田无关。但郑福田为了保护故居，住进去后也花了一些钱进行了维修，应该说郑福田在保护故居中是有贡献的。所以，依照国家《文物保护法》的规定，我的意见是将故居交给国家管理，但郑家是个庞大的家族，如何将这个意见传达到九房的亲人呢？经咨询律师，说可以通过登报公告。于是我通过《人民日报》《南方日报》《澳门日报》《香港文汇报》等报纸，公告了故居移交管理事宜。最后，故居依法顺利移交给文保局，40万安置费全部给郑福田重建新居。所以说我与故居是有渊源的。

◉问　这样看来，您对雍陌村的故居保护作出了应有贡献，您去看过澳门的郑家大屋吗？

◉郑　关于澳门的郑家大院，我20世纪90年代末第一次去看过，当时是通过珠海市财政局领导与澳门文物局的官员联系好，我与家人及我堂哥郑信宝等一干亲人一起去的，还拍了不少图片回来。郑家大院是我四叔一家在看管和收租，后来四叔一家经济困难无力维修，任由郑家大院破烂不堪，最后据说郑家大院被卖给了一个商人再转卖

郑观应诞辰 175 周年郑氏后人在中山

给了政府。1995年我退休后还几次去澳门看了郑家大院最后的维修现状。郑家大院修好了，可惜再也不属于郑观应家族了。

郑耀明夫妻与澳门友人在郑家大屋（从左到右：澳门同乡会理事陈树荣、澳门郑家大院管理员郑信宝、郑耀明、黄佩仪、澳门文化局郑先生）

◉问　对于雍陌村的郑观应故居和澳门的郑家大屋的保护，您作为后人，谈谈您的意见？

◉郑　关于故居和郑家大屋的保护和管理，我个人是非常满意的。我的看法是：交给政府管理是上策，也只有交给政府才能得到永远的保护，由郑家自己管理是不可能的，理由是没有管理费用。

郑耀明夫妻与郑信宝（右）在郑家大屋合影

郑耀明到郑家大屋拍摄的部分照片

杨婷（1972—　），文学硕士，上海文艺出版社副总编辑。曾就读于武汉大学法文系、上海师范大学人文学院比较文学与世界文学专业，受业于郑观应曾孙郑克鲁教授。

杨婷

时　间	2022 年 2 月 28 日
地　点	线上访谈
口述者	杨　婷
采访者	龙良富
整理者	龙良富

◉**问**　杨总编辑，您好！我们是"郑观应研究口述史"项目组。您 1996 年毕业于武汉大学法语专业，后追随郑克鲁老师到了上海师范大学，成为他的嫡传弟子，首先请您谈谈郑先生在武大的往事？

◉**杨**　郑老师 1983 年至 1987 年在武大任法文系主任和法国问题研究所所长，而我是 1992 年考入武汉大学法文系的，我进校的时候，郑老师已经调到上海师范大学差不多 5 年了。当时，作为一名刚入学的"萌新"，对学校的老师并不熟悉，而且我中学读的是英语，大一之前从未接触过法语，更不知道法语界有位"郑克鲁"。第一次听说郑老师，是因为"中法班"。

从我们这届开始，除了我们法文系之外，学校还在数学系、国际金融系、世界经济系的本科生中开办了法语班。这几个系的部分同学在主修各自专业的同时，会和我们一起学法语；而我们系的一些同学也可以同时去选读这几个系的课作为第二学位。这在 20 世纪 90 年代初的中国大学里，算是比较超前的做法了，原因之一就是武大的法语教学力量很强。

但作为"本科生中法班"的滥觞，武大更厉害也更有名的是另一个"中法班"——"法国语言文学博士预备班"。1986 年，中法双方派出强大的教授阵容，联合在武汉大学举办"法国语言文学博士预备班（简称 D. E. A 班）"。这个班是法国教育部、对外关系部当时唯一设立在国外的 D. E. A 教学班；同样，和外国联合培养攻读语言文学博士人才在我国也属首创。而这个班的主要推进者和中方负责人就是郑老师。武汉大学和全国多所高校有 100 多位中青年教师曾在这个博士预备班深造，涌现了不少人才，许多学员后来成长为国内学术带头人和知名学者。我入学的时候，系里很多中青年骨干教师就是毕业于这个班。无论是最早的博士预备班，还是后来逐步开办的面向本科生的双学位课程，"中法班"在武大都是亮闪闪的品牌。

郑老师留给武大法文系的另一样"学术遗产"是《法国研究》杂志。除了任法文系主任，郑老师还兼任法国问题研究所所长，和系里其他老师一起创办了《法国研究》。这份杂志自创刊以来，一直是国内关于法国文学、语言、翻译、教学、经济、政治、社会、文化、哲学等研究领域的一流学术刊物。

郑老师在武大任教的时间不长，但他对武大感情深厚。有很多次，他和我回忆在武大的日子。他说那时他与师母住在珞珈山腰的教授楼里，他们喜欢饭后在绿树掩映的山间小道上散步，走着走着，碰到其他散步的教授，大家要么静静地点头微笑，要么立在树下聊天，聊得兴起，就一同走回小楼，泡上一壶茶，继续聊。"那个时候是快乐的。"

1983 年郑老师从法国回国，受时任武大校长刘道玉先生之邀赴教法文系。郑老师正值年富力强，是 20 世纪武大法文系建设和振兴的中坚力量。虽然我没能在武大聆听郑老师的课，但郑老师在武大法文系做过的工作却一直泽被后学。

1987 年 3 月 13 日，时任法国教育部部长莫诺利在访华期间，亲自在武汉大学向郑老师颁发了"法国国家一级教育勋章"，表彰郑老师为促进中法教育文化交流和法国文学翻译、研究所作的贡献。

因为好奇和自豪，我向郑老师提出"参观"这枚勋章。郑老师转头问师母："那个勋章寻着了吗？"师母快人快语："好多人想看，我翻箱倒柜也没寻到，不晓得塞在哪里了。"郑老师摆摆手："勿要寻了，吃力。"我暗想：这样一枚标志着极大荣誉的勋章，如果是我，肯定放在家里最显眼的地方，让每个人一眼就看到，老师居然如此不在意。

2021 年初，师母打来电话："我整理克鲁的遗物，找到那枚勋章了。你要不要看看？"这是我第一次看到这枚勋章，在老师故去的半年后：长方形的黑色皮质盒子，简单朴素；紫色的缎带上缀着花朵，应该是取义法国国花紫鸢尾吧；两片金色的棕榈叶，交叉缠绕，生生不息。

◉问　在武汉大学您没有机会成为郑老师的学生，后来到上海师大读郑老师的研究生，也算是了却夙愿。郑老师给您的第一印象是什么？

◉杨　我的确是为了求教郑老师才报考上海师范大学的。忘记从哪里得知郑老师家里电话，当时就很莽撞地打过去说：我想读您的研究生。电话那头的郑老师轻轻地笑了一声，然后说："可以啊，那你就好好复习，好好考试吧。"老师和煦的声音让我一下子就放松下来，也更加坚定了报考的决心。

拿到录取通知书后，我去郑老师家里拜访。那时他们住在延安中路的一栋石库门房子里，踩着吱吱作响的木楼梯上去，郑老师笑眯眯地等在门口，像一位邻家老伯，温暖、亲切。进门来，满眼的书，书架上、桌上、沙发上、椅子上、地上……到处都是书。说实话，我当时有点震惊，不是震惊老师家有这么多书，而是震惊一位名教授、大学者的家，居然这么简朴，家具明显是各个时期买的，完全不成套，也没看到什么高档电器，法兰西文化中经常出现的什么咖啡壶、红酒瓶等等都没有。

《新民晚报》记者陆求实也在 2003 年 8 月 14 日的报道《郑克鲁：在翻译中获得"光线与空气"》中提及过这点："市中心一栋老房子里，只见他家中陈设出人意料的简朴，客厅兼书房里连个茶几都没有，四壁已经斑驳掉漆了，只有摆得满满的书架特别惹人注目，让人能够将这个屋子与那么多的文学名著稍稍联系起来。就在这里，郑克鲁勤奋不辍地从事着他深爱的事业，也许，他真的从中获得了愉悦的'光线与空气'。"

◉问　作为学生，在您眼中，郑老师是一位怎样的老师？

◉杨　如果要用几个关键词来简括郑老师是怎样的老师，我想到的第一个关键词是"宽度"。郑老师不会硬性规定学生的研究方向，更不会要求学生必须和他自己的研究兴趣一致。我这一届郑老师带了 4 个学生，第一学期刚开学，他给我们开了一张书单，要求我们先去熟读一些欧美经典作品，每周上课的时候，要汇报读书心得。当时郑老师担任校图书馆馆长，每周二上午，我们同届的 4 个，还有来"蹭课"的其他专业的几个同学，在图书馆的一间会议室里"畅聊"。有的谈对某部作品的分析，有的谈对某位作家的评价，有的谈对某个文学流派的认识，郑老师笑眯眯地看着我们，时不时点评几句。经过一年的"泛读"，郑老师要求我们各自定好专业方向，他有针对性地为每个人开出一份详细的参考阅读书目和思考题，开始各自领域内的"精读"。这种上课方式，看似简单，甚至有些"无为而治"，但实际上很有用，既培养学生独立思考的能力，也让学生有充分的自主学习空间，为学生将来能找到自己真正感兴趣的研究课题打下基础。

第二个关键词是"高度"。郑老师不仅仅带学生上课，还承担了多项教育部和上海市的重大科研课题，他主编的《外国文学史》《外国文学作品选》《法国文学史教程》《二十世纪外国文学史》《现代法国小说史》等也都列为国家级教材项目，获得教育部优秀教材、上海市优秀教材、原国家教委人文社会科学优秀成果等多个奖项与荣誉。

郑老师不仅仅自己埋头做学问，他还积极地规划上师大的学科建设，带领团队一起进步。2004 年，郑老师领衔的"外国文学史"课，被评为"上海市精品课程"。2006 年，他与孙景尧教授共同领衔的"比较文学与世界文学"课，被评为"国家级精品课程"，这是上海师范大学首次获得国家级精品课程。2007 年 6 月，该团队又获立项成为"国家重点学科"，这是上海师大有史以来第一个国家重点学科。

第三个关键词是"深度"。郑老师很重视培养学生的科研能力，要求学生不要死读书，要多动脑勤动笔，把深入思考的成果写成论文。一些学生刚入学时，对写论文缺乏自信，甚至不会写论文，郑老师认真地启发、点拨，逐字逐句地修改。一旦发现学生写的论文有不错的基础，他就鼓励向国内一些著名的学术期刊投稿。"要投稿，就要选《外国文学评论》这样的第一流期刊。"这是他反复向一届届学生灌输的理念。

◉**问**　我们知道，郑克鲁先生不但是位优秀的教师，还是一位卓越的翻译家。曾经有媒体评价说他凭一己之力，把半个法兰西文学"扛"到中国，您怎么来看郑老师在翻译方面的成就？

◉**杨**　郑老师八十寿辰前夕，有学生统计，从 20 世纪70 年代末起至 2019 年，郑老师出版的译著达 50 多部，超过1700 万字，包括《基度山恩仇记》《茶花女》《悲惨世界》《巴黎圣母院》《红与黑》《笑面人》《高老头》《欧也妮·葛朗台》等名著，说他翻译了法国经典文学的半壁江山，我个人觉得一点不夸张。很多人"知晓"郑克鲁这个名字，大多数都是阅读了他翻译的作品的缘故。老师毕生从事法国文学的翻译、研究与教学，著作等身、获奖无数，但他从不在意这些。

郑老师毕业于北京大学西语系，后来又到中国社科院外文所深造。他曾经跟我们讲过一段往事："文化大革命"时

杨
婷

期，正常的工作学习基本停滞，每天无所事事。"虽然前途很渺茫，但我还年轻，不能一辈子都这样。"于是，没有其他的学习资料，他就开始每天花大量时间背法语字典，没事就看字典，开会前背生字，有人作报告，"我开个小差也背"，晚上临睡前在蚊帐里打手电筒再背几页。开批判大会时，"我和旁人一样拿出《毛主席语录》，只不过这本是法语版的。你们年轻人不知道吧，最高指示也有法语版。我用这些办法，给自己制造了一个法语环境"。

郑老师的文学译作以流畅、优美著称，给我们上课的时候，经常会讲到"翻译"。我很喜欢翻译，自己也尝试翻过一些作品。他教了我一个小窍门，让我准备一个小本子，把看到的、想到的一些好词随时记下来，有时候学会一个新词，也一定要记下来，丰富自己的词汇量，翻译的时候，拿出来看看，会有很大帮助。"做翻译的人对文字需要很敏感，比如一页里面出现三个'美丽'，那这个翻译就算完蛋了。我对美丽的意思，至少掌握了十来个词，就是要回避老是'美丽'，老是'漂亮'。"

法国著名作家西蒙娜·德·波伏娃问世于 1949 年的《第二性》，影响广泛。法文原版长达 1071 页，译成汉字约有 70 万字。这是郑老师首次翻译理论著作，而理论著作的翻译同他之前经常翻译的诗歌和小说是有区别的。"我翻译时，如履薄冰，以准确理解原文为要，不能意译，不时求证，整整用了两年时间才译完全书。"2012 年，郑老师凭借翻译《第二性》获第四届傅雷翻译出版奖。

郑老师虽然离我们而去，但他说过的一段话，我始终未能忘、不敢忘。他说："我喜欢翻译，译书的过程中，我觉得是一种享受；如有自认为译得不错的地方时，便感到一种快乐；译完一本书，我觉得了却自己的一个心愿，完成了一项重要的使命，所以乐此不疲。……翻译是件没有止境的事，我会翻译到不能再翻译了，恐怕也不是很久远的事。我只不过就是没事干，用翻译来充斥时间的流逝。生命就是你给世界留下了什么东西，不留下什么东西就什么也没有。人总是要死的，但我想留下一些东西。"

◉问　郑克鲁先生是国内在翻译、教学和研究三大领域同时取得成就的为数不多的翻译家之一，他在法国文学研究方面的著述和编著也多达 2000 万字，能简单谈谈他的学术研究吗？

◉杨　郑老师集师者、译者、学者于一身，非常难得。《法国文学史》《法国诗歌史》《现代法国小说史》等专著树立了他在国内法国文学研究的丰碑。他在对一手材料直接阅读与领悟的基础上，将法国文学和外国文学翻译实践与学术研究同步进行，相得益彰。

除了撰写学术专著之外，郑老师还做了大量的文化普及和宣传工作，为国内读者了解外国文学起到了"桥梁"的作用。硕士毕业后我到上海文艺出版社工作，社里好多老编辑都和郑老师是朋友。那套在社会上影响力巨大的《外国现代派作品选》就是郑老师与袁可嘉、董衡巽二位先生合编，上海文艺社出版的。这套书共 4 卷 8 册，220 多万字，1980 至1985 年陆续面市。20 世纪八九十年代各大高校的外国文学课教学，一般都把它列入参考书范畴，中文系的学生几乎人人读过。这套书选编内容相当精到，基本上涵盖了 20 世纪欧美现代派的代表作家和代表作品，对于当时的中国读者来说，如同打开了一道神秘的门，领略到当代外国文学新颖的审美观念和写作技法，具有破冰解冻的意义。很多作家、人文学者在回顾自己的青春记忆、成长历程时，都曾不约而同地提到了这套书对自己的影响，有些作家甚至将它视为自己在专业启蒙上的重要读本。

1998 年，广州《新周刊》推出"改革开放 20 年全记录"特刊的时候，将此书列入"1980 年代最有影响的 20 本（部）书"名单中。2008 年 12 月，在由深圳报业集团主办的"30 年 30 本书"文史类读物评选活动中，这套书从改革开放 30 年以来国内出版的 30 万余种人文社科类出版物中脱颖而出，经广大读者和专家评委团的投票，获得"30 年 30 本书"荣誉称号。

◉**问**　除了教导课业之外，郑克鲁先生对您的人生有什么影响？或者说，您从郑老师身上学到的最重要的品质是什么？

◉**杨**　郑老师志洁行芳、怀真抱素，能求教于他，对我有深远的意义，他的很多优秀品质都值得我终身学习。

我觉得，谦逊是郑老师的人格底色。郑老师的曾祖父是晚清著名改良派思想家、民族工商业家郑观应，但郑老师从不主动提及，更从不以名门之后自居。作为学生，我们对这位郑老先生很好奇，几次三番拐弯抹角地打听，想让郑老师多讲讲，郑老师总是微笑，越过我们设的"陷阱"。有一次，他提了一句："曾祖学了外语，才能接触到西方的先进文化和观念，并由于他具有思辨的天赋，加以有文字功底和写作的才能，更勤于动笔，这样才有了一部百科全书式的巨著《盛世危言》。我的思考与写作能力也许与他有关。"

郑老师多年来坚持给上师大人文学院和欧洲文化与商务学院的本科生上课，不少本科生上了他的课后，最大的感受是："郑老师是知名教授，可没有架子，脾气特别好，态度随和。""他的课深入浅出，发下来的讲义、资料很有参考价值，课后对学生的提问有求必应。"

质朴是郑老师的思想原色。这不但体现在他的言行举止上，也体现在他的治学思想和文笔文风上。郑老师富有开拓精神，但他绝不会刻意求新求怪；郑老师的译文常常有巧思妙语，但他绝不哗众取宠。中国翻译协会副会长、浙江大学终身教授许钧曾用"实"这个字来总结郑老师的为文、为师、为人——坚实的学问、厚实的肩膀，为时代树立了追求真实的精神。

勤勉是郑老师的品行亮色。他没有什么其他爱好，不喜奢华，不好游乐，最大的爱好就是工作，著书、翻译、研究，几十年来笔耕不辍，几千万字的作品和成果就是最好的证明。退休后，他还是几乎天天都去办公室，一日三餐就在学校食堂解决。每到晚上，文苑楼11层一间办公室都会透出灯光，照亮众多学子的心，曾有老师用"上师大的明灯"来形容郑老师。

毕业前，郑老师本来希望我留校，但我考虑自己更喜欢也更擅长做策划和沟通工作，决定去出版社。我忐忑地跟老师报告了我的想法，他静默了一会跟我说："到出版社工作也好，也有价值和意义。从表面上看与所学的专业远了，但编书和翻译一样，起的也是桥梁作用。翻译是不同语言文化之间的桥，出版社编辑是作者和读者之间的桥，都是传播，都是联通。"郑老师对于出版和编辑工作的见解给我的触动很大，我在此后 20 年的工作中，总是想起他的这番话。郑老师对读者非常友好，社里组织的一些新书研讨会、读者见面会，他只要有时间一定会参加，以不同的身份和方式，践行着"桥梁"的心愿。

郑老师虽然故去，但他留下了丰富的精神财富。郑老师一手牵着师母，一手拖着装有资料的小推车，伉俪白发苍苍又相互搀扶的身影，永远是上师大校园里美丽的风景。

◉**问** 郑老师《局外人》的手稿出版是在您出版社出版的，这应该是文学界首次手稿本的出版，请谈谈这次出版的过程？

◉**杨** 2019 年下半年，在社里的一次选题"头脑风暴会"上，编辑们商议出一套名家手稿本。在电脑打印稿已成日常的情况下，手写本更能传递一份温暖。郑老师与我们上海文艺出版社的渊源很深，20 世纪 80 年代，他与袁可嘉、董衡巽、郭家申、黄宝生、文美惠等先生合编的《外国现代派作品选》《外国文学作品提要》被一代学人奉为启蒙读本，也成为上海文艺社的经典图书。因我是郑门弟子，找郑老师要手稿的任务就派给了我。

我跑去郑老师家里，"撺掇"他翻书柜寻旧稿。老师一如往常宽容地笑着："你们的想法很好，我还没有出过手稿本，应该蛮好玩的。但是，我很早很早就开始用电脑写作了，没有手写稿。早到什么时候？你猜猜看。286、386 时期呢！"老师又故意压低声音，冲我狡黠地挤挤眼睛："我大概是外国文学界最早用电脑的，估计不是第一就是第二，因为我聪明嘛。"

没能讨到手稿，我只好告辞回社。几天后，接到老师电话，他说他有个想法，虽然《局外人》的译稿已经很成熟了，但他计划最近做一次修订，再补充篇译者序。如果我们觉得可行，他可以用手写的方式来完成。"既然读者喜欢这种样子的书，我愿意支持你们的工作。"

两个月后，老师让我去拿稿子。几厚本方格纸，满满娟秀的行书，像极了一份工整的作业。老师略有些遗憾："译文很成熟，只修订了一点点，所以这更像一本手抄本。希望读者不要怪我。"

2020 年初突发的疫情，扰乱了我们的工作计划，《局外人》译文手稿本的出版也暂时搁置。与郑老师日常的联络中他问询了几次，我都支吾过去了，想着过阵子再说，反正也不是什么紧急的稿子。

8 月，郑老师因身体不适住院，没想到月余竟溘然长逝。那天夜里，送别了老师之后，我独自站在医院门口，9月深夜的风已染有寒意，渗入心底，一片冰凉。虽然最终《局外人》的手稿本出版了，但是老师已经远去，永远无法看到了，这是我最遗憾和心痛的事情！

郑樱楠

郑樱楠（1985— ），郑观应五弟郑翼之五代玄孙，唐廷枢五代玄外孙。毕业于天津师范大学英语专业。民革党员。现就职于京东科技集团企业支付部门，曾撰写过《天津"太古郑"研究的起步与展望》（收录在林发钦主编：《郑观应与近代中国》，广东人民出版社，2019），致力于成为郑观应思想文化的传播者和实践者。

时　间：2021 年 10 月 23 日

地　点：天津市南开区观园公寓郑樱楠家里

口述者：郑樱楠

采访者：刘　琴

整理者：刘　琴

⊙问　樱楠，您好！非常感谢您接受"郑观应研究口述史"项目组的采访。我们今天的访谈是想听您讲讲你们家族的故事，还有您个人的故事。首先想问一下，如果郑观应算郑氏家族第一代的话，您属于郑氏家族第几代呢？

⊙郑　我属于第五代，应该叫作玄孙。

⊙问　那您能给我们梳理一下你们家的谱系吗？

⊙郑　我的高祖是郑观应的五弟郑翼之，我们一般称之为翼之公，称郑观应为官应公①。翼之公是官应公最亲近的弟弟，同时也是郑观应商战思想的传承者和实践者。郑翼之的长子长孙是郑宗荫，我的爷爷郑兆良是郑宗荫的长子长孙，我爸郑灏也是长子长孙，然后到我这一代，我们家就我一个孩子。

---

① 根据夏东元的《郑观应志》以及澳门大学教授邓景滨在《郑观应本名考》中的考证，郑观应的本名为郑官应，又名观应。郑观应自己大多写作"官应"，他在《盛世危言后编自序》末尾写道"郑官应又名观应"。但是数十年来，著作家一般多写作他的"又名""观应"。在郑氏家族，也是称呼他的本名"官应公"。

●**问** 就您的了解，您的高祖郑翼之在工作上或者生活上和郑观应之间的关系或者联系有哪些？

◉**郑** 翼之公是官应公带到上海去的，被安排到上海太古洋行学习。我觉得他们都是思想很超前的，同时也是非常聪明的人。那个时候，上海是刚开埠的通商口岸，需要和很多外国人打交道，所以他们一直很努力地学习英语，这样就使得他们比别人有先决的条件跟洋人交流。可能现在看来，这件事情是再平常不过了，但在

郑观应五弟郑翼之

那个时代还是蛮先进的。加上他们给太古做事时很勤奋很努力，所以也得到了洋人的赏识。

后来天津开埠，太古洋行要在天津设立分行，太古洋行的总经理就把郑翼之带过来了，来办天津太古。最开始的时候，他其实也是做一个比较小的职位，做的是基层工作，慢慢地通过他的勤奋以及聪明才智，26 岁那年做到了天津太古洋行的总买办。

关于翼之公和官应公之间的关系，我觉得官应公是翼之公的榜样，官应公是个思想家，他着眼于去研究、去归纳、去总结实践的方式和方法。翼之公则很好地实践了官应公的这些思想，比如"商战救国"，他去做那些涉及经济方面的

事。在官应公几次落魄的时候，其实是翼之公给他提供了很多经济方面的帮助。比如，官应公当年给太古洋行做担保，然后困在香港，最后需要一些资金才能放回澳门的时候，这一部分的资金应该是翼之公出的。另外，官应公遗嘱上的委托人写的也是郑翼之，上面写得非常清楚，他跟他的一家老小说，他现在身体也不太好了，所以他把自己的身后事都交给翼之公来打理。这都说明他们俩的兄弟情义非常好。我可能记得不是很清楚，官应公跟翼之公写信的时候，也会一直跟翼之公说：孩子们如果可以的话，还是要让他们多多出国去读书。所以我想，这可能是郑家的一个传统，或者说是香山人的一个传统：郑家的长子长孙要在家里守业，但是其他的所有兄弟姐妹都尽可能出去读书。这也是为什么现在找我们郑氏家族的人还是有一点困难的原因，就是因为留在国内的其实并不多。我觉得在他们那个年代有这样的眼光，是非常有远见的。

◉问　那郑氏族人分布在世界各地，你们跟郑氏家族的其他族人有联系吗？

◉郑　有联系的，在国内的郑氏族人之间的联系还是比较多的。比如说我们跟上海的吉祥爷爷联系就比较多。他是郑观应的孙子，跟郑观应刚好差了100岁。吉祥爷爷一直在很认真地研究官应公的历史，他写了非常非常多的家史，也希望能出版这些家史，让更多的人了解和阅读，把官应公先进的理念传承下去。另外，我们跟目前居住在九江的郑观应四弟郑官桂后人也有联系，当时郑官桂任轮船招商局九江分社的局长，应该任职了很多年，所以就在九江发展定居。然后，我们跟目前居住在吉安那边的郑观应大哥郑思齐后人也有联系，在澳门那边我们应该还有一些亲人，海外有很多，比如说我二叔公，他们都是在英国，但是现在跟他们后面的亲人联系也并不是特别多了。

◉问　请您具体谈一谈您跟族人之间是怎样联系上的？

◉郑　我们这个大家族能够互相联系上，说起来还要感谢中山市政府。这些年，中山市政府和三乡镇政府举办了很多纪念郑观应的研讨会，郑氏族人就会借这个机会去寻根。我想中国人都有落叶归根、寻根的想法，这是一个愿景。他们一般都会回到三乡，回到雍陌，也会到郑家祖屋，然后一般也都会联系雍陌村的村委书记郑志辉。如果有郑氏族人回到雍陌村，郑书记都会告诉我父亲。

举个例子，在吉安我有个大哥，跟我一样是第五代，他是郑思齐的第五代，叫龙振基。虽然他跟我妈同年，都是1949 年生人，但是从辈分上来说，我跟他是同辈的。当时，龙振基回了雍陌，告诉郑书记说他是郑思齐的后代。于是，郑书记就告诉了我爸爸。我爸性格一直都是特别热情的那种，听说后特别兴奋，当时就打电话给他说："龙振基，我们能不能视频呀？我们视频看一看彼此唄。"这样一来二去，就联系上了。在这过程中，有一件好玩的事情就是，他本来应该喊我爸爸叫舅舅，但是因为当时辈分还搞得不是很清楚，他以为跟我爸爸是同辈的。直到我爸爸去世之后，我们去了吉安，然后吉祥爷爷一辈一辈地捋了一下才发现，其实龙振基是跟我一辈的。

因为郑氏是一个大家族，族人分布各地，又过了这么多代，所以刚开始大家的谱系认知还不是很完整。现在，在国内的郑观应后人建立了一个微信群，有37人左右，每天他们都会在群里沟通交流。虽然，大家很少去讨论历史上是怎么样的，其实更珍惜当下，彼此相亲相爱，彼此问候，都希望我们大家族有机会可以多聚聚。

◉问　那在你们这家族微信群里面，年纪最大的是谁呢？

◉郑　目前，资历最老的应该就是吉祥爷爷了。明年是老太公诞辰180周年，我也希望能够借此机会回去聚聚。每次我回三乡的时候，我都会去给老太公鞠躬。

◉问　您大概多久回一次三乡？

◉郑　2017年之前回去得很少，后面就回去得比较频繁了。2017年刚好是老太公诞辰175周年，我父亲年初去世，于是我就代表我爸爸回三乡雍陌参加了郑观应研讨会。我也是在那次活动才认识了吉祥爷爷，虽然之前我爸爸跟他有交流、有沟通，但是我之前跟他完全没有任何交集。那次回去三乡的，有吉祥爷爷，有吉安的龙振基大哥，还有九江官桂公后人康键叔叔。官桂公的后人特别特别多，现在多数居住在广州。他们基本是在九江出生和长大的，参加工作之后，觉得还是要落叶归根，所以他们就回到了广州。

我也是在2017年回三乡雍陌村参加研讨会的时候跟其他家族成员建立起了联系，也跟三乡镇政府建立了联系，因为我还算比较年轻的，碰到需要我做的事情，我都尽量去协调去落实。

◎**问** 您也是一个非常活跃的联络人。

◉**郑** 还好吧，就是我能做到的事情我一定会努力去做，因为我还年轻。三乡镇之前刚刚换的镇委书记跟我说，以后我就是我们家族的联系人了。我说，责无旁贷。这些事情现在也是该我来做了，因为吉祥爷爷年纪也大了，他1942年出生的，现在大概78岁了。所以，碰到三乡镇政府需要跟郑家人沟通的事情，主要是通过我去联络和完成。也是在这样的机会下，我开始对郑家的历史感兴趣，开始慢慢去了解，但是目前了解得还是不够充分。

◎**问** 没事，已经起步了。未来还很长，还可以做得更多。那您大概是从什么时候知道高祖辈的郑观应是一个名人的呢？像我们一般人，最多就了解到自己的爷爷那一辈，那您是什么时候知道郑观应这个中国历史上的名人是跟您相关的呢，毕竟郑观应已经是您爷爷的爷爷了。

◉**郑** 其实在我小时候，爸爸和奶奶关于官应公说得并不多。但是，我记得在1999年12月20日，澳门回归那天，天津电视台专程来我家采访，而且我还清楚记得当天零点的时候，我还用钢琴演奏了《七子之歌》。当时，我才上小学，只知道我们家跟澳门有渊源，但是其他的就不是那么清楚了。

后来上初中、高中学历史时，历史书上会讲郑观应、辛亥革命、维新思想……也会讲郑观应实业救国，算是对老太公有了最初步的认识。

◎**问** 当您学历史时讲到郑观应，讲到买办的时候，有没有想到这跟自己会有关系？

◉郑　我还是很骄傲的，觉得我家老太公是个了不起的人。当时一个特别有意思的事情是，老师讲郑观应的时候，我就举起手来告诉老师，郑观应是我的老太公，特别骄傲、特别自豪。

◉问　您大概是从什么时候才知道名人郑观应是您的老太公的？因为我们普通人最多记得自己爷爷叫什么，至于爷爷的爷爷叫什么名字就不是很清楚了。

◉郑　关于我的老太公是郑观应这个事情，我上小学的时候就知道了，只不过具体他是个什么样的人，在历史上有何成就，却不是很清楚。关于老太公的名字这个事情，家里还是会简单地说一两句，只不过不会把他的背景介绍得这么全。因为，我是在营口道新华路的祖屋里出生的，3岁时我们家才从祖屋搬出来。我对祖屋现在还有一点印象，记得当时我们家蛮大、蛮宽敞的。哪怕是到了80年代后期，家还是蛮大的。之所以搬家，是因为我奶奶希望给我一个更大的户外玩耍空间。我奶奶毕业于西北联合大学，她当时就读于西北师范学院（北京师范大学的前身）家政系，后来也一直从事幼儿启蒙教育。她当时的想法是，我是郑翼之家族第五代中最小的，她希望能给我一个很好的成长环境。但是老宅年久失修，当时家里的经济实力也不太能支持对老宅进行修整了，正好有个机会，我们就搬走了。当时天津最大的一个公园水上公园就在这个新家旁边，小时候奶奶经常带我去玩。我记得一到下雪天，奶奶就背起相机带我去公园玩雪。回想起来，我觉得我的童年真是太幸福了，得到了太多人的爱了。

◉**问**　您小时候，家人在谈到郑观应也就是您太爷爷的时候，会给您讲您的太爷爷是个什么样的人吗？

◉**郑**　我记得在我小时候，当家人谈到太爷爷郑观应时，一般会讲三点：第一，他是个思想家；第二，他是一个非常具有爱国情怀的人；第三，也会讲他写了一本影响很多中国人的书《盛世危言》，会讲到老太公写的《盛世危言》影响了康有为、梁启超，还包括孙中山以及毛泽东。关于大致的贡献会讲得稍微简略一点，毕竟我奶奶和爸爸曾经历过当时很动荡的年代，对这一段历史应该怎么讲，思想上还是会有一点点负担的。

我作为郑观应或者郑翼之家族的第五代，我也经常思考他们留给我们这个家族的到底是什么。我觉得最重要的是精神层面的，它是一种精神，是经得住风雨的精神；也是一种眼界，是看待世界的高度；至于其他方面，我现在正在慢慢地学习和体会。至于他们的财产，说实话对我们现在这一辈来讲，我完全没有体会到。我觉得这些精神和眼界对郑家人来说才是最宝贵的财富，也在潜移默化中影响我做人做事。

◉**问**　您的老太公郑翼之是天津非常著名的四大买办之一，您对他在天津的买办生涯有多少了解呢？

◉**郑**　据我了解，翼之公很早就出来当买办了，26岁时就当了天津的总买办，他做了很多实业，包括烟草、食堂，还有房地产、矿业这些领域，他都有涉及。关于买办这个概念，其实我觉得它跟现在的职业经理人这个概念是一样的。

你说，我说得对不对？

◉问　对，其实换个说法就是职业经理人，您的老太公郑翼之就是当时非常优秀的职业经理人。

◉郑　我现在在京东科技工作，发现老太公他们那个时代做事的方式方法放在当下也不过时。比如你知道太古方糖就是我老太公他们所服务的太古洋行留存至今的产品之一吗？他们当时做糖业的时候，并不是自己销售，而是会去找代理，通过代理渠道来推广，这样销售面就非常广，当今的商业逻辑也是这样的。还有比如因地制宜，天津的河道是非常窄的，跟上海有区别，上海的那些轮船放到天津其实是不适用的，靠不了岸。翼之公就会按照天津的河道，去设计体积更小一些的船。同时，为了方便自己的船靠岸，他们还购置了太古码头。我觉得他们非常睿智，会建构一个商业体系。翼之公也是一个非常具有语言天赋的人。他觉得无论去哪里、和哪里的人做生意，一定要会说当地的话。天津话、广东话、上海话，他都融会贯通，这样就可以更好地去跟当地人打交道。而且，他们也不是一个简单的职业经理人。他们掌握了英语之后，有机会去阅读更多的外国资料，开始开眼看世界。他们兼容并包，一方面他们去学习接纳那些西方的先进的思想；另一方面，他们也要通过学习接纳转化为我们中国的生产力，去建设国家。包括官应公三进三出轮船招商局，就是想做强民族企业，实现实业兴邦、实业救国，去拯救当时晚清民初的那个破败的中国，同时也要警醒世人，让他们觉醒，开始奋斗。我觉得他们做了很多脚踏实地的事情。

◉**问**　是的，他们不仅仅是一个单纯的服务于外国企业的职业经理人，还有一种家国情怀，目的是师夷长技以制夷。

◉**郑**　是的，他们后来创办了很多企业事业，如广东会馆、耀华中学，还有澳门的镜湖医院，郑观应、郑翼之都是有参股的。当财富积累到一定程度的时候，他们去做公益、做教育，去回报社会。

◉**问**　实际上，我们对买办的看法是经历过一些变化的。那么，这些评价和变化会影响到你们吗？

◉**郑**　实话实说，对于我这一代人没有影响。我成长于改革开放以后，是特别好的年代，我是幸运的。但是，我觉得对我的父辈或者我的奶奶这一辈确实是有一些影响的。比如说爸爸读的是医大附中，是当时天津非常好的中学，我二叔读的是耀华中学，但是因为家里的成分不好，他们高中毕业之后就去当老师了，没有机会读大学，其实还是有些可惜的，不过后来他们通过自己努力，也在各自的事业领域里面有所成就。

邓小平爷爷也说了"我们要去做这些开眼看世界的事情"，并且邓小平爷爷还在我们三乡雍陌的罗三妹山上说了"不走回头路"那句话。所以，时代对我这一代没有太大的影响，如果有影响更多的也是很正面的。只不过是说有家族这个背景之后，会更关注这一方面。这也是随着年龄的增长，对这些方面的兴趣愈加浓烈了。小时候觉得还好，因为小时候家里人说得少，讲故事的时候会讲一些。像翼之公曾经有很多房产，走到一些地方爸爸就会对我说，中心公园这一条路以前都是自己家的，所有房子都是自己家的；说马场道这边有咱们家的别墅，周末的时候就划船过去；市长也会每周到咱们家来参加舞会；还说家里特别大，他们小时候玩捉迷藏，躲起来后大家一夜都找不着；说他们在院子里的假山上爬树；也会说家里养了几条狗，特别忠诚，然后"三反五反""文化大革命"的时候，家里出现问题了，小狗都会流眼泪。

但是，纵观整个家族历史，我觉得我爷爷是一个幸运的人。

◉问　为什么这么说呢？

◉郑　说起我爷爷郑兆良，得先讲一讲我太公郑宗荫。太公郑宗荫是老太公郑翼之的长子。按照我们家的传统，长子长孙要守业，所以他继老太公之后继任了太古洋行买办一职。刚开始，太公干得还挺不错的。但是随后发生了一件大事，他被绑票了。当时，这个绑票事件轰动天津，最后家里交了很大一笔钱才把他赎出来。赎出来之后，他就辞去了太古洋行天津分行的买办一职，跟我太婆一起回到了上海。虽然翼之公当时到天津发展，但是家里的主要成员都在上海，很多家庭成员都是在上海长大的，会在上海、天津两边跑。太公辞去太古洋行天津分行的买办一职后，就由郑宗荫最小的弟弟郑慈荫接替这一职位。郑慈荫是在英国剑桥留学后回到中国的，接任了太古洋行天津分行的买办职位。他任职时间很长，直到太古洋行取消买办制为止。

因为家族中已经有人守业，所以我爷爷就不用继续买办生涯了，他就去读书。他读书很厉害，我爷爷是燕京大学社会学系毕业的，我家里还有爷爷当年的毕业论文，他跟写《乡土中国》的费孝通还是同班同学呢。冰心当时也是燕京大学的，爷爷还叫冰心干妈。

我爷爷主要从事他所感兴趣的公益事业。他大学时学的是社会系，所学的内容并不是通过商业方式去获取更多的资金或者经济效益，而是追求社会贡献，要回馈社会。抗战时，他是在重庆救济总署工作。后来，他回到天津，跟我奶奶一起开办了天津第一家私立幼儿园——日新幼儿园。我妈妈之前所任职的公安医院的院长，曾经对我爸爸和奶奶说，他小时候就读的是我爷爷奶奶开办的日新幼儿园。当时这个幼儿园的理念非常先进，他们自己给孩子制作木制玩具，也做滑梯。现在，在北宁公园有一个大象滑梯，就是我们家开办的日新幼儿园捐的，在人民公园也有我们当时捐赠的假山。

日新幼儿园捐赠给北宁公园的大象滑梯

日新幼儿园捐赠给人民公园的假山

　　我爷爷英语也特别好，出去用英文跟人家对话完全没问题。我们家的人都特别热情特别开朗，我爷爷出去一趟可能会带很多人回家，跟他一起吃饭，就路上认识的、不认识的都拉回家里一起吃饭，就是这样的一种状态，

　　爷爷去世特别早，他走的时候特别年轻，50岁不到。具体是哪一年，我记不住了。他大概在"三反五反"运动或"文化大革命"之前就去世了，没有经历过那个动荡的年代。

　　所以，我觉得我爷爷是幸运的。我觉得他是在一个非常非常幸福的家庭里长大的孩子，这一生都没有经历过任何的磨难。

　　爷爷开办的幼儿园之所以叫"日新幼儿园"，是因为日新是我太婆的名字，我太婆叫周日新，我给你讲讲我太婆的故事吧。您看得出我是有1/16日本血统吗？

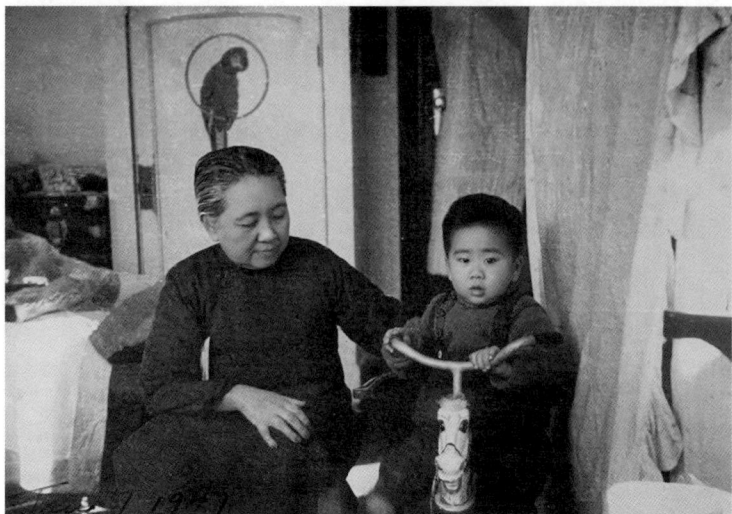

郑樱楠的太婆周日新与她父亲郑灏

◉**问**　您有 1/16 日本血统吗？您这么一说，真感觉您跟日本打乒乓球的福原爱有点像呢。那就请您给我们讲讲你们家跟日本的渊源吧。

◉**郑**　我是有 1/16 的日本血统的。我太婆周日新是香港太平绅士周寿臣的长女，周寿臣是庚子赔款时出国的小留学生之一。后来，周寿臣回到中国读书，又去了朝鲜。在朝鲜，他认识了我太婆的妈妈。我太婆的妈妈是个日本人，是在朝鲜的日本人。我记得我爸爸有跟我讲过她姓田中，我只知道她姓田中。但是，周寿臣去朝鲜的时候，其实家里已经有老婆了。他在朝鲜期间跟我太婆的母亲生了我太婆之后，他们两人就分开了。两人分开之后，周寿臣就把他俩所生的女儿也就是我太婆带回了香港，交给他的原配夫人抚养长大。后来，周寿臣在天津的公务局做过一段时间的长官，又回到了香港。在天津期间，周寿臣跟我们郑家认识，将其女儿许配给我太公郑宗荫，于是两家就结成了姻亲关系。所以说，我太婆是周寿臣的女儿，她是个中日混血儿，然后到我这就变成1/16了。

郑樱楠的太婆周日新与父亲郑灏

◎ **问**　那您的奶奶是一个什么样的人呢？

◎ **郑**　我的奶奶叫余恩慈。她是 1919 年出生的，爷爷大概是1908年生人，爷爷奶奶相差的岁数还挺多的。我奶奶是南京人，祖籍安徽，她从小是被她大哥带大的，她大哥就是余心清。我大舅公余心清原本是一个牧师，他读的是南京的金陵神学院。有一次，冯玉祥到南京，看到了他在传教，觉得他的表达非常好。然后，冯玉祥就把他招到了幕下，当了自己的秘书。后来，余心清做到了全国政协委员。他曾经担任新政协筹备委员会常务委员会副秘书长，全盘负责开国大典礼宾事宜。他比奶奶大 12 岁。奶奶从小就被我大舅公带到了北京。她在北京读的也是教会学校，读的是贝满小学和贝满中学，然后考到了西北师范学院。

◎ **问**　您刚才也已经提到了一些有关家族命运因为高祖辈的郑观应、郑翼之的买办生涯所产生的影响，也讲到因为

郑樱楠的爷爷郑兆良（后排中）与余恩慈
（坐者）婚纱照

爷爷去世得早所以没有经历过后来动荡年代，那对你奶奶和
你们家来说具体受到了哪些冲击，经历过哪些事情呢？

⊙郑　是的，爷爷很幸运，因为走得早所以没有经历后
来的动荡年代，留下奶奶一个人就很辛苦了。从家族命运上
来讲，就是整个的生活发生了翻天覆地的变化，不能做自己
最喜欢、最擅长的事情。刚开始的时候，他们自己经营了一
个幼儿园，后来爷爷奶奶把幼儿园捐公了，主要也是因为家
里也没有实力办幼儿园了。

奶奶经历了"文化大革命"，所有财富都在那个时候没了，家里也没什么钱了，包括房产，只留下中心公园对面的一小部分房子还属于我们家，剩下的都归公了，包括马场道那边的房子。

我奶奶还经历了带着牛鬼蛇神牌子游街，我爸爸和二叔他们也受成分影响不能读大学。"文化大革命"之后，奶奶终于可以正常地参加工作了，她是个极其乐观的人，在天津铁路医院营养科任职，做到了教授，最后从天津铁路医院退休。

除了财富受影响外，精神上的摧残就更不必说了。奶奶给我讲过，她那个时候不仅要带着牛鬼蛇神牌子游街，还要扫马路、扫厕所。你想想，她曾经是郑家的少奶奶，是余家的大家闺秀，以前都是十指不沾阳春水的。我听我奶奶说，以前家里面有保姆、有厨师，还有专人负责配菜。现在，却被罚去游街，还要扫马路、扫厕所，她肯定受到很多精神上的冲击。

但是，幸运的是，我觉得爷爷奶奶不仅经历了财富上的富有，他们的精神境界也是很富有的，从他们办幼儿园回馈社会就知道他们并不会被一时的挫折所打倒，奶奶还是挺过来了。奶奶这一辈子虽然经历了那一段最难堪的岁月，但是我觉得她是一个相当乐观的人。奶奶从铁路医院退休之后，也没有停止工作，一直在做幼儿的早期教育，培养幼儿早期教育的老师。

◉问　能具体谈谈您父亲那一辈所受的影响吗？

◎郑　我奶奶一共生了3个孩子，我爸爸郑灏、二叔郑

郑樱楠

郑樱楠奶奶余恩慈（中）与父亲郑灏（左）、
二叔郑汉升（右）

汉升和三姑郑汉璧。我爸出生于1944年，"文化大革命"开始时差不多高中毕业。因为家庭成分不好，所以没有机会去上大学。按照我们郑家的传统，除了守业，都要去接受很好的教育。官应公就说过，只要是愿意学习的，就一定要学习，要上大学，而且要尽量出国学习。但是，我爸爸那一辈受家庭成分影响，没有资格去做这些事情。

我爸当时读的是医大附中，他那个学校正常来说是可以保送医科大学的。我二叔读的是耀华中学，当时能在耀华中学就读的都是学习非常好的孩子。但是，他们都没有得到深造的机会。后来，爸爸和二叔就都去当了老师。

◉问　后来，他们的发展轨迹是怎样的呢？

◉郑　我爸爸高中毕业之后，去天津塘沽五中当老师。他本来学的是中文，应该当个语文老师，但是我爸爸特别爱

郑樱楠奶奶余恩慈与儿女们合影（从左至右为：郑汉璧、郑灏、郑汉升）

动，就变成了体育老师。后来，他带领塘沽五中的排球队，拿了天津市排球比赛第一名，这是特别骄傲的事情。我觉得郑氏家族传承给我们的就是这种经得住风雨的精神，无论经历了什么，无论之前有多么的富贵，后面又有多么的落魄，郑氏家族看待这个世界的高度和格局就跟普通人不一样，宠辱不惊。我叔叔去的是北塘渔村那边的小学，后来他进入了塘沽教育局，在塘沽教育局工作到退休。我姑姑郑汉璧是弹钢琴的，后来进入了天津市歌舞团。

◉问　您姑姑也是读到高中吗？

◉郑　我不是很清楚，她待在天津的时间比较短。姑姑一直在爷爷奶奶身边，因为爷爷后来身体不好，就从天津去了上海，姑姑也跟着一直待在上海，她也是在上海读书的。说到我姑姑，我记得一件事就是别人家都重男轻女，而我们家是重女轻男。在3个子女中，爷爷最喜欢的就是姑姑。听我奶奶说，当时爷爷还花过79块钱给姑姑买了一顶帽子。在那个年代，花79块钱买一顶帽子还是很奢侈的。但是爷爷很疼爱姑姑，很舍得花钱，一点也没有重男轻女。因为姑姑主要待在上海，所以她受家庭成分的影响会小一点，她的经历相对来讲会更简单一些、顺利一些，主要是两个哥哥在天津这边受到家庭成分的影响。

◉问　这么说来，您的家族成员有一部分是在天津，有一部分在上海。那从最早一辈翼之公到天津发展算起，你们家族后来的迁徙是怎样的呢？

◉郑　我们家族来到天津就是因为翼之公跟随上海太古

洋行到天津来开分行，所以就过来了。因为长子长孙要在天津守业，所以太公要在天津工作，但是他们自己的家还有其他的兄弟姐妹多数都是待在上海的。因为郑家在上海那边也有产业，郑翼之上海的祖屋大概就在上海乌鲁木齐路。像我爸爸的姑姑，也就是四姑婆、三姑婆，她们都是住在上海的。我四姑婆叫郑德仪，以前住在上海淮海路，现在已经去世了。我奶奶是南京人，奶奶的姐姐也就是大姨婆也在上海，住在长乐路。我上小学时，每年暑假都会回南京和上海，会在南京待半个月，上海待半个月。

我爸爸是在重庆生的，我二叔是在南京生的，姑姑是在天津生的。因为爷爷奶奶在重庆工作过，所以我爸爸是在重庆出生。生我爸爸的时候，他们很开心。当时，奶奶都要生孩子了，还要去爬山游玩，结果爬到一半觉得不对，要生了。

●问　那您有没有读过您老太公的著作？有何感想呢？

◎郑　读过一部分。虽然没有读完，但给我很多启发，比如说商战救国这些观念，即使放到现在也不过时。同时，我觉得《盛世危言》应该是一本百科全书，涉猎各个方面、各个领域，警醒世人。我觉得官应公是很巧妙的，他当时并没有明说所处的时代是"危世"，他说"是在盛世里给国家一些警醒一些建议"，然后从军事、文化、教育、医疗、金融、商业等各个领域提出了自己的见解。

他写这本书的时候其实正处于人生相对的一个低谷阶段，他回到了澳门郑家大屋，在澳门待了 10 年，然后就写了这本书。一个人在最辉煌的时候，所有的奋斗肯定都是向上的；但是，在逆境的时候，很多人很容易就躺平了。但是官应公并没有，他还是努力通过他的方式去告知这个世界"我们应该怎么办"。在逆境的时候，他仍然在思索如何通过自己的方式来帮助国家，我觉得这个更值得我们学习。

他的视野非常开阔，意识也很超前。为什么我们说今时今日来读《盛世危言》，或者说去看待他们当时做的事情一点都不过时呢？是因为他们真是与时俱进的，是站在更高一个层面去看待事情，做事情的方式方法也非常超前，包括翼之公、官桂公这一辈都是这样，我觉得可能与香山人骨子里的基因有关。

◉**问** 是的，香山人骨子里都有一种实干精神，也有一种家国情怀。

◉**郑** 对，我觉得他们的所思所想和所作所为都是出于一片赤诚的爱国热忱。就像观应公三进三出轮船招商局，李鸿章把他招进去了，做了一段时间，当时还说官应公是轮船招商局的大救星。但是，当时的政企矛盾还是存在的，后来官应公遭到了排挤，被迫离开。再后来，招商局又请官应公回来主持局务。官应公并没有因为政府之前对他不公，他就不做这一块的工作了，当国家需要的时候他又出现了，他有他极高的抱负，所以为了家国情怀抛开了个人利益。

官应公在生命最后也没有选择落叶归根回到澳门或者中山，而是继续留在上海，他还想继续在教育领域贡献自己的力量。我听吉祥爷爷讲，官应公晚年其实并不富裕，他不是个有钱人。当时家族最有钱的是郑翼之，是我们家，官应公真的没有钱。即使在这种情况下，他也没有选择回到澳门或者中山去养老，他仍然关注教育，仍然想要为这个社会做更多的事情，他当时住在招商公学的宿舍里面，还想着去培养更多的人才。

◉问　您老太公的这些事迹，对您产生了哪些影响呢？

◉郑　对我产生的影响就是人一定要有精气神，要进取、要善良。我还专门分析过官应公的星座，他的农历生日是 8 月 17 日，我的阴历生日是 8 月 16 日，我和官应公都是属于狮子座的。狮子座的特点就是很有抱负、很上进、很努力，也非常阳光，官应公的一生都是很进取的。

还有，你可以看到挂在我们家墙上的家训"积金玉以遗子孙，子孙未必能宁；积诗书以遗子孙，子孙未必能读；不如积德以遗子孙"，这也是官应公留给我们的精神遗产，教育我们做人要善良。

他也有怀才不遇的时候，也有郁郁寡欢的情绪，这个时候他又开始思索，才会有那本《养生集》，里面的内容都跟道家有关。此时，他的思索已经开始上升到哲学、神学的层次，即使求道也把救国救民的希望寄托在上面。

总的来说，官应公留给我的精神遗产主要是"人一定要奋斗"。说实话，有时候我也感觉这些家族背景对我来说是一种负担。

◉问　您为什么会认为是一种负担呢？

◉郑　因为有先辈作为参照，所以当觉得自己做得不够好的时候，真的觉得是一种负担。觉得自己生长在这样的大家族里，应该可以做得更多、做得更好。但有时，确实有点力不从心。可能是时机不一样，时局也不一样，但还是希望自己能做得更好。同时我也真心希望能够通过自己的努力，把郑观应的思想文化传播下去。当然，这方面也需要中山和我们家族一起努力。

◉**问**　那您目前在传播传承郑观应思想文化方面已经做了哪些工作呢？

◉**郑**　我觉得其实我目前在这些方面做得还不够，还是处于一种跟你们学习的状态。比如，我会参加你们举办的与郑观应有关的研讨会，中山市政府或者三乡镇政府需要我这边去联系家族的事情我都会尽力去做，我也参加了跟澳门学者的交流以及去澳门郑观应公立学校的交流。这些都是我目前已经做了和以后也可以做的事情，但是我还是觉得我做得太少了、太浅显了。

◉**问**　做这些事情也会花费您比较多的时间和心力。

◉**郑**　对，确实会！但是我觉得这件事情在我生命中是一件非常重要的事情。为什么这么说？因为很多人没有机会做这样的事情，我相比别人，有天然的机会、天然的优势去做这件事情。我觉得这就是我的责任，我应该把这些东西、这些思想文化传播下去。就像南开大学侯杰教授所说的那样，史实反映了一个社会的历史逻辑，我们现在传播、传承郑观应思想文化更多的是要传播一种历史逻辑，告诉当下年轻人应该怎样思考、怎样行事，从而让他们少走弯路，更少掉到坑里面。我觉得这些是我应该去做的事情，但我觉得我做得还不够好，毕竟自己的时间和精力有限。

●问　您有这份传承的心，您也正在做一些实实在在的传播传承工作，这是非常难得的，也期待我们一起把推广郑观应思想文化的工作继续推进下去。您刚才提到挂在你们家墙上的家训，是什么时候挂上去的呢？

⊙郑　这是在 2015 年时，我父亲让天津的一位书法家写的。

郑樱楠家里所挂的郑氏家训

●问　当时您爸爸把这个拿回家时对您说了什么呢？

⊙郑　我记得当时我爸对我说："这是郑家的家训，我们要按照家训来做，家里确实也没有给你留下来钱，没有给你留下很多很好的物质上的享受，但是精神是留下来的。你作为郑家的一分子，你应该把这些精神传播传承下去。如果你做不到传播推广，那你至少要从自身做起，去让自己成为一个这样的人，至少做到独善其身。"

●问　我们刚才谈到了很多您的家族背景，我们今天也想请您谈谈您自己。我们想先从您的名字来谈起，请问这个名字有什么故事吗?

⊙**郑**　我叫郑樱楠,樱花的樱,楠木的楠。之所以取"樱"字,跟我刚才讲的我有 1/16 的日本血统有关;之所以取"楠"字,是因为奶奶希望我能成为栋梁之材,那楠木是最好的木头,所以就取了"楠"字。合起来,就构成了我的名字樱楠。

●**问**　看来这名字是寄托了您奶奶的厚望的。

⊙**郑**　我奶奶在我很小的时候就开始对我启蒙教育了,奶奶对我真的是寄予厚望,但是我现在还没有做到她希望我能成为的样子。我听妈妈说,早在我妈妈工资才 36 块钱一个月的时候,我奶奶就花了 70 块钱给我买了一本中英文的双语图谱,开始对我进行双语教育了。当时我们还住在营口道,奶奶在家里抱着我开始教,我那会儿估计还不到 2 岁。她其实是希望我能够继承郑家好的精神面貌、好的学识,她真的是对我寄予非常大的希望。我还记得奶奶跟我说,无论我将来到哪里上大学,她会在学校旁边租一个房子,陪我读书。虽然这个愿望最后没有实现,但是体现了我奶奶特别关注我的教育。小时候因为我爸妈工作特别忙,所以都是我奶奶照顾我和辅导我学习的。

●**问**　那您童年时是跟叔叔姑姑他们一起过那种大家族聚居的生活吗?

⊙**郑**　没有,从小我们家就爸爸、妈妈、我 3 个人和奶奶一起生活。二叔住在塘沽;姑姑在天津生活了一段时间,然后举家去了北京。我记得在我上小学之前,我奶奶的那些老朋友还健在的时候，家里还挺热闹的。我大姑是冯玉祥的儿媳妇，她会经常过来看望我们。还有大姨婆、四姑婆她们之间都会相互走动。后来，就只有我们和奶奶4个人了。我没有在那种很热闹的家庭里感受过，这也是大家族聚居慢慢减少的一种体现。

◉问 那你们现在跟那些国内外的亲戚，还会经常联系吗？

◉郑 目前我跟国内的郑氏家族成员基本都保持了联系，但是跟国外的郑氏家族成员之间的联系就很少。我记得我小时候二叔公有回来看过我们，二叔公他是剑桥大学的。但是慢慢地就没有联系了，后来才和他的后代保持了联系。

◉问 也请您给我们谈谈您的读书经历。

◉郑 我出生在天津，也一直在天津读书。因为我爸妈工作特别忙，所以我大概7个月的时候就去读幼儿园了，进的是我妈妈所在医院的托儿所。后来到了两三岁，我就去和平保育院上学；三四岁的时候，上的是公安局幼儿园。我个性外向，挺爱说话，挺爱交流，可能跟我接触社会很早有关。

我小学上的是天津和平区最好的小学新华南路小学，初中在二十中学，高中在二南开，都是非常好的学校。我们家虽然不是很富贵，但是非常重视教育。而且家庭里面的那种氛围是非常好的，家里面的人都很开心。在我上小学一二年级的时候，别的家长都会跟孩子说你要考100分、要考双百，但是我爸爸就会跟我说，你要懂得学习方法，我希望你能考个 60 分回来，如果你能考到 60 分，我奖励你，想要什么我就给你买什么。他的意思是说你掌握了那些知识的同时，更要懂得考试的方法。我觉得小学应该考 60 分比考 100 分更难吧。

后来，我本科读的是天津师范大学英语系。

◉问　您读英语系是受到郑氏家族要求习一门外语的这个传统的影响吗？

◉郑　有一部分影响，但主要还是我自己比较喜欢语言。

◉问　也就是说家庭在读书方面不会给你太大的压力和干涉你的选择是吗？

◉郑　是的，家里在读书方面从来都没有给我很大的压力。可惜我现在找不到我高考之前奶奶写给我的信，她在信中对我说："不要有压力，你已经那么努力了，我们都相信你一定能够成功。"我从小受到的都是这种宽松开明的家庭教育，几乎没有压力，都是顺其自然。当然他们也希望我能够更好地掌握一些知识，在某些领域里有自己的专长。譬如我从小学钢琴，这些都是奶奶专门培养的。

◉问　你学钢琴学了多少年？

◉郑　学了五六年，我也考了 8 级，因为奶奶希望我是一个多才多艺的人。从小，奶奶就对我说要多看书，而且不要只看跟学习有关的书。小时候，奶奶会给我买很多书随便看，有的书在很多别的家长看来是小说、闲书。但是我们家就希望我积极地吸纳这些东西，同时他们会说要多出去走一走，多出去玩，多出去看一看这个世界，您才会有更多的选择。

◉**问**　那他们带你去国外长见识的机会多不多？

◉**郑**　挺多的，出国了很多次。我奶奶喜欢玩，也喜欢带着我一起出去。我上小学的时候，每年我奶奶都会带我出去走一走，她就觉得小孩子不应该每天都待在家里。包括当时他们开日新幼儿园的时候，他们都会带着幼儿园的小朋友去北戴河、

郑樱楠小时候在人民公园（背景的假山为日新幼儿园捐赠）

南戴河度夏令营，这是他们的一种思维方式。所以我总说，郑家人留给我的这些东西是很深刻的，印在骨子里的。

◉**问**　是的，让您的视野非常开阔。也请您给我们分享一下您现在的工作情况。

◉**郑**　我大学毕业于2009年，毕业后我一直在支付公司工作，类似于微信和支付宝之类的支付公司。我最开始的工作单位是海南航空，海航近两年不太好了，但是我在那的

时候，是海航最辉煌的时候。我当时在海航易生，一家全牌照的支付公司。我虽然读的是英语专业，是一个交流工具，但是走上工作岗位之后又开始重新慢慢学习，就一直在与支付相关的岗位。我在海航做了 5 年左右，然后跳到了京东集团旗下的京东科技。

我前期是做支付的风险控制的，属于后端管理，涉及反欺诈、反洗钱等等。我觉得自己是一个具有变革性的人，所以我就从最后端做到最前端。2021 年组织架构调整的时候，我去跟老板谈："能不能让我去做商务？"我老板说："你可以吗？你为什么会有这样的选择？"我就跟他讲了我的家族情况。

我对他说："我的老太公叫郑观应，您可能不知道，他在咱们北方不是很有名气，但是在南方、在广东、在澳门是非常重要的历史人物。他在那个时代里用他的方式、他的思想、他的爱国热忱去做科技转化，为企业提供了最前沿的、相对明显的、有着卓越贡献的服务。对于我个人来讲，我也一直在思考自己怎样才能做到我老太公他们那样高度。所以，我选择了企业支付。因为，现在整个社会都在面临数字化转型，而我就想致力于让那些传统企业通过数字化转型把所有的支付都搬到线上。我觉得我要做的是一件创新的事情，能给传统企业赋能，更是对我老太公他们那一辈所做事情的一个传承，是一个进步的事情，是非常值得的。

"我一直希望能把老太公的思想文化传承下去，希望有一个媒介、有一个渠道去做这样的事情，同时我也希望我的工作是跟这个事情有关的，我努力地在找这两者之间的结合点，我希望是有结合点的。我发现现在这种 To B 的企业支付就是给企业赋能，我觉得很接近我老太公当年他们做的事情，可能方式方法不一样，但是殊途同归。"

◉问　那您是在什么时候意识到自己的工作可以跟您老太公他们那一辈的思想和行为产生连接的呢？

◉郑　以前，推广郑观应思想文化这一方面的工作主要是我爸爸处理的。后来，因为爸爸的去世，让我能够参与到这一方面的工作中。既然我要做这方面的工作，那我就要切实去做，我需要把老太公他们那一辈的精神遗产传下去。如果我一直在一个处于后端的部门或者一个管控风险的部门，我是没有任何机会的。我需要一个处于前端的部门，去跟一些比较大型核心企业打交道，这样我才能有机会去做宣传去做实践。即使不是那种能够被大众看得到的机会和地方，但是我觉得我的这个尝试也是一种传承的方式。

◉问　这是一种传承郑观应思想文化很特别的方式，对您来说也恰恰是利用您的优势。

◉郑　是的，我觉得我现在做的事情就是在传承他们的思想文化遗产。那怎样才能算是传承呢？去解释、去表达是一种传承，同样去做跟老太公他们一样的创新也是一种传承。他们那时主要是把民族企业创办起来，生产产品，参与市场竞争。现在企业已经有了，那我就要去研究怎样通过数字化对它赋能，我觉得这也是对他们的精神遗产的一种传承。

这也是我目前能想到的把传承郑观应思想文化工具化的

最好方式，而且我通过这个工作帮助了很多企业建立了他们的整个支付账户体系，也确实减少了他们很多的人力成本。

◉**问**　这些工作和您老太公他们那一辈办好招商局、从无到有创办一些民族企业所做的创新工作确实也很像。

◉**郑**　对，以小见大，从小事做起吧。

◉**问**　您去过中山的郑观应故居几次？

◉**郑**　其实确切的叫法应该是郑家祖屋。无论是三乡的郑观应故居，还是澳门的郑家大屋，都不能说这些房子是郑观应一个人的，大家都说是整个郑氏家族的。现在三乡镇政府如果要修缮、建设祖屋的话，都是要问过大家族每一方的意见，因为房子是文瑞公的，每一个文瑞公的子孙都有份。

我去过三乡的郑家祖屋很多次，我跟三乡镇政府、三乡商会的关系很密切，雍陌村的村委书记和三乡很多企业老板都是我非常好的朋友，所以我会经常回中山。我觉得他们身上还保留着香山人骨子里的那些基因：第一，他们吃苦耐劳；第二，敢于试错；第三，他们非常坚韧。我觉得我在三乡认识的每一个人都是我的良师益友，所以我经常会回去。这两年因为疫情回去得少了一点，之前会经常回去，我跟他们保持了非常频繁的交流。

◉**问**　对中山保护郑家祖居和传承传播郑观应的思想文化方面的工作，您有什么样的期望或者建议？

◉**郑**　我知道现在中山市和三乡镇都非常重视这个工作，三乡雍陌现在正在修的郑观应故居长廊，政府也投资了很多钱。我今天早上听胡波教授说投资了几千万，这都是大手笔。我们这边其实还有很多的文献资料，譬如我们手边就有夏东元教授写的《郑观应传》的原稿，我希望能够拿回去保存。

◉问 你们是想把这些跟郑观应有关的资料和物品放到中山保存是吧？这个我们非常欢迎，因为中山目前也缺这方面的东西。

◉郑 是的，我觉得这些东西应该有一个更好的地方来存放，它们是非常有历史价值的。

还有，我觉得我们虽然一直在很努力地做郑观应宣传，但是我认为还不够。我希望咱们的传播能做得更深入一些，比如针对中小学生的参观或者相应的课堂教育都需要加强。如果郑观应的思想文化能够融合到中小学的课堂和教育中去，我觉得这样的影响更深远。我觉得在这一方面，澳门做得很好，可以参考。中山这边主要是专家学者群体在做非常深入的研究，但是我觉得还要把郑观应的思想文化简易化，做得简单易懂、易读易记，这样才能让更多人去了解他。比如说郑观应是一个什么样的人，怎样用一句话就阐述得非常清楚，这件事情我真的想了很久。作为郑氏的第五代人，我想老太公的思想教会我们的是感恩、是善良、是做人做事的方法，是看待这个世界的高度，在历史的长河中，郑氏历经数次劫难，不变的是郑家子孙血脉中流淌着的经得住风雨、认真善待这个世界的格局，这才是人生这一命题中最重要的财富。作为郑观应及郑观应家族思想文化的传承者，我感到无比自豪。放眼未来，任重道远，我将不忘老太公的"初心",致力于将郑观应思想及文化发扬光大。我们需要用一些方式才可能让更多的人去了解他,因为没有人可以对一个他并不那么感兴趣的人去听他的长篇大论。

●问 学术上对郑观应的评价是"他是最早具备完整的资产阶级改良思想的人",这个评价虽然很高,但是这个说法对小孩子来说很拗口,他也不知道到底是什么意思,对吧?

◉郑 是的。我也希望未来郑观应长廊上会有配套的展览,而且我希望这些展览可以更接地气一些。因为我觉得三乡的郑家祖屋那个展览还可以再优化,让别人更易懂,让人看一下就能记住它。我认为三乡镇政府要眼光长远,既然建设郑观应长廊是为了宣传郑观应的思想文化,那就要把它打造成一个精神文化地标,打造成一个既有思想高度又接地气的标志性建筑。三乡雍陌正在打造的郑观应长廊是从无到有,所以我们有条件去好好想一想,我们怎样去展览,才可以把文化长廊做得更有意思一点。我理解三乡镇政府做这件事的目的,也是希望可以招商引资或者带动旅游业的发展,但是我觉得这两者是相辅相成、齐头并进的事情。做得好的话,既有社会效益也有经济效益。

●问 澳门那边有郑家大屋,您经常去澳门吗?

◉郑 我经常去澳门,我每次去的时候都是有任务的,都跟传承传播郑观应思想文化有关,譬如我去郑官应公立学校做过讲座。我跟澳门那边研究郑观应的学者也很熟,譬如我跟研究郑家家训的梁金玉理事长是挺好的朋友,还有跟陈树荣教授、郑国强会长都很熟，他们三个人还曾经一起陪我去郑观应公立学校做讲座。在澳门研究郑观应这块，他们几个也是扛大旗的。

我也非常感谢澳门特区政府对于澳门郑家大屋的保护，包括前特首何厚铧和崔世安，还有现在的特首贺一诚。我听爷爷讲过，其实郑家和何厚铧他们家是关系非常好的，私交很好，崔世安又是何厚铧第一任的文化司司长。当时郑家人在没有找到其他家族成员的情况下，就把郑家大屋卖给了房地产商。后来，是澳门特区政府通过 10 年的努力，才从房地产商手里把郑家大屋通过地皮置换方式买回来。他们愿意为郑家大屋付出这么大的代价，说明他们对郑观应是非常认可的。现在，郑家大屋已经成了世界文化遗产，也是一个著名的旅游景点。我每次去郑家大屋的时候，我可能会看得比你们多一点，那些不让参观的地方，包括我们的祠堂，他们都打开让我进去看。

我也去看了他们新建的有三层小楼的展览馆，我觉得办得相当不错，历史文化底蕴非常浓厚。现在，它已经成为澳门的一个地标式建筑，他们还把郑家大屋的图案放到了澳门500 元纸币上。

那么这次中山市政府和三乡镇政府花那么大的力气来做郑观应长廊，这是一个从无到有的过程，我真的希望大家能够认真思考一下，这件事情我们怎么做才能达到最好的效果。这件事很关键，因为等我们建起来再去改造的话难度就很大了。

◉ 问　但是郑家大屋有它的一些优势，像那些牌匾全都留在郑家大屋的，但是郑家祖居的话就很少这方面的物品或者资料。

◎郑　对，确实是这个样子。但是我也有说过我们家还有一些东西可以捐，虽然不多，但是有些东西是有很悠久的历史的。譬如我家有几把椅子，都是有上百年历史的。

◉问　那太感谢了，那就可以大大丰富我们中山这边资源。您对澳门传承传播郑观应思想文化方面所做的工作很认可，那您认为有哪些地方值得我们中山这边借鉴呢？

◎郑　我真的很认可澳门所做的工作。譬如澳门陈树荣教授告诉我，他们会组织中小学生来这边当赏导员，也就是解说员，他们会让小学生去了解郑观应的故事，然后让他们当解说员去给游客讲解郑观应是一个什么样的人、他做了哪些事情。

◉问　他们这个方式很巧妙，你如果只让他们去听别人讲，他可能听着听着就不感兴趣了，但是你给他一个任务，让他负责讲给别人听，那他就很用心了。

◎郑　是的，所以我觉得他们这些方面确实做得很好。包括澳门以郑观应名字命名的公立学校，叫郑观应公立学校，从幼儿园一直到高中，用中葡英3种语言教学。这所学校成立于2011年，秉承郑观应"务实""革新""重教"的教育思想，目标是要把学生培养成为"好学明理，立德自强"的年轻一代，就是为了弘扬郑观应"为国为民、无私奉献"的高尚品格。学校还开设了专门关于郑观应的课程。2019年，我去澳门的时候，他们也邀请我去学校做演讲。

我也是希望中山把郑观应这个 IP 用好，要思考怎么在年轻一代当中进行传播。包括我们说的拍影视作品，虽然目前这件事情还有一些困难，但是我们也需要找一些角度把这个故事讲出来，我觉得是可以做的。

◉问　那您对于澳门郑家大屋的修缮保护方面还有什么期望呢？

◉郑　澳门这边我觉得做得已经挺好的，我对他们充满了感激之情。

◉问　那您作为郑家的后代将如何参与到郑家祖屋和郑家大屋的保护开发工作以及郑观应思想文化的传承工作中呢？

◉郑　我觉得自己首先要把郑观应思想文化的传承工作做好，其次在郑家祖屋和郑家大屋的这一块有一些我力所能及能够做到的我也会做，譬如家里有一些东西可以捐，我也会陆续捐的，还有一些史料的积累，我会团结家族的其他成员一起来做这件事，这些都是目前我能做的。而且我们当然想把澳门的郑家大屋或者中山的郑家祖屋搞好，毕竟这就是我们自己的家。

◉问　那么您对郑观应研究未来的开展有什么建议？

◉郑　我希望研究能够更普世一些、更接地气一些。因为我感觉我们现在的研究只是研究他当时的行为或者思想，我希望这些研究可以跟当今社会相结合。我不知道我这样的表述对不对，我觉得我们需要有更多元化的形式去做这样的宣传和传播。就像组织的那些研讨会，请的都是非常有名的专家学者，然后付出了很多的努力，我对大家的努力和参与都表示了十二万分的感谢，但是我还是觉得研讨会的受众面太窄了，我们并没有用一种很新的、很现代化的方式去宣传郑观应的思想文化。譬如商战救国跟现代企业管理之间的结合点是什么，这都是一个非常好的议题，我们可以研究一下。也可以做一个公众号去发一些小文章，而不仅仅是停留在一些专家学者写的论文里。

●问　其实在郑观应思想文化的传承传播方面，您可以从郑翼之的角度来做，毕竟郑翼之是郑观应商战思想的实践者。而且您作为郑翼之的子孙来做一块的话，也有独一无二的优势。

◎郑　我是这样想的：一方面因为我是年轻人，所以我的思路主要还是要跟当下这个时代相结合，这样的话传播范围和价值才会更高；另一方面是现在我能找到的关于老太公郑翼之的资料确实很少。现在，除了大家都知道的，郑翼之是一个买办救国的实业家，少年得志，非常勤奋努力之外，很多细节都没有，对郑翼之的研究没有像郑观应研究那么多。说老实话，我也没有查到更多的关于郑翼之的一些文献。我今天都还在问侯杰教授能不能帮我联系天津档案馆，我认为那里面会有很多的材料，是需要我去认真地阅读、消化的东西。

●问　在抢救开发郑翼之资料这一块，您也是责无旁贷，因为您是他的子孙。

◉郑　对，但是我现在需要先找到这些资料，我现在就完全不知道去哪里找到他，就非常难找。

◉问　您看看是否能从太古洋行的资料里找到一些有关郑翼之的信息。

◉郑　是的。我现在需要找到这些资料，然后按照编年史的方式一点一点地捋下来，再加上我自己的理解。马上就是郑观应诞辰180周年了，我希望自己这边有一些文字输出，这些东西我要自己写，而且我也希望有一些独特的想法在里面。

◉问　好的，非常感谢您今天接受我们的访谈，给我们讲了你们的家族故事。也期待在郑观应诞辰180周年时能够再次看到您，也期待您在传承传播郑观应思想文化方面有新的想法和动作。

◉郑　非常感谢你们的采访！

附一　郑观应思想的实践者
——郑翼之

郑　灏[①]

一、郑翼之生平

郑翼之（1861—1916），名应麟，字正阳，别名翼之，广东省香山县（今中山市）三乡镇雍陌村人，天津四大买办之一，俗称"太古郑"。

郑翼之出生于 1861 年阴历腊月二十三。那天，正是灶王爷上天的日子，亲朋好友纷纷来道喜，都说这个孩子将来准会当大官、发大财的，其父听了很高兴，为他取名官辅。直到他上家塾时才改名为应麟。

1877 年，16 岁的郑翼之随其长兄郑观应到上海，进入英商太古洋行。该行的买办由同乡莫氏族人担任，郑翼之进入该行后经莫姓推荐，进入账房做练习生（学徒）。进入洋行做学徒如同今天进入"外资企业做实习生"一样，虽然有很多年轻的中国人得到了这样的机会，但在机会面前如

---

　　① 郑灏，郑翼之曾孙。

何把握，则要看每个人的悟性和机缘。郑翼之的汉文底子深，但对英文却是一窍不通，可是英方总经理斯维尔看他工作勤恳，又好学，认为是个人才，在工作之余，教他学习英语。

郑翼之本来就聪明好学，他抓住机遇，刻苦自学，在短短的几年时间里，英语口语对答如流，已达到很高的水平。尤其在英文文字的运用上造诣颇高，为同事所不及，深得英方总经理斯维尔的赏识。

同时他的上海话讲得也不错。这样有利于他在待人接物时，能与对方更好地交流，拉近感情，使生意成功率大大提高。据说，郑翼之的广东话、上海话、天津话、英文都讲得呱呱叫；不仅是一般的方言对话，甚至有些地方的土话，他都懂，这对他生意的成功起了很大的作用。所以他常教导他的三个儿子：到一地，就要掌握那个地方的方言，这样不仅能更加了解当地的风土人情，更可与当地人打成一片，融合在一起，生意就会来找你。

1881 年，上海太古洋行决定在天津设立分行，斯维尔指派郑翼之随同洋员北上，进行筹备。当时，该行任命的买办姓黄。由于他沉迷于享乐，无心业务，生意上的事全靠郑翼之打理。郑翼之不惜力，日夜奔波，深得同事拥戴。在上海总行的支持下，他大显身手，发展津沪、津港等航运。开始行驶于津沪线的仅有"奉天""顺天""通州"三条船，行驶在津港线的仅有"夔州""惠州"两条船，沿途在烟台、威海卫、汕头、广州等地装卸货物。数年之后，便增加到了"武昌""盛京"等 20 多条船。与此同时，香港太古糖坊出产的洋糖也大量运到天津销售。轮运与食糖成为天津太古洋行的两大业务，而所有对华人的联系与业务的开展，全落在他的身上。1886 年，这时候的天津太古已渐成气候，积累了大量资产，在英租界维多利亚道（今解放北路 117 号）盖起了天津太古洋行新的办公大楼。

太古洋行天津分行成立于 1881 年，行址初设于英租界河坝道（今台儿庄路）的基建平房内。1886 年，选址英租界维多利亚道修建了新的办公楼。二层砖木结构，立面沿中轴对称，墙面做横向凹槽处理。平面呈"凹"型，主入口内收，设拱形大门，上部继续收分成为平台。两侧窗户均设计为拱形，二层的窗间立科林斯倚柱，十分精巧。顶部为平屋顶，带女儿墙。外墙为清水灰砖墙，一层门楣、窗楣，二层倚柱、窗套刷成红色。基座以粗糙的石块砌成。这座建筑占据了解放北路、台儿庄路、太原道、大连道合围起来的街区。大楼后面海河畔就有"太古码头"，方便海河水域的航运业务。

天津太古洋行主要经营航运和糖业，航线有上海、广州两条专线，后开通了到辽宁各港口的航线。为适应海河河道的弯曲狭窄，郑翼之还特制了两艘小型轮船，以防搁浅，从而独占了海河航运。20 世纪初，太古洋行在海河入海口处的塘沽，专门修建的自有码头。[①]

刚到天津时，他级别最低，每天辛苦工作，却只能拿到微薄的薪水，但是成大事的人，总是善于在逆境中寻找机

---

① 塘沽的太古码头遗址也在近年的文物调查工作中被发现，已经被列入保护范围。

会，也许此时的他已经心怀大志，故意磨炼自己，硬是在洋行做了 5 年的"打杂"工作。功夫不负有心人，1886 年，才 26 岁的他，就当上了天津太古洋行的买办。1887 年，经过 10 年的磨炼，由一个小学徒当上了天津太古洋行的总买办。这真是低调勤勉，从打杂学徒到太古买办，创造了 10 年由平民跻身富人行列的奇迹。跃登太古洋行买办宝座后的郑翼之，全力以赴开展业务。

天津太古洋行的轮运业务没几年就跃居天津轮运第一位，食糖、油漆、面粉、保险、驳船、房地产等其他业务也发展迅速。

郑翼之利用为太古推销食糖的机会，在天津创设恒泰昌、原记、协茂等 8 个代理店，并在农村广设代销店和分销处，使太古逐步占领了北方各地的食糖市场。由于郑翼之的精明能干，天津太古洋行的各项业务迅速发展，他也因此成了巨富，捐候补道职衔，结交上层官僚，成为天津四大买办之一，人称"太古郑"，同时也成为租界的大绅士、天津广东帮的中心人物之一。

二、郑翼之与郑观应的关系

郑翼之二哥郑观应，广东香山县（今中山市）三乡镇雍陌村人，生于 1842 年 7 月 24 日。郑观应与郑翼之年龄相差近 20 岁，其父郑文瑞是一个无功名的读书人（后被朝廷封为一品荣禄大夫），在家乡设塾授徒，生有 9 儿 8 女，观应排行老二，翼之排行老五。但郑观应与郑翼之的亲兄弟关系鲜为人知。

郑观应虽不是近代中国实行近代化的首倡者，但却是坚持理论与实践相结合、全面探索中国近代化的第一人，也是中国近代最早具有完整思想体系的启蒙思想家，1894 年出版的代表作《盛世危言》，揭开了民主与科学的序幕。该书不仅影响资产阶级维新派康有为、梁启超和资产阶级革命派孙中山，也受到青年毛泽东的推崇。

郑观应是一个务实求真的人。他一生致力于探索"富强救国"，全面实现近代化的道路、方式和方法。虽然他以思想家著称于世，但他更是一个用思想指导行动的实业经营家。在 19 世纪末 20 世纪初的那个风气还未大开的时代里，郑观应所言所行，不仅激励了同侪，也鼓舞了来者。兄长郑观应的思想，被五弟郑翼之在天津实践了。从上海太古的实习生到天津太古的买办，郑翼之的每一步，除了自己的勤奋努力外，在其背后还有一个不为人知的"推手"，那就是近代启蒙思想家郑观应。郑观应在天津有一处著名房产——北海楼。北海楼紧邻天津北马路，建于 1912 年，是天津最早的综合性购物娱乐场所。北海楼的经营收入全部由郑翼之负责打理，足见郑观应对五弟的信任。这就是：一带一的家族崛起和抱团作战的广东商帮特色。

三、郑翼之的人际交往

郑翼之成为太古洋行买办之后，在太古总行的支持下，他的业务逐渐扩展到轮船、房地产等诸多领域，自己的个人地位也迅速上升。他的整个家族也被称为"太古郑"。他结合当时的惯例捐得候补道的职衔，并开始结交上层官僚地主阶级，这为他的事业提供了良好的支撑。历经数年，郑翼之逐渐成为天津广东帮的核心。

广东籍买办作为中国近代经济发展中一支不可忽视的力量，特别在天津，梁炎卿、陈子珍、唐茂枝等一大批广东籍买办，与郑翼之既相互竞争又相互协作。同时，郑翼之与梁炎卿、陈子珍、罗道生、凌润苔、周寿臣等广东同乡们一起，积极地兴办地方公益事业。1903 年，唐绍仪首倡在天津建立广东会馆，得到了郑翼之、梁炎卿以及广东籍同乡的积极响应。

郑翼之发迹后，主要投资于中外股票及房地产。在天津英租界内外和上海等处买进多处地皮，置有湖北路、大沽路等处大片住宅。1901 年后，天津城垣被八国联军强行拆除，郑翼之与梁炎卿用拆城大砖建盖新华路大宅（现天津和平区新华南路 119 号）。1908 年又和唐绍仪等人捐资在天津建造广东会馆。此外，他在上海创办了益顺盛报关行，并开设有开平煤栈及山海关锦州煤栈。

1916 年郑翼之病故后，买办一职由其长子郑宗荫继任。1925 年郑宗荫辞职后，又由郑翼之三子郑慈荫接任。到1931 年，太古洋行英国人看"太古郑"发财太大了，决意要把这项巨大的买办所得转化为英国人自己的收益。于是太古洋行利用伦敦总行查账的机会，宣布取消买办制，改定营业制，"太古郑"的两代买办生涯到此宣告结束。

四、天津与"太古郑"有关的文化遗存

（一）郑翼之故居与哈内路别墅

郑翼之故居位于天津市和平区新华南路119号。其宅邸建于1901年，正门在今新华南路靠营口道一侧，坐北朝南，正门有个很大的门洞，有两扇棕红色的镶嵌狮子头的大门，门前有一对大石狮子。进门后是门廊，门房为二层小楼临街。一进门是个大花园，看主楼和附属楼组成T型楼群；往里走是个大花园，花园里有石山①、亭子，植有藤萝、海棠、枣树等各种果树。主楼坐北朝南，为二层欧洲古典式砖木结构，用的是天津城墙拆下来的砖。有大地下室，用来存放东西。主楼台阶很高，进门处耸立着两条罗马石柱，足有3米多高。楼下是客厅、餐厅、厨房，楼上为卧室，全楼有30多间房，每间房都很大，最大的有40多平方米。楼下客厅装修豪华大气，欧洲宫殿式，房顶是拼成的壁画。这个房子下面是四通八达的地下室，有近1米高，每间房子都有门窗，布局很合理，用于存放物品。

哈内路（今友谊路罗马花园周边）别墅。原河西区海口路建有一处英式乡村别墅。当时别墅周围都是水，与黑龙潭相连，没有路，到别墅和去"黑龙潭"（今天的水上公园）一样要坐船进去。大门两边没有围墙，用大约百株葡萄树把院子围了起来。别墅是一座砖木结构英式乡村小洋楼，在一

---

　　① 中华人民共和国成立后赠送给了人民公园。

楼有个很大的露台，进到屋内是个大舞厅，在舞池上有一独立的乐池。在这房子旁还有一座二层小洋楼，楼下是客厅、厨房、餐厅、帮工的住房；楼上是卧室、书房、客房。两座小洋楼有走廊相通。家人一般周六来到别墅，跳舞娱乐，周日晚上回到新华路宅邸。

中华人民共和国成立初期，天津首任市长黄敬等市领导经常到这里跳舞。20世纪50年代初该别墅卖给了天津生物制药厂。在城市改造中，郑翼之的别墅被拆除。别墅现址位于友谊北路现天津医药集团天厦及罗马花园一小部分之处。

（二）天津广东会馆

天津广东会馆位于今天津市老城区中心鼓楼南大街，是广东旅津人士（主要是商人）设置的集聚会、寄寓机构。唐绍仪首倡建立广东会馆时，郑翼之积极响应，并捐白银3000两。1907年正月十四日广东会馆建成，郑翼之参加了落成典礼。广东会馆融合了我国南方和北方两种建筑风格，独具特色，是当时天津最大的建筑物。建筑采用磨砖对缝的砖木结构，按我国传统四合院落式平面布局，具有广东潮州地区建筑风格。在轴线前面辟一广场，筑有青砖砌成的大照壁一面，照壁之南有一花园，号称南园；旁边建疗养所一所，为同乡在此疗养医治之所；东院则作为广业公司，有宾馆一座，为招待客人的地方。直对照壁是一座高大的门厅，为会馆正门檐下正中高悬"岭海珠辉"的匾额。山门上端加高，砌成潮州房屋状，常见的五阶梯状，又称"五岳朝天"。门厅两门为朱红色，门旁雄踞石狮一对，正门上方巨石横额镌刻着"广东会馆"4个笔力浑厚的颜体大字。厅内是宽敞的一组四合院，民宅风格，正堂和东西厢房有前廊和后厦，圆木色，少彩绘，色调和谐明快，结构严谨。通过正堂东西两侧的穿廊过道和小天井，就到了广东会馆的主体建筑——歌舞台。

歌舞台，俗称戏楼，占广东会馆建筑面积的三分之二。它坐南朝北，台面为伸出式的舞台，台下可容观众四五百人，在其正北面和两廊楼上设有 15 个包厢座，能容纳二三百人。台深 8 米，宽 9 米，符合中国传统舞台的样式。整个戏楼和戏台为清一色的木结构、木装修。戏台前正中悬一横匾，上书"熏风南来"4 个绿色潇洒雄劲的大字。戏台正中的吊悬伞顶，用数以千计的变形斗拱堆砌。接榫凹凸不平，似螺旋花纹，向上推叠组合，形状好像一个扣着的 9 米直径的大盆，构成"鸡笼式"藻井，上面涂金漆绿，光彩夺目。

郑翼之等捐建的广东会馆不仅有独特的建筑风格，还留下了孙中山、黄兴等人的足迹与戏剧名家梅兰芳、谭富英、尚小云、孙菊仙等的身影，具有较高的历史文化价值，是目前天津市众多会馆建筑中保存最好的一处。1962 年广东会馆被列为市级文物保护单位。现已辟为天津戏剧博物馆。

五、郑翼之经营之道对现实的影响

改革开放初期曾经有人说：近代中国看广东，近代广东看中山。巧的是在天津学界也有这样一句广告语：近代中国看天津。如果把中山看作是中国近代史的发源地，那天津就是发生地。

从郑翼之在天津经营的产业发展的历程可以看到：他对天津乃至中国经济的发展经营方式和生产关系的变革有重要影响：

（1）郑翼之积极创办近代工商企业。除航运业外，还有食糖、油漆、面粉、保险、驳船、房地产等产业，其中有旧行业，也有过去所没有的新行业，但都采用了新的生产方式和经营管理模式。

（2）郑翼之积极促进买办资本向民族资本转化。他在洋行搭股，是买办资本，从中分化出来，开办民族工商企业，成为民族资本，扩大了民族资本队伍，对发展近代生产有利。

（3）郑翼之积极保护中华民族利益，与外国经济势力进行商战。以航运业讲，在天津太古设立以前，在渤海湾、海河水域有多国轮船公司控制其航运权，而以郑翼之为首的太古天津分公司的出现"是令人注目的"。它与诸国轮船公司竞争，掌握了该水域的航运权利，正如其长兄郑观应所说"实为中国振兴商务之权兴"，也不算过分。郑翼之仿效其兄郑观应所说：自己先做买卖，后来搞民族企业，是"初则学商战于外人，继则与外人商战，欲挽利权以塞漏卮"。用外国人的办法与外国人竞争，争取中华民族的权利。

（4）郑翼之积极在新式企业建立新的生产关系，即民族企业内部的资本主义生产关系，有力地促进了生产力的发展。

（5）郑翼之积极实践验证郑观应的改良思想。新式企业的出现必然到影响思想界，提出适合于新式企业生存、发展的要求。郑翼之所为，验证了郑观应的工艺救国的改良思想。郑观应说："工艺一道为国家致富之基，工艺既兴，物产即因之饶裕。欲救中国之贫，莫如大兴工艺。"

郑翼之实践了郑观应的改良思想，成为后来问世的工业救国论的先声。总之，郑翼之对于天津经济的发展，尤其是近代企业的建设，起着举足轻重的作用。

附二　郑观应及其家庭的部分追述

郑吉祥[1]

我是郑观应的孙子。我的父亲是郑润燊，祖母是何圣成。现对郑观应家庭的部分家事作些追述。

一、祖父郑观应和父亲郑润燊

祖父郑观应共育有 4 儿 1 女。长子郑润霖，赵氏所生，出生时祖父 42 岁；次子郑润潮，叶氏所生，出生时祖父 47 岁；三子郑润燊，何氏圣成所养，出生时祖父 60 岁；四子郑润鑫（景康），出生时祖父 62 岁；女儿郑妙和。父亲曾有比他大一岁的哥哥郑润森（未周岁而殇），所以虽然郑润燊是三子，但一般亲属都称他四叔公。

祖父郑观应是严格遵守传统道德规范，遵循"年过四十无子方可娶妾"之论，这样他儿子的年龄与他本人相距甚大。

---

[1]　郑吉祥，郑观应孙。

在父亲郑润燊的"回顾录"中较详细地记载着祖父对他的关心和爱护。5岁时祖父聘请了一位秀才先生（潘文忠老师）来家。启蒙第二年又送父亲入澳门"香南学堂"，该校是革命人士创立，凡入校学生必须把辫子剪去。[①]祖父到沪任职后，9岁的父亲随同前往，再由私塾教师张康拜先生和郑颂逵

郑观应和继室何圣成

先生带教。父亲的"回顾录"中这样写道："我的中文程度便在这段时候把基础打好，因此在以后进入新式学堂是容易过关。"13岁上半年祖父又聘请何阆樵老师到家教授。这样父亲的国文程度很好，书法也很漂亮，为今后胜任上海市华光中学语文教研组组长之职打下基础。

1915年春，祖父设法把14岁的父亲和景康叔送进交通部上海工业专门学校[②]附属小学学习，后附小毕业升入附中，再附中毕业升入大学。1927年夏，在交通部上海工业专门学校铁路管理科毕业。父郑润燊大学毕业后不到1

---

① 剪下的辫子，一直保存了几十年，直到"文化大革命"才当作"四旧"扫掉，这是我亲眼所见。

② 交通部上海工业专门学校，其前身为南洋公学，1912年由交通部管，易名为"交通部上海工业专门学校"。现为上海交通大学和西安交通大学。

年返沪留校就职（南洋模范中小学解放前后一直是上海市著名重点学校）。父亲毕生从事教育事业，曾任该校总务主任。

父亲回忆，祖父亡故时正是他中学毕业那年，即1922年。5月下旬，祖父卧病在上海提篮桥招商公学宿舍二楼，父亲和他的两位妈妈（五姜、六姜）等6人轮流陪侍。祖父在父亲怀里去世。祖父死后，招商公学停课3周，出殡至联谊山庄，按照清朝道台的仪节出殡。次年暑假，父亲和二位妈妈护送灵柩回乡，葬于澳门前山。墓穴比较讲究。

二、祖母郑何圣成（德贞）

父亲郑润燊在"回顾录"中这样记述："我十岁这年父亲返沪任职，家庭成员得复团聚，可是住址不稳定……不久迁至老靶子路中段乍浦路口对面一排三层楼洋式住宅中……隔壁是一所女子学堂，名叫'聚秀女子学校'，何母这时也入学进修并参加红十字会，做些义务性的服务工作。"这段回顾也体现了郑观应的思想开明进步，不愧是中国近代的教育家。在《上海：中国教育近代化的"领跑者"》一文中有这样一段话："1898年，浙江上虞人经元善与康广仁、梁启超、郑观应等在上海创办经正女学（又称"中国女学堂""中国女学会书塾"），是中国人自办的第一所女子学堂。"

祖母何圣成晚年居住在上海市静安区石门路新闸路同善堂，吃素念佛，非常虔诚。回忆童年时，父母常带我去探望，祖母相貌十分慈祥，那里环境十分清静。听父亲讲，祖母始终怀念远在千里之外的儿子郑润鑫（景康）。叔叔年轻时赴红都延安参加革命，一直杳无讯息。叔叔喜欢画画，过去家中还有他的许多手稿。父亲曾设法找过他，但直到祖母逝世，也未能再见到叔叔一面，这可能是祖母临终最大的心结。

祖母何圣成于1954年谢世。后事由

郑观应继室、郑吉祥祖母何圣成

父亲操办且守灵，遗体在上海市中山南一路、鲁班路一带按佛教习俗火化。记得当时父亲携我们扶灵柩前往。虽是火化，但棺木质量相当好，内垫灯草芯。火化当天日夜做佛事念经。骨灰于1954年9月14日安放于苏州灵岩山寺。当时我们全家一同前往。

2008年4月11日，本人抵该寺祭拜亡灵，发现壁格内空空如也，经寺内年长的僧侣查阅内册，方知骨灰在"文化大革命"期间被毁。为了追寻记忆中的缺失，寄托后辈对先人的思念，同时也为了后代在人生的道途中不忘先祖，薪火相递，经与兄弟姐妹郑玲玲、郑吉人、郑吉裕商议，定于2008年5月在灵岩山以往骨灰寄放之地立牌位一案，同时安放祖母的遗物，以便祭拜。安放时，请灵岩山僧侣做佛事。

由于年代相隔甚远，已知并找到祖母的遗物仅存红木方案一张及木立柜一只。现在安放于壁格漆木圆盒内的遗物，是该木柜所御之物（漆木圆盒也是祖母的遗物）。这些是作为郑观应后代的我应该做的，也了却我的一件心事。

三、余记

2010 年，广东中山市作为上海举办世界博览会的参展城市，在沪推出"中山人在上海"大型人文项目，追寻先贤足迹，续写两地人文新篇章。

2010 年 3 月 28 日，《中山日报》新闻采访部记者陈恒才、杨彦华到家来采访我。因我曾被评为上海市劳动模范，他们是经上海市人民政府查找到我的住址。

2010 年 6 月 14 日，广东中山雍陌乡博爱中学教师郑淑明来电联系，说从《中山日报》看到报道，并对广东中山郑家故居的情况作了介绍。

2012 年 12 月 12 日，收到郑旭峰自广州寄来挂号信，述在《中山日报》网站上看到郑观应孙子郑吉祥的采访报道，从照片上看很像四叔公郑润燊。的确如此，我的长相、身材、神态都与父亲相像。郑旭峰是郑润潮的孙子，他的父亲郑泽民健在，现年 92 岁，是郑观应孙辈中最年长的大哥了。得知这一切，我万分高兴，我们是同胞手足，郑家的血脉，往后就能经常联系了。

这里还要提起上海在 2010 年成功举办世界博览会。在上海举办世博会，是祖父在著作《盛世危言》中所提出的，这也是我国的首倡。"故欲富华民，必兴商务；欲兴商务，必开会场。欲筹赛会之区，必自上海始。"如今，祖父的百年理想实现了，而我也借此机会，联系上郑家的亲属，真是双喜共喜。

附三　郑景康简介

郑景康（1904—1978），又名郑润鑫，郑观应四子，生母为何氏。就读于清光绪二十六年（1900）郑观应在上海与李提摩太、福开森、卜舫济筹议促请英工部局在租界设立专向华人子弟开放的、并与招商局商董陈猷负责劝捐筹资（郑观应捐银1000两）的华童学堂。民国九年（1920）在上海南洋大学附属中学毕业后，进入上海青年商业专科学校就学。民国十二年（1923）离开商专，考入上海美术专科学校学习绘画，并开始涉足摄影领域。

民国十八年（1929）到上海柯达公司服务处工作，从此成为一名专业摄影工作者。

民国十九年（1930）春，为了能独立从事摄影艺术事业，在香港开设景康摄影室，专攻人像摄影，从而为以后的摄影艺术创作奠定了坚实的基础并积累了丰富的经验。民国二十一年（1932）他回到内地，从人像摄影室走进社会生活和自然领域，利用4年时间先后游历了广东、上海、北平、天津等地，其作品在《良友》《时代》《晨报画刊》等报发表。民国二十三年（1934）在北平举办"景康个人影展"。民国二十四年（1935）春由他发起举办"北平联合影展"，被誉为"名闻南国的摄影家"，"对于取光、布局极有心得"，"取材之佳为难能可贵"。特别是他的《残废者之挚扎》《臂助》《乐天》，真实地反映了挣扎在旧中国的劳动人民的疾苦和艰辛，表达了他对下层劳动人民的同情和摄影艺术创作的现实主义倾向。

抗日战争爆发后，景康深感"国家兴亡，匹夫有责"。民国二十七年（1938）毅然从香港来到武汉，任国民政府国际宣传处摄影室主任，拍摄了一批揭露日寇侵略中国罪行和反映抗日救亡活动的照片。《国破家亡流离失所》《妈妈》《纤夫》等，已成为日本帝国主义野蛮侵略中国和国民党反动派给人民造成灾难与痛苦的有力的历史见证。

民国二十八年（1939）4月，他在重庆与共产党取得联系，民国二十九年（1940）12月由周恩来和叶剑英介绍奔赴延安。民国三十年（1941）1月至民国三十四年（1945）11月，他先后在八路军总政宣传部和联政宣传部任摄影记者、摄影师，并加入中国共产党，积极开展摄影工作，为开创中共的新闻摄影事业作出重要贡献。民国三十一年（1942）5月，作为摄影界的代表参加延安文艺座谈会，在会上发表建设无产阶级摄影事业的重要意见，并举办个人影展。毛泽东、任弼时、贺龙等领导亲临观赏并对其摄影艺术给予很高的评价。民国三十三年（1944），为毛泽东拍摄了第一张标准像。民国三十四年（1945）8月在延安机场拍摄了毛泽东赴重庆谈判时的《挥手之间》，并为周恩来、朱德、叶剑英等领导拍摄的许多照片以及反映解放区军队革命斗争和大生产运动的照片，成为中共十分珍贵的历史文献。民国三十四年（1945），随胡耀邦离开延安赴解放战争前线，先后在《晋察冀画报》社、《山东画报》社、《东北画报》社担任摄影采访，培训人才和领导工作，为建设中共摄影队伍作出重要贡献。其拍摄的《郑洞国到哈尔滨》，为在宣传攻势上有力打击敌人、鼓舞中国人民解放军士气起了重要作用。

中华人民共和国成立后，先后担任新闻摄影局研究室主任、新华社特派记者、研究员、中国摄影学会常务理事、创作辅导部主任等职，从事新闻摄影、人像摄影和摄影理论的研究工作。其《景康摄影集》以及《摄影创作初步》《摄影讲座》等摄影理论著作，深受广大摄影工作者、爱好者的欢迎。1957年春，在北京举办中华人民共和国成立后的第一个个人影展，1962年和梁思成联合举办内蒙古纪游摄影展览。1964年为毛泽东拍摄悬挂在天安门城楼的标准像，得到全国人民的喜爱。其创作题材丰富多样，拍摄新闻、人像、风光、舞台、花卉、静物，尤以拍摄人物见长，认为表现时代的英雄人物是摄影创作的首要任务和中心题材，他拍摄的《齐白石》《华罗庚》《吴运铎》《草原上的老人》《观众》《女孩》等作品成为深受人民喜爱的优秀作品。

郑景康还是著名的摄影教育家，早在延安时期就编写摄影讲义，担任摄影研究小组的指导和培训工作。解放战争时期，在华北、东北等地多次举办摄影训练班。中华人民共和国成立后，不仅为新华社培训一批摄影记者，还到各地举办摄影训练班，为发展摄影事业培养了大批摄影人才，在海外享有声望。

郑景康1978年逝世，追悼会由时任国务院副总理王震主持。

附四　郑克鲁简介

郑克鲁（1939—2020），郑观应曾孙，1939 年出生于澳门郑家大屋。中学时就酷爱文学，报考大学时本打算报考北京大学俄语系，由于 1957 年俄语专业不招生而改学法语专业，从此与法国文学结下了不解之缘。1962 年北京大学本科毕业后在中国社会科学院攻读研究生，1965 年毕业后留在中国社会科学外文所工作。20 世纪 80 年代调到武汉大学任法语系主任兼法国问题研究所所长。1987 年调任上海师范大学，任中文系文学研究所所长、系主任、教授、博士生导师，上海师范大学图书馆馆长，上海师范大学国家重点学科"比较文学与世界文学"学科带头人。曾先后担任中国比较文学学会上海分会副会长、中国作家协会理事、上海图书馆协会理事、上海翻译家协会副会长、中国外国文学学会理事、中国法国研究会副会长、中国法国文学研究会副会长、中国外国文学研究会理事等学术职位。

郑克鲁是我国具有重要影响力的文学翻译家、文论家、文学史家、教育家及教材编写专家。自 1979 年在《世界文学》杂志上发表第一篇译作——巴尔扎克的短篇小说《长寿药水》迄到逝世，其翻译作品总量已超过 2000 万字，涉及文学、理论及史学经典，更有诗歌翻译 30 余万行。他翻译的《悲惨世界》《基度山恩仇记》《茶花女》等名著，一直以来都是广大中国读者阅读法国文学的首选。他也因在翻译上取得的重要成就，在 1987 年荣膺法国文化部颁发的"文化教育一级勋章"，2008 年被评为"中国资深翻译家"。2012 年因为出色翻译法国著名思想家、文学家西蒙·波伏瓦的代表作《第二性》，获傅雷翻译出版奖。撰写个人专著《法国文学史》《法国小说史》《法国诗歌史》《法国文学纵横谈》《巴尔扎克人间戏剧》等，发表高水平研究论文近百篇，主持编写广受好评的外国文学相关教材十余部，为法国文学文化的中国化作出了巨大贡献，在学术界和文化界引起强烈反响。郑克鲁主编的"面向二十一世纪教材"《外国文学史》是国内大学中文系学生们普遍使用的教材，其他如《法国文学史》《法国诗歌史》等也有很大影响。

郑克鲁凭"工匠精神"造就了具有典范性的"郑克鲁现象"，西北大学杨昌龙教授曾评价郑克鲁说："他学养深厚，具有相当强烈的经典意识，对翻译、学术研究和教学工作忠贞不渝、不离不弃。他将专业等同于生命，他为了他的专业而活着。"在上海师范大学举行的"《郑克鲁文集》发布会暨郑克鲁学术与翻译思想研讨会"上，中国作协副主席叶辛评价说："郑克鲁的工作就好比是酿酒，倾其一生，精益求精，让他翻译的作品历久弥新。"

后　记

　　2021 年 3 月，正是春暖花开、万紫千红的时节，我到刚转至中山市政协担任专职常委的胡波教授办公室，再次拜访他，他告诉我 2022 年是郑观应诞辰 180 周年，为此，他特意向市政府申请了《郑观应研究口述史》项目，计划将口述史编辑成书，作为纪念郑观应诞辰 180 周年的重要成果之一。接着，他突然问我："我打算让你来做，你对这个项目感兴趣吗？"我知道之前胡波教授带着团队做《孙中山研究口述史》用了 5 年之久，做口述史的难度是不言而喻的，《郑观应研究口述史》究竟应该委托谁来做？我想他应该是经过深思熟虑。我当时有点受宠若惊，但还是毫不犹豫地答应了下来。

　　回家之后我评估了自己是否有精力、有能力完成这个重大而棘手的项目。我想胡波教授计划让我来做，应该是基于两方面的原因：一是我们有过多次良好的合作经历，之前委托我完成的《中山市文化名人资源的开发与利用研究》与《岐澳古道旅游开发利用研究》，得到了专家们的高度认可；二是我近 10 年都在做田野调研，访谈了 200 多人，对于如何做访谈还是非常熟悉的。但当时我正在做再次申报正高的各种努力，时间精力有限，而且郑观应研究主要属于历史研究的范畴，虽然之前也阅读过胡波教授的部分书籍和文章，但学科之间的差异必然存在，这需要我花更多的时间去消化和理解。比较优劣势后，我认为课题最大的难点在于时间，但"时间就像海绵里的水一样，只要挤，总是会有的"，解决这个问题的关键在于组建一个志同道合的团队。

随后我分别联系了黄英副教授、刘琴副教授、闵祥晓博士、李向强博士、卢健强老师，这些老师虽然都不是历史学专业出身，但和我一起合作了多个课题，对项目的执行力和文字处理能力我是很熟悉的，庆幸的是，他们对于我的邀请满口答应，这增加了我对项目的信心。之后与中山市社科联商洽合同，经过几轮磋商，最终于2021年5月初签订合同。随即我根据中山社科联提供的访谈专家名单，为课题组每位老师分配了专家，要求他们下载专家的文章、购买专家的相关书籍进行广泛阅读，因为访谈"是个 professional job（专业性工作），不是个 amateur（非职业或"玩票的"）可以承担得了的"。正如华东师范大学冯筱才教授所说，"访谈是双向的情感交流和信息互动的过程，访谈不应该只是从受访人那里获得信息，而应该要有信息共享的意识"，我们要和这些研究了几十年的专家形成信息共享的意识，唯一的方法就是在短时间内恶补相关知识，扎实阅读他们的研究成果。在阅读他们研究成果的过程中，我要求大家多问为什么，因为专家们研究得已经比较深入的问题并不值得追问，而是从字里行间去寻找新的问题，从而形成访谈大纲。

我们在收集、阅读专家们的研究成果中发现，注重历史人物研究是中国传统史学的重要特点，但往往集中于政治人物或人物的执政活动。对于郑观应的研究，虽然学术界在思想、教育、家训、诗词等方面对其进行了研究，但与孙中山、李鸿章等近代名人相比，郑观应仍可以说是近代史研究的"边缘人物"。对此，我与胡波教授商量，建议去掉名单中基本没有涉及郑观应研究的专家，胡波教授也同意了我们的看法，删除了数位之前在名单中的专家，并补充了多位专家，确定了本项目最终要访谈的专家名单。

7月初，我们首先完成了中山和澳门专家的访谈大纲，希望从就近的专家开始做访谈，胡波教授也鼓励我们率先将他作为"试验品"，以获得经验和教训，更好地开展以后的访谈。同时有幸得到澳门近代文学学会梁金玉理事长和澳门科技大学林广志教授的大力帮助，我联系上了澳门的8位专家，随即通过微信将访谈大纲发给了他们，之后，其中7位专家同意接受访谈，并和我很快确定了访谈时间和地点。原以为专家们的时间很难协调，但他们对项目的支持有点超乎我们的预期。郑观应作为"澳门之子"，澳门的文化界和学术界对郑观应的重视由此可见！我们于7月22日愉快地买了25日前往珠海的高铁，翘首以待项目的第一次访谈，但7月23日中山火炬开发区出现了一例新冠病例，全体市民开始了第一轮核酸检测，随后学校也通知全体员工不能出市，我们的满心期待戛然而止。我连忙和澳门的专家沟通，告诉他们中山的疫情情况，他们也爽快地同意根据疫情进展再择时间。我们对此也感到抱歉，他们有的是公务员，有的是研究员或教授，因我们的到访而特意请假挪腾出时间，如陈丽莲研究员要接受我们的访谈，需得到澳门文化局的批核，但对此我们也无能为力，只能希望下一次能如约而至。

之后我要求课题组继续根据分工阅读其他专家们的成果，抓紧时间完成他们的访谈大纲，疫情虽然阻挡了我们前往澳门的脚步，但也因此给予了我们安心读书的机会。我因为要做易惠莉教授的访谈大纲，特意买了《郑观应评传》进行阅读，有天中午我们汇集到味千拉面吃面，刘琴突然从包里也拿出了一本《郑观应评传》，翻开一看，书中全是她勾画的痕迹，我颇有点吃惊，问她为什么也要看《郑观应评传》，她反问我："这是郑观应研究的巅峰之作，不看行吗？"我无言以对，只能"呵呵"。其实课题组成员不用我提醒，他们也担心自己在访谈的时候不能与专家共情共享，在暑假期间默默地阅读除自己负责专家之外的研究经典，丰富自己的相关知识，做好与专家信息共享意识的准备。8月16日，我们终于完成了胡波教授的第一次访谈。当时课题组全员挤在胡波教授的办公室，作为"自己人"，我们也毫不客气，准备将此次访谈作为"实验品"。课题组全体成员都在旁边观摩，他们从最初的屏息倾听到结束后叽叽喳喳的各种建议，我知道大家都放松了下来，原来访谈就是这样！这种心理的自信来自这段时间大量阅读后，产生了与专家在某些知识层面对话的能力。

之后我要求课题组成员尽快联系自己负责访谈的专家，并将访谈大纲及时发给他们，以征求他们的意见。我们怀着忐忑不安的心情通过电话和微信与全国的著名历史专家联系，担心他们拒绝接听电话或加我们微信，但庆幸的是，这些专家大都是胡波教授的挚友，一听我们来自中山，就知道与胡波教授有关，收到我们要访谈的请求，立即应允下来。中山缺乏知名高校，可以说是学术研究的"荒地"，但因为有了胡波教授，中山俨然在历史学界有了一席之地。我们之前拟定了访谈的计划，再和专家们拟定可以接受访谈的时间，以确保到一座城市后能将这里的专家"一网打尽"。随后我们确定了从中山—澳门—广州—天津—北京—上海—南京—武汉的详细访谈计划，拟定了各位专家接受访谈的具体时间。

我们陆续完成了郑观应文化研究会吴冉彬会长和暨南大学张晓辉教授的访谈后，于 9 月 24 日顺利到达澳门，由于两天之内要访谈 7 位专家，我特意让在华中师范大学读博士的李向强赶回来参与访谈，到澳门后兵分三路：我到郑家大屋访谈陈丽莲研究员，刘琴在历史关注协会访谈梁金玉理事长和邓景滨教授，李向强去澳门科技大学访谈赵殿红教授。但稍微有点遗憾的是，向强拿错了港澳通行证，当我和刘琴通向海关的时候，留下有点茫然无措的向强，他要马上回中山拿为这次来澳特意新办的港澳通行证，再赶来澳门和我们见面，于是只能放弃赵殿红教授的访谈。在历史关注协会首次见到了大力协助我们的梁金玉理事长后，我匆匆赶到了郑家大屋，温文尔雅的陈丽莲女士已经等候多时，来不及参观郑家大屋和纪念馆，我们寒暄几句后立即开始访谈。作为郑观应纪念馆的主要策划者，多年研究郑观应的专业人士，本可以对郑观应的事迹信手拈来，但她仍对访谈大纲的所有问题都一一做了预先的回答，我不由感慨专家们的细致和认真。我们从早上 10 点聊到下午 5 点，除了访谈外，陈丽莲研究员还带我参观了郑家大屋和郑观应纪念馆，她整整陪同了我 7 个小时。再回到澳门历史关注协会之后，我和郑国强会长、陈树荣会长和邓景滨教授匆匆见面后，回到了入住酒店，准备第二天的访谈。

晚上睡得正酣，隐隐约约听到微信响铃的声音，但实在太困，朦胧中又熟睡过去，待到再次被微信铃声吵醒时，我终于拿起手机看了一眼，惊得我马上坐了起来，梁金玉理事长、郑国强会长、陈丽莲研究员三位都先后分别发了微信给我：澳门有疫情了！出关必须要有 24 小时的核酸检测，且如果当天不出关，隔天出关就要到珠海隔离 14 天，幸好有专家们的及时提醒，我连忙打电话给刘琴，她第一时间就醒了，我们商量好 6 点准时到酒店餐厅集合，吃了早餐后第一时间去做核酸，确保当天可以出关。之后数次打电话给向强不应，最后我到了他房间门口，终于把他弄醒了，再回到房间的时候，已是凌晨 4 点多，躺在床上无论如何都无法入眠。早上做完核酸后，我们和郑国强和陈树荣两位会长联系，问他们是否还可以继续当天的访谈，郑国强会长愿意按计划访谈，但即使在访谈工作中，我们仍在担心核酸结果能否按时出来。访谈完毕，我们三人到了海关，苦苦等待核酸的结果，到了下午5点左右，结果都出来了，之后顺利回到了中山。中山与澳门虽然近在咫尺，但疫情之下，两地要展开合作，也是困难重重。

澳门之行似乎也预示了我们的访谈将蒙上疫情的阴影。10月21日，我们在胡波教授的带领下，赴北京、天津、上海等地的专家和家属。初到天津，一切正常。我们安顿下来后，即刻联系了家住北京昌平的虞和平教授。次日，我们如约来到虞教授家中，我们都惊讶于他家的藏书，从1楼到3楼的房间再到走廊，只要空余之处都摆放着书柜，书柜中放满了虞教授编著或阅读过的书籍，让整座屋子都弥漫着书香的气息。詹金斯认为"历史学家们近似于神秘地永远能从他们对过去的造访中带回他们想要的历史"，"对过去的造访"过程就是历史学家们阅读万卷书的过程，要成为一名历史学家，非有"旧书不厌百回读"的毅力不可。访谈间隙，刘琴悄悄对我讲："虞教授真的太厉害了，任何问题都对答如流，信手拈来。"渊博的知识令这位已经年过古稀的历史学家充满了魅力。正在访谈间，虞教授的夫人突然从楼上跑下来，告诉我们："昌平有疫情了，有小区已经被封了。"我们大吃一惊，庆幸的是，被封的小区离虞教授所住小区尚有十几公里，但我们还是深感忧虑，担心绿码变黄甚至变红，影响接下来的访谈行程。令我们感动的是，虞教授夫人马上决定在家吃饭，并带病为我们准备了可口的宁波疙瘩汤，虞教授打开了尘封已久的药酒，小酌之后，我们匆匆提问了几个问题便告辞而去，马上回到天津。回到天津，我们的担心变为了现实，虽然我们全程封闭式来回，但刘琴的行程码带星了。

我本来计划天津之后回校，上课之后再到上海和各位汇合，但昌平有了疫情，我即使回到学校也要被隔离，于是和领导商量暂不回中山，访谈完南开大学的侯杰教授和郑翼之后人后，退了机票，随胡波教授和刘琴直接从天津到了上海。与此同时，向强从武汉出发到南京访谈南京大学的黄鸿钊教授和李玉教授，但李玉教授临时告知向强，由于对郑观应研究较少，贸然接受我们的访谈，怕引起学术界同仁笑话，向强到了南京大学门口也只能回到酒店。李玉教授的这种回应在我们意料之中，之前也有数位专家因为对郑观应的研究不甚深入而拒绝了我们的访谈，我们也只能慢慢和专家们沟通，争取他们的支持。到了上海，我和胡波教授都顺利住进了酒店，但刘琴因为行程码带星被安保人员拒绝入内。此时我们也无能为力，急着住进酒店做访谈的准备，因为廖大伟和戴鞍钢两位教授已经在来酒店的路上了。我们安慰了刘琴，让她先到附近的酒店看看，是否可以住进去，随后临时决定，戴鞍钢教授的访谈人由刘琴改为胡波教授，向强辅助，我单独访谈廖大伟教授。访谈一切顺利，随后我立即联系刘琴，刘琴告知我由于行程码带星，她被周边的酒店都拒绝了，于是买好了机票，做好当晚回中山的准备，还临时跑了几家医院做核酸，但时间太晚，没能做到。我马上出酒店见到了情绪低沉的刘琴，她拖着箱子，背上背着一个沉重的大袋子，我问她背包为什么这么重，她说包里有本《郑观应志》，我差点晕倒在地，但也被她的认真执着而感动。我马上让她退了机票，首先由于家庭或上班的限制，黄英、闵祥晓都不能外出，刘琴排除万难出来访谈，任务艰巨，一旦离开，向强也要回去上课，就剩下我和胡波教授，难以应付，二是我们全程在一起，在昌平期间没有接触任何第三人，是绝对安全的。虽然她还是有些犹豫，我安慰她，办法总是有的，最终她还是退掉了机票。当晚，熊月之教授也过来和我们一起吃饭，廖大伟教授特意拿出了茅台，饭桌上谈笑风生，但我有些食不甘味，担心刘琴晚上没有地方落脚，她也有些惴惴不安，不停和家人沟通，最终我们通过各种方式解决了她的住宿问题，悬着的心总算平静了下来。

"一条愚园路，半部近代史"，近代百年的上海史，就是一部中国半殖民地半封建历史的缩影，也是中国近代化的见证，这也使上海的近代史学者云集，接受我们访谈的专家在历史学界都赫赫有名，但我们首先要重点予以访谈的是上海史权威熊月之教授和郑观应研究权威易惠莉教授。不巧的是，熊月之教授第二天要去武汉开会，且在我们计划要离开上海的时候有可能无法赶回上海，我们决定让向强第三天从上海回到武汉专门访谈熊教授，再从武汉出发，到南京联系李玉教授，再来上海做访谈。我与易惠莉教授在 10 月 12 日建立了联系，当时她刚动完手术，还在医院修养，并告知我由于身体原因，已经几年没有动笔写作，也没有参加任何学术会议，而且从来不接受媒体的访谈，但作为夏东元先生的嫡传弟子，在郑观应研究方面是目前难以逾越的高峰，我们即使知道她身体欠佳，还是希望她能见下我们，回答几个问题。去上海之前，胡波教授也回忆了他与易教授交往的一些细节，告诉我们易教授应该会见我们的，到上海后的第二天，他亲自给易教授打了电话，但她同样因身体欠佳而拒绝了我们。易惠莉教授对我们课题的意义是不言而喻的，不管如何，都必须有她的访谈，随后胡波教授与我商量，我先根据易教授的书籍和文章代她回答访谈大纲。之后回到中山，我将整理好的访谈发给易教授，她并未对我做的回答做任何评价，只发来了她曾经为《盛宣怀评传》写的后记，问我也同样写一篇《郑观应评传》后记是否可以？我匆匆浏览了下《盛宣怀评传》的后记，详细记录了从项目洽谈到项目完成的整个过程。她也将为《郑观应评传》撰写同样的后记，这太有意义了！在惊喜之余，我连忙发信息给她，让她根据身体情况慢慢写，我们会一直等她。到今天 3 月初，易教授发了 2 万余字的《郑观应评传》后记给我，读完后心情澎湃，热泪盈眶，不仅为一位学者艰辛的治学之路而感动，也为她对我们的大力支持而感动！

对于郑观应后裔的访谈，胡波教授对未能在其中两个人生前予以访谈而懊恼不已，一位是郑观应的曾孙郑克鲁，另一位是郑翼之的曾孙郑灏，所幸他们的夫人都身体硬朗、精神矍铄，我们在天津访谈了郑灏的夫人郑凌阿姨，在上海访谈了郑克鲁的夫人朱碧恒老师。10 月 25 日，我和胡波教授一早就前往朱老师居住的小区，准备将她接到招待所进行访谈，朱老师是位说话铿锵有力的老知识分子，从早上 9 点一直到晚上 8 点，除了中午短暂的吃饭时间，一直保持着容光焕发的状态，向我们娓娓道来过往生活的细节。到结束的时候，访谈朱老师的时间接近 10 小时，我们有点担心朱老师的身体情况，特意嘱咐刘琴要送她进屋，让她好好休息。从上海回来后，朱老师和我一直保持着联系，有次她看到《澳门日报》做的一个有关于郑观应的视频，向我要这份报纸。我立即联系了澳门的陈丽莲研究员，她很快就直接向朱老师解释了这个视频的来源，原来她们二人之间也很熟悉。刘琴将朱老师的访谈资料整理出来，洋洋洒洒 5 万余字，她看了稿件后，说有很多地方仍需修改，我便寄了一份打印稿给她，待她再寄给我的时候，打印稿已经多了无数修改过的红色痕迹。

从上海返回中山，我们已经做完了近 30 人的访谈，前期的大部分任务已经完成，接下来就是录音转文字，然后再对文字进行编辑。其实在访谈完胡波教授和吴冉彬会长之后，我就要求大家做完访谈就要开始编辑专家的文字，虽然找了近 20 名学生进行录音转文字的工作，但要将专家的录音文字编辑为可以出版的书稿，需要逐字逐句地修改，不仅如此，还需要进行逻辑结构的调整、史料的核对和补充。我刚开始做胡波教授的访谈文字编辑的时候，从晚上 8 点做到12 点，4 小时居然只编辑了 3 页，这令我有点不敢相信自己的能力。在文字编辑中，我们要花大量时间去核对其中涉及的人名和书籍，同时口语也缺乏逻辑性，需要删掉很多无用的表达，思考如何调整显得更加条理清晰，适合阅读。最终我花了10余天时间才完成胡波教授的访谈文字，发给他的时候有些忐忑不安，担心他觉得编辑的文字不符合要求，但最终他只是帮我纠正了些人名和错别字，虽然没有口头表扬，但我知道他已经默默认可了我对他访谈文字的处理。文字表达是写文章的基本功，课题组成员近年来在各自专业发表了不少文章，他们的能力我还是清楚的，但为了保障访谈文字整理的质量，我要求成员在完成之后需自己再读两遍，发给我进行第一轮修改，之后打印出来给胡波教授进行第二轮修改，最后才发给专家们进行第三轮修正，最终才能交给出版社。

课题组成员都已人到中年，日常奔波于教学与家庭之间，已经身心疲惫。本来寒假是可以集中精力做事的时候，但"混世魔王"回家，弄得家里鸡飞狗跳，父母狼狈不堪。我作为课题负责人，必须要保障课题能不断推进，只能不停催促他们，祥晓告诉我："我只能晚上老公回家，吃完饭后做两三个小时。"后来刘琴的小孩住院，她只能在医院尽心陪伴，直到春节前夕才出院。今年大年初四，我再次召集了课题组成员，大家分别汇报了手上专家稿件的进度，胡波教授再次提到了时间节点，要求大家克服万难，在2月底之前全部弄完。于是课题组成员从大年初四开始，开启了上班模式，从早上集中到办公室开始编辑文字，并且做完一个专家后马上发给我，阅读修改后马上打印给胡波教授。胡波教授同时也忙于《孙中山研究百年学术编年史》的工作，但只要我送过去的稿件，第二天一般就让我去他办公室拿回来修改，发给专家，他告诉我，"你们的事情要优先处理，保证尽早给出版社"。其实课题组成员同样如此，刘琴告诉我："我都没空弄学生论文，都把你这个放在优先级。"除了每位老师指导的 20 篇左右的学生论文，还有家中活蹦乱跳的孩子呢！向强告诉我："只要在家，不关门，小孩随时缠着你，关上了门，他们又在门口喊个不停。"索性抛家弃子，到办公室专心修改稿件。正是这种争分夺秒的时间把控和课题组的齐心协力，我们在开学之初基本完成了所有访谈专家的文字稿，我于 2 月 13 日、3 月 3 日、3 月 11 日分 3 批把 30 多份稿件转给广东人民出版社的张贤明编辑。

最初，胡波教授计划将本次郑观应家属口述史的成果单独编辑成一本书，但我在整理家属文稿的时候，发现如果单独成书的话，字数有点偏少。我向胡波教授提出要增加家属访谈的意见，他立即同意，并联系了居住在深圳的郑观应九弟郑九如的孙子郑耀明，郑老师同意了我们的访谈。同时，为弥补郑克鲁老师逝世不能访谈的遗憾，我建议补充我们在上海访谈期间见过的，郑克鲁老师的高徒陈婷副总编辑，从学生的角度来追忆老师的事迹，也得到了胡波教授的同意。2 月 9 日，我和胡波教授、李向强博士准备前往深圳访谈郑耀明老师，出发之前我还特意查了深圳的疫情，说是龙岗有两例，但我们要去的是罗湖区，所以我主观认为应该是安全的。由于我们出市之前需得到领导的审批方可进行，我在OA系统提交了申请，并发了微信给蒋先进院长，他立即打了电话给我，让我注意安全，建议我最好别去，但我们认为形势可控，问题不大，在即将上高速的时候，蒋院长再次给了我电话，说人事处听说我要去深圳，因为疫情，不予批准，我们悻悻而回。到了晚上，朋友发了深圳罗湖区的新冠病例信息给我，不由感叹：幸好有领导的及时阻拦。这进一步说明了我们的访谈是多么不易。随后我联系了郑耀明老师，征求让他笔答的意见，他同意了我的请求，并答应尽快给我稿子。经过多个回合的沟通和对稿件的处理，我也将两位的稿件发给了张编辑。

上述文字记录了课题开展的过程，可能有些矫情，韩愈在《进学解》说到"业精于勤，荒于嬉"，没有付出，哪有收获？确实和访谈专家历经数年的冷板凳才能出来高质量研究成果相比，我们这点付出可以说微不足道。但这个课题是从质疑声中起步的，很多人并不相信我们能在如此短的时间内完成，不管是胡波教授还是我，都背负着很大的压力，在我将第三批稿件发给张贤明编辑的时候，胡波教授对我说："大功告成了！在时间如此短，经费如此紧张的情况下，能顺利完成是非常不容易的。"课题的顺利完成，我们要感谢接受访谈的各位专家的理解和支持，侯杰教授、廖大伟教授、戴鞍钢教授、邵雍教授、宋钻友教授、邵建教授专程到我们下榻的酒店接受访谈，让被访谈者亲自到访谈者的住所接受访谈，而且这些被访谈者都是赫赫有名的专家，我想只有我们享受了如此高的"礼遇"！感谢已经不适合再阅读和写作的易惠莉教授带病特意为我们撰写了《郑观应评传》后记。感谢澳门的梁金玉理事长、郑国强会长、陈树荣副总编辑在两次前往澳门的访谈中都全程相陪，为我们展示了澳门近20年来在郑观应方面的研究成果，赠送了我们诸多资料。感谢澳门科技大学的林广志教授，虽然至今未能相见，但初次微信沟通后就帮我联系了多位专家。感谢陈丽莲研究员亲自为我做导游，讲解郑家大屋和郑观应纪念馆……在此过程中，我们见识了熊月之教授的儒雅、虞和平教授的博学、张晓辉教授的渊博、马学强教授的风趣、朱荫贵教授的谦和……完成课题的过程，也是向专家们不断学习的过程，我们学到了专家们治学的严谨和为人的谦虚。同时也要感谢中山市社科联各位领导的支持，特别是梁锦胜主席，刚上任，在不了解我的情况下，仍然力排众议，大力支持我的工作。感谢学校人文学院蒋先进院长、邓雪琳副院长、人事处刘永源副处长对我们的支持，即使遇到了疫情，耽误了教学工作，也尽可能为我们排忧解难。感谢广东人民出版社的张贤明编辑对出版工作的大力帮助。最后还要感谢胡波教授的组织领导和课题组成员的倾力支持！

"律回岁晚冰霜少，春到人间草木知"，很多人认为广东地处亚热带，没有春天，这是对广东气候的误解。每年3月初，中山市区街道两旁的大叶榕突然变黄，一夜落下，转眼就换上新装，表明春天已经到了，即是"落叶知春"。今年的3月，黄色的风铃花尤其耀眼，学校的教学楼前遍地黄金，课题的完成让自己逐渐身心放松，开始欣赏身边无限好的春色。中山市委、市政府今年提出"擦亮国家历史文化名城金字招牌，浓墨重彩书写好文化兴城这篇大文章"，但愿我们这个课题如春天的一粒种子，不断生根发芽，结出累累的文化果实，希望能"春种一粒粟，秋收万颗子"！